ADOLF STENDER-PETERSEN

GESCHICHTE
DER RUSSISCHEN
LITERATUR

ADOLF STENDER-PETERSEN

GESCHICHTE DER RUSSISCHEN LITERATUR

VERLAG C. H. BECK MÜNCHEN

Die dänische Originalausgabe erschien unter dem Titel
„Den russiske litteraturs historie"
Ins Deutsche übertragen von Wilhelm Krämer, Aarhus-Højbjerg
Der Übertragung der ersten Kapitel von Teil II lag eine Rohübersetzung
von Finn Harboe Rasmussen, Aarhus, zugrunde, für die deutsche
Fassung sämtlicher Gedichte stützte sich Wilhelm Krämer auf
Prosaübersetzungen des Verfassers

CIP-Kurztitelaufnahme der Deutschen Bibliothek

Stender-Petersen, Adolf:
Geschichte der russischen Literatur / Adolf
Stender-Petersen. [Ins Dt. übertr. von Wilhelm
Krämer]. – 5. Aufl. – München : Beck, 1993.
    Einheitssacht.: Den russiske litteraturs historie
    <dt.>
    ISBN 3-406-31557-7

ISBN 3 406 31557 7

Fünfte Auflage. München 1993
© C. H. Beck'sche Verlagsbuchhandlung (Oscar Beck) München 1957
Satz: C. H. Beck'sche Buchdruckerei Nördlingen
Druck: Ebner Ulm
Printed in Germany

VORWORT

Diese Arbeit ist aus dem Wunsch entstanden, die geschichtliche Entwicklung der russischen Literatur von ihren ersten Anfängen im 11. Jahrhundert bis zur Oktoberrevolution im Jahre 1917 nach einer streng durchgeführten einheitlichen Betrachtungsweise zu erfassen und zu beschreiben. Obgleich die bisherigen Forschungen weitgehend berücksichtigt worden und ihre neuesten Ergebnisse der Darstellung zugute gekommen sind, gründet sich diese doch wesentlich auf eigene Untersuchungen und auf eine eigene literaturtheoretische Betrachtungsweise. Unter gebührender Berücksichtigung kulturhistorischer, ideologischer, soziologischer, wirtschaftlicher und psychologischer Kräfte in der Literaturentwicklung wird diese hier grundsätzlich als ein immanenter Vorgang dargestellt, wobei die Aufmerksamkeit vor allen Dingen dem künstlerisch Bedeutsamen zugewendet ist. Entscheidende Anregungen gab in dieser Beziehung die russische *formalistische* Schule, die kurz vor dem Ausbruch des ersten Weltkrieges zu wirken begann und mit gleichzeitigen und späteren methodologischen Bestrebungen in Westeuropa und den Vereinigten Staaten verwandt war. Von irgendeiner dogmatischen Bindung an diese Schule kann jedoch keine Rede sein.

Selbst bei flüchtigster Betrachtung erkennt man deutlich, daß zwischen dem Ende des 17. und dem Anfang des 18. Jahrhunderts ein scharfer Riß durch die Geschichte des russischen Schrifttums geht. Diesseits der Grenzscheide sieht man die sogenannte *neuere russische* Literatur, jenseits derselben die sogenannte *altrussische*. Die beiden Perioden schienen lange unvereinbar: das altrussische Schrifttum schien hauptsächlich kirchlich-religiös, die neuere Literatur dagegen hauptsächlich weltlich orientiert zu sein, und man betonte diesen Gegensatz so sehr, daß man bis in die jüngste Zeit geneigt war, die Einheitlichkeit des Literaturbegriffes an sich in den beiden Zeiträumen zu leugnen. Man berief sich auch gern darauf, daß ihre Sprache grundverschieden sei: überwiegend kirchenslavisch in der altrussischen, überwiegend volkstümlich in der neurussischen Literatur. Diese Auffassung ist hier grundsätzlich aufgegeben.

zunächst aus der Erkenntnis, daß weltliche und geistliche (religiöse) Denkweisen in beiden Perioden vorkommen und daher in keiner Weise für eine gegensätzliche Bestimmung des Literaturbegriffes ausschlaggebend sein können, dann auch aus der Erkenntnis, daß der sprachliche Dualismus für die neurussische Literaturperiode genau wie für die altrussische immer ein bedrängendes Problem gewesen ist.

Das Schrifttum verschiedener Perioden kann als Verwirklichung von literarischen Idealsystemen betrachtet werden, die für sie charakteristisch sind. Bei der Darstellung der Unterschiede zwischen der neurussischen und der altrussischen Literatur wird hier vor allen Dingen auf die Gegensätzlichkeit der ihnen zugrunde liegenden literarischen Systeme Gewicht gelegt werden, und hier und da wird das System der altrussischen Literatur als *Byzantinismus*, das der neurussischen als *Europäismus* gekennzeichnet werden. Dem Byzantinismus gelten die beiden ersten Teile des ersten Bandes, dem Europäismus aber der dritte Teil, der den Klassizismus des 18. Jahrhunderts umfaßt, und der ganze zweite Band, der den Perioden der Romantik, des Realismus und der modernen Literatur gewidmet ist. Indessen mögen diese Ausdrücke – Byzantinismus und Europäismus – nicht mißverstanden werden. Sie sollen nur den Unterschied zwischen einer Literatur, die im mittelalterlich-byzantinischen Schrifttum mit seinen typischen und charakteristischen Formen und Mitteln wurzelte und deren Zusammenhang mit diesem Schrifttum durch die griechisch-byzantinische Wiedergabe der Schriftstellernamen (Theodosios für Feodósij, Kyrillos für Kirill usw.) auch äußerlich betont wird, und einer neueren Literatur symbolisieren, die sich grundsätzlich auf das westeuropäische, vom römisch-griechischen Erbe abhängige Schrifttum mit seinen ganz anders gearteten Formen und Mitteln gründete. Der Begriff der Literatur als Wortkunst aber ist in beiden Perioden derselbe: in beiden Perioden besteht die Aufgabe der Literatur, unabhängig von ihren jeweiligen, mehr oder minder ausgesprochenen oder verschwiegenen gedanklichen Zielen und Zwecken, in der Schaffung künstlerisch begründeter Strukturen, künstlerisch gebundener Wortgebilde.

Der biographische Stoff ist auf ein Mindestmaß beschränkt. Es war nicht die Absicht des Verfassers, ein Nachschlagebuch über das Leben und Wirken und die privaten Erlebnisse einzelner Schrift-

steller und Dichter zu schreiben. Ihm kam es darauf an, eine pragmatische Geschichte des russischen Schrifttums, eine Geschichte der
Literatur an sich zu schreiben. Doch wird diese durch die Zeiten vor-
schreitende, gewissermaßen *horizontale* Linie der Darstellung hier
und da durch *vertikale* Linien unterbrochen und gegliedert: sie
schaffen Ruhepausen und ermöglichen die Einfügung von zusammenhängenden stilanalytischen Charakteristiken einzelner Werke
oder der Gesamtdichtung einzelner Schriftsteller. Die Autorennamen
dienen in dieser Darstellung viel mehr als Symbole bestimmter Wort-
kunstsysteme oder Wortkunstmethoden denn als Bezeichnung konkreter Personen in ihrer außerliterarischen Existenz. Diese Betrachtungsweise ergibt sich aus der theoretischen Anschauung, daß Literaturgeschichte nichts anderes ist als die Geschichte stets erneuter
Versuche, immer wieder entstehende problematische Situationen in
der Literatur zu entwirren und zu klären. Es ist die Aufgabe des
Literaturforschers, diese problematischen Situationen und Klärungs-
versuche möglichst deutlich und genau in ihrer zeitlichen Folge zu
beschreiben und die immanente Kausalität eines jeden Literaturver-
laufs aufzudecken. Weltanschauung, Verkündung und Glaubensbekenntnis der einzelnen Schriftsteller können in einer solchen Darstellung keinen Anspruch darauf erheben, auf ihren Eigenwert oder
Wahrheitsgehalt hin geprüft und gewürdigt zu werden, sondern können, sofern sie überhaupt literarisch relevant sind, nur als Elemente
im Apparat der Wirkungsmittel des betreffenden Schriftstellers, als
definierbare Elemente neben anderen, denen sie beigeordnet sind,
Geltung beanspruchen. Die Durchführung dieser Betrachtungsweise
stieß auf besondere Schwierigkeiten bei der Schilderung der altrussischen Literatur, über die es nur wenige und zudem nur mangelhafte systematische und stilanalytische Vorarbeiten gibt. Die Erforschung dieser Literatur als Wortkunst machte eine umfassende Neu-
prüfung des ganzen Textmaterials nötig – eine Kleinarbeit, die in
den ersten beiden Teilen des ersten Bandes zwar nicht unmittelbar
sichtbar werden kann, die aber in einer anderen Veröffentlichung des
Verfassers, der *Anthology of Old Russian Literature* (New York
1955), jetzt greifbar zutage treten mag.

Es wird vielleicht überraschen, daß die mündliche – epische und
lyrische – Volksdichtung der Russen in dieser Literaturgeschichte

keinen Platz gefunden hat. Es waren verschiedene Gründe, die den
Verfasser – trotz seinem besonderen Interesse an der Erforschung der
Volksdichtung – dazu bewogen, diese Form der Dichtung und Tradition von der Darstellung auszuschließen und sie nur dann zu berück-
sichtigen, wenn die Eigenart der Entwicklung des Schrifttums nur
durch den Einfluß der mündlichen Dichtung zu erklären ist. Der
wichtigste Grund war der, daß die mündlich überlieferte Dichtung
in ihrer Entwicklung Gesetzen folgt, die von dem im Schrifttum herrschenden wesensverschieden sind, und daß sie sich daher nicht in das
Entwicklungsschema der geschriebenen Literatur einordnen läßt.
Dazukommt, daß die Geschichte der mündlichen Dichtung auch jetzt
noch ein ungelöstes Problem ist und jedenfalls nicht im Rahmen einer
pragmatischen russischen Literaturgeschichte gelöst werden kann.
Im Gegensatz zu der schriftlich überlieferten Literatur verlieren sich
die Anfänge der lyrischen Volksdichtung im Dunkel der vorliterarischen Zeit, und wenn auch die epische Volksdichtung enger mit geschichtlichen Ereignissen, die sich deutlich in ihr widerspiegeln, verbunden zu sein scheint, ist es doch immer noch eine offene Frage,
wann die Form, in der die epischen Volkslieder heute vorliegen,
eigentlich geschaffen worden ist. Schließlich sei darauf hingewiesen,
daß zwischen der schriftlichen und der mündlichen Literatur auch
insofern ein bedeutsamer Unterschied besteht, als sich die schriftliche
Literatur in der Regel in den künstlerisch tätigen Eliteschichten jeder
Periode entfaltet, während die mündliche Dichtung in der anonymen
Masse des Volkes heimisch ist. Daß sie letzten Endes *gesunkenes
Kulturgut* ist und somit in Wirklichkeit aus den höheren und höchsten Gesellschaftsschichten stammt, ändert nichts an der Tatsache,
daß die Dunkelheit ihrer ursprünglichen sozialen und geschichtlichen
Bedingtheit es nicht erlaubt, ihre Entwicklungsperioden genau festzustellen und in das Schema der Schrifttumsgeschichte einzuordnen.
    Der Verfasser vermeidet es, den Leser mit unnötiger äußerer
Gelehrsamkeit zu behelligen. Er wendet sich an den literarisch interessierten Leser, der faßliche Orientierung sucht, und obgleich ihr
umfassende wissenschaftliche Vorarbeiten des Verfassers zugrunde
liegen, verzichtet er – zur Erleichterung der Lesbarkeit – auf alle
bibliographischen Fußnoten und Quellenhinweise und bringt nur die
wichtigsten Literaturangaben in Nachträgen zu den beiden Bänden.

Dagegen hat es sich als unumgänglich nötig erwiesen, die historische und literarische Darstellung mit zahlreichen Zitaten zu versehen, um sie zu beleben und anschaulich zu erläutern. Für die Übersetzung der Zitate übernimmt der Verfasser die Verantwortung, und obschon die Wiedergabe, besonders die der Verse, selbstverständlich in keiner Weise die Originaltexte ersetzen will oder kann, werden die Zitate dem Leser doch eine zwar unvollkommene, aber wohl nicht unwillkommene anschauliche Vorstellung von der besprochenen Literatur vermitteln.

Dieses Buch ist die Frucht einer Arbeit, die fast ein Menschenleben in Anspruch genommen hat. Es ist aus zahlreichen akademischen Vorlesungen entstanden, die ich im Laufe der Zeit, vom Schicksal nicht unfreiwillig in der Welt herumgeführt, in Dänemark, Schweden, Estland und den Vereinigten Staaten an höheren Lehranstalten und Universitäten gehalten habe. Genau genommen stammt der erste Gedanke zu diesem Buch schon aus meiner Gymnasial- und Universitätszeit im alten St. Petersburg, wo ich als Sohn eines dänischen Vaters und einer deutschen Mutter zur Welt kam und die russische Sprache und Literatur als mein Eigenstes erlebte. Im Jahre 1952 erschien dieses Buch zuerst in dänischer Sprache, und es ist mir eine ganz besondere Genugtuung, es jetzt erweitert und stellenweise umgearbeitet in deutscher Sprache erscheinen zu sehen. Bei der Formung des deutschen Sprachgewandes hat mir Dr. *Wilhelm Krämer*, der hervorragende Kenner seiner Sprache und belesene Literaturforscher, als Ratgeber und Übersetzer unermüdlich unvergleichliche Dienste erwiesen, und ich sage ihm dafür auch an dieser Stelle meinen herzlichsten Dank. Zu der Herstellung dieser deutschen Ausgabe haben mir die beiden wissenschaftlichen Stiftungen *Carlsbergfondet* und *Rask-Örsted-Fondet* in Kopenhagen finanzielle Unterstützung gewährt, und auch ihnen gebührt mein Dank. Vor allem aber möchte ich der *C. H. Beck'schen Verlagsbuchhandlung* für ihr immer bereitwilliges Entgegenkommen und ihre unveränderlich liebenswürdige Nachsicht bei der schwierigen Drucklegung meinen aufrichtigen Dank aussprechen.

Århus (Dänemark) 1957

ADOLF STENDER-PETERSEN

TRANSKRIPTIONSSYSTEM

Bei der Transkription russischer Orts- und Personennamen und russischer Büchertitel ist in diesem Buch das in der deutschen Slavistik allgemein gültige System zur Verwendung gekommen. Die im Deutschen nicht vorkommenden besonderen Buchstabenzeichen sind unten mit der ihnen zukommenden deutschen Aussprachegeltung angeführt:

ě: kommt nur in altrussischen Namen und Wörtern vor und steht der Aussprache eines *e* zunächst,

c: entspricht dem deutschen *z*,

z: entspricht dem stimmhaften deutschen *s*,

s: entspricht dem stimmlosen deutschen *s*,

č: entspricht dem deutschen *tsch*,

š: entspricht dem deutschen *sch*,

ž: entspricht ungefähr dem französischen *j*,

ch: entspricht dem deutschen *ch* in *ach*, vor Vorderzungenvokalen dem deutschen *ch* in *ich* oder *München*,

v: entspricht dem deutschen *f* im Auslaut und vor stimmlosen Konsonanten, aber dem deutschen *w* vor Vokalen und stimmhaften Konsonanten,

ein *Apostroph* nach Konsonant (im Auslaut oder vor Konsonanten und Vokalen im Inlaut) bezeichnet die *weiche* Aussprache des betreffenden Konsonanten (als wenn ihm ein *i* folgte),

ein *Akzentzeichen* über Vokalen bezeichnet die Drucksilbe (die indessen unbezeichnet ist, wenn der Druck auf den Anfangsvokal eines Namens oder Wortes fällt).

NB. Auch in Wörtern wie *slavisch, Volynien, Volga, Neva, Chazaren, Pečenegen, Polock, moskovitisch* usw. wird das obige Transkriptionssystem verwendet.

INHALTSVERZEICHNIS

ERSTER TEIL

ZWEITER TEIL

I. DIE ROMANTISCHE PERIODE

II. DIE REALISTISCHE PERIODE

III. DIE MODERNISTISCHE PERIODE

Erster Teil

I

DIE ALTRUSSISCHE PERIODE

1. DIE VORLITERARISCHE ZEIT

Die erste natürliche Voraussetzung für die Entstehung einer selbständigen Nationalliteratur ist immer und überall die Kenntnis eines geordneten Schriftzeichensystems, die Kenntnis des Alphabets, gewesen. Die Existenz von *litterae*, Buchstaben, hat immer die Existenz einer Literatur bedingt. Mündlich überlieferte Dichtung, die von diesen *litterae* unabhängig ist, unterscheidet sich sowohl ihren Entwicklungsgesetzen und Wirkungsmitteln nach als auch in ihrer ganzen Thematik und Struktur so wesentlich von schriftlich überlieferter Literatur, daß sie nur sporadisch und gelegentlich in diesem Werke zur Behandlung kommen kann. Gegenstand dieses Buches ist daher grundsätzlich nur die Geschichte der eigentlichen russischen Literatur, insoweit unter Literatur eben die niedergeschriebene, durch *litterae* überlieferte Wortkunst verstanden wird. Die Frage, wann eine eigentliche russische Literatur entstanden ist, muß daher vor allem mit der Frage verbunden werden, wann das alte Rußland die Kenntnis eines Alphabets erworben hat.

Dieses geschah gegen Ende des 10. Jahrhunderts, bald nachdem das erste russische Staatssystem begründet worden war und Rußland auf den Schauplatz der Geschichte trat.

Ganz wie bei anderen sogenannten *barbarischen* Nationen fand auch im alten Rußland die Einführung eines offiziell anerkannten Schriftzeichensystems ungefähr gleichzeitig mit der Einführung des Christentums als offizielle Staatsreligion statt, nicht etwa weil das Christentum und die Kunst des Schreibens in irgendeinem unmittelbaren ursächlichen Zusammenhang miteinander gestanden hätten, sondern vielmehr, weil sie selbständige, dabei aber parallele Ausdrucksformen jener politischen und sozialen Entwicklungsstufe waren, die das russische Staats- und Gemeinschaftsleben erreicht hatte. Das historische Datum dieses Ereignisses war das Jahr 988. Im Jahre 988 wurde die erste natürliche Voraussetzung für das Entstehen einer russischen Literatur verwirklicht.

Das ist aber nun nicht so zu verstehen, als ob auch tatsächlich gleich eine russische Literatur entstanden wäre. Kein Staatsgebilde hat sich je eine Literatur geschaffen bloß kraft der Tatsache, daß man mit dem Gebrauch eines Alphabets vertraut geworden war. Auch im alten Rußland entstand eine Literatur nicht bloß deshalb, weil ein schnell organisiertes Schulwesen für die Verbreitung der Kenntnis eines wohlgeordneten Schriftzeichensystems sorgte. Die Faktoren, die gegen Ende des 10. Jahrhunderts die Einführung eines Alphabets zu einer ebenso gebieterischen Notwendigkeit machten wie die Anerkennung der christlichen Religion und Kirchenorganisation, waren anfänglich naturgemäß von rein materieller Art. Tiefer eingreifende kulturelle Folgen traten erst später in Erscheinung.

Das altrussische vorliterarische Gemeinleben befand sich auf einer mehr oder weniger primitiven Stufe. Das Wort diente einstweilen nur dazu, einen flüchtigen und daher rein mündlichen Ausdrucksbedarf zu befriedigen. Das Wort war somit an diese oder jene momentane Situation gebunden, deren Ursachen und Folgen das Gedankenleben des Menschen nur in geringem Maße beschäftigten, und wenn eine solche momentane Situation, sei es persönlicher oder gesellschaftlicher Art, ihre Dringlichkeit verlor, verschwand mit ihr wohl auch ihr sprachlicher Ausdruck. Gab es in einer solchen Gesellschaft irgendeinen Drang nach Zusammenhang und Tradition, dann wurde er in jeder neuentstandenen Situation durch eine spontane Rekonstruktion gewisser Ausdrucksformen befriedigt, die in kollektiver Erinnerung oder mündlicher Überlieferung wurzelten. Erst als man tief ins 11. Jahrhundert hineingekommen war, erreichte das gesellschaftliche Leben Altrußlands einen solchen Grad von Reife und von Kontinuitätsbedürfnis, daß eine niedergeschriebene Literatur eine wirkliche Notwendigkeit wurde. Erst jetzt erhielt das Wort eine dauernde Funktion. Es war jetzt ein allgemeines Bedürfnis geworden, gewisse Wortreihen und andere sprachliche Einheiten von mehr oder weniger komplizierter Art – wir nennen sie jetzt *Texte* – zu fixieren, weil sie nicht mehr nur an flüchtige Situationen gebunden waren oder nicht mehr spontan aus der Erinnerung rekonstruiert werden konnten. Sie hatten eine Tragweite und Bedeutung gewonnen, die weit über den schnell enteilenden oder wechselnden Augenblick hinausreichten. Sie betrafen jetzt in stets wachsendem Maße sowohl soziale Erfahrungen der

Vorzeit als auch mögliche zukünftige Situationen des Gemeinlebens. Vergangenes mußte gedeutet, Zukünftiges richtunggebend vorausgesehen werden. Solche Wortreihen konnten sich jetzt, wenigstens scheinbar, von allen konkreten äußeren Situationen emanzipieren und mit dem Anspruch auf zeitlose Geltung auftreten. Das Wort erhielt einen selbständigen und beständigen Wert. Es war jetzt auch zu künstlerischer Verwendung reif.

Es muß eine Grenze gezogen werden zwischen jenem Kulturzustand, der im 9. und 10. Jahrhundert vorherrschend war, und dem neuen Kulturzustand, der im 11. Jahrhundert begann. Wir müssen fragen, welche geschichtlichen Faktoren diese Grenze bedingten und schufen. Es wird daher nützlich sein, in aller Kürze das vorliterarische Gemeinleben Altrußlands mit dem plötzlich entstandenen literarischen zu vergleichen.

Die vorliterarische altrussische Gesellschaftsform, deren wesentliche Züge nur rein hypothetisch bestimmt werden können, muß eine archaische Form ohne scharfe politische Konturen gewesen sein. Sie war von einer recht verstreut wohnenden slavischen Bevölkerung getragen, die im Flußsystem des Dnjepr und seiner Nebenflüsse siedelte und sich in einer langsamen und ungeordneten Expansion nach Osten, Westen und Norden befand. Diese ernährte sich nicht nur, wie man früher gern gemeint hat, von Jagd und Fischfang, Bienenzucht und primitivem Waldfeldbau, sondern kannte augenscheinlich auch höhere Formen der Landwirtschaft und Viehzucht. Die Resultate der jüngsten archäologischen Ausgrabungen scheinen das zu bestätigen. Die eingeborene Bevölkerung verfertigte sich selbst Geräte und Gebrauchsgegenstände und ernährte sich vom Ertrag der eigenen Wirtschaft. Die soziale Gliederung, die den Charakter und den Inhalt des gesellschaftlichen Zusammenlebens regelte, war in ihren wesentlichen Zügen zunächst noch die aus Urzeiten überlieferte Form einer patriarchalisch geleiteten Familien- und Stammesorganisation, die aber doch schon zur Errichtung geschlossener und gesonderter Dorfgemeinden neigte. Einfache Sittengebote, die im Munde des Volkes lebten, normierten das Zusammenleben in Sippen und Stämmen. Grenzen rein physisch-geographischer Art – Wälder, Sümpfe, Flüsse und Seen – trennten diese Stämme voneinander, zugleich waren aber eben diese Wälder und

Sümpfe, Flüsse und Seen das beschwerliche, tägliche Arbeitsgebiet
der Menschen. Nur im Süden öffneten sich die fruchtbaren Schwarz-
erdefelder, die sich langsam in der unüberwindlichen Steppe verloren.

Man kannte sowohl den Wagen als auch den Schlitten, aber eher
als Transportmittel, weniger als Mittel des Personenverkehrs. Bald
wurde der Fluß zur eifrig benutzten und bequemen Verkehrs-
straße, und der einfache ausgehöhlte Baumstamm zum Boot, das
den Ausmärker nach anderen Gegenden führte. Es wurde auf rol-
lenden Balken von dem einen Fluß zum anderen geschleppt, die
Landstrecken zwischen den Flußsystemen wurden überwunden,
und man kam auf diese Weise weiter herum, als die Natur es eigentlich ursprünglich zugelassen hatte. Die Wälder und Sümpfe konnten daher die slavische Bevölkerung nicht mehr hindern, in die
Gebiete der finnischen und baltischen Nachbarn zu dringen, zumal da die Slaven gezwungen waren, immer neue Waldgebiete zu
roden und neues nutzbares Land zu gewinnen. Der Weg nach
Süden dagegen war gesperrt. Iranische und türkische Wandervölker – Skythen, Sarmaten, Pazinaken und Kumanen –, die den
Steppenring zwischen der Donau und der unteren Volga mit ihren
Pferden, Wagen und Viehherden anfüllten, schnitten das slavische
Volk von jeder direkten Verbindung mit der Schiffahrt des Schwarzen Meeres und der blühenden Kultur des byzantinischen Reiches
ab. Ein dunkler und phantastischer *Animismus* war unter diesen
Umständen die einzig mögliche Form eines geistigen Lebens. Er bevölkerte das Haus und den Fluß, die Erde und den Wald mit
freundlichen oder feindlichen Geistern – Kobolden, Nymphen und
Dämonen; dagegen ist es ziemlich fraglich, ob persönliche Götter
mit eigenen Namen bekannt waren. Eine Mythologie im griechischen Sinne des Wortes gab es jedenfalls nicht. Sprichwörter,
Zauberformeln und kurze lyrische Lieder, die verwendet wurden,
wenn wiederholte typische Situationen es verlangten, und die bei
späteren Gelegenheiten wiederkehrten, befriedigten offenbar durchaus den Bedarf des Volkes an sprachlichen Ausdrucksformen.
Spiel- und Arbeitslieder repräsentierten die Poesie des Alltags.
Familienfeste wurden mit überlieferten Zeremonien begangen, und
man gedachte der Ahnen des Stammes nach rituellem Brauch. Das
kollektive Leben hatte einen vegetativen, reglosen Charakter.

und erst gegen Ende des 10. Jahrhunderts trat eine eigentümliche Revolution ein, die die slavische Bevölkerung zu neuem kulturellem Leben erweckte.

Diese Revolution bestand wesentlich darin, daß die Dnjepr-Slaven durch einen von außen kommenden Energieimpuls in den Welthandel hineingezogen wurden. Der Welthandel legte plötzlich eine seiner Hauptlinien quer durch das ganze Land, verband das Gebiet der Ostsee mit dem Kulturkreis des Schwarzen Meeres und machte die Schaffung einer neuen Form des sozialen Lebens zu einer unvermeidlichen und gebieterischen Notwendigkeit. Im Laufe von einigen Jahrhunderten fand eine durchgreifende Umformung des Dnjepr-Landes in wirtschaftlicher, gesellschaftlicher und politischer Beziehung statt.

Schon seit langem hatte der nordische Pelzhandel, von Jägern begründet und von Handelsleuten ausgebaut, zwischen der skandinavischen Halbinsel einerseits und den Gebieten südlich des Weißen Meeres und östlich der Ostsee andrerseits eine rege Verbindung geschaffen. Er hatte den pelzreichen nördlichen Teil des jetzigen europäischen Rußlands zu einem Gebiet gemacht, das gern Pelze und Waren lieferte. Die nordischen Handelsleute hatten sich früh in großen kaufmännischen Organisationen zusammengeschlossen, die sich *Kylfinger* oder *Väringer* nannten, und hatten es verstanden, sich mit Hilfe verlockender Tauschwaren oder auch durch Waffengewalt in dem weiten nördlichen Kolonialland festzusetzen. Von hier aus begannen sie sich längs der Düna und der Volga einen neuen Weg nach den exotischen Gebieten an der Kama und am Kaspischen Meere zu bahnen und sich im Nahen Orient feste Absatzmärkte zu schaffen. Skandinavische und arabische Handelsleute bewegten sich auf der Volga unbehindert nach dem Norden und Süden. Aber noch weit mehr als der kaspische und ostrussische Markt mußte die Weltmetropole an der Grenze zwischen Ost und West locken: Konstantinopel, die Hauptstadt des byzantinischen Imperiums mit ihren reichen Absatzmöglichkeiten und ihrer üppigen Kultur. Der nordisch-orientalische Handel stand vor der Aufgabe, sich einen Weg nach dem Schwarzen Meere zu bahnen. Dieser Weg – der kürzeste, den es gab – führte quer durch das slavische Dnjepr-Land.

Der Vorstoß, den der nordische Pelzhandel planmäßig nach Süden unternahm, hatte seinen natürlichen Ausgangspunkt in der nordisch-schwedischen Kolonie im Gebiete der Stadt Ladoga, der *Aldeigjuborg* der späteren nordischen Sagas, einer Station, von der man leicht zu den nördlichen Nebenflüssen der Volga vordringen konnte, von der aber auch ein ebenso bequemer Flußweg zum Dnjepr führte. Die nordischen Siedler, die mit den schwedischen Kolonisten in Finnland und Estland verwandt waren, wurden von den finnischen und estnischen Stämmen, die nördlich, südlich und östlich des Finnischen Meerbusens siedelten, genau so wie die schwedischen Kolonisten Finnlands und Estlands *Ruotsi* (älter *Rōtsi*) genannt – ein Name, der schwedischer Herkunft war, abgeleitet von dem Worte, mit dem diese Schweden sich ursprünglich selber benannten. Man hat früher gemeint, daß dieses Wort mit der Bezeichnung für die schwedische Küstenlandschaft *Roslagen* zusammenhänge, neuere Forschung hat indes wahrscheinlich gemacht, daß es eine Bezeichnung für die schwedischen Küsten- und Schärenfahrer war, die auch später als *rō(ð)s-män* oder *rō(ð)s-karlar* oder *rō(ð)s-byggiar* auftraten. Durch finnische Vermittlung gelangte der Name zu den Slaven, die ihn als *Rus'* weiterführten.

Die erste Etappe der nordisch-schwedischen Expansion von Ladoga nach dem Flußsystem der Volga brachte die eindringenden Kolonisten in unmittelbare Berührung mit den wohlorganisierten und blühenden Handelsstaaten der Volga-Bulgaren und Chazaren, deren Nachbarschaft das *Ruotsi*-Volk zu einer staatlichen Entwicklung zwang. Es scheint ziemlich sicher zu sein, daß die Gesandten der *Rhōs*, die im Jahre 839 im Gefolge einer byzantinischen Gesandtschaft am Kaiserhof zu Ingelheim erschien, über die Volga-bulgarischen und chazarischen Staaten aus jenem ersten fernen schwedisch-nordischen Ladoga-Staat nach Konstantinopel gelangt und später nach Ingelheim weitergereist war. Die *Rhōs*-Leute nannten ihren König nach chazarischem Vorbilde *kagan* – genau so wie die ersten russischen Könige des viel späteren Kíjever Staates es taten. Während dieser ersten Periode entdeckten die nordischen Handelsleute bald den bequemen Weg von Ladoga durch das finnisch-slavische Waldland nach den Quellen des Dnjeprs, die

nicht weit von den Quellen sowohl der Düna als auch der Volga
lagen, und dann südwärts den Dnjepr hinab. Die einzelnen Stationen auf diesem Wege sind durch die Namen des berühmten
Nóvgorod, der Städte Smolénsk und L'úbeč und schließlich Kíjevs
bezeichnet. Längs dieser Route scheinen militärisch organisierte
Stützpunkte, Stapelplätze, Faktoreien, Handelsstationen errichtet worden zu sein. Die nordischen Handelsleute, die als typische
Eroberer die Expansion des *Ruotsi*-Volkes nach Süden leiteten,
verwandelten langsam und zielbewußt das umwohnende wehrlose
slavische Jäger-, Fischer- und Bauernvolk zu tributpflichtigen Lie-
feranten von Fellen, Häuten und Pelzen, von Met, Honig und
Wachs, von Bauholz, Prahmen und Booten, von Tieren und
Sklaven. Regelmäßig im Frühling gingen von diesen Stationen
große Bootkaravanen die Flußwege hinab nach dem schnellwach-
senden Kíjev, das die Väringer in ihrer Sprache *Könugard*
nannten. Hier wurden die Waren in größere Boote oder Schiffe
umgeladen, und nachdem man unter großen Beschwerden und oft
mit großen Verlusten die gefährlichen Dnjepr-Schnellen in dem von
Nomaden heimgesuchten Steppengebiet hinter sich gebracht hatte,
wurde der Export nach Konstantinopel dirigiert, das in der Sprache
der Väringer *die große Stadt* oder *Miklagard* genannt wurde,
während die Slaven es *die Kaiserstadt* oder *Cěsar'grad* (später
Car'grad) nannten. Hier wurden Textilien und Edelmetalle, Waffen und Schmuckgegenstände, Schuhe und Hüte und Kleider,
Südfrüchte und Weine geholt und auf großen Schiffen heimgesandt.
Feste Verträge wurden zwischen dem Kaiserhof und den Väringern
aus dem wilden Skythien abgeschlossen und feierlich beschworen
und unterschrieben − ein bei weitem nicht immer wirksames Mittel zur Pazifizierung der kriegerischen Barbaren. Von weit größerer Bedeutung als diese Kontrakte und Traktate aber waren die
nachhaltigen Eindrücke, die die reiche byzantinische Kultur und Zivilisation auf die nach ihren russischen Handelsfaktoreien zurück-
kehrenden Väringer (oder Varäger) machte.

Tatsächlich war es eben dieser Handel, der den ersten Grund
legte zu jener politischen und gesellschaftlichen Organisation, die
die Struktur eines festen Staates anzunehmen begann und nach
dem *Ruotsi*- oder *Rus'*-Volk benannt wurde. Der neue Staat ent-

stand in engster Verbindung mit dem berühmten Handelsweg *aus dem Väringerland nach dem Griechenland* (*put' iz var'ág v gréky*). Die Handelsstationen wuchsen an Zahl und Bedeutung. Sie entstanden an den Einmündungen der kleineren Flüsse in die Hauptströme, an den Fährstellen und Schleppzugstationen, an den Kreuz- und Scheidewegen. Sie wurden schnell zu verhältnismäßig großen und reichen Städten, die nach slavischem Brauch von Wällen umgeben waren, und das ganze Land wurde im Norden bald als das Land der befestigten Städte, *Gardar* oder *Gardaríki*, bekannt. In allen diesen Städten saßen nordische Führer mit ihrem Gefolge von wohlbewaffneten Väringern und Kaufleuten und finnischen und slavischen Garnisonen. Mehr oder weniger freiwillig (und hin und wieder erst nach blutigen Fehden) erkannten sie den *Stuhlkönig* von Kíjev als ihren Oberherrn an. Es war das die einfache Folge der Tatsache, daß sie wirtschaftlich von ihm abhängig waren, da er die Schlüsselstellung am Dnjepr innehatte. Es entstand auf diese Weise ein eigentümliches Staatsgebilde, eine machtpolitische Organisation, deren Struktur primär von Handelsinteressen bestimmt war – ein Erobererstaat, in dem die bewaffnete Kaufmannsklasse die Bevölkerung ausbeutete, zugleich aber auch ein Staat, in dem die reine Ausplünderungspolitik im Interesse des Handels selbst einer immer festeren Rechtsordnung weichen mußte. Hier war Byzanz das große Muster und Vorbild. Die Übernahme des byzantinischen Christentums durch König Vladímir den Heiligen war nur ein Glied im Prozesse der Einführung byzantinischer Organisationsformen. Ein anderes Glied in diesem Prozesse war die Vermählung des barbarischen Russen- und Väringerkönigs Vladímir mit der purpurgeborenen Prinzessin Anna. Der Handel verwandelte das halb slavische, halb nordische Reich zu einer Provinz im byzantinischen Kulturgebiet.

Und ein Menschenalter später war ein neues russisches Staatsgebilde geschaffen, ein äußerst dynamisches und widerspruchsvolles Gebilde, das gerade darum alle Keime zu einer reichen und komplizierten Entwicklung enthielt. In überraschend kurzer Zeit erreichte das russische Staats- und Gesellschaftsleben einen solchen Grad kultureller Reife, daß König Jaroslav, *der Weise* genannt, der eigentliche Schöpfer der neuen Rechtsordnung, zur bewußten

Gestaltung eines mehr oder weniger eigenartigen und selbständigen Geisteslebens – und damit auch einer Literatur – schreiten konnte. Es ist eine Tatsache von enormer geschichtlicher Bedeutung, daß der Aufbau des neuen Staatsgebildes im Zeichen des Byzantinismus stand.

2. DIE STRUKTUR DER ALTRUSSISCHEN GESELLSCHAFT

Die Zivilisation, die im Laufe des 11. Jahrhunderts entstand, war jedenfalls in ihren Anfängen wesentlich eine städtische Zivilisation ohne breitere Grundlagen in der Bevölkerung als Ganzem.

Nur die Oberklasse ließ sich gern byzantinisieren und christianisieren. Die breite Masse der slavischen Bevölkerung hielt lange an ihrer heidnischen Überlieferung und an ihren uralten Sitten und Gebräuchen fest. Diese klassenmäßige Differenzierung, die in der Periode der Stammesgemeinschaft so gut wie unbekannt war, hatte die größte Bedeutung für die kulturelle Entwicklung. Die Literatur, die aus einem solchen Kulturgrund erwachsen mußte, war von vornherein dazu bestimmt, wenigstens in ihren Anfängen eine Literatur der oberen Klassen zu werden. Wennschon man sich davor hüten muß, die Bedeutung der nordisch-varägischen Einwanderer und Eroberer für die russische Kulturentwicklung zu überschätzen – der nordische Kultureinfluß war tatsächlich ziemlich geringfügig –, so ist es doch eine in diesem Zusammenhang interessante Tatsache, daß gerade dieses Fremdelement im Anfangsstadium des russischen Kulturlebens das eigentlich verbindende und antreibende Ferment im Prozeß der Schaffung einer kulturinteressierten, städtischen Oberklasse darstellte.

Diese Klasse der Krieger und die Klasse der Kaufleute, die beide ihre speziellen Funktionen im Gesellschaftsleben ausübten, gaben nur ganz allmählich die soziale und wirtschaftliche Gemeinschaft auf, die sie ursprünglich vereint hatte. Das königliche Gefolge war eine weitverzweigte und machtvolle Organisation. Einerlei, ob sie den Großkönig von Kíjev oder die untergeordneten Kleinfürsten und Statthalter umgab, sie machte eine das ganze Land umfassende und zusammenhängende Elite aus, die sich himmelhoch über die Masse der eingeborenen, seßhaften Bevölkerung erhob. Der Feudalisierungsprozeß, der auch das alte Rußland ergriff, brachte es mit sich, daß diese fürstliche Elite (*družína, kn'áźeskij rod*) langsam zu einer seßhaften Klasse von Grundbesitzern wurde. Im Beginn der historischen Zeit spielte diese Entwicklung aber noch keine Rolle bei der Gestaltung des gesellschaftlichen Mechanismus. Der Handel war noch die Hauptfunktion der Oberklasse, und er zog eine Menge der reichsten und tüchtigsten Landbewohner und Großbauern mit unwiderstehlicher Gewalt an sich. Die nordische Väringerschicht gab, nicht zuletzt infolge dieser Aufsaugung slavischer Elemente, bald ihre fremde nordische Nationalität auf. Um so länger bewahrte sie aber den nordischen Charakter und Stil ihrer Organisation. Je komplizierter der Staatsapparat wurde, desto stärker und bedeutungsvoller wurde die sozialökonomische Differenzierung innerhalb der Oberklasse. Sie führte zu der Entstehung zweier Stände: einer berufsmäßigen Kriegerkaste und einer ebenso berufsmäßigen Kaufmannskaste. Diese Kasten teilten die gesellschaftlichen Funktionen, die sie bisher gemeinsam ausgeübt hatten, unter sich und entwickelten ihre eigenen gesellschaftlichen Rangordnungen.

Die Kriegerkaste übernahm die Verwaltung und das Kriegswesen des neuen Staates. Sie war die eigentliche Aristokratie Altrußlands. Sie umfaßte das weitverzweigte königliche Geschlecht, seine nächsten und fernsten Mitglieder, die Statthalter der Könige und Fürsten in der Provinz, die Tausendmänner, Hundertmänner und Zehntmänner, die die Befehlshaber des offenbar dezimal organisierten Heerwesens waren, und die Herzöge (*vojevódy*), die im Kriegsfalle an der Spitze des gesamten Heeres oder seiner einzelnen Teile standen. Die niederen Schichten der Aristokratie, ihr eigentlicher politischer und militärischer Machtapparat, bestand aus der Leibgarde oder Leibwache der Fürsten, Herzöge und Statthalter, aus den kleineren Heerführern, Schwertmännern und Reitern, den Beamten und Sendboten. Sie erhielten ihren Lohn aus der privaten Kasse des Königs oder Fürsten. Auch immer wieder neu hinzukommende nordische Glücksritter, meistens aus Norwegen, wurden aus dieser entlohnt, wenn sie sich auf längere oder kürzere Zeit bei ihren varägischen Freunden und Verwandten in Gardaríki aufhielten.

Die Kaufmannsklasse der Städte sonderte sich sozial aus der kriegerischen Elite aus, sobald die Rechtsverhältnisse eine Trennung des Handels vom Waffenhandwerk zuließen. Von da an konnten die *Gäste*, wie sich die Kaufleute gern nach nordischer Sitte nannten, sich ganz der systematischen Ausnutzung der slavischen Landwirtschaft und einer umfassenden Organisierung des Handels widmen. Es war ganz besonders der Kaufmannsstand von Nóvgorod und Kíjev, der kraft seiner skandinavischen und byzantinischen Verbindungen aufblühte. Er war wirtschaftlich von der Königsgewalt des Landes unabhängig. Als das eigentlich bürgerliche Element der Städte zog dieser Stand allerlei Handwerk und Industrie an sich. Die Kaufleute saßen in den großen Quartieren und Handelshäusern der Städte, und ihre kollektiv organisierten Gilden, Kaufmannsvereinigungen und Handelsgesellschaften, unmittelbare Nachkommen der alten Vereinigungen der *Väringer* und *Kylfinger*, repräsentierten schließlich eine solche Macht, daß auch die Leiter des Staates sie oft genug zu Rate ziehen mußten. Konflikte zwischen der Bürgerschaft und der königlichen Gewalt endeten nicht immer günstig für die letztere, und es war daher verständlich, wenn die sogenannten *besten Männer* (*naročityje, lútčije, starějšije l'údi*), gewählte Vertreter der Bürgerschaft, und die *Bojaren*, d. h. ihre örtlichen Vertreter, als gleichberechtigte Mitglieder im Rate des Königs, der sogenannten *dúma*, Sitz und Stimme erhielten. In reißendem Tempo drang das bodenständige slavische Volkselement in diese Klasse ein, aber ihre historische Abstammung aus dem fremden *Ruotsi*- oder *Rus'*-Volk wurde nicht vergessen. Jedermann, ob nordischer, ob slavischer Herkunft, nannte sich *Russe* (*russkij*). Während Nóvgorod, das *Holmgard* der Sagas, sich kraft seiner geographischen Nähe zu Skandinavien noch lange an seine nordischen Überlieferungen und Verbindungen hielt und daher auch seine westeuropäische Orientierung bewahrte, ergab sich die Hauptstadt des Reiches, die Königsstadt Kíjev, hemmungslos dem Geist und der Kultur, die vom Süden her, aus Byzanz, ins Land strömten.

Diese beiden Klassen, die Kriegeraristokratie und der Handels-
und Bürgerstand, machten gemeinsam die führende Schicht der
Gesellschaft aus. Sie waren dazu bestimmt, das frisch aufkeimende
Geistesleben zu tragen und es mit ihren kulturellen Interessen zu
erfüllen. Natürlich mußte auch eine neu entstehende Literatur das
Gepräge und die Farbe des Interessenkreises dieser Schicht annehmen.

Indessen war die innere Struktur der altrussischen Gesellschaft
durch eine dynamische Spannung ganz eigener Art gekennzeichnet,
nämlich durch die Spannung zwischen der weltlichen und der geistlichen Sphäre. Außer jenen beiden wesentlich weltlichen Gesell-
schaftsfaktoren gab es noch einen dritten sozialen Faktor, und
zwar einen, der in mancher Beziehung einen ganz überwältigenden und entscheidenden Einfluß auf den Interessenkreis der altrussischen Literatur ausübte. Es war das die kirchliche Welt, der
geistliche Stand, das Mönchtum. Seine Bedeutung war um so größer,
als sich nach der Einführung des Christentums die höchste Kultur-
autorität in ihm konzentrierte. Die Kirche, die Schule und der
Mönchsorden waren die wichtigsten Instrumente der Aufklärung
und Erziehung jener Zeit. Sie befanden sich unter der unkontrollier-
ten Obhut des geistlichen Standes.

Die kirchliche Organisation, die in Rußland eingeführt und systematisch ausgebaut wurde, war byzantinischer Herkunft. Freilich war die Klerisei von Anbeginn an nicht ausschließlich aus Konstantinopel importiert. Neben den in Rußland domizilierten griechischen Kirchenherren, die sich rasch die Sprache des Landes an-
eigneten, gab es insbesondere in den niederen Graden eine Menge
slavischsprechender bulgarischer Priester aus dem Balkan, wie
auch das Alphabet, das benutzt wurde, bulgarischer Herkunft war.
Wir müssen auch im Auge behalten, daß schon unter König Jarosláv dem Weisen, wie auch öfters später, eine gewisse Rivalität bestand zwischen den fremden Kirchenherren und der eingesessenen
niederen Geistlichkeit und den niederen Mönchsorganisationen. Es
war eine Rivalität, die gelegentlich den Charakter offener Konflikte
annehmen konnte. Die Rivalität wurde auch dadurch genährt, daß
die königlichen Machthaber aus politischen Gründen keine allzu enge
hierarchische Abhängigkeit von Konstantinopel wünschten. Das

führte aber niemals zu einer in tieferem Sinne antibyzantinischen Bewegung, ganz im Gegenteil stand auch die russische Geistlichkeit bewußt im Dienste der byzantinischen Kultur und war bereit, sie sowohl gegen die Angriffe des langsam aussterbenden Heidentums als auch gegen mögliche Anschläge seitens der westeuropäischen, römisch-katholischen (*lateinischen*) Kirche zu verteidigen. Metropoliten, Erzbischöfe, Bischöfe, Äbte und Klostermönche, Prediger und Missionare bildeten eine kompakte Masse von begeisterten Glaubenseiferern, die unermüdlich für die Ausbreitung byzantinischer Kulturformen arbeiteten. Und der König, der sehr wohl die geistige Überlegenheit und Macht dieses Standes einsah, versäumte es nicht, ihn immer wieder zu Rate zu ziehen. Durch die Ausbreitung und Befestigung des Christentums im Lande machte die Kirche das Volk zu einem gehorsamen Werkzeug in der Hand des Königs.

Die Antithese zwischen dem nordisch-russischen Element einerseits und dem byzantinischen andererseits machte den besonderen Reiz der altrussischen Kultur aus. Diese Elemente trugen die entscheidenden Tendenzen des russischen Geisteslebens in die kommenden Jahrhunderte hinein: sie verschmolzen nie ganz, doch überwand auch keines das andere.

Die Antithese zwischen dem nordisch-russischen Kulturelement und dem byzantinischen war zwar im sozialen Gegensatz zwischen den Krieger- und Bürgerklassen einerseits und der Geistlichkeit andererseits begründet. Sie war aber nie identisch mit ihm. Sie überschnitt in mancher Hinsicht die soziale Schichtung. Die Geistlichkeit war niemals eine konsequente oder sklavische Kopie der byzantinischen, und die Bürgerschaft stand nicht etwa in einer bewußten Opposition zu der kaiserlich griechischen Kultur. Das Problem, das die altrussische Kultur zu lösen hatte, kann wohl am besten als ein Kampf zwischen byzantinischer Kulturform und barbarischer Mentalität definiert werden. In diesem Kampfe konnte weder der bodenständige Primitivismus noch der importierte verfeinerte Byzantinismus endgültig siegen. Es sollte der altrussischen Gesellschaft gelingen, eine Synthese zu finden, die nicht zum mindesten in der Literatur einen großartigen Ausdruck erhielt.

Rein materiell gab indessen der hemmungslose byzantinische Import dem ersten altrussischen Jahrhundert sein Gepräge. Das

Christentum und das Kirchenwesen waren nur einige von den Elementen, die eingeführt wurden. Gleichzeitig fand im ganzen Kulturbereich eine rasche Übernahme von byzantinischen Lebensformen, Geschmacksformen, Modeformen und Kunstformen statt, und besonders während der Regierungszeit König Jaroslávs verwandelte sich Kíjev zu einem kleinen Byzanz und gab so den anderen russischen Städten ein Vorbild, dem sie nacheiferten. Es ist im übrigen charakteristisch, daß die altrussische Gesellschaft keineswegs nur für byzantinischen Einfluß empfänglich war und sich der übrigen Welt verschloß. Sowohl von Westeuropa her als auch aus den Staaten des Kaukasus gelangten starke und bedeutungsvolle Impulse nach Rußland, und der blühende Handel mit dem Orient und dem Okzident hinterließ tiefe kulturelle Spuren, z. B. in der altrussischen Architektur. Auch die Literatur hielt sich keineswegs ganz frei von solchen Einflüssen. Sie wurden aber im Zeichen des siegreichen Byzantinismus amalgamiert und nationalisiert, wie denn auch Byzanz immer noch imstande war, alle Impulse von Ost und West und Süd aufzunehmen.

Die einfachen Holzpalisaden, die früher zur Verteidigung der Reichshauptstadt gegen Angriffe von außen gedient hatten, wurden nun durch imposante Steinmauern ersetzt, und das Haupttor in der neuen Stadtmauer erhielt nach dem Vorbilde, das die Kaiserstadt gab, den Namen *Goldenes Tor* (*Zolotýja vorotá* bei den Russen, *Gullvarta* bei den Väringern). Die Hochburg des Königs (*Výšgorod*) lag auf dem höchsten der die Stadt tragenden Berge, und hier hatte schon König Vladímir die Bronzeskulpturen (Statuen, Rosse) angebracht, die er in der griechischen Schwarzmeerstadt Chersones (*Korsún'*) auf der Halbinsel Krim erbeutet hatte, als er die Hand der griechischen Prinzessin Anna gewann und dafür – zu angemessener Gegenleistung bereit – zur christlichen Religion übertrat. Statt der heidnischen Tempel, in denen er selbst eifriger als irgendeiner seines Geschlechts die heidnischen Pfahlgötter angebetet hatte, vor allem den slavischen Perún und den nordischen Thor, die ihm zu einer Gestalt verschmolzen, erstanden nun christliche Kirchen nach byzantinischem Muster. Schon im Jahre 990 wurden die aus Konstantinopel eingeladenen Architekten mit der ersten Kirche Kíjevs, der *Mariae-Verkündigungs-Kirche* oder *Zehnt-*

kirche (*Des'atínnaja cérkov'*) fertig, die an der Stelle errichtet wurde, wo vor nicht gar zu langer Zeit zwei christliche Väringer auf Befehl des Königs Vladímir den Märtyrertod erlitten hatten. Als Vladímir starb, ließ sein Sohn, König Jaroslav, eine neue prachtvolle Kirche erbauen, die im Jahre 1037, 20 Jahre nach der Grundsteinlegung, endlich fertig dastand. Sie erhielt den Namen der *Hagia-Sophia-Kathedrale* in Konstantinopel, war aber keineswegs eine sklavische Kopie derselben. Sie wurde mit kostbaren Gold- und Silbergefäßen, Taufbecken, Geräten und Ornaten ausgestattet, und da die Zeiten des Bildersturms in Byzanz vorbei waren, bestand kein Hindernis, die Kathedrale mit kostbaren Ikonen anerkannter griechischer Meister zu schmücken. Die neuen Kirchen waren von prachtvollen Marmor-, Porphyr- und Alabastersäulen, die aus dem Ausland importiert werden mußten, getragen, die Wände waren mit farbenreichen Mosaiken und Inkrustationen, Fresken auf goldenem oder blauem Grund, verziert. König Jaroslav ließ in der Kathedrale Monumentalporträts seiner selbst und seiner Familie anbringen – hohe Figuren mit strengen Antlitzen und großen byzantinischen Augen; hinter dem Hochaltar ragte das übermenschlich große Bild der Gottesmutter empor in der violetten Kleidung byzantinischer Kaiserinnen, mit anbetend erhobenen Armen, und oben in der Wölbung der Hauptkuppel schwebte das Bild von Christus Pantokrator, dem düsteren und gebieterischen Herrscher der Welt. Das königliche Schloß suchte offenbar den kaiserlichen Palast in Konstantinopel zu kopieren: an den Wänden der Verbindungsgänge zwischen der Kathedrale und dem Schloß gaben zahlreiche Fresken lebhafte Jagdszenen, muntere Gaukler- und Seiltänzerauftritte, Bilder aus dem kaiserlichen Hippodrom in Byzanz, wieder.

Südländischer Atlas und Seide, purpurfarbene Stoffe und Saffianschuhe aus byzantinischen Werkstätten, griechische und orientalische Weine und Früchte, Gold- und Silbermünzen aus der Kaiserstadt, kunstvolle Geschmeide byzantinischer Juweliere, fein verarbeitete Becher, Schalen und Schüsseln aus den Werkstätten byzantinischer Goldschmiede und Kunsthandwerker dienten dem Luxusbedarf der russischen Bürger und Krieger und ihrer Frauen. Man kleidete sich in Gewänder griechischer Schneiderwerkstätten und trug Hüte aus Byzanz – jene berühmten *Hüte aus griechischem Lande (šl'ápy zemlí gréčeskoj)*, die in den russischen Volksliedern unermüdlich Jahrhunderte hindurch in bewundernder Erinnerung gehalten wurden. Musik und Musikinstrumente, Kunst und Bücher, Kleider und Sitten byzantinischer Herkunft waren die Gegenwerte, die der russische Kaufmann, vom russischen Krieger beschützt, für jene weit einfacheren Waren nach Hause brachte, mit denen er das byzantinische Weltreich ausgiebig versah.

All das gehörte aber nur zum Luxus des Lebens. Das tägliche Dasein trug auch weiterhin noch lange die vertrauten und alt-bekannten Züge der Primitivität. Die Städte waren im großen und ganzen aus Balken und Brettern gebaut und ähnelten keines-wegs den konstantinopolitanischen Privatpalästen, weit eher den nordischen Blockhäusern. Die Verhältnisse waren wenig kompliziert und die Sitten ziemlich roh. Sobald man die relativ engen Gren-zen der importierten byzantinischen Kultur überschritt, befand man sich sogleich mitten in der heimischen Barbarei, gleich, ob sie varägischer oder slavischer Herkunft war. Die genauen Klassen-grenzen, die in Byzanz die verschiedenen Schichten der Bevölke-rung voneinander trennten, waren hier nur im Ansatz vorhanden, und das steife Zeremoniell, das das gesellschaftliche und familiäre Leben in Konstantinopel regelte, war für die Russen zunächst nur Gegenstand des Spottes und Hohnes. Das altrussische Gesell-schaftsleben war nur halbzivilisiert: es rüstete sich mit seiner rohen Jugend gegen die alte Kultur, die es zu erobern suchte, und ahmte doch auch zugleich mit der Gier der Jugend die Elemente dieser Kultur nach, die seinem Geschmack zusagten.

3. DIE LITERARISCHE SPRACHE

Außer der oben geschilderten kulturellen Antithese, die der alt-russischen Kultur eine gewisse fundamentale Spannung verlieh, gab es eine andere, die nicht weniger bedeutungsvoll war und die Litera-tur tiefgehend beeinflussen mußte. Diese Antithese lag in der *Spra-che* als solcher; sie verlief bis zu einem gewissen Grade parallel mit der kulturellen, konnte sie aber auch überschneiden. Das trug dazu bei, der Literatur einen besonders lebensvollen Charakter zu geben.

Die Sprache, die für literarische Zwecke in Anwendung kam, war nämlich ihrer Herkunft und Struktur nach keineswegs mit der Volkssprache identisch, die von der Masse der slavischen Bevölkerung des Landes gesprochen wurde. Sie war nicht einmal mit der städtischen Sprache ganz identisch, die von den kulturtragenden Schichten im täglichen Umgang gesprochen wurde. Es war von Anbeginn eine von außen importierte Kunstsprache, die nur von einigen wenigen, besonders geschulten Priestern und Mönchen gemeistert wurde und die erst nach russischen Sprachnormen umgeformt werden mußte. Die eigentlich russische Schicht dieser Literatursprache spielte anfänglich sogar nur eine recht untergeordnete Rolle im Vergleich mit ihren anderen linguistischen Elementen. Die Grundlage dieser Literatursprache war eine Art slavischer *Koiné*, ausgebaut von gelehrten byzantinischen Kirchenemissären (den Brüdern Kyrillos und Methodios aus Saloniki) und eingeführt bei den westslavischen (später auch den südslavischen) Völkern, die die politisch gefährliche lateinische Hegemonie der römischen Kirche fürchteten und die daher in der zweiten Hälfte des 9. Jahrhunderts die geistige Hilfe von Byzanz angerufen hatten. Nach griechisch-byzantinischen Vorbildern, aber auf der Grundlage des altbulgarischen Saloniki-Dialekts war dann eine Sprache entstanden, die wir jetzt *altkirchenslavisch* nennen und die so elastisch und geschmeidig war, daß sie rasch und ohne Schwierigkeit tschechisch-mährische, serbische und bulgarische Elemente in ihr Laut- und Wortsystem aufnehmen konnte. Besonders bewunderungswürdig war die Fähigkeit dieser Sprache, Bezeichnungen für abstrakte Begriffe zu bilden und als Werkzeug für recht subtile Gedankengänge zu dienen. Eben dieser Umstand ermöglichte eine überraschend schnelle Übernahme des komplizierten sprachlichen Reichtums der byzantinischen Kultur. Anfänglich hatte diese Kunstsprache ganz im Dienste der Kirche gestanden, aber während der Regierungszeit des byzantinisch gebildeten bulgarischen Zaren Symeon (893–927) hatte sie eine sowohl geistliche wie weltliche Blütezeit erlebt und die Entstehung einer bulgarischen Literatur nach byzantinischem Vorbilde ermöglicht. Es war das eine bemerkenswert weit ausgreifende enzyklopädische Literatur, die ein Maximum an Inhalt anstrebte, aber nur ein Minimum an Form verwirklichte.

Es besteht Grund genug zu der Annahme, daß diese slavische Gemeinsprache im alten Rußland schon vor dem endlichen offiziellen Sieg des Christentums bekannt war. Die Verbindung mit Bulgarien, das eine Zeitlang sogar unter russischer Oberherrschaft gestanden hatte (nämlich in der zweiten Hälfte des 10. Jahrhunderts), war schon früh recht eng geworden, und das offizielle Christentum, das schon vor 988 (unter der Regierung der Königin Olga-Helga) begonnen hatte, sich in Rußland zu verbreiten, stammte unmittelbar aus Bulgarien. Als der byzantinische Kaiser Konstantinos Porphyrogennetos eine Schilderung des jungen Barbarenreiches um Kíjev geben und einige Ortsnamen in sein Werk einfügen wollte, das unter dem lateinischen Namen *De administrando Imperio* bekannt ist, sicherte er sich vermutlich unter den Väringern in Konstantinopel einen Gewährsmann, der sowohl die skandinavische als auch die slavische Sprache beherrschte. Indessen verraten die slavischen Namen der im Werk genannten Dnjepr-Schnellen, sogar in ihrer griechischen Umschreibung, deutlich ihren durchgehends bulgarischen Lautcharakter, was wohl kaum anders zu erklären ist als durch die Annahme, daß die Sprache, die um 940–950 in Kíjev gesprochen wurde, sich bereits gewisse Züge der feineren und vornehmeren bulgarischen Schriftsprache angeeignet hatte. Man kann vermuten, daß der russische Kaufmannsstand und die russische Kriegerkaste sich auch untereinander der einzigen existierenden slavischen Schriftsprache bedienten.

Es ist jedenfalls eine Tatsache, daß man in der Zeit König Jaroslávs (1016–54), als Schulen für die Kinder der vornehmeren Stände in Kíjev errichtet wurden, die Entdeckung machte, daß der elementare Lesestoff, den die byzantinische Geistlichkeit nach Kíjev schickte und hier von den Mönchen abschreiben ließ, in einer Sprache vorlag, die jedes russische Kind ohne größere Schwierigkeit verstehen konnte. Ein breiter Strom von altkirchenslavischen Büchern, die für Kirche und Schule bestimmt waren – Evangelien, Gesangbücher und liturgische Bücher, große Miszellanfolianten mit buntem Inhalt, Heiligenlegenden und apokryphe

Schriften, dieser bulgarische Abglanz byzantinischer theologischer Literatur –, bahnte sich einen Weg nach Kíjev und von da nach Smolénsk und Nóvgorod und den anderen russischen Städten.

Indessen zeichnete sich die Sprache, die die griechischen und bulgarischen Lehrer den vornehmen Barbarenkindern beizubringen versuchten, durch gewisse morphologische und lexikalische Eigentümlichkeiten aus, die ihnen an sich fremd sein mußten. Sie hatte außerdem einen Lautcharakter, der nicht ohne weiteres von einem Russen nachgeahmt werden konnte. Freilich konnte die Aneignung der fremden Wörter und Kunstausdrücke, der langen, komplizierten Komposita und abstrakten Ableitungen verhältnismäßig glatt verlaufen, besonders da sie oft durch entsprechende heimische Wortbildungen, die eine neue Bedeutung erhielten, ersetzt werden konnten. Was dagegen die lautliche Wiedergabe der fremden Wörter angeht, so sah man keinen anderen Ausweg als den, die bulgarischen Formen einfach russisch auszusprechen. Man bemühte sich nicht mehr, die bulgarischen Nasalvokale zu bewahren, da die fremden Wörter nur verständlicher wurden, wenn man sie mit russischen Vokalen ohne Nasalierung aussprach. Man bemühte sich auch nicht viel, sich die korrekte Aussprache der bulgarischen silbenbildenden *r*- und *l*-Laute anzueignen, da die Bedeutung der Wörter keineswegs dadurch verlorenging, daß man sie nach russischer Art mit einem vorhergehenden Vollvokal aussprach. Aber in gewissen Fällen behielt man die bulgarischen Lautformen unverändert bei, nämlich wenn sie nicht mit wirklichen Ausspracheschwierigkeiten verbunden waren, und man erhielt so eine lange Reihe von Wortdoubletten, die noch heute in der Sprache weiterleben – wenn z. B. das Wort für ‚Stadt‘ bald auf russisch *górod* (vgl. *Nóvgorod*), bald auf kirchenslavisch *grad* (vgl. *Leningrád*) heißt. Der Kampf zwischen dergleichen Doubletten endete recht oft mit einem so entschiedenen Sieg der kirchlichen Form, daß sie sogar in die niedere Volkssprache eindringen konnte. Gelang es aber der eigentlich russischen Wortform, sich neben der kirchlichen durchzusetzen, dann fand eine interessante Bedeutungsdifferenzierung statt: das russische Wort behielt seine niedere, materielle Funktion (z. B. *póroch* ‚Pulver‘, *vólost'* ‚Amtsgebiet‘, *golová* ‚Kopf‘, *véred* ‚Geschwür‘, *vórog* ‚Wucherer‘, *chorómy* ‚großes Holzgebäude‘

usw.), das kirchliche dagegen umgab sich mit dem Glanze vornehmer und erhabener Abstraktion (z. B. *prach* ‚Staub, Asche‘, *vlast'* ‚Macht‘, *glavá* ‚Kapitel‘, *vrěd* ‚Schaden‘, *vrag* ‚Feind‘, *chram* ‚Tempel‘ usw.). Ähnliche Bedeutungsdifferenzierungen, die mit den lautlichen Unterschieden zwischen den kirchenslavischen und russischen Wortvarianten parallel gingen, kann man auch sonst in reichem Maße feststellen.

Die altrussische Schriftsprache hatte so das Glück, gleich von Anbeginn einen ganz eigentümlichen Wortreichtum, einen Überfluß an Ausdrücken für oft haarfeine Bedeutungsnuancen und eine einzigartige Geschmeidigkeit in stilistischer Hinsicht zu gewinnen. Das kirchenslavische Element war Träger der Idee und der Stimmung. Es war geprägt von der Sprache der Heiligen Schrift. Eine göttliche Autorität lag über den vielen feierlichen und kunstvollen, abgeleiteten und zusammengesetzten Vokabeln, die die hochgelehrte dogmatische Terminologie der Byzantiner wiederzugeben suchten. Die zeremoniöse, etwas steife und merkwürdig dunkle Feierlichkeit, die sie umgab, mußte genau so ergreifend auf die Ohren des einfachen Hörers wirken wie das fremdartige Ornat des Priesters und die kirchlichen Mosaiken auf seine Augen oder der Kirchengesang und der Weihrauch auf seine Sinne. Wer die kirchlichen Worte mit seinem Munde aussprach, fühlte sich in eine höhere Sphäre entrückt. Die pathetische Sprache forderte auch pathetische Motive zu ihrer Entfaltung. Sie mußte notwendigerweise einen rhetorischen Stil erzeugen.

Die volkstümliche russische Sprachschicht dagegen repräsentierte semantisch eine weit konkretere Begriffswelt, heimische und tägliche Erscheinungen, Gegenstände und Gewohnheiten. Sie lieferte den juristischen, militärischen, sozialen und wirtschaftlichen Sprachstoff. Sie unterschied sich in lexikalischer Hinsicht ziemlich stark von dem kirchenslavischen Sprachstoff, wenngleich sie in Deklination und Derivation diesem nahestand. Begrenzt durch einen recht engen Gesichtskreis, eignete sie sich besonders gut zur Behandlung praktischer oder historischer Themen. Sie war natürlich auch noch so wenig fixiert, daß rein lokale oder dialektische Eigentümlichkeiten, ja sogar spontane Neubildungen widerstandslos von ihr aufgenommen wurden.

Das Verhältnis zwischen diesen beiden Sprachschichten war ganz
labil. Eine ganze Skala von sprachlichen Mischungsgraden stand
dem Schreibfertigen und Schriftgelehrten zur Verfügung; er konnte
über einen eminenten Reichtum von stilistischen Ausdrucksmöglichkeiten disponieren. All das mußte der Schriftsprache eine eigene
Elastizität geben, die auch der Literatur zugute kam. Und wir
stehen somit vor der überraschenden Tatsache, daß ein barbari-
sches Volk, das bis vor kurzem außerhalb aller literarischen Kultur gestanden hatte, plötzlich eine völlig fertige und erprobte
sprachliche Ausrüstung empfing, die speziell dazu geschaffen war,
byzantinische Literatur und byzantinischen Geist zu übernehmen.
Ein Strom von griechischen Wörtern und Namen floß in die altrussische Sprache hinein, die sie mit erstaunlicher Bereitwilligkeit
und Anpassungsfähigkeit aufnahm.

4. BYZANTINISCHE LITERARISCHE
EINFLÜSSE

Die Schilderung der altrussischen Literatur – und damit ist
hier jene Literatur gemeint, die sich im Laufe des 11., 12. und
13. Jahrhunderts während des Bestehens des Staates von Kíjev
und teilweise auch noch im 14. Jahrhundert in der Auflösungszeit
entfaltete – wird wesentlich durch den Umstand erschwert, daß diese
Literatur faktisch erst rekonstruiert und aus den Ruinen heraus-
gegraben werden muß, die während des schicksalsschweren Tatareneinfalls und nach diesem über ihr zusammengestürzt waren und sie
begraben hatten.

Wenn wir nun die wirklich bis auf unsere Zeit bewahrten literarischen Handschriften der Kíjever Zeit allein in Betracht zögen,
würden wir gewiß nur ein sehr unvollständiges Bild von der Literatur jener Zeit gewinnen. In ihrer überwiegenden Mehrzahl repräsentieren diese uralten Handschriften aus den ersten literarischen Jahrhunderten Rußlands ausschließlich eine kirchliche Literatur, zudem nur eine aus dem Griechischen übersetzte Literatur.
Die ganze alttestamentliche Literatur mit ihrem Reichtum an hi-

storischem, novellistischem, legendarischem und moralischem
Stoff und mit ihrem eigentümlichen Sprachstil – eine Literatur,
die zweifellos im alten Rußland bekannt gewesen sein muß – ist
verlorengegangen und existiert nur in weit jüngeren Abschriften.
Sie muß eine wahre poetische Fundgrube gewesen sein für die ersten russischen Schriftsteller, die über die Grenzen der rein sachlichen
Prosa hinausstrebten und an das Gefühlsleben ihrer Leser appellieren wollten. Innerhalb der neutestamentlichen Literatur dagegen
verfügen wir noch heute über eine Reihe von Evangelienhandschrif-
ten, teils die sogenannten *Aprakos*-Evangelien, deren Text in Sonn-
tagslektionen aufgeteilt ist nach der Reihenfolge, in der sie während des Gottesdienstes in den Kirchen vorgelesen wurden, teils
die sogenannten *Tetra*-Evangelien, wo die evangelischen Texte
in zusammenhängender Form vorlagen, in der kanonischen Reihenfolge der Evangelisten. Die älteste unter diesen Handschriften ist
das prachtvoll illuminierte *Ostromír-Evangelium*, das um 1056 von
dem Diakon Gregorios (Grigórij) nach einer bulgarischen Vorlage
für den königlichen Statthalter Ostromír in Nóvgorod, in der Taufe
Joseph genannt, abgeschrieben worden war. Große Miniaturbilder
der Evangelisten, in einer reichen Farbenskala gemalt, in der
Gold und Purpur vorherrschen, belebten den Text, der außerdem mit
prachtvollen Kapitelüberschriften und großen goldenen Initialen geschmückt war. Dem Alter nach steht ihm das sogenannte *Ar-
chángeľsk-Evangelium* am nächsten, das jedenfalls zum Teil um 1092
von einem gewissen Mička abgeschrieben wurde, der es nicht versäumte, seinen Namen mitzuteilen. Interessant ist auch das *Mstis-
láv-Evangelium*, das um 1117 für Mstisláv Vladímirovič, den damaligen Fürsten von Nóvgorod, verfertigt wurde. Es ist kein Grund
vorhanden, *alle* Evangelienabschriften aus den ältesten Zeiten zu
nennen. Wohl aber ist hervorzuheben, daß die russische Literatur
in diesen Evangelientexten natürlich eine Menge Vorbilder fand für
die Entwicklung eines selbständigen Stils. Die altrussische Literatur
wimmelt von direkten und indirekten Zitaten, Klischees und Metaphern aus den Evangelien.

Ein gewisser philologischer Ruhm umstrahlt die beiden zweit-
ältesten Denkmäler der altrussischen Übersetzungsliteratur, die sogenannten *Sammelbände Sv'atoslávs (Izbórniki Sv'atosláva)* aus

den Jahren 1073 und 1076 – russische Abschriften bulgarischer Übersetzungen griechischer Originale: der ältere von diesen beiden Sammelbänden war ursprünglich für den obengenannten bulgarischen Zaren Symeon angefertigt, auf russischem Boden wurden aber beide Bände nach dem Namen des Fürsten Sv'atosláv Jaroslávovič von Černígov benannt, und in einem von ihnen finden wir diesen Fürsten zusammen mit seiner Familie mit großer Kunstfertigkeit porträtiert. Wir haben hier zwei typische Miszellan-Codices vor uns, die einen sehr bunten Stoff teils kirchengeschichtlicher und kirchenrechtlicher, teils religiöser und moralisierender Art enthalten. Diese kostbaren Bücher, die von den ersten russischen Mönchsschreibern angefertigt worden waren, beweisen uns auch, daß die damaligen Leser sich nicht nur in den Reihen der Geistlichkeit und in den Klöstern befanden, sondern – wenn es sich um buchtechnische Prachtwerke auf Pergament handelte – sogar vorzugsweise unter den Vertretern der herrschenden Aristokratie zu suchen waren. Es ist in dieser Beziehung recht bemerkenswert, daß Fürst Sv'atosláv mit einem kostbaren Buch in der Hand dargestellt ist.

Die alten Handschriften aus dem 11., 12. und 13. Jahrhundert, die bis auf unsere Tage überliefert sind, repräsentieren trotz ihrer relativ geringen Anzahl immerhin vielseitig den reichen Strom von Werken der Literatur, der von Bulgarien her nach Rußland floß. Wir besitzen noch heute eine recht reichhaltige kanonisch-juristische und klosterorganisatorische Literatur, die teils auf die griechischen *Nomokánones*, teils auf die griechischen Klosterregeln oder *Typiká* zurückgeht, die von nun an die Grundlage des altrussischen Kirchenrechts werden oder – wie beispielsweise das strenge Gesetzbuch des THEODOROS STUDITES – als Vorbild für die rasch entstehenden Klöster dienen sollten, vor allem für das berühmte, ursprünglich vielleicht von Väringern gegründete, aber erst von dem heiligen Theodosios (Feodósij) ausgebaute Höhlenkloster von Kíjev. Vornehmlich kirchlich-liturgische Anwendung fanden die vielen *Lesemenäen* (*Minéji-Čét'ji*) mit ihren nach den Monaten des Jahres verteilten Heiligenakten und die noch zahlreicheren *Synaxarien* oder *Prologe* mit ihren ganz kurzen Heiligenlegenden, die gleichfalls in kalendarischer Reihenfolge angebracht waren, oder schließlich

einzelne selbständige byzantinische Biographien von besonders hervorragenden griechischen Heiligen und Märtyrern. Die ältesten
überlieferten Handschriften dieser Art sind die sogenannten *gottesdienstlichen Menäen* für die Jahre 1095–1097, die im ganzen
acht Monate umfassen und die sogenannten *gottesdienstlichen Menäen* aus dem 12. Jahrhundert, die die Menäen eines ganzen Jahres mit Ausnahme der Monate März und Juli umfassen. Welche
Bedeutung die byzantinische Hagiographie oder Heiligenlegendenliteratur für die altrussische Literatur gehabt hat, werden wir später sehen.

Rein theologischer Art ist die ziemlich lange Reihe patristischer
Hauptwerke, die in altrussischen Handschriften überliefert sind.
Es handelt sich hier hauptsächlich um altkirchenslavische Übersetz-
zungen christlicher Schriften aus dem 4. Jahrhundert und um Kir-
chenväterschriften, die aus dem 6. und 7. Jahrhundert stammen –
lauter klassische Werke der christlichen byzantinischen Literatur. Eine lange Reihe der besten Homilien von JOHANNES CHRY-
SOSTOMOS, dessen Beiname (*Goldmund*) auf slavisch *Zlatoúst* lautet,
wurde ins Slavische übersetzt, und Exzerpte aus ihnen wurden in
einen Miszellanband aus dem 12. Jahrhundert, genannt *Zlato-
strúj* (*Goldstrom*), aufgenommen – ein Werk, das tatsächlich dank
der Initiative des obengenannten bulgarischen Zaren Symeon zustande kam. Dreizehn von den berühmten Homilien des GREGORIOS
VON NAZIANZ sind in einer selbständigen Sammlung aus dem 11.
Jahrhundert erhalten, diese ist aber nur eine Abschrift einer weil
älteren altkirchenslavischen Originalübersetzung. Die katecheti-
schen Homilien, die KYRILLOS VON JERUSALEM verfaßt hatte, waren
schon im 11. Jahrhundert in Rußland nach einer altkirchenslavischen
Übersetzung kopiert worden. Auch die Homilien des großen syri-
schen Kirchenvaters EPHRAIM waren schon früh in Rußland verbreitet, jedenfalls schon im 13. Jahrhundert. Aus derselben Zeit
stammt der vom Kirchenvater HIPPOLYTOS VON ROM verfaßte Kommentar zur *Apokalypse*.

Eine andere Handschriftengruppe aus der Kíjever Zeit vertritt
die patristische Literatur einer späteren Periode. Hier finden wir
den Eremiten des Sinai-Klosters JOHANNES KLIMAX (2. Hälfte des
6. Jahrhunderts) mit seinem berühmten asketischen Werk *Die*

Treppe (*Lěstvica*), das aus einer russischen Handschrift des 12. Jahrhunderts bekannt ist. Hier finden wir auch die aus dem Lateinischen ins Altkirchenslavische übersetzten Homilien oder *Dialoge* von Papst GREGOR DEM GROSSEN (2. Hälfte des 6. Jahrhunderts) in einer altrussischen Abschrift aus dem 12. Jahrhundert. Vermutlich schon im 11. Jahrhundert ist die russische Kopie einer altkirchenslavischen Übersetzung des berühmten *Leimōn pneumatikós* (*Geistige Blumenwiese*) von JOHANNES MOSCHOS angefertigt worden – ein Werk, das mit seinen Schilderungen orientalischen Klosterlebens im 6. Jahrhundert sehr große Bedeutung für die russische Hagiographie bekam. Und genau so alt ist die Handschrift, die die *Sittenlehre* (die sogenannten *Pandekten zur Heiligen Schrift*) des ANTIOCHOS VON JERUSALEM in altkirchenslavischer Übersetzung wiedergab. Der Mönch NIKON vom Berge Mauros im Libanon ahmte dieses Werk im Anfang des 11. Jahrhunderts in seinen eigenen asketischen *Pandekten* nach, die in einer altrussischen Übersetzung aus dem 12. oder 13. Jahrhundert vorliegen. Von ganz zentraler theologischer Bedeutung war aber natürlich das Hauptwerk des JOHANNES DAMASKENOS, *Die Quelle der Erkenntnis*, das schon unter Zar Symeon von dem berühmten bulgarischen Exarchen JOHANNES übersetzt worden war (freilich nur der dritte Teil des Werkes) und das aus einer altrussischen Abschrift aus dem 12. Jahrhundert bekannt ist.

Es ist sinnlos, mit dieser Aufzählung von Denkmälern der altkirchenslavischen und altrussischen Übersetzungsliteratur fortzufahren, einfach weil diese Liste, die nur die zufälligerweise erhaltenen Handschriften aus der Kíjever Zeit umfaßt, keineswegs ein auch nur annähernd vollständiges Bild von dem ganzen Strom von Übersetzungswerken, die nach Rußland gelangten, geben kann. Eine Menge von ihnen ist natürlich im Laufe der Zeit verlorengegangen oder liegt nur in weit späteren, mehr oder weniger bearbeiteten Abschriften vor. Unser Verzeichnis ist außerdem unvollständig, weil einzelne Handschriftengruppen erst später besprochen werden können. Und schließlich muß betont werden, daß ein sehr bedeutender Teil der byzantinischen Literatur nach Rußland eingeführt wurde, ohne je ins Russische übersetzt zu werden, nichtsdestoweniger aber von russischen Mönchen gelesen wurde, weil sie die griechische Sprache beherrschten. Man wird so immer mit einem griechisch-byzantinischen Einfluß rechnen müssen, der nicht durch Übersetzungen dokumentiert werden kann.

Es ist charakteristisch für die bisher besprochenen Werke, daß sie alle ohne Ausnahme entweder einen kirchlich-religiösen oder einen gelehrt-theologischen Inhalt haben und daher nur eine sehr geringe literarische Tragweite haben konnten. Der literarische Import war tatsächlich von überwiegend und überwältigend erbaulichem Charakter, obgleich wir vermuten müssen, daß auch gewisse weltliche Schriften byzantinischer Herkunft mit in den Strom hineingerieten. Zu ihnen gehören – freilich nur *cum grano salis* – vor allem die verschiedenen Hexaëmera, d. h. Kommentare zu den ersten sechs Tagen der Schöpfungsgeschichte, Abhandlungen, die ein großes und buntes Material sowohl aus klassischen theologischen Schriften als auch aus antiken und orientalischen naturphilosophischen Quellen brachten. Der oben erwähnte bulgarische Exarch JOHANNES zum Beispiel erweiterte in seinem *Hexaëmeron* (*Šestodnév*) sein Vorbild, den *Hexaëmeron* von BASILIOS DEM GROSSEN, unter anderem mit *aristotelischen* Zitaten, d. h. Bruchstücken aus der klassischen, griechischen Philosophie (ARISTOTELES, PARMENIDES, THALES, PLATON u. a.). Nahe verwandt mit solchen Werken waren die sogenannten *Paläen*, deren Name einfach eine Abkürzung der griechischen Bezeichnung (*Palaiá Diathékē*) für das *Alte Testament* ist: hier fand der Leser einen reichen und bunten Stoff zur Vorgeschichte des Christentums, d. h. Auskünfte über die Grundfesten der Erde, den Himmel, die Luft, den Wellengang des Meeres, über den Sonnenuntergang und die Nacht, die Wendekreise und Jahreszeiten, die Wärme und Kälte, über allerlei wunderbare Fische, Tiere und Vögel; außerdem enthielten diese Werke auch eine Fülle von apokryphen Schilderungen der Zeit, die dem Erlösungswerke Christi vorausging. Diese Schriften wurden gern so autoritativen Schriftstellern wie JOHANNES DAMASKENOS oder JOHANNES CHRYSOSTOMOS zugeschrieben, waren aber in Wirklichkeit ganz unbekannter Herkunft. Von besonderem Interesse war die *Christliche Topographie* des byzantinischen Autors KOSMAS INDIKOPLEUSTES, eine wahre Fundgrube typisch mittelalterlicher Vorstellungen von dem Weltall und dem Firmament, von dem Verhältnis der Erde zur Sonne, zum Monde und zu den Sternen und von den Engeln, die ihren planmäßigen Gang überwachen, und zudem ein Bericht über das phantastische Land Indien und über die märchenhaften Menschen und Tiere, die es bewohnten. Der Verfasser war niemals selbst in Indien gewesen, aber man glaubte gern an seine Autorität als Augenzeuge und betonte sie, indem man ihm den Beinamen *Indienfahrer* gab.

Betrachten wir diese Werke mit ihren Auskünften über physische, astronomische, botanische und zoologische Dinge als weltliche Werke, so kann das dennoch kaum unseren Grundeindruck ändern, daß diese ganze frühe Übersetzungsliteratur in einem eminenten Grade religiös motiviert war. Selbst die Bruchstücke grammatischen, dialektischen und philosophischen Wissens, die den Weg in die Literatur fanden, waren immer von streng theologischen Gesichtspunkten aus dargestellt und interpretiert und durften nie im Widerspruch mit der Lehre der Kirche stehen. Diese religiöse Begründung der Literatur war einem Filter ähnlich, durch den alle Aufklärung nach Rußland geseiht wurde, und wenn dabei einige Tropfen weltlichen Wissens in den Strom mit hineingerieten, waren sie immer von dem gleichen theologischen Frömmigkeitsfirnis überzogen.

Aus diesen Gründen ist es begreiflich, daß die erste originale Literatur, die auf russischem Boden aufkeimen konnte und mußte, keine schöne Literatur im eigentlichen Sinne des Wortes sein konnte, eine Literatur ohne andere Zwecke als den, den Leser zu erfreuen und ihm Genuß zu bereiten. Obwohl wir uns darüber klar sind, daß die religiöse Motivierung an sich keineswegs das Streben auszuschließen braucht, auch rein ästhetische Wirkungen zu erzeugen, so müssen wir doch immer damit rechnen, daß Begründung und Wirkung in der Regel miteinander den Platz wechselten, und daß diese Umstellung einen Kampf voraussetzte, der Zeit verlangte und vielleicht ganz unbewußt vor sich ging.

5. DIE EINFUHR APOKRYPHER
LITERATUR

Es ist also unsere Aufgabe, den offenbaren oder verborgenen Tendenzen schöngeistiger Art in der altrussischen Literatur nachzuspüren und ihren eventuellen Durchbruch nachzuweisen, und wir werden gewiß gut daran tun, unsere Aufmerksamkeit vor allen Dingen auf die Frage zu richten, welche Bedeutung die nicht-offizielle, byzantinische Religionsliteratur neben der offiziellen für das altrussische Schrifttum gehabt haben mag. Die nicht-offizielle Literatur, die von der Kirche heftig bekämpft wurde, verfolgte nämlich die Aufgabe, das Wissen des Lesers durch erdichtete Einzelheiten aus dem Leben der biblischen und neutestamentlichen Personen zu vervollständigen – Einzelheiten, von denen die kanonischen Schriften nichts wußten. Es war das die sogenannte *apokryphe* Literatur.

Schon der eine von den beiden *Sammelbänden Sv'atosláv's*, der vom Jahre 1073, enthielt ein ziemlich reichhaltiges Verzeichnis der von der Kirche verbotenen, nicht immer ketzerischen, aber immerhin apokryphen Schriften. Es war ein förmlicher *Index librorum prohibitorum*, der es aber keineswegs verhindern konnte, daß diese Schriften äußerst beliebt wurden und sich in einem breiten Strome über Rußland ergossen. Es darf nicht vergessen werden, daß die dogmatischen Kriterien für die Anerkennung oder Verwerfung alt- oder neutestamentlicher Schriften in dem östlichen Christentum von Anfang an keineswegs festgelegt waren. Das Verzeichnis wurde später erweitert und vervollständigt. Freilich rief diese unkanonische Literaturart keine selbständige literarische Dichtung in Rußland hervor. Sie war hier nur als Übersetzungsliteratur bekannt. Aber teils drangen ihre Motive tief in das religiöse und literarische Bewußtsein der kultivierten Klassen ein und bildeten ein thematisches Arsenal, teils war auch der narrative Stil dieser Gattung durchaus nicht ohne Bedeutung für eine selbständige literarische Betätigung der Russen. Er machte seinen Einfluß als bedeutsamer Faktor im ganzen Stilformungsprozeß geltend. Vergessen dürfen wir aber auch nicht, daß die apokryphe Literatur nicht nur aus griechisch-byzantinischen

Quellen floß. Sie wurde in noch größerem Umfang aus Bulgarien eingeführt, wo sie besonders eifrig von der Sekte der *Bogumilen* gepflegt wurde – einer ketzerischen Bewegung, die manichäische, massalianische, paulizianische und andere häretische Elemente enthielt. Sie beruhte im wesentlichen auf einem konsequent dualistischen Weltbild, einem Weltbild, das einen ewigen Kampf zwischen *Gott*, dem Schöpfer der unsichtbaren Welt, und *Satan*, dem Schöpfer der sichtbaren, voraussetzte.

Aus diesem Glauben heraus, der von der Kirche aufs strengste bekämpft wurde, erhielten viele der aus Byzanz stammenden alt- und neutestamentlichen apokryphen Schriften eine mehr oder weniger durchgreifende Bearbeitung, bevor sie nach Rußland gelangten. Was die Leser verlockte, sich in diese verbotenen Schriften zu vertiefen, erhellt klar aus der Begründung, mit der die fremden Bücher im Index des *Sammelbandes Sv'atoslávs* verboten werden:

Wünschest du große Berichte zu lesen, dann magst du die Bücher der Könige lesen. Verlangt es dich nach spannender und erbaulicher Lektüre, dann hast du die Propheten, das Buch Hiob oder Jesus Sirach. Hast du aber schließlich Verlangen nach Liederbüchern, dann magst du den Psalter lesen!

Der diese wohlüberlegten Zeilen schrieb, wußte sehr genau, daß der Leser nicht immer gerade von religiösen Motiven dazu getrieben wurde, Bücher zu lesen, sondern in sehr hohem Grade – neben *dem Erbaulichen* – auch vom *Großen* und *Spannenden* angezogen wurde.

Unter den alttestamentlichen Apokryphen waren es besonders die Legenden von der Erschaffung der Welt, die den Leser stark interessierten. Einen Nachklang von ihnen finden wir zum Beispiel in der *Altrussischen Chronik*, wo der Verfasser *sub anno* 1071 einen rebellischen Ketzer die Frage beantworten läßt, *wie der Mensch erschaffen worden sei:*

Gott nahm eines Tages in der Badestube ein Bad, und als er sehr schweißig geworden war, trocknete er sich mit einem Strohwisch ab, den er nachher aus seinem Himmel auf die Erde hinabwarf. Und als Satan mit ihm in Streit geriet darüber, wer den Menschen erschaffen solle, nahm er die Gelegenheit wahr, den Menschen daraus zu erschaffen. Gott aber gab ihm seine Seele. Das ist der Grund dafür, daß, wenn der Mensch stirbt, sein Körper in die Erde geht, während seine Seele zu Gott zurückkehrt.

Wir dürfen annehmen, daß ein großer Teil der jüdischen apokryphen Legenden, die vom *Lebensbaum* handelten und sehr eingehend von dem Zusammenhang berichten konnten, der zwischen
dem *Baum der Erkenntnis* im Paradies und dem *Baum der Kreuzigung* auf Golgatha bestand, durch das bulgarisch-bogumilische Medium hindurchgegangen war, bevor er nach Rußland gelangte. Sie
erzählten so lebhaft und so eingehend von dem Leben Adams und
Evas nach der Vertreibung aus dem Paradiese, von ihrem Tod
und Begräbnis, daß der Drang nach literarischer Spannung hier
tatsächlich im höchsten Grade Befriedigung fand. Dieses gilt auch
von den Legenden von Henoch, Lamech und Noah. Es gab auch
zahlreiche interessante Erzählungen von Abraham, der in einer
Reihe von heiteren Anekdoten geschildert wurde, von Jakob und
seinen Söhnen, die im *Testament der zwölf Patriarchen* fein charakterisiert wurden, auch von Moses, der zum Helden eines wahrhaften Abenteuerromans wurde. Es gab auch ein paar alttestamentliche Offenbarungen, z. B. die *Apokalypse Baruchs* und die *Offenbarungen des Propheten Jesaias*. Vielleicht kannte man in dieser
Zeit auch schon die spannenden *Legenden vom König Salomo*.
Sie bildeten einen ganzen Roman, den wir zwar erst aus Handschriften des 15. Jahrhunderts kennen, der aber, nach der Sprache
zu urteilen, bedeutend älter gewesen sein muß. Dieser Zyklus enthielt teils Varianten der salomonischen Urteile, teils Einzelheiten
über den Weisheitswettstreit zwischen König Salomo und der
Königin von Saba, teils endlich einen abenteuerlichen Bericht über
Salomo und Asmodaeus-Kitovras: wie Salomo, um den wunderbaren Diamant *Šamir* zu gewinnen, den Zauberer Kitovras (vermutlich = griech. *kentaurós*) zwang, ihm Hilfe zu leisten, und wie
dieser endlich eines schönen Tages Salomo zu überlisten und seinen
Thron einzunehmen wußte.

Alle diese roman- und novellenhaften Geschichten befriedigten
den Bedarf der Leser an spannender und unterhaltsamer Lektüre.
Noch viel größeres Interesse weckten aber die neutestamentlichen
Legenden, da jeder Christ besonders neugierig nach Einzelheiten
aus dem Leben der heiligen Jungfrau und ihres Geschlechts und
aus dem Leben des Erlösers und seiner Apostel fragen mußte. In
der östlichen Welt war damals außer den vier kanonischen Evan-

gelien hier und da noch ein fünftes, nämlich das *Protoevangelium Petri* über die Leidensgeschichte Jesu Christi und seine Höllenfahrt, anerkannt. Die ägyptischen Christen betrachteten das sogenannte *Nikodemus-Evangelium* als kanonisch, während es in Byzanz als apokryph angesehen wurde, was aber keineswegs ein Hindernis war, es ins Slavische zu übersetzen. In diesem Evangelium war der biographische Zyklus über Jesus mit Schilderungen seiner Passion, seines Todes, seines Begräbnisses, seiner Höllenfahrt und seiner Auferstehung zu Ende geführt. Schon in einer altrussischen Heiligenlegende, die – wie wir noch sehen werden – fälschlicherweise JAKOB DEM MÖNCH zugeschrieben wurde, findet man Einzelheiten, die die Kenntnis des sogenannten *Jakobs-Evangeliums* verraten, in welchem man eine ausführliche Biographie der Muttergottes finden konnte, und auch der altrussische Homiletiker KYRILLOS VON TÚROV muß es gekannt haben, da er die Erzählung dieses Evangeliums von der Klage der heiligen Anna, der Mutter der Jungfrau Maria, in einer seiner poetischen Festpredigten benutzte. Das apokryphe *Thomas-Evangelium*, das vielleicht unter bogumilischem Einfluß gestanden hat, berichtete Näheres über die Geburt und die Kindheit Christi. Eine andere, religionshistorisch sehr interessante Schrift griechischer Herkunft, in slavischer Übersetzung schon im 11. – 12. Jahrhundert bekannt, war der *Bericht des Persers Aphroditianus über das Wunder im persischen Lande*, wo lebhaft und eingehend von dem Wunder erzählt wurde, das den persischen König dazu veranlaßte, die drei Weisen nach jenem Bethlehem zu senden, wo *der Beginn der Erlösung, das Ende der Verdammnis*, der neue Weltherrscher das Licht der Welt erblicken sollte. Dieser Bericht gelangte nach Rußland zusammen mit der dramatischen *Geschichte von Pilatus* und der *Erzählung von Joseph von Arimatheia*. Ebenso gelangten Bruchstücke einer apokryphen griechischen *Apostelgeschichte* nach Rußland, und von diesen sind die *Taten des Apostels Paulus und der heiligen Thekla* aus einer alten Handschrift des 11. Jahrhunderts bekannt. Außerdem gab es zahllose anekdotenhafte Geschichten über Jesus Christus.

Die Gattung der apokryphen Geschichten kulminierte in einer Reihe großartiger und aufregender Schilderungen des kommenden Weltunterganges. Diese *eschatologische* Literatur fand einen außerordentlich reichen Nährboden in Rußland und erweckte ein so inten-

sives Interesse, daß sie allmählich wirklich geistiges Gemeingut des
Volkes wurde und den mündlich weiterlebenden geistlichen Volksliedern Stoff, Ideen und Bilder lieferte. Eine ganz besondere Popularität erlangten die verschiedenen Schriften, die die angeblichen
Gespräche hervorragender Kirchenväter mit Gott oder Abraham oder untereinander über die letzten Dinge wiedergaben. Die
sogenannten *Gespräche mit Gott auf dem Berge Tabor*, die von
der Tradition JOHANNES THEOLOGOS selber zugeschrieben wurden,
waren ein spannungsreicher und leichtverständlicher Beitrag zur
Offenbarung des Johannes, die in Byzanz übrigens zeitweise als
apokryph betrachtet wurde, während die antiochenische Kirche sie
immer als kanonisch angesehen hatte. Eine besonders wichtige Stellung nahmen in der eschatologischen Literatur jene *Offenbarungen
über die Jüngsten Tage* ein, die fälschlicherweise dem griechischen
Bischof METHODIOS VON PATARA zugeschrieben wurden. Diese
Schrift wurde sehr früh in Rußland bekannt, und ein altrussischer
Annalist konnte schon im 11. Jahrhundert lange Auszüge aus ihr
zitieren. Besonderes Aufsehen aber erweckte sie in Rußland durch
die Prophezeiung, daß das Kommen des Antichrists dadurch angekündigt werde, daß die *verdammten* Völker, die Alexander der
Große einst in den Bergen eingeschlossen hatte, plötzlich durch *die
nördlichen Tore* einbrächen und die von Frieden und Jubel erfüllte
Erde zerstörten. Der gläubige russische Leser mußte in diesen verdammten Völkern, dem Werkzeuge Satans, jene wilden Steppennomaden wiedererkennen, die immer wieder von jenseits der Ural-
Berge verheerend in den neuen russischen Staat einbrachen und ihn
verwüsteten. Dank einer komplizierten symbolischen Berechnungs-
weise war man überall in der osteuropäisch-byzantinischen Welt
zu dem Schluß gelangt, daß die Prophezeiungen, die man in den
Offenbarungen des METHODIOS VON PATARA gefunden hatte, im Laufe
des 12. Jahrhunderts, das das siebente Jahrtausend nach Erschaffung der Welt war, in Erfüllung gehen würden. Nach einer apokryphen Erzählung von Adam, die man auch in Rußland lesen konnte,
symbolisierten die sieben Tage, die Adam im Paradies verbracht
hatte, die sieben Altersstufen des menschlichen Lebens (Kindheit,
Jugend, Zeit der Reife, Mannesalter, Zeit des Alterns, Greisenalter,
Tod), zugleich aber auch die sieben Jahrtausende der Welt, nach

denen das unbegrenzte achte Jahrtausend eintreten werde. Diese Berechnung wurde ausdrücklich von KYRIKOS, dem Diakon von Nóvgorod, bestätigt, der im Jahre 1136 in einem chronologischen Traktat seine Leser belehrte, daß *seit Adam sechs Jahrtausende vergangen seien und vom siebenten 644 Jahre*. Es ist daher verständlich, daß die alten Russen besonders während des 12. Jahrhunderts (oder 7. Jahrtausends) mit Spannung der Erzählung von den Einzelheiten des Weltuntergangs lauschten. Die *Offenbarungen* des METHODIOS VON PATARA nahmen neben zahlreichen anderen Schriften ähnlicher Art (den *Visionen Daniels*, dem *Leben Andreas des Einfältigen*, den *Prophezeiungen Leons des Weisen* usw.) entschieden den ersten Platz ein, hauptsächlich wohl, weil man die geheimnisvollen Völker, die vor dem Kommen des Antichrists aus Asien hereinströmen sollten, mit den Erbfeinden der Russen, den Nomaden der Steppe, den Söhnen Ismaels, den Turkmenen, Pazinaken, Turken und Kumanen, identifizierte.

Wenn diese eschatologische Literatur von tiefem Pessimismus und von Lebensangst geprägt war, so bricht eine etwas lichtere Stimmung durch das religiöse Dunkel in einem der hervorragendsten Werke der altrussischen Übersetzungsliteratur, das wir aus einer alten Handschrift (des 12. Jahrhunderts) kennen, nämlich in der anonymen *Legende von der Leidenswanderung der Muttergottes* (*Choždénije Bogoródicy po múkam*). Diese apokryphe Legende kann gewissermaßen als ein russisches *Inferno* betrachtet werden, weil sie derselben mittelalterlichen Vorstellungswelt entsprungen war wie DANTES große Dichtung, freilich in ihrer Form bedeutend naiver als das italienische Kunstepos, in ihrer Idee aber monumentaler als dieses; war es doch hier die Muttergottes selbst, die, von der Barmherzigkeit ihrer Seele getrieben, zur Hölle niederstieg, um die Leiden der Sünder zu erforschen. Ihre Liebe umfaßt zwar nur die christlichen Sünder, während die Juden, die für die Kreuzigung ihres Sohnes verantwortlich gemacht werden, von ihrem Mitleid ausdrücklich ausgeschlossen werden. Aber sonst ist diese Dichtung von tiefster und feinster Humanität durchdrungen. Von dem Erzengel Michael geführt und begleitet von den Cherubim und Seraphim und 400 Engeln (100 aus dem Osten, 100 aus dem Westen, 100 aus dem Süden und 100 aus dem Norden), wandert die Jungfrau Maria langsam durch die vielen Abteilungen der Hölle. In wohlkomponierten, refrainartig pointierten Abschnitten werden die Sünder und ihre Qualen geschildert. Mit Abscheu und Grauen sieht Maria zahllose Scharen von Männern und Frauen in ewige Finsternis gesenkt, im Kampf mit den Wogen des Feuermeeres, an Beinen, Zähnen und Zungen an den Galgen hängend, von Gewürm und Schlangen zerfressen, von Feuerwolken verbrannt und von Feuersäulen umwirbelt. Immer wieder bricht Maria aus: *Es tut mir leid um die, die gesündigt haben! Sie sollten nie geboren worden sein!* Sie ist bereit, ihre Leiden mit ihnen zu tragen, und fleht Gott um Gnade an: *Herr, vergib ihnen ihre Sünden! Ich habe ihre Pein geschaut und kann sie nicht mehr ertragen! Laß mich mit ihnen leiden!* Aber Gott schlägt ihre Bitte ab und bleibt auch unerbittlich, als Moses mit allen Propheten, Johannes der Täufer und Paulus und die Erzengel Gabriel und Michael und alle Heerscharen des Himmels sich der Fürbitte Marias anschließen, vor seinem Throne niederknien und sich weigern wieder aufzustehen, wenn Gott sie nicht erhöre. Da tritt – sehr dramatisch – Jesus Christus selbst hervor *der Barmherzigkeit seines Vaters halber* und *der Fürbitte seiner Mutter halber* und schenkt *denen, die Tag und Nacht gemartert werden, Rast und Ruhe von Gründonnerstag bis Pfingsten, auf daß sie Gott den Vater und seinen Sohn und den Heiligen Geist loben mögen.* Und die himmlischen Scharen preisen die Milde Jesu Christi!

Dieser gewaltige Strom von apokryphen Schriften durchdrang schon sehr früh die russische Mentalität mit einer seltsamen, unpräzisen und undogmatischen Religiosität, befriedigte aber zugleich auch den Drang nach Wissen und phantasievoller Fiktion. Schon in diesen ersten Jahrhunderten wurde jenes Zusammenwirken von Poesie und Religion begründet, das viele Jahrhunderte hindurch die russische Literatur prägen und jede andere Motivierung dichterischer Versuche als die religiöse hemmen sollte. Wir verstehen leicht, daß die vielen apokryphen Legenden die Einbildungskraft der Leser so sehr zum Schwingen bringen mußten, daß sich die Lust einstellte, von eigenen Voraussetzungen aus eine heimische Legende zu schaffen, die das *heilige*, d. h. christianisierte, *Rußland* irgendwie in direkte Verbindung, wenn nicht mit dem Leben des Erlösers selbst, so doch mit den Taten seiner Apostel brachte. Es entstand daraus durchaus kein Meisterstück der Dichtung. Überhaupt ist es erstaunlich, daß die importierte apokryphe Literatur in bedeutend höherem Maße die mündliche Dichtung beeinflußte und den Anstoß zur Schaffung einer großen Menge von geistlichen Volksliedern gab, während sie in der eigentlichen Literatur keine tiefere Spuren hinterließ. Der Grund ist wohl der, daß sich die schriftlich überlieferte Literatur unter der strengen Kontrolle der Kirche befand und dadurch in ihrer Entwicklung gehemmt war.

Die einzige apokryphe Legende, die unter griechischem Einfluß im alten Rußland entstand, war die eher kuriose und anekdotenhafte als poetische oder tiefsinnige *Legende von der Reise des heiligen Andreas nach Rußland*, die als historische Quellenschrift betrachtet wurde und die Ehre genoß, in die altrussische Chronik aufgenommen zu werden. Auch in diesem Falle war der Nährboden, aus dem die Legende – teilweise jedenfalls – erwuchs, griechisch-byzantinisch. Es gab in Byzanz eine Schrift über *Die Taten des heiligen Andreas*, in der der Tätigkeitsbereich des Apostels bis an die Nordküste des Schwarzen Meeres erweitert war, und es lag daher nahe, auch das ganze *große Skythien*, d. h. Rußland, in das Gebiet seines Wirkens einzubeziehen. In einem Briefe an König Vsévolod, den Sohn Jaroslávs, berief sich Kaiser Michael VII. Dukas auf nicht näher bezeichnete *heilige Schriften und wahrhafte Erzählungen*, aus denen klar hervorgehe, daß das Christentum von denselben Zeugen in Rußland wie in Byzanz verkündet worden sei, und es kann wohl kaum ein Zweifel daran bestehen, daß mit diesen Zeugen eben nur der Apostel Andreas gemeint sein konnte. Aus diesem Zusammenhang muß die Entstehung der obengenannten *Legende von der Reise des heiligen Andreas* verstanden werden. In einem gedrängten, knappen Stil berichtete sie, daß der Apostel Andreas während seiner pontischen Missionsreise eines schönen Tages aus Sinope nach Korsún' (Chersón) auf der Krim gelangte und dort zufälligerweise erfuhr, daß die Mündung des Dnjepr-Flusses nicht weit entfernt sei. Das brachte ihn auf den etwas überraschenden Gedanken, nach Rom zu reisen. Unterwegs geschah es aber, daß sein Boot an den Bergen, wo später Kíjev entstehen sollte, landete, und von seinen Jüngern umgeben, weissagte er, daß *auf diesen Bergen einstmals die Gnade Gottes strahlen* und daß *sich auf ihnen eine große Stadt mit vielen Kirchen erheben werde.* Andreas errichtete ein Kreuz auf einem der Berge, segnete es und setzte seine Reise fort, die ihn allmählich nach Nóvgorod führen sollte. Sehr amüsant schilderte die Legende das grenzenlose Erstaunen des Apostels, als er die russischen Badestuben sah, wo die Menschen sich ganz entkleideten, sich mit Wasser übergossen, sich mit frischen Zweigen bis zur Bewußtlosigkeit peitschten und dann ins Freie krochen, um sich hier wieder mit eiskaltem Wasser zu übergießen und so zum Leben zurückzukehren. *Was sie alle Tage taten, ohne dazu von anderen gezwungen zu sein, nur aus Lust, sich selbst zu quälen, und eigentlich doch nicht, um sich selbst zu quälen, sondern nur um sich zu waschen.* Die Legende fügte hinzu, daß *die, die das hörten, ungemein staunten.* Aus Nóvgorod reiste Andreas *in das Land der Väringer* und von da nach Rom, um schließlich wieder nach Sinope zurückzukehren.

Es ist nicht unwahrscheinlich, daß gerade die Väringer in Byzanz und Kíjev einen Anteil an der Entstehung dieser ergötzlichen Legende gehabt haben, da sie wahrscheinlich oft, sowohl in Byzanz wie in Rom, die Verwunderung erleben mußten, die ihre Erzählungen von den finnisch-slavischen Badestubensitten erregten. Jedenfalls unternahm der heilige Andreas seine Reise auf der altbekannten Route *aus Griechenland nach dem Väringerland*, die die Verbindungsbrücke zwischen Byzanz und dem Norden bildete. Vielleicht war es gar ein byzantinischer Handelsreisender oder Glaubenszeuge, der die Reise von Konstantinopel aus in Väringergesellschaft unternommen und sie als Grundlage für die Geschichte vom heiligen Andreas benutzt hat. Die Geschichte fand jedenfalls in Rußland Anklang, sowohl ihres lustigen Inhalts wegen als auch deswegen, weil sie ein direktes Band zwischen dem erstberufenen Jünger Christi und dem Russenlande knüpfte.

6. DIE HOMILETISCHE LITERATUR: Hilarion

Die apokryphe Literatur, von der oben die Rede gewesen ist, war und blieb aus natürlichen Gründen nur eine Art Hintergrundliteratur. Sie bildete nicht die Lektüre hochgebildeter Leute, sondern

diente dazu, die niederen Schichten der Leser, die halbstudierten
Mönche, die lesekundigen, aber ungebildeten Handelsleute, die bescheidenen Liebhaber spannender Lektüre zu befriedigen. Ihr demokratischer Charakter gab dieser Literatur eine Popularität, die zu
ihrer ungestümen Verbreitung unter den breiten Bevölkerungsmas-
sen beitrug.

In den höheren, den eigentlich kulturtragenden Schichten der Bevölkerung dagegen mag man bedeutend ehrgeizigere Pläne für
eine vollständige Umpflanzung der offiziellen byzantinischen Literatur und ihrer hochentwickelten Gattungen nach Rußland genährt
haben. In dieser Hinsicht wurde in Alt-Rußland eine erstaunlich umfassende Arbeit geleistet, und die Zeugnisse ihrer Bedeutung mehren
sich stetig dank den Rekonstruktionsbestrebungen der modernen
Forschung. Diese zwingen uns in mancher Beziehung dazu, die
älteren Vorstellungen von der Armut der altrussischen Literatur zu
revidieren. Diese Literatur tritt mehr und mehr als eine außerordentlich reichfacettierte Literatur ausgesprochen byzantinischen Gepräges hervor. Im Rahmen der meisten byzantinischen Literatur-
gattungen fand auch eine interessante und originale Neuschöpfung
statt.

Der vornehmste Ausdruck byzantinischer Literatur war zweifellos
die *geistliche Beredsamkeit*, deren tiefste Wurzeln bis in die klassisch-
antike Vergangenheit hinabreichten und die jahrhundertelang gepflegt worden war. So wie sie in der niedergeschriebenen rhetorischen Homilie, in der Festpredigt, in der öffentlichen, für ein auserwähltes Publikum bestimmten Meditation und in der anregenden,
erbaulichen Betrachtung der wunderbaren Lehre des Christentums
hervortrat, war sie ein wahres Feuerwerk biblischen und theologischen Wissens. Sie war die Quintessenz byzantinischer Kultur
schlechthin. Und sie wurde ohne Zögern in das Gewand der alt-
russisch-kirchenslavischen Sprache gekleidet. Die Leichtigkeit, mit
der das geschehen konnte, zeugte von der enormen Elastizität der
altrussischen Gesellschaftsform.

Die byzantinische Homiletik kannte verschiedene Gattungen und
Stilarten. Von geringerem Interesse mögen für uns ihre einfacheren
Stilarten sein – nämlich die rein *moralisierenden*, deren Aufgabe es
war, die schwächeren Seelen der Gemeinde oder des Klosters in den

Grundsätzen des Christentums und der christlichen Moral zu befestigen, oder die *polemischen*, die darauf eingestellt waren, die Dogmen der Kirche gegen jegliche heidnische, jüdische, ketzerische
oder lateinische (römisch-katholische) Angriffe und Zweifel zu verteidigen. Diese Stilarten waren der Natur der Dinge nach sehr
nüchtern und phantasielos. In der altrussischen Gesellschaft fanden
sie ihre Vertreter vor allen Dingen in THEODOSIOS (FEODÓSIJ), dem
Gründer des berühmten Höhlenklosters bei Kíjev, und möglicherweise
in seinem eigentlichen Vorgänger, dem heiligen ANTONIOS (ANTÓNIJ),
wie auch in LUKAS (LUKÁ), dem Erzbischof von Nóvgorod, genannt
ŽID'ÁTA (der im Jahre 1059 starb). Der Umfang ihres schriftlichen
Nachlasses ist immer noch nicht endgültig festgestellt, soviel aber
wissen wir doch, daß ihre Predigten, die an die Gemeinde, die
Klerisei oder die Klostermönche gerichtet waren, nichts anderes als
Sammlungen von einfachen Ermahnungen zum wahren christlichen
Leben enthielten und das traditionelle asketische Ideal priesen. In
einer möglichst leichtverständlichen Form kämpften sie für möglichst
leichtverständliche Tugenden. Bezeichnend für diese Haltung, die
nicht ganz ohne Koketterie war, ist der folgende Passus aus einer
anonymen *Homilie an den Bruder auf der Säule* (*Slóvo k brátu
stólpniku*) aus der Mitte des 12. Jahrhunderts:

*Ich habe nicht im Sinne, dir in kunstvoll verflochtenen Worten oder
in einem verdeckten Stil zu schreiben, denn wir sind nicht in Athen gewesen, um jene Philosophie zu studieren, die dazu dient, die Worte zu verfeinern, – und daher will ich – um von Ungelehrten und Einfältigen verstanden zu werden – einfach und klar sein, denn es wäre ebenso sinnlos,
seine Wunden durch das Hemd hindurch pflegen zu wollen, wie nützliche
Rede mit gelehrten Worten zu verschleiern.*

Die Methode der kunstvoll verflochtenen Worte und des verdeckten Stils kam dagegen zu ihrem vollen Recht in der russischen
Festhomilie. Diese war die unmittelbare, legitime Tochter der gleichzeitigen byzantinischen Festhomilie. Wie die byzantinische Beredsamkeit suchte auch die altrussische festliche Rhetorik ihr Publikum vor allem innerhalb des recht eng begrenzten, aristokratischen
Kreises von Zuhörern, von vornehmen Leuten, die imstande waren,
die raffinierte Wortkunst des Redners zu schätzen. Und das war vielleicht der Grund, warum sie immer wieder auf heimlichen und

offenbaren Widerstand in anderen, mehr demokratischen Kreisen der Gesellschaft stieß, die tatsächlich nie in Athen gewesen waren oder Philosophie studiert hatten. Charakteristisch für die nahe Verwandtschaft zwischen dieser Beredsamkeit und der gleichzeitigen byzantinischen ist, daß keine von beiden nachweisbares Lehngut aus dem altchristlichen Schrifttum enthielt. Dagegen enthält die altrussische Homiletik ganz wie die byzantinische homiletisch-dogmatische Literatur zahllose Zitate aus der nachnikäischen Kirchenväterliteratur. Wie in Konstantinopel sah man auch in Kíjev nacheiferungswürdige Vorbilder in Männern wie ATHANASIOS VON ALEXANDRIA, wie die Kappadozier BASILIOS DER GROSSE und GREGORIOS VON NAZIANZ, wie JOHANNES CHRYSOSTOMOS, KYRILLOS VON ALEXANDRIA und alle die vielen anderen Polemiker, Exegeten und Dogmatiker, die das Geistesleben von Byzanz bis ins 11. und 12. Jahrhundert hinein prägten. Die großen Namen dieser altrussischen rhetorischen Schule waren HILARION (ILARIÓN), der private Priester König Jaroslávs auf seinem Gute in Berestóv und spätere erste russische Metropolit von Kíjev – weiter KLEMENS VON SMOLÉNSK (KLÍMENT SMOL'ÁTIČ), der ein Menschenalter später wirkte und auch eine Zeitlang den Metropolitenstuhl von Kíjev innehatte, und endlich der Bischof KYRILLOS VON TÚROV (KIRÍL TÚROVSKIJ). Diese drei Namen kennzeichnen in der hier gegebenen chronologischen Reihe eine deutliche Entwicklung innerhalb der altrussischen Rhetorik. Wir werden sehen, wie der rhetorische Stil sich unter ihren Händen allmählich immer mehr einem lyrisch-poetischen Stil näherte.

HILARION war der Gründer dieser Schule. Wir wissen nur wenig von seinem Leben. Wir wissen auch nicht sehr viel von seinen gesamten Schriften. Diese mangelhafte Kenntnis seines Lebens und seines Schaffens hat es wohl verursacht, daß er Gegenstand sehr interessanter, aber auch sehr unsicherer, wissenschaftlicher Hypothesen wurde. Tatsächlich wissen wir nur, daß er im Jahre 1051 durch eigenmächtigen Beschluß des Königs, der keineswegs mit der Machtstellung der byzantinischen Kirche in seinem Reiche zufrieden war, zum Metropoliten der russischen Kirche ernannt wurde. Wir wissen auch, daß er ein *Glaubensbekenntnis* verfaßt hat. Wann er aber starb, und was er sonst verfaßt haben mag, ist nicht festgestellt. Sein Hauptwerk war zweifellos die Festhomilie *Das Gesetz und die Gnade*

(*O zakóne i blagodáti*), in der er einen Sprachstil verwirklichte, der eine vorbildliche Bedeutung für die Homiletiker späterer Zeiten nicht nur in Rußland, sondern auch bei den Balkanslaven erhielt. In seiner Methode war er ein überzeugter Anhänger der zu seiner Zeit blühenden byzantinischen Textinterpretationskunst, welche die nüchtern-historische und rationalistische Erklärung der Heiligen Schrift, wie sie von der antiochenischen Schule betrieben wurde, verschmähte und sich zu den Grundsätzen der alexandrinischen Schule, zu ihrer konsequenten allegorisch-symbolischen Exegese bekannte. Die wirkungsvolle antithetische Komposition seiner Homilie ging auf die rhetorische Technik dieser Schule zurück. Sie setzte die Anwesenheit eines auserwählten Zuhörerkreises voraus. HILARION hatte keineswegs die Absicht, allbekannte und daher langweilige Dinge vor diesem Kreise zu wiederholen. *Die Prophezeiungen der Propheten über Christi Wiederkunft* oder *die Belehrungen der Apostel über das Kommen des Gottesreiches*, diese festen Themen in den Ermahnungen einfacher Prediger an das einfache Volk, wollte er nicht abermals auftischen. Das wäre nach seinem eigenen Ausdruck nur *Vermessenheit* und *Geschwätzigkeit* gewesen. HILARION nahm Abstand von derlei Banalitäten und verriet dadurch, daß er mehr an Leser als an Zuhörer dachte: *Ich schreibe nicht für Unwissende, sondern für solche, die sich an der Süßigkeit der Schriften zur Genüge gelabt, nicht für ungläubige Gottesfeinde, sondern für die wahren Gottessöhne, nicht für Fremde, sondern für die Erben des himmlischen Reiches.* Wir wissen auch aus unseren Quellen, daß HILARIONs Homilie zum ersten Male am Grabe König Vladímirs in der alten Zehntkirche in Kíjev in der Anwesenheit König Jaroslávs, in der Taufe Georg genannt, seiner schwedischen Gemahlin, der Königin Ingigerd, in der Taufe Irína genannt (gest. 1050), und ihrer Söhne und Enkel sowie aller anderen Mitglieder des königlichen Hauses, mit anderen Worten in der Anwesenheit kundiger und verwöhnter Männer und Frauen vorgetragen wurde, die gebildet genug waren, die elegante Form nicht weniger als den Gedanken, der in sie eingekleidet war, nach Verdienst zu würdigen.

Die Homilie handelte in ihren ersten zwei Teilen erstens *vom Gesetz, das Moses gegeben ward, und von der Gnade und Wahrheit, die mit Jesus Christus der Welt gegeben ward*, und zweitens *davon,*

*wie das Gesetz ein Ende nahm, während die Gnade und Wahrheit
das ganze russische Land erfüllte, und wie der Glaube sich unter
allen Völkern verbreitete.* Nach diesem festlichen Auftakt mündete
die Rede aus in eine feierlich anschwellende *Lobpreisung unseres
Königs Vladimir, der uns zu Christen machte,* und in ein pathetisches
Gebet an Gott für unser ganzes Land. Die Antithese, die die Überschrift zwischen dem *Gesetz* einerseits und der *Gnade* andererseits
aufstellt, ist das kompositionelle Thema, auf dem große Teile der
Homilie selbst aufgebaut sind. Es beherrscht auch in schematischer
Form die symbolische Deutung, die HILARION den von ihm benutzten
Bibelworten gibt. *Die Symbole für das Gesetz und für die Gnade
sind Hagar und Sarah, einerseits die Sklavin Hagar, andererseits
die freigeborene Sarah.* Der russische Homiletiker läßt uns nicht im
Zweifel darüber, wie er die Dinge verstanden haben will. Denn –

*gleichwie Abraham den Worten Sarahs gehorchte und ihre Sklavin Hagar
besuchte, so hörte auch Gott auf die Bitte der Menschen um ein Gesetz und
stieg nieder auf den Berg Sinai,*

und –

*gleichwie die Sklavin Hagar dem Abraham einen Sklavensohn gebar, den
er Ismael nannte, so stieg auch Moses vom Berge Sinai nieder mit dem Gesetze, nicht aber mit der Gnade, mit dem Schatten, nicht aber mit der
Wahrheit.*

Aber –

*gleichwie der Herr sich in Mamre dem Abraham offenbarte, der ihm ent-
gegeneilte und ihn begrüßte und ihn in seine Hütte geleitete, so besuchte auch
Gott das Geschlecht der Menschen und stieg vom Himmel herab in den
Schoß der Jungfrau, und die Jungfrau empfing ihn mit einem Gruße in
der Hütte ihres Leibes,* .

und –

*gleichwie Gott den Schoß der Sarah erschloß und sie den Isaak gebar, eine
freigeborene Mutter einen freigeborenen Sohn, so besuchte auch Gott das
Geschlecht der Menschen, und das Unbekannte und Geheimnisvolle wurde
offenbar, und zutage trat die Gnade und die Wahrheit, nicht aber das Gesetz, der Sohn, nicht aber das Kind der Sklavin.*

Uns wird hier ein ungeheuer kunstvolles Wortgeflecht geboten mit
einem nahezu geometrischen Muster: das eine Gleichnis ist in das
andere verwoben, die eine Satzperiode ist genau wie die andere ge-

formt, das Ganze aber ist von der Antithese zusammengehalten, die
die entgegengesetzten Gesichtspunkte unablässig hervorhebt. Mit
großer Sicherheit benutzt HILARION auch die meisten anderen
klassischen rhetorischen Figuren, vor allem den anaphorischen
Satzbau mit stets wiederholten Eingangsworten, den syntaktischen
Parallelismus, die metaphorische Wortanwendung, das Gleichnis und
den Vergleich. Statt zu sagen, daß das Gesetz ein Ende habe, sagt er,
daß *die Abendröte des Gesetzes erlösche;* statt zu sagen, daß das Gesetz von der Gnade abgelöst werde, sagt er, daß *die Fluten der Gnade
die ganze Erde bedeckten.* Um den Gedanken auszusprechen, daß
die Bekehrungsversuche König Vladímirs zu einem günstigen Resultat führten, benützt er diese komplizierte Periode:

*Der leuchtende Glanz von Vladímirs Glaube verblich nicht unter der
Wüstenhitze des Unglaubens, sondern zeitigte unter göttlichem Regen zahlreiche Früchte.*

Und wenn Vladímir, der als heilig angesehen wird, um seine Fürbitte für den herrschenden König angefleht wird, dann ist der Gegenstand dieser Fürbitte, daß der jetzige König

*in Frieden und bei guter Gesundheit sein Boot über die tiefen Gewässer
führen und mit dem Fahrzeuge seiner Seele an den Gestaden der himmlischen Windstille landen möge.*

Zu voller Entfaltung kam aber die rhetorische Technik HILARIONs
im zweiten Teil der Homilie. Vom Allgemeinen, Weltumspannenden
gelangte er jetzt zum Besonderen, zum Nationalen. Die ganze, kunstvoll verschlungene Rede von der Gnade des Christentums, die das
Gesetz des Judentums überwunden und sich in allen Ländern, besonders aber im russischen, verbreitet habe, erwies sich als eine
einzige, großartige Motivierung einer Huldigung, die der Redner
dem Andenken König Vladímirs zollen wollte – jenes Königs, der
das historische Verdienst gehabt hatte, das Christentum in Rußland
zu festigen. Hier feierte die Redekunst HILARIONs ihren vollsten
Triumph. Seine parallel aufgebauten Sätze mit den repetierten Eingangsworten, seine wirkungsvollen Wiederholungen waren wie stets
neue Hammerschläge, die den Nagel tiefer und tiefer in die Wand
hineintrieben. Mit seiner panegyrischen Rede schuf er ein Vorbild,

das späterhin eifrig nachgeahmt wurde. Vor allem wurde die Begründung, die er seiner Lobpreisung gab, zu einem Muster, das
späterhin wieder und wieder variiert wurde:

Mit Worten der Lobpreisung lobpreist das Römische Reich Paulus und
*   Petrus,*
die ihm den Glauben an Jesus Christus, Gottes Sohn, gebracht. –
Asien, Ephesos und Patmos lobpreisen Johannes, –
Indien Thomas, –
Ägypten Markus, –
alle Reiche, Städte und Menschen ehren und lobpreisen
ein jedes seinen eigenen Glaubenslehrer,
der ihnen den rechten Glauben gegeben. –
Lasset daher auch uns, nach geringem Vermögen,
jenen Mann lobpreisen,
der das große und wunderbare Werk vollbracht, –
unseren Lehrer und Meister, –
den großen König unsres Reiches, –
Vladímir, den Enkel des alten Königs Igor', den Sohn des berühmten
*   Königs Sv'atosláv, –*
ihn, der während der Zeit seiner Herrschaft
in vielen Reichen berühmt wurde
wegen seines Mannesmutes und seiner Tapferkeit!

Es war gewiß kein Zufall, wenn HILARION gerade dieses Thema
wählte – nämlich die historische Großtat des Königs Vladímir –,
und es ist nicht ausgeschlossen, daß diese Themenwahl späterhin
bewirkte, daß er zum russischen Metropoliten gewählt wurde. Die
byzantinische Geistlichkeit, die nach der Einführung des Christentums in Rußland die meisten leitenden Stellen in der jungen Kirche
besetzt hatte, war gar nicht daran interessiert, daß König Vladímir
als Begründer des Christentums in Rußland gefeiert werde. Sie
suchte ganz im Gegenteil mit allen Mitteln die Theorie zu befestigen, daß Männer der byzantinischen Kirche den Glauben nach
Rußland gebracht hätten. Sie mußte befürchten, daß eine allzu
eifrige Lobpreisung des barbarischen Königs gewisse Selbständig-
keitstendenzen innerhalb der russischen Kirche erwecken könnte,
und daher widersetzte sie sich lange einer offiziellen Kanonisierung
Vladímirs. Der Gedanke, daß jedes Vvlk ausersehen wäre, einen
gleichberechtigten Platz neben den anderen gläubigen Völkern
einzunehmen – also gerade der Gedanke, den HILARION nicht

müde wurde in seiner Homilie zu wiederholen –, stand in direktem Widerstreit mit dem Anspruch der byzantinischen Kirche, eine leitende Stellung den Barbarenvölkern gegenüber einzunehmen. Daher war das Motiv, das HILARION dazu bewegte, den verstorbenen König Vladímir und damit sein ganzes Volk zu verherrlichen, vermutlich von außerordentlich aktueller Art. Er führte seine Rolle im letzten Teil seiner Homilie mit ganz einzigartig kühnen Mitteln durch, die von den rhetorischen Stilfiguren, die er im ersten Teil verwendet hatte, ganz verschieden waren. In einem unaufhaltsamen Strome ließ er den einen Satz sich an den anderen fügen, jeder Satz parallel gebaut, in kurzer, lapidarer Form, die gleichsam dazu angetan war, eine Reihe von unbestreitbaren Tatsachen den Zuhörern ins Gedächtnis zu hämmern:

> _Kirchen erstanden, –_
> _Götzen sanken in den Staub, –_
> _Heiligenbilder wurden enthüllt, –_
> _Dämonen mußten fliehen, –_
> _das Kreuz heiligte die Städte, –_
> _und die Hirten, die die Scharen von Christi Worten hüteten,_
> _wurden Bischöfe, Priester und Diakone,_
> _die unblutige Opfer darbrachten, –_
> _und Kirchenchöre schmückten sich mit Schönheit, –_
> _und Gottes heilige Häuser kleideten sich in ihre Gewänder, –_
> _apostolische Posaunen und evangelischer Donner erfüllten alle Städte, –_
> _Gott dargebrachter Weihrauch_
> _erfüllte die Luft, –_
> _Klöster erhoben sich auf den Bergen, –_
> _Männer und Weiber, Junge und Alte, –_
> _alle Menschen füllten die heiligen Kirchen._

Diese pathetische Zusammenstellung festlicher Worte mußte den Eindruck einer unaufhaltsam steigenden Stimmungswelle erwecken, die zuletzt in einen rhythmischen, triumphierenden Ausruf mündete:

> _Christus hat gesiegt,_
> _Christus hat gewonnen,_
> _Christus ist unser Herr,_
> _Christus ist unser Ruhm._
> _Groß bist du, Herr,_
> _und wunderbar ist dein Werk!_
> _Ehre sei dir, o Gott!_

Aber noch schloß Hilarion seine Rede nicht ab. Er kehrte zu seinem Hauptthema zurück – zur Bekehrung des russischen Volkes durch Vladímir – und bereitete eine neue, noch stärkere Stimmungswoge vor. Jetzt verwendete er die Apostrophe als sein letztes Mittel, die direkte Rede an den toten König, den er als den ehrwürdigen und ruhmvollen Vater unter den irdischen Herrschern bezeichnete. Die hymnische Verherrlichung führte den Zuhörer zu einem grandiosen Vergleiche Vladímirs des Heiligen mit Kaiser Konstantin dem Großen und schloß mit einer Apotheose, in der der Redner, gleichsam von göttlicher Autorität beseelt, dem Toten gebot, aus dem Grabe aufzustehen und die Herrlichkeit, die er selbst geschaffen, zu betrachten:

> *Erhebe dich aus deinem Grabe, ehrwürdiges Haupt!*
> *Erhebe dich, schüttle den Schlaf ab,*
> *denn du bist nicht tot, sondern schlummerst bloß*
> *bis zum Tage der gemeinsamen Auferstehung aller Menschen!*
> *Erhebe dich und schau deinen Sohn Jarosláv,*
> *schau deiner Lenden Werk,*
> *schau deinen Liebling,*
> *schau ihn, den der Herr aus deinem Samen gezeugt,*
> *schau ihn, der den Herrscherstuhl deines Reiches ziert!*
> *Schau auch das gläubige Weib deines Sohnes!*
> *Schau auch deine Enkel und deiner Enkel Söhne!*

So gelang es Hilarion, den freigebigen und strengen, halbwilden und halbheidnischen Väringerkönig, den sein Gefolge wegen seiner kriegerischen Taten und zahlreichen Liebesabenteuer noch in lebhafter Erinnerung hatte, in einen gotterwählten Glaubensapostel zu verwandeln. Es gelang ihm, weil der pathetische Sprachstil, den er gewählt hatte, so stark war, daß er seinen Gegenstand bis in den Himmel erheben konnte. Die Person des Königs Vladímir wurde geschickt aus der Welt der Wirklichkeit in die Sphäre der idealen Möglichkeiten erhoben. Die Objektivität ward in die sieben Schleier des Subjektivismus gehüllt, ohne daß jemand die über das Alltägliche erhobene festliche Wahrheitsliebe des Redners hätte anzweifeln können. Die Lobpreisung König Vladímirs diente Jahrhunderte hindurch als das klassische Vorbild aller rhetorischen Verherrlichungen kommender Scharen von russischen Fürsten.

7. DIE HOMILETISCHE LITERATUR:
Klemens von Smolénsk und Kyrillos von Túrov

Hilarion von Kíjev war in seiner Kunst keineswegs original. Sogar die Grundidee seiner Rede, die kompositionelle Gegenüberstellung des Gesetzes vom Sinai und der evangelischen Gnade einerseits und der Söhne der Hagar und der Sarah andererseits, war nicht
seine eigene Erfindung, sondern stammte aus dem Briefe des Paulus
An die Galater und war schon oft in der byzantinischen Literatur angewandt worden. Hilarion war also in dieser Beziehung nur ein
treuer Fortsetzer der byzantinischen Tradition.

Die Prinzipien der Redekunst hatte er vermutlich eher auf rein
praktischem Wege als theoretisch bei den Byzantinern erlernt. Nur
einige Bruchstücke des Traktates *Von den Figuren des rhetorischen
Stils*, den der byzantinische Grammatiker Georgios Choirobos-
kos verfaßt hatte, waren in Bulgarien übersetzt worden und schon
früh in Rußland bekannt, freilich ohne daß wir mit Sicherheit annehmen können, daß man sie schon zu Hilarions Zeit kannte.
Rein traditionsmäßig aber unterschied man schon seit der Antike
drei verschiedene Hauptgattungen in der Rhetorik, nämlich das *génos
epideiktikón* (von den Römern *genus demonstrativum* genannt), das
die beschreibende Prosa umfaßte und allmählich das panegyrische
génos enkomiastikón (*genus laudativum*) ausschied –, weiterhin ein
génos symbuleutikón (*genus deliberativum*), das der philosophischen
oder juristischen Betrachtung vorbehalten war –, und endlich ein
génos dikanikón (*genus judiciale*), welches die gerichtliche Beredsamkeit charakterisierte. Diese an sich einfache Dreiteilung wird
aber nun wieder dadurch kompliziert, daß man drei verschiedene
Stilarten unterschied, die grundsätzlich in jeder der obengenannten Gattungen zur Anwendung kommen konnten: nämlich das *génos
megaloprepés* (auf lateinisch *genus grande* genannt), das sich durch
sprachliche Verzierung auszeichnete, das *génos ischnón* (*genus
tenue*), das sich einer einfachen und natürlichen Sprachführung be-
fleißigte, und endlich das *génos méson* (*genus medium*), das zwischen
jenen beiden lag. Diese Kreuzung von Stil und Gattung eröffnete
reiche Ausdrucksmöglichkeiten.

Die altrussische Literatur kannte aus guten Gründen die Gattung des *génos dikanikón* überhaupt nicht. Wenn wir aber HILARION einen typischen Vertreter des *génos enkomiastikón* nennen, das in der festlichen, feierlichen oder panegyrischen Homilie eine natürliche Anwendung fand und selbstverständlich mit dem *megaloprepés*-Stil verbunden war, dann kann man mit Recht behaupten, daß der *symbuleutikón*-Stil in der altrussischen Literatur von KLEMENS VON SMOLÉNSK (KLÍMENT SMOL'ÁTIČ) gepflegt wurde.

KLEMENS VON SMOLÉNSK war ein direkter Fortsetzer des Werkes HILARIONS, auch in der Beziehung, daß er der zweite Metropolit russischer Herkunft auf dem Stuhl von Kíjev wurde. Der Kampf zwischen der byzantinischen Hierarchie, die stolz und streng an ihrem vermeintlichen Recht festhielt, den Metropolitenstuhl zu besetzen, und der nationalen Partei, die die junge russische Kirche von der Hegemonie der Byzantiner befreien wollte, war nach dem Tode Jaroslávs (1054) offenbar mit neuem Eifer entbrannt. Ein Jahrhundert später bewirkten verschiedene Umstände, daß Byzanz mit der Neubesetzung des Metropolitenstuhles in Kíjev zögerte, und die russischen Bischöfe benutzten das, um einen eigenen, nationalrussischen Kandidaten zu wählen (1147). Ihre Wahl fiel auf den hochgelehrten Klostermönch KLEMENS in Smolénsk. Der Patriarch von Konstantinopel weigerte sich, diese Wahl zu bestätigen. Die russischen Geistlichen beriefen sich aber geschickt darauf, daß die Griechen selbst auch nicht immer ihre kirchlichen Würdenträger vom Patriarchen persönlich hätten weihen lassen, sondern sich oft damit begnügten, den Kandidaten mit der Hand des heiligen Johannes, einer Reliquie, die man in einer Kirche aufbewahrte, zu seinem Amte einzusegnen. Und da man dank des Weitblicks König Vladímirs der russischen Kirche eine sehr kostbare Reliquie, nämlich das Haupt des heiligen Klemens, gesichert hatte, weihte man nun, ohne auf die Einwilligung des Patriarchen zu warten, den neugewählten Metropoliten mit dieser Reliquie zu seinem hohen Amte. Die byzantinische Kirche war natürlich mit diesem kurzen Prozeß sehr wenig einverstanden, sie verweigerte auch eine nachträgliche Anerkennung des Metropoliten, und auch in Rußland gab es eine gewisse Opposition gegen ihn. KLEMENS mußte daher nach dem Tode des Königs sein Amt niederlegen (1155). Er starb nach 1164.

Er war aber einer der gelehrtesten und kundigsten Männer im
Rußland des 12. Jahrhunderts. In der altrussischen Chronik wird
er als *ein Bücherkenner, desgleichen man nie in Rußland gehabt
hatte,* charakterisiert. An einer anderen Stelle wird betont, daß er
nicht nur *sehr bücherkundig und gelehrt und ein großer Philosoph* gewesen sei, sondern auch *viele Schriften für die Nachwelt
verfaßt* habe. Von allen diesen Schriften ist aber nur ein einziges
Werk auf uns gekommen, das man mit Sicherheit ihm zuschreiben
kann, nämlich sein *Sendbrief an den Presbyter Thomas* (*Poslánije
k presvíteru Fomé*), der veranlaßt war durch den Streit über seine
Wahl zum Metropoliten, ohne daß die Zustimmung des Patriarchen eingeholt worden wäre. KLEMENS' eigentlicher Herr, Fürst
Rostisláv von Smolénsk, hatte sich geweigert, seine Wahl als gesetzlich anzuerkennen, und sein nächster Ratgeber, der Presbyter
THOMAS, hatte den Fürsten so beeinflußt, daß er beschloß, seine Bedenken in einem offenen Brief an den Metropoliten auszusprechen.
KLEMENS hat ihm geantwortet, aber der Briefwechsel zwischen dem
weltlichen und dem geistlichen Herrn ist leider verlorengegangen.
Wir wissen aber immerhin, daß KLEMENS' Antwort keineswegs
beruhigend auf die Leute in Smolénsk gewirkt hat, denn der Presbyter THOMAS, der augenscheinlich nicht zu denen gehörte, die *in
Athen studiert hatten,* sandte jetzt im eigenen Namen ein neues
Schreiben an KLEMENS. Auch dieses Schreiben ist nicht erhalten.
Dagegen kennen wir KLEMENS' zweite Antwort, nämlich den obengenannten *Sendbrief,* freilich nicht in seiner ursprünglichen Form,
sondern in einer späteren Bearbeitung eines sonst unbekannten
Mönches ATHANASIOS (AFANÁSIJ). Es ist aber möglich, auf philologischem Wege die Teile festzustellen, die auf KLEMENS selbst zurückgehen müssen, so daß wir unsere Schlüsse auf ein recht zuver-
lässiges Material gründen können.

Es handelt sich also in diesem Falle nicht um eine oratorische Arbeit oder um eine wirkliche Homilie. Doch ist auch hier die Fiktion eines mündlichen Vortrages durchgeführt, und die fingierte
Rede ist ganz von den Mitteln geprägt, die nur die Kunst der
Rhetorik ihrem Verfasser schenken konnte. KLEMENS richtete
seinen offenbar zum Vorlesen bestimmten rhetorischen Brief an
einen einzelnen Zuhörer oder Leser, der überzeugt oder gewonnen

werden sollte. Er hielt daher in der Form seines Briefes die Vorstellung aufrecht, daß er ein unmittelbares Gespräch mit seinem unsichtbar anwesenden Adressaten führe, und redete ihn immer wieder als seinen *geliebten Freund* oder *Liebling* an. Die Dialogwirkung erzielte er auch teils dadurch, daß er jenem vermeintlichen Freunde gewisse Behauptungen zuschrieb, die er dann gleich selbst widerlegte, nach dem einfachen Schema: *Du sagst zwar – ich aber antworte,* teils auch dadurch, daß er ihm Fragen stellte, die er dann gleich selbst in eigenem Namen beantwortete – nach dem ebenso einfachen Schema: *Verhält es sich nicht etwa so ? – Nein, es verhält sich nicht so.* KLEMENS schrieb THOMAS vor allem die Behauptung zu, er, KLEMENS, habe sich in seinem selbstbewußten Stolze über seine Gelehrsamkeit vom Teufel der Eitelkeit einfangen lassen: *Du verherrlichst nur dich selbst in deinen Schriften, indem du als Philosoph auftrittst.* Aus Geringschätzung der Kirchenväter habe KLEMENS es vorgezogen, *nach Homer und Aristoteles und Platon* zu schreiben, die alle ohne Unterschied in heidnischen, hellenischen Ländern berühmt gewesen seien. In seiner maßlosen Eitelkeit habe KLEMENS unberechtigterweise seine Hand auch nach der Metropolitenwürde in Kíjev ausgestreckt. Der Angriff war somit recht weitgehend und enthielt eine Reihe von Punkten, von denen der kirchenpolitische keineswegs der wichtigste war. KLEMENS konnte denn auch diese Anklage leicht nehmen. Er konnte sich damit begnügen, auf seine allgemein bekannte Geringschätzung irdischen Reichtums und irdischer Macht hinzuweisen und seine beständigen Meditationen über das Leben nach dem Tode hervorzuheben. Er könne ruhig Gottes gerechtem Gericht entgegensehen. *Er, der alle Herzen kennt* – schrieb KLEMENS –, *er allein weiß, wie eifrig ich ihn angefleht habe, von der Last der Macht befreit zu werden.*

Bei weitem schwerwiegender mußten die anderen Beschuldigungen sein, vor allem die, KLEMENS habe eine Vorliebe für den philosophischen Stil mit allerlei Zitaten aus den *hellenischen*, d. h. heidnischen, Klassikern. Wir haben allen Anlaß, anzunehmen, daß KLEMENS die griechische Sprache beherrschte, gleich mehreren seiner Kleriker, die er ausdrücklich als Kenner des Griechischen bezeichnet. Es ist durchaus nicht unmöglich, daß er Werke HOMERS, PLATONS und ARI-

STOTELES' wirklich gelesen hat. Er kann aber auch seine Kenntnis der antiken griechischen Klassiker aus den gewöhnlichen Zitatensammlungen geschöpft haben, die Bruchstücke aus den Werken klassischer und christlicher Schriftsteller und Denker enthielten. Wir nennen solche Zitatensammlungen *Florilegien* (*Blumenlesen*), und die älteste byzantinische Sammlung dieser Art stammt von JOHANNES STOBAIOS, der im 5. Jahrhundert lebte. Eine andere bekannte Sammlung war von einem gewissen MAXIMOS angelegt, der um die Mitte des 7. Jahrhunderts gelebt hatte. Die berühmteste von ihnen war aber die im 11. Jahrhundert von dem byzantinischen Mönch ANTONIOS zusammengestellte Sammlung mit dem schönen Titel *Melissa* (*Biene*). Diese Tradition war somit alt und ehrwürdig, und KLEMENS kann daher sehr wohl eine ähnliche Sammlung in altkirchenslavischer Übersetzung, etwa eine *Pčela*, zur Hand gehabt und aus ihr Zitate aus HOMER, PLATON und ARISTOTELES entlehnt haben. Er konnte seinem Angreifer ruhig antworten, daß weder Eitelkeit noch Vorliebe für hellenische Philosophie seine Triebfeder gewesen sei, wenn er seine Schriften und Homilien mit griechischen Aussprüchen schmückte.

Die Beschuldigung *philosophischer* Eitelkeit aber hatte auch noch eine andere Seite. Sie schloß die Anklage ein, daß er sich eines verwerflichen Raffinements bei der Interpretation der Heiligen Schrift schuldig gemacht, d. h. eine exegetische Methode angewandt habe, die von HILARION herstamme. Gemeint war die allegorisch-symbolistische Deutungsmethode; und die Selbstrechtfertigung des KLEMENS mußte sich daher zu einer Apologie eben dieser raffinierten Methode gestalten, die die buchstäbliche Bedeutung der Schriftstellen zugunsten einer neuen, abstrakten Bedeutung aufgab. Er fragte seinen Gegner:

Wenn Salomo diese Worte schreibt: ‚Die Weisheit hat sich einen Tempel geschaffen und sieben Säulen errichtet‘, – können wir dann mit Recht behaupten, er habe so geschrieben, nur um sich selber Ruhm zu erwerben?

Nein, Salomo habe diesen Worten offenbar einen tieferen Sinn geben wollen, und daher fragte KLEMENS weiter:

Worin bestand aber dieser Sinn bei den Worten ‚Weisheit‘ und ‚Tempel‘ und ‚die sieben Säulen‘?

Der Sinn bestand darin, daß er mit dem Worte ‚Weisheit‘ Gott, mit dem Worte ‚Tempel‘ die Menschheit und mit den Worten ‚die sieben Säulen‘ die sieben Kirchenkonzilien bezeichnen wollte!

Diese Behauptung wird von KLEMENS fast wie eine Banalität herausgeschleudert. THOMAS mußte doch wissen, daß Salomos Worte notwendigerweise prophetisch zu verstehen seien und nicht in ihrer unmittelbaren, konkreten Bedeutung. KLEMENS präsentierte sich somit als ein überzeugter Vertreter des verblümten rhetorischen Stils und seiner allegorischen Technik, die eine neue und vermeintlich *tiefere* Bedeutung in die Schriftstellen legte als die, welche sich dem naiven Leser unmittelbar darbot. Wir wissen sehr wohl, daß KLEMENS sich die byzantinische Rhetorik mit Fleiß angeeignet hatte. Man hat Übereinstimmungen gefunden zwischen ihm und dem byzantinischen Metropoliten NIKETAS VON HERAKLEIA. Man hat bei ihm auch Übereinstimmungen mit älteren griechischen Exegeten wie THEODORETOS VON KYRRHOS nachgewiesen. Nichtsdestoweniger kann aber diese allegorische Rhetorik, die im alten Rußland gepflegt wurde, nicht als ein gelehrtes Spiel, nicht als eine literarische Koketterie aufgefaßt werden, die bücherkundige *Philosophen* sich erlauben konnten. Sie war in der Tat viel eher eine ernste Vorbereitung zur Schaffung eines fiktiven Stils, dessen letztes Ziel die Poesie war. Er selbst scheint aber als Homiletiker in den ihm hypothetisch zugeschriebenen Predigten *Über die heiligen Väter (Slóvo o sv'atých otcách)* und *Von der Liebe (Slóvo o l'ubví)* nicht über die rhythmisch-rhetorische Rede hinausgekommen zu sein.

Zur feinsten Entfaltung kam diese Richtung endlich bei dem berühmten Festhomiletiker Bischof KYRILLOS VON TÚROV (KIRÍL TÚROVSKIJ), der von etwa 1130 bis etwa 1182 lebte und nach byzantinischer Sitte eine Reihe von Festhomilien für die vielen Feiertage der Kirche verfaßte. Es steht außer Zweifel, daß er griechisch konnte und sich von griechisch-byzantinischen Vorbildern in der Ursprache beeindrucken ließ. In einer seiner Homilien räumte er bescheiden seine Abhängigkeit von fremden Vorbildern ein. Er gab zu, daß er niemals seine Zuhörer *von sich aus* zu belehren suche, d. h. aus eigenem Wissen, sondern nur *aus den Schriften*, und daß er eigentlich nur ein demütiger *Sammler fremder Ähren* sei. Die philologische Forschung hat in der Tat nachgewiesen, daß

er in weitestem Umfange die byzantinischen Autoren von GRE-
GORIOS VON NAZIANZ und JOHANNES CHRYSOSTOMOS bis SYMEON
METAPHRASTES exzerpierte. Trotz aller nachweisbaren, fast wört-
lichen Entlehnungen aus diesen Vorbildern kann er aber dennoch
nicht als mechanischer Kompilator bezeichnet werden. Seine Homilien sind viel eher mit kunstvollen Mosaiken aus passenden Text-
stellen zu vergleichen, und sie verraten sehr viel literarisches Verständnis und künstlerischen Geschmack.

In seiner Technik war KYRILLOS wie seine beiden Vorläufer auf
dem Gebiet des rhetorischen Stils Allegoriker und Symboliker.
Er fand hinter dem konkreten, buchstäblichen Sinne jeder Schrift-
stelle immer einen verborgenen, übertragenen oder prophetischen
Sinn. Diese Technik hat an und für sich nichts mit religiöser Mystik
zu tun. Sie setzt nur einen Zusammenhang voraus zwischen den
äußeren und inneren Funktionen aller Dinge. Wenn er in Übereinstimmung mit der Heiligen Schrift erzählt, wie bei Jesu Christi
Einzug in Jerusalem *die Greise schnell herbeieilten, um Jesus als
Gott zu huldigen,* wie auch *die Jünglinge sich beeilten, ihn zu verherrlichen,* und wie sogar *die Kinder um ihn zwitscherten gleich kleinen Vögelchen, die in der Luft flattern,* begnügte er sich nicht mit
dieser poetischen Schilderung, sondern machte seine Zuhörer – oder
Leser – ausdrücklich darauf aufmerksam, daß mit *den Greisen* alle
die heidnischen Völker gemeint seien, die Jesus anerkannten, daß
die Jünglinge als *der ehrwürdige, keuschheitsergebene Mönchsstand*
verstanden werden müßten, und daß auch *die zwitschernden Kinder* nur ein Symbol seien für alle Christen, die um ihres Meisters
willen nichts zu gewinnen suchen, sondern einfach durch ihn leben
und für ihn sterben.

Fühlte sich der erdgebundene Leser durch diese allegorische Rede
in eine fremdartige Sphäre festlicher Entzückung erhoben, dann
sorgte die ganze lange Reihe wohlbekannter rhetorischer Stilmittel
dafür, daß er in dieser Sphäre festgehalten und noch weiter entrückt
wurde. Wenn KYRILLOS eine lange Reihe gleichartiger Ausdrücke
aufeinander folgen ließ, um den bildlichen Charakter der Rede im
Bewußtsein des Lesers zu befestigen, wie z. B. in folgendem Zitat,
das in Verszeilen wiedergegeben werden muß, um zu seinem Recht
zu kommen:

Staunen herrschte im Himmel
und Schrecken in der Hölle,
Erneuerung kam zu den Wesen der Schöpfung
und Befreiung erwartete die Welt,
Vernichtung stand dem Hades bevor
und Demütigung dem Tode, –

dann erwarteten die Zuhörer mit steigender Spannung und Ungeduld, daß die Antithese zwischen Licht und Dunkel, zwischen Freude und Angst, zwischen Leben und Tod eine abschließende Auflösung in einer Synthese finde, die wie eine höhere Formel alles andere in sich enthalten werde. Und die Auflösung kam auch in den folgenden Worten:

Auferstehung von den Toten
und Untergang der Teufelsmacht!

Mit besonderer Vorliebe pflegte KYRILLOS den Vergleich als wirksames Stilmittel. Er konnte seine Zuhörer mit folgenden Worten auffordern, sich zu dem Osterfest des Herren vorzubereiten:

Lasset uns gleich Myrrhen unseren Glauben und unsere Liebe über sein
Haupt ergießen, –
lasset uns gleich einem kostbaren Mantel unsere Tugenden vor seinen Füßen
ausbreiten, –
lasset uns gleich einer Wohnung unsere Seelen für ihn bereiten, –
lasset uns gleichwie mit Blumen die heilige Kirche mit unserem Lied-
gesang schmücken!

Die Natur spielt eine sehr große Rolle in den Homilien und Predigten des KYRILLOS. Sie ist belebt, sie nimmt an dem gefeierten religiösen Geschehnis teil, der Himmel entsetzt sich und die Erde erzittert beim Anblick des gekreuzigten Heilands, die Sonne verfinstert sich und die Steine bersten. Bei anderen Gelegenheiten können *Berge und Hügel süßen Duft ausströmen*, und *Täler und Felder Gott ihren Ertrag darbringen*. Dann strahlt die Sonne auf, der Himmel wirft seine dunklen Wolken *wie alte Lumpen* ab, und die helle Luft bekennt sich zu Christus. Diese Naturauffassung, die zuweilen rein poetisch und lyrisch sein kann, hat aber keine Gelegenheit, sich souverän zu entfalten und in voller Eigenwirkung zum Ausdruck zu gelangen. Immer wieder verdirbt sich der Exeget ·KYRILLOS die Wirkung, indem er zu seiner allzu handfesten, allegorischen Methode greift und seine eigenen Einfälle allzu pedantisch interpretiert. Er geht in dieser Beziehung sogar weiter als seine byzantinischen Lehrmeister, die ihre Interpretationen erst ganz am Ende ihrer Texte brachten. KYRILLOS aber deutet oft und gern die ewige Natur symbolisch, so wie er eine beliebige Textstelle symbolisch expliziert, und verdirbt dadurch die Poesie, der er sonst nahekommt. Er unterläßt es nicht, den Himmel in einer Landschaft, die er eben gezeichnet hat, als Symbol für die Apostel, die Sonne als Symbol für Jesus Christus, den Mond, der beim Erscheinen der Sonne verblaßt, als Symbol für das Alte Testament zu deuten. Der Winter, der dem Frühling weichen muß, ist für ihn die Zeit des Heidentums, der Frühling dagegen ist der Glaube an Christus, die Winde sind die Sünden der Menschen, die Erde das menschliche Dasein, die Saat, die aus ihr erwächst, Gottes Wort.

Zuweilen dramatisiert KYRILLOS seine Homilien, indem er die heiligen Personen im Zwiegespräch oder in der *Ich*-Form des Monologs vorführt. In einer Homilie auf den Sonntag nach Ostern läßt er Jesus und den ungläubigen Thomas in einem durchgeführten Dialog mit wechselnden Repliken auftreten. In einer Homilie auf den Ostersamstag, die sich zu einer panegyrischen Lobpreisung des Joseph von Arimatheia und der myrrhentragenden Frauen gestaltet, legt er der Muttergottes folgende Klagerede in den Mund:

> *Weh mir, mein Kind, du Licht der Schöpfung und du Schöpfer!*
> *Was soll ich zuerst beklagen?*
> *Soll ich darüber klagen, daß du es dulden mußtest,*
> *auf die Wangen geschlagen zu werden,*
> *auf die Schläfen geschlagen zu werden,*
> *auf die Schultern geschlagen zu werden?*
> *Weh mir!*
> *Du warst schuldlos, und doch verhöhnten sie dich . . .*

Die Rede der Gottesmutter gestaltet sich von Anfang bis zu Ende wie eines jener Klagelieder, die die byzantinischen Frauen auf den Kirchhöfen improvisierten, wenn ihre Söhne oder Töchter begraben wurden. Das Vorbild des KYRILLOS war wohl eine Gottesmutterklage, die der Byzantiner SYMEON METAPHRASTES (10. Jahrhundert) verfaßt hatte. Später wurde diese Form in der altrussischen Literatur eifrig weitergepflegt.

Eine Analyse von KYRILLOS' *slová* oder *lógoi,* wie diese Gattung
auf slavisch und griechisch genannt wurde, offenbart uns eine
ziemlich regelmäßige Struktur. Seine Predigten begannen mit einer
Einleitung oder einem *prooímion* und schlossen mit einer Lobpreisung, einer *pochvalá,* die den *epílogos* bildete. In diesen Rahmen war der zentrale Teil der Homilie eingefügt, die *diégesis* der
Griechen, die irgendwie narrativ war. KYRILLOS erzählte gern
kleine Anekdoten dieser oder jener Art, die als Gleichnisse benutzt
oder moralisierend gedeutet werden konnten. Diese Anekdoten
waren niemals von ihm selbst erfunden. Zuweilen nannte KYRILLOS
selbst seine Quelle, aber er veränderte oft ihre Form, so daß die
Pointe besser zu ihrem Recht kam, und er versah sie immer mit
selbständigen Interpretationen. Ganz von anekdotischem Stoff
beherrscht waren einige von den praktisch-moralisierenden Predigten, die KYRILLOS verfaßte. Der Stoff zu einer von ihnen, die unter
dem Titel *Gleichnis vom Weltgeistlichen* (*Prítča o bělorízce-čelověče*)
bekannt ist, ist der *Geschichte von Barlaam und Ioasaphat* entnommen; in einer anderen, die *Gleichnis von der Menschenseele und
dem Körper* (*Prítča o duší čelověčestej i tělesí*) heißt, ist die Fabel
vom Lahmen und Blinden als Wächtern im Weinberge verwendet,
die sowohl aus dem *Talmud* als auch aus *Tausendundeiner Nacht* bekannt ist. In seinem *Bericht vom mönchischen Stande* (*Skazánije
o černorízčestěm čínú*) benutzte KYRILLOS unter anderem eine Anekdote von der Einführung der Tonsur. Aber keines der narrativen
Elemente seiner Homilien hatte etwas mit dem wirklichen täglichen Leben der altrussischen Gesellschaft zu tun, keines von ihnen
zeigte eine aktuelle Tendenz. Die weltfremde Haltung des KYRILLOS
scheint ein bewußtes Prinzip gewesen zu sein. In einer seiner Homilien sprach er dieses sehr deutlich aus:

*Wenn die Historiker und Poeten, d. h. die Annalisten und Ependichter,
ihr Ohr den Berichten von Kämpfen und Kriegszügen leihen, um mit ihren Worten das Gehörte auszuschmücken und mit ihren Lobpreisungen
wie mit Siegeskränzen die zu verherrlichen, die für ihre Herrscher tap-
fer gekämpft haben und nie vor ihren Feinden geflohen sind – um wieviel mehr kommt es dann nicht uns zu, Lob zu Lob zu fügen zu Ehren
jener tapferen und großen Gotteskrieger, die beharrlich Taten vollbrachten
für ihren Herrscher, Gottes Sohn, unseren Herrn Jesus Christus!*

8. DIE RELIGIÖS-POETISCHE LITERATUR:
KYRILLOS VON TÚROV

Die eigentliche Bedeutung des KYRILLOS VON TÚROV lag kaum in dem Ausmaß, das man bisher angenommen hat, innerhalb der homiletischen Literatur, wo er oft genug die Poesie tangierte, ohne sich jedoch ganz der Kunst zu ergeben. In weit größerem Maße gab er ihr Raum in seiner bemerkenswerten *religiösen* Poesie.

Leider ist die altrussische kirchliche und religiöse Dichtung vom Standpunkt des literarischen Analytikers noch ganz unerforscht, und es fällt daher gar nicht leicht, eine erschöpfende Charakteristik von ihr zu liefern. Im voraus steht fest, daß sie in jeder Beziehung byzantinischer Herkunft war und byzantinischen Charakter trug. Auch auf diesem Gebiet war es die aus Bulgarien eingeführte alt-kirchenslavische Literatur, die zuerst den Anstoß zu einer russi-schen Dichtung in engstem Kontakt mit der byzantinischen Tra-dition gab. Es mag prinzipiell unmöglich sein, eine scharfe Grenze zu ziehen zwischen der religiösen Dichtung, die sozusagen für den Privatgebrauch bestimmt war, und jener, deren Bestimmung streng kirchlich-liturgisch war, d. h. zwischen Gedichten, die nur in stillen Andachtsstunden gelesen werden sollten, und Gedichten, die vom Priester und eventuell von der Gemeinde in der Kirche gesungen wurden. In beiden Fällen scheint aber die byzantinische Kirchen-dichtung der altrussischen zum Muster gedient zu haben. Die by-zantinische Kirchendichtung hatte sich schon seit langem ganz von der klassischen antiken Metrik emanzipiert und das alte, auf der Vokalquantität begründete Versmaß aufgegeben. Alle Vokale hatten dieselbe Länge, man unterschied einfach nicht mehr zwi-schen langen und kurzen Silben, der Wechsel zwischen betonten und unbetonten Silben war – insofern er überhaupt eine Rolle spielte – an die Stelle des alten metrischen Prinzips getreten, und die Kirchenpoesie hatte die Form einer melodiebeherrschten, hymni-schen Dichtung angenommen, wo jede Verszeile genau dieselbe An-zahl von Silben enthielt wie die vorhergehende oder die nachfol-gende. Oft waren die byzantinischen Kirchenhymnen in sogenannten

politischen Zwölfsilbenversen verfaßt, und aus der ältesten bulga-
risch-kirchenslavischen Zeit sind ein paar anonyme und nicht-ano-
nyme Kirchendichtungen dieser Art, z. B. ein Gebet zu Gott in alphabetischer Versfolge, ein Prolog zu den Evangelien, eine Lobpreisung
des bulgarischen Zaren Symeon, erhalten geblieben. Diese Kirchen-
gebete oder Kirchengedichte waren bestrebt, das Versmaß der byzantinischen Originale einzuhalten, was natürlich auf nicht ganz unbedeutende Schwierigkeiten stoßen mußte, da sich die slavische Sprache
durch einen freien Akzent auszeichnet, im direkten Kontrast zum
mechanisierten griechisch-byzantinischen Akzent.

Schon von THEODOSIOS, dem Gründer des Höhlenklosters zu
Kijev, wird berichtet, daß er verschiedene Gebettexte verfaßt habe;
aber der eigentliche russische Meister auf diesem Gebiet war zweifellos KYRILLOS VON TÚROV. Nach den etwa 20 erhaltenen Gebettexten
zu urteilen, die ihm zugeschrieben werden, gab er es im allgemeinen
auf, die byzantinische metrische Struktur nachzuahmen, und zog
eine freie rhythmische Prosa, wohlgeeignet zu wirkungsvoller Rezi-
tation, vor. Man kann mit Recht vermuten, daß er sein eigentliches
Vorbild im biblischen *Psalter* fand, der in einer altkirchenslavischen Übersetzung vorlag. Der *Psalter* war Jahrhunderte hindurch
eines der populärsten Lesebücher gewesen sowohl innerhalb als auch
außerhalb der Kirche, sowohl mit als auch ohne gelehrte Kommentare, und seine reiche Bildersprache hatte sich wie süße und sanfte
Poesie in die Seelen der Menschen eingeschlichen. Vielleicht war es
die *Ich*-Form der Psalmen, die KYRILLOS VON TÚROV vor allem vor-
schwebte, wenn er seine vielen Gebete schrieb. Es mag angebracht
sein, eines von ihnen zu zitieren, und zwar in Verszeilen, die der
syntaktischen Gliederung der Sätze entsprechen:

Zum Himmel empor wag ich nicht meine Augen zu wenden, –
denn ich habe meinen Leib mit Bösem beschmutzt.
Auch wag ich es nicht, meine Hand zu den Höhen zu erheben, –
denn sie ist erfüllt von allerlei Begier.
Auch darf ich meinen Mund nicht zum Gebete öffnen, –
denn er ist von lauter Geschwätz verschlossen.
Auch wag ich kaum mehr Atem zu schöpfen
vor lauter Eitelkeit.
Mein Herz habe ich mit Schwelgerei belastet,
meine Seele hab ich mit Grausamkeit verdüstert,

meinen Leib hab ich mit Faulheit geschwächt,
meine Füße habe ich gegen den Stein der Wollust gestoßen,
meine Ohren hab ich mit schamloser Rede gefüllt,
zu meiner Nase steigt der Geruch meiner Sünden.
Und mein ganzes Wesen ist
wie ein Baum ohne Früchte
oder wie ein verödeter Tempel.

Diese Lyrik verrät natürlich unmittelbar ihre Verwandtschaft mit dem rhetorischen Stil und seiner Technik. Die syntaktischen Wirkungsmittel sind dieselben wie dort. Sie war nahe daran, Poesie zu werden, wurde aber nie ganz Poesie, weil die Ausdrucksweise des Dichters zu stark von der Tradition und dem Klischee gebunden war. Ihr Grundmotiv war das Bekenntnis des zerknirschten Sünders, aber dieses Sündenbekenntnis war rein konventionell und hatte gar nichts mit einer persönlichen Beichte zu tun. Der Ausdruck sollte in jedem Einzelfalle einem typischen Inhalt entsprechen, und es wäre vergebliche Mühe, in der religiösen Lyrik von KYRILLOS autobiographische oder individuelle Elemente zu suchen. Jeder konkrete Stoff war durch allgemeingültige Themen ersetzt. Der Mensch wurde geschildert als *wehrlos* und *verstrickt in das Gewebe der Sünde.* Irdische Gerechtigkeit wurde verurteilt als *stinkender Schlamm.* Wir sinken *in den Abgrund der Verzweiflung* und sind stets *von der Finsternis unsrer Taten umgeben.* Unsere Sünden sind wie *die bösen Zöllner, die an den Toren des Himmels sitzen,* und *der Seelendieb,* d. h. *der Teufel,* versucht uns *unsres kleinen Besitztums an Glauben* zu berauben, oder er schleicht sich in *das Nest unsrer Herzen.* Diese ganze Lyrik ist – im Gegensatz zu den hellgestimmten Homilien von KYRILLOS – von Pessimismus durchdrungen; dieser Pessimismus ist aber nicht die Frucht der Erfahrungen eines Schwarzsehers, sondern eine genremäßig fixierte Haltung. In der Terminologie, die der Dichter anwendet, hat die Phantasie keinen Raum zur Entfaltung, weil die Erfindungsgabe an die Aufgabe gebunden war, neue Kombinationen altbekannter biblischer Bilder und Vergleiche zu ersinnen. Jedes Gebet war ein kunstvolles Mosaik erprobter Gedanken und Motive. Die *Ich*-Form war letzten Endes eine Fiktion, denn das Ziel dieser Dichtung bestand eben nicht darin, der Seele Befreiung zu schaffen von einer inneren Spannung, sondern ausschließlich darin, jedem Christenmenschen, gleich ob Mann oder Weib, der sich nicht damit begnügen wollte, einfache, improvisierte Gebete an Gott zu richten, eine Reihe von Mustergebeten in die Hand zu geben zum fleißigen Gebrauch an jedem Wochentage und zu jeder Andachtsstunde des Tages. Auch hier finden wir – wie in der Homiletik – genau dieselbe Rücksichtnahme auf ein vornehmes, gebildetes Elitepublikum, das an der fein komponierten Form Genuß fand. Der Charakter des Bekenntnisses war in diesen Gebeten bewußt so allgemein gehalten, daß ein jeder, der ein solches Gebet las, ohne weiteres sich selber mit dem *Ich* des Gedichtes identifizieren konnte.

Es war nun ganz natürlich, daß ein Mann der Kirche von so eminenter dichterischer Begabung wie KYRILLOS sich auch in der großen liturgischen Form versuchte. Die russische Kirche hatte gleich nach ihrem Entstehen die zwei Kirchenliedertypen übernommen, die damals innerhalb der byzantinischen Kirche bekannt waren – sowohl den älteren *Kontákion*-Typus als auch den jüngeren *Kánon*-Typus. Die *Kontákia,* die wahrscheinlich von dem großen byzantinischen Lyriker ROMANOS MELODOS erfunden waren, bestanden ursprünglich aus 20 bis 30 gleichartig gebauten und refrainversehenen Strophen mit einem einleitenden *Prooimion,* schmolzen aber allmählich auf nur zwei Strophen zusammen, während die *Kánon*-Gedichte große, anschwellende Choralkompositionen von bunter, strophischer Struktur waren. Wir besitzen aus den älteren Perioden der russischen Kirchengeschichte eine Reihe gut erhaltener Gesangbücher beider Typen, besonders viele vom älteren Typus. Es gab ganze *Kontakarien,* die Gedichte dieses Typus enthielten, und ganze Sammlungen liturgischer *Kánones;* aber außerdem sammelte man auch *Hirmologien,* die jene *Hirmos*-Gesänge enthielten, welche ein Bestandteil der acht oder neun *Oden* eines *Kánons* waren, oder *Troparien,* die die Verse enthielten, die gewöhnlich im *Kánon* auf einen *Hirmos* folgten. Die Kombinationsmöglichkeiten waren groß, und man unterschied auch sogenannte *Oktoëchen, Sticherarien, Triodien* und *Tropologien.* Sie waren zuweilen mit Notenangaben versehen. Diese Kirchenlieder gaben dem orthodox-byzantinischen Gottesdienst seinen vokalen und musikalischen Reiz.

KYRILLOS besaß einen feinen Sinn für die dichterischen Möglichkeiten, die die byzantinische Kirchenhymne bot, und er war daher

auch der erste Dichter, der auf russischem Boden eine selbständige *Kánon*-Dichtung zu begründen versuchte. Er soll einen großen, alphabetisch geordneten *Reuekánon (Kánon Pokajánnyj)*
verfaßt haben – ein typisch-byzantinisches *Akrostichon*, das aber
leider nicht auf unsere Tage gekommen zu sein scheint. Außerdem
aber schreibt man ihm, vermutlich mit Recht, einen großen *Liturgischen Kánon (Kánon Molében)* zu, der musikalisch und literarisch noch gar nicht erforscht ist. Wahrscheinlich muß erst eine
eingehende philologische Untersuchung vorgenommen werden, um
den ursprünglichen Kern des Gedichtes und seine Sprachform zu
rekonstruieren, bevor es wirklich der Geschichte der ältesten russischen Literatur einverleibt und im Hinblick auf die Entwicklung
des poetischen Stils im alten Rußland ausgewertet werden kann.
So wie der *Liturgische Kánon* zur Zeit vorliegt, besteht er aus einer
Reihe von pathetischen Hymnen, die jeweils als *hirmoi (irmoi)*
oder *Gesänge (pěsni)* bezeichnet werden. Diese Hymnen gestalten
sich in der Regel zu glühenden Sündenbekenntnissen und schließen
immer mit einem Gebet an Gott oder an die Dreieinigkeit oder
an Jesus Christus oder an die Jungfrau Maria mit der Bitte um
Gnade. Die Verse fließen in freiem Rhythmus dahin, ohne daß
eine feste Silbenzahl in jedem Verse nachgewiesen werden könnte.
Gleich im ersten *Hirmos* wird der Zweck des ganzen *Kánons* verkündet:

> *Ich bereite mich, aufzudecken*
> *die bösen Taten, die in mir wohnen,*
> *Taten, mit denen ich Christus gekränkt,*
> *Taten, mit denen ich sein Gebot übertreten.*
> *Und der Schrift überliefere ich jetzt meine Gedanken,*
> *meine Taten sowohl als meine Worte,*
> *meine Schmach sowohl als meine Sünden,*
> *auf daß die ganze Welt sie höre.*

Immer wieder redet der Dichter seine Seele an und beschuldigt
sie aller möglichen Sünden und bösen Taten. Immer wieder spricht
er zu Jesus Christus oder zur Heiligen Jungfrau, um sie um ihre
Fürbitte anzuflehen. Immer wieder beschwört er biblische Gestalten
wie Adam und Eva, Lamech und Moses, Jonas und Habakuk und
manche andere, seine Bitte um Sündenvergebung zu unterstützen,

und immer wieder hofft er auf die Hilfe aller himmlischen Heerscharen, der Engel und Erzengel, der Cherubim und der Seraphim in seinem Rufen um Gnade.

Aber wenn der *Kánon* auch von großer Intensität und wirklichem Pathos getragen ist, und wenn er auch seine Wirkung auf den Leser nicht verfehlt, so gilt dennoch, was vorher von den Gebeten des Kyrillos gesagt worden ist, auch von seinem *Kánon:* er ist immer wieder nahe daran, Poesie zu werden, bleibt aber letzten Endes doch nur Rhetorik. Die mittelalterliche christliche Frömmigkeit, die aus Byzanz ins Land strömte, wußte noch nichts von dem Einzelnen, und ihre Ausdrucksweise und -mittel blieben daher notwendigerweise unpersönlich. Die Sünden, die der Einzelne in dieser gebundenen Form zu bekennen wünschte, der Glaube, den auszudrücken er sich sehnen, und die Todesangst oder die Seligkeitshoffnung, die er in seiner Seele nähren mochte, sie waren aufs genaueste in einer christlichen Typologie festgelegt, und die Auffassung des Menschlichen war noch in so geringem Umfang von wirklicher psychologischer Erfahrung und wirklichem psychologischem Wissen getragen, daß nur die großen, allgemeinmenschlichen Züge zutage treten konnten. Statt individueller, einmaliger Ausdrücke bediente man sich formelartiger Wortgruppen, die die gegebene seelische Situation zu erschöpfen schienen. Daher konnte auch die altrussische religiöse Dichtung sich damit begnügen, Variationen der einmal von den Byzantinern erfundenen und anerkannten formelartigen Bilder zu pflegen, ohne je den Drang nach innerer Erneuerung zu verspüren. Die Sprache sowohl wie die Form, die Idee sowohl wie das Thema war in sakraler Unantastbarkeit erstarrt, in strenger und düsterer Feierlichkeit, und nicht ein Tüttel irdischer Wirklichkeit und ihres Reichtums durfte die Pracht der Formeln stören. Diese heilige Ferne wurde ein bestimmender Faktor in der Geschichte der russischen kirchlichen Beredsamkeit in den kommenden Jahrhunderten.

9. DIE HAGIOGRAPHISCHE LITERATUR

Unabhängig vom festlichen und nur für ein auserwähltes Publikum berechneten lyrisch-rhetorischen Stil entstand im alten Rußland ein narrativer Prosastil, der ebenso befruchtend wie jener auf das altrussische Geistesleben einwirken sollte. Dieser gewissermaßen *epideiktische* Stil war vor allen Dingen an eine bestimmte, aus Byzanz eingeführte Gattung geknüpft – nämlich an die Heiligenlegende. Wir können den Stil, der auf russischem Boden eine besondere Form erhielt, *hagiographisch* nennen.

Es ist untunlich, die altrussische Hagiographie als ein nur religiös motiviertes Phänomen zu betrachten, das den Literaturforscher nicht weiter angeht. Die Heiligenlegende ist niemals nur erbauliche Lektüre gewesen, obgleich ihre unmittelbare, sozusagen offizielle Begründung religiös oder kirchlich war. Vom Gesichtspunkt der Kirche aus hatte diese Gattung natürlich nur die Aufgabe, den Leser in religiöser Richtung zu beeinflussen, ihm erhabene moralische Vorbilder zur praktischen Nachfolge oder würdige Objekte für seine Bewunderung zu liefern. Zugleich aber war es völlig evident, daß der Verfasser der Heiligenlegenden sich von ausgesprochen künstlerischen Rücksichten auf Komposition, dramatische Spannung, Charakterisierung der auftretenden Personen und tragischen Effekt leiten ließ. Und was den Leser betrifft, so knüpfte sich sein wesentliches Interesse gerade an diese literarischen Momente viel eher als an die erbauliche Tendenz. Ohne sich dessen eigentlich bewußt zu werden, konnte der Leser einen Genuß finden an den novellistischen, abenteuerlichen, ungewöhnlichen und dramatischen Eigenschaften der Heiligenlegende. In diesem Zusammenhange ist die Tatsache von größter Bedeutung, daß sich die altrussische Hagiographie grundsätzlich unabhängig von dem rhetorischen Stil entwickelte. Wahrscheinlich hing dies damit zusammen, daß die Hagiographie ihre Leser oder – im Falle des Vortrages – ihre Zuhörer nicht in der Elite der Gesellschaft suchte, sondern eher in den viel einfacheren und breiteren Schichten der Klöster und der Bürgerschaft. Eine strenge Grenze lag zwischen der Homiletik und der Hagiographie. Im Gegensatz zur Homiletik pflegte die Hagiographie die Erzählung. Sie hatte überhaupt kein Interesse an sprachlicher Verfeinerung. Dagegen war die Entfaltung des Motivs an sich die Hauptsache. Man kann gewissermaßen von einem Realismus der Hagiographie sprechen. Erst in einer bedeutend späteren Periode kam es zu einem unmittelbaren Kontakt zwischen dem Rhetorischen und dem Erzählerischen, wodurch ein Heiligenlegendentypus entstand, der von der ursprünglichen altrussischen Heiligenlegende wesentlich verschieden war.

Der *demokratische* Charakter der altrussischen Hagiographie kam nicht nur auf dem formalen Gebiet zum Ausdruck. Er bestimmte auch die Wahl der Modelle, denen der altrussische Hagiograph folgte. Die byzantinische Heiligenlegendenliteratur stand in dem für Rußland so wichtigen 11. Jahrhundert wohl am Ende einer großen Blütezeit. Die älteste Schicht dieser Literatur bestand aus ehrwürdigen Märtyrerakten, Berichten von den heldenhaften Blutzeugen der Vorzeit, die sich während der Zeit der Christenverfolgungen zu ihrem Glauben bekannt hatten und für diesen Glauben mit ihren Leiden und ihrem Tod bezahlten. Sie blieben dem russischen Leser natürlich nicht ganz unbekannt. In Byzanz aber waren sie schon seit langem verdunkelt von den bedeutend aktuelleren, aber auch weit weniger heroischen oder tragischen Biographien der großen Kirchenherren aus der Zeit nach dem Siege des Christentums, der kanonischen Asketen und Eremiten, der Wüstenbewohner und Säulenheiligen und wunderlichen *Narren in Christo.* Die ungehemmte Ausbreitung des Klosterlebens überall im byzantinischen Kulturbereich und sein beispielloses Aufblühen im alten Rußland bildeten die soziale Grundlage für den Sieg, den die großen, sorgsam ausgearbeiteten Mönchs- und Klosterstifterbiographien über die kalendarisch geordneten, ungemein trockenen und geschäftsmäßigen Akten der griechischen *Synaxarien* über die Protomärtyrer und Heiligen des Monats davontrugen. Nicht einmal die modernisierten Märtyrerakten des Symeon Metaphrastes aus dem 10. Jahrhundert erhielten in dieser Periode eine irgendwie vorbildliche Bedeutung für die altrussische Hagiographie. Ganz ohne Nachfolge blieben solche Heiligenlegenden wie das *Leben des in Christo närrischen Andreas,* das wahrscheinlich im 10. Jahrhundert vom Pres-

byter NIKEPHOROS an der Hagia-Sophia-Kathedrale in Konstantinopel verfaßt worden ist und das in einer, möglicherweise in Rußland angefertigten, altkirchenslavischen Übersetzung existierte,
oder wie das *Leben des Anachoreten Basilios des Neuen*, das von
GREGORIOS, dem Schüler des Heiligen (in der zweiten Hälfte des
10. Jahrhunderts) verfaßt und vermutlich auch in Rußland übersetzt
worden war. Das dämonologische, eschatologische und visionäre
Element, alle diese übernatürlichen Erlebnisse, Voraussagen des
Weltunterganges, Gesichte und Halluzinationen, die sich in den
byzantinischen Heiligenlegenden auszubreiten begannen, waren
natürlich ein ebenso spannender Stoff für den russischen Leser
wie etwa das apokryphe Orakelmaterial in den sogenannten *Offenbarungen* des METHODIOS VON PATARA, die gleichfalls ins Slavische übersetzt worden waren. Andererseits war diese Gattung so
ausgesprochen exotisch und phantastisch, ermangelte so völlig
einer jeden Anknüpfungsmöglichkeit an die russische Wirklichkeit,
daß es – abgesehen von fleißigen Zitaten in verschiedenen Schriften
– nicht geeignet war, der altrussischen Hagiographie als Muster zu
dienen.

Von weit größerer Bedeutung waren dagegen die älteren, seit
langem als klassisch anerkannten byzantinischen Mönchsbiographien. Der Grund dafür war evident. Heilige und Märtyrer von
dem Format, womit die byzantinische Kirche prahlen konnte, besaß man natürlich noch gar nicht in dem jungen russischen Staat.
Die zwei Blutzeugen, die der ältesten Periode in der Geschichte der
russischen Kirche angehörten, die beiden christlichen Väringer,
die den neuen Glauben aus Byzanz nach Rußland mitgebracht
hatten und die König Vladímir in seiner heidnischen Zeit den
Göttern hatte opfern lassen, waren nicht besonders zu einer Verherrlichung geeignet, da die Rolle des Verfolgers vom offiziellen
Begründer des russischen Christentums gespielt wurde. Dagegen
mußte das Aufblühen des russischen Mönchswesens ein lebhaftes
Interesse wecken für das Leben der großen Helden der byzantinischen Klostergeschichte und zu einer Umpflanzung des entsprechenden hagiographischen Zweiges nach Rußland verlocken.
Mit Wiedererkennungsfreude und Spannung mußte man die alte
Biographie lesen, die der Patriarch ATHANASIOS VON ALEXANDRIA

(4. Jahrhundert) über den Vater des ägyptischen Mönchswesens, den berühmten Eremiten Antonios, geschrieben hatte und die in einer slavischen Übersetzung bekannt war. Man übersetzte auch die aus dem 6. Jahrhundert stammende, phantasiereiche Geschichte des heiligen Sabbas, des Gründers des Klosters in der Wüste Juda, die der große Hagiograph Kyrillos von Skythopolis verfaßt hatte – eine Schilderung, die sich nicht scheute, dem Helden zu seiner Verherrlichung zahlreiche, in Wandersagen berichtete Wunder zuzuschreiben, und die ein lebendiges Bild eines echt orientalischen Einsiedlerlebens und seiner merkwürdigen Abenteuer zeichnete; sie gab dem Leser eine eindrucksvolle Vorstellung von der wilden und überwältigenden Landschaft der heißen Sandwüsten. Fast aktuelles Interesse hatte auch die anonyme, vermutlich in Rußland übersetzte *Vita des Theodoros*, des berühmten Abtes des Studion-Klosters, dessen asketische Klosterregel dem Höhlenkloster von Kíjev als Vorbild diente. Man las auch gern die übersetzte *Vita Theophanes' des Bekenners*, des Gründers des Sigriani-Klosters an der Marmaraküste, die vom Patriarchen Methodios von Konstantinopel (9. Jahrhundert) verfaßt worden war.

Wie sehr diese hagiographischen Werke sich auch voneinander unterschieden, so hatten sie doch gewisse gemeinsame Stilzüge. Sie stammten alle aus der Zeit vor der rhetorisch eingestellten Stil- und Sprachreform von Symeon Metaphrastes. Sie zeichneten sich durch eine einfache, straffe Komposition und eine einfache, sachliche Sprachbehandlung aus; das eigentlich motivische Moment und die eigentlich biographische Handlung standen so sehr im Vordergrund des Interesses, daß das Verhältnis des Erzählers zum Motiv durch keinerlei sprachliche Künstelei verdorben wurde. Es ist wichtig festzustellen, daß gerade dieser nüchterne Heiligenlebentypus das Vorbild der jungen russischen Hagiographie war.

Diese russische Hagiographie entstand im Höhlenkloster zu Kíjev oder in Verbindung mit ihm. Das Höhlenkloster, das erste in Rußland, nahm sowohl im russischen Klosterleben als auch im ganzen Geistesleben der altrussischen Gesellschaft einen so zentralen Platz ein und seine Gründer waren so weit bekannt im ganzen Land, daß es fast selbstverständlich war, daß gerade sie zum Gegenstand der ersten russischen hagiographischen Versuche gewählt

wurden. Der eigentliche Gründer und *Ktitor* des Höhlenklosters
war – wie schon oben gelegentlich bemerkt worden ist – der heilige
Antonios, der während eines Aufenthaltes in Byzanz, vielleicht nach
einem Besuche im Athos-Kloster, Mönch geworden war und sich
nach seiner Heimkehr nach Rußland als Eremit in der sogenannten
Väringerhöhle bei Kíjev am steilen rechten Ufer des Dnjepr niedergelassen hatte, wo weite Aussicht über die Hügel der Hauptstadt
und das flache Land jenseits des Flusses war. Ganz zweifellos
wurde bald nach seinem Tode (um 1072) eine anonyme *Antonios-
Legende* verfaßt (*Žitijé sv. Antónija*). Sie ist leider zugrunde gegangen; wir können uns aber, dank Zitaten und Hinweisen in der
späteren Hagiographie und anderen Quellen, ein ungefähres Bild
davon machen, was die *Antonios-Legende* zu erzählen gewußt hatte.
Aus der Art dieser Zitate können wir schließen, daß die Heiligenlegende eine Menge faktischen Materials zu dem dramatischen Leben des Antonios und zur Geschichte des Klosters, das allmählich
um seine Höhle emporgewachsen war, enthielt. Dieses Material wurde
in Übereinstimmung mit den byzantinischen Vorbildern in einer
fromm idealisierenden, zugleich aber ganz sachlichen Sprache dem
Leser dargeboten.

Unsere Heiligenlegende hat vermutlich grundsätzlich dieselbe
Form und denselben Charakter gehabt wie die von dem berühmten
russischen Hagiographen und Annalisten NESTOR verfaßte *Legende
vom heiligen Theodosios* (*Žitijé sv. Feodósija*), die glücklicherweise
erhalten ist, dazu noch in einer alten Handschrift aus dem 12. Jahrhundert. Diese Legende handelt vom ersten großen Organisator des
Höhlenklosters nach den strengen Studion-Regeln, von dem Abte
Theodosios (gest. 1074), und ist in derselben Kunstform gehalten wie
das *Leben des Antonios* von ATHANASIOS VON ALEXANDRIA (4. Jahrhundert) oder die *Sabbas-Legende* von KYRILLOS VON SKYTHOPOLIS
(6. Jahrhundert), nämlich in einem sorgfältig durchgearbeiteten
Monumentalstil, in einer ganz unrhetorischen, aber sachlich beredten Sprache, die auf den Leser eher durch den vermeintlichen
oder wirklichen Eigenwert des biographischen Stoffes als durch
dessen spitzfindige Gestaltung einwirkte. Um den Eindruck seiner
Glaubwürdigkeit zu erhöhen, berief sich der Verfasser gern auf
seine Gewährsmänner, die Theodosios persönlich gekannt hatten,

wie z. B. den Hegumenen Paulos von Černígov oder Sophronios,
den Hegumenen des Klosters von Výdubič. Zugleich beklagte NE-
STOR aber auch seinen Mangel an stilistischem Raffinement, indem
er hervorhob, daß er *nur einfach und einfältig und nicht in allerlei
Kunstfertigkeit geschult sei.* Wir brauchen diese Entschuldigung
nicht allzu ernst zu nehmen, da sie nur eine rein literarische Koketterie
war, die dem Leser das Werk glaubwürdiger machen sollte. So
betonte schon KYRILLOS VON SKYTHOPOLIS *seine* mangelnde rhetorische Bildung. Es war eben eine Sitte, eine Art von *captatio bene-
volentiae,* die in der byzantinischen Literatur weitverbreitet war.

Die Begründung, die NESTOR für das Zustandekommen seines
Werkes gibt, ist typisch, insofern er sich ausschließlich zu religiösen
und pädagogischen Zielen bekennt. Der Ausgangspunkt der russischen Legende ist wie der der byzantinischen Heiligenvita die absolute
Erhabenheit des dargestellten Helden über alle Verhältnisse des täglichen Lebens. Kritische Haltung war dem Verfasser völlig fremd,
einfach weil die größte Tugend eines Hagiographen gerade in seiner
Gläubigkeit und glühenden Bewunderung für die geschilderte Persönlichkeit bestand. Für NESTOR wie für jeden byzantinischen Bio-
graphen war die Heiligkeit des Heiligen nicht eine Eigenschaft, die
erst kritisch geprüft und bewiesen werden sollte, sondern eine ganz
undisputable Voraussetzung, an der zu rütteln niemandem einfallen
würde. NESTOR begann seine Legende mit den folgenden Worten:

*Wenn ich mich darauf besann, meine Brüder, daß das Leben unsres
ehrwürdigen Vaters von niemandem beschrieben worden ist, versank ich
täglich in Wehmut und flehte Gott an, er möge mich würdig finden, alles, was
das Leben unsres gottergebenen Vaters angehe, in der rechten Reihenfolge
zu beschreiben, auf daß auch jene Mönche, die nach uns kommen, sobald
sie seine Lebensbeschreibung gelesen und seine hohe Tugend erfaßt haben,
Gott lobpreisen können, indem sie seinen Diener rühmen und sich berufen
fühlen, fromme Taten zu üben, weil gerade ein solcher Mann und Gottes-
diener in unsrem Lande hat erstehen können.*

Die *Theodosios-Legende* NESTORS erhielt paradigmatische Bedeutung für die älteste russische Hagiographie, und eine Charakteristik von ihr ist daher von besonders genereller Gültigkeit. Grundlage der ganzen Komposition war natürlich das streng biographische Schema mit den klar getrennten Lebensstufen – der Kind-

heit, den Taten, dem Tode und den Wundern. Fehlten dem Bio-
graphen genügend reichhaltige Aufschlüsse über das Leben des
Heiligen, um das Schema oder Teile davon auszufüllen, dann erlaubte er sich gläubig, das Fehlende zu rekonstruieren, und nicht
selten geschah das in der Weise, daß er sich literarische Entlehnungen, die man heutzutage *Plagiate* nennen würde, erlaubte oder
aber einfach Einzelheiten erfand. Beide Auswege waren damals
weit unschuldiger, als man jetzt meinen würde. Jedes Heiligenleben hatte – wie schon bemerkt – zur Voraussetzung, daß der Held
ein unbestreitbar heiliger Mann sei und daß seine Heiligkeit auf die
wirkungsvollste Weise anschaulich gemacht werden müsse. Und
da nun die Heiligkeit eines Mannes sich durch eine mehr oder weniger
begrenzte Folge von typischen Taten, asketische Leistungen wohlbekannter Art, siegreiche Bekämpfung irdischer Versuchungen,
beständigen Kampf mit den bösen Geistern, christliche Tugend-
betätigung usw. manifestierte, so konnte der Verfasser einer belie-
bigen Vita ohne weiteres annehmen, daß auch sein Held eben kraft
seiner Heiligkeit dieselben Taten vollbracht haben mußte, mochten
auch die Quellen oder die Überlieferung davon schweigen. Und
folglich durfte er ihm mit gutem Gewissen Dinge zuschreiben, die er
im Grunde genommen nur aus anderen Heiligenlegenden kannte.

Die objektive Wahrheit war somit eine sehr relative Erscheinung,
auch für NESTOR. Der große Ruhm des Theodosios als hervorragender Klosterprior mußte sich besonders effektvoll ausnehmen, wenn
er vor dem Hintergrunde einer mehr oder weniger bescheidenen
sozialen Herkunft dargestellt wurde. Die Größe des Opfers aber,
das er Gott brachte, indem er den Reichtümern der Erde entsagte,
konnte erst deutlich werden, wenn es vor dem Hintergrunde einer
reichen und vornehmen Kindheit erschien. Und der Verfasser der
Legende durfte daher mit größter Gewissensruhe sich selber widersprechen, weil die innere Wahrheit, nämlich die Heiligkeit des Theodosios, nicht davon berührt wurde, sondern im Gegenteil noch klarer
erglänzte. Infolgedessen können sich die Gelehrten von heute darüber
uneinig sein, ob Theodosios der Sohn eines einfachen Mannes
oder Nachkomme vornehmer Ahnen war. Genau dasselbe geschah,
wenn NESTOR erzählt, daß die Mutter des Theodosios, ergriffen von
dem Vorbilde ihres Sohnes, in vorgerücktem Alter in ein Nonnen-

kloster eintrat; man übersah völlig, wie unglaubhaft es war, daß gerade diese fromme Dame im Eingang zur Vita als hartherzige und herrschsüchtige Matrone geschildert wurde, die keinerlei Mittel scheute, um den Sohn daran zu hindern, ins Kloster zu gehen. Auch literarische Entlehnungen oder Plagiate erlaubte sich NESTOR mit gutem Gewissen. Wir finden ganze Abschnitte, die wortgetreu aus der *Sabbas-Legende* des KYRILLOS VON SKYTHOPOLIS abgeschrieben waren. Sollte der obligate Kampf des Theodosios gegen die Versuchungen des Lebens geschildert werden, dann fand NESTOR wohlgeeignete Beispiele bei ATHANASIOS VON ALEXANDRIA, der zu erzählen wußte, wie sehr der Teufel sich bemühte, den heiligen Antonius von Ägypten zu versuchen. In dem strengen und feierlichen kirchenslavischen Sprachstil, der würdig einherschritt, erschien all das ganz glaubwürdig, und aus den vielen vorgetragenen Episoden, gleichgültig ob sie wahr oder erfunden waren, bildete sich allmählich eine wirklich wahre Persönlichkeitsschilderung, die den Leser rührte und bewegte.

Die *Theodosios-Legende* NESTORS erwarb sich großen Ruhm im alten Rußland, und ihre vorbildliche und Schule machende Bedeutung kann gar nicht überschätzt werden. Der strenge, ruhige hieratische Stil der russischen Hagiographie war geschaffen. Er stand im Einklang mit der abstrakten Charakterisierungstechnik der alten Ikonen und Heiligenbilder. Wie dieser Stil weiterwirkte, sieht man am besten aus einer Heiligenlegende, die der Mönch EPHRAIM VON SMOLÉNSK (JEFRÉM SMOLÉNSKIJ) etwa 200 Jahre später schrieb. Er hatte sich vorgenommen, eine Lebensbeschreibung seines Lehrers, des Hegumenen Abraamios, des ersten Leiters eines neuorganisierten Klosters in Smolénsk, zu schreiben. Diese *Abraamios-Legende* (*Žitijé Avraámija Smolénskogo*) gibt das Bild eines in vieler Beziehung bemerkenswerten Mannes, der sowohl der Malerei, d. h. der Ikonographie, oblag als auch die Redekunst pflegte. Als Redner war er offenbar ein direkter Nachahmer der rhetorischen Manier und allegorischen Interpretierungskunst des HILARION VON KÍJEV und des KYRILLOS VON TÚROV. Die Schilderung EPHRAIMS kann stellenweise an alte Märtyrerpassionen erinnern, so z.B. wenn er erzählt, wie sein geliebter Lehrer einst mit der lokalen Geistlichkeit in Konflikt geriet und vor ein gemischtes weltlich-

geistliches Gericht gestellt wurde, das ihn freilich freisprach. Es
war nicht immer vergnüglich, in dem notdürftig byzantinisierten
Lande die feine Kunst der Rhetorik zu pflegen. Die Reaktion, die
seinerzeit schon KLEMENS VON SMOLÉNSK wegen seiner *heidnischen
Philosophie* gegen sich heraufbeschworen hatte, traf nun, nach Verlauf einer so langen Zeit, auch den großen Bücherfreund, eifrigen
Leser *hellenischer* Bücher und schwungvollen Rhetoriker Abraamios, seinen Landsmann. EPHRAIMS Schilderung ist in demselben
strengen und sachlichen Stil gehalten wie die *Theodosios-Legende*
NESTORS, und er exzerpiert oder zitiert ohne jegliche Skrupel ganze
Stücke aus dieser Legende. Er ließ sich auch direkt beeinflussen
von den griechischen Vorbildern NESTORS, den byzantinischen
Antonios- und *Sabbas-Legenden.* Eine ganz interessante literarische
Koketterie, für wirkliche Kenner berechnet, verrät sich darin, daß
dieser russische EPHRAIM sein eigenes Verhältnis zu seinem Lehrer
Abraamios von Smolénsk mit dem Verhältnis zwischen dem großen
Syrier EPHRAIM und dem von ihm in einer Vita abkonterfeiten
Eremiten Abraamios parallelisiert. Der russische Hagiograph kannte
seine Klassiker. Aber ungeachtet aller dieser literarischen Einflüsse
verstand der Autor von Smolénsk die Kunst, allzu deutlichen Entlehnungen und Plagiaten aus dem Wege zu gehen, und gerade darin
– wie auch in dem völligen Fehlen aller Wundergeschichten – dürfen
wir ein Zeichen dafür sehen, daß die nüchterne und kühle altrussische Erzählungskunst eine gesunde Entwicklung durchgemacht hatte.

Trotz dieser Sachlichkeit und Einfachheit war der Hagiograph
aber keineswegs ohne Verständnis für kompliziertere literarische
Ausdrucksmittel. Er verwendete gern Zusammenstellungen und Vergleiche, um den Text anziehender zu gestalten. Er verfiel aber nie auf
HILARIONS kompliziertes System der Vergleiche. Er scheute sich nicht,
Monologe zu erfinden, die dem Helden in den Mund gelegt wurden,
und ihn mit frommen Meditationen allgemeiner Art auftreten zu
lassen, aber diese waren niemals mit Schmuck überladen. Er erlaubte
sich hin und wieder rein lyrische Exkurse, die von hohen Gedanken
getragen waren, und seine eigene Persönlichkeit konnte sich stellenweise in Einlagen verschiedenen Inhalts geltend machen. Aber all
das war innerhalb strenger und vernünftiger Grenzen gehalten und
verdunkelte nie durch übertriebene Beredsamkeit die Wahrheits- und

Wirklichkeitsnähe der Heiligenlegende. Wie verschieden nun aber der hagiographische Stil vom rhetorisch-homiletischen auch war, so gab es doch einen Zug, der sie verband: das Fehlen von allzu individuellen Dingen, die Vorliebe für das Typische und Generelle und infolgedessen auch die Tendenz, formelartige Ausdrücke für menschliche Situationen oder Eigenschaften herauszuarbeiten. Man war bestrebt, nicht das Einzigartige und Eigentümliche, sondern vielmehr das Allgemeine, das Ideelle zu betonen.

Ein besonders hervorragendes Denkmal schuf sich die hagiographische Erzählungskunst in dem berühmten *Paterikon des Höhlenklosters zu Kíjev (Kíjevo-Pečérskij Paterik)*, einem Werke, das gegen Ende der Kíjever Periode, im 13. Jahrhundert, entstand. Mit dem Worte *Paterikón* (abgeleitet vom griechischen *patér* ‚Vater‘, also eigentlich *Väterbuch*) bezeichnete man in der byzantinischen Kirche von alters her großangelegte Sammlungen von Mönchsbiographien, die nicht so sehr durch den Eigenwert der einzelnen Biographien als vielmehr durch die Verherrlichung des Klosters, zu dem die Mönche gehörten, wirken sollten. Im Gegensatz zu den gewöhnlichen liturgischen *Synaxarien* oder *Prologen*, die unter den einzelnen Monaten und Tagen des Kirchenjahres kurze Heiligenlegenden ohne Rücksicht auf ihren Ursprung darboten, waren die byzantinischen *Pateriká* nach streng lokalen Gesichtspunkten angelegt, und man kannte ägyptische, sinaitische, jerusalemitische, syrische und andere Väterbücher. Wie wir schon wissen, besaß man bereits im 11. Jahrhundert eine kirchenslavische Übersetzung der großen Sammlung *Leimón pneumatikós* des JOHANNES MOSCHOS, eines askesebegeisterten Autors, der in seinem Werke das kleinasiatische Klosterleben schilderte und eine bunte *geistige Blumenwiese* von Mönchsgeschicken und Mönchscharakteren schuf. Er hatte auf diesem Gebiete viele Vorläufer gehabt, u. a. einen gewissen PALLADIOS, der ein unter dem lateinischen Titel *Historia Lausiaca* bekanntes Väterbuch geschrieben hatte. Natürlich unterschieden sich diese Klosterlebensammlungen sehr stark untereinander, und gerade der Sondercharakter eines jeden von ihnen machte ihren Reiz aus.

Nach solchen berühmten Vorbildern wurde das altrussische *Höhlenklosterpaterikón* von den beiden Freunden und Klostermönchen SIMON (gest. 1226) und POLYKARPOS (POLIKÁRP) angelegt. Bezeichnenderweise erwuchs das Werk organisch aus einem Briefwechsel zwischen den beiden, als SIMON nach der nordostwärts gelegenen fernen Provinzstadt Vladímir versetzt worden war, wo er Hegumen des Muttergottesklosters und später Bischof wurde, während POLY- KARPOS in seinem geliebten Höhlenkloster zurückblieb, obgleich es seinem ehrgeizigen Sinn widerstrebte, sich der strengen Disziplin des Klosters zu unterwerfen. Die Briefe, die SIMON ihm sandte, ergänzte er mit eigenen Schilderungen, die er an seinen Klosterabt AKYNDINOS (AKÍNDIN) adressierte, und allmählich entstand so ein gemeinsames Werk, das immer wieder erweitert wurde, so mit der *Theodosios- Legende* NESTORS. Das Zustandekommen dieses eminenten Kollektiv- werks nahm ein paar Jahrhunderte in Anspruch, und erst im 15. Jahr- hundert sollte es die endliche Form erhalten, die wir jetzt kennen. Die Hauptquellen, aus der die ursprünglichen Verfasser in ihren Briefen schöpften, waren die zwei ältesten, bereits besprochenen Heiligenlegenden, nämlich die anonyme *Antonios-Legende* und NESTORS *Theodosios-Legende*, sowie *die altrussische Chronik*, von der später die Rede sein wird. Nebenbei benutzten die beiden Ver- fasser natürlich auch andere zugängliche Quellen, mündliche Be- richte und eigene Erinnerungen. Das ganze Werk war aber von dem eigentümlichen Tone intimer und persönlicher Liebe zu dem gemein- samen Heime, dem friedlichen, wunderbaren Höhlenkloster, getragen.

Eines der ersten Kapitel, das von Bischof SIMON geschrieben ist und von der Errichtung der Muttergotteskirche im Höhlenkloster handelt, ist von besonderem Interesse, weil es die Tätigkeit der nor- dischen Väringer auch auf diesem Gebiete veranschaulicht. Bischof SIMON hatte die Geschichte von einer hochgestellten Persönlichkeit gehört, die sich offenbar auf eine wohlbewahrte Familienüberliefe- rung berufen konnte. Die Geschichte berichtete, wie einst ein Väring, der *Sigmund* hieß (im Texte russisch als *Šimon* wiedergegeben), zu König Jaroslàv kam. Er war der Sohn eines nordischen Königs na- mens *Afrek* (im russischen Text zu *Afrikan* verbalhornt) und war nach dem Tode seines Vaters mit seinem Bruder *Friand* von seinem Onkel *Hákon dem Blinden*, der übrigens selbst einst in König Jaro- slàvs Sold gestanden hatte, aus seiner Heimat vertrieben worden. Bei einer bestimmten Gelegenheit soll nun der heilige Antonios diesem Sigmund, der ihn im Höhlenkloster aufgesucht hatte, geweissagt

haben, er werde die bevorstehende Schlacht mit den Steppennomaden
überleben und nicht eher sterben, als bis eine Kirche im Höhlenkloster erbaut worden sei; in ihr würden einst auch seine Gebeine zur
letzten Ruhe bestattet werden. Da nun die Weissagung über die
Schlacht und ihren für Sigmund persönlich glücklichen Ausgang in
Erfüllung gegangen war, schenkte Sigmund dem heiligen Antonios
und dem heiligen Theodosios einen goldenen Gürtel und jene goldene Krone, mit der sein christlicher Vater einst ein mächtiges
lateinisches Kruzifix geschmückt hatte und die Sigmund mit sich auf
die Flucht genommen hatte. Er ließ nun eine Kirche im Kloster erbauen in genauester Übereinstimmung mit der, die er in einer
Vision während eines Sturmes auf dem Meere und nun wieder in
einer zweiten Vision auf dem Schlachtfelde gesehen hatte, als er verwundet und hilflos dalag. Die Kirche selbst soll aber von byzantinischen Architekten erbaut worden sein, die die wundertätige Ikone
der Gottesmutter in Blachernai selbst nach Kíjev entsandt hatte. Sie
wurde auch von byzantinischen Künstlern mit schönen Wandfresken
geschmückt. Dieser Kontakt zwischen Byzanz und den Väringern,
der in der Erzählung zum Ausdruck kommt, war bezeichnend für
den Kulturstrom, der aus Konstantinopel über Rußland nach dem
Norden ging.

Vielleicht gibt dieses kurze Referat eines einleitenden Kapitels
einen Eindruck von Simons einfacher, sachlicher Erzählungsweise,
die in der Tat nichts anderes ist als eine treue Fortführung des hagiographischen Sprachstils Nestors. In allen diesen einfachen Geschichten von den frommen Mönchen des Klosters, von Euagrios und
Nikon, Anysiphoros und Athanasios, Eustratios und Arethas, und
wie sie sonst mit griechischen Christennamen geheißen haben mögen,
Helden der Geduld, der Demut, der Selbstlosigkeit, der Askese,
schimmert ein bewußtes Streben danach durch, eine größtmögliche
Authentizitätswirkung zu erzielen. Zweifellos fällt es Polykarpos
weit schwerer, seine Begabung und Persönlichkeit hinter der Maske
der Einfalt zu verbergen. Es ist recht deutlich, daß die Tatsachen
ihn weit mehr als Simon wegen ihrer literarischen Möglichkeiten
interessieren. Er erlaubt sich lyrische Ergüsse und feilt gern an der
äußeren Form. Kann man von Simon sagen, er verfolge nur erbauliche Zwecke mit seinen Schilderungen der frommen und nach-

folgewürdigen Lebenshaltung verstorbener Klosterbrüder, dann darf
man gewiß behaupten, daß Polykarpos sich bei seiner Arbeit ein
weit ehrgeizigeres Ziel setzte, nämlich das Ziel, der hohen asketischen
Kultur seiner Zeit und der Mission seines Klosters in Rußland ein
sprachliches Denkmal zu errichten. Aber auch er wachte nach Kräften darüber, daß sein Stil nicht in leere Rhetorik umschlug, und auch
er kannte und mied sorgsam die Versuchungen und Gefahren, die
sich in der *wortlistigen* Kunst verbargen.

Das Grundmotiv aber, das das ganze Werk zusammenhielt und
ihm den Charakter der Einheitlichkeit gab, war die Liebe zu dem
alten, schönen Kloster, dem Heime so vieler bedrückter und bekümmerter gottsuchender Seelen. Simon, der es verstanden hatte,
seinem unruhigen Bruder Polykarpos etwas von seiner abgeklärten
und durch den Abstand veredelten Liebe einzuflößen, drückte diese
Stimmung mit folgenden überraschend starken und leidenschaftlichen Worten aus:

*Vor Gottes Antlitz sage ich: allen Ruhm und alle Macht achtete ich
gleich Kot, wenn ich bloß wie ein verdorrter Zweig vor den Toren unsres
Klosters stehn oder im Hofe des Höhlenklosters wie der Staub, auf den
alle Menschen treten, liegen könnte.*
*Ein einziger Tag im Tempel der Gottesmutter wäre schöner als tausend
Jahre eitler Ehre!*

10. DIE GATTUNG DES FÜRSTENLEBENS

Bereits in ihren ersten Anfängen trieb die altrussische Hagiographie einen Schößling, der späterhin sehr große literarische Bedeutung bekam. Diese Bedeutung war um so größer, als es in der
byzantinischen Mutterliteratur tatsächlich kein eigentliches Vorbild
oder Stilmuster für diese neue Literaturgattung gab. Sie verdankte
ihr Entstehen dem Umstande, daß einige der nationalen Heiligen, die
zum Gegenstand hagiographischer Schilderung gemacht wurden, in
ihrem irdischen Dasein Könige oder Fürsten gewesen waren. Die Gattung des Fürstenlebens, die so entstand, erhielt ihre eigene und selbständige literarische Funktion, indem sie – bewußt oder unbewußt –
politische Tendenzen in ihre sonst reiigiöse Begründung aufnahm.

Der Anstoß zur Schaffung einer eigenen religiös-politischen Gattung lag in den eigentümlichen Verhältnissen der altrussischen Gesellschaft, die einerseits durch die geistige Abhängigkeit von Byzanz, andererseits aber durch die Selbständigkeitsansprüche gegenüber Byzanz bedingt waren.

Schon der Metropolit HILARION hatte in seiner Festpredigt *Das Gesetz und die Gnade* mit Eloquenz und Kraft den weltlichen Fürsten gepriesen, den man als den Apostel Rußlands zu betrachten wünschte. Wie wir wissen, mündete die sehr abstrakte Rede HILARIONS in ein wahres *Enkomion* auf den heiligen Glaubensfürsten und Christentumsverkünder Vladímir aus. Damit war tatsächlich der Keim gelegt zu einer Reihe von halb-hagiographischen Legenden, die über *das große und wunderbare Werk* des Königs sprachen. Im Mittelpunkt stand seine eigene Bekehrung von einem schlimmen, heidnischen Leben zum Christentum, so daß seine irdisch-historische Gestalt ganz von einem goldenen Apostelglanz überstrahlt wurde. Wir sehen ihn neben die nächsten Jünger und Apostel Jesu gestellt – neben Petrus und Paulus, Johannes, Thomas und Markus.

Der nächste Schritt mußte zu einer legendenhaften Verherrlichung der Großmutter des Königs, der großen und listigen Königin Olga, führen, die sich vom Patriarchen von Konstantinopel hatte taufen lassen, wobei Kaiser Konstantin Porphyrogennetos ihr Pate war. Man sagte jetzt von der Königin, sie sei wie *der Lichtschimmer vor der Sonne* und wie *die Morgendämmerung vor dem Anbruch des Tages* gewesen; man verglich sie mit *dem Monde im Dunkel der Nacht*, mit *einem Edelstein mitten im Kot*. Der Panegyriker trieb es so weit, daß er König Vladímir zu einem russischen Kaiser Konstantin dem Großen machte und Königin Olga mit der ehrwürdigen Mutter Konstantins, der Kaiserin Helena von Byzanz, gleichstellte, deren Namen Olga in der Taufe übernommen hatte. Mit diesen Lobpreisungen Olgas und ihres großen Enkels wurde der Grund gelegt zu Lobpreisungen anderer altrussischer Fürsten, die durch ihre Teilnahme an der Ausbreitung und Festigung des Christentums einen Anspruch darauf erworben hatten. In der apostolischen Formel HILARIONS lag der Keim zu einer langen Reihe von Missionslegenden von den Teilfürsten von Pskov, Tver', Múrom, Rostóv, Perm', die in der späteren russischen Hagiographie auftauchen:

sie versah jede russische Landschaft, jede Provinz mit einem besonderen lokalen Glaubensapostel. Obgleich dem sachlich-wahr-
haften Heiligenleben entsprungen, übernahm das Fürstenleben gleich
bei seinem ersten Auftreten die sprachliche Färbung des *Enkomiastikon*-Stils, die für HILARIONS Rhetorik charakteristisch gewesen war,
und diese Färbung behielt es bei als sein charakteristisches Kennzeichen in der altrussischen Hagiographie.

Dicht neben dem *apostolischen* Fürstenleben stand nah verwandt
das *martyrologische* Fürstenleben, das ebenfalls aus den besonderen
sozialen Verhältnissen des jungen Staates entsprungen war, der rasch
die Struktur des Feudalismus annahm. Es spiegelte deutlich jene Zeit
wider, da die komplizierte Erbfolge innerhalb des Königsgeschlechts
zu blutigen Fehden zwischen Brüdern, Vätern und Söhnen, Oheimen
und Neffen, Vettern und ferneren Nachkommen gemeinsamer
Väringerahnen geführt hatte. Es spiegelte zugleich die Reaktion der
Geistlichkeit und der Bürgerschaft gegen diese Geißel der Zeit wider,
die in verhängnisvoller Weise die Kraft des Staates und der Gesellschaft schwächte. Das martyrologische Fürstenleben stand im Dienste
einer sozialpolitischen Idee, es kämpfte für eine gesetzlich geregelte
Erbfolge, es brandmarkte die fürstlichen Übertreter des Erbrechtes
und pries in einem ausgesprochenen *Enkomiastikon*-Stil die Fürsten,
die als Opfer eines unberechtigten Fürstenehrgeizes gefallen waren.

Innerhalb der Fürstenlebengattung bekam eine altkirchenslavische,
ursprünglich in dem tschechischen Mähren entstandene *Heiligenlegende von dem tschechischen König V'acesláv* große, vorbildliche
Bedeutung. Man meinte, im tragischen Schicksal König V'aceslávs
jenes Schicksal wiedererkennen zu können, das die jüngsten Söhne
Vladímirs, Borís und Gleb, getroffen und zu Märtyrern gemacht
hatte. Wie König V'acesláv unrechtmäßig von seinem machtbegierigen Bruder Bolesláv getötet worden war, so waren auch Borís
und Gleb (1015) von ihrem gottlosen und herrschsüchtigen Bruder
Sv'atopólk, der sich nach Vladímirs Tod den Königsstuhl von Kíjev
sichern wollte, getötet worden. Es war ein rein politischer Akt, den
die Kirche aber geschickt für religiöse Zwecke auszunutzen verstand, und die Mönche folgten diesem Wink, indem sie Borís und
Gleb zu Glaubenszeugen machten. Zugleich aber bot sich Gelegenheit, die beiden kanonisierten Fürstengestalten in königliche Ideal-

figuren zu verwandeln, die anderen Fürsten als nachfolgewürdige
Vorbilder vorgehalten werden konnten.

Zu den ersten altrussischen Fürstenbiographen zählt man einen
Autor, der sonst nur dem Namen nach bekannt ist, nämlich JAKOB
DEN MÖNCH. Außer einem *Enkomion auf den russischen König
Vladimir* (*Pám'at' i pochvalá kn'áz'u rússkomu Volodíměru*) soll er
auch eine *Legende von den zwei heiligen Märtyrern Boris und Gleb*
(*Skazánije i strast' i pochvalá sv'atúju múčeniku Borísa i Glěba*) verfaßt haben. Leider haben wir aber keine wirklichen Beweise dafür,
daß JAKOB DER MÖNCH tatsächlich Verfasser dieser Werke ist. Die
im alten Rußland ungeheuer populäre *Legende von Boris und Gleb*,
die wir als anonym betrachten müssen, ist dadurch bemerkenswert, daß
sie große, unmittelbare Anmut mit ausgesprochener genremäßiger
Unvollkommenheit vereint. Das biographische Schema ist nicht besonders erfolgreich eingehalten, das politische Interesse steht noch
allzusehr im Vordergrund, die geschichtlichen Ereignisse sind nicht
zur Charakteristik der auftretenden Personen ausgenutzt, sondern
bewahren ihren Eigenwert und stehen da wie zusammenhanglose
annalistische Notizen. Erst nach mehreren ungelenken Versuchen,
die die Schwierigkeiten offenbaren, mit denen der Verfasser auf dem
Gebiet der Komposition zu kämpfen hatte, kommt die Erzählung endlich in Gang. Diese Naivität ist mit einer bezaubernden Vorliebe für
larmoyante oder jubilierende Empfindsamkeit gepaart, die der ganzen Legende einen etwas sentimentalen Ton gibt. Der Bericht ist in
der Tat auf die in stetem Wechsel wiederkehrenden Motive der tränenreichen Angst der beiden Brüder vor dem Tod und ihrer jubelnden Freude, daß sie die beiden ersten russischen Märtyrer sind,
gegründet. Infolgedessen ist er von einem bewußten Lyrismus
durchdrungen, indem die beiden Helden immer wieder selbst zu
Worte kommen, um in großen Monologen ihre Stimmungen auszudrücken, und zwar sogar in dem Augenblick, wo sie durchbohrt von
den Dolchen der Meuchelmörder sterbend niederstürzen. Bezeichnend ist ein Passus, der von Borís handelt:

*Sein Antlitz war ganz von Tränen überströmt, und bitter weinend war
er außerstande zu sprechen. In seinem Herzen aber sprach er so:*
*,Weh mir, Licht meiner Augen, Glanz und Morgenröte meines Gesichtes,
Zügel meiner Jugend, Richtschnur meines Unverstandes!*

Weh mir, mein Vater und Herr!
Bei wem soll ich Rat finden?
Zu wem soll ich emporblicken?
Wo soll ich die Nahrung suchen, die mir die gesegnete Belehrung und
Erziehung deiner Weisheit geben konnten?
Weh mir, weh mir!
Wie ist es zugegangen, daß meine Sonne gesunken ist, daß du nicht bei
mir weilst? ...
Mein Herz brennt, in meiner Seele verwirren sich die Sinne, und ich
weiß nicht, bei wem ich Zuflucht suchen soll und wem ich meinen bitteren
Kummer offenbaren soll. ...'

Der Leser fühlte sich bewegt durch diese und ähnliche rührende
Worte beim Abschied eines reinen Jünglings vom Leben. Er fühlte
sich bewegt und empört, wenn er las, wie der gemeine Bösewicht
Sv'atopólk, der unter dem Beinamen *der Verfluchte (Okajánnyj)* in
die Geschichte eingegangen ist, seine demütigen, bis in den Tod gehorsamen und tugendhaften Brüder von gedungenen Meuchelmördern
erbarmungslos töten läßt. Der Leser fühlte sich auch feierlich bewegt beim Gedanken, daß die heiligen Brüder bereitwillig in den
Tod gingen, um durch ihr Beispiel zu zeigen, daß Fürstenfehde dem
Lande zum Schaden gereiche. Und wenn auch der unbekannte Hagiograph im großen und ganzen die nüchterne Linie seiner Vorbilder
einzuhalten suchte, so sah der Leser doch bei ihm schon die tragisch
spannende Geschichte sich in die rhetorische Sprache der Festpredigt
kleiden, was er in Anbetracht des erhabenen Themas als natürlich
empfinden mußte. Besonders deutlich trat die Rhetorik in den Vordergrund in den abschließenden Sätzen, die automatisch den pathetischen Stil des *Enkomions* annahmen. Wie bei HILARION formten sie
sich zu einer direkten beschwörenden Apostrophe und Apotheose:

Wahrlich ihr zwei seid Kaiser unter Kaisern und Könige unter Königen,
denn mit eurer Hilfe und eurer Unterstützung siegen unsre Könige über
die Aufrührer, und eures Beistandes rühmen sie sich.
So seid ihr unser Wappen, der Burgwall und die Grundfeste des
Russischen Reiches, sein zweiseitig geschliffenes Schwert, das uns hilft,
die Verwegenheit der Heiden zu überwinden und die herumstreifenden
Scharen des Teufels in die Erde zu stampfen.
Wahrlich, mit gutem Gewissen kann ich sagen, daß ihr Männer des
Himmels irdische Engel seid, die Tragsäulen und Grundmauern unsres
Landes.

So steht ihr eurem Vaterland bei, wie der große Demetrios von Saloniki
seinem eigenen Lande beistand, indem er sagte:
,Stand ich zusammen mit meinen Landsleuten in den Stunden der
Freude, werde ich mit ihnen sterben am Tage des Unterganges.'

Man kann also mit Recht sagen, daß es in der Natur des Fürstenlebens lag, rhetorisch zu werden, und als NESTOR, den wir bereits als
Hagiographen kennen, die Aufgabe übernahm, ein regelrechtes *Heili-*
genleben der Märtyrer Boris und Gleb (Čténije o žitii i o pogublénii
blažénnuju strastotérpcu Borísa i Gléba) zu schreiben, war es nur zu
natürlich, daß das rhetorische Element bei ihm noch stärker hervortrat
als bei dem anonymen Verfasser der *Legende.* Das neue *Heiligen-*
leben folgte einem streng biographischen Schema und war nach
allen Regeln der Kunst geschrieben. Es ist interessant, feststellen zu
können, daß zwischen NESTORS *Heiligenleben der Märtyrer Boris*
und Gleb und seiner oben behandelten *Theodosios-Legende* ein deutlicher stilistischer Unterschied besteht und daß dieser dem Unterschied zwischen dem einfachen und milden Heiligenleben und dem
panegyrischen Fürstenleben genau entspricht. NESTOR folgte in
seinem *Leben der Märtyrer Boris und Gleb* natürlich bestimmten
literarischen Vorbildern; man hat vor allem auf die byzantinischen
Heiligenlegenden von Eustathios Plakides und von *Demetrios von*
Saloniki hingewiesen, aber einen wirklich bestimmenden Einfluß auf
den Stil selbst scheinen sie nicht ausgeübt zu haben.

Mit pompöser Feierlichkeit beginnt NESTOR sein Werk mit der
Weltschöpfung und füllt seinen Prolog mit einer langen Übersicht
über die Geschichte des Christentums in der ganzen Welt, besonders
aber in Rußland. Die Idee HILARIONS von der Gleichberechtigung
der Völker in der großen Familie der christlichen Nationen wirkt so
weiter bei NESTOR. Es ist klar, daß er den tragischen Tod der beiden
Brüder, gedeutet als ein wirkliches Glaubensmartyrium, vor dem
Hintergrunde eines großen und erregenden religionsgeschichtlichen
Panoramas zeigen wollte. Es kann gesagt werden, daß NESTOR
dieses Martyrium vom Gesichtspunkt einer konsequent eingehaltenen historiosophischen Idee aus betrachtet, – der Idee vom Kampfe
zwischen Gott und Teufel als dem eigentlichen Inhalt der ganzen
Geschichte der Menschheit: nach Vladímirs Tod bricht dieser
Kampf aufs neue los, der Teufel nimmt die Gelegenheit wahr, den

Samen des Unfriedens zwischen seinen Söhnen zu säen, aber Gott
siegt infolge des widerstandslosen Todes von Borís und Gleb. Immer
wieder legt NESTOR den beiden Brüdern Äußerungen in den Mund
über die Pflicht jedes Fürstennachkommen, sich dem Willen des
Ältesten im Geschlecht zu unterwerfen, selbst wenn das um den
Preis des Lebens geschehen muß. *Ich will weder diesen Platz verlassen noch von hier flüchten, auch will ich nicht meinem Bruder
widerstehn, denn er ist der Älteste unsres Geschlechtes* – so sagt
Borís.

Es fiel NESTOR keineswegs leicht, die erste Abteilung des biographischen Schemas auszufüllen, nämlich die Kindheit, von der auch
der anonyme Verfasser der *Legende* nichts zu erzählen wußte. NESTOR
füllte sie mit vielen schönen, aber nichtssagenden und stereotypen
Phrasen und Einfällen aus. Die beiden Königssöhne waren selbstverständlich eifrige Leser der heiligen Schriften und Legenden von den
Taten der ersten christlichen Märtyrer; seit ihrer zartesten Kindheit
fromm und gottesfürchtig, tugendhaft und asketisch gesinnt, waren
sie es auch geblieben, als man sie verheiratete. Der eine von ihnen,
der in der Taufe den Namen *Romanos* erhalten hatte, wurde von
NESTOR – was etwas gesucht wirkte – mit dem großen byzantinischen
Hymnendichter ROMANOS MELODOS verglichen, und der Taufname
des anderen Bruders, David, gab ihm Anlaß, ihn mit dem König
David der *Bibel* zu vergleichen, der ja auch der jüngste unter seinen
Brüdern gewesen sei. NESTORS rhetorische Sprachbehandlung beeinträchtigte in hohem Grade den konkreten Inhalt des geschichtlichen
Stoffes, und der naive Lyrismus, der für die anonyme *Legende* so
bezeichnend gewesen war, mußte gelehrter Panegyrik weichen. Dafür
enthielt NESTORS *Leben der Märtyrer Borís und Gleb* im Gegensatz
zu der anonymen Vorlage ein erschöpfendes Verzeichnis der posthumen Wunder der Brüder und schloß nach dem berühmten Vorbilde HILARIONS mit einer pathetischen Apostrophe an die Brüder
und Märtyrer, an ihr Grab und an die Stadt, wo ihre Gebeine zur
letzten Ruhe gebracht worden waren.

NESTOR schrieb sein Werk vermutlich um 1078 – zu einer Zeit, da
die vielen Teilfürsten in blutiger Fehde miteinander und mit dem
Großkönig von Kíjev lagen. Das bisher geltende Erbfolgesystem
hatte begonnen, seine politisch unheilvollen Eigenschaften zu offen-

baren, und sowohl das Bürgertum als auch die Geistlichkeit sah
mit wachsender Unruhe, wie gering das traditionelle Erbrecht unter
den verschiedenen Fürstengeschlechtern geachtet und wie gering
auch die Autorität des Großkönigs in Wirklichkeit war. Deswegen
mußte NESTORS *Boris- und-Gleb-Legende* wie ein Appell an das Gewissen der Fürsten wirken. Ganz eindeutig sprach NESTOR seinen
Grundgedanken in folgenden Worten aus:

> *Ihr habt nun gesehen, meine Brüder, welche Demut die beiden Brüder*
> *ihrem älteren Bruder gegenüber hegten. . . .*
>
> *Heutzutage aber gibt es viele ganz junge Fürsten, die den älteren den*
> *Gehorsam verweigern und sich ihnen widersetzen und die daher oft ge-*
> *tötet werden. Sie besitzen nicht jene Tugenden, die unseren beiden Heiligen*
> *eigen waren.*
>
> *Denn gibt es etwas Wunderbareres als diese zwei Heiligen, die trotz der*
> *großen weltlichen Macht und Ehre, die sie genossen, eine solche Demut an*
> *den Tag legten, daß sie bereit waren, in den Tod zu gehen.*

Außer der Aufgabe aber, zwei fürstliche Mustergestalten zu zeichnen, die einer entarteten Zeit als Vorbilder zur Nachfolge vorgehalten
werden konnten, hatte die *Boris- und-Gleb-Legende* NESTORS – ebenso
wie die anonyme *Legende* – noch die weitere Aufgabe, dem russischen
Volke ein von Zeit und Ort unabhängiges, dauerndes menschliches
und ethisches Ideal zu schenken. Die beiden feinen, edlen und sensitiven Jünglinge, deren Seele keine Bosheit oder Schlechtigkeit kannte, wurden zu nationalen Idealen menschlicher Güte, Reinheit,
Demut, Schamhaftigkeit und Frömmigkeit. Die Erinnerung an die
beiden Fürstensöhne Boris und Gleb, die Dioskuren der russischen
Kirche, wurde Jahrhunderte hindurch im Volke lebendig erhalten
und beschäftigte seine Phantasie als ein poetisches Erlebnis. Das
Motiv ihres unverschuldeten Todes wurde zum Thema eines jener
geistlichen Lieder, die von Vaganten und Pilgern auf den Kirch-
plätzen und Märkten gesungen wurden. In der Literatur lebte diese
Fürstenlegende auch weiter, sobald man vor der Aufgabe stand, der
Nachwelt die tragische Ermordung eines Fürsten zu schildern – und
in den russischen *Annalen* gibt es mehrere Fürstenbilder, die NE-
STORS Bild der beiden heiligen und unschuldigen Fürstenbrüder
nachzeichnen. Und wenn es galt, den Kampf eines Teilfürsten oder
Königs als gerecht und seinen Sieg als wohlverdient zu schildern,

unterließ es der Annalist selten, zu erzählen, daß die kämpfenden Parteien während der Schlacht die leuchtenden Gestalten der Brüder Borís und Gleb an der Spitze der himmlischen Heerscharen in den Kampf eingreifen sahen.

11. IMPORTIERTE PSEUDOHISTORISCHE LITERATUR

In dem altrussischen Fürstenleben, wie wir es im vorigen Kapitel kennengelernt haben, trat ein eminent historisches Interesse zutage. Dieses historische Interesse, d. h. das Interesse für die Begebnisse und Ereignisse einer näheren oder ferneren Vorzeit, war sehr bezeichnend für die altrussische Literatur, so bezeichnend, daß man mit einem gewissen Recht behaupten kann, es sei neben der religiösen die eigentlich dominierende Tendenz der Literatur gewesen. Von dieser Regel ist vielleicht nur die rhetorisch-homiletische Gattung ausgenommen, obgleich man auch hier nicht vergessen darf, daß die große Rede HILARIONS faktisch von einer historiosophischen Idee getragen war. Man kann aber immerhin sagen, daß die altrussische Homilie hauptsächlich eine lyrisch-rhetorische Literaturgattung war und gerade als solche in der altrussischen Literaturentwicklung weiterwirkte; die anderen Gattungen aber, die Hagiographie wie das Fürstenleben und die apokryphe Literatur, standen alle im Dienste des historischen Interesses. Um aber recht zu verstehen, warum früher oder später eine selbständige altrussische Geschichtsschreibung als besondere Literaturgattung entstehen mußte und warum diese Gattung im alten Rußland alle anderen in den Schatten stellen mußte, ist es notwendig, einige literarische Gattungen zu betrachten, die zunächst auch aus Byzanz stammten und die dazu beitrugen, jenen Nährboden zu schaffen, aus dem die altrussische Geschichtsschreibung mit unausweichlicher Notwendigkeit hervorgehen mußte.

Nicht die eigentliche byzantinische Geschichtsschreibung war in diesem Zusammenhange vor allem von Bedeutung; viel eher kommt hier eine Mischgattung in Betracht, die nicht so leicht mit einem gemeinsamen Ausdruck bezeichnet werden kann, weil sie ihren Stoff

aus den verschiedensten – geschichtlichen, kirchlichen, märchenhaften und rein literarischen – Quellen schöpfte. Es war eine ausschließlich in Übersetzungen bestehende Gattung, die keine Neu-
schöpfungen in Rußland anregte. Sie war scheinbar ganz weltlich,
obgleich ein genaueres Studium bald zeigt, daß auch hier die religiöse
Begründung nicht fehlte. Die Form der Werke, die zu dieser Gattung
gerechnet werden können, war die der großen zusammenhängenden
Erzählung. Der Stoff war im allgemeinen fiktiv wie ein Romanstoff,
wurde aber vom Leser als geschichtlich wahr aufgenommen. Im
Vordergrund des Interesses stand in diesen Schriften immer die
heidnische und christliche Vergangenheit. Vielleicht dürfen wir daher – mit billigem Vorbehalt – diese Gattung als den historischen
(oder pseudohistorischen) Roman bezeichnen. In bedeutendem Umfange fand die Übersetzung dieser Literaturart, die ihrem Ursprunge
nach griechisch war, in Rußland statt, was aus der Sprache – einer
stark russisch beeinflußten kirchenslavischen Sprache – ziemlich klar
hervorzugehen scheint.

Die antike Geschichte nahm in dieser Literatur einen nicht ganz
unbedeutenden Platz ein. Der gewaltige Stoff der *Iliade* von den
Kämpfen um Troja war in den byzantinischen Chroniken, die ins
Slavische übersetzt wurden (z. B. im 4. und 5. Buch der *Chrono-
graphia* des JOHANNES MALALAS), zu einem langweiligen und dürren
Bericht zusammengeschmolzen, und jener im mittelalterlichen Westeuropa so berühmte *Roman vom Trojanischen Krieg*, der auf die
Autoren DIKTYS und DARES zurückgeführt wurde, drang in ritterlich
geputzter und romantisierter Gestalt erst einige Jahrhunderte später
nach Rußland – dank einer importierten dalmatisch-kroatischen
Übersetzung von KONSTANTINOS MANASSES' versifizierter byzantinischer *Synopsis historikē*, die im Original nur von wenigen
griechischkundigen Lesern im Kijever Rußland gelesen werden
konnte und wirklich auch gelesen wurde. Andererseits vertiefte man
sich schon früh, vielleicht sogar in einer russischen Übersetzung, in
den berühmten phantastischen *Alexanderroman* des PSEUDO-
KALLISTHENES. Wahrscheinlich wurde dieser Roman in seiner zweiten griechischen Version schon im 11. Jahrhundert übersetzt, und
in den altrussischen Chroniken des 12. und 13. Jahrhunderts lassen
sich leicht formelhafte Sätze aus dem *Alexanderroman* feststellen.

Dieser Roman war noch vollständig unberührt von der chevaleres-
ken Atmosphäre der westeuropäischen lateinischen Übersetzungen
und Bearbeitungen, die erst sehr spät nach Rußland drang. In seiner
ursprünglichen Form folgte der Roman – wie die Heiligenlegenden
– wesentlich dem biographischen Schema. Er begann mit der wunderbaren Zeugung des großen mazedonischen Eroberers durch den
ägyptischen König Nektaneb, der in der Gestalt des Gottes Amon die
Königin Olympias in der Abwesenheit ihres Gemahls, König Philipps,
besucht hatte. Er schilderte seine schwierige Geburt, gab eine umfassende Beschreibung seiner Kindheit und seiner Schulzeit, erzählte
von all seinen zahllosen Taten und Feldzügen und schloß mit seinem
Tod. Er war interessant, spannend und reich an pseudo-historischem
Stoff. Ganz besonders mußten die phantastischen Schilderungen von
fremden Landschaften, Sitten und Menschen in den von Alexander
dem Großen eroberten Reichen die Aufmerksamkeit des altrussischen
Lesers fesseln. Die Tendenz zur typischen Stilisierung, die sowohl
für die byzantinische Literatur wie auch für ihre Tochter, die altrussische, charakteristisch war, kam nicht zuletzt in den zahllosen
Schlachtenbildern des *Alexanderromans* zum Ausdruck. Durch
ihren ausgesprochen formelhaften Charakter wurden sie zu einem
Modell für die altrussische Annalistik, die unablässig blutige Schlachten zu schildern hatte. Wir finden hier somit den ersten Keim zu
jenem eigentümlichen *martialischen Stil*, der zum besonderen Kennzeichen der russischen Kriegsprosa werden mußte. In der Schilderung
der Schlacht mit dem persischen König heißt es:

*Die Krieger sanken übereinander in großer Zahl. Man sah nur Pferde,
die auf der Erde umherlagen, und Krieger, die auf dem Walplatz gefallen waren. Es war unmöglich, in den Staubwolken zwischen Persern
und Mazedoniern, zwischen Bojaren, Fußsoldaten und Reitern zu unterscheiden. Es war unmöglich, vor lauter Blutvergießen Himmel und Erde
zu unterscheiden. Und selbst die Sonne, die Leid empfand über das, was geschah, konnte so viel Greuel nicht ertragen und verhüllte sich.*

Das Eigentümliche an diesem *martialischen Stil* war der Umstand, daß er von allen individualisierenden Zügen frei war. Er hob
nur das Generelle hervor, nur solche Elemente, die sich notwendigerweise in jeder anderen Schlacht wiederholen mußten. Dieser Stil war
streng schematisch und abstrakt. Die klischeeartigen Sätze wurden

ins Bewußtsein des Lesers eingehämmert. Hier tritt uns dieselbe Tendenz zum Hieratisch-Konventionellen entgegen, die wir bei der Schilderung anderer byzantinischer und altrussischer Literaturarten konstatieren konnten.

Dieser bemerkenswerte Roman enthielt aber auch andere Elemente, die ihn für den Leser interessant und anziehend machten. Das gilt vor allem für die in allen Einzelheiten ausgemalte Vorstellung von einem märchenhaft reichen Morgenland. Besonders spannungsvoll waren die Briefe, die Alexander an seine Mutter Olympias und seinen Lehrer Aristoteles daheim gesandt haben soll und in denen er jene langhalsigen und langarmigen Waldriesen schilderte, die er gesehen hatte, jene runden, behaarten, rothäutigen Steppenriesen, die mit Löwenantlitzen umherstreiften, jene Menschenfresser, die in Sümpfen wohnten und wie Hunde bellten, jene kopflosen, aber dennoch sprechenden Wesen, jene vieläugigen Tiere und endlich jenes Reich der Seligen, wo die Sonne nie aufgeht und immer nur Morgenröte den Himmel färbt, wo es weder Sonne noch Mond noch Sterne gibt und wo Vögel umherfliegen in Menschengestalt, die die hellenische Sprache sprechen. Das Interesse für exotische Länder, genährt von dem Glauben an ein Paradies im Osten, war in Rußland früh erwacht. Wir wissen, daß man bereits im 12. Jahrhundert die *Christliche Topographie* des KOSMAS INDIKOPLEUSTES kennengelernt hatte, aus der man reichhaltiges und phantastisches Wissen über den Orient schöpfen konnte. Es war daher kein Wunder, daß auch der *Alexanderroman*, der von den vielen Taten des großen Königs in Ägypten, Kleinasien, Persien, Babylonien, den Schwarzmeerländern und Indien erzählte, während seiner komplizierten literarischen Entwicklung auf russischem Boden immer mehr phantastisches Material, vor allem märchenhafte Legenden von dem reichen Indien und dem babylonischen Reich in sich aufnahm. Besonders wichtig ist es vielleicht, daß der Roman – vermutlich von Anbeginn – eine bedeutungsvolle Ideenerweiterung erhalten hatte, die darin bestand, daß ein ganzes Kapitel – teilweise unter Einfluß der apokryphen *Legende von der Reise des Zosimos zu den Brahminen* – von dem Besuch handelte, den der große Alexander den indischen Weisen an den Ufern des Ganges abstattete, und von dem Gespräch, das er mit ihrem Häuptling oder *Hegumen* Dandamios führte. Das große und bewegte Schicksal des Königs wurde sehr wirkungsvoll dem kontemplativen Dasein der orientalischen Asketen gegenübergestellt. Der siegreiche Weltherrscher streckte hier geistig die Waffen vor ihrem Glauben, daß weltliche Macht nur *ungerechte Gewaltausübung, gesetzlose Vermessenheit und eine goldene Last* sei. Seine einzige Entschuldigung bestand in der Schicksalsbestimmtheit seiner Taten: *Auch ich würde am liebsten mein kriegerisches Handwerk aufgeben, wenn Gott mir nur das rechte Herz dafür gegeben hätte.*

Die indische Kontemplationsphilosophie, die so den russischen Leser erreichte, gelangte zuweilen auch in christlicher Verkleidung auf Umwegen in die russische Literatur. So ging es zum Beispiel mit der Biographie Buddhas, die dem uralten, wie eine Heiligenlegende komponierten, ursprünglich georgischen, dann byzantinischen Roman von *Barlaam und Prinz Joasaphat* zugrunde lag. Der Roman war in seiner griechischen Gestalt wahrscheinlich vom Mönch Johannes aus dem Sabbas-Kloster in Palästina (im 7. Jahrhundert) verfaßt worden. Abgesehen von der erbaulichen Geschichte der Bekehrung Prinz Joasaphats zum Christentum, enthielt der Roman eine Menge von halb-orientalischen, halb-christlichen *Apologien* oder *Gleichnissen*, die den Hang des Lesers zum Symbolischen befriedigten. Morgenländische Weisheit, die aus Indien über Arabien und Persien gewandert war, machte auch den Kern des byzantinischen Schachtelromans *Stephanites und Ichnelates* aus, der dem Leser ein besonderes Vergnügen bereitete durch seine typisch-orientalische, kasuistische Menschenkenntnis, die sich wohl hinter der allegorischen Tiergestalt der handelnden Personen verbarg, aber keineswegs darin verschwand. Vermutlich ist dieser Roman in einer verhältnismäßig späten Periode, gegen Ende der altrussischen Zeit (spätestens jedoch im 14. Jahrhundert), nach Rußland gekommen, wie vermutlich auch andere orientalische Romane (so etwa die oben erwähnte *Legende vom reichen Indien*, geschrieben als Brief des indischen Kaiser-Presbyters Johannes an den byzantinischen Kaiser Manuel, oder die düstere, eschatologische *Homilie von den zwölf Träumen des Königs Šachaiša*) erst aus der Zeit des Niederganges des Kijever Königreiches stammen. Dagegen muß der spannende *Roman vom klugen Akyrios* (auf russisch *Sinagrípp, car' Adórov i Nalívskija straný*) in einer Übersetzung, die nach griechisch-byzantinischen Vorlagen angefertigt worden war, schon früh in Rußland bekannt gewesen sein. Diese orientalische Erzählung, die eine christliche Färbung erhalten hatte, handelte von König Sanherib von Assyrien, seinem weisen Ratgeber Achikar-Akyrios und dessen falschem Schwestersohn Anadan. Er fesselte nicht nur wegen seiner philosophisch-moralisierenden Haltung, sondern bot auch eine spannende Handlung mit gefälschten Briefen, verfolgter Unschuld, wunderbarer Rettung und kriegerischen Szenen. Dieser Roman führt uns so zurück zu der pseudohistorischen Romangattung mit ihrem besonderen *martialischen* Stil.

Ein hervorragendes Werk gerade in diesem Stil war der direkt aus dem Griechischen ins Russische übersetzte *Roman von Digenis Akritas*, der in russischer Gestalt unter dem leicht geänderten Titel *Das Leben und die Taten des Devgénij Akríta* (*Žitijé i dějánija Devgénija Akríty*) bekannt war. Seine Komposition, die auf dem biographischen Schema beruhte, hatte große Ähnlichkeit mit der Komposition des *Alexanderromans*. Die griechische Vorlage des russischen *Romans von Digenis* ist nicht mehr bekannt. Man darf vermuten, daß der Übersetzung entweder ein jetzt verlorenes oder nur aus späteren byzantinischen Bearbeitungen bekanntes griechisches Epos von dem byzantinischen Volkshelden Basilios Digenis Akritas oder aber eine gleichfalls verlorengegangene prosaische Zyklisierung verschiedener byzantinischer Volkslieder, sogenannter *Tragudien*, die von ihm handelten, zugrunde gelegen haben. Die erste Hypothese ist die von der Forschung allgemein angenommene; nichtsdestoweniger scheinen viele Dinge darauf zu deuten, daß die zweite Hypothese dem wirklichen Sachverhalt näherkommt. Der eine Zuname des Helden *Digenis*, d. h. ‚der Zwiegebürtige', weist auf seine Herkunft von einer griechischen Patriziertochter und einem sarazenischen Emir hin, während der zweite Zuname *Akritas* ihn als einen Grenzkommandanten oder Markgrafen im Osten des byzantinischen Reiches (im 10. Jahrhundert) vorstellt. Es war ganz natürlich, daß dieser Roman bei den Russen Interesse fand, da diese sowohl ‚zwiegebürtige' Fürsten russisch-varägischer oder russisch-nomadischer Herkunft sehr wohl kannten als auch mit den Kämpfen der Grenzwacht gegen die umherstreifenden Wandervölker der Steppe vertraut waren.

Der Sprachstil des Romans bekundete einen großen Fortschritt in der narrativen Prosa. In einer leichtfließenden und unterhaltsamen Sprache, die immer wieder von kurzen Dialogen zwischen den auftretenden Personen unterbrochen war, berichtete der Roman von den Eltern des Helden, dem arabischen Emir, der seiner Geliebten wegen den christlichen Glauben angenommen hatte, und seiner Mutter, der schönen byzantinischen Patriziertochter, und von dem Helden selbst, dem wunderbar schönen und edlen Devgénij oder Digenis, seinem übernatürlich früh entwickelten Mannesmut, seiner Tapferkeit, seinen großen Taten. Seine freien Liebeserlebnisse, zum Beispiel mit der schönen Amazone Maximo-Maksimiana, spielten augenscheinlich eine große Rolle im byzantinischen Original, traten aber in der russischen Bearbeitung entschieden zurück vor der Geschichte seiner legitimen Liebe zu der schönen Strategentochter Eudoxia, ihrer Entführung und seiner Ehe mit ihr. Das Hauptinteresse aber war an die Schilderung der kriegerischen Taten des Digenis und seines Mutes selbst in den gefährlichsten Situationen geknüpft.

Der Stil der Sprache war lebhaft, zuweilen unmittelbar poetisch und bedeutete eine große Bereicherung für die russische Literatur, die sich bisher hauptsächlich in rhetorischen oder pragmatisch-narrativen Bahnen bewegt hatte. Die Helden des Romans reiten auf ihren Rossen dahin wie *Falken mit goldenen Flügeln*. Wenn sie in der Schlacht kämpften, glichen sie *tüchtigen Schnittern bei der Heumahd*, sie trieben ihre Feinde einher wie *gute Hirten ihre Schafe* oder lockten sie in den Hinterhalt, *wie man Hasen in Fallen fängt*. Wenn sie in der Schlacht oder im Zweikampf ihren Gegnern gegenüberstanden, dann war es, *als ob die Sonne strahlte, wo sie standen*, während *die finsterste Finsternis* dort lauerte, wo die Feinde waren. Der junge Digenis wurde von der verliebten Amazone Maximo in einem Briefe mit dem schönen Monat Mai verglichen, *denn wie im Mai alle irdische Schönheit aufblüht und die Bäume ihr Laubgewand anlegen, so* – schrieb Maximo – *bist auch du unter uns aufgeblüht, weitberühmter Digenis!* Seine Schönheit wird auch sonst als ganz außergewöhnlich geschildert: sein Antlitz war *weiß wie Schnee* und *rot wie die Mohnblume*, sein Haar war *wie Gold*, seine Augen *groß wie Schalen und furchterregend beim Anschauen*. Wenn er um die Hand der Tochter des Strategen anhalten will, bringt er ihr nach echt byzantinischer Sitte ein Ständchen auf seiner goldsaitigen Harfe und singt dazu. Wenn er aber mit blankem Schwert und mit dem Speer als Sprungstange in den Kampf eingreift, dann fallen tausend Mann bei jedem Sprung. Man muß sich vor Augen halten, daß diese Literatur pseudo-historischer und phantastischer Romane zwar nicht zur Schaffung einer entsprechenden russischen Originalliteratur führte, aber doch zur Herausarbeitung eines Sprachstils beitrug, der der Bildung einer originalen russischen episch-lyrischen Sprache zugute kommen konnte. Der so stark pointierte *martialische* Stil konnte nicht ohne Wirkung bleiben.

12. IMPORTIERTE HISTORISCHE LITERATUR

Dem russischen Leser, dessen Verhältnis zum geschriebenen Worte noch naiv und treuherzig war, mußten die alten orientalischen und byzantinischen Romane zweifellos als wirkliche Geschichte erscheinen. Sie befriedigten seinen Wunsch, so viele und so detaillierte Aufschlüsse wie nur möglich über die Vorzeit der zivilisierten Welt und des Christentums zu erhalten, und diese Gattung schmolz daher in seinem Bewußtsein mit der eigentlich historischen byzantinischen Literatur zusammen. Aber auch diese erreichte ihn sehr rasch in zahlreichen Übersetzungen. Sie erlangte große Bedeutung für die Entwicklung der altrussischen Literatur.

Gewisse Umstände lassen uns annehmen, daß man schon im Beginn der Kijever Zeit eine – zweifellos russische – Übersetzung jenes berühmten Werkes *Vom jüdischen Krieg* besaß, das von dem hervorragenden jüdischen Autor JOSEPHOS FLAVIOS stammte und in der altrussischen Literatur unter dem Titel *Bericht von der Zerstörung Jerusalems* (*Póvěsť o razorénii Ierusalíma*) bekannt wurde. Das Schicksal des jüdischen Volkes in der nachbiblischen Zeit war ein Thema, das den altrussischen Leser ebenso lebhaft interessieren mußte wie die apokryphe Literatur über die Personen der *Bibel* und des *Evangeliums*, und das hochauthentische Werk des JOSEPHOS schilderte – in rasch fortschreitender und meisterlicher Erzählung

– gerade die Ereignisse in Palästina vor und nach dem Auftreten
Jesu und der Eroberung des Landes durch Kaiser Vespasian, nämlich vom Jahre 167 vor Beginn unserer Zeitrechnung bis zum Jahre
72 danach. Die russische Übersetzung enthielt Zusätze mit Hinweisen auf das Wirken Jesu, Zusätze, die im Original fehlten, und
dieser Umstand hat der Wissenschaft viel Kopfzerbrechen gekostet.
Es ist aber außerordentlich unwahrscheinlich, daß Josephos Flavios
nicht nur sein auf aramäisch verfaßtes Werk ins Griechische übersetzte, sondern auch eine neue griechische Version schrieb, die der
russischen Übersetzung zugrunde läge. Wir sind vielmehr genötigt,
den russischen Übersetzer für die obengenannten Zusätze und Allu-
sionen verantwortlich zu machen. Der *Jüdische Krieg* des Josephos
mußte den russischen Leser (wie auch jeden anderen) durch die
Meisterschaft der Schilderung und die dramatische Kraft der Form
hinreißen. Der Verfasser hatte sich tatsächlich die besten Traditionen
der antiken griechischen und römischen Geschichtsschreibung angeeignet; er scheute sich nicht, den Stil durch eingefügte Monologe
zu beleben; er benutzte gern Träume und Vorzeichen als Motive,
die sein Werk spannungsvoll und interessant machen konnten, und
schmückte seine Sprache mit Bildern und Metaphern.

Das merkwürdig kasuistische und sophistische Element in dem
Werk des Josephos Flavios dagegen blieb ohne Nachwirkung
in der altrussischen Literatur. Um so größere Bedeutung gewann
aber seine präzise Kriegs- und Kampfschilderungskunst. Der außerordentlich kriegerische Stoff, dem der russische Übersetzer hier
gegenüberstand, zwang diesen dazu, eine besondere militärische
Terminologie originaler Art auszuarbeiten, und es ist interessant zu
beobachten, wie oft er von seiner Vorlage abwich, um prägnante
russische Ausdrücke in seinem Text anzubringen. Wenn der Übersetzer eine Schlachtszene folgendermaßen schilderte:

*Da gab es Speere, die zersplitterten, und Schwerter, die klirrten, und
Schilder, die barsten, und Männer, die vom Schlachtfeld weggetragen
wurden, und ihr Blut sättigte die Erde, –*

oder wenn er berichtete, wie während der Belagerung *Katapulte
Steine hinausschleuderten und die Sehnen der Bogen schwirrten
und die Pfeile das Tageslicht verdunkelten und die Verteidiger der*

Stadt die Wälle hinabstürzten, als wären sie Garben von Korn, oder wenn er folgendes drastisch-blutiges Bild vom Ausgang der Belagerung gab:

> *Und der Fluß Jordan war von Leichen gesperrt und bis zum Rande mit Ertrunkenen angefüllt, und man konnte über sie hingehn, als wären sie eine Brücke, –*

so trug er in einem eminenten Grad dazu bei, eine freilich etwas schematische und formelhafte, aber nichtsdestoweniger ziemlich poetische und metaphorische Sprache zu schaffen, die sich rasch in der russischen Literatur akklimatisierte. Vergleiche von Menschen mit Raubtieren und wilden Vögeln und von verschiedenen Erscheinungen mit Bergen und Sternen – Vergleiche, die im griechischen Original gar nicht zu finden waren – entsprachen aufs beste der Vorliebe der russischen Literatur für metaphorische Figuren. So wurde die russische Übersetzung des *Jüdischen Krieges* von JOSEPHOS FLAVIOS zu einem wahren Arsenal militärischer Formeln und metaphorischer Ausdrucksreihen, die zu jeder Zeit in anderen Zusammenhängen angewandt werden konnten.

Das Interesse, das man im alten Rußland für geschichtliche Themen hegte, kann keineswegs wissenschaftlich genannt werden. Charakteristischerweise blieb die sehr hochstehende und objektive byzantinische Geschichtsforschung für den historisch eingestellten russischen Leser eine *terra incognita*. Weder die hervorragenden historischen Schriftsteller des 6. Jahrhunderts noch die zeitgenössischen, d. h. die im 10., 11. und 12. Jahrhundert wirkenden großen byzantinischen Historiker wurden ins Russische übersetzt oder waren aus anderen slavischen Übersetzungen bekannt. Dagegen interessierte man sich sofort mit Eifer für die großen populären byzantinischen Chroniken, die bekanntlich eine Gattung niederer Art waren als die historischen Untersuchungen und sich ihrer Komposition und Sprache nach durch eine ausgesprochen volkstümliche Haltung auszeichneten. Die Verfasser der byzantinischen Chroniken bemühten sich keineswegs, abgerundete Kunstwerke oder wissenschaftliche Geschichtssynthesen zu liefern, sondern sahen ihre Aufgabe ausschließlich darin, chronologisch geordnete, dürre Kompendien einer im kirchlichen Lichte erfaßten Weltgeschichte zu schaffen.

Die große Chronographie des Johannes Malalas, *Ek chrónōn ktíseios kósmu* (aus dem 6. Jahrhundert), die erste in ihrer Art, übernahm man in einer altkirchenslavischen Übersetzung aus der Zeit des Zaren Symeon. Sie trug den slavischen Titel *Izložénije o lětěch míru*. Sie wurde bereits im 11. oder 12. Jahrhundert von den russischen Annalisten als Quellenwerk benutzt. Während diese große, 18 Bücher umfassende Weltgeschichte inhaltsreiche, aber ganz phantastische Aufschlüsse über die Geschichte des antiken Hellas gab, waren die Teile, welche von der römischen Geschichte handelten, völlig nichtssagend, und die, welche die eigentliche byzantinische Geschichte schilderten, auffallend arm an Inhalt. Nur die jüdische Geschichte war in dieser im Grunde *hellenischen*, d. h. heidnischen Chronographie mehr oder weniger eingehend behandelt. Die Darstellung umfaßte die Regierungszeit Kaiser Justinians. Noch reichere Aufschlüsse über die Geschicke der Juden fand man in der von Georgios Synkellos verfaßten, aus dem 9. Jahrhundert stammenden Chronik, die wohl schon um die Mitte des 11. Jahrhunderts von russischen Literaturkennern übersetzt worden war. Sie schloß aber schon mit der Zeit Diokletians und fand kein größeres Interesse bei den Lesern. Sie wurde ganz von dem Werke des Josephos Flavios verdunkelt.

Eine bedeutend größere Rolle spielte in der russischen Historiographie das aus dem 9. Jahrhundert stammende umfassende *Chronikón sýntomon* des Georgios Hamartolos Monachos. Es wurde mit großen Auszügen aus der Chronik des im 10. Jahrhundert wirkenden Symeon Logothetes erweitert und war in Rußland in zwei slavischen Übersetzungen bekannt, einer sogenannten *serbischen* Redaktion, die den Titel *Lětóvnik* trug, und einer sogenannten *bulgarischen*, die *Vremennik* hieß und vielleicht schon um die Mitte des 11. Jahrhunderts in Rußland übersetzt worden war. Die Chronik des Georgios Hamartolos gab dem Leser eine zwar etwas locker komponierte, aber interessante Übersicht über die Weltgeschichte, die natürlich mit der Erschaffung der Welt und dem Schicksal Adams und Evas begann und bis auf die neuesten Zeiten fortgesetzt war. Sie enthielt einen großen Reichtum an lebendig wiedergegebenen Anekdoten, interessanten Mitteilungen über heidnischen Götzendienst, griechische Mythologie und sarazenische Religion, ferner Schilde-

rungen aus der Geschichte des Klosterwesens, verschiedener Ketzer-
bewegungen und ihrer Verurteilung durch die Kirchenkonzile, und
schließlich eine Menge von theologischen und philosophischen Betrachtungen, die aber sicher für den einfachen russischen Leser allzu
subtil waren. Das war denn wohl auch der eigentliche Grund dafür, daß ein anonymer russischer Autor um die Mitte des 11. Jahrhunderts eine Bearbeitung des Werkes des GEORGIOS HAMARTOLOS
vornahm, um ihm eine dem Geschmack des russischen Lesers
etwas mehr angepaßte Form zu geben. Er begnügte sich nicht damit,
seine Vorlage zu popularisieren und zu kürzen. Er hatte auch den
guten Einfall, die byzantinische Geschichtsschilderung an passenden
Stellen mit russischem geschichtlichem Stoff zu vervollständigen.
Seine Bearbeitung nannte er – mit gewissenhafter Beziehung auf
die Gesamtdarstellung des HAMARTOLOS – *Chronographie nach der
großen Darstellung (Chronógraf po velikomu izloženiju)*. Man konnte
sich jetzt bei ihm über das erste Auftreten der Väringer unter den
Slaven, über die ersten Züge des *Rus'*-Volkes gegen Konstantinopel
u. a. unterrichten. Leider ist diese erste russische Geschichtskom-
pilation nicht erhalten, auf rein philologischem Wege ist es aber möglich, sie auf Grund später fortgesetzter Kompilationen und Zitationen
ziemlich genau zu rekonstruieren. Es ist außerordentlich bezeichnend für den neben dem religiösen so stark hervortretenden geschichtlichen Gesichtspunkt der altrussischen Literatur, daß man
gleich nach der Einführung der byzantinischen Chroniken in Rußland eine Einverleibung der Geschichte des jungen Staates in das
Schema der Weltgeschichte, wie es bei HAMARTOLOS vorlag, zuwege
zu bringen suchte. Dieser erste Versuch wirkte ansteckend, insofern
in den folgenden Jahrhunderten auf russischem Boden mehrere andere historische Kompilationen entstanden, so vor allem die sogenannten *Hellenischen und römischen Annalen (Ellinskij i rímskij
lětopísec)*, in denen Stoff aus MALALAS und HAMARTOLOS verarbeitet
war, oder die sogenannten *Hellenischen Annalen (Ellinskij lětopísec)*,
die eine umfassende Bearbeitung der obengenannten byzantinischen
Chroniken, der anonymen altrussischen *Chronographie nach der
großen Darstellung*, des *Alexanderromans* und mehrerer anderer
Quellen darstellen. In diesen Kompilationen kam ein intensives Streben nach einer Synchronisierung und Synthese des gesamten Ge-

schichtsstoffes zum Ausdruck. Später entstand übrigens noch eine
Kompilation, die *Jüdischen Annalen*, die aber in den wesentlichen
Zügen auf dem Werke des JOSEPHOS FLAVIOS fußten.

Der Selbständigkeitswert aller dieser, zuweilen recht mühsam zu-
sammengebrachten Kompilationen war natürlich recht bescheiden,
und von einer kritischen Haltung den Vorlagen und Quellen gegenüber kann natürlich nicht die Rede sein. Man setzte im Grunde
bloß eine Praxis fort, die schon in Byzanz gang und gäbe war und
zur Kompilation und Kontinuation älterer Chroniken geführt hatte.
Die Bearbeitung fand in der Regel in der Weise statt, daß Abschnitte,
die aus einer Quelle ausgeschrieben waren, ganz mechanisch neben
Abschnitten aus anderen Quellen angebracht wurden und die entsprechenden Teile von diesen ergänzten. Eine wirkliche Umkom-
ponierung des Stoffes wurde nicht vorgenommen. Die Gesichtspunkte, die die Wahl der ausgeschriebenen Abschnitte bestimmten,
konnten sehr verschieden sein, sie waren aber nie von Kritik oder
von Rücksicht auf geschichtliche Objektivität bestimmt.

Nichtsdestoweniger hatte diese Übersetzungs- und Kompilations-
arbeit, die noch Jahrhunderte hindurch fortgesetzt werden sollte,
die rein literarische Bedeutung, daß sie den Sinn für sprachlich adäquaten Ausdruck, für historische Terminologie und für die Form der
ruhigen Erzählung schärften. Der Stil der byzantinischen Quellen
war in der Regel sachlich und unrhetorisch, und das trug dazu bei,
den Nährboden für die Entstehung jenes selbständigen historischen
Monumentalwerkes zu bereiten, das in der zweiten Hälfte des
11. Jahrhunderts entstand und zu Beginn des 12. abgeschlossen
wurde. Es gehörte einer Zeit an, da die byzantinische Geschichtsforschung ihre höchste Blüte erreicht hatte und Historiker wie JO-
HANNES SKYLITZES, GEORGIOS KEDRENOS, JOHANNES ZONARAS und
KONSTANTINOS MANASSES ihre Werke schufen. Diese aber kannte
man überhaupt noch nicht in Rußland, abgesehen von einer ganz
kleinen Elite, die Griechisch konnte. Die volkstümlichen Chroniken
dagegen, speziell die *Chronographie* des HAMARTOLOS, bildeten die
eigentliche Grundlage für die NESTOR-*Chronik*, das zentrale geschichtliche Werk der altrussischen Literatur.

13. DIE NESTOR-CHRONIK

Die altrussische Chronik, die man auch gern einfacher die *Nestor-Chronik* nennt, ist als individuelles und selbständiges Werk nicht mehr erhalten. Sie muß rekonstruiert werden, und dies kann ohne größere Schwierigkeiten geschehen, da sie als mehr oder weniger fester Bestandteil in den meisten erhaltenen altrussischen Kontinuationen erscheint, d. h. in Chronikhandschriften, die aus verschiedenen Teilen des Landes und aus verschiedenen Zeiten stammen und die entweder unabhängig voneinander oder in engstem Anschluß aneinander die annalistischen Daten der *Nestor-Chronik* bis tief in die Folgezeit, in die moskovitische Periode hinein, fortsetzten. Der allen gemeinsame Kern, der freilich nur bis zum Jahre 1110 reicht, wird nun allgemein als die *Nestor-Chronik* angesprochen, indem man zu der Annahme neigt, daß eine frühere Redaktion der Chronik, ihre Vorlage und ihr Ausgangspunkt, von einem der begabtesten Mönche des Höhlenklosters, eben jenem NESTOR, den wir schon als hervorragenden Hagiographen kennen, ausgearbeitet worden ist. Die moderne russische Philologie, die mit unglaublichem und zuweilen etwas übertriebenem Scharfsinn die Frage über die Entstehung der Chronik behandelt hat, meint nun, daß NESTOR auch schon mehrere Vorgänger auf dem Gebiet der annalistischen Literatur gehabt haben muß, und zwar seit der Mitte des 11. Jahrhunderts, ehe er selbst zur Redigierung seines großen Werkes schreiten konnte, des *Berichtes über die wechselnden Jahre, wie das russische Reich entstanden ist und wer zuerst in Kíjev geherrscht hat* (*Póvěst' vrěmennych lět, otkúdu jest' pošlá Rússkaja Zeml'á, i kto v Kíjeve načá pervéje kn'ážiti*).

Abgesehen von den byzantinischen Weltchroniken, die dem oder den ersten altrussischen Annalisten als reine Stoffquellen, aus denen man Kenntnisse über die großen weltgeschichtlichen Begebnisse schöpfen konnte, gedient haben können, scheint die *Nestor-Chronik* (oder eine ihrer gewissermaßen *vorhistorischen* Redaktionen) ihre wesentlichsten Wurzeln teils in einem hypothetischen *Bericht über die Ausbreitung des Christentums in Rußland*, teils auch in einigen

typischen mittelalterlichen *Osterkalendarien* gehabt zu haben. Der
Bericht, der die jetzt in der Chronik vorliegenden Aufschlüsse über
die ersten Fortschritte des Christentums in Rußland (die Taufe
der Königin Olga, die zwei varägischen Blutzeugen, die Taufe
König Vladímirs, das Martyrium der Brüder Borís und Gleb usw.)
enthielt, war augenscheinlich seiner ganzen Tendenz nach mit dem
Geiste der Festhomilie Hilarions so nahe verwandt, daß man vielleicht annehmen darf, dieser sei auch der Verfasser des Berichtes
gewesen. Er selbst scheint Kenntnis gehabt zu haben von jenen in
Byzanz so wohlbekannten *sokratischen Dialogen* zwischen einem
heidnischen Fürsten und einem christlichen Missionar, der schließlich den Heiden und sein ganzes Volk zum Glauben bekehrt. Die
eigentlich annalistische Form dagegen, in die der Bericht späterhin,
wahrscheinlich im Höhlenkloster, gepreßt wurde, stammt sicher aus
einem dieser Osterkalendarien, die jedes Kloster aus rein praktischen
Gründen führen mußte und die mit ihren für mehrere Dezennien und
Indiktionen vorausberechneten Kirchenjahren, Monaten und Fest-
und Feiertagen geradezu zur Eintragung von gleichzeitigen Ereignissen wie Todesfällen, Kirchenweihen, Feuersbrünsten, Unglücks-
fällen, Vorzeichen usw. einluden. Wir können jetzt noch sehr leicht
solche kurzen Kalendernoten ausscheiden (wie etwa: *Im Jahre 1000
starb Malmfrid (die Mutter Vladímirs). In demselben Jahre starb
Ragnheid, die Mutter Jaroslávs*, oder: *Im Jahre 1001 starb Iz'asláv,
der Vater Br'acislávs, der Sohn Vladímirs*, oder: *Im Jahre 1003 starb
Vsesláv, Iz'aslávs Sohn, der Enkel Vladímirs*, oder: *Im Jahre 1007
wurden die Reliquien in die Gottesmutterkirche überführt*). Andere
Aufzeichnungen wurden später nach den Aussagen von Augenzeugen
und anderen Gewährsmännern ausführlich bearbeitet. Nichtsdestoweniger wurde die annalistische Form, die schematische Angabe
der Jahreszahlen, auch wenn es sich um ereignislose Jahre handelte,
streng eingehalten, ungefähr wie in der *Angelsächsischen Chronik*
oder anderen westeuropäischen Chroniken, zuweilen mit der Folge,
daß Berichte, die an und für sich die Ereignisse mehrerer Jahre umfaßten, unter einem einzelnen Jahr angebracht oder geschichtliche
Schilderungen, die eigentlich ein Ganzes ausmachten, auf verschiedene Jahre verteilt wurden. Diese eigenartige Darstellungsweise gab
dem Leser den Eindruck einer leidenschaftslosen und ruhigen Schil-

derung des langsamen Verlaufes der Jahre, eines treuen Berichtes über die *wechselnden* Jahre.

Wenn man aber von dieser äußeren Form absieht, dann wirkt die Chronik rein stilistisch durchaus nicht als ein gleichartiges und homogenes Werk. Man kann deutlich zwischen drei verschiedenen Stilschichten im Texte der Chronik unterscheiden, und nur eine dieser Schichten hat eine wirklich literarische Bedeutung. Natürlich ist hier nicht die annalistische Form gemeint, denn diese trägt das Gepräge einer äußerst nüchternen und sachlichen Einstellung des Verfassers und dient ausschließlich zur Mitteilung konkreter geschichtlicher Tatsachen, gleich ob sie wirklichen Ereignissen entsprechen oder aber in aller Harmlosigkeit zur Erklärung anderer – wirklicher oder erdachter – Ereignisse erfunden sind. Diese trockene, geschäftsmäßige und einfach konstatierende Schicht bildet sozusagen einen völlig ungeformten Stoff, der ganz mechanisch seinen Platz in dem gegebenen starren Jahresschema findet. In dieser Schicht ist der eigentliche Bericht über die *wechselnden* Jahre zu suchen.

Aber auch der geistlich-meditative Stil, der das ganze Werk durchzieht und sein geistiges Wesen ausmacht, hat keinen eigentlich literarischen Wert. Er taucht immer auf, wenn weltliche Ereignisse oder Naturerscheinungen einer religiösen Erklärung zu bedürfen scheinen, oder wenn Seuchen, Krieg oder andere Nöte eintraten, die nach der einfachen Lehre des Abtes Thedodosios als Gottes Strafe für die Fehden der Könige und Fürsten interpretiert zu werden verdienten, oder wenn es darum ging, Siege oder nationale Fortschritte als den Lohn eines milden himmlischen Herrschers für rechten und wahren Glauben darzustellen, oder endlich, wenn Naturphänomene von ungewöhnlicher Art, Kometen etwa, als göttliche Warnungen oder Ankündigungen kommender Dinge bewertet werden sollten. In strenger altkirchenslavischer Sprache wurden dann das *Alte Testament* oder andere heilige und fromme Schriften zitiert, und nicht selten wurden rhetorische Stilmittel angewandt, um den langen Betrachtungen ein gewisses schwellendes Pathos zu geben. Wir sehen somit, daß auch hier eine religiös-kirchliche Motivierung konsequent durchgeführt wurde, obgleich das ganze Werk mit weltlichem Stoff arbeitete. Diese Motivierung repräsentiert seine eigentliche, bewußte Idee.

Nun finden wir aber in der Chronik noch eine dritte stilistische Schicht, und gerade dieser, auch genremäßig selbständigen Schicht müssen wir einen wirklich literarischen Wert beimessen. Sie hat es mit einem durch und durch weltlichen Stoff zu tun, dessen Ursprung geradezu eine besondere Definition beansprucht, und sie wählt – interessanterweise – eine Sprachform, die der russischen viel näher-steht als der kirchenslavischen. Wir können diese Schicht und diesen Stil sagenhaft-anekdotisch nennen, da hauptsächlich alte, münd-lich überlieferte Sagen und Anekdoten über die varägischen Könige der Vergangenheit in diesem eigentümlichen und selbständigen Stil dargestellt werden. Es ist auffallend, wie wenig sich der Chronist um religiöse Betrachtungen oder rhetorische Effekte kümmert, wenn er diese Anekdoten erzählt. Aber er begnügt sich auch nicht einfach damit, bloß zu notieren und zu konstatieren. Er ist im Gegenteil eifrig bemüht, ein im voraus einheitliches Sujet, dessen Gestaltung ihm bekannt war, so getreu wie möglich wiederzugeben. In diesen Textabschnitten, die sich scharf von dem übrigen Stoff abheben, liefert er kurze, aber lebendige Ergänzungen zu den lakonischen Jahresnotizen, und diese nehmen die Form inhaltlich geschlossener und abgerundeter Erzählungen an, die selbständig dastehen. Zweifel-los verwendet hier der Chronist eine zu seiner Zeit im varägischen Fürstengefolge noch lebendige Überlieferung.

Was hier von den alten Königen berichtet wird, ist wesentlich folkloristischer Wanderstoff, der mehr oder weniger direkt aus By-zanz gekommen sein muß und später nach dem Norden weiterwan-derte. Kíjev war nur eine Etappe bei der Wanderung dieser Geschich-ten auf dem großen griechisch-varägischen Wege, so wie es nur eine Etappe bei der Reise der nordischen Väringer aus Schweden und Norwegen nach Konstantinopel und dann wieder zurück in die Heimat war. Wir finden unter ihnen ausgesprochene Kriegslist-anekdoten, sogenannte *Stratageme*, klassischen und orientalischen Ursprungs, wie zum Beispiel die Geschichte von den Vögeln, die Feuer in die belagerte Stadt oder Burg trugen, oder andere Kampf-anekdoten, die stark an die Taten Harald Hárdrádis während seiner Väringerzeit in Byzanz oder an Taten erinnern, die Saxo Gramma-ticus später von einigen seiner Vorzeithelden erzählt. Wir finden Zweikampfgeschichten, die die Sage Saxos von Uffo dem Furcht-

samen vorwegnehmen, die aber literarisch auf die biblische Geschichte von David und Goliath zurückgehen. Der alte, sagenhafte
russische König Olég, dessen Name auf nordisch Helgi lautete,
war die Zentralfigur eines ganzen Zyklus von Anekdoten, deren
spannungsvollste erzählt, wie sein Tod durch eine Schlange verursacht
wird, die plötzlich aus dem Schädel seines toten Lieblingsrosses her-
vorschießt – genau dieselbe Erzählung also, die bekanntlich im Norden an den Namen Örvar-Odds geknüpft ist, die aber letzten Endes
wohl von einem halbwahnsinnigen byzantinischen Kaiser, vielleicht
Kaiser Michael III., gehandelt hat, der von seinem früheren Stall-
meister Basilios ermordet wurde. Eine andere Hauptfigur in diesen
Geschichten war die Königin Olga oder Helga, die in den Sagen-
geschichten der Chronik überhaupt nichts von der engelhaften Milde
an sich hat, von der sie in den hagiographisch angehauchten Partien
der Chronik umstrahlt ist: hier ist sie im Gegenteil als eine grausame
und stolze Herrscherin dargestellt, die ihren gemordeten Gatten
erbarmungslos rächt und ihre unwillkommenen Freier genau so töten
läßt wie etwa die nordische Sígrid Storráda. Eine ganz besondere
Rolle aber spielt in diesen Erzählungen der König Vladímir, dessen
Name auf nordisch Valdimar lautete und der auch jenem Bilde
überhaupt nicht ähnelte, das der Chronist sonst in hagiographischer
Weise von dem heiligen Christentumsverkünder entwirft. In den Erzählungen, von denen hier die Rede ist, tritt er eher als ein wilder,
barbarischer Väringeranführer auf, und die harte Geschichte von
seiner Werbefahrt zu Ragnheid in Palteskja (Rognĕd' in der Stadt
Pólotsk) und von dem mißlungenen Racheversuch der Ragnheid war
dieselbe, die später im Norden von König Olav dem Heiligen und
Gudrun, der Tochter Eisenbarts im Tröndelag, erzählt wurde – eine
außerordentlich charakteristische und anscheinend typisch nordische
Geschichte, die aber letzten Endes vermutlich nur ein Echo uralter
griechischer Heroinengeschichten war. Die interessanteste Geschichte
in dieser Gruppe war aber ohne Zweifel gerade jene Sage, mit der
Rußlands eigentliche Geschichte beginnt – die Sage von der Berufung
der drei nordischen Brüder nach dem slavisch-finnischen Lande im
nördlichen Rußland und von der Gründung des russischen Reiches.
Sie war entstanden im byzantinischen Väringermilieu, wo alle Voraussetzungen vorhanden waren zu einer Kreuzung und Verflechtung

zweier Sagen: der Auswanderersage von der Abstammung der finnisch-schwedischen Kolonistenbevölkerung von den drei Brüdern aus Roslagen (oder einer anderen schwedischen Landschaft) und der Sage der von den Normannen aus England vertriebenen dänisch-englischen Väringer von der friedlichen Berufung der Angelsachsen nach England. Sie konnte als Beweis für die Legitimität der Herrschaft des varägischen Königsgeschlechts in Rußland dienen und wurde daher in der Chronik gewissenhaft an den Anfang der Entstehungsgeschichte des altrussischen Staates gestellt.

Alle diese Erzählungen, Anekdoten und Sagen waren so aufgebaut, daß sie mit einer stark zugespitzten dramatischen Pointe schlossen. Sie waren mit kurzen, kräftigen Wechselreden versehen. Sie waren immer um ihren eigenen Kern gruppiert. Trotz der großen Knappheit des sprachlichen Ausdrucks zeichneten sie sich durch eine wohlberechnete dynamische Spannung aus, die durch eine geschickte Verzögerung der Handlung bewußt vergrößert wurde. Ihr besonderer Reiz bestand in dem Fehlen jeder, auch noch so schwacher Versuche, die Auftritte und Zusammenstöße, von denen die Rede war, psychologisch zu kommentieren oder gar zu erklären. Sie waren in einem streng lapidaren Stil gehalten, einem Saga-Stil, der in Byzanz ganz unbekannt war, obgleich ihr Inhalt byzantinischer Herkunft war. Sie stellten die Leistung der Väringer in der altrussischen Kultur dar. Es liegt in der Natur der Dinge, daß wir Erzählungen dieser Art besonders – oder gar ausschließlich – in den Teilen der Chronik treffen, die von der sagenhaften Vergangenheit handeln. Diese Vergangenheit hatten weder NESTOR noch seine Vorläufer in der Annalistik oder ihre Gewährsmänner selbst miterlebt. Ebenso natürlich ist es, daß dieser Stil wieder verschwand, sobald die Verfasser der Chronik, ihre Fortsetzer oder ihre zeitgenössischen Gewährsleute Begebnisse schilderten, die sie mit eigenen Augen gesehen hatten. Und es liegt auf der Hand, daß der lapidare Stil dieser Erzählungen aus grauer Vorzeit tatsächlich letzten Endes mündlicher Überlieferung entsprungen ist.

14. DIE EIGENART DER CHRONIK

Unter den stilistischen Zügen, die für die in die *Nestor-Chronik* aufgenommenen, aus der mündlichen Überlieferung stammenden Urzeitsagen besonders charakteristisch waren, spielte der Dialog auch in der Folgezeit eine konstante und bedeutungsvolle Rolle für die ganze Struktur der Chronik. Schon eine der ältesten Urzeitsagen, die Sage von der Rache Olgas an den von den Mördern ihres Mannes ausgesandten Freiern, enthielt einen solchen typischen lakonischen Dialog. Er lautete folgendermaßen:

Man erzählte der Königin Olga, daß die Derevl'anen gekommen seien, und sie ließ sie zu sich rufen und sprach:
,Ich habe lieben Besuch erhalten.'
Und die Derevl'anen antworteten:
,Wir sind zu dir gekommen, Königin.'
Da sprach Olga:
,Erzählet mir, was euch hierher geführt hat.'
Die Derevl'anen antworteten:
,Das Land Derevá hat uns gesandt mit folgendem Bescheide: – Wir haben deinen Gatten getötet, weil er wie ein Wolf unser Land plünderte und verheerte. Wir aber haben gute Könige, die dem Lande Derevá gut gedient haben. Wähl unsern König Mal zum Gatten.' ...
Olga aber antwortete ihnen:
,Lieb ist mir eure Rede. Meinen Gatten gibt mir niemand wieder ...
Ich will euch morgen ehren vor den Augen meines Volkes. Kehret jetzt zurück zu eurem Boot und lagert euch dort mit stolzer Gebärde. Morgen werde ich meine Leute zu euch senden, ihr aber antwortet ihnen: – Wir wollen weder zu Roß noch zu Fuß kommen. Traget uns hin in unserem Boot! – Und sie werden euch in eurem Boot hierher bringen.'

Das geschieht dann auch am nächsten Morgen, aber die Gesandten werden zu ihrer Überraschung in der Burg Olgas in ein tiefes Erdloch geworfen, das sie hatte graben lassen.

Da beugte Olga sich über sie und sagte:
,Wie gefällt euch die Ehre, die euch widerfährt?'
Und sie antworteten:
,Sie ist schlimmer als Igors Tod.'
Und Olga ließ sie lebend begraben.

Ähnliche Dialoge finden wir in anderen varägischen Anekdoten der Chronik – in der Sage von der Eroberung Kíjevs durch Olég, in der Sage von dem Tode Olégs, in der Sage von der Rache Ragnheids usw. Als Stilelement jedoch drang die Dialogform über die Grenzen der varägischen Anekdote hinaus, um zur Belebung anderer Stoffe zu dienen, besonders solcher, die der Chronist von Augenzeugen oder Teilnehmern an den Begebnissen, die er mitteilte, erhalten haben mag. So finden wir in der Chronik einen recht langen und tief ironischen Dialog zwischen dem Gewährsmann des Chronisten Jan Vyšátič und zwei Zauberern, die in Wirklichkeit wohl eher ein paar bogumilische Priester waren, welche die Gelegenheit wahrnahmen, Jan Vyšátič die obenerwähnte (S. 31) apokryphe Geschichte von der Erschaffung des ersten Menschen zu erzählen. Zweimal fragt er sie, was ihre Götter ihnen prophezeiten, und zweimal behaupten sie, daß sie ihnen verkündeten, sie würden Zutritt zum König bekommen. Als er sie zum dritten Mal fragt, antworten sie verzagt, daß die Götter ihnen den Tod durch Jan verkünden, und Jan, der ihnen zweimal gesagt hat, daß ihre Götter lögen, sagt jetzt ironisch: ‚*Nun haben eure Götter die Wahrheit gesprochen.*‘ Eine gleichartige Geschichte wird von Fürst Gleb von Nóvgorod erzählt: während eines Volksaufstandes, der von Zauberern geleitet wurde, soll er hervorgetreten sein und einen von ihnen gefragt haben:

‚*Weißt du, was morgen geschehen wird und was noch vor Abend?*‘
Er antwortete:
‚*Alles ist mir geoffenbart.*‘
Da sagte Gleb:
‚*Weißt du, was dir heute geschehen wird?*‘
‚*Ich werde Wunder wirken!*‘ – *antwortete jener.*
Da ergriff Gleb eine Streitaxt, hieb ihn nieder und tötete ihn.

In diesen lakonischen, wie in Stein gehauenen Fragen und Antworten tritt eine reine novellistische Erzählerfreude zutage, die dem chronistischen Stoff immer wieder eine Frische verlieh, die dem Leser zugute kam und ihm literarischen Genuß bereitete. Die streng realistische Gestaltung der Repliken gab dem historischen Text sicherlich auch ein sehr hohes Maß von konkreter Glaubwürdigkeit, und der Leser erlebte die Vergangenheit in verdichteten Wirklichkeitsszenen.

Ein anderer Zug, von dem freilich nicht gesagt werden kann, er habe seine Quelle in den varägischen Anekdoten, der aber für den Stil der Chronik charakteristisch ist und auch ihre Authentizitätswirkung verstärkt, ist die Methode der direkten Rede, die durch den ganzen Text durchgeführt ist. Es sind nicht lange rhetorische Reden im klassischen Stil, sondern vielmehr kurze Aussagen und Aussprüche, die die Quintessenz einer Sache ausmachen und von den Gesandten eines Königs oder Fürsten in dessen Namen überbracht werden. Es waren also eigentlich diplomatische Noten, deren Bedeutung so groß war, daß die Gesandten verpflichtet waren, sie dem Adressaten wortgetreu zu überbringen. Der Unterschied war bloß der, daß diese direkten Reden in den ältesten Zeiten des russischen Reiches niemals auf Papier oder Pergament niedergeschrieben waren, während Byzanz im Verkehr mit anderen Mächten Dokumente benutzte. So ließ 1151 König Iz'asláv die ungarischen Gesandten bei ihrer Heimkehr ihrem König folgenden, in der ersten und zweiten Person gehaltenen Bescheid überbringen:

Gott lohne dir, Bruder, daß du uns so beigestanden hast; denn nur ein leiblicher Bruder hätte für seinen Bruder oder nur ein Sohn für seinen Vater getan, was du für uns getan hast!

Nach Verlauf einer kurzen Zeit sandte der russische König einen offiziellen Gesandten zum ungarischen König mit dem Befehl, ihm dieselbe Botschaft in fast wörtlich gleicher Form zu überbringen:

Du hast uns beigestanden, wie nur ein leiblicher Bruder seinem Bruder oder ein Sohn seinem Vater geholfen hätte; so hast du uns geholfen.

Zuweilen schwollen diese *Reden* zu langen und komplizierten diplomatischen Auseinandersetzungen an, sie waren aber nichtsdestoweniger immer von jeder Rhetorik und jedem Wortschwall frei. Es tritt in ihnen eine Technik zutage, die aus einer vorliterarischen Zeit stammt, und sie strebten bewußt eine Form an, die ein Maximum von Genauigkeit und Unzweideutigkeit darstellte.

Derselbe Lakonismus, der sowohl die mündlichen diplomatischen Noten als auch die Dialoge auszeichnet, ist für die Schilderungen von Personen charakteristisch, wie wir sie in der *Nestor-Chronik* und in der altrussischen Annalistik überhaupt finden. Diese Schilderungen nehmen gewissermaßen den Charakter einer literarischen Ikono-

graphie an, da die Elemente in dem Äußeren der geschilderten
Person, die für den Pinsel eines Ikonenmalers geeignet gewesen
wären, im literarischen Porträt hervorgehoben werden. Nur selten
finden wir seelische Züge eingereiht in den trockenen Katalog äußerer Charakteristika, aus denen das Porträt besteht (Haarfarbe,
Augen, Nase, Mund, Gesichtsfarbe, Bart, Schulterbreite, Wuchs
usw.). Bekanntlich erstarrte die byzantinische Ikonographie sehr
schnell in einem hieratischen, konventionellen Stil, dessen Bestandteile fast mit dogmatischer Genauigkeit fixiert waren. Diese Tendenz machte sich auch in der literarischen Charakteristik geltend.
Wenn beispielshalber HAMARTOLOS seinen Lesern eine Vorstellung
von dem Aussehen dieses oder jenes Kaisers oder Fürsten geben
wollte, kam er selten weiter als bis zu der Feststellung, daß der Geschilderte *klein von Gestalt, schön, feinnasig und großäugig* war
(so Julianus Apostata) oder *klein von Wuchs, weißhäutig, grau-
haarig* (so Flavius Jovinianus) oder *großwüchsig und glatthaarig*
(so Marcianus) war. Bedeutend charakteristischer und individueller
als solche klischeeartigen Paradebilder waren die Porträts, die man
in den pseudo-historischen Romanen finden kann. Hier möge an das
Porträt des schönen Digenis erinnert werden.

Das bestgelungene Porträt der altrussischen Literatur finden
wir überraschenderweise in der oben besprochenen *Legende von
Boris und Gleb*, wo von dem älteren der beiden Brüder gesagt wird:

> *Denn dieser fromme Boris, der einer gesegneten Wurzel entsprungen war,
> war seinem Vater gehorsam, indem er in allen Dingen dem Willen seines
> Vaters folgte. Von Gestalt war er groß und schön. Er hatte ein rundes Ant-
> litz. Er war schmal um die Hüften, hatte freundliche Augen, einen heite-
> ren Gesichtsausdruck und einen kleinen Vollbart mit kleinem Schnurrbart,
> da er noch jung war. Er war von kaiserlichem Glanze umstrahlt. Er war
> stark an Körperkraft und schön in jeglicher Weise wie eine blühende Blume
> in seiner Jugend, tapfer in der Schlacht, klug im Rate und verständig in
> allen Stücken, und Gottes Segen leuchtete über ihm.*

Man kann sich in der Tat zweifelnd fragen, ob diese Charakteristik etwa eine genaue Anweisung für einen Ikonenmaler oder vielmehr eine direkte literarische Kopie eines Heiligenbildes sei. So
genau ausgeführte Porträts werden wir kaum irgendwo sonst in
der gesamten altrussischen Literatur finden. Nichtsdestoweniger

können wir sagen, daß die stereotype byzantinische Personenschilderung, die uns HAMARTOLOS bietet, in der altrussischen Chronik in einer unabhängigen Weise entwickelt ist, und zwar so, daß sich neben dem mechanischen Katalogprinzip, das in einer einfachen Aufzählung von Tugenden und Eigenschaften bestand, auch eine gewisse Rücksicht auf rein seelische und moralische Züge geltend macht. Indessen waren die Eigenschaften, die in den kurzen Personenschilderungen der Chronik hervorgehoben werden, gleich ob sie seelisch oder körperlich waren, in der Regel typische Fürstentugenden, so daß von wirklicher individueller Porträtähnlichkeit eigentlich keine Rede sein kann. Die Porträts, die wir finden, sind nicht individualisierend, sie sind generelle Idealbilder.

Das älteste Porträt finden wir *sub anno* 1036. Hier wird der tapfere Bruder Jaroslávs des Weisen geschildert, der vielbewunderte Fürst Mstisláv, der den wilden Nomaden Redéd'a in einem Zweikampf vor den Augen der Kasogen niedergestochen haben soll. Es heißt von ihm:

Mstisláv hatte ein stattliches Äußeres, ein rötliches Antlitz und große Augen, war mutig im Kampf und freigebig und liebte sein Gefolge. Er kargte bei ihnen weder mit Gut noch mit Gold und gab ihnen reichlich Speise und Trank.

Solcher Porträts gibt es eine Menge in der Chronik, sie sind an den verschiedensten Stellen wie Miniaturen im Texte verstreut. Ein Fürst Rostisláv wird *sub anno* 1065 geschildert als *ein stattlicher Mann, mutig, schön von Gestalt und schön von Antlitz und freigebig gegen die Armen.* Ein anderer Fürst namens Gleb wird *sub anno* 1078 als *freigebig gegen die Armen und gastfrei gegen die Fremden, wohlwollend der Kirche gegenüber, innig im Glauben und mild und schönäugig* geschildert. Von König Iz'asláv heißt es *sub anno* 1078:

Iz'asláv war ein Mann, dessen Augen schön und dessen Gestalt stattlich war, ohne Bosheit im Herzen, ein Feind des Unrechtes, ein Freund des Rechtes. Es war keine Niedrigkeit in ihm, sein Verstand war schlicht, und er vergalt niemals Böses mit Bösem.

Es ist bemerkenswert, daß fast in allen Personenschilderungen besonders die Augen der porträtierten Personen (entweder als *groß* oder als *schön*) hervorgehoben werden. Das ist ein typisch ikono-

graphischer Zug, wohlbekannt von byzantinischen Heiligenbildern.
Wenn man diese kurzen Charakteristiken liest, erinnert man sich unwillkürlich entweder des in Farben ausgeführten Familienporträts
König Sv'atoslávs, seiner Gattin und seiner Söhne, das wir im sogenannten *Sv'atosláv-Sammelband* von 1073 finden, oder jener monumentalen Mosaik- und Freskoporträts, die die alte Sophienkathedrale
in Kíjev schmücken – strenge, stattliche Figuren mit ausdrucksvollen
Gesichtern und großen, intensiv schauenden, strahlenden Augen. Der
ganze Rhythmus der literarischen Porträts ist aufs tiefste mit der
starken, aber einfachen Komposition der Ikonen verwandt. Und
die wenig nuancierten, fast möchte man sagen – fixen Adjektive,
die zur Charakterisierung der einzelnen Fürsten dienen, gleichen
mit ihren begrenzten Variationsmöglichkeiten jenen Attributen,
womit die Ikonographen ihre Heiligen nach immer starreren Regeln versahen.

15. DIE ALTRUSSISCHEN ANNALEN

Die Forschung hat festgestellt, daß *die altrussische Chronik*,
die NESTOR zugeschrieben wurde und die an und für sich nirgends
als einzelnes, selbständiges Werk vorliegt, zur Zeit König Sv'atopólks,
des Sohnes Iz'aslávs und Enkels Jaroslávs, um 1110 im Höhlenkloster
entstanden sein muß. Während der Regierungszeit dieses Königs
hatten die russischen Teilfürsten auf dem in L'úbeč 1097 abgehalte-
nen Fürstenkongreß beschlossen, in Zukunft streng jene Erbfolge
einzuhalten, nach der der älteste Vertreter der Dynastie die Zentral-
gewalt in Kíjev zu erhalten und zu behaupten hatte. Als aber
König Sv'atopólk starb, überredeten die Bürger von Kíjev, die die
nächsten Verwandten des Verstorbenen, die Sv'atosláv-Söhne, nicht
recht leiden konnten, einen seiner entfernteren Verwandten, den
Fürsten Vladímir Monomách von Perejaslávl', die Königsmacht in
der Hauptstadt des Reiches zu übernehmen. Der neue König, dessen
Mutter eine Prinzessin aus dem byzantinischen Monomachos-
Geschlecht war und der selbst ein literarisch interessierter und literarisch tätiger Mann war, hatte Sinn für die Bedeutung des annalisti-

schen Werkes, das im Höhlenkloster in Angriff genommen war, und sorgte dafür, daß NESTORS Chronik einer Revision in einem ihm freundlichen Geiste unterzogen wurde. Diese Arbeit wurde von SYLVESTER, dem Hegumenen des Michaíl-Klosters in Vydubič, durchgeführt und im Jahre 1116 abgeschlossen. Als SYLVESTER mit seiner Arbeit fertig war, versah er sein Werk dem Zeitgebrauch gemäß am Schluß mit einer Anmerkung, in der er seinen Namen angab und den Leser um Nachsicht bat. Diese zweite Version der *Nestor-Chronik* ist in einer Handschriftengruppe erhalten, deren vornehmster Vertreter der sogenannte *Codex Laurentianus* (*Lavrént-jevskaja Létopis'*) von 1377 ist. In dieser dem Vladímir Monomách freundlich gesinnten Version finden wir übrigens *sub anno* 1096 dessen eigene Werke, u. a. seine berühmte *Ermahnung an meine Söhne* (*Poučénije*), deren Art aus dem mittelalterlichen Byzanz sehr wohl bekannt und zufälligerweise auch in einer der Schriften des *Sv' atosláv-Sammelbandes* vertreten ist. Nach ein paar Jahren (1118) scheint das Annalenwerk wieder dem jetzt loyalen Höhlenkloster zurückgegeben worden zu sein, wo die *Nestor-Chronik* mit neuen Mitteilungen über die Monomách-Familie erweitert worden ist. Es ist anzunehmen, daß Mstisláv, der älteste Sohn Vladímir Mono-máchs, damals Statthalter in Nóvgorod, irgend etwas mit der neu-entstandenen, dritten Version zu tun gehabt hat, denn von ihm müssen die vielen neuen Mitteilungen über das nördliche Rußland herrühren. Diese Version ist in einer Gruppe von Handschriften überliefert, deren bester Repräsentant der sogenannte *Codex Hypa-tianus (Ipát'jevskaja Létopis')* aus dem 15. Jahrhundert ist.

Schon diese Andeutungen, wie auch die gelegentlich früher ge-machten Angaben über die Entstehung der *Nestor-Chronik*, können eine Vorstellung davon geben, wie kompliziert die Geschichte der Annalistik im alten Rußland gewesen sein muß. Nach allen Städ-ten, Fürstenhöfen und Bischofssitzen müssen Abschriften der *Ne-stor-Chronik* gewandert sein. Sie mögen schon im voraus mit er-gänzenden Jahresnotizen versehen gewesen und dann von Zeit zu Zeit von besonders dazu ausersehenen Annalisten weitergeführt worden sein. So entstanden private Fürstenannalen, so entstanden lokale Stadtannalen, so entstanden wohl auch selbständige Provinz-annalen, und von Zeit zu Zeit ließ dann ein Fürst oder ein Bischof den ganzen zugänglichen, aber verstreuten Stoff zusammenstellen, teils um die Annalen *à jour* zu führen, teils auch um das ganze Reich umfassende Annalen zu schaffen, die als offiziell betrachtet werden konnten. Ein Studium der russischen Annalistik und ihrer Geschichte gibt ein imposantes Bild sowohl von der Arbeit, die Jahrhunderte hindurch geleistet wurde, als auch von dem Geiste des Historismus, der ganz Rußland ergriffen hatte. Die Annalen wurden so zu einer Art literarischen Archivs, das fleißig weitergeführt und selbst während der größten geschichtlichen Stürme sorgsam gepflegt wurde.

Eine Analyse des Inhalts der Annalen überzeugt uns immer wieder davon, daß die jeweiligen Verfasser oft fertige und abgeschlossene geschichtliche Berichte in ihren Text aufnahmen – Berichte, die sich zuweilen durch eine meisterliche Darstellungskunst auszeichneten. Es ist bezeichnend für diese Berichte, daß sie alle von derselben Tendenz beherrscht waren, nämlich der Tendenz, einzelne Fürsten und Könige wegen des Bruchs des Fürstenfriedens anzuklagen, der schon früh (1097) auf dem Fürstenkongreß in L'úbeč beschlossen worden war. Es kann tatsächlich von einer besonderen Literaturgattung gesprochen werden. Den ältesten Bericht dieser Art finden wir bereits in der *Nestor-Chronik sub anno* 1097 gerade aus Anlaß des L'úbečer Kongresses. Es ist der Bericht des Priesters Basilios (Vasílij) darüber, *wie Fürst Vasílij von Terebóvl' geblendet wurde.* Wir haben hier die meisterliche Erzählung eines Mannes, der selber Gelegenheit gehabt hat, die Ereignisse, von denen er erzählt, mitzuerleben, und der, im Innersten empört über den von König Sv'atopólk und seinem Vetter Fürst Davíd an dem galizischen Teilfürsten Vasil'kó geübten Verrat, in knappen und kurzen Sätzen berichtet, wie dieser nach Kíjev gelockt und von Davíds Mannen geblendet wurde. Der Bericht ist mit wirkungsvollen lakonischen Dialogen gewürzt und mit einer Menge kleiner charakteristischer Einzelzüge aus der täglichen Wirklichkeit versehen. Der Grundgedanke des ganzen Berichtes aber ist die Idee von der Notwendigkeit der Einhaltung eines festen Fürstenfriedens, und mit nicht mißzuverstehenden Worten verurteilt der Priester, der den Bericht geschrieben hat, jede Form der Übertretung des in L'úbeč geschlossenen Vertrages. Daß er zu gleicher Zeit aus vollster Überzeugung ein Anhänger Vladímir Monomáchs als des Trägers des russischen Einheits- und Einigkeitsgedankens ist, geht zur Genüge aus den panegyrischen Worten hervor, mit denen er von ihm spricht. Solche selbständigen dramatischen Berichte finden wir auch in den nachnestorianischen Annalen. Zwischen den Nachkommen Vladímir Monomáchs und einem anderen Zweige des Fürstenhauses, der, nach dem Stammvater Olég benannt, als der Zweig der Ol'govičen bekannt ist, entstand allmählich eine immer heftigere Rivalität. Vor diesem Hintergrunde müssen wir den *sub anno* 1147 sowohl in den *Codex Hypatianus* wie auch in den *Codex Laurentianus* aufgenommenen Bericht darüber betrachten, *wie Fürst Igor' Ol'govič in Kíjev ermordet wurde* – einen Bericht, der um so empörender wirken mußte, als Fürst Igor' auf alle weltlichen Rechte verzichtet hatte und Mönch geworden war. Ein anderer Bericht dieses Typus liegt *sub anno* 1152 im *Codex Hypatianus* vor – ein Bericht darüber, wie *Fürst Vladímirko seinen Eid brach*. Die Erzählung, die wahrscheinlich von einem der Diplomaten des Königs Iz'asláv namens P'OTR BORISLÁVIČ verfaßt war, spielt vor dem breiten Hintergrund der internationalen politischen Konflikte zwischen Byzanz und dem immer selbständiger werdenden Fürstentum Galizien einerseits und Ungarn und Kíjev-Rußland andererseits. Der Machtkampf kulminiert in einem Zusammenstoß zwischen Vladímirko von Galizien und Iz'asláv von Kíjev, und der Verfasser gibt seinem Leser ein in allen Einzelheiten gewissenhaft ausgemaltes Bild der Kniffe, Ränke und Intrigen, zu denen der gewandte Vladímirko greift, um zum Schluß in glänzender Weise darzustellen, wie Vladímirko zur Strafe dafür, daß er das heilige Kreuz, bei dem er so oft falsch geschworen hatte, verhöhnte, plötzlich umfällt und eines jämmerlichen Todes stirbt. Noch eine andere Geschichte von selbständiger Form und Komposition finden wir im *Codex Hypatianus sub anno* 1175. Sie scheint von einem gewissen KÚZMIŠČE von Kíjev geschrieben zu sein und handelt von dem *Morde an Fürst Andréj Bogol'úbskij*, dem Enkel Vladímir Monomáchs. Leider existiert dieser offenbar von einem Diplomaten verfaßte Bericht nicht mehr als selbständiges Ganzes, aber recht große Teile davon sind in den *Codex Hypatianus* aufgenommen, und zwar in einen sonst stark hagiographisch gehaltenen annalistischen Kontext, von dem er sich durch seine

nüchtern erzählende, äußerst realistische, dialogisch stilisierte und
mit vielen psychologischen Zügen ausgestattete Form scharf kontrastierend abhebt. Der Bericht ist buchstäblich *spannend* von Anfang
bis zu Ende dank einer wirkungsvollen Disposition des Stoffes.

Die altrussische Annalistik, die so aus Nestors Werk hervorwuchs
und dieses durch die kommenden Jahrhunderte weiterführte, entwickelte sich bereits während der Blütezeit des Kíjever Reiches in
einer Richtung, die früher oder später zu der Entfaltung literarischer
und poetischer Bestrebungen im eigentlichsten Sinne dieses Wortes
führen mußte. Das Schema der Jahreszahlen füllte sich allmählich
ganz natürlich mit einem so weltlichen Stoffe wie Kriegsschilderungen
und Kampfszenen – Widerklängen des wild bewegten staatlichen
Lebens. Immer häufiger verschob sich der Schwerpunkt – wie zum
Beispiel in den oben behandelten Berichten – von der religiösen
Motivierung zur rein politischen, und die Chronisten fanden immer
häufiger poetische Ausdrücke, sowohl wenn sie die rasch wechselnden historischen Ereignisse wiedergaben, als auch besonders, wenn
sie den Schmerz schildern wollten, den diese Ereignisse bei allen
verantwortungsvollen Menschen, bei der Bürgerschaft und der
Geistlichkeit vor allem, erregten. Das kriegerische Element dominierte in den Chroniken und erforderte einen adäquaten und
eigenartig *martialischen* Stil, der von den pseudo-historischen Romanen übernommen wurde. Vorläufig konnte er sich innerhalb der
kriegerischen Formelsprache, die hier zu finden war, halten und
durchbrach noch nicht die Typisierung, die ihr Charakteristikum
war. Nur sporadisch drang ein individualisierender poetischer Stil
durch.

Schon in den älteren Teilen der Chronik, also schon in der *Nestor-
Chronik* selbst, kommt die *martialische* Formelsprache, vielleicht
noch etwas unbeholfen, zur Anwendung, so zum Beispiel in der
Schilderung der Schlacht am Listven'-Fluß im Jahre 1024, wo König
Jaroslév, obschon von den Väringern Hákons des Blinden (oder
Schönen) unterstützt, dennoch von seinem stattlichen, großäugigen
Bruder Mstislév besiegt wurde:

*Mstislév hatte schon am Vorabend der Schlacht sein Gefolge kampfbereit gemacht. Einen Teil seiner geworbenen Truppen hatte er mitten in
der Schlachtlinie den Väringern gerade gegenüber aufgestellt, sein eigent-*

liches Gefolge aber hatte er an den Flanken aufgestellt. Und als die Nacht hereinbrach, herrschte Finsternis, Blitz, Donner und Regen. Da sprach Mstisláv zu seinem Gefolge:

‚Lasset uns gegen sie vorrücken!‘

Als aber Mstisláv vorrückte, rückte auch Jarosláv ihm entgegen. Mstislávs Truppen in der Mitte stießen mit den Väringern zusammen, und die Väringer gingen unter ungünstigen Bedingungen auf sie los. Da rückte aber Mstisláv mit seinem Gefolge an den Flanken vor und schlug auf die Väringer los. Und es entbrannte eine gewaltige Schlacht. Wenn die Blitze wetterten, blinkten die Waffen. Und stürmisch war das Wetter, und gewaltig und fürchterlich war die Schlacht. Als aber Jarosláv sah, daß er besiegt werden würde, floh er zusammen mit Hákon, dem varägischen Fürsten, und Hákon mußte seinen goldgestickten Mantel im Stich lassen.

Diese Schilderung einer Schlacht gibt uns nur die knappsten Aufschlüsse über ihren eigentlichen Verlauf. Der Chronist vermag zwar einen ganz kurzen Bericht über die taktische Aufstellung der beiden feindlichen Heere zu geben, von der Schlacht selbst aber sagt er eigentlich nur, daß sie *gewaltig* und *fürchterlich* war. Wie kleine ironische Wirklichkeitszüge, Nachklänge des Gelächters der Russen über die jämmerliche Flucht des prächtig gerüsteten Väringers, wirken die kurzen Mitteilungen über Hákon den Blinden. Bemerkenswert ist es aber, daß die Schlachtszene mit Hilfe einer konzisen Naturschilderung charakterisiert wird. Das war ein Zug, der faktisch Schule machte in der weiteren Entwicklung des *martialischen* Stils. Er diente zugleich als Grundlage einer immer bewußteren Poetisierung des Stoffes. Er wirkte auch in der Sprache weiter. Die Kampfszene, die oben zitiert ist, wirkt, wenn sie in der Übersetzung gelesen wird, unwirklich und blaß im Vergleich mit dem russischen Text, der in der Chronik steht. Sie läßt uns kaum ahnen, daß sie geschrieben ist, um in ruhigem, pathetischem Rhythmus rezitiert zu werden. Und gerade dieser mündliche Vortrag, den wir hinter dem Texte erraten, tritt hervor in den mit der Zeit immer häufigeren Schilderungen der Kämpfe zwischen den russischen Königen und Fürsten einerseits und den Nomaden der Steppe, den gefürchteten Kumanen oder Polovzen, andererseits.

Der erste Überfall der Kumanen fand bald nach dem Jahre 1060 statt. Die Überfälle wurden in den folgenden zwei Jahrzehnten immer heftiger. Sie wurden allmählich zu einer jährlich wiederkehrenden Erscheinung. Sie prägten das ganze 12. Jahrhundert und wurden zu einer blutigen und schicksalsschweren Tragödie für das russische Volk, dessen Fürsten sich nicht schämten, in ihren Bruderfehden die Hilfe der Erbfeinde anzurufen. Anfänglich war die Haltung der Russen diesen unruhigen und gefährlichen Feinden gegenüber nicht immer der Sympathie bar. Wir finden in der *Nestor-Chronik* sogar sehr poetische Abschnitte, die von ihnen handelten. So wird unter dem Jahre 1095 der Tod des kumanischen Häuptlings Itlar' in poetischen Worten geschildert. König Vladímir Monomách, der sonst immer als ein idealer und populärer König auftritt, hatte dieses Mal seinen Eid gebrochen und Itlar' und seine Mannen erschießen lassen, während sie sich, nichts Böses ahnend, in der Badestube zum Frühstück bei dem russischen Gefolgsmann Ratibór umkleideten. Der Chronist, der über diesen Verrat entrüstet ist, fügt diese feierlichen Worte zu seinem Bericht hinzu: *So widerfuhr Itlar' ein schlimmer Tod am Fastnachtssonntag, dem 24. Februar um die erste Stunde des Tages.* Eine andere Eintragung erzählt, wie es dem kumanischen Häuptling Otrok erging, als er vor Vladímir Monomách nach dem Kaukasus floh. Er hatte hier seine heimischen Steppenhorden völlig vergessen; als aber ein Bote von seinem Bruder kam und ihn an einer Handvoll Steppengras riechen ließ, da wurde er von Sehnsucht nach der Heimat ergriffen und kehrte sofort nach der Steppe zurück. Wie man sieht, waren die Russen keineswegs für die Tugenden ihrer Feinde und ihre eigenen Fehler blind.

Diese Haltung veränderte sich aber allmählich, als die Spannung zwischen Russen und Kumanen wuchs. In großen dramatischen Szenen entrollte die Chronik den Kampf zwischen den russischen und kumanischen Scharen im April 1103 – einen Kampf, der mit dem Siege der Russen endete, obgleich die Feinde *zahlreich waren wie Rudel von Wildschweinen.* Siegreich verlief auch die Schlacht an der Súla im Sommer 1107, so wie sie kurz, aber lebhaft in der Chronik geschildert ist. Eine Siegesfanfare ist auch die unter dem Jahre 1111 gegebene Schilderung von der Schlacht zwischen König Vladímir Monomách und dem kumanischen Chan Šarukan – einer Schlacht, in der die unsichtbaren Scharen der Engel auf der Seite der Russen am Kampfe teilgenommen haben sollen und in der die kumanischen *Wildschweinrudel* zur Flucht gezwungen wurden. Je ernster aber die ununterbrochenen Einfälle der Kumanen wurden, desto trauriger wurde allmählich auch der Ton, in dem davon berichtet wurde, und desto düsterer die Stimmung, die in den Kriegsbildern hervortrat. Nach dem Einfall der Nomaden in das Steppengebiet nach der Schlacht von 1111 scheint ihre Expansion vorläufig friedlich und ohne bedeutungsvollere Grenzkonflikte vor sich gegangen zu sein; in der zweiten Hälfte des Jahrhunderts aber drohte sie, die Russen von den lebenswichtigen Verbindungen mit dem Kaukasus und Byzanz abzuschneiden. Ein Großenkel des siegreichen Monomách, Fürst Mstisláv, soll im Jahre 1170 einen eindringlichen Aufruf an *seine Brüder*, d. h. an alle übrigen russischen Fürsten gesandt haben, worin er ihnen die Gefahr schilderte, die jetzt dem Lande – *unserem russischen Land, dem Lande unsrer Väter, dem Lande unsrer Vorväter* – von seiten der Nomaden drohe, die im Begriff seien, den Russen *sowohl den Salzweg als den Eisenweg und den griechischen Weg* abzuschneiden. Der Zug, den die russischen Fürsten gemeinsam gegen das Steppenland unternahmen, endete zwar mit einem Siege, der in der Chronik in recht martialischem Stil geschildert ist, aber schon 9 Jahre später mußte der Annalist, auf tiefste erschüttert, von dem siegreichen Heerzug Chan Kob'áks ins russische Land berichten, wo er *Böses an den Christen verübte, viele gefangennahm, andre tötete und eine Menge von Kindern niederstechen ließ.*

Die annalistischen Berichte sind oft lyrisch bewegt. Sie schildern den Schmerz, den die rechtgläubigen Russen fühlten, wenn ihre eigenen Fürsten bei ihren ständigen Machtstreitigkeiten die Hilfe der Kumanen gegeneinander in Anspruch nahmen und damit noch mehr zur Verheerung des Landes beitrugen. Die pathetischen Klagen, die zuweilen die sachliche Darstellung durchbrechen, waren faktisch ein Ausdruck für den Gegensatz, der sich allmählich zwischen der demokratischen Bürgerschaft und der fürstlichen Aristokratie, zwischen den friedlichen wirtschaftlichen Interessen der Bürger und der feudalen Machtgier der Fürsten entwickelt hatte. Vom Standpunkt der Bürgerschaft war es ganz verwerflich, wenn König Sv'atosláv im Jahre 1190 zur Zurückgewinnung der Königsmacht in Kíjev den Beistand des Chans Končák benutzte; mit um so größerer Freude aber begrüßte der Annalist ein paar Jahre später die Großtat des Königs, die Zusammenschweißung aller Streitkräfte des russischen Landes und den siegreichen Zug gegen die verhaßten und gefürchteten Nomadenscharen Chan Kob'áks. Die Kriegsschilderungen nahmen zuweilen eine so durchkomponierte Form an, daß man zu der Vermutung geneigt ist, hinter ihrer rhythmischen Prosa steckten mündlich überlieferte Volkslieder, die unmittelbar nach den besungenen Ereignissen von mehr oder weniger professionellen Sängern gedichtet worden wären. Zugunsten einer solchen Vermutung kann der Umstand sprechen, daß ein solcher Volksdichter namens BOJÁN tatsächlich existiert zu haben scheint; er soll seinerzeit Preislieder auf den großen König Jaroslav (gest. 1054), auf seinen Bruder, den bereits mehrfach erwähnten tapferen Mstisláv (gest. 1037) und seinen Zweikampf mit dem kasogischen Häuptling und auf den schönen Fürsten Román (gest. 1079), der von seinen treulosen Verbündeten, den kumanischen Nomaden, getötet wurde, vorgetragen haben. Von diesem sonst unbekannten BOJÁN wird erzählt: *wenn er mit seinen kundigen Fingern die lebendigen Saiten seiner Harfe berührte, dann sangen sie von selbst das Lob der Fürsten.* Aber wie verlockend eine solche Vermutung auch sein mag, so ist sie bei näherer Überlegung nicht sehr wahrscheinlich, da die Schilderungen der Chronik in ihrem ganzen sprachlichen Stile niemals Züge verraten, die für eine volkstümliche epische Dichtung charakteristisch wären. Dagegen wird aber die Tendenz zu einer freien Rhythmisierung der Sprache immer stärker. Sie kommt besonders stark zum Ausdruck in der Schilderung, die die Chronik von dem unglücklichen Feldzug gibt, den der junge Teilfürst Igor' zusammen mit einigen Verwandten im Jahre 1185 tollkühn auf eigene Faust gegen die Steppennomaden unternahm. Der unglückliche Feldzug kann nicht an sich das besondere Interesse des Verfassers auf sich gezogen haben, da es nur einer von vielen war, die im Laufe des 12. Jahrhunderts unternommen wurden. Dagegen können die besonderen Umstände, unter denen er stattfand, dem Chronisten interessant erschienen sein und ihn zu einer dichterisch betonten Schilderung angeregt haben. Es ist daher auch bezeichnend, daß sich die Fortsetzung der *Nestor-Chronik*, die wir im *Codex Laurentianus* finden, zwar damit begnügt, eine recht trockene Notiz über den Verlauf der Ereignisse zu bringen, der *Codex Hypatianus* aber den Feldzug in einer viel gepflegteren literarischen Form schildert. Über die

Grenzen des *martialischen* Stiles kommt der Verfasser aber nicht hinaus. Gerade dieser – historisch sekundäre – Stoff gab Anlaß dazu, daß die *martialische* Manier in einen poetischen, epischen Monumentalstil umschlug. Das Resultat dieser Entwicklung war das schönste Erzeugnis der altrussischen Literatur, das durch und durch poetische und rhythmische *Igor'-Epos*.

16. DAS EPOS VON DER HEERFAHRT IGOR'S

Das Epos von der Heerfahrt Igor's (Slóvo o polkú Igorevě) ist Gegenstand sehr komplizierter und kontrastierender wissenschaftlicher Untersuchungen und Spekulationen gewesen.

Wenn wir uns vergegenwärtigen, daß nicht eine einzige Originalhandschrift dieses Werkes existiert und daß wir darauf angewiesen sind, mit einer sehr unvollkommenen Ausgabe vom Jahre 1800 und einer ebenso unvollkommenen Abschrift des Textes, die für Katharina II. angefertigt worden war, zu arbeiten – da die Originalhandschrift beim Brande Moskaus im Jahre 1812 ein Opfer der Flammen wurde –, dann verstehen wir, daß die wissenschaftliche Erforschung des Textes außerordentlich schwierig ist. Wenn wir hier auch ganz von der widerlegten, aber bis in die neueste Zeit immer wieder vertretenen Theorie absehen, nach der der Text ein geschicktes Falsifikat gelehrter Männer gewesen sei, müssen wir doch bei der Frage der literarischen Wertung des *Igor'-Epos*, das sehr verschieden beurteilt wird, unsere eigene Ansicht äußern.

Es hat unter den Forschern bisher Uneinigkeit darüber geherrscht, ob das *Igor'-Epos* eigentlich als ein eigentümlich komponiertes Prosawerk oder eher als eine mehr oder weniger direkte Wiedergabe eines mündlich überlieferten Heldenliedes anzusprechen sei. Eine Ursache dieser Uneinigkeit ist die Tatsache, daß der unbekannte Verfasser des *Igor'-Epos* selbst zwischen den Bezeichnungen *Lied (pěsn'), Bericht (póvěst')* und *Homilie (slóvo)* schwankte. Die Bezeichnung *Bericht* scheint das Werk in die Gattung der geschichtlichen und pseudogeschichtlichen Romane einzureihen. Die Bezeichnung *Homilie* stellt dagegen anscheinend eine Verbindung mit dem rhetorischen Stil her, die Bezeichnung *Lied* endlich scheint auf einen Heldengesang hinzudeuten. In Wirklichkeit läßt sich dieses Schwanken unserer Meinung nach leicht aus der literarischen Tatsache erklären, daß die Gattung, die mit diesem Werke geschaffen war, mit keiner der damals bekannten traditionellen Literaturarten identisch war. Mit wünschenswerter Deutlichkeit erklärte zudem der Verfasser selbst, daß er nicht die Absicht habe, die Heldenliedmanier des bekannten Volkssängers Boján nachzuahmen, die wir übrigens nur aus den wenigen, vom Verfasser selber angeführten Geschmacksproben kennen. Er mußte sich auch dessen bewußt sein, daß keine innere Verwandtschaft sein Werk mit solchen historischen und pseudohistorischen Romanen wie dem *Alexanderroman*, dem *Digenisroman* oder dem *Jüdischen Krieg* verband. Er konnte auch kaum dafür blind sein, daß kein unmittelbares literarisches Band sein Werk mit der altrussischen Homiletik eines Hilarion oder eines Kyrillos von Túrov verband. Das *Igor'-Epos* stellte in der Tat eine ganz neue, niemals zuvor gepflegte Literaturart dar, die in fast allen Literaturarten, die man damals kannte, verwurzelt, zugleich aber ihrem Wesen nach eine durch und durch originale Erscheinung war. Das *Igor'-Epos* war das erste poetische Werk in der altrussischen Geschichte, das erste Werk, das nur seiner poetischen Wirkung wegen geschaffen zu sein schien.

Die Rhythmik des Satzbaus, die die Chronikentexte des 12. Jahrhunderts in so hohem Maße kennzeichnet, daß man sie sogar als Wiedergaben mündlich überlieferter Volkslieder hat betrachten wollen, erscheint im *Igor'-Epos* zur höchsten poetischen Leistungsfähigkeit gebracht. Seine freie rhythmische Diktion hat aber nichts mit dem Volksliedstil zu tun. Sie ist sicher ein selbständiges prosaisches Stilmittel gewesen, der originalste Zug der russischen Literatur. Sie war in den eigenen Betonungsverhältnissen der russischen Sprache begründet. Der russische Akzent, der an keine bestimmte Silbe des Wortes gebunden war (und es auch jetzt nicht ist), sondern innerhalb der Wortgrenzen frei beweglich war, beherrschte seine Lautmasse in frei wechselnden Kombinationen von Silben, die um so mehr an Klangfülle gewannen, je näher sie der betonten Silbe kamen. Diese Eigenart erlaubte eine Wort- und Satzrhythmik, die sich völlig von jener mechanischen Gesetzmäßigkeit unterschied, die zum Beispiel das antike, griechische Metrum mit seinem Wechsel zwischen langen und kurzen Silben oder das byzantinische (sogenannte politische) Versmaß kennzeichnete, in dem der Akzent als regulierendes Prinzip an die Stelle der Quantität getreten war. Sie hatte auch nichts gemein mit anderen Versmaßen, wo der Akzent des Wortes auf einer und derselben Silbe fixiert war und daher auch keine bedeutungsmäßige Funktion hatte und wo das regulierende Prinzip ausschließlich in der immer konstanten Anzahl der Silben innerhalb der Verse bestand – eine Erscheinung, die zum Beispiel die spätlateinische Poesie kennzeichnete. Die russische Sprache kam somit ganz natürlich und ungezwungen einer frei-rhythmischen Prosa entgegen.

Aber auch andere Faktoren müssen zu der Entwicklung einer solchen, vom Rhythmus beherrschten Prosa beigetragen haben. Eine Literatur, die wie die altrussische über keine reichentwickelte Vervielfältigungstechnik verfügte und sich nicht unmittelbar an ein großes und wohlgeübtes Leserpublikum wandte, muß natürlich stark von der mündlichen Vortragsform abhängig gewesen sein, obgleich diese für uns jetzt hinter dem geschriebenen Text verborgen ist. Das gilt, in höherem oder geringerem Grade, von jeder literarischen Gattung. Es lag kein Widerspruch darin, daß die altrussischen Festhomiletiker ihre Predigten niederschreiben und vervielfältigen ließen, denn das Lesen und Aneignen der geschriebenen Predigten an sich verlief in jedem einzelnen Falle als eine Reproduktion des mündlichen Vortrags. Sie waren daher mehr für das Ohr als für das Auge geschrieben. Die Tendenz zur Rhythmisierung, die zudem noch durch die Parallelismen und Antithesen des rhetorischen Satzbaus unterstützt wurde, trat daher auch in den großen Reden HILARIONS und seiner Schule ganz deutlich hervor. Es läßt sich unschwer nachweisen, daß auch die rein narrativen Gattungen, wie das Mönchs- oder Fürstenleben, die Saga-Anekdote oder der historische Bericht, eine ähnliche rhythmische Gliederung der sprachlichen Massen anstrebten. Sie läßt sich sogar in so unselbständigen Gattungen wie der apokryphen Legende und dem pseudohistorischen Roman nachweisen, obgleich sie hier durch das Streben des Übersetzers nach maximaler Worttreue stark gehemmt war. Erst in dem Augenblick, da der rhythmische Stil, genährt von der Eigenart der Sprache, von der fortschreitenden Verfeinerung der Literatur und

vielleicht auch endlich von einem uns unbekannten Volksliede, auf
einen zeitgenössischen und heimischen Stoff übertragen wurde, erst
da entstand jene lyrisch-epische, rhythmische Form, die wir in den
Kampfschilderungen der Chronik ungepflegt aufkeimen und im
Igor'-Epos zu voller Entfaltung kommen sehen. Dieses Werk war daher, wie sehr seine hohe poetische Qualität auch überraschen mag,
keineswegs ein literarisches *Wunder*, wie man so oft gemeint hat,
sondern einfach die glänzende Synthese jener literarischen Tendenzen, die wir in den vorhergehenden Kapiteln kennengelernt haben.

Neben der rhythmischen Form muß die geschmeidige, freie Komposition als hoher dichterischer Vorzug des *Igor'-Epos* hervorgehoben
werden. Obgleich der Stoff vor allen Dingen geschichtlicher Art war,
hatte der Verfasser es verstanden, sich in souveränster Weise von
dem kausalen und pragmatischen Schema der Kriegsberichte freizumachen. Das Prinzip der Komposition ist im Grunde rein lyrisch.
Nur ein feiner emotionaler Faden verbindet die einzelnen Teile des
Werkes miteinander, sie sind selbständige Bilder mit eigenen Motiven. Der lyrischen Stimmungswirkung zuliebe opfert der Dichter
gern alle überflüssigen Einzelheiten.

Das Gedicht beginnt mit einem *Auftakt*. Der Verfasser, der Griechisch konnte, hatte im Eingang zu der Darstellung des Trojanischen
Krieges bei Manasses eine glänzende Formel gefunden, in der der
byzantinische Chronist klar zu verstehen gab, daß er nicht die Absicht habe, den *zaubervollen (thelxínous)* Homer nachzuahmen, sondern nur die Absicht, den Verlauf des Krieges historischen Werken
treu nachzuerzählen. Diese Formel benutzte nun der Verfasser
des *Igor'-Epos*, indem er seinen Lesern mitteilte, daß er keineswegs
den Volkssänger, *den zaubervollen* Boján (*věščij Boján*) nachzuahmen, sondern den Heereszug Igor's nach den geschichtlichen
Berichten der Gegenwart (*po bylínam segó vrémeni*) zu schildern
wünsche. Nachdem er ein paar Proben von Bojáns Stil gegeben
hat, beginnt er sein Epos vom Fürsten Igor', der *sein Hirn mit Kraft
stählte und sein Herz mit Mut schärfte und, von kriegerischem
Geist erfüllt, seine tapferen Scharen gegen das kumanische Land für
das russische Land führte.*

Das erste Bild schildert die Vorbereitungen zum Heereszuge: Fürst
Igor' ist marschbereit und wartet nur auf seinen Bruder, Fürst

Vsévolod, der versprochen hat, zu ihm zu stoßen; *die Hörner hallen in Nóvgorod, die Kriegszeichen sind aufgerichtet in Putívl'.* Da kommt ihm die Botschaft von seinem Bruder:

> *Sattle, mein Bruder, deine raschen Rosse! Meine stehn schon bereit, im voraus gesattelt in der Stadt Kursk.*
> *Meine Leute aus Kursk sind erprobte Mannen.*
> *Sie sind beim Klange der Hörner geboren, im Schutze der Helme gesäugt, an der Spitze der Speere erzogen.*
> *Mit den Wegen sind sie vertraut, die Schluchten kennen sie.*
> *Ihre Bogen sind gespannt, ihre Köcher stehn offen, ihre Säbel sind geschliffen.*
> *Sie selber reiten dahin wie die grauen Wölfe in der Steppe!*

Schon hier sehen wir die ziemlich trockene martialische Manier der Chroniken mit Hilfe kühner, metaphorischer Mittel zu Poesie sublimiert. Die direkte Beschreibung und Schilderung ist durch bildliche Ausdrücke ersetzt, die einander stützen. Der syntaktische Parallelismus, dem wir schon im rhetorischen Stil begegnet sind, wird bewußt benutzt und ausgesprochen rhythmischen Effekten dienstbar gemacht, und die Stimmungswirkung, die an die Stelle der religiösen und moralischen Meditation getreten ist, ist der Sprache zugute gekommen. Es ist charakteristisch für das *Igor'-Epos*, daß es die steife Tracht der Allegorie zugunsten gestalthafter, anschaulicher Symbole vermeidet.

Der lyrische Stil des Epos wird überdies durch eine erstaunlich sichere Verwendung der Naturpersonifikation vertieft. Die ganze Dichtung ist von einer so lebendigen Naturauffassung durchdrungen, wie man ihr sonst nur selten in der altrussischen Literatur begegnet. Sie verdunkelt ganz die vorsichtigen Versuche der Chroniken, die Natur in die geschilderten Kämpfe eingreifen zu lassen, und im Gegensatz zu der homiletischen Gattung, besonders in ihrer Ausformung bei Kyrillos von Túrov, wo die Natur nur ein Vorwand für allegorische Finessen war, wird sie hier um ihrer selbst willen oder wegen der poetischen Wirkung geschildert, die durch sie erzielt werden kann. Mit besonderer Schärfe kommt diese Naturlyrik im zweiten Bilde der Dichtung zum Ausdruck, in der Schilderung der Sonnenfinsternis, die auch nach dem Bericht des *Codex Hypatianus* vom Heereszuge Igor's diesen vor der Fortsetzung des Einmarsches in das feindliche Kumanenland warnte:

Da schaute Igor' zur hellen Sonne empor und sah die Finsternis sich über seine Truppen senken. . . .

Aber Fürst Igor' stieg in seinen goldenen Steigbügel und ritt über die weite Ebene dahin.

Die Sonne versperrte ihm den Weg mit ihrer Finsternis. Stöhnend weckte die Nacht die Vögel mit ihrem Sturm. Das Geheul der Raubtiere erhob sich weit umher. Der Raubvogel rief hoch über dem Walde und hieß alle fremden Länder lauschen.

Auf ungebahnten Wegen flohen die Kumanen zum großen Don. Ihre Wanderwagen kreischten um Mitternacht wie aufgescheuchte Schwäne. Und Igor' führte seine Scharen zum Don.

Die Vögel im Eichenwalde aber ahnten schon seine kommende Not. Die Wölfe witterten den Sturm in den Schluchten. Die Adler riefen mit ihrem Schrei die Raubtiere zum Leichenmahl. Und die Füchse bellten die mennigroten Schilde an. . . .

Die nun folgende Schilderung einer langen Reihe von Kampfszenen wird durch die beständige Erwähnung der Teilnahme der Natur und der Tierwelt an den Geschehnissen besonders lebendig gemacht. Diese ersten Kampfszenen kulminieren in dem Siege, den die Russen in der ersten Überraschungsschlacht über die Kumanen davontrugen, und in der wilden Flucht der Kumanen nach Südost. Die Siegesbeute wird in einem ausführlichen Katalog beschrieben, der aber nicht in trocken schematischer Form, sondern in einer poetisch beseelten Sprache dargeboten wird. Er umfaßt Gold und Atlas und kostbare Stoffe, Pelze und gestickte Röcke, Waffen und Banner und vor allem die schönen kumanischen Jungfrauen, deren Anmut in ganz Rußland gerühmt wurde. Aber die Kämpfe der folgenden Tage bringen den Russen die Niederlage, die ihnen von der Sonnenfinsternis prophezeit worden war:

Am nächsten Tage in aller Frühe leuchtet das Morgenrot blutig auf. Schwarze Wolken rücken vom Meer heran. Sie wollen die Sonnen der Fürsten verdecken, und blaue Blitze knattern in ihnen. Ein großes Unwetter nähert sich. Der Regen bringt Pfeile vom großen Don her.

Jetzt sollen Speere bersten, jetzt sollen Säbel an den kumanischen Helmen zerspringen!

Die Kumanen rücken in dichten Scharen von überallher vor, und wie ein Auerochse kämpft Vsévolod, Igor's Bruder, verzweifelt gegen die Übermacht. Wieder sublimiert der Dichter den traditionellen martialischen Stil – wie wir ihn zum Beispiel aus dem *Digenisroman* kennen –, wenn er sich mit einer kühnen rhetorischen Apostrophe, die hier poetisiert wird, an den tapferen Fürsten wendet:

> *Du stehst an der Wehr, du streust deine Pfeile über die Feinde aus, du dröhnst mit deinem stahlblanken Schwerte gegen ihre Helme.*
>
> *Wo du vorspringst, blitzend mit deinem goldenen Helm, da sinken die heidnischen Häupter der Kumanen, da spalten deine stahlharten Säbel die avarischen Helme, du Auerochse Vsévolod!*

Zwei ganze Tage dauert die Schlacht. Vergebens versucht Fürst Igor' seinem Bruder zur Hilfe zu eilen. Er ist selber von Feinden umringt, und endlich am dritten Tage der Schlacht sinken die Kriegsfahnen Igor's zur Erde:

> *Da wurden die zwei Brüder voneinander getrennt am raschen Kajala-Fluß. Da ging der Wein aus. Da nahm das Fest ein Ende für die tapferen Russen. Die Hochzeitsgäste hatten ihren Durst gelöscht, sie selbst aber sanken hin für das russische Land.*

Fürst Igor', sein Sohn und sein Bruder werden von den Kumanen gefangengenommen und zu ihren Lagern in der Steppe geführt.

Wir wissen aus dem *Codex Hypatianus*, der Igor's Feldzug in annalistischer Form geschildert hat, welchen Eindruck die Nachricht von der Gefangennahme Fürst Igor's und seiner Verwandten im ganzen Lande machte. In einer Sprache, die ganz deutlich die poetische Sprache des *Igor'-Epos* ankündigte, erzählte der Annalist, wie die Städte am Sem, im Lande Nóvgorod-Séversk und im ganzen Lande Černígov in Aufruhr gerieten, und wie *schwere Trauer und Klage* sich über ganz Rußland verbreitete, wie die Städte von Verwirrung ergriffen wurden *wie die Fische im Netz*, wie *niemand mehr sich um das kümmerte, was ihm am nächsten lag*, und wie *viele die Lust zum Leben verloren aus Leid über das Schicksal der Fürsten.* Der Dichter des *Igor'-Epos* folgt dem Annalisten, wenn er die Not und das Elend beschreibt, das die das Land verwüstenden Kumanen in dem schreckgelähmten Volke hervorriefen, und er findet besonders bewegende, innige Worte für die Klage der Frauen über die gefallenen Männer. Mit sehr fein abgestimmter Ausführlichkeit verweilt er bei der Schilderung des Leides des Großkönigs von Kíjev über die tragischen Geschehnisse. Die kritische Haltung, die

der Annalist in seiner Schilderung des Zornes und der Trauer des
Großkönigs angedeutet hatte, kommt im *Igor'-Epos* außerordentlich
klar und scharf zum Ausdruck an den Stellen, wo der Dichter mit
wohlberechneter Wirkung die Niederlage Igor's den früheren Siegen
König Sv'atoslávs über den Nomaden-Häuptling Kob'ák gegenüber-
stellt: damals drang der Ruhm des Königs bis nach Deutschland und
Venedig, Griechenland und Mähren, jetzt dagegen weckt der Fall und
die Gefangennahme Igor's Jubel bei den gotischen Jungfrauen, die
am Schwarzen Meer sitzen und mit dem klingenden russischen Gold
spielen. Sehr geschickt deutet der Dichter das Leid des Königs durch
einen düsteren Traum – ein wirkungsvoller Zug, den er sicher aus
dem *Digenisroman* übernahm, und der Zorn König Sv'atoslávs erhält beredten Ausdruck in seinem *goldenen Worte*, womit er die
Eigenwilligkeit der jungen Fürsten brandmarkt. Diese ganze Partie
mündet in einen großartigen Aufruf aus, den der König – oder der
Dichter? – an die bedeutendsten derzeitigen russischen Fürsten
richtet mit der Bitte, Igor' zu Hilfe zu eilen. Sie alle erhalten nacheinander ihre poetische Charakteristik.

Seinen Höhepunkt erreicht aber das Gedicht in dem Abschnitt, wo
die Gattin des Fürsten Igor', Euphrosyne, die Tochter Jaroslávs, mit
ihrer Klage über den Fall ihres Mannes in die Dichtung eingeführt
wird:

Die Stimme der Jaroslávna klingt wie die Klage eines einsamen Kuk-
kucks in der Morgenfrühe:
– Ich will dahinfliegen wie ein Kuckuck den Fluß entlang. Ich will
meinen Biberpelzärmel in den Fluß Kajalá tauchen. Ich will die blutigen
Wunden am gehärteten Leib meines Geliebten netzen. –
Jaroslávna weint in der Morgenfrühe auf der Stadtmauer von Putívl':
– O Wind, du mein Wind! Warum bläst du so gewaltig, mein Gebieter?
Warum treibst du mit deinen leichten Schwingen die hunnischen Schützen
gegen die Mannen meines Geliebten? Findest du nicht Genüge daran, hoch
oben unter den Wolken zu wehen oder die Schiffe zu wiegen auf dem
blauen Meere? Warum, mein Gebieter, hast du meine Freude über das
Gras der Steppe verstreut? –
Jaroslávna weint in der Morgenfrühe auf der Stadtmauer von Putívl':
– O Dnjepr, weitberühmter Fluß! Du hast dir einen Weg durch die stein-
harten Felsen, durch das Land der Kumanen gebahnt. Du hast einstmals
auf deinen Wogen die Boote König Sv'atoslávs gegen die Scharen Chan
Kob'áks getragen. Trage nun, mein Gebieter, auch meinen Geliebten zu mir

*zurück, damit ich es nicht mehr nötig habe, meine Tränen in der Morgen-
frühe nach dem Meere zu senden. –*
  *Jaroslávna weint in der Morgenfrühe auf der Stadtmauer von Putívl' :
  – Du meine helle, dreimal helle Sonne! Du bist warm und schön für
alle. Warum, meine Gebieterin, hast du deine brennenden Strahlen gegen
die Mannen meines Geliebten gerichtet ? In wasserloser Wüste hast
du ihre Bogen mit Durst gespannt und ihre Köcher mit Verzweiflung
gefüllt. –*

Hinter dieser von Zärtlichkeit und Schmerz getragenen elegischen
Poesie ahnen wir die Todesklagen byzantinischer Frauen an den
Leichen ihrer Gatten oder Söhne. Sie ist von einem Dichter komponiert, der seine poetischen Stilmittel bewußt benutzt. Es liegt nicht
nur ein mythologischer Inhalt in den Worten der Fürstin an den
Wind, den Fluß und die Sonne, die im russischen Text alle Maskulina
sind und mit der Anrede *Herr* oder *Gebieter* apostrophiert werden,
sondern auch eine in der altrussischen Literatur so außerordentlich
seltene weibliche Gefühlsart, die gleich in der ersten Strophe des Gedichtes oder der Klage zum Ausdruck kommt. Überraschend kühn
und wirkungsvoll ist die Anwendung der Wiederholung sowohl in der
Schilderung der Situation (die einsame Gestalt der Fürstin frühmorgens auf der Stadtmauer von Putívl') als auch in der Form der
Klage selbst.

Von diesem poetischen Höhepunkt eilt das Epos rasch weiter
zum Abschluß. Die letzten Bilder zeigen uns den Fürsten auf der
Flucht aus der Gefangenschaft. Mit souveräner Überspringung aller
poetisch irrelevanten historischen Einzelheiten, sogar mit Auslassung
von Details, die den Zusammenhang vielleicht etwas leichter verständlich gemacht hätten, gibt uns der Dichter in raschen und knappen Strichen einen Eindruck von der Schnelligkeit der Flucht. Fürst
Igor' eilt *wie ein Hermelin durch das Schilf* und stürzt sich *wie eine
Kriekente* ins Wasser, er reitet dahin auf seinem raschen Roß, springt
von ihm ab *wie der graue Wolf* und fliegt über die Don-Ebene *wie ein
Habicht unter den Wolken.* Vergeblich versuchen die kumanischen
Chane ihn einzuholen. Unter dem Jubel der Bevölkerung zieht er in
Kíjev ein und hält nicht an, bevor er das Tor der Muttergotteskirche
erreicht.

Ein Bericht über das *Igor'-Epos*, der notwendigerweise summarisch
sein muß, kann dem Leser nur einen sehr unvollkommenen Eindruck

von der Dichtung selbst wie auch von ihren poetischen Qualitäten geben. Indem der Bericht gewisse Teile der Dichtung verschweigt, färbt er allzusehr die anderen, die er behandelt. Er verschweigt vor allem die Tatsache, daß die Dichtung in einem sehr mangelhaften Zustand überliefert ist, wobei es keine Rolle spielt, ob das dem Umstand zuzuschreiben ist, daß sie von unverständigen Schreibern, durch deren Hände sie gegangen ist, verdorben wurde, oder vielmehr dem Umstand, daß sie von Anfang an nicht abgeschlossen gewesen ist. Der Verfasser des *Igor'-Epos* scheint selber recht deutlich zu sagen, daß er nicht die Absicht gehabt habe, nur ein Epos vom Heerzug Igor's zu schreiben, sondern die ganze ereignisreiche Zeit *von Vladímir dem Alten bis zum jetzigen Igor'*, d. h. von Vladímir Monomách (der 1126 starb) bis zum Feldzuge des Teilfürsten Igor' im Jahre 1187 zu behandeln. Jedenfalls durchbrechen einige Exkurse in frühere Zeiten die Ordnung des Epos in seiner heute vorliegenden Form.

Ein großer Abschnitt handelt zum Beispiel von den traurigen Ereignissen, die mehr als 100 Jahre vor dem Feldzug Fürst Igor's stattfanden, als nämlich einer seiner Ahnen unablässig die Kumanen nach Rußland führte, um das Erbe wiederzugewinnen, dessen ihn seine Verwandten beraubt hatten, bis es ihm endlich gelang, sein Ziel wirklich zu erreichen. Der Dichter schildert diese Zeit mit starken Worten als eine Zeit, da *der Ackermann selten hinter seinem Pfluge rief, während die Raben oft krächzten, wenn sie die Leichen unter sich teilten.* Ein anderer Exkurs führt noch weiter zurück, bis in jene ferne Zeit, da ein Fürst von Pólock (um 1068) sich das Ziel setzte, den goldenen Thron Kíjevs zu gewinnen, ihn aber in der Schlacht an der Nemíga wieder verlor: *da mähte man Köpfe wie Garben, drosch mit stahlblanken Flegeln, breitete Leben auf der Tenne aus, trennte Seelenkorn von der Spreu der Leiber.* Diese Teile, die übrigens ganz vorzüglich den Übergang von dem annalistischen martialischen Stil zum konsequent durchgeführten episch-metaphorischen Stil veranschaulichen, stehen jetzt – wie auch andere Textstücke – wie isolierte Exkurse mitten in der Dichtung. Man hat den Eindruck, daß der Dichter ursprünglich ein grandioses, viele Jahrhunderte umspannendes Klagelied über das Elend hat anstimmen wollen, das die unablässigen Fürstenfehden über das Land brachten, sich aber schließlich – wir wissen nicht aus welchem Grunde – damit begnügte, einen einzelnen, aber typischen Fürstenfeldzug, eben den des jungen Igor's, zu schildern. Aber auch als Torso bringt das Epos die Idee des Dichters von den tragischen Folgen des Fürstenegoismus deutlich zum Ausdruck und wahrt dadurch seine Einheitlichkeit.

In noch höherem Grade tragen die formalen und stilistischen Eigenschaften des Epos zu dieser Einheitswirkung bei. Es läßt sich nachweisen, daß sehr viele dieser Mittel aus der *Bibel* stammen und aus ihr als fertige und zweckmäßige Klischees entlehnt sind; in der Behandlung durch den Verfasser haben sie aber ihr biblisch-religiöses Gepräge ganz verloren und sind in den Dienst weltlicher Zwecke getreten. Das Werk hallt wider vom Geklirr der Waffen. Die Kriegsterminologie ist zu einem poetischen Mittel geworden. Die *lateinischen* und *litauischen, hunnischen* und *avarischen* Waffen blinken und blitzen in gewaltigen Kämpfen. Es rasselt von *goldenen Helmen* und *mennigroten Schilden*, die *Hörner* erschallen immer wieder, die Banner, Fahnen und anderen Kriegszeichen flattern im Winde an *den roten Tragstangen, Speere* und *Lanzen* und *spitze Pfeile* schwirren durch die Luft, *Bogen* werden von starken Händen gespannt, *Köcher* werden von Pfeilen geleert, und *Armbrüste* streuen Tod um sich, *Schwerter* und *Säbel* sausen nieder in gewaltigen Schlägen, und wenn die Fürsten auf ihren Rossen einherreiten, sitzen sie in *goldenen Sätteln* und erheben sich in ihren *kostbaren Steigbügeln*. Alles ist von *Stahl* und *Eisen* oder *Gold* und *Silber*. Die Sprache erhält dadurch einen eigentümlich metallischen Klang.

Neben diesem Stilelement, das uns in etwas weniger stark betonter Form aus der damaligen Roman- und Chronikenliteratur wohlbekannt ist, gibt es im *Igor'-Epos* noch ein anderes, das den metallischen Eindruck fast verdrängt: nämlich das Element der Natur- und Tierwelt, das der Dichtung einen bemerkenswerten heidnisch-animistischen Charakter gibt. Wir haben in unserem Bericht schon gelegentlich darauf aufmerksam gemacht, wie die Natur direkt in die Geschehnisse eingreift. Diese Natur ist ausschließlich in einem düsteren, unheilvollen Aspekt gesehen. Das Tagesgrauen ist nicht die Ankündigung des Tageslichtes, es ist meistens *blutig rot* und bringt nur Tod mit sich. Die Sonne ist nicht Freude und Lust, sie ist *ver-*

düstert und gleicht *einem Monde*, oder sie entsendet gnadenlos ihre
Pfeile über die vor Durst verschmachtenden verwundeten Krieger.
Die Sterne werden überhaupt nicht genannt, denn die Nacht ist
voll von gefahrdrohender Finsternis. Der Nebel legt sich feuchtkalt
und dicht über die Landschaft. Sturm und Gewitter herrschen im
Igor'-Epos, die Winde brausen über die Erde hin, sie tragen Wolken
mit sich, der Donner rollt in ihnen, die Blitze fahren nieder, und
der Regen stürzt vom Himmel herab. Auch die Landschaft ist un-
hold. Durch *unbekanntes Land*, feindliches und fremdes Land,
ziehen die Krieger. Hinter Hügeln und Höhenzügen lauern Tod und
Verderben. Die Flüsse färben sich rot von Blut, Wege und Schluchten
sind voller Gefahren aller Art, durch Sümpfe und Moore bahnen
die russischen Mannen sich einen Weg, und es gibt keine Brücken
außer denen, die man sich selbst baut. Zahllos sind die Vögel,
die im Epos genannt werden. Es schwirrt von *Elstern* und *Möwen*,
Dohlen und *Enten*, *Finken* und *Raben*, *Gänsen* und *Schwänen*,
Kuckucken und *Nachtigallen*, und hoch in den Lüften schweben die
Raubvögel: der *Habicht*, der *Falke* und *der stahlblaue Adler*. Kleines
Getier huscht durch Wald und Feld, das *Eichhorn*, die *Maus* und das
Hermelin, und Raubtiere lauern auf ihre Beute, *die grauen Wölfe*
und die *Panther*. Schwer und stark dringt der *Auerochse* vor, und
schnell wie der Blitz sind die berühmten *ungarischen Paßgänger*. Wir
stehen hier einer Tier- und Vogelwelt gegenüber, die uns an die
schönen theratischen und ornithologischen Majuskelornamente der
altrussischen Handschriften erinnert – große, kunstfertig verschlungene Anfangsbuchstaben, die stilisierte Tiere, vor allem Vögel darstellen. Man kann daher den Stil des *Igor'-Epos* ornamental nennen.

Bemerkenswert ist es auch, welch geringe Rolle das offiziell-
religiöse Moment im *Igor'-Epos* spielt. Dagegen ist auffallend oft von
heidnischen Göttern die Rede, deren Namen letzten Endes mit der
kurzen, aber wild bewegten vorchristlich-varägischen Zeit in der Geschichte Altrußlands verbunden zu sein scheinen, als nordische,
iranische und griechisch-antike Göttervorstellungen zu einem mythologischen Konglomerat zusammengeflossen waren, das jetzt nur
schwer zu entwirren ist. In Anbetracht der Tatsache, daß die altrussische Kirche alle diese Göttergestalten, die bald *Perún* oder
Velés oder *Svaróg*, bald *Chors* oder *Stribóg* oder *Dážbog* hießen, aufs

heftigste bekämpfte, ist es tatsächlich überraschend, eine ganze Reihe von ihnen in unserer Dichtung wiederzufinden. Man darf sicher annehmen, daß der Verfasser, als er die Götternamen in sein Werk einführte, sich nicht so sehr auf einen lebendigen russisch-varägischen Paganismus stützte, sondern sie nach *hellenischem* Vorbilde als Elemente eines poetisch-mythologischen Apparats verwendete. Er kannte ja nicht nur seinen eigenen russischen Volksdichter Bo-JÁN, sondern auch, obgleich vielleicht nur indirekt, den *zaubervollen* HOMER. Man wird in dieser Annahme durch die Entdeckung bestärkt, daß das *Igor'-Epos* von latenten christlichen Ideen durchdrungen ist, die aber nicht der offiziellen *Heiligen Schrift* entstammten, sondern einer meistenteils apokryph-religiösen Vorstellungswelt, die bei weitem gegenwärtiger und wirklicher war als sämtliche heidnischen Götter – nämlich jenem merkwürdigen eschatologischen Ideenkreis, der auf der Erwartung des Weltunterganges im 7. Jahrtausend nach der Erschaffung der Welt oder im 12. Jahrhundert nach Christi Geburt begründet war. Die Einfälle der Kumanen in das russische Land wurden mit der Vorstellung von den wilden Völkern verknüpft, die den Prophezeiungen des METHODIOS VON PATARA gemäß kurz vor dem Untergang der Welt hervorbrechen sollten. Vor diesem Hintergrunde wird uns auch die Rolle verständlich, die die mystische *děva Obída, die Jungfrau, Unrecht genannt,* im *Igor'-Epos* als Ankündigerin von Tod und Untergang zu spielen hat. Sie war nichts anderes als jene *okajánnaja děvica (die verfluchte Jungfrau),* jene *žená Mondána (das Weib, genannt Mondane),* jene *žená skvérnaja i nečístaja (das lasterhafte und unreine Weib),* die wir in verschiedenen altrussisch-byzantinischen Weltuntergangslegenden wiederfinden und die unmittelbar auf *hē parthénos, to ónoma autês Adikía (die Jungfrau, genannt Unrecht)* zurückgeht, von der man wiederum in den *Offenbarungen* des METHODIOS VON PATARA lesen konnte. Wenn der Dichter unseres Epos von den sich befehdenden Fürsten erzählte, daß Bruder zu Bruder sagte *,Das gehört mir'* und *,Das gehört auch mir',* dann kann man vermuten, daß er eine Prophezeiung einer apokryphen Schrift vor Augen gehabt hat, in der es heißt, daß vor dem Untergang der Welt *ein Bruder sich gegen den anderen erheben und jeder von ihnen sagen werde: ,Hier stehe ich'* und *,Nein, hier stehe ich'.* Dieser eschatologische

Akzent, der nicht von der offiziellen Kirche herstammt, sondern von einer halbheidnischen und apokryph-christlichen Religion, gibt dem *Igor'-Epos* seinen besonderen Charakter als Ausdruck jener Untergangsstimmung, die die altrussische Gesellschaft im 12. Jahrhundert beherrschte.

Die Kumanen waren eine tödliche Gefahr für diese Gesellschaft, und das *Igor'-Epos* ist eine leidenschaftliche Warnung vor dieser Gefahr. Positiv ausgedrückt trat sie als Aufruf an die Fürsten auf, das russische Land zu beschützen. Dieser war auch deutlich in gewissen wiederkehrenden Schlagworten ausgesprochen, die wie Kehrreime wirken.

Kehrreimartig wiederholte Sätze spielten überhaupt eine große Rolle in diesem Epos. Indem sie Gedanken hervorhoben, die dem Dichter ganz besonders am Herzen lagen, übernahmen diese kehrreimartigen Formeln die Funktion von Leitmotiven. Einige von den wiederholten Sätzen haben einen rein kriegerischen Charakter, so zum Beispiel, wenn der Kampfesmut des fürstlichen Gefolges zweimal damit begründet wird, daß es *nach Ehre für sich selbst, nach Ruhm für den Fürsten* dürste, oder wenn die Kampfschilderungen – gleichfalls zweimal – mit den Worten unterbrochen werden: *Die Russen haben die weite Steppe mit ihren mennigroten Schilden gesperrt!* Die heroische Stimmung geht indessen bald in tragische Wehmut über, wenn der Zug der Russen ins ferne, fremde Steppenland, die Unterbrechung ihrer Verbindung mit dem Heimatland mit diesen unheilverheißenden Kehrreimworten ausgedrückt wird: *Oh, russisches Land, jetzt bist du weit jenseits der Höhenzüge!* Daher kommt das Leid des Dichters so stark in diesem poetischen Refrain zum Ausdruck: *Das Steppengras sinkt um vor Wehmut, der Wald beugt sich zur Erde vor Leid!*

Weit häufiger aber als diese lyrischen Ausbrüche sind die Kehrreimzeilen, die die patriotische Haltung des Dichters betonen sollen. Diese Ausbrüche erhalten in verschiedenen Kontexten immer wieder dieselbe knappe Formulierung: *Zum Schutze des russischen Landes!* Sie wirken wie eine Fanfare, die wiederholt wird. Obgleich sie gelegentlich mit den Worten *gegen das kumanische Land* verbunden werden und zur Verherrlichung des Unternehmens Igor's dienen und obgleich sie – in *dem goldenen Wort* König Sv'atoslávs, diesem

Aufruf an die russischen Fürsten – anscheinend durch den Zusatz konkretisiert werden: *Zum Schutze der Wunden Igor's, des wilden Sohnes Sv'atoslávs!*, so ist es doch in allen den Fällen, wo die Kehrreimworte wiederkommen, deutlich genug, daß der Dichter weit mehr an das russische Land als an den jungen Fürsten dachte. Man kann wahrscheinlich mit Recht sagen: wäre das *Igor'-Epos* in seinem vollen Umfang auf uns gekommen oder nach dem ursprünglichen Plan vollendet worden, dann besäßen wir jetzt ein großartiges poetisches Pamphlet gegen die feudale Fürstenmacht und eine ebenso großartige poetische Verteidigungsschrift für den bedrohten russischen Staat.

17. DER ZUSAMMENBRUCH KÍJEVS UND DAS TATARENJOCH

Die Gesellschaft und der Staat, die den Hintergrund des *Igor'-Epos* bildeten, waren nicht nur bedroht, sie waren – wie die Geschichte beweist – zum Untergang verurteilt. Literarisch war das *Igor'-Epos* die höchste Synthese all jener Bestrebungen, die unter den besonderen Verhältnissen möglich wurden, als das junge, primitive varägisch-russische Feudalreich die byzantinische Kultur übernahm. Es war das Denkmal einer bewegten, lebensfrohen, expansionslüsternen Epoche, als materieller Reichtum und literarische Bildung von Süden her über das Schwarze Meer und die Steppenzone ins Land strömten. Wenn wir unser Epos nun aber vom soziologischen Gesichtspunkt aus betrachten, dann wird es auch zu einem Denkmal der unheilvollen Gegensätze der altrussischen Gesellschaft und daher auch zu einer Ankündigung ihres unausbleiblichen Unterganges.

Der altrussische Staat trug nämlich die Keime der Auflösung in sich. Wenn äußere Faktoren in dieser Untergangstragödie eine anscheinend alles überragende Rolle spielten, dann lag das daran, daß die Struktur des Staates an sich auf die Dauer nicht zweckmäßig war. Der altrussische Königs- und Teilfürstenstaat war in wirtschaftlicher Beziehung von Anbeginn auf die Exportmöglichkeiten nach dem

byzantinischen Weltreich und auf die lebhaften Handelsverbindungen
mit dem Schwarzmeerbereich gegründet. Jagd, Fischerei, Bienenzucht und Viehzucht hatten seit jeher die wichtigsten Erzeugnisse
für den wohlgeordneten, von den Fürsten und ihren feudalen Vertretern geleiteten und verwalteten altrussischen Handel geliefert,
während die Landwirtschaft, die allmählich zur Hauptbeschäftigung
der Bevölkerung wurde, vom Gesichtspunkt des Handels aus nur ein
sekundärer Faktor war. Solange die herrschende Fürstendynastie
ihre wichtigste Aufgabe in der Organisation und Protektion des Handels sah, solange die Fürsten, die im Lande saßen und immer zahlreicher wurden, sich von dem Gedanken leiten ließen, daß ihr eigener
Vorteil in einer Koordinierung ihrer Tätigkeit unter dem Gesichtspunkt der Handelsinteressen bestand, so lange, und nur so lange,
stand auch die immer reicher werdende Stadtbevölkerung – die
Handelsleute, die Handwerker, die Klöster und die Kirchen – geschlossen auf der Seite der Fürsten, und der Kampf gegen die
Steppennomaden – zuerst die Pazinaken (oder Pečenegen), dann
später die Kumanen (oder Polovzen) – die immer den Dnjepr-Weg,
den berühmten *griechischen Weg*, bedroht hatten, war eine verhältnismäßig leichte Sache.

Langsam war nun aber in dieser Beziehung eine fundamentale
Änderung eingetreten; das Schwergewicht in der wirtschaftlichen
Einstellung der zahlreichen Teilfürsten hatte sich in bedeutungsvoller
Weise verschoben. Der Handel hatte langsam seine Reichtum ver-
sprechende Funktion verloren. Die Zeit der Kreuzzüge hatte Byzanz
in eine für Rußland nachteilige Verbindung mit Westeuropa gebracht. Langsam war der byzantinische Handel dem russischen
Fürstenstaat aus der Hand geglitten, ohne daß der geringste Versuch gemacht worden wäre, die Konkurrenz mit dem westeuropäischen Rivalen aufzunehmen. Der Grund war eben der, daß das
Schwergewicht der wirtschaftlichen Interessen der Fürsten sich mehr
und mehr vom Ausfuhrhandel zur Landwirtschaft verschoben hatte.
Die Fürsten waren zu bewußten Grundbesitzern und Ökonomen geworden. Während sie sich früher mehr oder weniger loyal dem eigentümlichen Erbfolgesystem unterwarfen, das in Kíjev herrschte und
dazu führte, daß die vielen Mitglieder der fürstlichen Dynastie unablässig von dem einen Teilfürstentum zum anderen übergingen, wo-

bei die Hauptstadt Kíjev das lockende Ziel war, zogen sie es jetzt immer häufiger vor, auf dem vom Vater ererbten Lande sitzenzubleiben und es als privates Besitztum zum eigenen Vorteil zu verwalten. Die Landwirtschaft und die Verwaltung des agrarischen Teilstaates brachte eine neue Auffassung der politischen Herrschaft mit sich: sie wurde zu einer streng privatagrarischen Ausübung des Besitzerrechtes, die auf der Arbeit der Leibeigenen beruhte.

Die beiden Systeme – das des beweglichen Erstgeburtsrechtes und das des starren direkten Erbrechtes – mußten notwendigerweise früher oder später miteinander in Konflikt geraten, und dieser Gegensatz äußerte sich eben in den unaufhörlichen blutigen Fürstenfehden, die langsam, aber unerbittlich die politische Macht und Einheit des Reiches untergruben. Es kam so weit, daß Fürst Andréj Bogol'úbskij, der in dem nordöstlichen Teilstaat Súzdal'-Vladímir herrschte (1157–1176), im Jahre 1169 den Königsstuhl von Kíjev gewaltsam eroberte und kein Bedenken trug, die alte Hauptstadt des Reiches, als wäre es eine ganz gewöhnliche Feindesstadt, seinen Truppen zur Plünderung preiszugeben und Tausende ihrer Bürger nach seinem menschenleeren Ackerland zu verschleppen, weil es nach billiger Arbeitskraft verlangte. Der Übergang der Fürsten zum Landbesitz ging Hand in Hand mit einer Dezentralisierung der Macht und einer Auflösung des Staates. Die Form der Gesellschaft nahm mehr und mehr die charakteristischen Züge des Feudalismus an, eines Feudalismus freilich, der in vielem von dem westeuropäischen verschieden war. Kein Wunder daher, daß die städtische Bevölkerung, die demokratische Bürgerschaft, mit wachsender Sorge auf diese Entwicklung sah, die mit ihren eigenen, hauptsächlich auf den byzantinischen Handel gegründeten Interessen in so grellem Widerspruch stand. Kein Wunder auch, daß der Verfasser des *Igor'-Epos* den eigenmächtigen, tragischen Zug eines Teilfürsten gegen die Steppennomaden besang und sich zugleich gegen den wilden feudalen Egoismus und Individualismus der fürstlichen Aristokratie wandte. Er erkannte allzu klar, daß dieser Egoismus und Individualismus schließlich zur Niederlage des Staates in den immer schwerer werdenden Kämpfen mit den angreifenden türkischen Wandervölkern der Steppe führen mußte. Die erste Hälfte des 13. Jahrhunderts brachte dem russischen Reiche diese unausbleibliche Niederlage, und, obgleich um ein halbes Jahrhundert verspätet, schien der Untergang der Welt, den so viele Propheten vorausgesagt hatten, gekommen zu sein.

Im Jahre 1223 traf das erste Unheil ein. Es kam nicht von den Kumanen. Im Gegenteil, die Kumanen riefen selbst den russischen Staat um Hilfe an gegen die aus den asiatischen Steppen heranrückenden Horden ihrer turko-tatarischen Stammesgenossen. Die russische Chronik berichtet:

> *In diesem Jahre tauchten Menschen auf, die niemand kannte, weder wer sie waren, noch woher sie stammten, noch welche Sprache sie sprachen, noch welchen Ursprungs sie waren, noch auch, welchem Glauben sie angehörten. Die einen nannten sie Tataren, die anderen Taurmenen, andere wieder Pečenegen, und es gibt Leute, die sagen, sie seien jenes Volk, das von* METHODIOS VON PATARA *erwähnt wird.*

Unter der Führerschaft von drei Fürsten, die alle Mstisláv hießen – der eine aus Kíjev, der andere aus Černígov, der dritte aus Galizien –, stießen die südrussischen Heere gegen die fremden schiefäugigen Tataren vor und erlitten an dem kleinen Fluß Kálka nördlich des Azovschen Meeres eine furchtbare Niederlage. Aber ebenso unerwartet, wie sie gekommen waren, verschwanden die fremden Barbaren wieder in den Steppen jenseits des Flusses Urál. Fünfzehn Jahre dauerte es, bis der zweite Schlag fiel, diesmal mit hundertfacher Wucht.

Der Neffe des Großchans Ugudéj, der gefürchtete Batú, ein Enkel des mächtigen und berühmten Čengiz-Chan, rückte auf Befehl seines Onkels über den Urál-Fluß nach Westen vor, um sich Europa zu unterwerfen. Rasch fiel das große Bolgár, die Hauptstadt der Volga-Bulgaren, und das ganze Volga-Gebiet von der Mündung der Káma bis zum Kaspischen Meere wurde von den Tataren besetzt. Gegen Ende des Jahres 1237 zogen sie ins russische Reich selbst ein, wo man mit Zittern und Zagen ihrem Kommen entgegengesehen hatte. Das Teilfürstentum R'azán' wurde ihre erste Beute. So groß war schon damals die Uneinigkeit der russischen Fürsten, daß die Bürger von R'azán' vergebens das übrige Land um Hilfe anriefen: kein einziger Fürst reagierte auf diesen Notruf. R'azán' wurde erstürmt, verheert und niedergebrannt, die Bevölkerung ausgerottet oder in Gefangenschaft geschleppt. Die Stadt Moskau, der südlichste

Vorposten des Teilfürstentums Súzdal', erlitt dasselbe Schicksal. Dann wurde die Hauptstadt des Staates Súzdal', das schöne Vladímir, erobert und verwüstet. Und in raschen Zickzackmärschen zogen die tatarischen Reiterhorden von Vladímir nach Súzdal', von Súzdal' nach Jaroslávl', von Jaroslávl' nach Uglič, um endlich – am 4. März 1238 – den Fürsten von Súzdal' an der nördlichsten Grenze seines Reiches einzuholen und seine schwachen Truppen zu vernichten. Über Tver' und Toržók zogen die Tataren ungehemmt gegen das ganz wehrlose reiche Nóvgorod, kehrten aber plötzlich um und stürmten in gerader Linie über Smolénsk und Černígov nach Süden, nach dem Don und den Steppen. Von da an stand das ganze nordöstliche Rußland unter der Oberherrschaft der Tataren. Jetzt wartete das südwestliche Rußland auf sein Schicksal.

Es brach im Jahre 1239 herein. Chan Batú zog dieses Mal geradeaus gen Westen. Nach heldenmütiger Verteidigung fiel endlich auch Kíjev, und der Weg über Volynien und Galizien, über die Karpaten und Ungarn nach Westeuropa stand jetzt weit offen. Erst in Böhmen stießen sie auf so entschiedenen Widerstand, daß sie es vorzogen, umzukehren. Aber das Land von Kíjev verblieb in ihrer Macht. Siegreich und siegesberauscht breitete sich die *Goldene Horde*, wie das tatarische Nomadenreich hieß, jetzt über das osteuropäische Steppenland aus. Sein Mittelpunkt, seine Hauptstadt wurde Saráj an der Volga. Für ganz Rußland, nur Nóvgorod ausgenommen, begann jetzt eine neue Epoche – die Zeit des Tatarenreiches, die Zeit des tatarischen Joches. Rasch ging jetzt die altrussische Einheitskultur, die ihr Zentrum in Kíjev gehabt hatte, ihrer Auflösung entgegen.

Die lebenspendende Verbindung mit Byzanz war abgebrochen. Die Steppen nördlich der Schwarzen Meeres wurden von jetzt an eine unüberwindbare Grenzmauer. Wie ein eiserner Ring legte sich die tatarische *Goldene Horde* in einem gewaltigen Bogen von Kazán' bis zur Krim um Rußland herum. Das Flußsystem des Dnjeprs, der große Handelsweg aus dem Lande der Väringer jenseits der Ostsee nach Konstantinopel, verlor jegliche wirtschaftliche Bedeutung. Nur Nóvgorod verstand es, seine isolierte Stellung im nordwestlichen Winkel des Landes zur Anknüpfung dauernder Verbindungen mit der nordeuropäischen Hansa auszunutzen, aber das übrige Land wurde eine Wirtschaftsprovinz in dem mächtigen europäisch-asiatischen Tatarenreich, ein Tributland, das ohne Protest die Steuern zu entrichten hatte, die der Großchan von Saráj ihm auferlegte und die jährlich von tatarischen Steuererhebern in den großen russischen Städten abgeholt wurden. Kíjev blieb ein ganzes Jahrhundert lang wüst und öde. Und damit war auch die Literaturperiode des Kíjever Reiches unwiderruflich vorbei. Die Bevölkerung war in größtem Ausmaß nach Westen, Norden oder Nordosten geflohen. Sogar das Oberhaupt der Kirche, der Metropolit von Kíjev, zog es vor, in eine andere Stadt überzusiedeln.

Sehr beredt schildert SERAPION, der Archimandrit des Höhlenklosters, der spätere Bischof von Vladímir (gest. 1275), um das Jahr 1240 die Heimsuchung, die sein Land betroffen hatte. Er war selbst der letzte Vertreter der altrussischen rhetorischen Homiletik, die ihren Prinzipien nach auf HILARION zurückging, und verwendete in seinen Predigten dieselben Stilmittel, die in den vorhergehenden Kapiteln besprochen worden sind. Seine Schilderung der Zerstörung des Landes durch den Einfall der Tataren wird nach den Regeln der rhetorischen Schule in einer Reihe von parallelen Fragen dargeboten:

> *Furchtbar ist es, meine Kinder, ein Opfer von Gottes Zorn zu werden!*
> *Was haben wir nicht über uns kommen sehn, wir, die wir noch am Leben sind?*
> *Was haben wir nicht auf uns gezogen?*
> *Welche Strafen haben wir nicht von Gott empfangen müssen?*
> *Ist unser Land nicht unterjocht worden?*
> *Sind unsere Städte nicht erstürmt worden?*
> *Sind unsere Väter und Brüder nicht als Leichen hingesunken?*
> *Sind unsere Weiber und Kinder nicht in Gefangenschaft geschleppt worden?*
> *Sind wir, die wir zurückgeblieben sind, nicht zu Knechten geworden durch die bittere Knechtschaft, die die Barbaren uns auferlegt haben?*

Und an einer anderen Stelle schildert er in rhythmisch gereihten Sätzen ergreifend den allgemeinen kulturellen Verfall:

> *Zerstört sind unsere Gotteshäuser, besudelt die geweihten Gefäße, verheert die heiligen Stätten.*
> *Die Diener der Kirche sind zum Fraße der Schwerter, die Leiber der ehrwürdigen Mönche sind zum Fraße der Vögel geworden.*
> *Das Blut unsrer Väter und Brüder hat wie strömendes Wasser die Erde getränkt.*

Die Macht unserer Fürsten und Heerführer ist hingeschwunden.
Unser Land ist von Leid und Not erfüllt.
Viele von unsern Brüdern und Kindern sind in Gefangenschaft ge-
schleppt worden.
Unsre Äcker sind von wildem Unkraut überwuchert, und zunichte ge-
worden ist unsre Macht.
Unser Glanz ist geschwunden, unsern Reichtum haben andre übernom-
men, die Frucht unsrer Arbeit haben Heiden geraubt.
Unser Land ist jetzt Eigentum fremder Barbaren.
Wir sind zur Schmach und zum Spott bei unsern Nachbarn geworden,
und unsre Feinde höhnen uns.

Mit dieser düsteren Wehklage, die einen Gegenpol zu HILARIONS
optimistischer Rhetorik im 11. Jahrhundert bildet, die aber stilistisch
direkt mit seiner Redekunst verbunden ist, klang Kíjevs Glanzzeit
aus. Sie kündigte den Niedergang der Literatur an.

18. DIE POLITISCHE UMGESTALTUNG
WÄHREND DES TATARENJOCHS

Die Zeit des Tatarenjochs dauerte an die 150 Jahre. Die Zeit
zwischen dem Untergang des Königreichs Kíjev und dem Aufstieg
des Zarenreiches Moskau umfaßte etwa die Jahre von 1240 bis 1380.
Es war nicht nur für Staat, Wirtschaft und Gesellschaft, sondern auch
für die Kultur im allgemeinen und die Literatur im besonderen eine
Epoche des Übergangs. Ehe das langsam emporwachsende moskovitische Großfürstentum unter den vielen Teilstaaten, die auf dem
Boden des alten russischen Einheitsstaates entstanden waren, die
unbestrittene Führung übernehmen konnte, mußte Rußland eine
Periode erleben, in der alle politischen Verhältnisse in der Schwebe
waren und in der sich ihre völlige Umbildung als Wirrnis äußerte.
Parallel damit trat auch ein literarisches Chaos, ein Zustand literarischen Niedergangs, ein. Solange es den moskovitischen Zaren noch
nicht gelungen war, unter Anwendung all ihrer Macht und Gewalt
ihren neuen russischen Staat auszubauen und zu konsolidieren, war
das literarische Leben dadurch gekennzeichnet, daß das Einheits-
gepräge der Literatur verlorengegangen war, daß ihr jede selb-

ständige Problemstellung fehlte, daß sie in Stoff und Stil, Sprache und Thematik ohne klare, bewußte Tendenzen und Ziele war. Auch auf diesem Gebiet war die Epoche durch eine Umgruppierung aller Faktoren bestimmt, eine Umgruppierung, die im Vergleich mit der festen Struktur der altrussischen Literatur und der Literatur der moskovitischen Zeit als Chaos in Erscheinung trat.

Die zentrifugalen Kräfte hatten bereits vor dem politischen Untergang Kíjevs begonnen sich geltend zu machen. Der Untergang beschleunigte bloß einen Prozeß, der schon im Gange war. Er war durch eine Reihe bedeutsamer wirtschaftlicher und politischer Umstände verursacht. Der Zusammenbruch des altrussischen Exporthandelssystems, die Ausbildung einer ausgesprochenen agrarischen Gesellschaftsstruktur, der Übergang von der beweglichen Erbfolge der Fürsten zu einem festen Erbanrecht auf *den väterlichen Boden (vót-čina)*, eine eigentümliche Feudalisierung der dynastischen Verhältnisse, Wechsel von einem recht straffen wirtschaftlichen Zentralismus, der vom König von Kíjev verkörpert wurde, zu einer vollständigen wirtschaftlichen Dezentralisation, und parallel damit eine großartige, aber fast unbemerkt verlaufende spontane Expansion, die aufs engste mit der Rodung und Urbarmachung großer Grenzgebiete im Norden und Nordosten des Landes zusammenhing – das alles im Verein mußte die Struktur des alten Rußlands von Grund aus verändern. Die Tatareneinfälle und das Tatarenjoch, die durch die genannten Faktoren ermöglicht worden waren, gaben der ganzen Entwicklung nur einen ungestüm beschleunigten Verlauf.

Nach dem endgültigen politischen Fall Kíjevs entstanden in den bisherigen Randgebieten hier und da allmählich neue bedeutende Macht- und Kulturmittelpunkte. Das Tatarenjoch, das die alte landumfassende Regierungsmacht in Kíjev gelähmt hatte, trug nur dazu bei, daß die neuen Gebietszentren begannen, sich unabhängig voneinander zu entwickeln und danach zu streben, die benachbarten Kleinfürstentümer wirtschaftlich, politisch und kulturell an sich zu binden. In dem komplizierten Umgruppierungsprozeß, der so stattfand, traten insbesondere vier Kulturzentren hervor, die immer mehr wuchsen.

Im äußersten Südwesten entstand ein interessantes selbständiges Staatsgebilde, *das galizische Fürstentum*, das sich von den nördlichen und nordöstlichen Hängen der Karpaten über das heutige Ost-

galizien und Volynien erstreckte. Bereits vor dem endgültigen politischen Fall Kíjevs hatte es unter der Regierung tüchtiger und energischer Fürsten große politische Selbständigkeit erworben. Es stand
in enger Beziehung zu Ungarn. Das *Igor'-Epos* pries den mächtigen
galizischen Fürsten Jaroslav Osmomýsl (gest. 1187) wegen seines
kriegerischen Ruhmes und seiner machtvollen Stellung in Südost-
europa. Nach dem Fall Kíjevs verstand es Fürst Daniíl (gest. 1264),
aus den sonst so unglücklichen Verhältnissen Nutzen für sich zu
ziehen, sein Land mit Flüchtlingen aus Kíjev zu kolonisieren, den
Hochmut seiner Bojaren zu zähmen, politische Verbindungen mit
Westeuropa herzustellen mit dem Hintergedanken, einen europäischen Kreuzzug gegen die Tataren zu organisieren und – endlich –
den Papst zu bewegen, ihm den Königstitel und die Königskrone zu
verleihen. In diesem neuen galizischen Königreich, das bis in die
Mitte des 14. Jahrhunderts bestand und langsam Pinsk und Túrov,
Kíjev und Černígov in seine Herrschaftssphäre einbezog, wurde der
Grund gelegt zur späteren ukrainischen (oder kleinrussischen) Volksgruppe.

Im nordwestlichen Teil Altrußlands begann das *Fürstentum
Smolénsk*, Zentralisierungstendenzen geltend zu machen, und sein
westlicher Nachbar Pólock leistete ihm keinen Widerstand. Hier wie
auch in anderen, noch westlicher gelegenen Gebieten (Minsk, Novogorodók) bildete sich allmählich die belorussische (oder weiß-
russische) Volksgruppe, die jedoch im Laufe des 14. und 15. Jahrhunderts politisch vom rasch emporwachsenden jungen Staate Litauen aufgesogen wurde, die zugleich aber sein ganzes Kulturleben
belorussisch prägte.

Hoch im Norden lag das dritte Zentrum, *die Freistadt Nóvgorod*
mit ihrem ausgedehnten Landbesitz in Nordrußland von dem La-
doga- und Onega-See bis ans Weiße Meer und an die nördlichen Ausläufer des Uralgebirges hin. Sie stand in enger Verbindung mit den
autonomen Republiken Pskov (im Westen) und V'átka (im Osten).
Während die uralte Institution der städtischen Volksversammlung,
das sogenannte *véče*, überall sonst mit der Fürstenmacht in Konflikt geriet und allmählich abgeschafft und unterdrückt wurde, gelang es den freien Handelsrepubliken, vorläufig ihre Selbständigkeit
zu bewahren und ihre alten Institutionen aufrechtzuerhalten. Infolge

der engen Handelsbeziehungen zwischen Nóvgorod und den Hansa-
städten an der Ostsee war Nóvgorod stark westlich orientiert und
gewissermaßen uninteressiert an den inneren russischen Verhältnissen. Nichtsdestoweniger mußte sein Dasein als Freistadt sofort problematisch werden, wenn sich eine starke russische Zentral-
macht die Aufgabe stellte, ganz Rußland unter ihrer Herrschaft
zu vereinigen.

Durch große Urwälder von den südlichen und westlichen russischen Ländern getrennt, hatte *das Fürstentum Súzdal'* schon vor der
Tatareninvasion zu bedeutender Macht gelangen können. Fürst
Andréj (gest. 1175), der Enkel Vladímir Monomáchs, ein strenger
und eigenwilliger Herrscher, der die Institution der Volksversammlung in seinem eigenen Lande rücksichtslos vernichtete, war der
erste große Fürst, der sein Teilfürstentum zu einer überraschend festen
Machtstellung erhob, und zwar auf Kosten Kíjevs, das er – wie wir
bereits wissen – von seinen Truppen schonungslos verheeren ließ.
Sein Werk wurde von seinem Sohn Vsévolod mit dem Beinamen
das große Nest (*Bol'šóje gnezdó*) fortgesetzt. Seine Nachfolger erkannten bedenkenlos die Oberherrschaft der Tataren an und suchten
sich selbst und ihrem Staat eine begünstigte Stellung in der *Goldenen
Horde* zu sichern. Langsam ging die Führerschaft im Lande Súzdal'
an jene Fürsten über, die ihren Sitz in Moskau hatten. Hier entstand
der Kern der großrussischen Volksgruppe. Der Metropolitensitz, der
früher zu Kíjev gehört hatte, war um 1300 nach der Stadt Vladímir
im Lande Súzdal' und bald darauf nach Moskau verlegt worden.
Fürst Iván von Moskau wurde von den Tataren als Großfürst
anerkannt, wurde ihr offizieller Steuererheber und erhielt vom
Volke den Beinamen *Geldsack* (*Kalitá*). Er und seine Nachfolger
(Sem'on der Stolze, Iván der Schöne) kauften ganze Zwergfürsten-
tümer (Rostóv, Jaroslávl', Belozérsk) bei ihren armen Nachbarn und
Verwandten auf, und da Großfürst Dimítrij um 1380 seine Heeres-
macht zum Kampf gegen die Tataren mobilisierte, mußten die fürstlichen Nachbarn ihm wie gehorsame Vasallen Folge leisten. Obgleich
der Sieg über den Chan Mamáj keine sofortige Aufhebung der
tatarischen Oberherrschaft und keine vollständige Befreiung von den
tatarischen Plünderungszügen mit sich brachte, hatte er doch die gewaltige Bedeutung, daß Moskau sich jetzt, in offenbarem Wider-

spruch zu den Interessen des Chanats, an die Spitze eines neuen, starken und zentralisierten russischen Reiches stellte, das auf dem erblich-dynastischen Prinzip einer monarchischen Gewalt begründet war.

Die politische Dezentralisierung, die für die Übergangszeit während des Tatarenjoches charakteristisch war, brachte freilich auch eine kulturelle Dezentralisierung mit sich. Aber sie äußerte sich eigentlich nur darin, daß vielfach örtliche Kulturherde entstanden, ohne daß die Kultursprache an sich davon wesentlich berührt worden wäre. Man setzte die Pflege der Sprache und Literatur auf der alten, von Kíjev geschaffenen Grundlage fort, in Galizien und Nóvgorod, in Smolénsk und Súzdal', in Rostóv und Vladímir. Die Bildung von mundartlich gesonderten Volksgruppen wie die ukrainische, belorussische und großrussische änderte nichts an der Tatsache, daß die Sprache der Literatur in ihrer Grundlage kirchenslavisch war und blieb oder jedenfalls, trotz aller Abweichungen von der traditionellen Norm, danach strebte, es zu sein. Vom literarischen Gesichtspunkt aus erscheint die Übergangsperiode als eine Zeit, wo das Erbe von Kíjev im Zeichen des Byzantinismus weitergepflegt wurde, eher kraft des Trägheitsgesetzes als der Fähigkeit, literarische Probleme klar zu erfassen oder gar zu lösen. In all den vielen Kulturzentren, die so entstanden, schrieb man tatsächlich stets dieselbe Sprache, die man während der Glanzzeit Kíjevs gepflegt hatte. Dialektische Nuancen phonetischer oder lexikalischer Art waren belanglos.

Man darf in diesem Zusammenhang natürlich nicht übersehen, daß mit der Zeit ein immer stärkeres Bedürfnis nach einer weltlich-juristischen Schriftsprache entstand, die auch im täglichen Leben gebraucht werden konnte. Dieses Bedürfnis führte zu der Bildung einer Kanzleisprache, besser – mehrerer Kanzleisprachen, die in ihrer morphologischen und syntaktischen Entwicklung von der eigentlich literarischen prinzipiell unabhängig waren und auf der Grundlage der örtlichen Dialekte entstanden. Einen eigentlichen Einfluß auf die Literatursprache übten diese zweckdienlichen Schriftsprachen vorläufig nicht aus. Sie existierten nebeneinander, die praktische Sprache neben der literarischen, als unabhängige Phänomene mit streng geschiedenen Funktionen. Die Übergangsformen zwischen ihnen, die nicht ganz zu vermeiden waren, wenn die weltliche und die kirchliche Sphäre sich berührten, konnten den Kontrast zwischen den beiden nicht verschleiern oder verdunkeln, da sie als unmißverständliche, gattungsbedingte Mischprodukte aufgefaßt wurden.

Wenn die sprachlich-literarische Situation in der Übergangszeit somit wesentlich dieselbe war wie die der Kíjever Zeit, dann hat das seine bestimmten sozialen Ursachen. Die Literatur suchte ihr Publikum wohl in denselben Bevölkerungsschichten wie früher, nämlich innerhalb der städtischen Oberklasse, die im Besitz der einzigen Bildungsform war, die es damals gab, der kirchlichen. Wenn die Oberklasse in der vortatarischen Zeit wesentlich aus dem Gefolge und dem Hof der jeweiligen Könige und Fürsten, aus den Statthaltern und Heerführern sowie aus den reicheren Schichten der ansässigen bürgerlichen Stadtbevölkerung bestand, die sich oft genug im Gegensatz zu den Fürsten befand, dann verhielt es sich mit ihr in der Tatarenzeit ebenso – freilich mit dem einen Unterschied, daß der Glanz und Reichtum des Hofes von Kíjev jetzt verlorengegangen war, daß bescheidenere, ärmlichere Verhältnisse an den vielen örtlichen Fürstenhöfen herrschten und daß die aktive kulturelle Bedeutung der Stadtbevölkerung rasch auf den Nullpunkt sank.

19. DAS FORTLEBEN DER ALTRUSSISCHEN LITERATURGATTUNGEN

Die Stilarten und Gattungen, die die charakteristischen Erzeugnisse der literarischen Tätigkeit während der Blütezeit des Kíjever Reiches gewesen waren, lebten während der Tatarenzeit in der Form einer typischen Epigonenliteratur kümmerlich weiter. Und es liegt nichts Überraschendes in der Tatsache, daß die altrussische *Annalistik* auch in dieser Literatur den wichtigsten Platz einnahm. Hatte man bereits im 12. Jahrhundert begonnen, umfassende *Kontinuationen* (Fortsetzungen) der von NESTOR begründeten Chronik zu schaffen, so suchte man auch in der Zeit des Verfalls ihren ursprünglichen Kern durch Zusätze und Einschiebsel mit dem Zeitgeschehen zu verbinden. Diese Kontinuationen, die zum Teil sehr lokal gefärbt waren, zum Teil auch sich überschnitten, wurden von Zeit zu Zeit in neuen Kompilationen ausgeglichen. Das geschah in Galizien und in Nóvgorod, in Smolénsk, in Rostóv und in anderen Städten. So entstand eine ganze Reihe von selbständigen Chroniken, die sich meistenteils auf NESTORS Werk als ihren natürlichen gemeinsamen Ausgangspunkt stützten und die alle am Prinzip der Einheit der russischen Geschichte festhielten, mochten sie sonst auch verschieden orientiert sein.

Es ist ungeheuer schwierig, die einzelnen Etappen dieser eigentümlichen Entwicklung festzulegen; die russische Geschichtsforschung ist jedoch durch minutiöse Untersuchungen über das gewaltige Quellenmaterial zu dem zweifellos richtigen Ergebnis gelangt, daß im nordöstlichen Rußland, in der Stadt Vladímir, die Moskaus Vorläufer war, eine Annalistik begründet wurde, die eine Synchronisierung und Bearbeitung verschiedener lokaler Kontinuationen in gemeinrussischen Kontaminationen, den sogenannten *svódy*, anstrebte, die wiederum der Kern gewisser neuer Ortschroniken werden konnten. Als Leiter dieser sammelnden annalistischen Arbeit scheinen die Metropoliten von Vladímir (Petros 1305, Kyprianos 1390 oder 1409, Photios 1423) gewirkt zu haben. In der russischen Annalistik der tatarischen Übergangszeit spielten die sagenhaften Geschichten, die hin und wieder noch auftauchen, bei weitem nicht die Rolle wie bei NESTOR, wohl einfach aus dem Grunde, weil man nicht mehr Vergangenheit, sondern Gegenwart schilderte. Die religiösen Betrachtungen, denen die Annalisten sich aus Anlaß von Nationalkatastrophen wie Fürstenfehden oder Tatareneinfällen auch weiter hingaben, entbehrten jeder Originalität und waren im Grunde nur blasse Imitationen der kirchlichen Klagen in der altrussischen Chronik anläßlich der viel harmloseren Kumaneneinfälle. Der aktuelle geschichtliche Stoff wurde bald in einem dürren, sachlichen Registrierungsstil, bald auch in der Form von größeren, zusammenhängenden und selbständigen Berichten, die eigentlich wie zufällige Exkurse wirkten, dargestellt. Man folgte in allen Stücken treu und ohne größere Originalität dem gegebenen altrussischen Modell, wobei man den Einzelheiten der Ereignisse vielleicht größeres Gewicht beimaß, dagegen aber geringeren Sinn für ihre historische Bedeutung bekundete.

Neben dieser teilweise oder ganz weltlichen Literaturart stand die ausgesprochen kirchlich-religiöse Gattung der *Hagiographie*. Auch auf diesem Gebiet pflegte man in der Übergangszeit unverdrossen und getreulich das Erbe von Kíjev weiter, genau in demselben Geist wie damals, unter Bewahrung der traditionellen stilistischen und kompositionellen Prinzipien. NESTORS *Theodosios-Vita* war hier das große, schwer erreichbare Vorbild. Das Heiligenleben behielt im 13. und 14. Jahrhundert seinen überlieferten, von wirklichen oder erdichteten Geschehnissen bestimmten Stil als streng schematische Darstellung des erhabenen und frommen Lebenslaufes und der posthumen Wunder der Heiligen. Wie früher, so kam es auch jetzt nicht darauf an, die Heiligkeit des kirchlichen Helden durch wohldokumentierte Daten aus seinem Leben zu *beweisen*, sondern man begnügte sich damit, diese im voraus gegebene Heiligkeit mit typischen Zügen, die nach heutiger Anschauung freie Phantasie waren, zu *illustrieren:* nach einem höheren Axiom waren diese Züge selbstverständliche Bestandteile der unbezweifelbaren Heiligkeit. Dieses anscheinend naive Verhältnis zur Wahrheit erlaubte eine ungehemmte Übernahme von Taten und Wundern aus anderen Heiligenleben, und es wurde zu einem – fast möchte man sagen – festen Brauch, die Lakunen in einem biographischen Schema mit Stoff auszufüllen, der arglos aus der Legende irgendeines wohlbekannten byzantinischen Namensvetters des Heiligen übernommen war. Als man zum Beispiel den Augenblick für gekommen hielt, eine örtliche *Vita des heiligen Abramios von Rostóv* zu schreiben, der bereits im 11. Jahrhundert einen wirkungsvollen Kampf gegen die heidnische Abgötterei im Lande Rostóv geführt hatte, entnahm man ohne Bedenken geeigneten Stoff aus der übersetzten byzantinischen *Vita des Eremiten Abramios*, einfach durch die Namensverwandtschaft der beiden Heiligen dazu verleitet. Und wenn es sich darum handelte, eine *Vita des heiligen Märtyrers Merkurios von Smolénsk* zu schreiben, der im Jahre 1238 den tatarischen Großchan Batú in eigener Person besiegt haben und dann, zwar von einem Tataren enthauptet, dennoch aber, seinen eigenen Kopf hoch in der Hand haltend, nach seiner Stadt zurückgekehrt sein soll, dann fand man nicht bloß ein Vorbild, sondern geradezu eine Stoffquelle in der übersetzten byzantinischen *Vita des heiligen Märtyrers Merkurios von Kaisareia*. Auf diese

Weise wurde der biographische Stoff Schritt für Schritt auf ein
Inventar von toten Formelementen reduziert. Gleichzeitig aber
wuchs die Zahl der Heiligenlegenden in außerordentlich beschleu-
nigtem Tempo. Überall in den Randgebieten schossen sie auf wie
Pilze. Es wurden einfache, inhaltsarme Legenden angefertigt von
allen möglichen lokalen Glaubensverkündern und Klosterstiftern, vom
heiligen Leontios von Rostóv, von seinem Nachfolger, dem heiligen
Jesajas, vom heiligen Niketas aus Perejaslávl' *jenseits der Wälder*,
vom heiligen Barlaam, dem Gründer des Klosters Chutýn bei Nóvgorod, vom heiligen Petros, dem ersten Metropoliten von Moskau
usw. Das ganze Land wurde allmählich mit einem Netz solcher Berichte über Ortsheilige überzogen, die größtenteils nicht einmal die
offizielle Anerkennung der Kirche erlangt hatten. Trotz der immer
mehr um sich greifenden Schematisierung der hagiographischen
Kunst und der ständig zunehmenden Formelhaftigkeit des sprachlichen Ausdrucks waren diese Heiligenlegenden doch von einer gewissen primitiven Treuherzigkeit durchdrungen, die eine Gewähr für ihre
Wahrheitstreue zu sein schien. Ihre scheinbare Realität war zwar in
Formalismus erstarrt, sie verhinderte aber auch, daß sich das Interesse des Lesers von dem biographischen Inhalt auf die Ausdrucksmittel verschob. Man verzichtete auf sprachliche Effekte, ohne diesen
Verzicht geradezu als Opfer im Dienst der Wahrheit zu empfinden.
So pflegte man auch auf diesem Gebiet die Tradition von Kíjev weiter.

Mit dem Heiligenleben hatte man auch das *Fürstenleben* als literarische Gattung ererbt. Es erlebte während des Tatareneinfalls und
besonders nach diesem sogar eine neue Blütezeit, die freilich eher
quantitativer als qualitativer Art war. Während die Kíjever Zeit
in ihrer Literatur nur eine begrenzte Anzahl von Biographien weltlicher Fürsten und Herren besaß, gab die Tragödie des Tatareneinfalls dieser Gattung im 13. und 14. Jahrhundert einen wahren
Überfluß an Motiven, einfach weil der Gang der Ereignisse es mit
sich gebracht hatte, daß zahlreiche russische Fürsten in dem heiligen
Kriege gegen die gottlosen Barbaren gefallen waren oder für ihren
Glauben durch die *Goldene Horde* den Märtyrertod erlitten hatten.
Wir wissen, daß das Fürstenleben in der Kíjever Zeit dank seiner
Verwandtschaft mit dem rhetorisch-homiletischen Stil den ersten
Antrieb zu seiner Emanzipation von der Form der Hagiographie im

eigentlichen Sinne des Wortes empfing. Jetzt aber erfolgte prinzipiell
eine rückläufige Bewegung, indem das Fürstenleben als Massen-
erscheinung ganz dem Vorbild der Heiligenvita untergeordnet wurde.
Die Legende von Borís und Gleb war freilich auch jetzt noch ein Ideal,
dem man nachstrebte, das man aber nie erreichte, weil man nicht mehr
imstande war, seine Poesie zu erfassen und zu pflegen. Auf Veran-
lassung der Fürstin Maria entstanden ein *Leben Fürst Vasíl'kós von
Rostóv*, ihres Gatten, der im Jahre 1238 im Kampf mit den Tataren
gefallen war, und ein *Leben Fürst Michaíls von Černigov*, ihres Vaters,
der im Jahre 1246 mit seinem treuen Gefährten F'ódor von den Tataren
erschlagen worden war. Man schrieb auch ein *Leben Fürst Michaíls
von Tver'*, der im Jahre 1318 vom Chan Ozb'ák in der *Goldenen Horde*
getötet worden war. Wir könnten noch weitere Beispiele dieser üppig
wuchernden Gattung anführen. Bemerkenswert ist es nun, daß die
Fürsten nicht nur wegen ihrer rein weltlichen Tugenden, ihres Mutes,
ihrer Kampftüchtigkeit, ihres Heroismus, gepriesen wurden, sondern
in weitestem Umfange auch wegen solcher Eigenschaften, die viel eher
Mönchen, Asketen und Eremiten zukamen, wie zum Beispiel Gottes-
furcht, Milde, Sanftheit, ja leibliche Keuschheit. So entstanden allmählich zahllose Legenden von den Fürsten von Jaroslávl', Pskov, Múrom
und anderen. Bald hatte jede Stadt ihren eigenen Heiligen, und alle
waren sie gleich fromme und rechtgläubige und gottgefällige Märtyrer
und Glaubenszeugen, die lieber den Tod erleiden als die Götzen der
Tataren anbeten oder ihre ekle Stutenmilch (*kumýs*) trinken wollten.
Im allgemeinen war an diesen schematischen Fürstenleben keine
Neuerung zu bemerken, weder im Inhalt noch in der Sprache. Ihr geschichtlicher Quellenwert ist gleich Null. Und der große Zeithinter-
grund, die Gewalt der historischen Geschehnisse, der tragische Kampf
zwischen dem verfallenden russischen Staats- und Gesellschaftssystem
und dem siegreich vordringenden tatarischen Nomadenstaat, verschwand ganz und gar hinter dem Schleier der traditionellen Hagiographie. Die martyrologische Schablone war so tief in die Idee
des Fürstenlebens eingearbeitet, daß man sich sogar nicht scheute,
im *Leben des Großfürsten Andréj Bogol'úbskij* den gewaltsamen Tod
dieses rücksichtslosen und harten Fürsten, der unter den Dolchen der
Verschwörer (1175) den Geist aufgab, zu einem Märtyrertod nach
dem Vorbild der heiligen Brüder Borís und Gleb umzudeuten.

20. NEUE TENDENZEN

Die Mischung weltlicher und geistlicher Elemente in der Gattung des Fürstenlebens, das im allgemeinen durchaus hagiographische Züge annahm, trug nichtdestoweniger dazu bei, daß einige Werke entstanden, in denen das weltliche Element die Oberhand über das geistliche gewann. Diese Werke waren reine Ausnahmen in der martyrologischen Literatur, traten aber gerade deswegen mit um so größerer Wirkung in den Vordergrund.

Die Impulse kamen zweifellos aus dem galizisch-volynischen Gebiet, wo die tatarische Invasion bei weitem nicht die bedeutsame Rolle gespielt hatte wie im nördlichen und nordöstlichen Rußland. Dennoch läßt sich nachweisen, wie ein galizischer Versuch, innerhalb der Gattung des Fürstenlebens neue Wege zu bahnen, im nordrussischen Gebiet, im kulturell und politisch immer stärker hervortretenden Lande Vladímir-Súzdal', weiterwirkte, um schließlich eine recht interessante literarische Neuschöpfung hervorzubringen. Der mehrfach erwähnte *Codex Hypatianus* enthält zwischen den Jahren 1200 und 1250 gewisse Eintragungen, die deutlich verraten, daß sie aus einem selbständigen Werk stammen, aus einer offenbar nie zu Ende geführten *Chronik des Königs Daniíl* (*Letopísec kn'az'a Daniíla*). Diese Chronik war nichts anderes als eine Lebensbeschreibung des hervorragenden galizisch-volynischen Herrschers, der sich im Jahre 1255 mit Zustimmung des Papstes zum König krönen ließ und der im Jahre 1264 starb. Sie war zweifellos noch zu seinen Lebzeiten geschrieben, und zwar noch vor seiner politischen Fühlungnahme mit dem päpstlichen Hof. Der König wird als ein mächtiger und ritterlicher Fürst dargestellt, der alle seine Bemühungen daransetzt, seinem Reiche, trotz der schmählichen Abhängigkeit vom Tatarenchan, Ehre und Ansehen zu gewinnen. Er wird als Kenner und Liebhaber von edlen Rossen geschildert, als überlegener Staatsmann, als außerordentlich tüchtiger Heerführer und als beredter Ermahner und Züchtiger seines verzagten Volkes. In diesem Fürstenbild machte sich kaum ein geistlich-kirchlicher Zug geltend, und hin und wieder erinnerte der sprachliche Stil der Schilderung sehr stark

an den des *Igor'-Epos*. Man vermutet, daß die Biographie unvollendet blieb, weil der südrussische Metropolit Kyrillos, ein Gegner
der romfreundlichen Politik des Königs, um 1250 Galizien verließ
und mit seinem geistlichen Hofstaat nach dem zweiten Machtzentrum
des damaligen Rußlands, der Stadt Vladímir, zog. Zugleich schienen
seine Mitarbeiter die literarischen Grundsätze, auf denen die *Daniíl-
Chronik* beruhte, nach ihrer neuen Heimat verpflanzt zu haben mit
dem Ergebnis, daß hier bald ein Werk von eigentümlich gemischtem,
historisch-hagiographischem Charakter entstand, nämlich das *Leben
des heiligen Alexander Nevskij* (*Žitijé sv. Aleksándra Névskogo*).

Der genetisch-literarische Zusammenhang zwischen dieser Vita
und der *Daniíl-Chronik* steht außer allem Zweifel. Ihr eigentümlich
weltlicher Charakter, der von dem der gleichzeitigen Fürstenleben so
wesensverschieden ist, läßt sich nicht damit erklären, daß der Tod des
Großfürsten Alexander 1263 auf der Heimreise aus dem tatarischen
Chanat keineswegs ein Märtyrertod war. Eine solche Erklärung wäre
ungenügend. Man kann sich auch nicht darauf berufen, daß die beiden Hauptereignisse seiner Regierungszeit – der Sieg über den schwedischen Heerführer Birger Jarl im Jahre 1240 an den Ufern der Neva
(daher kommt der Beiname Alexanders) und der Sieg über die
Deutschordensritter im Jahre 1242 in der Schlacht am Peipussee –
nicht gerade geeignet waren, fromme Betrachtungen hervorzurufen
oder den siegreichen Fürsten als tragischen Märtyrer auftreten zu
lassen. Ein geübter Hagiograph würde auch aus diesen Daten ein
regelrechtes Glaubensmartyrium und Heiligenleben verfertigt haben.
Der Grund muß vielmehr darin gesucht werden, daß der anonyme
Verfasser, jedenfalls der Verfasser des ersten Entwurfes zu diesem
Leben, unter dem Einfluß der *Daniíl-Chronik* seinem Stoff gegenüber anders eingestellt war als ein berufsmäßiger Hagiograph: er
suchte in ihm nicht die Kennzeichen eines Heiligenlebens, sondern
weltliche Kampfszenen. Selbstverständlich ermangelte auch diese
Vita nicht eines rein wunderbaren Elementes: die heiligen Brüder
Borís und Gleb, die traditionellen Schutzheiligen aller russischen
Fürsten, unterlassen es zum Beispiel nicht, ihrem Verehrer und An-
beter Alexander übernatürliche, aber wirkungsvolle Hilfe gegen die
Schweden angedeihen zu lassen, und der übernatürliche Beistand
kommt ihm auch in der Schlacht auf dem Eise des Peipus zugute.

Im übrigen aber ist die ganze Vita eine durch und durch weltliche, martialische Novelle. Die Peipus-Schlacht wird zum Beispiel folgendermaßen geschildert:

> *Der Tag war ein Samstag, und als die Sonne aufging, begann der Kampf zwischen den feindlichen Heeren. Und die Schlacht war blutig. Und die Speere barsten und splitterten, und die Schwertschläge dröhnten, so daß der zugefrorene See nahe daran war, sich zu erheben. Und das Eis war nicht zu sehen vor lauter Blut.*

Diese Stelle enthält eine Reihe jener Formeln, die die altrussische schematisierte martialische Manier kennzeichnen. Aber auch dadurch verrät der Verfasser deutlich seine weltlich-literarische Orientierung, daß seine Ausdrucksweise an den *Digenisroman*, den *Alexanderroman*, den *Jüdischen Krieg* des JOSEPHOS FLAVIOS und ähnliche Übersetzungen aus der Kíjever Zeit erinnert. Wir stehen hier zweifellos einem bewußten Versuch gegenüber, das Fürstenleben von der Hagiographie zu befreien, und zwar einerseits durch die Einführung typischer Elemente aus der rein narrativen martialischen Literatur, andererseits aber durch die Unterdrückung der sonst üblichen Tendenz zu einer geistlichen Idealisierung des weltlichen Fürsten. Zugleich aber erkennen wir noch ein anderes, äußerst bemerkenswertes Streben, das Streben, die ganze Gattung in jenen epischen Stil hinüberzuleiten, der im *Igor'-Epos* seinen feinsten Ausdruck gefunden hatte.

Das *Leben des heiligen Alexander Nevskij* ist nämlich in den Handschriften mit einem eigentümlichen Eingang versehen, der vermutlich ein Fragment eines verschollenen großangelegten älteren *Epos vom Untergang des russischen Landes* (*Slóvo o pogíbeli rússkyja zemlí*) darstellt, das auf die Ereignisse um 1238 Bezug hat. Der Auftakt war geradezu strophisch komponiert:

> *O du lichtes, lichtes, zierlich geziertes russisches Land!*
> *Durch vielerlei Schönheit bist du prächtig!*
> *Durch vielerlei Seen bist du prächtig,*
> *durch Flüsse und Quellen, die die Gegenden schmücken,*
> *durch steile Berge, durch hohe Hügel,*
> *durch dichte Haine, durch reiche Felder,*
> *durch allerlei Wild, durch reiche Städte,*
> *durch Klosterweingärten, durch Kirchenhäuser,*
> *durch machtvolle Fürsten und edle Bojaren und viele großen Herren!*
> *An allem bist du reich, du russisches Land!*

Dieser Ton stammt kaum aus der geistlichen Rhetorik. Er verrät in mancher Hinsicht die Eigentümlichkeiten des epischen Stils und ist poetisch. In derselben bilderreichen Weise wird im weiteren Verlauf des Textes die Größe des russischen Reiches in der Vergangenheit geschildert, bis auf Vladímir Monomáchs Zeiten zurück, als die Kumanen in den Steppen ihren ungehorsamen Kindern durch die Nennung seines Namens Schrecken einjagten (eine schon in der *Daniíl-Chronik* verwendete Variante des klassischen *Hannibal ante portas!*), während sich die Litauer in ihren Sümpfen und die Ungarn hinter ihren Bergen verbargen und die Deutschen froh waren, daß sie jenseits des Meeres wohnten (der geographische Gesichtspunkt ist bezeichnend, der Schreiber scheint über Nóvgorod genau unterrichtet zu sein). Das Fragment schließt mit der Betonung des *Schmerzes*, der jetzt über dem ganzen Lande walte. Ähnliche leiderfüllte Töne erklingen auch in der *Daniíl-Chronik*. Es ist interessant, daß dieser Eingang zur *Alexander-Nevskij-Vita* wie die *Daniíl-Chronik* wortgetreue Reminiszenzen aus dem *Igor'-Epos* enthält.

So scheinen um die Mitte des 13. Jahrhunderts in gewissen literarischen Kreisen starke Gefühlsneigungen vorgeherrscht zu haben – ein Streben, die Sprache ausdrucksvoll und dramatisch zu formen, und der Wunsch, einen pathetisch und poetisch bewegten epischen Stil zu schaffen.

21. DIE KLAGEN DANIÍLS

Ein literarisch gebildeter und belesener Bojarensohn, der DANIÍL hieß und den Beinamen *der Verbannte* erhielt (DANIÍL ZATÓČNIK), muß zu jenen literarischen Kreisen gehört haben, die den emotionalen Stil zu pflegen begannen.

Er benutzte zu diesem Zwecke eine literarische Form, die in Byzanz wohlbekannt war, die Form einer an den Fürsten, König oder Kaiser gerichteten Lamentation, in der der Verfasser seine verschuldete oder unverschuldete Not darstellt. DANIÍL beschwerte sich in seiner *Klageschrift* (*Molénije*), die ein buntes Mosaik von allerlei Zitaten und Aphorismen darstellt, über sein Verkanntsein. Literarisch und stilistisch kam es ihm ganz deutlich darauf an, eine gefühlsbetonte Ausdrucksweise zu schaffen. Er selber bezeichnete solche Versuche, der Sprache neuen Schwung und neue Geschmeidigkeit im Dienste des Gefühls zu geben, als ein Streben, *das Gefäß des Herzens mit Tropfen sprachlicher Süßigkeit, die duftet wie aromatische Essenzen, zu füllen.* Er selber versuchte es, *Fanfaren zu blasen auf dem goldgeschmiedeten Horn seiner Fähigkeiten und die silberne Trommel seiner Kenntnisse zu schlagen – damit das Innerste der Seele in Tränen zerfließe.*

Er konnte sein Ziel und seine Aufgabe kaum deutlicher umschreiben. Statt einer persönlichen und konkreten Bittschrift an den Fürsten, wahrscheinlich Fürst Jarosláv Vsévolodovič (1213–36) von Perejaslávl', setzte er eine poetische Klage auf, um seine Bildung und sein Genie darzutun und dadurch Sympathie für sich zu gewinnen. Die stark gefühlsbetonte und antithetische Form seiner Sätze, die oft genug den Stil des *Psalters* und anderer biblischer Bücher in Erinnerung bringt, verwandelt die *Klageschrift* wirklich in ein glänzendes Beispiel altrussischer Poesie, klar in der Form, sensitiv im Ausdruck, und – trotz der persönlichen Motive – objektiv in der dichterischen Wirkung. Über den eigentlichen Empfänger der *Klageschrift* und über die Persönlichkeit ihres Verfassers ist viel gestritten worden. Für uns sind diese Fragen belanglos. Nur durch eine Mißdeutung des Textes ist der Verfasser zu einem in Ungnade gefallenen Hofmann gemacht worden, der sein Exil und sein Schicksal überhaupt beklagt. Dagegen ist die Frage der ursprünglichen Textform von viel größerer Bedeutung für uns, zugleich aber sicher ganz unlösbar. Die aphoristische und sentenzenartige Form des Werkes hat es ermöglicht, daß der ursprüngliche Text im Laufe der Jahre und Jahrzehnte durch neuen Stoff, neue Aussprüche, Maximen und Sprichwörter erweitert wurde, so daß die Frage des Verhältnisses der verschiedenen Redaktionen zueinander und die Frage der Erschließung des primären Kernes immer wieder an den Leser herantreten.

Sind diese Fragen nun entweder gar nicht oder nur unter größten Schwierigkeiten philologischer Art zu lösen, so ist es doch nicht unmöglich, das Wesen der Komposition dieses hervorragenden Werkes zu beschreiben. Nach einem Auftakt, der die Motivierung der *Klageschrift* enthält, folgt eine Reihe von unregelmäßigen, strophisch aufgebauten lyrischen Abschnitten, die mit der Apostrophe *Mein Fürst und Herrscher!* beginnen. Gerade diese, immer aufs neue wiederholte Anrede gibt dem ganzen Werke einen leidenschaftlichen und eindringlichen Klang. Die einzelnen Abschnitte sind entweder persönliche Klagen des Verfassers über sein Schicksal oder enthalten eine Reihe von weisen Ratschlägen, praktischen Maximen und kurzen Betrachtungen. Die Klagen können kaum dahin gedeutet werden, daß er wirklich vom Hofe seines Fürsten verwiesen worden war und im Exil lebte, sondern nur so verstanden werden, daß der junge adelige Dichter, arm an materiellem Besitz, sich danach sehnt, in den Dienst des Fürsten zu treten. Während andere Männer von der Gnade des Fürsten wie von den Strahlen der Sonne erwärmt werden, befinde er sich im Schatten wie Unkraut, das weder von der Sonne noch vom Regen erreicht werde. Tag und Nacht bewege er sich in der Finsternis, die außerhalb des Fürstenhofes herrsche. Er vergleicht sich mit einem Elentier, das, weit entfernt von den Quellen des fürstlichen Reichtums, schier verdurste. Ohne falsche Scham empfiehlt er sich seinem Fürsten als ein Mann, der zwar arm an irdischen Gütern, aber reich an Verstand sei, und der zwar nicht mit großem Mut prahlen könne, aber die Macht der beredten Sprache besitze. Schon die Wiedergabe einiger seiner Sätze zeigt uns deutlich, wie konsequent sie auf einer antithetischen Syntax aufgebaut sind. Die kurzen und bündigen Sätze sind entweder aneinandergereiht und durch ein *aber* getrennt oder einander in konzessiver Fügung mit *zwar, freilich, obgleich* untergeordnet. Er ergeht sich zuweilen auch in witzigen Wortspielen, so wenn er sagt, daß die Stadt Perejaslávl' für ihn nur ein *Goreslávl'*, ein Leidensort (von *góre* ‚Leid‘ und *slavl'* etwa ‚berühmt‘) sei, oder daß das fürstliche Gut *Bogol'úbovo* für ihn nur *góre l'útoje*, d. h. ‚schlimmer Kummer‘ bedeute, oder daß der See Beloózero, eigentlich Weißer See, für ihn ‚schwärzer als Pech‘ (*černéje smolý*) sei. Spätere Bearbeiter des Textes ergingen sich in zahlreichen Variationen zu diesen Spielereien.

Auch die weisen Ratschläge, die der Verfasser seinem unfreundlichen Fürsten in anderen Abschnitten seiner *Klageschrift* gibt, sind mit späteren Zusätzen, deren Tendenz zuweilen zu dem eigentlichen Sinn des ganzen Werkes in Widerspruch steht, dermaßen durchwoben und vermengt, daß man jetzt kaum mehr eine zusammen-

hängende Lebensanschauung herausschälen kann. Gewiß aber war
es der ursprüngliche Verfasser, der nach der üblichen Formel byzantinischer, geheuchelter Bescheidenheit betonte, daß er *nicht in Athen
aufgewachsen* und *nicht bei Philosophen in die Schule gegangen sei*,
sondern *wie eine Biene den Honig der Blumen eingesogen* und *Weisheit wie Wasser des Meeres in Schläuchen gesammelt* habe. Seine
Weisheit besteht nun aber mehr in der geistreichen Formulierung allgemeiner Wahrheiten als in einer wirklichen geistvollen Belehrung.
Zuweilen benutzt er die Gelegenheit, mit seinen Sentenzen bei seinen
Lesern oder Zuhörern Gelächter hervorzurufen, so wenn er reiche
Heiraten als Mittel zur Gewinnung wirtschaftlicher Vorteile verurteilt
und zugleich über häßliche oder böse Ehefrauen herzieht. Er erzählt,
wie er einst einer alten, häßlichen, schielenden, großmäuligen Klatsch-
base, die sich im Spiegel betrachtete, den Rat gegeben habe, lieber in
ihren Sarg zu schauen, denn – fügt er hinzu – wenn eine solche Frau in
den Spiegel sehe, *könne sie beim Anblick ihrer Häßlichkeit nur von
großer Schwermut befallen werden.* Goldnem Schmuck an einer häßlichen Frau widerfahre großes Unrecht. Er ziehe es vor, von einem
bösen Fieber befallen zu werden, denn das Fieber pflege sein Opfer
zu verlassen, eine böse Frau aber könne einem das Gebein zu Tode
dörren.

Der Stil der *Klageschrift* ist weder lyrisch noch episch, wenn er
auch bewegt ist. Am besten könnte er als *gnomisch* bezeichnet werden,
da er sich so ausgiebig der Sentenz bedient. Das bedeutet aber auch
nicht, daß das Werk Daniíls als eine Frucht der rhetorischen Kunst
betrachtet werden könnte. Es spiegelt die Bestrebungen der Zeit, eine
sensitive Sprache zu schaffen.

22. DIE WIEDERBELEBUNG DES
EPISCHEN STILS

Zu einer wirklichen Wiederbelebung des episch erhabenen Stils
führten diese Bestrebungen nicht. Die Sprache des *Igor'-Epos* konnte
nicht wiedererstehen. Natürlich empfand man unter dem Einfluß der
tragisch-heroischen Stimmung, die durch den Druck des Tataren-

jochs hervorgerufen war, das Bedürfnis, die Nöte der Zeit in einem lyrisch bewegten Werk zum Ausdruck zu bringen. Alle Versuche dazu endeten aber nur in einer epigonenhaften Nachahmung des altrussischen epischen Stils. Das Hauptwerk dieser Gattung wurde sogar erst zu einer Zeit geschaffen, als das Tatarenjoch im wesentlichen schon abgeworfen war.

Die tragische Schlacht an der Kálka im Jahre 1223, die den vordringenden Tataren die Tür zum russischen Land weit öffnete, rief kein monumentales Epos hervor. Es entstand nur ein sehr bescheidener *Bericht über die Schlacht an der Kálka (Póvěst' o bítvě na rekě Kálkě)*, der wahrscheinlich in der ersten Hälfte des 13. Jahrhunderts (wohl zwischen 1224 und 1240) verfaßt worden ist und in mehreren – sowohl erweiterten wie verkürzten – Redaktionen in verschiedenen annalistischen Kontinuationen (zum Beispiel in dem *Codex Laurentianus* und in der *Nóvgoroder Chronik*) vorliegt. Dieser *Bericht* zeichnete sich keineswegs durch einen lyrischen oder poetischen Sprachton aus, sondern war nur eine bescheidene prosaische Schilderung der tragischen Niederlage der russischen Heere und des Unterganges der siebzig Recken – eine recht trockene und inhaltsarme Schilderung, wie es so viele ähnliche in den damaligen russischen Annalen gab. Das Interessante an diesem *Bericht* ist indessen der Umstand, daß seine Textgeschichte verrät, mit welcher Intensität derselbe Stoff von späteren anonymen Bearbeitern neubehandelt worden ist, indem sie entweder Motive aus der lebendigen russischen Volkslieddichtung, aus den sogenannten *Bylinen*, in den Text einführten, um ihn so auf ein dichterisches Niveau zu heben, oder aber sich bestrebten, ihm durch die Lehre, daß das Unheil Gottes Strafe für die Sünden des Volkes sei, eine religiöse Deutung zu geben. Doch konnte ihm keine dieser Bemühungen wirklichen poetischen Wert verleihen.

Dagegen begann sich ein bewußter epischer Stil geltend zu machen in dem berühmten *Bericht über den Zug Chan Batús gegen das Land R'azán' (Póvěst' o prichódě Batýja na R'azán')*, einem Bericht, der wegen seiner literarischen Vorzüge von vielen Forschern gleich nach dem *Igor'-Epos* genannt wird. Dieses Werk muß bald nach der zweiten tatarischen Invasion (1237) entstanden sein, als das von allen russischen Fürstentümern am meisten ausgesetzte Land von R'azán' der Grausamkeit der Tataren besonders tragisch zum Opfer fiel. In außerordent-

lich bewegten, lyrisch gefärbten Worten wurde der Untergang der
Fürstenfamilie, der traurige Tod aller Ingvar-Söhne und die grausame Verheerung dieses Grenzstaates geschildert, dessen Herrscher
vergeblich auf den Beistand seiner christlichen russischen Nachbarn
gehofft hatte. Die blutigen Kämpfe wurden nach der Manier der
typischen altrussischen martialischen Erzählungen ausgemalt, die
mehr aus konventionellen Formeln als aus wirklichkeitsnahen Schilderungen bestanden:

*Und Chan Batú begann das Land von R'azán' zu verheeren und ließ
ohne Gnade die Menschen erschlagen und niederhauen. Und die Städte Pronsk
und Belgorod und Izeslavl' ließ er dem Erdboden gleichmachen. Und alle
Menschen wurden erbarmungslos hingeschlachtet, Männer und Weiber und
ihre Kinder. Und das christliche Blut ergoß sich wie ein reißender Strom
unserer Sünden wegen . . .*

Man kann auch deutlich die Elemente der geistlichen Rhetorik
erkennen, die sich sehr oft in syntaktischen Reimen (zum Beispiel
in gleichartigen Aoristformen in der 3. Pers. Plur.) verraten und gern
lange, parallel gebaute Sätze in strophenartigen Perioden zusammen-
halten. Auffällig ist auch der sentimentale Ton, der immer wieder in
den tränenreichen Klagen der auftretenden Personen über das Unglück, das das Land betroffen hat, zum Ausdruck kommt; dieser
Ton kann auf die Manier der altrussischen Hagiographie und Fürstenbiographie zurückgeführt werden. Man vermißt in dem *Bericht* die
große, synthetische Idee, die dem *Igor'-Epos* seine Monumental-
wirkung gab, und stutzt über die glatte, fließende sprachliche Form,
die dem Werk freilich keine wirkliche Eigenart, keinen Charakter zu
verleihen vermag. Zugleich aber fühlt man sich überrascht von der
Kraft, mit der die pathetische Intonation allmählich in jenen dramatisch bewegten Teilen durchbricht, in denen der Verfasser den heroischen Märtyrertod des jungen Fürsten F'ódor und des schönen Fürsten Olég in der Gefangenschaft und ihre bis zuletzt bewahrte ironische
Haltung gegenüber der Übermacht der Tataren schildert oder den
tragischen Selbstmord der schönen Fürstin Eupraksia beschreibt, die
sich, ihren kleinen Sohn auf dem Arm, vom Schloßturm hinab-
stürzt, um den Nachstellungen des wollüstigen Tatarenchans zu entgehen, oder den Tod der alten Fürstin Agrippína und aller ihrer
Töchter und Schwiegertöchter in der belagerten und schließlich

niedergebrannten Kirche darstellt. Immer wieder gebraucht der Verfasser in seinen Schilderungen malerische Ausdrücke wie *rauchende
Ruinen* oder *strömendes Blut*. Ganz episch aber wird schließlich die
Schilderung der legendarischen Heldentaten des Bojaren Eupatios
Kolovrát, der nach der vollständigen Verheerung des Landes an der
Spitze einer mutigen Schar von 1700 Mann dem Riesenheer des Tatarenchans nacheilt, *um dem Gast die schuldige Ehre zu erweisen
und ihm zur Tür zu folgen und ihm seine Achtung zu bezeugen,
kurz, um ihm den blutigen Becher zu reichen*. Hier bricht auch ein
in der mittelalterlichen russischen Literatur sonst sehr seltener
ritterlicher Ton durch, indem der Verfasser nach dem Tode des
Eupatios den Chan seine Bewunderung für die Heldentaten des Gefallenen aussprechen und ihn die in Gefangenschaft geratenen letzten
Mannen seiner mutigen Schar freigeben läßt. Obgleich der *Bericht*
aus einer Reihe selbständiger Einzelepisoden besteht, wird das Ganze
nach dem Muster epischer Werke von typischen, kehrreimartig wiederkehrenden, halbmetaphorischen Sätzen zusammengehalten wie
etwa dem von *den vielen Wagehälsen und kühnen jungen Recken des
Heeres, dem Kleinod und der Zier R'azán's*.

23. DAS EPOS VON DER SCHLACHT AM DON

Erhielt der Beginn der Tatarenzeit sein literarisches Denkmal
in dem *Bericht über den Zug Chan Batus gegen das Land R'azan'*,
so wurde auch das letzte große Ereignis dieser Zeit, der Sieg des
moskovitischen Großfürsten Dimítrij über die Tataren auf dem Feld
von Kulikóvo im Jahre 1380, Gegenstand einer langwierigen literarischen Behandlung, die endlich mit der Schaffung eines besonderen
epischen Werkes, des *Epos von der Schlacht am Don* (*Zadónščina*)
zum Abschluß kam. Der ganze Prozeß umfaßte das Ende des 14. und
den Beginn des 15. Jahrhunderts.

Es ist hier nicht der Ort, die verwickelte Textgeschichte dieses Werkes einer eingehenden Behandlung zu unterziehen. Wir verzichten
auch darauf, eine Meinung über seinen immer noch umstrittenen literarischen Werdegang zu äußern. Nur so viel kann und muß gesagt

werden, daß die Grundlage, auf der das Epos entstand, ein Werk in der bekannten martialischen Manier war, und zwar der annalistisch aufgebaute *Bericht über die Mamáj-Schlacht* (*Póvěsť o Mamájevom pobóišče*), den wir in verschiedenen Nóvgoroder Chroniken unter dem Jahre 1380 finden. Er war in mancher Beziehung mit der oben behandelten *Alexander-Nevskij-Vita* verwandt, deren rein narrative, nüchterne und sachliche Art im *Bericht* weitergeführt wird. Bald wurde aber dieser Bericht einer sehr tiefgreifenden poetischen Bearbeitung unterzogen, mit der deutlichen Absicht, die schematisierte Formelsprache der martialischen Manier in einen hochgestimmten epischen Stil umzusetzen.

Der Verfasser dieses Epos scheint der sonst unbekannte, literarisch interessierte Bojar und spätere Priester SOFÓNIJ VON BR'ANSK gewesen zu sein, der im Fürstentum R'azán' ansässig war und mit seinem Werk jenen Verrat wieder gutzumachen trachtete, den die Fürsten von R'azan' begangen hatten, als sie sich mit dem Tatarenchan Mamáj verbündeten. Was sein Epos besonders interessant macht, ist der Umstand, daß er ganz bewußt das altrussische *Igor'-Epos* zum Vorbild wählte. Er folgte diesem Vorbild in fast sklavischer Weise, in Komposition und Motivwahl, in Bildersprache und Terminologie, oft ohne die dichterischen Absichten seines Vorgängers recht zu verstehen, so daß er sich nicht selten sehr schlimmer Mißverständnisse und Verdrehungen schuldig machte. Ganze Abschnitte seines Werkes waren grobe Plagiate. Schon der Eingang war ganz nach dem Vorbild des *Igor'-Epos* als eine Apostrophe an den mythischen Barden BOJÁN, *den tüchtigen Sänger in Kíjev*, gestaltet. Auch im *Don-Epos* haben wir es mit einer nur stimmungsmäßig begründeten Aneinanderkettung von losen Szenen und Bildern zu tun, die schildern wollen, was damals geschah, als der Großfürst von Moskau Dimítrij und sein Vetter Fürst Vladímir von Serpuchóv – wie einst Fürst Igor' und sein Bruder – *ihr Hirn mit Kraft stählten, ihr Herz mit Mut schärften, sich mit kriegerischem Geist erfüllten und ihre Heerführer im russischen Lande aufboten.*

Das erste Bild schildert wie das erste Bild des *Igor'-Epos* die Vorbereitungen zum Zuge: *die Rosse wiehern in Moskau, die Schellentrommeln klingen in Kolómna, die Hörner hallen in Serpuchóv.* Von allen Seiten strömen die Fürsten und Vasallen zusammen, um sich dem Heer des Großfürsten von Moskau anzuschließen; unter ihnen ist auch Fürst Andréj von Pólock und Fürst Dimítrij von Br'ansk, sein Bruder, denn sie sind tapfere Männer, *erzeugt unter Schilden, geboren beim Klange der Hörner, gesäugt im Schutze der Helme, an der Spitze der Speere erzogen und an der Schneide der Schwerter gereift.* So überbietet der Verfasser hier – und andernorts – sein Vorbild in der Wahl der Bilder, wenn er sich – was oft genug geschieht – nicht einfach damit begnügen will, es wortgetreu abzuschreiben. So sagt zum Beispiel Dimítrij von Br'ansk ganz wie Fürst Vsévolod im *Igor'-Epos*:

Sattle, lieber Bruder, deine raschen Rosse! Meine stehen schon bereit, im voraus gesattelt. Laß uns auf die Ebene hinausreiten und unsre Heere besichtigen.

Im zweiten Bild wird der Marsch nach Süden geschildert, der auch hier zum schnellen Don geht. Wir erinnern uns noch, wie der Dichter des *Igor'-Epos* an der entsprechenden Stelle die düstere Sonnenfinsternis als Hintergrund zu dem unheilvollen und tollkühnen Zug der Russen ausmalte. Man sollte kaum glauben, daß der Marsch des Großfürsten Dimítrij gegen Süden einer so effektvollen Illustration bedurfte. Bei dem Dichter des *Don-Epos* scheint die Sonne anfänglich klar und heiter von Osten und erhellt die Wege. Um aber die Schilderung zu dramatisieren, läßt der Dichter die Winde im Widerspruch mit dem klaren Sonnenschein eine große Wolke über das Land treiben unter fernem Wetterleuchten und herabzuckenden blauen Blitzen. Ihm ist das Bild zu einer starren Metapher geworden, einem Sinnbild für das Heer und seine blitzenden Waffen. So zu verstehen sind wohl auch letzten Endes alle grauen Wölfe, die plötzlich hervorschleichen, alle Wildgänse, die in den Lüften zu schnarren beginnen, alle Schwäne, die mit den Flügeln schlagen, und der Verfasser beeilt sich denn auch zu betonen, daß das nur lauter Symbole für Chan Mamáj und seine Tataren seien. Die Russen dagegen werden zu Habichten und Geiern und weißen Falken.

Das dritte Bild entspricht thematisch genau der Klage der Jaroslávna auf der Stadtmauer von Putívl' im *Igor'-Epos*. Wieder ist es aber typisch epigonenhaft, daß der Verfasser des *Don-Epos* seinen Vorgänger zu übertreffen versucht, indem er die Klage der Jaroslávna auf mehrere moskovitische Bojarenfrauen verteilt: auf den Stadt-

mauern von Moskau weinen Feodósija, die junge Frau Timoféj
Valújevs, Maria, die Gattin des Heerführers Mikúla, und eine zweite
und eine dritte Maria und Anísja, die Frau Michaíls. Obgleich sie mit
genau denselben Worten klagen wie die einsame Frau Fürst Igors,
zersplittert sich die Wirkung ihres Jammers ganz und gar.

Etwas mehr Selbständigkeit zeigt Sofónij im vierten Bilde,
wo die Schlacht auf dem Felde von Kulikóvo geschildert wird.
Auch hier ergeht sich der Dichter in metaphorischen Klischees, aber
man fühlt doch, daß er mit einem selbständigen Stoff arbeitet, der in
dem annalistischen *Bericht über die Mamáj-Schlacht* nur in ganz
groben Zügen festgelegt war. Die Schilderung der Schlacht schließt
– ihrem wirklichen Verlauf entsprechend – mit dem Sieg der Russen
über die Tataren, und das letzte Bild zeigt uns Großfürst Dimítrij mit
seinen Getreuen mitten auf dem wüsten Schlachtfeld – bezeichnenderweise aber nicht triumphierend, sondern tief trauernd beim Anblick der vielen gefallenen Krieger:

*Denn ein Grauen und ein Jammer, meine Brüder, war es, über die Wal-
statt zu schauen, wo die gefallenen Christen am Ufer des großen Don lagen.
Drei Tage lang war der Don rot von Blut . . .*

Und besonders eindrucksvoll ist es, daß die Worte, die von Großfürst Dimítrij ausgesprochen werden – eine demütige Klage über
den hohen Preis des Sieges, – an seine toten Freunde gerichtet sind:

*Brüder, Bojaren, Fürsten, junge Edelinge! So war es denn vom Schick-
sal bestimmt, daß ihr eure letzte Ruhestätte hier zwischen dem Don und
dem Dnjepr, auf der Ebene von Kulikóvo, an dem kleinen Bache Ne-
pr'adva, finden solltet. So habt ihr denn eure Häupter opfern müssen für die
heiligen Kirchen, für das russische Land, für den christlichen Glauben!
Verzeiht mir, meine Freunde, und gebt mir euern Segen! Ihr werdet
alle in Zukunft die Glorie der Märtyrerkrone tragen!*

Danach läßt der Dichter den Großfürsten sich an seinen Verwandten und tapferen Waffengenossen, Fürst Vladímir von Serpuchóv,
wenden und ihm sagen:

*Laß uns nun heimziehn, mein Bruder Vladímir Andréjevič, heim nach
unserm Lande jenseits der Wälder, nach der berühmten Stadt Moskau, und
laß uns, mein Bruder, unsern fürstlichen Thron besteigen.
Denn wir haben Ehre geerntet, und unser Name ist berühmt. Laß uns
unsern Gott lobpreisen!*

Vergleichen wir die Tendenzen und Ideen des *Don-Epos* und des *Igor'-Epos*, dann fällt uns gleich die verschiedene Einstellung der Dichter auf. Während das *Igor'-Epos* als eine Art literarischen Pamphlets gegen die unheilvollen inneren Mängel des russischen Feudalismus gedacht und geplant und in Erwartung des nahen Weltuntergangs von tief pessimistischen Vorstellungen beherrscht war, ist das *Don-Epos* – trotz seiner vielen direkten linkischen Entlehnungen aus dem Vorbild – durch und durch der Ausdruck des politischen Optimismus, der in Rußland zu erwachen begann. Dazu kommt der Umstand, daß der bemerkenswerte Paganismus, der im *Igor'-Epos* herrschte, im *Don-Epos* von einem triumphierenden Christianismus und einer konsequent geistlichen Auffassung von Leben und Staat verdrängt ist – von einem Staat, der im Begriff war, eine ganz andere Struktur anzunehmen als die des altrussischen Kíjever Reiches. Es ist charakteristisch, daß das Thema, das im *Don-Epos* zur Entfaltung gekommen war, in der folgenden Zeit wiederaufgenommen wurde. Das geschah in der *Legende von der Schlacht des Großfürsten Dimítrij Ivánovič (Skazánije o pobóiščě velíkogo kn'az'a Dimítrija Ivánoviča)*, einer erweiternden Bearbeitung des *Don-Epos* aus der Mitte des 15. Jahrhunderts, die bis ins 17. Jahrhundert immer wieder aufs neue variiert wurde. Das geschah auch in der großen Fürstenvita *Leben und Tod des Großfürsten Dimítrij Ivánovič, des russischen Zaren (Žitijé i smert' velíkogo kn'áz'a Dimítrija Ivánoviča, car'á rússkogo)*, die um 1400 verfaßt sein muß. Dieses Werk war indessen der Ausdruck einer ganz neuen Zeit und gehört schon nicht mehr der altrussischen Literatur im engeren Sinne an. Das *Don-Epos*, diese schwache Epigonenarbeit, war tatsächlich ihr letzter Nachklang. Im 15. Jahrhundert wurde der Grund gelegt zu einer neuen Tradition, die von der altrussischen wesensverschieden war, obgleich auch sie immer noch im Zeichen des Byzantinismus stand. Im 15. Jahrhundert erstand aus den Trümmern des eigentümlichen altrussischen Feudalismus der autokratische moskovitische Staat. Umstrahlt von der machtverleihenden Gnade der Kirche trat er als das letzte und einzige Bollwerk des rechten christlichen Glaubens hervor. Wir haben die ersten Anzeichen seines Kommens im *Don-Epos* gefunden.

II

DIE MOSKOVITISCHE PERIODE

1. DIE MOSKOVITISCHE GESELLSCHAFT

Unter dem wachsenden Druck der Türken hatte Byzanz, das Zentrum der östlichen christlichen Kulturwelt, allmählich in seinen Grundfesten zu wanken begonnen, und bald stand es vor dem Fall. Nur wenige Jahre nach dem Siege des Großfürsten Dimítrij über die Tataren am Don – einem Siege, welcher der souveränen Oberherrschaft der kriegerischen Nomaden über die zersplitterten russischen Fürstentümer ein Ende setzte, – fand 1389 die berühmte Schlacht auf dem Felde von Kósovo statt. Sie besiegelte das Schicksal der Bulgaren und Serben und machte die Türken zu unbeschränkten Herren der orthodoxen Balkan-Halbinsel. Umringt von den gottlosen Muhammedanern, war Byzanz genötigt, die Hilfe Europas anzurufen und als Preis dafür die Autorität des Papstes anzuerkennen. Das geschah 1439 auf dem großen Konzil zu Florenz. Als einer der eifrigsten Anhänger der Kirchenunion trat dabei der aus Griechenland nach Rußland eingewanderte Metropolit Isidoros auf; aber kaum nach Moskau zurückgekehrt, mußte er Hals über Kopf wieder ins Ausland fliehen, gejagt von einem Sturm von Unwillen, Haß und Entrüstung, den seine Kirchenpolitik in dem nach wie vor unerschütterlich antilateinischen und orthodoxen Rußland heraufbeschworen hatte. War auch das einstmals so stolze, jetzt so gedemütigte Byzanz wirklich bereit, das wahre Christentum an die lateinischen Ketzer zu verraten, so war das junge, aber immer stolzer werdende Moskau durchaus nicht gewillt, einem so verwerflichen Beispiel zu folgen. Und im Jahre 1453 fiel endlich Konstantinopel vor den Türken und nahm den neuen Namen *Istanbul* an; die Hagia Sophia mußte sich vor dem Halbmond des Islams beugen und sich in eine muhammedanische Moschee verwandeln lassen; der letzte Erbe des Kaiserthrones, Thomas Palaiologos, mußte sein Land verlassen.

Um die Jahrhundertwende hatte die politische Karte von Rußland noch ein Bild der vollständigen Zersplitterung geboten. Alle südlichen und südwestlichen russischen Fürstentümer – Kíjev, Černígov, Perejaslávl', Nóvgorod-Séversk, Volynien, Galizien und Túrov-Pinsk – waren gleichzeitig mit den Fürstentümern Pólock und Smolénsk

von dem rasch aufstrebenden litauischen Großfürstentum, das sich
bald von der Ostsee bis zum Schwarzen Meer erstreckte, verschlungen worden. Nóvgorod im Norden, ein republikanischer Staat, um-
klammerte in einem gewaltigen Halbkreis das ganze nördliche Rußland bis zum Weißen Meere und dem Uralgebirge. Die Handels-
aristokratie der Republik nährte Sympathien für das litauische Großfürstentum und träumte von einem politischen Zusammenschluß
mit ihm. Das übrige Rußland – das eigentliche Rußland – bestand
nur noch aus drei voneinander unabhängigen Großfürstentümern:
dem unbedeutenden R'azán' an der tatarischen Grenze, dem kleinen,
aber machtbegierigen Tver' an der südlichen Grenze der Republik
Nóvgorod und dem Großfürstentum Moskau. Dies wiederum war
aus dem Zusammenschluß mehrerer großrussischer Fürstentümer
hervorgegangen; unter diesen sind vor allem die Länder Vladímir-
Súzdal' und Rostóv zu nennen, die ungefähr gleichzeitig mit dem
Lande Jaroslávl' (um 1463) ins moskovitische Reich aufgenommen
worden waren.

Unterstützt von den gewaltigen Reichtümern der russischen Kirche,
die nicht einmal die Tataren anzutasten wagten, begann der politische Aufstieg des moskovitischen Großfürstentums auf Kosten der
angrenzenden Fürstentümer. Er ging während des ganzen 15. Jahrhunderts unaufhaltsam weiter. Im Jahre 1478 mußte auch das westlich orientierte stolze Nóvgorod vor Großfürst Iván III. den Nacken
beugen. Das Großfürstentum Tver', das davon geträumt hatte, als
Kernmacht des neuen Rußlands Moskau zu verdrängen, mußte
sich im Jahre 1485 unterwerfen. Die Republik V'átka, der äußerste, halbselbständige Vorposten Nóvgorods im Osten, mußte im
Jahre 1489 ihre Freiheit und ihr republikanisches Gerichtswesen
aufgeben. Und die Republik Pskov, die als ein von Nóvgorod ab-
hängiger Vasallenstaat länger als ihre Mutterstadt Widerstand geleistet hatte, mußte sich Anfang des 16. Jahrhunderts – gleichzeitig mit dem kleinen Fürstentum R'azán' – unterwerfen und in
das moskovitische Reich eingliedern lassen. Zugleich aber sagten
viele westrussische Fürsten Litauen Treue und Freundschaft auf
und huldigten dem moskovitischen Selbstherrscher; unter ihnen waren die Fürsten von Černígov, Nóvgorod-Séversk und Bel'sk; zu
ihnen gehörten die alten Fürstengeschlechter der V'ázemskij, der

Novosíl'cev, der Odójevskij, der Vorotýnskij u. a. Im Jahre 1523 war das ganze großrussische Gebiet unter Moskaus Szepter vereinigt, und die Teilfürsten waren schließlich landbesitzende Magnaten ohne souveräne Rechte, gemeine Untertanen des Herrschers von Moskau geworden.

Der Herrscher des Reiches Moskau, der Autokrat ganz Rußlands, wurde schon früher oft, aber noch nicht offiziell, *Zar* (*car'*) genannt, d. h. *caesar* (auf lateinisch) oder *kaisar* (auf griechisch) – ein Titel, der bisher nur dem Herrscher von Byzanz unbestritten zugekommen war. Der Großfürst von Moskau fing nämlich an, sich mehr und mehr als rechtmäßiger Erbe der byzantinischen Kaiser zu fühlen. Schon im Jahre 1414 hatte der moskovitische Großfürst Vasílij, der Sohn des Siegers in der Don-Schlacht, seine Tochter Anna mit Manuel Palaiologos, einem der Söhne des Kaisers, vermählt. Im Jahre 1472 aber, zwei Jahrzehnte nach dem Fall Konstantinopels, hatte sein Enkel Iván III. von Moskau nach dem Tode seiner ersten russischen Gemahlin die Prinzessin Zoe (Sophia) Palaiologos, die Nichte des letzten byzantinischen Kaisers, geheiratet. Der Papst, der diese Ehe zustande gebracht hatte, erreichte zwar nicht sein eigentliches Ziel, den Anschluß der russischen Kirche an die florentinische Union, aber der Großfürst übernahm zugleich mit seiner neuen Gemahlin nicht nur den byzantinischen Selbstherrschertitel, sondern auch das Wappen der byzantinischen Kaiser, den zweiköpfigen Adler. Er verwirklichte mit seiner Politik nur eine Idee, die schon seit dem Falle Konstantinopels sozusagen in der Luft gelegen hatte. Schon 1455 hatte der Mönch THOMAS (Fomá) von Tver' den Gedanken vom endlichen Übergang des Kulturerbes von Byzanz an Rußland gestreift, wobei er jedoch zunächst seinen eigenen Herrn, Fürst Borís Aleksándrovič von Tver', im Auge hatte: er nannte ihn *einen zweiten Kaiser Konstantin* und bezeichnete sein kleines, vorläufig noch selbständiges Reich als *das neue Israel*. Durch seine Vermählung mit einer byzantinischen Prinzessin (1472) schuf nun Großfürst Iván III. gleichsam eine Rechtsgrundlage für diesen Gedanken, und sein Sohn, Großfürst Vasílij III., billigte (1512) gern die von einem anderen Vertreter der Kirche, dem gelehrten Mönch und Annalisten PHILOTHEOS (Filoféj) von Pskov, formulierte *Theorie vom dritten Rom*. Diese Theorie war auf die Überzeugung gegründet, daß das orthodoxe Christentum eine von Gott geschaffene Einheit und Unteilbarkeit besitze. Sie war historisch motiviert und mündete in den Satz aus, daß Rom der erste Mittelpunkt der Welt gewesen, daß das zweite Rom, Konstantinopel, späterhin das Zentrum der Christenheit geworden, und daß Moskau nunmehr zum dritten Rom der Welt geworden sei – *niemals werde es ein viertes Rom geben.*

Im 15. Jahrhundert entstand eine in mancher Beziehung eigentümliche moskovitische Renaissance. Die Prinzessin Zoe hatte einen ganzen Stab italienischer Baumeister, Meister Giovanni, Meister Marco, Meister Antonio und vor allem den hervorragenden Architekten Aristotele Fioraventi, nach Moskau mitgebracht. Langsam begann die aus Holz erbaute Hauptstadt ihr architektonisches Aussehen zu verändern. Die Burg und Festung der Stadt, der *Kreml*, den man mit Unrecht gern als einen typischen Ausdruck barbarischen moskovitischen Geschmacks auffaßt, wurde im italienischen Stil umgebaut. Aristotele Fioraventi half den russischen Baumeistern die berühmte Himmelfahrts-Kathedrale (*Uspénskij Sobór*) vollenden. Neue Kirchen und Paläste wurden geschaffen. Unter dem direkten spätbyzantinischen und italienischen Einfluß umgab sich der zarisch-großfürstliche Hof nun mit einem nie zuvor gesehenen zeremoniös-majestätischen Prunk, der eine unübersteigbare Kluft zwischen dem Herrscher und seinem Volk aufriß.

Die Renaissance kam aber überraschenderweise auch in verschiedenen geistigen Bewegungen zum Ausdruck, die teils mit der protestantischen Opposition in Westeuropa, teil auch mit Gedanken verwandt waren, die vom Balkan und aus Byzanz kamen. Die neue moskovitische Monarchie stützte sich auf die Kirche und die Klöster, die kraft der unermeßlichen Reichtümer, die sie in ihren Besitz gebracht hatten, eine immer größere Rolle im moskovitischen Staatsleben spielten. Als ein Staat im Staate war die Kirche gewissermaßen eine Gefahr für die weltliche Macht geworden, gleichwohl war diese aber aufs tiefste an der kolonisatorischen und zivilisatorischen Wirksamkeit der Klöster an der Peripherie des Reiches interessiert. Angesichts der rasch zunehmenden Ansammlung des Grundbesitzes in den Händen der Kirche mußte der feudale Bojarenadel unruhig und neidisch werden. Aber auch die Bürgerschaft der Städte konnte dem

Wachsen der geistlichen Macht nicht mit demütiger Geduld zu-
sehen. Diese Spannung zwischen den Ständen konnte in einem so
kirchlich-religiös orientierten Lande wie dem moskovitischen nur
einen Ausdruck finden: es entstanden ketzerische Bewegungen, die
auf eine soziale Reform hinzielten und unter den unzufriedenen weltlichen Klassen Fuß zu fassen suchten.

Die Kirchenfürsten erkannten sehr wohl die Gefahr, die von solchen
ketzerischen Bewegungen drohte, und bekämpften sie deshalb mit
aller Macht. Eine der interessantesten ketzerischen Vereinigungen
war die Anfang des 15. Jahrhunderts in Pskov entstandene Sekte,
die ihren Namen *strigól'niki* nach dem weltlichen Beruf ihres Gründers, des Diakon Karp, erhalten hatte: sein Beruf war der eines
strigól'nik, d. h. eines Tuchscherers (oder vielleicht eher eines Tonsur-
scherers). Die Sekte war durchaus antiklerikal und demokratisch.
Als Karp exkommuniziert wurde, versuchte er, in Pskov eine unabhängige Kirche zu gründen, mußte aber nach Nóvgorod ziehen, wo
er eine lebhafte Agitation für seine Ideen entfaltete. Die Sekte wurde
um 1427 unterdrückt, lebte aber in der protestantisch-rationalistischen
Sekte der *Judaisierenden* (*židóvstvujuščaja jéres'*) wieder auf. Nach
dem Bericht der Chronisten war ihr erster Prophet in Nóvgorod der
Jude Schoria, der 1471 von Kíjev nach Moskau übergesiedelt war
und mehrere Priester zu seinem Ketzertum bekehrt hatte. Der Erzbischof Gennadios war nicht abgeneigt, nach spanischem Vorbild die
Inquisition gegen die *Judaisierenden* einzuführen. Er veranlaßte
JOSEPHOS (Iósif Vólockij) (1439–1515), den gelehrten Abt des Klosters Volokolámsk bei Moskau, ein ganzes Buch, den *Aufklärer*
(*Prosvětitel'*), gegen die gottlosen *Judaisierenden* zu verfassen. Schon
1488 und 1491 wurden in Nóvgorod Konzile zur Unterdrückung der
gefährlichen Ketzerei einberufen, diese griff aber nach Moskau über
und fand Beschützer am Zarenhof. Erst das Konzil von 1504 führte
zur vollständigen Ausrottung der Ketzerei.

Sowohl die Sekte der *strigól'niki* als auch die der *Judaisierenden*
fand hauptsächlich in den bürgerlichen Kreisen der Städte Verbreitung, bei Handwerkern, Kaufleuten und anderen Kleinbürgern, sogar
bei den Vertretern der niederen Geistlichkeit. Dagegen fand eine besondere mystisch-hesychastische Geistesrichtung, die in den Klöstern jenseits der Volga, bei den sogenannten *zavólžskije stárcy*, ent-

stand, entschiedene Förderung bei den reichen Bojaren und Großgrundbesitzern, die mit der wachsenden Macht der Kirche im Staatsleben unzufrieden waren. Diese Geistesrichtung stammte letztlich
aus Byzanz, und wir werden später den Wegen, auf denen sie nach
Rußland kam, nachspüren. Ihr hervorragendster Vertreter war der
frühere Athos-Mönch Neilos (Nil Sórskij) (1433–1508), der übrigens
vergeblich gegen die Anwendung von Machtmitteln gegen die Judaisierenden auftrat. Er eiferte auch für die Einführung der absoluten
Askese bei den Mönchen und gegen die weltliche Macht und die irdi-
schen Reichtümer der Kirche und der Klöster. Er verlangte, daß
beim Studium der verderbten Texte der Heiligen Schrift die gesunde
Vernunft (d. h. wissenschaftliche Kritik) zu Rate gezogen werde.
Der Erzbischof Gennadios erkannte, daß nur autorisierte biblische
Texte die nötige Grundlage zur Bekämpfung der aufrührerischen
Bibeldeuter bilden könnten, und schuf als Gegengewicht zu ihrer
Kritik (1489–99) die bisher vermißte slavische Gesamtübersetzung der
Bibel. Der Bewegung des Neilos aber schloß sich auch der einge-
wanderte gelehrte Grieche MAXIMOS (MAKSÍM GREK, 1480–1556) an,
der Hofbibliothekar und Dolmetscher des Zaren, ein hervorragender
Theologe, der während seines Aufenthaltes in Italien einen starken
Eindruck von den Predigten Savonarolas empfangen hatte. Man war
zuletzt genötigt, mehrere Konzile einzuberufen, um eine Lösung
der Gegensätze zu finden, und es war vorauszusehen, daß die mächtige hierarchische Partei, die die autokratischen und monarchischen
Wünsche der Dynastie unterstützte und ihr die allerhöchste Gnade
Gottes zusicherte, den Sieg davontragen würde.

Das dritte Rom, das Moskovitische Reich, war somit ein Staat,
der ein eigentümlich kompliziertes Leben führte – neuen europäischen Ideen gegenüber zwar immer mißtrauisch, aber keineswegs
ganz unempfänglich für sie, wenn sie sich insgeheim über die Grenze
einschlichen. Zum wesentlichen Prinzip dieses Staates wurde allmählich ein unbeschränkter Zentralismus, der auf einer genau regi-
strierten und überwachten Klassenscheidung beruhte. Wie an einer
Leiter führten die Stufen von Gott zum Zaren und weiter zum Hof,
zur fürstlichen und bojarischen Aristokratie, dann zum niederen
Adel und zu den Dienstleuten bis hinab ins niedergehaltene Bürgertum und in die entmündigten Bauernmassen, die immer tiefer im

Frondienst versanken. Und neben dieser von Klassengrenzen durch-
schnittenen Gesellschaft stand die Kirche, ein Staat im Staate, eine
geistige Kontrollinstanz, mit ihren unzähligen Klöstern und endlosen
Latifundien.

2. NEUE LOSUNGEN

Bereits im 14. Jahrhundert können wir die neuen Losungen erkennen, die sich bald in der Literatur geltend zu machen begannen und
die im 15. Jahrhundert zu einer vollständigen Geschmacksänderung
führten. Diese neuen Losungen mit der von ihnen hervorgerufenen
Geschmacksänderung lassen sich am leichtesten an den biographischen Gattungen, d. h. am Heiligenleben und an der Fürstenbiographie, studieren.

Die alte Einfalts- und Glaubwürdigkeitstradition, die der altrussischen Hagiographie ihr besonderes Gepräge gegeben hatte,
begann dahinzusiechen, als die Verhältnisse beim langsamen Aufstieg Moskaus zum Gipfel der Macht immer verwickelter wurden.
Die altmodisch einfachen Heiligenbiographien konnten mit ihrer
nüchternen Darstellungskunst die Vorliebe der immer wähleri-
scher werdenden geistlichen und weltlichen Leserschaft für verfeinerte Sprachbehandlung nicht mehr befriedigen. Eine stilistische Erneuerung der Gattung war unter den gefestigten politischen Verhältnissen unvermeidlich, und wir können deutlich beobachten, wie
die russische Hagiographie wieder bewußt an byzantinische und
südslavische Vorbilder anzuknüpfen suchte. Wir können, wenn wir
an den gewaltigen kulturellen Einfluß denken, der in alten Zeiten
vom Balkan und von Konstantinopel ausging, tatsächlich von einer
neuen Periode südslavisch-byzantinischer Einflüsse sprechen, die
an Intensität und Bedeutung hinter jenem keineswegs zurückstan-
den.

Russische Mönche und Geistliche hatten gleich nach der Schlacht
am Don die durch die Tatareninvasion so lange abgebrochenen oder
doch stark gehemmten direkten Beziehungen zu den bedrohten
Mutterländern der Orthodoxie im Süden wiederaufgenommen, wo

das geistige Leben bedeutend an Intensität und Tiefe gewonnen hatte. Sie wurden mit offenen Armen an den Brennpunkten der byzantinischen Kirche, im Kloster Studion zu Konstantinopel und besonders in den Athos-Klöstern auf *dem Heiligen Berg*, empfangen, der für die slavischen Länder von außerodentlicher Autorität umstrahlt war. Übrigens war schon 1350 Stephanos von Nóvgorod im Kloster Studion gewesen, als Vorläufer aller jener, die nach der Schlacht am Don nach dem Süden zogen. Im Jahre 1383 war Athanasios (Afanásij Vysóckij), der Abt von Serpuchóv, Gast dieses Klosters, und 1389 folgte ihm Ignatios von Smolénsk (Ignátij Smol'n'ánin). Um 1430 wohnten Zenobios (Zinóvij), der spätere Hegumen des Dreieinigkeitsklosters, und etwa gleichzeitig ein gewisser Athanasios, *der Russe* genannt (Afanásij Rúsin), in dem berühmten Mönchsheim. Die Athos-Klöster beherbergten damals so bedeutende Männer wie den Hegumen Hilarion (Ilarión) von Nóvgorod (um 1397), den Archimandriten Dositheos (Dosiféj) und den Hieromonachen Athanasios (Afanásij) (um 1430).

Die erneuerte rege Verbindung mit Byzanz und dem Balkan kam sehr bald in dem äußeren und inneren Charakter der Literatur zum Ausdruck. Sogar die Schrift veränderte sich. Die Handschriften wurden jetzt reich illuminiert und verziert. Die Kapitelüberschriften wurden in sinnreichen Ligaturen angebracht. Die alte Tierornamentik wich geometrischen und vegetativen Motiven. Es wurde viel Gold und Silber verwendet. Die Orthographie nahm einen gräzisierenden Charakter an, und sogar die Sprachbehandlung wies eine stark antikisierende Tendenz auf, die unter anderem in einer bewußten Vermeidung von volkstümlichen Wörtern zum Ausdruck kam. Ein Strom von neuen Texten flutete, gleichmäßig und ununterbrochen, aus dem Süden nach dem Norden. Er bestand nicht nur aus neuen Redaktionen von alten, wohlbekannten heiligen Schriften wie dem *Evangelium*, der *Apostelgeschichte*, dem *Psalter* oder aus klassischen byzantinischen Werken. Es kamen auch neue Übersetzungen bisher ganz unbekannter Schriften, asketische Literatur, polemische Schriften, Kommentare zu den Evangelien, historische Chroniken, ja sogar weltliche Romane nach Rußland. Besonders bedeutungsvoll aber war diese Entwicklung auf dem Gebiet der Hagiographie.

Reisende, die aus dem Studion oder aus einem Athos-Kloster zurückkehrten, brachten neue byzantinische Musterviten oder neue südslavische Übersetzungen klassischer Heiligenlegenden mit. Eine solche Legende war zum Beispiel die *Vita des Gründers der Athos-Klöster, des Athanasios Monachos*, schon Ende des 10. Jahrhunderts verfaßt, aber bisher noch in Rußland unbekannt, ein Denkmal des stillen, strengen und beschaulichen Klosterlebens auf dem Heiligen Berge. Wir wissen, daß die südslavische Übersetzung dieser Vita von einem russischen Mönch, der sich in den Jahren 1431 bis 1432 auf dem Athos aufhielt, kopiert worden ist. Wir wissen auch, daß er es war, der die *Legende von Gregentios, dem Erzbischof der Homeriten*, jenem Mann, der unter Justinian die Südaraber zum Christentum bekehrt hatte, abgeschrieben hat. Auf demselben Wege kamen im Laufe des 15. Jahrhunderts Heiligenlegenden von Niphon, von Makarios von Ägypten, von Theodoros von Edessa, von Pankratios von Taormina, von Gregorios Sinaites u. a. nach Rußland. Wichtiger noch als dieser Strom von Heiligenleben war der Umstand, daß südslavische Hagiographen, die in der byzantinischen Tradition eines Athos-Klosters erzogen und von ihrer rhetorischen Stilauffassung durchdrungen waren, sich nach und nach in Rußland niederließen.

Die neue Geistesrichtung, die diese Männer im moskovitischen Rußland einführten, hatte ihren Ursprung in der Heiligenlebenliteratur der Palaiologen-Zeit, die wieder bewußt auf den bisher vernachlässigten blumenreichen Stil des Symeon Metaphrastes zurückgegriffen hatte. Diese neubyzantinische Hagiographie wurde im Laufe des 14. Jahrhunderts von zahlreichen großen Meistern gepflegt, unter denen besonders Konstantinos Akropolites, Nikephoros Gregoras und der Patriarch Philotheos von Konstantinopel hervorragten. Die Renaissance der Hagiographie erfolgte in Byzanz gleichzeitig mit dem heftig aufflammenden Streit zwischen der hesychastisch-kontemplativen Geistesströmung, besonders vertreten von Gregorios Palamas (gest. etwa 1360), und ihrem Gegensatz, dem Traditionalismus, der von dem obengenannten Nikephoros Gregoras angeführt wurde. Die hesychastische Richtung siegte, und die Athos-Klöster wurden für eine Zeitlang ihre Hochburg. Hier verbrachte Palamas, der selber

Heiligenleben im metaphrastischen Geist schrieb, seine letzten Tage, und von hier fanden seine ins Slavische übersetzten Homilien bald den Weg nach Rußland. Der Patriarch von Konstantinopel, PHILO-THEOS (gest. 1379), ein eifriger Hesychast, verfaßte die Lebensbeschreibung seines Lehrers, was um so natürlicher war, als PALAMAS sofort nach seinem Tode in seinem Kloster als Heiliger verehrt wurde. Der eigentliche Begründer des Hesychasmus auf dem Athos-Berge aber war der aus Kleinasien stammende Mönch GREGORIOS SINAITES, der gegen Ende seines Lebens im Kloster Paroria in Bulgarien vor den Türken hatte Zuflucht suchen müssen. Hier fand er einen gelehrigen und eifrigen Schüler in dem bulgarischen Mönch THEODOSIOS von Trnovo, der bald begann, unter seinen slavischen Brüdern die hesychastische Mystik zu verbreiten. Sein Leben wurde von keinem geringeren als dem Patriarchen KALLISTOS von Konstantinopel (1330–63) beschrieben, der selbst dieser Geistesströmung angehörte und als Meister der Rhetorik bekannt war. Ihren endgültigen Sieg auf bulgarischem Boden errang die neue wortreiche und pathetische Hagiographie mit EUTHYMIOS, der 1375 Patriarch von Trnovo wurde. Er war ein Zeitgenosse der drei hervorragenden Hesychasten GREGORIOS SINAITES, GREGORIOS PALAMAS und des Patriarchen PHILOTHEOS, mit denen er in der Athanasios-Laura des Athos-Klosters wohnte und studierte. Von seiner Hand stammen mehrere ausgezeichnete Heiligenleben im neuen rhetorisch-hesychastischen Stil, Heiligenleben des Johannes von Ryla, des Hilarion von Mglen und anderer.

Die neue Stilart wurde um 1400 direkt nach Rußland verpflanzt, indem mehrere ihrer hervorragenden südslavischen Vertreter nach dem slavischen Bruderland im Norden auswanderten. Zu ihnen gehörte u. a. auch der bedeutende Hagiograph GREGORIOS CAM-BLAK (Grigórij Camblak oder Camvlach, etwa 1364–1450), der wie THEODOSIOS aus dem bulgarischen Trnovo stammte und den das Schicksal nach Serbien, Litauen, Rußland und Rumänien führte. Seine Schriften, die ganz das Gepräge des modernen kunstvollen *Wortgeflechts (slovopleténije)* tragen, wurden – bezeichnend genug für seine übernationale Stellung – sowohl von der bulgarischen und serbischen als auch von der russischen Literatur als eigenes Gut aufgenommen. Der Zwist zwischen dem moskovitischen

Staat und den dem litauischen Großfürstentum angehörenden west-
und südrussischen Gebieten verursachte, daß GREGORIOS gegen
den Wunsch des byzantinischen Patriarchats und des moskovitischen Metropolitenstuhls im Jahre 1416 zum Metropoliten von
Kíjev und Litauen gewählt wurde. Er erlangte aber nicht die Anerkennung Moskaus. Erst als er sich in Kíjev niedergelassen hatte,
scheint er Zeit gefunden zu haben, eine *Vita des heiligen Euthymios*,
seines Lehrers und Verwandten, zu schreiben, und dank ihrem durch
und durch modernen und stark lyrisch und rhetorisch gefärbten Stil
gewann diese Vita bald eine vorbildliche Bedeutung für die russische Hagiographie, obgleich sie an und für sich nicht durch besondere Originalität ausgezeichnet war. GREGORIOS CAMBLAK hatte sich
allzu nah an sein Vorbild, das *Leben des heiligen Theodosios* von
KALLISTOS, gehalten. Übrigens wurde GREGORIOS auch durch seine
blumenreichen *Festpredigten* berühmt, die in Rußland außerordentlich geschätzt waren.

Ein älterer Freund und Verwandter GREGORIOS CAMBLAKS, der
Hagiograph KYPRIANOS (KIPRIÁN, gest. 1406), der schon früher
nach Kíjev und Moskau gezogen war, gehörte derselben neubyzan-
tinischen rhetorischen Schule an wie jener. Sobald er zum Metropoliten von Moskau ernannt worden war (1390), schuf er eine durchgreifende Umarbeitung der *Vita von Petros, dem ersten Metropoliten von Moskau* (*Žitijé sv. metropolíta moskóvskogo Petrá*),
die vom Metropoliten von Rostóv, PROCHOROS (PRÓCHOR), im
damals herrschenden einfachen, formelhaften, altrussischen Stil
verfaßt worden war. Damit war tatsächlich das Signal gegeben zu
einer umfassenden stilistischen Revision der ganzen vorliegenden
hagiographischen Literatur. Bei KYPRIANOS trat das wirkliche Tat-
sachenmaterial der Biographie entschieden in den Hintergrund, die
einfache, schematische Komposition wich einer kunstvollen Disposition, die sich besonders in der geschnörkelten Einleitung und in der
hochgestimmten abschließenden Lobpreisung des dargestellten
Helden geltend machte, und eine Menge von abstrakten Betrachtungen, die den Stempel der neuen hesychastischen Ideen trugen
und nur ganz lose Verbindung mit dem Stoffe selbst hatten, gaben
der Vita das Gepräge wortreicher und schwulstiger Rhetorik.
KYPRIANOS verschwieg keineswegs mit traditioneller Bescheiden-

heit seine Urheberschaft. Mit ihm verließ die Literatur die anonyme Periode und wurde individualistisch, und mit großem Selbstbewußtsein flocht er eigene Erlebnisse in sein Werk ein. Er gebrauchte gern die *Ich*-Form und machte seinen Text so persönlich wie möglich. Er war sich darüber klar, daß er einen neuen Typus des Heiligenlebens geschaffen hatte, dessen Ziel nicht mehr allein darin bestand, durch die glaubwürdige Nüchternheit des Berichtes zu fesseln, sondern auch darin, den heiligen Helden durch eine fein erdachte rhetorische Ausschmückung der Sprache zu verherrlichen. Mit ihm sehen wir das *génos enkomiastikón* siegen. Übrigens kann noch ergänzend gesagt werden, daß er für die russische Literatur nicht nur durch seine hagiographische Kunst Bedeutung gewann, sondern auch dadurch, daß er den Grund legte zu einer großzügigen annalistischen Kompilation, die auf dem Gedanken der Zusammengehörigkeit aller russischsprechenden, auch der von Litauen annektierten Landschaften und Länder beruhte – einem Gedanken, der besonders charakteristisch war für diesen weitschauenden Metropoliten, der in seiner Haltung genügend Geschmeidigkeit besaß, Kíjev und Moskau trotz allen politischen Grenzen unter seinem geistigen Szepter zu vereinigen.

3. EPIPHANIOS DER ALLWEISE

Die erfolgreich eingeführte neue Stilart schlug sofort Wurzeln im moskovitischen Rußland. Einheimische Schriftsteller begannen sofort, sich mit bemerkenswertem Eifer in dem neuen Stil zu üben. Er stand im Einklang mit der ganzen moskovitischen Haltung.

Es ist uns nicht entgangen, wie sehr die neuen Heiligenlegenden davon bestimmt waren, daß die dargestellten Helden direkte persönliche Lehrer der Verfasser waren. Die Heiligenlegenden wurden so zu Lehrerlegenden. Zwei solche Lehrerlegenden entstanden bald unter der Feder des *allweisen* russischen Klostermönchs EPIPHANIOS (JEPIFÁNIJ PREMÚDRYJ). Die genauen Lebensdaten, das Geburtsjahr und das Todesjahr des EPIPHANIOS sind uns nicht bekannt. Wir wis-

sen nur, daß er Ende des 14. und Anfang des 15. Jahrhunderts
wirkte, daß er persönlich sowohl Konstantinopel und Jerusalem
als auch den Athos besucht hatte und daß er um 1420 als Hiero-
monach des Dreifaltigkeitsklosters bei Moskau starb. Aus seiner
Feder stammten die *Vita des Stephanos von Perm'* (*Žitijé Stefána Pérmskogo*) und die *Vita des Sergios von Rádonež* (*Žitijé
sv. Sérgija Rádonežskogo*). Er hatte sie beide persönlich gekannt,
und als ihr treuer Schüler verfügte er über erstklassiges biogra-
phisches Material – besonders über Stephanos von Perm', der Glaubensverkünder unter den permischen Finnen (dem Komi-Volke oder
den Syrjänen) gewesen war und ein für ihre Sprache geeignetes, besonderes Alphabet geschaffen hatte. Leider brachte die für die neue
Richtung charakteristische stilistische Einstellung es mit sich, daß
EPIPHANIOS sich vor allen Dingen gerade nicht für dieses konkrete
biographische Material, sondern für das Problem der Form und für
die glanzvolle stilistische Behandlung des Stoffes interessierte. Genau
wie einstmals der exilierte Bojarensohn DANIIL ZATÓČNIK versicherte
jetzt auch EPIPHANIOS DER ALLWEISE, daß er leider *nie in Athen
gewesen sei* und daß er deswegen *weder die beredte Kunst der Wort-
verflechtung* noch die Kunst der poetischen Sprache *bei den Philosophen studiert habe.* Er betonte im Gegenteil, daß er nur *eine
mangelhafte Bildung* besitze. Aber wie immer in byzantinisch beein-
flußter Literatur sollte diese Formel der Demut nur beweisen, daß
er, der Autor, sich keineswegs einer Bewunderung seiner Meisterschaft schuldig machen wolle, sondern diese ganz dem Leser über-
lasse.

Seine Sprache ist nicht pompös, man kann sie auch kaum poliert
oder glatt nennen; sie ist vielmehr mit einem betäubenden süß-
lichen Weihrauch zu vergleichen, der in langen Tiraden emporsteigt;
gleichartige Worte, die kunstfertig zusammengesetzt sind, reihen
sich aneinander wie sorgfältig geschliffene Perlen an einer Schnur.
Seine Sprache strotzt von kühnen, fast sinnlosen Neologismen, die
byzantinischen oder südslavischen Vorbildern nachgeahmt sind, und
sein Satzbau ist so kompliziert wie ein Rebus. Seine Form zwingt
ihn immer wieder zu exegetischen und historischen Exkursen. Das
biographische Schema, dem er folgt, ist ebenso alt wie die Hagiographie selbst, aber seine Heiligenleben klingen gern in schwellenden

Lobreden oder Klagen aus, in langen Monologen, die zuweilen Gott
selber in den Mund gelegt werden. In der *Vita des heiligen Stephanos
von Perm'* finden wir folgendes rhetorischen Passus:

> *Das Römische Reich preist die Apostel Petrus und Paulus,–*
> *Asien preist Johannes Theologos, –*
> *Ägypten den Evangelisten Markus, –*
> *Antiochien den Evangelisten Lukas,*
> *Griechenland den Apostel Andreas, –*
> *das Russische Reich den großen König Vladímir, –*
> *Moskau preist den Metropoliten Petros als einen neuen*
> *   [Wundertäter, –*
> *das Land Rostóv preist seinen Bischof Leontios, –*
> *dich aber, o Bischof Stephanos, preist das Permische Land*
> *als seinen Apostel, als seinen Lehrer, als seinen Führer,*
> *als seinen Vormund, als seinen Verkünder,*
> *denn durch dich hat es das Licht der Wahrheit erschaut!*

Wir erkennen in dieser langen Tirade jene Lobpreisungsformel
wieder, die schon HILARION VON KÍJEV zum erstenmal in einer
typisch rhetorischen Homilie auf Vladímir den Heiligen verwendet
hatte. Jetzt taucht sie wieder auf in Anknüpfung an die Namen
russischer Glaubensverkünder – Petros von Moskau, Leontios von
Rostóv und zuletzt mit besonderem Nachdruck Stephanos von
Perm', um von nun an nicht mehr in Vergessenheit zu geraten,
sondern mit immer neuen russischen apostolischen Namen verbunden
zu werden. Die Apostrophe an Stephanos enthält eine ganze kleine
Sammlung von Attributen, die ihm zuerteilt werden und die ihn
charakterisieren sollen: *Apostel, Lehrer, Führer, Vormund, Verkünder.* Gewöhnlich werden solche katalogartigen Attributsamm-
lungen bei EPIPHANIOS und den Späteren mit rhetorischen Fragen vom
Typus *Wie soll ich dich benennen?* eingeleitet. In einem bestimmten
Einzelfalle macht der Hagiograph als Antwort auf diese Fragen
nicht weniger als 25 verschiedene Vorschläge, die alle in feiner
Abstufung angeordnet sind und die – in geradezu auffälliger Weise –
von syntaktischen Reimen (einer Reihe von Partizipien in gleichem
Tempus, Genus, Kasus und Numerus oder von gleichgebildeten
Substantiven oder Adjektiven usw.) beherrscht sind.

Diese Manier machte Schule, und in einzelnen Fällen kann man
sich versucht fühlen, EPIPHANIOS DEM ALLWEISEN die Verfasser-

schaft von anonymen Werken zuzuschreiben, wie zum Beispiel der großen Fürstenbiographie *Vom Leben und Tod des Großfürsten Dimítrij Ivánovič, des russischen Zaren (O žitii i o prestavlénii Dimítrija Ivánoviča, car'á rússkogo).* Schon in der tatarischen Periode sahen wir die Fürstenbiographie in den großen kirchlich-hagiographischen Strom hineingezogen werden. Eine der ganz wenigen Fürstenbiographien, in der der Versuch gemacht war, die Kunst der Lebensbeschreibung zu verweltlichen, war die *Vita Aleksander Nevskijs* vom Ende des 13. Jahrhunderts. Wir fanden in dieser Vita Elemente des weltlich-annalistischen Martialstils neben episch-lyrischen Tendenzen, und beide dienten dazu, die Gattung zu säkularisieren. Aber wenn wir von diesen wenigen Ausnahmen absehen, wurde sie mehr und mehr klerikalisiert, und ein Ergebnis dieses Prozesses ist *Leben und Tod des Großfürsten Dimítrij Ivanovič.* Wir können freilich in diesem Fürstenleben, das zur Huldigung des Siegers in der Schlacht auf dem Felde von Kulikóvo dienen sollte, gewisse Elemente des Martialstils der *Aleksander-Nevskij-Vita* finden. Aber teils fehlen diesem Werke alle episch-lyrischen Tendenzen, teils auch ist der Martialstil tief durchtränkt von der rhetorischen Suada, die gerade modern geworden war. Jetzt wich jene Knappheit in der Wortwahl, jener formelhafte Lakonismus, jene Zurückhaltung malenden Eigenschaftswörtern gegenüber, die für den altrussischen Martialstil so charakteristisch war, einem schwellenden Wortreichtum, dessen Zweck keineswegs der war, zu schildern, sondern auf den rhythmischen Sinn des Zuhörers oder Lesers einzuwirken. So heißt es zum Beispiel von der Schlacht bei Kulikóvo:

Und die Feinde stießen zusammen wie mächtige Wolken, die Waffen funkelten wie Blitze am regnichten Tage, die Kämpfenden hielten einander mit den Händen fest, und das Blut strömte im Tale.

Das Wasser des Donstromes mischte sich mit dem Blut, die Köpfe der Tataren rollten dahin wie Steine, und die Leichen der Heiden glichen einem gefällten Eichenwald.

Viele glaubwürdige Augenzeugen sahen die Engel Gottes den Christen helfen. . . .

Vergleiche wie die in diesem Text auftauchenden prägten überhaupt in auffallender Weise den Stil dieser Biographie. Sie sind oft der religiösen Sphäre entnommen. Moskau wächst unter der Regie-

rung Dimítrijs und wird groß *wie eine Zeder auf dem Libanon* oder
erstrahlt *wie eine Dattelpalme unter den Bäumen.* Der Großfürst selbst
steht an der Spitze seines Reiches *wie ein Steuermann, der vor dem
Winde über die Wogen kreuzt, von der hohen Vorsehung geführt, wie
ein Prophet, der für Gottes Willen Wache steht.* In einem langen
metaphorischen Katalog, der an die Manier des allweisen Epiphanios erinnert, erhält der Großfürst zahllose Beinamen: er ist *ein
hochschwebender Adler, – ein Feuer, das das Böse verzehrt, – ein
Bad, das den seelischen Schmutz abwaschen kann, – eine Tenne der
Reinheit, – ein Windhauch, der die Spreu zerstreut,* usw. (im ganzen
22 verschiedene Charakteristiken). Wenn der Großfürst zum grenzenlosen Leide des ganzen Landes verscheidet, *erglänzt sein Antlitz
wie das eines Engels,* und seine trauernde Witwe bricht in eine lange,
wohlgefügte Totenklage aus mit einer Stimme *wie ein Hornsignal,
das zum Kampfe ruft, wie eine Orgel, die süß erklingt* (ein Vergleich,
der übrigens dem lyrisch bewegten *Bericht über den Zug Chan Batús
gegen das Land R'azán'* entlehnt ist). Die Biographie schließt mit
einer prunkvollen Apotheose des toten Fürsten. Sie ist in einer langen
Reihe von rhetorischen Fragen aufgebaut, in denen gefragt wird,
mit welchen Gestalten des *Alten Testamentes* der Großfürst verglichen zu werden verdiene, mit Seth etwa oder Henoch, mit Abraham oder Isaak, mit Joseph oder Moses usw. Und dann erscheint
hier – zum erstenmal in einem Fürstenleben – die uns schon bekannte
apostolische Formel:

> *Das Römische Reich preist Petrus und Paulus, –*
> *Asien Johannes, –*
> *Indien Thomas den Apostel, –*
> *Jerusalem Gottes Bruder Jakob, –*
> *die Küstenländer Andreas den Erstberufenen, –*
> *Griechenland den Kaiser Konstantin, –*
> *Kíjev mit den benachbarten Städten Vladímir,*
> *dich aber, Großfürst Dimítrij, preise das ganze Russische Land!*

Wir sehen so die Geschichte auf eine bisher nie geübte Weise
klerikalisiert, und was Hilarion im 11. Jahrhundert kühn von
König Vladímir sagte, der doch tatsächlich durch die Einführung des
Christentums in Kíjev gewissermaßen zum Apostel Christi in Rußland geworden war, was auch Epiphanios der Allweise mit einem

gewissen Recht von dem heiligen Stephanos von Perm' sagen konnte, der das Christentum beim Komi-Volke eingeführt hatte, das sagt jetzt der anonyme Verfasser oder – wenn unsere Vermutung richtig ist – EPIPHANIOS DER ALLWEISE mit weit größerer Kühnheit von dem moskovitischen Großfürsten, dessen Verdienste ausschließlich kriegerischer Art gewesen waren und der nicht einmal den Märtyrertod unter dem tatarischen Joch erlitten hatte. Das ganze Fürstenleben, von dem hier die Rede ist, war in der süßlichsten und betäubendsten Wortpracht gehalten. Es folgte einer Tendenz, es wollte deutlich für eine bestimmte Idee werben, und diese Tendenz und Idee bestand darin, den moskovitischen Fürstenthron mit dem Mantel der Heiligkeit zu umgeben. Der weltliche Fürst wurde in eine Heiligengestalt verwandelt, die das Volk in tiefer Ehrerbietigkeit als den auserwählten Gesandten Gottes auf Erden anbeten sollte. Die Rhetorik dieser Biographie wirkte mit ihren gemeißelten, geschliffenen, ausgeklügelten Worten wie Weihrauch in den Kirchen, wie Öl in den Lampen, wie tausend geweihte Kerzen vor den Ikonen der Himmelfahrtskathedrale in Moskau.

4. PACHOMIOS LOGOTHETES

So kreuzten sich zuweilen Hagiographie und Geschichtsschreibung und gingen ineinander über.

Der leuchtendste Vertreter dieser neuen Richtung, die sowohl stilistisch als auch ideologisch immer klarer hervortrat, war der nach Rußland eingewanderte serbische Schriftsteller PACHOMIOS LOGOTHETES (PACHÓMIJ LOGOFÉT), dessen Geburts- und Todesjahr uns unbekannt sind und von dem wir nur wissen, daß er um 1440 auftauchte und bis um 1480 abwechselnd in Moskau und Nóvgorod lebte. Er war der erste Schriftsteller in Rußland, der ausschließlich vom Ertrag seiner Feder lebte und sie gern Wohltätern und Patronen zur Verfügung stellte, wenn sie ihm angemessenen Lohn für die Mühe versprechen konnten. Er besaß eine besondere Fähigkeit, den Separatismus der Freistadt und die autokratischen Aspirationen der Zarenstadt zu seinem Vorteil auszunutzen. Der Beiname *Logo-*

thetes ist sicher einfach als *Schriftsteller* oder *Literat* zu verstehen. Als Hagiograph gehörte er ganz und gar der neuen Schule an, die er weiterführte und in seinem neuen Heimatland zu befestigen suchte. Er war wie KYPRIANOS Individualist und wie dieser keineswegs abgeneigt, in seinen Heiligenlegenden seinen Namen zu verraten und gelegentlich auch Aufschlüsse über sein Leben zu geben. In seiner *Heiligenvita des Erzbischofs Euthymios von Nóvgorod* erzählte er zum Beispiel, daß dieser ihn *liebevoll empfangen habe, ihn, den demütigen Hieromonachen vom Athos-Berge, als er, ein Fremder, nach Nóvgorod gekommen sei.* Nach den Mitteilungen, die er in einer anderen Heiligenlegende macht, beauftragte später der moskaufreundliche Erzbischof Jonas von Nóvgorod ihn, *Pachomios, einstmals serbischen Priester, der vom Heiligen Berge gekommen, bei ihm wohnhaft und in allerlei gelehrter Kunst wohlbewandert war*, ein Wunder zu beschreiben, wofür er dann auch mit einer großen Summe Silbergeldes, mit Marderfellen und Zobelpelzen belohnt wurde.

Von den zahlreichen Heiligenleben, die PACHOMIOS in Moskau und Nóvgorod mit wechselnder patriotischer Einstellung geschrieben hatte, handelten wohl die wenigsten von nicht schon früher dargestellten Helden – Menschen, die übrigens vor nicht sehr langer Zeit gestorben und wohl sicherlich fromme Männer, aber keineswegs schon kanonisierte Heilige waren. In einer für die neubyzantinische Überbetonung des stilistischen Forminteresses charakteristischen Weise waren alle anderen Heiligenleben, die PACHOMIOS schrieb, in der Tat nur rein sprachlich-stilistische Umarbeitungen älterer, schon bekannter Biographien. So war seine *Vita des Metropoliten Alexios von Moskau* eine Neuredaktion der von dem Mönch PITÍRIM geschriebenen älteren und einfacheren Legende. Die Forderungen, die PACHOMIOS an die Form stellte, waren so übertrieben streng, daß nicht einmal ein so modernes Werk wie die von EPIPHANIOS DEM ALLWEISEN verfaßte *Vita des Abtes Sergios von Radonež* vor seinen Augen Gnade fand. Er nahm eine Umarbeitung der Vita vor und schob das faktisch-biographische Material zur Seite, das sein Vorgänger noch als unerläßlichen Bestandteil des Lebens seines Lehrers empfunden hatte. Das Prinzip des *Wortgeflechtes* kam bei ihm zur reichsten Entfaltung. Sein Stil war ein bunter Gobelin aus schmückenden Beiwörtern, Vergleichen, Bildern, Metaphern. Seine ganze Technik ging bewußt darauf aus, klingende Wortperioden zu schaffen, die auf sprachlichen Konstruktionen ungewöhnlicher Art, komplizierten syntaktischen Zusammensetzungen, zahllosen Attributen begründet waren und die von einem bestimmten lyrisch-emotionalen Ton, pathetischer Bewunderung und Verherrlichung und schrankenloser, fast wollüstiger Anbetung zusammengehalten wurden.

Diesen Stil übertrug PACHOMIOS auf einige geschichtliche Werke, die freilich nicht ausdrücklich seinen Namen tragen, die ihm aber mit großer Sicherheit zugeschrieben werden. Eines dieser Werke hatte den Titel *Bericht über die Fürsten des Landes Vladímir* (*Skazánije o kn'az'jách vladímirskich*) und war eine Art Prolegomenon zum Aufstieg des Moskovitischen Staates in der Geschichte. Es war getragen von der kühnen Idee der Sendung Moskaus als Zentrum der christlichen Welt, als Erbe des Byzantinischen Reiches und als sammelnder Mittelpunkt der slavischen Welt. Die Vorstellungen vom dritten Rom und die *Erzählungen vom Babylonischen Reiche* (*Póvesti o Vavilónskom cárstvě*), die von der Vererbung der Macht von Babylon auf Byzanz handelten, bildeten den Hintergrund, vor dem das Werk des PACHOMIOS gesehen werden muß. Mit gutem Gewissen, ohne jeden Skrupel, durchdrungen von der neuen Historiosophie, fälschte PACHOMIOS hier die tatsächliche russische Geschichte mit dem Ziel, die Idee von dem vorausbestimmten genealogischen, juristischen, religiösen und geschichtlichen Anrecht der moskovitischen Dynastie auf das Erbe von Byzanz zu verkünden. Er schreckte nicht davor zurück, in wortreicher und kunstfertiger Darstellung die Herkunft der Dynastie auf den frei erfundenen Bruder des römischen Kaisers Augustus selbst zurückzuführen, auf Prussus, der dem Prussischen Lande an der Weichsel, also Preußen, seinen Namen gegeben habe, und von dem die russischen Fürsten varägischen Geschlechts abstammten. Zugleich aber ließ er den byzantinischen Kaiser Konstantin Monomachos seine Kronregalien an den Großfürsten Vladímir von Rußland senden, teils um ihn von einer Bekriegung des Byzantinischen Reiches (die Vladímir Monomách nie im Sinne gehabt hatte) abzuhalten, teils aber auch um ihn zum autokratischen Herrscher in Rußland zu weihen. Auf diese Weise sollen die moskovitischen Fürsten als legitime Erben in den

Besitz der Krone, der Brustkette und des lebengebenden Kreuzes gelangt sein. Alle diese Fälschungen paßten indessen so gut zu der aufkeimenden autokratischen Ideologie Moskaus, daß sie ohne weiteres als Tatsachen akzeptiert wurden und späterhin oft genug als Beweise dafür dienten, daß die Machtansprüche der moskovitischen Zaren berechtigt seien.

Von noch größerer Bedeutung war der dem PACHOMIOS LOGO-THETES zugeschriebene besondere *Russische Chronograph* von 1442 (*Rússkij chronógraf*), der in seiner ursprünglichen Form freilich nicht erhalten ist, aber mit Leichtigkeit aus einigen späteren Redaktionen herausgeschält werden kann. Es war ein umfassendes Werk über die Weltgeschichte, gestützt auf verschiedene Quellen, vor allem auf serbische Königsbiographien, byzantinische Chroniken wie die großen Weltgeschichten von MANASSES oder ZONARAS, die erst jetzt Rußland in südslavischen Übersetzungen erreichten, und serbischen Redaktionen der alten *Alexander-* und *Troja-Romane*. Andere Quellen, die dem Werke des PACHOMIOS zugrunde lagen, waren die russischen Annalen und historischen Berichte. Das Werk enthielt auch ganz selbständige Teile, die von PACHOMIOS selbst geschrieben waren, wie zum Beispiel die *Geschichte von der Ermordung Chan Batús* (*Póvěst' ob ubijénii Batýja*). Das in formaler Beziehung besonders Bemerkenswerte an diesem *Chronographen* war der Umstand, daß das während vieler Jahrhunderte so treu gepflegte annalistische Schema mit genauer Angabe der Jahreszahlen, sogar solcher, die aus Mangel an Stoff leerstanden, hier völlig aufgegeben ist. Die Vorstellung von *den wechselnden Jahren*, von dem nie aufhörenden Strom der Ereignisse, eine Vorstellung, die schon der *Altrussischen Chronik* NESTORS zugrunde lag und den Eindruck eines schicksalbestimmten Ganges der Geschichte erweckte, ist bei PACHOMIOS einer ganz anderen Auffassung der Geschichte, der individualisierenden, gewichen. Die Ereignisse gruppieren sich jetzt um einzelne hervorragende geschichtliche Gestalten und dienen an und für sich nur zur Charakteristik eben dieser Gestalten. Eine andere stark hervortretende Tendenz ist die immer bewußt moralisierende Wertung der Handlungen, der guten und schlechten Taten, der vorbildlichen Lebensführung, der teuflischen Verbrechen der historischen Personen. Gottes Eingreifen in den Weltverlauf ist ganz anders aufgefaßt als in den altrussischen Annalen, wo Gottes Strafmittel nur selten, dann aber immer anläßlich der Sünden und Untaten der gesamten Nation zur Anwendung kamen. In der Chronik des PACHOMIOS dagegen greift Gott in die Taten des Einzelnen ein, sein Eingriff erfolgt unerbittlich und unverzüglich, und es ist immer das Verbrechen des Einzelnen, das Gottes Strafe auf sich zieht. Die Tugend siegt immer. Auch so gelangte die historische Individualisierung, dieser russische Nachklang der Renaissance, deutlich und malerisch zum Ausdruck.

Die literarisch wichtigste Eigenschaft aber, die die Darstellungsart des PACHOMIOS kennzeichnet, ist sein beständiges Streben, den geschichtlichen Stoff als novellistische Lektüre für den Leser zu gestalten. Sein Verhältnis zum Stoff ist immer rein literarisch. Die historischen Tatsachen sind unter verschiedenen Einzelüberschriften in inhaltlich zusammenhängenden und abgeschlossenen Kapiteln geordnet, die in sich selber ruhen. Die Komposition tritt klar hervor mit einer Exposition, einer Intrige und einer Auflösung, zuweilen mit einer anschließenden Schlußfolgerung, einem pädagogischen *fabula docet*. Dieser inneren und äußeren Komposition entspricht auch ein sprachlicher Stil, der nach höchster Ausdrucksfülle und Wirkung strebt. PACHOMIOS ist ein Schriftsteller, der der Geschichtsschreibung eine betont rhetorische Haltung gibt und ganz bewußt alle literarischen Mittel anwendet, um die Wirkung auf den Leser zu vergrößern. Seine Sprache ist hyperbolisch. Alle Substantive sind mit Epitheten versehen, die aus einem oder mehreren Wortstämmen gebildet sind, meistens sogar aus Wortstämmen, deren Einzelbedeutungen entweder tautologisch sind oder aber sich gegenseitig ausschließen. Er ist geradezu verschwenderisch mit lyrischen Ausrufen und leidenschaftlichen Kommentaren. Die Geschichte schreitet unter Ausrufungs- und Fragezeichen einher. Alles ist gefühlsmäßig betont und erfüllt den Leser mit tiefer Verwunderung über das grandiose Format der historischen Gestalten. Wie Ruhepausen im gewaltigen Flügelschlag der Geschichte und im Vorstürmen der großen Persönlichkeiten tauchen im Bericht hin und wieder kurze heitere Anekdoten auf wie etwa die kleine Geschichte vom gelehrten Hund oder die Geschichte vom betrogenen Teufel. Diese ganze Umwälzung der altrussischen Geschichtsbetrachtung trug teils zur

Untergrabung der traditionellen Annalistik, teils zur Entwicklung des Geschmacks für gut erzählte Anekdoten oder Novellen bei. Die Geschichte war nicht mehr allein eine belehrende und aufklärende Lektüre, sie wurde zur Unterhaltungslektüre für den weltlichen Leser.

5. ENZYKLOPÄDISCHE BESTREBUNGEN IM 16. JAHRHUNDERT

Die Manier der neuen spätbyzantinischen und balkanslavischen Hagiographie, die die literarischen Bestrebungen des 15. Jahrhunderts geprägt hatte, kam im 16. Jahrhundert, genauer gesagt im machtvollen Zeitalter Zar Iváns IV. (1533–84), zur endgültigen und sozusagen maximalen Entfaltung. Es war die Blütezeit der mehr und mehr gleichgeschalteten und intoleranten, antiprotestantischen, antihumanistischen und antiketzerischen großmoskovitischen Ideologie, die ihren Gehalt in literarischen Monumentalwerken und enzyklopädischen Sammlungen ausdrückte und den moskovitischen Zarismus zu vergöttlichen suchte. Wir müssen auch die eigenartige Entwicklung der moskovitischen Hagiographie vor diesem kulturellen Hintergrund betrachten.

In einem gewissen Sinne erinnert die kulturelle Situation im moskovitischen Staate um die Mitte des 16. Jahrhunderts an die geistige Atmosphäre, die zur Zeit des Kaisers KONSTANTINOS PORPHYROGENNETOS und des SYMEON METAPHRASTES in Byzanz herrschte, als – vermutlich auf persönlichen Wunsch des Kaisers – eine umfassende literarische Sammelarbeit auf den verschiedensten Gebieten des Geisteslebens in Gang gebracht wurde. Es war daher recht natürlich, daß die Entwicklung des literarischen Geschmacks im moskovitischen Rußland ein an und für sich ziemlich verspätetes Interesse für die berühmte byzantinische Heiligenlebensammlung des SYMEON METAPHRASTES erweckte, der im 10. Jahrhundert gewirkt hatte. Seine Sammlung beruhte auf einer umfassenden Kompilations- und Redaktionsarbeit, und die Prinzipien, die er seinerzeit seiner ganzen Arbeit zugrunde gelegt hatte, harmonierten aufs beste mit den moskovitischen Stiltendenzen: seine Aufgabe hatte wesentlich darin bestanden, den alten Märtyrerakten und Heiligenlegenden, die mit ihrer einfachen, naiven Form dem inzwischen verfeinerten Geschmack und Formsinn der Byzantiner nicht mehr zusagten, einen neuen stilistischen und rhetorischen Aufputz zu geben. Die Einwirkung des Metaphrastes auf den moskovitischen Geschmack kam vor allem darin zum Ausdruck, daß mehrere von seinen Werken im 16. Jahrhundert ins Russische übersetzt wurden. Der Grieche Maximos, dessen Namen wir schon begegnet sind, übernahm neben anderer literarischer Arbeit die Aufgabe, einen Teil der metaphrastischen Heiligenlegenden russisch-kirchenslavisch wiederzugeben, und auch Fürst Andréj Kúrbskij, dessen Namen wir später noch begegnen werden und der sich selber als Schüler des unglücklichen Maximos betrachtete, übersetzte mehrere Heiligenleben und Homilien von Symeon Metaphrastes.

Rein sachlich benötigte die russische Hagiographie tatsächlich eine gründliche Revision und Kodifikation. Im Laufe der Zeiten war die Zahl der lokalen russischen Heiligenlegenden ganz ungeheuer angewachsen, in ihrer Hauptmasse bildeten sie aber – neben den modernen kunstreichen Heiligenleben – nur eine graue und veraltete Hintergrundliteratur, die über das ganze Land verstreut war und in zahllosen, zuweilen weit an der Peripherie der Kultur gelegenen Klöstern gepflegt wurde. Im Einklang mit den zielbewußten politischen Zentralisierungsbestrebungen der Zarenregierung suchte auch die Kirchenmacht ihre geistigen Schätze zu sammeln als den besten Beweis der Herrlichkeit und Autorität der russischen Orthodoxie. Vor allen Dingen aber handelte es sich darum, in die chaotische Heiligenverehrung Ordnung und Klarheit zu bringen. Die großen Konzile, die 1547 und 1549 in Moskau abgehalten wurden, hatten die Aufgabe, eine gründliche Untersuchung der vermeintlichen Wunder vieler kleiner Ortsheiligen vorzunehmen und ihre Anbetung als gemeinrussisch zu kanonisieren, wenn eine genügende Grundlage dafür gefunden worden war. Und da aus diesem Anlaß notwendigerweise ein starkes Bedürfnis nach einer offiziell anerkannten und zentralisierten gemeinrussischen Hagiographie entstehen mußte, stellte der aufgeklärte Metropolit Makarios (Makárij, 1528–63), ein eifriger, aber kluger Vertreter des offiziellen Klerikalismus und

Zarismus, sich an die Spitze der umfassenden Sammelarbeit, die in Gang gebracht werden mußte. Aus allen Kirchen, Klöstern und Bischofssitzen des ganzen Landes strömte das Material zusammen, das nicht nur aus Heiligenleben, sondern auch aus Homilien, Festpredigten, polemischen Schriften, theologischen Traktaten usw. bestand, kurz und gut die ganze geistliche russische Literatur von den ältesten Zeiten an. Es war dies aber – besonders in bezug auf die Heiligenlegenden – in größtem Umfange unbrauchbares Material, das erst von kundigen Männern aufs genaueste studiert und einem sorgfältigen Umarbeitungsprozeß nach modernen stilistischen und kompositorischen Prinzipien unterworfen werden mußte, bevor es den moskovitischen Lesern überhaupt in würdiger Form vorgelegt werden konnte. Als Grundlage für diese Arbeit dienten Makarios die aus dem Griechischen übersetzten alten *Lesemenäen*, die infolge der Einfügung nicht-hagiographischen Stoffes allmählich bedeutend angeschwollen waren, die aber nichtsdestoweniger große Lücken unter den verschiedenen Monatstagen aufwiesen. Makarios gebot über einen ganzen Stab von Mitarbeitern, die die neuen literarischen Prinzipien und Methoden vollständig beherrschten, Männer wie der Küster Dimítrij Gerásimovič Tolmačóv, der Bojarensohn Vasílij Michájlovič Tučkóv, der Mönch Michaíl u. a. Auch Fürst Andréj Kúrbskij und der Grieche Maximos lieferten ihre Übersetzungsbeiträge zu dem großen Unternehmen. Nach einer verhältnismäßig kurzen Zeit, die sich immerhin aber über mehrere Jahre erstreckte, entstanden im Jahre 1552 die berühmten *Großen Lesemenäen* (*Velíkije Čét'ji Minéi*), die 12 mächtige handschriftliche Folianten mit etwa 27000 Folioseiten enthielten, eine Art russischer *Acta Sanctorum*, die in drei Exemplaren angefertigt wurden, von denen eines in der Himmelfahrtskathedrale im Kreml von Moskau, dem Herzen des geistigen Rußlands, hinterlegt wurde. Dieses Monumentalwerk brachte dem spätbyzantinischen Stil die offizielle Anerkennung und war ein Ausdruck für dessen endlichen Sieg. Hier zogen die zahllosen Heiligen der orthodoxen Kirche am Leser vorüber, in festliche Gewänder gekleidet, geschildert und gepriesen mit geschliffenen, glatten, wohlverflochtenen Worten, zu den Wolken erhoben durch rhetorische Fragen und Antworten, geschmückt mit langen ausgeklügelten Attributlisten und durch wohlziselierte Vergleiche und wohlerdachte Metaphern vergöttlicht. Der Stil war hier zu seiner höchsten quantitativen Entfaltung gelangt. Die Ideologie schritt auf majestätischen Kothurnen einher. Die Vorstellung von dem gotterwählten, glaubensreinen, begnadeten *heiligen Rußland* war geschaffen.

Die Initiative des Metropoliten MAKARIOS erkennt man auch in einer ganzen Reihe anderer literarischer Kodifizierungsunternehmen. Sie gaben der Zeit Zar Iváns IV. den eigentümlichen Charakter, indem sie den ganzen überlieferten Kulturstoff, seine Elemente, seine Normen und Prinzipien in großen Übersichtswerken darstellten und in streng autoritativer Form festlegten. Als einen Ausschlag solcher Bestrebungen können wir außerhalb der eigentlichen Literatur zwei merkwürdige praktisch-ethische und religiös-kirchliche Werke hervorheben, den *Domostrój* und den *Stogláv*, ferner das eigentümliche enzyklopädische Lexikon *Ázbukovnik*. Das letztgenannte Werk, eine Fortsetzung früherer elementarer ABC-Bücher, so bezeichnet nach den Namen der beiden ersten Buchstaben des Alphabeths (*az* ‚ich‘, *buky* ‚Buch, Buchstabe‘), gab dem Leser eine autorisierte Fassung des weltlichen Wissens, das er offenbar besitzen mußte, um die festgefügte moskovitisch-autokratische Ideologie vollständig zu verstehen. Das Buch *Stogláv* war nach byzantinischem Vorbild (griechisch etwa *Hekato-kephalaion*) nach der Zahl der Kapitel (*sto* ‚hundert‘, *glavá* ‚Kapitel‘), die es umfaßte, so benannt. An seiner Entstehung war, wie wir wissen, der Metropolit MAKARIOS persönlich beteiligt. Dieser große Moralkodex gab sorgfältig begründete Antworten auf die Fragen, die der Zar 1551 an das Konzil gerichtet hatte. Das ganze Werk war teils getragen von dem Gedanken der Notwendigkeit größerer Aufklärung innerhalb der Organisationen der Kirche und eines verstärkten, wachsamen Kampfes gegen allerlei Aberglauben, Volksglauben und Unglauben, teils von dem Gedanken der Erwünschtheit einer konsequenten Sicherung der vermeintlich *altrussischen* Sitten und Tugenden und einer entsprechenden Ausschließung aller von außen eindringenden neumodischen Ketzereien und Manieren. In einer Zeit, da die Kritik sich wie ein Echo vom Siegeszug der reformatorischen Ideale in Westeuropa gegen den eigentlichen Kern der moskovitischen Kultur und gegen die weltliche Machtstellung und wirtschaftliche Bedeutung der Kirche richtete, mußte ein solches Werk, das ein für allemal die Unerschütterlichkeit der bestehenden gesellschaftlichen Struktur begründete, als ein hocherwünschtes Bollwerk des autokratischen Systems und seines besten Bundesgenossen, der Kirche, wirken. Derselbe Wunsch, ein Fundament für die offizielle moskovitische Lebensauffassung zu schaffen, war offenbar auch die Triebfeder zur Abfassung des *Domostrój* (etwa *Oikonomikós* oder *Hausordnungsbuch*), der vermutlich von SYLVESTER (SIL'VÉSTR), dem Beichtvater und Mitarbeiter Ivans IV. und nahen Freund des Metropoliten MAKARIOS, verfaßt worden war. Der Grundgedanke dieses Werkes bestand darin, die Vorstellung einer unveränderlichen Gesellschaft auszubauen, wo Familie, Staat und Kirche eine autoritative Dreieinigkeit bildeten. Der Ausgangspunkt der Argumentation war die Idee von der Pflicht des christlichen Menschen, in seiner Lebensführung dem Allmächtigen zu gefallen, und die Schlußfolgerung war, daß der Mensch, wenn er in seiner Schwäche und Unvollkommenheit nicht imstande sei, dieses Ideal aus eigenen Kräften zu verwirklichen, zu dem gewünschten Ziel geführt und geleitet werden müsse. Die Führung und Leitung aber sei die Aufgabe des Staates, und die Macht des Zaren sei von Gott geschaffen, um dieser Aufgabe zu dienen. Die Familie aber war ein zwar bedeutungsvolles, aber niederes soziales Organ, das genau dieselbe Aufgabe zu verfolgen hatte. Der westeuropäische Cäsaropapismus erhielt auf diese Weise sein direktes Gegenstück im moskovitischen Zarismus.

Auch auf historischem Gebiet kamen infolge der Initiative des Zaren oder des Metropoliten ähnliche Tendenzen zum Ausdruck, die sich freilich auch schon früher geltend gemacht hatten. Man bestrebte sich immer wieder, die ganze Weltgeschichte in einem Monumentalwerk zu kodifizieren, worin sämtliche bisher in Rußland bekannten klassischen Werke zur Geschichte der Welt von der Schöpfung an bis zur Gegenwart in systematischer und zeitlicher Ordnung gesammelt vorliegen sollten. Man führte so den von PACHOMIOS LOGOTHETES geschaffenen *Russischen Chronographen* von 1442, in der um 1512 vorliegenden Form, in den 40er Jahren des 16. Jahrhunderts weiter. Verschiedene moskovitische Geistliche verfaßten in diesen Jahren eine Reihe typisch moskovitischer historischer Kompilationen, von denen vor allen Dingen der *Auferstehungskodex* (*Voskresénskij svod*), der 1541 schloß, der ebenso berühmte *Nikon-Kodex* (*Niko-novskij svod*), der bis 1558 weitergeführt war, und endlich auch der *L'vover-Kodex* (*L'vóvskij svod*), der erst 1560 abgeschlossen wurde, genannt seien. Auf der in den beiden letzten geschaffenen Grundlage wurde auf den persönlichen Wunsch Zar Iváns IV. zwischen 1560 und 1570 ein zusammenfassendes historisches Monumentalwerk kompiliert, das unter dem Namen *Illustrierte Chronik* (*Licevój Letopísynj svod*) bekannt ist. In zwölf mächtigen Folianten, die mit Tausenden von prachtvollen, farbenstrahlenden Miniaturen im Martialstil ausgestattet waren, fand der Leser sowohl die *Bibel* und die byzantinischen Chroniken, die im Laufe der Jahrhunderte ins Slavische übersetzt worden waren, als auch die *Altrussische Chronik* mit den an sie anschließenden Annalen, den *Alexanderroman* und die Schilderung des *Trojanischen Krieges* – sämtliche Quellen *in extenso*. Dieses Werk, dessen einzelne Folianten (fast jeder mit mehr als 1000 Seiten und mehr als 1000 Illustrationen) im Laufe der Zeit über ganz Rußland zerstreut wurden und erst jetzt nach mühevoller Arbeit zu einer Einheit gesammelt vorliegen, gewann eine gewaltige kulturgeschichtliche Bedeutung, nicht zum mindesten als Ausdruck jenes Interesses, das der Zarismus für seine eigenen geschichtlichen Voraussetzungen nährte. Moskau erschien in diesem Werk als das letzte und vornehmste Erzeugnis der Weltgeschichte, vom ersten Schöpfungstage an Jahrhunderte hindurch vorbereitet und nun endlich vollendet. Abgesehen von der monumentalen Form, die für den Zeitgeschmack charakteristisch war, besaß das Werk indessen als einfache Quellensammlung keinen selbständigen literarischen Wert, da das Material in seiner ursprünglichen Form ohne jede redaktionelle Bearbeitung dargeboten war.

Um so größere literarische Bedeutung hat dagegen ein anderes, auch dank der Initiative des Metropoliten MAKARIOS geschaffenes Großwerk, das nicht nur ein neues Glied in der Reihe der zielbewußten Selbstverherrlichungen des Autokratismus darstellte, sondern auch als ein neuer Ausdruck des herrschenden moskovitischen Literaturstils hervortrat. Es wurde im Jahre 1563 unter der Leitung von ATHANASIOS (mit weltlichem Namen ANDREAS), dem Beichtvater des Zaren und Freund und Nachfolger des MAKARIOS auf dem Metropolitenstuhl, abgeschlossen. Es war ein weltliches Gegenstück zu den

Großen Lesemenäen des MAKARIOS und hieß – abgekürzt – *Stufenbuch* (*Stepénnaja kniga*). Sein unmittelbares Vorbild war ein serbisches Werk des 14. Jahrhunderts, des serbischen Erzbischofs DANILOS *Panegyrische Lebensbeschreibungen der serbischen Könige und Erzbischöfe* (später *Carostávnik*, d. h. *Zarenbuch*, oder *Rodoslóv*, d. h. *Geschlechterbuch*, genannt), – ein Werk, das wahrscheinlich in einem Athos-Kloster entstanden war und die Aufgabe hatte, in einer Reihe von hagiographisch gefärbten, stark rhetorisch geprägten Lebensschilderungen das fromme Wirken und den gottergebenen Wandel der einzelnen serbischen Könige und Erzbischöfe zu preisen. Eine andere sehr wichtige Quelle, aus der ATHANASIOS eifrig schöpfte, war des PACHOMIOS LOGOTHETES *Bericht über die Fürsten des Landes Vladímir*, dessen Tendenzen er gänzlich übernahm. Das *Stufenbuch* war gewissermaßen das letzte Glied in der Entwicklungskette der traditionsreichen, aber bunten russischen Geschichtsschreibung, und der historische Stoff wurde hier unter dem Einfluß und der Einwirkung der neuen moskovitischen Geschmacksrichtung einer charakteristischen fundamentalen Verwandlung unterworfen. Bezeichnend für diese Geschmacksrichtung war schon der lange, weitschweifige Titel des Werkes, der hier *in extenso* zitiert werden möge:

> *Stufenbuch der zarischen Geschlechter, der in Frömmigkeit erstrahlenden und von Gott erkorenen Szepterträger des Russischen Reiches, die Gott wie Paradiesbäume an den Quellen der Gewässer hat emporwachsen lassen und mit dem wahren Glauben genährt hat, und die er in seiner Weisheit und mit seinem Segen großgezogen und mit dem Strahlenglanz göttlichen Ruhmes umgeben hat, – ein wohlgepflegter Lustgarten, laubreich und blumengeschmückt, dazu fruchtbar und reif und von vielerlei Wohlgeruch erfüllt, reich an hohen Stämmen und jungen Schößlingen, ausbreitend seine lichten Zweige, angebaut in Gott wohlgefälliger Tugend, – eine von den Wurzeln und Zweigen über die goldenen Stufen der zahlreichen Sprossen zum Himmel führende Leiter, von den Zaren errichtet, auf daß sowohl sie selbst als auch ihre Nachkommen gesicherten und unbehinderten Zutritt zu Gott erhalten mögen.*

Diese Probe allein zeigt, daß es sich im *Stufenbuch* darum handelte, ein sprachliches Ehrendenkmal der moskovitischen Dynastie und ihrer einzelnen Abkömmlinge zu errichten. Ideologisch war es Zweck und Ziel des Werkes, die russische Geschichte, von der

heiligen Olga bis zum mächtigen Autokraten Iván IV., im Heilig-
keitsgeist des offiziellen Klerikalismus darzustellen. Oberflächlich betrachtet war der Stoff recht weltlich, da nur die *Szepterträger* des
Reiches von den ältesten Zeiten bis zur Gegenwart geschildert werden sollten und nicht dazugehöriger hagiographischer Stoff so ziemlich von der Darstellung ferngehalten war, selbst wenn die Rede zuweilen natürlich auch auf solche Fürsten kam, die ihren Platz bereits in den *Lesemenäen* erhalten hatten. Aber auch die weltlichen
Fürsten und Zaren waren mit einem Heiligenschein um ihre Häupter abkonterfeit. Sie waren alle ohne Ausnahme *Früchte eines*
edlen Stammes, unverdorrte Äste eines einzigen Baumes, fruchtbare
Samen der zarischen Pflanze, edle, von Gott erwählte, von Gott ge-
segnete, fromme, ehrwürdige, selige Selbstherrscher, Söhne ebenso
gesegneter und frommer Väter, Nachkommen ebenso ehrwürdiger
Ahnen durch alle die 17 Generationen, die der Verfasser zu errech-
nen vermochte. Die Geschichte des Russischen Reiches war also
geschaut als die Geschichte der Herrlichkeit Gottes, als der Triumph-
zug des rechten Glaubens durch die Zeiten, *mit dem Strahlenglanz*
göttlichen Ruhmes umgeben. Zugleich aber wurde das *Stufenbuch* zu
einem neuen offiziellen Sieg des pomphaften und preziösen, mit
Bildern stark überladenen Stils. Er ließ lange, zusammengesetzte
Wörter in kunstvoll gebauten Sätzen und Perioden einherziehen,
jenen feierlichen Prozessionen vergleichbar, in denen sich der Zar
selbst in seiner fernen Majestät zuweilen dem Volke zeigte. Wie
weit man bis in die äußersten Grenzgebiete der Stilmöglichkeiten
hinausgelangt war, zeigt am besten die Tatsache, daß sogar jene
Schrift *Leben und Tod des Großfürsten Dimitrij Ivánovič, des russi-*
schen Zaren, die wir dem sehr wortreichen und kunstfertigen Epiphanios dem Allweisen zuzuschreiben geneigt waren, einer durchgreifenden Ausfeilung und Ausschmückung unterzogen werden mußte, bevor sie in das *Stufenbuch* aufgenommen werden konnte.
Nur in gemessenem Rhythmus, nur in würdig steigendem und
fallendem Vortrag konnte dieser Stil ganz zu seinem Recht kommen.
Nach dem Falle Konstantinopels war die Rolle des christlichen
Weltimperalismus nun ganz und gar von Moskau und seinen *in*
Frömmigkeit erstrahlenden und von Gott erkorenen Szepterträgern
übernommen worden, – einschließlich des seiner Grausamkeit wegen

weltberühmten Zaren Iván IV., *des gesalbten Herrn und Selbstherrschers* von ganz Rußland und *des Bezwingers vieler heidnischer
Völker und Reiche.* Auch diese heuchlerisch-stolze Wertung ließ sich
mit der Vorstellung vom *heiligen Rußland* vereinigen.

6. KRIEGSGESCHICHTLICHE LITERATUR

Neben dem *heiligen* Rußland gab es indessen auch ein weltliches,
das sich einen Weg in die Literatur zu bahnen begann. Die literarische Manifestation des *heiligen* Rußlands, der rhetorische Stil,
hatte allmählich ein offizielles Gepräge erhalten, und wenn dieser
Umstand überhaupt als ein Sieg des Stils betrachtet werden kann,
dann war es sein letzter Sieg, ein Pyrrhus-Sieg. Der Stil hatte die
äußersten Grenzen seiner Ausdrucksmöglichkeiten erreicht und war
jetzt dazu verurteilt, zu einem leeren Schnörkelstil zu erstarren. Die
Form, die auf Kosten des Inhalts und der Ideen unmäßig aufgeschwol-
len war, hatte die Lebensfähigkeit der hagiographischen Gattung
wie ein Krebsschaden geschwächt und war zu einer Hülle geworden,
die nur ein Mindestmaß von Wirklichkeitsgehalt umgab. Auch die
Fürstenbiographie und die Zarengeschichte hatten sich diesem Stil
unterworfen und seine schwere klerikale Pracht übernommen.
Neue Ideen oder neue Themen konnten in dieser Literatur nicht
heimisch werden. Sie mußten sich eine neue Sprache und eine neue
Form schaffen.

Während der Regierungszeit Zar Iváns IV. begann sich daher eine
neue weltliche Gattung, eine *aktuell-politische Literatur* geltend zu
machen. Sie fand nicht gleich ihren adäquaten und natürlichen Ausdruck. Immer wieder fiel sie zurück in den Ton der offiziellen rhetorischen Sprache. Immer wieder aber versuchte sie sich auch von ihm
zu befreien. Oft genug mühte sie sich, aus alten, halbvergessenen
Stilquellen zu schöpfen, vor allem aus dem sogenannten Martialstil, und sie erschien daher als eine Mischgattung, in der Geschichte
und Kriegsroman zu einer dichterisch betonten Einheit verschmolzen.
Der *Jüdische Krieg* von JOSEPHOS FLAVIOS, der selbst seine Vorbilder im *Gallischen Krieg* JULIUS CAESARS gefunden hatte, war –

wie wir wissen – mehrere Jahrhunderte lang für die russische Literatur ein klassisches Buch gewesen. Er hatte aber bisher mehr als
lexikalisch-terminologische Quelle gedient, weniger als selbständiges
Gattungsvorbild, und er hatte eher durch seine Kampfszenenklischees
als durch seine kompositorische Vorbildlichkeit gewirkt. Erst jetzt,
in der moskovitischen Zeit, tat man den Schritt von der schematischen
Kampfschilderungstechnik zu einer lebendigen und zusammenhängenden, realistisch-historischen Kriegsschilderung, wo die Tatsachen, obgleich sie einer erhabenen religiösen, politischen oder patriotischen Idee untergeordnet waren, dennoch ihren stofflichen
Eigenwert behielten. Von ungemeiner Bedeutung für die Entwicklung des moskovitischen historischen Romans war es auch, daß
der *Trojanische Krieg* jetzt nicht nur in der alten kirchenslavischen Fassung, sondern auch teils in einer modernisierten romani-
schen Form, die PACHOMIOS LOGOTHETES in serbischer Übersetzung
aus dem Balkan mitgebracht hatte, teils in einer russischen Übersetzung der berühmten lateinischen Bearbeitung *De proeliis* von
GUIDO DE COLUMNA bekannt war.

Die ersten Keime der Gattung lassen sich schon Ende des 15. Jahr-
hunderts erkennen. Der erste selbständige russische Kriegsroman
dieses Typs war das hervorragende Werk von NESTOR-ISKANDER
Konstantinopels Eroberung durch die Türken (*Póvest' o vz'átii
Cár'grada*), das bald nach den schicksalsschweren Ereignissen des
Jahres 1453 niedergeschrieben worden ist. Der Roman bildete den
literarischen Auftakt zu dem Aufstieg Moskaus zu Glanz und Macht.
Er bot eine hochdramatische, glänzende Schilderung des Falles von
Byzanz, von einem Augenzeugen verfaßt, einem Russen, der durch
eine Laune des Schicksals nach der Türkei gekommen war, not-
gedrungen den Glauben des Islam angenommen hatte und sich nun,
als Konstantinopel belagert und nach wochenlanger Bestürmung von
den Türken erobert wurde, in dem Lager Sultan Muhammeds II.
befand. Wir wissen eigentlich von diesem abenteuerlichen Schriftsteller sonst weiter nichts, als daß er zu guter Letzt nach Rußland
kam und hier seinen Bericht schrieb. Er war außerordentlich gut
darüber unterrichtet, was in dem türkischen Lager geschah und was
in der belagerten Stadt vorging, wo der letzte Kaiser in fieberhafter
Eile die Verteidigung gegen die anstürmenden Massen organisierte.

Man muß vermuten, daß das ganze Werk auf Grund heimlicher Tagebuchnotizen geschrieben war, denn die Ereignisse jedes einzelnen Tages sind mit einem einzigartigen Detailreichtum mitgeteilt. Ganz besonders zeichnete sich die Darstellung durch zahllose farbenreiche Kampfschilderungen aus, die dadurch eigentümlich waren, daß sie alle von dem tragischen Vorauswissen des unausbleiblichen Falles der Weltmetropole beherrscht waren. Der Verfasser mühte sich auch, sich nicht mit dem schematischen Grundakkord des traditionellen Martialstils: *Und die Schlacht war blutig und fürchterlich* zu begnügen, sondern wirklichkeitserfüllte und inhaltsreiche Szenen zu geben:

Der Donner der Kanonen und Flinten, das Brausen der Glocken, das Jammern und das Schreien der Menschen auf beiden Seiten, der Lärm der Waffen – denn wie Blitze leuchteten die Waffen auf beiden Seiten! – das Weinen und das Wehklagen der Bürger und ihrer Frauen und Kinder, – all das bewirkte, daß es einem schien, als verschwömmen Himmel und Erde ineinander und würden in ihren Grundfesten erschüttert, und es war unmöglich, sich zu verstehen. Es war, als ob das Jammern und das Weinen und das Stöhnen, der Kanonendonner und das Brausen der Kirchenglocken in einen einzigen Schall zusammenflössen, und es klang wie ein gewaltiges Krachen. Und infolge der vielen Feuersbrände und der Kanonen- und Flintenschüsse entstand ein dichter Rauch, der die Stadt und das Heer einhüllte. Es war unmöglich zu unterscheiden, wer mit wem kämpfte, und viele wurden vom Pulverdampf erstickt.

So kämpfte und stritt man auf allen Mauern der Stadt, bis das Dunkel der Nacht die Kämpfenden trennte . . .

Man kann indessen nicht behaupten, daß es gerade diese mehr oder weniger realistischen Kampfszenen waren, die dem Werk seine eigentliche Bedeutung gaben, jedenfalls nicht im 16. Jahrhundert, als man Nestor-Iskanders Schilderung fleißig las. Viel eher waren es die aktuellen ideologischen Elemente, die den Leser am intensivsten interessierten. Der Verfasser versah nämlich seine Schilderung der Belagerung Konstantinopels mit einer Einleitung, in der er unter Benutzung verschiedener Sagen, vor allem jener, die er im *Trojanischen Kriege* fand, von der Gründung der Kaiserstadt in der Urzeit erzählte. Von Anbeginn war hier so das tragische Thema von dem unabwendbaren Untergang der Weltstadt angeschlagen. Hier erfuhr der Leser, daß damals, als die Stadt auf den sieben Hügeln zwischen dem Schwarzen und dem Weißen Meer (dem Marmara-Meer) gebaut wurde, ein heftiger Kampf zwischen einem Adler (dem Symbol des Christentums) und einer Schlange (dem Symbol des Islam) stattfand zum Zeichen dafür, daß die neugegründete Stadt einst durch die Türken fallen werde. Während der Belagerung bestätigten gewisse Vorzeichen und Ereignisse diese Prophezeiung. Unter Kaiser Konstantin I., dem Großen, entstand die Stadt, unter Kaiser Konstantin XI. sollte sie wieder untergehen. Wie ein Leitmotiv beherrschte diese Prophezeiung den ganzen Bericht. Er schloß mit der noch wichtigeren Voraussage, daß die Rettung einst von einem *rotblonden* Volke kommen werde, und da das Wort *rotblond* (*rúsyj*) von dem einfachen Leser sehr leicht mit dem Worte *russisch* (*rússkij*) verwechselt werden konnte, wurde das Werk – in voller Übereinstimmung mit der Lehre von Moskau als dem dritten Rom – zu einer Mahnung an den moskovitischen Zaren, als Erbe und Rächer von Byzanz aufzutreten. Ganz prophetisch klang daher folgender Passus im Schlußkapitel des Werkes von NESTOR-ISKANDER:

> *Und wenn der neue Zar in die Stadt einzieht, werden sich die heimlichen Schätze der Erde offenbaren, und alle werden reich sein, und niemand wird arm sein, und die Felder werden siebenfach Frucht tragen, und aus den Waffen wird man Sensen schmieden . . .*

Ideologisch mußte diese farbenreiche Schilderung des Falles von Konstantinopel, der letzten Tage der Stadt und des tragischen Kampfes auf Leben und Tod mit den in Moskau herrschenden politischen und historiosophischen Stimmungen aufs beste harmonieren, und es ist kaum daran zu zweifeln, daß gerade seine aktuelle Tendenz dem Kriegsroman interessierte Leser verschaffte. Dennoch liegt die größte Bedeutung des Werkes für uns darin, daß es auch literarisch weiterhin eine sehr bedeutsame Rolle spielen sollte. Der Kriegsroman NESTOR-ISKANDERS machte gewissermaßen Schule und wurde zu einem Vorbild für ähnliche Bestrebungen in Rußland. Diese Bestrebungen hatten – bewußt oder unbewußt – das Ziel, die bisherigen theologisch gefärbten Chroniken durch historische Einzelwerke zu ersetzen.

Als Zar Iván IV. im Jahre 1551 – etwa hundert Jahre nach dem Falle Konstantinopels – das tatarische Reich von Kazán' eroberte, entschloß sich ein anonymer Schriftsteller, der das Buch Iskanders gelesen und sich von ihm hatte beeinflussen lassen, die *Eroberung des Zarenreiches Kazán'* (*Vz'átije Cárstva Kazánii*) in einem Werk zu schildern, das auch unter dem Titel *Geschichte vom Zarenreich Kazán'* (*Istórija o Kazánskom Cárstvě*) bekannt war und späterhin überaus viel von den Russen gelesen wurde. Es muß in den Jahren 1564–66 geschrieben worden sein. Der Verfasser war um so besser dazu geeignet, seine Aufgabe auszuführen, als er sich während der Belagerung der Stadt Kazán' durch die Truppen Iváns IV. selbst in der tatarischen Hauptstadt als Gefangener aufhielt, – so wie sich Nestor-Iskander im türkischen Lager befunden hatte, als Konstantinopel von den Türken belagert und erstürmt wurde. Er folgte denn auch seinem Beispiel, indem er sein Werk mit einer Schilderung von der legendarischen Entstehung der Stadt (in Anknüpfung an die weitverbreitete Wandersage vom Lindwurm) und ihrer Geschichte durch die Zeiten einleitete. Das zentrale Motiv aber war für ihn die machtvolle Zeit Zar Iváns IV. Er kannte des Pachomios Logothetes *Bericht über die Fürsten des Landes Vladímir* sehr genau, und es war daher ganz natürlich, daß er den Zaren sich im Kriegsrat auf die sagenhaften Taten seiner Vorfahren, besonders Vladímir Monomáchs, als Motiv seines Feldzuges berufen ließ: *denn auch ich bin von Gottes Gnaden Zar und meinen Ahnen ebenbürtig.*

In flüssiger und polierter Sprache führt er dem Leser den Gang der Schlacht in allen Einzelheiten vor – mit den obligaten Martialformeln, den gewöhnlichen Metaphern, den wohlbekannten Tier- und Gewittervergleichen, zugleich aber auch in einer Reihe höchst realistisch gesehener und wiedergegebener Kampfszenen:

> *Wie hungrige Adler und Falken stießen die Russen herab auf die Ruinen der Stadt. Wie Hirsche eilten sie hin über Hügel und offene Plätze. Wie die Raubtiere der Wüste irrten sie umher. Wie die Löwen brüllten sie nach Beute.*
>
> *Sie fahndeten nach den Bürgern von Kazán', die sich in ihren Häusern und Tempeln, in ihren Kellern und Höhlen verbargen. Wenn sie einen Greis oder einen Jüngling oder einen Mann reifen Alters griffen, übergaben sie ihn sofort dem Tode durch das Schwert.*
>
> *Und man sah mächtige Haufen getöteter Bürger von Kazán' sowohl innerhalb der Stadt selbst bis an den obersten Rand der Mauern als auch in*

den Toren der Stadt und in den Breschen und in den Wallgräben vor
der Stadt, in den Bächen, in den Brunnen, im Flusse Kazán' und weit
außerhalb der Stadt auf dem Felde liegen . . .

Ströme von Blut flossen durch die Straßen, Ströme vom Tränen ergossen
sich, und wie eine gewaltige Regenpfütze sammelte sich das Blut an den
niederen Stellen . . .

Der Roman von der *Eroberung des Zarenreiches Kazán'* erinnert in
seinem sprachlichen Stil oft an den gekünstelten Satzbau und das
Wortgeflecht der MAKARIOS-Zeit, er trägt aber auch deutliche Spuren einer volkstümlichen Poesie, die auf jenen Stil eingewirkt hatte.
Das poetische Element brach immer wieder siegreich durch sowohl
in der Wortwahl als auch in der Schilderung von Stimmungen und
Szenen. Bei der Schilderung des Auszuges Zar Iváns IV. aus Moskau
an der Spitze seiner Truppen heißt es von seiner Gemahlin, der Zarin
Anastasíja, die ihn ein Stück Weges begleitet hatte, daß sie sich nach
ihrer Rückkehr in den Kreml *gleichsam wie der lichte Stern, der sich*
in dunkle Wolken hüllt, in der Kemenate, wo sie wohnte, mit Trauer
und Bekümmernis umgab und alle Fensterlein verschloß und das
Tageslicht nicht schauen wollte, bevor nicht der Zar siegreich heim-
gekehrt sei. Und als Kazán von den Russen eingeschlossen worden
war und sich in großer Not befand, da gedachte seine Herrscherin
jener fernen Zeiten, *da kaiserliche Gelage und Feste* abgehalten
wurden, und *die Pracht und Macht der Ulanen und Fürsten und*
Mirzas erglänzte, und *die Chöre der jungen Frauen und schönen*
Mädchen mit ihren Gesängen und Tänzen Auge und Ohr erfreu-
ten. In großer Not und Angst wünschte sie, *einen rasch fliegenden*
Vogel fangen zu können, der mit Menschenzunge sprechen könnte,
um ihn zu ihrem Vater und ihrer Mutter zu senden mit einer
Botschaft von dem, was mit ihrer Tochter in Kazán' geschehen sei.
Das ganze Werk schließt mit einer farbenreichen Apotheose,
einer wirkungsvollen Schilderung vom triumphalen Einzug des Zaren
in Moskau. Man hat den Eindruck, daß es eben zum Zwecke dieser
Apotheose geschrieben war, als eine pittoreske Verherrlichung der
Person des Zaren, die sich zu einer Vergöttlichung des unumschränkten Monarchen des moskovitischen Reiches steigerte. Die ganze Be-
völkerung Moskaus strömte ihm entgegen: die Väter der Stadt,
Reiche und Arme, Alte und Junge, mit ihnen aber auch alle die vielen

ausländischen Handelsherren, die in der Hauptstadt des Reiches wohnten, Türken und Armenier, Deutsche und Litauer, alle die fremden Gesandten von Polen, Schweden, Dänemark, Italien und England. Der Verfasser schwelgte förmlich in diplomatischer Terminologie ...

Der Zar aber, der hoch zu Rosse saß, zog schweigend durch die Volksmenge, in großer Majestät und in großem Triumph, nach beiden Seiten grüßend, so daß das ganze Volk seine Augenweide an seinem Triumph und Glanz haben konnte. Er war in das Festgewand der Zaren gekleidet wie am Auferstehungstage Christi, in Panzer und Silber, eine von Saphiren strahlende und mit Edelsteinen geschmückte goldene Krone auf dem Haupte, einen purpurnen Mantel um die Schultern, und bis zu den Knöcheln war er mit Gold und Silber und Smaragden und anderen Edelsteinen bedeckt ...

In dieser Schilderung erkennen wir das prachtliebende, verfeinerte Moskau des 16. Jahrhunderts mit seinen Zeremonien und Umzügen. Nur die Bojarenfrauen und ihre Töchter fehlen im Bilde, denn *die Schamhaftigkeit verbot es ihnen, sich auf den Straßen zu zeigen.* Sie verbargen sich *wie behütete Vögelchen* in ihren Kemenaten und Jungfernzwingern, als aber der Zar unten auf der Straße vorbeizog, *lugten sie alle heimlich durch Türritzen, Fensterscheiben und Lädenöffnungen hinaus und genossen das wunderbare Schauspiel strahlenden Festes und Triumphes.*

7. EPISCHE TENDENZEN IN DER KRIEGSGESCHICHTE

Wie der Marsch Moskaus gegen Osten seinen literarischen Ausdruck in der *Eroberung des Zarenreiches Kazán'* fand, so wurde der Vormarsch gegen Westen in einem besonderen literarischen Denkmal, in dem kriegshistorischen *Bericht über den Feldzug des litauischen Königs Stefan Batoryi gegen Pskov,* verewigt.

Die Zeiten hatten sich geändert. Auch in den nordwestlichen Gebieten Rußlands, vor allem in den alten Freistädten Nóvgorod und Pskov, wo die Opposition gegen Moskau sich am längsten gehalten hatte, beugte man jetzt in sklavischer Unterwürfigkeit und Bewun-

derung das Haupt vor dem moskovitischen Autokraten. Noch um
1510 hatte ein anonymer Schriftsteller den Mut gehabt, eine ausgesprochen moskaufeindliche *Schilderung der Eroberung Pskovs*
(*Póvěst' o Pskóvskom vz'átii*) zu schreiben, eine Schrift, die gegen
den Vater Zar Ivás IV., den Zaren Vasílij, gerichtet war. Obgleich
die Freistadt sich seinem Ultimatum unterworfen hatte, brach er skru-
pellos seinen Eid, um die republikanische Selbständigkeit Pskovs
gänzlich zu vernichten; die Bürger Pskovs hatten den Zaren mit allen erdenklichen Huldigungen und Ehrenbezeigungen in ihrer
Stadt empfangen, aber nichtsdestoweniger ließ er die ganze Han-
delsaristokratie der Stadt verhaften und mit Kindern und Frauen
nach Moskau deportieren. Der Verfasser der Schrift ließ die Stadt
Pskov selbst ihr Schicksal in einem pathetischen Monolog beweinen,
der zuweilen an die Klage der Mutter im alten *Digenis-Roman* erinnert, und ihre Trauer darüber vortragen, daß der vielflüglige Adler
Moskaus mit seinen Löwenkrallen geflogen gekommen sei, um die
drei Libanon-Zedern der Freistadt zu entführen und sie der Schönheit und des Reichtums und der Kinderscharen zu berauben. Mit
großer lyrischer Kraft setzte die Stadt ihre Rede fort, die in lauter
parallelen Sätzen aufgebaut und von lauter syntaktischen Reimen
zusammengehalten war:

> *Sie haben unser Land verwüstet,*
> *sie haben unsre Stadt vernichtet,*
> *sie haben unser Volk gefangen,*
> *sie haben unsre Markthallen zerstört*
> *und einige davon mit Pferdemist geschändet,*
> *sie haben unsre Väter und Brüder entführt,*
> *und nach Orten, wo weder unsre Ahnen noch Vorfahren je gewesen,*
> *haben sie unsre Väter und Brüder und Freunde verbannt,*
> *und unsre Mütter und Schwestern haben sie geschändet und verhöhnt.*
> *Und viele Männer wurden Mönche und viele Frauen Nonnen*
> *und flüchteten in die Klöster,*
> *weil sie sich nicht als Gefangene fortführen lassen wollten*
> *von unsrer Stadt nach andren Städten.*

Kaum sechzig Jahre später war die Lage ganz anders. Pskov war
jetzt eine moskovitische Stadt geworden wie alle anderen. Der sprachliche Stil hatte sich auch verändert. Man befand sich in der Blütezeit
des MAKARIOS-Stils, in der Periode der gezierten Sprache des *Stufen-*

buchs. Die *Eroberung Pskovs*, von der oben die Rede war, gab freilich sehr bewegte Schilderungen in ausgesprochen pathetischem Stil, sie war aber in der Wortfügung doch noch verhältnismäßig einfach und unkompliziert. Jetzt aber waren ganze Schwärme künstlich zusammengesetzter, zuweilen ganz neu erfundener, feiner und gezierter Wörter in die Sprache gekommen und hatten die alten, allzu gegenständlichen und rohen Wörter verdrängt. Die Zeit suchte nach einer ausdrucksvollen Prosa, und man kann behaupten, daß hinter diesem Suchen eine Tendenz zur Poetisierung der Wirklichkeit lag, obgleich die Mittel, die gewählt wurden, nicht zum gewünschten Ziel führten. Man nahm seine Zuflucht zu der schwülstigen und wortreichen Methode der spätbyzantinischen Hagiographie und wandte diese in der weltlichen romanhaften Kriegsschilderung an.

Ein beredter Ausdruck dieser Tendenz war der anonyme *Bericht über den Feldzug des litauischen Königs Stefan Batoryi gegen Pskov* (*Póvěst' o prichoždénii korol'á litóvskogo Stefána Batórija na velíkij i slávnyj grad Pskov*). Die Belagerung von Pskov fand im Jahre 1577 statt, und der Bericht ist einige Jahre später niedergeschrieben. Der Verfasser besaß eine große Belesenheit in der ganzen älteren und neueren Martial- und Kriegsliteratur vom *Jüdischen Kriege* des Josephos Flavios bis zur anonymen *Eroberung des Zarenreiches Kazán'* und nahm sich vor, den mißlungenen Versuch des polnisch-litauischen Königs, die alte Freistadt Pskov, den westlichsten Vorposten des Moskovitischen Reiches, zu erobern, in seinem Werke erschöpfend zu beschreiben. Es ist dabei interessant, daß er sich sehr stark auch von der Märchenliteratur, vor allem von dem großen orientalisch-byzantinischen Tiermärchen *Stephanites und Ichnelates*, das er gut kannte, beeinflussen ließ. Um seine Schilderung so farbenreich wie möglich zu machen, schuf er die kühnsten Neologismen, unter denen vor allem solche Komposita auftraten wie *hochmutsstolz* oder *weisheitsbelehrend* oder sogar *tapferkeitssiegend* oder *gütefreundlich*. Eine besondere Wirkung schrieb er offenbar rein tautologischen Ausdrücken wie *bösgesinnte Gesinnung* oder *raschartige Art* zu – wahrscheinlich das Ergebnis eines intensiven Jagens nach nuancierten Bedeutungsbezeichnungen, zugleich aber auch das Ergebnis eines hemmungslosen Jagens nach äußerer Originalität.

Auch dieser Bericht oder Roman hatte offenbar die Aufgabe, das
Bild von Moskau in besonders majestätischem Glanz erstrahlen zu
lassen. Die hagiographischen Tendenzen zeigten sich in diesem
Werke unter anderem in dem stark betonten Gegensatz zwischen
König Stefan Batoryi und Zar Iván IV. Dieser war als der Verteidiger des wahren Christentums geschildert und als fromme, sogar
sentimentale Gestalt dargestellt, wenn er auf den schneeweißen
Marmorstufen der Kirche bittere Tränen vergoß, während König
Stefan in haßerfüllten Worten als der Gesandte der Hölle dargestellt wurde, dessen Vorhaben von vornherein zum Mißlingen verurteilt war:

*Und da Batoryi erfuhr, daß er schon in der Nähe von Pskov sei, öff-
nete er wie die gierige Hölle seine Schlünde, um die Stadt zu verschlingen.
Eilig und verzückt flog er gegen Pskov wie ein grimmiger und großer
Drache aus seiner Höhle . . .*
*Und wie ein geflügelter Drache flog er gegen Pskov. Er wollte mit den
Schwingen seines Hochmuts die Stadt umstürzen. Er hatte die Absicht,
mit seinen Drachenzähnen die Bürger der Stadt zu töten und sie zu er-
würgen wie mit Stricken. Er prahlte, daß er alles, was er an Gutem in der
Stadt fände, in seinem höllischen Bauche mit sich heim nach Litauen.
schleppen würde. Er prahlte, daß er alle Leute, die möglicherweise am Leben blieben, in seinen zahllosen Schnäbeln als Beute mit sich wegtragen
würde . . .*

Der Vergleich mit dem gierigen Drachen, der, mit zahllosen Schnäbeln ausgerüstet, auf mächtigen Flügeln dahergeflogen kommt, ist
zweifellos aus hagiographischen Quellen entlehnt, er bildet aber
ein vielsagendes Gegenstück zu dem vielflügeligen moskovitischen
Adler mit den Löwenklauen, der noch im *Bericht von Pskovs Eroberung* mit nicht geringerem Widerwillen geschildert war. Der Verfasser gab dem hagiographischen Drachenbild eine überlegen-
ironische Beleuchtung und erzielte dadurch eine neue Wirkung, die
in ernsten und salbungsvollen Heiligenlegenden bisher ganz unbekannt gewesen war. Man bemerkt auch mit Interesse, wie er die
rhetorische Fragetechnik, die für die neue Hagiographie so charakteristisch war, erneuerte. Nicht ohne Anklang an gewisse *Alexander-
sagen*, nach denen der König die Höhe des Himmels und die Tiefe des
Meeres erforscht hatte, stellte der Verfasser seine an Stefan Batoryi
gerichteten Fragen in ein dreifach ironisches Licht:

Was nützt dir all deine Klugheit, König von Polen? Was nützen dir wohl alle deine gottlosen Pläne, Großfürst von Litauen? Was nützt dir wohl all deine List, Stefan?

Jagest du dem Winde nach? Oder willst du den Weg zur Tiefe des Meeres finden? Oder möchtest du die Bahnen des hochfliegenden Adlers erforschen?

Es wird dir schlecht bekommen, wenn du dich gegen dein Schicksal sträubst.

So kann kaum ein Zweifel daran bestehen, daß es in der moskovitischen Kriegsschilderung, wie sie besonders im Zeitalter Ivàns IV. in Erscheinung trat, tatsächlich eine ausgeprägte Neigung zu einer lebhaften, zugleich poetischen und realistischen Prosakunst gab. Aber mehr als bloß eine Neigung finden wir erst viel später, zu einer Zeit, als alle Fesseln, die die freie dichterische Phantasie noch banden, gesprengt wurden. Im 16. Jahrhundert war die poetisch-realistische Strömung noch nicht stark genug, um jenen starren, hemmenden Ring autokratischer Pracht und glanzvoller Formelhaftigkeit, der sich um alles geistige Leben gelegt hatte und somit auch die Literatur band, zu durchbrechen. Die Zeit, von der hier die Rede ist, stand – trotz aller konstatierbaren Schwankungen und Nuancen – noch ganz im Banne des späten Byzantinismus, und die Wortkunst war noch ganz von dem eigentümlichen hagiographischen Stil der Makarios-Zeit abhängig.

8. IDEOLOGISCHE LITERATUR

Das publizistische Element, das in der oben geschilderten kriegsgeschichtlichen Literatur enthalten war, kam während der Regierung Zar Ivàns IV. in einigen Schriften zur Entfaltung, die an und für sich gar nicht in die russische Literaturgeschichte hineingehören, die aber mittelbar eine unermeßliche Bedeutung für den Verlauf des schwierigen Kampfes um eine literarische Prosasprache gehabt haben. Unter diesen Schriften tritt vor allem das bemerkenswerte Werk Ivàn Sem'ònovič Peresvétovs als politische Programmschrift für die ganze Wirksamkeit Zar Ivàns IV. in den Vordergrund.

Dieses Werk, das mit Recht die Überschrift *Von der politischen Mission des moskovitischen Zaren* tragen könnte, umfaßte eine Reihe von mehr oder weniger lose zusammengefügten Schriften, die alle ohne Ausnahme vom Machtproblem und von der Alleinherrschaft handelten. Es bildete ein charakteristisches russisches Gegenstück zu MACHIAVELLIS Buch vom *Fürsten*. PERESVÉTOV war ein Mann, der sich in der Welt umgesehen hatte und der trotz des starken Einflusses, den der westeuropäische Humanismus und die Renaissance auf ihn ausgeübt hatten, dennoch zu dem Resultat gelangt war, daß das Moskovitische Reich mit seiner augenscheinlich festgefügten, byzantinisch geprägten Ideologie der einzige europäische Staat sei, der die Voraussetzungen besitze, der immer mehr wachsenden Türkengefahr wirkungsvoll Widerstand zu leisten. Dem Ursprung nach ein litauisch-westrussischer Edelmann, hatte PERESVÉTOV zuerst im Dienste des polnischen Königs Sigismund I. (gest. 1548) gestanden, war dann einige Jahre (1528–32) beim ungarischen König Jan Zapolyia tätig gewesen und hatte dann dessen Hof mit dem habsburgischen Hof Kaiser Ferdinands I. vertauscht. 1535 wurde er zu Peter, dem Fürsten der Walachei, einem türkischen Vasallen und glühenden Bewunderer Moskaus, gesandt. Hier faßte er den Entschluß, in den Dienst des moskovitischen Zaren zu treten.

Er hatte sich also gründlich in der mitteleuropäischen Welt umgesehen, bevor er um 1538 in Moskau auftauchte. Er hatte mit eigenen Augen, sehr wachsamen und scharf beobachtenden Augen, die beginnende Auflösung des mittelalterlichen Feudalismus in Europa und das siegreiche Aufblühen des modernen Autokratismus studiert. Den Fall Konstantinopels betrachtete er nicht gerade als Gottes Strafe für die Sünden der Griechen, wie man es immer noch gern in Moskau tat, sondern vielmehr ganz realistisch als das direkte und unausbleibliche Ergebnis der mangelhaften und unmodernen Organisation des byzantinischen Reiches und der schwachen Regierung des letzten Kaisers. Der Sieg der Türken aber war in seinen Augen die Frucht einer hervorragenden autokratischen Regierungsform, die ihre Macht geltend zu machen verstand. Sowohl in dem *Bericht über Kaiser Konstantin* (*Skazánije o carě Konstantíně*) als auch in dem *Bericht über Sultan Muhammed* (*Skazánije o Magmét-saltáně*) verherrlichte PERESVÉTOV kühn und unverhüllt den türkischen Sultan als den idealen Selbstherrscher, den autokratischen Monarchen, den Wohltäter seiner Diener und unversöhnlichen Richter und Verfolger aller

Verbrecher – als einen Fürsten, der in seinem Reiche Wahrheit und Gerechtigkeit mit Gewalt sichere, übrigens nicht zumindest kraft jener Weisheit, die er in den gelehrten Büchern gefunden habe, welche seine Krieger in der Bibliothek des byzantinischen Patriarchen Athanasios geraubt hatten und die er später gnädig dem Patriarchen zurückgeben ließ. Während Kaiser Konstantin ein milder und freundlicher Herrscher gewesen war, war Sultan Muhammed mit vollem Recht als der über alle Maßen strenge Herrscher dargestellt. Mit besonderer Wärme lobte PERESVÉTOV die türkische Staatswirtschaft und das zweckmäßig fungierende Beamtenwesen und rühmte sowohl die türkische Justiz als auch die türkische militärische Organisation als nachahmenswertes Vorbild. Der türkische Staatszentralismus unter einem aufgeklärten und alleinherrschenden Monarchen war sein Ideal. In dieser Beziehung war er im Einklang mit den westeuropäischen Humanisten, die sich vom Absolutismus gesellschaftliche Ordnung und Fortschritt versprachen.

PERESVÉTOV tritt in seinen Schriften als unversöhnlicher Gegner jeder Form von Oligarchie oder Magnatenregierung auf. Ohne zu schwanken, fordert er von dem vollkommenen Herrscher, daß er die habgierigen, genußsüchtigen und raublustigen großen Herren, die Vertreter des Feudalismus, mit Härte und Strenge züchtige. *Ohne solche Härte gibt es keine Gerechtigkeit im Staate* – heißt es bei PERESVÉTOV. *Wie ein Roß ohne Zügel ist der Staat ohne Strenge.* Er prägt das Wort *grozá* in der Bedeutung ‚Strenge, Drohung, Gewitter' als die vornehmste Eigenschaft der rechten Herrschermacht, ohne vorauszusehen, daß das zugehörige Eigenschaftswort *gróznyj* vom Volke bald seinem gelehrigen Schüler, Zar Iván IV., als Beiname gegeben werden würde. Zu seiner Zeit waren die Verhältnisse im moskovitischen Rußland ganz und gar durch die ungezügelte Magnatenherrschaft gekennzeichnet. *Die Magnaten des russischen Zaren* – heißt es in einer anderen Schrift PERESVÉTOVs – *bereichern sich und geben sich dem Müßiggang hin und machen sein Reich immer ärmer, und sie nennen sich seine Diener, weil sie in seinem Dienst in Prunk und Pracht einherreiten, nicht aber weil sie den christlichen Glauben verteidigen und unversöhnlich das Spiel des Todes mit dem Feinde spielen, wodurch sie Gott und ihr Land verraten.* In seiner Schilderung des walachischen Vojevoden Fürst Peter läßt er diesen einen sei ner Untertanen, der moskovitischer Herkunft ist, über die moskovitischen Zustände und über den moskovitischen Zaren befragen. Besonders interessiert es ihn, ob in dem Moskovitischen Reiche Gerechtigkeit, d. h. organisierte und strenge Justiz, herrsche, und als der Diener erzählt, daß die Religion und die Kirche in Moskau Lob verdienten, daß man aber vergebens Gerechtigkeit suchen werde, bricht PERESVÉTOVS Vojevode in Tränen aus und sagt: *Wenn einem Lande Gerechtigkeit fehlt, dann ist alles andere ein Nichts.*

Dennoch setzt aber PERESVÉTOV die größten Hoffnungen auf den moskovitischen Zaren. Er versichert sogar an einer Stelle, daß *die weisen Philosophen und Doktoren* (wohl die westeuropäischen Humanisten) in *ihren Schriften von dem rechtgläubigen Großfürsten und Zaren von ganz Rußland behaupten, daß er mit der Zeit ein weiser Herrscher* (= ein aufgeklärter Monarch) *werden und Gerechtigkeit* (= organisierte Justiz) *in seinem Reich einführen werde.* Kühn formuliert er seine Wünsche in bezug auf Rußlands Zukunft so: *Möge der rechte christliche Glaube* (= die christliche Kultur) *in Rußland sich mit türkischer Gerechtigkeit vereinigen!* Weltlicher konnte ein politischer Schriftsteller sich in dem immer noch byzantinischen Moskau kaum ausdrücken.

9. DER STAAT ZAR IVÁNS IV.

PERESVÉTOVS Wunsch ging in gewisser Beziehung recht bald in Erfüllung. Iván IV., der sicher seine Schriften gelesen hatte, führte *mit Härte*, was PERESVÉTOV *türkische Gerechtigkeit* nannte, d. h. Absolutismus und Zentralismus, in seinem Staate ein.

Moskau trat unter seiner Regierung als mächtiger Staat auf. Die moskovitische Kultur, die in großen enzyklopädischen Werken kodifiziert vorlag, war anscheinend durch äußere und innere Einheitlichkeit gekennzeichnet und ruhte geschlossen in sich selbst. Sie schien keine Keime dynamischer Gegensätze zu enthalten, sie besaß somit keine Voraussetzungen zu fruchtbarer Entwicklung. Sie hatte eine vollkommene Harmonie erreicht und mußte daher in ihrer eigenen Form erstarren. Eine unerschütterliche Konvention beherrschte das ganze Gesellschaftsleben, nicht nur die Literatur. Die Menschen unterwarfen sich anscheinend gehorsam allen geschriebenen und ungeschriebenen Gesetzen. Die äußerlich so farbenfrohe Zeit, die ihren besten Ausdruck in den Miniaturen und Illuminationen der Folianten oder in der Architektur fand, war im Inneren durch eine asketische Lebenshaltung ausgezeichnet, die in der erbaulichen Lehre der Kirche und in den Musterlegenden der Hagiographen Nahrung suchte und fand. Aber auch die Frömmigkeit und Heiligkeit selbst waren schon in kalten Formen erstarrt, die kaum noch einen lebendigen und erlebten Inhalt bargen. Die alte einfache, aber großartige Ikonenmalerei war in hohem Grade dekorativ geworden und verlor sich meist in schematischen Einzelheiten. Die Kirche übte strenge Aufsicht aus und bekämpfte alle Abweichungen vom rechten Glauben und von der feststehenden Norm. Auch die fremden Einflüsse, die sich unter anderem an den Illustrationen der Bücher beobachten lassen, fügten sich bereitwillig dem moskovitischen Gefallen an festen Stilformen. Die Freskogemälde, die nicht nur die Decken und Wände der Kathedralen und Zarenpaläste, sondern auch die Privathäuser der reichen Bojaren schmückten, waren farbenreiche, festliche Äußerungen eines an sich strengen und unelastischen Kunstsinns, der Arabesken, Konturen und Kompositionen neuen und frischen Ideen vorzog. Auf allen Gebieten der Kultur verriet die geschnörkelt-poetische Formsprache in verschiedener Weise ein gemeinsames, einheitliches Streben nach einem komplizierten, aber nicht besonders gehaltreichen Symbolismus.

Der Schönheitsbegriff war ganz an dekorative Attribute gebunden. Eine geschliffene Eleganz, die von dem westeuropäischen höfischen Rittertum wesensverschieden war, beherrschte das öffentliche Leben und wurde zu Etikette und Zeremoniell. Die Gewänder der Bojaren waren vornehm, die Stoffe bunt gemustert und kostbar, aber zugleich prahlerisch und steif, schwer und beschwerlich. Die Bewegungen waren gehemmt durch würdige und langsame Grandezza. Die Frauen waren in Seide und Atlas gekleidet, Gewänder und Geschmeide verhüllten die Konturen des Körpers, während das Gesicht von einer dicken Schicht Schminke bedeckt war. Westeuropäische Mode wurde als eine schamlose Erfindung des Teufels betrachtet. Männer und Frauen lebten ihr tägliches Leben nach festen Regeln, und Kniebeu-

gung und Andacht raubten viel Zeit. Die Bojaren wachten eifersüchtig
über Rang und Rechte – sie konnten nach den Geschlechtsbüchern
errechnet werden –, und ihre Frauen und Töchter, die in den Frauenzimmern und Jungfernzwingern wie *behütete Vögelchen* eingesperrt
lebten, waren eigentlich Haremsfrauen, die die Umwelt nur durch
Fensterscheiben und Gucklöcher sahen. Die Verachtung des Weibes
als eines Werkzeugs des Teufels – diese mönchische Anschauung –
war tief in die Seele des Mannes eingedrungen.

Wie ein lebendiges Symbol göttlicher Majestät saß der allrussische
moskovitische Zar und Selbstherrscher, nach byzantinischer Terminologie *Kaiser* und *Autokrator*, nach moskovitischer *car'* und *samo-
deržec*, auf seinem goldenen Throne, in goldgestickte, steife Atlas-
gewänder gehüllt, streng und ohne ein Lächeln, hielt seine Reden
nach der Etikette der alten byzantinischen Regeln, und seine Ratgeber, die äußerlich den bärtigen Asketen auf den Ikonen ähnelten
oder von übermäßiger Körperfülle strotzten, unterwarfen sich immer
willenloser seinen Befehlen, während sie dem gemeinen Volke gegenüber als gierige und despotische Herren mit eisernem Willen auftraten. Die Masse des Volkes dagegen versank immer tiefer in Armut
und Barbarei. Das Gesicht der Zeit hatte zahlreiche kontrastierende
Züge, die sich nur hinter dem äußeren einheitlichen Firnis verbargen.
Hinter dem äußeren heiligen Glanz beherrschten roher Materialismus
und Formalismus alle Verhältnisse des Lebens. Äußere Heiligkeit –
innere Leere, äußere Blüte – inneres Welken, äußere Prachtentfal-
tung – innerer Verfall waren die Gegensätze der moskovitischen Kultur, ihr eigentliches Kennzeichen. Das Raffinement der Form ver-
deckte mit seinem auswendigen Prahlen nur schlecht den Mangel an
Gehalt. Wenn Form und Idee sich nicht mehr im Gleichgewicht halten können, ist die Krise nicht fern. Die äußere Einheitlichkeit der
Kultur stand in schreiendem Gegensatz zu der gesellschaftlichen
Struktur, die in Wirklichkeit ein Chaos von ungleichartigen Elementen barg. Das Chaos mußte sich früher oder später einen Weg durch
den äußeren Kulturfirnis bahnen.

Solange sich das gesellschaftliche Leben in festen Ketten halten
ließ, konnte sich auch der herrschende Kulturstil behaupten. Es
ist bemerkenswert, daß sich gerade in der Regierungszeit Zar Ivāns
IV., in der dieser Stil die höchste Entwicklungsstufe erreichte, auch

die unausbleibliche soziale Explosion langsam vorbereitete. Das ideale zaristische Selbstherrschertum, von dem PERESVÉTOV geträumt hatte und das Zar Iván IV. in größerem Maße als irgendeiner seiner Vorgänger zu verwirklichen verstanden hatte, war in seinem innersten Kerne bedroht, und die Bedrohung kam von mehreren Seiten. Das altrussische Feudalsystem hatte eine Umwandlung erfahren. Die Mitglieder der alten Dynastie, die in den zerstückelten Kleinfürstentümern saßen, hatten jeden Anspruch auf Ausübung persönlicher politischer Macht aufgegeben und waren zu einer Klasse von Großgrundbesitzern geworden, die ganz bewußt danach strebten, die Macht des Zaren zu eigenem Vorteil auszunutzen. Ein Sitz in der bojarischen Duma des Zaren war das höchste Ziel ihrer Wünsche. Da der Großadel den größten Teil der reichsten Landgebiete besaß, war er auch eine große wirtschaftliche Macht. PERESVÉTOV hatte sich schon früh veranlaßt gesehen, den moskovitischen Zaren vor der Oligarchie, nach der die Magnaten ganz offen strebten, zu warnen.

Die Grundidee der Regierung Zar Iváns IV. bestand, besonders in der zweiten Hälfte seines Lebens, in der Abwehr solcher Bestrebungen. Seine innere Politik muß indessen in ihren wesentlichsten Zügen als eine Folge des Eindringens ausländischen Handelskapitals in Rußland bewertet werden. Moskau war keineswegs mehr so unabhängig von Europa wie früher. Die Einverleibung der Handelsrepublik Nóvgorod und ihrer weiten Gebiete im Norden bis nach Archángelsk und dem Weißen Meere hin hatte eine bedeutend engere Verbindung zwischen Moskau und den westeuropäischen Handels- und Kulturstaaten zustande gebracht als je zuvor. Durch die Vermittlung westeuropäischer Agenten, die sich in der Hauptstadt niederließen, hatte das Moskovitische Zarenreich begonnen, seine Rohstoffe zu exportieren und dafür ausländisches Geld, ausländische Manufakturwaren und andere Erzeugnisse zu erhalten. Es waren letzten Endes Handelsinteressen, die Moskau zu langwierigen Kriegen zwangen, und zwar an zwei Fronten, einerseits gegen die Tataren, die fortgesetzt von Osten und Südosten das Reich beunruhigten, andererseits aber gegen den weit mächtigeren polnisch-litauischen Doppelstaat und die wechselnden Herren in den Ostseeländern.

Diese Entwicklung veranlaßte Zar Iván IV., eine berufsmäßige Kriegerkaste zu schaffen, die ihren Sold von der Regierung empfing und nur dieser gehorchte. Dieser Stand rekrutierte sich, ohne Rücksicht auf Geburt und Adel, aus den verschiedensten Bevölkerungsschichten des Landes und wuchs infolge der vielen Kriege, die der Zar zu führen hatte, rasch an. Um die effektive Kriegsmacht des Staates zu sichern und sie von den militärischen Organisationen und privaten Kriegergarden des Großadels unabhängig zu machen, mußte der Zar vor allen Dingen die wirtschaftlichen Forderungen und Wünsche der staatlichen Kriegerkaste befriedigen. Das konnte nur durch Zuteilung von Land geschehen, und da der Großadel die besten Landgebiete in den zentralen Teilen des Reiches in seinem Besitz hielt und die verfügbaren Landarbeiterkräfte, nämlich die steuerpflichtigen Fronbauern, in seinem Dienst hatte, mußte der Staat oder der Zar notwendigerweise in scharfen politisch-wirtschaftlichen Gegensatz zu den fürstlichen und bojarischen Landbesitzern geraten. Durchdrungen von der streng absolutistischen Idee, daß alles Land im Reiche das persönliche Eigentum des Zaren sei, der darüber souverän verfügen könne, und daß die Großgrundbesitzer bloß dank seiner persönlichen Gnade in ihren Erbgütern säßen, nahm Iván IV. die berühmte umfassende Enteignung aller zentralmoskovitischen Gutsbesitzerländereien vor, zog mit systematischer Rücksichtslosigkeit die Erbländer der adeligen Großgrundbesitzer ein und überführte diese mit Gewalt in die Randgebiete und Grenzmarken des Reiches. *Wie ein Roß ohne Zügel ist der Staat ohne Strenge –* diesen Aphorismus PERESVÉTOVS machte der Zar jetzt zu seiner politischen Losung, und die blutige Politik, die er gegen die Magnaten führte, machte ihn bald zum Gegenstand des Hasses und Schreckens unter den moskovitischen Fürstensöhnen und Bojaren, die seinen Beschlüssen und Befehlen machtlos gegenüberstanden. Indem er so die wirtschaftliche und politische Machtstellung des Großadels brach, schuf er aus den eingezogenen Gütern einen Staat im Staate, den zarischen *Sonderbesitz*, sein *privatum* (*opričnina*). Er stützte sich bei der Durchführung seiner Politik auf eine besondere eiserne Garde, die sogenannten *opričniki*, die ohne Bedenken seinem leisesten Winke folgten. Mit Feuer und Schwert zogen sie durchs ganze Land und rotteten schonungslos den *Verrat* aus. Der Zar ertränkte jeden Widerspruch in Blut, stückelte die alten Feudalgüter aus, die unter das Statut des Sonderbesitzes gekommen waren, und gab die so gewonnenen Grundstücke seinen treuen Wehrpflichtkriegern als Lohn für ihre militärischen Dienste. Obgleich dieser Lohn nur als ein persönliches Geschenk an den einzelnen Krieger gedacht und kein Erbrecht damit verbunden war, wurde durch diese Maßnahmen dennoch der Grund gelegt zu einem neuen Stande, dem der kleineren Gutsbesitzer, dem russischen Kleinadel (*dvor'ánstvo*), der langsam die Reste des früheren Großadels in sich aufnahm.

Die tiefgreifende Umgestaltung, die der Zar in der Struktur des Staates durchführte, sollte später Konsequenzen nach sich ziehen, die er selber unmöglich hätte voraussehen können. Sie sollten dazu beitragen, die ganze bestehende Gesellschaftsform in ihren Grundfesten zu erschüttern. Erdacht als sicheres Mittel zur Festigung des moskovitischen Selbstherrschertums, führte die Reform Zar Iváns IV. zunächst nur zur Erschütterung der Tradition. Der zarisch-bojarische Lebensstil, der seine reichste Blüte gerade unter der Regierung Iváns IV. erlebt hatte, war dank der Ironie des Schicksals infolge der Maßnahmen des Zaren selbst zum Untergang verurteilt. Ihren klarsten Ausdruck erhielt diese bemerkenswerte Krise in dem berühmten Briefwechsel zwischen Zar Iván IV. und Fürst Kúrbskij.

10. IVÁN IV. UND FÜRST KÚRBSKIJ

Der Briefwechsel zwischen den beiden politischen und literarischen Gegnern wurde zu einem literarischen Denkmal des Kampfes auf Tod und Leben zwischen dem Selbstherrschertum und dem Großadel. Er ist ebenso interessant in stilgeschichtlicher wie in ideologischer Hinsicht.

Fürst ANDRÉJ MICHÁJLOVIČ KÚRBSKIJ (1528–83), Nachkomme der einstmals souveränen Fürsten von Jaroslávl' und Smolénsk, ein ferner Verwandter des offiziell kanonisierten heiligen Fürsten F'ódor, vertrat in diesem Briefwechsel die Hocharistokratie und den untergehenden fürstlichen Feudalismus. Er war früher einmal der nächste Ratgeber und vertraute Heerführer des Zaren gewesen; als aber Iván IV. seinen

erbarmungslosen blutigen Krieg gegen den Geschlechtsadel, gegen
seine eigenen *fürstlichen Verwandten, die* (wie er selbst) *ihr Geschlecht
von dem großen Vladímir herleiteten,* eröffnete, da zog sein Heerführer,
dessen Leben nach einer unglücklichen Schlacht bedroht war, es vor,
zum Erbfeinde seines Herrn, dem polnisch-litauischen König Sigismund August, zu fliehen. In der hochadligen polnisch-litauischen
Republik, dem Paradies aller Magnaten, wo jede autokratische Tendenz in der Politik des Königs von den Herren eifersüchtig bekämpft
wurde, fand KÚRBSKIJ sich rasch zurecht und nahm sogleich eine
typisch polnisch-litauische Magnatenhaltung an. Im Licht des berühmten polnischen *liberum veto,* das in den großen und kleinen
Adelsparlamenten Polens herrschte, mußte der Autokratismus Ivans
IV., obwohl er manchen Staatsformen im westlichen Europa entsprach, einem Mann wie Fürst KÚRBSKIJ nicht nur als barbarische
Despotie, sondern auch als unmittelbare Auswirkung seines ungezügelten Cäsarenwahnsinns erscheinen. KÚRBSKIJ war völlig außerstande, die blutige Umgestaltung als historische Notwendigkeit anzuerkennen. Seine Anklagebriefe gegen den Zaren, geschrieben in
den Jahren 1564–79, wie auch sein größeres Werk *Geschichte des moskovitischen Großfürsten* (*Istórija kn'áz'a velíkogo moskóvskogo*), in
den Jahren 1576–78 verfaßt, sind daher von flammender Entrüstung
über die Verfolgung der treuen und verdienten Untertanen durch den
Zaren getragen. In seiner Politik sah er nur eine Nachahmung der
heidnischen Verfolger des Christentums. Der Zar glich in seinen Augen dem mythischen Chronos, der seine eigenen Kinder fraß.

IVÁN IV. (1533–84) vertrat den diametral entgegengesetzten Standpunkt. Er verachtete aufs tiefste den polnischen König, diese Pup-
penspielfigur, *die von allen regiert wird und niemanden regiert.*
Sein Bewußtsein eigener uneingeschränkter Machtvollkommenheit
war unerschütterlich. Er kannte des PACHOMIOS LOGOTHETES *Bericht
über die Fürsten von Vladímir,* und es fiel ihm daher leicht, Argumente
aus der Geschichte zugunsten der Autokrator-Idee vorzubringen, vom
heiligen Vladímir an bis zu seinem eigenen Großvater, Zar Iván III.,
dem Rächer alles Unrechts, wie er ihn nannte. Aber mit einer sittlichen
Empörung, die bedeutend glühender war als die Fürst KÚRBSKIJS,
sprach er von allen jenen Fürsten und Bojaren, die nie an die Interessen des Staates, sondern nur an ihren eigenen Vorteil gedacht hätten.

Es fehlte ihm nicht an Beweisen. Aus seiner eigenen Kindheit wußte er, was fürstliche Oligarchie in Wirklichkeit bedeutete, und voller Zorn nannte er ausdrücklich Kúrbskijs Großvater mütterlicherseits, Fürst Tučkóv, und die Herren aus der Šújskij-Familie als besonders grelle Beispiele aristokratischer Gier, der Hoffart und des Zynismus. Gegen das anarchistische Prinzip der Adelsmacht stellte er seine eigene politische Maxime auf, daß *das Reich durch Gottes Gnade und durch die Barmherzigkeit der Heiligen Jungfrau, durch die Fürbitte aller Heiligen und durch den Segen unsrer Ahnen nur von Uns, dem Herren des Reiches, und nicht von Richtern und Feldherren, Hypaten und Strategen regiert wird!*

Betrachten wir hingegen den Briefwechsel vom literarischen und stilgeschichtlichen Standpunkt aus, dann verteilen sich Licht und Schatten notwendigerweise ganz anders. Wir erkennen dann, daß Iván IV. einen dem Untergang geweihten Stil vertritt, der nicht mehr imstande ist, eine Brücke zu schlagen zwischen der Fiktion von dem *engelhaften Anstand* eines Zaren und dem blutigen Kampf der Wirklichkeit, zwischen der äußeren Demut und der inneren Hoffart, zwischen äußerem Glanz und innerer Roheit. Der irdische Herrscher adressiert seine Antwort an seinen Angreifer in detaillierter und schwerfälliger, hieratischer Weise:

> *Der orthodoxen, in Wahrheit christlichen, über viele Reiche herrschenden Selbstherrschermacht B o t s c h a f t und Unsere christlich demütige A n t w o r t*
> *an jenen, der einstmals in des orthodoxen wahren Christentums und Unserem Dienst gestanden hat als Bojar, Ratgeber und Heerführer, jetzt aber meineidig geworden ist an Jesu Christi heiligem und lebenspendendem Kreuz und ein Verderber des Christentums und ein Diener der Feinde Christi ist,*
> *an jenen, der in seiner Person alle die Menschen vereinigt, die die göttliche Bilderverehrung verwerfen, und alle die Menschen, die die heiligen Gebote mit Füßen treten, und alle die Menschen, die die geweihten Kirchen verheeren, und alle die Menschen, die die geweihten Gefäße und Ikonen schänden und entweihen, sowie Leon der Isaurier oder Konstantinos Kopronymos oder Leon der Armenier es einstmals taten,*
> *an Fürst Andréj Michájlovič Kúrbskij, der auf hochverräterische Weise danach getrachtet hat, Fürst von Jaroslávl' zu werden.*

Wir stehen hier einem besonders eindrucksvollen Beispiel der offiziellen moskovitisch-hagiographischen Stilkunst gegenüber. Die Sätze sind in noch viel größerem Maße, als die Übersetzung ahnen läßt, ineinandergeschoben, als wären es chinesische Schachteln. In einer einzigen, unendlich langen Satzperiode, die aus Partizipien, Relativsätzen, Antithesen, Vergleichen, parallelen Wortgruppen aufgebaut ist, sucht der Briefschreiber mühsam, so viel wie möglich in einem Zuge auszudrücken, zugleich so raffiniert und so pathetisch wie nur möglich. In dem schwellenden Redefluß geht aber der Sinn unter. Die weltliche Anmaßung des Zaren und seine christliche Demut, das Streben des Stilisten nach sprachlicher Eleganz und sein hemmungsloser Drang nach Schwulst ergeben nur einen rauschenden Wortschwall. Es ist, als wenn sich der Verfasser des Briefes an den langen Tiraden berauschte und die Besinnung verlöre. Lange gelehrte Zitate aus der *Bibel*, besonders aus den Briefen des Apostels Paulus, unterbrechen die eigenen Betrachtungen des Zaren über die göttliche Herkunft der Herrschermacht. Seine Entrüstung über die schamlose Oligarchie der Bojaren und ihre Respektlosigkeit während seiner Kindheit äußert sich in langen Katalogen vermeintlicher oder wirklicher Schandtaten. Die salbungsvollen, heuchlerischen Erörterungen über die Pflicht des treuen Dieners, ohne an sein eigenes Leben zu denken, demütig das Schicksal zu erdulden, das sein Herr ihm in seiner Weisheit beschieden habe, enden zuweilen mit einem derben Schimpfwort, das direkt aus der moskovitischen Gassensprache stammen könnte, wie zum Beispiel die grobe Anrede *du Köter* oder das nicht weniger grobe Bild *du stinkender Kot*.

Von ganz anderer Art, jedenfalls in den besten Textteilen, ist der Stil des Fürsten KÚRBSKIJ. Auch er war – wie sein zarischer Gegner – in den Stilformen und im Geschmack der MAKARIOS-Zeit erzogen, aber als direkter oder indirekter Schüler des Griechen MAXIMOS, den er in seinen Schriften gern mit Dankbarkeit erwähnt, hatte er sich eine gewisse Mäßigung im Gebrauch hagiographischer Normen erworben. Als er die polnisch-moskovitische Grenze überschritt, schüttelte er auch die übermäßig blumige Sprache ab. Er kam in enge Berührung mit polnisch-europäischer Bildung. In unglaublich kurzer Zeit gelang es ihm, sich die Formen polnischer Kultur anzueignen, ohne daß er doch je seinen streng orthodoxen Glauben aufgegeben hätte. Er entfaltete eine umfassende Schriftstellertätigkeit, übersetzte sehr viele patristische Werke, schrieb Einleitungen zu religiösen und historischen Büchern, studierte Cicero und verfaßte seine *Geschichte des moskovitischen Großfürsten*, das erste russische Geschichtswerk, das von einem leitenden und zusammenhaltenden polemisch-politischen Grundgedanken beherrscht war.

Das im Exil nur noch mehr befestigte stilistische Ideal Kúrbskijs war zweifellos sprachliche Klarheit. Abgesehen von verständlichen Rückfällen in den moskovitischen Schwulst, waren seine Sätze im allgemeinen klar und übersichtlich, und erlaubte er sich, eine syntaktische Periode aufzubauen, dann war sie in der Regel nicht überladen, sondern bündig und gewandt. Nach klassischen Vorbildern ordnete er seine Sätze in parallelen Reihen an, leitete sie gern mit anaphorisch wiederholten Worten ein und schloß sie zuweilen mit morphologischen Reimen ab – ohne je den Gebrauch dieser Mittel zu übertreiben. Er verwendete oft Exklamation und Interrogation als rhetorische Kunstgriffe und ließ seinen Stil, freilich nur selten, eine pathetische Form annehmen. Im großen und ganzen war er aber sehr zurückhaltend oder jedenfalls maßvoll im Gebrauch rhetorischer Figuren.

Die Antwort des Zaren auf seine Anklage rief seine Ironie hervor. *Dein breit verkündendes und sehr lärmendes Schreiben habe ich erhalten, gedeutet und begriffen* – antwortete er in einem seiner Briefe. Wie ein polnischer Kavalier, der die Jesuitenschule besucht und die Kunst der Beredsamkeit erlernt hat, verhöhnte er den Zaren wegen seiner unechten biblischen Gelehrsamkeit – *wegen dieser langen Auszüge aus vielen heiligen Schriften, hervorgeholt in Wut und Ungebärdigkeit und nicht nur in kurzen Versen und Zeilen zitiert (wie es Sitte und Brauch ist unter kundigen und gebildeten Männern, wenn sie Anlaß haben, einen großen Gehalt mit wenigen Worten wiederzugeben), sondern ganz im Gegenteil – dargelegt in überflüssigem Wortgeklingel, in ganzen Kapiteln und Büchern und Briefen!* Diese Forderung nach *einem großen Gehalt in wenigen Worten*, d. h. nach dem Vorrang des Gedankens vor der Form, war besonders charakteristisch für Kúrbskijs Polemik. Er fällte so ein vernichtendes Urteil über den moskovitischen Stil, der die Form bis ins Maßlose pflegte und variierte, während der Gedanke zur Leblosigkeit erstarrte. Fürst Kúrbskij scheute sich nicht, seinem Urteil eine ganz unzweideutige Formulierung zu geben: er bezeichnete den Stil des Zaren als *so barbarisch, daß er nicht nur gebildete und kundige Männer, sondern auch ganz einfältige Menschen und Kinder zum Erstaunen bringen und*

ihr Gelächter erregen müsse, besonders aber im Ausland, wo es
Menschen gebe, die nicht nur Grammatik und Rhetorik, sondern auch
Dialektik und Philosophie studiert hätten.

Zum erstenmal in der russischen Geschichte wurde die europäische
Kultur von einem russischen Schriftsteller so offen auf Kosten des
moskovitischen Geisteslebens gepriesen, – zum erstenmal wurden
Bildung und weltliches *Wissen* als größere Tugenden hingestellt als
das von der Kirche beherrschte Wissen Moskaus, – zum erstenmal
wurde das polnisch-europäische Schulsystem mit Grammatik, Rhetorik, Dialektik, Philosophie (darunter Physik und Ethik), die samt
der Astronomie die sogenannten *äußeren* oder *adligen* Disziplinen
darstellten, als unumgängliche Kriterien für die Unterscheidung zwischen *Barbarei* und *Bildung* genannt. Auch Zar Iván IV. hatte
in einem seiner Sendschreiben das Wort *Barbarei* gebraucht, für ihn
war es gleichbedeutend mit dem Abfall vom moskovitischen Christentum. Jetzt wurde dieses Wort auf das moskovitische Christentum
selbst, den Kern der moskovitischen Kultur, angewendet. Das geschah
im Jahre 1564.

11. DIE ZEIT DER SMÚTA

Fürst Kúrbskij hatte recht gehabt. Es sollte nicht lange dauern,
bis die hochmütige moskovitische Kultur, die auf der Macht der
Kirche und der Magnatenherrschaft beruhte, zusammenstürzte.
Ohne es selber richtig zu wissen, hatte Zar Iván IV. eine neue soziale
Form geschaffen, die erst heftige Krisen durchmachen mußte, ehe
ein neuer sozialer Gleichgewichtszustand eintreten und ein entspre-
chendes neues Geistesleben entstehen konnte, das wir im Gegensatz
zu dem früheren als *neumoskovitische Kultur* bezeichnen können.

Die von Iván IV. eingeführte strenge Staatsreform hat nicht nur die
mittelalterlich-feudale Machtstellung der fürstlichen Magnaten gebrochen und eine ganz neue Klasse geschaffen: den kriegerischen,
wehrpflichtigen Kleinadel und Gutsbesitzerstand, den der Zar bewußt erstrebt hatte. Die Umgestaltung hat auch eine Folge gehabt,
die der Zar nicht vorausgesehen hatte, nämlich eine bedeutende Sen-

kung des sozialen und wirtschaftlichen Lebensniveaus der Bauern.
Während der Zeit der Magnatenherrschaft hatte die Bauernbevölkerung sich mehr oder weniger sicher und frei fühlen können. Als
sie aber jetzt – mit dem Land, das sie bebaute – unter die Herrschaft der neuen Kleingutsbesitzer kam, wurde das alte feudal-
aristokratische Verhältnis zum Fürsten von einem unverhüllten
und ganz brutalen Ausbeutungsverhältnis abgelöst. Der neue Kleingutsbesitzer, der im Dienst des Zaren stand, beschränkte sich nicht darauf, die traditionellen Staatssteuern und Bodenzinsen bei den Bauern
zu erheben, sondern machte auch uneingeschränkten Gebrauch von
seinem Recht, Steuern nach eigenem Gutdünken und zu eigenem Vorteil auszuschreiben. Die Bauern wurden für ihn zum willenlosen Aus-
beutungsobjekt. Sie verloren ihr altes, ziemlich weitreichendes Selbst-
verwaltungsrecht und wurden allmählich ganz und gar von der persönlichen Gnade und dem Wohlwollen der Gutsbesitzer abhängig. Die
Zeit mußte bald kommen, wo die Bauern zu ihrem Schrecken entdeckten, daß ihr Zar im engsten Bunde mit ihrem wirtschaftlichen
Feinde stand und sich nur von der kühlen Überlegung leiten ließ, je
größer die Macht des Landbesitzers über den Bauern sei, desto ge-
sicherter sei das Einkommen des Staates und desto wertvoller der
Kriegsdienst, den der Landbesitzer für den zugeteilten Boden und die
erworbene Macht zu leisten hatte.

Die Folge war nun aber die, daß eine nahezu panische Aufruhrbewegung in der Bauernbevölkerung entstand, die zwar spontan und
unorganisiert, aber auch elementar und ungestüm war. Anfänglich
konnten die Bauern noch von ihrem unbeschränkten, seit Urzeiten anerkannten Freizügigkeitsrecht Gebrauch machen und vor dem wirtschaftlichen Druck in ihrer Heimat in hellen Scharen nach Süden und
Osten fliehen, wo neueroberte tatarische Landstriche mit fruchtbarer,
noch nie beackerter Erde auf den Pflug warteten. In kurzer Zeit war
diese Bewegung dermaßen angewachsen, daß nur noch ein Drittel
des Gutzbesitzerbodens im zentralen moskovitischen Gebiet bearbeitet
wurde, während der Rest brachlag. Der Gutsbesitzer, der die Unterstützung des Staates genoß und dessen Polizeiapparat benutzen
konnte, versuchte jedes Mittel, um die Bauern mit Gewalt zurückzuhalten und sie in Lebensverhältnisse hineinzuzwingen, die, wenn
nicht rechtlich, so doch faktisch einer Grundhörigkeit gleichkamen.

Ohne jede gesetzliche Grundlage führte er die Regel ein, daß Verschuldung die Freizügigkeit des Bauern aufhebe. Und da es dem Gutsbesitzer sehr leicht war, dem ausgebeuteten Bauern ein Schuldverhältnis aufzuzwingen, war dieser sehr bald wirklich an die Scholle gebunden. Für den Gutsbesitzer handelte es sich nur darum, den Bauern zu hindern, heimlich zu fliehen, oder den Flüchtling nach einer förmlichen Treibjagd wieder zum Sklavendienst in der Heimat zurückzubringen. Eine gärende Unruhe ergriff zum ersten Male in der Geschichte Rußlands die arbeitende Bauernbevölkerung, die keinen Ausweg aus Schuld, Armut, Hunger und Not mehr sah. Und da die alte Dynastie mit dem schwachbegabten Sohne Iváns des Schrecklichen, Zar F'ódor (1584–98), und seinem energischen, aber nicht sehr erfolgreichen Schwager Borís Godunóv (1598–1605) ausstarb, brach Anfang des 17. Jahrhunderts die unvermeidliche und ungestüme soziale Explosion aus, die das Reich in allen Fugen erschütterte und es mit Zerfall und Untergang bedrohte.

Diese Zeit der allgemeinen Verwirrung wurde auf russisch *Smúta* genannt. Äußerlich war sie durch die vielen echten und falschen Thronprätendenten, die die Zarenkrone und die Macht zu gewinnen trachteten, gekennzeichnet, – die vielen Prinzen Dimítrij, die Fürsten aus dem Šújskij-Geschlecht, polnische, schwedische und andere Thronkandidaten. Es war eine Zeit der Interventionskriege. Im Inneren aber war es eine Zeit erbarmungsloser Klassen- und Bürgerkriege, in denen die drei wichtigsten Klassen einander bekämpften. Die fürstlichen und bojarischen Magnaten versuchten bei dieser Gelegenheit, ihre von den Zaren geschwächte feudale Macht im Staate wiederherzustellen; der neue, niedere Landadel kämpfte um die Erhaltung seiner erworbenen Stellung; und die anarchische Bauernmasse stürzte sich in die Wirren, in der Meinung, daß sie alles zu gewinnen und nichts zu verlieren habe. Als gewichtiger Kriegsfaktor mischten sich auch die freien Kosaken, die ihren eigentümlichen, unabhängigen Kriegerstaat in Südrußland gebildet hatten und sich aus landflüchtigen Moskovitern, Ukrainern, Polen und Tataren rekrutierten, in den Streit, bald auf der einen, bald auf der anderen Seite. Und die polnischen Staatstruppen hielten zeitweise große Teile des Moskovitischen Reiches besetzt. Als aber endlich im Jahre 1613 der unbedeutende und nicht besonders aristokratische, aber mittelbar mit dem fürstlich-zarischen Geschlecht verwandte Michaíl Románov zum Zaren gewählt worden war und der Bürgerkrieg allmählich aufhörte, erwies es sich, daß der Landadel gesiegt, die Magnaten ihre Macht als regierende Klasse für immer verloren und die Bauern nichts gewonnen hatten.

Das Fundament des autokratischen Staates, das Zar Iván IV. geschaffen hatte, bestand also zu guter Letzt die Probe. Die Románovsche Dynastie, die jetzt den Thron eingenommen hatte, führte die von Iván IV. und seinen unmittelbaren Nachfolgern eingeleitete innere Politik fort. Das Wohl des Staates war nun wie nie zuvor von der kriegerischen und finanziellen Leistungsfähigkeit des niederen, wehrpflichtigen Landadels abhängig. Die wirtschaftlichen Interessen der Bauern wurden zugunsten des Landadels geopfert, dessen Interessen im wesentlichen mit denen des Staates zusammenfielen. Die Verjährungszeit für das Recht des Gutsbesitzers, seine geflüchteten Bauern wiedereinzufangen, wurde bedeutend verlängert. Das uralte Recht des Bauern, nach Abrechnung mit dem Gutsherrn mit Weib und Kind, Vieh und Geflügel frei wegzuziehen, wurde stark beschränkt und schließlich teilweise sogar ganz aufgehoben. Die Bauerngemeinde, eine soziale Einrichtung, die durchaus nicht spontan aus den vermeintlichen kollektiven Neigungen der russischen Bauernmentalität erwachsen, sondern von außen her als staatswirtschaftlich notwendig geschaffen worden war, wurde gezwungen, die gemeinsame Verantwortung für die Steuerverpflichtungen jedes einzelnen Mitglieds zu übernehmen – eine Belastung, die doppelt schwer erschien in einer Zeit, wo die heimliche Flucht aus der Heimat, die Auswanderung bei Nacht und Nebel nach den schlecht überwachten Grenzgebieten oder zu den freien Kosakengemeinschaften am Don und Dnjepr, in immer größerem Umfang das Dasein bestimmte. Und schließlich wurden alle Verjährungsbestimmungen gänzlich aufgehoben, und der Gutsbesitzer erwarb damit das Recht, seine geflohenen Bauern, so lange er wollte und wo immer im Reich sie sich befanden, zu verfolgen und mit Unterstützung des Staatsapparates wieder heimzuschleppen. Und endlich wurde dem Bauern auch sein letztes Privilegium, das Recht der Freizügigkeit, gänzlich genommen, indem es ausschließlich von der Zustimmung und Gnade des Gutsbesitzers abhängig gemacht wurde.

Diese eigentümliche und bedeutsame sozialpolitische Entwicklung erhielt schließlich unter Zar Aleksél Michájlovič (1645–76) in seiner berühmten *Konstitution (Uloženije)* vom Jahre 1649 ihre gesetzliche Kodifizierung. Die Leibeigenschaft des Bauern war nun eine Tatsache, die mehrere Jahrhunderte von keiner Bauernrevolte erschüttert werden konnte, Rußland war zum Idealstaat des Landadels geworden, und es begann die neumoskovitische Ära, die die Kultur bis zu den Reformen Peters I. prägen sollte.

12. GEISTLICHE MEMOIRENLITERATUR

Die neue Ära machte sich in der Literatur nicht gleich geltend. Kennzeichnend für die neumoskovitische Literatur war besonders, daß der in Westeuropa übliche Begriff der literarischen Gattung nun auch in Rußland eindrang.

Bevor aber dieser Umschwung in der literarischen Einstellung des 17. Jahrhunderts mit seiner ganzen Bedeutung für die spätere Entwicklung eintreten konnte, war die Übergangszeit vorläufig noch von dem seit der Zeit Iváns IV. weitergepflegten altmoskovitischen historischen Bericht beherrscht, diesem späten Ausläufer der altrussischen Annalistik, mit seinen charakteristischen Neigungen zu einer immer moderneren Begründung der geschichtlichen Vorgänge. Wir beobachten eine ganz langsam fortschreitende und deutlicher werdende Säkularisierung und Versachlichung der Ausdrucksmittel. Die Geschichtsschreibung glitt langsam aus den Händen der Geistlichkeit in weltliche Hände, sie wechselte von offiziell staatlichen oder kirchlichen Tendenzen zu privaten und individuellen, und es erfolgte nicht nur eine quantitative, sondern in gewissen Fällen auch eine rein qualitative Entwicklung in einer schier unübersehbaren Menge von memoirenartigen, halbhistorischen, mehr oder weniger persönlich gehaltenen Schilderungen der lebendigen Gegenwart oder der noch ganz frischen Vergangenheit. Sie waren entweder mitten im Verlauf der Kriegsereignisse verfaßt oder nachher rückschauend niedergeschrieben. Sie führten schließlich zur völligen Überwindung jenes eigentümlichen erzählenden Stils, der – zum Teil unter dem

Einfluß der hagiographischen Manier der MAKARIOS-Zeit – in den Kriegsschilderungen aus der Zeit des finsteren Zaren entwickelt worden war. Anfänglich von den alten literarischen Normen ganz beherrscht, verraten diese Schilderungen, jedenfalls die Hauptwerke, mehr und mehr ein Streben nach neuen Kunstmitteln, das Bemühen, sich von dem geschnörkelten hagiographischen Stil zu befreien.

Die Verfasser waren meistenteils Menschen, die selbst im Brennpunkt der Ereignisse gestanden hatten. Sie begannen jetzt ihre zahlreichen und sehr verschiedenen *Schilderungen* und *Erinnerungen, Relationen* und *Lamentationen, Jahrbücher über die Zeiten des Aufruhrs* oder *Berichte über falsche Thronprätendenten* niederzuschreiben, und natürlich waren es in erster Reihe geistliche Herren, die ihre stilistischen Fähigkeiten benutzten, um das Bild der Zeit darzustellen. Keiner von ihnen war aber imstande, eine sachliche, politische Analyse der geschilderten Ereignisse und Gegensätze zu geben. Diese erschienen ihnen nicht als Etappen in einem blutigen Kampf zwischen verschiedenen Ständen, Parteien oder Klassen, sondern ausschließlich als sinnloses und wirres Chaos zweckloser, brudermörderischer Fehden. Die Verfasser nahmen selbst gern Partei, waren aber dabei nur von unbewußten Sympathien und Antipathien geleitet, die sie immer bereit waren mit salbungsvoller Beredsamkeit unter Heranziehung passender evangelischer oder sonstiger Schriftstellen entweder moralisch oder – am liebsten – religiös zu begründen.

Der sogenannte *Andere Bericht* (*Inóje skazánije*) von 1606, der von einem unbekannten Mönch des berühmten Sergios-Dreifaltigkeitsklosters bei Moskau geschrieben worden ist, verfolgt ganz unverhüllt die Tendenz, sowohl Zar Borís Godunóv als auch seinen Gegner, den von den Polen aufgestellten Thronprätendenten Dimítrij (den ersten Pseudo-Demetrius), zugunsten des unglücklichen Kandidaten der Magnatenpartei, Zar Vasílij Šújskijs, zu schwärzen, und verrät dadurch seine mehr oder weniger bewußte Parteinahme. Ohne sich um die historische Wahrheit oder den wirklichen Zusammenhang weiter zu kümmern, verwendet der Verfasser die uralte theologische Antithese von der *Finsternis* und dem *Licht*, von den *teuflischen Glaubensverfolgern* und den vom *Heiligenschein umstrahlten Glaubenszeugen*, und es fällt ihm nicht schwer, die verschiedenen historischen Persönlichkeiten diesseits und jenseits der typisch hagiographischen Scheidelinie anzubringen. Er ist in der gesamten älteren historischen Prosaliteratur sehr belesen und sowohl von dem nüchternen *Bericht über die Mamáj-Schlacht* und dem *Leben Alexander Névskijs* als auch von dem späteren lyrisch-epischen *Leben und Tod des Großfürsten Dimítrij Ivánovič* beeinflußt, seine stark metaphorische Sprache aber ist durch und durch im Geschmack des geschliffenen und geschnörkelten Stils der Makarios-Zeit gehalten. Hin und wieder wird dieser Stil freilich von trocken annalistischen Abschnitten, chronologischen und topographischen Einzelheiten durchbrochen, die im Vergleich mit der sonst gebrauchten Sprache recht pedantisch wirken und uns daran erinnern, wie sehr diese Memoirenverfasser zu guter Letzt von der alten russischen annalistischen Tradition abhängig waren.

Ein anderer geistlicher Schriftsteller, dessen Namen wir auch nicht kennen, schrieb eine kurze, aber eindrucksvolle *Klage über die Eroberung und gänzliche Zerstörung des erhabenen und leuchtenden Moskovitischen Reiches* (*Plač o plénénii i o konéčnom razorénii prevysókogo i presvětlogo Moskóvskogo gosudárstva*). Dieses Werk stammt aus dem Jahre 1612. Es spiegelt die Stimmung der kirchlichen Kreise während der Jahre der Wirren wider. Nach guter, alter homiletischer und hagiographischer Weise findet der Verfasser die Ursachen des nationalen Unglücks nicht etwa in bestimmten sozialen und politischen Verhältnissen, sondern in rein religiösen Dingen, in der Unzahl der Sünden. Die schlecht verhüllte Parteinahme des Verfassers kommt indessen darin zum Ausdruck, daß die Unzahl der Sünden nicht etwa in schöner, neutraler Verallgemeinerung auftritt, sondern ausdrücklich *jenen moskovitischen Zaren* zur Last gelegt wird, *die die auf schriftlichen Dogmen errichtete und von erbaulichen Homilien getragene Treppe verlassen hätten, die zu Gott führe* (man denkt unwillkürlich an die rhetorische *Treppe* im *Stufenbuch*), und sich statt dessen gottlosen und teuflischen Ränken, Hexenkünsten und Zaubereien hingegeben hätten. Hinter diesen Worten verbirgt sich zweifellos eine mit der Magnatenpartei sympathisierende Verurteilung der Zaren Iván IV. und Borís Godunóv.

Die beiden behandelten Schriften folgen ungefähr demselben Kompositionsprinzip. Anscheinend ruhige und sachliche annalistische Partien unterbrechen immer wieder den Strom der stark lyrischen und rhetorischen Ergüsse, so daß der Leser trotz der leidenschaftlichen Lamentationen über die Verderbtheit der Zeiten und Menschen immer wieder an den wirklichen Verlauf der Geschehnisse erinnert wird. Das Pathos des Stils mußte stark auf das Gemüt des Lesers wirken. Die Verfasser verwendeten gern alle bekannten Mittel, um die Wirkung ihrer Worte zu steigern, oder sie erfanden sogar neue Wirkungsmittel wie zum Beispiel die kühne Häufung von klagenden Interjektionen (*oh, oh!* oder *ach, ach!* oder *o weh, o weh!*). Der *martialische Stil* wird auch fleißig verwendet unter kräftiger Ausmalung der allbekannten Klischees: so heißt es in einer Kampfschilderung von den Angreifern, daß sie kämpften,

> *wie wenn leuchtende Falken sich auf graue Entlein stürzen oder wenn weiße Habichte ihre Schnäbel wetzen, um zu beißen, oder ihre Krallen spitzen, um lebendes Fleisch zu packen, oder ihre Flügel spreizen und sich flügelschlagend auf die kleinen Vögel stürzen.*

Ein Mann der Welt, der aber in enger Verbindung mit der höheren Geistlichkeit stand, war der Sekretär des Zaren und sein Gesandter in Nóvgorod, Iván Timoféjev (gest. um 1629), der selber die Besetzung der Stadt und ihre Zerstörung durch die schwedischen Invasionstruppen erlebt hatte und nun, vom Erzbischof Isidoros aufgefordert, seine eigene Schilderung der *Smúta*-Zeit verfaßte, nämlich das *Jahrbuch vom siebenten Jahrtausend nach der Welterschaffung bis zu den ersten Jahren des achten* (*Vremennik po sed'mój týs'ašči ot sotvorénija světa vo osmój v pérvyje lěta*). In fünf wohlgeordneten Kapiteln erzählte Timoféjev von der Regierungszeit Zar Iváns IV., von dem stillen Leben seines Sohnes, des frommen Zaren F'ódor, von dem tragischen Schicksal Zar Borís Godunóvs, von der Zeit der Wirren und von der unruhigen Zeit Zar Vasílij Šújskijs. Das Werk entstand in den Jahren 1616–20, wurde also lange nach der Thronbesteigung Zar Micháíl Románovs abgeschlossen. Es konnte daher mit einer pathetischen Lobpreisung des neuen Zaren, seines Vaters, des Patriarchen Philaretes, und seiner Mutter, die unter dem Namen Marfa (Martha) den Schleier genommen hatte, schließen. Der herrschende rhetorisch-metaphorische Stil feierte unter der allzu eleganten Feder des schreibgewandten Staatssekretärs wahre Orgien. Mit einer gewissen literarischen Wollust schachtelte er seine Tatsachenmitteilungen in lange, verwickelte Perioden ein, und um seinen langatmigen Lamentationen und Meditationen Gewicht und Fülle zu geben, nahm er mit großer technischer Sicherheit seine Zuflucht zu ausgeklügelten abstrakten Verbalsubstantiven. Der kundige Leser konnte sich in einem wahren Meer konventioneller und neuerfundener Epitheta und geschliffener Redewendungen herumtummeln. Aber trotz dem neuen Gewand blickte auch bei diesem Werk das Skelett der alten Annalistik durch.

Ein Mann von ganz anderem Format war AVRAÁMIJ PÁLICYN (gest. 1625), der kluge Kellermeister des Sergios-Dreifaltigkeitsklosters. Sein großes Werk heißt in der Überlieferung bald *Bericht über die Belagerung des Sergios-Dreifaltigkeitsklosters durch die Polen und Litauer* (*Skazánije ob osádě Tróicko-Sérgijeva monastyr'á ot pol'ákov i litvý*), bald ganz abstrakt *Geschichte zur Erinnerung für kommende Geschlechter* (*Istórija v pám'at' predydúščim ródom*). Er war bestrebt, sowohl eine umfassende Schilderung des Verlaufes der *Smúta* im allgemeinen als auch eine besonders eingehende Beschreibung der heldenmütigen Verteidigung des Klosters gegen die Polen zu geben. Tatsächlich bestand das Werk eigentlich aus zwei selbständigen Abhandlungen; während nämlich die Schilderung der Belagerung des Klosters und der folgenden Ereignisse im Moskovitischen Reich in einer mehr oder weniger sachlichen Tagebuchform gehalten war, trug der ganze erste Teil, die Einleitung, das Gepräge eines ungestümen Pathos. Die Sprache floß in einem rhythmisch bewegten Strom. Die Betrachtungen, die mit ständig wiederholten Fragesätzen eingeleitet wurden, waren von lyrischen Gefühlen durchdrungen und mündeten in eindrucksvolle Ausrufe. Der ganze Stil des Werkes war traditionell rhetorisch und sehr kunstvoll. Es war nicht so sehr der Gegenstand des Berichtes als vielmehr die Sprachkunst an sich, die die Feder des Verfassers in Schwung brachte.

Bei einer breiteren Gesamtbetrachtung fließen alle diese geistlichen Schilderungen der *Smúta* zu einem Meer überschwenglicher Beredsamkeit zusammen, wie verschieden sie auch immer sein mochten. Die Verfasser besaßen keine zweckmäßige stilistische Methode, die die Wirklichkeitsschilderungen hätte beleben können. Sie schwankten zwischen der trockenen annalistischen Berichtsform der Chronikenliteratur und den pathetischen Meditationen homiletischer oder hagiographischer Art und hatten nicht die Fähigkeit, sie in einer neuen und fruchtbaren Darstellungsmethode zu vereinigen. Es entstand keine dramatische, keine wirklich poetische Erzählung aus ihren Versuchen. Sie vermochten es nicht, für die alte, konventionelle Stilform eine andere Methode zur Bewältigung des Stoffes zu erfinden. Mit einzigartigem Fleiß und großer Sorgfalt, ja Gelehrsamkeit wetteiferten sie miteinander in der Komposition wortreicher Eingänge und Einleitungen, großer Klagemonologe, weitläufiger, bald zierlicher, bald schwülstiger Ergießungen. Einem ungemein dynamischen Stoff gegenübergestellt und von seiner tragischen Bedeutung benommen, vermochten sie es nicht, wirklich große Denkmäler zu schaffen, die der Zeit würdig gewesen wären, zu deren Gedächtnis sie errichtet wurden.

13. WELTLICHE MEMOIRENLITERATUR

Neben den geistlichen Autoren trat nun auch eine Reihe von weltlichen Prosaschriftstellern auf, deren Namen uns bekannt sind und deren Lebenslauf es mit sich brachte, daß sie in die politischen und kriegerischen Verwicklungen der *Smúta* tätig eingriffen. Obgleich auch sie von der hieratisch-hagiographischen Formelsprache der Zeit abhängig waren, trugen sie doch – freiwillig oder unfreiwillig – zu der stetig fortschreitenden Verweltlichung dieser Gattung bei.

Einer von ihnen war Fürst IVÁN ANDRÉJEVIČ CHVOROSTÍNIN (gest. 1625), eine äußerst interessante Persönlichkeit, begabt, aber egozentrisch, seinen Zeitgenossen geistig weit überlegen und ketzerisch in seinen religiösen Anschauungen, ein Liebhaber ausländischer Bücher und westeuropäischer Kunst. Zweimal wurde er nach entlegenen Klöstern verwiesen, und während des allgemeinen Wirrwarrs, der in den ersten Jahren der *Smúta* in Moskau herrschte, schreckte er nicht davor zurück, mit Pseudo-Demetrius zu verhandeln. Er verachtete die Moskoviter aufs tiefste wegen ihres Mangels an europäischer Kultur und erwog sogar, ob er nicht dem Vorbild des Fürsten Kúrbskij folgen und nach Litauen auswandern sollte. Sein annalistisches Werk, das er mit echt theologischem Gebaren *Homilien über die Tage der moskovitischen Zaren und Prälaten (Slovesá dnej caréj i sv'atítelej moskóvskich*) nannte, schrieb er recht spät, zwischen 1616 und 1624, wahrscheinlich in der Absicht, sich in den Augen seiner Zeitgenossen zu rehabilitieren, und er gab hier interessante Charakteristiken der bedeutendsten politischen Persönlichkeiten der Zeit von Zar Borís Godunóv bis auf Fürst Požárskij, den Befreier Moskaus. Seine Haltung war in einer ganz auffallenden Weise geistlich, und es gelang ihm denn auch, eine Schrift zu verfassen, die sowohl durch ihre lange abstrakte Einleitung als auch durch ihren rhetorisch-hagiographischen Sprachstil so wirkte, als wenn sie von einem frommen Klostermönch geschrieben wäre. Ihr Mangel an wirklicher Originalität steht in schärfstem Gegensatz zu dem bewegten Lebenslauf und widerspruchsvollen Geist des Verfassers.

Eine ganz andere Haltung finden wir bei Fürst SEM'ÓN IVÁNO-VIČ ŠACHOVSKÓJ (gest. 1653), der seinem historischen Memoirenwerk den frommen Titel gab *Wahrheitsgetreuer Bericht zum Gedächtnis an den Großmärtyrer, den rechtgläubigen Zarevič Dimítrij, und von seiner Ermordung* (*Póvěst' izvěstnoskazújema na pám'at' velikomúče-nika, blagověrnogo caréviča Dimítrija i o ubijénii jegó*). Es war nur eine von den zahlreichen Schriften, mit deren Abfassung der produktive Schriftsteller sich die Zeit vertrieb, als er in einem fernen Kloster in der Verbannung saß, angeklagt wegen seiner von der Kirche nicht anerkannten vierten Ehe (vielleicht auch wegen eines Staatsverbrechens). Seine Schriften und Traktate sind überraschenderweise alle ohne Ausnahme streng geistlichen Inhalts, und auch sein oben zitiertes Memoirenwerk trägt alle Züge seiner geistlichen Gesinnung. Es handelte davon, wie Dimítrij, der kleine Sohn des Zaren Iván IV., nach dem Tode Zar F'ódors auf Befehl Borís Godunóvs ermordet wurde. Obgleich der Verfasser in traditioneller Bescheidenheit und mit einer Formel, die nun schon ungefähr 600 Jahre lang in der russischen Literatur gebraucht worden war, seinem Leser versicherte, daß er *weder die poetischen Worte noch den rhetorischen Scharfsinn noch auch die geheimnisvolle Sprache der Hellenen meistere* und daß er nur *ein unwissender Narr und der heiligen Schrift Gottes unkundig* sei, so war sein Werk dennoch vom Anfang bis zum Ende aus der gepflegten kirchlichen Prosa der Zeit geboren. Er war von dem Wortschatz und dem Begriffssystem dieser Prosa so sehr beherrscht, daß er in der Einleitung zu seinem sonst ganz weltlichen Werk in außerordentlich beredter Weise die Glückseligkeit des mönchischen Lebens pries. Es konnte ihm auch geschehen, daß sich die Phantasie seiner völlig bemächtigte und ihn zu einer wirklich dichterischen Schilderung dieser Glückseligkeit hinriß, wie nur ein Mann sie gestalten konnte, der müde war vom Lärm des Krieges und von der Unruhe der Stadt:

> *Da die Mönche die hohen Berge erstiegen hatten und sich nach allen Seiten umsahen, hörten sie gar keinen Lärm mehr, gar keine weltliche Musik. Fern war die Unruhe der Stadt, fern die Rufe der Menge; ihre Ohren hörten keine schamlosen Lieder von Straßendirnen; ihre Augen sahen keinen Staat den anderen angreifen, sahen kein Blut fließen und keine nach dem Bilde Gottes geschaffenen Menschenleiber vom Schwerte verstümmelt werden. Sie sahen diese Schrecken nicht mehr. Sie vernahmen nur eines: das Schwanken der Bäume, das Rauschen der Zweige, das Murmeln der Quellen, das Singen der Vögel.*

Man stutzt, wenn man diese Stelle liest, weil sie ein lebendiges dichterisches Phantasiegebilde enthält, von einem kriegs- und lebensmüden Dichter geschaffen, inmitten einer toten theologischen Rhetorik. Wir stehen hier der ersten Äußerung einer weltlichen Prosalyrik gegenüber.

Das bedeutendste Memoirenwerk der Zeit aber wird (mit einigem Zweifel) einem dritten Fürsten zugeschrieben, Iván Michájlovič Katyr'óv-Rostóvskij (gest. 1640), einem hervorragend begabten Schriftsteller und feinen Stilisten, der in seinem *Bericht aus vergangenen Zeiten über das Werden der Zarenstadt Moskau* (*Póvěst' ot prěžnich lět o načálě cárstvujuščego gráda Moskvý*), auch kurz *Annalenbuch* oder *Chronik* genannt, die wichtigsten Ereignisse der Jahre 1607–11 mit einer geschichtlichen Genauigkeit schilderte, wie sie bisher von keinem anderen Schriftsteller erreicht worden war. Er vermochte, was die anderen nicht konnten, sich von der Überschwenglichkeit des extrem-rhetorischen Stils freizumachen und eine pragmatisch-historische Darstellung durchzuführen. Er verlieh der Prosa, die im geputzten Stil erstarrt war, neues Leben und eine Ausdrucksfülle und Natürlichkeit, die sie bisher nie besessen hatte. Man kann sagen, daß sich bei ihm ein weltlicher Stil zu verwirklichen begann, weltlich nicht nur in Hinsicht auf die Sprache, sondern auch in bezug auf Stoff und Inhalt. Es war durchaus nicht ohne Bedeutung, daß er Gelegenheit gehabt hatte, Guido de Columnas Trojaroman *De proeliis* in einer russischen Übersetzung zu lesen. Dieser ritterliche westeuropäische Roman wurde in gewisser Beziehung sein Vorbild, als er daranging, das beste Denkmal der Zeit zu schaffen. In seinen Kampfschilderungen hielt er sich zwar noch an die in der russischen Literatur üblichen *martialischen* Szenen und Bilder, aber er erneuerte ihr sprachliches Gewand, indem er teils den überlieferten kirchenslavischen Einschlag zugunsten eines volkstümlicheren russischen schwächte, teils auch der literarischen Behandlung ganz neue Themen zugänglich machte, teils endlich auch die traditionellen hagiographischen Stilmittel verweltlichte. Er scheute sich nicht, die schon seit langem ganz überlebte slavische Aoristform zugunsten eines frischen und anschaulichen Praesens historicum zu verwerfen. Zugleich verwendete er in einem bisher noch nie gesehenen Maße vage substantivierte Infinitive wie *Schießen, Rächen, Schlagen, Blitzen, Fallen, Siegen* statt der banalen Hauptwörter *Schuß, Rache, Schlag, Blitz, Fall, Sieg,* offenbar fest überzeugt, der Sprache dadurch eine neue Geschmeidigkeit und Eleganz zu verleihen.

Viel wichtiger ist es aber, daß sich bei ihm auch Frauengestalten hier und da vorsichtig hervorwagen. Er hatte bei Guido de Columna kleine Bilder der Hekuba, der Andromache, der Polyxene und anderer heroischer Frauen gefunden und gesehen, daß sie nicht nur ganz allgemein wegen ihrer Intelligenz und Schönheit gepriesen wurden, sondern auch wegen der Weiße ihrer Haut, der Schwärze ihrer Augen, der Röte ihrer Lippen. Als er nun selbst daranging, Borís Godunóvs schöne Tochte Ksenija zu schildern, die er selber gekannt und deren Geschick ihn tief berührt hatte, folgte er dem Vorbilde Guido de Columnas und erzählte den Lesern von ihrer wunderbaren Begabung, von der Schönheit ihres Gesichts, von ihrer feinen Blässe, von der roten Farbe ihrer Lippen, von dem Glanz ihrer großen, schwarzen Augen, der von den bitteren Tränen nur noch vertieft wurde. Von demselben Vorbilde geleitet, versuchte er sich zuweilen in der lyrischen Schilderung der Natur, die ihm inmitten des monotonen Kriegslärmes eine willkommene Ruhepause gab. So beschrieb er – um nur ein einziges Beispiel zu zitieren – den Eintritt des Frühlings im Jahre 1607, als der zweite falsche Demetrius auf dem politischen Schauplatz erschien:

Der Winter ist nun vorbei, und die Zeit beginnt, wo die Sonne ihren Kreislauf im Gürtel des Tierkreises antritt. Das Sternbild des Widders erscheint. Die Nacht und der Tag werden gleich lang, und der Lenz wird gefeiert. Die Jahreszeit macht die Menschen froh und verbreitet einen hellen Glanz in der Luft. Wenn der Schnee geschmolzen ist und der Wind sanft säuselt und die Quellen in breiter Flut dahinrauschen, senkt der Ackersmann seine Pflugschar in die Erde; er zieht die herrliche Furche und ruft den Erntegeber Gott um seine Hilfe an. Die Gräser spriessen auf. Die Wiesen grünen. Die Bäume kleiden sich in neues Laub. Überall schmückt sich die Erde mit neuen Früchten. Die Vögel zwitschern ihre schönsten Lieder. Und durch die Vorsehung Gottes und seine Liebe zu den Menschen reift nun alle menschliche Nahrung zu unserer Freude und unserem Genuß . . .

Diese Textprobe zeigt uns einen in ganz modernem Sinne dichterischen Versuch, mit Hilfe von bildhaften Worten eine Landschaft und Jahreszeit zu schaffen, nicht etwa um in irgendeiner Weise das plötzliche Auftauchen des falschen Demetrius, dieses *gierigen Wolfes*, zu erklären, sondern weil die Jahreszeit dem Dichter willkommene Gelegenheit bot, sein eigenes Erleben des Frühlings in malenden Worten wiederzugeben. Das lyrisch-historische Werk Fürst KATYR'OVS, das man ein *Prosaepos* nennen könnte, kann so am Beginn der neumoskovitischen Literaturära als das erste deutliche Symptom eines beginnenden Auflösungsprozesses innerhalb der überlieferten, schematisierten, zarisch-theokratischen Literaturprosa gelten. Es war der erste Ausdruck eines neuen Strebens nach einem individualisierten Stil.

14. LYRISCH-EPISCHE BESTREBUNGEN

Der historische und memoirenartige Prosabericht hatte trotz der Ansätze zu einem individualisierten literarischen Stil, die wir beobachtet haben, keine Aussichten auf ein selbständiges Leben in der Zukunft. Das Eindringen der westeuropäischen Gattungen in die moskovitische Literatur und der neue Literaturbegriff, der dadurch zur Geltung kam, brachten es mit sich, daß die letzten Versuche der mittelalterlichen Annalistik, sich am Leben zu erhalten, langsam erlahmten. Das ganze 17. Jahrhundert hindurch vegetierte diese veraltete Gattung weiter, ohne wirkliche literarische Werte hervorzubringen.

Charakteristische Beispiele solcher Versuche sind vor allem drei Schriften: das reich ausgeschmückte Werk von ARTAMÓN MATVÉJEV, *Die Wahl des Zaren Michaíl* (1673), und sein sogenanntes *Großes Staatsbuch* (1676), eine Art politisch-historischen Handbuches, das in der auswärtigen Kanzlei (der *Gesandtschaftskanzlei*) des Zaren entstanden war – beide in strenger offiziell-rhetorischer Stilisierung gehalten und beide ganz unberührt von der sonst so gerühmten Freisinnigkeit und westeuropäischen Orientierung des Verfassers, weiterhin auch die große, aber ganz unselbständige Kompilation *Geschichte der Zaren*, die der Sekretär oder Schreiber F'ódor GRIBOJÉDOV (gest. 1673) verfaßte. Von derselben lauen und belanglosen Art waren auch zwei Werke von TIMOFÉJ KAMENÉVIČ-RVÓVSKIJ (1699): *Der Ursprung des sloveno-russischen Volkes* und *Die Chronik vom Ursprung Moskaus*. Nur langsam fand ein Übergang von der mittelalterlich-literarischen Gattung zu einer modernen wissenschaftlichen Geschichtsliteratur statt, die nur vom Grundsatz der Sachlichkeit beherrscht war.

Es muß aber hervorgehoben werden, daß noch vor Vollendung des Überganges einige neue Versuche gemacht wurden, die Prosa aus ihrer Belanglosigkeit zu künstlerischer Bedeutung zu heben, und zwar durch Einführung gewisser Stilmittel der Volksdichtung. Das ganze Mittelalter hindurch waren Schrifttum und Volkslied streng geschiedene Kunstarten gewesen, die sich nur sehr selten berührten. Die prinzipiell kirchliche Haltung dem geschriebenen Wort gegenüber und die Ehrfurcht vor ihm hatte eine allzu große Annäherung der Literatur an die mündliche Dichtung, die als heidnisch und fabelhaft verketzert war, verhindert. Indessen machte die Motivgemeinschaft zwischen der historischen Literatur und dem Volkslied, das sich selbst als historisch betrachtete, eine so strenge Grenzziehung zwischen ihnen zuweilen ganz illusorisch. Wir haben schon früher Gelegenheit gehabt, darauf hinzuweisen. Die bewegte Zeit zu Beginn des 17. Jahrhunderts hatte der epischen Volksdichtung neue Nahrung gegeben und sie auf denselben aktuellen Stoff eingestellt, der in der geschriebenen Literatur behandelt wurde. Das Volkslied war

jedermanns Eigentum, nicht nur des gemeinen Volkes, sondern auch –
und vielleicht ganz besonders – der vornehmen moskovitischen Bojaren und Aristokraten. Aus diesem Grund ist es verständlich, daß
das Volkslied nunmehr, dank dem Nachlassen der kirchlichen Strenge
gegenüber der Literatur, wie eine lebenspendende Quelle zu wirken
begann. Man vernimmt sie deutlich hinter der Sprache der Bücher.

Die Sympathien der breiten Massen wurden vor allem von der
Gestalt des hochbegabten Fürsten Michaíl Skópin-Šújskij angezogen,
der ein schönes Denkmal in der Volksdichtung erhielt. Der glänzende
Feldherr, der Brudersohn Zar Vasílij Šúskijs und sein vermutlicher
Nachfolger auf dem Thron, der Freund und Kriegsgefährte des
schwedischen Feldherrn Delagardie während der Kämpfe gegen die
Polen, war als Erretter seines Vaterlandes von heroischem Glanze
umstrahlt. Sein plötzlicher Tod (1610) nach einem Tauffest bei
nahen Verwandten, wahrscheinlich infolge Vergiftung auf Veran-
lassung eines eifersüchtigen Oheims, hatte nicht nur in weiten Teilen
des Volkes große Trauer erregt, sondern auch poetische Legenden
hervorgerufen. Obgleich nun die anonyme *Beschreibung des Todes
und der Beisetzung Fürst Michaíl Skópins* (*Pisánije o prestavlénii
kn'áz'a Michaíla Skópina*), im Jahre 1612 verfaßt, im konventionellen Heiligenlebenstil geschrieben ist, wird dieser doch immer
wieder von lebendiger, lyrisch bewegter Rede durchbrochen. Besonders rein erklingt sie in den Klagen der alten Fürstenmutter und der
jungen Witwe an der Bahre des toten Fürsten. Hinter der Schilderung
der heuchlerischen Trauer Zar Vasílijs vernimmt man die kaum verhüllte Anklage wegen bewußten Mordes. In großen Teilen der Beschreibung spürt man deutlich den Rhythmus, den Wortbrauch und
die Stimmung des Volksliedes.

Ein anderes Beispiel des Einflusses, den das epische Volkslied
auf die moskovitische Geschichtsliteratur ausübte, ist der ganz einzigartige große *Brief der Donkosaken an den Zaren anläßlich der
Verteidigung der Stadt Azóv* gegen die Türken im Jahre 1641
(*Póvěst' ob Azóvskom siděnii donskích kazakóv*), eine der bemerkens-
wertesten Schriften dieser Zeit, von eigentümlich archaisch-poetischer
Art. Dieser Text, der fast tagebuchartig genau die Verteidigung des
von den Kosaken besetzten Azóv gegen den Sultan Ibrahim schildert, verbindet eine kraftvolle, volkstümliche Sprache, die freilich

noch etwas von der Schultradition gehemmt ist, mit Ausdrucksmitteln, die zweifellos unmittelbar aus der epischen Volksdichtung stammen, und greift, obgleich sein Stoff außerordentlich aktuell ist, kühn zurück auf die Technik der martialischen und epischen Literatur. Man könnte ihn als eine Synthese aller mittelalterlichen literarischen Elemente bezeichnen. Der *Brief der Donkosaken an den Zaren*, schäumend vor Zorn und Verachtung für die besiegten Türken, zugleich aber durchdrungen von Entrüstung über Moskaus Mißachtung der vogelfreien Kosaken am Don, ironisch in seiner Selbstdemütigung vor der Majestät des Zaren und aufrichtig in seiner Bewunderung für die Macht des Moskovitischen Großstaates, gibt sich als untertänige Bitte an den mächtigen Zaren, die Festung Azóv ungesäumt unter seinen christlichen Schutz zu nehmen (was der Zar aber aus Furcht vor politischen Verwicklungen mit der Türkei nicht wagte). Diese Bittschrift ist mit dichterischen Motiven des Volksliedes und des aus dem *Igor'-Epos* stammenden animistischen Stils durchwirkt. *Die stahlgrauen Adler* schreien in der Steppe, und *die schwarzen Raben* versammeln sich zum Leichenmahl, *die wilden Raubtiere* und *grauen Wölfe* schleichen umher, *die rotbraunen Füchse* bellen in den Bergen. Die Feinde verwandeln mit ihren unzählbaren Scharen *die reine Steppe* in *große, undurchdringliche und dunkle Wälder*, und die Erde um Azóv erbebt unter dem Stampfen ihrer Rosse, und das Wasser des Dons tritt unter dem Druck ihrer Schiffe aus den Ufern. Besonders eindrucksvoll ist aber der Kontrast zwischen dieser poetischen Atmosphäre und der rauhen Wirklichkeit, die im *Briefe* als wahre Ursache zur Errichtung des freien Kosakenstaates in der Steppe erscheint:

Reich und wohlbevölkert ist das Moskovitische Reich, groß und ausgedehnt. Hell leuchtet es unter allen anderen Staaten und Reichen, den mohammedanischen, den persischen und den heidnischen, – so wie die Sonne am Himmel. Uns Kosaken aber achtet das heilige Rußland nicht höher als räudige Hunde.

So fliehen wir denn auch aus diesem Moskovitischen Reiche, vor Zwang und Sklaverei, vor Bojaren und zarischen Beamten. Und wir fliehen hierher und lassen uns nieder in der weglosen Wildnis und setzen unser Vertrauen nur auf Christus, unsern himmlischen Herrn . . .

15. MOSKOVITISCHE POESIE

In noch viel größerem Maße aber als auf dem Gebiet des epischen
Schrifttums gab es auf dem rein lyrischen Gebiet eine fruchtbare
Grundlage für die Entstehung einer einheimischen Poesie. Es war
die mündliche volkstümliche russische Lyrik in ihren verschiedenen
Erscheinungsformen.

Die aus ihr erwachsene originale, schriftlich überlieferte Poesie ist
bisher immer völlig verkannt worden, und wir haben es einem reinen
Zufall zu verdanken, daß sie um 1619 zum erstenmal literarisch
in Erscheinung trat. Wäre der ehrenwerte gelehrte englische
Kaplan RICHARD JAMES nicht als Mitglied einer von König Jakob I.
von England zu wirtschaftlichen Verhandlungen nach Moskau ent-
sandten Abordnung nach Rußland gereist, so wüßten wir jetzt wahrscheinlich überhaupt nichts von der Existenz einer moskovitischen
Poesie. RICHARD JAMES hatte nämlich aller Wahrscheinlichkeit nach
in Moskau Gelegenheit, einen dichterisch begabten Beamten der
Gesandtschaftskanzlei (des bekannten *Posól'skij Prikáz*) kennen-
zulernen. Wir haben allen Anlaß, zu vermuten, daß die Beamten
dieser Kanzlei verhältnismäßig gebildete Leute waren, und wir werden weiterhin öfters beobachten können, daß die Kanzleibeamten
literarisch beschäftigt wurden. Der Name des Beamten, mit dem
JAMES zu tun hatte, ist uns leider nicht überliefert; es ist aber kaum
zu bezweifeln, daß er zu seinem Vergnügen lyrische Gedichte schrieb
und sie in einem privaten Buch sammelte, das JAMES lesen durfte.
Jedenfalls ließ dieser einige von den Gedichten in sein eigenes Notizbuch übertragen, und diese Abschriften, die bis auf den heutigen Tag
in Oxford erhalten sind, bilden nun das einzige Material, das uns erlaubt, von einer moskovitischen Kunstdichtung zu sprechen.

Der Ausgangspunkt der literarischen Versuche des anonymen
moskovitischen Dichters ist in den russischen Bauerngedichten zu
suchen, die späterhin auch dem bekannten Dichter KOL'CÓV als
Vorbild gedient haben. Das Versmaß der Bauerngedichte hatte in der
Regel das Schema ‿‿ ⊥ ‿ ⊥ ‿, und das erste Gedicht, das wir in
JAMES' Notizbuch finden und am besten wohl *Lenzgedicht* über-

schreiben können, ist im großen und ganzen eben auf diesem Schema aufgebaut. Als Auftakt gehen dem Gedicht freilich drei Zeilen voraus, die einen anderen, bewegteren Rhythmus haben, nach dem zäsurbeherrschten Schema ‿‿ ́ ‿/ ́ ‿‿. Sonst aber verrät das Gedicht des anonymen Verfassers, besonders wenn wir es mit einzelnen Gedichten Kol'cóvs vergleichen, weitgehende Ähnlichkeit mit der traditionellen Lyrik des russischen Bauern: er verwendet dieselben Ausdrucksmittel, die Anrufung Gottes (*bóže*), die Imperativsätze, die substantivische Apposition, die prosodische Periodenintonation, die von dem üblichen exspiratorischen Wortakzent unabhängig ist. Zugleich aber beobachten wir auch Versifikationsmethoden, die nicht aus der Volkslyrik stammen, sondern ganz individuell, bewußt und original sind, z. B. die Wiederholung ganzer syntaktischer Einheiten und End- und Binnenreimpaare. Das Gedicht schildert anscheinend die eigensten, persönlichsten Stimmungen des Dichters während des militärischen Winterdienstes, wenn das Ufer unter den Hufen der Pferde wegrutscht oder der Sand sich löst oder das Eis bricht, und als Gegensatz dazu seine Hoffnung auf den Lenz, wenn Gott es einem wieder vergönnt, heiteren Sinnes in leichten Booten auf den Wellen des Flusses dahinzugleiten. Solche Stimmungen müssen aus einer Lebenswirklichkeit, aus irgendeiner aktuellen Situation gewachsen sein, und es ist daher sehr wahrscheinlich, daß das Gedicht unter den Kriegsverhältnissen der *Smúta* entstanden ist, zu einer Zeit, als es schon Grund genug zu optimistischen Stimmungen gab. Das Gedicht kann also, bewußt oder unbewußt, eine symbolische Bedeutung gehabt haben, indem es jene Stimmung des Überganges von Krieg zu Frieden, von Winter zu Frühling widerspiegelte, die die Gemüter um 1619 beherrscht haben mag, als nach der langen Kriegszeit mit den Polen Frieden geschlossen wurde.

Das *Lenzgedicht* stand in der Sammlung von James an erster Stelle und war offenbar als lyrische Einleitung zu der ganzen Sammlung gedacht; es fand gleichsam seine Begründung in dem letzten Gedicht, das von der *Heimkehr des Patriarchen* handelte. James, der dieses festliche Ereignis selbst in Moskau miterleben konnte, ein Ereignis, das die ganze *Smúta*-Zeit endgültig abschloß, hat sicher die Poesie des ersten Gedichtes voll zu genießen verstanden. Der Patriarch Philaretes (Filarét), der Vater des Zaren, kehrte am

14. Juli 1619, zwei Monate vor der Abreise JAMES', nach Moskau
zurück. Das letzte Gedicht wurde nun anläßlich dieses Ereignisses
geschrieben. Als Vorbild wählte der Dichter die einzige Form, die
ihm zur Verfügung stand, nämlich die des sogenannten *historischen*
Volksliedes, dem es rhythmisch und sprachlich sehr nahesteht, und
gerade dieser Umstand hat die Forscher oft verleitet, das Gedicht
wirklich für ein niedergeschriebenes, ursprünglich mündlich über-
liefertes Volkslied zu halten. In Wahrheit dürfte es sich aber ganz
anders verhalten. Das Gedicht zeichnet sich nämlich durch eine ganz
unvolkstümliche Struktur aus. Es ist pathetisch-deklamatorisch, fast
rhetorisch gehalten. Es trägt in seinem Aufbau das Gepräge bewußter Kunstfertigkeit. Es ist bemerkenswert durch seine konsequente Gliederung, durch den zweimal durchgeführten Parallelismus, durch die Wiederholung des Auftaktes in den Schlußzeilen
(die durchaus nicht an die epische Wiederholung formelhafter Elemente in der Volksdichtung erinnert), durch das Gleichgewicht zwischen den Worten des Zaren und denen des Patriarchen bei der ersten
Zusammenkunft, durch eine Ausdrucksweise, die das Ereignis als
Staatsakt von größter Bedeutung erscheinen läßt. Zugleich aber –
und das scheint entscheidend zu sein – ermangelt das Gedicht vollständig jenes narrativen Elementes, das für das historische Volkslied
so bezeichnend ist. Das Gedicht von der *Heimkehr des Patriarchen*
ist auf dem Prinzip der Schilderung von Einzelauftritten aufgebaut.
Es ist ein feierliches, odenartiges Gedicht, von einem literarisch eingestellten Dichter geschrieben, der die Mittel der mündlichen Volksdichtung nur soweit benutzte, als sie seinen Zwecken dienten.

Ein Vergleich dieser beiden Gedichte, von denen das eine durchaus
lyrisch, das andere durchaus pragmatisch ist, zeigt uns den Dichter
in seiner Eigenart. Seine Gedichte zeichnen sich durch eine straffe
Komposition aus, die nichts mit der viel vageren Form der epischen
Volkslieder, mit ihrer sprachlichen Breite, ihren retardierenden
Wiederholungen, gemein hat. Sie sind im Gegenteil außerordentlich
gedrängt. Sie deuten nur die Szenen an, die die lyrische Reaktion
des Dichters hervorgerufen haben. Wenn wir von einer solchen Betrachtung der Persönlichkeit des anonymen Dichters ausgehen und
die von JAMES gesammelten Gedichte als eine organische Einheit
beurteilen, wird es uns recht schwer fallen, das in der Sammlung

enthaltene Gedicht vom Tode *Skópin-Šújskijs* als ein historisches Volkslied und nicht als ein individuelles Gedicht desselben Meisters zu betrachten. Es ist vor allem auffallend, daß das betreffende Gedicht rein gar nichts mit den vielen aufgezeichneten Varianten des entsprechenden Volksliedes zu tun hat. Nach seiner ganzen Art, in seiner Komposition, in seinem Inhalt und seiner Idee ist es so völlig verschieden von den Volksliedern, daß dieser Umstand allein uns berechtigt, die Vermutung aufzugeben, das Gedicht sei später als Lied Volkseigentum geworden – wie das noch immer allgemein angenommen wird. Es hat sicherlich nirgendwo anders existiert als in der Sammlung von JAMES.

Man nimmt an, es sei um 1611 geschrieben worden, weil es den Tod des jungen moskovitischen Generals und Volkshelden Skópin-Šújskij (am 24. 4. 1610), die Übernahme der Macht durch die Bojarenregierung nach der Absetzung Zar Vasílij Šújskijs (1610) und die Einnahme Nóvgorods durch die Schweden (16. 7. 1611) erwähnt. Man übersieht aber dabei, daß die letzten vier Zeilen des Gedichtes in knappster Form vier ausgesprochen nóvgorodische Ereignisse nennen, nämlich den Rückzug der schwedischen Hilfstruppen nach Nóvgorod, nachdem die Bojarenregierung die antipolnische Bewegung Skópin-Šújskijs und seiner schwedischen Verbündeten aufgegeben hatte, die Besetzung Nóvgorods durch die Schweden (16. 7. 1611), die Gewalttaten der Schweden während der Besetzung und die Rückkehr der Schweden nach ihrem *lateinischen* Lande, die bekanntlich erst nach dem berühmten Frieden von Stólbovo im Jahre 1617 stattfand. Wie wir wissen, wurden die Friedensverhandlungen durch eine holländische Gesandtschaft und den englischen Kaufmann John Merrick zustande gebracht, und es ist kein Wunder, daß sich sein Landsmann, der Kaplan RICHARD JAMES, ein paar Jahre später gerade für dieses Gedicht interessierte. In ihm wird weder der verbrecherische Neid der Familie Šújskij noch die Vergiftung Skópins überhaupt erwähnt. Zar Vasílij Šújskijs wird ebensowenig gedacht wie seiner Entthronung im Jahre 1610. Die Polen werden auch nicht erwähnt. Alle historischen Ereignisse scheinen vergessen zu sein, außer dem Tode des schwedenfreundlichen Skópin-Šújskij, der Freude der Bojaren über seinen Tod und der Einnahme Nóvgorods durch die Schweden und ihrem Abzug von Nóvgorod. Diese drei Ereignisse

werden nur ganz flüchtig angedeutet. Dagegen wird die Schwedenzeit
in Nóvgorod überraschend ausführlich besprochen. Gerade ein Dichter, der sein Gedicht um die Zeit des Friedens von Stólbovo (also
um 1617) schrieb, mußte die Ereignisse, die zu der schweren Not
Nóvgorods während der Schwedenzeit geführt hatten, besonders
hervorheben, nämlich den Tod Skópin-Šújskijs und die Bojarenregierung. Die Bojarenregierung bedeutete nämlich den völligen
Zusammenbruch der von Skópin eingeleiteten, für den russischen
Handel vorteilhaften Politik einer Zusammenarbeit Moskaus und
Schwedens. Das Gedicht war also nicht so sehr ein Ausdruck der
allgemeinen nationalen Entrüstung über die Vergiftung Skópins als
vielmehr eine Klage über die verhängnisvollen Folgen seines Todes.
Kein Wunder auch, daß die zwei Gruppen, die seinen Tod beweinend
eingeführt werden und gleichwertig nebeneinander stehen, die Kaufleute von Moskau und die Schweden Jakobs de la Gardie sind.
Mephistophelisch lächelnd blicken zwischen ihnen aus dem Hintergrund die Mitglieder der Bojarenregierung hervor.

RICHARD JAMES fand in dem Gedichtheft seines Freundes auch
ein wahres Kleinod, das *Klagegedicht der Prinzessin Ksénija*. Die
Tochter des auch in Westeuropa mit Recht gerühmten Zaren Borís
Godunóv war zur Zeit des Besuches von RICHARD JAMES in Moskau
noch am Leben. Sie wohnte als Nonne im Dreifaltigkeitskloster in der
Nähe Moskaus, und ihr tragisches Geschick mußte einen Ausländer
interessieren. Sie starb erst im Jahre 1622, einige Jahre nach dem
Besuch des Engländers. Sein russischer Freund konnte ihm sogar
zwei verschiedene Fassungen seines Gedichtes zeigen, und er ließ
sie beide abschreiben. So lautet der Anfang der einen:

> *Ein kleines Vöglein klagte,*
> *die kleine weiße Wachtel:*
> *– O weh mir, so jung muß ich weinen!*
> *Meine Eiche will man mir verbrennen,*
> *mir mein kleines Nestlein zerstören,*
> *mir meine kleinen Jungen töten,*
> *mich kleine Wachtel fangen!*
>
> *Die Zarentochter klagt in Moskau:*
> *– O weh mir, so jung muß ich weinen!*
> *Schon naht der verruchte Verräter,*

der verlaufene Gríška Otrép'jev.
Er möchte mich gerne fangen,
mich in ein Kloster verbannen,
mich in eine Nonne verwandeln!

Die Gelehrten sind sich nicht einig darüber, *wann* das Gedicht geschrieben ist. Manche meinen, daß es zwischen dem 13. 4. und dem 20. 6. 1605, d. h. zwischen dem Todestage Borís Godunóvs und dem Tage der Ankunft des Pseudo-Demetrius in Moskau, geschehen sein müsse. Andere sind der Meinung, das Gedicht stamme aus dem Jahre 1606 und spiegle die historisch wohlbezeugten Lamentationen der Prinzessin wider, als die Leichen ihres Vaters, ihrer Mutter und ihres Bruders auf Befehl Zar Vasílij Šújskijs nach dem Dreifaltigkeitskloster überführt wurden. Beide Datierungen scheinen falsch zu sein. Das Kloster, nach dem Ksénija verbannt zu werden fürchtet, wird *Ust'júžna Železnopól'skaja* genannt, während sie in Wirklichkeit nach dem *Gorijskij-Kloster* in der Nähe von Belozérsk verbannt wurde. Wenn man nun aber in Betracht zieht, daß im Gedicht kein Wort von dem tragischen Schicksal ihrer Mutter und ihres Bruders gesagt wird und daß auch von der Entehrung der Prinzessin durch den Pseudo-Demetrius keine Rede ist, liegt es nahe, anzunehmen, daß zwischen den Ereignissen der Jahre 1605 und 1606 und der Niederschrift des Gedichtes ein bedeutender Zeitraum liegen muß.

Wahrscheinlich hatte der wißbegierige Engländer seinen russischen Freund immer wieder über das Schicksal der armen Prinzessin befragt, und daraufhin mag dieser das *Klagegedicht* geschrieben haben. Er stellte sich die Situation so vor, daß Ksénija erst nach dem Tode ihres Vaters, aber noch vor der Ankunft des Usurpators ihr *zukünftiges* Schicksal beweinte. Dadurch wurde er der Verpflichtung enthoben, allzu genaue historische Daten anzugeben. Als Ausgangspunkt diente ihm ein in der russischen Volksdichtung üblicher Eingang, der immer verwendet wird, wenn es sich darum handelt, die nach einem Kloster verbannte Gemahlin eines Zaren ihr Schicksal beweinen zu lassen. Das Schema ist in der Regel so, daß das Volkslied zunächst feststellt, wer wehklagt, und dann die Klage der betreffenden Frau wiedergibt, wobei sich die Klage vor allem als wehmütiges Abschiednehmen von den Gemächern des Zarenschlosses äußert, dann aber zu bangen Befürchtungen hinsichtlich der freudlosen Zukunft übergeht. Genau dasselbe Schema befolgte auch unser Dichter in der ersten Fassung. Er hatte nun aber nachträglich den poetischen Einfall, Ksénija in der Einleitung mit einer *kleinen Wachtel* zu vergleichen, und das bewirkte dann, daß er die bangen Ahnungen zuerst, dann aber das Abschiednehmen darstellte. Die zweite Fassung des Gedichtes verrät überhaupt, daß der Dichter bewußt an seinem Stoff arbeitete. Wie in seinen anderen Gedichten wiederholte er refrainartig gewisse syntaktische Einheiten und gab dem Gedicht eine straffe und klare Gliederung, die nichts mit den vagen Konturen eines Volksliedes zu tun hat.

Schließlich fand JAMES in dem Buch seines russischen Freundes ein interessantes Gedicht über den *letzten Angriff des Krim-Chans*. Das Verhältnis zwischen dem Chanat der Krim und dem moskovitischen Zarenreich mußte einen Engländer mit weitem politischen Blick natürlicherweise lebhaft interessieren, und da sein Freund zudem ein sehr eindrucksvolles Gedicht über einen der letzten mißlungenen Angriffe des tatarischen Chans besaß, ließ er es abschreiben. Das Gedicht war außerordentlich bewußt aufgebaut. Es gründete sich auf eine stark antithetische Verwendung eines in den epischen Volksliedern sehr beliebten Einganges, dem im nächsten Abschnitt eine Wort für Wort entsprechende Antiphonie folgt. Wir haben hier ein streng parallel aufgebautes Zwiegespräch zwischen dem Chan und einem tatarischen Häuptling vor uns: der eine fragt und der andere antwortet. Einige szenische Bemerkungen deuten die Situation an, vor allem den Aufmarsch der tatarischen Streitkräfte am Anfang und ihre Flucht am Schluß. Aber eine epische Erzählung von der Art, wie wir sie in der historischen Volkslieddichtung finden, fehlt hier bezeichnenderweise gänzlich. Gerade dieser Umstand hätte die Forscher daran hindern sollen, in dem von JAMES aufgezeichneten Gedicht nur die Niederschrift eines Volksliedes und nicht das individuelle Werk eines unbekannten moskovitischen Dichters zu sehen.

Man hat immer geglaubt, daß das Gedicht den Angriff von 1572 oder den von 1598 im Auge habe. In beiden Fällen hat man sich eines Mißverständnisses schuldig gemacht. Die Tatsachen sprechen dafür, daß nur der Angriff von 1591 in Frage kommen kann. *Gottes Stimme,* die die Tataren in die Flucht treibt, erinnert ihren Chan daran, daß Moskau immer noch machtvolle Beschützer habe: außer den siebzig Aposteln (womit die Kirche der siebzig Apostel im Kreml gemeint sein muß) habe es auch noch drei Bischöfe und einen rechtgläubigen Zaren. Die drei Bischöfe, von denen hier die Rede ist, sind zweifellos die drei ersten heiliggesprochenen Metropoliten von Moskau, Peter, Aleksios und Jonas, vor deren Reliquien Zar F'ódor Ivánovič im Jahre 1591 bewiesenermaßen niederkniete, um ihnen für die Errettung der Stadt zu danken. So spricht auch diese Einzelheit für die Verlegung der im Gedicht erwähnten Ereignisse ins Jahr 1591. In Anbetracht der Tatsache, daß der sogenannte Angriff von 1598 in Wirklichkeit nur ein von Borís Godunóv geschickt inszenierter Theatereffekt war, ist es ganz natürlich, daß der Dichter, über den letzten Angriff der Krim-Tataren befragt, jenen vom Jahre 1591 nannte. Das Gedicht hatte wohl ebenso wie seine anderen Gedichte literarische Quellen. Natürlich ließ sich der Dichter vom Wort- und Bilderschatz historischer Volkslieder beeinflussen, ohne aber in ihrem Stoff ein wirkliches thematisches Vorbild zu finden. Sein eigentliches Wissen über den Verlauf des Angriffes von 1591 muß er sich durch Lektüre verschafft haben. Einige Fälle fast wortgetreuer Übereinstimmung zwischen der Ausdrucksweise unseres Dichters und der offenbar aus der sogenannten *Nikon-Chronik* stammenden Ausdrucksweise KARAMZÍNS bei der Schilderung des Tatarenangriffs von 1591 könnten auch dafür sprechen, daß der Dichter die genannte *Chronik* selbst studiert hatte, als er sein Gedicht verfaßte.

Recht verstanden, läßt uns das Gedichtbuch von RICHARD JAMES die außerordentlich gelungenen Leistungen eines wirklichen Dichters entdecken, von dem wir sonst nichts wissen. Das Gedichtbuch muß als Beweis für das Dasein einer selbständigen, aus dem Boden des lyrischen und epischen Volksliedes erwachsenen moskovitischen Poesie gedeutet werden, und es ist sehr wahrscheinlich, daß es in Zukunft gelingen wird, ähnliche private Gedichtsammlungen ausfindig zu machen und der ganzen Gattung den ihr gebührenden Platz in der Geschichte der russischen Literatur zu sichern.

16. DIE ENTSTEHUNG EINER NEU-
MOSKOVITISCHEN KULTUR

Wenn das *Lenzgedicht* des anonymen Dichters, von dem eben die
Rede gewesen ist, wirklich symbolisch gedeutet werden kann, dann
bildete der Übergang von der schweren Kriegszeit zu einer frohen
Friedenszeit zugleich auch den Übergang von einer alten zu einer
neuen Kultur.

Schon lange hatte die Kritik der bestehenden Verhältnisse auf
eine langsame Umorientierung und Umgestaltung des gesellschaftlichen Lebens und der Mentalität hingewirkt. Die alte autokratisch-
theokratische Kulturgrundlage zerfiel allmählich in vielerlei Hinsicht. Selbst die, die am eifrigsten für die Aufrechterhaltung der alten
Grundlage kämpften, ließen sich irgendwie von den neuen Gedanken, die aus dem westlichen Europa kamen, beeinflussen. Immer unversöhnlicher richtete sich die Kritik gegen den erstarrten Byzantinismus, der das öffentliche Leben beherrschte und jeden Fortschritt hemmte und hinderte.

Die zwei ersten Zaren aus der neuen Dynastie der Románovs,
Michaíl (1613–45) und Alekséj (1645–76), hielten zwar immer noch
die Vorstellung von der fernen, unnahbaren, *engelgleichen Würde* des
Zarentums und seiner *göttlichen Majestät* aufrecht. Sie war aber
nicht mehr so konsequent wie früher an die Vorstellung vom Zaren
als dem absoluten Beschützer der christlichen Lehre und der Kirche
und als dem unbeschränkten, fast überirdischen Gebieter über das
irdische Wohl seiner Untertanen geknüpft. In demselben Maße aber,
in dem die Zarenmacht weniger auf ihre religiösen Befugnisse achtete
und um so stärker ihre weltlichen Aufgaben betonte, identifizierte sie
auch ihre politischen Interessen mit den wirtschaftlichen und sozialen
Wünschen des einfachen, aber zahlreichen Gutsbesitzeradels und der
politisch degradierten Magnatenklasse. Sie war daher nicht nur verhältnismäßig empfänglich für die Kritik, die im 17. Jahrhundert
gegen die vielen Mißstände und inneren Widersprüche im sozialen
und kulturellen Leben gerichtet wurde, sondern war sogar in gewissen Beziehungen bereit, die unausbleibliche Kulturrevision selbst

zu leiten. In diesem 17. Jahrhundert wich der strenge und starre Byzantinismus in immer zunehmendem Maße der westeuropäischen Orientierung.

Die schärfste Kritik an den moskovitischen Verhältnissen kam von GRIGÓRIJ KÁRPOVIČ KOTOŠÍCHIN (1667 in Stockholm hingerichtet). Er war Beamter an der Gesandtschaftskanzlei in Moskau und aktiver Diplomat gewesen, hatte sich aber von dem schwedischen Gesandten am Zarenhofe bestechen lassen und mußte daher später, als ihm der Boden zu heiß wurde, Hals über Kopf nach Schweden fliehen, wo er für die schwedische Regierung eine Schrift verfaßte, die unter dem Titel *Vom russischen Zarentum und seiner Regierung* zitiert wird. Eine direkte Bedeutung für die Entwicklung der politischen Ideen in Rußland hatte diese Schrift natürlich nicht, sie ist aber bezeichnend für die Unzufriedenheit mit den moskovitischen Verhältnissen, die unter den Anhängern einer westeuropäischen Orientierung herrschte. Die Schrift KOTOŠÍCHINS ist – wie jedes Überläuferpamphlet – ausgesprochen tendenziös. Er stellte sich die Aufgabe, die Verhältnisse am Zarenhof und im Moskovitischen Reich überhaupt so düster wie nur immer möglich zu zeichnen, um dadurch seinen Verrat zu motivieren. Außerdem ist es recht deutlich, daß er seinen schwedischen Auftraggebern einen Gefallen erweisen wollte, indem er ihr Gefühl nationaler Überlegenheit der moskovitischen Barbarei gegenüber und ihre Verachtung gegen diese begründete und befriedigte. In dreizehn Kapiteln schilderte KOTOŠÍCHIN das tägliche Leben der Zarenfamilie, das Hofzeremoniell, den moskovitischen Beamtenstand, die Beziehungen zwischen Moskau und den ausländischen Potentaten, die Arbeitsweise der Regierungskanzleien, die Stadtverwaltung, die militärische Organisation, den Handel, die Lebensverhältnisse der Bauern und die Sitten und Gebräuche der Bojaren. Ganz so schlimm, wie er sie schilderte, waren die Verhältnisse sicher nicht. Mit besonderem Nachdruck sprach er von der völligen Absonderung des Zarenhofes von der übrigen Welt und besonders von der völligen Unwissenheit der jungen Zarensöhne und Zarentöchter in Betreff europäischer Verhältnisse. Der vielbereiste Verfasser, der als Diplomat mehrere Sprachen beherrschte, hob als besonderen Mangel die im Moskovitischen Reich herrschende Unkenntnis der lateinischen, griechischen und deutschen Sprache hervor. Er betonte auch die Unwissenheit und den Hochmut, die Frechheit und Verlogenheit der bärtigen Bojaren und die Einfältigkeit der russischen Frauen, die ihr Leben in haremartiger Abgeschlossenheit verbrächten. Alle kulturellen Mängel wurden von KOTOŠÍCHIN rücksichtslos verallgemeinert.

Weit ehrlicher und sachlicher in seiner Kritik war der eingewanderte päpstliche, kroatische Missionar JÚRIJ KRÍŽANIĆ (etwa 1617–83), ein Schüler der Universitäten von Graz, Bologna und Rom, ein Kenner griechischer Verhältnisse unter dem Türkenjoch, der Verfasser einer gelehrten *Bibliotheca Schismaticorum Universa* (1656). Er tauchte zuerst in der Ukraine auf, wo er einige Jahre (1659–61) unter eifrigen Nachforschungen nach den eigentlichen Ursachen des kirchlichen Schismas zwischen den Ukrainern und Moskovitern zubrachte, und reiste dann nach Moskau, um für die Wiedervereinigung der Kirchen zu wirken. Er wurde aber sofort nach Sibirien deportiert, wo er seine gelehrte Tätigkeit fortsetzte. Mit glühendem Eifer trat er für eine Reform des Moskovitischen Reiches ein, das seiner Meinung nach in größtem Ausmaß westeuropäische Technik und Kultur übernehmen sollte, ohne sich doch je einer unkritischen Nachahmung des Auslandes hinzugeben; seine Formel war: westeuropäische Kulturform, russischer Kulturinhalt. Seine in Tobol'sk verfaßten *Politischen Gedanken* (*Političnyje dúmy*), auch *Gespräche über die Macht* (*Razgovori o vladatelstvu*) genannt, waren in einer russisch-kroatischen Mischsprache, teilweise sogar auf lateinisch geschrieben und von einem fast fanatischen Glauben an die Mission des Moskovitischen Reiches als Beschützer aller unterdrückten slavischen Völker durchdrungen. Er meinte, daß der moskovitische Zar in der vollständigen Untertänigkeit seiner Untergebenen *den wunderwirkenden Stab Mose* besitze. Große Teile dieses Werkes – wie auch andere seiner Schriften (so *De Providentia Dei*) – waren rein wirtschaftlichen, kommerziellen, industriellen und militärischen Fragen gewidmet, die der Verfasser auf Grund seines umfassenden Wissens über die wirklichen Verhältnisse in Westeuropa einschließlich der anderen slavischen Nationen mit großer Gründlichkeit behandelte. Der hochbegabte Mann verfaßte sogar eine russische Grammatik auf kroatisch (*Gramatično iskazanije o russkom jeziku*).

Die von so vielen Seiten geforderte Kulturrevision kam denn auch zu guter Letzt. Sie kam bezeichnenderweise von oben. Letzten Endes wurde die Lawine auf dem geistigen Gebiet dadurch in Bewegung gebracht, daß eine zarische Druckerei in Moskau errichtet wurde, oder vielmehr, daß eine zarische Druckerei, die schon eine Zeitlang unter Iván IV. in Moskau gewirkt hatte, wiedererrichtet wurde. Die hochmütige Idee von Moskau als *dem dritten Rom* und von der besonderen Reinheit und Unfehlbarkeit des orthodoxen russischen Christentums war schon seit langem von dem schleichenden Verdacht zersetzt worden, daß bei dem Wortlaut der Heiligen Schrift etwas nicht ganz in Ordnung sei. Die griechischen Patriarchen und die anderen orientalischen Kirchenfürsten, die sich nach dem Fall von Konstantinopel daran gewöhnt hatten, zur Erlangung von Unterstützungen seitens des Zaren persönlich in Moskau zu erscheinen, hatten sich oft darüber gewundert, daß hier das kirchliche Ritual und der Gottesdienst von der altüberlieferten Norm beträchtlich abwichen. Nicht nur die Lehrbücher und die liturgischen Schriften, sodern sogar das Alte und das Neue Testament waren unter der jahrhundertelang von niemandem kontrollierten Übersetzungs-, Abschreibe- und Vervielfältigungsarbeit sehr arg verdreht und entstellt worden. Die genaue Vergleichung der Schriften mit den griechischen Originaltexten war eine der wichtigsten Forderungen der Zeit, und die begabtesten Köpfe der Kirche wußten das sehr wohl. Aber die bedauerliche Unkenntnis der griechischen Sprache (an sich schon ein Zeichen, daß das Band mit Byzanz zerrissen war) und die panische Angst, daß die Reinheit der griechischen Kirche von der türkischen Pestilenz angegriffen sein könnte, hatten bisher die Durchführung einer philologischen Generalrevision verhindert. Wie es einem kühnen Gelehrten gehen konnte, der von seinem Wissen Gebrauch machte und einige Änderungen an den überlieferten Texten vornahm, zeigt das Schicksal des Griechen MAXIMOS, der als Ketzer verurteilt wurde und sein Leben in verschiedenen Klöstern dahinschleppen mußte. Jetzt aber stand man vor den revolutionierenden Anstalten zur Drucklegung kirchlicher Texte, und es war schlechterdings unmöglich, einer Generalrevision zu entgehen. Der Patriarch NÍKON (1605–81), der während der Regierungszeit Zar Alekséjs wirkte, rief durch seine energische und rücksichtslose Durchführung der Revision schnell im ganzen Lande einen wahren Kultursturm hervor.

Die Wirkungen dieses Sturmes wie das durch ihn hervorgerufene
Schisma zwischen der offiziellen Orthodoxie, die für die Revision
eintrat, und der Partei der Altgläubigen (der *raskól'niki*), die jede
Text- oder Ritualänderung fanatisch bekämpfte, brauchen hier
nicht näher erörtert zu werden. Von literarischer Bedeutung ist es
jedoch, daß jede der beiden Hauptpersonen im Kirchenstreit zum
Gegenstand einer Lebensbeschreibung gemacht wurde: die eine war
im konservativ-hagiographischen Stil, die andere dagegen in einer
sprachlichen und kompositionellen Form gehalten, die ganz mit der
Tradition brach. Dabei ist es besonders bemerkenswert, daß die
Lebensgeschichte des Reformators die überlieferte hagiographische
Form erhielt, während der Gegner der Reform in einer geradezu
revolutionär wirkenden Weise dargestellt wurde. Mit diesen beiden
Lebensbeschreibungen endete die russische Hagiographie als Kunst-
gattung. Sie sank in der folgenden Zeit auf das Niveau literarischer
Belanglosigkeit hinab.

Iván Šušérin, ein belesener Kellermeister, unternahm es, *Das
Leben des Patriarchen Níkon* (*Žitijé patriárcha Níkona*), den er glühend bewunderte, zu schreiben. Er war ein eifriger Anhänger der
Bücherreform des großen Kirchenfürsten und einer Läuterung der
Kirche und wollte ihm nach seinem Tode (1681) ein literarisches
Ehrenmal errichten. Er stand vor einer äußerst komplizierten und
interessanten Aufgabe, die er jedoch aus verschiedenen Gründen
nicht in vollem Umfang zu lösen vermochte. Vor allem versagte
er bei der Darstellung des tragischen inneren Widerspruches in
der vielseitigen und energischen Tätigkeit des Patriarchen. Er konnte
auch die innersten Beweggründe bei der Entfaltung seiner machtvollen Persönlichkeit nicht erfassen, jene Motive, die ihn nicht nur
mit seiner Wahl zum Patriarchen im Jahre 1652 auf den Gipfel der
Macht, sondern auch zur freiwilligen Niederlegung seines Amtes
im Jahre 1658 brachten. Die politische Einsicht Šušérins war auch
nicht groß genug, um die historische Ironie darin zu erkennen, daß
mehrere Konzile zwar die Bücherreform des Patriarchen bestätigten,
ihn zugleich aber zur Verbannung in entlegene Klöster verurteilten. Obgleich Níkon als Reformator der geistlichen und liturgischen
Literatur ohne Zweifel mit dem revisionistischen Zeitgeist, der seine
Impulse von Westeuropa erhielt, im Einklang stand, träumte er an-

dererseits in mittelalterlicher Weise mit der ganzen Glut und Leidenschaft seiner Persönlichkeit von einer moskovitischen Theokratie,
in der das Patriarchat als Vertretung Gottes auf Erden die Rolle
eines Vormundes und Leiters der Zarenmacht spielen sollte. Die
Kirchenreform brauchte er nur als notwendige Voraussetzung
für die Schaffung eines eigentümlichen moskovitischen Papsttums,
in dem der Patriarch in allen kirchlichen und dogmatischen Dingen
Alleinherrscher und in allen politischen Dingen gleichberechtigter
Mitherrscher des Zaren sein sollte. Mit rücksichtsloser Energie
und Ehrsucht strebte er nach der Verwirklichung dieses Traumes,
geriet aber bald in einen scharfen und bitteren Streit mit der weltlichen Herrschermacht, die ihrerseits das Patriarchat nur als eines
ihrer politischen Instrumente betrachten wollte. Níkons Pläne erregten eine gewaltige Opposition. Bürger und Bauern, Aristokraten
und Bojaren unterstützten – geheim oder offen – die fanatischen
altgläubigen Schismatiker, die in der Gestalt des Patriarchen den
leibhaften Antichristen erblickten, und ihre Beweggründe, als religiöse Argumente verkleidet, waren sehr verschiedenartig. Aus ganz
anderen Gründen, die aber auch nichts mit der Religion zu tun
hatten, veranlaßte die Zarenmacht, vom niederen Adel unterstützt,
einige Konzile, den Patriarchen wegen seiner Machtansprüche zu
verurteilen und zu degradieren.

Sein Biograph hatte nicht den Mut, alle diese heiklen Fragen
offenherzig zu behandeln, und die Bücherreform berührte er nur
flüchtig. Er unterließ es auch, den Konflikt zwischen dem Patriarchen
und dem Zaren tiefer zu charakterisieren – was man leicht verstehen
kann. Und daher mußte sich seine Apologie Níkons wesentlich damit
begnügen, den althergebrachten hagiographischen Formen zu folgen
und sich zu einer rein rhetorischen Schilderung der religiösen und
menschlichen Eigenschaften Níkons gestalten. Seine Schrift war das
letzte bedeutende russische Heiligenleben, einem Mann gewidmet,
der niemals die offizielle Heiligsprechung erlangen sollte, der
ganz im Gegenteil von der Kirche verurteilt und seines Amtes enthoben worden war, einem Mann, dessen wichtigstes Verdienst darin
bestand, daß er zu einer radikalen Wandlung des kulturellen Lebens
beigetragen hatte, der aber dieses Verdienstes wegen nicht gerühmt
werden durfte.

Ein eigentümliches Gegenstück zu dieser Biographie war *Das Leben des Protopopen Abbakúm* (*Žitijé protopópa Avvakúma*). Es war eine Selbstbiographie, an sich schon etwas Unerhörtes, zudem verfaßt von dem fanatischen Führer der altgläubigen Níkon-Gegner. Das allein zeigt schon, in wie hohem Grade die kanonische Hagiographie ihren ursprünglichen religiös-erbaulichen Sinn verloren hatte. Der Protopope ABBAKÚM (1620–82), der ein sehr fruchtbarer religiöser Schriftsteller war, wußte sehr wohl, daß der Stoff, den er in seiner Selbstbiographie behandeln wollte, reich, dramatisch und ungewöhnlich war. Nachdem er ungefähr zwölf Jahre als gewöhnlicher Priester in der Provinz zugebracht und mit seinen anklagenden Predigten über den Verfall der Sitten den Zorn seiner Gemeinde und der lokalen Machthaber auf sich gezogen hatte, erhielt er ein Priesteramt an einer Moskauer Kathedrale (1653). Er schloß sich zunächst dem idealistischen Kreise um Níkon an und war sein Mitarbeiter in der Bücherrevisionskammer. Als er aber entdeckte, daß der Radikalismus des Patriarchen *ein schlimmes Winterwetter* für alle altmoskovitische Tradition nach sich ziehen würde, brach er mit dem Kreise und trat in offene Opposition zu Níkon. Er wurde nach Toból'sk in Sibirien verwiesen, wo er ein schweres Leben führen und mit seinen weltlichen Vorgesetzten harte Kämpfe bestehen mußte. Vom Zaren nach Moskau zurückberufen (1663) und mit allen möglichen Ehrenbeweisen empfangen, ließ sich ABBAKÚM von seinem unruhigen Temperament dazu verleiten, seine schon berühmten Brandreden gegen die Verderbnis der Zeit zu erneuern, was bald (1664) dazu führte, daß er nach dem nördlichsten Rußland verbannt wurde. Aber schon 1666 wurde er abermals nach Moskau zurückgeholt, wo sich gerade ein Konzil mit dem Problem des Schismas zwischen den Altgläubigen und den Níkon-Anhängern befaßte, und da er unversöhnlich war, wurde er exkommuniziert und noch weiter nach dem Norden verschickt. Die folgenden fünfzehn Jahre, die er in einem elenden Erdhöhlengefängnis zubrachte, wurden die Zeit seines eigentlichen literarischen Wirkens. Im Jahre 1682 wurde er nochmals nach Moskau geschleppt, vor ein Kirchengericht gestellt, als Ketzer verurteilt und auf dem Scheiterhaufen verbrannt.

Dieses fanatische Martyrium eines Mannes von unbeugsamem Willen, phantastischer Selbstüberschätzung und brennendem Glauben an sein Recht eignete sich ausgezeichnet zu einer literarischen Behandlung. Es konnte zugleich den reichsten Stoff abgeben zu einer beredten Anklageschrift gegen den neuen Geist, der sich in Moskau geltend zu machen begonnen hatte. Nichtsdestoweniger war es recht aufsehenerregend, daß dieses Märtyrerleben in der *Ich*-Form gehalten war und dadurch mit der Scheu der traditionellen Hagiographie, ja im Grunde genommen der ganzen altrussischen Literatur vor dem Individualismus brach. In diesem *Leben des Protopopen Abbakúm* feierte der Individualismus geradezu Orgien. Die ganze Vita war ein einziger gewaltiger Ausbruch des entfesselten und brennenden Individualismus. Sie bewahrte natürlich in gewissen Teilen einige von den konstitutiven Zügen der Hagiographie, wie zum Beispiel wunderbare Episoden, typische Verfolgungsmotive und märtyrerhafte Taten, die, auf den Verfasser selbst bezogen, seiner Gestalt fast übermenschliche Dimensionen und eine fast blasphemisch zu nennende Heiligkeit verliehen. Aber ein Heiligenleben im althergebrachten Sinne war sie trotz alledem oder gerade deswegen nicht. Sie war eine polemische Schrift, die sich ganz bewußt der hagiographischen Technik bediente. Als letzter bedeutender Vertreter der altmoskovitischen Weltanschauung verteidigte ABBAKÚM seine mittelalterlichen Anschauungen und griff mit einzig dastehender, zugleich aber ganz sinnloser Heftigkeit den neuen Zeitgeist an, der sich nach seiner Meinung in verderblicher Weise sowohl in der liturgischen Reform des Patriarchen als auch in der zunehmenden Bürokratisierung des Staatsapparates offenbarte.

Was in seiner Selbstbiographie aber besonders charakteristisch war für den eingetretenen Bruch zwischen Altem und Neuem, war die überraschende Tatsache, daß selbst dieser überzeugte Bannerträger der Tradition ohne Bedenken zum neuen sprachlichen Prosastil überging und resolut mit der gepflegten und gezierten hagiographischen Rhetorik brach, wenn es sich darum handelte, persönliche Erlebnisse wiederzugeben oder seinem verbissenen Ingrimm Luft zu schaffen. Dann vergaß er vollständig seine kirchenslavische Grammatik, warf den ganzen kirchenslavischen Wortschatz über Bord und nahm bewußt Zuflucht zu seiner eigenen Sprache, zur *einfältigen Rede, weil ihm seine angeborene russische Mundart gefalle.* Er schuf dann eine ganz und gar unkirchliche, in jeder Beziehung

weltliche, saftige und volkstümliche Sprache, die von derselben Art
war wie die Sprache der Volkslieder und Sprichwörter, dialektisch in
ihrer Struktur, barbarisch-vulgär, gekennzeichnet von der konkreten
täglichen Wirklichkeit, die ihn umgab, ehrlich in ihrer ungehobelten
Rede und gar oft grob und hart wie das gemeine Geschimpf eines
Fleischergesellen. Es war eine außerordentlich urwüchsige und persönliche Sprache, von mächtiger Leidenschaft durchtränkt, voll beißenden Hohnes und tiefster Bitterkeit. Nicht zumindest der Gegensatz zwischen den religiösen Problemen, die den Verfasser sein ganzes Leben hindurch so intensiv beschäftigten, und den rohen Schelt-
worten, mit denen er um sich warf, wenn er von seinen Gegnern
sprach, gab dieser merkwürdigen Autobiographie ihren lebendigen
Reiz. Indem der Protopope Abbakúm, der Verfechter der überlieferten moskovitischen Geistesform, mit einer Kühnheit, die völlig
unerhört war, solche neuen sprachlichen Wege betrat, demonstrierte
er die Unzulänglichkeit dessen, was er verfocht, und kämpfte – auch
er – für eine Erneuerung. Mehr als er vielleicht selber ahnte, hatte er
recht, wenn er wütend vor Zorn erklärte: *Es ist aus mit unserm alten
Rußland!*
Ein neues Rußland war im Werden.

17. MOSKOVITISCHE VERS- UND REIMKUNSTVERSUCHE

In der Einleitung zu seiner Autobiographie versicherte Abbakúm
den Lesern nicht nur, daß ihm *seine angeborene russische Mundart*
und *die einfältige Rede* gefalle, – was in der Tat einen Bruch mit dem
überlieferten starren Sprachstil und ein Bekenntnis zu neuen, realistischen Bestrebungen bedeutete, sondern er machte auch Front gegen
die lateinische und griechische und hebräische Sprache, gegen fremdartige *Beredsamkeit* und gegen die neue Sitte, *die Rede mit philosophischen Versen zu schmücken*. Er bekämpfte damit den gelehrten
Geist, der sich in Moskau einzuwurzeln begonnen hatte, die neue
Rhetorik und die neue, bisher unbekannte *Poetik*. In diesem verborgenen und offenen Kampf zwischen der angeborenen, volkstümlichen

und einfältigen Rede und der neuen gelehrten Sprache sollte zunächst
noch die Gelehrsamkeit, und zwar eine neue, weltliche Gelehrsamkeit,
über die Volkstümlichkeit den Sieg davontragen. Die realistische
Prosa Abbakúms sollte erst viel später zu ihrem Rechte kommen. Die
gelehrten Gattungen, von denen Rußland sich in seiner ganzen literarischen Geschichte hatte freihalten können, hielten nun ihren Einzug in das Moskovitische Reich.

Die Neigung, die Rede mit Versen zu schmücken, war, wie wir
wissen, keine fremde oder unnationale Erscheinung. Wahrscheinlich
erwuchs sie spontan aus dem heimischen Sprachboden und unabhängig von *philosophischen* Einflüssen. Die Grundlage, auf der sie sich
spontan entwickeln konnte, muß sicher in der alten reimartigen Struktur des russischen Sprichwortes gesucht werden. Das russische Sprichwort war oft antithetisch und wirkte durch die vollen Reime oder
Assonanzen, die die Zeilen schlossen. Schon in der Klageschrift des
Bojarensohns Daniíl aus dem 13. Jahrhundert waren die Aphorismen nicht nur in die Form der traditionellen rhetorischen Parallelismen gekleidet, sondern auch in ziemlich großem Ausmaß mit wirklichen Reimen oder wenigstens mit Gleichklängen versehen, die ihnen
einen sprichwortartigen Charakter gaben. Auch die lyrisch-epische
Poesie, der wir ein besonderes Kapitel gewidmet haben, zeichnete
sich durch mehr oder weniger regelmäßige Reime aus. Sie bildete
aber nur noch eine Hintergrundliteratur, die der offiziellen, d. h. der
als solche anerkannten Literatur fernstand.

Dagegen trat sie merkwürdigerweise in den bereits besprochenen,
von der *Smúta* hervorgerufenen zahlreichen Geschichts- und Memoi-
renwerken ziemlich demonstrativ in den Vordergrund. Vermutlich
war auch das Aufblühen der mündlichen epischen Volksdichtung
während der langwierigen blutigen Bürgerkriege die psychologische
Ursache zu der Entwicklung der neuen versifikatorischen Tendenzen
in der Literatur.

Bereits vor 1603 hatte Hiob (Iov), der erste Inhaber des neuerrichteten moskovitischen Patriarchenstuhls, die Reimtechnik in seinem
geschichtlich-hagiographischen *Bericht über das gottergebene Leben
des Zaren F'ódor Ivánovič* (*Póvest' o čéstnom žitii car'á Feódora
Ivánoviča*) angewandt, und in dem schon oben erwähnten anonymen
Anderen Bericht vom Jahre 1606 (*Inóje skazánije*) kamen Zeilen vor,

die als gereimte Verse mit wechselnder Silbenzahl interpretiert werden können. Fürst SEM'ÓN ŠACHOVSKÓJ (gest. 1653), den wir schon als Verfasser einer Schilderung der *Smúta* kennen, war sicher der erste bewußte moskovitische Reimdichter: er schrieb um 1622 einen *Brief an einen Freund* (*Poslánije k někojemu drúgu*), der mit einem Gedicht von 26 Versen schloß. Der gleichfalls als Memoirenverfasser bekannte Fürst IVÁN CHVOROSTÍNIN (gest. 1625) gab auch dieser Lust am Verseschmieden nach: er versah sein Werk mit einer *Vorrede, in zweizeiligem Einklang dargelegt* (*Predislóvije, izlóženo dvojestróčnym soglásijem*), die über tausend Verse enthielt, und nannte diese Vorrede ein *Randreimwerk nach Buchstaben* (*Krajestichóvije po búkvam*). So ungelenk und unelegant definierte man noch diese neue Gattung. Auch der hervorragende Memoirenverfasser AVRAÁMIJ PÁLICYN (gest. 1625) versah seine obengenannte *Geschichte zur Erinnerung kommender Geschlechter* (*Istórija v páfat' predydúščim ródom*) oft mit zahlreichen gereimten Zeilen, die keineswegs monoton genannt werden können, da er sowohl männliche wie weibliche und daktylische Reime verwendete, zuweilen sogar einfach Assonanzen – ganz im Geiste des russischen Sprichwortes.

Der erste Reimdichter, der den schwerfälligen Ausdruck *Randreime nach Buchstaben* durch das neumodische ukrainische Wort *Verse* (*virší*) ersetzte, war Fürst KATYR'ÓV, den wir schon als Geschichtsschreiber kennengelernt haben. Er schloß sein *Annalenbuch* (*Krónika sireč Létopísec*) mit 30 paarweise gereimten Zeilen ab. Ein Reimdichter großen Formats, vergleichbar mit CHVOROSTÍNIN, war ANTÓNIJ PODÓL'SKIJ, der vermutliche Verfasser eines nicht weniger als 630 Verse umfassenden *Briefes an einen Unbekannten* (*Poslánije k někojemu*). Dieser Brief war eine wirkliche Dichtung, die sich durch Assonanzen, Konsonanzen, männliche und weibliche, daktylische und hyperdaktylische Reime auszeichnete. Reime finden wir auch in dem in mancher Beziehung interessanten Werk von IVÁN NASÉDKA (auch IVÁN VASÍL'JEVIČ ŠEVÉL' genannt), der als fleißiger theologischer Polemiker und Gegner der Anschauungen ANTÓNIJ PODÓL'SKIJS bekannt war. Im Jahre 1621, als er noch Kellermeister der Mariae-Himmelfahrts-Kathedrale im Moskauer Kreml war, wurde er zum Mitglied einer außerordentlichen Gesandtschaft ernannt, die Zar Michaíl zu König Christian IV. von Dänemark schickte, um um die

Hand seiner Nichte Dorothea Augusta von Schleswig-Holstein anzuhalten. In Kopenhagen besuchte NASÉDKA unter anderem die Kirchen und war sehr erstaunt darüber, daß sie Tag und Nacht offen standen und dadurch jedermann geradezu aufforderten, mit allerlei Frauenzimmern und losen Weibern Unzucht zu treiben. Auch das Schloß Christiansborg mit dem schön verzierten Thronsaal im zweiten Stockwerk und den zwei Kirchen im ersten besuchte und bewunderte er. Als er im Jahre 1642 seine polemische Schrift *Auslegung gegen die Lutheraner* (*Izložénije na l'útory*) schrieb, gab er im letzten Kapitel dieses Werkes eine Schilderung seiner Eindrücke von Dänemark und beschloß sie mit einem Gedicht, das aus lauter antithetischen Distichen mit amüsanten Reimen, darunter einem Reim auf das dänische Wort *Kirke* (*Kirche*), bestand. Selbst König Christian blieb nicht von einigen ironischen Hieben verschont, weil er sich zu Luther bekannte. Im übrigen beteiligte sich NASÉDKA ein paar Jahre später an einer Polemik, die anläßlich der Verlobung der Zarentochter Irína mit dem dänischen Prinzen Valdemar entbrannte und diesen zwang, sich trotz der warmen Sympathie des Zaren dem Widerstand der russischen Kirche zu fügen und mit leeren Händen nach Dänemark heimzureisen.

Die Versifikationsmode, die solcherweise spontan in Moskau entstanden war, hielt sich bis etwa 1654, als ein neuer prosaischer *Bericht über die Zerstörung des Moskovitischen Reiches* (*Póvěst' o razorénii Moskóvskogo gosudárstva*) verfaßt wurde. Er war anonym, man nimmt aber an, daß er einem gewissen SÍMON AZÁR'JIN zuzuschreiben ist. Auch hier finden wir, und zwar gleich im Eingang, Verse desselben Typs, antithetisch angeordnet, mit verschiedenen Reimen. Diese ganze Dichterschule scheint von direkten fremden Einflüssen unabhängig gewesen zu sein. Sie bemühte sich, auf heimischem Boden eine Tradition der Verskunst zu schaffen. Charakteristisch für ihre Technik war vor allem der Umstand, daß die Anzahl der Silben innerhalb der einzelnen Strophenzeilen überhaupt keiner Regel unterworfen zu sein schien, wie auch der Begriff der Zäsur völlig unbekannt war. Neunsilbige Zeilen konnten mit sechzehnsilbigen reimverbunden sein, und alle möglichen anderen Zahlenkombinationen – zum Beispiel 14/12, 11/10, 12/15, 11/13, 15/18, 14/19, ja sogar 8/21 – konnten in dieser Dichtung vorkommen. Die Reime, die natürlich eine besondere Funktion bekommen mußten, hielten wie feste Klammern die ungleich langen Verse zusammen und beherrschten als besonders akzentuierte Elemente offenbar völlig den Inhalt der Zeilen. Man kann vielleicht annehmen, daß alle Verszeilen genau dieselbe Zeitlängen hatten (wie etwa in den epischen russischen Volksliedern), gleich ob die durch den Reim zusammengehaltenen Zeilen 5 oder 25 Silben enthielten. Dadurch mußten natürlich sehr verschiedene Zeitlängen auf die einzelnen Silben entfallen: in einer kurzen Zeile mußten sie langsam vorwärtsschreiten, mit feierlicher Würde, in anderen längeren Zeilen mußten sie dagegen rasch auf den abschließenden Reim, dieses eigentümliche Haltezeichen, zueilen. Der Akzent, der eine so große Rolle in der Bedeutungsskala der russischen Sprache spielte, verlor in den Verszeilen zwar nicht seine natürliche Funktion, erlitt aber doch eine beträchtliche Abschwächung. Die Reime konnten sehr mannigfaltig sein. All das stand in bestem Einklang mit der Struktur der russischen Sprache, die sowohl end- wie stammbetonte Wörter, Wörter mit Betonung der drittletzten, viertletzten Silbe kennt. Die Assonanz, die im Russischen wegen der dominierenden Rolle des Akzentes im Wortinnern eine bedeutend stärkere Wirkung als in anderen Sprachen hatte, konnte ohne weiteres den vollen Reim ersetzen. So schien die Grundlage geschaffen für eine rhythmisch-melodische, a-metrische Entwicklung, die mit den Prinzipien der Volkssprache aufs engste verwandt war.

Diese Dichtung kam aber im moskovitischen Staat nicht ungehindert zur Entfaltung. Eine ganz anders geartete prosodische Technik erhielt aus besonderen Gründen günstigere Lebensbedingungen als die geschilderten originalen Versuche, und in dem ungleichen Kampf wurde die einheimische Verskunst von der fremdartigen vollständig erdrückt. So wurde die russische Poesie in falsche Bahnen geleitet, in denen sie lange Zeit verblieb. Die Geschichte der russischen Versdichtung mußte daher von nun an die Geschichte eines ununterbrochenen Kampfes um die Befreiung von fremden Fesseln werden.

18. WESTRUSSISCHE KULTUR
UND IHRE WURZELN

Im Jahre 1654 war es endlich dem Moskovitischen Reich gelungen, die bisher mit Polen-Litauen verbundene, aber aufrührerische Ukraine an sich zu binden, und im Frieden von Andrúsovo (1667) hatte Polen sich auch *de jure* dazu bequemen müssen, das ganze, östlich des Dnjeprs gelegene ukrainische Land mit seiner alten Hauptstadt Kíjev, der Wiege der russischen Kultur, und bedeutende belorussische Gebiete, darunter die Stadt Smolénsk, an den östlichen Rivalen abzutreten. Das Reich von Moskau war von jetzt ab seinem adelig-republikanischen Nachbarn entschieden überlegen.

Von den neueinverleibten orthodoxen Gebieten kamen nun die neuen Kulturimpulse, die das moskovitische Geistesleben von Grund aus umformen und ihm das neue *gelehrte*, d. h. rationalistisch-scholastische Gepräge geben sollten, das den Abscheu des Protopopen ABBAKÚM und aller reaktionären Altgläubigen erweckte. Diese Kulturimpulse wurden von dem aufgeklärten westrussischen Adel und seiner treuen Dienerin, der westrussischen orthodoxen Geistlichkeit, getragen. Obgleich westeuropäischer Herkunft, waren sie doch teils durch das polnische Milieu, das sie passiert hatten, teils durch die eigenartige byzantinisch-orthodoxe Tradition, die länger als die moskovitische von der Mutterquelle genährt worden war, ziemlich stark modifiziert.

Die ukrainischen und belorussischen Länder, welche nach dem Tatareneinfall im 13. Jahrhundert langsam von dem polnisch-litauischen Doppelstaat aufgesogen worden waren, hatten anfänglich nur danach gestrebt, auf der kulturellen Grundlage weiterzuleben, die vor dem Tatareneinfall geschaffen worden war. Die Entwicklung hatte daher anfänglich ziemlich parallel der großrussisch-moskovitischen verlaufen können. Die griechisch-orthodoxe Kirche mit ihren byzantinischen und europafeindlichen Traditionen und ihren nie ganz abgebrochenen Beziehungen zur Balkan-Kultur und zur ehrwürdigen Welt des Athos-Berges war imstande gewesen, das westrussische nationale Volksbewußtsein gegen die politischen und kulturellen Übergriffe von polnischer Seite zu stützen. Zugleich aber war klar, daß es nicht wie das moskovitische fähig sein werde, sich der ungeheuren Expansionskraft der polnischen Kultur und der römisch-katholischen Kirche in stolzer Isolation entgegenzustellen. Der feudale Adel der Grenzmarken leistete den fremden Einflüssen keinen wesentlichen Widerstand. Die Sprache fing an, sich in einer Richtung zu entwikkeln, die sie von der gemeinrussischen Grundlage stark entfernen mußte. Polnische Kultur und Kultur schlechthin waren allmählich fast zu synonymen Begriffen geworden. Mit polnischen Lebensformen und Sitten übernahm man unmerklich auch polnische Vorstellungen, in vielen Fällen auch den polnischen Glauben, ja sogar die polnische Sprache.

Als Folge der religiösen Reformation und der katholischen Reaktion auf diese entbrannte indessen in Polen ein heftiger Religionskampf, der freilich sehr bald mit dem Siege des Katholizismus endete, aber zugleich dazu beitrug, das Nationalbewußtsein in den von Polen beherrschten westrussischen Provinzen heftig zu entfachen. Die orthodoxe Kirche entdeckte, daß sie in ihrem Abwehrkampfe gegen den Katholizismus nicht mehr allein stand. Sie hatte Waffenbrüder unter den polnischen Lutheranern, Calvinisten, Arianern, Hussiten und anderen *Dissidenten,* wie sie genannt wurden. Schulen und Druckereien wurden zu wirksamen Mitteln in diesem Kampf. Die katholische Kirche setzte den pädagogisch erfahrenen Jesuitenorden gegen die drohenden reformatorischen Tendenzen im polnischen Reiche ein, und wenn der Orden diese gar bald im eigentlichen Polen, wo sie von nationalen Gegensätzen nicht gefördert wurden, unterdrückte, so stieß er auf weit wirksameren Widerstand in den westrussischen Provinzen, wo das national gefärbte orthodoxe Bekenntnis vorherrschte. Die Kirche konnte hier mit der durch die nationale und soziale Unterdrückungspolitik hervorgerufenen Unzufriedenheit der breiten Volksmassen rechnen. Eine nicht unwichtige Rolle in diesem Kampfe spielten die orthodoxen kirchlichen Brüdergemeinden, die freilich bereits seit dem 15. Jahrhundert als einfache religiöse Vereinigungen existierten, erst jetzt aber ganz neue gesellschaftliche Aufgaben erhielten. Das ganze Land ward rasch von einem Netz untereinander verbundener Brüdergemeinden bedeckt, die die Errichtung von Schulen, Akademien, Kirchen und Buchdrukkereien finanzierten. Der aufgeklärte Adel interessierte sich tatkräftig für ihre Wirksamkeit. Und bald gab es Brüdergemeinden sowohl in Wilno, Mohyl'óv, Brest-Litóvsk und Bel'sk als auch in L'vov (Lemberg), Peremyšl' (Przemyśl), Minsk und Kíjev.

Es lag in Art und Wesen des Kulturkampfes, daß sich die neuen Schulen, die dem Einfluß der polnischen Jesuitenkollegien entgegenwirken sollten, eben diese zum Vorbild nahmen, um sie um so nachdrücklicher bekämpfen zu können. Und gerade deswegen wurden sie indirekt zu Mittelpunkten einer neuen Kulturauffassung. Polnisch und Lateinisch wurden mit Griechisch und Slavisch gleichgestellt. Die Lehrer hatten zuweilen selbst eine Jesuitenschule besucht, und alles Schulwissen, das nun in den alten und neuen Gemeindeschulen gepflegt wurde, erhielt daher ein jesuitisch-scholastisches Gepräge. Kein Wunder, daß Fürst KÚRBSKIJ, als er über die Grenze geflohen war, zu seiner Verwunderung feststellte, daß es hier *Menschen gab, die nicht nur Grammatik und Rhetorik, sondern auch Dialektik und Philosophie studiert hatten.* In welchem Umfange die westrussisch-ukrainischen Schuldialektiker das scholastische System der Jesuiten beherrschten, geht aus der üppig blühenden polemischen und theologischen Literatur hervor, die besonders nach dem Jahre 1596 entstand, als es der katholischen Propaganda gelungen war, den alten Traum von einer Kirchenunion zu verwirklichen, und zwar durch den Vergleich von Brest-Litóvsk, durch den ein Teil der orthodoxen Geistlichkeit die Oberherrschaft des Papstes anerkannte, zugleich aber die Unantastbarkeit des kirchenslavischen Gottesdienstes zugesichert erhielt. Sogar der berühmte polnische Jesuit PIOTR SKARGA (1536–1612) mußte auftreten, um die Synode von Brest-Litóvsk gegen die Angriffe der Orthodoxen zu verteidigen. Aber noch im selben Jahre erschien die gelehrte und gründliche, sowohl kirchenslavisch wie polnisch geschriebene *Apokrisis,* die von einem gewissen CHRISTOPHOROS PHILALETHES (wahrscheinlich ein Pseudonym für Christofór Brónskij) verfaßt war und die im Jahre 1600 eine neue Entgegnung, eine *Antirrhēsis,* von katholischer Seite hervorrief. Man erging sich in griechischen und lateinischen Büchertiteln. Einer der eifrigsten Polemiker im orthodoxen Lager war MELÉTIJ SMOTRÍCKIJ (etwa 1578–1633), ein gelehrter ukrainischer Jesuitenzögling, jetzt Bischof von Pólock, der sich von 1610 an in einem ununterbrochenen dogmatischen Disput mit SKARGA und anderen katholischen Gegnern befand und zahlreiche Schriften verfaßte, nach langem Schwanken schließlich aber geheim und später auch öffentlich zur unierten Kirche überging und einen wahren literarischen Sturm gegen sich hervorrief. Sein Name figuriert in einem Strom von polemischen Schriften mit griechischen Titeln (*Threnos, Apologia, Pareneisis, Antidoton, Exethesis* usw.), Schriften, die von ihm und gegen ihn geschrieben waren. Unter den vielen westrussischen theologischen Polemikern, die zu nennen wären, ragt zweifellos einer besonders hervor als der feinste und gelehrteste Apologet der orthodoxen Kirche, nämlich ZACHÁRIJA KOPYSTÉNSKIJ, dessen Geburts- und Todesjahr unbekannt sind, der Verfasser zweier hochgelehrter dogmatisch-polemischer Werke, des *Buches vom Glauben* (*Kníga o věrě*, 1619) und der *Palinodia* (etwa 1622).

19. WESTRUSSISCHES LITERARISCHES LEBEN

Die geistliche Rhetorik und Homiletik, die Jahrhunderte hindurch aus byzantinischen Quellen gespeist worden war, erlebte im 16. Jahrhundert in den russischen Kulturzentren des polnisch-litauischen Grenzlandes eine neue Blütezeit. Die Quelle war aber jetzt bemerkenswerterweise katholisch-scholastisch. Vergebens bemühte sich der Mönch IOÁN VÍŠENSKIJ, als er im Kloster Zographos auf dem Athos-Berge saß, gegen diese katholische Strömung, die in seinem Heimatland die Oberhand gewann, anzukämpfen. *Wir dummen Russen* – schrieb er – *brauchen gar nicht die Klügelei und List eurer* (polnischen) *Kirche, und wir sehnen uns gar nicht danach, aus den Quellen eurer heidnischen Wissenschaften zu trinken, denn diese sind nur ein eitles Jagen nach dem Ruhme dieser Welt!* Und an den großen Mäzen, den Fürsten Vasílij Ostróžkij, schrieb er, es sei lobenswerter, *das Gebetbuch, den Psalter, das kirchliche Gesangbuch, die Taten der Apostel und das Evangelium zu studieren . . . als sich in Aristoteles und Platon zu vertiefen und sich einen weisen Philosophen zu nennen.* Alle diese modernen *Grammatiken, Rhetoriken,*

Dialektiken und anderen ausgeklügelten Ränkespiele waren für ihn nur das Werk des Teufels.

Er kämpfte vergebens für seine konservative byzantinische Anschauung. Der Rektor der geistlichen Akademie zu Kíjev, IOANNÍKIJ GOL'ATÓVSKIJ (gest. 1668), einer der produktivsten antikatholischen Polemiker, versah im Jahre 1659 sein Werk *Der Schlüssel der Erkenntnis* (*Kl'uč razuménija*) mit einem besonderen *Leitfaden zur Abfassung von Predigten* (*Naúka o složénii kazánij*), der mit der emotionalen und pathetischen Rhetorik der byzantinischen Schule vollständig brach und die empirisch-rationale narrative Beredsamkeit, die bei den Jesuiten gepflegt wurde, eindringlich empfahl. Jede Predigt sollte jetzt, einem festen Schema folgend, ein *exordium*, eine *propositio*, eine *narratio* und eine *conclusio* enthalten, und gerade dem dritten Teile, der *narratio*, sollte besondere Sorgfalt gewidmet werden. Die scholastische Regel, nach der man sich zu bestreben hatte, die klassischen Fragen *quis? quid? ubi? cur? quocum? quomodo? quando?* zu beantworten, zog nun in die ukrainische homiletische Kunst ein, und zugleich mußte all der alte dogmatisch-theologische Stoff, der die Zuhörer doch nur langweilte, lebendigen, alltäglichen Problemen aus Schule und Gesellschaft den Platz räumen. Seine eigenen Predigten enthielten nicht nur westeuropäische literarische Legenden, Erzählungen und physiologische Belehrungen, sondern auch volkstümliche Anekdoten und Novellen, die der mündlichen Überlieferung entnommen waren. Diese neue Kunst, die sehr populär wurde, blühte bald weiter unter der Pflege des Erzbischofs von Černígov, LÁZAR' BARANÓVIČ (1620–94), und des Erzdiakons an der Kathedrale von Černígov und späteren Klosterabts zu Kíjev, ANTÓNIJ RADIVÍLOVSKIJ (dessen genaue Lebenszeit – er starb vielleicht 1688 – nicht bekannt ist): der eine schrieb im Jahre 1666 sein *Geistliches Schwert* (*Meč duchóvnyj*) und im Jahre 1674 seine *Homiletischen Hörnerklänge* (*Trúby slovés propovědnych*), Sammlungen von Predigten, die aber bedeutend nüchterner waren als seine religiösen und patriotischen polnischen Gedichte; der andere aber – viel unkriegerischer, dafür aber auch viel poetischer – schrieb die zwei schönen Predigtensammlungen *Der Blumengarten der Jungfrau Maria* (*Ogoródók Maríi Bogoródicy*, 1674) und *Der Kranz Christi, aus den Rosenblüten wöchentlicher Predigten gewunden* (*Venéc Christóv*, 1688).

Man verstand sehr wohl die Werbekraft eines Buchtitels abzuschätzen. Das europäische Barock drang unbemerkt in die Ukraine ein.

Die neue scholastische Schule bemühte sich, ihre Methode auch auf weltliche historische und philologische Wissensgebiete auszudehnen, die in Moskau bisher ganz unbeachtet geblieben waren. Man suchte jetzt Geschichtsbücher ganz anders zu schreiben als die moskovitischen Annalisten und Kompilatoren. Man machte sich sehr weitgehend von den traditionellen Anschauungen frei und versuchte es, neue Prinzipien durchzuführen. Man bestrebte sich, der geschichtlichen Schilderung Dokumente oder polnischen Quellenstoff zugrunde zu legen. Nach FEODÓSIJ SAFANÓVIČ und PANTELÉJMON KOCHANÓVSKIJ, deren Versuche ungedruckt blieben, verfaßte INNOKÉNTIJ GÍZEL', ein eingewanderter preußischer Konvertit, der von 1656 bis zu seinem Tode (1683) Abt des berühmten Höhlenklosters zu Kíjev war, seine vielbenutzte *Synopsis* (1674) der Geschichte der Russen seit den ältesten Zeiten bis zur Gegenwart. Wenn dieser Autor die Bezeichnung *synopsis* und nicht etwa *syntagma* wählte, so wollte er damit betonen, daß er nicht eine systematische, sondern eine rein chronologische Darstellung zu liefern wünsche. Dadurch wurde die äußere Reihenfolge der Ereignisse auf Kosten ihres inneren Zusammenhangs in den Vordergrund des Interesses gerückt. Sein Werk wurde zum klassischen Lehrbuch der Geschichte Rußlands. Obgleich es sich auf die Schriften der bedeutendsten polnischen Historiker (KROMER, BIELSKI, STRYJKOWSKI) stützte und sich ihrer als nützlichen Kontrollmaterials bediente, fehlte ihm doch fast völlig eine wirkliche kritische Quellenanalyse im modernen Sinne des Wortes. Sein Hauptinteresse war begreiflicherweise auf die Geschichte der Ukraine gerichtet, so daß große Teile der Geschichte des Moskovitischen Reiches, zum Beispiel die Regierungszeit Zar Ivàns IV., einfach ganz übergangen wurden. Dafür war aber nach polnischem Vorbild großes Gewicht auf eine abenteuerliche Rekonstruktion der russischen Vorgeschichte gelegt. So konnte denn INNOKÉNTIJ GÍZEL' ganz falsche, aber sensationelle Entdeckungen von größter Bedeutung für den russischen Nationalstolz machen, wie zum Beispiel die, daß König Philipp von Mazedonien im Jahre 310 den Russen zum Dank für ihre Dienste einen Freiheitsbrief gegeben habe, oder die, daß Odoaker, der Rom eroberte, ein slavisch-russischer Fürst gewesen sei.

Von größter Bedeutung für die Geschichte der russischen Literatursprache war es aber, daß man daranging, eine Schriftsprache grammatisch festzulegen. Die grammatischen Einsichten der Ukrainer hatten sich (ebenso wie die der Moskoviter) bisher auf eine anonyme Abhandlung *Von den acht Redeteilen* gegründet, die in der ersten Hälfte des 14. Jahrhunderts in Serbien nach griechischen Vorbildern, deren es viele gab, verfaßt worden war. MAXIMOS DER GRIECHE, den wir mehrmals erwähnt haben, hat diese Abhandlung augenscheinlich gekannt. Man hat nämlich in einer russischen Handschrift des 16. Jahrhunderts eine Abhandlung über die Grammatik und ihren Inhalt gefunden, die MAXIMOS zugeschrieben werden muß und die unter anderem die Kenntnis jener anonymen serbischen Abhandlung voraussetzt. Wir wissen aber auch sonst, daß MAXIMOS, der ein Mann von westeuropäischer Gelehrsamkeit war, allgemeine Betrachtungen über das Verhältnis zwischen der griechischen und der kirchenslavischen Sprache, über die Schönheit, die Vorzüge und die Schwierigkeiten beider Sprachen, über gewisse syntaktische Fragen, sogar über Fragen der Versifikation geschrieben hatte. Nun ist es interessant zu sehen, daß die erste (anonyme) *slavische Grammatik*, erschienen im Jahre 1586 in Wilno, in ihrer Vorgeschichte auf eine moldavanische Abschrift jener Abhandlung *Von den acht Redeteilen* zurückgeht. Die Bearbeitung der russischen Literatursprache stand also ganz im Zeichen der südslavischen grammatischen Literatursprache, die sich ihrerseits auf die griechisch-byzantinische stützte. Im Jahre 1591 wurde im galizischen L'vov (Lemberg) von einem Gelehrten, der sich hinter dem Pseudonym ADELPHOTES verbarg, eine *Grammatica der wohlklingenden helleno-slavischen Sprache* herausgegeben. Aber auch dieses Werk war so sehr von der griechischen Sprache abhängig, die ihm als Muster diente, daß es in griechisch-slavischen Analogien und Parallelen steckenblieb. Es wurde indessen wegen seiner griechischen grammatischen Terminologie normgebend für die spätere russische Terminologie. Auch die Grammatik des Priesters LAVRÉNTIJ (TUSTANÓVSKIJ) ZIZÁNIJ von 1596 war wenig befriedigend.

Erst im Jahre 1619 erschien das berühmte *Regelmäßige Syntagma der slavischen Sprache (Grammátiki slavénskija právil'noje sýn-*

tagma), das der bereits erwähnte Melétij Smotríckij verfaßt hatte
und das bald die Grundlage allen Sprachunterrichts in den ukrainischen und moskovitischen Schulen bis weit ins 18. Jahrhundert hinein
wurde. Auch diese Grammatik, die alle übrigen weit übertraf, war
durch ihre prinzipielle Abhängigkeit von der Grammatik der griechischen Sprache gekennzeichnet. Kaum 8 Jahre später erschien in Kíjev
das erste *Sloveno-rossische Lexikon* (*Slovéno-rossíjskij leksikón*), das
von dem hochgelehrten jerusalemitischen *protosynkellos* und russischen *architypographos* Pámva Berýnda (gest. 1632) verfaßt war.
Obgleich es sich keineswegs mit Smotríckijs Grammatik vergleichen
läßt, ist es nichtsdestoweniger außerordentlich bezeichnend für die
Sprachverwirrung, die in den russischen Grenzlanden während der
polnischen Kulturherrschaft bestand.

Die kirchenslavische Sprachreinheit war verlorengegangen. Die
tägliche Sprache war von der polnischen stark beeinflußt. Ukrainische und moskovitische Dialektformen waren in buntem Durcheinander in die Sprache eingedrungen, und das Problem bestand nun
darin, eine einigermaßen regelmäßige Literatursprache zu schaffen.
Pámva Berýnda unterschied im Prinzip zwischen (*kirchen*)*slavischen*
(oder *slovenischen*) und *russischen* (oder *rossischen*) Wörtern, aber
bezeichnenderweise umfaßte die zweite Kategorie nicht nur wirkliche
russische Wörter (gleich ob sie auch im Kirchenslavischen oder nur im
Russischen vorkamen), sondern auch polnische und ukrainische Wörter,
also Lehnwörter und Dialektwörter. Kurz, alles, was nicht kirchenslavisch war (und das konnte leicht definiert werden), war für ihn *eo ipso*
russisch. Aber diese kirchenslavische oder slovenische Sprache war mit
der altkirchenslavischen Sprache, die man vor Augen hatte, keineswegs
mehr identisch. Smotríckij hatte sich zwar in seinem *Syntagma* die
Aufgabe gestellt, die Regelmäßigkeit der kirchenslavischen Sprache
wiederherzustellen, er hatte aber begreiflicherweise weder den rechten Sinn für eine sichere historisch-philologische Methode noch die
rechte Einsicht dafür, daß die späten Quellen, auf die er sich stützte,
keineswegs die Kirchensprache in ihrer ursprünglichen Reinheit
vertraten. Immer wieder stand er vor Erscheinungen, die sich nicht
aus der Struktur der kirchenslavischen Sprache erklären ließen; aber
statt sie auszuschließen, akzeptierte er sie unter Hinweis auf *Brauch*
und *Usus*. Sein Werk trug daher dank seiner Autorität tatsächlich da-

zu bei, die wirkliche altkirchenslavische Sprache noch mehr in Vergessenheit geraten zu lassen. Andererseits aber gelang es ihm, durch Uniformierung von Betonung, Beugung und Rechtschreibung eine normative Grammatik der in der Ukraine herrschenden literarischen *slavorossischen* Sprache zu schaffen und damit für die Zukunft einen literarischen Sprachkanon festzulegen. Dieser unterschied sich in mancher Beziehung von dem in Moskau herrschenden Kanon; sobald aber SMOTRÍCKIJS *Syntagma* im Jahre 1648 mit gewissen notwendigen Änderungen in Moskau neu herausgegeben worden war, wurde es auch für das ostrussische Sprachgebiet maßgebend. Es ist von nicht geringem Interesse, dabei zu beobachten, daß in der moskovitischen Neuausgabe eine Anknüpfung an die vorhergehenden ostrussischen grammatischen Bestrebungen stattfand. Als Einleitung zu SMOTRÍCKIJS Buch wurde MAXIMOS DES GRIECHEN *Schrift über den Nutzen der Grammatik* abgedruckt, und am Schluß des Buches wurden einige andere Schriften von ihm angebracht.

Die so geschaffene neue Literatursprache hielt damit ihren Einzug auch in das moskovitische Schrifttum. Noch im Jahre 1627 hatten Zar Michaíl Románov und sein geistiger und leiblicher Vater, der Patriarch Philaretes (Filarét), es für nötig gehalten, ihren moskovitischen Untertanen das Lesen aller *litauischen*, d. h. innerhalb des polnisch-litauischen Staates gedruckten, slavischen Bücher zu verbieten. Aber schon um die Mitte des 17. Jahrhunderts sah man ein, daß es unmöglich sei, den von jenseits der Grenze breit heranströmenden Kultureinfluß aufzuhalten, besonders da die Grenzpfähle mit dem Frieden von Andrúsovo weit nach Westen vorgeschoben worden waren. Als Zar Alekséj im Jahre 1656 auf dem Heimwege von der polnisch-russischen Front in der von den Russen eroberten Stadt Pólock Aufenthalt nahm, wurde er zu seiner Überraschung nicht mit einer jener traditionellen geistlichen Festreden, an die er zu Hause gewöhnt war, empfangen, sondern mit einem Huldigungsgedicht, einer wirklichen *Ode*, von dem jungen belorussischen Lehrer und Mönch Simeón Jemel'jánovič Petróvskij-Sitniánovič, der später unter dem Namen SIMEÓN PÓLOCKIJ (1628–80) bekannt wurde. Als der Zar drei Jahre später ein in Pólock erobertes Bild der Muttergottes aus Moskau zurücksandte, empfing derselbe Lehrer die Ikone wieder mit

einem Gedicht, das dem Zaren nicht unbekannt blieb. Und als SIMEÓN
später seinen Abt nach Moskau begleitete, benutzte er die Gelegenheit, sich mit einer panegyrischen Apostrophe an die zarische Majestät bemerkbar zu machen. Als die Polen 1663 Pólock zeitweilig
wiederbesetzten, floh er nach Moskau. Er wurde hier Lateinlehrer an
der Gesandtschaftskanzlei (am Außenministerium), schrieb 1667 eine
glänzende polemische Abhandlung gegen die altgläubigen Schismatiker und erhielt 1668 das Amt eines Hofpredigers, Hofpädagogen
und – Hofpoeten.

Damit hielt die westrussische Dichtung nun auch offiziell ihren
Einzug am Zarenhofe selbst.

20. DIE NEUE WESTRUSSISCHE VERS-
DICHTUNG

Die westrussische Versdichtung war eine Dichtung von ganz
anderer Art als die, an die man sich in Moskau zu gewöhnen begonnen hatte. Sie hatte keine Verbindung mit dem russischen Volkslied. Sie war eine durch und durch *gelehrte* Dichtung, geübt und
gepflegt in der Paragraphenluft der Schule. Sie hatte viele Züge, die
dem westeuropäischen Barock eigen waren.

Die neue Poesie, die seit dem Ende des 16. Jahrhunderts in den
polnisch-russischen Ländern in Erscheinung getreten war, hatte ihr
Entstehen ganz und gar dem Einfluß der jesuitischen Kultur zu verdanken. Das Schulprogramm der Jesuiten umfaßte nicht nur theoretische Wissenschaften wie die Grammatik, die Dialektik, die
Rhetorik, die Poetik, die Arithmetik, die Geometrie, die Astronomie
und die Philosophie, sondern auch praktische Fertigkeit im Vortrag
von Versen und kunstvollen Reden. Ihre Poetik hatte klassisch-antike
Wurzeln und ARISTOTELES war ihnen die unfehlbare Autorität in
allen Fragen der Definition. Diese rationalistische Einstellung der
Dichtung gegenüber, die spitzfindige Begriffsbestimmung, der bewußte Formalismus waren Dinge, von denen man jenseits der Grenze
im anscheinend so barbarischen Moskovitischen Reich überhaupt
keine Ahnung hatte. Die dichterische Praxis, die in den westrussischen

Schulen geübt wurde, gründete nicht so sehr auf griechischen Vorbildern als vielmehr auf dem Beispiel der römischen Dichter, vor allem auf den *Oden* des HORAZ und den *Tragödien* SENECAS. Gegen Ende des 17. Jahrhunderts verfügten die Jesuiten, die bewußt an den Traditionen des Barocks festhielten, über eine recht ansehnliche gelehrte Schulliteratur, die anerkannte Lehrbücher der Verskunst und Dramatik umfaßte. Die bekanntesten Werke dieser Art waren die *Poeticae institutiones* (1592) von JACOBUS PONTANUS in drei Bänden, die *Ars poetica* (1631) ALESSANDRO DONATIS und die dreibändige *Palaestra eloquentiae ligatae* (1645) JAKOB MASENS. Diesen Vorbildern folgten die polnischen Jesuiten bei der Ausarbeitung ihrer eigenen geschriebenen oder gedruckten Vorlesungen und Lehrbücher. Diese dienten auch als Grundlage für die Wirksamkeit der russischen Schulen in Polen. Wie nachhaltig dieser Einfluß war, ersieht man wohl am besten daraus: als FEOFÁN PROKOPÓVIČ, der *professor poeseos* und Rektor der Akademie zu Kíjev, Anfang des 18. Jahrhunderts sein Lehrbuch *De arte poetica* (1705) verfaßte, fielen seine wichtigsten Thesen und Definitionen genau mit den Klassifikationen und literarischen Begriffsbestimmungen der jesuitischen Scholastiker zusammen.

Die westrussische Kunst der Versdichtung fand dennoch nicht gleich den rechten Weg. In neophytischem Eifer, den antiken Meistern und Vorbildern zu folgen, versuchte man anfänglich, das System der lateinischen Metrik, das auf der Länge und Kürze der Silben beruhte, direkt auf die russische Sprache zu übertragen. Nun hatte die kirchenslavische oder slavorussische Literatursprache schon seit langem alle ursprünglichen Quantitätsunterschiede der Vokale verloren, und es gab hier daher keine langen und kurzen Silben wie im Lateinischen. Das bedeutet, daß es auf russischem Boden überhaupt keine wirkliche Grundlage für ein metrisches System mit langen und kurzen Vokalen in regelmäßigem Wechselspiel gab. Der obenerwähnte gelehrte LAVRÉNTIJ ZIZÁNJI empfahl freilich nichtsdestoweniger 1596 in seiner *Grammatik* das lateinische System als Grundlage der slavischen Verskunst, er selber aber folgte in seinen eigenen Versen keineswegs diesem Rat. Mit größerer Konsequenz wurde dasselbe Prinzip 1619 von dem Grammatiker MELÉTIJ SMOTRÍCKIJ in seinem *Syntagma* verfochten, in dem er mit außerordentlich gekünstelten

Mitteln zu bestimmen versuchte, welche Vokale als lange, welche als kurze zu betrachten seien, und er gab auch selber – ohne jede Rücksicht auf den freien russischen Akzent – Proben von der praktischen Anwendung eines solchen Systems. Wie sein Vorgänger beging auch er den Irrtum, die lateinischen Quantitätsunterschiede als völlig willkürlich bestimmte Varianten ohne phonetische Grundlage zu betrachten. Auch sein Versuch blieb glücklicherweise ohne Folgen.

Dagegen siegte das besondere polnische Versifikationssystem überall. Dieses ruhte nicht auf klassisch-antiken, sondern auf mittellateinischen Prinzipien. Die Verszeile war hier *syllabisierend*, nicht *quantitierend*. Alle Versifikation war ohne Rücksicht auf den Wechsel zwischen langen und kurzen Vokalen oder auf den Wechsel zwischen betonten und unbetonten Silben ausschließlich auf Silbenzählung begründet. Dieses System war aus dem kirchlichen lateinischen Rezitativ entstanden, das nur die zwei letzten Silben jeder Verszeile durch einen besonderen Tonfall auszeichnete und so das Ende der Zeile ankündigte. Da die polnische Sprache die alte Korrelation zwischen langen und kurzen Silben nicht mehr kannte und da der Akzent, der immer auf die vorletzte Silbe der Wörter fiel, gar keine sprachliche Bedeutungsfunktion hatte, paßte das mittellateinische Versifikationssystem aufs beste zu der Struktur der polnischen Sprache. Eine Folge dieser besonderen polnischen Verhältnisse war es, daß der Reim im Polnischen nur weiblich sein konnte (schematisch bezeichnet: ⏤ ‿). Und gerade dieses – an sich ganz unrussische – System, das die Funktion des freien russischen Akzents überhaupt nicht anerkannte, wurde nun von den ukrainischen, ruthenischen und belorussischen Dichtern übernommen.

Die Übernahme eines sprachlich fremden Systems muß im Lichte gewisser sozialer Verhältnisse in den russisch-polnischen Ländern gesehen und verstanden werden. Die Haupttriebfeder aller Versdichtung war sicherlich die, daß die Schulen und Schriftsteller gezwungen waren, von Zeit zu Zeit den lokalen feudalen und fürstlichen Mäzenen zum Dank für die Unterstützung, die sie ihnen angedeihen ließen und die ihre Existenz möglich machte, ihre Huldigung in panegyrischen und anderen Oden darzubringen. Alle diese steinreichen Fürsten – die Familien Ostrówski, Radzíwill, Czartorýski, Balabán,

Sapéha, Wołówicz usw. – waren von polnischer Adelskultur durchdrungen und hatten nicht das geringste Interesse an gemeiner Volksdichtung. Nur eine russisch-slavische Dichtung, die in allen Beziehungen die polnische nachahmte, konnte darauf rechnen, ihre Gunst
zu gewinnen.

Der gelehrte ANDRÉJ RÝMŠA, der gegen Ende des 16. Jahrhunderts
wirkte, hatte allen Anlaß, seinen vornehmen Mäzenen dankbar zu
sein, und seiner Dankbarkeit gab er Ausdruck in syllabisierenden
Gedichten. Im Jahre 1581 gab zum Beispiel Fürst Konstantín
Ostrówskij seine poetische *Chronologie*, die in gezierten Distichen
die biblischen Ereignisse der zwölf Monate feierte, in seiner privaten
Druckerei in Ostróg heraus, und RÝMŠA quittierte mit seinen Versen
für diese Gunst. Er dichtete auch Oden auf *Das Wappenschild des
Wilnaer Magnaten Wołówicz*, auf *Das Wappenschild des litauischen
Unterkanzlers Lev Sapéha* usw. und verpflichtete so die Großen seines Landes zu materieller Erkenntlichkeit. Seine Ausgabe der *Taten
der Apostel* (1591) versah er mit einer Ode auf *Das Wappenschild des
Vojevoden von Novogorodók F'ódor Skúmin*. Die Metrik dieser
heraldischen Barockgedichte war streng syllabisch. Jede Verszeile
enthielt dreizehn Silben. Die Zäsur zerschnitt jede Zeile nach der
siebenten Silbe in zwei Teile von ungleicher Länge. Mit Ausnahme
von ganz wenigen Fällen führte er nach polnischem Muster weibliche
Reime durch, und ihre Reihenfolge war paarweise nach dem dürren Schema a/a b/b c/c geordnet. Aber gerade diese schulstrenge
polnische Regelmäßigkeit machte in den Augen der polnisch gebildeten Mäzene den wesentlichen Reiz der Dichtung aus, und es
war daher von vornherein verlorene Liebesmüh, wenn GERÁSIM
DANÍLOVIČ SMOTRÍCKIJ (gest. 1594), der Vater des berühmten
Grammatikers, den Kampf mit RÝMŠA aufzunehmen versuchte mit
seinen weit freieren Gedichten in jener *Bibel*, die der Fürst Ostrówskij 1581 drucken ließ: seine Konsonanzen und Assonanzen, seine
ungleich langen Verszeilen, seine strophische Einteilung des Textes
gefielen den prätentiösen Lesern durchaus nicht.

Wir sehen so eine ganz neue Dichtkunst in den westrussischen
Schulen sich entwickeln, eine von Mäzenen und Gönnern bestimmte
Dichtung, die das 17. Jahrhundert hindurch blühte. Die Gattungen,
die man pflegte, waren wesentlich durch die herrschenden sozialen

Feudalverhältnisse bestimmt. Es waren vornehmlich Oden, die man kultivierte: Gratulationsoden, Huldigungsoden, Begrüßungsoden, Festoden, Traueroden in allen möglichen Variationen – so gelehrt wie möglich, äußerlich so effektvoll wie möglich und in den meisten Fällen so schematisch wie möglich. Die Vorliebe für das Barocke, das Ausgeklügelte, das Überladene kam übermäßig stark zum Ausdruck in der epigrammatischen Dichtung mit ihren *symphonischen, kubischen, pyramidalen, ovalen, pokalförmigen, streitaxtförmigen* und anderen *kuriosen* Satzgebilden, mit ihren absonderlichen *carmina antithetica, carmina cancrina, carmina echica, carmina pythagorica* und *gryphica.* Dazu kamen auch noch die Produkte der geistlichen Dichtung, die vielen *Psalmen* und *Cantus,* die anläßlich der wichtigsten kirchlichen Feiertage von Schülern und Lehrern gedichtet und dann den als Gäste eingeladenen reichen und armen Eltern vorgetragen wurden.

Nur die erotische Gattung fehlte noch gänzlich. Die Quelle der Lust und des Glücks war als literarisches Motiv noch nicht entdeckt. Die orthodoxe Schule kannte – wie auch die orthodoxe Kirche – das Weib immer noch nur als das Werkzeug des Teufels.

21. SIMEÓN PÓLOCKIJ
ALS MOSKOVITISCHER DICHTER

Der vollständige Triumph der syllabischen Poesie war das wesentlichste Kennzeichen der neumoskovitischen Literatur.

Dieser Triumph dauerte von 1688, als SIMEÓN PÓLOCKIJ als erster Hofpoet bei Zar Alekséj angestellt wurde, bis 1735, als VASÍLIJ TRED'JAKÓVSKIJ in einem berühmten Traktat ein ganz neues prosodisches Prinzip zum Siege führte und damit die Ära der neueren Literatur einleitete, die sich frei und ohne Vorbehalte an die westeuropäische anschloß. In literarischer Beziehung umfaßt die neumoskovitische Periode also nicht nur die Regierungszeit Zar Alekséjs, seines Sohnes F'ódor und seiner Tochter, der Regentin Sofija, sondern auch noch die Zeit Peters des Großen, Katharinas II., Peters II. und Annas. Die Etappen der literarischen Strömungen fallen keineswegs immer mit den Zeitstufen der politischen und sozialen Entwicklung zusammen.

SIMEÓN PÓLOCKIJ (1629–80), ein belorussischer *didaskalos* (Schulmeister), dessen eigentliche Herkunft übrigens unbekannt ist, wahrscheinlich ein Schüler der berühmten Mohýla-Akademie zu Kíjev, ein hochbegabter, energisch strebender Mann, war ein *homo novus*, als er nach Moskau kam. Mit ungewöhnlicher Gewandtheit verstand er es, sich in der Hauptstadt des Moskovitischen Reiches eine Position ohnegleichen zu schaffen. Mit seinem gelehrten theologischen Werk *Das Szepter der Regierung* (*Žezl pravlénija*, 1667), das kurz nach dem Konzil von 1666/67 erschien, stellte er sich im Kampfe gegen die altgläubigen Schismatiker ohne Schwanken auf die Seite der Regierung. Mit seinen vorsichtigen, leicht moralisierenden Predigten, die die zwei großen Bände *Seelisches Mittagsmahl* (*Obĕd dušévnyj*) und *Seelisches Abendmahl* (*Večér'a dušévnaja*) füllten und posthum (1682–83) erschienen, verstand er es, sich für immer die Gunst und Gewogenheit des Hofes zu erwerben. Auch mit seinen zahlreichen Gedichten und Oden anläßlich verschiedener Ereignisse im Kreise der Zarenfamilie sicherte er sich einen festen und bedeutenden Platz in der Literatur seiner Zeit. Er ließ seine Gedichte kurz vor seinem Tode (1678–79) in dem großen Bande *Rhythmologion* (*Rifmológion*) sammeln. In seinem Vorwort schrieb er nicht ohne Stolz, daß er durch die Verbindung *der Sprache, die ihm von zu Hause vertraut sei, mit der Grammatik der reinen slavischen Sprache* die Fähigkeit erworben habe, *bildlich auf slavisch zu schreiben.*

Das Buch enthält etwa 1500 Gedichte. Es fällt aber nicht leicht, aus ihnen ein einzelnes hervorzuheben. Wir finden hier Oden unter den verschiedensten Überschriften, wie etwa *Der russische Adler* oder *Das harmonische Saitenspiel*. Im ersten Gedicht (*Or'ól Rossíjskij*) werden die Musen und Kamönen aufgefordert, den zarischen Doppeladler zu preisen; von Arion und Amphion, Demosthenes und Cicero, Homer, Virgil und Ovid wird gesagt, daß sie beim Anblick des zarischen Glanzes verstummten, und es wird behauptet, daß Athen vor dem Ruhme Rußlands verblasse. In dem anderen Gedicht (*Gúsl'a dobroglásnaja*) huldigt der Dichter dem neuen Zaren F'ódor am Tage seiner feierlichen Krönung, benutzt aber zugleich die Gelegenheit, um für die Verbreitung der Buchdruckerkunst zu eifern, die zum Ruhme des Zaren beitragen könne. Wir finden in der Sammlung Glückwunschgedichte wie zum Beispiel das lange Gedicht *Anläßlich des Einzuges des frommen und milden Selbstherrschers, des Herren, Zaren und Großfürsten Alekséj in das mit großen Kosten, mit ungewöhnlicher Kunstfertigkeit und in wunderbarer Schönheit neugebaute Lustschloß auf dem Gute Kolómenskoje.* Wir finden auch das schöne Glückwunschgedicht, das der Hofpoet einen der jungen Zarensöhne an einem Weihnachtsabend seiner Mutter vortragen ließ. Wir finden Trauergedichte beim Tode des Zaren. In reichem Maße wurden die moskovitische Wirklichkeit und das tägliche Leben im Kreml mit den Attributen der Antike geschmückt. Die byzantinische Starrheit, über die Kotošíchin geklagt hatte, versuchte sich mit römischen Gewändern und Dekorationen zu umgeben.

Simeón Pólockij hatte die Elfsilbenzeile gewählt, die korrekteste und regelmäßigste Verszeile der Syllabistik, mit ausgesprochen weiblichen Reimen, die beim Vortrag die Dehnung und Hervorhebung der vorletzten, akzenttragenden Silbe erforderten. Die Reimtechnik war noch ziemlich primitiv, die Zeilen waren nach dem Prinzip des altmodischen syntaktischen Parallelismus gebaut, und dieser Umstand ermöglichte es, daß die Verszeilen paarweise mit morphologisch gleichartigen Reimen (gleichartigen Verbalformen, gleichartigen Verbalsubstantiven, gleichartigen Adjektiven usw.) schlossen. Eine große Rolle spielte aber die Zäsur, die immer nach der fünften Silbe lag und die Betonung der vierten erforderte. Das bewirkte eine deutlich akzentuierte Kadenz mitten in der Verszeile. Dadurch entstand ein syllabisches System mit zwei Akzentstellen, was sich dann als Tendenz zu einem akzentuierenden Versmaß, zu einer sekundären Betonung der ersten Silbe des ersten Halbverses und der zweiten Silbe des zweiten Halbverses bekundete. Von einem System, das ursprünglich das graphische Schema ⌣⌣⌣⌣⌣⌣⌣⌣⌣⌣̲⌣ hatte, gelangte Pólockij infolge der festen Zäsur und der festen Betonung der vierten Silbe zu einem System, das folgendes graphische Aussehen hatte: ⌣⌣⌣̲⌣ / ⌣⌣⌣⌣̲⌣. Und von hier war tatsächlich nur ein Schritt zu einem Verse, der folgendermaßen dargestellt werden kann: ̲⌣⌣⌣̲⌣ / ⌣̲⌣⌣⌣̲⌣. Das äußerte sich in vielen Fällen als ein Streben nach einem deutlich daktylischen Versmaß und nach Überwindung des schematisch syllabischen Systems. Ein bewußtes Streben war es aber noch nicht. Die russische Sprache durchbrach unabhängig vom Dichter die fremde Schale, die sie umgab.

In seinem gleichzeitig veranstalteten zweiten Versband *Der blumenreiche Ziergarten* (*Vertográd mnogocvĕtnyj*), der 1246 verschiedene Gedichte enthielt, verwendete Siméon Pólockij zuweilen den dreizehnsilbigen Vers mit Zäsur nach der siebenten Silbe und mit fester Akzentuierung der sechsten und zwölften Silbe. Auch hier beobachten wir ein ähnliches unbewußtes Streben, das System etwas geschmeidiger zu machen, indem die Akzentsilben in Übereinstimmung mit den natürlichen sprachlichen Bedingungen verteilt werden. Von der ursprünglichen, nicht akzentuierten Verszeile ⌣⌣⌣⌣⌣⌣ ⌣⌣⌣⌣⌣́⌣ ging der Weg über die bewußt gegliederte, zäsurgeteilte Verszeile ⌣⌣⌣⌣⌣́⌣ / ⌣⌣⌣⌣⌣́⌣ zu der recht häufig auftauchenden jambisch-daktylischen Verszeile ⌣́⌣⌣́⌣́⌣ / ⌣́⌣́⌣⌣ ⌣́⌣. In thematischer Hinsicht befolgte *Der blumenreiche Ziergarten* ein ganz anderes Auswahlprinzip als das *Rhythmologion*. Das Buch hatte nämlich überhaupt nichts Offizielles an sich. Hier trat nicht der Hoflieferant feierlicher Gelegenheitsgedichte auf, sondern der private Dichter, der sich seiner rein künstlerischen Aufgabe bewußt war. In einem Vorwort verfocht er die Berechtigung *der rhythmologischen Schreibweise* gegen mögliche Angriffe und Einwendungen aufs wärmste, indem er unter anderem auf das Ansehen hinwies, das diese Dichtungsweise *bei ausländischen Völkern*, d. h. in Westeuropa, genieße. Ein bedeutsamer Umschwung mußte in der allgemeinen Kulturhaltung eingetreten sein, wenn sogar der moskovitische Hofpoet ohne Bedenken auf das *lateinische* Westeuropa als ein der Nachahmung würdiges Vorbild hinweisen konnte.

Die zumeist kurzen Gedichte dieses Bandes waren nach barockem Geschmack in alphabetischer Reihenfolge geordnet. Zuweilen waren die Motive aus so typischen westeuropäischen Anekdotensammlungen geschöpft wie dem *Speculum historiale* des Vincent de Beauvais oder der *Legenda aurea* des Jacobus de Voragine. Die Sammlung Pólockijs enthielt eine Menge von Gleichnissen, Symbolen, Prologen, Kommentaren und Epitaphien, Gebeten und Gelübden. Besonders bemerkenswert waren aber die ausgesprochen *satirischen* Gedichte, die auf Erfahrung und Beobachtung gegründet waren und deren Ziel das ganz horazische ist – in heiterer Weise zu belehren und das Angenehme mit dem Nützlichen zu verbinden. Vieles an der moskovitischen Gesellschaft rief den Spott des geistig überlegenen Dichters hervor: Geistesarmut, Habgier, Heuchelei, ketzerische Denkart, weibliche Schwächen und manches andere. Zuweilen erlaubte er sich auch rein poetische, an keine praktischen Zwecke gebundene, gut erfundene Balladen zu dichten.

Für erotische Motive dagegen gab es immer noch keinen Raum in der wahrhaft orthodoxen Dichtung des Hofpoeten.

22. DIE ENTWICKLUNG DER SYLLABISCHEN DICHTUNG

Ein ganzer Schwarm von syllabischen Poeten folgte dem von Siméon Pólockij gebahnten Wege und führte die von ihm begründete neue Verskunst weit ins 18. Jahrhundert hinein. Indessen bemerken wir auch, daß sie – den Impulsen folgend, die sich bereits unbewußt bei ihrem Meister geltend gemacht hatten – in immer größerem Ausmaß die strengsten Forderungen dieser Verskunst zugunsten einer natürlicheren Behandlung der russischen Sprache milderten.

Der Nachfolger des großen Lehrmeisters als offizieller Hofpoet wurde der fleißige Theologe und hervorragende Bibliograph Sylvester Medvédev (1641–91). Er setzte seinem Vorgänger ein literarisches Ehrenmal in seinem langen *Epitaphion auf Siméon Pólockij*. Mit einem Eifer, der für die ganze Schule der neuen Versdichtung charakteristisch war, pflegte er das Lobgedicht. Als Zar F'ódor, der selbst ein Schüler Siméon Pólockijs war, sich 1680 mit einer russischen Edelfrau vermählte, schrieb der Dichter eine syllabische *Beilagerhuldigung (Brácnoje privĕtstvije)*, und als der kränkliche und schwachköpfige Zar zwei Jahre später (1682) starb, verfaßte er mit großer Kunst ein weitschweifiges *Klage- und Trostgedicht (Plač i utĕšénije)*. Seine ganze dichterische Inbrunst aber legte der hochgebildete Diplomat in seine Huldigungsgedichte zu Ehren der Regentin Sofija, die er mit Semiramis und der britischen Elisabeth verglich. Er mußte denn auch das Leben lassen, als Peter I. nach einer Palastrevolution zur Macht kam.

Ein entfernter Verwandter MEDVÉDEVS, der geistliche Staatsdruckereidirektor KARIÓN ISTÓMIN (etwa 1650–1717), ein außerordentlich gebildeter Mann, ein Bewunderer des berühmten tschechischen Forschers und Pädagogen JAN AMOS KOMENSKÝ (COMENIUS), Übersetzer von AUGUSTINS *Traktat von der Liebe* und von JULIUS FRONTINUS' *Kriegslisten,* war ursprünglich auch ein Anhänger der Regentin Sofija, die er in syllabischen Huldigungsgedichten pries; er war aber gewandter als MEDVÉDEV und beeilte sich nach der Umwälzung, die Gewogenheit des neuen Machthabers zu gewinnen. Es war für die schulmäßige Natur der Gattung bezeichnend, daß ISTÓMIN nicht nur die panegyrische Ode pflegte, sondern auch die didaktische Poesie. In seinem großen *ABC-Buch* (1696), in welchem er eine Methode verwendete, die viel moderner war als die in früheren Schulbüchern gebräuchliche, definierte er die einzelnen Buchstaben des Alphabets in gereimten Strophen und benutzte jede Gelegenheit, um für die Sache der Aufklärung einzutreten. In einem anderen Buche, das er *Polis* nannte, bemühte er sich, gedrängte und pointierte versifizierte Charakteristiken der zu seiner Zeit aktuellen Wissenschaften zu liefern: der Grammatik (die uns *die Kunst, richtig zu sprechen und zu schreiben,* lehre), der Syntax (die *die Verwandlung von Wörtern in Gedanken* behandle), der Poetik (die – seinem geistlichen Stand und seiner veralteten Terminologie entsprechend – bezeichnenderweise als *die Lehre von der Komposition von Hirmos- und Kanon-Liedern* definiert wird) usw.

Genannt sei ferner F'ÓDOR POLIKÁRPOV (gest. 1731), ein Schüler der kürzlich gegründeten, von den griechischen Brüdern Lichudes geleiteten *Slavo-graeco-lateinischen Akademie.* Er wurde Staatsdruckereidirektor und war ein fleißiger Grammatiker, Lexikograph und Historiker, der sein *Alphabetarion* (1704) mit sorgfältig ausgearbeiteten didaktischen Gedichten versah. Sogar LEÓNTIJ MAGNÍCKIJ (1669–1739), der berühmte Mathematiker und Lehrbuchverfasser, fand es zweckmäßig, seine hervorragende *Arithmetica* (1703) mit einem kurzen einleitenden und einem außerordentlich langen abschließenden Gedicht über die Bedeutung, den Inhalt und die Aufgabe seiner Wissenschaft zu schmücken. Der letzte und strengste

Anhänger von Simeón Pólockijs syllabischem System war schließlich P'otr Busłájev (etwa 1700–55), auch er wie die vorhergehenden Dichter ein würdiger Schüler der *Slavo-graeco-lateinischen Akademie* in Moskau. Sein großes Gedicht mit dem weit ausholenden Titel *Seelische Betrachtungen in Versen anläßlich des Eingangs ihrer Gnaden der Baronesse Marija Stróganova zum ewigen Frieden* (*Umozrítel'stvo dušévnoje*) erschien als Sonderdruck in St. Petersburg im Jahre 1734 – zu einer Zeit also, da diese schematische und rationalistische Dichtkunst schon endgültig vor dem Falle stand.

Für die eigentliche Lyrik gab es in dieser Dichtkunst keinen Raum, da sie ihre Aufgabe fast ausschließlich in der panegyrischen Fürstenverherrlichung und in der utilitaristischen Kulturpropaganda erblickte. Auch ihre beiden bedeutendsten Vertreter, die sich übrigens stark voneinander unterschieden, der Kirchenfürst Feofán Prokopóvič und der moldavanische Hospodar, Fürst Antióch Kantemír, machten keinen irgendwie konsequenten Versuch, das syllabische Versmaß, das sie so meisterlich beherrschten, mit Poesie, Gefühl oder Liebesmotiven zu erfüllen. Es blieb bis zum Ende rationalistisch. Nur bei Kantemír verspürt man eine Erneuerung, die aber auf dem auch schon früher gepflegten satirischen Gebiet lag.

Wie mehrere ihrer Vorgänger gehörten auch diese beiden Männer der Reformzeit Peters des Großen an, und obgleich sie beide, jeder auf seine Weise, ideologisch den neuen europäischen Geist vertraten, waren sie als Dichter nur Vollender der moskovitisch-polnischen Dichtkunst. Feofán Prokopóvič (1681–1736) begann seinen Weg als offizieller Panegyriker, und seine Karriere ähnelte in mancher Beziehung der Simeón Pólockijs. Wie dieser war er seinerzeit, als er noch Professor der Beredsamkeit an der Akademie zu Kíjev war, durch einen glücklichen Zufall in persönliche Berührung mit dem siegreichen Zaren gekommen, als er ihn mit einer Huldigungsrede, einem *Panegyrikós*, in seiner Schule empfing (1709). Bald darauf wurde er sein begabtester, treuester und konsequentester Mitarbeiter bei der Durchführung seiner neuen, stark reformatorischen Kirchenpolitik. Seine ganze literarische Wirksamkeit als Polemiker, Apologet, Reformator und Kultureiferer gehört der neuen, europäisch orientierten Bewegung an, die dem 18. Jahrhundert das Ge-

präge gab. Mit seinem Gedicht *Epiníkion* (1709) aber, das anläßlich
des Sieges bei Poltáva geschrieben war, stand er im Grunde genommen noch ganz auf dem Boden der moskovitischen Kultur. In diesem Gedicht war noch der traditionelle, strenge Stil beibehalten mit
den dreizehnsilbigen Verszeilen, die nach der siebenten Silbe die
obligate Zäsur aufwiesen, einen festen Akzent auf der sechsten und
zwölften Silbe trugen und mit regelmäßigen weiblichen Reimen versehen waren. Er hatte freilich während seines vieljährigen Aufenthaltes im Ausland, vor allem in Italien, wo er den Nachklang der
Renaissance erlebt hatte, schon früh Geschmack an freieren Formen
gefunden, wagte sie aber nicht sofort in seine übrigens nur spärliche
Dichtung einzuführen. Als er aber zwanzig Jahre später, nach
einer Periode eifriger theologischer und hierarchischer Tätigkeit, die
poetischen Interessen seiner Jugend wiederaufnahm, war er nicht
nur mutig genug, das alte Elfsilbenschema nach dem italienischen
Ottaverime-Muster (mit dem Reimschema *a/b a/b a/b c/c*) umzu-
modeln, sondern erprobte auch die Anwendbarkeit abwechselnd
kurzer und langer Verszeilen und die Verwendung bisher ganz unbekannter rein pastoraler Motive, freilich ohne jede erotische Färbung.

Zu der *gelehrten Gefolgschaft* (*učónaja družina*), die dieser
Kirchenfürst um sich sammelte, gehörte auch der junge Fürst
Antióch Kantemír (1709–44), ein Schüler der *Slavo-graeco-lateinischen Akademie* in Moskau und des Gymnasiums der Akademie
der Wissenschaften in St. Petersburg. Er wurde der erste weltliche
Dichter der syllabischen Schule. Er war zugleich der erste Dichter,
der seine poetische Arbeit nicht nur als angenehmen Zeitvertreib,
sondern auch als ernste und verpflichtende Berufung auffaßte. Seine
Vorläufer Simeón Pólockij und F'ódor Polikárpov verachtete er
als Dichter aufs tiefste und bezeichnete sie derb und kühn als *unge-
ölte Türangeln* im Vergleich mit seinem Freunde und Lehrer Feofán
Prokopóvič. Im Gegensatz zu diesem und seinen anderen Vorgängern, die alle mit einem sprachlichen Material gearbeitet hatten, das
in seiner lexikalischen und morphologischen Grundlage kirchenslavisch war und parasitäre polnische, ukrainische und belorussische
Elemente enthielt, pflegte Kantemír bewußt eine sonst ganz unge-
wohnte, rein russische Sprache. Seine Dichtung war vorzugsweise

satirisch, und dieser Umstand entband ihn ganz automatisch davon, jene pathetische *slavo-rossische* Stilsprache zu pflegen, die seine Vorgänger geschaffen hatten. Er war auch insofern viel moderner eingestellt, als er zu den ursprünglichen Quellen jenes Klassizismus ging, der das Gewand der syllabischen Dichtung angelegt hatte, ohne irgendwie in dem polnisch-ukrainisch-jesuitischen Bereich stecken-zubleiben, von dem diese Dichtung ihren besonderen barocken Cha-rakter empfangen hatte. KANTEMÍR übertrug mit gutem Bedacht JUVENAL und HORAZ ins Russische und war ein eifriger Schüler ihres französischen Verkünders BOILEAU, des Programmatikers des Klas-sizismus. Als Resident der Kaiserin Anna in London und später als Gesandter in Paris kam er in engste persönliche Berührung mit west-europäischer Kultur und übersetzte gern berühmte Werke franzö-sischer Schriftsteller wie MONTESQUIEUS satirische *Lettres persanes* und FONTENELLES *Discours sur la pluralité des mondes* in seine eigene Sprache.

Die *Satiren* KANTEMÍRS (im ganzen neun) erschienen zu seinen Lebzeiten nicht im Druck, wurden aber in zahlreichen Abschriften verbreitet, und FEOFÁN PROKOPÓVIČ begrüßte den bedeutend jün-geren Dichter in einem Gedicht als seinen Bruder auf dem russi-schen Parnaß. In seinen Satiren begegnen uns verschiedene Men-schentypen, die mit fingierten Namen bezeichnet sind. Sie erin-nern an die konventionellen Figuren der italienischen Masken-komödie und die *Charaktere* LABRUYÈRES. Obgleich in den *Sa-tiren* soziale Mängel gebrandmarkt werden, treten sie immer in Personifikationen auf. Kriton ist der Dunkelmann, der die Wissen-schaft als die Quelle des Atheismus und der Ketzerei betrachtet, Sylvan ist der beschränkte Materialist, Lukas ist der Zechbruder, der den Sinn des Lebens in geisttötenden Trinkgelagen erblickt, während Medor als der erste *petit-maître* und *Französling* in der russischen Literatur auftritt. Man darf in KANTEMÍRS Dichtung natürlich weder lebende Modelle noch soziale Vorlagen suchen, und seine Abhängigkeit von BOILEAU ist sehr groß. Aber allein die Schaffung einer gegen die Schwächen der Zeit und gegen reaktionäre Denkart gerichteten satirischen Dichtung, einer so unverhüllt frei-sinnig-bürgerlichen Gattung, ist an sich bezeichnend für jene Zeit der geistigen Umstellung, in der KANTEMÍR lebte. Er verspottete den

Hochmut des Adels und verteidigte die persönliche Leistung als das einzige vernünftige Kriterium sozialer Geltung (Satire II). Er ergoß seinen Hohn über die Habgier, den Neid, die Verleumdungssucht, die Schmeichelei, die Heuchelei (Satire III und V). Zuweilen erlaubte er sich didaktische Verse und philosophische Betrachtungen. Zuweilen spottete er auch über sich selbst oder beklagte sich seiner Muse gegenüber über das Ärgernis, das manche Leser an seinen Gedichten nähmen, oder auch über die geringe Geschmeidigkeit seiner Verse.

Hielt sich Kantemír in seinen *Satiren* gern an den traditionellen Dreizehnsilbler mit paarweisen Reimen (nach dem Schema *a/a b/b c/c*), so verwendete er in seinen *Episteln* oft gekreuzte Reime (nach dem Schema *a b b a c c* oder *a b a b c c*), die zu einer strophenartigen Komposition führten. Auch sonst experimentierte Kantemír gern in seinen Gedichten. In den *Epigrammen* finden wir sogar sehr komplizierte reimtechnische Methoden. Andererseits wich aber Kantemír niemals von der Grundregel Pólockijs ab, daß die Reime weiblich sein müßten. Wir finden bei ihm niemals männliche oder daktylische Reime, ja sogar wenn er die *Episteln* des Horaz oder die Lieder Anakreons ohne Reime wiedergab, erlaubte er sich niemals, nicht-weibliche Ausgänge zu benutzen. Der Dreizehnsilbler war ihm indessen keine absolute Norm. In dem Gedicht *Epodos consolatoria* ließ er Zehnsilbler mit Viersilblern abwechseln, und in einigen kleinen bescheidenen Liebesgedichten, den ersten, die sich in der syllabischen Verskunst hervorwagten, verwendete er reimlose Achtsilbler. Er benutzte hier übrigens das aus H.C. Andersens *Märchen* späterhin so bekannte, an sich uralte klassische Motiv von dem frierenden Amor, der nachts an die Tür des einsamen Dichters klopft und dann zum Dank für das gewährte Obdach sein Herz mit seinem Pfeil verwundet. Bezeichnend genug für die Fremdartigkeit des Motivs auf russischem Boden ist es, daß der Dichter Amor den entsprechenden russischen Namen *L'ubóv'* (Liebe) gab, der weiblichen Geschlechts ist, ohne ihn aber zugleich in eine weibliche Gottheit zu verwandeln. Der neue Begriff der *Liebe* mußte erst noch eine Anpassung durchmachen, die aber Zeit forderte, und noch waren die Moskoviter außerordentlich wenig mit westeuropäischer erotischer Mythologie und poetischer Liebesterminologie vertraut.

So stand also ANTIÓCH KANTEMÍR als Dichter auf der Grenzscheide zwischen zwei Zeitaltern. Mit seiner ganzen persönlichen Lebensanschauung, seiner Denkart und Bildung gehörte er durchaus in die Zeit des vorrückenden Europäismus, aber mit seiner schwerfälligen syllabischen Form war er noch in dem moskovitischen Byzantinismus verwurzelt, der sich im 17. Jahrhundert die charakteristische russisch-polnische Schulkultur angeeignet hatte, nach der die Poesie noch ein Anliegen gelehrter Schulmeister und Moralisten war.

23. DIE WESTRUSSISCHE DRAMATIK

Gleichzeitig mit der festen Grenzziehung zwischen freier und gebundener Rede, zwischen rein narrativer Prosa und gereimter Poesie, tauchte in der moskovitischen Literatur das Drama als besondere Gattung auf. Auch diese war – genau wie die syllabische Poesie – dem Ursprung nach ein Glied jenes literarischen Systems, das Moskau aus seinen neuen westrussischen Provinzen erhalten hatte. Auch das Drama war ein Erzeugnis der westrussischen, von polnischen und jesuitischen Einflüssen bestimmten Schulkultur.

Die Schuldramatik, die in Polen blühte, war im wesentlichen vom Jesuitenorden geschaffen. Aus natürlichen Gründen wurde sie zu einem fleißig nachgeahmten Vorbild für die westrussischen Brüderschaftsschulen. Indessen war es nicht etwa die frühjesuitische *tragoedia sacra*, die die entscheidende Rolle in der Entwicklung des westrussischen Dramas spielen sollte. Diese Rolle fiel dem späteren, degenerierten jesuitischen Barockschauspiel zu, das den früher so eifrig und talentvoll gepflegten SENECA-Stil verlassen hatte und sich nicht mehr bemühte, biblische, historische, martyrologische oder dämonologische Motive in das klassische Schema der obligaten fünf Akte zu pressen. Zwischen dem Werke des polnischen Schriftstellers KAZIMIERZ SARBIEWSKI *De perfecta poesi* (1626), das noch einen Abschnitt *de tragoedia et comoedia sive SENECA et TERENTIUS* enthielt, und dem anonymen *Compendium humaniorum litterarum* (1691), das auch noch ein Kapitel von der *dramatica poesis* bot, war eine Entwicklung vor sich gegangen,

welche die völlige Auflösung des humanistisch-klassizistischen Schuldramas in Polen zur Folge hatte. Das Barock hatte sich in der
Zwischenzeit mit seiner Vermischung der Gattungen geltend gemacht
und es muß als charakteristisch betrachtet werden, daß der polnische Verfasser des *Compendiums* – ohne irgendwie gegen den
Brauch seiner Zeit zu protestieren – ganz ruhig feststellen konnte: *hoc
saeculo omne dramma dialogus, id est duorum sermo, dicitur (in
unserem Zeitalter wird jedes Drama Dialog, d. h. Gespräch zweier
Personen, genannt)*, und sich auch sonst damit abfand, daß, was bei
den Klassikern Sitte war, von *den Neueren*, d. h. den modernen
Dramatikern, nicht mehr befolgt werde. Bei diesen aber meinte er
verschiedene Dialogisierungsmethoden unterscheiden zu können:
nämlich die *rhetorische*, die *poetische*, die *symbolische*, die *italienische*,
die *spanische*, die *artifizielle* und die *satirische* Methode, die unter Umständen alle in einem und demselben Schauspiel verwendet
werden könnten. Und die goldene Regel des HORAZ von den fünf
Akten war für ihn ganz bedeutungslos, da er sich zu dem neuen
Prinzip bekannte, wonach es in einem Schauspiel ebensoviel Akte
geben dürfe, als *es in der Historie notable Mutationen gebe.*

Gerade in dieser stilistischen Auflösungsperiode gewann nun die
Jesuitendramatik maßgebenden Einfluß auf das westrussische
Schauspiel.

Es war für die zähen griechisch-orthodoxen Traditionen der
russisch-orthodoxen Schulen bezeichnend, daß man sich nicht ohne
weiteres dem jesuitischen Schuldrama ergab, sondern zunächst den
Versuch machte, an die byzantinische Theaterüberlieferung anzuknüpfen. Der gelehrte Buchdrucker ANDRÉJ SKÚL'SKIJ, der in der
Hauptstadt Galiziens (Lemberg) wirkte, hatte hier im Jahre 1630 ein
Exemplar des byzantinischen Passionsmysteriums *Christós páschōn
(Der leidende Christus)* gefunden, das von der frommen Überlieferung GREGORIOS VON NAZIANZ zugeschrieben wurde, das in Wahrheit
aber erst aus dem 11. oder 12. Jahrhundert stammte. Es enthielt eine
Menge interessanter Entlehnungen aus den Werken des AISCHYLOS,
des EURIPIDES und anderer antiker Dramatiker, hatte aber in hohem
Grade die breite epische Form angenommen, die das spätere westeuropäische Mysterienspiel mit seiner Darstellung der Leiden Christi
und seiner Auferstehung auszeichnete. Der galizische Buchdrucker

arbeitete das Drama um, da er annahm, daß es zum Vortrag bei der kirchlichen Feier am Karfreitag und Ostersonntag geeignet sei. Er nannte sein Werk bescheiden *Verse aus der Tragoedie Christós Páschōn des Gregorios Theologos* (*Virší z tragódii Christós páschōn Grigórija Bogoslóva*). Das Versmaß war natürlich syllabisch, die Silbenzahl jeder Verszeile war 12, die Versausgänge waren ohne Ausnahme weiblich, und die Verse waren paarweise gereimt.

Im Jahre darauf unterwarf der Prediger Ioaníkij Volkóvič dieses byzantinische Drama einer neuen, sehr gründlichen Bearbeitung und nannte die Frucht seiner Mühen *Betrachtungen über das Leiden und die triumphale Auferstehung Christi* (*Rozmyšl'án'e o múčě Christá Spasítel'a nášego, pritým Vesélaja rádost' z triumfál'nogo jegó voskresénija*). Das Schema – Karfreitags- und Ostersonntagsdeklamationen (auf verschiedene, teilweise mit Namen angegebene Scholaren verteilt) – war prinzipiell unverändert. Auch hier konnte von einer wirklich dramatischen Darstellung des Stoffes keine Rede sein. Wir finden nur deklamatorische, stark lyrisch und episch gehaltene Schilderungen der Ereignisse. Aber das Werk ist durch größere Geschmeidigkeit und stärkere poetische Wirkung ausgezeichnet. Statt mit starren Zwölfsilbern haben wir es hier mit zäsurgeteilten Dreizehnsilbern zu tun, die mit gleichfalls zäsurgeteilten Elfsilbern abwechseln; sie sind in strophenartigen Abschnitten angebracht, die jedesmal mit einem Fünfsilbler schließen. Alle Reime sind weiblich, das Reimschema ist immer paarig (*a/a b/b* usw.). Die Sprache enthielt viele kühne und ausdrucksvolle Doppeladjektive (wie *dunkel-wehmütige Gewänder, silbern-weiße Kleider, wermut-bittres Leid*), die den vielen Klagen eine eigenartige Farbe gaben.

Das byzantinische Drama konnte sich trotz diesen westrussischen Erneuerungsversuchen nicht gegen das ungestüm vordringende polnische behaupten. Schon Skul'skij und Volkóvič standen in sprachlicher und stilistischer Beziehung unter starkem polnisch-jesuitischem Einfluß, und es lassen sich sogar schwache Nachklänge jenes Seneca-Stils nachweisen, der einstmals in den jesuitischen Schulen gepflegt worden war.

Eine besonders wichtige Gruppe innerhalb der westrussischen Dramatik bildeten die zahlreichen *Weihnachts-* und *Osterspiele*, die gelegentlich an den höchsten Feiertagen des kirchlichen Jahres aufgeführt wurden. Das ganze 17. Jahrhundert hindurch verfaßte man diese großangelegten Geburts- und Leidensdialoge, die mit ihrer lockeren und breiten epischen Komposition auffallend an die mittelalterlichen liturgischen Mysterien Westeuropas erinnern. Zugleich aber kam der Einfluß der sehr abstrakten jesuitischen Tendenz in einem allegorisch-symbolischen Stil zum Ausdruck. Die Verwandtschaft des russischen Schauspiels mit den Moralitäten des Mittelalters ist ebenfalls unverkennbar. In vielen Fällen ist eine direkte literarische Verbindung mit dem westeuropäischen Drama sehr wahrscheinlich, selbst wenn sie nicht in Einzelheiten nachgewiesen ist. Die westrussische Schuldramatik war wie die polnisch-jesuitische von dem antiken Formideal und seinen strengen Forderungen völlig unabhängig und von einer starken Neigung zur Personifikation religiöser und moralischer Begriffe beherrscht. Es traten nicht nur immer wieder Boten auf, die in einem pathetisch-erregten Ton die evangelischen Geschehnisse wiedererzählten, sondern auch die *Erinnerung*, der *Wille* und die *Vernunft*, das *Kreuz* und der *Speer*, die *Liebe* und der *Haß*, die *Welt* und die *Natur* erschienen auf der Bühne, jede dieser Gestalten mit ihren konventionellen äußeren Attributen und Emblemen ausgestattet, und deklamierten ihre feierlichen lyrischen Parademonologe oder kämpften rasche Dialogduelle miteinander aus. Die Titel der erhaltenen Texte und Textfragmente werden gegen die Jahrhundertwende immer komplizierter. Während der schon erwähnte PÁMVA BERÝNDA, der Lexikograph, noch im Jahre 1616 sein in L'vov gedrucktes Drama kurz und gut *Verse auf die Geburt unseres Herrn und Erlösers Jesus Christus* (*Na rožestvó góspoda bóga i spása nášego Iisúsa Christá virší*) nannte, und während ein anonymer Schriftsteller aus der ersten Hälfte des 17. Jahrhunderts noch den bescheidenen Titel wählte *Homilie von der Zerstörung der Hölle* (*Slóvo o Zburén'u pékla*), wodurch beide ihre Unsicherheit der Gattung als solcher gegenüber verrieten, finden wir später̄hin die barocken allegorischen Benennungen in voller Entfaltung: 1698 entsteht ein Drama mit dem Titel *Die Herrschaft der menschlichen Natur* (*Cárstvo natúry ľudskój*), 1701 finden wir ein Drama, das den Titel trägt *Die von der menschlichen Natur seit der Urzeit ersehnte Freiheit* (*Svobóda ot věkóv voždelěnnaja natúrě l'udskój*), 1706 finden wir den pompösen Dramentitel *Triumph des menschlichen Wesens* (*Toržestvó jestestvá čelověčeskogo*).

Die Handlung war in diesen Schauspielen keineswegs kräftiger herausgearbeitet als früher. Der lyrisch-deklamatorische Charakter der Dramen war auch derselbe wie früher. Dagegen nahm die äußere technische Form offenbar allmählich ein strengeres Gepräge an. Die Einteilung in Akte und Szenen (zwei bis drei Akte mit je sechs bis zehn Szenen, Prologen, Epilogen und sorgfältig ausgearbeiteten Chorpartien) gab diesen Schauspielen ein etwas festeres Gefüge. Man kann vielleicht sogar von einer rückläufigen Tendenz zur Form der SENECAischen Jesuitentragödie, d. h. also von einer Überwindung des Mysterienelementes zugunsten eines rationalistischen und klassizistischen Formstrebens, sprechen. Es ist bezeichnend, daß jetzt auch historische Stoffe im Drama verwertet wurden.

24. MOSKOVITISCHE GEISTLICHE SCHAUSPIELKUNST

Dem berühmten, schon früher genannten Hofpoeten SIMEÓN PÓLOCKIJ, diesem leuchtenden Vertreter der polnisch-westrussischen (*litauischen*) Kultur, war es beschieden, das geistliche Schuldrama seines Heimatlandes ins Moskovitische Großreich einzuführen.

Als erfahrener Hofmann erkannte er sehr wohl die Schwierigkeiten, die sich ihm entgegenstellen mußten, wenn er versuchte, der dramatischen Gattung in Moskau Gehör zu verschaffen, ohne durch einen so kühnen Modernismus Anstoß und Aufsehen zu erregen. Er sah die Notwendigkeit ein, eine Form zu wählen, die für den ängstlich frommen Zarenhof annehmbar sein konnte. Im Jahre 1648 hatte sein Herr, Zar Aleksėj, noch alle weltlichen Vergnügungen verboten, und neun Jahre später wurde das Verbot erneuert. SIMEÓN PÓLOCKIJ war klug genug einzusehen, daß dieses Verbot eigentlich wohl auch Schulaufführungen umfassen mußte und daß es nur umgangen werden konnte, wenn solche Vorstellungen unter der strengen Maske religiöser Akte stattfanden. Nichtsdestoweniger war er kühn

genug, die Schauspielkunst am Zarenhof selbst, diesem autoritativen
Brennpunkt moskovitischer Kultur, einzuführen.

Seine *Comoedia von Nebukadnezar* (*Komédija o Navuchodonósorě*)
ist ein Beispiel für die gewandte Ausnutzung eines in der moskovitischen Literatur noch nicht verwerteten Stoffes. Er wählte klüglich die uralte, aus Byzanz ererbte liturgische Kirchenzeremonie
von den drei Männern im glühenden Ofen (*Peščnóje dějstvije*) –
eine Zeremonie, die sich jährlich in genau derselben traditionellen
Weise in den Kirchen des Kreml wiederholte. Eine Dramatisierung
dieser an sich elementar-dramatischen Zeremonie mußte ganz
harmlos wirken, und als die Bedenken des Zaren gegen eine neumodische Aufführung solcherweise überwunden waren, hatte SIMEÓN
PÓLOCKIJ freie Bahn, um nach polnisch-jesuitischen Vorbildern die
Gestalt Nebukadnezars in den Mittelpunkt der anscheinend so geistlichen Handlung zu stellen. Im Vergleich mit den gleichzeitigen und
besonders späteren westrussischen Schuldramen zeichnete sich sein
Nebukadnezar aber durch eine außerordentlich einfache und leicht
faßbare Komposition aus. Das ist weniger einem Mangel an dramatischer Phantasie als vielmehr dem Umstand zuzuschreiben, daß er
sowohl beim Zaren als auch bei seinem Hof mit dem vollständigen
Fehlen aller Bedingungen für ein wirkliches Verständnis der literarischen Feinheiten eines so abstrakten Dramas wie des westrussischen
zu rechnen hatte. Das war dann auch der Grund, warum im *Nebukadnezar* nur konkrete Gestalten aus Fleisch und Blut auftreten
durften, nämlich der babylonische König, sein erster Ratgeber
Amir, die drei jüdischen Jünglinge, hin und wieder auch ein himmlischer Bote. Niemand brauchte sich über allegorische Unklarheit,
raffinierten Symbolismus oder allzu schwerverständliche abstrakte
Personifikationen zu beklagen. Das ganze Schauspiel bestand aus
einem Prolog, einem Akte und einem Epilog.

Der Bann war gebrochen. Das Interesse des Hofes für die neue
Gattung war geweckt. Als SIMEÓN PÓLOCKIJ kurz danach seine
Comoedia vom verlorenen Sohne (*Komédija o blúdnom sýně*) schrieb,
brauchte er nicht mehr nach einer äußeren Begründung der Aufführung zu suchen. Er hatte – mit wachem Verständnis für das
aktuelle Moment – das alte jesuitische *Acolastus*-Motiv gewählt,
wahrscheinlich weil das tägliche Leben ihn geradezu aufforderte,

das Problem der jungen, unvernünftigen Bojarensöhne zu behandeln, die begonnen hatten, sich von den heimischen moskovitischen Verhältnissen loszureißen und in der verlockenden Fremde ihr Glück zu suchen, wobei es ihnen meistenteils schlimm erging, so daß sie bald beschämt nach Hause zurückkehrten. Die Art des Stoffes hätte den Verfasser der Komödie leicht zu einer symbolisch-allegorischen Darstellung aller möglichen Laster und Tugenden in pathetischen Personifikationen verlocken können. Aber auch jetzt enthielt er sich klugerweise aller schulmäßigen Abstraktion und ließ den verlorenen Sohn nur in wirklichkeitsnahen Situationen auftreten, die leichtverständlich waren und der naiven Phantasie keine Schwierigkeiten bereiteten. Vorsicht aber verbot, durch allzu grelle Schilderungen Anstoß zu erregen, und der verlorene Sohn durfte sich daher nur den gewöhnlichen moskovitischen Lastern hingeben – der Trunksucht und der Spielleidenschaft. Die schon von den Jesuiten geforderte Ausschließung weiblicher Rollen war auch bei SIMEÓN PÓLOCKIJ durchgeführt und wurde von den moskovitischen Zuschauern nicht gerade als eine Schwäche empfunden, da sie nur natürliche Sinnlichkeit, nicht aber gefährliche Erotik oder frivole Versuchungen kannten. Der Stil der niederen Komik war aus der Tragödie selbst ganz ausgeschieden und in die sogenannten *Intermedien* (*Intermezzi*) verwiesen, die die sechs Aktschlüsse markierten, und die Einführung dieser lustigen Zwischenspiele war gleich im Prologe mit der sehr einleuchtenden Bemerkung begründet, daß *alles immer langweilen würde, wenn man Abwechslung vermißte.*

Nachdem der Zarenhof selbst das westrussische Schuldrama als würdiges Mittel der moralischen und religiösen Erbauung gutgeheißen hatte, stand der Weg zu den moskovitischen Schulen offen. Allmählich waren in sehr großem Ausmaß westrussische und ukrainische Lehrer an den geistlichen Schulen, Akademien und Seminaren angestellt worden. Einer der produktivsten Dramatiker war der ukrainische Theologe und Prediger DMÍTRIJ (TUPTÁLO) ROSTÓVSKIJ (1651–1709), der nach einem langen und abwechslungsreichen Klosterleben in der Ukraine und in Litauen im Jahre 1702 Bischof von Rostóv (nordöstlich von Moskau) geworden war. Er wurde im ganzen Lande als eifriger Bekämpfer der ketzerischen Schismatiker und – ganz besonders – als Verfasser der neuen *Lesemenäen* (*Minéji*

Čét'ji) berühmt, an denen er schon im Jahre 1684 zu arbeiten begonnen hatte, die aber erst etwa zwanzig Jahre später fertig wurden. Die vielen dicken, lebendig geschriebenen und inhaltsreichen Bände der *Lese-menäen* wurden in ganz Rußland mit geradezu brennendem Eifer gelesen. DMÍTRIJ ROSTÓVSKIJ war ein hervorragender Vertreter der modernen, bis zu einem gewissen Grade polnisch-jesuitisch beein-flußten Theologie, die Gelehrsamkeit mit gefälliger Darstellungskunst zu verbinden wußte. Als er sich entschloß, die *Lesemenäen* zu schreiben, wählte er natürlich das berühmte handschriftliche Werk des MAKARIOS, das ihm nach verschiedenen Scherereien endlich ausgeliefert wurde, zum Gegenstand seiner Bearbeitung. Die Bear-beitung selbst aber geschah nach dem stilistischen Vorbilde der mei-sterlichen polnischen *Heiligenlegenden* von PIOTR SKARGA und der westeuropäischen *Acta Sanctorum*. Und so wurden die *Lesemenäen* DMÍTRIJ ROSTÓVSKIJS dank der spannungsreichen Form, die er ihnen zu geben verstand, zu einer wahren Fundgrube dramatischer Motive.

Als Dramatiker aber folgte er konsequent den Prinzipien der ukrainischen Schule, aus der er stammte, ohne irgendwie einem nicht-schulmäßigen Geschmack Konzessionen zu machen. Sein Publikum und seine Schauspieler waren ganz anders eingestellt als die, mit denen SIMEÓN PÓLOCKIJ zu rechnen hatte. Seine Dramen wurden von den von ihm selbst eingeübten Schülern der Episkopal-schule zu Rostóv vor einem kleinen auserwählten Publikum auf-geführt, das mit Begier den recht komplizierten Deklamationen lauschte. Im großen und ganzen aber hielt auch er sich vorsichtiger-weise an die hohen kirchlichen Feiertage als geziemenden Anlaß zur Aufführung geistlicher Spiele. In Anknüpfung an neutestamentliche Quellen schrieb er seine Dramen von *Christi Geburt* (*Roždestvó Christóvo*), von *Christi Auferstehung* (*Voskresénije Christóvo*), von *Mariae Himmelfahrt* (*Uspénskaja dráma*). Ein wohlbekanntes biblisches Motiv legte er auch einem Drama zugrunde, das eigentlich außerhalb des christlichen Kalenders lag, nämlich dem *Spiel von Esther und König Ahasverus* (*Esfír' i Agasfér*). DMÍTRIJ ROSTÓVSKIJ war Pädagoge genug, um seine Zuschauer nicht mit allzu langen und weitschweifigen Vorstellungen zu ermüden: selten überschritt er die Zahl von zwei Akten, und bisweilen waren die Auftritte ohne alle

Akteinteilung einfach aneinandergereiht. Andrerseits versah er aber seine Spiele gern mit verdeutlichenden Prologen und dozierenden Epilogen, in einzelnen Fällen sogar mit einem überschüssigen Antiprolog. Er operierte am liebsten mit abstrakten Personifikationen, die sich freilich weniger für die Durchführung einer spannenden Intrige eigneten, dafür aber der schulmäßigen Diktion und Deklamation um so mehr entgegenkamen. Gestalten wie *Himmel* und *Erde*, *Hoffnung* und *Haß*, *Liebe* und *Unfrieden*, *Güte* und *Bosheit*, *Leben* und *Tod* kämpften auf seiner Bühne zur Freude der staunenden Zuhörer ihre pompösen Wortduelle aus und offenbarten in langen Monologen ihren antithetischen Charakter.

Indessen hielt sich Dmítrij Rostóvskij keineswegs ausschließlich an den banalen Weg der Tradition. Er versuchte, dem Schuldrama neues Leben einzuflößen, indem er ein dramatisches Prinzip einführte, das an sich auch dem polnischen Jesuitendrama nicht unbekannt war. Er gab nämlich dem rhetorischen und abstrakten Element ein Gegengewicht durch ganz realistische Auftritte, die durchaus nicht geistlicher Art waren. Seine Dramen spielten infolgedessen auf zwei Saiten, die sich bald ergänzten, bald ablösten. Sie erhielten dadurch eine interessante innere Spannung. In dem Spiel von *Christi Geburt* gab ihm zum Beispiel die Hirtenszene ungezwungen Gelegenheit, Elemente niederer Komik zu entfalten. Die Hirten, die man auf der Bühne sah, traten als typische russische Bauern auf: der alte närrische Borís, der einäugige und bucklige Avrám und der lustige witzige Junge Afón'a; sie hatten in der Schenke Brot, Salz und Schnaps geholt und wurden mitten in der Mahlzeit vom Chor der jubelnden Engel überrascht; natürlich dauerte es eine Weile, bis sie begriffen, daß die wunderbaren Töne, die sie hörten, weder von *kleinen Kindlein* noch von *kleinen Vöglein*, sondern tatsächlich von himmlischen Heerscharen herrührten. Dieses realistische Element stammt natürlich von den *Intermedien* her, die die Jesuiten und ihre russischen Nachahmer wie etwa Simeón Pólockij in der Regel zwischen den Akten aufführen ließen. Hier war es aber in kühnster Weise in die heilige Handlung selbst eingefügt. So pflegten bekanntlich die *englischen Wanderkomödianten* in Westeuropa zu verfahren, um den Zuschauern eine willkommene Pause in den langen, ernsten und bluttriefenden Aktionen zu verschaffen.

Zeitlich liegt anscheinend eine große Kluft zwischen den *Komö-dien* SIMEÓN PÓLOCKIJS, die zuerst in seinem *Rhythmologion* ver-öffentlicht wurden, aber wohl schon in den 1670er Jahren gespielt worden sein mögen, und den Dramen DMÍTRIJ ROSTÓVSKIJS, die ver-mutlich schon Ende des 17. Jahrhunderts geschrieben waren, aber erst nach 1702 im eigentlichen, moskovitischen Rußland bekannt wurden. Man muß aber wohl vermuten, daß die Schuldramatik auch in der Zwischenzeit – freilich unbemerkt – in den ukrainisch beein-flußten geistlichen Schulen des Moskovitischen Reiches gepflegt wurde. Eine Fortsetzung dieser dramatischen Tradition dürfen wir jedenfalls in einem anonymen Drama erblicken, das im Jahre 1701 in der *Slavo-graeco-lateinischen Akademie* im Moskau aufgeführt wurde und das unter dem erregenden Titel *Der fürchterliche Wechsel von Wollust zu Elend* (*Užásnaja izměna slastoľubívago žitijá s priskórbnym i níščetnym*) das Motiv von Lazarus und dem Reichen behandelte; es hatte eine gewisse literarische Verbindung mit DMÍTRIJ ROSTÓVSKIJS Drama *Christi Geburt*. Im Jahre 1702 gab es eine Aufführung *Erschreckliche Darstellung von Gottes Wieder-kunft auf Erden* (*Strášnoje izobražénije vtorógo prišéstvija na zémľu*); es war eine Dramatisierung einer kirchlichen, liturgischen Handlung, hatte aber den besonderen Reiz, daß in ihm eine propagandistische Tendenz zur Verherrlichung Zar Peters I. klar zutage trat. Diese Tendenz wurde in den späteren Schuldramen immer deutlicher und nahm schließlich eine so eindeutig panegyrisch-patriotische Form an, daß die Dramen eher ein Ausdruck der allseruntertänigsten Lo-yalität der Verfasser als ein Erzeugnis ihres literarischen und künst-lerischen Talentes waren. Im Jahre 1703 feierte man zum Beispiel die Eroberung der schwedischen Festung Schlüsselburg (Nöteborg) durch Peter I. mit einem *triumphalen* Schauspiel, das den Titel trug *Siegesfest der rechtgläubigen Welt* (*Toržestvó míra pravo-slávnogo*), im Jahre 1705 die Eroberung der baltischen Provinzen mit dem Schauspiel *Die Befreiung Livlands und Ingermanlands* (*Svoboždénije Livónii i Ingermanlándii*) und im Jahre 1710 den Sieg bei Poltáva mit dem pompösen allegorischen Drama *Die gött-liche Erniedrigung der hochmütigen Erniedriger, dargestellt in der Erniedrigung Goliaths, des hochmütigen Erniedrigers Israels, durch den demütigen David* (*Bóžije uničižítelej górdych, v górdom Izráiľa*

uničižítelě črez smirénna Davída uničižónnom Goliáfě uničiženije).
Mit diesem allegorisch und mythologisch überladenen, kaum noch
verständlichen Drama feierte das Barock seine letzte Orgie.

Den Höhepunkt in der Entwicklung des syllabischen Schuldramas hatte man indessen schon vorher mit der Tragikomödie *Der
heilige Vladímir* (*Vladímir Sv'atój*) erreicht, die im Jahre 1705 geschrieben und aufgeführt worden war, als ihr Autor, der uns schon
bekannte FEOFÁN PROKOPÓVIČ, noch Professor der Beredsamkeit an der Akademie zu Kíjev war. Er war ein großer Bewunderer des
dramatischen Stiles SENECAS. In seiner *Poetik* hatte er ausdrücklich
SENECA als vorbildlichen Lehrmeister in der tragischen Kunst
und PLAUTUS und TERENZ als Vorbilder in der komischen Kunst
empfohlen. Seine Tragikomödie, die genau nach den Regeln geschrieben war, die er selbst seinen Schülern vorgetragen hatte, zeigt
uns eindeutig die Überwindung der ungezügelten Effekthascherei
der Barocktragödie. Sie bestand aus fünf Akten, kein Akt hatte mehr
als zehn Auftritte, der Zusammenhang der Handlung wurde dadurch
gewahrt, daß wenigstens eine der auftretenden Personen jeweils auf
der Bühne blieb, bis die nächste auftrat, mehr als drei Personen nahmen niemals am Gespräch teil. All das deutet klar auf ein ganz
bewußtes Zurückstreben zu den Prinzipien der klassischen Tragödie.
Zugleich aber suchte FEOFÁN PROKOPÓVIČ die symbolisch-allegorischen Wirkungsmittel durch rein realistische zu ersetzen. In dieser
Hinsicht führte er die von SIMEÓN PÓLOCKIJ begründete Tradition
fort: er nahm den komischen Stoff, der sonst aus dem feierlichen Text
verbannt war und sich nur in den Intermedien entfalten durfte, in
die Tragödie selbst auf (worauf wohl auch die Doppelbezeichnung
Tragikomödie hindeuten sollte). Der Realismus des Verfassers kam
auch darin zum Ausdruck, daß er in seinem Schauspiel eine streng
historische Linie ohne Berührung heterogener Elemente einhielt.
Der Stoff der Tragödie – die Bekehrung König Vladímirs zum
Christentum – war rein historisch, und daher konnte alle antike
Mythologie, die sonst obligatorisch war, zugunsten der kirchlichen
ferngehalten werden. FEOFÁN ließ verschiedene böse Dämonen als
Inkarnationen aller möglichen Laster auf der Bühne erscheinen,
und *der Teufel des Fleisches* erinnerte nur dadurch an den antiken
Amor, daß er mit Bogen und Pfeil auf die Bühne trat. Auch der

Geist des toten Königs Jaropólk zeigte sich auf der Szene, was in dem bisherigen Schuldrama noch nie dagewesen war. Und im Epilog sah man nicht nur einen Chor von Engeln, sondern sogar den Apostel Andreas in eigener Person – er soll ja nach der alten apokryphen Legende, von der schon die Rede gewesen ist, bereits vor dem Beginn der russischen Geschichte das Aufblühen der Kirche in Kíjev vorausgesagt haben.

Besonders charakteristisch an dem neuen Schauspiel war nun aber der Umstand, daß der Stoff der Handlung nicht aus alt- und neutestamentlichen Quellen stammte, sondern – zum erstenmal in der Geschichte des russischen Dramas – den russischen Annalen und Chroniken entnommen war, und das machte die Tragödie des FEOFÁN PROKOPÓVIČ zu einem direkten Vorläufer der vielen klassizistischen vaterländischen Tragödien des 18. Jahrhunderts. Der Dichter schreckte nicht davor zurück, seinen Stoff dadurch zu aktualisieren, daß er ihn im Lichte zeitgenössischer Verhältnisse erscheinen ließ. Das geschah aber nicht mit so groben Mitteln, wie wir sie bei anderen Dramatikern seiner Zeit sehen, sondern weit feiner und diskreter. Für ihn war der Konflikt zwischen altrussischem Heidentum und byzantinischem Christentum ein Streit zwischen finsterer Reaktion und siegreichem Aufklärungswillen. Niemand konnte umhin, an Zar Peter zu denken, wenn König Vladímir auf der Bühne auftrat, und zwar als aufgeklärter Monarch und gottbegnadeter Kulturerneuerer. Mit geheimer Schadenfreude erkannten alle Freunde der Reform in den heidnischen Opferpriestern des Dramas, die die vielsagenden Namen *Ochsenschling* (*Žerivól*), *Hühnerfraß* (*Kurojád*) und *Trunkenbold* (*Pijár*) trugen, satirische Konterfeie der geistlichen Gegner Zar Peters. Auch diese waren nämlich – wie es in der zweiten Szene des ersten Aktes heißt – dazu bereit, *die Sonne vom Himmel zu reißen, die Sterne zu verlöschen und Tag in Nacht zu verwandeln, bloß um dem Aufklärungswerk des Herrschers Hindernisse in den Weg zu legen.* Gerade die Szenen mit den heidnischen Opferpriestern gaben dem Dichter die Möglichkeit, dem komischen Element Raum zu geben, und Hühnerfraß, der immer hungrige und eßlustige Priester, zeichnete sich vor den andern dadurch aus, daß er wie ein wahrer Harlekin aus der italienischen Maskenkomödie auftrat.

Das Schauspiel FEOFÁN PROKOPÓVIČs war die letzte bedeutende Frucht der kunstvollen syllabischen Schuldramatik in Rußland. Sie verlor in den folgenden Jahren immer mehr und immer entscheidender an literarischer Bedeutung. Zugleich gewann das patriotisch-panegyrische Element die Oberhand und mündete schließlich in reine Paradevorstellungen mit Beleuchtungseffekten, Musik, Ballett und Chorgesängen aus. Die Gattung hielt sich weiter bis in die Mitte des 18. Jahrhunderts, genährt und gepflegt von geistlichen Dramatikern ukrainischer Herkunft. Freilich mußte sich die Tochter Peters I., Kaiserin Elisabeth, die natürlich ganz andere Theatervorstellungen gewohnt war, noch im Jahre 1742 bei ihrem Besuch im geistlichen Seminar von Nóvgorod damit abfinden, sich das langweilige allegorische Drama *Stephanotokos* des Präfekten anzuhören, das sie indirekt wegen ihrer gegen die oligarchischen Tendenzen des Hochadels gerichteten Politik feierte. Die Gattung als solche war jedoch jetzt, um die Mitte des 18. Jahrhunderts, hoffnungslos veraltet.

Die Theaterkunst hatte nämlich mittlerweile – mit einem plötzlichen Sprung – direkten Kontakt mit der ganz anders gearteten westeuropäischen Theatertradition gewonnen.

25. WELTLICHE MOSKOVITISCHE DRAMATIK

Dieser plötzliche Sprung war nicht so ganz unvorbereitet, wie man leicht glauben könnte.

Das polnisch-russische Schuldrama war nicht der einzige Dramentypus, der im Moskau des 17. Jahrhunderts bekannt war. Durchaus nicht zufällig sind im vorhergehenden Kapitel die berühmten *englischen Wanderkomödianten* erwähnt worden. Ihre Dramatik, die auf einer berufsmäßigen Schauspielkunst beruhte, hatte fast gleichzeitig mit den geistlichen Schauspielen SIMEÓN PÓLOCKIJs den Weg nach Moskau gefunden, und gerade die Konkurrenz zwischen dem Schuldrama mit seinen jesuitisch-rationalistischen und moralisch-religiösen Traditionen und dem durch und durch weltlichen Schau-

spiel mit seiner tiefen Verwurzelung im europäischen Barockge-
schmack war besonders charakteristisch für die widerspruchsvolle
Zeit gegen Ende des 17. und zu Beginn des 18. Jahrhunderts.

Zar Alekséj hatte schon verhältnismäßig früh erstaunliche Dinge
von den *Aktionen* der merkwürdigen englischen Wanderkomödianten in Europa vernommen. Die Ausländer, die abgesondert in der
Deutschen Freistadt (besser *Fremdenfreistadt*) in Moskau lebten,
vergnügten sich auch zuweilen mit der Aufführung von *Spektakeln*
in ihrer Muttersprache. Schon 1664 hatte der englische Gesandte am
Moskauer Hof, Graf Carlyle, eine wirkliche Komödie privat veran-
stalten oder in der Gesandtschaftskanzlei sehen dürfen. Von dem freisinnigen Hofpoeten und Dramaturgen SIMEÓN PÓLOCKIJ veranlaßt,
hatte der Zar auch mehrere vergebliche Versuche gemacht, berühmte ausländische Truppenleiter nach Moskau zu locken. So
wurde sogar der berühmte JOHANNES VELTEN (1640–93) im Jahre
1672 aufgefordert, mit seiner Truppe am Zarenhof aufzutreten; er
zog es vor, seine sichere und privilegierte Stellung als Direktor der
kursächsischen Hofkomödiantengesellschaft zu behalten. Da erhielt
plötzlich im Jahre 1672 JOHANN GOTTFRIED GREGORII (gest. 1675),
Pastor an einer protestantischen Kirche in Moskau, den unwiderruf-
lichen Befehl des Zaren, eine Schauspielergesellschaft zu organisieren und Komödien zu schreiben und diese in dem neueinge-
richteten Hoftheater in Preobražénskoje, der kaiserlichen Sommer-
residenz, aufzuführen.

Pastor GREGORII war ein kluger und begabter Mann, zudem auch
auf dem Gebiet der Theaterkunst nicht ganz unerfahren, besonders
da er schon Gelegenheit gehabt hatte, auf der kleinen Bühne der
Deutschen Schule Komödien einzuüben. Er folgte daher bereitwillig
dem Befehl des Zaren und wurde unversehens zarischer Hoftheater-
direktor. Zusammen mit seinen besten deutschen Freunden LORENZ
RINHUBER und JOHANN PALZER ging er nun daran, ein russisches
Schauspielrepertoire zu schaffen. Ein paar treue russische Helfer und
Übersetzer standen ihm zur Verfügung. Er war vorsichtig genug,
sich an biblische Motive zu halten, da diese keinen Anlaß zu dogmatischen Mißverständnissen bieten konnten. Insofern folgte er
SIMEÓN PÓLOCKIJS Politik. Scheinbar setzte er nur die geistlich-
scholastische Tradition fort. Tatsächlich aber erwuchs aus seiner

Wirksamkeit etwas ganz Neues. Zunächst führte man eine Tragödie auf, *Esther* (*Esfír'*) oder *Das Spiel von Artaxerxes* (*Artaksérkovo dějstvo*); sie war vielleicht mit der *englischen* Komödie *Esther und Aman* verwandt, die schon 1626 am sächsischen Hoftheater gespielt worden war und deren Text in einer Ausgabe von 1620 bekannt war. Die Vorstellung, die gewaltigen Erfolg hatte, dauerte fast volle zehn Stunden. Im Jahre darauf (1673) brachte man eine neue Komödie, *Tobias den Jüngeren* (*Tovíja mládšij*), wieder ein Jahr später (1674) spielte man die Komödie *Judith* (*Judíf*), dieser folgten *Die betrübliche Komödie von Adam und Eva* und *Die kleine lustige Komödie von Joseph*. Dann ließ sich einer von GREGORIIS Mitarbeitern, GEORG HÜBNER, dazu verleiten, einen historischen Stoff in *Einer kleinen Komödie von Bajazeth und Tamerlan* im wohlbekannten englischen Stil, aber nur in drei Akten zu behandeln. GREGORIIS Nachfolger als Theaterdirektor wurde nach seinem allzu frühen Tode der ehemalige Kíjever Lehrer STEPÁN ČIŽÍNSKIJ, also ein geistlicher Herr aus der Ukraine, den RINHUBER in seiner *Relation de voyage en Russie* (1684) als einen *aulicus et translator, natione Polonus* bezeichnete. Ihm war es aber nur beschieden, ein typisches biblisches Schuldrama über *David und Goliath* zu schreiben und es im Todesjahre seines Vorgängers (1675) aufzuführen. Bald darauf starb auch der Zar, der hohe Schutzherr des Theaters, und das ganze Theaterunternehmen geriet vollständig in Vergessenheit. Eine Verschmelzung des formstrengen Schuldramas mit der formlosen englischen Komödie war vorläufig noch nicht erreicht worden, doch hinterließ diese zweifellos eine nachhaltige Wirkung. Jedenfalls hatte man das schwerfällige syllabische Versmaß aufgegeben und war - dank dem Vorbild Pastor GREGORIIS - zur Prosa übergegangen. Dadurch war ein außerordentlich wichtiger Bruch mit der deklamatorischen Tradition vollzogen und ein Weg für realistische Tendenzen gebahnt, die sich - wie wir wissen - in anderer Weise auch schon im biblischen Schuldrama geltend gemacht hatten.

Auch in anderer Beziehung merkt man im Repertoire Pastor GREGORIIS einen neuen Geist. Seine Tragödien respektierten nicht die klassische Aktzahl, sondern ließen die Handlung eine beliebige Anzahl von Akten umfassen. Keine einzige abstrakte oder allegorische Person durfte bei diesem bürgerlich verständigen und vorsichtigen deutschen Theaterdirektor auftreten. Die pathetischen Tiraden, mit denen das Schuldrama geglänzt hatte, waren jetzt wirklich *lebendigen* Repliken gewichen. Sie wurden nicht mehr deklamiert, sondern mit natürlicher Diktion gesprochen, und ihre Aufgabe war es – freilich in bescheidenem Maße –, durch schnellen Wechsel sowohl die Situationen als auch die auftretenden Personen zu charakterisieren. Die Bühne wimmelte von realistischen Gestalten, die sich in freier Bewegung zu Gruppen vereinigten. Es fiel dem deutschen Autor und seinen Gehilfen nicht ganz leicht, den korrekten kirchenslavischen Sprachstil einzuhalten; sie erlaubten sich dafür aber mit größter Unbefangenheit, immer wieder in die freieste russische Vulgärsprache zu verfallen. Das trug noch mehr dazu bei, den Schauspielen ein lebendiges Gepräge zu geben, und stimmte im übrigen sehr gut damit überein, daß komische und tragische Personen und Szenen in buntem Wechsel gemischt waren. Wenn sich Judith, heroisch und erhaben, zur tragischen Begegnung mit dem heißblütigen und leidenschaftlichen Tyrannen Holophernes begab, wurde sie von der treuen, aber außerordentlich beschränkten Dienerin Abra begleitet, und die Zuschauer amüsierten sich großartig über ihre naiven Selbstgespräche und dummen Fragen. Und der assyrische Soldat Susachim, der von den Juden gefangengenommen war, gebärdete sich genau so wie ein typischer Harlekin oder Pickelhäring, wenn er in einem komischen Monolog vom schönen Leben Abschied nahm: *Lebt wohl, ihr zarten Küchlein, ihr Lämmerbraten, ihr frisch gelegten Frühlingseier, ihr fetten Kapaune und gebratenen Kalbskeulen! ... Lebt wohl, lebt wohl!* Je länger ein solcher Monolog dauerte, desto sicherer war seine Wirkung.

Pastor GREGORIIS Theater war nur eine kurze Lebenszeit beschieden. Nach dem Tode Zar Alekséjs begann eine für weltliche Vergnügungen ungünstige Zeit. Ein neuer Versuch, den deutschen Schauspieltyp einzuführen, konnte erst wieder zu einer Zeit gemacht werden, als die alte moskovitische Kultur, von innen heraus von modernen Ideenströmungen unterhöhlt, einem neuen Zeitgeist zu weichen begonnen hatte. Dieser Versuch wurde erst unmittelbar nach der Jahrhundertwende gemacht, und zwar von dem deutschen Theaterdirektor JOHANN CHRISTIAN KUNST, der im Jahre 1702 nach Moskau gereist kam und sich hier verpflichtete, im neuerrichteten

Komödienhaus am Roten Platz allerlei *Haupt- und Staatsaktionen*
aufzuführen und zugleich eine regelrechte Theaterschule für russische
Schauspieler zu leiten. Er starb aber schon 1703, und der Moskauer
Goldschmied OTTO FÜRST übernahm seine Aufgabe.

Das Repertoire von KUNST und FÜRST bestand aus den neuesten
westeuropäischen Schauspielen, die im Außenministerium (der Gesandtschaftskanzlei) des Zaren übersetzt wurden. Es scheint eine
direkte Verbindung zwischen diesem Repertoire und der deutschen
Schauspielsammlung VELTENS vorzuliegen. Jedenfalls sind ihnen
mehrere Schauspieltexte gemein. Man spielte zum Beispiel eine
Komödie von Don Juan (*Komédija o don-Jáne i don-Pédre*), die mit
der Komödie MOLIÈREs nichts zu tun hatte, sondern wahrscheinlich
über eine anonyme deutsche Bearbeitung von DE VILLIERS' französischer Übersetzung auf GILIBERTIs italienisches Original zurückging.
Es ist dabei bemerkenswert, daß so die in der syllabischen Poesie
vollständig fehlende Erotik im neuen Prosadrama in Erscheinung
treten durfte. Gerade Liebesintrigen waren in diesen Schauspielen
die eigentliche Triebfeder der Handlung. Man ersieht das allein
schon aus den Titeln. Eine Komödie, die direkt auf CICOGNINI zurückging, hieß kurz und gut *Alexanders Liebessieg* und handelte von
Alexander dem Großen, den die mittelalterliche russische Literatur
sehr wohl kannte, der aber hier in der überraschenden Rolle eines
Liebhabers auftrat. Betrachtet man das Verzeichnis der Schauspiele,
so findet man, daß die Titel in den allermeisten Fällen die Zusammenstellung der Namen eines Helden und einer Heldin aufweisen,
die durch irgendeine romantische Liebesaffäre miteinander verbunden sind: so zum Beispiel *Der Untergang des römischen Heerführers Scipio Africanus und der numidischen Königin Sophonisbe*
(Bearbeitung einer gelehrten Barock-Tragödie des deutschen Dichters LOHENSTEIN) oder *Der ehrliche Verräter oder Friederichus von
Popley und Aloise, seine Gemahlin* (bearbeitet nach CICOGNINI).
Man spielte auch die bekannte Tragödie von ANDREAS GRYPHIUS
Der standhafte Papinianus. Wir kennen noch andere Schauspieltitel
wie *Genoveva, Gräfin von Trier* oder *Frontalpis, König von Epirus,
und Mirandon, sein Sohn.* Auch mehrere von MOLIÈREs Komödien
gehörten in dieses Repertoire, wie zum Beispiel *Amphitryon*, der
freilich den anziehenderen Titel *Geburt des Herkules* (*Poróda Gerku-*

lésova) erhalten hatte, oder der *Médecin malgré lui* (*Dóktor prinuž-
dénnyj*) oder die *Précieuses ridicules* (*Dragýja smějányja*). Endlich
spielte man auch ein Schauspiel, das besonders großen Erfolg hatte,
die russische Übersetzung einer typisch deutschen Bearbeitung einer
Komödie CORNEILLES unter dem teilweise neuen Titel *Prinz Pickelhäring oder Jodelet als sein eigener Gefängniswächter.*

Es war also ein sehr bunter Strom von höchst fremdartigen,
höchst neumodischen Schauspielen, der den Weg nach Moskau gefunden hatte. Ein Reichtum ohnegleichen an Handlung und Intrige
zeichnete diesen Schauspieltypus aus und überwältigte sicherlich die
Zuschauer. Die allegorischen Attribute und abstrakten Monologe des
Schuldramas waren Mitteln gewichen, die weit mehr auf Psychologie
und Realismus begründet waren; zugleich aber eröffnete sich dem
Zuschauer eine ganz neue Welt von romantischen Liebschaften, tragischen Liebesgeschichten, ungewöhnlichen Leidenschaften und bisher ganz unbekannten erotischen Vorstellungen. Dieser Schauspieltypus hatte vorläufig keine großen Aussichten, in Moskau Wurzeln
zu schlagen, und das Theater lebte denn auch nur ganz wenige Jahre,
kaum länger als bis 1707.

Die Idee eines modernen Theaters ließ sich aber nicht mehr unterdrücken. Sehr bald nach 1707 wurde ein neuer, der dritte Vorstoß
unternommen, und zwar von keinem Geringeren als der begabten
Tochter Zar Alekséjs, der jüngeren Schwester Peters I., der PRIN-
ZESSIN NATÁLIJA (1673–1716), die wieder ein kleines Hoftheater
auf dem Landgut Preobražénskoje bei Moskau einrichten und später nach St. Petersburg verlegen ließ (1701–11). Es war plötzlich
Mode geworden, solche Privattheater einzurichten, und die Schwägerin der Prinzessin, die Kaiserinwitwe Praskóv'ja (oder vielmehr
ihre Tochter, die Prinzessin Jekaterína), legte auf ihrem Landsitz
in Izmájlovo auch ein kleines Theater an. Wir kennen das Repertoire dieser kleinen Hoftheater, es war eine bunte Mischung geistlicher und weltlicher Schauspiele. Die begabte Zarentochter verfaßte
– ein charakteristisches Zeichen der Zeit! – sogar selber vier Schauspiele. Drei von ihnen, nämlich *Die heilige Katharina* (*Sv'atája
Jekaterína*), *Die heilige Märtyrerin Eudokia* (*Jevdokíja múčenica*)
und *Der heilige Chrysanthos und Daria, seine Gattin* (*Chrisánf
i Dárija*), alle in Prosa geschrieben, waren regelrechte Wunder-

und Märtyrerdramen, Dramatisierungen der entsprechenden Heiligenlegenden in den berühmten *Lesemenäen* DMÍTRIJ ROSTÓVSKIJS, die die Prinzessin mit Heißhunger verschlungen hatte. Das vierte Schauspiel dagegen, die *Olundina,* war eine dramatische Umschreibung des bekannten weltlichen Wanderromans *Kaiser Octavianus* (oder *Kaiser Otto*).

Außer den genannten Schauspielen wurden auch noch andere aufgeführt, wir wissen aber nicht bestimmt, ob einige von ihnen nicht eher von anderen Verfassern herrühren, die der Prinzessin nahestanden. Wir wissen dagegen, daß NATÁLIJA dank ihrer besonderen Energie und Zähigkeit Abschriften einiger im Archiv des Außenministeriums (der Gesandtschaftskanzlei) aufbewahrten Originaltexte aus dem Repertoire KUNSTS erworben hatte. Wie FÜRST seinerzeit Pastor GREGORIIS Komödie von *Bajazeth und Tamerlan* auf seinem Theater gespielt hatte, so führte auch NATÁLIJA seine *Judith* bei sich auf. Man strebte also bewußt danach, die einzelnen Fäden der Tradition miteinander zu verbinden. Unter den Stücken, die sie sonst spielen ließ, gab es mehrere (wie zum Beispiel die Komödie von *Barlaam und Joasaphat*), deren Stoff aus den *Menäen* DMÍTRIJ ROSTÓVSKIJS stammte, aber auch eine ganze Reihe von Tragödien, die rein romantischen (weltlichen) Ursprungs waren. Zu diesen gehörte zum Beispiel die Tragödie von *Prinz Peter mit den goldnen Schlüsseln und Königin Magilena von Neapel* (*Istórija o chrábrom i slávnom rýcaře Petrě Zlatýje Kľučí i prekrásnoj korolévě Magiléně Neapolitánskoj*) – offenbar eine Dramatisierung des Wanderromans von der *Schönen Magelone.* Zu ihnen gehörte weiterhin die Tragödie *Vom Markgrafen Italianius und der unermeßlichen Ergebenheit seiner Gräfin* (*O Italiánije markgráfě i o bezměrnoj uklónnosti grafíny jegó*) – eine Tragödie, in der die internationale *Griseldis*-Novelle dramatisiert vorlag. Zu ihnen gehörte schließlich auch die Tragödie von der *Schönen Melusine von Frankreich* (*O prekrásnoj Meluzíně, jáže bysť vo Fráncii*), die einfach eine Dramatisierung der bekannten Wanderlegende vom *schönen Meerweibchen* war. Rein technisch bedeutete das Unternehmen der Prinzessin eine Weiterführung des KUNST-FÜRSTschen Theaters. Es erstrebte eine Synthese des geistlichen und des weltlichen Dramentypus und verriet, so dilettantisch er auch war, doch einen bemerkenswerten Drang, eine neue Form zu schaffen, ein außerordentlich handlungsreiches, kompliziertes, vielfarbiges und romantisches Drama. In allen obengenannten Schauspielen hatte das sakrosankte syllabische Versmaß des Schuldramas einer gewöhnlichen Prosa weichen müssen, die freilich bei weitem noch nicht mit der gesprochenen russischen Sprache identisch, sondern ein Mischprodukt aus Russisch und Kirchenslavisch war.

Die dramatische Literatur lebte auch nach dem Tode der PRINZESSIN NATÁLIJA (1716) und der Schließung des Theaters von KUNST und FÜRST weiter. Verschiedene Schriftsteller, deren Namen wir zumeist nicht mehr kennen, waren eifrig damit beschäftigt, große romantische Galaschauspiele mit betrüblichen und ergötzlichen Auftritten im Stil der deutschen *Haupt- und Staatsaktionen* zu schreiben. Einer von FÜRSTs russischen Schülern, vermutlich ein gewisser SEM'ÓN SMIRNÓV, schrieb noch vor 1709 ein paar Schauspiele – oder vielmehr Szenen zu Schauspielen – nach dem Vorbild der italienischen Maskenkomödie: das eine handelte vom *Weinhändler Tener und seiner Tochter Lisette*, das andere von *dem alten Edelmann Tonvurtinus und seiner Tochter*.

Die vielen Schultheater, die im ganzen Reiche entstanden waren, begannen auch Komödien und Tragödien von der neuen Art aufzuführen. An der ehrwürdigen Akademie in Moskau spielte man zum Beispiel eine selbstverfertigte romantisch-novellistische Tragödie (*eine kuriose Historie,* wie man sie nannte): *Der tapfere Kavalier Eudo und die schöne Prinzessin Bertha,* die dem ursprünglichen Schulkomödientypus fernstand. Im Jahre 1715 stellte ein anonymer russischer Dramatiker eine Tragödie, *Die von dem verliebten Apollo verfolgte und in einen Lorbeerbaum verwandelte Daphne,* zusammen, indem er die entsprechende polnische Oper von SAMUEL TWARDOWSKI, der wiederum ein Libretto von OTTAVIO RINUCCINI zugrunde lag, übersetzte, kürzte und bearbeitete. Aus den Jahren 1720–30 stammte eine Tragödie von *Heinrich von Sachsen und Melenda von Dänemark,* die Dramatisierung eines aus dem Polnischen übersetzten Romans (worin Melenda aber aus Brandenburg stammt), die dadurch bemerkenswert ist, daß der Text zwar versifiziert, aber nicht syllabisch ist. Andere Tragödien mit ebenso charakteristischen Titeln, in denen ein Liebespaar als Einheit auftrat, waren etwa *König Cyrus von Persien und*

Königin Tamira von Skythien und *Kaleander, Prinz von Griechen-land, und Neonilda, Prinzessin von Trebizont* (1731). Schließlich seien noch Schauspiele genannt wie *Kaiser Maximian und sein un-gehorsamer Sohn Adolf* oder *König David und sein Sohn Salomo der Weise* oder *Graf Pharson und die Königin von Portugal.* Die ganze Gattung war indessen um 1730 so gut wie veraltet. Sie lebte nur als gesunkenes Kulturgut in den niederen Massen der Stadtbevölke-rung weiter, wo man sich noch lange über die unnatürlich-galante Sprache der vornehmen und gezierten Personen amüsierte. Was ursprünglich als pathetischer Ernst gemeint war, wirkte jetzt nur noch kurios und lächerlich.

26. PROSA-EINFUHR

Meistenteils waren diese Schauspiele, die ihrem Inhalt nach welt-lich-amourös waren, nur recht naive und linkische Dramatisierungen oder zuweilen sogar nur Dialogisierungen beliebter Prosaromane und Prosanovellen. Die weltlichen Schauspiele der PRINZESSIN NATÁLIJA lassen sich auf weitverbreitete Romane zurückführen, und auch das Repertoire von KUNST und FÜRST wurzelte durchaus nicht nur in westeuropäischen dramatischen Vorlagen, sondern ebenfalls in Prosaromanen, die für die Bühne hergerichtet wurden. Die oben-genannte Tragödie von *Heinrich und Melenda* fußte auf einem aus dem Polnischen ins Russische übersetzten Roman, *Historie des hoch-edlen Ritters Heinrich, Kurfürsten von Sachsen, und der lieblichen Melenda, Tochter Kurfürst Ludwigs von Brandenburg.*

Parallel mit der Einfuhr der poetischen (versifizierten) und drama-tischen Gattungen fand nämlich im 17. Jahrhundert ein gewaltiger, ungeordneter Import von allerlei Prosastoff statt – als charakteristi-scher Bestandteil des westrussisch-polnischen Kultureinflusses. Die Tore des Moskovitischen Reiches schienen sich plötzlich den tradi-tionellen europäischen Gattungen, unter ihnen dem Roman und der Novelle, weit zu öffnen. Als eine neue Gattung, die für die ganze Periode charakteristisch wurde, ohne in der mittelalterlichen russi-schen Literatur zu wurzeln, verdrängte die *Historie* mit ihrem spezifischen, weltlich-phantastischen Inhalt alle früheren religiös motivierten *Berichte, Legenden, Homilien* und *Epen*. Freilich mußte, wenigstens anfänglich, eine formelle geistliche Begründung für die Einführung der neuen Gattung gefunden werden, und ihre weltliche Bedeutung und ihr weltlicher Zweck mußten anfänglich, wenigstens oberflächlich, mit religiösen und moralischen Ideen getarnt werden. Die Zeit des Byzantinismus war noch nicht ganz überstanden. Es war daher recht verständlich, daß das erste Werk dieser Art, das im Moskovitischen Reich bekannt wurde, aus einer Periode in der Kulturgeschichte Europas stammt, wo es noch nötig war, alle weltlichen Regungen und Neigungen hinter alten geistlichen Masken zu verbergen.

Dieses Werk war das berühmte *Speculum magnum exemplorum* (1605), eines unbekannten Jesuiten stark moralisierende Bearbeitung verschiedener *Exempelspiegel*, die im 15. Jahrhundert aufzutauchen begannen und späterhin erweitert und vermehrt wurden. Außer zahlreichen frommen Heiligenlegenden und Wundergeschichten enthielt diese Sammlung viele rein weltliche Novellen und Anekdoten und bildete so eine wahre Fundgrube für die Prediger, die auf Grund der neuen Prinzipien, die sich in ihrem Amt geltend machten, ihre Homilien und Predigten mit Unterhaltungsstoff zu beleben suchten. Aber auch der Laienleser fand Vergnügen am Lesen dieses Werkes und lernte bald, die fromme Maskierung zu durchschauen und zum frischen Kern zu dringen. Der polnische Jesuit SZYMON WYSOCKI übersetzte im ersten Drittel des 17. Jahrhunderts die etwa 2300 Historien ins Polnische, und kein Geringerer als der moskovitische Hofprediger SIMEÓN PÓLOCKIJ verstand es, den Zaren so geschickt für dieses Werk zu interessieren, daß er persönlich einem Mönch des Čúdover Klosters die Aufgabe stellte, eine Auswahl der Historien (etwa die Hälfte) ins Russische zu übersetzen (1677). Einige dieser Geschichten wiesen eine deutliche Gattungsverwandtschaft auf mit den alten russischen Heiligenlegenden in den *Lesemenäen* und den alten *Väterbüchern*, und dieser Umstand trug sicher zur Überwindung aller Bedenken bei. Im Russischen bekam das Werk den Titel *Der große Spiegel* (*Velíkoje Zercálo*); aber obgleich es druckfertig in der Staatsdruckerei in Moskau lag, scheint es nicht veröffentlicht worden zu sein. Nichtsdestoweniger kann gesagt werden, daß die westeuropäische Novelle so nach Rußland verpflanzt und – was besonders bedeutungsvoll ist – an allerhöchstem Ort sanktioniert wurde.

Es dauerte nur eine kurze Zeit, bis auch die berühmten *Gesta Romanorum*, eine Sammlung verwandter Art, aber noch weltlicher, nach der polnischen Version von 1663 ins Russische übersetzt wurden (*Rímskija dějánija*, 1681 oder 1691). Diese Sammlung, die in der russischen Ausgabe nur 39 Novellen enthielt, erweiterte man mit einer (vielleicht aus dem Tschechischen vorgenommenen) Übersetzung des alten byzantinischen Liebes- und Abenteuerromans *König Apollonius von Tyrus und Königin Tharsis, seine Tochter*, der verschiedene westeuropäische lateinische Bearbeitungen erfahren hatte. Zum erstenmal wurde hier der russische Leser vor eine Handlung gestellt, die nicht auf einem Liebesmotiv schlechthin beruhte, sondern die Liebe sogar in ihrer sündigsten Form, als Blutschande zwischen einem Vater und seiner Tochter, König Antiochos von Antiochia und Tharsis, darstellte. Eine der Heldinnen, Prinzessin Tharsis selbst, kommt sogar zeitweilig in ein Freudenhaus. Die moralische Unanfechtbarkeit der Historie geht nichtsdestoweniger aus dem Untertitel hervor, mit dem der russische Übersetzer sie ausgestattet hat: *Ein wunderbares Beispiel dafür, wie der gute und allmächtige Gott in seiner Vorsehung Leid in Freude verwandelt.*

Auf einem ähnlichen Wege gelangte der byzantinische Roman *Die wunderschöne Historie vom Philosophen Syntipas*, der in den mittelalterlichen Bearbeitungen den Titel *Historia septem sapientum Romae* erhalten hatte, nach Rußland, wo er vielleicht schon in der ersten Hälfte des 17. Jahrhunderts, wenn nicht noch früher, nach einer polnischen Vorlage ins Russische übersetzt wurde unter dem Titel *Póvěst' o semi mudrecách*. Die misogyne Tendenz der fünfzehn Novellen des Buches stimmte ausgezeichnet mit der alten orthodoxen kirchlichen Lehre von der Frau als Werkzeug des Bösen überein, und, ausgestattet mit einem so vorzüglichen Stempel, konnte es als erbauliche Lektüre gelten und zu gleicher Zeit unbehindert viele weltliche Stoffe und Vorstellungen in das Bewußtsein des moskovitischen Lesers einschmuggeln.

Diese populären, leichtverständlichen und zumeist auch heiteren Historien, die so ins Moskovitische Reich des 17. Jahrhunderts eindrangen, bedeuteten tatsächlich eine gewaltige Revolution auf dem Gebiet der literarischen Anschauungen. Was geschah, war nichts Geringeres als eine tiefgreifende Wandlung der überlieferten russischen Ideenwelt, eine Verdrängung des veralteten Vorstellungssystems, das vom religiösen Prinzip beherrscht war, zugunsten eines ganz neuen Systems von Vorstellungen, die von einem rein menschlichen Prinzip beherrscht waren. Der erbauliche Firnis war außerordentlich dünn, und hinter der notdürftig polierten Oberfläche lag eine bunte Welt von seltsamen Menschengeschicken, die merkwürdigen Veränderungen unterworfen waren, eine Welt von hochmütigen, machtstolzen, herrschsüchtigen, weisen, gefühlvollen, edlen und bösen Königen und Prinzen und gefährlichen, neugierigen, klatschsüchtigen, intriganten Weibern. Alles in dieser Welt war in Bewegung: heute reich, morgen arm; jetzt König auf goldenem Throne, dann bettelnder Landstreicher; bald glücklich und stolz, bald elend und arm.

Die moskovitische Gesellschaft war in so enge Verbindung mit polnischen und anderen ausländischen Zivilisationsformen gekommen und war auch aus eigenem Triebe der alten steifen Bojarengesellschaft dermaßen entwachsen, daß die neue prosaische Literatur leicht begierige Leser unter den lesekundigen Vertretern des begünstigten Landadels fand. Gerade zum Vergnügen solcher Leser wurden im 17. Jahrhundert auch die polnischen *Apophthegmata* von BENIASZ BUDNY ins Russische übersetzt – eine Sammlung von kuriosen, lehrreichen oder lustigen *casus* aus den spannenden Biographien berühmter Philosophen, vornehmer Herren, ehrwürdiger Frauen und edler Jungfrauen. Zu ihrem Vergnügen wurden auch *Fazetien-* und *Anekdotenbücher* übersetzt, deren reicher philosophischer, satirischer und historischer Stoff den Lesern das Leben von der vergnüglichen Seite zeigte, die Dummheit der Menschen, ihre Verschlagenheit und Niedrigkeit nicht etwa als Folge von individuellen Sünden oder als Werk des Teufels, sondern als einfache, natürliche Tatsachen darstellte und die Fehler und Gebrechen der gesellschaftlichen Ordnung als Dinge enthüllte, gegen die angekämpft werden konnte. Eine Sammlung von *Polnischen Schwänken* (*Žárty pôl'skije*), die 1680 herauskam, schilderte interessante Fälle aus dem Leben dummer Bauern, wollüstiger Priester und lasterhafter Weiber und bildete ein Seitenstück zu den polnischen *Apophthegmata* von BENIASZ BUDNY. Auch Novellen von BOCCACCIO und anderen italienischen Autoren, ja sogar einige von OVIDS *Metamorphosen* fanden in der zweiten Hälfte des 17. Jahrhunderts ihren Weg nach Rußland.

In diesem Stil entstanden bald auch in Rußland mehr oder weniger selbständige satirische Novellen. Dazu gehörte die lustige *Geschichte von Šem'ákas Urteil* (*Póvěsť o Šem'ákinom suďe*), deren Motiv aber letzten Endes wohl auch aus fremder Quelle stammt. Die Geschichte handelte von einem Richter, der in dem Glauben, der Angeklagte halte in der Tasche ein Geschenk für ihn bereit, diesen freispricht, obgleich er bewiesenermaßen ein Pferd gestohlen und zuschanden gemacht, durch einen unglücklichen Zufall ein Kind getötet und auch den Tod eines alten Mannes verursacht hat. Die kasuistische Begründung der Freisprechung durch den Richter amüsierte die Leser als ein Beispiel moskovitischer Bestechlichkeit, besonders weil es sich erwies, daß der Angeklagte in seiner Tasche nicht ein Geschenk, sondern einen Stein bereit hielt, um den Richter zu erschlagen, falls er den Angeklagten für schuldig erklärte. Eine andere moskovitische Anekdote, die letzten Endes möglicherweise auch eine ausländische Quelle oder ein ausländisches Vorbild gehabt hat, in der vorliegenden Form aber echt moskovitisch wirkt, war die *Geschichte vom Kaufmann Basargá und seinem Sohn Dobromýsl* (*Póvěsť o kupcě Basargě i jegó sýně Dobromýslě*), bei der man an dem gescheiten Kaufmann und seinem noch gescheiteren kleinen Sohn seine Freude hatte, weil sie, nach einer gefährlichen Seefahrt bei dem heidnischen Zar Nesmeján gelandet, sich dadurch aus der Klemme helfen, daß sie die Rätsel des Zaren lösen und ihn dann erschlagen.

Es ist bemerkenswert, wie tief die neumodische satirische oder gesellschaftskritische Tendenz in gewissen Kreisen des lesekundigen Publikums Wurzel schlug, vor allem in den bürgerlichen Kreisen und in den Beamtenkreisen der Stadt. Gerade in diesen Bevölkerungsschichten, die mit den sozialen Verhältnissen des moskovitischen Adelsreiches unzufrieden waren, entstand eine ganze satirisch-parodische Literatur von zweifellos russischer Herkunft und Erfindung. Man verfaßte (zum Teil gereimte) *ABC-Bücher vom nackten und armen Mann* (*Azbuka o gólom i nebogátom čelověkě*) oder *ABC-*

Bücher von der schönen Jungfrau (*Azbuka o prekrásnoj děvícě*) oder *Instruktionen des Ehemannes für seine Frau* (*Instrúkcija ot múža ženě dánnaja, poněže žená múžu poddánnaja*). Man schrieb *Predigten vom Trunkenbold, der ins Paradies kam* (*Slóvo o brážnikě, káko vníde v raj*), um zu beweisen, daß das Ideal der Askese, das die Kirche verkündet hatte, keineswegs eine unumgängliche Bedingung dafür sei, in den Himmel zu kommen, da doch St. Petrus und St. Paulus, David und Salomo, ja sogar der Wundertäter Nikolaj selbst bei ihren Lebzeiten vor dem Herrn sündige Menschen gewesen seien. Die antikirchliche Tendenz der satirischen Literatur war ganz deutlich von dem Gedanken der Unmöglichkeit der Askese und der Berechtigung irdischer Freuden getragen. Man parodierte die Kirchensprache in der *Geschichte von dem Hahn und dem Fuchs* (*Póvěst' o kúrě i lisícě*). Man verlachte (1677) mit glänzendem Witz die Trunksucht der Mönche in der *Bittschrift von Kal'ázin* (*Kal'ázinskaja čelobítnaja*). Man schrieb eine ganze *Liturgie zum Lob des Wirtshauses* (*Slúžba kabakú*). Man verfaßte eine blutige Satire über die russischen Priester und nannte sie *Geschichte vom Priester Sávva* (*Póvěst' o popě Sávvě*). Man schrieb im feierlichen Sprachstil der heiligen Schriften eine *Legende vom Bauernsohn* (*Skazánije o krest'jánskom syně*). In allen diesen parodistischen und satirischen Texten finden wir eine ganz überraschende Respektlosigkeit nicht nur gegenüber Priestern und Mönchen, Kirchen und Klöstern, sondern auch gegenüber den christlichen Grundschriften und der christlichen Religion selbst. Die Sprache erhielt eine unmißverständlich blasphemische Tendenz. Das Heilige galt nicht mehr als heilig. Die altmoskovitische Kultur mit ihrer religiös betonten Literatur war faktisch schon überwunden.

Das bedeutendste Werk innerhalb dieser satirischen und sozialkritischen Literatur war indessen die *Geschichte vom Kaulbarsch und seinem Prozeß* (*Póvěst' o Jeršě Jeršóvičě, sýně Ščetínnikově*), eine Novelle im Stile des *Roman de Renard* und der Tendenz nach mit der *Geschichte von Šem'ákas Urteil* verwandt, indem auch hier die Kritik gegen die fundamentalen Unzulänglichkeiten des moskovitischen Rechtswesens gerichtet war. Alle auftretenden Personen der Novelle waren Fische (der Brassen, der Stör, die Maräne, der Hering, der Wels, die Karausche); die Hauptperson war der angeklagte Kaulbarsch; der Prozeß aber, der gegen den Kaulbarsch geführt wurde, war nichts anderes als eine schonungslose Persiflage der moskovitischen sozialen Verhältnisse mit ihrem Kontrast zwischen der privilegierten Stellung der Bojaren und Adligen einerseits und der Lage der Kleinen und Schwachen andererseits und mit der phantastischen Bestechlichkeit des Richterstandes, der immer die Reichen und Mächtigen begünstigte. Der Verfasser bezeichnete indessen keinen der Fische, d. h. keine der moskovitischen Gesellschaftsklassen, als gerechter und ehrlicher als die anderen. Ganz unsentimental brandmarkte er die Fehler, Laster und Schwächen der verschiedenen Fischarten. Ein besserer Beweis dafür, daß ein weltlicher, respektloser, kritischer und überlegener Geist seinen Einzug in Moskau gehalten hatte, wäre kaum denkbar. Wir werden diesem Geist auch auf anderen Gebieten begegnen. Schon jetzt können wir indessen sagen, daß die Vorliebe für solche satirische Novellen der Ausschlag einer primitiven nationalen Eigentümlichkeit der moskovitischen Russen war – ihrer Neigung zu einer nüchternen und realistischen Wertung des Daseins.

27. ÜBERSETZTE ROMANTISCHE PROSAROMANE

Die Vorliebe für satirisch-parodistische Literatur darf jedoch auch nicht überschätzt werden. Diese blieb vorerst eine sekundäre Erscheinung, eine Hintergrundströmung. Im Vordergrund standen bei den kulturtragenden Schichten zweifellos der romantische Prosaroman und die romantische Prosanovelle mit ihren erfundenen Figuren und sehr verwickelten und spannenden Geschehnissen und Intrigen. Auch hier war es vor allem Polen, das Moskau den mittelalterlichen Abenteuer- und Romanstoff vermittelte.

Die Geschichte von Melusine (*Istórija o Mel'úzině*) war schon gegen Ende des 16. Jahrhunderts ins Polnische übersetzt worden, erschien aber in Polen erst 1671 im Druck und wurde einige Jahre später (1677) von einem gewissen Iván Rudánskij in russischer Sprache wiedergegeben. Wie wir schon wissen, diente sie der Prinzessin Natálija als Grundlage eines ihrer Dramen. Hier lernte der russische Leser die mittelalterliche französische Ritterwelt kennen und folgte

gespannt der Entwicklung der tragischen Historie von der schönen
Dame, die betrüblicherweise gezwungen war, jeden Sonnabend eine
Drachenhaut anzulegen, und die ihren geliebten und verliebten Gatten, den edlen Grafen Raimond von Poitou, verlassen mußte, weil er
– von seinem bösen Bruder verlockt – sie in ihrer Kammer belauscht
und ihr Geheimnis entdeckt hatte.

Besonders charakteristisch und voll abenteuerlicher Züge war die
Geschichte von Prinz Vasílij Goldhaar vom Böhmerland und Poly-
méstra, einer schönen Prinzessin von Frankreich (*Póvěsť o Vasílii*
korolévičě Zlatovlásom Čéšskija Zemlí i o Poliméstrě, jegó prekrásnoj
kralévně franč'úžskoj). Die Herkunft der Geschichte ist nicht geklärt.
Vielleicht war sie direkt aus dem Tschechischen übersetzt, vielleicht
nach einer polnischen Übersetzung einer tschechischen Vorlage geschrieben. Die Fabel der Novelle war eine romantische Variante des
Motivs von *der Widerspenstigen Zähmung*, indem Prinz Vasílij Goldhaar, erzürnt darüber, daß seine Werbung um die Hand der französischen Königstochter Polyméstra von dieser hochmütig abgewiesen
worden ist, listigerweise in der Verkleidung eines musikkundigen
Dieners ihre Liebe gewinnt und sie allmählich zwingt, ihn anzuflehen, er solle sie zur Ehe nehmen. Der Prinz schreckt nicht vor bru-
taler Vergewaltigung zurück, um Polyméstra in diese Situation zu
bringen. Zuletzt wird sie seine Gattin und gebiert ihm zwei Söhne,
die beide Könige werden, der eine von Tschechenland, der andere
von Frankreich. Recht amüsant ist es, daß der russische Erzähler es
für angebracht fand, die ganze Geschichte mit einer moralischen
Nutzanwendung zu rechtfertigen, indem er behauptete, die Novelle
sei eigentlich ein Gleichnis, das zeige, warum junge mannbare Mädchen und junge Witwen, die heiraten wollen, ihre Bewerber nicht verhöhnen und ihre Freier nicht schmähen sollten.

Polnisch-tschechischen Ursprungs war auch die *Geschichte von*
Prinz Brunzwig vom Böhmerland, von seiner Weisheit und Tapfer-
keit und davon, wie er über die Meere fuhr (*Póvěsť o Brúncvigě*
korolévičě Čéšskija Zemlí). Zwischen dem Anfang (der Vermählung
Prinz Brunzwigs mit Prinzessin Neomenia und seiner Abreise nach
fremden Landen) und dem Ende (der Heimkehr des Prinzen an
dem Tage, wo Königin Neomenia sich mit Kleophas von Syrien verheiraten soll) liegen zahlreiche bunte Reiseerlebnisse des Prinzen,

bald auf einer öden Insel in der Nähe des Magnetberges, bald in Arabien, bald in Tripatria, bald endlich in Egbatanis, und seine bewegten Liebesabenteuer mit den schönen Damen *Europa* und *Afrika*. Besonders die Geschichte von der Freundschaft des Prinzen mit dem klugen Löwen, dessen Leben er gerettet hatte, rührte und interessierte die Leser.

Neben diesem wesentlich tschechisch-polnischen Romanimport scheint gleichzeitig ein serbisch-polnischer stattgefunden zu haben. Er kann als Nachwirkung jener alten russisch-serbischen Kulturverbindungen betrachtet werden, die schon im 15. Jahrhundert dazu führten, daß die serbische Redaktion des *Alexanderromans* und die von GUIDO DE COLUMNAS Werk *De proeliis* (einer Variante des *Trojaromans*) ins Belorussische übersetzt wurden. Im 16. Jahrhundert verbanden zweifellos kulturelle Verbindungen das westliche Rußland über Polen mit dem serbischen Bosnien und Dalmatien, wo die italienische Kultur einen sehr starken Einfluß ausübte. Auf diesem Wege kamen wahrscheinlich die Geschichten von *Tristan und Isolde*, von *Lancelot*, von *Attila, dem König von Ungarn*, nach Rußland. Der beliebteste Roman dieser Art war aber die *Geschichte von Gvidón*, auch *Geschichte von dem tapferen Ritter und berühmten Helden Prinz Bová* genannt. Sie ging auf den italienischen Roman *Buovo d'Antino* zurück. Sie wurde in Moskau übersetzt und so eifrig gelesen, daß ihre Hauptgestalten Buovo und Pulicano als *Bová* und *Polkán* neben den nationalen russischen Helden in die Volksdichtung aufgenommen wurden. Der Roman war eines der Bücher, die Zar Peter I. 1693 seinem Sohn Alekséj zum Lesen gab. Die Handlung dieses Ritterromans war außerordentlich reich an Spannung. Prinz Bová, der infolge der Bosheit seiner Mutter aus seinem Reiche Antona fliehen mußte, erlebte so viele kriegerische Abenteuer im Dienste des Königs von Armenien, focht in so vielen ritterlichen Turnieren und Kämpfen mit dem König Martobrúk und dem König Saltán Saltánovič und dessen Sohne Lukapér (Lucaferro) und anderen Helden und brach die Herzen so vieler schöner Damen, daß der erlebnishungrige russische Leser, der die westeuropäische Ritterwelt nur als reine Sagenwelt kannte, seine Lust am Phantastischen voll befriedigen konnte.

Diese romantischen Geschichten waren in der Familie Zar Aleksejs sehr beliebt. Seine Tochter NATÁLIJA besaß ein Exemplar der im Jahre 1677 verfertigten russischen Bearbeitung des französischen Romans *Florent et Lyon, enfants de l'empereur de Rome*, der schon seit 1535 in einer deutschen Übertragung als *Geschichte vom Kaiser Octavianus* bekannt war. Die russische Bearbeitung war nach einer polnischen Übersetzung gemacht und trug den langen Titel *Eine ausgezeichnete, nützliche und vergnügliche Geschichte vom römischen Kaiser Otto und seiner Gemahlin, der Kaiserin Olunda* (*Póvěst' izr'ádnaja, poléznaja že i utěšnaja ob Ottóně, cěsarě Rímstěm, i o suprúgě jegó, cěsarévně Olúndě*). Es war die berühmte Geschichte von der unschuldig verstoßenen Mutter und ihren Zwillingssöhnen Florens und Leont, die sich nach vielen kriegerischen und anderen Heldentaten vor allem dadurch auszeichneten, daß sie die Hauptstadt König Dagoberts, Paris, gegen den türkisch-ägyptischen Sultan erfolgreich verteidigten. Es gelang ihnen, ihre Eltern wieder zu vereinigen, und Florens heiratete die schöne ägyptische Prinzessin Markebílla. Wir wissen, daß der Roman der Prinzessin Natálija so gut gefiel, daß sie ihn dramatisierte; die Liebesgeschichte von Florens und Markebílla kam dabei aber entschieden zu kurz.

Die Prinzessin und ihr Neffe Alekséj kannten auch die spannende *Geschichte von dem tapferen und berühmten Ritter Peter mit den goldenen Schlüsseln und der schönen Prinzessin Magelone von Neapel.* Dieser Roman war nach der polnischen Bearbeitung des französischen *Roman de Pierre de Provence et de la belle Maguelonne de Naples* (15. Jahrhundert) ins Russische übertragen. Wir wissen, daß Prinzessin Natálija ein Drama darüber schrieb. Der sentimentale Ritter- und Troubadourroman mußte mit seinen zahlreichen höfischen Liebesgesprächen zwischen verliebten jungen Menschen, mit dem Trennungsschmerz und der Wiedervereinigungsfreude der Liebenden, mit seinen glänzenden Turnier- und Kriegsszenen jeden Moskoviter bezaubern und seine neugierige Sehnsucht nach den kultivierten Herrlichkeiten Europas wenigstens in der Phantasie befriedigen.

In immer reicherem Strom floß diese Romanliteratur mit ihren dicken handschriftlichen Folianten und phantastischen und verlokkend neuartigen Titeln. Diese Romane wurden bald *Geschichten* (*póvesti*), bald – nach polnischem Vorbild – *Historien* (*istoríi*) genannt. Da gab es die *Historie vom spanischen Ritter Venetianus und der wunderbaren Königin Rendžyven'*, die *Historie von Jeanette, der tugendhaften Sizilianerin*, die *Wahrhafte Historie von der Fürstin Altdorf*, die *Historie von dem Chevalier Paris und der Prinzessin Vienna*, die *Historie von dem englischen Grafen Hippolyte und der Gräfin Julie*, die *Historie von Karl von Orléans und Anibelle* usw. Unmerklich floß dieser reiche Strom aus dem 17. ins 18. Jahrhundert hinüber, bis er schließlich in der zweiten Hälfte des 18. Jahrhunderts zum hohen Niveau des Kunstromans anstieg.

Mit der neuen Prosagattung, die so entstanden war (vorläufig freilich nur erst in der Form von übersetzten Geschichten und Historien), waren notwendigermaßen viele sprachliche Probleme verknüpft, die eine Lösung erheischten. Die Lösung, die man zunächst gefunden zu haben glaubte, konnte keinen Anspruch auf generelle Geltung erheben, weil jeder Übersetzer für sich arbeitete und seine Probleme von Fall zu Fall löste, eher auf rein empirischem Wege als von theoretischen oder prinzipiellen Erwägungen geleitet. Allein schon der Umstand, daß es nicht mehr geistliche Personen waren, die sich mit der Übersetzungsarbeit befaßten, sondern weltliche Beamte (Schreiber) der Gesandtschaftskanzlei in Moskau, veranschaulicht deutlich genug den sprachlichen Wechsel, der im Gange war. Er bestand im langsamen Übergang von der traditionsgebundenen, religiös und kirchlich bestimmten russisch-kirchenslavischen Sprache zu einer weltlichen, ungehobelten, aber frischen russischen Kanzleisprache. Dieser Übergang bot zahllose Probleme, weil es noch keine literarische Norm für diese Sprache gab. Dazu kam noch der Umstand, daß die Vorstellungswelt, die sich in den Ritterromanen eröffnete, überhaupt noch keine Äquivalente oder bloß Parallelen im moskovitischen Ideensystem fand. Das galt nicht nur von den abstrakten Begriffen, für die man verhältnismäßig leicht passende neue Ausdrücke (Neologismen) schaffen konnte, sondern auch von sehr vielen ganz konkreten Vorstellungen, die man nicht mit Kunstworten bezeichnen konnte. Allein schon das Wort *Turnier* stellte den Übersetzer vor unüberwindliche Schwierigkeiten, die er bald dadurch zu meistern suchte, daß er seine Zuflucht zu dem selbstgeschaffenen Ausdruck *Pferdewettrennen* nahm, dem der wirkliche Brauch nur sehr wenig entsprach, bald dadurch, daß er das entsprechende Wort mit dem tautologischen Doppelausdruck *Kampf und Gefecht* umschrieb, der das Moment des Zweikampfes ganz außer acht ließ. Kein Wunder, daß ein wahrer Überfluß an polnischen Wörtern, zuweilen sogar Ausdrücken, die aus der westeuropäischen Vorlage des polnischen Übersetzers stammten, unübersetzt in die russische Sprache hineingerieten, wo sie auch weiterhin als Fremdkörper wirkten.

Während die Übersetzungen der *Gesta Romanorum* und des *Speculum magnum* noch in recht hohem Grade das Gepräge des kirchenslavischen Sprachstils bewahrten, der sich besonders in den erbaulich moralisierenden Teilen geltend machte, drängte sich in den romantischen Ritterromanen die Kanzleisprache vor, die einen durchaus nicht salbungsvollen Stil besaß. Die so entstandene Prosa war anfänglich außerordentlich unelegant, trocken und sachlich. Sie scheute alle rhetorischen Mittel in der Schilderung und gab romantische Situationen mit Hilfe sehr konkreter, sozusagen buchstäblich verwendeter Wörter wieder. Der sachlich referierende Satzeingang *Da geschah es, daß ... (slučís'a že, čto ...)* wurde zu einer sehr populären und ganz allgemein verwendeten Einleitungsformel, die erstarrte und jeden literarischen Wert verlor. Oder man versah neue Abschnitte der Erzählung mit der naiv chronologischen Bemerkung *Und dann ...*, wodurch sich der Text in eine bloße Aufzählung von Tatsachen verwandelte.

Wenn man zum Beispiel erzählen wollte, daß Apollonius von Tyrus nach seiner Entdeckung fliehen mußte und während seiner Flucht auf dem Meere in einen Sturm geriet, referierte man das sachlich und konkret folgendermaßen:

Und dann ließ Apollonius sein Schiff auftakeln, weil er nach Pentapolis segeln wollte.
Und dann schiffte er sich ein und überließ sich den Winden.
Als er aber zehn Tage gesegelt war, sprang der günstige Wind nach Süden um.
Und es kam ein Nordwind.
Und dadurch kamen die Wogen in Aufruhr.
Und das Meer wurde unruhig, der Wind fuhr in die Segel, die Wogen hoben das Schiff in die Höhe und begannen, es hin und her zu werfen wie einen Ball, indem die eine Woge es der anderen zuwarf, bis sich eine neue große Woge erhob und das Schiff in die Höhe trug und es zerschmetterte, so daß keine Planke mehr mit der anderen zusammenhing.
Alles Silber und Gold sank in die Tiefe des Meeres.
Kleider und andere kostbare Dinge wurden vom Meere weggetragen.
Und die Menschen ertranken alle zusammen.

Oder wenn Prinz Goldhaars anonymes Auftreten am Hofe des Königs Karl von Frankreich geschildert werden sollte, verwendete der Übersetzer für die spannende Szene nur ganz objektive und nüchterne Worte und reihte Satz an Satz im einfachsten referierenden Kanzleistil:

Und dann fing Prinz Vasilij an, auf seiner Flöte ganz wunderbar zu spielen, und zwar mit so großer Kunstfertigkeit, wie kein anderer junger Mann es gekonnt hätte.
Und er spielte so auf seiner Flöte, daß alle in der Stadt und am Hofe zu tanzen begannen . . .

Diese unbeholfene Nüchternheit trat besonders deutlich zutage, wenn es sich darum handelte, poetische, amouröse oder sentimentale Situationen zu schildern. Der russische Übersetzer war natürlich ebensowenig vorbereitet, einen erotischen Sprachstil zu schaffen, wie ein russischer Leser imstande war, ihn als einen natürlichen Ausdruck menschlicher Gefühle zu erleben. Als die schöne Dame zum Beispiel ein Messer unter den Tisch fallen ließ, um Gelegenheit zu erhalten, den schönen Prinzen Bová heimlich unter dem Tischtuch zu küssen – eine Szene, die den unerfahrenen Moskoviter vor Scham erröten lassen mußte –, da ließ der Übersetzer die Hofdamen sich vor lauter Neid *in die Finger beißen*, während der Prinz sich empört *loszureißen suchte*. Als die schöne Magelone zum erstenmal Prinz Peter mit den goldnen Schlüsseln erblickte und von *seiner Ritterlichkeit und Tapferkeit und Schönheit* benommen wurde, da – erzählte der Übersetzer – *blickte sie ihn liebevoll an*, und *ihr Herz begann, liebevoll für ihn zu brennen.* Der Übersetzer war einfach nicht imstande, die Ausdrücke für erotische Gefühle und Gefühlsnuancen zu variieren. Das Wort *Liebe* mußte für *alle* Grade und Formen des Verliebtseins und des Liebens herhalten. Westeuropäische *courtoisie* erstarrte und wurde bis zur Unkenntlichkeit entstellt, wenn sie auf moskovitisch wiedergegeben werden sollte.

28. DIE HEIMISCHEN WURZELN
DES ROMANS

Die Verweltlichung des Sprachstils, die in der Übersetzungsliteratur mit ihrer ganz ungeistlichen Atmosphäre und Thematik stattfand, erlangte eine gewaltige Bedeutung für die Entwicklung einer
originalen moskovitischen Prosaliteratur. Bevor aber diese in ihren
Grundlinien beschrieben werden kann, ist es notwendig, etwas zu-
rückzugreifen, um einige von den wichtigsten Strömungen in der traditionellen russischen Prosa zu bestimmen. Diese Strömungen können
teils als Ausläufer der hagiographischen Prosa, teils als Ausläufer der
vom Volksliedstil beeinflußten epischen Literaturart betrachtet werden; beide sind gleich charakteristisch für die altmoskovitische
Literatur.

Die altmoskovitische Hagiographie hätte an und für sich sehr wohl
allein die Grundlage für eine selbständige russische Novellistik abgeben können. Wir wissen aber, was eine solche selbständige Entwicklung gehemmt und die Erweiterung des thematischen Horizonts
verhindert hatte: es war das Erstarren des Ausdrucksstils in der geschnörkelten Technik und der offiziellen asketischen Ideologie der
MAKARIOS-Zeit. Und dennoch kann man in der ersten Hälfte des
17. Jahrhunderts deutlich beobachten, wie die Hagiographie entschlossen auf ältere Vorbilder zurückgreift und bis zu einem gewissen
Grade die starre, gezierte Manier überwindet. Zum Teil von der reich
strömenden Übersetzungsliteratur beeinflußt, bahnt sie sich einen
Weg zur originalen Novellenform. Die Kreuzung dieser beiden Stilarten, die aus ganz verschiedenen Quellen stammten, brachte erst
in der zweiten Hälfte des Jahrhunderts ein Ergebnis. Sie war also
nur scheinbar ein plötzlicher Durchbruch neuer Stilarten.

Die ersten Anzeichen einer Reaktion gegen die Übertreibungen
des MAKARIOS-Stils entdecken wir, genau genommen, schon zu Lebzeiten seines Schöpfers. Dieser hatte in seinen Diensten einen einfachen russischen Mönch namens ERASMUS (auch HERMOLAOS genannt), und man nimmt an, er sei es gewesen, der kraft der bemerkenswerten Selbständigkeit seiner Stilauffassung, die in krassem Ge-

gensatz zu der in seiner Zeit herrschenden stand, die außerordentlich einfache und sehr wirkungsvolle *Vita des heiligen Fürsten Peter und seiner Gemahlin Fevrónija (Žitijé i žizń sv. blagovĕrnogo kn'áz' a Petrá i sv. blagovĕrnyja kn'agíni Fevrónii)* geschrieben hatte. Die erste Redaktion dieser ungewöhnlich populären und vielgelesenen Legende muß um 1547 entstanden sein. Der Verfasser, der auf Volkssagen und anderem volkskundlichem Material fußte, war offenbar ganz bewußt auf eine archaische Erzählungsform zurückgegangen, die sich sowohl durch sachliche Einfalt und realistische Anschauung als auch durch wohlberechnete Komposition auszeichnete.

Die Legende vereinigte zwei selbständige Motive in einer Handlung, die reich an Spannung und in ihrer Art märchenhaft war. Das eine Motiv war die Sage von der Frau, die nachts von einem Drachen heimgesucht, aber von einem reinen Jüngling erlöst wird, der im Besitz eines geheimnisvollen Schwertes ist. Das andere Motiv war die Sage vom aussätzigen Jüngling, der nur durch ein unschuldiges und kluges Bauernmädchen von seiner Krankheit geheilt werden kann. Der Handlungsverlauf wurde dadurch kompliziert, daß die Motive an eine geschichtliche Persönlichkeit geknüpft waren, den Fürsten Peter (eigentlich David) von Múrom, dessen Vermählung mit dem klugen Bauernmädchen Fevrónija (eigentlich Jevfrosín'ja) nach der Legende bei seinen standesbewußten und stolzen Bojaren Widerstand erweckte. Ihre gegenseitige unverbrüchliche Liebe, die sie in die Verbannung gehen ließ und die bis zu ihrem gleichzeitigen Tode dauerte, bildete das dritte Motiv der Legende. Aber ganz besonders bemerkenswert war der Umstand, daß der Verfasser die traditionellen Themen der schematischen Heiligenleben, Wunder, asketische Lebensweise, Frömmigkeit usw., überhaupt nicht verwendete, sondern märchenhaft-abenteuerliche Einzelheiten an ihre Stelle setzte. Die Legende lebte dank der Poesie, mit der die Gestalt der reinen und treuen Frau umgeben war, in der Nachwelt weiter.

Gerade dieser neue Zug, die Schilderung eines schönen und unbeugsamen weiblichen Wesens, das ins Zentrum der Erzählung gestellt wurde, erwies sich auch weiterhin als fruchtbar. Wir kennen aus dem 17. Jahrhundert zwei Legenden, die diese Linie insofern fortzusetzen scheinen, als auch sie von hervorragenden Frauen handeln. Die eine hieß *Legende von Juliánija Lázarevskaja (Skazánije o Juliánii Lázarevskoj*), die andere *Legende von der Bojárin Feodósija Morózova (Skazánije o bojáryně Feodósii Prokóp'jevně Morózovoj)*. Obgleich die Technik beider Legenden an und für sich die hagiographische war, zeugt doch die Bezeichnung *skazánije* (eigentlich ‚Erzählung') davon, daß es den Verfassern nicht darauf ankam, typische Heiligenlegenden zu schreiben, sondern vielmehr darauf, eine Folge von biographisch zusammenhängenden Handlungen und Ereignissen in spannender Weise darzustellen. Die erste Geschichte, die aus der Zeit vor 1614 stammte, war wegen zweier Umstände besonders interessant: erstens stammt Juliánija wie die heilige Fevrónija aus Múrom, was auf eine lokale Tradition zu weisen scheint, und zweitens ist ihre Geschichte von ihrem jüngsten Sohn KALLISTRÁT DRUŽÍNA-OSÓR'JIN geschrieben, was deutlich den Übergang der Hagiographie in die reine Biographie veranschaulicht. Etwas Ähnliches kann von der anderen Legende, der von der Morózova, gesagt werden. Das biographische Moment ist hier bei weitem stärker als das hagiographische. Die Legende handelt von der stolzen Bojarin, die sich nach dem Tode ihres Mannes ganz der Religion ergibt und in allen Stücken die anti-nikonianische Lehre des Protopopen ABBAKÚM annimmt. Sie starb im Jahre 1672 nach vielen Martern und großer Pein.

Zur Veranschaulichung des rein pragmatischen Charakters des Stils und des völligen Fehlens aller geistlichen Rhetorik sei hier der Eingang zur *Legende von Juliánija Lázarevskaja* zitiert:

In den Tagen des rechtgläubigen Zaren und Großfürsten Iván Vasíl'jevič gab es an seinem Hofe einen rechtgläubigen und den Armen freundlich gesinnten Mann namens Justín, genannt Ned'úrov, dem Range nach Schlüsselbewahrer, vermählt mit einer ebenso gottesfürchtigen und den Armen freundlich gesinnten Frau namens Stefanída, Tochter des Grigórij Cerlúkin aus der Stadt Múrom. Sie lebten in aller Rechtgläubigkeit und Tugend miteinander und hatten Söhne und Töchter und großen Reichtum und eine Menge Sklaven.

Eine von ihren Töchtern war die selige Juliánija. Als sie sechs Jahre alt war, starb ihre Mutter, und sie wurde von ihrer Großmutter, der Witwe Anastásija, der Tochter des Nikífor Dubénskij, nach dem Lande Múrom heimgebracht. Und hier lebte sie dann sechs Jahre in aller Rechtgläubigkeit und Tugend. Dann starb ihre Großmutter, und nach ihrem letzten Willen kam sie ins Haus ihrer Tante Natálija Putílova, verehelichten Arápova....

Von solchen biographischen Berichten scheint nur ein Schritt zu reinen Fiktionsnovellen zu sein. Ein solcher Übergang war denn auch tatsächlich möglich, wenn bloß die religiöse und asketische Haltung, die für die beiden obengenannten Novellen oder Biographien charakteristisch war, gewahrt wurde. Im Schutz dieser Haltung konnte sich das im Kerne rein menschliche Interesse für eine seltsame und bemerkenswerte Persönlichkeit oder ein seltsames und bemerkenswertes menschliches Schicksal ungestört entfalten und zur Schaffung einer originalen russischen Fiktionsnovelle beitragen. So entstand die ihrer Tendenz nach entschieden asketische Novelle mit dem ganz weltlichen Titel *Sehr merkwürdige und erstaunliche Geschichte vom Sohne des Kaufmanns Fomá Grúdcyn namens Sávva* (*Póvěst' zělo prečúdna i udivlénija dostójna někogo kupcá Fomý Grúdcyna o sýně jegó Sávvě*), geschrieben um 1660, vermutlich von einem Mönch des Čúdover Klosters zu Moskau. Die gattungsmäßige Verwandtschaft dieser Historie mit der *Legende von Juliánija* zum Beispiel geht gleich aus dem Eingang hervor, der auch hier sofort die biographischen Prämissen der Erzählung mitteilt:

Im Jahre 7114 nach der Erschaffung der Welt (= 1606) lebte in der großen Stadt Ust'úg ein weitbekannter und sehr reicher Mann namens Fomá Grúdcyn Usov. Als er die Christenverfolgungen und all die Unruhe sah, die im Moskovitischen Reich und in vielen Städten herrschte, verließ er die große Stadt Ust'úg und ließ sich in der berühmten Stadt Kazán' jenseits der Volga nieder, da die boshaften Litauer (= Polen) noch nicht in diese Gegenden gekommen waren. Und Fomá wohnte hier mit seiner Frau in der Stadt Kazán' bis zur Zeit des gottesfürchtigen Zaren und Großfürsten Micháil F'ódorovič. Dieser Fomá hatte einen Sohn namens Sávva, der zwölf Jahre alt war. Nun war Fomá ein Handelsmann und reiste bald die Volga entlang nach Solikámsk, bald nach anderen Gegenden, und hin und wieder begab er sich über das Kaspische Meer ins Reich des Schahs von Persien, um hier Handel zu treiben. Er erzog auch seinen Sohn Sávva dazu und riet ihm, fleißig Handel zu treiben, auf daß er nach seinem Tode sein Erbe werden könnte.

Die Handlung der Novelle gipfelte in dem sündigen Vertrag des jungen Sávva mit dem Teufel, in seinem erotischen Verhältnis zu einer jungen Kaufmannsfrau, in seiner Teilnahme am Befreiungskrieg gegen die Polen, in seiner schnellen militärischen Karriere, die ihm die Gunst des Zaren einbrachte, in seiner schrecklichen Krankheit und endlich in seiner Errettung durch die Fürbitte der Jungfrau Maria. Wir finden hier also eine höchst originelle Kombination einer russischen *Faust*-Geschichte mit einer Variante der damals sehr populären *Marienwunder*. Nichtsdestoweniger und trotz der religiösen Behandlung des Stoffes hatte diese Historie einen unzweideutig weltlich-novellistischen Charakter angenommen. Dazu trug auch die sachliche, fast möchte man sagen annalistische, in ihrer Haltung realistische und von allem rhetorischen Schmuck freie Erzählungsweise und der lebendige, an Einzelheiten reiche, aktuelle Hintergrund bei. Die Novelle scheint von westeuropäischen Vorlagen ganz unabhängig zu sein, war also eine rein moskovitische Erscheinung.

Man versuchte auch auf anderen Wegen zu einer neuen, originalrussischen Erzählungsweise zu gelangen. Um die Mitte des 17. Jahrhunderts schrieb ein unbekannter Dichter ein eigentümliches Werk im Stil der Volksdichtung, indem er das weltliche Thema von den Versuchungen der sündigen Welt, denen der Held, ein junger Mann, ausgesetzt ist, in volkstümlich-epischer Weise darstellte und einen typischen Volksliedrhythmus in seine Sprache einführte. Dieses epische Werk war die *Geschichte von Leid und Mißgeschick* (*Póvěst' o Góře i Zloščástii*), in der erzählt wurde, wie sich ein junger Mann – ganz ähnlich dem Kaufmannssohn Sávva – trotz der guten Ratschläge und Ermahnungen seiner Eltern von einem schlechten Freund zu einer ausschweifenden Lebensweise unter schlechten Menschen in fremden Landen hatte verlocken lassen. Aber bald stellte sich *das Leid* ein, und wenn der junge Mann *wie der helle Falke* vor ihm fliehen wollte, folgte ihm das Leid *wie der weiße Habicht*; wollte er dann *wie die stahlgraue Taube* davonfliegen, dann war das Leid *wie der rasche Geier* hinter ihm her; wenn er ihr *wie der graue Wolf* entgehen wollte, dann jagte ihn das Leid *wie der hitzige Jagdhund*; und wenn er sich auf der Wiese *wie ein Steppengras* verbergen wollte, dann ereilte ihn das Leid *wie die scharfe Sichel*. Erst vor der heiligen Pforte des Klosters gab das Leid die Verfolgung auf.

Dieser Versuch, einen neuen Stil zu begründen, blieb aber ohne Nachfolge. Die Zeit stand im Zeichen des Realismus und zog die nüchterne Prosa dem lyrisch-epischen Stil vor. Die Literatur ging in ihrer Entwicklung an diesem einzig dastehenden poetischen Werk vorbei und folgte der Bahn, die von der *Geschichte von Sávva Grúdcyn* festgelegt worden war.

29. ORIGINALE MOSKOVITISCHE ROMANE

Die Gattung der Novelle, die sich so den Weg in die Literatur bahnte, verlor allmählich alle religiösen und asketischen Kennzeichen und ging immer entschiedener zu einer rein weltlichen Darstellungsform über. Die westeuropäische Novellen- und Romanliteratur, die aus Polen ins Land gekommen war, fing gegen Ende des 17. Jahrhunderts an, ihren Einfluß immer stärker geltend zu machen. Eine realistische russische Novelle mit stark betonter Milieuschilderung entstand. Beispiele dieser Gattung finden wir in der *Historie vom russischen Edelmann Frol Skobéjev* und in der *Geschichte vom reichen und weitberühmten Kaufmann Karp Sutúlov und seiner sehr klugen Frau.*

Die erste Novelle (*Istórija o rossíjskom dvor'aníně Frolě Skobéjevě*), die unmittelbar vor dem Ende des 17. Jahrhunderts entstanden sein muß, begann folgendermaßen:

> *Im Jahre 1680 lebte im Kreise Nóvgorod ein Edelmann namens Frol Skobéjev. In selbigem Kreise Nóvgorod lagen auch die großen Güter des Mundschenken Nardín-Naščókin. Und auf diesen Gütern lebte seine Tochter Annuška, und sie wohnte da.*
>
> *Und als Frol Skobéjev erfahren hatte, daß die Tochter des Mundschenken da wohnte, nahm er sich vor, ein Liebesverhältnis mit dieser Annuška einzuleiten. Er wußte bloß nicht, mit wessen Hilfe er ein Stelldichein mit ihr erlangen sollte . . .*

Die frivole Situation war damit gegeben und der Charakter der Novelle als Schelmenstück angedeutet. Im Gegensatz zu der *Geschichte von Sávva Grúdcyn*, mit der sie sonst verwandt ist, verherrlicht sie ganz unverhüllt den zynischen *Schelm*, *Betrüger* und *Schwindler* Frol Skobéjev. Der Dichter findet offenbar tiefes Behagen daran, genau und umständlich zu erzählen, wie sich der durch und durch amoralische Held als Mädchen verkleidet, sich Zutritt zu der Kemenate der jungfräulichen Tochter des Zarenmundschenken verschafft, sie ohne weiteres vergewaltigt und dann entführt, sich mit ihr verheiratet und ihre Eltern recht schlau zwingt, ihn als Schwiegersohn anzuerkennen. Auch der letzte Rest kirchlichen Sprachstils ist in dieser Novelle verschwunden. Der nüchterne, in seiner Unverblümtheit fast taktlose Ton des Berichts verrät, daß der Verfasser ein Schreiber aus der Gesandtschaftskanzlei oder einem anderen Regierungsamt gewesen sein muß. Dieser Ton ermöglichte es ihm, eine recht genaue Schilderung von Zeit und Umwelt zu geben. Eine Luft dreister Frechheit und rücksichtsloser Lust am Leben umgibt den ganz unfrommen Abenteurer. Die Geschichte ist mit einer so eminenten Sicherheit und einer so realistischen Lebenstreue erzählt, daß man – vermutlich mit Recht – angenommen hat, der Novelle habe eine wirkliche moskovitische Entführungsgeschichte, ein Fall aus der *chronique scandaleuse* des Románovschen Moskau, zugrunde gelegen.

Dieses Fehlen jedes moralisierenden Verhaltens und diese Lust am Erzählen zeichnen auch die andere Geschichte aus, die *Geschichte von Karp Sutúlov und seiner klugen Frau* (*Póvěst' o někotorom góstě bogátom i slávnom, o Kárpě Sutúlově, i o premúdroj ženě jegó*), die gegen Ende des 17. Jahrhunderts geschrieben sein muß, zu einer Zeit, als das Ansehen der Kirche tief gesunken war. Sie war auf dem alten, aus *Tausend und einer Nacht* stammenden lustigen Motiv von den drei Männern aufgebaut, die die tugendhafte Frau eines in Geschäften verreisten Kaufmannes zu verführen versuchen und die von ihr der Reihe nach in drei Truhen eingesperrt werden. Durch den leicht kirchlich gefärbten Sprachton klang eine ausgelassene sinnliche Lebenslust hindurch. Der Ironie zum Opfer fielen natürlich die drei Wollüstlinge, von denen zwei geistliche Herren waren, nämlich der Beichtvater der Frau und der Erzbischof der Stadt in höchsteigener Person.

Die realistische moskovitische Novelle empfing Anfang des 18. Jahrhunderts einen nachhaltigen Einfluß von dem aus Polen eingewanderten, oben schon charakterisierten Abenteuerroman, insofern dieser jetzt in zahlreichen recht oberflächlichen Kanzleiübersetzungen erschien. Aus dieser Kreuzung der Übersetzungsliteratur und der geschilderten originalen Novellistik entstand schließlich ein Mischprodukt, das großes literarhistorisches Interesse verdient. In dieser pittoresken Bastardliteratur beobachten wir eine höchst eigentümliche Mischung der Kanzleisprache mit der archaischen Chroniken- und Kirchensprache, der sachlichen Wirklichkeitsschilderung mit dem phantastischen Weltbild des Abenteurerromans, der zynischen Lebensanschauung mit verliebter Empfindsamkeit, der Galanterie mit ungehobeltem Wesen. Diese Verbindung war aber durchaus nicht organisch, denn die verschiedenen Elemente lagerten sich unvermittelt und ohne Zusammenhang nebeneinander; sie war aber für das kulturelle und soziale Chaos, das die Zeit des Übergangs vom moskovitischen zum modernen Rußland beherrschte, sehr charakteristisch.

Ein recht farbiges Bild dieses chaotischen Stils gibt folgendes Prosastück:

> *Vasílij mietete ein Postschiff nach der Caesarei, schiffte sich mit der Prinzessin Iráklija ein und segelte nach der Caesarei ab. Und als sie in der Caesarei wohl angekommen waren, bezahlte Vasílij das vereinbarte Geld für die Miete des Schiffes. Und da sie nun in der Caesarei waren, mietete Vasílij sofort ein sehr schönes ministerielles Haus, für das er monatlich 50 Dukaten zahlte, und in diesem Haus wohnte er nun mit vielem Anstand zusammen mit der Prinzessin. Er mietete 50 Lakaien, für die er Livreen anfertigen ließ, und zwar mit so reichen Verzierungen, daß es überhaupt nichts ihresgleichen gab am ganzen caesarischen Hof in Rücksicht auf Pracht. Und zur Bedienung der Prinzessin dang er dreißig der schönsten Jungfrauen und stattete sie mit allem erdenklichen Schmuck aus . . .*

Eine Mischung von spießbürgerlicher Nüchternheit und phantastischer Erdichtung, ein erdgebundener, unbeholfener und materialistischer Sprachton, der sich vergebens müht, eine ganz unwirkliche Welt in einem nirgends existierenden Land anschaulich zu gestalten, tritt uns aus diesem Textstück entgegen und macht uns durch seine völlige Stillosigkeit staunen. Das Beispiel ist der *Historie vom russischen Matrosen Vasílij Kariótskij und von der schönen Prinzessin Iráklija von Florenz* entnommen (*Istórija o rossíjskom matróse Vasílii Kariótskom i prekrásnoj korolévně Iráklii Florénskoj*). Leicht ließen sich ganz ähnliche Textstücke aus zwei anderen russischen Novellen derselben Zeit (Anfang des 18. Jahrhunderts) zitieren. Die eine Novelle heißt *Historie vom russischen Edelmann Alexander* (*Istórija o Aleksándrě, rossíjskom dvor'anině*), die andere *Historie von dem russischen Kaufmann Ioann und der schönen Jungfrau Eleonora* (*Istórija o rossíjskom kupcě Ioánně i o prekrásnoj děvícě Eleonórě*). Obgleich die Überschriften es nicht immer ausdrücklich sagen, stehen doch immer Liebespaare im Mittelpunkt der Handlung – genau so wie in den ausländischen Geschichten von *Prinz Vasílij Goldhaar vom Böhmerland und Polyméstra, der schönen Prinzessin von Frankreich*, oder von dem *Ritter Peter mit den goldnen Schlüsseln und der schönen Prinzessin Magelone von Neapel*. Die gattungsmäßige Gemeinschaft tritt klar und deutlich hervor. Nur waren es jetzt immer russische Helden, die die Handlung trugen.

Sie erlebten abenteuerliche Geschicke. Nach vielen Hindernissen und Schwierigkeiten schloß ihre Geschichte entweder mit ihrer glanzvollen Erhöhung oder ihrem traurigen Untergang, und das Herz des Lesers wurde von heftigen Gefühlen ergriffen. So erlitt der *Matrose* Vasílij zum Beispiel auf seiner Heimreise aus Holland Schiffbruch, rettete sich jedoch im letzten Augenblick auf eine öde Insel, befreite die schöne florentinische Prinzessin Iráklija aus Räuberhänden, lebte mit ihr einige Zeit in der Caesarei in einem platonischen Liebesverhältnis, wurde dann von seiner Geliebten getrennt, fand sie aber in Florenz wieder, gab sich ihr durch sein Harfenspiel und durch eine *Arie*, die er ihr vorsang, zu erkennen, vermählte sich endlich mit seiner Prinzessin und wurde zum König von Florenz gewählt. Man hatte wirklich seine Freude an diesem Günstling des Glücks.

Traurig erging es dagegen dem russischen *Kavalier* Alexander, der auch ins Ausland gereist war und sich in Lille niedergelassen hatte. Mit seinem hinreißenden Flötenspiel bezauberte er hier die Tochter eines *Pastors*, die schöne Eleonora; aber unbeständig, wie er war, verliebte sich dieser Glücksritter bald in Dorothea, die Tochter eines Generals, so daß Eleonora vor Kummer sterben mußte, worauf er auch Dorothea im Stich ließ, nach Paris reiste und sich wieder verliebte, diesmal platonisch: in Thora, die Tochter des königlichen Hofmarschalls. Zusammen reisten sie nach England, Ägypten, Florida, China, Indien, aber unglücklicherweise ertrank

Alexander irgendwo beim Baden, worauf nicht bloß die trauernde Thora, sondern auch die gleichfalls trauernde Dorothea vor lauter Sehnsucht und Liebesgram sofort Selbstmord beging. Alexanders Freund Vladímir, der übrigens ein noch schlimmerer Don Juan war, brachte die traurige Mär von seinem Tode nach seinem fernen Vaterland. Etwas weniger traurig erging es dem *Kaufmann* Ioann, der auch ins Ausland reiste und dort zuerst die sanfte Eleonora, dann die listige Nerva und schließlich die böse Maria im französischen Kaufmannshaus in Paris, wo er freundlich empfangen worden war, bezauberte. Leider mußte er bald in die Heimat zurückkehren. Wie es Nerva und Maria erging, erfahren wir nicht, die spanische Eleonora aber verheiratete sich glücklicherweise mit einem Unteroffizier. Weder Ioann, der Kaufmann, noch Alexander, der Kavalier, schienen die geringsten Gewissensbisse empfunden zu haben, wenn sie die schönen ausländischen Damen ins Unglück brachten. Nur Vasílij, der einfache Matrose, zog die Konsequenzen aus seiner Verliebtheit, wurde dafür aber auch König von Florenz.

Wir müssen in diesen Novellen zwei Umstände beachten. Der eine ist der, daß die Helden ohne Ausnahme ins Ausland reisen und ihre dramatischen Liebesabenteuer weit außerhalb ihres Vaterlandes erleben. Holland, Frankreich, die Caesarei (d. h. das deutsch-römische Kaiserreich), Italien, England, ja sogar Ägypten, China, Indien und Amerika (Florida) sind der Schauplatz ihrer Erlebnisse. Die ganze Welt steht ihnen offen. Wir erkennen, daß die Novellen schon die Zeit Peters des Großen widerspiegeln, als jeder kühne junge Mann ohne Hinsicht auf seinen Stand – ob Edelmann oder Kaufmann, ob einfacher Matrose oder etwa Unteroffizier – die Welt sich seiner Unternehmungs- und Abenteuerlust öffnen sah. Der andere Umstand war der, daß die Hauptrolle nicht mehr unbeholfenen und ungehobelten *moskovitischen*, sondern ausgesprochen *russischen* Helden zufiel, Leuten von Anstand und Manieren. Das Wort *russisch* ist zudem nicht mehr vom alten Landesnamen *Rus'* (also *rússkij*), sondern vom pompös latinisierten Reichsnamen *Rossíja* (also *rossíjskij*) abgeleitet, und dies Wort wird gleich in den Novellentitel aufgenommen. Das bedeutet, daß wir uns nicht mehr im moskovitischen Zeitalter oder im moskovitischen Zarenreich befinden, sondern daß in den neumodischen Novellen *Rossija*, das Imperium Peters des

Großen, in Erscheinung tritt. Wir stehen so an der Schwelle einer neuen Zeit, wo der abgetragene Mantel des Byzantinismus dem russischen Schriftsteller von den Schultern geglitten ist, wo er versucht, die moderne Kleidung des *Europäismus* anzulegen, und wo eine neue Lebensauffassung, befreit von den alten moralischen und intellektuellen Banden, überall den Sieg erringt.

30. SCHLUSSBETRACHTUNGEN

Wir sind den Entwicklungswegen der poetischen Reimdichtung, der dramatischen Kunst und der prosaischen Erzählungskunst im Románovschen moskovitischen Rußland nachgegangen und sind ein gutes Stück in die erste Hälfte des 18. Jahrhunderts, in die Reformzeit Peters des Großen hinein- und – gelegentlich – sogar über diese hinausgelangt. Das Schauspiel, das sich dabei unseren Augen darbot, war ein wahres Kulturdrama von größter Bedeutung für die folgende Zeit. Es war ein buntes Schauspiel, nicht ohne Spannung, aber ohne eine bewußte, leitende Idee und daher bis zu einem gewissen Grade systemlos und chaotisch. Dagegen war es spontan wie eine Lawine und unaufhaltsam in seiner spontanen Bewegung.

Negativ ausgedrückt, bestand das Kulturdrama in einer anfänglich langsamen, dann allmählich immer schneller fortschreitenden Auflösung uralter, traditionsreicher, in unvordenklichen Zeiten aus Byzanz übernommener Kulturformen mit ihrer theokratisch-theologischen Weltanschauung, ihrem konservativ gepflegten Ideengehalt hinter allen äußeren Nuancen und ihrem zähen Widerstand gegen eine wirkliche künstlerische Befreiung. Die entscheidenden Elemente dieser Kulturform waren nicht immer konstant. Allein schon die Tatsache, daß es möglich ist, ihre *Geschichte* zu schreiben, zeugt davon, daß sie mit Entwicklung und Veränderung nicht unvereinbar waren. Man kann nicht einmal sagen, daß der Byzantinismus, den wir in Rußland vorfanden, je mit der ursprünglichen byzantinischen Kultur, die sein Ausgangspunkt war, identisch gewesen sei. Nichtsdestoweniger steht es doch fest, daß die Grundlage, auf der die russische Kultur in der Kíjever Zeit und im mosko-

vitischen Zeitalter ruhte, sowohl in ihrer altrussischen einfachen und
einfältigen Formung als auch in ihrer raffinierten und reich nuancierten moskovitischen Variation, ihrem innersten Kerne nach, in
ihrer tiefsten Wurzel, immer byzantinisch und nur durch die jeweiligen
Faktoren, die sich in der Geschichte und Struktur der russischen Gesellschaft geltend machten, modifiziert war. Ihr eigentliches Kennzeichen, das zu allen Zeiten dasselbe war, bestand darin, daß die
Kunst in die armselige Kleidung einer Dienerin gehüllt war und in
ihrer Demut darauf verzichtete, eine freie und selbständige Funktion
im gesellschaftlichen Leben auszuüben. Nur solange die Kräfte,
die die Struktur der Gesellschaft beherrschten, unerschüttert blieben,
konnte das byzantinische Kultur- und Literatursystem mit seinen
homiletischen, hagiographischen und annalistischen Ausdrucksformen
auch weiterhin die Grenzen des russischen Geisteslebens bestimmen.
Durchbrach die Kunst hin und wieder diese Grenzen, so mußte sie sich
sorgfältig ein Alibi schaffen und eine theologisch-theokratische Gesinnung heucheln. In dem Augenblick aber, wo die soziale, wirtschaftliche und politische Grundlage ihre Wesensgleichheit mit der
klassisch-byzantinischen Gesellschaftsordnung verlor, mußten auch
ihre literarischen Ausdrucksformen zugrunde gehen. Die Kunst
mußte sich aus dem Staube erheben, das Kleid der Heuchelei ab-
werfen und als souveräne Macht auf den Schauplatz treten. Die
Literatur mußte bei anderen Kulturquellen Nahrung und Anregung
suchen.

Gerade das geschah aber im 17. Jahrhundert, zwischen der Zeit
der *Smúta* und der Zeit des Reformwerks Peters des Großen. Dieses
Jahrhundert war eines der spannendsten und bewegtesten in der
ganzen Geschichte der russischen Literatur. Deutlich können wir die
unaufhaltsame, im Blinden wirkende, dennoch aber ungeheuer
zielstrebige Umorientierung beobachten, die sowohl innerhalb der
Literatur als auch innerhalb der Kultur überhaupt stattfand. Der
ideologische Kampf zwischen Byzanz und Westeuropa, dessen
Ende erst von den führenden russischen Geistern des 18. Jahrhunderts klar erkannt wurde, fand in der Tat schon im 17. Jahrhundert statt. Zum Ausdruck kam das darin, daß die westeuropäischen,
aus klassischem Erbe entstandenen Kunstarten in Rußland eindrangen, und daß das Drama, die Lyrik und die Prosa als scharf

bestimmte künstlerische Ausdrucksformen die altrussisch-byzan-
tinischen Literaturarten der Homiletik, der Hagiographie und der
Annalistik verdrängten. Das Zeitalter der freien Kunst stand vor der
Tür.

Es mußte die Aufgabe des 18. Jahrhunderts werden, die ungestüm
vordrängenden neuen Tendenzen, die neuen Kunstformen, die neuen
Gattungen, die neuen poetischen Kunstmittel miteinander in Einklang zu bringen und sie einem klaren System einzuordnen. Die Aufgabe war nun die, teils im Kampfe mit dem alten nationalen Kulturstoff, teils auch im Einklang mit ihm eine neue russische Form der
freien europäischen Kunst zu schaffen. Die russische Literatur war
jetzt reif, als ebenbürtige und selbständige Macht in den Kreis der
europäischen Weltliteratur einzutreten.

III

DIE PERIODE DES KLASSIZISMUS

1. DIE GESELLSCHAFTLICHE REFORM
PETERS DES GROSSEN

Peter der Große war der Schöpfer des neuen Russischen Imperiums, das im 18. Jahrhundert als gleichberechtigte politische Macht neben den großen westeuropäischen Staaten auftreten sollte. Die Gesellschaftsform aber, zu der er den Grund legte, war dennoch bei weitem nicht mit jenem Ideal identisch, dessen Verwirklichung er sich zur Aufgabe gemacht hatte.

Nach außen hin war nach der allgemeinen Anschauung sein aufsehenerregender Sieg über den schwedischen König Karl XII. bei Poltáva das erste unzweideutige Signal, das den Eintritt Rußlands in den Kreis der europäischen Großmächte ankündigte. Wie berechtigt diese Anschauung auch sein mag, so waren die außenpolitischen Probleme, deren Lösung er erstrebte und die er in der Hauptsache auch wirklich löste, im Grunde genommen keineswegs neue oder selbstgewählte Probleme. Schon seit den Zeiten Zar Iváns IV. hatten die Vorfahren Peters des Großen, die moskovitischen Herrscher, ihr wichtigstes Ziel in der Sicherung eines unbehinderten Zuganges zu den Meeren gesehen, entweder zum Schwarzen Meer oder zur Ostsee. Insofern war also die Außenpolitik Peters durchaus durch die Tradition bestimmt: er verfolgte genau dasselbe Ziel wie seine Vorfahren. Aber obgleich es ihm schon 1696 gelungen war, die türkische Festung Azóv an der Don-Mündung zu erobern, mußte er doch bald seinen kühnen Plan wieder aufgeben, im Verein mit den europäischen Großstaaten die Macht des Sultans am Schwarzen Meer zu brechen. Statt dessen richtete er sein Augenmerk auf die Ostsee, wo Schweden, damals die größte Kriegsmacht Nordeuropas, mit seinem Heer und seiner Flotte wachsam und argwöhnisch die immer deutlicher werdenden Expansionsbestrebungen des Moskovitischen Reiches beobachtete. Der große *Nordische Krieg* endete damit, daß Rußland sich 1721 den Besitz von Livland (mit Riga), Estland (mit Reval und Narva), Ingermanland (mit Kronstadt und dem späteren privaten *Paradies* des Zaren, Sankt Petersburg) und Karelien (mit Nöteborg, dem späteren Schlüsselburg) sicherte. Der

Weg zur Ostsee war jetzt frei. Das Fenster nach Europa war weit geöffnet. Und triumphierend nahm der moskovitische Zar nun den lateinischen Titel *Imperator* an.

Die Aufgabe, die die Geschichte Peter dem Großen gestellt hatte, war keineswegs mit dem günstigen Ausgang des langen Krieges allein gelöst. Dieser günstige Ausgang war selbst, jedenfalls bis zu einem gewissen Grade, dadurch bedingt, daß eine bei weitem wichtigere und an sich wohl auch bedeutend kompliziertere historische Frage im voraus in rechter Weise gelöst worden war. Es war das die Frage der sozialen und wirtschaftlichen Reorganisierung der inneren Verhältnisse des Landes, die Umstellung des ganzen Staatsapparats zum Zweck der Einordnung des russischen Staates als selbständige und aktive Macht in das internationale Handels- und Warenumsatzsystem. Zar Peter hatte während seiner Kindheit und Jugend, teils durch seine nahen persönlichen Beziehungen zur Bürgerwelt der *Deutschen* (oder *Fremden*) *Freistadt (Nemèckaja Slobodà)*, teils auch durch seine aufsehenerregenden Reisen nach den westeuropäischen Ländern, für immer einen entscheidenden und dauernden Eindruck von dem tüchtigen westeuropäischen Bürgerstand und von der Bedeutung des Handels und der Industrie gewonnen, und dieser Eindruck erweckte in ihm den Wunsch, die feudale Machtstellung des Adels zu brechen, um das Land nach westeuropäischen, bürgerlichen und handelskapitalistischen Grundsätzen umzuformen.

Das Moskovitische Reich, dessen Regierung er nach dem Staatsstreich von 1689 übernahm, war ein primitiv organisierter militärischer Agrarstaat. Seit der Zeit der blutigen und radikalen Reformen Zar Ivàns IV., die die soziale und politische Macht des halbsouveränen Großadels brachen, hatte das russische gesellschaftliche System prinzipiell auf dem Gleichgewicht zweier Klassen beruht: die eine war die der wehrpflichtigen Junker und Krieger, die das Land als Geschenk und als Gegenleistung des Zaren für ihre persönlichen militärischen Dienste in Besitz hielten, die andere die gewaltige Masse der leibeigenen, an die Scholle gebundenen Bauern, die mit ihrer Arbeit den Dienst des Landadels sicherten. Aber schon zur Zeit der Vorgänger Zar Peters war dieses anscheinend so wohlberechnete Gleichgewichtssystem ernstlich erschüttert worden. Der

Landadel hatte allmählich ein gesetzlich freilich nie anerkanntes oder festgelegtes unbedingtes Erb- und Besitzrecht auf den Boden geltend zu machen verstanden, und zugleich sah sich der Staat in ständig wachsendem Ausmaß auf reguläre Heere angewiesen, die unter dem Kommando meistenteils ausländischer Berufsgeneräle standen. Diese zwei Systemänderungen hatten es mit sich gebracht, daß der Landadel eine außerordentlich begünstigte, privilegierte Stellung im Staate einnahm. Seine Rechte waren bedeutend erweitert worden, und von den entsprechenden Verpflichtungen war er so gut wie ganz befreit.

Die Reform nun, die Peter der Große auf diesem Gebiete durchführte, bestand wesentlich darin, daß er das alte Dienstprinzip – freilich in ziemlich abgeänderter Form – als eine allgemeine zivile oder militärische Pflicht des Adels wiedereinführte. Er entzog dem Adel nicht sein traditionelles Erbrecht auf das Land der Väter, verpflichtete aber die Gutsbesitzer zu bestimmten Staatsdiensten. Das hatte zunächst zur Folge, daß alle minderjährigen Landjunker zum größten Leidwesen ihrer Eltern gezwungen wurden, sich irgendeine elementare Bildung zu verschaffen. Mit einer Unerbittlichkeit, die beispiellos erschien, sahen sich die jungen Edelleute jetzt gezwungen, sich zum lebenslänglichen oder wenigstens vieljährigen Dienst in der Armee, in der Flotte oder in der Staatsverwaltung zu verpflichten, und die dienstliche Karriere eines jeden begann mit dem niedrigsten Soldaten-, Matrosen- oder Schreibergrad. Nicht Herkunft und Geburt, sondern amtlicher Rang und persönliche Verdienste sollten fürderhin die Grundlage für die soziale Stellung des einzelnen bilden. Als Gegengunst für geleistete Dienste erhielt der so entstandene neue Dienstadel die gesetzliche Bestätigung seines Erbrechts an dem Land, auf dem er saß. Mit dem Range folgte das Adelspatent. Um diese neue Staatsstruktur auch wirtschaftlich zu sichern, mußte Peter der Große zu Mitteln greifen, die den Bauernstand aufs härteste trafen. Der Landadel übernahm sogar die Funktion des staatlichen Steuereinnehmers dem Bauern gegenüber. Die Steuern wurden nicht mehr nach Landbesitz oder Bauernhof bemessen, sondern der einzelnen leibeigenen *Seele* auferlegt, und zwar auf Grund einer einfachen Division des jeweiligen Geldbedarfs des Staates durch die Zahl der Bevölkerung. Ein hartes Monopolsystem sicherte eine rück-

sichtslose, aber geregelte Steuererhebung, und so gelang es allmählich, die Einnahmen des Staates auf das Fünffache zu erhöhen.

Das wichtigste Ziel Peters des Großen war aber die Verwandlung
Rußlands in einen blühenden Handels- und Industriestaat nach west-
europäischem Vorbild. Seine innere Politik stand in der Hauptsache
im Zeichen des aus Westeuropa übernommenen Merkantilismus. Er
hatte in Westeuropa mit eigenen Augen gesehen, wie sich moderne
Nationalstaaten unter der absoluten Gewalt des Herrschers aus
den Trümmern der Feudalgesellschaft erhoben. Er hatte erfahren,
daß der Reichtum eines Staates nach der Menge von Edelmetal-
len, die er besaß, bemessen werden mußte. Er hatte eingesehen, daß
Rußland, um sich die nötigen Edelmetalle zu verschaffen, aktiven
Außenhandel treiben, d. h. so viel Waren wie nur möglich ausführen und so wenig Waren wie möglich einführen müßte. Er war sich
klar darüber, daß dieser Handel am besten von den eigenen Kaufleuten des Landes und mit seinen eigenen Transportmitteln betrieben würde. Und er war keineswegs blind dafür, daß dies nur dann
geleistet werden könnte, wenn der Staat oder die Regierung kon-
trollierend und regulierend in das Wirtschaftsleben des Landes ein-
griffe. Als gelehriger Schüler der *Deutschen Freistadt*, ganz erfüllt
von merkantilistischen Ideen, nahm er sich vor, die verborgenen
Reichtümer des Landes zu erschließen und auszunützen und einen
tüchtigen und loyalen Bürgerstand zu schaffen, der ihn bei seinem
Vorhaben unterstützen könnte. Er teilte die städtische Bevölkerung
nach Zünften und Innungen ein, jede mit einem Meister an der
Spitze. Er ließ die Bürger ihre Magistrate selbst wählen und verlieh ihnen das Recht der Selbstverwaltung. Er befreite sie von Re-
krutenpflicht und Staatsdienst und stellte ihnen Land und Leute
zur Verfügung, wenn sie sich bereit erklärten, Manufakturen oder
Fabriken anzulegen oder Handelsgesellschaften zu gründen. Der
Staat bewilligte selbst Geld für solche Unternehmungen, wobei er
sich zugleich das Kontrollrecht vorbehielt. Der alte, in seinen Fugen
krachende Kanzleiapparat wurde nach dem Vorbild des schwedischen
Kollegialsystems reorganisiert, und neue Kommerz-, Manufaktur-
und Bergkollegien wurden errichtet, um Handel und Industrie zu
fördern. In zahlreichen kaiserlichen Erlassen belehrte Peter der
Große immer wieder die unaufgeklärte adelige Bevölkerung, wie

nötig es sei, die technische Leistungsfähigkeit des Landes zu vergrößern. Er nahm zahlreiche ausländische Sachverständige in Dienst und sandte zum Entsetzen der Eltern Scharen von jungen Leuten nach Westeuropa. Er führte Dienst- und Fachprüfungen ein. Er rüstete wissenschaftliche Expeditionen zur Erforschung der geologischen Struktur des Landes aus und förderte die Ausnutzung der neuentdeckten Silber- und Steinkohlenminen und der Salpeter- und Torfschichten. Mit der Axt in der Hand half er selbst beim Bau einer russischen Handelsflotte, mit dem Spaten in der Hand half er beim Bau der Kanäle, die St. Petersburg mit Moskau verbinden sollten.

Trotz der gewaltigen persönlichen Arbeit, die Peter der Große bei der Umorganisierung seines Landes leistete, war es ihm nicht beschieden, selbst jenes bürgerliche, merkantile und industrielle *Paradies* zu erleben, von dem er geträumt hatte. Er hatte weder genug Zeit noch genug begeisterte Mitarbeiter, um seinen Traum zu verwirklichen. Einer seiner Zeitgenossen, der gebildete, merkantilistisch denkende Schriftsteller Iván Tíchonovič Pósoškov (1652–1726), der Sohn einfacher Bauern, der eine bedeutende bürgerliche Stellung errungen hatte und seine Erfahrungen und Gedanken in einer Reihe von gewichtigen Werken, z. B. in dem privatwirtschaftlichen und moralischen *Väterlichen Testament (Zaveščánije otéčeskoje*, 1718) und in dem volkswirtschaftlichen Traktat *Von Armut und Reichtum (O skúdosti i bogáctve*, 1724) dargelegt hatte, charakterisierte die Situation mit den Worten: *die Anstrengungen des großen Monarchen müßten notwendigerweise ergebnislos bleiben, weil er Rußland den Berg hinaufzuziehen suche, während Millionen es den Berg hinabzögen.* Und der Zar selbst bekannte in einem Gespräch mit dem dänischen Gesandten Just Juul mißmutig, daß *er beim Regierungsantritt und späterhin nur wenige, ja eigentlich überhaupt niemanden, hatte, der ihm in wichtigen Sachen behilflich sein konnte, sondern daß er alles selber tun und aus wilden Tieren Menschen machen mußte.*

Nichtsdestoweniger gelang es Peter dem Großen, die rohe Grundlage eines neuen Staates zu schaffen – eines Staates, der nicht nur auf dem Adel gründete, sondern sich in hohem Grade auch auf die bürgerliche Mittelklasse und die immer standesbewußter werdende Beamtenklasse stützte. Das politische Spiel zwischen Hocharistokratie,

Landadel und Beamtenklasse mit dem beständigen Machtwechsel von Gruppe zu Gruppe und den jeweiligen Palastrevolutionen sollte den nachpetrinischen Regierungen ihr besonderes Gepräge geben.

2. SCHAFFUNG EINER NEUEN KULTURGRUNDLAGE

Nur dank der starken persönlichen Initiative Peters des Großen gelang es auch, jene allgemeine Kulturgrundlage zu schaffen, auf der sich späterhin das ganze literarische Leben Rußlands entwickeln sollte.

Wie seinerzeit Kíjev, als es das Christentum von Byzanz übernahm, sofort daranging, das byzantinische Schrifttum in zahlreichen Übersetzungen zu importieren, so suchte jetzt auch Peter der Große sofort oder so schnell wie möglich den gesamten geistigen Besitz des gebildeten Durchschnittseuropäers nach Rußland zu überführen, und zwar in schleunigst veranstalteten Übersetzungen, die der Kaiser oft persönlich durchsah und korrigierte. Sie wurden zunächst in Amsterdam gedruckt, wo es russische Lettern gab, aber bald begann man sie in Moskau selbst zu drucken mit dem vom Kaiser persönlich erfundenen *bürgerlichen Alphabet* (*graždánka, graždánskij šrift*), das sich von dem kirchlichen (*kyrillischen*) durch seinen lateinischen *ductus* unterschied.

Man spürt ein gewisses System in der vom Kaiser in die Wege geleiteten Übersetzungstätigkeit. Vor allen Dingen ließ Peter der Große Wörterbücher und Grammatiken drucken, z. B. F'ódor Polikárpovs *Dreisprachiges Lexikon* (*Leksikón trejazýčnyj*, 1703) oder die alte, aber noch immer gebräuchliche *Grammatik* von Melétij Smotríckij (1721) sowie eine Menge von elementaren *ABC-Büchern* (*Azbukovniki*) und *Lesebüchern*. Solche Handbücher waren für die Jugend berechnet, deren weltliche Bildung dem Kaiser sehr am Herzen lag. Er bemühte sich, dieser Jugend durch besondere Schriften neue Manieren statt der veralteten moskovitischen Demut und Unterwürfigkeit beizubringen. Um die russischen Bojarensöhne und ungehobelten Standespersonen westeuropäisches gesellschaftliches Benehmen zu lehren, ließ er 1708 eine wesentlich auf deutschen Vorbildern begründete, sehr umfangreiche Sammlung von *Mustern zum Schreiben von Komplimenten (Priklády káko pišuts'a komplemênty ráznyje)* drucken, die 1712 in zweiter, 1725 in dritter Auflage erschien und die enorme Bedeutung für den neuen *artigen* Briefstil erhielt. Und im Jahre 1717 erschien – wieder nach ausländischen Vorbildern geformt – das kuriose Buch *Der artige Jugendspiegel (Júnosti čéstnoje zercálo)*, das den jungen Leuten die rechte *zivile* Politur geben sollte und das 1719 und 1723 aufs neue erschien.

Angesichts der Rolle, die die mythologischen Symbole zur Zeit Peters des Großen sowohl bei verschiedenen Triumphfesten, die der Kaiser abhalten ließ, als auch bei anderen feierlichen Anlässen spielten, war es durchaus nicht unangebracht, wenn er den Übersetzer ALEKSÉJ BÁRSOV die bekannte große *Bibliotheca* (I–III) des griechischen Grammatikers APOLLODOROS, die er zufällig kennengelernt hatte, ins Russische übertragen ließ. Das Buch erschien im Jahre 1725 mit einem Vorwort von FEOFÁN PROKOPÓVIČ. Jeder konnte jetzt systematisch die griechische Mythologie und die Stammtafeln der Götter studieren. Jedoch in noch viel höherem Grade interessierte sich der neue Imperator für die physischen und geographischen Wissenschaften, deren Kenntnis er zu verbreiten suchte. Unter den Büchern, die auf sein Verlangen übersetzt wurden, finden wir sowohl das Werk des berühmten holländisch-französischen Physikers und Astronomen CHRISTIAN HUYGHENS VAN ZUYLICHEM über das Weltall als auch die *Introductio in universam geographiam* von PHILIPP CLUVER (1629) – Bücher, die die mittelalterlichen moskovitischen Vorstellungen von der Einrichtung der Welt und der Verteilung der Länder ganz und gar verrücken mußten. Außer diesen Werken erschienen so hervorragende Bücher wie etwa die *Geographia Universalis* von BERNHARD VARENIUS in der Übersetzung F'ÓDOR POLIKÁRPOVS (1718) und die *Kurtzen Fragen aus der alten und neuen Geographie* von JOHANN HÜBNER in einer russischen Übersetzung aus dem Jahre 1719.

Ebensoviel war Peter dem Großen daran gelegen, die alten russischen Annalen und Chroniken, die noch immer in handschriftlichen Kopien weiterlebten, durch systematischere Darstellungen der Ge-

schichte zu ersetzen. Er ließ die *Synopsis* von INNOKÉNTIJ GÍZEL'
zweimal drucken, aber dieses Werk befriedigte ihn nicht, weil es die
russische Geschichte ganz außer allem Zusammenhang mit der Weltgeschichte darstellte. Besser war in dieser Beziehung MAURO OR-
BINIS Werk *Regno degli Slavi*, das der dalmatische (kroatische) Emigrant SAVVA RAGUZÍNSKIJ (SABBAS DE RAGUSA) – vermutlich aus
eigenem Antrieb und wahrscheinlich mit besonderen Zielen vor Augen
– ins Russische übersetzte und mit dem neuen Titel *Historiographie*
(*Kníga Istoriográfija*) versah. Es konnte zu einer Revision der traditionellen Vorstellungen von der Geschichte der Balkan-Slaven beitragen und die veralteten moskovitischen Chronographien verdrängen. Von weit größerer Bedeutung war die Tatsache, daß man auf
Befehl des Zaren im Jahre 1719 die monumentalen *Annales Ecclesia-
stici* des großen jesuitischen Historikers BARONIUS *(Dejánija cerkóv-
naja i grašdánskaja)*, freilich nur in der von dem polnischen Jesuiten
PIOTR SKARGA redigierten einbändigen Ausgabe, erscheinen ließ und
daß man im Jahre 1724 in St. Petersburg das freisinnig-protestantische
Theatrum historicum WILHELM STRATEMANNs in der gewissenhaften
Übersetzung des gelehrten Akademierektors GAVRIÍL BUŽÍNSKIJ
herausgab. So wurde der moskovitische Leser gezwungen, seine eigene
orthodoxe Geschichtsauffassung mit katholischer und protestantischer
Historiographie zu vergleichen und die geistige Überlegenheit der
fremden Kommentatoren anzuerkennen.

Der bewußte Wille des Zaren, seine Russen mit der Einrichtung der
übrigen Welt bekannt zu machen und ihr Interesse für politische
und geschichtliche Fragen zu wecken, geht wie ein roter Faden durch
die Übersetzungswirksamkeit Peters des Großen. Politische Aufklärung stand an der Spitze seiner Kulturpläne. Werke wie die große
Politica von JUSTUS LIPSIUS (1577) oder die *Institutiones politicae* von
NICOLAUS VERNULLIUS (1624), wie die *Histoire de la France* von
JEAN DE BUSSIÈRES (1661) oder der Traktat *De quattuor summis
imperiis* von JOHANNES SLEIDANUS (1556) wurden übersetzt, gedruckt und gelesen. Mit ganz besonderem Eifer aber förderte Peter
der Große die Verbreitung der gelehrten Werke des berühmten
Juristen und Historikers SAMUEL PUFENDORF in russischen Übersetzungen. Hier konnten die Moskoviter die eigentliche Grundlage der modernen politischen Ideologie kennenlernen. Schon im

Jahre 1718 ließ Peter der Große den tüchtigen Rektor GAVRIÍL BUŽÍNSKIJ PUFENDORFS berühmte *Einleitung in die Historie der vornehmsten Staaten und Reiche* (1682) – übrigens nach CRAMERS lateinischer Bearbeitung – ins Russische übersetzen, und diese Übersetzung erschien sogar in zwei Ausgaben (1718 und 1724). Als der vorsichtige Übersetzer PUFENDORFS wenig schmeichelhaftes Kapitel vom Moskovitischen Reich überging, geriet der Zar in heftigen Zorn und verlangte, daß das Ausgelassene nachgeholt werde. Es konnte seiner Meinung nach den Moskovitern nur zum Nutzen gereichen, wenn sie erfuhren, wie geringschätzig Ausländer ihr Land beurteilten. Der Zar selbst war ein großer Bewunderer PUFENDORFS als eines modernen politischen Schriftstellers, und auf seinen Befehl hin machte sich ein anderer Übersetzer, IÓSIF KREČETÓVSKIJ, daran, PUFENDORFS Büchlein *De officiis hominis et civis juxta legem naturalem* (1673) ins Russische zu übertragen. Auch das große rechtsgeschichtliche Buch PUFENDORFS *De jure naturae et gentium* (1672) wurde ins Russische übersetzt, und zwar von BUŽÍNSKIJ (1724). Dasselbe geschah mit seinem unter dem Pseudonym SEVERINUS DE MONZAMBANO herausgegebenen Pamphlet über die deutsch-römische Reichsverfassung *De statu Imperii Germanici* (1667). So wurde die moderne nationale und internationale Rechtsphilosophie, die Philosophie des Naturrechts, in das russische Geistesleben eingeführt.

Wie gründlich man dabei zu Werke ging, geht daraus hervor, daß man unter den vielen Büchern von HUGO GROTIUS seinen berühmten Traktat *De jure belli et pacis* (1625) auswählte und ins Russische übertrug. Man begnügte sich nicht mit PUFENDORF, sondern nahm auch seinen geistigen Vorgänger und Lehrer hinzu, um den russischen Leser möglichst vielseitig mit der modernen rationalistischen Staatsauffassung, die von allen theologischen Einschlägen frei war, bekannt zu machen. Wie groß und ausgedehnt die Arbeit war, die auf dem soziologisch-politischen Gebiet geleistet wurde, geht auch daraus hervor, daß ein Mann wie Fürst IVÁN ANDRÉJEVIČ ŠČERBÁTOV die Mühe nicht scheute, JOHN LAWS hochaktuelles Buch *Money and Trade considered with a proposal for supplying the nation with money* (1705) zu übersetzen. Peter der Große muß dieses Buch mit besonderem Interesse gelesen haben, da viele Ansichten des Verfassers mit seinen eigenen Gedanken übereinstimmten.

Die Aufgabe, die der Zar durch die Übertragung der wichtigsten Werke der modernen westeuropäischen rationalistischen, merkantilistischen und technischen Wissenschaften ins Russische zu lösen suchte, war außerordentlich kompliziert, weil es unter anderem unendlich schwer war, gute, sachverständige Übersetzer zu finden. Bald waren die Übersetzer Männer, die zwar die nötigen sprachlichen Kenntnisse besaßen, aber vom Gegenstand des fremden Buches nichts verstanden. Bald waren es Männer, die zwar den Gegenstand des fremden Buches beherrschten, der Sprache aber, in der es geschrieben war, ganz unkundig waren. Der Zar mußte sich seine Mitarbeiter aus aller Welt zusammensuchen. Er wandte sich an die gelehrten Lehrer der *Slavo-graeco-lateinischen Akademie* in Moskau und ließ ihren Rektor, Feofilákt Lopatínskij, und seine Schüler die schwere Übersetzungsarbeit übernehmen. Auch der Staatsdruckereidirektor Fódor Polikárpov und sein Nachfolger Alekséj Bársov befaßten sich, wie wir bereits wissen, mit Übersetzungen. Zu demselben Kreise gehörte der uns nicht näher bekannte Iósif Krečetóvskij. Gelehrte geistliche Herren aus Kíjev wie etwa Gavriíl Bužínskij, Símon Kochanóvskij und Feofán Królik mußten gleichfalls dieser Arbeit ihre Zeit widmen. Der Zar gab der von ihm geschaffenen höchsten geistlichen Institution, dem Heiligen Synod, den Auftrag, für die Werke, die er persönlich ausgewählt hatte, geeignete Übersetzer zu finden, und schickte sogar junge Leute nach Prag, um dort zu Übersetzungszwecken die *artes liberales* zu studieren.

Indessen war der Zar oft genug recht unzufrieden mit den Produkten dieser geistlichen Übersetzer und zog nicht selten junge Leute aus der Gesandtschaftskanzlei, d. h. dem Außenministerium, vor, weil ihre Sprache ihm besser zusagte. Eine nicht unbedeutende Rolle spielte in dieser Beziehung der energische und vielseitige holländische Unternehmer und Eisengrubenbesitzer Andreas Vinius (gest. 1715), der dazu ausersehen wurde, die russischen Übersetzungen, die gedruckt werden sollten, zu prüfen und zu verbessern. Aus der Gesandschaftskanzlei stammte eine ganze Schar fleißiger Übersetzer, unter ihnen Vasílij Suvórov (gest. 1775), der sich vom einfachen Ordonnanzdienst zum Range eines Generals aufschwang und eines der Werke des berühmten französischen Festungsingenieurs Marquis Sébastien de Vauban ins Russische übersetzte –

ein Werk, das für seinen Sohn, den späteren Generalissimus Suvórov, Bedeutung erhielt. Aus der Gesandtschaftskanzlei kamen
auch die Brüder Iván und Konón Zótov (gest. 1723 bzw. 1742),
die Söhne des ersten Lehrers Peters des Großen; auch sie über-
setzten verschiedene militärische Werke, z. B. François Blondels
Werk über die Befestigungskunst. Auf philosophisch-historischem
Gebiet arbeiteten die Brüder Borís und Grigórij Vólkov, beide
Beamte der Gesandtschaftskanzlei, weiter die Brüder P'otr und
Micháíl Šafírov, von denen der eine sogar Baron und Vizekanz-
ler wurde. Leute, die als Diplomaten im Ausland wohnten oder
Reisen nach Westeuropa unternommen · hatten, wurden auch als
Übersetzer in Anspruch genommen, wie z. B. die Brüder Fürst
Grigórij und Fürst Jákov Dolgorúkov oder Graf P'otr Tolstój,
der sich sogar an die Übersetzung von Ovids *Metamorphosen* wagte.
Auch schwedische Kriegsgefangene wie Benedikt Schilling wur-
den als Übersetzer verwendet.

Genauer betrachtet, war indessen das Übersetzungsproblem nicht
so sehr eine Personenfrage, obgleich es außerordentlich schwer fallen
konnte, Leute mit den nötigen Kenntnissen in Mathematik, Astronomie, Artilleristik, Fortifikation, Geometrie usw. ausfindig zu machen, als vielmehr ein rein sprachliches Problem. Es handelte sich
in Wirklichkeit um die Schaffung einer verwendbaren Schriftsprache.

Die kirchenslavische Sprache, die das ganze Mittelalter hindurch
das offiziell anerkannte Medium der russischen Literatur gewesen
war, befand sich – wie wir wissen – seit der Mitte des 17. Jahrhunderts in einem Zustand zunehmender Auflösung. In dem Maße, wie
der geistliche, religiöse oder kirchliche Gesichtspunkt einer weltlichen, sachlichen, publizistischen oder poetischen Tendenz wich,
mußte die kirchenslavische Sprache allmählich auch den letzten Rest
ihrer Autorität verlieren. Es kommt noch hinzu, daß diese Sprache
in der Ukraine, die viel moderner und weiter fortgeschritten war
als das Moskovitische Reich, zahlreiche bedeutsame konstruktive
Elemente teils aus der wohlentwickelten polnischen Literatursprache, teils aus der gelehrten lateinischen Sprache der westeuropäischen Theologie und Philosophie in sich aufgenommen
hatte. Sowohl der Wortschatz als auch die Syntax war in der
Ukraine stark umgeformt worden. Diese von innen und von außen

veränderte ukrainische Schriftsprache schlug wie eine Springflut über dem moskovitischen Rußland zusammen und machte die alte und dunkle Festsprache der Kirche für den gewöhnlichen Leser noch dunkler. Der deutsche Schriftsteller HEINRICH WILHELM LUDOLF, der Gelegenheit gehabt hatte, moskovitische Verhältnisse genau zu studieren, und nachher (1696) in Oxford seine *Grammatica Rossica* schrieb, betonte mit Recht den Gegensatz zwischen der gewöhnlichen, täglichen Geschäftssprache und der erhabenen slavischen Kirchensprache. Es verhielt sich indessen nicht einfach so, daß es eine Schriftsprache, die kirchenslavische, und eine mündliche Sprache, die russische, gab: die Sprache des täglichen Gebrauchs hatte schon Anspruch darauf erhoben, als Schriftsprache zu gelten.

Es steht fest, daß die Gesandtschaftskanzlei und andere öffentliche Amtskontore der moskovitischen Zaren schon seit langem die gelehrte kirchliche Sprache aufgegeben hatten und statt dessen den lebendigen volkstümlichen Moskauer Dialekt in ihren Akten, Dokumenten und diplomatischen Schreiben benutzten. Wir wissen auch, daß die Kanzleischreiber schon in der Zeit des Zaren Alekséj Michájlovič dazu benutzt wurden, ausländische Texte, zum Beispiel die Schauspiele, die aufgeführt wurden, ins Russische zu übersetzen; und die Sprache, die dabei zur Anwendung kam, war jedenfalls in ihrem Kern der vulgäre russische Dialekt von Moskau. Aber auch diese Sprache hatte ihre ursprüngliche Reinheit aufgeben müssen und war von fremden Elementen stark durchsetzt. In noch höherem Grade als die kirchliche Sprache, die sich doch prinzipiell bestrebte, ihre ursprüngliche Reinheit zu bewahren, war die russische voll von Polonismen, Ukrainismen und Latinismen. Außerdem hatte sie gegen Ende des 17. und Anfang des 18. Jahrhunderts zahllose deutsche, holländische und französische Wörter für Gegenstände und Dinge aufgenommen, die das moskovitische Rußland früher gar nicht gekannt hatte. Und schließlich wissen wir auch, daß viele von den stark volkstümlichen Romanen, die meistenteils anonym Ende des 17. und Anfang des 18. Jahrhunderts wie Pilze aus der Erde schossen, gerade in dieser prinziplosen modernen Sprache geschrieben waren, die sich nicht nur von dem gelehrten grammatischen und syntaktischen System der kirchenslavischen Sprache freigemacht, sondern auch die komplizierte, abstrakt-rhetorische Ausdrucksform verlassen hatte, die für die alte Literatur so außerordentlich charakteristisch gewesen war.

Gerade diese derbe, respektlose und vulgäre Sprache der Romane und Historien bildete die Grundlage, auf der allmählich das moderne literarische Sprachsystem erwachsen sollte. Es war an sich freilich keineswegs ein konsequent durchgearbeitetes System. Es hatte eine unregelmäßige und grobe Syntax. Seine Norm war durchaus nicht festgelegt. In seiner Phraseologie war es chaotisch. Sogar in lautlicher Hinsicht und in der Wortbildung schwankte es hilflos zwischen Altem und Neuem. Es war stets bereit, sich mit dem Glanze falscher Erhabenheit zu umgeben, indem es zum überlieferten kirchlichen Satzbau, zu kirchlichen Wörtern und Formen seine Zuflucht nahm. Als die Übersetzer Peters des Großen sich plötzlich vor die Aufgabe gestellt sahen, westeuropäische Werke philosophischen, historischen, politischen, wirtschaftlichen, mathematischen und technischen Inhalts ins Russische zu übertragen, mußten sie oft genug erkennen, daß diese Aufgabe ihre Kräfte überstieg. Dazu kam, daß der Herrscher mit unerbittlicher Strenge forderte, die Übersetzungen schnell zu vollenden und sie leichtverständlich zu gestalten. Die armen Übersetzer waren oft nahe daran, zu verzweifeln. Es braucht durchaus kein Witz zu sein, wenn berichtet wird, daß mancher von ihnen an Selbstmord dachte. Einer von ihnen, der obenerwähnte Borís Vólkov, der seit 1704 zahlreiche geographische, geschichtliche, maritime, artilleristische und andere Werke aus dem Französischen übersetzt hatte, beging tatsächlich (zwischen 1716 und 1720) Selbstmord, weil es ihm zu schwer fiel, de la Quintinys *Jadinage* ins Russische zu übertragen.

3. DIE SCHAFFUNG EINER NEUEN LITERATURSPRACHE

Die neue russische Literatur, die als indirektes Ergebnis der Reformen Peters des Großen tatsächlich erst nach seinem Tode entstand, hatte so von Anbeginn die schwierige Aufgabe, das sprachlich-literarische Problem zu lösen, d. h. eine harmonische Schriftsprache zu schaffen, und das ganze 18. Jahrhundert stand denn auch im Zeichen intensiver sprachlicher Arbeit. Die besten Köpfe des Jahrhunderts stellten sich zur Verfügung, im vollen Bewußtsein der großen Bedeutung, die der Aufgabe und der Arbeit beigemessen werden mußte.

Der erste, der, von einem unwiderstehlichen inneren Drang getrieben, energisch an die Arbeit ging und sich als sprachlicher Reformator unvergängliche Verdienste erwarb, war der von seinen Zeitgenossen oft geschmähte und von der Nachzeit oft verketzerte, jetzt aber endlich anerkannte Schriftsteller Vasílij Kiríllovič Tred'jakóvskij (1703–69), eines einfachen armen Priesters Sohn, der aus seinem Elternhaus in der Nähe von Astrachan' geflohen war und seine erste Bildung in der berühmten *Slavo-lateinischen* (der früheren *Slavo-graeco-lateinischen*) *Akademie* in Moskau erhalten hatte. Auf bisher noch ungeklärte Weise kam er ins Ausland und studierte eine Zeitlang an der Sorbonne, finanziell vom kaiserlich russischen Gesandten in Paris, dem feingebildeten Schwager Peters des Großen, Borís Kurákin, unterstützt. Die Interessen Tred'jakóvskijs waren ausgesprochen literarischer Art. Sein Fleiß war außerordentlich. Er verliebte sich förmlich in Paris und fühlte sich wohl in dieser Atmosphäre. Es schien ihm, als ob die Nymphen singend durch die Straßen der Stadt wandelten und daß Apollo selbst die Stadt Paris zu seinem Wohnsitz gewählt habe. Er schrieb in einem Gedicht:

> *Über dir strahlet die lächelnde Sonne,*
> *schöner strahlet sie nirgendwo sonst.*

Als der durch und durch europäisierte Popensohn im Jahr 1730 nach St. Petersburg zurückkehrte, konnte er der unlängst (1725) auf Peters des Großen Initiative hin gegründeten, von deutschen und französischen Professoren beherrschten Akademie der Wissenschaften (*Académie des Sciences*) das erste konkrete Resultat seiner Studien vorlegen. Er hatte das große, preziös-allegorische Werk *Voyage à l'Isle d'Amour ou La Clef des cœurs* (1663) des Abbé Paul Tallement ins Russische übersetzt. Als die Übersetzung veröffentlicht wurde, erregte sie trotz dem schwerfälligen syllabischen Versmaß das größte Aufsehen. In weiten Kreisen nahm man freilich Ärgernis

an dem Werk, zugleich aber erweckte es bei aufgeklärten und freisinnigen Leuten Bewunderung. Die reaktionären Feinde TRED'JA-
KÓVSKIJS behaupteten, daß er mit seinem Gedicht nur die Sitten der
Jugend verderbe, war er doch in der Tat der erste Schriftsteller in
Rußland, der von *jener Wonne und süßen Tyrannei, die von der Liebe
stammen,* zu sprechen wagte. Die Kenner dagegen freuten sich über
den genau eingehaltenen allegorischen Stil des Werkes, über die vielen Barocklandschaften mit Städten, die *Bon Acueil* oder *Espérance*
oder *Petits Soins* hießen, mit Schlössern, die *Vrai Plaisir* genannt
wurden, mit Bergen, die etwa *Désert du Souvenir* heißen mochten,
oder über die vielen Personifikationen wie etwa die *Modestie,* die
Tiédeur, das *Emportement,* die *Coquetterie.* Vor allen Dingen hatte
man seine Freude an dem heimlichen erotischen Spiel zwischen Tirsis
und ihrem geliebten Amynthe oder an den Liebesabenteuern Amyn-
thes mit Sylvie und Iris.

Sprachlich war es ein Wagnis ohnegleichen, das amouröse Werk
TALLEMENTS ins Russische zu übertragen. TRED'JAKÓVSKIJ schrieb
denn auch eine Einleitung, in der er zu begründen suchte, warum
er das Gedicht *nicht ins Slavische, sondern so ziemlich ganz und
gar in die einfachste russische Sprache, nämlich die, die wir im
täglichen Umgang gebrauchen,* übersetzt habe. Er hatte drei Gründe.
*Erstens sei die slavische Sprache eine kirchliche Sprache, während
das Gedicht weltlich sei.* Dazu komme, daß *die slavische Sprache
schon eine dunkle Sprache geworden sei, während das Gedicht, das von
der süßen Liebe handle, leichtverständlich sein müsse.* Sein dritter
Grund war, daß *die slavische Sprache seinen Ohren zu hart klinge.*
Diese Charakteristik war tatsächlich treffend. Leider war aber die
russische Sprache, die TRED'JAKÓVSKIJ benutzte, bei weitem nicht
wohlgelungen. Sie war weder leichtverständlich noch weich. Sie war
holperig, grob, schwerfällig und unelastisch. In seiner Übersetzung
hatte das Original seine leichte, frivole Eleganz völlig eingebüßt.
Nicht selten verwandelten sich die geschickten Andeutungen TALLE-
MENTS bei TRED'JAKÓVSKIJ in grobe, naturalistische Unzweideutig-
keiten.

Sofort nach seiner Rückkehr aus Paris wurde TRED'JAKÓVSKIJ als
Sekretär an der Akademie angestellt und 1745 wurde er hier Professor der Eloquenz. In dieser Eigenschaft mußte er von Amts wegen

Übersetzungen zahlreicher, sehr verschiedenartiger Werke liefern. In seiner Klageschrift von 1751, die an den damaligen Präsidenten der Akademie, den ukrainischen Hetman Kiríl Razumóvskij, gerichtet war, gab er ein Verzeichnis seiner Übertragungen. Es umfaßte das zweibändige *Lehrbuch der Artillerie* von SAINT-REMY und die berühmte zwölfbändige *Geschichte der Antike* von CHARLES ROLLIN. Aus der schönen Literatur übersetzte er einige von den großen satirisch-moralisierenden Staats- und Erziehungsromanen des Barocks, wie z. B. JOHN BARCLAYS populären lateinischen Roman *Argenis* (1621) und FRANÇOIS FÉNELONS *Aventures de Télémaque* (1699), in ungewöhnlich schlechte russische Hexameter. Um so größer aber war TRED'JAKÓVSKIJS Bedeutung als Sprachtheoretiker.

Er arbeitete unablässig an der Frage der Normierung einer russischen Schriftsprache, die geeignet wäre, die Ideen der neuen Zeit auszudrücken. Auf diesem Gebiet war er ein wirklicher Bahnbrecher. Als 1735 innerhalb der Akademie der Wissenschaften die sogenannte *Rossische Gesellschaft* (*Rossíjskoje Sobránije*) gebildet wurde, die wie die Académie Française die Pflege der Sprache übernehmen sollte, hielt TRED'JAKÓVSKIJ, der vermutlich großen Anteil an der Gründung der Gesellschaft gehabt hatte, eine bedeutungsvolle Rede, die nach den damaligen Begriffen ein Meisterstück ciceronianischer Rhetorik war. Sie handelte von *Der Reinheit der rossischen Sprache* (*O čistoté rossíjskogo slóva*). In langen komplizierten Sätzen, die geschickt die Weisheit und Macht der regierenden Kaiserin Anna priesen, skizzierte er ein ganzes Programm für die Tätigkeit der Rossischen Gesellschaft. Das Programm enthielt Vorschläge sowohl für eine russische Grammatik und ein russisches Wörterbuch als auch für eine russische Rhetorik und eine russische Poetik. Als Grundlage sollte die Sprache dienen, die bei Hofe und von den Adligen gebraucht werde. Die Methode der Behandlung sollte von *usus* und *ratio* (*usage* und *raison*) diktiert sein. Indessen war TRED'JAKÓVSKIJ allzu optimistisch, wenn er ohne weiteres das Prinzip eines VAUGELAS verkündete, wonach *le bon usage* und *la façon de parler de la plus saine partie de la cour* einfach identisch seien. Er konnte nämlich nicht VAUGELAS' zweites, und zwar noch wichtigeres Prinzip geltend machen, das auf die *façon d'écrire de la plus saine partie des auteurs du temps* verwies. Merkwürdigerweise war es TRED'JAKÓVSKIJ noch nicht klar, daß, wenn bei Hofe und unter den gebildeten Adeligen überhaupt Russisch gesprochen wurde, es ein prinzipioses Gemisch aus Bauernsprache, Kirchenslavisch und allerlei barbarischen Lehnwörtern war, während die *façon d'écrire* eben erst gebildet werden mußte. Seine Grundthese aber, daß es an der Zeit sei, sich vom Kirchenslavischen freizumachen, war an sich richtig, wennschon er in seinem Eifer zu weit ging. Im Jahre 1748 gab TRED'JAKÓVSKIJ einen *Traktat von alter und neuer Orthographie (Razgovór o stárom i nóvom pravopisánii)* heraus, in dem er resolut zum Bruch mit der kirchenslavischen Tradition aufforderte und die Einführung einer Rechtschreibung empfahl, die die lebendige russische Sprache unmittelbar widerspiegle. Er hob hervor, daß *die Aussprache der zarten Damen schon längst dazu übergegangen sei, den russischen Lauten zu folgen*, und prophezeite, daß *auch die Herren Gelehrten bald freiwillig ihrem Beispiel folgen würden*, einfach weil *die Herren Gelehrten auch nicht aus Holz geschnitzt seien*. Seine Prophezeiung sollte bald in Erfüllung gehen, aber sein Vorgehen war zu schroff und ungestüm, und die Sprachproben, die er gab, waren stillose Mischungen kirchenslavischer und volkstümlicher Elemente.

Der Versuch TRED'JAKÓVSKIJS, das Problem zu lösen, kann somit nicht als gelungen bezeichnet werden. Er entfernte sich allmählich selber in beträchtlichem Maße von seinen eigenen Ausgangspunkten und gab *die rein rossische Sprache* in weitem Umfang zugunsten der alten kirchenslavischen auf. Sein Beispiel zeigte, daß die literarische Sprache nicht einfach mit einem Sprung die Jahrhunderte alte kirchenslavische Tradition aufgeben konnte. Von weit größerer praktischer Bedeutung für die Schaffung einer literarischen Sprachnorm wurde LOMONÓSOVS berühmter *Traktat vom Nutzen der kirchlichen Bücher (Rassuždénije o pól'ze knig cerkóvnych,* 1757).

MICHAÍL VASÍL'JEVIČ LOMONÓSOV (1711–65) folgte einem ganz anderen Gedankengang. Er sah zwar ein, daß die kirchenslavische Sprache nicht mehr als Schriftsprache der neuen Zeit dienen konnte. Zugleich aber erkannte er, daß die russische Vulgärsprache, selbst wenn man den Dialekt von Moskau als Grundlage nahm, nicht reif genug war, um der Literatur, vor allem der poetischen Literatur, zu dienen. Der Gegensatz zwischen der veralteten kirchenslavischen

Sprache und der unreifen russischen Vulgärsprache konnte daher nur dadurch aufgehoben werden, daß man ein Kompromißprodukt schuf, das weder an eine bestimmte soziale Schicht noch an eine bestimmte Dialektform gebunden war. LOMONÓSOV schuf nun diese künstliche Sprache und schrieb eine vorbildliche, elastische *Rossische Grammatik* (*Rossíjskaja grammátika*, 1755). Sie wurde vielen Generationen zur Grundlage aller literarischen Tätigkeit. Im Vorwort zu seiner Grammatik pries LOMONÓSOV seine Sprache, weil *sie die Pracht der spanischen Sprache, die Lebhaftigkeit der französischen, die Kraft der deutschen, die Feinheit der italienischen und den Reichtum und die energische Prägnanz der griechischen und der lateinischen Sprache* besitze. Seine Vorbilder fand er nicht nur bei den grammatischen Autoritäten des scholastischen Klassizismus (ARISTOTELES, DONATUS, PRISCIANUS), sondern auch bei moderneren Lehrmeistern. LOMONÓSOV hatte einstmals als ein ziemlich eigenwilliger Schüler bei CHRISTIAN WOLFF in Halle studiert, und man erkennt bei ihm die Spuren des Rationalismus seines Lehrers. Er beruft sich selber ausdrücklich auf ANTOINE ARNAULDS und DOM CLAUDE LANCELOTS berühmte *Grammaire générale et raisonnée*, auch *Grammaire du Port-Royal* genannt (1664), aber auch CLAUDE BUFFIERS *Grammaire française sur un plan nouveau* (1732) war ihm nicht unbekannt. Übrigens kannte er auch KASPAR SCHOPPES *Grammatica philosophica* und GOTTSCHEDS *Grundlegung einer Deutschen Sprachkunst* (1748). So war er zu seinem Werke gut vorbereitet.

Indem er aber so seine Grammatik schuf, war er sich auch bewußt, daß die Kunstsprache, die er zur Norm erhob, nicht in allzu starre und unwiderrufliche Paragraphen gekleidet sein durfte. Sie mußte so geschmeidig sein, daß sie je nach den Zielen, denen sie dienen sollte, geformt werden konnte. Eine Frucht dieser Erkenntnis war seine berühmte *Theorie von den drei Stilen*, die er eben in jenem *Traktat vom Nutzen der kirchlichen Bücher* formulierte. Die Theorie lief darauf hinaus, daß das Verhältnis zwischen den kirchenslavischen und vulgärsprachlichen Elementen in der Literatursprache je nach der Gattung oder dem Stil, den man verwirklichen wollte, variiert werden müsse. Es gab in der kirchenslavischen Sprache eine Schicht von Wörtern, die dem Durchschnittsleser völlig unverständlich waren. Es waren jene Wörter, die TRED'JAKÓVSKIJ *dunkel* nannte und von denen er sagte, daß *sie seinen Ohren zu hart klängen.* LOMONÓSOV verbannte sie als unvereinbar mit einer kultivierten Literatur ganz aus der Sprache. Dagegen billigte er gern solche kirchenslavische Wörter oder Wortformen, die entweder mit gleichbedeutenden russischen Wörtern und Formen identisch oder für einen Durchschnittsleser jedenfalls ohne weiteres verständlich waren. Endlich nahm er auch russische Wörter auf, die der kirchenslavischen Sprache fehlten, aber in der gewöhnlichen gebildeten Umgangssprache bekannt waren, oder auch solche Wörter, die nur der Volkssprache angehörten. Alle diese Sprachelemente durften aber nicht willkürlich miteinander vermischt werden, sondern sollten nach dem Gesichtspunkt ihrer Zweckmäßigkeit geordnet sein. Hier setzte seine Theorie von den Stilen als Kriterium ein.

LOMONÓSOV ging von einer apriorischen stilistischen Dreiteilung der Sprache aus, einer Dreiteilung, die er, freilich erst nach einigem Schwanken, aus der rhetorischen Theorie der Kíjever Schule übernommen hatte und die letzten Endes auf antike Quellen zurückging. Ein Schriftsteller, der die Verwirklichung eines *stylus sublimior* erstrebte, durfte echte kirchenslavische Wörter und Formen anwenden, wenn sie dem weltlichen Leser ohne weiteres verständlich waren: das waren die eigentlichen *slavo-rossischen* Wörter. Dagegen durfte ein Autor, der den *stylus inferior* anstrebte, sich gern mit rein russischen Wörtern begnügen. Zwischen diesen beiden Schichten brachte LOMONÓSOV einen *stylus mediocris* an, der solche Wörter umfaßte, die entweder gemeinsames Gut der kirchenslavischen und der russischen Sprache, also *lebendige* kirchenslavische Wörter, oder auch rein russisch waren. Die Theorie schien dem kirchenslavischen Element einen bedeutenden Platz in der Schriftsprache einzuräumen, nichtsdestoweniger war seine Anwendung in hohem Grade von russischen Gesichtspunkten aus geregelt. Die Theorie zeichnete sich durch ihre vernunftgemäße Einfachheit aus, war aber zugleich schematisch in ihrer Stilauffassung. Sie konnte nur so lange aufrechterhalten werden, als die klassische Vorstellung von der Unantastbarkeit der Gattungen vorherrschend war.

Gerade diese Vorstellung aber war für LOMONÓSOV richtunggebend. Ebensowenig wie für TRED'JAKÓVSKIJ, der französische Bildung genossen hatte, konnte es für LOMONÓSOV, der an deutschen Schulen und Universitäten studiert hatte, einen Zweifel daran geben, daß die Poetik eines BOILEAU und eines HORAZ unfehlbar sei. Schon in seiner *Anleitung zu einer rossischen Verskunst* (*Spósob k složéniju rossíjskich stichóv*, 1735) hatte TRED'JAKÓVSKIJ eine umfassende Lehre von den Gattungen gegeben und auf diese Weise zum erstenmal in der Geschichte der russischen Literatur ein festgefügtes System auf klassizistischer Grundlage errichtet. Er unterschied zwischen *epischer* Poesie (die er zuweilen auch die *epopöische* oder *heroische* nannte), *lyrischer* und *dramatischer* Poesie. Das Epos war ihm die höchste Literaturart. Danach kam die Ode, die *hohe, edle, zuweilen auch zarte Materien besingt.* Außerdem unterschied er zwischen *bukolischen, elegischen, epigrammatischen, didaktischen, satirischen, epistolischen* und vielen andern sekundären Gattungen.

Nun kam LOMONÓSOV, um diese Gattungen auf seine drei Stile zu verteilen. Er erklärte, daß der *stylus sublimior* in *griechischen* (d. h. heroischen) *Poemen*, festlichen Oden und Prosareden über erhabene Materien anzuwenden sei, daß der *stylus mediocris* in Tragödien, moralischen Komödien, versifizierten Episteln, satirischen Gedichten, Eklogen und Elegien wie auch innerhalb der Prosa in Memorabilien und gelehrten Schriften gebraucht werden solle, und daß der *stylus inferior* endlich in Farcen, Epigrammen und Liedern sowie in prosaischen Episteln und Schilderungen alltäglicher Dinge und Begebnisse am Platze sei.

So schien musterhafte und zweckmäßige Ordnung im literarischen Chaos geschaffen zu sein. Jedes Ding und jeder Begriff hatte seinen Platz erhalten. Diese Ordnung schien des Zeitalters würdig, in dem man lebte – des Zeitalters des aufgeklärten autoritären Rationalismus.

4. DIE GRUNDLAGEN EINER NEUEN VERSKUNST

Noch war aber ein wichtiges Stück Arbeit zu tun, bevor der russische Klassizismus (zuweilen auch Pseudo-Klassizismus genannt) mit Pomp und Pracht auf dem Schauplatz erscheinen konnte.

Die Arbeit, die noch zu tun war, war keineswegs von geringerer Bedeutung als die rein sprachliche Reformarbeit. Es handelte sich darum, die herrschende syllabische Verskunst, die über die Ukraine aus Polen eingeführt worden war, einer systematischen Revision zu unterziehen. Sowohl FEOFÁN PROKOPÓVIČ als auch ANTIÓCH KANTEMÍR, die doch sonst beide für die Strömungen der neuen Zeit außerordentlich empfänglich waren und damit dieser selber angehörten, hatten noch ausschließlich die syllabische Verskunst gepflegt. Auch TRED'JAKÓVSKIJ hatte in seiner Übersetzung von TALLEMENTS *Voyage à l'Isle d'Amour* die *Couplets* in strenge und harte syllabische Verse umgedichtet. Nichtsdestoweniger war gerade TRED'JAKÓVSKIJ derjenige, der die beispiellose Entdeckung machte, daß der russische Vers seine natürliche Grundlage im freien russischen Akzent habe. Diese Entdeckung aber auch rein praktisch für die Poesie fruchtbar zu machen, war LOMONÓSOV vorbehalten.

TRED'JAKÓVSKIJ, der selber ein sehr schlechter Dichter war, hatte ein außerordentlich feines Ohr für die Eigentümlichkeiten der russischen Volksdichtung. Er berief sich häufig auf das Beispiel der volkstümlichen oder *bäuerlichen* Verse, und es geschah hin und wieder, daß typisch volkstümliche Rhythmen die Form seiner steifen syllabischen Gedichte durchbrachen. Sehen wir von diesen volkstümlichen Impulsen seiner Entdeckung ab, dann müssen wir sagen, daß das neue Prinzip schon lange, bevor TRED'JAKÓVSKIJ es formulierte, gleichsam in der Luft gelegen hatte. Es war an und für sich ganz natürlich, daß die für die Zeit Peters des Großen so charakteristische deutsche Orientierung auch eine direkte deutsche Beeinflussung der russischen Verskunst hervorgerufen hatte. Die geistige Jugendheimat des Zaren, die rührige *Deutsche Freistadt* in Moskau, spielte auch in dieser Beziehung eine nicht geringe Rolle. Deutsche Versschmiede, die kaum die russische Sprache beherrschten, übertrugen ganz spontan das akzentuierende Metrum ihrer eigenen deutschen Dichtung auf die russischen Gelegenheitsgedichte, in denen sie sich hin und wieder versuchten – ohne überhaupt eine Ahnung davon zu haben, daß sie dadurch eine kleine Revolution hervorriefen.

Der Goldschmiedsohn WILLIM MONS (1688–1724), der Bruder jener Anna, die eine Zeitlang (1691–1704) die Geliebte des jungen Zaren

gewesen war, ein ziemlich wilder Bursche, der, 1716 zum Kabinettssekretär der Kaiserin Katharina ernannt, sich nicht scheute, ein
Liebesverhältnis mit ihr anzuknüpfen, schrieb in seiner Jugend als
eifriger Frauenjäger mehrere Liebesgedichte auf deutsch und russisch nach landläufigen bürgerlich-deutschen Vorbildern. Sein russischer Sekretär JEGÓR STOLÉTOV, dessen Lebenslauf uns gänzlich unbekannt ist, eignete sich bald die Kunst seines Herrn an. Beide
schufen auf diese Weise eine ganz neue russische Phraseologie der
Liebe, die den Russen bisher eine *terra incognita* gewesen war, und
formten einen weltlichen lyrischen Stil, der aller kirchenslavischen
Grandezza bar war. Noch größere Bedeutung aber gewannen die
wohlgelungenen russischen Übersetzungen deutscher Kirchenlieder,
die der deutsche Pastor, Sprachforscher und Schuldirektor ERNST
GLÜCK (1652–1705), in dessen Haus in Livland Peter der Große
die Dienstmagd Martha, die spätere Kaiserin Katharina, getroffen
hatte, nach seiner Übersiedlung nach Moskau schrieb. Seine dichterischen Versuche waren halb amtlicher Art. Sie wurden von
seinem Nachfolger im Amt, JOHANN WERNER PAUS (1670–1735),
fortgesetzt und vervollständigt. Als dessen Schüler, der Leib-
medikus Lorenz Blumentrost (1692–1755), der erste Präsident der
neugegründeten Akademie der Wissenschaften wurde, berief er PAUS
nach St. Petersburg und setzte ihn ins Amt eines akademischen Übersetzers ein. TRED'JAKÓVSKIJ muß diesen deutschen Kollegen persönlich gekannt und mit ihm wohl auch über Probleme der Verskunst gesprochen haben. Zu erwähnen ist ferner, daß die Professoren
der Akademie, meistenteils Deutsche, die statutenmäßige Aufgabe
hatten, für Gratulationsoden und andere feierliche Poeme zu sorgen,
wenn aus irgendeinem Anlaß offizielle Feierlichkeiten am Hofe ver-
anstaltet wurden. In den meisten Fällen verfuhren die deutschen
Akademieprofessoren in der Weise, daß sie diese Oden zuerst auf
deutsch im typischen deutschen Barock-Geschmack dichteten und
sie dann ins Russische übersetzten oder übersetzen ließen. Der Gegensatz zwischen dem geschmeidigen akzentuierenden deutschen Metrum
und dem immer noch vorherrschenden syllabischen russischen Versmaß kam dabei fast demonstrativ zum Ausdruck, und vielfach versuchten die deutschen Professoren, das deutsche metrische Prinzip
auf das russische Sprachmaterial zu übertragen. So entstand eine

Reihe von Gedichten, die ganz und gar von bürgerlichen deutschen
Ideen durchdrungen waren. Sie verherrlichten den aufgeklärten
Absolutismus des Monarchen und priesen das herrschende merkan-
tilistische Regime, weil es Handel und Industrie beschützte.

Das mußte TRED'JAKÓVSKIJ zu denken geben, und es war schließlich nur natürlich und folgerichtig, daß er als überzeugter Verfechter
des neuen *tonalen* Prinzips, d. h. einer auf dem Akzentwechsel begründeten Versifikation, hervortrat. Er legte seine Theorie 1735 in
seiner berühmten Schrift *Neue und kurzgefaßte Anleitung zu einer
rossischen Verskunst (Nóvyj i krátkij spósob k složéniju rossíjskich
stichóv)* dar. Es gehörte wirklich Mut dazu, einfach zu erklären,
daß das syllabische Metrum mit Poesie nichts zu schaffen habe: *die
feste Zahl der Silben in den alten, fremden, unberechtigterweise bei
uns eingeführten Versen unterscheidet diese nicht von der Prosa.* Das
einzige Kriterium für die Unterscheidung von Poesie und Prosa bestand für ihn in *einem in ganzen Sätzen oft wiederholten Ton
(Akzent), in der Prosodie ,Stärke' oder ,Druck' genannt und in bestimmten Abständen angebracht.* Ein revolutionierender Gedanke
war damit öffentlich ausgesprochen. TRED'JAKÓVSKIJ war mit Recht
auf seine Entdeckung stolz und verkündete in einer späteren Ausgabe seiner Schrift: *Das tonale (akzentuierende) Prinzip ist das erste
und wichtigste Fundament unserer Verse und gewissermaßen ihr
Leben und ihre Seele. Es wurde in unsere Dichtung im Jahre 1735
eingeführt.* In der Tat beruhte von jetzt an alle russische Poesie auf
dem natürlichen, freien russischen Akzent.

Das Verdienst TRED'JAKÓVSKIJS war um so größer, als er bei seinen französischen Vorbildern keinerlei Anregung zu seinem Schritt
hatte finden können. Er legte also bei der Beurteilung des russischen
Verskunstproblems eine bemerkenswerte Selbständigkeit an den
Tag. Er war indessen nicht unabhängig genug, um die letzten Folgerungen aus seiner These zu ziehen. Seine eigenen Gedichte, die nach
dem neuen Prinzip verfaßt waren, erweisen sich in den meisten Fällen
als vorsichtige *Tonalisierungen* des syllabischen Schemas. Aus dem
syllabischen System behielt er noch lange das Vorurteil bei, daß
sich das jambische Metrum nicht für russische Verse eigne, und er
hielt daran fest, daß die Versausgänge und damit die Reime nur weiblich sein, d. h. aus zwei Silben bestehen dürften, von denen immer

nur die erste betont sein müsse. Der Hexameter müsse infolgedessen
am besten aus 13 Silben bestehen. Die Kreuzung männlicher und
weiblicher Reime war für ihn eine Ungeheuerlichkeit, *wie wenn man
eine ganz bezaubernde, liebliche und in der Blüte ihrer Jugend strahlende europäische Schönheit mit einem verlebten, schwarzen neun-
zigjährigen Neger paaren wollte.*

LOMONÓSOV war erst 25 Jahre alt, als er TRED'JAKÓVSKIJS kleine
Schrift zu lesen bekam. Er war Student der *Slavo-graeco-lateinischen
Akademie* in Moskau und gerade auf dem Wege nach Deutschland,
wo er als Staatsstipendiat an den Universitäten in Marburg, Frei-
burg und anderen deutschen Städten studieren sollte. Von Anbeginn
entdeckte er mit kritischem Auge die Inkonsequenzen TRED'JAKÓV-
SKIJS. Die deutsche Umwelt, in der er lebte, und die deutsche Literatur, in die er sich eifrig vertiefte, verschärften noch seine Kritik an
TRED'JAKÓVSKIJ. Schon 1739 sandte er der Rossischen Gesellschaft
an der Akademie der Wissenschaften einen umfangreichen Brief
über die *Regeln einer rossischen Verskunst* (*O právilach rossíjskogo
stichotvórstva*), in der er kühnen Mutes die völlige Befreiung des
russischen Verses forderte. Er war natürlich insoweit mit TRED'-
JAKÓVSKIJ einverstanden, als die russische Verskunst ausschließlich
auf den Akzentwechsel gegründet werden sollte. Aber er ging noch
weiter. Er empfahl den von TRED'JAKÓVSKIJ so scharf verurteilten
Wechsel zwischen weiblichen und männlichen Ausgängen. Er bekämpfte dessen Behauptung, daß der Hexameter aus 13 Silben bestehen müsse. Er verteidigte sogar die Zulässigkeit daktylischer Ausgänge als durchaus vereinbar mit den russischen Akzenteigentüm-
lichkeiten. Und er verherrlichte den von TRED'JAKÓVSKIJ so schlecht
behandelten Jambus, *der sich zwar nicht leicht meistern lasse, der
aber mit seinem langsamen Ansteigen die Vornehmheit, Pracht und
Erhabenheit der Materie nur vergrößere* und der sich daher ganz besonders für festliche und feierliche Oden eigne. Entrüstet wies er
TRED'JAKÓVSKIJS unglücklichen Vergleich eines freien Reimwechsels
mit der unnatürlichen Vereinigung zwischen einer weißen Jungfrau
und einem senilen Neger zurück: noch viele Jahre später ironisierte
er in einem Epigramm witzig diesen dummen Einfall.

Als Dichter traten TRED'JAKÓVSKIJ und LOMONÓSOV fast gleichzeitig zum erstenmal auf, und zwar auf eine auffallend gleichartige

Weise. Als jener sich in Paris zur Heimreise anschickte, sandte er
der Akademie sein erstes (und tatsächlich bestes) Gedicht, die
Triumph-Ode anläßlich der Übergabe Danzigs (*Triumfál'naja óda
na sdáču góroda Gdánska*, 1734). Die Ode war aus Anlaß der Einnahme der von den Polen verteidigten Stadt Danzig durch die russischen Truppen und der Vertreibung König Stanislaw Leszczyńskis,
des alten Verbündeten Karls XII. und des Feindes Peters des Großen, aus Polen entstanden. Im Grunde genommen war sie nur eine
gewandte Paraphrase von Boileaus *Ode sur la prise de Namur*
(1694). Mit Boileau als Rückhalt fühlte sich Tred'jakóvskij augenscheinlich gedeckt. Er wandte hier natürlich noch das syllabische
Versmaß an. Späterhin arbeitete er aber das Gedicht nach seinen
neuen Prinzipien um und erlaubte sich sogar, männliche Reime neben
den weiblichen zu verwenden. Sein Versmaß war jedoch streng trochäisch. Als Lomonósov fünf Jahre später seinem Vorbild folgte und
der Akademie gleichfalls ein Gedicht zur Veranschaulichung seiner
Theorie zusandte, wählte er sich bezeichnenderweise einen deutschen
Dichter zum Muster, nämlich Johann Christian Günther (1695
bis 1723), dessen Gedichte er sehr gut kannte. Lomonósovs *Ode
an die Kaiserin Anna anläßlich des Sieges über die Türken und der
Eroberung Chotins* (*Oda na vz'átije Chótina*) war einem Gedicht
Günthers nachgebildet, und zwar der *Ode auf den zwischen Ihro
Kayserlichen Majestät und der Pforte Anno 1718 geschlossenen Frieden*. Das Gedicht erregte Aufsehen. Mit seiner neuen Form stellte es
die Ode Tred'jakóvskijs ganz in den Schatten. Als Lomonósov
1741 nach St. Petersburg zurückkehrte, wurde er sofort zum Professor an der Akademie ernannt und wurde zugleich Hofdichter der
neuen Kaiserin Elisabeth.

5. DIE ODEN LOMONÓSOVS

Lomonósov, der Sohn eines nordrussischen Freibauern, Nachkomme von Ackerbauern und Weißmeer-Fischern, die nie die
Drangsale des Tatarenjochs oder die Erniedrigung der Leibeigenschaft gekannt hatten, ein Mann, der in seiner Jugend aus dem

Elternhaus geflüchtet war, um in Moskau zu studieren, und der an deutschen Universitäten die Luft der Wissenschaft geatmet hatte, trat nun im russischen Kulturleben als weitumfassender enzyklopädischer Geist auf. Sein poetisches Schaffen, seine hochgestimmte elisabethanische Odendichtung trug nicht nur das Gepräge eines machtvollen, großartigen dichterischen Genies, sondern war auch von einer ernsten philosophischen Lebensanschauung getragen, dem Ergebnis unablässiger naturwissenschaftlicher und humanistischer Forschungen. Diese Lebensanschauung war tief in dem optimistischen Rationalismus des Zeitalters verankert. Die Odenform, die er schuf, war wohl vor allem dadurch bestimmt, daß er sich selber nicht so sehr als Dichter, sondern vielmehr als berufenen Apostel der Wissenschaft in einem noch halbbarbarischen, von ihm aber nichtsdestoweniger mit patriotischer Glut geliebten Lande fühlte. Er war ein wohlbewanderter und selbständiger Forscher in den vielen Disziplinen der Naturwissenschaft. Er war sowohl Chemiker und Physiker als auch Geolog, Metallurg und Astronom und machte bedeutende Entdeckungen, die erst viel später von der westeuropäischen Wissenschaft bestätigt wurden. Die Wahl seiner Motive war in sehr hohem Grade eben durch diesen Umstand bestimmt. In der Person dieses Sohnes einfacher Bauern eignete sich das junge, von Peter dem Großen geschaffene Rußland mit hungriger Begierde, mit unermüdlicher Energie, mit großartigem Selbstbewußtsein die komplizierten Methoden der westeuropäischen wissenschaftlichen Kultur, die ganze gewaltige Masse ihres Wissens an. Ein weitumfassender Polyhistor im Geist der Zeit, erwarb er sich – mit nie erlahmender Begierde – auch die rein literarischen Elemente der westeuropäischen Bildung. Er kannte die besten Autoren des Altertums und der Neuzeit aus eigener Lektüre und betrachtete die moderne klassizistische Poesie, die er in Europa kennengelernt hatte, als unmittelbare und legitime Fortsetzung der antiken klassischen Dichtung. Er beherrschte die stilistischen und ideologischen Ausdrucksmittel dieser Poesie bis zur Vollkommenheit und benutzte mit souveräner Sicherheit das ganze Arsenal der klassischen Mythen und Symbole, Götternamen und poetischen Ortsnamen. Aber ein aus der Zeit Peters des Großen übernommenes Nützlichkeitsprinzip hinderte ihn, der Literatur einen wirklichen Wert an sich zuzuerkennen. Er war nicht nur ein unversöhnlicher Feind des Obskurantismus und ein demütiger Diener der Aufklärung, sondern auch der Apostel des Utilitarismus selbst in seinen pathetischen Oden.

Etwas von dem schlicht-genialen Geiste Peters des Großen lebte in der Dichtung Lomonósovs weiter. Er pflegte bewußt das Andenken dieses kaiserlichen Bürgers und Handwerkers und rühmte in einer Inschrift für ein Denkmal des Zaren *den weisen Heros, der zum Wohl seiner Untergebenen auf alle Ruhe und Rast verzichtet, den niedrigsten Gesellschaftsstand angenommen und dienend geherrscht habe.* Das größte Verdienst des Zaren sah er darin, daß er *uns die Wissenschaften erschlossen habe, während er selber Städte erbaute und die Mühen des Krieges trug, fremde Länder bereiste, Handwerker um sich scharte und seine Soldaten zu tüchtigen Kriegern erzog.* In einer Ode an seine Herrscherin, Kaiserin Elisabeth, rühmte er ihren großen Vater – *diesen Mann, desgleichen es seit Urbeginn der Zeit nicht gegeben habe, ihn, der trotz allen Widerwärtigkeiten sein sieggekröntes Haupt zu neuen Höhen getragen und dadurch das in Barbarei versunkene Rußland zum Himmel erhoben habe.* Lomonósov pries seinen von Vernunft und Nutzen beherrschten, mit blühender Wissenschaft und Technik prangenden, wohlgeordneten Staat. Mit der Unermüdlichkeit eines überzeugten Agitators nahm er immer wieder in Oden und Lobreden das Motiv vom großen Reformator auf und schuf allmählich jenes Bild des *Arbeiters auf dem Throne*, das in der russischen Kulturtradition weiterlebte und besonders klar bei Puškin wieder auftauchte.

Lomonósov lebte und wirkte unter mehreren Kaisern und Kaiserinnen, und er besang sie der Reihe nach in panegyrischen Oden. Die Gattung war an sich konventionell, das Pathos rhetorisch. Aber in seinen Gedichten an die Kaiserin Elisabeth, die Tochter Peters des Großen, die nationale Herrscherin, war das konventionell-rhetorische Element in seltsam organischer Weise von einem feurigen Werben für die Wissenschaften belebt, die jetzt ihren siegreichen Einzug in das junge, aber machtvolle Reich hielten. Mehr als die Oden irgendeines anderen Dichters war Lomonósovs elisabethanische Dichtung durch Glanz und Pracht der Wörter, durch abstrakte allegorische Bilder und mythologische Gestalten ausgezeichnet, ohne doch je in bombastischen Pomp zu verfallen. Parnaß und Olymp legten in

diesen Oden ein eigentümliches russisches Gewand an. Die Küsten
des Eismeeres und die Ufer der Neva und der Volga empfingen bereitwillig Mars und Neptun und Minerva als willkommene Gäste,
die sich hier heimisch zu fühlen schienen. Aber niemand konnte
daran zweifeln, daß es dem Dichter gar nicht auf diese antike Götter-
welt ankam. Ohne sich eines Stilbruchs schuldig zu machen, verstand er es, ein mächtiges Panorama des ganzen russischen Landes
mit seinen unberührten Naturreichtümern hervorzuzaubern. Unabhängig von der konventionellen Welt der griechischen und römischen
Götter und Göttinnen, breitete der Dichter vor den Augen des Lesers –
gleichsam in einer anderen und näheren Sphäre – die ganze russische
Wirklichkeitswelt aus: die schneebedeckten Ebenen der Tundren-
zone, die meergleiche Weite des Léna-Stromes, die dichte Wildnis der
Waldregion, wo noch kein Jäger, kein Ackerbauer je den scheuen
Hirsch oder die singenden Vögel aus ihrem Frieden aufgescheucht
habe – dann auch die gold- und silberhaltigen Felsenberge des Uráls
und die fruchtbaren grünenden Wiesen des Amúr-Stromes unter
den Strahlen der fern im Osten aufgehenden Sonne. Sehr bezeichnend für Lomonósovs Einheitsauffassung des Rossischen Imperiums ist es, daß in seinem Gesichtsfeld nicht nur das europäische
Rußland erscheint, sondern – vorzugsweise sogar – das ferne, Reichtum verheißende Sibirien. Was ihn vor allem interessiert, ist weder
das südliche Rußland noch das fruchtbare Ackerbauland Ukraine,
sondern gerade das schweigsame, unentdeckte nördliche Gebiet. In
seiner Bildersprache wird es immer wieder als die unberührte Natur
geschildert, die sich in ihrem tiefen Schlafe nach den kundigen, er-
weckenden Händen des Forschers sehnt.

　　Der Patriotismus des Dichters, der sehr bewußt und sehr gefühls-
bestimmt war, trat oft hinter dem Enthusiasmus des Forschers zurück, und der Forscher rühmte unermüdlich und ehrfürchtig *die
göttlichen Wissenschaften*. Der ganze panegyrische Weihrauch, den
der Dichter pflichtschuldigst der Kaiserin zollte, zerfloß wie ein Nebel, wenn er seinen machtvollen Appell an die studierende russische
Jugend richtete, sie möge der Welt beweisen, daß auch russische
Wissenschaft Denker wie Platon und Forscher wie Newton hervorbringen könne. Dieser Gedanke beherrschte ganz besonders Lomonósovs beste und wohl auch typischste Ode, die *Ode auf den Tag der*

Thronbesteigung der Kaiserin Elisabeth (Oda na den' vosšéstvija na prestól imperatrícy Jelisavéty Petróvny, 1747). Sie umfaßte vierundzwanzig zehnzeilige Strophen, das Versmaß war jambisch, das kunst-
voll verschlungene Reimschema war dem französischen Dichter JEAN-
BAPTISTE ROUSSEAU entlehnt. In der LOMONÓSOVschen Strophe bildeten die zwei mittelsten Zeilen das bedeutungtragende Zentrum zwischen der rhetorischen *Exklamation* des Einganges und der fein gemeißelten *Konklusion* der letzten Zeilen (*a/b a/b – c/c – d/e e/d*); aber
das Schema ließ viele Kombinationen in der Zeilengruppierung zu
(z. B. *a/b a/b c – c d/e e/d* oder *a/b a/b c/c d – e/e d*), so daß der Schwerpunkt der Strophe immer wieder verschoben werden konnte. So
wurde die typische *triumphale* Strophe zum Siege geführt. Eine nur
unvollkommene Vorstellung von dem monumentalen Charakter der
Ode möge die deutsche Wiedergabe der zwei ersten Strophen vermitteln:

> *Du Heil der Fürsten und der Staaten,*
> *herzinniglich geliebte Ruh,*
> *du Wehr der Städte, Glück der Katen,*
> *wie segensreich und hold bist du!*
> *Wo du bist, bunte Blumen blühen*
> *und reife Ährn auf Äckern glühen;*
> *von Schätzen schwer, nach deinem Strand*
> *die Schiffe kühn die Kiele wenden,*
> *und du mit gebefreudigen Händen*
> *streust deinen Reichtum übers Land.*
>
> *Das große Weltlicht, das verlangend*
> *herniederstrahlt aus ewigen Höhn,*
> *auf Purpur, Gold und Perlen prangend*
> *auf allem, was auf Erden schön,*
> *erblickt doch in den Weltenweiten*
> *als schönste aller Kostbarkeiten*
> *Elisabeth, die neben dir*
> *das Hehrste ist im Weltgefilde;*
> *ihr Sinn beschämt des Zephirs Milde,*
> *ihr Blick des Paradieses Zier.*

Obgleich LOMONÓSOV seine Dichtung zur Dienerin der Wissenschaft gemacht hatte, wollte er es doch durchaus nicht verbergen,
daß seine Betrachtung der Wissenschaft nicht nur trocken-utilitari-
stisch war, sondern auch einer poetischen Quelle entsprang. Seine

Einladungen zu den öffentlichen Vorlesungen über experimentelle Physik oder seine verschiedenen Reden über die Bedeutung der Wissenschaften, z. B. über den Nutzen der Chemie (1751), waren zweifellos durch seine poetische Naturbetrachtung beeinflußt. Die Wissenschaft, sagte er, erlaube es ihm, die Natur als *eine Künstlerin zu betrachten, die offen vor seinen Augen wirke, ohne ihre Kunst zu verhüllen.* Der göttliche Charakter der Wissenschaft war ihm durchaus kein bloßes rhetorisches Klischee. Wenn er sich *den allmächtigen Baumeister und Herrn der Natur* vorstelle, und wenn er *mit aufgeklärtem und durchdringendem Blick in das geheimnisvolle Innere der vielfachen Dinge schaue und die in gegenseitiger Vereinigung verbundenen und in harmonischer Verteilung geordneten Elemente betrachte – diese Mysterien, die anderen unzugänglich seien und in denen sich die unergründliche Weisheit des Schöpfers um so herrlicher offenbare, je feiner ihr Gefüge sei –, dann komme es ihm vor, als wenn er nicht nur auf den leichten Schwingen der Andacht gen Himmel erhoben werde, sondern in seltsamer Weise auch in seinem Inneren das Wesen der Gottheit vernehme.*

Gedankengänge dieser Art waren es, die ihn zu seinen berühmten majestätischen *Naturoden* von 1751 begeisterten. Die eine hieß *Morgenbetrachtung über die Größe Gottes* (*Utrenneje razmyšlénije o bóžijem velíčestve*), die andere, die anläßlich eines Nordlichtes entstand, *Abendbetrachtung über die Größe Gottes* (*Večérneje razmyšlénije o bóžijem velíčestve*). Beide waren nach genau demselben Reimschema geschrieben (*a/b a/b c/c*); während aber das erste Gedicht zwei weibliche Reime neben vier männlichen aufwies, enthielt das zweite lauter männliche – ein Experiment, das offenbar dazu dienen sollte, die düstere und dunkle Stimmung des Abends der lichten und heiteren des Morgens gegenüberzustellen. Die *Morgenbetrachtung* fängt mit folgenden leichtfließenden Versen an:

> *Schon hat das schöne Licht die Erde*
> *mit seinem Glanze übersprüht,*
> *daß Gottes Schöpfung sichtbar werde.*
> *Gewahr es froh, o mein Gemüt:*
> *wenn staunend du den Glanz ermißt,*
> *so denke, wie Gott selber ist!*

Die erste Strophe der *Abendbetrachtung*, die besonders schwer wiederzugeben ist, hebt ernst und düster an:

> *Sein Angesicht verbirgt der Tag,*
> *und schwarze Nacht deckt Flur und Hain;*
> *der Schatten steigt auf Berg und Hag;*
> *entschwunden ist der Sonne Schein.*
> *Nun gähnt ein Schlund voll Sterngestrahl,*
> *ein Schlund ohn End, Gestirn ohn Zahl.*

Nichts veranschaulicht die gewaltige Kluft, die sich zwischen dem alten überwundenen Byzantinismus und dem neuen jungen Europäismus in der russischen Kultur aufgetan hatte, besser als diese beiden Gedichte, die trotz der religiösen Einkleidung ihrer Themen von aller starren geistlichen Orthodoxie frei waren. Beide Gedichte waren von einer zugleich wissenschaftlichen und religiösen Naturauffassung durchdrungen. Das Thema der *Morgenbetrachtung* war das Wesen der Sonne, das der *Abendbetrachtung* das Nordlicht. Das erste Gedicht wollte dem Leser eine unmittelbare Empfindung des Feuerozeans der Sonne, ihrer kochenden, strömenden, brodelnden und brausenden Feuermassen, ihres schreckenerregenden, großartigen Feuerchaos und zugleich die Empfindung ihrer Geringfügigkeit im Vergleich mit dem mächtigen Schöpfer selbst geben, der dieses Feuer nur entfacht habe, um den Menschen die Äcker, Berge, Meere und Wälder der Erde sichtbar zu machen. Die Ode schloß mit der dichterischen Anbetung dieses Schöpfers. Im zweiten Gedicht wurde eine ähnliche Idee zum Ausdruck gebracht, indem der Dichter trotz all der Achtung, die er den von der Wissenschaft entdeckten Naturgesetzen zollte, das Nordlicht als immer noch unerklärtes und geheimnisvolles Phänomen, als gewaltiges Naturwunder darstellte. Es schloß mit einer Reihe von Fragen, die an die gar zu Klugen gerichtet waren, zuletzt mit der Frage nach der Größe Gottes. Die Religiosität, die sich in beiden Oden offenbarte, war dem russischen Leser nicht vertraut. Sie mußte dank der eigentümlichen Verbindung von wissenschaftlicher Erkenntnisfreude und Demut vor dem noch nicht Erkannten und dem Unbekannten einen starken Eindruck auf ihn machen. Diese Religiosität war aufs tiefste vernunftbestimmt. Die Ewigkeit und Unendlichkeit der Natur, vor denen sich der Forscher beugen mußte, waren als die höchsten Attribute des Schöpfers

selbst gedeutet. Die Gesetzmäßigkeit, die sogar in den noch nicht erklärten Erscheinungen herrschte, war das eigentlich Wunderbare für
LOMONÓSOV. Gott wurde zum höchsten und weisesten Bauherrn dieser wohlgeordneten Welt. Die menschliche Gesellschaft und das Weltall standen als zwei Systeme nebeneinander. Der Unterschied zwischen ihnen war nur quantitativ: das eine System war der Mikro-
kosmos des Menschen, das andere der Makrokosmos der Natur. Das
erste war zugleich ein Teil des zweiten. Gott selbst war die Vernunft
in beiden. So bekundete sich LOMONÓSOV als moderner, rationalistisch
eingestellter Deist. Er schuf in seiner Odendichtung vor den Augen
des russischen Lesers eine mächtige Vision – die Vision eines großartigen und erhabenen Zusammenhanges sowohl in der materiellen
als auch in der immateriellen Welt.

Ein feiner Zusammenhang bestand auch zwischen der Vision des
Dichters und seinem energisch emporstrebenden Leben. Der einfache
Freibauernsohn LOMONÓSOV hatte sich die Welt Schritt für Schritt
erobern müssen. Mit kluger und zäher Beharrlichkeit hatte er sich
die literarische und wissenschaftliche Grundlage des bürgerlichen,
fleißigen, Handel und Industrie treibenden Europas aneignen müs-
'en, und ohne sich von seinem Ziel ablenken zu lassen, setzte er
seine Eindrücke, seine Gedanken und Gesichte in wirkungsvolle
dichterische Belehrung um. Er eiferte nicht nur für Aufklärung im
allgemeinen, er benutzte sein Talent auch dazu, um für so konkrete
und irdische Dinge wie die Erweiterung des russischen Handels
und die Entwicklung der russischen Industrie zu kämpfen. Die Verherrlichung der Kaiserin war ihm nur ein Vorwand zur Verherrlichung des kulturellen Fortschritts. Es war bezeichnend für seine
ganze Lebensanschauung, daß er nicht nur als glühender Verfechter
des auf den Entdeckungen von Galilei und Kopernikus beruhenden
heliozentrischen Systems witzige satirische Verse gegen die Anhänger
des mittelalterlichen ptolemäischen Weltsystems oder gegen die Vertreter des theologischen Obskurantismus in der Kirche schrieb (er
wäre fast ein Märtyrer seiner Sache geworden), sondern auch ein
großes und wohlgelungenes Lehrgedicht *Vom Nutzen des Glases*
(*Pis'mó o pól'ze steklá*, 1752) verfaßte, das einen der Günstlinge der
Kaiserin, den Kurator der Moskauer Universität, Iván Šuválov, für
seine Glasexperimente und für die Errichtung einer Glasfabrik ge-

winnen sollte. Es war nur logisch, daß er sich bei seinem Wirken auf jenen Kreis von neuen Magnaten und Aristokraten stützte, die den Hof umgaben, denn er rechnete damit, daß er hier am leichtesten Gehör für seine Ideen finden werde; und es ist kaum zweifelhaft, daß seine ganze Dichtung vor allem gerade bei dem aufgeklärten Großadel Anklang fand, bei jenen Leuten, die das Reformwerk Peters des Großen mit der Schaffung eines in sich selbst ruhenden, zweckmäßig verwalteten merkantilen und industriellen Großstaats fortgesetzt sehen wollten. Der Freibauernsohn und der Großadel fanden sich in der gemeinsamen Bewunderung für das Programm des großen Zaren, und man kann sicher mit Recht sagen, daß Lomonósov in seinen Oden der ideologische Herold des aufgeklärten Großadels war.

Der einfache Landadel dagegen, die Klasse der Gutsbesitzer, die keine unerforschten Naturreichtümer, sondern nur die einfache russische Erde besaßen, war ganz und gar agrarisch eingestellt, und die konservativ-feudale Stimmung, die diese Kategorie von Adligen beseelte, scheint auch die Grundlage für die literarische Opposition gebildet zu haben, die sich gegen Lomonósov richtete. Diese Opposition wollte den *hohen Stil* Lomonósovs, seine pompöse Bildersprache, seine didaktische Tendenz, seine allegorische Technik, sogar seine *slavorossische* Sprache verdrängen – zugunsten jener Stilarten und Gattungen, die Lomonósov mit seiner ganzen Autorität als *stylus mediocris* oder gar als *stylus inferior* klassifiziert hatte.

Schon im Jahre 1750 brach eine heftige literarische Fehde aus zwischen den Anhängern und Schülern Lomonósovs und seinen eifrigen Gegnern. Sie fand teils in handschriftlichen anonymen Pamphleten statt, teils auch in der seit 1755 erscheinenden ersten gedruckten Zeitschrift der Akademie, die ein Vorbote der später so reich strömenden russischen Zeitschriftenliteratur war. Die Zeitschrift hieß *Monatsschriften zum Nutzen und Vergnügen* (*Ježemés'ačnyje Sočinénija k pól'ze i uveséléniju slúžaščije*). Ein Anhänger Lomonósovs, wenn nicht gar der Dichter selbst, hob in einem Aufsatz *Von den Eigenschaften eines Dichters* hervor, daß nur *die Autoren, die sich mit Recht den Dichternamen erworben hätten, wüßten, welch wichtige Wissenschaft die Dichtkunst sei.* Er bespöttelte heftig jene Reimschmiede, die sich damit begnügten, allerlei *Madrigale und Liebesarien* oder *Satiren, Epigramme und Liebesgedichte*, überhaupt

Gelegenheitsverse oder Stanzen zu schreiben. Ein anderer anonymer Schriftsteller verfocht dagegen die Theorie, daß die eigentliche Inspirationsquelle der Dichtung nicht in schweren und ernsten Gedanken, sondern in der Leidenschaft zu suchen sei – jener Leidenschaft, die *Liebesgedanken erzeuge und Liebesreden veranlasse, die – sobald sie in Gesänge verwandelt seien – die Kadenz der Worte und (um die Schlußbedeutung oder den musikalischen Ton hervorzuheben) zugleich auch den Reim hervorriefen.* Ein dritter Autor verhöhnte schlechthin die ganze feierliche Gattung, die aus lauter Geburtstags-, Hochzeits-, Namenstags- und Begräbnisoden bestehe und die eigentlich nur um die Gunst und Gnade von Mäzenen, Patronen und Favoriten bettle. Im Jahre 1760 erschien in der französischen Zeitschrift *Année Littéraire* ein anonymer Brief, *Lettre d'un jeune seigneur russe*, der von dem jungen Grafen ANDRÉJ ŠUVÁLOV, einem Neffen von LOMONÓSOVS einflußreichem Beschützer, geschrieben war. Der sympathische russische Magnatensohn nahm hier eine sehr eindringliche Analyse von LOMONÓSOVS *génie créateur* vor. Aber es war charakteristisch für die veränderten Zeitläufte, daß auch dieser Bewunderer des großen Dichters den seiner Meinung nach wichtigsten Mangel seiner Begabung, nämlich *das Fehlen der Empfindsamkeit,* durchaus nicht verschwieg, weil sie *eine Seite der Poesie darstelle, die Geschmack und Feinheit erfordere und die höchste Zier der Kunst sei.* Der Verfasser des Briefes meinte, daß LOMONÓSOV offenbar *jene Kunst gar nicht anerkennen wolle, die zum Herzen spreche, die Liebe schildere und das Gefühl beschreibe. Immer bereit, mit männlichen Pinselstrichen zu malen, sei er schwach, wenn es sich darum handle, Rührendes zu schildern. Er meistere die Nuancen nicht. Sie schienen seinen Pinsel zu fliehen. Und wenn er es versuche, zärtlich zu sprechen, klinge seine Rede kalt, eintönig und langweilig...*

Dieses Urteil, an sich feinsinnig und treffend, repräsentierte den neuen Geschmack, der sich in weiten Kreisen der gebildeten adligen Gesellschaft verbreitet hatte. Der Sturmlauf gegen LOMONÓSOVS Triumphal-Ode hatte begonnen. Man widersetzte sich seinen erhabenen Themen und seiner pompösen Sprache. Der Stimmführer seiner Gegner war der adlige Dichter ALEKSANDR SUMARÓKOV.

6. DAS ZEITALTER
DER KAISERIN KATHARINA

Die Gesellschaft, in der Sumarókov zu wirken berufen war, hatte ein ganz anderes Aussehen als die, in der Lomonósov aufgewachsen war. Eine soziale und kulturelle Umschichtung von größter Bedeutung hatte stattgefunden.

Als das große Idol Lomonósovs, Zar Peter der Große, starb (1725), hinterließ er als die beiden wichtigsten Bestandteile des Staats- und Gesellschaftslebens seiner Zeit den von ihm nach europäischen Modellen aufgebauten bürokratischen Verwaltungsapparat und eine moderne, wohlausgerüstete nationale Armee. Beide waren auf dem streng und unerbittlich durchgeführten Prinzip der lebenslänglichen Dienstpflicht des Adels dem Staate gegenüber begründet. Für die sozialpolitische Entwicklung unter seinen nächsten Epigonen war es besonders charakteristisch, daß ganz langsam, zuweilen freilich auch ruckweise, eine gesetzmäßige Verschiebung im System Peters des Großen stattfand. Die verschiedenen Herrscher, die sich nach seinem Tode in rascher Folge ablösten – Katharina I. (1725–27), Peter II. (1727–30), Anna (1730–40), Iván (1740–41), Elisabeth (1741–61) und Peter III. (1761–62) – bezeichneten jeder eine neue Etappe in dieser Verschiebung, die den Landadel zur Macht brachte.

Gleich nach dem Tode Peters des Großen begann der Kampf zwischen den Anhängern seines bürokratischen Systems, den Magnaten und großen Favoriten einerseits und den Vertretern des breiten, schlichten, ackerbautreibenden Landadels andererseits. Beide Parteien wünschten eine konstitutionelle Beschränkung der Macht der Zaren, die eine Partei in der Gestalt einer aristokratischen Oligarchie, die andere in der Form einer adeligen Demokratie. Ihre Ziele waren somit einander entgegengesetzt. Anfänglich hatte es den Anschein, als ob die oligarchische Partei den Sieg davontragen würde. Anna, die Herzogin von Kurland, eine Verwandte Peters des Großen, war vom Hochadel zur Kaiserin ausgerufen worden und hatte bei der Thronbesteigung eine Wahlkapitulation unterschreiben müssen, die zum Teil nach schwedischem Muster ihre Macht begrenzte und die Leitung der wichtigsten Staatsgeschäfte dem Obersten Geheimen Rat übertrug. Sogar die Garderegimenter, die durchgehend aus dem dienstpflichtigen Landadel rekrutiert waren, sollten unter dem direkten Kommando des Geheimen Rats stehen. Aber gleich nach ihrem Regierungsantritt machte Kaiserin Anna mit Hilfe eben dieser Garderegimenter einen Staatsstreich, widerrief die Wahlkapitulation, setzte den Geheimen Rat ab und verlieh dem Adel eine Reihe von Privilegien. Die Dienstpflicht wurde auf zwanzig Jahre festgesetzt, das Majoratsgesetz wurde aufgehoben, eine Reihe von Adelsschulen wurde gegründet. Nichtsdestoweniger nahm der Adel sehr bald der Kaiserin gegenüber eine patriotische oppositionelle Haltung ein, weil sie ihn von der Ausübung der Macht fernhalten wollte und alle Schlüsselstellungen im Staatsapparat mit deutschbaltischen Baronen besetzte. Bald nach ihrem Tode führte die Opposition, wiederum mit Unterstützung der Garderegimenter, eine neue Palastrevolution durch, stürzte ihren Neffen Iván und erhob Elisabeth, die Tochter Peters des Großen, auf den Thron (1741).

Mit allgemeinem Jubel wurde Elisabeth als legitime und nationale Kaiserin begrüßt. Die Emanzipation des Adels ging während ihrer zwanzigjährigen Regierungszeit ruhig weiter. Der Landadel, der sich seit den Tagen Peters des Großen zur Ausführung seiner Staatspflichten (des Dienstes in der Verwaltung und im Heere) hatte bequemen müssen, verwandelte sich jetzt Schritt für Schritt in eine Klasse, die vor den anderen durch Sonderrechte ausgezeichnet war, vor allem durch das erbliche Besitzrecht auf ererbtes oder erworbenes Land und durch das erbliche Besitzrecht auf ererbte oder erworbene Arbeitskraft (die leibeigenen Bauern). Der Staatsapparat selber befand sich aber genau wie früher in den Händen der kaiserlichen Günstlinge und Magnaten. Kaiser Peter III., der nicht zuletzt wegen seiner deutschen Herkunft verhaßt war und der die Macht kaum ein halbes Jahr behalten konnte, versuchte, durch ein wichtiges Manifest, das die Dienstpflicht gänzlich aufhob, den Adel für sich zu gewinnen: von jetzt ab sollte es dem einzelnen adligen Gutsbesitzer freistehen, nach eigenem Ermessen in den Staatsdienst einzutreten und ihn wieder zu verlassen. Das Gleichgewicht, das Peter der Große geschaffen hatte und das die Dienstpflicht des Adels zu einem politischen Korrelat der bäuerlichen Leibeigenschaft (und somit zu ihrer Begründung) gemacht hatte, wurde durch das Manifest vollständig verschoben, und es entstand sofort eine revolutionäre Gärung in der Bauernschaft, die nicht unlogisch erwartete, daß die Befreiung des Adels zur Aufhebung der Leibeigenschaft führen werde.

Als dann endlich die schöne, junge und begabte Kaiserin Katharina, wieder mit Hilfe der Garderegimenter, ihren untauglichen Gemahl stürzte und selbst die Macht übernahm, kam die Zeit der eigentlichen politischen, wirtschaftlichen und kulturellen Blüte des Adels. Sie verstand es zwar, alle konstitutionellen Tendenzen geschickt abzuwehren, andererseits schuf sie aber den vollkommenen Adelsstaat, indem sie die russischen Stände, vor allem den Adel, in genau definierte Klassenorganisationen umwandelte und dem Adel sowohl in den Städten als auch auf dem Lande einen überwältigenden Einfluß auf die Staats- und Provinzverwaltung einräumte. Im Beginn ihrer kaiserlichen Regierungszeit hatte sie zwar – unter dem Eindruck ihrer französischen Lektüre, die die großen unabhängigen Geister der Aufklärungszeit umfaßte, und unter dem Eindruck der liberalen Pläne ihrer hocharistokratischen Ratgeber – gewisse Wünsche genährt, die leibeigene Bauernbevölkerung wenigstens bis zu einem gewissen Grade gegen den hemmungslosen und willkürlichen Egoismus ihrer Herren zu beschützen. Aber der Landadel (und seine Vertreter in der Hauptstadt) verstanden es, ihr die Lust zu dergleichen Experimenten zu benehmen, indem sie ihr kompakten und zähen Widerstand entgegensetzten. Der berühmte Kosaken- und Bauernaufstand (1773–74), der von dem rebellischen Don-Kosaken Jemel'ján Pugačóv geleitet und von der Regierung in Strömen von Blut erstickt wurde, diente letzten Endes nur zur Befestigung der durch nichts eingeschränkten Freiheit und Macht des landbesitzenden, erblichen, auf der Grundlage der Leibeigenschaft konsolidierten Adels. Dieser wurde während der Regierungszeit Katharinas zum eigentlichen Fundament des Staates. Als nach ihrem Tode ihr so ungerechterweise verketzerter Sohn Kaiser Paul I. (1796–1801) Neigung zu einer teilweisen Aufhebung der Leibeigenschaft und zur Begrenzung der unverhältnismäßig großen politischen Macht des Adels bekundete, mußte er mit Thron und Leben dafür bezahlen.

Der Regierungsantritt Katharinas im Jahre 1762 wurde von dem gesamten russischen Adel mit Jubel begrüßt. Der Dichter ALEKSÁNDR PETRÓVIČ SUMARÓKOV (1718–77) hatte während der ganzen Regierungszeit der Kaiserin Elisabeth nur vier Huldigungsoden geschrieben, von denen die meisten sogar ausgesprochene Siegesoden anläßlich der militärischen Ereignisse im *Siebenjährigen Kriege* waren. Jetzt beeilte er sich, die allgemeine Begeisterung für die neue Herrscherin in einer langen Folge von Oden auszudrücken. Die erste und längste war aus Anlaß des Staatsstreichs von 1762 geschrieben; sie umfaßte nicht weniger als 240 Verse. Er hegte den Ehrgeiz, *der Dichter Katharinas* zu werden, so wie LOMONÓSOV *der Hofpoet Elisabeths* gewesen war. Es gelang ihm aber nicht, diese hohe Ehre zu erlangen, vor allem weil sein poetisches Talent zu gering war. Als Odendichter versuchte SUMARÓKOV, die gedankenschwere, bilderreiche und fest gefügte Ode LOMONÓSOVs mit ihrer immer wechselnden, gefühlsbewegten hymnischen Lyrik zu verdrängen. Während sich LOMONÓSOV stets nur einiger weniger gemeißelten Strophentypen bediente, versuchte sich SUMARÓKOV in immer neuen unruhigen Versmaßen, bald in langen, bald in kurzen Verszeilen. Er dichtete Oden über die verschiedensten Gegenstände und Probleme, über Gottes Größe, Gottes Weisheit, den Tod und das Letzte Gericht, die Tugend und die Vergänglichkeit der Welt, aber es fehlte ihm die große, wissenschaftlich begründete Lebensschau eines LOMONÓSOV. Sein Pathos, dem die großen Ideen fehlten, war rein deklamatorisch.

Indessen trug auch ein anderer Umstand dazu bei, daß SUMARÓKOV nicht zum Dichter Katharinas wurde. Die politische Entwicklung verlief anders, als er eigentlich erwartet und gewünscht hatte. Eine bedeutsame Differenzierung hatte innerhalb der großen Adelsklasse stattgefunden. Grob ausgedrückt, war eine Kluft entstanden zwischen dem freisinnigen, aufgeklärten Stadtadel und dem reaktionären Provinzadel, zwischen der adligen Intelligenz und der adligen Masse. Je zufriedener die Masse sich mit der Regierungspolitik fühlte, die sie in Wirklichkeit auf Kosten der Bauernbevölkerung in eine rücksichtslose Schmarotzerklasse verwandelte, desto mehr mußte die adlige Intelligenz in Opposition zur Regierung und zur Kaiserin treten. Als Vertreter des intellektuellen Adels nahm auch SUMARÓKOV an dieser Bewegung teil.

Seine Odendichtung – eine große Menge von panegyrischen Ge-
burtstags-, Neujahrs- und Krönungsgedichten, die Kaiserin Katharina gewidmet waren – ist nur als Ausdruck dieser oppositionellen
Haltung interessant. In seiner ersten Ode anläßlich des glücklich
vollbrachten Staatsstreichs war er noch berauscht von einem glühenden Optimismus und jenen freisinnigen Zukunftsträumen, die an die
Person der jungen Kaiserin geknüpft waren. Allmählich aber nahmen
seine Oden immer deutlicher einen politisch-programmatischen Charakter an, der keineswegs nach dem Geschmack der Kaiserin war.
Er verkündete nur seine eigenen politischen Wünsche, wenn er ihr anläßlich ihres Thronbesteigungstages oder ihres Krönungstages oder
irgendeines anderen kaiserlichen Erinnerungstages, der jedes Jahr
alleruntertänigst von Hof und Volk gefeiert wurde, seine versifizierten Glückwünsche darbrachte. Er erhob mahnend den Zeigefinger,
wenn er sie zum Neuen Jahr oder anläßlich eines Friedensschlusses
oder aus anderen Gründen andichtete. Er trat als Herold der liberalen Pläne Nikíta Pánins auf, eine adlige Verfassung einzuführen,
und prophezeite, daß *alle Poeten in ihren Hymnen die Mutter Rußlands preisen würden*, wenn sie ihre Einwilligung gäbe, daß *aus-
erkorene Magnaten* ihr die Wünsche und Bedürfnisse des Adels,
offenbar in einem wirklichen Adelsparlament, darlegten. Er hörte
nicht auf, Katharina in zahlreichen, aber schlechten Oden mit Vor-
schlägen, Ratschlägen, Programmen und Thesen zur Abschaffung der
Willkür, zur Einführung der Gerechtigkeit, zur Bestrafung der Verbrecher, zur Sicherung gesetzmäßiger Zustände zu bestürmen. Seine
Oden wirkten zuweilen wie eine gewollte Beleidigung Ihrer kaiserlichen Majestät. Schließlich wurde der alternde Dichter der Kaiserin
so lästig, daß sie ihn mit geeigneten Mitteln zum Schweigen brachte.

7. DIE GRUNDLEGUNG DER GATTUNGEN DURCH SUMARÓKOV

Sumarókov errang seine besten Lorbeeren durchaus nicht auf
dem Gebiet der Odendichtung, und er selber scheint das Gefühl gehabt zu haben, daß er sich als Odendichter auf falscher Bahn befand.

Seine Aufgabe hatte ja darin bestanden, als Vertreter einer neuen Generation, die sich nach lyrischer Dichtung sehnte, den Monumentalstil LOMONÓSOVS zu überwinden. Wahrscheinlich schrieb er aus dieser Erkenntnis heraus eine Folge von *parodistischen Oden*, die die Strophenform LOMONÓSOVS nachahmten und lächerlich machten. Um aber LOMONÓSOV wirksam bekämpfen zu können, mußte er etwas Neues schaffen, das selbständig weiterleben konnte. Er mußte jene Gattungen, die dem allgemein anerkannten *stylus sublimior* vorbehalten waren, verlassen und literarische Gebiete betreten, die LOMONÓSOV autoritativ zum Tummelplatz niederer Gattungen und Stilarten degradiert hatte. Es waren das teils das Gebiet der *poetischen Episteln, Eklogen* und *Elegien* – hier war ein *stylus mediocris* am Platz –, teils die Gattung der *Epigramme* und *Romanzen*, wo der *stylus inferior* der täglichen Umgangssprache zulässig war. Indem SUMARÓKOV so zu diesen Literaturarten seine Zuflucht nahm, gewann er die Möglichkeit, die Dichtung von der schwerfälligen *slavorossischen* Sprache zu befreien und schlechtweg russisch zu schreiben.

SUMARÓKOV hatte unter seinen Zeitgenossen viele Bewunderer, die ihn als *feurigen und gefühlvollen* Dichter betrachteten. Aber obgleich seine Lyrik tatsächlich von allen beengenden kirchenslavischen Fesseln befreit war, erlangte sie doch nie eine wirklich geschmeidige Form. Die Aufgabe, die er sich stellte, überstieg die Kräfte eines einzelnen Mannes und einer einzelnen Generation. Seine russische Sprache war plump und hilflos, seine Ausdrucksweise unsicher und durchaus nicht elegant. Nichtsdestoweniger wurde seine lyrische Dichtung vom lesenden adligen Publikum außerordentlich wohlwollend aufgenommen. Die Leser waren natürlich alle ohne Ausnahme französisch erzogen, ihre Bildung war französisch, der Geschmack der *zarten Damen* war französisch, und es war für sie sicher ebenso reizvoll wie bedeutungsvoll, daß sie die ihnen so wohlbekannte *leichte* französische Poesie mit ihren erotischen Motiven in ihre eigene Sprache übertragen sahen. Zuweilen gelang es ihm wirklich, ganz einfache und wohlgelungene *Lieder* zu dichten, die sofort vertont wurden und am Spinett gesungen werden konnten:

Vorbei ist jene Zeit – wir lebten nur zusammen,
vorbei ist jene Zeit – wir wanderten selbzweit,
ich seh die neue Glut in deinen Augen flammen,
dein Antlitz sagt es mir : vorbei ist jene Zeit.

Was einst uns zart verbunden,
für dich ist es verstiebt.
Vergessen sind die Stunden,
da du mich sehr geliebt.

Das französische Aroma, das in Sumarókovs Gedichten gerade noch wahrzunehmen war, ließ sie leichter und heiterer wirken, als sie wirklich waren. Einen besonderen Reiz gewannen die der Form nach französischen Madrigale und Arien seiner pastoralen und idyllischen Dichtung dadurch, daß er sie mit unverfälschten volkstümlichen Tönen und Motiven untermischte. Man genoß die naiven bäuerlichen Ausdrücke und ländlichen russischen Motive nur um so mehr. Der einfache russische Landjunker, der die Entwicklung in der Literatur beobachtete, sah sein eigenes Herrenhofleben und sein Dasein im Schoße der Natur poetisiert. Sumarókov verstand es auch, seinen kleinen Gedichten ein eigentümlich verliebtes *sentiment* zu geben, und die adlige Jugend hatte ihre Freude daran, daß endlich einmal auch ein russischer Dichter die Anmut der Frau und die Lust der Liebe in so verschiedenen Versmaßen, in so abwechslungsreichen Strophen, in so sangbaren Texten zu verherrlichen vermochte. Nicht weniger beliebt waren auch seine *Fabeln* – die ersten Fabeln auf russischem Boden, genaue, aber unbeholfene Nachahmungen der Fabeln Lafontaines.

Mit noch viel größerem Erfolge aber eroberte der vielseitige Sumarókov die dramatische Gattung – sowohl die hohe, strenge Tragödie als auch die heitere Komödie. Auf diesem Gebiet leistete er sein Bestes, auf diesem Gebiet erwarb er sich auch den größten Ruhm.

Seine erste russische Tragödie schrieb Sumarókov im Jahr 1747, sie hieß *Chorév*. Es war die erste regelmäßige russische Tragödie im klassischen französischen Geschmack. Sie erregte großes Aufsehen und gab den Anstoß zur Gründung des ersten öffentlichen russischen Theaters. Sie wurde im Jahre 1749 von den Kadetten des adligen Infanteriekorps in St. Petersburg aufgeführt. Sumarókov war persönlich bei der Aufführung anwesend und fand solches Gefallen an der Leistung der Kadetten, daß er von nun an energisch an ihren künstlerischen Versuchen teilnahm und sie unterstützte. Im Jahr 1750 ließ die Kaiserin einige Tragödien Sumarókovs am Hoftheater aufführen. Sowohl Lomonósov wie Tred'jakóvskij wurde beauftragt, einige Tragödien zu verfassen. Lomonósov schrieb mit großer Behendigkeit die zwei Tragödien *Tamira und Selim* (über ein Thema aus der Geschichte der Krim-Tataren) und *Demophontes* (über ein Thema aus dem Motivkreis des Trojanischen Krieges). Tred'jakóvskij dagegen verfaßte mit vieler Mühe seine Tragödie *Deidamia* (gleichfalls über ein Motiv aus dem Trojanischen Krieg). Aber Sumarókov übertrumpfte seine beiden Rivalen, und als endlich im Jahre 1756 ein *Russisches Tragödien- und Komödien-Theater* in St. Petersburg gegründet wurde und eilig ausgebildete russische Schauspieler verpflichtet worden waren, wurde Sumarókov mit Recht zum Theaterdirektor ernannt.

Nur zwei von Sumarókovs Tragödien behandelten Motive, die außerhalb der russischen Kulturtradition lagen: die eine, *Aristone* (1750), hatte ein tragisches Motiv aus der Geschichte des alten Persiens zum Gegenstand, die andere war eine Bearbeitung von Shakespeares *Hamlet* (1750), der auf dem Umweg über Frankreich nach Rußland gelangt und, von allen antiklassizistischen Barbarismen sorgfältig gereinigt, nach der französischen Schablone hergerichtet worden war. Sonst aber war es äußerst charakteristisch für die meisten Sumarókovschen Tragödien – *Chorév* (1747), *Sináv und Trúvor* (1750), *Semíra* (1751), *Jaropólk und Dimíza* (1758), *Vyšesláv* (1768), *Der falsche Demetrius* (1771), *Mstisláv* (1774) –, daß sie sich innerhalb eines nationalen Stoffkreises bewegten. Auf diese Weise wurde jene Traditionslinie wieder aufgenommen, die sich in der Dramatik der spätmoskovitischen Literatur geltend zu machen begonnen hatte. Sumarókov entnahm seine Motive in der Regel der ältesten russischen Geschichte, der des 9., 10. und 11. Jahrhunderts. Die Tragödien handelten von verschiedenen Konflikten innerhalb des russischen Fürstengeschlechts sowohl vor als auch nach der angeblichen Berufung der Varäger, und nur in einer einzigen Tragödie erlaubte sich *der russische Racine*, wie Sumarókov bald genannt wurde, in eine so späte Zeit wie das 17. Jahrhundert zurückzugehen. Diese konsequente Wahl russischer Stoffe war ein sehr bedeutungsvoller Ausdruck seines Bestrebens, eine Tragödienform, deren Stil und Ausdrucksmittel ganz und gar unvolkstümlich waren, volkstümlich zu machen. Seine Methode war aber rein äußerlich. Mit souveräner Mißachtung der geschichtlichen Quellen konstruierte SUMARÓKOV Fabeln und erfand Personen, die nichts mit wirklicher Geschichte zu tun hatten. Alle auftretenden Personen sprachen dieselbe Sprache, ob nun der Held ein varägischer König der grauen Urzeit oder der falsche Demetrius aus der Zeit der *Smúta* war. Die Namen, die der Dichter für die fingierten Personen erfand (*Osnél'da, Stal'vérch, Vel'kár, Il'ména, Semíra, Vitozár, Silotél, Krepostát, Stanobój, Burnovéj* usw.), hatten einen heroischen pseudo-slavischen Klang. Mit seiner Tragödienreihe schuf er Schritt für Schritt ein fiktives russisches Altertum, eine idealisierte mythische Urgeschichte, die dem patriotischen Geschmack der jungen adligen Gesellschaft zusagte und ihre heroische Geschichtsauffassung beeinflußte.

Die russische Urgeschichte wurde zu einem pathetischen Drama, wo die Triebfeder aller Handlungen nicht etwa Machtbegierde oder Politik war, sondern allein die Liebe. In der Liebe fand die Geschichte der Urzeit ihre poetische Erklärung. *Die Liebe* – so schrieb SUMARÓKOV gelegentlich (im Vorwort zu seinen *Eklogen*) – *ist die Quelle und Grundlage alles Lebens, sogar mehr als das – sie ist die Quelle und Grundlage aller Poesie.* Mit wachen Sinnen, mit aufmerksamen Ohren und Augen lauschte das überraschte russische Hofpublikum und *la bonne compagnie* den langen Liebesdialogen, die zwischen der armen Osnél'da oder Il'ména oder Zenída, oder wie immer die Heroine heißen mochte, und ihrem immer zärtlichen, immer edlen Geliebten Chorév, Trúvor, Rostisláv oder Vyšesláv geführt wurden. Man zitterte beim Anblick des strengen und unerbittlichen, zuweilen grausamen Feindes der Liebenden, meistenteils eines mächtigen *rossischen* Urzeitkönigs, und man fühlte sich hingerissen oder überwältigt, wenn die liebende Heldin und danach der verliebte Held sich auf offener Bühne erdolchten oder hinter den Kulissen den Giftbecher leerten. Der letzte edle Selbstmörder ˙hatte immer einen eindrucksvollen Abgang, wie etwa Prinz Chorév nach dem Tode seiner Geliebten in einer Rede an ihren Vater:

Mein Fürst, die Tochter sei dir jetzt zurückgegeben,
die mir weit teurer war als alles hier im Leben,
und wenn du klagend hast bestattet ihren Leib,
dann auf des Grabes Mal ihr diese Worte schreib:
„Die Jungfrau, die so früh den Tod hat müssen leiden,
kann selbst der Hadesfürst nicht vom Geliebten scheiden,
mit dem die Liebe sie verband in Lust und Not."
Chorév folgt liebend ihr (er sticht sich den Dolch in die
Brust), *getreu bis in den Tod.*

Diese Alexandriner mit ihren regelmäßig zäsurgeteilten Zeilen und abwechselnd männlichen und weiblichen Reimpaaren machten überwältigenden Eindruck auf das russische Publikum, wenn sie – nach französischer Manier – mit wohlberechneter Deklamation vorgetragen wurden. Der Dichter beherrschte allmählich so sehr die Kunst der Verfertigung langer Liebesdialoge, daß er sich in hohem Alter das Vergnügen machte, aus den Liebesrepliken seiner Tragödien ein kleines *Wahrsagebüchlein für Liebende* zusammenzustellen: jede Replik war mit einer Nummer versehen, und die Würfel entschieden, welche Replik der Dame oder ihrem Kavalier zugeteilt werden sollte. Im Zeitalter des Rokoko gefiel ein solches Buch ausnehmend, weil es lustigen Gesellschaftsspielen und der feinen Koketterie diente. Das Theaterpublikum jener Zeit sah gerade in diesen Repliken das Wesentliche an den Tragödien, und die ausgezeichneten Schauspieler, die plötzlich wie aus dem Boden gewachsen waren, trugen sie mit solcher Gewandtheit und Eleganz vor, daß man gar nicht entdeckte, wie schwerfällig und gehaltlos die tragischen Alexandriner Sumarókovs eigentlich waren.

Mit beispielloser Feinhörigkeit und Gelehrigkeit hatte Sumarókov die äußeren stilistischen Kennzeichen der französischen Tragödie übernommen, aber er war und blieb ohne Verständnis für ihr verfeinertes und reichnuanciertes Ideenleben. Racine war bei ihm in russischem Sprachkleid wiedererstanden, aber er war seiner inneren Eigenschaften, seiner psychologischen Feinheit und seines poetischen Reichtums beraubt. Die streng regulierende Konvention, die sich in der klassischen französischen Tragödie verbarg und ihr geheimes Gerüst bildete, trat bei Sumarókov nackt und unverhüllt hervor. Der rhetorische Stil, der sich bei Racine wie eine Blume in poetischen Bildern entfaltete, sank bei Sumarókov zu einer Rhetorik

herab, die im gedruckten Text mit einer Fülle von Ausrufungs-
zeichen prangte. Die Personenschilderung war bei ihm aller wirklich
charakterisierenden Darstellungsmittel bar, und die auftretenden
Gestalten waren dermaßen schematisch aufgefaßt, daß ihre Repliken
ohne Schwierigkeit aus einer Tragödie in die andere übertragen werden konnten. Die Technik der psychologischen Charakteristik war
so grob, daß nicht die Taten und Handlungen der Personen, sondern
ihre Aussprüche über sich selbst ihre seelische Verfassung veranschaulichten. Dämonische oder diabolische Gestalten wie die Fedíma
in der *Aristone* oder der Titelheld im *Falschen Demetrius* erzählten selber den Zuschauern in langen Monologen, wie es in ihrem
Innern aussah – wie sehr sie haßten, wie wütend sie rasten, wie blut-
dürstig sie sich fühlten. Überhaupt hatte der Monolog, das große
heroische Glanzstück der französischen Tragödie, bei SUMARÓKOV
seine dramatische Funktion ganz eingebüßt und war zu einer Sammlung hohler Tiraden geworden, die nur dazu dienten, den konventionellen Übergang zwischen Auftritten mit verschiedenen Personen
zu vermitteln.

Der russische Racine hatte genügend Ehrgeiz, um den Versuch zu
machen, auch *der russische Molière* zu werden. Er schrieb im ganzen
zwölf Komödien. Von diesen entstanden drei in dem fruchtbaren
Jahre 1750, und zwar der Einakter *Tressotinius* (dessen allzu durch-
sichtiger Titel vom französischen Ausdruck *très sot* abgeleitet und
auf niemand anders als den karikierten TRED'JAKÓVSKIJ gemünzt
war), der Dreiakter *Die Ungeheuer* (*Čudóvišči*) und der Einakter
Viel Streit um nichts (*Pustája ssóra*). Leicht erkennbare typische
Züge aus den Farcen MOLIÈREs kreuzten sich hier mit ebenso leicht
erkennbaren Späßen aus der italienischen *commedia dell'arte.* Auch
der Däne HOLBERG, dessen Komödien man in deutschen Übersetzungen kannte und der bald auch ins Russische übersetzt werden
sollte, gab mit seinem *Jakob von Thybo* und seinem *Jean de France*
Stoff ab zu diesen ersten Komödien SUMARÓKOVS. In den Jahren
von 1765 bis 1772 folgten rasch seine übrigen Komödien: *Der Vormund (Opekún), Der Wucherer (Lichoímec), Die drei Brüder als
Nebenbuhler (Tri bráta sovméstnika), Der Giftige (Jadovítyj),
Narziß (Narcís), Die erlistete Mitgift (Pridánoje obmánom), Der
eingebildete Hahnrei (Rogonósec po voobražéniju), Die Mutter als*

Nebenbuhlerin der Tochter (*Mat' sovméstnica dóčeri*), *Die Törin*
(*Vzdórščica*). Die Titel allein verraten, daß die meisten Komödien
typisch MOLIÈREsche Charakterkomödien waren. Sie waren nach dem
wohlbekannten Schema geschrieben, der Titelheld (der Vormund, der
Wucherer, der Hahnrei, der Giftige, die Törin) stand im Mittelpunkt
des Interesses, die Handlung diente zur Entlarvung und Lächerlich-
machung der Hauptperson. Aber außer von MOLIÈRE scheint SUMA-
RÓKOV auch bestimmende Eindrücke von REGNARD, QUINAULT, DE
LAFONT und anderen französischen Fortsetzern der strengen MOLIÈRE-
schen Schule erhalten zu haben. Die Macht dieser Schule war so groß,
daß SUMARÓKOV seinen verliebten Helden sogar die konventionellen
französischen Komödiennamen *Valère, Dorante, Clitandre* usw. gab.
Die angebeteten Damen hießen *Sostrate* oder *Isabelle* oder *Angélique*.
Der komische Diener hieß oft *Pasquin*. Nur hin und wieder erhielt
der lächerliche Titelheld einen durchsichtigen russischen Namen wie
Koščéj (*Skelett*) oder *Čužechvát* (*Dieb*). Die Fabel war immer traditionell, aber das russische Milieu verleugnete sich doch nicht immer,
und *nolens volens* zeichnete SUMARÓKOV ein ziemlich düsteres Bild
der sozialen Schwächen seiner Zeit – Geiz und Habgier, moralische
Gebrechen, Brutalität.

SUMARÓKOV blieb bis zu seinem Lebensende ein unerschütterlicher
Verfechter der ästhetischen Grundsätze des französischen Theaters,
wie sie in den Tragödien RACINES und in den Komödien MOLIÈRES
zum Ausdruck kamen. Die tragische und die komische Gattung
waren ihm inkommensurabel. Mit Mißvergnügen und Sorge sah er in
seinem Alter einen neuen Geschmack aufkommen, der sich durchaus nicht um die Sonderung der dramatischen Gattungen kümmerte. *Ludwig XIV. –* schrieb er 1771 – *hat dem Parnaß in seinem
Lande ein goldenes Zeitalter geschenkt, nach seinem Tod aber begann
der Geschmack langsam zu verfallen ... Man hat eine neue und widrige Komödienart eingeführt – die Tränenkomödie. Man hat sie
eingeführt, nun gut, aber nie soll es gelingen, die Saat des Geschmacks
von RACINE und MOLIÈRE gänzlich auszurotten!*

Mit dem Ausdruck *Tränenkomödie*, der in seinem Munde sehr ab-
fällig klang, bezeichnete er die neue und revolutionäre *comédie larmoyante*, das junge *empfindsame Drama*. Im Jahr 1770 erschien zum
erstenmal eine russische Übersetzung von BEAUMARCHAIS' *Eugénie*.

8. DIE LEICHTE POESIE NACH SUMARÓKOV

Sumarókov war durchaus kein großer Dichter, aber sein unbezweifelbares Verdienst bestand darin, daß er die Grundlage zu einer fruchtbaren und reichnuancierten Literatur schuf, die in der glanzvollen Regierungszeit Katharinas II. zu voller Blüte gelangte, und er blieb lange das einigende Symbol dieser Literatur.

Es kann mit Recht gesagt werden, daß sie der Struktur der damaligen adligen Gesellschaft aufs beste entsprach. Ihre eigene Form, ihr eigener Charakter stand im besten Einklang mit dieser Gesellschaft. Der aufgeklärte Absolutismus, der in einer anscheinend wohlgeordneten Gesellschaft von freien und formell gleichberechtigten adligen Landbesitzern zum Ausdruck kam und auf einer genau festgelegten Stufenfolge der Stände oder Klassen aufgebaut war, fand sein Spiegelbild in der gattungsbestimmten, von Regeln beherrschten, auf klaren Definitionen beruhenden adligen Literatur. Auch die Vorstellung von der demokratischen Natur des adligen Staats entsprach dem immer bewußteren Streben der Literatur nach Befreiung von der *triumphalen* Sprachform Lomonósovs und nach Verwirklichung des sumarókovschen Natürlichkeitsideals in der Sprache.

Man war bereit, auf die großen Metaphern und die abstrakten Gedanken zu verzichten. Man scheute den pathetischen Affekt, der das wesentlichste Kennzeichen der lomonósovschen Ode war. Man dämpfte seine Begeisterung und versuchte, einfache und natürliche menschliche (d. h. gewöhnliche adlige) Gefühle auszudrücken. Man fand Genuß an dem heiteren und leichten Spiel der seelischen Nuancen, man führte irdische, weltliche, private Themen in die lyrische Dichtung ein und experimentierte eifrig mit metrischen Problemen. Man wollte *die Sprache der Götter* (die keineswegs mit *der Sprache der Kirche* identisch war) in menschliche Rede verwandeln. Man kultivierte in seinen Versen die Form des Gesprächs, den *Plauderstil.* Die Struktur der Sprache wurde vereinfacht, während die poetischen Formen ständig variiert und ihre Zahl vergrößert wurde. Die Be-

griffe *poésie légère, poésie fugitive*, aus der gleichzeitigen französischen Literatur übernommen, wurden richtunggebend. Gleichzeitig
träumte man aber auch weiterhin von Dichterwerken großen Formats, geschrieben in einer würdigen, aber einfachen und geschmeidigen Sprache. Man sah kein Paradox in diesem gleichzeitigen
Streben nach lyrischer Natürlichkeit und epischer Größe. Eine
kleine Heerschar von jüngeren Poeten führte während der Regierungszeit Katharinas Sumarókovs Initiative – oder was man als seine
Initiative auffaßte – weiter fort, sowohl in Lyrik und Epik als auch
in Tragödie und Komödie. Alle diese bald zentrifugalen, bald zentri-
petalen Bestrebungen schlossen sich allmählich zu einigen wenigen
Hauptrichtungen zusammen, die, mit hervorragenden Namen verknüpft, der Epoche der Kaiserin einen besonderen Charakter in der
Literatur verliehen.

Die Form der Fabel bot sich als das leichteste und natürlichste
Mittel dar zur Verwirklichung des Plauderstils in der Poesie. Die
russische Fabel (*básn'a*) wurde anfänglich auch Gleichnis (*prítča*)
genannt, genau wie die Erzählungen des *Evangeliums*, und hatte
wie diese eine klare didaktische Tendenz. Schon Simeón Pólockij
und Antióch Kantemír hatten seinerzeit Fabeln geschrieben, die
ersten Fabeln in der russischen Literaturgeschichte. Die Gattung
wurde gelegentlich auch von Tred'jakóvskij und Lomonósov gepflegt. Aber erst bei Sumarókov erhielt sie ihre charakteristische
Form und ihre stark satirische Tendenz. Er schrieb eine Fabelsammlung in sechs Büchern. Sie gewann große Bedeutung für die Formung eines freien rhythmischen Plauderstils.

Seine Schule pflegte diese liebenswürdige Gattung mit großem
Eifer. Ihren hervorragendsten Vertreter fand sie in Iván Ivánovič
Chémnitzer (1745–84), dessen Vater ein eingewanderter deutscher
Militärarzt war. Seine anonymen *Fabeln und Märchen* (*Básni i skázki*)
erschienen 1779, in zweiter, stark erweiterter Auflage 1782. Chem-
nitzer war nicht nur von Lafontaine und den andern französischen
Fabeldichtern (wie etwa Voltaire) abhängig, sondern hatte auch die
Fabeln und Erzählungen (1746) Christian Fürchtegott Gellerts
studiert, die in ganz Deutschland berühmt waren und in allen deutschen Schulen auswendig gelernt wurden. Chémnitzer schuf nun
die nationale russische Fabel, indem er seine kleinen Tiergeschichten

(etwa neunzig), von denen nur ein Drittel aus fremdem Stoff stammte, in eine Sprache kleidete, die nicht nur natürlich und glatt klang, sondern auch von einer echtrussischen Mentalität durchdrungen war, die in rein volkstümlichen Ausdrücken, Redewendungen und Sprichwörtern zum Ausdruck kam. Seine Stoffe waren nicht abstrakt menschlich, sondern sehr oft ganz konkret russisch, und er verwendete gern nationale Vorstellungen, nationale Erscheinungen, nationale Mängel als Motive. Er bezauberte seine Leser durch den eigentümlichen liebenswürdigen und elegischen Ton, der seinen leichtfließenden Versen eigen war und ihre Moral milderte. Von seinen Fabeln geht eine direkte Entwicklungslinie zu den berühmten Fabelsammlungen, die von Iván Dmítrijev Ende des 18. Jahrhunderts und von Iván Krylóv Anfang des 19. Jahrhunderts geschaffen wurden.

Eine andere Linie in der *poésie fugitive* des Plauderstils wurde von Ippolít F'ódorovič Bogdanóvič (1743–1803) weitergeführt. Er schrieb zahlreiche Gedichte – Schäfergedichte, Idyllen, leichte Verse – und gab 1773 anonym seine Gedichtsammlung *Die Leier* (*Líra*) heraus, die sich durch eine außerordentlich leichte und fließende Diktion auszeichnete. Richtig berühmt wurde er aber erst, als er 1778 den ersten Gesang seiner heiteren Dichtung *Das Herzchen* (*Dúšen'ka*) herausgab, die erst im Jahre 1783 vollständig gedruckt wurde. Die nahe Verwandtschaft des Plauderstils mit der poetischen Prosa trat am deutlichsten in diesem Gedicht zutage, in dem der Dichter in eleganten Versen von frei wechselnder Zeilenlänge und komplizierter Reimtechnik einen französischen Prosaroman nacherzählte, und zwar Lafontaines *Amours de Psyché et de Cupidon*. Dieser Roman war seinerseits auf einer Episode aus Apuleius' lateinischem Roman *Der goldene Esel* aufgebaut. Mit koketter Eleganz verkündete Bogdanóvič gleich im Eingang zum ersten Gesang, daß er die Absicht habe, ein Verbrechen gegen *Homeros, den Sänger der Götter,* zu begehen, nämlich seine harmonischen Hexameter aufzugeben. Er ist ganz sicher, daß der große Homer

> *die Sünde ihm verzeiht,*
> *daß er wie ein Pedant den Vers nicht will skandieren,*
> *vielmehr die Silbenzahl aufs frechste negligieren,*
> *und nur nach eignem Wunsch die Reime variieren.*

> *Bei mir sich jederzeit*
> *zu zweien oder dreien*
> *die Reime zwanglos reihen,*
> *entgegen allem Brauch, bald glatt und bald zerhackt,*
> *in leichtem, muntrem Takt.*

Die leichte Respektlosigkeit, die seine Verse und Reime zu beherrschen scheint, stand in innigstem Einklang mit der Respektlosigkeit
in der Motivbehandlung selbst. Alle Allegorie, die die griechische
Psyche umstrahlt hatte, dieses Symbol der menschlichen Seele, war
bei dem russischen Dichter verschwunden, und obgleich der Name
der *Psyche* wortgetreu übersetzt zu sein schien (griech. *psychḗ* ‚Seele'
= russ. *dušá* ‚Seele'), verwandelte doch die russische Koseform *dúšen'-
ka* (etwa ‚Herzchen', ‚Herzliebchen') sie in ein anmutiges kleines Rus-
senmädchen, ein Liebchen, mit dem man in vertrauter Sprache
sprechen konnte. Das bedeutet keineswegs, daß Bogdanóvič sich
scheute, die griechische Mythologie mit ihren vielen Göttern und
Göttinnen zu zitieren. Im Gegenteil, er umgab die kleine russische Psyche mit allen Zephyren, Nymphen und Eroten, die man von
der griechischen Mythologie her so gut kannte. Er sprach aber von
ihnen in einem schelmischen und heiteren Tone, er gab ihnen ein
irdisches Wesen, Neugier, kindliche Naivität und Anmut. Und was
die Geschichte von der Liebe der Psyche zu dem unsichtbaren Amor,
von dem verhängnisvollen Besuch ihrer Schwestern und von ihrer
Versündigung gegen das Verbot des Geliebten, von ihrer Verjagung
aus dem Paradies der Liebe und ihren mühsamen Wanderungen
und Prüfungen und endlich von ihrer Rückkehr zu dem schließlich
doch versöhnten Amor angeht, so war diese Geschichte wie ein
Märchen aus dem Feenreich erzählt, ohne die geringste Tendenz zum
Realismus, mit einem fein durchgehaltenen Unterton von Ironie.
Das Gedicht war so ein typisches Rokoko-Erzeugnis. Es wirkte keineswegs wie eine Travestierung der klassischen Epik, der Gegenstand
des Gedichts war bis zu einem gewissen Grade erhaben und göttlich,
aber die Sprache, in der er geschildert wurde, hatte den hohen Ko-
thurn abgelegt. Das Gedicht sollte durchaus nicht als Ausdruck
einer bewußten Opposition gegen die klassische Poetik aufgefaßt
werden, es stand zwischen dem travestierenden Stil Scarrons, in
dem heroische Motive in einer derb-alltäglichen Sprache behandelt

wurden, und dem heroisch-komischen Stil Boileaus, der derbe Gegenstände des Alltags in einer heroischen Sprache darstellte. So hatte Bogdanóvič es verstanden, nach beiden Richtungen hin Maß zu halten und eine anmutige Harmonie zwischen dem halbwegs heroischen Stoff und der halbwegs alltäglichen Sprache zu schaffen.

Viel unverhüllter trat die travestierende und burleske Note ungefähr gleichzeitig bei Vasílij Ivánovič Májkov (1728–78) hervor, der auch ein großer Bewunderer des von Sumarókov inaugurierten leichten Geschmacks war. Er betätigte sich in allen denkbaren Gattungen. Er dichtete philosophische Oden, satirische Fabeln, Sonette und Tragödien, aber sein eigentliches Gebiet war das des Plauderstils. Seine erste heroisch-komische Dichtung, *Der Lhombre-Spieler*, erschien 1763. Sie war genau nach den Grundsätzen Boileaus geschrieben: das an sich sehr wenig erhabene Motiv vom Kartenspieler und seinen Taten war so dargestellt, als handle es sich um die berühmten Taten eines Achilles oder eines Odysseus:

> *Mein Geist begehrt gar sehr, den Spieler zu besingen,*
> *der heldenhaft sein Glück mit Karten wollte zwingen,*
> *der Hunger litt und Not und schlaflos frönt' dem Spiel*
> *und in dem kühnen Streit oft auf der Walstatt fiel . . .*

Einen großen Schritt weiter kam jedoch Májkov 1771 mit seiner berühmten großen komischen Dichtung *Jeliséj oder Der zornige Bacchus*. Hier paarte er kühn Boileaus Stil mit dem Scarrons. Hier war nicht nur der Gegenstand des Gedichts so *niedrig* wie nur möglich, *niedrig* charakterisiert war auch die Sprache, die sonst in Travestien immer hoch und erhaben gestimmt war. Vom epischen Stil waren – als komische Reste – nur noch rein kompositionelle Züge bewahrt, alle die wohlbekannten homerischen Stilmittel, Eingang, Anrufung der Musen, das Motiv vom Zorn der Götter und die rhetorischen Figuren – die Epitheta, die Metaphern und die Vergleiche. Das Thema des Gedichts waren die Erlebnisse eines betrunkenen Kutschers in Wirtshäusern, Polizeiräumen, Bordellen, Weinkellern und privaten Schlafzimmern der Inhaber von Branntweinmonopolen.

Ich sing der Becher Klang, ich sing den Zorn des Helden,
der seine Peitsche schwang, sein Kommen anzumelden,
und der in Rausch und Wut im Keller und im Krug
sich mutig in der Schlacht mit Trunkenbolden schlug.

All die wohlbekannten Götter – Zeus, Neptun, Mars, Vulkan, Juno
an der Spitze – waren mit sehr menschlichen Eigenschaften ausgestattet und ihrer göttlichen Attribute beraubt. Der Kutscher Jeliséj dagegen, der Titelheld – *ein mächtiger Kumpan, Kartenspieler,*
Hurer, Raufbold und Trunkenbold – war in komisch-heroischen
Ausdrücken dargestellt, als wäre er der reine Achilles, wenn er
auf das Gebot des erzürnten Bacchus auszog, um sich für die Erhöhung der Branntweinpreise zu rächen, mit deren Hilfe die Mono-
polinhaber sich selber zu bereichern und die treuen Diener des Gottes
auszuplündern suchten. Das Gedicht war in glatten jambischen Hexa-
metern mit abwechselnd weiblichen und männlichen Reimpaaren
geschrieben. Die Reime selbst waren ein wahres Feuerwerk von altkirchenslavischen und vulgär-volkstümlichen Lautverbindungen. Der
Dichter scheute sich nicht, wortgetreue Entlehnungen sowohl aus
typisch russischen Vagabundenliedern als auch aus feierlichen
Triumph-Oden zu benutzen, und in parenthetischen Stücken, die
bald sehr poetisch, bald sehr parodistisch sein konnten, versetzte er
den eingebildeten *Parnassiens* seiner Zeit mit Lust und Freude kräftige Hiebe. Besonderen Reiz erhielt die Dichtung dadurch, daß
das kleinbürgerliche Petersburg jener Zeit mit seiner Unterwelt von
sonntäglich betrunkenen Schustern, Schneidern, Webern, Huren,
Krugwirten und Polizeisoldaten in stark realistischer, zuweilen sogar
greller Beleuchtung leibhaftig hervortrat. Didaktische Absichten
hatte dieses Gedicht ebensowenig wie die *Dúšen'ka* Bogdanóvičs.

9. CHERÁSKOVS EPISCHE DICHTUNG

Wenn man so die Gattung der burlesken Travestie zu pflegen
begann, so bedeutete das nicht, daß man den hohen Stil der klassizistischen Literatur prinzipiell als überwunden oder überholt empfunden hätte. Es war nur ein Zeichen, daß man die Mittel, mit denen

man diesen Stil zu verwirklichen versucht hatte, nicht mehr als zweckmäßig betrachtete. Das Streben nach dem großen heroischen Format, mit andern Worten: nach der großen epischen Dichtung, war nach wie vor lebendig. Nur der rechte Sprachstil fehlte noch.

Dieses Streben trat gerade in der SUMARÓKOVSchen Schule in verschiedenen Versuchen zutage, ein nationales Epos etwa von der Art der *Aeneide* VERGILS zu dichten, die in den sechziger Jahren des 18. Jahrhunderts von dem Dichter VASÍLIJ PETRÓV übersetzt worden war. Bezeichnend ist es dabei, daß es einer der hervorragendsten Vertreter der leichten Poesie war, der Dichter MICHAÍL MATVÉJEVIČ CHERÁSKOV (1733–1807), wie KANTEMÍR ein Nachkomme moldauischer Bojaren, der zum größten Jubel der Lesewelt ein solches nationales Epos schuf.

CHERÁSKOV besaß ein außerordentlich vielseitiges und elastisches dichterisches Talent; er durchlief während seiner nahezu fünfzigjährigen Wirksamkeit als Schriftsteller alle Etappen der literarischen Entwicklung und ging zum Schluß sogar bei seinen eigenen Schülern in die Schule. Anfangs galt er seinen Zeitgenossen als der Hauptvertreter der SUMARÓKOVSchen Richtung. Er gelangte nicht nur als Dichter auf den meisten der von SUMARÓKOV kultivierten Gebiete zur Geltung, sondern wirkte auch als literarischer Organisator und geistiger Führer der Schriftsteller seiner Zeit. Zusammen mit seiner hochbegabten Gattin, die sich auch mit Dichtung beschäftigte, hatte er einen literarischen Salon in Moskau, wo er als Administrator und späterhin als Kurator der Universität wohnte und wirkte. Er gab auch mehrere literarische Zeitschriften heraus.

Mit seinem leichten und fruchtbaren Talent wandte er sich vornehmlich an die Damen seiner Zeit und war daher bewußt gefühlvoll, ohne doch pathetisch zu sein. Mit seiner *einfachen* Leier wollte er *die kluge Rossin* erfreuen. Er verwarf die hochtrabenden Wörter, weil weder *irdischer Luxus* noch *Pracht*, sondern nur *einfache Gefühle* und *natürliche Töne* die Seele der Geliebten rührten und ihren Geist bereicherten. Der *göttlichen Leier* HOMERs und dem *süßen Nektar* OVIDS zog er *die Natürlichkeit und Anmut* ANAKREONS vor. Er schuf die kurze, reizvoll ungezwungene Ode der Betrachtung, die nicht einmal immer in Reimen gebunden war, die sich aber um so mehr durch ihren glatten, angenehmen Rhythmus auszeichnete. Er schrieb sangbare Oden von *der Kraft der Tugend*, vom *Schicksal*, von *der Freundschaft* und wählte oft abstrakte Begriffe wie *das menschliche Glück, die wahre Freude* zum Gegenstand seiner Verse. Er war der erste Dichter, der die Form des Sonetts meisterte. Er schrieb auch *moralische Fabeln, didaktische Gedichte, philosophische Lieder*. In seinen Fabeln machte er sich von dem traditionellen Stoff frei, der doch sonst immer ihren Kern bildete, und schrieb frei fabulierende Gedichte, nicht selten Liebesgedichte. Der besondere Zauber seiner Lyrik bestand in seinem bewußt einfachen und durchsichtigen Vers- und Satzbau. Man hat diese Eigenschaft *syntaktischen Prosaismus* genannt. Näher als irgendein anderer Dichter seiner Zeit war CHERÁSKOV zur Verwirklichung des Natürlichkeitsideals gelangt, nach dem man jagte – auf der Flucht vor der dunklen Feierlichkeit der kirchenslavischen Sprache. Wie umfassend und vielseitig-wandelbar sein Talent war, läßt sich am besten daraus ersehen, daß er – abgesehen von seiner Lyrik – in seiner Jugend Tragödien und Komödien im Geiste SUMARÓKOVs schrieb und in seinem Alter (in den neunziger Jahren des 18. Jahrhunderts) an der Pflege des Prosaromans teilnahm, dieses Stiefkindes der Literatur, das es endlich zu literarischer Anerkennung gebracht hatte.

Dieser Dichter entschloß sich auch, das erste nationale russische Versepos zu schreiben. Dazu gehörte großer Mut. Die Aufgabe mochte unausführbar erscheinen.

Mehrere Generationen von Dichtern hatten sich daran versucht, ohne doch das Ziel wirklich zu erreichen. Schon KANTEMÍR hatte Anfang der dreißiger Jahre des 18. Jahrhunderts ein Werk geplant, das – mit der *Henriade* VOLTAIRES wetteifernd – von Peter dem Großen handeln und daher *Petriade* heißen sollte; aber aus diesem Plan wurde nichts. LOMONÓSOV hatte 1760 mehrmals den Versuch gemacht, den von ihm vergötterten Zaren in einem monumentalen Epos zu besingen, aber auch er kam nie über das Stadium lockerer Fragmente hinaus. Dann hatte SUMARÓKOV den Traum gehabt, ein Epos zu schreiben, das vom Siege des Großfürsten Dimítrij in der Schlacht am Don handeln und daher *Demetriade* (1769) heißen sollte. Die *Telemachide* (1766) TRED'JAKÓVSKIJS, eine Versübersetzung von FÉNELONS Prosaroman, hatte literarische Bedeutung eher wegen der theoretischen Vorrede als wegen ihres dichterischen

Gehaltes oder ihrer Form. In dieser Vorrede wurde das Epos (auch *heroisches Poem, episches Poem, Epopöe* genannt) als *Gipfel, Krone und Grenze der Wirksamkeit der menschlichen Vernunft,* als *Höhepunkt und endliche Vollendung aller künstlerischen Nachahmungen der Substanz* bezeichnet, *von denen keine den – infolge ihrer Natur die Nachahmung liebenden – Menschen so große Freude verschaffen könne wie die außerordentlich hervorragende epische Nachahmung.* Die Schaffung eines solchen Epos, das der *Iliade* und *Odyssee,* dem *Befreiten Jerusalem* TASSOS, der *Luisiade* CAMOËS', dem *Verlorenen Paradiese* MILTONS und der *Henriade* VOLTAIRES an die Seite treten könnte, mußte nach dieser Glorifizierung des Epos zum ehrgeizigsten Traum aller russischen Poeten werden. CHERÁSKOV aber, der schon 1757 mit dem epischen Gedicht *Die Früchte der Wissenschaften* hervorgetreten war und der später seine Versuche auf dem Gebiet der heroisch-epischen Gattung wiederaufgenommen hatte, war es vorbehalten, den Traum der Poeten mit seiner *Rossiade,* die nach acht Jahren intensivster Arbeit 1779 fertig wurde, zu verwirklichen. Er zählte in seiner Vorrede dieselben Vorbilder auf, die schon TRED'JAKÓVSKIJ genannt hatte.

Um einen würdigen Stoff für sein nationales Epos zu finden, griff CHERÁSKOV auf die russische Geschichte zurück. Die *Geschichte vom Zarenreich Kazan',* auch die *Eroberung des Zarenreiches Kazan'* genannt, das vornehmste literarische Denkmal des 16. Jahrhunderts, bildete im literarischen Bewußtsein des 18. Jahrhunderts den Gipfel der ganzen alten russischen Literatur. Das *Igor'-Epos* war noch nicht entdeckt. CHERÁSKOV verteilte seinen Stoff auf zwölf große Gesänge. Die *Rossiade* war als poetisch-patriotisches Werk gedacht. Es sollte den moskovitischen Großzaren Iván IV. verherrlichen, war aber subjektiv von der größten Bewunderung für die Eroberungen Katharinas II. durchdrungen. Es war als eine lange Folge von malerischen Schlachtenbildern, Zweikämpfen, Belagerungen, blutigen Kämpfen im offenen Feld komponiert – das wirkte wie eine eigentümliche klassizistische Verwandlung des altrussischen *martialischen* Stils. Prinzipiell aber fühlte sich CHERÁSKOV nicht an die Geschichte gebunden. Er behauptete im Gegenteil: *genau so wenig wie man verlangen dürfe, daß eine historische Darstellung wie ein Epos wirke, dürfe man in einem epischen Gedichte historische Glaubwürdigkeit suchen.*

Er gab gern zu, daß er *vieles geändert, aus einer Zeit in eine andere übertragen, erfunden, ausgeschmückt, erdichtet und erschaffen habe.* Er wies darauf hin, daß *epische Poeme gewöhnlich nach solchen Regeln komponiert werden.* Wie die altrussischen Hagiographen die religiöse Glaubwürdigkeit der geschichtlichen vorzogen, stellte CHE-RÁSKOV die poetische Wahrheit über die historische.

Um seinen Gegenstand dem zeitgenössischen Leser interessant zu machen, flocht er freigebig Liebesmotive in das heroische Hauptmuster ein. Er erdichtete märchenhafte, von keiner Quelle angeregte Geschichten von der hoffnungslosen Liebe der Königin von Kazán' zu dem taurischen (krimtatarischen) Fürsten Omar, von dem Versuch der hinterlistigen tatarischen Ritter Astalon und Sagrun, die Liebe der Königin zu gewinnen, von den zarten Gefühlen des edlen Russenfreundes, Fürst Alis, für die Königin. Er führte das düstere Motiv von der krimtatarischen Königin ein, die nach dem Tode ihres Gemahls, König Iskanars, Selbstmord begeht. Er ließ sogar die persische Amazone Ramida, umgeben von ihren drei ritterlichen Freiern Gidromir, Mirsed und Brazin, auf dem Walplatz auftreten. Er erdichtete zahllose Anekdoten von Ränken und Intrigen im Rate Zar Iváns IV., um so Gelegenheit zu gewinnen, den senilen Friedenswillen des alten Fürsten Kubénskij und die egoistischen Machenschaften Fürst Glínskijs gegen den Feldzug zu brandmarken und Fürst Kúrbskij, Adášev, den milden Ratgeber des Zaren, und den patriotischen Fürsten Chílkov zu verherrlichen. Zahlreiche Wundervisionen und mystische Erlebnisse schufen Spannung: Zar Iván träumt von dem heiligen Märtyrer Fürst Alexander von Tver', er hat eine geheimnisvolle Begegnung mit einem heiligen Eremiten, der ihm einen wunderbaren Schild schenkt, er schaut in einem Traum das Symbol Muhammeds in all seiner schreckenerregenden Macht. Ebenso geht es der Königin Sumbeka, die im finstern Urwald, umgeben von alten tatarischen Grabmälern, eine Begegnung mit dem Geist ihres verschiedenen Gemahls Saf-Girej hat.

Alles das ist völlig ungeschichtlicher Stoff, reines Phantasiegespinst. Bemerkenswert ist es, wie sehr gerade diese Teile von sentimentalen und romantischen Stimmungen getragen sind. CHERÁSKOV ist einer der ersten russischen Dichter des Klassizismus, die das Kommen der Romantik ankündigen. Wie SUMARÓKOV in seinen Tragödien eine mythische Geschichte des russischen Altertums schuf, so zauberte CHERÁSKOV in seiner *Rossiade* seinen Lesern ein poetisiertes, romantisiertes moskovitisch-tatarisches Mittelalter vor, das auf reiner Erfindung beruhte. Gerade dieser Zug seines Werkes wurde aber von den Lesern am meisten bewundert. So bunt und farbenreich, so dramatisch und gewaltig konnte also die Geschichte Moskaus von einem phantasiebegabten Dichter gesehen werden.

Das Problem, das CHERÁSKOV vor allen Dingen in seinem Werke zu lösen hatte und das in gewisser Weise viel komplizierter als das Stoffproblem war, war das Problem der poetischen Sprache, in die der Stoff gekleidet werden sollte. TRED'JAKÓVSKIJ hatte in seiner Definition die epische Dichtung so hoch erhoben, daß die angenehm natürliche Sprache, in der die leichte Poesie und die burlesken Dichtungen ihren rechten Ausdruck gefunden hatten, ihr nicht zu entsprechen vermochte. Mit größter Klarheit erkannte CHERÁSKOV, daß ein Epos, das *Rußlands Sieg über der Barbaren Macht* besingen und *der Vorzeit große Werke, blutig Tat und Kampf* schildern wollte, keinesfalls in der Sprache der SUMARÓKOVschen Schule geschrieben werden konnte. Ein Dichter, der gleich in den Eingangszeilen den *Genius der Poesie* anrief:

> *O der du droben schwebst inmitten klarer Sterne,*
> *du Geist der Poesie! ...*

konnte die leichte Umgangssprache, die BOGDANÓVIČ und MÁJKOV geschaffen hatten, nicht verwenden. CHERÁSKOV, der selber einer der treusten Schüler SUMARÓKOVs war, mußte sich den noch unanfechtbaren Stilregeln LOMONÓSOVs unterwerfen und sich ein sprachliches Medium bilden, das einem erhabenen *stylus sublimior* entsprach.

Er löste seine Aufgabe in einer Weise, die von allen Seiten als ungewöhnlich geschickt anerkannt wurde. Er nahm zwar seine Zuflucht zu der altertümlichen *slavorossischen* Sprache, vermied aber aufs sorgfältigste alle ausgesprochen kirchlichen Wörter und Ausdrücke. Er war weit strenger in der Wortwahl, als LOMONÓSOV es je gewesen. Er schloß auch alle kraß volkstümlichen Wörter, also *gemeine* Ausdrücke aus seiner Sprache aus; sobald es aber tunlich war, veredelte er volkstümliche Wörter, indem er ihnen ein *slavorossisches* Lautgepräge gab. Er verwendete gern große pompöse Satzkonstruktionen mit vielen Beisätzen, erlaubte sich aber nie, die Wortfolge, die der volkstümlichen Sprache natürlich war, zu durchbrechen oder zu verletzen. Die Frage der Sprache war bei ihm somit aufs genaueste durchdacht, und er erzielte dadurch eine Harmonie, die die grenzenlose Bewunderung seiner Zeitgenossen erweckte. Nichtsdestoweniger gelang es ihm nicht, eine wirklich lebensfähige poetische Sprache zu schaffen. Die Vereinigung von Volkssprache und Kirchensprache, die er anstrebte, war trotz allem nur künstlich und schloß zahlreiche Abweichungen und Entgleisungen nicht aus. Freilich diente die Einführung vieler Liebesabenteuer zu einer Senkung der allzu erhabenen Thematik der Dichtung und trug zu einer von innen herstammenden Begründung jener starken Modifizierung bei, die die *slavorossische* Sprache bei ihm erfahren hatte. Aber auch das konnte die toten Bestandteile der Sprache nicht beleben.

Die Nachwelt verschmähte dieses Geschenk eines ernst strebenden Dichters, seine eigene Zeit aber nahm es zu seiner Freude mit überströmender Dankbarkeit und mit nationalem Stolz entgegen. Der erste türkische Krieg, den Katharina führte und der mit der Einverleibung der Krim und der endlichen Einnahme der Festung von Azóv schloß, bildete einen wirkungsvollen und aktuellen Hintergrund zu der poetischen Erzählung der *Rossiade.* Cheráskov ließ sich durch seinen großen Erfolg verleiten, mehrere andere Dichtungen von ebenso gewaltigen Ausmaßen zu schaffen. Im Jahre 1785 erschien sein geschichtliches Epos *Der wiedergeborene Vladímir* (*Vladímir vozroždénnyj*), das die Bekehrung des altrussischen Königs Vladímir zum Christentum behandelte. Im Jahre 1793 schrieb und veröffentlichte er die große kosmologische Dichtung *Das Weltall* (*Vselénnaja*), 1803 erschien sein letztes und größtes Werk, *Bachariana oder der Unbekannte* (*Bachariána ili Neizvéstnyj*). Das Bemerkenswerte an diesen epischen Werken war der Umstand, daß eine Idee, die nur schwach in der *Rossiade* angedeutet war, nämlich der Sieg des Christentums über das Schlechte in der Welt, mit immer größerem Nachdruck hervortrat und dadurch seine Kunst, im Grunde genommen, von der klassizistischen Poetik wegführte. Cheráskov wurde Allegoriker und Mystiker, ein Romantiker vor der Romantik, und ließ immer stärker empfindsame Töne durchklingen. Er war inzwischen Mitglied einer russischen Freimaurerloge geworden. Nur die Dichtung *Die Pilgrime oder die Sucher des Glücks* (*Piligrímy ili Iskáteli sčást'ja*), im Jahre 1795 erschienen, hatte einen heiteren Charakter; seinem märchenhaften Stil nach war es aber auch ein Verkünder der Romantik.

Die Zeit und die Sprache waren indessen schneller fortgeschritten als das Talent des alternden Dichters, und nur die *Rossiade* konnte noch lange literarhistorisch als das unbestreitbare Meisterwerk *des russischen Homers* gelten.

10. DIE ODENDICHTUNG DERŽÁVINS

Man sehnte sich nach einer Erneuerung der großen Form und spähte eifrig nach einem Talent, das in der großen Poesie das Erbe Lomonósovs antreten könnte. Man suchte ungeduldig nach einem Dichter, der genial genug wäre, sich als *Katharinas Poet* mit jener Glorie zu umgeben, die immer noch *den Sänger Elisabeths* umstrahlte.

Eine solche Aufgabe war jetzt noch schwieriger als je zuvor. Nach dem Auftreten der Schule Sumarókovs und Cheráskovs war die sprachliche Situation tatsächlich so verändert, daß es jedenfalls ein Fehlgriff gewesen wäre, die Technik Lomonósovs fortzusetzen. Dieser Mißgriff wurde jedoch von mehreren Dichtern begangen, so von Vasílij Petróvič Petróv (1736–99). Er wurde nur *Katharinas Taschenpoet*, wie die Kaiserin selber ihn scherzend nannte, was ihn indessen nur sehr freute. Daß die Panegyrik des Hofbibliothekars bei Hofe große Gunst genoß, nützte ihm nicht viel. Die adlig-demokratische Zeitschriftenkritik verurteilte ihn schonungslos. Er wurde von seinen Zeitgenossen immer wieder lächerlich gemacht, so von Bogdanóvič in der *Dúšen'ka*. Seine Übersetzung der *Aeneide* Vergils nützte ihm auch nur wenig. Die Oden Petróvs waren eben nichts anderes als epigonenhafte Nachahmungen der Lomonósovschen, und sie wirkten auf den Kundigen wie unfreiwillige Parodien des großen Dichters. Er besaß weder die mächtige Begeisterungsfähigkeit seines Meisters noch seinen weiten Horizont. Während Lomonósov unter Anwendung zahlloser Klangeffekte große malerische Schlachtenbilder entwarf, vermochte Petróv überhaupt kein anschauliches Bild zu schaffen, wieviel er auch vom *Zorn der Furien*, vom *Geheul der Raubtiere*, von *der Wölfe und der Hunde Gebell* und von *der Nachtraben Geschrei* oder von dem *Kometen mit dem flammenden Schweif* reden mochte. Seine Umstellungen der Wortfolge im Satzgefüge waren unerträglich und unnatürlich, seine Perioden langatmig und knarrend, sein ganzer Sprachstil so abstrakt, daß er zuweilen unverständlich war, seine Strophenbildung infolge der sklavischen Nachahmung der Lomonósovschen trostlos langweilig und sein Wortschatz mit seltenen und daher unzulässigen kirchenslavischen Ausdrücken überladen. Petróvs Anstrengungen standen in schroffstem Widerspruch mit dem neuen Sprachgefühl, das in der Pflege der neuen Natürlichkeit wurzelte.

Es war Gavriíl Románovič Deržávin (1743–1816) beschieden, die von so vielen andern erstrebte Ehre zu genießen, als *Sänger Katharinas* zu gelten. Aber auch er begann seine poetische Laufbahn damit, daß er bei dem großen Lomonósov in die Schule ging. In einer Inschrift auf sein Bildnis bezeichnete er ihn als Pindar, Cicero und Vergil in einer Person, und er huldigte ihm als *dem Unvergleichlichen, dem Unsterblichen:*

> *Was er geschildert hat mit wildem Sehersinn,*
> *das lebt mit Donnerklang durch alle Zeiten hin.*

Auch der Sehersinn Deržávins, erregt von einem unglaublich feurigen und leidenschaftlichen Temperament, strebte danach, in klangvollen Worten mächtige Visionen zu malen. Alle typischen Elemente der Lomonósovschen Dichtung waren in seinen ersten Gedichten vorhanden – die begeisterte, pathetische Rede, die dröhnenden Worte, die großen monumentalen Bilder.

Als aber Deržávin um 1779 nach einem ziemlich unruhigen und an Enttäuschungen reichen Leben als Soldat, Offizier und Senatsbeamter in einen Freundeskreis gleichgesinnter Literaten aufgenommen wurde und Dichter wie Kapníst und Chémnitzer und vor allem den feingebildeten und modern eingestellten Schriftsteller Nikoláj Aleksándrovič L'vov (1751–1803) kennenlernte, begann sich sein Geschmack zu ändern. Er las Charles Batteux' Schriften, in denen *die Nachahmung der schönen Natur* als eigentliche Aufgabe der Poesie dargestellt wurde, und ließ sich von ihnen beeinflussen.

Sie enthielten nämlich die erwünschte theoretische Begründung der Praxis, die sich in der Schule Sumarókovs und Cheráskovs entwickelt hatte. Er stellte sich nun die Aufgabe, eine Synthese der *Monumentalität* Lomonósovs und der *Natürlichkeit* Sumarókovs zu schaffen. Wenn es ihm wirklich gelang, eine Vereinigung dieser Prinzipien herbeizuführen, so beruhte das auf der liebenswürdigen Menschlichkeit, die seine Oden zum Ausdruck brachten. Das Triumphale und das Natürliche vereinigten sich bei ihm im *Intensiven*. Deržávin konnte sich nämlich auch bei den feierlichsten Themen ein leises Lächeln erlauben; er konnte die ernstesten Saiten anschlagen, auch wenn er die heitersten Verse schrieb. Die Grenzen zwischen den Gattungen, die bisher so streng eingehalten worden waren, verflüchtigten sich jetzt in bedeutungsvoller Weise: die Ode durfte ironisch werden, zuweilen sogar satirisch, die Satire lyrisch, das Epigramm elegisch, die Elegie heiter. Die raffinierteste sprachliche Ausschmückung schloß keineswegs die einfachsten Wörter des täglichen Lebens aus.

Am deutlichsten trat die neue Technik Deržávins in seinen panegyrischen Oden an den Tag, in denen es eigentlich am schwersten sein mußte, sowohl den ironischen als auch den intensiven Ton durchzuführen. In der Regel geschah das auf Kosten des Triumphalen. Er verstand es, die grobe Lobhudelei der Panegyrik zu vermeiden, indem er seine Huldigung indirekt, nicht klar ausgesprochen, nur andeutungsweise vorbrachte. Im Jahre 1782 veröffentlichte er eine Ode, die ihn für immer berühmt machen sollte, in einer Zeitschrift, die von der Fürstin Jekaterína Románovna Dáškova, einer vertrauten Freundin der Kaiserin, herausgegeben wurde. Die Ode trug überraschenderweise den Titel *Felíca*, niemand aber konnte im Zweifel sein, daß mit Felíca die Kaiserin selbst gemeint war. Der Dichter konnte mit dieser Felíca und von ihr viel vertrauter und vertrauensvoller reden, als wenn die Ode direkt an Katharina gerichtet worden wäre. Nun war Deržávin ein entfernter Nachkomme tatarischer Fürsten, und das gab ihm die gute Idee ein, eines der tatarischen Märchen seiner Kaiserin, die *Geschichte vom Prinzen Chlorus*, zum Ausgang seiner Ode zu wählen. Der Märchenprinz ist auf der Suche nach *der Rose ohne Dornen*, und die Königin Felíca und ihr Sohn *Verstand*, die irgendwo im phantastischen Reich der Kirgiz-

Kajsaken herrschen, helfen ihm dabei. Der Dichter verherrlichte in seiner Ode diese wunderbare Königin, die von zahlreichen strahlenden, aber leider gar nicht vorbildlichen *Mirzas* umgeben ist, und jeder Leser begriff, daß hier nur von der wunderbaren Katharina und ihrem Hofstaat von strahlenden, aber leider gar nicht vorbildlichen Magnaten und Günstlingen die Rede war. So hielt sich der Dichter von jeder Verpflichtung zu unterwürfiger Kriecherei frei. Er tat, als sei er selber ein tatarischer Mirza, und die Ode hatte die Form einer vertraulichen Plauderei mit der Königin. Er schrieb sich selber mit feiner Ironie alle jene Schwächen, üblen Gewohnheiten, Laster und Fehler zu, die jeder Leser ohne Schwierigkeit als Schwächen und Fehler eines Pot'ómkin, eines Orlóv, eines Pánin, eines V'ázemskij, eines Narýškin oder anderer zeitgenössischer Favoriten wiedererkannte. Die Ode erhielt so unvermerkt eine satirische Tendenz; diese motivierte die überraschend unkonventionelle Sprache des Dichters und wurde selbst durch diese Sprache motiviert. Was am meisten das Erstaunen und Gefallen des Lesers erregte, war der Gebrauch von ausgesprochen *niedrigen* oder *gemeinen* Wörtern aus dem täglichen Leben, Wörtern, die niemand bisher in die Literatur überhaupt, geschweige denn in die Ode einzuführen gewagt hatte. In Deržávins Oden war wirklich vom *Kartenspiel* die Rede, von *Maskeraden*, von Abenden im *Klub*, vom *Tabakrauchen*, vom *Kaffeetrinken*. Die Magnaten aßen an Felícas Tafel *westfälischen Schinken* und *astrachanischen Stör*, russische Gerichte wie *Piláv* oder *Piróggen*, sie fuhren in *englischen Kutschen* einher, tranken *Champagner*, lauschten der *Hornmusik*. All das war dadurch möglich geworden, daß die Literatur die Periode der Travestie, der Burleske und der leichten Poesie durchlaufen und dabei die *natürliche* Sprache gefunden hatte.

Der Dichter war so kühn, die Struktur der Lomonósovschen Ode ganz zu übernehmen, dabei aber ihren *triumphalen* Wortschatz völlig aufzugeben. Ungezwungen und natürlich redete er seine Kaiserin an, wobei er dafür sorgte, daß der Hinweis auf ihre Märchenerzählung *Geschichte vom Prinzen Chlorus* seiner Anrede einen vertrauten Ton verlieh:

> *O Herrscherin, du göttergleiche,*
> *von der Kirgisen Volk verehrt,*
> *du unerschöpflich weisheitsreiche,*
> *die du Prinz Chlorus hast gelehrt,*
> *den Pfad zu finden zu den milden,*
> *erhabenen Gebirsgefilden,*
> *wo Rosen ohne Dornen blühn,*
> *wo Tugend wohnt in stiller Ehre –*
> *von dir ich weisen Rat begehre,*
> *ich fühle Herz und Geist erglühn! ...*

Auf dem Hintergrunde einer satirischen Schilderung der luxuriösen und üppigen Lebensweise der Favoriten konnte DERŽÁVIN nun, kraft der angedeuteten Vertraulichkeit zwischen ihm und der Kaiserin, mit leichten und graziösen Versen ein reizvolles Bild dieser *kirgisisch-kaisakischen* Herrscherin malen, die die menschlichen Schwächen ihrer Magnaten siegreich überwand und beherrschte und die wußte, *wo Rosen ohne Dornen blühn, wo Tugend wohnt in stiller Ehre.* Unter dem frei erfundenen Decknamen *Felica* konnte sie als das harmonische Prinzip im Chaos menschlicher Schwächen, als die hehre lichtspendende Macht im Dunkel der Leidenschaften geschildert und mit einem klugen Schiffer verglichen werden, der vor dem Winde zu kreuzen und ihn in seine Segel einzufangen versteht. Die große, feierliche Triumph-Ode erhielt so bei DERŽÁVIN eine leichte, bewegliche Form, weil die verherrlichte Herrscherin, eine milde Frau, wegen lauter weiblicher Eigenschaften gepriesen werden konnte: wegen ihrer Nachsicht, Milde, Mütterlichkeit, Menschenkenntnis, Gerechtigkeit, Natürlichkeit, Wahrheitsliebe.

Zugleich sprach die Ode aber auch einen charakteristischen politischen Gedanken aus. Ihre Tendenz war der LOMONÓSOVs diametral entgegengesetzt. Während dieser von einem fleißigen merkantilen und industriellen Idealstaat unter der gemeinsamen Führung überlegener Staatsmänner träumte, tritt bei DERŽÁVIN die idyllische Vorstellung von einem agrarisch-demokratischen Adelsstaat in den Vordergrund, eine Vorstellung, die – über die nicht allzu weisen Köpfe der Magnaten hin – direkt an die Kaiserin appelliert. DERŽÁVIN pries seine Herrscherin, weil sie ihren Untertanen – und damit meinte er den dankbaren Stand der adligen Gutsbesitzer – wohlverdiente und begründete Privilegien verliehen habe: das Recht, die

Naturreichtümer ihrer Ländereien zum eigenen Vorteil auszunutzen, das Recht, frei und ohne Kontrolle Holz in ihren Wäldern zu fällen, das Recht, frei und ohne Kontrolle Manufaktur zu treiben, das Recht, russische Meere und Flüsse zu beschiffen, das Recht, Reisen ins Ausland zu unternehmen. Es war für Deržávins politische Einstellung bezeichnend, daß er alle diese Rechte und Privilegien als ganz natürliche und unanfechtbare adlige Menschenrechte betrachtete und daß er die adelsfreundliche Politik der Kaiserin ohne Bedenken mit Gottes allmächtigem und weisem Ratschluß identifizierte.

Die Ode rief recht große Empörung hervor, vor allem bei den Favoriten und Magnaten, die der respektlose Poet vor den Kopf gestoßen hatte. Man war unzufrieden, daß er als Belohnung für seine Ode ein persönliches Geschenk von der Kaiserin erhalten hatte. Man konnte sich nicht recht damit abfinden, daß er in ihrer Gunst als Dichter eine Sonderstellung einnahm. Aber der Dichter blieb ihnen die Antwort nicht schuldig. In einer anderen Ode, *Die Vision eines Mirza* (*Vidénije murzý*, 1791), versah er – neun Jahre später – das Bildnis der Kaiserin mit neuen Zügen. Sein Vorbild war Addisons Gedicht *Vision of Mirza*, das vor kurzem zweimal ins Russische übersetzt worden war, und zwar von dem früheren Privatsekretär der Kaiserin Grigórij Kozíckij und von dem Schriftsteller Nikoláj Novikóv. Deržávins Ode enthielt indessen nicht bloß eine erneute Verherrlichung der Kaiserin, sondern auch eine erneute Kritik der Magnaten, besonders des Diktators Fürst Pot'ómkin und seiner üppigen Lebensweise. Zum erstenmal tauchte in diesem Gedicht die neue russische Hauptstadt an der Neva auf – fortan wurde sie zum ständig wiederkehrenden Thema der russischen Literatur. Deržávin gab ein bezauberndes Bild des in Mondschein versunkenen, von elegischen Stimmungen umwogten jungen *Petropolis*:

> *In dunklen Himmelsozeanen*
> *durchglitt der goldne Mond die Nacht*
> *auf silberweißen Ätherbahnen,*
> *und seine Strahlen voller Pracht*
> *sich still in mein Gemach ergossen*
> *und glitten nieder an der Wand,*
> *bis aus des Fensters Stock und Sprossen*
> *ein Kreuz auf goldnem Grund erstand . . .*

Ich sah die Welt im Schlafe liegen,
Petropolis versank im Traum,
kaum ahnte man der Neva Wiegen,
kaum schaute man des Meeres Saum . . .

In leichten Jamben, deren Zeilen mit abwechselnd männlichen und weiblichen Reimen (*a/b a/b c/d c/d*) langsam dahinglitten, natürlich und ungezwungen wie die Rede des täglichen Gebrauchs und ungehemmt von starren Strophenschemen, schien der Dichter mit sich selbst zu plaudern. Kühn führte er die Kaiserin in seine nächtliche Vision als Königin Felíca ein, die ihn mit milden Worten vermahnt, sich vor allzu unverhüllten Huldigungsversen an seine gekrönte Wohltäterin und Freundin zu hüten. Statt panegyrischer Lobreden schätze sie vor allem menschliche Tugenden und männliche Pflichterfüllung. In seiner Antwort klagt der Dichter über die Vorwürfe, die man ihm mache, und versichert seiner Königin, daß er nicht zu dem verächtlichen Geschlecht der Hofschmeichler gehöre. Wenn er seine Herrscherin preise, tue er es nur, indem er *im Scherz die Wahrheit sage* und weil die Eigenschaften, die er an ihr lobe, der ganzen Welt Bewunderung einflößten:

Du strahlst durch deines Sängers Minne
mit himmlischer Gestirne Glanz,
und ich, der dich besingt, gewinne
den ewiggrünen Lorbeerkranz.

Der Dichter hätte die Vorwürfe kaum eleganter abweisen können. Das unmittelbare und ungezwungene Verhältnis zwischen der klugen Herrscherin und ihrem Freund und Dichter war jetzt nur noch mehr vertieft – es war ein natürliches und menschliches Verhältnis zwischen zwei ebenbürtigen Geistern, der klugen und taktvollen Kaiserin und dem genialen Poeten – ein Verhältnis, das beider ewigen Ruhm, ihren ewigen Glanz, seinen ewiggrünen Lorbeerkranz bedingte. So schuf der Dichter auch die schöne Mythe von der immer milden Kaiserin Katharina – in einer Zeit, wo die vom Adel bis aufs äußerste mißbrauchten leibeigenen Bauern zu Tausenden zu den rebellischen Banden Pugačóvs strömten – in einer Kriegszeit, wo die von adligen Offizieren gedrillten leibeigenen russischen Soldaten sich mit den Schweden (1788–90) und Türken (1768–74 und 1787–91)

schlugen. Der Friedensschluß mit Schweden im August 1790 gab dem
Dichter Gelegenheit, Katharina als *den Engel des Friedens* zu verherrlichen und ihre Übersiedelung aus Cárskoje Seló nach St. Petersburg als *das Kommen des milden Lenzes in der Morgensonne lich-
tem Kleid* zu schildern. LOMONÓSOV, der einstmals Kaiserin Elisabeth mit *dem segensreichen und holden Frieden* gleichgestellt hatte,
hätte nie eine so reizvolle Huldigung für die kaiserliche Frau ersinnen können. Bei DERŽÁVIN wurde das Lächeln der Kaiserin die
wahre Lust und Wonne ihrer Untertanen, ihr Mienenspiel verkündete den Eltern der Gefallenen Friede und Freude, den Gefangenen
Freiheit, den Zugrundegerichteten Reichtum, den Nationen des Russischen Imperiums friedliches Dasein. In der Tat, ein solcher Frieden mußte jeden ackerbautreibenden adligen Gutsherrn freuen. Es
war ein Frieden, der, recht betrachtet, nur Frieden brachte, und sonst
nichts.

Obgleich die Dichtung DERŽÁVINs in ihren Hauptzügen wohl
als ausgesprochene Hofpoesie bezeichnet werden darf, so war sie
doch nicht auf der Sympathie der Hofaristokratie, sondern auf der
Sympathie der weiten adlig-demokratischen Kreise begründet. Mit
feinem Taktgefühl bewahrte DERŽÁVIN eine scharfe Grenze zwischen
seiner Person und den Favoriten des Hofes, obgleich er selbst schon
hohe Ämter im Staatsdienst bekleidete und unter den Magnaten eine
ziemlich unabhängige Stellung einnahm.

Als die Fürstin DÁŠKOVA – offenbar auf den persönlichen Wunsch
der Kaiserin – im Jahre 1783 den Dichter bat, zu Ehren des Fürsten
Grigórij Pot'ómkin, des bevorzugten Günstlings Katharinas, ein
Festgedicht zu verfassen, machte er sich sofort an die Arbeit; das
Gedicht aber, das seiner Feder entsprang, hatte einen ganz ungewöhnlichen Unterton von Ironie. Er gab seiner Ode die Form eines recht
trockenen Katalogs aller möglichen banalen Tugenden, meistens ausgedrückt als Negationen banaler Untugenden. Von einer Ähnlichkeit des im Gedicht Gepriesenen mit dem wirklichen Fürsten,
dessen Prachtliebe, Eitelkeit, Machtgier und Verschwendungssucht
niemandem unbekannt waren, konnte überhaupt keine Rede sein.
Der Dichter gab auch offen zu, daß seine Muse mit ihm und seiner
Aufgabe nur Possen treibe, da sie eher das Musterbild eines idealen
Magnaten als das wirkliche Porträt Pot'ómkins zeichne. Nichtsdesto-

weniger aber übte er strenge Kritik an den unwürdigen großen Herren (gemeint war Pot'ómkin), die ihre Macht mißbrauchten. Sein außerordentlich freimütiges Gedicht *Der Magnat* (*Vel'móža*), das direkt gegen das märchenhafte Sybaritentum des mächtigen Mannes, gegen seine *persischen Perlen* und *brasilianischen Brillanten* und *marokkanischen Sterne und Bänder* gerichtet war, wagte er erst nach dem Tode Pot'ómkins (1791) herauszugeben. Rein politisch war DERŽÁVIN ein Anhänger des im Dienst ergrauten, adlig-demokratischen Staatsmannes Fürst P. A. Rum'áncev, des Siegers in vielen Schlachten gegen die Türken, eines Mannes, der seinerzeit Pot'ómkin den Platz hatte räumen müssen. Der eigene politische und ideologische Standpunkt des Dichters kam in den beiden zentralen Strophen des Gedichts zum Ausdruck, wo er das Volk *glückselig* nannte, das zu seinem Gott bete, die Gesetze des Zaren achte, an alten Sitten festhalte und sein Glück in der Einigkeit, seine Gleichheit in der Rechtssicherheit, seine Freiheit in der Beherrschung der Leidenschaften finde – ein Volk, wo der Herrscher das wahre Haupt, die Magnaten aber nur gehorsame Glieder seien, die einzeln und zusammen ihre Funktion ausübten, ohne einander zu stören. Das war das patriarchalische *Credo* eines überzeugten demokratischen Edelmanns. Gleich nach dem Tode Pot'ómkins schrieb DERŽÁVIN zwar die große Ode *Der Wasserfall* (*Vodopád*), in der er dem toten Staatsmann ein pompöses Denkmal setzte, aber bezeichnenderweise gab er diesem Gedicht nicht die Gestalt einer Huldigung (die Beweihräucherung war ihm immer etwas fremd), sondern die Form einer Vision, eines Traumes, den der rechtschaffene und edle Fürst Rum'áncev erlebt. Die Idee des Gedichts war ganz deutlich die, daß es wertvoller sei, *einem lieblichen Bach* zu gleichen, der Wiesen, Felder und Gärten überriesele und fruchtbar mache, als wie ein gewaltiger Wasserfall zu brausen, zu schäumen und zu tosen, ohne den Sterblichen Vorteil oder Nutzen zu bringen.

DERŽÁVIN wußte sehr wohl, daß die Odendichtung, als Ganzes betrachtet, nur dann zu voller Wirkung kommen konnte, wenn sie mit einem großen religiösen Ausblick verbunden war. Der Motivkreis der Ode als solcher umfaßte nur das Höchste und Göttlichste. Der Dichter bildete sich allmählich ein Glaubenssystem, das, in der Ode zum Ausdruck kommend, mit seinem politischen *Credo* in vollkommenster Harmonie stand: beide hatten ihre Quelle in der einfachen, bukolischen Lebensanschauung eines adligen Demokraten. Der Todesgedanke, ein fast obligates Thema der Odendichtung, beschäftigte oft auch DERŽÁVIN und wurde von ihm, zum Beispiel beim Tode seines Freundes, des Fürsten Alexánder Meščérskij (1779), behandelt. Sein Grundgedanke, der in mehreren Gedichten wiederkehrt, war immer die stoische Idee, daß die Freuden des Lebens und die irdischen Genüsse, zeitliche Macht und menschliche Eitelkeit vor der Gewalt des Todes verblassen und ihren eingebildeten Wert verlieren. Die Moral, die der Dichter daraus zog, war nicht etwa das HORAZische *Carpe diem*, keineswegs die Moral des Lebensgenusses, sondern der christlich-patriarchalische Glaube, daß der Mensch *sein Leben im Hinblick auf seinen Seelenfrieden zu formen und den Willen des Schicksals reinen Herzens zu segnen* habe.

Wie LOMONÓSOV schrieb auch DERŽÁVIN mehrere Oden zum Preise Gottes; aber die ideologische und stilistische Entwicklung, die die Ode im Laufe der dazwischenliegenden Jahrzehnte durchgemacht hatte, hatte eine tiefe Kluft geschaffen zwischen der grandiosen LOMONÓSOVschen Gotteshymne, die vernunftbeherrscht und deistisch war, und der gefühlvollen und sanften DERŽÁVINschen Verherrlichung des allweisen und allguten Gottes. DERŽÁVIN war einfältig religiös. In seiner berühmten, in viele fremde Sprachen übersetzten Ode *Gott* (*Bog*, 1784) wandte er sich mit folgender Strophe an den Schöpfer des Alls:

> *O du, der ohne Grenzen große,*
> *der du belebest Raum und Zeit*
> *und alles birgst in deinem Schoße –*
> *all-einig in Dreifaltigkeit –*
> *du Geist, des Willen alles präget,*
> *den selber aber nichts beweget,*
> *des Wesen niemand noch erkannt,*
> *der alles Sein mit sich erfüllet,*
> *in sich umfasset, in sich hüllet –*
> *Allmächtger, von uns Gott genannt!*

In dieser Ode gelang DERŽÁVIN das wahrhaft dichterische Kunststück, seinem innigen und vertraulichen Gespräch mit Gott die pathetische zehnzeilige LOMONÓSOVsche Strophe (mit ihrem Reimschema *a/b a/b c/c d/e e/d*) zugrunde zu legen. Das Gedicht war auf der Antithese *du – ich* begründet. Während die ersten fünf Strophen sich zu einer Lobpreisung der Größe Gottes und einiger seiner streng orthodoxen Attribute gestalteten, dienten die letzten fünf Strophen zur Entfaltung des *Ich*-Motivs. Die sechste Strophe, die den zentralen Teil der Ode darstellte, bildete den Übergang vom ersten Teil zum zweiten und stellte das *Ich* des einzelnen Menschen und seine Nichtigkeit der grenzenlosen Majestät Gottes gegenüber. Die ideenmäßige Bedeutung der Ode bestand durchaus nicht in ihrem Gottesbild. Sie trat im zweiten Teil als eine für das junge russische Denken neue und originelle Lehre hervor. Es war die reine, verklärte Humanitätsidee, die Lehre von der Funktion des Menschen im Organismus des Universums. Dieser Gedanke wurde in milder, aber bestimmter Weise durch zweckmäßige Wiederholung des Wörtchens *Ich* dem Leser ins Bewußtsein gehämmert. Freilich war der Mensch nur das äußerste und feinste Glied in der Entwicklung der Materie; er war aber auch der Mittelpunkt der ganzen organischen Welt und das erste Element im Wesen Gottes:

> *Ich bin das Band der beiden Welten,*
> *ich – Knecht und Herr, ich – Wurm und Gott!*

Eine schöne Harmonie zeichnete das einfache und wohlgeordnete metaphysische System Deržávins aus – eine Harmonie, die der leidenschaftlichen Natur des Dichters eigentlich gar nicht entsprach. Sein *Credo* forderte keine Selbsterniedrigung, es ließ aber auch keine Selbstverherrlichung zu. Und seine ganze übrige Poesie – mit anderen Worten jener Teil seiner Dichtung, der keine Beziehung zur Sphäre des Hofes hatte und daher auch kein besonderes Aufsehen bei den Zeitgenossen erregte – offenbart uns den Dichter als innigen Laudator des bukolischen Landlebens. Das adlige Gutsbesitzerdasein war in einem fein idealisierten Bild geschildert. Deržávin konnte hübsche, idyllische Einladungen zum Essen dichten, die zwar mit appetitreizenden Speisekarten lockten (u. a. *mit goldenem Sterlet der Šeksná, Wein in Gläsern aus Kristall, eisgekühltem Punsch, Körben voll Früchten*), nichtsdestoweniger aber den Gedanken der Mäßigung verfochten, den Gedanken, daß *Mäßigkeit und gesunde Ruh der Seele* der beste Teil des Festes seien. Oder aber er schrieb mehrere ungemein gelungene Paraphrasen des berühmten idyllischen Ge-

dichtes von Horaz *Beatus ille* (*Glückselig der* ...) und übertrug
sie auf sein eigenes, wohlbestelltes Gut *Zvánka*. Seine Freunde –
der alte Graf I. Šuválov, der zur Macht emporsteigende Graf A.
Bezboródko, der Bischof Jevgénij Bolchovítinov oder der Schriftsteller Chrapovíckij – nahmen gern seine verlockenden Einladungen
an, da seine schlichte Melodie von der Glückseligkeit der einfachen
Freuden ihnen in der Hetze des eitlen Hoflebens und der Amtsarbeit,
im Netz der Intrigen des Hauptstadtlebens ganz besonders zusagen
mußte. Geschah es aber, daß einer der Eingeladenen – wie zum
Beispiel Fürst Platón Zúbov, der besonders vertraute Günstling der
Kaiserin, – die Einladung abschlug, so scheute sich der Dichter
keineswegs, ihn in unverblümten Reimversen auszuschelten. Bei
dergleichen vertraulichen Gesellschaften im Freundeskreise ließ sich
Deržávin sehr gern bewegen, seine kleinen volkstümlichen Gedichte
vorzutragen, wie etwa die anmutigen Verse auf die *Russischen Mädchen* (*Rússkije dévuški*, 1799) oder das kurze, fast orgiastische Gedicht
Zigeunertanz (*Cygánskaja pl'áska*, 1805).

Die literarhistorische Bedeutung Deržávins bestand also darin,
daß er der Ode, dieser hervorragendsten Dichtungsform des Klassizismus, eine bisher ungeahnte lyrische Ausdrucksfülle gab und
zugleich – ohne es selbst zu wissen – den Kanon der klassizistischen Ästhetik zerstörte. Er löste in der Tat das abstrakt-ideale
Schema, in dem die Ode bisher das Leben widergespiegelt hatte,
von innen heraus auf. Er führte die kleinen und großen Dinge des
Lebens in ihrer bunten Mannigfaltigkeit in die Dichtung ein. Die
Natur war bei ihm nicht mehr ein gepflegter klassischer Park mit Vögeln in den Büschen, Zephyren in der Luft, Hirten am Ufer des
Baches, sondern eine wirkliche Landschaft, konkret und plastisch,
frei von literarischen Klischees und Pasticcios, wiedergegeben mit
optischer und akustischer Sicherheit. Weder die große noch die
kleine Welt, die sich so dem Leser auftat, war in lebensfernen
idealen Umrissen gezeichnet, beide waren von Farben und Schatten
belebt. Und Deržávin strebte nicht danach, sich zu einem erhabenen
Seher zu erhöhen, der die Natur von einem Punkt außerhalb betrachtet, er war ein Dichter, der den Mut hatte, als Mensch von
Fleisch und Blut zu fühlen und zu denken. Er hat den Begriff des
Dichters umgedeutet.

Er war sich selber wohl bewußt, etwas Neues und Dauerndes geschaffen zu haben. Im Jahre 1796 schrieb er sein Gedicht *Das Denkmal* (*Pám'atnik*), eine Paraphrase der berühmten Ode von HORAZ.
Hier prophezeite er sich selber, daß sich sein dichterischer Ruhm vom
Weißen Meer im Norden bis zum Schwarzen Meer im Süden, von
der Volga, dem Don und der Neva bis zu den Bergketten des Uráls
verbreiten werde, weil er der erste gewesen sei, der es gewagt habe,
in frischer russischer Rede sowohl *Felícas hohe Tugend* und Gottes
weises Antlitz *mit fromm-einfältigem Herzen* zu preisen als auch den
Mächtigen dieser Erde *lächelnd* die Wahrheit zu sagen. Mit diesen
knappen Worten präzisierte er seine sprachliche Großtat: die frische
russische Rede statt der ernsten und schweren slavorussischen Sprache
der Vergangenheit geschaffen zu haben, seine stilistische Großtat:
lächelnde und befreiende Ironie in die starre Form der Ode gegossen
zu haben, und endlich seine gedankliche Großtat: traditionelle Panegyrik mit unverhüllter Kritik und religiös betontem Humanismus
vereinigt zu haben.

11. DIE TRAGÖDIE NACH SUMARÓKOV

Die sehr persönlich gefärbte Lyrik DERŽÁVINS verriet in ihrer
ganzen Form die ersten Symptome einer beginnenden Revision der
klassizistischen Literaturauffassung. Diese Revision äußerte sich in
zahlreichen Zugeständnissen, die die bisher so streng formale und
abstrakte Literatur den Forderungen machen mußte, die von der
neuen demokratisch-adligen, realistisch orientierten Leserschaft an
die Dichter gestellt wurden. Diese fand es allmählich immer weniger
befriedigend, sich mit literarischen Formen begnügen zu müssen, die
direkt aus Frankreich übernommen waren und die Ideen ausdrückten
oder Verhältnisse schilderten, die zwar einer erhabenen, aber ganz
unwirklichen Welt angehörten. Wenn jetzt sogar die Ode, wie sie von
DERŽÁVIN geformt war, deutlich die Neigung verriet, Form und
Idee aktuell und konkret, wirklichkeitsnah und alltäglich zu gestalten, um wieviel stärker mußten sich dann nicht dergleichen Tendenzen in anderen Literaturarten geltend machen, die infolge der vor-

herrschenden Stilauffassung der Sprache des Alltags und damit auch dem wirklichen Leben näherstanden als die Ode ? Diese neuen Tendenzen, die eine immer größere Natürlichkeit der Literatursprache erstrebten, äußerten sich ideemäßig in recht chaotischer Weise. Das klassizistische System war ins Wanken geraten, konnte aber vorläufig durch kein anderes ersetzt werden. Die Norm wurde weiter aufrechterhalten. Das Neue bestand nur in Abweichungen von der Norm, in der Auflehnung gegen die Norm, in Befreiungsversuchen, die nicht zur Freiheit führten.

Am schwächsten kamen diese realistischen Tendenzen in der Tragödie zum Ausdruck. Die große Masse der Tragödien, die in der zweiten Hälfte des 17. Jahrhunderts verfaßt wurden – und es wurde tatsächlich eine ansehnliche Menge von Tragödien verfaßt –, bedeutete keine prinzipielle Weiterentwicklung der Sumarókovschen Tragödientradition. Im Gegenteil, diese blieb nach wie vor die feste Grundlage aller dramatischen Literatur, sie blieb nach wie vor das Muster jedes klassizistisch eingestellten Dramatikers. In einzelnen Ausnahmen spüren wir aber schon deutliche Abweichungen von der Tradition. Diese Abweichungen waren von der Entwicklung angeregt, die die französische Tragödie nach Racine durchgemacht hatte. Sie standen – bezeichnenderweise – entweder im Zeichen der Empfindsamkeit oder waren dem Geist des immer mehr bewunderten und vergötterten Voltaire verpflichtet.

Der ungeheuer fruchtbare Michaíl Cheráskov, der berühmte Dichter der *Rossiade*, trat auch in dem Sinne in die Fußstapfen seines Lehrmeisters Sumarókov, daß er mit großem Eifer Tragödien schrieb, hauptsächlich in den sechziger und siebziger Jahren des 18. Jahrhunderts (mit einigen Nachzüglern um die Jahrhundertwende). Seine *Plaména* war eigentlich nur eine einfache Bearbeitung der Sumarókovschen *Semíra* und somit eine pseudohistorische, pseudorussische Tragödie wie diese. Sein *Borisláv*, dessen Schauplatz nach Böhmen verlegt war, der ursprünglich aber das Schicksal Borís Godunóvs behandelt hatte, setzte im Grunde genommen nur den *Pseudo-Demetrius* von Sumarókov fort. Seine *Götzendiener oder Goresláva* (*Idolopoklónniki íli Goresláva*) behandelten gleichfalls ein fiktives national-historisches Thema. Dabei war es für Cheráskovs Empfänglichkeit neuen literarischen Impulsen gegenüber charakteristisch, daß er auch Verskomödien wie etwa den *Atheisten* (*Bezbóž-nik*) schrieb, die eigentlich tragisch waren und moderne Probleme behandelten und die so die traditionelle Grenze zwischen den Gattungen aufhoben; er´ schrieb sogar ausgesprochen empfindsame Schauspiele, die das sentimentale und romantische Zeitalter der russischen Literatur ankündigten, wie etwa das Drama *Der Freund der Unglücklichen* (*Drug neščástnych*), das in Künstlerkreisen spielt, oder das Drama *Die Verfolgten* (*Gonímyje*), dessen Schauplatz Spanien ist. Aber schon seine Erstlingsarbeit, die Tragödie *Die Nonne von Venedig* (*Veneciánskaja monáchin'a*, 1758), handelte von ganz gewöhnlichen, nicht-fürstlichen Personen und einem wirklichen und damit auch aktuellen Ereignis: die junge Zanetta, die erfahren hat, daß ihr Geliebter Corance im Kriege gefallen sei, beschließt, allein und elternlos, wie sie ist, ins Kloster zu gehen; als aber der fälschlich totgesagte Corance gesund heimkehrt und erfährt, daß Zanetta ins Kloster geflohen ist, schleicht er sich durch ein ausländisches Gesandtschaftsgebäude, dessen Betreten bei Todesstrafe verboten ist, ins Kloster, wird festgenommen und gesteht – um die Ehre seiner Geliebten zu retten –, daß er die Absicht gehabt habe zu spionieren. Vor seiner Hinrichtung schreibt er Zanetta einen Brief, um ihr den richtigen Zusammenhang zu erklären, und als sie, diesen Brief in der Hand, Corances Vater um seine Rettung anfleht und hört, daß sie zu spät gekommen ist, sticht sie sich in Verzweiflung die Augen aus, worauf Corance Selbstmord begeht. Wir finden also in dieser Tragödie bereits die Neigung, die Handlung in eine weniger vornehme Umwelt zu verlegen und ihr einen empfindsamen Charakter zu geben. Aber auch was die Form anbelangt, durchbrach CHERÁSKOV hier schon die klassizistische Norm, indem er die Tragödie nicht in fünf, sondern in drei Akte einteilte.

Es ist leicht zu erkennen, daß das Mißverständnis, welches die blutige Tragödie des Liebespaares in der *Nonne von Venedig* bedingt, den Tragödienstil VOLTAIRES voraussetzt, wo alles auf die Spitze getrieben wird, wo nicht nur die Leidenschaften der Liebe, sondern auch alle anderen Leidenschaften rasen, wo die Handlung das höchste Interesse der Zuschauer erregt und wo Mißverständnisse und verspätete Nachrichten oft verhängnisvolle Wirkungen haben. Ohne Zweifel hatte nicht nur CHERÁSKOV, sondern auch JÁKOV

Borísovič Kn'ažnín (1742–91), der bedeutendste Tragödiendichter
der Zeit, die Schule Voltaires durchgemacht, obwohl beide grundsätzlich Schüler Sumarókovs und damit – indirekt – auch Anhänger
Racines waren.

Kn'ažnín war sogar Sumarókovs Schwiegersohn. Der Übung
halber hatte er Racines Tragödien in russische Blankverse übersetzt.
In seiner nationalen Tragödie *Jaropólk und Vladímir* (1772), die in
demselben falschen Sinne national war wie die meisten Tragödien
Sumarókovs, formte er den Stoff, der dem fiktiven russischen Altertum entnommen war, nach dem Schema von Racines *Andromaque*.
Er beschäftigte sich auch eine Zeitlang mit Metastasio und arbeitete
seine Tragödien nach den Grundsätzen Sumarókovs um. Sein erstes
Werk, die Tragödie *Dido* (1769), war nur eine Bearbeitung von Metastasios *Didone abbandonata*, seine Tragödie *Der milde Titus*
(*Títovo milosérdije*, 1785) ging unmittelbar auf Metastasios *Cle-
menza di Tito* zurück. Zugleich aber war er stark von Voltaire beherrscht. Die *Sophonisba* (1786) Kn'ažníns war nur eine Bearbeitung der gleichnamigen Tragödie Voltaires, und in seinem *Vladi-
sán* (1786) erkennen wir deutlich motivische Fragmente aus Voltaires *Mérope*.

So gelangte Kn'ažnín durch verschiedenartige Einflüsse und Schulen Schritt für Schritt zu einer sehr selbständigen Auffassung der
klassizistischen Tragödiennorm. Man kann zwar sagen, daß er grundsätzlich das Werk Sumarókovs fortsetzte und somit den Racineschen
Stil vertrat, der bei ihm nie ganz der *comédie larmoyante* erlag,
aber andererseits legte er immer bewußter das Hauptgewicht auf
andere Faktoren als die, die für die ältere Tragödie charakteristisch
waren. Das bedeutete natürlich ein Zugeständnis gegenüber den
neuen Zeitströmungen, vor allem gegenüber der Forderung, zugunsten der Handlung auf klangvolle Aphorismen und Maximen zu
verzichten. Insoweit die Tragödie wie bei Racine im Zeichen der
Leidenschaften stand und ihr stärkstes Wirkungsmittel in der Feinheit der psychologischen Nuancierung, in der Dramatisierung bewegter Seelenzustände wie etwa der Liebe, der Begierde, der Eifersucht, der Reue, der Sehnsucht erblickte, mußte sie notwendigerweise vor allem die Poesie des Stils pflegen, die Kunst des Wortes, den
Vergleich, die Metapher, das Epitheton ornans, den wohlgeformten

Satz, der zu Zitaten geeignet war, – und zwar auf Kosten rein äußerer szenischer Effekte. Das erlaubte gerade RACINE und seinen Schülern, ein Maximum von seelischer Bewegung und ein Minimum von Handlung zu bieten. Bei SUMARÓKOV war dieses Minimum von Handlung nur scheinbar von einem Maximum von seelischer Bewegung aufgewogen, aber nichtsdestoweniger war auch für ihn die Wortkunst das vornehmste Ziel und der eigentliche Inhalt der Tragödie. Statt nun das Gleichgewicht dieser Elemente, das für RACINE charakteristisch war, wiederherzustellen, wählte KN'AŽNÍN interessanterweise den entgegengesetzten Weg zur Motivierung – oder zur Beseitigung – des geringen lyrisch-psychologischen Gehalts: er steigerte mit allen zu Gebot stehenden Mitteln die Dramatik. Die Liebe mußte bei ihm anderen Leidenschaften Platz machen. In dieser Beziehung war er der Schüler VOLTAIRES.

Gerade VOLTAIRE hatte die Beschränkung der Liebe auf die Rolle, die ihr gebührte, und die Einführung anderer Leidenschaften – des religiösen Fanatismus etwa oder des politischen Ehrgeizes – verlangt. Wenn die Liebe durchaus auf der Bühne in Erscheinung treten mußte, dann sollte sie sich mit hemmungsloser Gewalt entfalten. In seiner an die Fürstin DÁŠKOVA gerichteten Widmung der Tragödie *Rosslá́v* (1784) sprach KN'AŽNÍN eine ganz analoge Anschauung aus: er verzichtete darauf, die Wurzel des Tragischen im Bereich der Liebe zu suchen, und behauptete, daß die Tragik vielmehr in dem Siege großer moralischer Grundsätze und Leidenschaften (der Tugend, der sozialen Pflicht, der adligen Ehre, des politischen Freiheitsstrebens) über private Gefühle bestehe. Es ist sicher dem Einfluß VOLTAIRES zuzuschreiben, daß die Handlung seiner bedeutendsten Werke, der schon erwähnten Tragödie *Rosslá́v* und der drei Jahre später verfaßten Tragödie *Vadím von Nóvgorod (Vadím Novgoródskij)*, unter Unterdrückung des privaten Elements das politische und aktuelle Moment hervorhob. Beide Tragödien müssen sicher im Zusammenhang mit der Spannung zwischen Rußland und Schweden betrachtet werden, die schließlich zu einem offenen Krieg zwischen den beiden Mächten (1788–90) führte.

Rosslá́v war ein junger russischer Edelmann, der in schwedische Gefangenschaft geraten war, und die Handlung, die nach Stockholm verlegt war, schien um 1521 vor sich zu gehen. Der Stoff war gänz-

lich unhistorisch. Die Tragödie sollte als Verherrlichung des russischen Ehrgefühls und des russischen Heroismus verstanden werden.
Das Liebesverhältnis zwischen Rossláv und einer schönen schwedischen Prinzessin (die überraschenderweise den exotischen Namen
Zafíra trägt) konnte sein hohes Pflichtgefühl durchaus nicht zum
Wanken bringen. Er gewann denn auch seinen wohlverdienten Lohn,
während seine Gegner, der König von Schweden und der schwedische Feldherr Kedár, eines schmählichen Todes sterben mußten.
Die komplizierte Handlung war mit Paradeszenen, Schloßaudienzen,
nächtlichen Gefängnisszenen, Hinrichtungsszenen, Aufruhrszenen
und Massenauftritten aufs reichste ausgestattet.

Der *Vadím von Nóvgorod* (1789) war offenbar teils unter dem Eindruck des schwedisch-russischen Krieges, teils auch unter dem Eindruck der revolutionären Bewegung in Frankreich entstanden.
Kn'ažnín schlug hier als gelehriger Schüler Voltaires sehr kräftige republikanische Töne an. Diese Aktualisierung war besonders
auffallend, da der Stoff der Tragödie der ziemlich apokryphen russischen Urzeit entnommen war und republikanische Ideen daher
einen sehr schlimmen Anachronismus darstellten. Aber genau wie
alle anderen klassizistischen Tragödiendichter übertrug auch Kn'ažnín ohne Bedenken die Ideen, Gebräuche und Kleider seiner eigenen
Zeit auf die Urzeit. Auch er ließ das nationale russische Pflichtgefühl
in recht makabrer Weise über die Liebe siegen, zudem auf einer Stufe
in der Entwicklung der Handlung, wo alles eine glückliche Lösung
des Konfliktes möglich zu machen schien. Der Held der Tragödie,
der stolze Freiheitskämpfer Vadím, bewog seine patriotische Stadt
Nóvgorod zum Aufruhr gegen den fremden varägischen König
R'úrik, wurde aber von diesem besiegt. Mit ritterlicher Großmut
(die an sich ganz ungeschichtlich war) schlug R'úrik ihm vor, die
Macht in Nóvgorod zu übernehmen. Aber der unbeugsame Republikaner verschmähte das Geschenk des Tyrannen und beging im letzten Augenblick Selbstmord, und obgleich Ramída, seine Tochter, die
edelste Liebe für R'úrik empfand, folgte sie ohne Zögern dem Vorbild ihres Vaters. Ein echter Republikaner konnte unter keinen Umständen von einem auch noch so edlen Alleinherrscher eine Gunst
annehmen. Kn'ažnín war zwar klug genug, die tönenden revolutionären Tiraden Vadíms zu mildern und seinem Fanatismus dadurch

ein gewisses Gegengewicht zu geben, daß er den Vertreter des Absolutismus, den Varägerkönig, als ziemlich menschlich und sympa-
thisch darstellte. Nichtsdestoweniger wagte er es nicht, sein Werk zu
veröffentlichen und dadurch möglicherweise den Zorn der Kaiserin
heraufzubeschwören. Die Tragödie erschien erst 1793, zwei Jahre
nach dem Todes des Dichters, und die Fürstin DÁŠKOVA, die vielleicht geflissentlich die ihr nicht mehr besonders günstig gesinnte
Kaiserin durch die Aufnahme der Tragödie in die Schriften der Akademie ärgern wollte, zog sich damit ihren wütenden Zorn zu. Die
milde Muse DERŽÁVINS war in der Zwischenzeit nicht nur eine alte
Dame, sondern auch eine ziemlich despotische Alleinherrscherin geworden, die mit tiefstem Mißtrauen die Entwicklung der revolutionären Ideale in der russischen Gesellschaft beobachtete.

Schon früher hatte sie Anlaß gehabt, den republikanischen und
liberalistischen *Voltairianismus* gefährlich zu finden, der auf der
Bühne allmählich zu Wort kam. Ein durchaus nicht besonders
hervorragender Dichter, NIKOLÁJ PETRÓVIČ NÍKOLEV (1758–1815),
dessen Erblindung in jugendlichem Alter ihm das aufrichtige Mitgefühl seiner Zeitgenossen gewann, hatte schon 1775 eine Tragödie
geschrieben, die in ganz unzweideutiger Weise zwar nicht die Republik, wohl aber die konstitutionelle Monarchie als Staatsideal verkündete. Die Tragödie hieß klangvoll *Soréna und Zamír*. Ihre Handlung war wie bei vielen anderen Schauspielen der Zeit in eine vollständig ungeschichtliche Vergangenheit verlegt. Der russische Fürst
Mstisláv, der den polovezischen Fürsten Zamír von Pólotsk (!) bekämpft, nimmt dessen Gattin, die schöne Soréna, gefangen und verliebt sich heftig in sie. Er sucht vergebens ihre Gunst zu gewinnen.
Als ihm auch Zamír in die Hände fällt und, obwohl er verkleidet ist
und sich Ostán nennt, von ihm erkannt wird, beschließt Mstisláv
hinterlistig, ihn zum Christentum zu bekehren und dadurch seine
heidnische Ehe mit Soréna ungültig zu machen. Soréna, die ihren
Gatten liebt, will Mstisláv ermorden, verwechselt ihn aber in der
Dunkelheit mit ihrem eigenen Mann, worauf sie Selbstmord begeht.

NÍKOLEV, ein Verwandter der Fürstin DÁŠKOVA, war kein Anhänger der Tradition SUMARÓKOVS. Er verspottete ihn sogar bei
seinen Lebzeiten in der Komödie *Der eitle Versemacher* (*Samo-
l'ubívyj stichotvórec*, 1775). Dagegen übernahm er bewußt und offen

die Prinzipien VOLTAIRES. Jeder Kenner VOLTAIRES entdeckte leicht die kompositionelle und technische Verwandtschaft dieser Komödie mit seiner *Alzire* und fand sofort Reminiszenzen aus dem *Mahomet* und anderen Tragödien des französischen Dichters. Die Tendenz in *Soréna und Zamír* war aufs engste mit Ideen verwandt, die man in gewissen aristokratischen Kreisen hegte, weil man es bedenklich fand, daß unumschränkte Macht einer absoluten Alleinherrscherin in die Hand gegeben war. Es wirkt wie eine Demonstration, wenn der edle Zamír-Ostán auf der Bühne die Freiheit als sein einziges Gesetz anerkennt, wenn der russische Alleinherrscher als *ein Tiger* bezeichnet wird, wenn die Zuschauer von der Szene aufgefordert werden, *den Fall der Tyrannen* zu beschleunigen, oder wenn das frei erfundene polovezische Reich als ein demokratischer Idealstaat geschildert wird, wo der Fürst nur *ein Freund auf dem Throne* sei. Die hohe Stadtobrigkeit von Moskau wollte 1787 die Aufführung der Tragödie verhindern. Nur dank dem persönlichen Eingreifen der Kaiserin wurde die Vorstellung durchgeführt. Sie meinte – naiver- oder heuchlerischerweise –, wenn der Dichter in seinem Stück von Tyrannen spreche, habe er sicher nicht sie im Auge, da sie allgemein als *die Mutter des Landes* betrachtet werde.

NÍKOLEV nahm seine Tragödie nicht in seine *Gesammelten Schrif- ten* auf. Dagegen war deren zweiter Band voll von Triumph-Oden zur Verherrlichung des kaiserlichen Hauses, vor allem Katharinas II. Die Französische Revolution hatte NÍKOLEV plötzlich bekehrt. Für ihn war VOLTAIRE fortan nur ein Vertreter *der falschen Freiheit und der bösen Eitelkeit.*

12. DIE KOMÖDIE NACH SUMARÓKOV

Es lag in der Natur der Sache, daß die Aktualisierungstendenz, die wir so deutlich in der Tragödiendichtung der siebziger und achtziger Jahre wahrnehmen, nicht zu einer wirklichen Erneuerung der klassi- zistischen Dramatik führen konnte. Abgesehen von dem rein ideen- mäßigen Gehalt, der starken Schwankungen unterlag, hielt die Tra- gödie grundsätzlich ihre formalen Eigenschaften, ihre traditionelle

Norm aufrecht. Idee und Form entsprachen einander nur schlecht, und von einem tieferen Realismus in der Menschenschilderung und Milieucharakteristik konnte keine Rede sein. Weit schärfer trat dieser Umschwung vom Abstrakt-Idealen zum Aktuellen und Konkreten in der Komödie hervor, die gerade in dem hier behandelten Zeitraum sehr bedeutungsvolle und auch erfolgreiche Versuche machte, sich von der französischen Form zugunsten eines originalen russischen Realismus zu befreien.

Das junge russische Theater hatte seit seiner Eröffnung in den fünfziger Jahren schnell das ganze französische Komödienrepertoire vom großen MOLIÈRE bis zu seinen kleinsten Epigonen in der ersten Hälfte des 18. Jahrhunderts durchgespielt. Es hatte sich rasch ein Stab von mehr oder weniger tüchtigen Theaterübersetzern gebildet, die sich bestrebten, die ältere und zeitgenössische französische Komödie in ein möglichst geschmeidiges russisches Sprachgewand zu kleiden. Es ist nur natürlich, daß diese Übersetzertätigkeit die russischen Dichter in hohem Grade im Gebrauch eines lebendigen und kultivierten Gesprächsstils übte. Besonders gründlich studierte man MOLIÈRE. Allein in den Jahren 1757 und 1758, unmittelbar nach der Gründung des kaiserlichen Theaters in St. Petersburg, waren mindestens ein Dutzend seiner besten Komödien in russischer Übersetzung erschienen. Mit unermüdlichem Fleiße war besonders IVÁN IVÁNOVIČ KRÓPOTOV (1724–69) tätig gewesen, indem er die großen Komödien *L'Avare*, *Tartuffe*, *L'École des femmes* und *L'École des maris* übersetzte. Zu diesen Übersetzungen gesellten sich IVÁN JELÁGINS Übertragung des *Misanthrope* und P'OTR SVISTUNÓVS Übersetzungen des *Bourgeois-gentilhomme* und des *Amphitryon*. Man wurde aber auch mit der nach-MOLIÈREschen Komödie gründlich bekannt. Die besten Komödien von DESTOUCHES, REGNARD, CAMPISTRON, LEGRAND, LAFONT und vielen anderen eroberten in rascher Folge die russische Bühne. Kein einigermaßen bedeutender Name fehlte in der Liste französischer Komödiendichter.

Es ist kein bloßes Kuriosum, daß auch der dänische Lustspieldichter HOLBERG einen bedeutenden Platz in dieser hervorragenden Gesellschaft einnahm. Die Ausstrahlung der französischen Theatertechnik auf ein nicht-französisches Substrat und die Umformung dieser Technik auf fremdem Boden waren natürlich besonders lehrreich für russische Schriftsteller. Baron LUDVIG VON HOLBERG – unter dieser vollen Angabe des Titels und Namens wurde er dem russischen Publikum präsentiert – war für die fortschrittlich eingestellten Russen überhaupt einer der führenden großen Geister, ein Vertreter des europäischen Rationalismus. Freilich war man nur durch deutsche Vermittlung mit ihm in Berührung gekommen. Schon 1757 hatte MOLIÈREs Bewunderer KRÓPOTOV den *Don Ranudo di Colibrados* ins Russische übertragen. Ein wirklicher Kenner HOLBERGs war der Schriftsteller ANDRÉJ ANDRÉJEVIČ NÁRTOV, der in den Jahren 1760–65 sowohl *Heinrich und Pernille* als auch *Plutus* und *Jeppe vom Berge* übersetzte. Zwei andere Übersetzer – ALEKSÁNDR GRIGÓR'- JEVIČ KÁRIN und IVÁN PERFÍL'JEVIČ JELÁGIN – versuchten sich an der berühmten Komödie *Jean de France*, die bei dem einen zu *dem aus Frankreich heimgekehrten Russen* (*Rossiján in, vozvrativšijs'a iz Fráncii*), bei dem anderen kurzerhand zu einem *Franzosen-Russen* (*Francúz-rússkij*) umgetauft wurde. Wir haben Grund, anzunehmen, daß es auch eine russische Übersetzung *Des arabischen Pulvers* gegeben hat. Ja sogar METASTASIOS *Artaxerxes* wurde (1764) – mit dem Namen des dänischen Bearbeiters auf dem Titelblatt – als dessen Werk ins Russische übersetzt. Darüber hinaus ist festgestellt worden, daß der Däne HOLBERG für die Russen nicht nur eine Autorität auf dem Gebiet der Komödie war. Man interessierte sich auch für andre seiner Werke, für seine *Moralischen Fabeln* (übersetzt 1761), seine *Heldenbiographien* (übersetzt 1766) und *Heldinnenbiographien* (übersetzt 1767–68), seine *Geschichte des Königreichs Dänemark* (1765– 66), seine *Weltgeschichte* (1766), seine *Allgemeine Kirchengeschichte* (1773–74). Einige von diesen Werken wurden sogar als Lehrbücher in den Schulen und an den Universitäten benutzt.

Die ersten übersetzten Komödien, die natürlich eine für russische Zuschauer ganz fremde Welt widerspiegelten, und SUMARÓKOVs Nachahmungen, die diese Welt mechanisch übernahmen, hatten die Schauspieler an eine rein konventionelle Spielweise, an ein Spiel nach feststehenden Regeln gewöhnt, und die Zuschauer hatten sich ihrerseits daran gewöhnt, diese Darstellungsart als selbstverständlich zu betrachten. Die Regeln dieser Spielweise lagen aber gänzlich außerhalb der russischen Wirklichkeit. So wurde die Unwirklichkeit zu einem charakteristischen Zuge der Komödie. Aber sobald man

Überblick über das fremde Repertoire gewonnen und seine Regeln meistern gelernt hatte, mußten kritische Geister notwendigerweise die Frage nach dem Verhältnis der Komödie zur russischen Wirklichkeit aufwerfen. Die Komödie, die man auf der Bühne sah, machte den Anspruch darauf, das Leben darzustellen; aber das Leben, das sich in der Komödie spiegelte, war außer allem Zweifel fremd und unwirklich. Das grelle Mißverhältnis zwischen der Struktur der ausländischen Komödie und der aktuellen politischen und sozialen Wirklichkeit in Rußland wurde in den siebziger und achtziger Jahren des 18. Jahrhunderts klar als ein Problem erkannt, das eine Lösung erheischte. Die Diskussion, die aus diesem Anlaß entstand, mußte aber das Fundament des Klassizismus nur noch mehr untergraben.

Ein wahrer Brennpunkt für Diskussionen dieser Art war der Mittagstisch des klugen kaiserlichen Kabinettssekretärs und Theaterdirektors IVÁN PERFÍL'JEVIČ JELÁGIN (1725–94). Er war – wie wir schon wissen – lebhaft für Literatur interessiert (davon zeugt z. B. seine Übersetzung von PRÉVOSTS berühmtem Roman *Histoire du Chevalier des Grieux et de Manon Lescaut*) und beschäftigte sich eifrig mit Komödiendichtung. Er hatte die Gewohnheit, seine literarisch eingestellten Beamten VLADÍMIR LUKÍN und DENÍS FONVÍZIN zum Essen bei sich einzuladen, um mit ihnen alle möglichen literarischen Fragen zu besprechen. Man hat zuweilen JELÁGIN *den ersten russischen Slavophilen* genannt. Diese Bezeichnung war nur insofern treffend, als er aufs eifrigste an einer Emanzipation des russischen Geisteslebens von den engen Banden der französischen Kultur interessiert war. In seinem Kreise erkannte man, daß der französische Typus der Komödie, der allgemeinmenschliche Charakterfehler in einer fremdartigen sozialen Umwelt lächerlich machte, seine erhoffte literarische und moralische Wirkung auf das russische Publikum gänzlich verfehlte. Das Publikum war geradezu darauf eingestellt, daß die dargestellten Charaktere nichts mit russischer Wirklichkeit zu tun hatten und einfach nur erfundene Theaterfiguren waren. Man amüsierte sich vielleicht über die ausländischen Narren auf der Bühne, identifizierte sich aber keineswegs mit ihnen. Genau dasselbe war mit den Komödien SUMARÓKOVS der Fall: all die seelenlosen und possenhaften Kollegienschreiber, unwissenden Richter, selbstgefälligen Gecken, gelehrten Pedanten und aufgeblasenen

Geizhälse, die SUMARÓKOV vorführte, waren für die Zuschauer nur
Marionetten ohne Fleisch und Blut und blieben ganz ohne Wirkung, weil sie keine russische Grundlage hatten. Dazu kommt
noch der wichtige Umstand, daß mit der Eröffnung des ersten
russischen Volkstheaters im Jahre 1765 ein neues Publikum hervorgetreten war. Neben Personen von Rang und Würden traf man jetzt
so bürgerliche Gestalten wie Kaufleute, Handwerker und andere
Menschen niederer Herkunft. Diese Besucher verlangten Schauspiele, in denen wirkliche Menschen, Menschen aus der russischen
Gesellschaft auftraten.

VLADÍMIR IGNÁT'JEVIČ LUKÍN (1737–94) erkannte das aktuelle
Problem mit besonders klarem Blick. Ermutigt von seinem klugen
Chef, dem er bei der Übersetzung von PRÉVOSTS Roman dienst-
bereit geholfen hatte, wandte er sich auch bald öffentlich aufs nach-
drücklichste gegen den Konventionalismus und Schematismus der
zeitgenössischen Komödie. Er forderte, meistens in den theoretischen
Vorreden zu seinen eigenen Komödien, mit der größten Hart-
näckigkeit, daß Theaterstücke, die aus dem Französischen übersetzt
würden, zugleich auch *auf russische Sitten übertragen werden
sollten*, weil sonst *manche Spectatores gar keine Belehrung aus den
Komödien zögen*. Diese Betonung der sowohl im moralischen Sinn
als auch sonst belehrenden Aufgabe der Komödien war recht
charakteristisch für jene Zeit. LUKÍN fand es auch gänzlich unzulässig, daß die auftretenden Personen in übersetzten oder originalen
russischen Komödien reine Phantasienamen wie etwa *Clitandre* oder
Dorante trügen, daß die Fabeln der Komödien so oft auf ganz unrussischen Dingen wie Ehekontrakte, ausgefertigt von besonderen
Komödiennotaren, begründet seien und daß typisch russische Miß-
verhältnisse völlig verschwiegen würden. Die eigenen Komödien
LUKÍNS – wie z. B. *Der durch Liebe gebesserte Verschwender* (*Mot,
l'ubóv'ju isprávlennyj*, 1765), *Der von seiner Verblendung befreite
Eifersüchtige* (*Revnívyj, vývedennyj iz zabluždénija*), *Die belohnte
Beständigkeit* (*Nagražd'ónnoje postojánstvo*) oder *Der Kurzwarenhändler* (*Ščepetíl'nik*) und mehrere andere – waren praktische Versuche, die Theorie zu verwirklichen, wesentlich auf der Grundlage
von Vorbildern wie etwa den Komödien REGNARDS, CAMPISTRONS,
DESTOUCHES' u.a. *Der Kurzwarenhändler* war eine typisch LUKÍNSche

Übertragung der nach englischen Vorbildern verfaßten französischen Komödie *Le Bijoutier* auf russische Sitten. Diese Komödie gab dem russischen Bearbeiter reiche Gelegenheit, eine Reihe von Charakteren lächerlich zu machen, deren komische Eigenschaften in kennzeichnenden russischen Personennamen zum Ausdruck kamen. Die Namen waren von Wörtern abgeleitet, die ,händelsüchtig', ,leichtsinnig', ,oberflächlich', ,veraltet' usw. bedeuten (z. B. *Vzdorol'úbov, Legkomýslov, Verchogl'ádov, Starosvétov*). Lukín war sogar so kühn, russische Diener einen nordrussischen Dialekt sprechen zu lassen – zum größten Ärger mancher Zuschauer, die das ganz unerhört fanden.

Leider war Lukín trotz seiner vielen gesunden theoretischen Anschauungen keine wirklich originale Dichternatur. Er wurde von den Anhängern der Sumarókov-Schule aufs schärfste angegriffen, vielleicht vor allem, weil seine Komödien sehr deutliche Tendenzen zum *Larmoyanten* und Bürgerlich-Empfindsamen verrieten. Es war seinem Kollegen und persönlichen Gegner Denís Fonvízin vorbehalten, mit seinen glänzenden Komödien, die den kommenden Sieg des Realismus auf der russischen Bühne ankündigten, das neue russische Programm zu verwirklichen.

13. DIE KOMÖDIEN FONVÍZINS

Denís Ivánovič Fonvízin (1745–92) brach gegen Ende des Jahrhunderts endgültig mit der Tradition der Sumarókovschen Komödie und legte mit seinen berühmten Lustspielen *Der Brigadier (Brigadír)* und *Der Landjunker (Nédorosl')* den Grund zu einer wirklich eigenwüchsigen russischen Komödienform.

Diese Komödienform war freilich nach wie vor eine Variante der herrschenden klassizistischen Komödiengattung. Sie war nach wie vor durch eine Reihe ererbter konventioneller Züge bestimmt. Ihr Ziel war auch jetzt noch das utilitaristische Prinzip der französischen Komödie: *instruire en divertissant*, wie Destouches die Regel Horazens in der Vorrede zu seinem *Glorieux* übersetzt hatte. Auch Fonvízin sah seine Aufgabe darin, *durch Lachen die Sitten zu verbessern*. Infolgedessen war auch bei ihm die komische Wirkung nicht

so sehr in der Handlung oder in der Idee begründet als vielmehr in
der sorgfältigen Schilderung negativer Charaktere. Die Idee wurde
bei ihm oft hohl dozierend vorgebracht. Sie ging niemals direkt
aus der Fabel hervor, sondern war in sie hineingedeutet. Sie war
och immer recht ungeschickt in Gestalten personifiziert, deren
Γugend und Vernunft offenkundig waren, deren Seelenleben aber
unklar und gleichgültig blieb.

In anderer Beziehung aber brach Fonvízin resolut mit der literarischen Norm. Seine Komödien können nicht in demselben Sinn wie
die Molières, Destouches' oder Holbergs als *Eintypenkomödien*
bezeichnet werden. Bei ihm war die Szene oder Handlung nicht mehr
von einem klaren, eindeutigen Charakter in Reinkultur ohne nationale oder soziale Nebenbestimmungen (*dem Geizigen, dem Heuchler,
dem Eitlen, dem Verschwender* usw.) beherrscht. Vor allen Dingen
erweiterte Fonvízin den Rahmen seiner Komödien in der Weise,
daß er ganze Gruppen von Charakteren, sogar Gruppen von individuellen Personen einführte. Sodann aber betrachtete er sie durch
nationale oder soziale Prismen. Die Figuren verloren bei ihm ein allzu
abstraktes Gepräge. Sie wurden zu konkreten Gestalten, waren aber
zugleich außerordentlich repräsentativ für andere. Sie trugen das
Kleid ihres Standes, ihrer Klasse oder ihrer Umwelt. Fonvízins Anschauung vom Wesen der Komödie kann mit der Diderots vergli-
schen werden, wennschon sein Standpunkt vor allem durch die persönlichen Eigenschaften seines Talents, seine außerordentlich scharfe
Beobachtungsgabe, seinen psychologischen Scharfsinn, weit mehr
als durch seine theoretischen Prinzipien bestimmt war. Vielleicht
war seine literarische Entwicklung durch die Eigenart seiner Anfänge vorausbestimmt. Seine Entwicklung lag zwischen seinem Erstlingswerk, dem *Brigadier*, den er 1764 schrieb, und seinem Meisterwerk, dem *Landjunker*, den er in den sechziger Jahren in Angriff
nahm, aber erst 1782 abschloß.

Seine literarischen Anfänge standen nämlich im Zeichen Holbergs. Schon als Schüler hatte Fonvízin bei seinem ersten Besuch in
St. Petersburg Holbergs *Heinrich und Pernille* im Theater gesehen. Die Komödie machte sehr starken Eindruck auf ihn, und er
war ganz begeistert von ihr. Seine Laufbahn als Schriftsteller begann
damit, daß er neben vielen anderen Werken auch die *Moralischen*

Fabeln HOLBERGS ins Russische übersetzte. Schon seit langem war HOLBERG für ihn ein lehrreiches Beispiel dafür gewesen, wie die französische Komödienform in der literarischen und sozialen Sprache eines anderen Volkes umgebildet werden konnte. Daher mußte die Komödie HOLBERGS, die die deutlichste anti-französische Tendenz hatte, sein größtes Interesse wecken. Wie wir wissen, hatte sein Vorgesetzter, der Kabinettssekretär JELÁGIN, HOLBERGS *Jean de France* übersetzt. Es ist daher kein Wunder, daß die erste Komödie FONVÍZINS, *Der Brigadier*, gewissermaßen als eine sehr sorgfältig durchgeführte Übertragung des *Jean de France* auf russische Sitten aufgefaßt werden kann. Unter dem Eindruck der Gespräche an JELÁGINS Tisch verwirklichte FONVÍZIN in wahrhaft meisterlicher Weise die Grundsätze LUKÍNS.

Der gallomane Stutzer FONVÍZINS, *Ivánuška*, d. h. *Hänschen*, war eine russische Variante des HOLBERGSchen Hans Frandsen oder Jean de France, der eben aus Paris heimgekehrt ist. Der russische Dichter unterließ es aber, ihn zur Zentralfigur seiner Komödie zu machen. Er blieb bei ihm eine Einzelfigur unter mehreren dramaturgisch gleichberechtigten Personen. Darin bestand das Neue bei FONVÍZIN. Seine Vordergrundfiguren repräsentierten die ganze Masse des russischen Durchschnittsadels, so wie er sich auf dem Lande, in der Provinz, betrug. In diesem Umstand erkennen wir das erste Zeichen des Überganges von der traditionellen literarischen Veranschaulichung einer abstrakten Einzeleigenschaft zu einer ganz neuen Methode, zur Methode der Konkretisierung einer gesellschaftlichen Sphäre oder Klasse. Es war daher nur ein ganz belangloses Zugeständnis an die Tradition, wenn FONVÍZIN seine Komödie nach einer der auftretenden Figuren, dem Vater Ivánuškas, dem Brigadier, benannte. In dieser Gestalt verhöhnte der Dichter den militärischen Adel, er machte den Brigadier zu einem der unkomplizierten Haudegen seiner Zeit. Vielleicht begriff der Zuschauer, daß der alte verabschiedete Narr doch noch die Kriegsperiode Peters des Großen miterlebt hatte; er sah aber zugleich, daß die petrinische Tüchtigkeitskultur und strenge Soldatenmoral beim Brigadier gänzlich von der Routine und Uniformanbetung der Epigonenzeit verdrängt worden war. Zugleich war der Brigadier durch die lockere Moral, die auch den militärischen Stand ergriffen hatte, gründlich korrumpiert, ohne jenen äußeren Schliff erworben zu haben, der seine schlimmsten Schwächen einigermaßen hätte verschleiern können. In der Gestalt des würdigen Kumpans des Brigadiers, im Ratsherrn, der in der Komödie als künftiger Schwiegervater Ivánuškas auftritt, machte FONVÍZIN mit derselben Präzision den zivilen Beamtenstand seiner Zeit lächerlich, die verächtlichen, gierigen und bestechlichen Richter, die damit prahlten, daß sie die kaiserlichen Dekrete auf zwanzig verschiedene Weisen *verdrehen* könnten. In seiner Gestalt wurde die Korruption der elisabethanischen Zeit an den Pranger gestellt. Das Stück ist so zu verstehen, daß der Ratsherr sofort seinen Abschied genommen hatte, als das Gesetz gegen die Bestechlichkeitsverbrechen erlassen worden war.

Die beiden betagten Herren waren – etwas schematisch – als in ihre Ehefrauen verliebt dargestellt, der Brigadier sogar als Rivale seines eigenen Sohnes. Die Frau des Ratsherrn, die die Stiefmutter der offiziellen Verlobten Ivánuškas war, trat als typische russische *Kokette* auf, die, um den vermeintlichen Forderungen der Mode zu entsprechen, gern bereit war, ihrem Gatten Hörner aufzusetzen, und zwar sowohl mit dem Brigadier als auch mit seinem Sohn, mit diesem, weil sie ebenso wie er für alles Französische begeistert war. Ihre Sprache war wie die des Brigadiersohnes mit französischen Brocken gespickt. Die gemütliche und einfältige Brigadierfrau mit dem ländlichen Namen Akulína Timoféjevna war ein Meisterstück in dieser Galerie zeitgenössischer Porträts. Sie war mit einer derartigen Treffsicherheit geschildert, ihre Sprache war dermaßen eine Kopie der gewöhnlichen Umgangssprache, ihre Anschauungen und Äußerungen waren so wirklichkeitstreue Ausschnitte aus dem geistigen Blickfeld der adligen Gutsdamen, daß die Komödie eigentlich nach ihr benannt zu werden verdiente. Die Zuschauer sahen eine lebendige Vertreterin jener Tausende von beschränkten, sparsamen, geizigen, bigotten, unwissenden und einfältigen, aber zärtlichen Müttern vor sich, die den Charakter ihrer Söhne durch Verzärtelung und Verweichlichung langsam verdarben. Besonders komisch wirkte an dieser Gestalt ihre vollständige Unschuld den galanten Bocksprüngen des Ratsherrn gegenüber. Sie wußte überhaupt nicht, was *faire l'amour* bedeutete, selbst wenn es ihr ins Russische übersetzt wurde.

Die Komödie FONVÍZINS war noch an einen literarischen Gattungsbegriff gebunden, der sich wie ein Filter zwischen die Wirklichkeit und ihr Spiegelbild in der Komödie stellte. Aber immer wieder wurde das abstrakte Schema von Wirklichkeitselementen durchbrochen, vor allem im Bereich der Sprache. Der Replikenwechsel nahm bei FONVÍZIN zuweilen antiliterarische idiomatische Formen an. Seine Komödie mußte als kühner und bisher unerhörter Versuch wirken, die Mittel der Sprache unmittelbar im Dienste einer ausdrucksmäßigen Charakterisierung der auftretenden Personen zu verwenden. Dazu kam noch, daß die Komödie erbarmungslos als Angriffswaffe gegen die gesamte Gesellschaftsstruktur gebraucht wurde, nicht etwa nur gegen eine einzelne Person oder die einzelnen Personen, die auf der Bühne erschienen. Dieser besondere Zug entsprang direkt jener politischen Atmosphäre, die Anfang der sechziger Jahre des 18. Jahrhunderts vorherrschend war, als der *Brigadier* entstand. Als die Komödie zwanzig Jahre später im Druck erschien, gewann sie abermals überraschende Aktualität.

Nach dem Staatsstreich Katharinas im Jahre 1762 hatte eine außerordentliche optimistische Stimmung alle patriotischen Gemüter innerhalb des freisinnigen intellektuellen Adels ergriffen. Die gespannte Erwartung bevorstehender Reformen, der Auflösung des alten, untauglichen, despotisch-monarchischen Systems, der Einsetzung neuer und aufgeklärter Führer im öffentlichen Leben statt der früheren routinierten Höflinge, die Hoffnung auf die Verwirklichung moderner, rationalistischer Ideen von Bürgerpflicht und Menschenrecht beherrschte auch den jungen Dichter des *Brigadiers*. Durch sein Amtsverhältnis zu dem hochgebildeten Kabinettssekretär JELÁGIN und späterhin zu dem Außenminister PÁNIN fühlte er sich mit dem neuen Regime aufs engste verknüpft. Er teilte besonders Pánins Überzeugung von der Notwendigkeit einer konstitutionellen Verfassung, die den Vertretern des Adels eine mitbestimmende Rolle zuteilen sollte, und half ihm sogar bei der Abfassung seines berühmten politischen Programms, das das Günstlingswesen abschaffen sollte. Seine Verachtung der Schwächen und Dummheiten der Vergangenheit, des Eigensinns und der barbarischen Sitten war eine direkte Folge seines Vertrauens auf die neue Zeit, auf das Zeitalter Katharinas, und er ließ sie freigebig und freudig in seiner scharfen Komödie zu Worte kommen. Freilich waren die beiden Idealfiguren, die er den lächerlichen negativen Helden gegenüberstellte, die milde und feine Sof'ja und ihr heimlicher Geliebter, der junge edle Dobrol'úbov, nur blasse und wenig lebensfähige Gestalten, aber sie waren doch als Träger der wahren Kultur, der wahren Bildung, Moral und Humanität gedacht und repräsentierten die Generation der neuen Zeit. Er ließ sie über die Kardinalsünden der alten Zeit, über Gallomanie und Unmoral, Roheit und Korruption, Jesuitismus und Heuchelei, Unwissenheit und Geiz siegen.

Als Fonvízin zwanzig Jahre später, als sich die Macht der Kaiserin in ihrer ganzen Eigenart entfaltet hatte, seine Komödie herausgab, besaß sie leider immer noch ihre volle Aktualität, und gerade darin lag eine vernichtende Verurteilung Katharinas, die in wesentlichen Dingen nicht weitergekommen war als ihre Vorgängerin Elisabeth. Aber noch viel schärfer war das Urteil, das Fonvízin in seiner gleichzeitig veröffentlichten neuen Komödie *Der Landjunker* fällte. Hier arbeitete der Dichter nämlich in noch größerem Ausmaß als im *Brigadier* mit russischem Stoff. Der letzte Rest von konventionellen Lustspielpossen, den man in seiner Jugendkomödie noch spüren konnte, war jetzt verschwunden. Die der Satire entsprungene Methode der Charakterisierung der Titelfiguren war jetzt auch überwunden. Der Dichter beherrschte seine neue direkte Charakterisierungstechnik vollkommen und gab seinem Stoff eine meisterliche vielseitige soziale Interpretation. Als Vertreter der aufgeklärten intellektuellen Opposition erkannte er klar, daß der von der Alleinherrscherin und ihren Günstlingen regierte Staat letzten Endes vom unaufgeklärten Massenadel beherrscht war, der seinerseits durch Privilegien aller Art geschützt wurde, alle Vorteile der barbarischen Leibeigenschaft genoß und die übrige Bevölkerung, insbesondere die Bauern, aussaugte. Das Recht des Landadels, die jungen Söhne auf dem väterlichen Gut zu behalten und sie von Privatlehrern (meistenteils ausländischen Abenteurern) unterrichten zu lassen, hatte dazu beigetragen, daß sich auf den kleinen und großen Herrensitzen ein gewissenloser Schul- und Erziehungsschwindel ausbreitete. Die Erziehung eines neuen, aufgeklärten, verantwortungsvollen Geschlechts wurde dadurch in unheilvoller Weise gehemmt. Gerade dieses soziale und kulturelle Übel behandelte Fonvízin in seiner neuen Komödie, und der Stoff selbst zwang ihn, ein breites Bild des provinziellen russischen Herrenlebens zu zeichnen. Zum erstenmal sah das russische Publikum wirkungsvoll und unverhüllt aktualisierte Theaterkunst.

In der neuen Komödie drehte sich alles um den Landjunker, den verwöhnten, dummen und rohen siebzehnjährigen Flegel Mitrofán (*Mitrofánuška*). Er war ein Zwillingsbruder Ivánuškas, der aber nie im Ausland, ja nicht einmal außerhalb der Grenzen seines Herrenhofes gewesen war, sondern sein junges sinnloses Leben in der Gesellschaft einer Schar von unwissenden, faulen und vertrunkenen Privatlehrern verbracht hatte. Auch in dieser Komödie war die eigentliche Zentralfigur die Mutter des Titelhelden, eine neue Variante des lebensnahen Typus Akulína Timoféjevna, ein unnachsichtiges Porträt der russischen provinziellen Durchschnittsmutter. Diesmal stattete aber Fonvízin seine Figur mit Willenskraft, Despotismus und praktischem Verstand aus. Dadurch gelang es ihm, die beschränkte und lächerliche Liebe der Mutter zu dem erzfaulen Sohn noch eindrucksvoller darzustellen. Eine eigentümliche komische Grandiosität wurde so dieser Madame Prostakóva zuteil, und der Ausgang der Komödie, der die katastrophale Niederlage ihrer ganzen Lebensanschauung bedeutete, grenzte fast ans Tragische, als ihre letzte Illusion, der Glaube an die Liebe ihres verwöhnten Sohnes, wie eine Seifenblase zerplatzte. Die Zuschauer lachten über die Tragödie dieser Mutter, weil sie als selbstverschuldet und wohlverdient erschien, als direkte Strafe für die unmenschliche Behandlung ihrer Untergebenen. Ihr Name war von dem Eigenschaftswort *einfältig* (*prost*-) abgeleitet, er paßte aber viel besser zu ihrem Mann, dem imbezilen Pantoffelhelden Prostakóv.

Auch in dieser Komödie war die Handlung sehr schematisch und eigentlich ohne innere Spannung. Fonvízin verwendete das bequeme Thema von der unerwünschten Heirat, die verhindert werden soll. Die Gutsherrin möchte ihren Sohn mit der klugen, aber recht farblos gezeichneten Sof'ja, die in ihrem Hause wohnt, verheiraten. Auch ihr Bruder – eine meisterhaft gezeichnete Nebenfigur –, der Viehfreund Skotínin, dessen Name von dem Worte *skot* = ,Vieh' abgeleitet ist, tritt als Sof'jas Freier auf. Diese selbst hat sich indessen in einen sympathischen jungen Offizier verliebt. Der Knoten der Komödie wird in ziemlich leichter, aber nicht besonders geistreicher Weise dadurch gelöst, daß Starodum, der Onkel Sof'jas, unerwartet aus dem fernen Sibirien, dem Land der lockenden neuen Möglichkeiten, heimkehrt und dafür sorgt, daß sie ihren Geliebten heiratet. Außerdem erscheint noch ein idealistischer junger Mann, ein Gouvernementssekretär mit dem vertrauenerweckenden Namen Právdin (von *právda* = ‚Wahrheit‘), ein Vertreter der angeblich aufgeklärten und humanen Regierung.

Er ist der reine *deus ex machina*, genau so nötig oder unnötig für den Verlauf der Handlung wie etwa der Leutnant in HOLBERGS Komödie *Erasmus Montanus:* wie dieser den gelehrten Pedanten und Phantasten Rasmus zum Soldaten macht, zwingt Právdin den Tunichtgut und Landjunker Mitrofán, der sich lange genug der vorgeschriebenen adligen Dienstpflicht entzogen hat, einfacher Kammerschreiber in der Gouvernementsverwaltung zu werden. Außerdem soll er den Zuschauern verkünden, daß Frau Prostakóva und ihr Mann wegen der unmenschlichen Behandlung ihrer leibeigenen Bauern unter öffentliche Vormundschaft gestellt worden sind. Diese Konfliktlösung enthielt eine kaum verhüllte Kritik der inneren Politik der Regierung. Sie war zugleich eine wirklich programmatische Erklärung des liberalen adligen Lagers. Denn es war gerade für das herrschende System charakteristisch, daß junge Flegel und Landjunker wie Mitrofán durchaus nicht gezwungen werden konnten, ihrer Dienstpflicht zu genügen, und daß Gutsbesitzer, wie brutal sie auch mit ihren Leuten verfahren mochten, nicht unter Vormundschaft gestellt werden konnten. In FONVÍZINS Mund klang die Verkündung Právdins wie eine Forderung an die Regierung. Und wenn in seiner Komödie die Behauptung Právdins, kein Gutsherr habe das Recht, seine Untergebenen zu prügeln, einen heftigen Protest von seiten der Frau Prostakóva hervorruft und diese sich auf einen kaiserlichen Erlaß über die uneingeschränkten Rechte des Adels zur Begründung ihrer Mißhandlung der Leibeigenen beruft, dann klang diese zynische Äußerung der einfältigen Frau wie eine indirekte Anklage gegen die ganze katharinäische Gesellschaftsordnung, die auf den unverdienten Privilegien eines dummen und unaufgeklärten Adels begründet war.

Es war ein großer Schritt vom Optimismus des *Brigadiers* zum Pessimismus des *Landjunkers*. FONVÍZINS Hoffnungen auf das Erblühen einer wahren Kultur unter der *milden* Herrschaft Katharinas II. waren nicht verwirklicht worden. Die Unkultur, die er in seiner ersten Komödie angegriffen hatte, beherrschte immer noch die wichtigste Klasse des Landes, den Gutsadel. In seiner zweiten Komödie wandte er sich, offenbar voll tiefster Enttäuschung, von seiner eigenen Zeit ab, um in der jüngsten Vergangenheit, in der redlichen, willensstarken und zielbewußten *eisernen* Zeit des großen Zaren Trost zu suchen. Aus diesem Grunde nannte er den Räsonneur seiner Komödie, der ihm als Sprachrohr diente, *Starodúm*: dieser Name erinnerte an die alte Denkweise (*star-* = ‚alt‘, *dum -* = ‚Gedanke‘). Er füllte die Repliken Starodúms und Právdins mit positiven fortschrittlichen Ideen von Menschenrecht und Bürgerpflicht, humaner Moral und geistiger Aufklärung und deutete diese jetzt als althergebrachte konservative Ideale. Im Innersten seiner Seele blieb FONVÍZIN seinem gesunden starken Rationalismus treu, obwohl er manche seiner idealistischen Illusionen hatte aufgeben müssen.

In den Äußerungen, die er seinem Räsonneur in den Mund legte, verwendeter Ideen, die von seinen Lieblingsautoren in der französischen Literatur stammten. Doch hielt er sich abseits vom scharfen Radikalismus der Enzyklopädisten, und obgleich er in seiner Jugend (1762) VOLTAIRES *Alzire* übersetzt hatte, bekannte er sich nicht zu seiner Philosophie. Stellenweise erinnern seine Maximen eher an die gesunde Philosophie, mit der der Leutnant im HOLBERGschen *Erasmus Montanus* den jungen Studenten Rasmus zu erziehen versucht. Wie dieser Leutnant, aber mit der Autorität eines weltklugen alten Hieronymus, stellte Starodúm *die durch Wissen veredelte Bescheidenheit* als menschliches Ideal hin: den Nachdruck legte er aber nicht auf das *Wissen*, sondern auf die *Bescheidenheit*. Obgleich weder der Inhalt noch die Tendenz der Komödie eigentlich dazu aufforderte, formulierte er gern dergleichen Aphorismen über soziale Kardinaltugenden: er betonte, daß Vernunft allein keineswegs genüge, um Bürger, Väter, Ehegatten vor Torheit zu schützen; er gab zu, daß die Wissenschaft in den Händen verderbter Menschen leicht *bloß ein Mittel zu bösen Taten* werden könnte. Solche Erwägungen genügten nicht, Menschen wie Frau Prostakóva und Skotínin zu edlen Mitgliedern der Gesellschaft zu machen. Er meinte dagegen, daß das vornehmste Ziel alles menschlichen Wissens *die Ehrbarkeit*, d. h. die soziale und moralische Würde sei, die allein die Vernunft im Kampf mit der Unvernunft unterstützen und ihr wahren Wert verleihen könne. Alle diese Gedanken, die in Starodúms Repliken verstreut sind, entsprangen keineswegs logisch oder psychologisch der Komödie als solcher, aber sie verhinderten eine unerwünschte Deutung ihrer Tendenz und bildeten ein praktisch-philosophisches System, das ein bedeutsames Gegengewicht zu jenem pessimistischen Bild moderner russischer Unkultur bildete, das im *Landjunker* gezeichnet war. Sie gaben dem Leser und Zuschauer Stoff zum Nachdenken. Im Grunde jedoch bewahrte Fonvízin die Ideale seiner Jugend, sie waren nur in konservative Gewänder gehüllt, ihnen fehlte bloß jene revolutionäre Färbung, die sie im *Brigadier* gehabt hatten.

So wurde Fonvízin der erste russische Komödiendichter, der den entscheidenden Schritt von der abstrakten Charakterkomödie zur aktuell eingestellten, konkreten Milieukomödie tat. Er wurde zum Vorläufer jener *Entlarvungsliteratur*, die im folgenden Jahrhundert mit ständig wachsender Stärke zur Geltung kommen sollte. Eine eigentliche Schule begründete er aber nicht, jedenfalls nicht sofort.

14. DIE KOMÖDIEN DER KAISERIN KATHARINA

In den letzten drei Jahrzehnten des 18. Jahrhunderts herrschte eine gewaltige Produktivität auf dem Gebiet der Komödie. Eine verwirrende Fülle von Lustspielen, Komödien und Possen erschien in der von der Fürstin Dáškova geleiteten großen Sammlung der Akademie der Wissenschaften *Das Russische Theater* (*Rossíjskij feátr*).

Eine ununterbrochene thematische Linie führte vom *Brigadier* Fonvízins zu den zahlreichen russischen *Jean-de-France*-Komödien, die in den siebziger und achtziger Jahren, ja sogar noch in den neunziger Jahren des 18. Jahrhunderts erschienen. Sie waren in der Hauptsache nach demselben Rezept geschrieben. Sie waren der Ausdruck einer immer stärker werdenden nationalen Selbstbesinnung, nicht aber einer wirklichen literarischen Emanzipation von den klassischen französischen Vorbildern. Wir finden immer wieder die gallomanen oder frankophilen Typen in verspottender Darstellung – in Dmítrij Vasíl'jevič Vólkovs fünfaktiger Komödie *Die Erziehung* (*Vospitánije*), die, 1774 geschrieben, erst 1787 gedruckt wurde –

in NIKOLÁJ NÍKOLEVs schon erwähnter fünfaktiger Komödie *Der eitle Versemacher* (*Samol'ubívyj stichotvórec*), die 1775 verfaßt, 1781 aufgeführt und 1787 gedruckt wurde – in Graf DMÍTRIJ IVÁNOVIČ CHVOSTÓVs dreiaktiger Komödie *Der russische Pariser* (*Rússkij parižánec*), die 1783 gedruckt, aber nie aufgeführt wurde – in der anonymen Komödie *Der russische Franzose* (*Rússkij Francúz*), die 1793 erschien.

Einen Sieg für die neue FONVÍZINsche Technik bedeuteten diese Komödien, wie gesagt, nicht. Im großen und ganzen ergoß sich der Strom der nach-MOLIÈRischen Komödien ruhig weiter, hin und wieder untermischt mit mehr oder weniger gelungenen Russifizierungen französischer Vorlagen nach den Prinzipien LUKÍNS. Mit Leichtigkeit konnte man in NÍKOLEVs unbedeutender Komödie *Der gelungene Versuch* (*Sčastlívaja popýtka*) die ebenso unbedeutende *Julie* von SAINTFOIX oder in KN'AŽNÍNS wertloser Komödie *Die Ehegatten als Rivalen* (*Suprúgi sovméstniki*) die jetzt ganz unbekannten *Amants déguisés* von DOVÉ wiedererkennen. Von größerer literarischer Bedeutung waren zwei andere Komödien KN'AŽNÍNS, nämlich *Der Großsprecher* (*Chvastún*) und die schon erwähnten *Sonderlinge* (*Čudakí*), in denen russische Sitten und Verhältnisse den Hintergrund bildeten, die aber beide auf nach-MOLIÈResche Vorlagen zurückgehen, auf den *Important de Cour* von DE BRUEYS und den *Homme singulier* von DESTOUCHES, beide Charakterkomödien der klassischen Art, konventionell aufgebaut auf der abstrakten Charakteristik absoluter Typen.

Das einzige wirklich bedeutende Talent auf dem Gebiet der Komödie neben FONVÍZIN war bemerkenswerterweise die Kaiserin selbst. In ihren zahlreichen, in russischer Sprache herausgegebenen Komödien aus den siebziger und achtziger Jahren erstrebte KATHARINA offenbar eine spirituellere soziale Motivierung der Komik als die, welche wir in den meisten russischen Komödien jener Zeit finden. Sie wollte ganz bewußt einen Gegenpol zu FONVÍZIN bilden, indem sie die Komödie von der Bahn der *beißenden* sozialen Satire, die leicht zu einer direkten politischen Opposition gegen die Regierung werden konnte, in die Bahn einer *lächelnden* sozialen Ironie hinüberzuleiten suchte. Sie selbst schlug – vielleicht wider besseres Wissen – den Wert ihrer Komödien sehr gering an. In einem Brief an

VOLTAIRE schrieb sie, daß *sie mannigfaltige Mängel hätten* und daß *die Intrige in ihnen schwach sei*. Dafür unterstrich sie aber nicht ohne Stolz, daß die Charaktere in ihren Komödien wirklichkeitstreu seien (*sie sind nach der Natur gezeichnet und konsequent durchgeführt*) und daß sie ihr Volk gut kenne. Gerade darin lag aber auch die eigentliche Schlagkraft der Komödien. Ihr sprachliches Kleid war elegant – ein Vorzug, der um so höher einzuschätzen ist, als die Muttersprache der Kaiserin bekanntlich nicht russisch, sondern deutsch und französisch war. Diese Tugend wird durchaus nicht dadurch verringert, daß ihre Mitarbeiter und Privatsekretäre, zuerst GRIGÓRIJ KOZÍCKIJ (gestorben 1775), dann ALEKSÁNDR CHRAPOVÍCKIJ (1749–1801), für die rein grammatische Richtigkeit der Repliken gesorgt hatten.

Die besten Komödien KATHARINAS aus der *lächelnden* Periode (1769–83) hießen *O Zeiten!* (*O vrém'a*), *Der Namenstag der Frau Griesgram* (*Imeníny gospoží Vorčálkinoj*) und *Frau Klatschmaul und ihre Familie* (*Gospožá Véstnikova i jejó sem'já*). Selbst durch und durch Frau, begabt und intelligent, richtete die kaiserliche Dichterin treffsichere satirische Anklagen gegen verschiedene Frauentypen, die aus einer Zeit zu stammen schienen, als Rußland noch nicht des Glückes der Aufklärung teilhaftig geworden war, das sie dem Lande geschenkt hatte. Mit liebenswürdigem und harmlosem Lachen verspottete KATHARINA diese bigotten und abergläubischen, verschwenderischen und geizigen, eitlen und mürrischen, einfältigen und launenhaften Frauen, die eher kleinbürgerlichen Klatschbasen als adligen Damen glichen. Sie bevölkerte die Szene mit zahlreichen komischen Nebenfiguren, deren Namen – nach den Grundsätzen LUKÍNS – unzweideutig ihre Haupteigenschaften verrieten: Modenarren, hochnäsige Adlige, ruinierte Lebemänner, bankerotte Geschäftsleute, lächerliche *petit-maîtres*. In den Augen der Kaiserin waren sie Menschentypen, die zum Aussterben verurteilt waren. Sie war tatsächlich überzeugt, daß es ihr und ihren Mitarbeitern gelingen werde, den Menschen im Laufe einer einzigen Generation vernunftgemäße, freisinnige, aufgeklärte Ideen beizubringen. Menschenseelen waren für sie *tabulae rasae*, das Volk war der Adel.

Indessen war die soziale Motivierung, die KATHARINA ihren Typen gab, außerordentlich schwach und bei weitem nicht so organisch wie bei FONVÍZIN. Ihre Technik bestand immer noch in einer recht oberflächlichen Übertragung allgemeingültiger Charaktere in russische Verhältnisse. Diese Charaktere waren von einer bestimmten Grundeigenschaft beherrscht, mit der nach festen Regeln gespielt wurde. In der Handlung fiel der Soubrette die wichtigste Rolle zu, sie hatte die Dinge vernünftig zu ordnen. Es war die traditionelle Theaterzofe, die LUKÍN so eifrig bekämpft hatte, weil die russische Leibeigenschaft alle Hausdiener in willenlose Sklaven verwandelt hatte und witzige Kammermädchen in der russischen Wirklichkeit einfach unmöglich waren. Die Charakterzeichnung war bei KATHARINA auch nicht durch die Handlung bedingt, und die Handlung folgte niemals psychologisch aus der Eigenart der Charaktere. Im Gegenteil, die Charakterisierung der Personen fand immer mit Hilfe einer direkten Porträtierung statt, die entweder die Form selbstenthüllender Monologe oder auch die Form satirischer Schilderungen annahm, die der witzigen Soubrette in den Mund gelegt waren. In diesem Falle erinnerten die Porträts an die *Caractères* LABRUYÈRES oder an die Artikel in ADDISONS *Spectator*. Wie lebendig und lebhaft die Komödien KATHARINAS auch sein mochten, so war ihre soziale Bedeutung doch sehr begrenzt. Die ersten Entwürfe zu den in den Komödien dargestellten Charakteren finden wir bereits in den satirischen Skizzen, die sie von Zeit zu Zeit anonym in der von der Fürstin DÁŠKOVA herausgegebenen Monatsschrift *Allerlei* (*Vs'ákaja vs'áčina*, 1769–70) veröffentlichte. Die ganze Haltung der Monatsschrift war durch die nachsichtsvoll *lächelnde* Toleranz der Kaiserin menschlichen Schwächen gegenüber bestimmt, fand aber keinen besonderen Beifall bei dem Teil des intellektuellen Adels, der sich mit Schriftstellerei abgab. Die russische Gesellschaftssatire ließ sich nicht von der Feder der kaiserlichen Schriftstellerin leiten oder zähmen, sondern behielt auch weiterhin sowohl in Komödien als auch in den immer zahlreicher auftauchenden Zeitschriften ihren aggressiven und bissigen Ton bei. Temperamentvoll, wie KATHARINA war, ließ sie sich in eine Polemik mit der Zeitschrift *Die Drohne* (*Trúten'*) ein, deren Herausgeber NOVIKÓV scharfe gesellschaftliche Kritik übte (1769–1770). Die Folge davon war, daß beide Zeitschriften verstummten.

Aber bezeichnenderweise nahm KATHARINA in den achtziger Jahren nicht nur ihre journalistische Wirksamkeit wieder auf, sondern auch die polemische Belehrung der Schriftsteller. Das geschah in der von der Fürstin DÁŠKOVA redigierten Zeitschrift *Gesprächsblatt für Liebhaber der russischen Sprache* (*Sobesédnik l'ubítelej rossíjskogo slóva*), die eine Folge von satirischen Skizzen und Essays der Kaiserin unter dem gemeinsamen Titel *Wahres und Erdichtetes* (*Býli i nebylícy*) brachte. Sie führten zu einem offenen Konflikt zwischen ihr und FONVÍZIN, der sehr wohl wußte, wer der Verfasser der anonymen Artikel war. Genau in demselben Jahre, als die Zeitschrift zu erscheinen begann, hatte FONVÍZIN eine durch ihren bissigen Witz und ihre Kampflust fast VOLTAIRisch anmutende *Allgemeine Hofgrammatik* (*Vseóbščaja pridvórnaja grammátika*) herausgegeben, in der er *Hofgrammatik* als *die Kunst* definierte, *listig mit Mund und Feder zu schmeicheln und solche Lügen zu sagen, die für die Mächtigen angenehm und für die Schmeichler vorteilhaft seien.* Zugleich hatte er in KATHARINAS eigener Zeitschrift zwanzig respektlose Fragen *An den Verfasser von Wahrem und Erdichtetem* gerichtet, d. h. zwanzig oppositionelle Meinungen formuliert, darunter die Forderung nach einer Verfassung, was geradezu unerhört kühn war in Anbetracht der Tatsache, daß Pot'ómkin gerade damals auf der Höhe seiner Macht stand. KATHARINA beantwortete eingehend alle zwanzig Fragen, wobei sie die durchsichtigen Anzüglichkeiten umging, zugleich aber – wie beiläufig – den Fragesteller mit einigen unzweideutigen Anspielungen daran erinnerte, daß der russische Nationalcharakter seine vornehmste Tugend nicht nur in einem *scharfen und geschwinden Verstand*, sondern auch in einem *vorbildlichen Gehorsam* besitze und jedenfalls mit einem *losen Munde* unvereinbar sei. FONVÍZIN erschrak so sehr über diese Antwort der Kaiserin, daß er sie in der folgenden Nummer der Zeitschrift demütig um Verzeihung bat und gelobte, nie wieder die Feder in die Hand zu nehmen.

KATHARINA hatte lange die Illusion genährt, daß ihr aufgeklärter abstrakter Rationalismus von der adligen Gesellschaft geteilt werde, als deren vornehmsten Exponenten sie sich selber betrachtete, und zwar mit nicht geringem Stolz. In dieser Beziehung aber mußte sie eine bittere Enttäuschung erleben. Diese Enttäuschung glich der FONVÍZINS und hatte bloß das entgegengesetzte Vorzeichen. Als FONVÍZIN eingesehen hatte, in welch krassem Gegensatz die ihn umgebende Wirklichkeit zu alledem stand, was KATHARINA bei ihrer

Machtübernahme versprochen hatte, konnte er nur den Schluß ziehen, daß sie dem Programm der Aufklärung untreu geworden sei. Als nun aber KATHARINA entdeckte, daß die intellektuellen Kreise des Adels sich in einer frondierenden Opposition zusammenfanden, mußte sie ihrerseits das so auffassen, daß der Adel sie im Stiche gelassen habe. Das Schicksal KATHARINAS als Herrscherin und Schriftstellerin trug das Gepräge einer tragischen Ironie. Von den egoistischen Wünschen des Adels und ihrer Günstlinge verleitet, hatte sie im Laufe der Zeit alle Hauptpunkte jenes radikalen humanen Programms wieder aufgegeben, das sie selber 1767 in ihrer berühmten *Instruktion* (*Nakáz*) an die Ständeversammlung formuliert hatte, die einberufen worden war, um eine neue Staatsverfassung zu entwerfen. Eine gelehrige Schülerin MONTESQUIEUS, die seinen *Esprit des lois* exzerpiert hatte, war sie mit der Zeit wegen der Wirkung ihrer eigenen Ideen bedenklich geworden und hatte schließlich sogar die Lektüre ihrer eigenen *Instruktion* verboten. Die korrespondierende Beschützerin und Freundin VOLTAIRES, DIDEROTS, GRIMMS und D'ALEMBERTS, die fleißige Leserin der französischen *Enzyklopädie*, aus der sie ihre Bildung geschöpft hatte, erschrak, als sie deren kritischen Geist bei ihren russischen Untertanen entdeckte. Ihre Aufklärungspolitik war nicht von genügend radikalen gesellschaftlichen Reformen begleitet gewesen und hatte es daher nicht vermocht, die Struktur der Gesellschaft zu ändern. Ihr ursprüngliches Ziel, die Schaffung einer modernen Verfassung, wurde nie erreicht. Statt dessen hatte sie unfreiwillig Ideen ins Leben gerufen, die sich in ihren Augen als der diametrale Gegensatz alles dessen ausnehmen mußten, was sie selber erstrebt hatte.

Sie sah nicht die Wirklichkeit mit ihrem brutalen adligen Klassenegoismus. Aus ihrer Antwort an FONVÍZIN ersehen wir, daß sie gesellschaftliche Mängel ausschließlich als verzeihliche menschliche Schwächen, oppositionelle Ideen dagegen als abschreckende und gefährliche Charakterfehler betrachtete. Sie hatte recht naiv gehofft, daß ihre neuen Schulen einer dankbaren und ergebenen neuen Generation die Lebensanschauung eines klaren und loyalen, positiven und autoritätstreuen Rationalismus vermitteln würden. Statt dessen sah sie ganz andere Geistesströmungen sich in der intellektuellen adligen Gesellschaft ausbreiten, um deren Sympathie sie vergebens

warb. Der Streit mit Fonvízin war nicht der einzige Beweis dafür
gewesen. In mancher Beziehung ihrer Zeit vorauseilend, hatte sie
sich in den achtziger Jahren des 18. Jahrhunderts von dem in
Frankreich entdeckten neuen britischen Genie William Shakespeare begeistern lassen und seine *Lustigen Weiber von Windsor* in
ihrer heiteren Komödie *Das kommt davon, wenn man einen Korb voll
Wäsche hat* bearbeitet (*Vot kakovó imét' korzínu i bel'jó*). Im Jahre
1786 ahmte sie seine *chronicle plays* in literarisch recht wenig gelungenen *historischen Spektakelstücken* nach, die *Aus dem Leben
R'úriks* (*Iz žízni R'úrika*) und *Der Regierungsbeginn Olégs* (*Načál'-
noje upravlénije Oléga*) hießen. Sie waren dadurch interessant, daß sie
bewußt *ohne Einhaltung der gewöhnlichen Theaterregeln* geschrieben waren. Das erste Stück gab eine ganz unhistorische und idealisierte Charakteristik des ersten varägischen Königs als eines aufgeklärten, rücksichtsvollen und klugen Alleinherrschers und Monarchen. Dieses Schauspiel regte 1789 Kn'aznín an, seine obenerwähnte Tragödie *Vadím von Nóvgorod* zu schreiben, in der er den
Gegner R'úriks zu einem idealistischen Republikaner und Freiheitskämpfer machte. So widerlegte er indirekt, aber deutlich genug
Katharinas Geschichtsinterpretation. Als diese Tragödie nach dem
Tode des Verfassers (1793) im Druck erschien, war Katharina sehr
darüber erzürnt, daß ein anderer es gewagt hatte, ihre Ideen zu korri-
gieren. Wieder sah sie sich diesen neuen Geistesströmungen gegenübergestellt, die in unklarer und wirrer Mischung sowohl den respektlosen Skeptizismus und Republikanismus im Stile Voltaires als auch
einen dunklen und verdächtigen Mystizismus umfaßten, dem revolu-
tionär-philanthropische, aufrührerische Tendenzen im Geiste Rousseaus nicht fehlten. Die milde, lächelnde, tolerante Haltung Katharinas war seit langem einer verbitterten Gereiztheit gewichen, die nur
nach einem passenden Objekt spähte, um sich zu entladen.

Dieses Objekt fand sie im russischen Freimaurertum, und gegen
dieses richtete sie nun eine ganze Folge von Komödien (1785–86).

Das Freimaurertum, das schon in den dreißiger Jahren des
18. Jahrhunderts nach Rußland eingedrungen war, begann sich
in den siebziger und achtziger Jahren in der kultivierten russischen
Gesellschaft mit Ungestüm zu verbreiten. Anfänglich war die Bewegung von dem Gedanken der Aufklärung getragen und verschloß

sich nicht einmal dem *Voltairianismus*, allmählich aber gewannen die mystischen und romantischen Strömungen die Oberhand. Der kaiserliche Kabinettssekretär JELÁGIN wurde Großmeister der zahlreichen russischen Logen. Der Kurator der Moskauer Universität, der Dichter CHERÁSKOV, war eifriges Mitglied eines Freimaurerordens. Die hervorragendsten Männer der Zeit ließen sich in die verschiedenen Logen aufnehmen. Der feingebildete Universitätsprofessor JOHANN GOTTFRIED REICHEL (gest. 1778), der Lehrer FONVÍZINS, hatte gewisse neue Ideen aus Deutschland mitgebracht; nach seinem Tode spielte Professor JOHANN GOTTLIEB SCHWARZ (gest. 1784), der auch aus Deutschland stammte, eine führende Rolle im russischen Freimaurerwesen, und im Verein mit seinem Freund, dem edlen, humanen Schriftsteller NIKOLÁJ NOVIKÓV, eröffnete er anonym eine großzügige philanthropische Wirksamkeit. KATHARINA nährte den Ehrgeiz des absoluten Herrschers, alle Fäden der kulturellen Bewegung selbst in der Hand zu halten, und duldete im Kulturleben keine spontane Initiative von anderer Seite. Sie fühlte sich beunruhigt, wenn sie sah, wie unkontrollierte soziale Institutionen, Schulen, Kinderasyle, Seminare und Hospitäler, ja sogar private und zum Teil geheime Verlage und Druckereien zu entstehen begannen. In einem kleinen französisch geschriebenen Dialog aus dem Jahre 1780, *Le Secret de la Société Anti-Absurde, devoilé par quelqu'un qui n'en est pas*, parodierte sie mit beißendem Sarkasmus die Aufnahmezeremonien der Freimaurerlogen. Jetzt konnte keine Rede mehr sein von lächelnder und liebenswürdiger Ironie, jetzt war die Ironie scharf und bissig.

Sie nahm einen geradezu drohenden Ton an, als die dramenschreibende Herrscherin in ihrer neuen Komödien-Trilogie, dem *Schwindler (Obmánščik)*, dem *Verführten (Obol'ščónnyj)* und dem *Sibirischen Schamanen (Šamán sibírskij)*, ihre scharfe Feder gegen den Mystizismus der Zeit richtete. In ihren Augen gab es keinen wesentlichen Unterschied zwischen Freimaurern, Theosophen, religiösen Schwärmern, Abenteurern und Schwindlern. Die Motive, die sie in ihren Komödien behandelte, waren Cagliostros berühmte Taschenspielerkünste, die Geheimniskrämerei der Martinisten, der Goldmacherschwindel der Alchemisten. Sie schloß aber bewußt die Augen vor der Tatsache, daß der Mystizismus und die Freimaurerbewegung nicht nur diese sichtbare lächerliche Außenseite hatten, sondern auch eine bedeutende und anerkennenswerte sozial-philanthropische Initiative hervorriefen. Ihre Komödien waren gegen die besten, gebildetsten und redlichsten Männer ihrer Zeit gerichtet, die für ihre kulturelle Wirksamkeit bloß eine neue Motivierung in religiösen Vorstellungen und im Glauben an Geheimwissenschaften suchten. Die Kaiserin, die Prophetin der Aufklärung, erntete Beifall bei den Dunkelmännern ihrer Zeit, bei der Masse des unaufgeklärten Adels.

KATHARINAS neue Komödien (1785–86), die nur einen sehr bedingten literarischen Wert hatten und jedenfalls nicht imstande waren, dem Freimaurertum ein Ende zu machen, waren in der Tat nur das erste Anzeichen der Gewaltpolitik, die sie unerbittlich gegen die verhaßten russischen *francs maçons*, im Volksmunde *farmazóny* genannt, führen sollte. Im Jahre 1790 wurde der Schriftsteller ALEKSÁNDR RADÍŠČEV, den KATHARINA als einen *Martinisten oder etwas derartiges* bezeichnet hatte, wegen seines gegen die Leibeigenschaft gerichteten Buches *Reise von Moskau nach St. Petersburg* zum Tode verurteilt. Das Todesurteil war ein aufsehenerregender und empörender Gewaltakt. Die Kaiserin erwies RADÍŠČEV die Gnade, es in lebenslängliche Verbannung nach Ostsibirien zu verwandeln. Zwei Jahre später (1792) wurde auch NOVIKÓV, dem man auch nicht das geringste Versehen nachweisen konnte und den der Erzbischof von Moskau selbst nach einem längeren Gespräch als den aufrichtigsten Christen in der Welt bezeichnen mußte, mit einer sehr schwachen Rechtsbegründung zu lebenslänglichem Zuchthaus in den Kasematten Schlüsselburgs verurteilt.

15. DIE ERSTEN SCHRITTE DER PROSA-LITERATUR

Während die Gattungen der Lyrik und des Dramas im französisch beeinflußten klassizistischen Zeitalter zur Blüte gelangten, genoß die künstlerische Prosa merkwürdigerweise keine besondere Gunst bei den Schriftstellern. Das mag um so weniger verständlich erscheinen, als die Prosa in früheren Zeiten mit überraschender dynamischer Kraft vorgedrungen war und eine stark satirisch-realistische Haltung zur Wirklichkeit eingenommen hatte. Der Grund war einfach der, daß LOMONÓSOVS Theorie von den drei Stilen der Prosa die Rolle einer niederen Gattung zuerkannt und ihr nur den *stylus inferior* als Medium vorbehalten hatte. Es fiel ihr unter diesen Umständen schwer, sich als selbständige und gleichberechtigte literarische Gattung zu konstituieren.

Bezeichnenderweise war die einzige Form, in der sich die Prosa im Zeitalter des Klassizismus Geltung verschaffen konnte, die des kritischen und satirischen Zeitschriftenartikels, und die siebziger Jahre des 18. Jahrhunderts waren denn auch die erste bedeutende Blütezeit der russischen Zeitschriftenliteratur. Die Prosa des Rationalismus, die sich nicht an Roman und Novelle heranwagte, wurde in der bunten Mannigfaltigkeit der Essays zersplittert, und wie überall in Europa wurden auch in Rußland ADDISONS und STEELES berühmte Zeitschriften *The Tatler* (1709–11) und *The Spectator* (1711–14) die klassischen Vorbilder, denen man im allgemeinen sehr genau folgte und die man zuweilen in recht origineller Weise umformte und den besonderen russischen Verhältnissen anpaßte. Eigentlich hatte die damals noch liberale Kaiserin selbst durch ihre aktive Mitarbeit an der ersten Zeitschrift dieser Art, dem *Allerlei* (1769–70), und später an dem *Gesprächsblatt für Liebhaber der rossischen Sprache* (1783–84) zur Entwicklung der Zeitschriftenliteratur beigetragen. Damals glaubte sie noch, alle Probleme mit lächelnder Ironie und liebenswürdiger Nachsicht lösen zu können, sie war noch überzeugt, daß allgemeine moralische Reflexionen zu einer Verbesserung der menschlichen Sitten beitragen könnten. Ein wahrer Strom von mehr oder weniger kritischen Zeitschriften folgte nun auf die erste kaiserliche Zeitschrift. Die bedeutendsten Zeitschriften der siebziger Jahre waren NOVIKÓVS berühmte Journale *Die Drohne* (*Trúten'*, 1769–70), *Der Maler* (*Živopísec*, 1772) und *Der Geldbeutel* (*Košel'ók*, 1774).

NIKOLÁJ IVÁNOVIČ NOVIKÓV (1744–1818) hatte seinerzeit als Protokollsekretär die Ständeversammlung mitgemacht, die Katharina II. einberufen hatte, um eine neue Verfassung vorzubereiten, und er hatte in dieser Eigenschaft die beste Gelegenheit gehabt, tiefen Einblick in die schlimmsten Mängel der gesellschaftlichen Ordnung zu

gewinnen. Von seinem Wissen machte er nun als Herausgeber der
genannten Zeitschriften Gebrauch, indem er selber die meisten ihrer
Skizzen und Essays schrieb. Seine Kritik war nüchtern und sachlich,
aber nicht besonders eingehend. Seine Methode bestand darin, die
Mängel und Schwächen der gesellschaftlichen Ordnung nachzuweisen, nicht aber, die Mittel zu ihrer Bekämpfung anzugeben.
Genau wie die englischen *Spectator*-Blätter enthielten seine Zeitschriften viele humoristische Schilderungen aus dem täglichen Leben,
moralische Spekulationen, Phantasien allegorischen Stils, kurze
satirische Anekdoten. Alles das wurde in formloser Mannigfaltigkeit
vorgetragen. Bald wurde der Leser aufgefordert, sich in einen ernsten
Aufsatz zu vertiefen, bald stieß er auf eine Anzeige, in der eine kaiserliche Amtsperson von Rang beim Antritt einer Reise ihr Gewissen
zum Verkauf ausbot. Bald sah er sich genötigt, in den eigentlichen
Sinn einer komplizierten allegorischen Fabel einzudringen, bald las
er eine kurze Mitteilung von einem Ferkel, das ins Ausland gesandt
worden war, jetzt aber als voll erwachsenes Schwein heimgekehrt sei
und auf den Straßen der Stadt herumspaziere.

Die Form aber, die die wichtigste Rolle in seinen Zeitschriften
spielen sollte, war die des satirischen Briefes. Novikóv verstand ihn zu
nahezu gattungshafter Selbständigkeit zu entwickeln. Verschiedene
erfundene Personen, die er als charakteristische Zeittypen darstellen
wollte, traten als Briefschreiber auf und brachten in Briefen, die
angeblich an die Redaktion gesandt worden waren, ganz naiv und
unverhüllt ihren unbegrenzten Obskurantismus zum Ausdruck. Das
Geniale an diesen Briefen bestand darin, daß Novikóv es verstand,
den ungehobelten, echt russischen, vollständig aliterarischen, aber
lebendigen Briefstil solcher Menschen nachzuahmen. Es war die rohe
Umgangssprache des Massenadels, die mit einer solchen Sicherheit
im Druck wiedergegeben wurde, daß der Uneingeweihte glauben
konnte, es wären wirkliche Briefe. So wurden alle wesentlichen Kul-
turmängel der Zeit, Unwissenheit, Aberglauben, sittliche Roheit,
moralische Unlauterkeit, Gallomanie und Bestechlichkeit, öffentlich
an den Pranger gestellt. Ein Zeitbild entstand, das in seinem Realismus verstimmend wirken mußte.

In einer der Zeitschriften schrieb beispielsweise ein angeblicher
abgedankter Richter einen Brief an seinen Neffen, um ihn zu über-

reden, eine ähnliche Laufbahn zu wählen wie die, die er selber seinerzeit gewählt hatte. Sein Hauptgrund war der, daß das Richteramt
außerordentlich *einbringend* sei: als er selber sein Amt angetreten,
habe er zum Beispiel kaum sechzig leibeigene *Seelen* besessen, jetzt
aber sei er – dank *dem Geber alles Guten* und *kraft seines eigenen un-
ermüdlichen Eifers* – der glückliche Besitzer von 300 Bauern, von
Geld, Silbersachen und allerlei Hausgerät. Der Weg zum Reichtum
bestehe einfach darin, die kaiserlichen Erlasse nach eigenem Ermessen
auszulegen und sich, wo immer es tunlich sei, bestechen zu lassen.
In kirchenslavischen Ausdrücken, die in ihrer Feierlichkeit die
Heuchelei des Briefschreibers nur unterstrichen, gab er zu, daß die
Menge seiner Sünden unzählbar sei und daß man die Gerechtigkeit
nicht für Mammon verkaufen dürfe. Es fiel ihm aber leicht darzutun,
daß die Menschen seit dem alten Adam immer sündig gewesen seien
und daß der, der glaube, sich von derartigen Gewissensflecken
reinhalten zu können, sich tatsächlich der schlimmsten aller Sünden –
der Hoffart – schuldig mache. Man solle lieber wie alle sündig, aber
nur nicht hoffärtig sein. Ein anderer Ausdruck der Hoffart war dem
Briefschreiber zufolge die Lektüre von Büchern à la mode und die Bekanntschaft mit alamodisch denkenden Menschen. Gott liebe nicht
die Hoffärtigen, sondern belohne die Demütigen. Lieber solle man
sündigen, dafür aber demütig sein. Der Brief war mit geradezu glänzender Treffsicherheit geschrieben. Den Typus des Briefschreibers
aber kannte man schon aus dem *Brigadier* FONVÍZINS.
    Eine ähnliche Wirkung hatte der *Brief an unsern Sohn Falaléj
Trifónovič von seinem Vater Trifón Pankrát'jevič und seiner Mutter Akulína Sídorovna und seinem Schwesterchen Vár'a.* Darauf
folgte ein Brief von Jermoláj Terént'jevič, dem Onkel des Adressaten.
Auch diese Briefe gaben ein fast photographisch treues Bild von dem
geistlosen Dasein des Landadels und seiner rohen Einstellung zum
Leben. Hier suchte ein Gutsbesitzer seinen in St. Petersburg wohnenden Sohn zu überreden, den Staatsdienst aufzugeben, aufs väterliche Gut zurückzukehren und sich mit der Tochter des Nachbarn
zu verheiraten, deren wesentlichste Tugend in ihrem wirtschaftlichen Sinn, d. h. in äußerster Sparsamkeit und Geiz bestand. Der
Vater lamentierte ein wenig über die schweren Zeiten, klagte darüber, daß man sich nicht mehr ungestraft den Boden des Nachbarn an-

eignen könne, schimpfte über die leibeigenen Bauern, die von Tag zu Tag ärmer würden und ihrem Gutsherrn immer geringere Abgaben leisteten, obgleich er sie nach Kräften schinde und ihnen den letzten Heller wegnehme. Als seine Frau starb, heulte er – nach seinen eigenen Worten –, als wäre ihm sein bestes Pferd krepiert, als sie aber noch am Leben war, schlug er sie, als wäre sie eine Sau. Der Vater gestand, es wäre ihm leichter gefallen, seinen Jagdhund zu missen, da er vielleicht Junge hinterlassen hätte, die ebenso tüchtig geworden wären wie ihre Mutter, als gerade seine Frau, die er freilich oft wegen ihrer Widerspenstigkeit habe prügeln müssen, die aber immerhin eine tüchtige Hausfrau gewesen und kaum zu ersetzen sei.

Die Zeitschriften Novikóvs fanden einen ständig wachsenden Kreis von eifrigen Lesern sowohl bei den Intellektuellen als auch – was besonders bedeutsam erscheint – unter literarisch interessierten Kleinbürgern; bei dem provinziellen Massenadel aber erregten sie maßlose Empörung. Novikóv erlaubte sich den Scherz, die Reaktion der adligen Provinzmenschen gegen seine Zeitschriften in der Weise zu veranschaulichen, daß er vorgab, der junge Falaléj habe selber den Einfall gehabt, den Brief seines Vaters an die Redaktion des *Malers* zu senden, worauf der Vater in einem neuen Brief seinen Zorn über die Frechheit seines Sohnes entlud, der schleunigst auch diesen Brief der Redaktion zur Veröffentlichung zuschickte. Man fühlte sich tatsächlich in weiten Kreisen unangenehm berührt, daß verantwortungslose Skribenten sich erlaubten, durch ihre Angriffe auf die Lebensformen des Adels sein soziales Prestige zu untergraben und seine absolute Macht über die Bauern so unverhüllt zu kritisieren. Niemand bestritt die Richtigkeit der Schilderungen oder bezweifelte die Behauptung, daß die Richter bestechlich, das Rechtswesen unsicher und der Geist, der das Land beherrsche, finster und kulturfeindlich sei. Man bestritt bloß das Recht dieser Skribenten, den Adel (*das ganze Adelskorps*) öffentlich an den Pranger zu stellen und dadurch seine Interessen zu schädigen.

Schlimmer als die Reaktion des Provinzadels war der Zorn der vergötterten Wohltäterin, der Kaiserin, über die kühne Satire Novikóvs. Sie ließ sich – ganz wie im Fall Fonvízin – auf eine öffentliche Diskussion mit Novikóv ein und warf ihm vor, daß er das Leben in Rußland in allzu schwarzen Farben schildere und individuelle menschliche Schwächen zu sozialen Mängeln stemple. Im Gegensatz zu FONVÍZIN blieb NOVIKÓV ihr nicht die Antwort schuldig. Er warnte vor jener Form von Menschenliebe, die die anonyme Kaiserin vertrat, und verkündete ein ganz anderes Humanitätsideal, das aktiven Kampf gegen das Böse verlangte statt der von der Kaiserin empfohlenen Nachsicht. Er zog zwar nicht die letzten Konsequenzen aus seiner Haltung und er ging nie zu einem groß angelegten Angriff auf das System über, auf dem die russischen Verhältnisse ruhten. Aber er hielt daran fest, daß Kritik und Satire die Pflicht hätten, scharf und rücksichtslos zu sein.

NOVIKÓV dämpfte jedoch allmählich bis zu einem gewissen Grade den Ton seiner Aufsätze und nahm immer häufiger Beiträge auf, die nichts mit Satire zu tun hatten. Es kam eine Zeit, in der er sein Wirken als Redakteur ganz aufgab und sich statt dessen einer ausgedehnten und wertvollen Verlegertätigkeit widmete. Er verfaßte ein nützliches *Historisches russisches Schriftstellerlexikon* (*Opyt istoríčeskogo slovar'á o rossíjskich pisátel'ach*, 1772–73) und gab – mit kaiserlicher Subvention – eine *Altrussische Bibliothek* (*Drévn'aja rossíjskaja vivliófika*, 1773–75) heraus, die eine Menge unbekannten historischen Materials enthielt. Er folgte so tatsächlich dem wohlgemeinten Rat der Kaiserin, die russischen Sitten durch Darstellung altrussischen Heroismus statt durch satirische Angriffe zu verbessern. Aber sein soziales Gewissen ließ sich nicht lange unterdrücken. Nachdem er eine Zeitlang (bis 1777) eine literarisch-wissenschaftlich-kritische Zeitschrift *Učónyje védomosti* (*Gelehrte Nachrichten*), die in St. Petersburg erschien, herausgegeben hatte, begann er in Moskau, wohin er umgezogen war, um die Universitätsdruckerei zu übernehmen, wieder sozialkritische Zeitschriften herauszugeben, und zwar das *Morgenlicht* (*Utrennij svet*, 1777–78), die *Moskauer Zeitung* (*Moskóvskije védomosti*, 1779–89), deren Bedeutung unter seiner Redaktion stark zunahm, die *Moskauer Monatsschrift* (*Moskóvskije ježemés'ačnyje izdánija*, 1781), die *Abenddämmerung* (*Večérn'aja zar'á*, 1782) und den *Ruhesuchenden Arbeitsmann* (*Pokójaščijs'a trudol'úbec*, 1784–85). In diesen Zeitschriften, die im Zeichen seiner Freimaurerinteressen und seiner philanthropischen Arbeit standen, bekämpfte er nicht nur wie früher die Leibeigenschaft, sondern trat auch positiv für die Errichtung von Privatschulen, die Gründung philanthropischer Gesellschaften, die Bekämpfung der Hungersnot und die Herausgabe aufklärender und belehrender Schriften ein.

Es dauerte indessen nicht lange, bis seiner weitreichenden Wirksamkeit ein Ende gesetzt und sein Freundeskreis aufgelöst wurde. Die politische Reaktion setzte ernstlich in den siebziger und achtziger Jahren ein. Die Französische Revolution, von KATHARINA als *eine Hydra mit tausend Köpfen* bezeichnet, begeisterte mutige Männer zu neuen Angriffen auf die Verhältnisse im adligen Rußland, veranlaßte aber zu gleicher Zeit die Regierung, die Angreifer streng zu überwachen und sie womöglich zum Schweigen zu bringen. Die Legende von *der milden Katharina* schwand langsam dahin. Man sah immer deutlicher, wie sie selbst Korruption, bürokratische Willkür, soziales Unrecht und Unterdrückung und Aussaugung der Bauern förderte. Die Leibeigenschaft breitete sich auch in Provinzen aus, die sie bisher überhaupt nicht gekannt hatten. Kaum jemand glaubte mehr an die Legende, an der die Kaiserin selbst so lange wie möglich festhielt, daß sie ihren glücklichen Untertanen nicht nur ein neues, freisinniges Geistesleben, sondern auch Gedankenfreiheit, Druckfreiheit und die Freiheit des Wortes geschenkt habe.

FONVÍZIN, der auf Grund eigener Erfahrungen eigentlich besser hätte Bescheid wissen sollen, schrieb noch im Jahre 1788, als er in seiner Naivität daran dachte, eine neue Zeitschrift herauszugeben, die – nach einer seiner Komödienfiguren – *Starodúm* heißen sollte, es sei für KATHARINAS Zeitalter charakteristisch, daß sie dem Volke Gedanken- und Redefreiheit geschenkt habe. Er meinte sogar, daß gerade diese Gedanken- und Redefreiheit *jeden begabten Einzelnen in einen Hüter der allgemeinen Wohlfahrt* verwandeln werde. Er glaubte, daß *die Freiheit, die der Staat den Schriftstellern geschenkt habe, diese verpflichte, ihre starke Stimme gegen allerlei dem Vaterland schädliche Mißbräuche und Vorurteile zu erheben, auf daß jeder Einzelne, mit der Feder in der Hand in seinem Arbeitszimmer sitzend, ein nützlicher Berater seines Herrschers und unter Umständen der Retter seiner Mitbürger und seines Vaterlandes werden könne.* Dieses Programm war eine überraschend schöne Frucht loyaler Denkweise, aber hinter solchen Worten wie *Gedankenfreiheit, allgemeine Wohlfahrt* und *Mitbürger* witterte die Polizei der Kaiserin revolutionäre Tendenzen, die Hydra mit den tausend Köpfen.

Nach Verlauf einiger Monate mußte FONVÍZIN seinem alten Freund und Gönner Nikíta Pánin berichten, daß die Polizei den Druck seiner Zeitschrift verboten habe.

Und als IVÁN KRYLÓV, von dem später ausführlicher gehandelt werden wird, Ende der achtziger und Anfang der neunziger Jahre im Verein mit einigen Freunden den Versuch machte, verschiedene Zeitschriften im Geiste NOVIKÓVS, nämlich *Die Post der Geister* (*Póčta dúchov*), den *Zuschauer* (*Zrítel'*) und schließlich den *Merkur von St. Petersburg* (*Sankt-Peterbúrgskij Merkúrij*) herauszugeben, setzte er sich immer wieder neuen Schikanen der Polizei aus und mußte schließlich seine Redakteurtätigkeit ganz einstellen.

16. DAS ENDE DES KLASSIZISMUS

Das entscheidende Urteil über das Zeitalter Katharinas wurde indessen von ganz anderer Seite gefällt. Es kam aus dem Kreise DERŽÁVINS und war daher um so wirkungsvoller. Es wurde von dem konsequentesten Vertreter des Klassizismus formuliert und veranschaulichte durch Form und Inhalt den Übergang dieser literarischen Schule zu neuen Grundsätzen. Das Urteil wurde von dem aufgeklärten ukrainischen Aristokraten und Schriftsteller VASÍLIJ VASÍL'-JEVIČ KAPNÍST (1757–1823) gefällt.

Er war ein hervorragender Poet und eine feine lyrische Begabung. Er brachte LOMONÓSOV und DERŽÁVIN zu einer dichterischen Synthese, verschmolz das PINDARische Talent des einen mit dem HORAZIschen Stil des anderen und schuf so eine neue natürliche Harmonie. Viele seiner Oden nahmen einen elegischen Ton an. Er dichtete Oden, die durch den Tod naher Freunde veranlaßt waren, oder Oden, die von Liebe und Freundschaft handelten. Er studierte und übersetzte antike Dichter, die seinen Geschmack für die feine, geschliffene Form entwickelten, und verlieh schwärmerischen, träumerischen und empfindsamen Stimmungen Ausdruck, die das Kommen der Romantik ankündigten. Aber auch die Wirkungsmittel der satirischen Dichtung waren ihm nicht fremd; im Gegenteil, er brachte gerade diese Tendenz, die für den russischen Klassizismus besonders charak-

teristisch war und den unüberwindlichen Drang nach Wirklichkeitsschilderung so ausdrucksvoll offenbarte, zu höchster Entfaltung.
Im übrigen verwendete er die Form der satirischen Gattung nur ein
einziges Mal in seinem Leben (1777) und nannte daher sein Gedicht
Erste und letzte Satire. Seine Gesellschaftskritik übte er mit um so
größerer Wirkung in anderen literarischen Gattungen aus.

Die Fürstin DÁŠKOVA, deren Namen wir oft, wenn es sich um kühne
literarische Unternehmungen handelte, begegneten, hatte im Jahre
1786 – impulsiv, wie sie war – den etwas schlecht angebrachten
Einfall, eine Ode KAPNÍSTS, die man in eingeweihten Kreisen im
Manuskript und in Abschriften kannte, zu veröffentlichen. Sie trug
den ungemein kühnen Titel *Ode auf die Knechtschaft* (*Oda na ráb-
stvo*). DERŽÁVIN hatte die größte Mühe, sie davon zu überzeugen,
wie gefährlich es sei, ein solches Gedicht im Druck erscheinen zu
lassen, und erst nach vielen Überredungsversuchen konnte er seinem
Freunde KAPNÍST triumphierend mitteilen, die Fürstin habe endlich
eingesehen, daß *es nur wenig mit den Interessen des Verfassers und
ihren eigenen Interessen übereinstimme, eine solche Ode drucken zu
lassen und sie der Kaiserin zu präsentieren*, kurz und gut, daß *es nur
wenig der einfachen gesunden Vernunft entspreche*.

Er hatte recht. Die Ode war von einem intellektuellen adligen Fron-
deur geschrieben, der aufs tiefste darüber empört war, daß Katharina II. – im schärfsten Widerspruch mit ihren eigenen Jugendidealen
von Volksfreiheit und Menschenwürde – im Jahre 1783 die Provinz
Ukraine, die bisher eine gewisse Autonomie genossen hatte, dem
russischen Imperium einverleibte und die allgemeine Leibeigenschaft einführte, von der die Provinz kraft ihrer eigentümlichen kosakischen Freiheitstraditionen bisher frei gewesen war, jedenfalls in
jener harten Form, in der sie im übrigen Reich gehandhabt wurde.
Freilich war die Grundidee der Ode vor allen Dingen den separati-
stischen Stimmungen eines ukrainischen Patrioten entsprungen, sie
konnte aber nichtsdestoweniger sehr wohl als Generalangriff auf
die Leibeigenschaft als solche gedeutet werden. KAPNÍST hatte die
Kühnheit, die sakrosankte LOMONÓSOVsche Triumphalstrophe, die
bisher nur selten zu anderen Zwecken als zur Verherrlichung Gottes
und des Monarchen gedient hatte, als Träger seiner fast revolutionären Anklage gegen den kaiserlichen russischen Despotismus zu ver-

wenden. Diese Aktualisierung einer abstrakten und erhabenen Form
war bezeichnend für die Entwicklung der Ode im Laufe von einigen
wenigen Jahrzehnten. Ebenso charakteristisch für die Stimmung
innerhalb der adligen Intelligenz war es auch, daß einer ihrer besten
Vertreter den Drang empfand, in feierlichen Strophen seinen Schmerz
über die Not des ukrainischen Volkes und seine Trauer über *die Ver-*
sklavung seines lieblichen Heimatlandes auszudrücken.

Kapníst schlug keineswegs die Saiten der Agitation oder der
scharfen Satire an. Der Ton seines Gedichts war eher elegisch und
melancholisch. Er gebrauchte idyllische und pastorale Bilder, um das
Glück des Landes, bevor es vom Unglück betroffen wurde, zu schildern, und klagte mit wehmütigen Worten, daß *ländliche Freude, aus-*
gelassene Lustigkeit, Tanz und Lachen entschwunden, *die Stimme*
der frohen Lieder verstummt, *die goldenen Äcker* verlassen seien, und
daß die Trauer *wie eine Wolke* das einst so helle Land verdunkelt
habe. Das Äußerste an politischem Protest, das er sich erlaubte,
bestand in dem gedämpften Vorwurf, daß die Staatsgewalt in Städten
und Dörfern, die früher nur *vom Schild der Freiheit* beschützt gewesen seien, polizeiliche Aufsicht und allerlei hemmende Sperren
errichtet habe. Er klagte, daß sie in dem bisher so freien und glücklichen Land *barbarische Sklaverei* eingeführt und mit einem einzigen
Federstrich Tag in Nacht verwandelt habe. Der Dichter war klug
genug, zwischen der Staatsgewalt und der Kaiserin persönlich eine
formelle Grenzlinie zu ziehen. Das gab ihm nämlich Gelegenheit,
in den abschließenden Strophen die loyale und demütige Bitte an die
Kaiserin zu richten, sie möge kraft ihrer *Milde* (was an sich zu einem
zweifelhaften Klischee geworden war) die Ukraine von *dem schänd-*
lichen Joch der Knechtschaft wieder befreien. Wie sinnlos eine solche
politische Bitte war, wußte der Dichter natürlich sehr wohl. Aber
noch war der gattungsmäßige Charakter der Ode so stark, daß er die
Huldigung der Kaiserin als Motivierung erforderte, selbst wenn die
Huldigung nur auf sehr vagen Hoffnungen begründet war. Kapníst
mußte wohl auch einen solchen Ausklang wählen, um den Kasematten Schlüsselburgs oder den Tundren Sibiriens zu entgehen.
Die Ode wurde erst 1806 gedruckt, als die Kaiserin schon längst
gestorben war und unter der Regierung ihres Enkels, Alexanders II.,
neue Zeiten anzubrechen schienen. Wie gefährlich es war, eine so

revolutionäre Ode in Umlauf zu setzen, zeigt der Umstand, daß der Dichter sich 1786 genötigt fühlte, eine *Ode auf die Aufhebung des Sklavennamens in Rußland* (*Na istreblénije v Rossíi zvánija rabá*) zu schreiben, bloß weil Katharina es verboten hatte, sich in offiziellen Bittschriften an sie der Unterschrift *Sklave* zu bedienen: in Zukunft sollten alle Schreiben mit der Formel *Alleruntertänigst* schließen.

Sein eigentliches Urteil aber, weit krasser als bisher, fällte KAPNÍST in einer Komödie, die freilich erst nach dem Tode der Kaiserin veröffentlicht wurde. Es wäre Wahnsinn gewesen, sie zu Lebzeiten KATHARINAS drucken oder aufführen zu lassen. Es war die berühmte *Prozeßschikane* (*Jabedá*), eine Komödie in Versen. Schon KN'AŽNÍN hatte seinerzeit in einigen Komödien, die jedoch nur gelungene Kopien französischer Vorbilder gewesen waren, den Versuch gemacht, das Metrum der Tragödie, den jambischen Alexandriner, für die Komödie fruchtbar zu machen. Auch CHERÁSKOV hatte versucht, Verskomödien zu schreiben. Dagegen schrieben SUMARÓKOV und FONVÍZIN nur Prosalustspiele. Das Experiment gelang KAPNÍST aufs beste. In anderer Beziehung war seine Komödie natürlich noch sehr traditionell. Sie war von literarischer Konvention beherrscht. Die klassischen Einheiten waren streng eingehalten, obgleich die recht handlungsarme, aber sonst ziemlich differenzierte Komödie sowohl zeitlich als auch räumlich bedeutende szenische Verwandlungen erforderte. KAPNÍST versündigte sich sogar gegen die Gesetze der Wahrscheinlichkeit, bloß um alle fünf Akte mit unveränderten Kulissendekorationen abrollen zu lassen. Auch die gegen das berüchtigte katharinäische Rechtswesen gerichtete Satire war zum Teil mit Hilfe der direkten Charakterbeschreibung aller Hauptpersonen des Gerichts durchgeführt, die aus den *Charakteren* LABRUYÈRES oder aus den Typenskizzen der Zeitschriftenliteratur stammte. Diese klassizistische Technik war völlig unverhüllt angewandt: der positive, sympathische Held ließ sich gleich im ersten Akt den Protokollführer, eine an und für sich untergeordnete Person, eine ganze Reihe von abgerundeten satirischen Charakteristiken liefern; er legte ihm einfach eine lange Fragenliste vor (*Wer ist der Kläger? Wer ist der Gerichtspräsident? Wer sind die Mitglieder des Gerichts? die Assessoren? der Sekretär?* usw.). Die auftretenden Personen trugen nach der von LUKÍN eingeführten Regel *sprechende*

Namen, die sofort ihre gute oder böse Rolle in der Komödie an-
deuteten. Der ·edle Held, ein aktiver Major, hieß *Pr'ámikov* (abgeleitet von *pr'am-* = ‚redlich‘) und war selbstverständlich ein
ehrenfester, redlicher Charakter; sein Gewährsmann, der ängstliche,
aber tugendhafte Protokollführer, hieß *Dobróv* und verriet damit
sofort seine gute Gesinnung (da der Wortstamm *dobr-* ‚gut‘ bedeutet).
Dafür trugen die schurkischen Gerichtsmitglieder die leichtverständlichen, schlimm klingenden Namen *Krivosúdov* (abgeleitet von
krivój sud = ‚ungerechtes Urteil‘), *Bul'búl'kin* (eine Lautnach-
ahmung des Glucksens einer Flasche), *Atújev* (abgeleitet vom an-
feuernden Jagdruf *atú* zur Bezeichnung eines leidenschaftlichen
Jägers), *Chvatájko* (eine ukrainisierte Namensform vom Wortstamm
chvat- = ‚greifen‘), *Kóchtin* (vom Wort *kóchti* oder *kógti* = ‚Krallen‘
zur Bezeichnung der Gier) usw. Nur die Frauen hatten gewöhnliche
Vornamen wie *F'ókla*, *Sófja*, *Anna*, ebenso die Diener.

Aber abgesehen von diesen konventionellen Zügen, verstand
es Kapníst, seiner Komödie eine außerordentlich aktuelle, eindrucksvolle Bedeutung zu geben. Niemand von den Lesern oder Zuschauern konnte den geringsten Zweifel daran hegen, daß er sich
nicht in einer abstrakten Theaterwelt mit Theaterschurken und
Theaterhelden befand, sondern in der stickigsten russischen Provinz-
wirklichkeit, im Paradies des Kleinadels. Kapnísts wohlklingende
und witzige Alexandriner hatten eine unwiderstehliche Schlagkraft.
Der Handlung hatte er einen selbsterlebten Stoff zugrunde gelegt –
die traurigen Erfahrungen, die er während eines Prozesses mit einer
streitsüchtigen ukrainischen Nachbarin, einer Gutsbesitzerin, gemacht hatte, die es verstanden hatte, seinem Bruder sein Gut abzu-
schwindeln. Bezeichnenderweise brachte Kapníst die ganze Handlung
dadurch in Gang, daß er den edlen Major *Pr'ámikov* sich weigern
ließ, sich sein Recht durch Bestechungen zu verschaffen, obgleich
jeder damals wußte, daß weder der Kläger noch der Angeklagte
auch nur die geringste Aussicht hatte, den Prozeß zu gewinnen, ohne
das ganze Gerichtskollegium zu bestechen. Kapníst gab in seiner
Komödie ein wirklichkeitstreues Bild der unter Katharina wirkenden Prozeßmaschinerie mit ihrem komplizierten Instanzenweg vom
Kreisgericht zum Amtsgericht, vom Amtsgericht zum Stadtgericht,
vom Stadtgericht zum Senat als der höchsten Instanz. Kein einziger

von den charakteristischen Zügen der Rechtspflege jener Zeit, weder die Prozeßverschleppung noch die Korruption, weder die Langsamkeit des Verfahrens noch die Willkürlichkeit der Entscheidungen, war vergessen oder verschwiegen. Mit peinlicher Sorgfalt war die ganze Atmosphäre wiedergegeben, die das typische russische Provinzgericht umgab, und die Mitglieder des Gerichtshofes, geldgierige, jagdtolle, trunksüchtige und kartenspielende Präsidenten, Prokuratoren und Assessoren, alle ohne Ausnahme Mitglieder der privilegierten russischen Adelsklasse, waren auf die Bühne gebracht. Besonders in der Szene, wo der Kläger das ganze Rechtskollegium bewirtet, entfaltete sich eine zwar possenhaft übertriebene, aber doch unheimlich wirklichkeitstreue Orgie von Zynismus und Gesetzlosigkeit, wo Richter im Rausch aus voller Kehle die frechsten Trinklieder brüllten. Das war der Triumphgesang des herrschenden Landadels.

Die Komödie schloß ganz konventionell mit einem technischen Kunstgriff, der schon früher in der klassizistischen Komödie verwendet worden war, aber dank seiner Ausnutzung bei KAPNÍST erst später bei GÓGOL' seine volle Schlagkraft erhalten sollte. Er bestand darin, daß der Konflikt zwischen Böse und Gut, auf dem die Komödie aufgebaut war, plötzlich durch einen ganz unerwarteten Senatsukas gelöst wurde, der – ohne eigentlichen Rechtstitel und ganz unabhängig von dem sonst üblichen Instanzenweg – die Schurken vom Gipfel ihrer Macht herabstürzte. Aber auch das wirkte wie eine aktuelle Kritik, da es dartat, daß man in Rußland nur durch ein wunderbares Eingreifen von oben zu seinem Recht gelangen könne. Jetzt konnte sich der edle Major nach seinem Rechtssieg mit seiner Geliebten, der anmutigen Tochter des besiegten Rechtspräsidenten, verloben, wodurch die Komödie den obligaten glücklichen Ausgang erhielt. Das konnte entweder als ein Zugeständnis an die klassischen Regeln oder auch als Kompliment vor der Weisheit der Staatsgewalt oder der absoluten Herrscherin gedeutet werden. Es verschleierte aber keineswegs den eigentlichen Sinn der Komödie, das vernichtende Urteil über das ganze adlige und absolutistische Staatssystem. Trotz der klassizistischen Form enthielt KAPNÍSTs *Prozeßschikane* so viele realistische Bestandteile, so viele scharf charakterisierte Gesellschaftstypen, so viele Einzelheiten aus dem wirklichen Leben, daß die Komödie – neben denen Fonvízins – den literarischen Übergang zu der kritischen *naturalistischen Komödie* bildete, die im folgenden Jahrhundert zum Durchbruch gelangen sollte.

Als die *Prozeßschikane* im Druck erschien, war Katharina II., wie gesagt, seit einigen Jahren tot. Ihr Sohn, Kaiser Paul I., freute sich ungemein über den witzig-satirischen Text des Stückes, als es auf seinen Wunsch (1798) öffentlich aufgeführt wurde. Die Vorstellung erregte aber in weiten Kreisen so starke Erbitterung, daß sie nach der vierten Aufführung verboten wurde. Sie wurde erst unter Alexander I. im Jahre 1805 wieder erlaubt.

Zweiter Teil

I

DIE ROMANTISCHE PERIODE

1. KLASSIZISMUS UND ROMANTIK

Der Versuch, eine homogene und eigenwüchsige russische Literatur auf klassizistischer Grundlage zu schaffen, war mißlungen. Das hatte verschiedene Ursachen. Vor allem fehlte der unmittelbare Zusammenhang zwischen Wirklichkeit und Literatur. Die gesellschaftliche Struktur des kaiserlichen, vom Adel beherrschten Rußlands war ganz anders als jene, die in Westeuropa die äußere Grundlage der klassizistischen Literatur mit ihren festgefügten und klar bestimmten Formen gebildet hatte. Jenes spontane Streben nach Wirklichkeitsschilderung, das sich in Rußland schon im 17. Jahrhundert so stark geltend gemacht hatte, ließ sich nur schwer mit den eingeführten klassizistischen Grundsätzen vereinigen. Mit bewundernswerter Beharrlichkeit versuchten die russischen Dichter des klassizistischen Zeitalters, Stoff aus der russischen Wirklichkeit in das Schema Boileaus zu zwängen – es wurde immer wieder gesprengt. Mit einem gewissen Recht hat man in Rußland die klassizistische Literatur eben deshalb *pseudo-klassisch* genannt, weil sie das ihr fremde Ideal im Grunde niemals verwirklichte. Im russischen Klassizismus gelangten – bald aus einem verborgenen Unterstrom, bald auch aus deutlich erkennbaren parallelen Strömungen – allerlei sekundäre literarische Elemente an die Oberfläche – Elemente, die, von der Literatur aus betrachtet, die um die Jahrhundertwende und während der ersten Jahrzehnte des 19. Jahrhunderts heranwuchs, nur als vorromantisch oder sentimental oder neuklassizistisch oder geradezu realistisch bezeichnet werden können. Ein festes klassizistisches System wurde aber nie erreicht. Man kann sogar zweifeln, ob die für den Klassizismus so bezeichnende liberale und antidespotische Ideologie, die besonders in den achtziger Jahren und im Anfang der neunziger Jahre in allen Gattungen so stark zum Ausdruck kam – in der Ode wie in der Satire, in der Tragödie wie in der Komödie und besonders im Zeitschriftenessai, – wirklich einem sozialpolitischen Zustand in der Gesellschaft organisch entsprach. Die hervorragendsten Träger der Literatur waren überwiegend adlige Schriftsteller, die ohne Ausnahme in der

Schule des französischen Rationalismus erzogen worden und ganz individuell, ohne Rückhalt in einer Gesellschaftsklasse, zu einer frondierenden, kritisch-republikanischen Haltung gekommen waren. Sie machten sich zwar mit bewundernswerter Überlegenheit von den engen Interessen ihres Standes frei und spähten mit wachem Eifer nach Erscheinungen in der russischen Wirklichkeit, die als Beweis für ihre Ansichten dienen könnten, aber diese selbst waren in ihren wesentlichen Zügen dennoch aus Westeuropa fertig übernommen.

Wenn jetzt einige jener parallelen Strömungen, auf die soeben hingewiesen worden ist, näher betrachtet werden sollen, so deshalb, weil sie sich, mit dem klassizistischen System unvereinbar, in der folgenden Periode, die wir *die romantische* nennen wollen, klarer und stärker geltend machten. Aber auch dabei werden wir finden, daß es der russischen Romantik nicht gelang, ein so zusammenhängendes literarisches System auszubauen wie etwa die Romantische Schule in Deutschland. Darin tritt eine konstitutive Eigenschaft des russischen Schrifttums deutlich zutage. Man könnte in der Tat mit demselben Recht von einer *pseudo-romantischen* Periode in der russischen Literatur sprechen, mit dem man die klassizistische als *pseudo-klassisch* bezeichnet. Für diese Periode, die wir also nur aus praktischen Gründen die romantische nennen, war es vor allem charakteristisch, daß sie ihre Antriebe nicht vornehmlich aus Deutschland, dem Land der blauen Blume und der schwärmerischen Träume, sondern eher aus England und Frankreich erhielt. Sie nahm daher einen ganz anderen Verlauf als in den Ländern, die sich von der deutschen Romantik beeinflussen ließen.

Wenn wir die romantische Periode in Rußland richtig verstehen wollen, so müssen wir uns erinnern, daß sie ihren Ursprung in gewissen vorromantisch-sentimentalen Tendenzen hatte, die schon bei den Führern des Klassizismus zu erkennen sind. Literargeschichtlich ist das Vordringen des empfindsamen Stiles in Europa durch das immer stärkere Hervortreten der bürgerlichen Klasse und ihre ständig wachsende Bedeutung im Leben der Gesellschaft bedingt gewesen. In Rußland dagegen gelang es während dieser Zeit nur einzelnen Vertretern des *tiers état*, sich in der Literatur Geltung zu verschaffen. Der *tiers état*, den wir im russischen Schrifttum des 18. Jahrhunderts auftreten sehen, war in keiner Weise organisiert. Er war weder ein wirklicher, bestimmbarer Stand noch eine Klasse, sondern am ehesten ein Gemisch von Pfarrersöhnen, Kaufmannssöhnen, Nachkommen land- und besitzloser Adliger. Man faßte sie bezeichnenderweise als *raznočíncy* zusammen, als „Leute verschiedener Stände". Man hatte keine positive Benennung für sie. Es waren meist mehr oder weniger entwurzelte Existenzen, die in *freien Berufen* tätig waren und sich entweder in der führenden adligen Gesellschaft eine annehmbare Stellung zu schaffen suchten oder aber in offene Opposition zu ihr traten. Sie wirkten als vereinzelte Zersetzungselemente und untergruben langsam das adlige Gesellschaftssystem und sein literarisches Regelgebäude, konnten aber keine eigenen wohlbegründeten Gesetze oder Prinzipien zum Ersatz bieten. Auch sie waren nämlich genötigt, an westeuropäische Gedanken und literarische Normen anzuknüpfen, auch sie beschäftigten sich damit, fremde Gedanken und Normen in die russische Literatur einzuführen. Ohne ein lebenskräftiges russisches *bürgerliches Drama* schaffen zu können – noch entsprach einem solchen kein kultivierter Bürgerstand als soziales Korrelat –, suchten sie blindlings Hilfe bei LA CHAUSSÉE und MARIVAUX, bei DIDEROT und MERCIER oder bei LESSING. So entstand auf russischem Boden ein empfindsames Drama, das zwischen der *weinerlichen Komödie* und der *komischen Oper* hin und her schwankte. Es handelte bald von der geistigen und sozialen Not des Bauern, bald von seinem idyllischen Dasein. Es mischte soziale Entrüstung mit nationaler Rührseligkeit. Es bediente sich bald satirischer, bald volkskundlicher Wirkungsmittel. Nur selten erhob in diesem Drama der *tiers état* selbst sein Haupt.

2. DAS EMPFINDSAME DRAMA

Schon seit dem Jahre 1770, als sich SUMARÓKOV, der strenge Prophet des Klassizismus, entrüstet gegen die Aufführung von BEAU-MARCHAIS' *Eugénie* wandte, hatte sich ein breiter Strom empfindsamer Komödien in die russische Literatur ergossen. Ja, im Grunde genommen hatte schon LUKÍNS *Verschwender* (*Mot*, 1765) die ersten sentimentalen Elemente enthalten. Ganz bewußt wurden die rührseligen Töne in einer wahrhaften *comédie larmoyante* des Gymnasial-

direktors und Dramatikers Michaíl Ivánovič Ver'óvkin (1732–95),
in dem Schauspiel *So soll es sein!* (*Tak dólžno!*, 1773), angeschlagen:
das ganze Theater vergoß Tränen, wenn der edle Jüngling Doblestin
(von *dóblest'* = ‚männliche Tugend‘) seinem ruinierten und verhafte-
ten Oheim großmütig die helfende Hand reichte und ihm sein halbes
Vermögen anbot. Eine andere Komödie Ver'óvkins, *Auf ein Haar*
(*Toč v toč*, 1785), enthielt neben stark satirischen Ausfällen ebenfalls
ausgesprochen empfindsame Wirkungsmittel. Der Verfasser hatte
sogar den Mut, ein so aktuelles und gefährliches politisches Thema
wie den Bauern- und Kosakenaufruhr Pugačóvs zum eigentlichen
Gegenstand des Stückes zu machen, wenn auch natürlich vom Gesichtspunkt eines Adligen betrachtet; aber der Dialog zwischen dem
keineswegs makellosen zaristischen General und seiner gefühlvollen
Tochter, die beide in die Hände der Aufrührer gefallen waren, zeugte
von einem feinen und warmen *sentiment*.

Auch der vielseitige und gewandte Michaíl Cheráskov, dessen
literarische Tätigkeit uns schon bekannt ist, an und für sich ein Vertreter der herkömmlichen klassizistischen Stilrichtung, pflegte schon
früh sowohl die komische Oper als auch die empfindsame Komödie.
Außer den bereits erwähnten Stücken dieser Art seien noch *Milána*
(von *milá* ‚lieb‘), *Die Schule der Tugend*, *Die unschuldige Eifersucht*
und *Die guten Soldaten* genannt, Stücke, deren Titel allein schon die sentimentale Haltung des Verfassers verraten. Nicht einmal Jákov Kn'ažnín, dieser strenge Befolger der klassizistischen Regeln, der, wie
wir sagten, nur widerstrebend vom Stil Racines zu dem der *comédie
larmoyante* überging, konnte sich ganz vom Zeitgeist freihalten: in
seiner Komödie *Unglück wegen einer Kalesche* (*Nesčást'je ot karéty*)
schlug er die rührenden Motive des Bauernlebens an. Noch viele andere Komödien suchten mit ihrer rührenden oder empfindsamen oder
gar tränengetränkten Kunst die Gunst des Publikums zu gewinnen.

Diese ganze Kunstart aber war den westeuropäischen Meisterwerken der Gattung nachgebildet, die in den siebziger, achtziger und
neunziger Jahren des 18. Jahrhunderts eifrig ins Russische übersetzt
wurden. Schon 1764 erschien eine Übertragung von Lillos *London
Merchant or The History of George Barnwell* (1731), und schon 1766
wurde auch Diderots *Fils naturel* (1757) dem Repertoire des russischen Theaters einverleibt. 1769 erschien Marivaux' *Jeu de l'amour*

et du hasard in russischer Sprache. Sogar Fonvízin entrichtete dem neuen Stil seinen Tribut, indem er in den sechziger Jahren Gressets melancholischen *Sidney* übersetzte. Die wahre Blütezeit dieses Stils fiel jedoch in die siebziger Jahre. Edward Moore wurde den russischen Theaterbesuchern ein vertrauter Name: 1772 wurde sein berühmter *Gamester* (nach dem Namen des Helden zu *Beverley* umbenannt) in der Übersetzung des Literaten und Schauspielers Iván Afanás'jevič Dmitrévskij (1734–1821) aufgeführt, und 1775 übertrug Fürst Dmítrij Alekséjevic Golícyn (1734–1803) Moores *Waise in England*. Unmittelbar danach (1776) erschien Fürst Dmítrij Grigór'jevic Bábičevs Übersetzung von La Chaussées *École des amis* und Fürst Šachovskójs Übertragung von de Falbaires *Fabrikanten in London*. In den siebziger und achtziger Jahren setzte sich die Dramatik Merciers durch. Sein *Jeuneval* (eine Bearbeitung von Lillos *London Merchant*) erfreute sich derartiger Beliebtheit, daß er sogar zweimal, 1778 und 1783, übersetzt wurde, und danach folgten seine *Faux amis* (1783), sein berühmter *Déserteur* (1784), sein herb realistischer *Indigent* (1784), seine *Brouette du vinaigrier* (1785), sein *Juge* (1788). Gegen Ende des Jahrzehnts feierte Lessing Triumphe mit seiner *Emilia Galotti* (übersetzt 1784 und 1788) und seiner *Miss Sara Sampson* (1787). Das Jahrzehnt schloß mit zwei neuen Übersetzungen von Diderots *Fils naturel* (1788). Die larmoyante Gattung stand somit in voller Blüte, und eine schier unübersehbare Menge von russischen Nachahmungen bestätigte ihren Sieg mit so empfindsamen und beredten Titeln wie *Der Triumph der Freundschaft, Die von der Treue gekrönte Tugend, Die siegreiche Tugend. Der Lohn der Tugend, Der Triumph der Liebe, Die unglücklichen Waisen, Die Liebe einer Mutter* usw. Die fleckenloseste Moral, frisch aus dem puritanischen England importiert oder in einer allgemeinmenschlichen Form über Deutschland oder Frankreich eingeführt, präsentierte sich hier einem russischen Publikum, das das Schauspiel rührend-tragischer oder ergötzlicher Handlungen weit mehr genoß als den Triumph der Sittlichkeit. Daß die ganze Gattung in Rußland nur eine sehr dürftige seelische oder soziale Grundlage besaß, daran dachte man vorläufig sehr wenig.

Eine ganz eigenartige Rolle fiel innerhalb des sentimentalen Dramas dem Singspiel oder der komischen Oper zu, die eine echtere Entfaltung russischer Psyche und Wirklichkeit möglich machte. Die Gattung ging unmittelbar auf die französische *opéra comique* in jener Gestalt zurück, die sie unter DÉDAINES und FAVARTS geschickten und geschmeidigen Händen erhalten hatte. Anfangs schlug die russische komische Oper vornehmlich ausgesprochen idyllische Saiten an. Von dieser Art war die harmlose Komödie *Fedúl und seine Kinder* (*Fedúl i jegó deti*) von KATHARINA II. oder *Der Teewasserverkäufer* (*Sbítenščik*) von KN'AŽNÍN oder *Der Drechsler* (*Tokár'*) und *Rozána und L'ubím* von NÍKOLEV. Besonders die letztgenannte Komödie oder komische Oper (1776) verdient näher besprochen zu werden, weil sie die Verwendung des klassizistischen Komödienschemas im Dienst des neuen Geistes so deutlich veranschaulicht. Die Handlung beruht selbstverständlich auf dem traditionellen Thema von dem Liebespaar, dessen zartes Verhältnis von einem mächtigen Feinde bedroht ist, der selbst der Schönen nachstellt. Seine Anschläge werden aber vereitelt, und die liebenswürdige Rozána bekommt ihren prächtigen Geliebten L'ubím. Der mächtige Feind, der das leibeigene Bauernmädchen verführen will, ist ein russischer Gutsherr, dessen Herrschaft über die Bauern unbeschränkt ist. Glücklicherweise ist dieser Herr zugleich auch ein recht ehrenhafter Adliger, der sich von der Liebe Rozánas zu L'ubím so rühren läßt, daß er von seinem Vorhaben abläßt. Die Zuschauer konnten beruhigt nach Hause gehen, ohne darüber nachdenken zu müssen, ob es solche Gutsherren im damaligen Rußland überhaupt gebe. Gewollt oder ungewollt verdichtet sich in dem Stück die russische Wirklichkeit, und besonders die zynischen Aussprüche des Försters zeigen in wirkungsvoller Weise das Grundübel in der sozialen Struktur Rußlands, die Leibeigenschaft.

Das neuerwachende Interesse für das Volkstümliche galt anfangs nur vereinzelten Erscheinungen des Volksglaubens, der Volkssitten, der Volkslieder, ließ sich aber allmählich mehr und mehr von sozialer Entrüstung tragen. Auch die Form wurde immer realistischer, und die ganze Gattung glitt schließlich in die *Entlarvungsliteratur* des 19. Jahrhunderts über.

Eine Idylle war noch die komische Oper *An'úta* (1772), deren Text MICHAÍL IVÁNOVIČ POPÓV geschrieben und deren Musik Jevstignéj Fomín komponiert hatte. Idyllisch wirkten auch noch *Das Dorf-*

fest oder Die gekrönte Tugend (Derevénskij prázdnik íli Uvénčannaja dobrodétel', 1777) von Vasílij Ivanovič Májkov und *Der Müller als Zauberer, Betrüger und Ehevermittler (Mél'nik – koldún, obmánščik i svat*, 1779) von Aleksándr Onísimovič Ablesímov. Die Heldin des Stückes von Popóv hatte ihren Namen sicher nach den vielen Annetten bekommen, die in französischen Singspielen, z. B. in Favarts *Annette et Lubin*, als empfindsame Heroinen auftraten. In unserem Falle ist sie freilich ihrer Geburt nach kein richtiges Bauernmädchen, sondern adliger Abkunft, aber infolge verschiedener, recht verwickelter Umstände ist sie in einem einfachen armen Bauernhaus erzogen worden, und gerade diese Verquickung von adliger Abkunft und bäuerlicher Umgebung machte die Komödie besonders annehmbar und die Handlung besonders rührend. Der Name der Heldin wurde von jetzt an aber fast ebenso obligatorisch für Bauernmädchen wie der Name Sófija für adlige junge Damen. Auch die Heldin Ablesímovs hieß An'úta.

Der Titel seiner Komödie, zu der Jevstignéj Fomín wieder die Musik geschrieben hatte, erinnerte sehr deutlich an Rousseaus *Divin du village*. Sie hatte außerordentlichen Erfolg und wurde bis ins 19. Jahrhundert hinein gespielt. Die Szene stellte ein russisches Dorf dar, und die Zuschauer erwarteten mit Recht harmlose ländliche Intrigen, über die sie sich freuen konnten. Die in den Text aufgenommenen Lieder waren – ganz wie in dem Stück Popóvs – bald komische Gesangdialoge (zwischen dem alten Bauern und seinem Weib), bald auch echte volkstümliche Chorgesänge, wie sie tatsächlich von den Bauernmädchen während der Vorbereitungen zum Hochzeitsfest gesungen wurden. An'úta war in den jungen Bauern Filimón verliebt, die Liebe der beiden stieß aber auf den Widerstand der Eltern des Mädchens. Der Vater wollte sie nur mit einem Bauern, die Mutter aber nur mit einem Adligen verheiratet sehen. Überraschenderweise war Filimón nun weder ein freier Adliger noch ein leibeigener Bauer, sondern ein Nachkomme jener freien Staatsbauern, die vor vielen Generationen ihrer besonderen Verdienste wegen einen Bauernhof in den Randgebieten des Reiches und adlige Rechte erhalten hatten. Eben diesen merkwürdigen Umstand benutzte der listige Müller, um das Ganze in eitel Freude enden zu lassen. Einen ebenso glücklichen Ausgang hatte auch Ablesímovs zweite komische Oper *Glück beim Losen*

(*Sčásť je po žéreb'ju*, 1780). Man hatte bei diesen Komödien besonderes Vergnügen an dem ländlichen Element, ließ sich von den
schäferlichen Tönen rühren, genoß die Idylle und fühlte sich sogar national erbaut. Besonders freute man sich beim *Dorffest*
MÁJKOVs darüber, daß das Verhältnis zwischen dem Gutsherrn
und den ihm untertanen Bauern in den lichtesten Pastellfarben geschildert war.

MÁJKOV war selbst ein Adliger, hatte aber ein bewegtes Leben hinter sich, war bald Beamter, bald Fabrikant gewesen und wurde endlich
Theatermann. ABLESÍMOV war auch adliger Herkunft, war aber arm
und verdiente sein Brot als Beamter und Offizier. Er war gewissermaßen deklassiert. Ähnliches kann von POPÓV gesagt werden, der
eher dem Bürgerstand als dem Adel angehörte. Eine ganze Reihe
von Nachahmern dieser Art von Dramatik waren adlige und nicht-
adlige kleine Beamte, Handelsleute, Leute des dritten Standes. Einer
von ihnen war ALEKSÁNDR IVÁNOVIČ KLÚŠIN (1762–1804), *ein guter
Schriftsteller, aber ein schlechter Mensch, der schlimmste Gottes-
lästerer auf Erden, Atheist und Feind aller christlichen Religion*,
wie ihn einer seiner Zeitgenossen charakterisierte. Er beteiligte sich
eifrig an der Kampagne der satirischen Zeitschriften gegen die
Schwächen des Adelsstaates und gab seiner sentimentalen Komödie
Lachen und Weinen (*Smech i góre*) eine stark gegen die Gesellschaft
gerichtete kritische Tendenz; diese verhinderte es jedoch nicht, daß er
mit seiner Komödie sowohl in St. Petersburg als auch in Moskau
die größten Erfolge erzielte und daß er sogar ein Studienlegat zu
einer Reise nach der Universität Göttingen erlangte.

Sein naher Freund P'OTR ALEKSÉJEVIČ PLAVÍL'ŠČIKOV (1760 bis
1812), Student, Schauspieler und Schriftsteller, der Herkunft nach
Kaufmannssohn, leidenschaftlicher Feind aller klassizistischen Regeln, schrieb in den neunziger Jahren sowohl typische Bauernidyllen
wie *Der Häusler* (*Bobýl'*), und frische Kleinbürgerlustspiele wie
Der Müller und der Teewasserverkäufer als Nebenbuhler (*Mél'nik i
sbiten'ščik sopérniki*) und *Die Verlobung Kutéjkins* (*Sgóvor kutéj-
kina*), als auch das ernste und sehr empfindsame bürgerliche
Schauspiel *Der Handelslehrling* (*Sidélec*, erst 1807 gedruckt). Dieses
Schauspiel war als Gegenstück zu FONVÍZINS *Landjunker* gedacht,
erreichte aber bei weitem nicht das hohe künstlerische Niveau dieses

Stückes. PLAVÍL'ŠČIKOV wollte in seinem Schauspiel ein düsteres Bild jener Kaufmannswelt geben, die er aus eigener Erfahrung so gut kannte. Er sparte nicht mit satirischen Ausfällen und entlarvte mit großer Folgerichtigkeit und nicht geringem Talent die negativen Seiten seiner eigenen Klasse. Das Schauspiel ist dadurch interessant, daß es das bürgerliche Drama in der einzigen Sphäre von Bürgerlichkeit, die es gab, nämlich in der völlig kulturlosen und in wirtschaftlicher Hinsicht ganz und gar amoralischen Welt des Handelsstandes, spielen ließ. Und gerade diese Form von Bürgerlichkeit drang jetzt als ausgesprochenes Realitätselement in die sentimentale Komödie ein. In derselben Welt spielte auch die Handlung der Oper *Der Kaufhof in Petersburg* (*Gostínyj dvor*, 1787), ein Werk, das der begabte MICHAÍL MATÍNSKIJ, ein freigelassener Bauernsohn (dessen Geburts- und Todesjahr uns nicht bekannt sind), gedichtet und auch komponiert hatte. Der Verfasser führte in seiner Oper eine ganze Reihe von Kaufmannstypen vor und schilderte das traditionelle Hochzeits- zeremoniell einer erzkonservativen und zynischen russischen Kauf- mannsfamilie.

Ein besonders dankbares Thema für das empfindsame Drama, zu- gleich aber ein Thema, das fast automatisch eine stark realistische Behandlung forderte, war das unmenschliche Dasein, das jenen Bauernsöhnen beschieden war, die zu beinahe lebenslänglichem Sol- datendienst ausgehoben wurden. Nun ist es bemerkenswert, daß die überlieferten klassizistischen Vorstellungen eine tragische Behand- lung dieses niedrigen Themas verboten und daß der Schriftsteller auf die Form der Komödie angewiesen war, die *eo ipso* einen glück- lichen Ausgang auch der tragischsten Geschehnisse voraussetzte. So endete alles glücklich im *Bauerngeschick* (1782) von PROKÚDIN- GÓRSKIJ, und die Empfindsamkeit wirkte hier ziemlich süßlich. Der junge Bauer Osip hat in dieser Komödie das Unglück, den mächtigen Gutsverwalter zum Nebenbuhler zu haben, und um diesem nicht im Wege zu stehen, soll er als Rekrut verkauft werden. Glücklicherweise konnte der Dichter den humanen Gutsherrn in eigener Person im rechten Augenblick in die Handlung eingreifen lassen; er machte jedoch keinen Versuch, zu erklären, wie ein derart humaner Gutsbesit- zer einen so unmenschlichen Verwalter in seinen Dienst nehmen und ihn sogar im Dienst hatte behalten können.

Hinter Komödien dieser Art ahnt man sowohl SÉDAINES *Déserteur* als auch MERCIERS gleichnamige Komödie, wobei das Schema der Rivalität zwischen Bauernsohn und Gutsverwalter sehr wohl auch aus FAVARTS Singspiel *Annette et Lubin* stammen konnte. Von hier kam wohl auch jene An'úta, die die weibliche Hauptfigur in dem anonymen russischen Drama *Soldatenschule* (*Soldátskaja škóla*, 1794) war. Die Handlung besteht darin, daß der unglückliche Liebhaber des Mädchens es vor den Nachstellungen des Gutsverwalters dadurch zu retten sucht, daß er desertiert, um dem Bruder der Geliebten Gelegenheit zu geben, die für seine Ergreifung ausgesetzte Belohnung zu verdienen und damit seine Familie und besonders seine Schwester loszukaufen. Das Drama war sehr empfindsam, aber auch sehr realistisch und in der Stoffwahl außerordentlich original. Erst ein Vierteljahrhundert nach seiner Entstehung konnte es gedruckt werden.

Das empfindsame russische Drama, das sich so teils der kleinbürgerlichen und kaufmännischen, teils auch der bäuerlichen Welt zuwendete, war zweifellos sowohl ein Protest gegen das adlige Ausbeutungssystem als auch gegen die klassizistische Literaturnorm. Im Widerstreit mit dieser Norm enthielt es tragische und komische Bestandteile in gleichmäßiger Mischung und machte Anspruch darauf, eine reale und konkrete Welt in ihrer von Regeln nicht gebundenen Mannigfaltigkeit darzustellen. Indessen brachte der larmoyante Stil an sich gerade eine Verfälschung der erstrebten Realitätswirkung mit sich, und ein wirklich bahnbrechendes Werk konnte daher innerhalb dieser Gattung nicht entstehen.

Es entstand in der Prosa.

3. RADÍŠČEV ALS BEGRÜNDER DER REISE-BRIEFGATTUNG

Die russische Prosa hatte sich im Zeitalter des Klassizismus damit begnügen müssen, ihr Leben im satirischen Essai der Zeitschriften kümmerlich zu fristen; der Roman und die Novelle waren kaum als salonfähige Literaturformen anerkannt und führten ein trauriges Dasein in der Welt der Halbgebildeten. Nun sollte sich die Prosa in einer der eigentümlichsten Gattungen der Empfindsamkeit, in der sentimentalen Reiseschilderung, durchsetzen.

Literarhistorisch war die sentimentale Reiseschilderung in Rußland der unmittelbare Ableger eines Werkes, das der Zeit des Überganges vom Klassizismus zur Romantik den Namen gegeben hat, nämlich des *Sentimental Journey through France and Italy* (1767) von LAURENCE STERNE. Später erhielt die Form der Reiseschilderung eine weitere Ausbildung durch die *Lettres sur l'Italie* (1785) von CHARLES DUPATY. Ihr Wesen bestand darin, daß die Reise selbst mit ihren Stationen und Abschnitten nur ein bequemes Schema bildete, um Novellen, Anekdoten, Gespräche, Betrachtungen und lyrische Ergüsse aller Art anscheinend planlos aneinanderzureihen. In Rußland wurden RADÍŠČEV und KARAMZÍN die eigentlichen Vertreter dieser Gattung, die eine ungemeine Bedeutung für die literarische Entwicklung bekommen sollte.

Schon im Jahre 1772 hatte ALEKSÁNDR NIKOLÁJEVIČ RADÍŠČEV (1749–1802) in einer der Zeitschriften NOVIKÓVs ein mit den Initialen I. T. gezeichnetes kleines Fragment veröffentlicht: *Die Reise nach **** (*Otrývok iz putešéstvija v ****). Es schien sehr gut zu dem *Spectator*-Stil zu passen. Es schilderte die Zustände in einem russischen Dorf und gab ein erschütterndes Bild von den Lebensverhältnissen der Bauern unter dem Joch der Leibeigenschaft. Die Schilderung war von humanitärer Entrüstung getragen und entsprach der edlen philanthropischen Humanität NOVIKÓVs und seiner Gruppe. Ein besonders feinhöriges Ohr vernahm jedoch neue Töne in seiner Sprache, wenn er sagte, er gehe *nur mit einem heftigen Zittern seines empfindsamen Herzens* daran, zu schildern, was er mit eigenen Augen gesehen habe. Das Fragment war der Auftakt zu seiner berühmten, von leidenschaftlichem Protest erfüllten *Reise von Petersburg nach Moskau* (*Putešéstvije iz Peterbúrga v Moskvú*), die achtzehn Jahre später (1790), in der brennenden Zeit der großen Französischen Revolution, erschien. Kurz zuvor hatte RADÍŠČEV eine Biographie seines allzu früh verstorbenen Freundes Ušakóv (*Žitijé F'ódora Vasíl'jeviča Ušakóva*, 1789), ein *Gespräch über das rechte Wesen eines Patrioten* (*Beséda o tom, čto jesť syn Otéčestva*, 1789) und einen *Brief an einen von Amts wegen in Tobóľsk ansässigen Freund* (1790) veröffentlicht. In allen diesen Schriften – wie auch schon in dem autobiographischen *Tagebuch einer Woche* (*Dnevník odnój nedéli*), das Anfang der achtziger Jahre niedergeschrieben wurde – trat RADÍŠ-ČEV als ungewöhnlicher Geist hervor.

Seine *Reise von Petersburg nach Moskau* war künstlerisch und journalistisch eine hervorragende Leistung. Der russische Leser sah sich hier der ganzen Fülle des freien westeuropäischen Denkens gegenübergestellt und aufgefordert, als echter *Patriot* selbständig über Schicksal und Sendung seines Landes und seines Volkes nachzudenken. Der Verfasser besaß ein umfassendes enzyklopädisches Wissen und beherrschte von Grund aus die Philosophie des 18. Jahrhunderts, die er sich als Student in Leipzig mit früh gereifter kritischer Selbständigkeit angeeignet hatte. In seinem Denken vereinigte er die Tradition der Gesellschaftskritik der französischen Aufklärung und den kühlen, konsequenten Negativismus VOLTAIRES mit der Naturbegeisterung und Kulturfeindschaft ROUSSEAUS und dem neuen englischen und deutschen Gedankengut. MABLY (1709–1785), RAYNAL (1713–1796) und FERGUSON (1723–1816) hatten ihm in ihren geistvollen Schriften historisches Wissen gegeben, während ihn ADAM SMITH (1723–1790) und BLACKSTONE (1723–1780) mit ihren volkswirtschaftlichen und rechtswissenschaftlichen Beweismitteln ausgerüstet hatten. Russische Schriftsteller wie der Magister DMÍTRIJ SERGÉJEVIČ ANÍČKOV (gest. 1788) mit seiner auf die Theorien HUMES gegründeten Dissertation über den *Ursprung der Gottesverehrung* (1769), der in Glasgow ausgebildete Professor SEM'ÓN JEFÍMOVIČ DESNÍCKIJ (gest. 1789) mit seinen juristischen Traktaten, der Philosoph JÁKOV PÁVLOVIČ KOZÉL'SKIJ mit seinen arithmetischen, mechanischen und philosophischen *Propositionen* (1764–70) und der Professor SEM'ÓN GERÁSIMOVIČ ZYBÉLIN (gest. 1802) mit seiner kühnen Schrift *Von der rechten Erziehung* (1775) hatten ihm alle bis zu einem gewissen Grade den Weg bereitet. Mehr aber als sonst einem verdankte er dem zeitgenössischen deutschen Kritiker, Historiker und Dichter JOHANN GOTTFRIED HERDER (1744–1803) und seinen Schriften *Vom Einfluß der Regierung auf die Wissenschaften und der Wissenschaften auf die Regierung* (1780) und *Ideen zur Philosophie der Geschichte der Menschheit* (1784–91).

RADÍŠČEV ging weiter als HERDER. Er brach völlig mit der seiner Meinung nach allzu mechanischen Geschichtsauffassung des Rationalismus und Klassizismus. Er konnte die Geschichte nicht als Ergebnis der Beziehungen zwischen der praktischen Politik und den *a priori* gegebenen allgemeingültigen Normen der Vernunft, als Folge ihrer Übereinstimmung oder Nichtübereinstimmung, betrachten. Die Geschichte war für ihn nicht die Frucht einer *richtigen* oder *falschen* Gesetzgebung. Das war im wesentlichen die Auffassung Montesquieus in seinem *Esprit des lois* gewesen. Er konnte sich aber auch nicht mit dem Gedanken begnügen, daß die naturgegebenen klimatischen und geographischen Verhältnisse allein den Verlauf der Geschichte bestimmten. Er erkannte, daß Herder nur wenig Sinn für die Bedeutung hatte, die der Gesellschaftsstruktur im ganzen als bestimmendem Faktor in der Entwicklung der Menschheit zukomme. Er lehnte den Gedanken ab, daß die Frage des menschlichen Glücks nur ein Problem des Einzelnen sei. Seine sehr konzise Vorstellung von dem innersten Wesen der geschichtlichen Dynamik zwang ihn, die sozialen und wirtschaftlichen Faktoren (Bedarf und Lebensform) als die wichtigsten Kräfte im Kulturleben zu betrachten. In dieser Beziehung war er seiner Zeit weit voraus und als historischer Kritiker erstaunlich modern. Zugleich aber war er überzeugter Pessimist. Die geschichtliche Entwicklung war ihm nur ein *circulus vitiosus* oder bestenfalls eine Spiralbewegung. Er sah eine Art Naturgesetz darin, daß Freiheit nur als Reaktion auf Sklaverei entstehe und früher oder später in neuer Sklaverei enden müsse.

Dieser theoretische Pessimismus hinderte ihn jedoch nicht, sich als aktiver Vorkämpfer für die Befreiung des unterdrückten und verachteten russischen Bauernvolkes einzusetzen. Das bedeutete, daß er für den Umsturz der herrschenden Adelsmacht und für die Aufhebung der Leibeigenschaft kämpfen mußte. Er betrachtete die absolutistische Regierungsform, die in seinem Lande herrschte, als unmittelbare Auswirkung des feudalistischen Gefüges der russischen Gesellschaft und rechnete vollen Ernstes mit dem unvermeidlichen Fall dieses Regimes unter dem Druck einer spontanen Volkserhebung. Unter den Schriftstellern seiner Zeit hatte er als einziger den Mut, den Aufruhr Pugačóvs mit Sympathie zu betrachten. Er hatte keine Furcht vor den unmittelbaren kulturzerstörenden Folgen einer Revolution, da diese ebenso unabwendbar wie vorübergehend seien. Mit klarer Erkenntnis der Unterschiede zwischen den französischen

und den russischen Verhältnissen übertrug er die revolutionäre Aufgabe vom *tiers état* und der Bourgeoisie auf das mächtige Bauernvolk.
Er wurde nicht müde, seine Zeitgenossen mit logischen Argumenten
davon zu überzeugen, daß die Leibeigenschaft sowohl ein moralischer
als auch ein juristischer und wirtschaftlicher Anachronismus sei und
die Entwicklung Rußlands nur hemme.

Radíščev wählte, dem Beispiel Laurence Sternes folgend, die
Tagebuchform als das für seine Zwecke geeignetste Mittel. Der neue
sentimentale Sprachstil war ihm das wirksamste Instrument für sein
Vorhaben. Wie er im Gebiet des Denkens das erstarrte Schema des
Rationalismus überwunden hatte, so überwand er im Bereich der
Literatur und Kunst die Sprachform des Klassizismus. Er vermied
sorgfältig seine starren Vorschriften, seine normativen Ansprüche,
seine paragraphierte Rhetorik. Er strebte in seinem Werk weder nach
objektiver Gesetzmäßigkeit noch nach ästhetischer Regelmäßigkeit.
Ihn interessierte nur der subjektive, individuelle Charakterausdruck.
Die Gesetze der Redekunst beruhten für ihn nicht mehr auf ein für
allemal festgelegten absoluten Gesetzen, sondern ihre *Süße* war seiner
Meinung nach nur durch die Gefühle des Sprechenden bedingt, und
ihre Überzeugungskraft hing allein von seiner Fähigkeit ab, diese Gefühle wiederzugeben. Literatur war ihm eine unmittelbare Emanation
des Genies, das Genie eine Kraft, die souverän ihre eigene Form schafft.

Die *Reise von Petersburg nach Moskau* war eine lebendige Veranschaulichung dieser Meinungen. Die russische Gegenwart bildete
den Hintergrund und den Gegenstand seines Buches. Die gefühlvolle
Entrüstung des Verfassers und seine Fähigkeit, sie wiederzugeben,
verliehen seinem Buch Anmut und Charakter.

Das Reiseschema war in den Überschriften der einzelnen Kapitel
genau eingehalten; es waren meistens Namen von Orten, Rastorten
auf der Reise (*Zájcevo, Chotílov, Voločók, Nóvgorod, Klin, Valdáj*
usw.), nichtsdestoweniger aber war dieser Reiseweg von der einen
Hauptstadt zu der anderen so nebensächlich, daß er fast fiktiv genannt
werden darf. Der Inhalt der Kapitel war in Wirklichkeit von den
Überschriften unabhängig. Bilder, Landschaften, Berichte, Szenen
wechselten in kaleidoskopischer Mannigfaltigkeit. Bald gab der Verfasser tiefschürfende Charakteristiken des russischen Bauernvolkes,
seiner Sitten und Lieder, seiner Geduld und seelischen Kraft, Charak-

teristiken, die von der Überzeugung getragen waren, daß das Volk allein die echte, unverfälschte russische Kultur besitze. Bald zeichnete er abstoßende Bilder des russischen Gutsadels oder Kaufmannsstandes oder sympathische Skizzen der klassenlosen idealistischen Intelligenz. Er erzählte erschütternde Geschichten von seinen Besuchen in elenden Bauernhütten, wo Not und Armut haushielten, oder von Ausbrüchen bäuerlichen Rachedurstes den Herren und ihren Dienern gegenüber. Er schilderte Szenen, wo leibeigene Bauern öffentlich zum Verkauf ausgeboten wurden. Er beschrieb das Schicksal, das leibeigenen Intellektuellen zuteil wurde, wenn ihr Besitzer nach eigenem Gutdünken bestimmte, wozu sie verwendet werden sollten. Er notierte Gespräche mit gequälten Bauern, gebrochenen Müttern, frischen und stolzen Bauernmädchen, kecken Burschen, deren Wille und Lebenslust noch nicht gebrochen waren, menschlich fühlenden und denkenden Gutsbesitzern, die ebenso empört waren wie er. Zuweilen benutzte er den Traum als Mittel zur Schilderung der despotischen Macht des absoluten Herrschers, oder er entwarf frei erfundene Manifeste eines idealen Herrschers zur Abschaffung des erblichen Adels und zur Aufhebung der Leibeigenschaft. Das ganze Bild von Rußland gegen Ende des 18. Jahrhunderts, das er gab, war realistisch gesehen und geschildert. Nie wurde seine Empfindsamkeit süßlich oder aufdringlich. Das Idyllische und Schäferliche war gänzlich vermieden. Die Empfindsamkeit war nur an den sprachlichen Ausdruck geknüpft.

Insofern war sie freilich weder verborgen noch gedämpft. Im Geiste der Empfindsamkeit war das ganze Werk *einem mitfühlenden Freunde* gewidmet. Dieser war der Mystiker und Freimaurer Alekséj Kutúzov, Radíščevs geistiger Antipode, dennoch aber von ihm aufrichtig bewundert und geliebt. So redete er ihn an:

Wenngleich sich deine Anschauungen in mancher Beziehung von meinen unterscheiden, so schlägt dein Herz doch im gleichen Takt wie das meine – und du bist mein Freund!

Das war das typische Leitmotiv der empfindsamen Gattung, das Motiv der sentimentalen Ergüsse, das Motiv des Kultus grenzenloser Freundschaft. Er fuhr fort:

Ich sagte zu mir selbst: Wenn ich nur eine einzige Seele finde, die mein Werk billigt und des guten Zweckes wegen davon absteht, die mangelhafte

Form meiner Gedanken zu tadeln – eine Seele, die in meinem Kummer über
die Leiden unsrer Brüder mit mir fühlt und mich auf meiner Wanderung
stützt, – wird dann das Werk, das ich unternommen habe, nicht vermehr-
ten Nutzen tragen? Aber warum, warum sollte ich nach einem solchen Le-
ser weit umhersuchen? Mein Freund, du wohnst ja in meinem Herzen!
Laß deines Namens Glanz auf die erste Seite des Werkes fallen!

So war schon auf der ersten Seite der sentimentale Grundakkord
des Buches klar und stark angeschlagen.

Sich selber schilderte der Verfasser als *einen Menschenfreund,* der,
durch die Leiden der Menschheit verwundet, erfüllt sei von *tiefer*
Melancholie, in die Empfindsamkeit und Mitleid ihn versenkt haben.
Er finde nur Trost in *der Stimme der Natur,* die ihn den Schleier von
seiner angeborenen Empfindsamkeit entfernen und dadurch etwas
Glück erringen heiße und die ihn belehre, daß es dem Einzelnen
keineswegs verwehrt sei, *unsagbare Freude* daran zu finden, *seinem*
Nächsten Wohltaten zu erweisen. Menschen, für die er Sympathie
empfand, erweckten seine Bewunderung, weil *ihre Seelen sehr emp-*
findsam und ihre Herzen menschenfreundlich seien. Er nannte sie
gern *Bürger der Zukunft,* und das Wort *Bürger* klang ihm empfindsam und revolutionär zugleich wie etwa das französische oder schwei-
zerische *citoyen.* Er bat seine Freunde, Rang und Amt aufzugeben,
wenn sie sich der Roheit der Zeit gegenüber ohnmächtig fühlten,
und *wegzureisen, um das traurige Los des Bauernstandes zu beweinen*
und in der Gesellschaft guter Freunde die Zeit zu verbringen. Viele
andere Beispiele könnten angeführt werden, um den veredelten
Freundschaftskult Radíščevs zu beleuchten. Er war nicht nur ein
Ausdruck seiner wirklichen Empfindsamkeit, sondern auch ein
zweckmäßiges Stilmittel, das auf ganz natürliche Weise seine Teilnahme am Elend der Bauern begründete. Dagegen war seine eigentliche Wirklichkeitsschilderung in der Regel realistisch und nüchtern
und nur selten sentimental gefärbt. Als Beispiel für eine solche Ausnahme sei eine Stelle angeführt, worin er beschreibt, welchen Eindruck
ein blinder Volkssänger mit seinem Lied vom Gottesmann Alekséj
ausübt:

O Natur! Wie groß ist doch deine Macht! Beim Anblick des weinenden
Greises schluchzten die Frauen, von den Lippen der Kinder verschwand ihr
ständiger Gefährte, das Lächeln, im Gesicht der Jünglinge spiegelte sich

jene Scheu ab, die das untrügliche Kennzeichen schmerzlicher, nie zuvor erlebter Empfindungen ist, und selbst die reifen Männer, die sonst doch härter zu sein pflegen, sahen feierlich und ernst aus.

Das neue Stilideal, das RADÍŠČEV in seiner *Reise* verwirklichte, forderte notwendigerweise auch eine neue ausdrucksvolle Sprachstruktur. Er stand einem schwer lösbaren Problem gegenüber. Das neue Sprachinstrument mußte eigentlich erst geschaffen werden. RADÍŠČEV stand aber als Prosakünstler so gut wie im Leeren. Die klassizistische Sprachtheorie mit ihren drei Stilarten, in der er erzogen war, verwies ihn auf den *niederen* Stil (*stylus inferior*), der aus den hohen poetischen Gattungen verbannt war und sich nur in den zahlreichen satirischen Zeitschriftenartikeln entfalten konnte. Es war indessen ausgeschlossen, daß diese immer noch so verachtete Sprachschicht das rechte Medium für eine so hohe Schrift wie *Die Reise von Petersburg nach Moskau* hätte sein können. Als unabhängiger Geist brach RADÍŠČEV entschlossen mit der alten Lehre. Seine lyrisch bewegte, von sozialem Pathos getragene empfindsame Denkweise war auf jene hohen Ausdrucksmittel eingestellt, die der Theorie nach der Ode, der Tragödie und dem heroischen Epos vorbehalten waren, und daher kleidete er seine modernen, bahnbrechenden Gedanken paradoxerweise in eine rhetorische Form, die außerordentlich kirchenslavisch anmutet. Er schrieb in einer Sprache, die aus der pompösen Ode LOMONÓSOVs unmittelbar in die Prosa übertragen war. Diese Prosa wirkte jetzt, gegen Ende des 18. Jahrhunderts, eigentümlich archaisch, zugleich aber auch ungeheuer eindringlich. Sein Satzbau war schwerfällig und verwickelt. Seine Syntax scheute nicht die Schachtelung von Nebensätzen, die bald relativ, bald konzessiv, bald final, bald konsekutiv (oder wie immer die Bezeichnungen der Schulgrammatik lauten mögen) konstruiert waren. Er vermied nicht einmal so gekünstelte Konstruktionen wie den kirchlichen *dativus absolutus cum participio*. Sein Wortschatz war *slavorussisch*, und echte russische Wörter kämpften bei ihm beständig mit ihren kirchenslavischen Synonymen. Das Wortgefüge selbst war fast biblisch. Partizipien, sogar einfache Adjektive wurden nur ungern vor das Hauptwort gesetzt wie in der Alltagssprache, sondern folgten ihm wie feierliche Trabanten nach. Diesen Grundzügen seines Sprachgebrauchs, entsprach eine figurenreiche Phraseologie – mit vielen Parallelismen,

Anaphern, Inversionen, Antithesen und Interrogationen – kurz alle die etwas rostigen klirrenden Waffen einer veralteten kirchlichen Beredsamkeit. Aber um so wirkungsvoller mußte diese merkwürdige Prosa sein, wenn sie so beharrlich, so eindringlich und so empfindsam für eine soziale Reform eiferte oder gar die unvermeidliche soziale Revolution verkündete.

Und doch war es klar, daß die Art und Weise, wie RADÍŠČEV das Sprachproblem löste, kein Ergebnis von Dauer zeitigen konnte. Er, der ideologische Reformator, war nicht der Spracherneuerer, den die Zeit verlangte. Diese Rolle sollte einem Mann von ganz anderer Art zufallen.

4. DIE REISEBRIEFE KARAMZÍNS

Um die Zeit, da RADÍŠČEV seine *Reise* (1790) herausgab, befand sich der junge, feingebildete NIKOLÁJ MICHÁJLOVIČ KARAMZÍN (1766 bis 1826) auf seiner Wallfahrt nach den großen und kleinen Heimstätten der westeuropäischen Kultur (1789–90). Das Tagebuch und die Briefe, die er während seiner Reise schrieb, benutzte er etwas später (1791) als Grundlage zu seinen berühmten *Russischen Reisebriefen* (*Pís'ma rússkogo putešéstvennika*), die erst in einer Zeitschrift und dann auch in Buchform erschienen. Mit diesem Werke schuf KARAMZÍN die klassische literarische Form, den sprachlichen Ausdrucksapparat und den ideologischen Gehalt der russischen Empfindsamkeit.

Der Sentimentalismus KARAMZÍNS war im Gegensatz zu dem RADÍŠČEVS nicht sozial. In KARAMZÍNS harmonischer Seele war auch nicht ein Funken von RADÍŠČEVS aufrührerischem Geist, auch nicht die Spur einer wirklichkeitsnahen und kritischen Gesellschaftsanalyse zu finden. KARAMZÍN war durchaus nicht gesonnen, sich außerhalb seiner eignen Klasse zu stellen. Er war und blieb ein adliger Grandseigneur. Seine Richtschnur und Losung war das abstrakte Humanitätsideal. Dieses Ideal konnte in seinen Auswirkungen vielleicht die Brutalität der russischen Gesellschaftsform, die eine Bedingung für das Wohlergehen seiner Klasse war, mildern. Es konnte ihr aber auch als eine *raison d'être* dienen, ihr einen Schein von Exi-

stenzberechtigung verleihen. Nur der aufgeklärte, verfeinerte und gebildete Adelsstand, der Liberalität und Konservatismus in angemessener Mischung vertrat, konnte das rechte Bereich für eine Empfindsamkeit abgeben, die eigentlich nur sich selbst genoß und von jeder
äußeren Nützlichkeit absehen konnte. Der Stil KARAMZÍNS, der sich
in einer neuen Prosa kundtat, war nicht sozial, sondern nur gefühlsmäßig und ästhetisch bestimmt. Er war der rechte Ausdruck einer
vornehmen Kulturelite.

Sein sorgsam vorausgeplanter Reiseweg führte den jungen Schriftsteller über Memel und Tilsit nach Königsberg und weiter über Danzig nach Berlin, wo er etwa zehn Tage blieb. Nur je ein paar Tage
verbrachte er in Dresden, in Leipzig, in Weimar. Er eilte nach der
Schweiz und hielt sich hier mehrere Monate auf: er wohnte in Basel,
in Zürich, in Bern, darauf in Lausanne und Genf. Erst im März 1790
kam er über Lyon nach Paris (*Ich bin in Paris! Dieser Gedanke erfüllt mein Herz mit einer sonderbar raschen, unerklärlichen, lebhaften Bewegung ... Ich bin in Paris!*). Hier brachte er vier Monate
zu. Dann ging die Reise über Calais nach London, wo er sich von
Juli bis September 1790 aufhielt. Die Heimreise ging zu Schiff direkt
von England nach Kronstadt. Kopenhagen passierte man bei Nacht,
und es verdroß KARAMZÍN sehr, daß er hier nicht an Land gehen
konnte. In der Schweiz hatte er mit dem Dichter BAGGESEN und anderen Dänen Freundschaft geschlossen. Es ist ein eigenes Vergnügen,
KARAMZÍNS *Russische Reisebriefe* und BAGGESENS Reiseschilderung
in seinem *Labyrinth* (1792) nebeneinander zu lesen.

Wohin immer er kam, beschäftigte sich KARAMZÍN anscheinend
systematisch mit den Sehenswürdigkeiten der Städte und den Eigentümlichkeiten der Landschaften, den Sitten und Bräuchen der Völker, den Museen und Theatern der Haupt- und Residenzstädte, den
politischen Einrichtungen und den Parlamenten, und lebendig und
frisch erzählte er seine Erlebnisse und schilderte er seine Eindrücke
in der bunten Folge seiner *Reisebriefe*. Die Form verlangte, daß er
auch trockene und konkrete Mitteilungen wirtschaftlicher, statistischer und historischer Art über die Städte machte, die er passierte.
Von Memel wußte er zu erzählen, daß es *eine ausgezeichnete Stadt sei*
und daß *sein Hafen voll von Schiffen* sei, *die meistenteils Hanf und
Bauholz für England und Holland frachteten.* Von Tilsit sagte er,

die Stadt sei *ausnehmend schön gebaut und liege mitten im fruchtbaren Tal der Memel,* sie *habe einen bedeutenden Handel mit Korn und Zimmerholz, die auf dem Seewege nach Königsberg gebracht würden.*
In Danzig, *dieser schön gebauten Stadt,* stand er vor *einem Panorama, desgleichen er nie gesehen hätte und das er volle zwei Stunden betrachtete, stumm, in tiefstem Schweigen, in süßestem Selbstvergessen:* den Hafen, die Schiffe, die vor Anker lagen, die Schiffe, die über die grenzenlose Wasserfläche zu segeln sich anschickten, draußen das Meer. Alle diese kurzen Ausblicke auf fleißige, rege, arbeitsame Städte wurden nicht etwa wegen ihrer konkreten Aufschlüsse in die *Reisebriefe* aufgenommen, sondern um die intensiven und vielseitigen inneren Erlebnisse des Reisenden zu veranschaulichen und die Idee des Reisens an sich auszudrücken.

Zugleich aber benutzte KARAMZÍN auch jede Gelegenheit, um Züge in seine Schilderung einzuschmuggeln, die ihn als den einsamen und fremden und daher recht oft auch melancholischen Reisenden kennzeichneten. Die Melancholie war ein obligatorisches Attribut der Empfindsamkeit. Wenn er in Königsberg in dem gewaltigen Raum des Domes stand und über das europäische Mittelalter nachsann (*Wo seid ihr jetzt – so dachte ich –, wo seid ihr jetzt, finstere Jahrhunderte, Jahrhunderte der Barbarei und des Heroismus?*), vergaß er nicht hinzuzufügen, daß er, in Gedanken vertieft, zwei volle Stunden an eine Säule gelehnt dagestanden habe – ein einsamer Russe in einer fremden Welt. Er wußte sehr wohl, daß die Haltung des jungen Werther auch einem Russen anstehen könne. In Sanssouci gedachte er bewegt des *Philosophen* Friedrich des Großen und fragte: *Wo bist du jetzt? Ein Quadratmeter Erde bedeckt deine Asche, und alle deine Lieblingsschlösser, die du von den besten Künstlern deiner Zeit schmükken ließest, stehen jetzt verlassen und leer.* Und in ähnlicher Weise sprach er recht weitschweifig, oft mit einem Anflug von Melancholie, von der Vergänglichkeit der Dinge, von der Gemäldegalerie in Dresden, von den Akademien in Paris, von den Parkanlagen in Versailles, besonders von der von Trianon, deren romantischer englischer Stil ihn bezauberte, von den Straßen in London.

Naturbeschreibungen kamen in seinen *Reisebriefen* sehr oft vor. Als Gattung nahmen sie erst hier ihren gebührenden Raum in der russischen Literatur ein, und die Kunst, die KARAMZÍN auf sie verwandte, und die Liebe, mit der er sie ausarbeitete, waren wahrlich nicht gering. Aber bezeichnenderweise suchte KARAMZÍN immer seine Naturerlebnisse durch die Brille der Literatur zu betrachten. Er wanderte über Berg und Tal mit wohlbekannten Büchern in der Hand. Wenn er in Weimar den Anblick der öden und düsteren Ufer eines eiligen Flusses recht genießen wollte, mußte er – *auf einem bemoosten Steine sitzend* – das erste Buch von OSSIANS *Fingal* lesen. In Berlin schrieb er ohne Zögern, daß *der Frühling ihm nicht so bezaubernd vorgekommen wäre, wenn THOMSON und KLEIST ihm nicht den Lenz mit all seiner Anmut und Schönheit geschildert hätten!* Als er Vevey besuchte, hatte er natürlich ROUSSEAUS *Nouvelle Héloïse* bei sich und konnte beim Anblick der Felsen, von denen sich der unglückliche Liebhaber in die Tiefe stürzen wollte, St.-Preux' Brief zitieren. In Ferney, das VOLTAIRE berühmt gemacht hatte, mußte er beim Anblick der fernen Gipfel des Montblanc LAHARPES Lobpreisung des großen Dichters zitieren. Als er in dem schweizerischen Dorf Meiringen im Berner Oberland ein junges Brautpaar sah, fühlte er sich genötigt, an HALLERS idyllisches Gedicht *Die Alpen* mit seiner Schilderung des harmonischen Liebeslebens der schweizerischen Hirten zu erinnern. Versailles erlebte er mit den *harmonischen Versen* VOLTAIRES und DELILLES im Gedächtnis. In seinen Briefen finden wir sowohl GOETHES Gedicht *Meine Göttin*, worauf HERDER ihn aufmerksam gemacht hatte, als auch POPES Verse auf sein eigenes Grabmal zitiert. In Calais hätte er es als unnatürlich empfunden, den Namen seines großen Vorbildes LAWRENCE STERNE nicht zu erwähnen.

Den Höhepunkt literarischen Naturerlebens finden wir indessen in dem ersten Brief aus Zürich. Der Brief ist wie ein Katalog der literarischen Denkwürdigkeiten Zürichs gestaltet und sei daher in paragraphierter Anordnung wiedergegeben:

Mit besonderer Freude näherte ich mich Zürich, mit besonderer Freude betrachtete ich die anmutige Umgebung der Stadt, den klaren Himmel, die heitere Landschaft, den spiegelblanken See und seine schönen Gestade,

wo der zärtliche GESSNER Blumen pflückte, um seine Hirten und Schäferinnen damit zu schmücken,

wo der unsterbliche KLOPSTOCK seine Seele mit jenen großen Ideen von heiliger Vaterlandsliebe erfüllte, die sich später mit so wilder Majestät in seinem Hermann entfesseln sollten, wo BODMER *einzelne Züge zu den Bildern seiner Noachide sammelte und den Geist des Patriarchenzeitalters einsog,*

wo WIELAND *und* GOETHE *in seliger Verzückung ihre Musen umarmten und für die Nachwelt träumten,*

wo FRIEDRICH STOLBERG *in seiner Phantasie durch den Nebel von neun- undzwanzig Jahrhunderten den ältesten aller griechischen Poeten schaute, den Dichter der Götter und Helden, den grauen Greis* HOMER, *der lorbeer- bekränzt die griechische Jugend mit seinen Liedern entflammte, – ihn schaute, ihm lauschte und seine Lieder als treues Echo in teutonischer Zunge wiedergab,*

wo auch unser gemeinsamer Freund LENZ *in Liebespein umherirrte und jedes Blümchen seiner Göttin in Weimar darbrachte.*

Die Vertrautheit KARAMZINS mit der deutschen Literatur ist ein sehr bezeichnender Zug in seinem Streben, sich von der Zwangsjacke des französischen Klassizismus zu befreien. Eben JAKOB MICHAEL REINHOLD LENZ (1751–92), der Sohn eines livländischen Pfarrers und Jugendfreund GOETHES, hatte in Moskau seine russischen Freunde mit den Ideen der deutschen *Sturm-und-Drang*-Bewegung, an der er selbst in seiner Jugend teilgenommen hatte, bekannt gemacht. Aber auch sonst war KARAMZIN wohlvorbereitet, das Gebiet der deutschen Kultur zu betreten. Schon im Gymnasium Professor Schadens in Moskau hatte er Gelegenheit gehabt, sich in die deutsche Literatur zu vertiefen, hatte bei GELLERTS *Fabeln und Erzählungen* geweint und gelächelt und die Gedanken eingesogen, die sein Lehrer mit Rüh- rung und Wärme aus den *Moralischen Vorlesungen* des deutschen Dichters vortrug.

Der deutschen Philosophie stand KARAMZIN sonst freilich ziemlich fern. Er konnte sich nicht rühmen, KANTS *Metaphysik der Sitten* (1785) oder seine *Kritik der praktischen Vernunft* (1788) gelesen zu haben, als er den berühmten Philosophen, *den alles zermalmenden Kant*, in Königsberg besuchte. Der Besuch dauerte drei Stunden, und der lebhafte und vielseitig gebildete Russe vermochte seinen Wirt dazu, ihm ein regelrechtes *Privatissimum* zu halten, dessen wichtigste Punkte er sich gewissenhaft aufschrieb. Für das freund- selige und enthusiastische Gemüt des Reisenden war es bezeichnend, daß er für jeden der Denker, mit denen er in Berührung kam, ein Wort aufrichtiger Begeisterung und Anerkennung fand. So machten ihn die Gespräche mit dem strengen KANT durchaus nicht unempfänglich für den Zauber, den die Person des *Eklektikers* Professor PLATNER, des eleganten Rektors der Universität Leipzig, ausstrahlte. Wie vor ihm RADÍŠČEV lauschte auch er den Worten dieses KANT-Gegners und LEIBNIZ-Verherrlichers bei einer seiner ästhetischen Vorlesungen im überfüllten Auditorium. Auch für HERDER fand er in seinen *Reisebriefen* Worte der Begeisterung. Er kannte seine *Paramythien* und seine *Älteste Urkunde des Menschengeschlechts* (1774) und teilte seine Bewunderung für KLOPSTOCKS *Messias*, WIELANDS Gedichte und GOETHES *wahrhaft hellenische Lyrik*. KARAMZÍN sagte sehr schön von HERDERS seelischer Form, daß in ihr

nicht eine stürmisch flammende Phantasie jugendhaft in den Höhen herumwirbele und wie ein Meteor, der rasch aufleuchte und sofort wieder verschwinde, in das Dunkel herabstrahle, sondern der vernunftdurchstrahlte Gedanke des Weisen leise auf den leichten Flügeln des Zephyrs schwebe, aufwärts zum ewigen Tempel der Wahrheit schwebe und seine Bahn in einem leuchtenden Streifen abzeichne.

KARAMZÍN fand keine Gelegenheit, GOETHE in Weimar zu treffen. WIELAND aber, der ihn anfänglich nur mit großem Mißtrauen empfing, ließ sich allmählich von ihm bezaubern, besonders da er seine Bewunderung für den *Oberon* und den *Agathon* entdeckte.

Indessen traten für KARAMZÍN alle deutschen Denker und Dichter in den Hintergrund, als er in Genf den *großen* BONNET (1720–93), den Verfasser der damals so berühmten *Palingénésie*, kennenlernte. Seine fast ungezügelte Begeisterung für den späterhin weit weniger geschätzten *contemplateur de la nature*, für die milde Lebensschau des Greises, für seine idyllische, aber kinderlose Ehe, für seine Beliebtheit im Dorfe Genthod war höchst charakteristisch für die enthusiastische und schwärmerische Empfindsamkeit des russischen Reisenden und für sein unkritisches Verhalten zur Bedeutung des Erkenntnisproblems. Nur noch ein anderer Mann in der Schweiz machte einen ebenso starken Eindruck auf KARAMZÍN, und das war – wiederum bezeichnend für ihn – JOHANN KASPAR LAVATER (1741–1801). KARAMZÍN schätzte das Herz der Menschen höher als ihre Intelligenz. Schon von Moskau aus hatte er mit LAVATER korrespondiert, und die Begegnung mit ihm war daher um so herzlicher. KARAMZÍN fühlte sich besonders wohl in seiner Stadt, *der Wiege der neuen Physiognomik.*

Metaskopie, Chiromantik und Podoskopie, wie er selber scherzhaft sagte, und er füllte sein Tagebuch fleißig mit Aussprüchen LAVATERS über *Daseynszweck, Daseynsfroheit, Selbstgefühl* und andere Begriffe (wie etwa *die constante, solideste, soutenabelste Existenz*), die der Russe nur sehr schwer in seiner eigenen Sprache wiederzugeben vermochte. Die nebelhafte Sprache LAVATERS, die von den Berliner Rationalisten, besonders von dem *unverbesserlichen* NICOLAI, einem Freunde KARAMZÍNS, als Auswirkung eines Kryptojesuitismus betrachtet wurde, gefiel dem treuherzigen Russen ganz ausnehmend.

In Deutschland hatte KARAMZÍN Sehenswürdigkeiten und große Geister, in der Schweiz die großartige und doch idyllische Natur und milde Seelen aufgesucht, in Frankreich fand er die Revolution in vollem Gange und die *bonne compagnie* im Zerfall. Es war sehr bezeichnend für den liberal-konservativen russischen Edelmann, daß er mit großem Eifer, aber fast vergeblich mit der guten Gesellschaft in Verbindung zu kommen und sich bewußt, aber ebenso vergeblich von der Revolution fernzuhalten versuchte. Vielleicht spielte doch die Rücksicht auf die russische Zensur eine gewisse Rolle bei der neutralen Haltung, die er in seinen *Reisebriefen* einnahm, denn wir haben Grund anzunehmen, daß er damals noch insgeheim mit gewissen Aspekten der Revolution sympathisierte.

Sie sind zu spät nach Paris gekommen, sagte bei einem Spaziergang durch die Straßen der Weltmetropole einer seiner französischen Freunde zu ihm. *Die glücklichen Tage sind vorbei. La bonne compagnie ist in alle Winde zerstreut. Die Marquise D. ist nach London gereist. Die Gräfin A. ist in die Schweiz gegangen. Die Baronin F. ist nach Rom gereist, um ins Kloster zu gehen. Anständige Leute haben keine Unterkunft mehr und wissen weder, was sie anfangen, noch wo sie ihre Abende zubringen sollen.*

Immerhin gelang es KARAMZÍN, bei Madame G. einen offenen Salon zu finden, wo er mit verschiedenen Marquis, Rittern des St.-Louis-Ordens, Advokaten und englischen Touristen zusammenkam, RACINES und VOLTAIRES vermeintliche Vorzüge vor CHÉNIER erörtern und DUPATYS literarische Verdienste verteidigen konnte. Er entdeckte indessen bald, daß man es vorzog, über die Politik der Parteien, die Fraktionen, die Intrigen im Nationalkonvent zu sprechen. Er war glücklich, als er in der *Académie des Inscriptions* sowohl den alten Dichter MARMONTEL, dessen *Contes moraux* (1756–61) er sehr bewunderte, als auch den ehrwürdigen Archäologen Abbé BARTHÉLEMY, den Verfasser des kürzlich erschienenen *Voyage du jeune Anacharsis en Grèce* (1788), traf. Auch sie beklagten, daß er in einer Zeit nach Paris gekommen sei, *wo man Apollo und die Musen in die Uniformen der Nationalgarde einkleide.* Außerdem traf KARAMZÍN zu seiner Freude auch den Historiker LEVECQUE, den Verfasser einer *Histoire de la Russie,* und den vielseitigen LAHARPE, dessen Tragödien er gleich hinter die VOLTAIRES zu stellen bereit war. Darauf beschränkte sich aber auch in der Hauptsache sein Bekanntenkreis in Paris, und mit vielen wehmütigen Seufzern stellte er immer wieder fest, daß *die glücklichen Zeiten der französischen Literatur vorbei seien und nimmer wiederkehren würden!*

Um so fleißiger benutzte KARAMZÍN seine Zeit dazu, ins Theater zu gehen. Als er schließlich Paris verließ, wußte er dank zahlreichen Besuchen sehr gut Bescheid über die *Grande Opéra* und das *Théâtre Français,* über das *Théâtre des Italiens* und das *Théâtre de Monsieur* und über die Pariser *Variété*-Theater. Mit großer Bestimmtheit fällte er sein Urteil über *die französische Melpomene.* Es umfaßte den ganzen französischen Klassizismus, war berufungslos und wohlbegründet und bezeichnete nichts weniger als einen Wendepunkt in der Geschichte der russischen Literaturauffassung. Es gab den *Reisebriefen* KARAMZÍNs ihre eigentliche literarhistorische Bedeutung. Er schrieb:

Die französische Melpomene ist edel, majestätisch und schön, sie wird aber nie meinHerz so rühren underschüttern wie die Muse SHAKESPEARES und einiger (freilich nur weniger) Deutschen. Die französischen Dichter haben einen feinen und empfindsamen Geschmack, und in der Kunst des Schreibens können sie uns als Vorbilder dienen. Was aber Erfindungsgabe, Glut und tiefes Naturgefühl angeht, so müssen sie – verzeiht mir, ihr heiligen Schatten CORNEILLES, RACINES und VOLTAIRES! – vor den Engländern und Deutschen zurücktreten.

Die französischen Tragödien sind reich an formvollendeten Bildern, wo Farbe und Schatten äußerst kunstvoll aufeinander abgestimmt sind. Aber ich bewundere sie meistens nur kühlen Herzens. Überall mischt sich Natürliches mit Romaneskem. Überall heißt es 'mes feux', 'ma foi'. Überall treten die Griechen und Römer à la françoise auf, schmachten in Liebespein, philosophieren ab und zu, drücken denselben Gedanken mit vielen verschiedenen und auserlesenen Worten aus, und während sie sich im Laby-

rinth der Beredsamkeit verlieren, vergessen sie zu handeln. Das hiesige Publikum verlangt vom dramatischen Dichter schöne Verse, 'des vers à retenir'. Sie sind es, die der Tragödie Glanz verleihen, und daher suchen die Dichter ihre Anzahl möglichst zu vermehren und sind mehr damit beschäftigt als mit der Handlung oder mit neuen, ungewöhnlichen, aber natürlichen Situationen.

Sie vergessen, daß sich die Charaktere gerade in solchen ungewöhnlichen Situationen enthüllen und daß sie es sind, die den Worten Bedeutung verleihen.

Dieses Urteil war eine aufsehenerregende Absage an die klassizistische Dramatik und ihre Grundlage, die klassizistische Poetik. In Wirklichkeit hatte KARAMZÍN sein Urteil schon fix und fertig in seiner Reisetasche, als er Rußland verließ. Schon in Deutschland war er voller Erwartung zu einer Aufführung der neuesten Tragödie SCHILLERS, des *Don Carlos*, seines ersten Versdramas, gegangen und hatte zu seiner Freude feststellen können, daß die Tragödie *eines der besten deutschen dramatischen Werke und besonders schön* sei. Zugleich aber fand er, daß *der Verfasser in SHAKESPEARES Stil schreibe*. Er bekannte sich so schon in seinem deutschen Reisebrief zum neuen Zeitideal, dem Gegenpol des französischen Klassizismus. Als er später nach London kam, erlebte er im Hammergate-Theater eine SHAKESPEARE-Vorstellung, und zwar die Aufführung des *Hamlet. Wenn ich doch diese Vorstellung nie gesehen hätte*, rief KARAMZÍN in einem seiner Briefe aus, tief enttäuscht über das erbärmliche Spiel. Aber seine Bewunderung für den großen englischen Dichter, dessen Werke er schon früher gelesen hatte, wurde durch dieses Erlebnis nicht erschüttert. Es war eine Art programmatischer Erklärung, wenn er jetzt *das britische Genie* kühn *der französischen Melpomene* gegenüberstellte und ihm den Preis zuerkannte:

Die Größe und Wahrheit der Charaktere, die spannende Handlung, die Enthüllung des menschlichen Herzens und die großen Gedanken, die in den Dramen des britischen Genies verschwenderisch ausgestreut sind, werden auf empfindsame Menschen immer magisch wirken. Ich kenne keinen anderen Dichter, der dieselbe umfassende, fruchtbare, unerschöpfliche Einbildungskraft besäße, und Sie werden alle Arten von Poesie in den Werken SHAKESPEARES finden. Er war der Lieblingssohn der Göttin Phantasia. Sie schenkte ihm ihren Zauberstab. Und derweil er in den wilden Gärten der Einbildung umherwanderte, vollbrachte er bei jedem Schritt seine Zaubertaten!

Es fiel KARAMZÍN etwas schwer, seine Begeisterung für SHAKE-
SPEARE mit den Worten der sentimentalen Sprache zu begründen.
Man hat auch nicht das Gefühl, daß er selber rechtes Zutrauen zu der
Brille der Empfindsamkeit hatte, durch die er das Idol der Romantik
zu betrachten suchte. Die klassizistische Maske, die er vom Antlitz
SHAKESPEARES entfernt hatte, ließ sich nicht durch den milden
Schleier der neuen literarischen Richtung ersetzen. Alles Gewalt-
same war KARAMZÍN wie die Pest zuwider. Daher wurde er nach sei-
nem Aufenthalt in dem revolutionären Paris von den Verhältnissen
in London ganz bezaubert. So wie er in der Schweiz das bäuerliche
Idyll genießen konnte, so verherrlichte er jetzt in London das bürgerliche Idyll als malerische, rührende Glückseligkeit. Er wurde fast
angloman. In London fand er kindliche Unschuld der Sitten, in allen
Dingen *Einfachheit und Reinheit, Gleichmäßigkeit des allgemeinen
Wohlstandes.* In den kleinen englischen Backsteinhäusern schienen
tatsächlich *Wahrheit* und *Zufriedenheit,* die Gottheiten des Bürger-
tums, zu wohnen. KARAMZÍNS geschichtlicher Sinn war zu wenig entwickelt, um ihn erkennen zu lassen, daß das wohlgeordnete bürgerliche Gesellschaftsleben, das er in England fand, das Ergebnis von
Revolutionen derselben Art wie die französische war, und als er
HUMES *History of Great Britain* las, sah er zu seinem Entsetzen, daß
diese Geschichte im wesentlichen darin bestand, daß *die Katholiken
die Reformierten, die Reformierten die Katholiken, die Royalisten
die Republikaner und die Republikaner die Royalisten erschlugen.*
Cromwell war für ihn nur die Verkörperung von Verschlagenheit und
Fanatismus. Er hatte keinen festen Standpunkt, von dem aus er die
politischen Verhältnisse in Westeuropa hätte beurteilen können.

5. KARAMZÍN ALS BEGRÜNDER
DES SENTIMENTALISMUS

KARAMZÍNS Haltung war einzig und allein durch die Freude am
Empfindsamsein und – vielleicht noch mehr – am Genuß des Angenehmen bestimmt. Das konnte ihn nicht vor inneren Widersprüchen bewahren. Seine leichtverständliche, unkomplizierte, humane
Lebensanschauung, die seine Leser und Leserinnen als etwas Neues

ansprach, enthielt Elemente aller Philosophien. Das erlaubte ihm, in seinen Briefen eine Fülle von Aphorismen aller Art auszustreuen – wie jene *vers à retenir*, über die er bei den französischen Tragödiendichtern spottete. So schuf er das Bild eines Schriftstellers, der mit der Zeit Schritt zu halten schien und der sich auf die gesamte europäische Kultur berufen konnte. Man kann sagen, daß dieses Bild eines Schriftstellers das eigentliche Thema der *Reisebriefe* ist.

Für mich ist nur der ein wahrer Philosoph, der sich mit allen Menschen auf der Welt gut vertragen kann und der sogar die lieb hat, die mit seiner Denkungsart nicht übereinstimmen.

So schrieb er aus Berlin und stellte seine eigene Toleranz, die der Grundsatzlosigkeit sehr nahekam, der strengen Intoleranz des Rationalismus entgegen. Derselbe junge Mann, der sonst die Freuden des Lebens so intensiv genoß, konnte auch den Tod als Freund verherrlichen:

Ich glaube, die Angst vor dem Tode ist nur eine Folge unserer Abweichungen von den Wegen der Natur. Ich glaube nicht, daß sie ein unseren Herzen angeborenes Gefühl ist. Ach, wenn ich jetzt, in diesem Augenblick sterben sollte, so würde ich mit Tränen der Liebe in den Augen in den Schoß der allumfassenden Natur zurücksinken, in der Überzeugung, daß mich die Natur nur zu neuer Seligkeit ruft und daß eine Verwandlung meines Daseins nur die Schönheit steigert, nur ein Übergang vom Schönen zu etwas noch Schönerem ist.

So schrieb er beim Anblick der erhabenen und gewaltigen Alpenlandschaft und forderte seine Freunde auf, den Tod als einen natürlichen Zustand zu betrachten. Indessen war es nicht der Inhalt dieses Gedankens, sondern die mit ihm verknüpften schönen Empfindungen, die den Autor der *Reisebriefe* anzogen. Dasselbe war der Fall, wenn er aus dem Hasli-Tal, wo ihm ein Bauer ein Glas kühlen Quellwassers reichte, diese rührenden Zeilen schrieb:

Warum sind wir doch nicht in jenen Zeiten geboren, da alle Menschen noch Hirten und Brüder waren? Mit Freuden würde ich jetzt auf manche Lebensbequemlichkeiten verzichten (die wir der Aufklärung unserer Zeit zu verdanken haben), um zum Urzustand des Menschen zurückzukehren! Vielleicht sind unsere Wohnungen und Kleider jetzt bequemer, ist aber darum der Frieden in unseren Herzen größer? Ach nein, tausend Kümmernisse, tausend Sorgen, die der Mensch in seinem Urzustand nicht gekannt hat, nagen an unserm Inneren, und jede Annehmlichkeit in unserm Leben bringt eine Unzahl von Unannehmlichkeiten mit sich.

Solche Ausbrüche, die natürlich nicht buchstäblich genommen werden dürfen, stammten direkt von ROUSSEAU und den von ihm beeinflußten deutschen Idyllikern und sollten nur an das Herz und die Phantasie der Leser, nicht aber an ihre Intelligenz appellieren. Selten hatten die Aphorismen KARAMZÍNS die Aufgabe, jemand durch ihre logische Schlüssigkeit oder innere Wahrheit zu überzeugen. Sie sollten nur eine *süße*, eine *angenehme* Rührung hervorrufen, die wertvoll war, solange sie dauerte, aber zu nichts verpflichtete. Wir sehen KARAMZÍN selbst oft genug den Gefühlswert von Gedanken, Stimmungen oder Zuständen, ihre *Annehmlichkeit* oder *Angenehmheit*, auf Kosten ihres realen Wertes hervorheben. Was schrieb er zum Beispiel über die Einsamkeit ?

Einsamkeit ist nur angenehm, wenn sie Erholung und Muße ist. Beständige Einsamkeit aber ist der Weg zum Nichts. Unsere Seele empört sich gegen die Vereinsamung, die ihrer Natur zuwider ist. Die Empfindung eines Mangels – denn der Mensch ist allein nur ein Fragment oder Bruchstück und macht nur in Gesellschaft mit seinesgleichen oder mit der Natur ein Ganzes aus –, diese Empfindung eines Mangels quält unsere Seele. Zuguterletzt fallen alle edlen Regungen unseres Herzens in Schlaf, und von der höchsten Stufe aller irdischen Schöpfung sinkt der Mensch in die Sphäre der seelenlosen Dinge hinab.

Man spürt beim Lesen dieser Stelle, daß die Natur, die sonst immer als Zustand der höchsten Glückseligkeit gepriesen wird, hier nur pflichtgemäß oder konventionell in den Zusammenhang aufgenommen ist. Der Verfasser dachte im Grunde nur an seinen Umgang mit Menschen. Sein sentimentaler Hedonismus, der nur die *angenehme* Empfindung als Wert anerkannte, war der Ausdruck einer Lebensanschauung, die nicht nur die Geselligkeit voraussetzte, sondern auch dem Genuß materieller Dinge einen Schein von Berechtigung verlieh, wenn er nur angenehm und gesellig war. Die Fähigkeit, wenigstens in der Phantasie die Freuden einer unwiderruflich entschwundenen *Primitivität* zu erleben, breitete einen versöhnlichen Schimmer über die Freude an den materiellen Vorteilen der *Aufklärung*.

Hinter all diesen ungleichartigen, aber charakteristischen Gedankensplittern erkennen wir den Verfasser oder vielmehr das sorgfältig gestaltete Bild eines Schriftstellers, dessen wesentlichste Züge seelisches Gleichgewicht, philosophische Harmonie, mildes Wohlwollen und humane Gesinnung waren, beherrscht von einem gefälligen, fast selbstgefälligen Hedonismus.

Für die Einführung des neuen sentimentalen Stils hätte Karamzín kaum eine bessere Form wählen können als die lockere, unverbindliche Form des Reisebriefs. Sie wurde denn auch bald eifrig nachgeahmt. Sie lud ihrem Wesen nach zur Überwindung aller kanonischen Regeln ein. Vor der fiktiven Vertraulichkeit der Briefform verloren sie jede Autorität. Sie war daher die beste Grundlage für die Schaffung einer neuen Prosa. Sie gab Karamzín im reichsten Maße Gelegenheit, sich in Schilderungen, Träumereien, Betrachtungen, lyrischen Ergüssen, dramatischen Gesprächen, heiteren und ernsten Anekdoten, biographischen Skizzen, literarischen Essais, Theaterrezensionen, journalistischen Berichten zu ergehen. Der rote Faden, der sie zusammenhielt, war das *Sentiment*, die *Empfindsamkeit*. Melancholie, Rührung, Gemütsbewegung, Tränen, weiche Wehmut und sanfte Stimmung, hin und wieder ein wenig Tragik, hin und wieder ein leises Lächeln – das sorgte dafür, daß der Tatsachenstoff vom Schleier einer blassen oder rosigen Harmonie verhüllt blieb. Die Briefform motivierte den anscheinend ungeordneten Wechsel der Gegenstände und war daher aufs strengste gewahrt.

Der erste Brief, *in Tver' am 18. Mai 1789* datiert und an Karamzíns Freund Pleščéjev und dessen anmutige Gattin in Moskau gerichtet, enthielt die meisten der Motive, die die Erlebniswelt der Empfindsamkeit kennzeichneten: Freundschaft und Trennung, Hoffen und Harren, Erwartung und Sehnsucht, Tränen und Wehmut. Fast alle folgenden Briefe sind sorgfältig datiert mit Angabe des Ortes, der Zeit, manchmal sogar der Stunde der Niederschrift. Hin und wieder sind Briefe aufgenommen, wo nur der Monat, nicht aber der Tag notiert ist, oder Briefe, wo nur der Ort, nicht aber das Datum angegeben ist. Der Eindruck des Intimen wurde nur noch verstärkt, wenn etwa ein Brief aus Dresden (am 12. Juli 1789) *abends um 10 Uhr* oder ein Brief aus Leipzig (am 16. Juli 1789) *nachmittags um 2 Uhr* oder ein Brief aus der Schweiz (ohne Datumangabe) *unterwegs im Reisewagen* geschrieben zu sein schien. Dergleichen kleine Züge wurden mit sicherem Gefühl angebracht, um die Illusion des unmittelbaren Erlebens hervorzurufen und festzuhalten. Hinweise auf gemeinsame Freunde und Bekannte, Anspielungen auf unbestimmte, aber beiden Seiten vertraute Dinge, wiederholtes Bedauern über das Ausbleiben von Briefen aus der Heimat oder Worte der Freude über soeben eingetroffene Briefe von Freunden, alles das machte den Stil lebendig, ungezwungen und frei.

Revolutionär aber war in diesen Briefen die neue Sprache. Eine wahre Kluft ist zwischen der *Reise* RADÍŠČEVs und den *Reisebriefen* KARAMZÍNS. Sie repräsentieren die Sprache zweier verschiedener Jahrhunderte. Wie modern, ja seiner Zeit vorausseilend das soziale Pathos RADÍŠČEVs auch sein mochte, so war sein Stil doch ganz altmodisch, war schwerfällige Rhetorik des zu Ende gehenden 18. Jahrhunderts. KARAMZÍN dagegen, der kaum einen Gedanken des 19. Jahrhunderts vorwegnahm, schuf die reale Grundlage seiner Prosa. In seiner Sprachauffassung französisch orientiert, suchte er in seinen *Reisebriefen* das Ideal des lebendigen Gesprächsstils zu verwirklichen. Ihr intimer, unoffizieller Charakter berechtigte ihn dazu. Seine Sprache wollte die tägliche Sprache der russischen *bonne compagnie* nachschaffen oder sie gar erst schaffen. Als Schriftsprache wirkte sie in ihrer glatten Gefälligkeit, ihrer maßvollen Emphase, ihrem leicht antithetischen Satzbau, ihrer Scheu vor schwerfälligen Perioden befreiend und original.

Es machte KARAMZÍN Vergnügen – und war auch eine innere Notwendigkeit für ihn –, lange, ins Russische übersetzte Proben vom Stil der Briefe St.-Preux' an Julie, vom Stil GESSNERs oder LAVATERS, HERDERS oder HALLERS, RABELAIS' und anderer französischer Schriftsteller und Dichter zu bieten. Mit BONNET, dessen *Contemplations de la nature* er zu übersetzen beabsichtigte, wechselte er Briefe über das Übersetzungsproblem, in der klaren Erkenntnis, daß *neue russische Wörter gebildet oder erfunden werden müßten, genau wie die Deutschen Wörter bilden oder erfinden mußten, als sie in ihrer eigenen Sprache zu schreiben begannen.* Die russische Sprache schien ihm aber *an sich viel gefälliger* zu sein als die deutsche. Er dachte natürlich an seinen eigenen Stil, den er gefällig zu machen strebte. Das Wort *prijátnost'* (abgeleitet von dem Adjektiv *prijátnyj* und dem Adverb *prijátno*), das ‚das Gefällige' oder ‚das Anmutige' bedeutete, bezeichnete – wie eine Losung – das Stilideal, nach dem er seine Sprache zu formen wünschte.

Daher verwarf er alle schwerfälligen scholastischen Abstrakta. Er bildete ungemein geschickt – und ungemein kühn – ganz neue Wörter, die zum größten Teil sofort in die russische Sprache eingingen und Allgemeingut wurden. Viele davon waren direkte Lehnübersetzungen aus dem Französischen, zuweilen auch aus dem Deutschen. Wörter, die *conscience* oder *Bewußtsein* (*soznánije*), *développement* oder *Entwicklung* (*razvítije*), *influence* oder *Einfluß* (*vlijánije*) nachgebildet waren, entsprachen bei ihm Begriffen, die man bisher nur schwer hatte ausdrücken können. Fremdwörter wie *momént*, *epócha*, *períod*, *katástrofa* wurden ohne weiteres der russischen Sprache einverleibt. Der russische Satzbau, der bisher unter der vom Griechischen, Lateinischen und Deutschen beeinflußten *slavorossischen* Struktur gelitten hatte, wurde nach französischen Vorbildern vereinfacht. Und Gefühle und Gedanken, die so stark von dem kirchlichen Ideensystem geprägt waren, wurden jetzt verweltlicht und in Worten ausgedrückt, die nicht nur der Mann von Welt, sondern auch – und vor allem – die Dame verstehen und selbst mit Behagen gebrauchen konnte. Die Sprache bekam den Glanz leichter und eleganter Verständlichkeit. Wer, Mann oder Frau, konnte dem Zauber dieser neuen Sprache widerstehen, wenn man – gleich auf der ersten Seite der *Reisebriefe* – diesen so unmittelbaren, so klaren, so menschlichen Erguß las:

Nun bin ich von euch getrennt, meine Lieben, getrennt von euch! Mein Herz ist mit den zartesten Banden an euch gebunden, und doch entferne ich mich immer mehr von euch und werde mich auch weiterhin immer mehr von euch entfernen!

Ach, Herz, mein Herz, wer faßt es, wonach du dich sehnst? Ist diese Reise nicht seit vielen Jahren der süßeste Traum meiner Phantasie gewesen? Habe ich mir nicht aber und abermals entzückt vorgesagt: Jetzt wirst du endlich reisen! Erwachte ich nicht jeden Morgen voll Glück und schlummerte ich nicht abends mit diesem wunderbaren Gedanken ein: Bald wirst du reisen! Bin ich nicht schon seit langem unfähig, an etwas anderes zu denken und mich mit etwas anderem zu beschäftigen als mit der bevorstehenden Reise? Habe ich nicht die Tage und Stunden gezählt?

Als aber der ersehnte Tag endlich kam, da begann ich traurig zu werden, weil ich erst jetzt richtig erkannte, daß ich die liebsten Menschen, die ich in der Welt hatte, und alles, was mein Leben ausmachte, verlassen sollte...

Jener Augenblick, da wir voneinander Abschied nahmen, wird sich kaum von tausend süßen Stunden der Zukunft aufwägen lassen!

Mit ihrer neuen Thematik und vor allem mit ihrer neuen Sprache
hatten die *Russischen Reisebriefe* KARAMZÍNS ganz außerordentlichen Erfolg. Die Gattung und die Art, wie KARAMZÍN sie gepflegt
hatte, fanden sofort viele Nachfolger und Nachahmer, die sich alle
bestrebten, die neue Manier, der man den Namen *Karamzinismus*
gab, zu verbreiten. Jeder Schriftsteller, der eine Reise in Rußland
oder ins Ausland unternahm, sah sich veranlaßt, sie in der neuen
Sprache zu schildern. VLADÍMIR IZMÁJLOV (1773–1830) veröffentlichte
zwischen 1800 und 1802 seine *Reise nach dem südlichen Rußland.*
1800 beschrieb PÁVEL SUMARÓKOV (gest. 1846) seine *Reise durch die
Krim und Bessarabien.* 1803 gab Fürst P'OTR ŠÁLIKOV (1768–1852)
seine *Reise nach Kleinrußland* heraus. Zur gleichen Zeit veröffentlichte auch MAKSÍM NEVZÓROV (1763–1827) seine *Reise nach V'átka,
Kazán' und Orenbúrg.* P'OTR MAKÁROV (1765–1804), der eine Reise
nach England unternahm, sandte seine *Briefe aus London* in die
Heimat. So ergoß sich ein ganzer Strom von Reisebeschreibungen.
Keine von ihnen ähnelte RADÍŠČEVS *Reise aus Petersburg nach
Moskau,* alle ahmten KARAMZÍNS *Russische Reisebriefe* nach. Jedoch keine übertraf sie in ihrem Einklang von Stil und Stoff, Sprache
und Gedanke, Form und Gehalt. In keiner verkörperte sich eine so
ansprechende Persönlichkeit wie in dem Werk des Meisters.

6. ÜBERSETZTE PROSALITERATUR

Mit der neuen Literatursprache waren auch die Bedingungen für
die Entstehung und Pflege einer neuen Prosakunst geschaffen. Der
Klassizismus, der den Gattungen der Prosa kaum eine Berechtigung
in der Kunst zuerkannte, hatte sich fast ganz vom Roman abgewen-
det. Die führenden Geister des Klassizismus wollten ihre Zeit nicht
an eine Literaturart vergeuden, die vermeintlich nur den *niederen*
Instinkten ungebildeter Menschen entgegenkam. Daher mußte die
Prosa als eine Art Hintergrundliteratur ohne künstlerische Bedeu-
tung vegetieren. Ihr fehlten alle Grundsätze der Komposition und
Sujetbehandlung. Sie war von einem tiefen Zwiespalt zwischen
Sprache und Stoff beherrscht. Sie besaß keine gestaltenden Ideen.
Der Roman befand sich in einem chaotischen Zustand.

Aller Wegweiser bar, folgte die Übersetzungsliteratur im Grunde genommen immer noch denselben Pfaden, die um 1700 zu einer barocken Mischliteratur geführt hatten. Seit jener Zeit umfaßte sie alle möglichen Romantypen – den Schelmenroman, den halbrealistischen Abenteuerroman, den uferlosen, ungefügen politisch-didaktischen Staatsroman. Der russische Leser, an den sich diese Romane wendeten, gehörte nicht zur führenden adligen Gesellschaftsschicht. Er war vom russischen Klassizismus und seinen artistischen Theorien ziemlich unberührt geblieben und hatte in vielen Beziehungen den barocken Geschmack der petrinischen, ja sogar der vorpetrinischen Zeit bewahrt. Er genoß mit voller Naivität den Stoffreichtum und die bunte Faktizität dieser Romane.

In halbgebildeten Leserkreisen las man ohne Vorbehalt den berühmten spanischen Roman *Lazarillo von Tormes* (1554), einen Schelmenroman, der, mit Unrecht Diego Hurtado de Mendoza zugeschrieben, sechs Jahre nach Voltaires *Candide,* dessen stilistische Vorzüge und Meisterschaft man noch nicht zu schätzen vermochte, in russischer Übersetzung erschien. Schon 1754 war Lesages berühmter realistischer Abenteuerroman *Gil Blas* (1735) ins Russische übertragen worden, und 1763 folgte die Übersetzung des *Diable boîteux* (1707). Neben diesen las man auch die endlosen französischen *Amadis*-Romane (*Cassandre, Faramond, Artamène, Clélie, Princesse de Clèves* oder wie sie alle heißen mochten) und bewunderte treuherzig die weitschweifige Kunst von La Calprenède, Mlle de Scudéry oder Madame de La Fayette, die die Leser mit so zahlreichen, so verwikkelten Abenteuern, Liebesgeschichten und ungewöhnlichen Begebenheiten in Atem hielten, Geschehnissen, die ins Reich der Phantasie gehörten, die aber als Wirklichkeit aufgefaßt werden konnten. Innerhalb dieser prosaischen Übersetzungsliteratur herrschte eine bunte und prinzipienlose Mannigfaltigkeit.

Ähnliches kann von der originalen Romanliteratur gesagt werden. Ohne sich auf eine gepflegte, durchgeformte Sprache stützen zu können, bewegte sie sich hilflos zwischen den verschiedensten Typen, zuweilen sogar bei einem und demselben Schriftsteller. Cheráskov, der sich während seines langen Schriftstellerlebens in allen Arten der Literatur betätigte, versuchte sich auch in der Gattung des staatspolitischen Romans, und zwar mit einer Trilogie: der erste, 1768 geschriebene Teil hieß *Numa Pompilius oder Das blühende Rom*; die beiden andern, die von freimaurerischer Mystik durchdrungen waren, hießen *Kadmos und Harmonia* (*Kadm i Garmónija*, in 2 Teilen) und *Polydoros, der Sohn des Kadmos und der Harmonia* (*Polidár, syn Kádma i Garmónii*, in 3 Teilen); sie erschienen 1787 und 1792. Die Trilogie blieb ohne jede nachhaltige literarische Wirkung.

Viel charakteristischer für die chaotischen Zustände, zugleich aber auch bezeichnend für das Suchen dieser Zeit nach neuen Wegen, war das Schaffen F'óDOR ALEKSÁNDROVIČ EMÍNS (1735–70), eines literarischen Eigenbrötlers von dunkler Herkunft, das sich schon in den sechziger Jahren entfaltete. Sein erster Roman hieß *Der unglückliche Floridor oder Die Geschichte vom Prinzen von Rakalmuk* (*Beščástnyj Floridór ili Istórija o prince Rakalmúckom*, 1773), von ihm selbst als Übersetzung aus dem Italienischen bezeichnet, und war eine Mischung von Schelmenroman und galant-erotischem Roman. In vielem erinnerte er an die petrinischen *Historien*. Von derselben Art war eine lange Reihe eigener Romane, die alle in den Jahren 1763 und 1764 erschienen: *Der Garten der Liebe oder Die unerschütterliche Treue Camberts und Arisènes* (*L'ubóvnyj vertográd ili Nepreoborímoje postojánstvo*), *Die unbeständige Fortuna oder Die Abenteuer Miramonds* (*Nepostojánnaja Fortuna ili Pochoždénija Miramónda*), *Die belohnte Treue oder Die Erlebnisse Lisarchs und Sarmondes* (*Nagražd'ónnoje postojánstvo ili Prikl'učénija Lizárcha i Sarmóndy*). Sie hatten alle eine gewisse Neigung zum Typus des großen didaktisch-politischen Staatsromans. Rein zutage trat diese Neigung in dem riesigen Romanwerk EMÍNS mit dem weitschweifigen Titel *Die Taten des Themistokles und seine verschiedenen politischen, staatsbürgerlichen, philosophischen und militärischen Gespräche mit seinem Sohn, ferner sein beständiges Leben und die Grausamkeit der ihn verfolgenden Fortuna* (*Prikl'učénjia Femistókla* usw.). Dieser Monsterroman verriet deutlich seine Verwandtschaft mit FÉNELONS *Télémaque* oder MARMONTELS *Bélisaire*.

EMÍN war nicht der einzige, der mühsam durch die traurige Wüste der Prosa wanderte. Im Gegenteil, noch mancher andere hatte den Mut dazu. So schrieb MATVÉJ KOMARÓV einen Roman *Der unglückliche Nikanór oder die Erlebnisse eines rossischen Edelmannes* (*Nesčástnyj Nikanór ili Prikl'učénija rossíjskogo dvor'anína*, 1775),

ein Buch, das schon mit seinem Titel an die petrinischen Abenteurer-
romane erinnerte. P'OTR MICHÁJLOVIČ ZACHÁR'JIN (1750–1800)
fabulierte von *Kleander, Prinz von Makedonien, und Inothilda,
Königin vonThrakien* (1788). ZINÓV'JEV schilderte*Die triumphierende
Tugend oder Leben und Taten des von der Fortuna verfolgten Selim*
(1789). Eine wahre Sintflut von Schicksals- und Lebensromanen
überschwemmte die Buchhandlungen, wo dergleichen Literatur verkauft wurde. Einer der fruchtbarsten und selbständigsten, aber am
wenigsten bekannten Romanschriftsteller dieser Zeit war VASÍLIJ
LEVŠÍN (1746–1826), dessen ergötzliche satirische *Reise,in der Stadt
Bel'óv erdichtet* (1784) die starke Einwirkung der philosophisch-
satirischen Romane VOLTAIRES verrät. Zwischen 1780 und 1783 gab
er auch eine zehnbändige Sammlung *Russischer Geschichten* (*Rússkije skázki*) heraus. Er konnte aber ebensowenig wie der hochbegabte
deklassierte Literat MICHAÍL ČULKÓV (1743–92) die biederen eifrigen
EMÍN-Nachahmer übertönen. ČULKÓV war Vertreter einer besonderen Richtung in der Prosa: in seiner lustigen Anekdotensammlung
Der Spötter oder Slavische Geschichten (*Peresméšnik ili Slavénskije
skázki*, 1766–68) erzählte er in der Maske eines Mönches Abend für
Abend wie in *Tausendundeiner Nacht* Abenteuer und Anekdoten, und in seinem kraß-realistischen Roman von der *Reizenden
Köchin* (*Prigóžaja povarícha*, 1770) schilderte er ohne jede sittliche
Wertung das wenig erbauliche Leben der Titelheldin.

Alle diese Romane strotzten von Stoff. Taten, Erlebnisse und
Schicksalsfügungen aller Art lösten ohne einen eigentlichen ursächlichen Zusammenhang in zufälliger Folge einander ab. Das Verhalten der Helden (und Heldinnen) den Ereignissen gegenüber war rein
passiv, sie waren nur der Spielball ihrer Erlebnisse, keiner von ihnen
schien seines Glückes Schmied oder seines Unglückes Urheber zu
sein. Alles geschah ihnen von selbst. Besonders charakteristisch war
in dieser Beziehung der Roman KOMARÓVs, der in steifer, ungelenker
Kanzleisprache von dem unglücklichen und sinnlosen Leben eines
russischen Edelmannes und seinen alten Tagen als Parasit bei einem
philanthropischen Reichen erzählte. Wie unbeholfen und altertüm-
lich der Satzbau in dieser von KARAMZÍN noch unberührten Prosa
sein konnte, möge folgende Stelle zeigen, welche die Betrachtungen
des Helden wiedergibt:

Ich glaube, daß sich weder die zur Sommerzeit auf den Meeren wehenden Winde in ihren Bewegungen so sehr verändern noch die von Ort zu Ort fliegenden Wolken in den ihrigen so viele Veränderungen im Weltall erfahren, wie meine Gedanken damals durch verschiedene, von dem einen zum andern wechselnde Stimmungen beunruhigt wurden.

Die Sprache dieser Barockromane war schlecht. Ein krasses Mißverhältnis herrschte zwischen dem oft galanten Inhalt und der schwerfälligen, knarrenden Sprache. In langen Monologen, die nach den Regeln der Rhetorik gebaut waren, klagte Miramónd über die bevorstehende Vermählung seiner geliebten Prinzessin mit seinem Rivalen, aber die Unbeholfenheit der Sprache verhinderte die Wirkung dieser Klagen auf einen klassizistisch gebildeten Leser. So richtete auch der unglückliche Nikanór lange Bittgebete an den Schöpfer, er möge ihn von seiner unseligen, verzehrenden Leidenschaft für die angebetete Annette befreien: sie waren alles andere als rührend.

Den ersten bewußten Versuch, aus diesem Chaos der Prosaerzählung einen empfindsamen Roman zu schaffen, unternahm eigentlich schon F'ODOR EMÍN, der selber das Chaos gefördert hatte. Das geschah 1766, also sehr früh, als er unter dem Einfluß von ROUSSEAUS *Nouvelle Héloïse* mit dem vierbändigen Werk *Ernestes und Dorauras Briefe* (*Pís'ma Ernésta i Dorávry*) den ersten russischen Briefroman schrieb. Er gab hier seinen früheren schwülstigen Barockstil auf und suchte einen wirklich empfindsamen Roman zu schreiben, der freilich zugleich zu einer Art Rumpelkammer von allerlei philosophischen, psychologischen und sozialen Betrachtungen wurde. Die Briefe waren angeblich zwischen dem unglücklichen Erneste, seiner geliebten Doraura und ihrem gemeinsamen Freund Hippolyte gewechselt worden, und man ersah aus ihnen, daß Erneste, der leider schon verheiratet war, sich ohne Aussicht auf eine Vereinigung mit ihr in Doraura verliebte, daß seine frühere Frau, die er totgeglaubt hatte, plötzlich erschien, daß Dorauras Vater das Verhältnis zwischen den Liebenden entdeckte und daß Doraura sich mit dem vortrefflichen, aber fast unbekannten Herrn L. verheiraten mußte. Während nun Erneste beharrlich auf irgendeine glückliche Wendung des Geschikkes wartete, wechselte er lange Briefe mit seinem Freund. Als aber Herr L. endlich starb, zeigte es sich leider, daß sich Doraura inzwischen in einen andern verliebt hatte. Und der arme Erneste mußte sich stiller, wehmütiger Resignation ergeben.

Interessant ist es, daß EMÍN, der seine Leser keineswegs in den Reihen der Hocharistokratie suchte, an den wirklichen literarischen Wert seiner Romankunst zu glauben schien. Er schrieb seinen Briefroman bewußt für die nicht sonderlich große Masse des einfachen Mittelstandes der Städte, der dem Hof und der guten Gesellschaft fernstand, der aber im Kulturleben langsam vorrückte. Dem schien auch seine ideologische Haltung zu entsprechen. Seine Neigungen waren unzweideutig antiaristokratisch und in einer ergötzlichen Weise bürgerlich-merkantilistisch. Es ist interessant, wie englisch EMÍN orientiert war. Den französischen (und russischen) Hofleuten, die sich prächtig kleideten, das Haar puderten, sich am Hofe heimisch fühlten und ganz genau wußten, wann die Majestäten aufstanden, speisten und abends zu Bett gingen, zog EMÍN vorbehaltlos solche Leute vor, *die durch ihre kluge Handelskunst ihr Vaterland bereicherten, aus ihren Comptoirs Aufträge nach England, Konstantinopel und anderen Staaten sandten und der ganzen Welt nützlich waren.* EMÍN machte kein Hehl aus seinen englischen Sympathien: *England verdankt seine Freiheit seinem Kaufmannsstand* – behauptete er. *Mancher englische Kaufmann ist ein Bruder des Reichskanzlers selber; mancher hat einen Vater, der Mitglied des Parlaments ist; mancher hat Verwandte, die Heer und Flotte kommandieren.* So nahm EMÍN erstaunlich früh die Anglomanie KARAMZÍNS vorweg. Aber es bestand ein großer Unterschied zwischen den politischen Sympathien EMÍNS für den englischen demokratischen Parlamentarismus und der sentimentalen Begeisterung KARAMZÍNS für das bürgerliche englische Idyll, dessen politische Grundlage er nicht zu erkennen vermochte. Dennoch war es nicht EMÍN, der unter den in Rußland herrschenden Verhältnissen in die Zukunft wies. Seine Sprache war noch ganz archaisch. Er war noch nicht bei der neuen englischen Literatur in die Schule gegangen.

Die neue bürgerlich-empfindsame englische Literatur hielt in den siebziger Jahren des 18. Jahrhunderts und den folgenden Jahrzehnten ihren glanzvollen Einzug in Rußland. Sie ging wie eine milde, warme Brise über den russischen Roman hin. FIELDING, den man in Rußland durch das Prisma der Empfindsamkeit betrachtete, wurde schon 1770 durch die Übersetzungen seines *Tom Jones* und seines *Joseph Andrews* bekannt, und diese Romane hatten so großen Erfolg, daß ihnen sehr bald Übertragungen seines *Jonathan Wild* und seiner *Amalia* (1772) folgten. Es dauerte etwas länger, bis die Schriften Montaignacs und Smolletts übersetzt wurden, sie erschienen in Rußland von 1776 bis 1789 – immer unter dem Namen Fieldings, so groß war die Begeisterung für diesen. Auch deutsche Empfindsamkeit lernte man kennen. Als Goethes *Leiden des jungen Werthers* 1781 in russischer Übersetzung erschienen, erregten sie als Zeugnis des neuen bürgerlich-empfindsamen Stils großes Aufsehen, und Nikoláj Emín, der die Nachfolge seines Vaters antrat, verleugnete in seinen beiden Romanen *Róza* (1786) und *Schicksalsspiel (Igrá sud'bý*, 1789) durchaus nicht seine Abhängigkeit vom Werke Goethes. Als das bekannteste Werk eines anderen Vertreters der neuen Literatur, Goldsmiths *Vicar of Wakefield*, 1786 in russischer Übersetzung erschien, wurde es mit herzlichem Wohlwollen begrüßt; von der milden, sanften Lebensanschauung seines edlen Titelhelden wurden die Leser und Leserinnen tief ergriffen. Bis zu Tränen gerührt aber wurden sie durch die Romane Richardsons.

Als seine *Pamela* 1787 zum erstenmal auf Russisch erschien, brach in Rußland eine förmliche Ära des Richardson-Kultus an, die erst am Anfang des folgenden Jahrhunderts endete. Der Schriftsteller Pável L'vov (1770–1825), der übrigens auch von Goldsmith beeindruckt war, schrieb schon 1789 – mehr aus patriotischer Begeisterung als aus künstlerischem Drang – seine *Russische Pamela oder Die Geschichte Marias, des tugendhaften Landmädchens (Rossíjskaja Paméla íli Istórija Maríi, dobrotétel'noj posel'ánki)*: er rechtfertigte das Erscheinen seines Werkes damit, daß es auch in Rußland *(unter uns) zarte Seelen voll edler Empfindsamkeit in Liebesdingen* gebe. Bald folgte ein wahrer Strom von weiteren Nachahmungen. Am meisten gelesen aber wurden die Romane Richardsons, über sie wurde am meisten geweint und geredet. Selbstverständlich wurde sowohl seine *Clarissa Harlowe* als auch sein *Charles Grandison* bald ins Russische übersetzt. Die Namen der Helden und Heldinnen waren auf aller Lippen und wurden immer häufiger zu Bezeichnungen bestimmter Charaktere oder Typen. Und mit diesen Übersetzungen von Werken bekannter ausländischer Autoren ergoß sich eine Flut

von Romanen weniger bekannter oder unbekannter Schriftsteller
ins Land, alle in demselben empfindsamen Stil gehalten: Romane wie
Miss Harvey's unglückliche Ehe oder *Mylord Stanley's tugendhafte
Verbrechen* oder *Die Leiden der jungen Emilie* oder *Die unschuldige
Louise G.*

7. DIE NOVELLISTISCHE KUNST KARAMZÍNS

Aber erst als KARAMZÍN, der Verfasser der *Russischen Reisebriefe*,
in den neunziger Jahren des 18. Jahrhunderts der Novelle in seiner
empfindsamen Prosa Raum gab, konnte sich diese Gattung, die bisher
nur ein Schattendasein geführt hatte, siegreich durchsetzen. Die Novellen KARAMZÍNS, sowohl die in der neuesten Zeit spielenden wie
etwa *Die arme Liza* (*Bédnaja Líza*, 1791), *Frol Sílin* (1791) oder
Der Ritter unserer Zeit (Rýcar' nášego vrémeni, 1799–1802) als auch
die ein geschichtliches Thema behandelnden wie etwa *Die Bojarentochter Natál'ja* (*Natál'ja bojárskaja doč*, 1792) oder *Die Statthalterin
Marfa* (*Márfa posádnica*, 1792), wurden die literarischen Ereignisse
dieser Zeit. ŽUKÓVSKIJS Novellen *Vadím von Nóvgorod* (*Vadím
Nóvgorodskij*, 1803) und *Mariens Hain* (*Már'jina róšča*, 1809) führten die Gattung im 19. Jahrhundert weiter, und ein ganzer Strom von
empfindsamen und gefühlvollen Romanen mit allmählich ziemlich
banalisierten Titeln (*Die arme Maríja, Die unglückliche Lílla, Die
unglückliche Líza, Die unglückliche Margaríta* usw.) zeigte die ungeheure Popularität der Gattung und ihre zunehmende Verbreitung.
Der *Karamzinismus* stand in voller Blüte.

Der *Karamzinismus*, der zugleich ein sprachliches und ein gat-
tungsmäßiges Phänomen war, wandte sich weder an den Mittelstand
noch an den Adel. Die *gebildete* Leserschaft war jetzt eine selbständige Macht im russischen Gesellschaftsleben geworden, deren Brenn-
punkte die literarischen Salons waren. Die Salons aber beherrschte
die belesene und fein gebildete Frau, die empfindsame Dame. Die
Novellensprache KARAMZÍNS wurde für sie zur sprachlich-literari-
schen Norm. Die neue Mentalität, die sich in den russischen Salons
(vielleicht in Moskau mehr als in St. Petersburg) geltend machte,
war ebenso weit von der kirchlichen wie von der höfischen Sphäre

entfernt und kannte weder das religiöse Pathos noch die zeremonielle Rhetorik. Auch der Gedankenwelt des Volkes stand sie fern, aber obgleich sie die Dialekte als etwas Grobes und Unschönes betrachtete, hatte sie eine ausgesprochene Vorliebe für ländliche Themen. Bald fühlte sich jedes adlige Provinzfräulein, das seine Jugend auf den väterlichen Gütern verträumte, als Apostel des neuen Stils.

Die Prosa der Novellen KARAMZÍNS war emotional und lyrisch. Sie strebte nach der größten Intensität der Wirkung. Der ganze rhetorische Apparat früherer Zeiten wurde in den Dienst der sanften Empfindungen gestellt. Die parallelen Satzkonstruktionen, die bisher nur dazu gedient hatten, den Lesern große Maximen ins Bewußtsein zu hämmern, hatten jetzt die Aufgabe, sie in bewegte Stimmungen einzuführen und darin schwelgend verweilen zu lassen. Ausrufe und Fragen wurden von den hohen oder schweren Gedanken, die sie bisher begleiteten, befreit und vagen Seufzern und sehnsüchtigen Gefühlen dienstbar gemacht. Vergleiche, Metaphern, Epitheta, die früher den grauen Alltag in heroische Sphären erheben sollten, hatten ihn jetzt in poetische Schleier zu hüllen. Wenn der schnelle Strahl des Blitzes früher den raschen Schwertstreich im Feuer des Gefechts bezeichnete, so veranschaulichte er jetzt die Geschwindigkeit, mit der die errötende Jungfrau die Augen niederschlug, wenn ihr Blick dem Blick des heimlich Geliebten begegnete. Die Empfindsamkeit, die in der Schule KARAMZÍNS gepflegt wurde, verriet nicht nur ihren Zusammenhang mit der englischen Novelle und dem englischen Roman, sondern auch mit GESSNERS und FLORIANS schäferlichen Idyllen, die schon in den achtziger Jahren übersetzt und in den neunziger Jahren nachgeahmt wurden. Es war aber nicht wie in Westeuropa eine bürgerliche Klasse, die sich mit diesen empfindsamen Novellen gegen den aristokratischen Klassizismus und Rationalismus wehrte. Es war eine bunte Gesellschaft von kultivierten Damen und Herren, deren Stimmungen und Gefühle in ihnen zum Ausdruck kamen. Die russische Literatur der Empfindsamkeit entbehrte jeder konkreten sozialen Grundlage. Sie war weder bürgerlich noch ideologisch. Aber sie suchte ihre Stimmungen in eine Art System zu bringen.

Im Jahre 1793 veröffentlichte KARAMZÍN einen kurzen Aufsatz, worin er sich bemühte, sein literarisches Credo zu formulieren. Er stellte sich die Frage: *Welche Eigenschaften muß ein Schriftsteller besitzen ?*, und seine Antwort war typisch für die neue Mentalität. Talent und Wissen genügten nicht, auch scharfer Intellekt und lebendige Phantasie seien unwesentlich. Der Dichter müsse auch *ein gutes und empfindsames Herz haben, wenn er der Freund und Liebling unseres Herzens sein, für die Ewigkeit schreiben und den Segen der Völker empfangen wolle.* GESSNER hätte die Unschuld und Güte seiner Schäfer und Schäferinnen nicht beschreiben können, wenn er nicht selber diese Tugenden besessen hätte. ROUSSEAU hätte sich nie einer so großen Beliebtheit erfreuen können, wenn nicht helle Funken leidenschaftlicher Menschenliebe sogar in seinen Verirrungen aufgeleuchtet wären. Das literarische Programm KARAMZÍNS war der Glaube, daß die Literatur nur als Ausdruck einer schönen Seele berechtigt und wertvoll sei. Sein wesentlichstes Ziel war, ein Höchstmaß von Gefühl zu bieten (was für ihn an sich schon die höchste Tugend war) und dadurch die Schönheit der eigenen Seele zu erweisen.

Der einzige soziale Zug seiner Erzählung *Die arme Liza*, der ersten in der Reihe seiner Novellen, war der berühmt gewordene Ausruf des empfindsamen Dichters: *Denn auch Bauernmädchen vermögen zu lieben!* Das besagte damals gar nicht so wenig, da die Durchschnittsmenschen jener Zeit kaum glaubten, daß Bauernmädchen Kopfschmerzen haben könnten. Sonst aber hatte die kleine Erzählung nichts mit der Wirklichkeit zu tun. Vielleicht erregte sie jedoch eben deshalb bei dem gebildeten Publikum einen wahren Sturm der Begeisterung. Zugrunde lag ihr das pikante und zugleich rührende Motiv des Liebesverhältnisses zwischen einem jungen Aristokraten und einem anmutigen Bauernmädchen. Das Verhältnis war ganz vom Gesichtspunkt des jungen Liebhabers aus betrachtet. Ihm war es ein empfindsames Intermezzo ohne den geringsten Schatten möglicher verpflichtender Konsequenzen. Sein Verliebtsein war ein angenehmer Zustand, dessen Poesie dem Herzen die erwünschten Erregungen verschaffte. Der junge Liebhaber idealisierte bewußt sein Verhältnis zu dem Mädchen, um dadurch den Genuß der Erregungen zu erhöhen. Der Hintergrund wurde nicht mit langweiligen soziologischen oder volkskundlichen Einzelheiten geschildert. Er war rein malerisch. Der Ort war die Landschaft um das Simons-Kloster bei Moskau. Die Gegend stieg amphitheatralisch an, mit grünen blühenden Wiesen, mit dem spiegelhellen Wasser des Flusses, mit üppigen Eichenhainen.

In diese liebliche Umgebung stellte KARAMZÍN seine Líza und ihre alte Mutter – arme Bewohner einer kleinen, malerischen Hütte. Der wehmütige Ton wurde sofort angeschlagen und begleitete wie der Klang einer zitternden Geigensaite die ganze Erzählung. Die alte Frau war Witwe, sie hatte vor einigen Jahren ihren guten Mann verloren, die Armut war deshalb ihr Los geworden. Aber der Verfasser hütete sich, diese Armut wirklich zu schildern. Keine abstoßenden Einzelheiten durften den Leser peinlich berühren, nur die *angenehmen* Seiten der Armut durften behandelt werden. Von *der empfindsamen, guten, alten Frau* heißt es, sie beweine täglich den Verlust ihres Mannes und warte nur auf den Tod, während ihre Tochter, *die empfindsame, die liebenswürdige, die anmutige, die dienstbeflissene* und natürlich *schöne* Líza, von morgens bis abends, bei Tag wie bei Nacht arbeite – im Winter webt und strickt sie, im Frühling pflückt sie Blumen, im Sommer sucht sie Beeren, die sie auf den Straßen Moskaus verkauft. Der Dichter begnügte sich klüglich mit diesen idyllischen Beschäftigungen.

Züge der Schäferdichtung wurden sorgfältig hervorgehoben, sobald nur der geringste Anlaß vorlag. Wenn der junge Mann der Novelle das Mädchen um ein Glas Milch bittet, wird es ihm aufgetragen, als wäre er als Reisender bei schweizerischen Bauern zu Gast und nicht in Rußland; die Milch wird in einem *reinen* hölzernen Eimer aufbewahrt, unter einem *reinen* hölzernen Deckel, das Glas wird gewaschen und mit einem *weißen* Tuch abgetrocknet. All das war das genaue Gegenteil von Realismus. Ein solches bäuerliches Idyll gab es in Rußland nicht. Aber so mußte der Dichter das Dasein idealisieren, um seinem Leser Freude zu bereiten, und so mußte es auch der junge Held der Novelle idealisieren, um Vergnügen an ihm zu finden. Von ihm wird ausdrücklich gesagt, daß er *sich unter dem Eindruck seiner Lektüre von Romanen und Idyllen in der Phantasie oft in ferne (wirkliche oder unwirkliche) Zeiten versetze, wo nach dem Wort des Dichters alle Menschen sorglos über die Auen wandelten, im Wasser reiner Quellen badeten, sich wie die Turteltauben küßten, unter Rosen und Myrten ruhten und ihre Tage in glücklichem Müßiggang verbrachten.* Die Begegnung mit Líza war ihm deshalb wie eine

Einladung, die reinen Freuden der Natur zu genießen, und er verließ ihretwillen gern die große Welt – *wenigstens eine Zeitlang*, wie der Verfasser (vorsichtig oder unvorsichtig) hinzufügte. Als die platonische Liebe allmählich sehr irdische Formen annimmt (was sofort von wütendem Sturm und peitschendem Regen begleitet wird), verliert der junge Verführer langsam jedes Interesse an seiner Freundin. Sie geht einem so traurigen Schicksal entgegen, daß der Dichter sich nicht mit einem empfindsamen *ach!* (das er im Laufe der Novelle schon ungefähr fünfzehnmal verwendet hat) begnügen kann, sondern sich genötigt sieht, seinem Leser zu gestehen, daß ihm das Herz blute, daß ihm die Zunge gelähmt sei, daß ihm eine Träne aus dem Auge quelle. Kurz, Líza ertränkt sich. Nicht etwa weil sie ein Kind erwartet, sondern ausschließlich aus unglücklicher Liebe. Das war viel empfindsamer.

Dieselbe rosig idealisierende Technik, die das Rauhe und Rohe milderte und das Idyllische und Malerische an der Wirklichkeit betonte, verwendete Karamzín auch in seinen historischen Novellen.

Die Bojarentochter Natál'ja und *Die Statthalterin Márfa* hatten mit dem 14. oder 15. Jahrhundert ebensowenig zu tun wie *Die unglückliche Líza* mit der Gegenwart, und so wie Líza, die selber sagte, sie könne weder schreiben noch lesen (was nicht beschämend, sondern rührend war), trotzdem die neue Salonsprache Karamzíns meisterhaft beherrschte, so sprachen auch Márfa oder Natál'ja das gefeilteste moderne Russisch. Kein Leser der Novelle *Die Statthalterin Márfa* nahm die Versicherung Karamzíns ernst, seine Schilderung des tragischen Freiheitskampfes Nóvgorods gegen Zar Iván den Schrecklichen oder seine Schilderung der heroischen Haltung Márfas sei *einer alten Handschrift entnommen, die der Dichter jetzt Liebhabern der Geschichte und Volkssagen wiedererzähle – nachdem er den dunklen und unverständlichen Stil verbessert habe.* Dennoch las man mit verhaltenem Atem diese Novelle, die mit den wirkungsvollen, rührenden Sätzen anfing:

Die Kirchenglocke, die zur Volksversammlung rief, tönte über die ganze Stadt hin und alle Herzen in Nóvgorod erzitterten. Die Familienväter mußten sich den Armen ihrer Frauen und Kinder entreißen, um dem Rufe des Vaterlandes zu folgen . . .

Die Novelle versuchte, die Statthalterin Márfa zu schildern, *eine leidenschaftliche, feurige und kluge, weder große noch tugendhafte Frau.* Das war ein kühnes Vorhaben. Viel Geschichtliches enthielt aber die Novelle nicht. Die Wirklichkeit wurde durch ein idealisiertes Lokalkolorit ersetzt, und dieses wurde mit malerischen Einzelheiten überzuckert oder in einen patriotischen Firnis getaucht. KARAMZÍN schuf mit dieser Novelle einen pseudohistorischen Stil *à la russe*, eine Art Synthese aus moskovitisch-byzantinischem Autokratismus und römischem Republikanismus, mit sentimentalen Verzierungen geschmückt.

Noch weniger geschichtstreu war die Liebesnovelle *Die Bojarentochter Natál'ja.* Hätte KARAMZÍN die altmoskovitische *Geschichte von dem Kaufmannssohn Sávva Grúdcyn* gekannt, deren Gegenstand ziemlich dem seinen entsprach, so wäre ihm vielleicht der angestrebte *style russe* besser gelungen. In einer Fußnote sagte er selbst, der *Leser müsse sich klar sein, daß Liebende in alten Tagen etwas anders sprachen als in dieser Novelle, die Sprache jener Zeit würden wir aber jetzt kaum verstehen und deshalb müßten wir uns damit begnügen, das alte Sprachkolorit nur bis zu einem gewissen Grade nachzuahmen.* Damit gab KARAMZÍN zu, daß seine historische Novelle nur pseudohistorisch war.

Das bekümmerte ihn aber wenig. Statt der inneren geschichtlichen Wahrheit strebte er absichtlich nach einer nur äußeren historischen Wirkung und baute die Handlung ausschließlich auf der modernen Empfindsamkeit auf. Er verlieh seiner Heldin ein *zärtliches Gemüt* und ließ sie *sanft wie eine Taube* sein, *unschuldig wie ein Engel und süß wie der Monat Mai.* Er gab zwar zu, daß die Russen des Mittelalters *wohl weder die Traktate* LOCKES *über die Erziehung noch* ROUSSEAUS *Émile gelesen hätten* (*einmal weil diese Autoren noch nicht existierten, zum anderen weil die Russen kaum schreiben und lesen konnten*), dafür wußte aber der Dichter mitzuteilen, daß sie ihre Kinder *genau so erzogen, wie die Natur die kleinen Kräuter und Blumen erzieht, d. h. ihnen zu essen und zu trinken gaben und alles andere dem Schicksal überließen.* So· ist es denn nicht verwunderlich, daß die erotische Sehnsucht der jungen Heldin KARAMZÍNS dadurch geweckt wird, daß sie eines schönen Tages in tiefster Unschuld entdeckt, wie die kleinen Vögel *paarweise umherfliegen, paarweise auf den Zwei-*

gen sitzen und sich paarweise verstecken. Nach dieser Entdeckung ist
Natál'ja bereit, selbst die Liebe zu erleben. Die Erzählung KARAM-
ZÍNS fing recht dramatisch mit einer Flucht aus dem Elternhaus an,
gelangte aber zu einem sehr glücklichen Abschluß, weil der Entfüh-
rer, der verbannte junge Bojar L'uboslávskij, und seine verkleidete
Braut Gelegenheit bekamen, an der Spitze der zarischen Truppen den
Feind in die Flucht zu schlagen und dadurch die Gunst und die Ver-
zeihung des Zaren zu gewinnen. Am Ende wurde dem Leser roman-
tisch geschildert, wie der Dichter auf einem Spaziergang an der
Moskvá zu *einem dunklen Kiefernhain* kam und hier *einen von
Moos überwucherten und im Lauf der Zeit verwitterten Grabstein*
fand, dessen Inschrift es ihm mit großer Mühe zu entziffern gelang:
Hier ruhen Andréj L'uboslávskij und seine Frau.

Schon diese historischen Novellen zeigen, daß KARAMZÍNS Verhältnis zur geschichtlichen Wahrheit nicht eben wissenschaftlich
oder rational war. Er steckte tief in der neueuropäischen, ästhetisch-
romantischen und empfindsamen Geschichtsauffassung. Schon in
seinen *Reisebriefen* hatte er anläßlich der *Histoire de la Russie* von
LEVECQUE folgende programmatische Zeilen geschrieben:

> *Man sagt, unsere Geschichte sei an sich weniger interessant als die an-*
> *derer Länder. Das bezweifle ich. Man muß nur Intelligenz, Geschmack,*
> *Talent besitzen. Man kann auswählen, beseelen, ausmalen – und der Leser*
> *wird sich wundern, wie sich ein NESTOR, ein NIKON langsam verwandeln*
> *und nicht nur für Russen, sondern auch für Ausländer anziehend, wir-*
> *kungsvoll, bedeutend werden.*

> *Die fürstlichen Genealogien, die Streitigkeiten, die Fehden, die Einfälle*
> *der Nomaden sind nicht besonders spannend. Das gebe ich zu. Aber warum*
> *in aller Welt soll man ganze Bände damit füllen? Das Unwichtige läßt*
> *sich ja immer kürzen, so wie es HUME in seiner Geschichte Englands ge-*
> *tan hat. Dagegen müssen die Züge, die die Eigenschaften des russischen*
> *Volkes offenbaren, der Charakter unserer alten Helden und hervorragenden*
> *Männer, wirklich interessante Ereignisse mit Lebendigkeit und Kraft ge-*
> *schildert werden.*

Das bedeutete nichts anderes als die Erhebung des ästhetischen
Subjektivismus zum Prinzip der Geschichtsschreibung, die Wertung
der Geschichtsschreibung als künstlerische Tätigkeit. Dem *Malerischen, dem Interessanten, dem Kuriosen* und *dem Dramatischen*
wurde grundsätzlich der Vorzug vor der wissenschaftlichen Beweisführung gegeben.

KARAMZÍN, der seinen beiden historischen Novellen eine subjek-
tiv-ästhetische Geschichtsauffassung zugrunde gelegt hatte, mußte
sehr leicht auf den Gedanken kommen, selbst die ganze russische
Geschichte *mit Intelligenz, Geschmack, Talent* darzustellen. Sie
wurde ihm zum novellistischen Stoff *par excellence*. Seinen literarischen Idealen treu, wählte er das aus, was ihm gefiel, hauchte dem
toten Stoff eine empfindsame und romantische Seele ein, malte, von
seiner dichterischen Intuition geleitet und von keinen kleinlichen
Rücksichten auf die Objektivität gehemmt, große und schöne Zeitbilder und große und bedeutende Fürstengestalten. Er wollte Vladimir den Heiligen als einen russischen Karl den Großen, Zar Iván IV.
als einen russischen Ludwig XI., Zar Borís Godunóv als einen russischen Cromwell und Peter den Großen als einen Mann ohnegleichen
in der europäischen Geschichte schildern. Die wissenschaftliche Kritik hat nachgewiesen, daß das ganze gewaltige historische Werk
KARAMZÍNS, *Die Geschichte des russischen Staates (Istórija Gosudárstva Rossíjskogo)*, nur eine gefällige, romantisierende Umschrift
gelehrter, aber unbeholfener und trockener Werke von verschiedenen
deutschen und russischen Vorgängern (z. B. SCHLÖZER, TATÍŠČEV,
ŠČERBÁTOV), eine blendende Übertragung der Geschichte in die neue
empfindsame und geschmeidige Sprache darstellte. Rein literargeschichtlich betrachtet, war aber KARAMZÍN ein wahrer Kolumbus,
der der Literatur einen ganz unbekannten Weltteil, eine lebendige,
hinreißende, bisweilen stark dramatisierte nationale Vergangenheit
erschloß.

Im Jahre 1803 wurde KARAMZÍN von Kaiser Alexander I. zum
kaiserlichen Historiographen ernannt. Nach langen Vorarbeiten
erschienen 1816 die ersten Bände des Werkes, 1821 der neunte, 1825
der zehnte und elfte, nach seinem Tod der zwölfte und letzte Band.
Die einzelnen Bände waren vergriffen, sobald sie erschienen. Ein
prächtigeres Denkmal der neuen europäisierten, ausdrucksvollen
und gefeilten russischen Sprache wäre undenkbar.

8. ŽUKÓVSKIJ ALS VORROMANTIKER

KARAMZÍNS lyrische Begabung war sehr bescheiden, und nicht er sollte daher die westeuropäische empfindsame oder vorromantische Lyrik nach Rußland verpflanzen. Diese Aufgabe übernahm zunächst einer seiner besten Freunde, der Dichter IVÁN IVÁNOVIČ DMÍTRIJEV (1760–1837). In seinen ersten Veröffentlichungen, einigen um 1795 erschienenen Gedichten, nahm er dadurch von der pseudoklassischen Odendichtung Abstand, daß er sie in der Satire *Fremde Rede* (*Čužój tolk*, 1794) dem Gelächter preisgab und vorbehaltlos für die neue Richtung eintrat. Wenngleich sein poetisches Epos *Jermák* (über die Entdeckung und Eroberung Sibiriens durch den berühmten Kosakenführer) wegen seines romantisch-düsteren *ossianischen* Tones die Bewunderung aller Gleichgesinnten erregte, so war der Dichter selbst doch noch so rationalistisch eingestellt und erzogen, daß er sich kaum dazu eignete, der rechte Führer der neuen Richtung zu werden. Er verstummte auch bald, nachdem er eine Reihe von Gedichten in der leichten französischen Manier geschaffen hatte.

Nicht nur OSSIAN wurde das Vorbild der neuen russischen Lyrik. Sie stand bald ganz im Zeichen der melancholischen englischen Dichtung. YOUNGS *Night Thoughts*, THOMSONS *Seasons of the Year*, GRAYS *Elegy written in a country-churchyard* wurden in den achtziger und neunziger Jahren eifrig übersetzt, und diese Dichter wurden sofort die Abgötter der neuen russischen Lyrik. Es ist charakteristisch, daß ihr hervorragendster Vertreter, VASÍLIJ ANDRÉJEVIČ ŽUKÓVSKIJ (1783–1852), zuerst als Übersetzer oder Bearbeiter von THOMAS GRAYS *Elegy* (*Sél'skoje kládbišče*, 1802) hervortrat und mit diesem Gedicht literarischen Ruhm gewann. Die Melancholie des englischen Dichters war in lange, schmiegsame und melodische russische Verse umgegossen. Zum erstenmal stand der Leser einem Gedicht in russischer Sprache gegenüber, das mit unerhörter Sicherheit die ganze eigenartige Kirchhofromantik mit ihren stehenden Motiven wiedergab, der Dämmerung und dem langsam hereinbrechenden Dunkel der Nacht, dem Mondschein und dem Eulenschrei und den Turmruinen als Hintergrund für die wehmütigen Betrachtungen des Dichters über die Vergänglichkeit des Lebens und die Unentrinnbarkeit des Todes. Der milde Humanismus des Dichters, der den russischen Leser ganz bezauberte, schien das dürftige Dasein des Bauern zu vergolden, das früher oder später auf dem einfachen Dorfkirchhof, wo es keine Marmorsärge und prächtige Mausoleen gab, seinen Abschluß finden mußte. Man genoß die unendlich fein getönte Resignation des Gedichtes. Man glaubte zu verstehen, daß es wirklich ein Segen sei, wenn das Schicksal den einfachen Landmann davor bewahrte, wie ein Hampden für die Freiheit kämpfen oder wie ein Cromwell Blut vergießen oder wie ein Milton nach poetischem Ruhm dürsten zu müssen. Das Schicksal schenkte ihm ein von Tugend, Gewissensreinheit und genügsamer Sorglosigkeit erfülltes Leben. Und der Leser konnte sich einer unbestimmten Wehmut über den treuen Freund des Dorfes hingeben, den melancholischen Dichter, der selbst seine letzte Ruhestätte unter einem schlichten Grabstein gefunden hatte, dessen Inschrift sein sanftes Herz pries.

Das Grundmotiv der gesamten späteren elegischen Dichtung Žukóvskijs war mit diesem ersten Gedicht angegeben. Es war die weltfremde, feine und humane Melancholie. Er wandelte sein Motiv immer wieder in zahlreichen übersetzten und originalen Romanzen, Elegien und anderen Gedichten ab. Eigene Erlebnisse gaben ihm reichen Stoff. So ließ er sich von der Geisteskrankheit und dem frühen Tod seines Freundes Turgénev zu dichterischer Tätigkeit anregen. Quelle seines Dichtens war ihm auch seine eigene hoffnungslose Liebe zu einer jungen Frau, die, wie man meinte, mit ihm zu nahe verwandt war, als daß die Kirche ihrer Verbindung ihren Segen hätte geben können. In der Elegie *Der Sänger* (*Pevéc*, 1811) gestaltete er in bewegten und gebändigten Versen dieses private Erleben. *Armer Poet!* lautete monoton traurig der englisch-romantische Kehrreim. Immer wieder fügte er neue Verse und Reime zusammen, um alle Töne seiner Wehmut erschöpfend erklingen zu lassen. Das Wiederaufleben von Hoffnung und Liebe wurde zum Thema einer schönen Romanze, die mit den Worten begann:

> *Entschwundner Tage Zauberstimmung,*
> *warum ergreifst du mich aufs neu?*

Unter englischem Einfluß führte Žukóvskij auch die Stimmungslandschaft als lyrische Staffage in die russische Dichtung ein. Die schäferlichen Motive des Klassizismus verloren bei ihm ihre Regelmäßigkeit und Linienreinheit. Das Hirtenleben war bei ihm nicht mehr heiter und fröhlich, es wurde wehmütig und entfaltete sich in abendlicher oder nächtlicher Beleuchtung. Das Zwielicht der Dämmerung breitete sich über seine Felder und Haine. Es hüllte die heimkehrenden Herden ein und umgab Fischer wie Pflüger mit seinem Schleier. Die Natur war fast immer auf Moll gestimmt, und war die Landschaft einmal sonnig, dann warfen die Bäume kühle Schatten, der Fluß wurde von sanften Wellen gekräuselt, und der Wind ging wie ein unmerkliches Wehen durch das Laub, wenn sich der Dichter am Ufer niederließ und sein Leid sang. Er trat in diesen Gedichten fast immer selber auf, immer versonnen, bald auf einem Hügel ruhend, den Blick auf den Horizont gerichtet, bald auf verschlungenen einsamen Wegen und Pfaden langsam einherwandernd. Die Natur gab seinen Betrachtungen immer den rechten Hintergrund. Brach die Dämmerung herein, so wurde seine Seele sofort von Vorahnungen ergriffen, und er versuchte vergebens in menschlicher Sprache wiederzugeben, was ihn bewegte. Oder war es umgekehrt? Oft nahm wohl die Natur die gewünschte Haltung ein, wenn der Dichter sie brauchte.

Eins der berühmtesten Originalgedichte Žukóvskijs, die Elegie *Theon und Aischines* (*Teón i Eschín*, 1814), war auf der Gegensätzlichkeit zweier Menschentypen aufgebaut: des wilden, energischen und tief verzweifelten Aischines, der in einer Welt der Falschheit vergebens das Glück gesucht hatte, und des sanften und passiv-melancholischen Theon, der allen Enttäuschungen zum Trotz, die ihm das Leben am heimischen Herd bereitetet hatte, in der Schau einer übersinnlichen Welt Trost gefunden hatte. Er war der Doppelgänger und das Sprachrohr des Dichters und formulierte dessen Lebensanschauung. Viel Logik gab es in Theons Ergüssen nicht. Eine erhabene Verachtung der irdischen Augenblicksfreuden verband er mit einer ebenso erhabenen Lobpreisung des irdischen Daseins. In seiner Seele wohnte der weltfremde Drang der Phantasie nach den Höhen des Himmels neben dem Gefühl eines trotzigen Stolzes, das innerste Wesen des irdischen Menschen zu verkörpern. Die Idee dieses intensiven reimlosen Gedichtes war die klare Erkenntnis, daß das Leben uns nicht als Selbstzweck gegeben sei, sondern als *Mittel zum Erhabenen.*

Die Melancholie ŽUKÓVSKIJS wurde nie ganz düster, selbst dann nicht, wenn er über den Tod dichtete. Unzählige Male hatte er – jetzt und später – Gelegenheit, den Todesgedanken zu behandeln (so in der Elegie *Auf den Tod der Königin von Württemberg*, in dem Gedicht *Der 19. März 1823* beim Tode der Geliebten, in dem *Sterbenden Schwan* oder im *Grab*, aber jedesmal gelang es ihm in erstaunlicher Weise, seinen lebensbejahenden Grundgedanken, seine heitere, zuversichtliche Anschauung vom Sinne des Lebens zu gestalten. In seiner Verzweiflung über das wehe Schicksal seiner Liebe hatte sich ŽUKÓVSKIJ gleich beim Ausbruch des Krieges gegen Napoleon als Freiwilliger gemeldet. Bald erregte er mit der von den Kriegsereignissen angeregten Dichtung *Der Sänger im Lager der russischen Kämpfer* (*Pevéc v stáne rússkich vóinov*, 1812) Aufsehen. Die Idee stammte aus THOMAS GRAYS Gedicht *The Bard*, und wie in diesem beruhte sie auf der etwas theatralischen Vorstellung von einem gottbegnadeten Dichter, der im Heerlager die Helden der Vorzeit rühmt. Der Vorwurf gestaltete sich bei ŽUKÓVSKIJ zu einer Folge von Trinksprüchen, die der Dichter ausbringt und die vom Kehrreim der begeisterten Kameraden unterbrochen werden. Die Vorzeit zog in der Gestalt der hervorragendsten russischen Kriegshelden, vom wilden König Sv'atosláv bis zu Suvórov, dem *Ritter des Nordens*, an ihren Augen vorüber. Dann wurde das Jahr 1812 besungen, wurden die Helden des Krieges gerühmt, wurden die Gefallenen beweint. Für die empfindsame Haltung des Dichters war es kennzeichnend, daß auch dieses Kriegsgedicht schließlich in geistvolle Reden ausmündete, Reden auf die Liebe und die schöne Frau, auf die Poesie der Vorzeit und die eigene Leier des Sängers, die weitertönen werde, wenn er auch im Kampfe fallen sollte, – und endlich auf Gott: welche Wege er auch wählen möge, sie würden uns alle zum Hohen, zum Guten führen.

Das Gedicht war nach der Schlacht bei Borodinó und nach dem Brand Moskaus, aber vor der entscheidenden Schlacht bei Tarútino geschrieben. Es führte schnell zu einem sehr engen Verhältnis zwischen dem Dichter und dem Hof, der von der patriotischen Tendenz des Gedichtes und der Vergötterung Kaiser Alexanders I. begeistert war. ŽUKÓVSKIJ wurde aber nicht zu einem Hofdichter oder Panegyriker im Stil des 18. Jahrhunderts. Die leidenschaftlichen patriotischen Töne waren nicht sein Bereich. Glücklicherweise war auch der Hof von dem neuen Geist der Empfindsamkeit ergriffen.

Das literarische Verdienst Žukóvskijs bestand nicht nur darin, daß er die Gattung der Elegie in die russische Literatur einführte und zur Blüte brachte. Er nahm sich auch als erster mit großer Energie der russischen Ballade an und betätigte sich in dieser bisher unbekannten Gattung mit großer Meisterschaft.

Seine 1808 erschienene erste Ballade war eine Umdichtung von G. A. Bürgers berühmtem Gedicht *Lenore*, das er russischen Verhältnissen anpaßte: der deutschen Lenore gab er den russischen Namen *L'udmila*, und dieser wurde von jetzt an einer jener poetischen Frauennamen, die empfindsame Eltern mit Vorliebe ihren Töchtern gaben. Mit seinem Gedicht führte Žukóvskij das makabre Gespenstermotiv in die russische Literatur ein. Es gelang ihm aber nicht sofort, das Motiv von dem heimgekehrten toten Bräutigam, der seine Braut zu sich ins Grab holen will, mit überzeugenden nationalen Zügen auszustatten. Erst mehrere Jahre später (1812) erfuhr es eine durchgreifende Umformung, die es zu einer russischen Ballade machte. Es erhielt jetzt den neuen, frei erfundenen Namen *Svetlána*, der sich nun auch sofort als poetischer Frauenname über das ganze Land verbreitete. Was dem Gedicht sein eigenartiges, lebendiges Gepräge verlieh, war vor allem seine echte Volkstümlichkeit: Žukóvskij hatte sich durch eifrige Studien mit russischem Volksglauben, russischen Volkssitten und Volksspielen vertraut gemacht. Auch das Versmaß und die Reimtechnik waren von denen der *L'udmíla* völlig verschieden; das einfache Schema $-\cup-\cup-\cup-\cup$ wurde zu $-\cup-\cup-\cup\,|$ $-\cup-\cup-\cup$, die Reimfolge a/a b/b c/c d/d e/e f/f wurde zu $a/b/a/b$ $c/d/c/d$ $f/g/g/f$, so daß der Rhythmus jetzt leicht und gleitend dahinströmte. Dies harmonierte ausgezeichnet damit, daß die Gespenstererscheinung als ein Traum gedeutet wurde und der wirkliche Bräutigam leibhaftig in die Kammer des Mädchens trat.

Žukóvskij wurde jetzt zum Balladendichter großen Stils, sein eigenes Schaffen war aber im Verhältnis zu den meisterhaften Übersetzungen deutscher und englischer Balladen und anderer Gedichte, die er nach und nach veröffentlichte, ziemlich beschränkt. Hatte sich Karamzín die Aufgabe gestellt, die Voraussetzungen des neuen Stils zu schaffen, indem er seine Landsleute mit den modernen europäischen Gedankengängen auf dem Gebiet der Philosophie und Literatur vertraut machte, so erblickte Žukóvskij seine Aufgabe im wesentlichen darin, sie mit der modernen vorromantischen und romantischen Versdichtung Deutschlands und Englands bekannt zu machen. Zu seinem Bereich als Übersetzer von Balladen gehörte sowohl Goethe, dessen *Erlkönig* er meisterhaft wiedergab, als auch Schiller mit seinen zahlreichen Balladen und anderen romantischen Gedichten (*Ritter Toggenburg, Das Siegesfest, Der Handschuh, Die Kraniche des Ibykus, Der Graf von Habsburg, Der Ring des Polykrates, Die Klage der Ceres* usw.). Žukóvskij übersetzte Uhlands Balladen *Die Rache* und *Harald*, auch Gedichte von Byron und Walter Scott, schließlich Hebels berühmte Erzählung *Kannitverstan* und Zedlitz' nicht weniger berühmte *Nächtliche Heerschau*. Besonders dieses Gedicht war eine wahre Perle unter den Balladenübersetzungen Žukóvskijs. Die Darstellung der Heerschau des toten Kaisers Napoleon über die toten Grenadiere aus den russischen Schneefeldern, den italienischen Ebenen, den Wüsten Afrikas und dem Sande Palästinas gewann in seiner Wiedergabe einen ungemein festen und harten Klang. Die reimlosen männlichen und weiblichen Ausgänge der jambisch-anapästischen Verse ($\smile\acute{-}\smile\smile\acute{-}\smile\smile\acute{-}$) wirkten wie Widerklänge von den Trommelwirbeln der Reveille.

Die Balladennachdichtung Žukóvskijs umfaßte einen weiten Themenkreis: neben mittelalterlichen und feudalen Stoffen erschienen besonders die antiken, vor allem in der Gestaltung Schillers. Der Feudalismus nahm jetzt in den Augen der russischen Leser die Züge an, mit denen Žukóvskij sie vertraut gemacht hatte. Das Mittelalter wurde mit ritterlichem Ehrgefühl, edler Rache, Stolz, heroischer Haltung gleichbedeutend. Die antiken Balladen vermittelten eine neue Vorstellung der griechischen Kultur, die nicht an Regeln und Paragraphen gebunden war, sondern von innerer Harmonie und maßvoller Schönheit getragen war. Dieser Teil der Dichtung Žukóvskijs spiegelte in wohlmodulierten Versen den hohen Idealismus wider, den Schiller als vermeintliches Erbe der wahren griechischen Klassik geschaffen hatte. Die Poesie Žukóvskijs war mit den neuantiken Bestrebungen verwandt, die auch innerhalb der russischen Literatur allmählich zur Geltung kamen.

In der Dichtung Žukóvskijs gab es jedoch keine scharfe Grenze zwischen klassischen und romantischen Elementen. Das einheitliche Gepräge seiner Dichtung entsprang dem weichen Stil seiner Sprache. Man kann vielleicht sagen, daß das klassische Element mehr in seinen Übersetzungen, das romantische mehr in seiner Originaldichtung zum Ausdruck kam. Eine wirklich selbständige russische nationale Ballade zu schaffen, gelang ihm aber nicht, obwohl er seine Versuche im Stil der *L'udmila-* und *Svetlána*-Balladen fleißig fortsetzte. 1817 schrieb er die große Dichtung *Die zwölf schlafenden Jungfrauen* (*Dvenádcat' sp'áščich dev*). Als Einleitung zu diesem Gedicht schrieb er eine gelungene Übersetzung von Goethes Versen *An meinen Genius*. Den Stoff der großen Ballade entnahm Žukóvskij einer hyperromantischen deutschen Quelle, dem gleichnamigen phantastischen Roman von Chr. H. Spiess. Das Gedicht bestand aus zwei Teilen: *Gromobój* und *Vadím*, deren Schauplatz das alte Nóvgorod und die Ufer des Dnjeprs waren. Žukóvskij scheint von der Technik beeinflußt gewesen zu sein, die er in einem großen, recht formlosen Gedicht von G. P. Kámenev gefunden hatte. Dieser hatte 1802 den Versuch gemacht, eine nationale Ballade zu schaffen, in der mittelalterliche westeuropäische Vorstellungen mit Zügen aus der – heroisierten – russischen Vorzeit und verschiedenen volkstümlichen Motiven verschmolzen waren. Sein Gedicht hieß *Gromvál* (ein Name, der auch von dem Wort *grom* ,Donner' abgeleitet war); es stellte ein wahres Repertorium von allerlei seltsamen und grotesken Motiven dar (Sturmwetter, nächtliche Finsternis, Schloßruinen, blaue Flammen, Gespenster, Zauberer, Feen, Ritter, von Riesen entführte Jungfrauen usw.). Das Gedicht Žukóvskijs überragte bei weitem das Kámenevs, arbeitete aber in seltsam verfehlter Weise mit dem falschen volkstümlichen Motivapparat der Vorromantik: Gespenstern, Traumgesichten, öden Landschaften usw. Die Handlung selbst war sehr wenig märchenhaft, trotzdem aber gefiel das Gedicht schwärmerischen Lesern und Leserinnen. Das Verschwommene und Schlaffe an dem unenergisch-melancholischen Talent Žukóvskijs, das sich hier deutlicher als in anderen Gedichten enthüllte, störte nur strenge Geschmacksrichter.

Vermutlich fehlte Žukóvskijs eigenem Geist die Geschlossenheit, die er bereitwillig von seinen literarischen Vorlagen übernahm. Seine

halboriginalen Balladen gelangen ihm deshalb schlechter als seine
Übersetzungen deutscher Dichtungen über volkstümliche Gegenstände, zum Beispiel der *Undine* von Fouqué. Auch sein Versuch –
in freundschaftlichem Wettbewerb mit dem überlegenen Púškin –,
russische Volksmärchen in Verse umzugießen, zum Beispiel *Das
Märchen von der schlafenden Prinzessin* (*Skázka o sp'áščej carévne*)
oder *Das Märchen von Fürst Berendéj und seinem Sohn, Prinz Iván*
(*Skázka o caré Berendéje i jegó sýne Iváne-caréviče*), gelang ihm weit
besser, wenn auch der volkstümliche Ton, den er anschlug, nicht
ganz echt war. Als wahrer Meister erwies sich aber Žukóvskij, wenn
er große fremde Volksepen, wesentlich im Anschluß an deutsche
Vorbilder, übersetzte: so die orientalischen Dichtungen *Nali und
Damayanti* (1842) und *Rustem und Zorab* (1848) nach Rückert, so
das spanische Epos *Cid* nach Herder, so auch Homers *Odyssee*
(1848–49) nach J. H. Voss. Diese Übertragungen, die ihn zahllosen
sprachlichen Problemen gegenüberstellten, besaßen eine klassisch
vollkommene Form, und der Sprachstil des Dichters, der von der
Struktur der kirchenslavischen Sprache stark abhängig war, kam besonders in der *Odyssee* zur vollsten Entfaltung.

Selten hat ein Dichter, der sich in so hohem Grade darauf beschränkte, seine Motive fremden Literaturen zu entnehmen, die Gedichte anderer zu bearbeiten oder nur zu übersetzen, für die Entwicklung der Literatur seines Volkes eine so große Rolle gespielt wie
Žukóvskij. Er steckte sich als Übersetzer oder Bearbeiter keineswegs
das Ziel, seine Leser in streng sachlicher Form mit der Dichtung
Westeuropas bekannt zu machen. Er wählte unter den Dichtern und
ihren Werken nur solche, die völlig dem Geschmack entsprachen, den
er selber vertrat – den melancholischen und empfindsamen Geschmack, und mit sanfter, aber sicherer Hand goß er sie so gänzlich
in seine eigene Form um, daß sie nicht mehr als fremd empfunden
wurden. In dieser Weise führte er Symbole, Bilder, Stimmungen
und Gegenstände ein, die ihrem Ursprung nach fremd waren, in seiner
Sprache aber heimisch wurden. Ferner bereicherte er die Literatur
seines Volkes mit poetischen Formen, die bisher unbekannt gewesen
waren, und zwar in überwältigendem Umfang und mit genialer Meisterschaft. Man sah mit Erstaunen, wie leicht und geschmeidig sich
die Sprache bei ihm den neuen Rhythmen, den neuen Versmaßen,

der neuen Reimtechnik bequemte. Er war der erste Dichter, der den Jambus und den Hexameter zur russischen Versmaßen machte.

Von ihren Vorbildern bestimmt, trug seine ganze Dichtung den Stempel eines weichen Idealismus, der nicht nur in der westeuropäischen Literatur seiner Zeit, sondern auch in seiner eigenen Wesensart wurzelte. Er stand mit seinem literarischen Denken dicht an der Schwelle des romantischen Zeitalters der russischen Literatur und nahm mit seinem eklektisch weitreichenden Interesse sowohl für phantastisch-elegische als auch für neuklassische Formen den eigenartig russischen Charakter dieses Zeitalters voraus. Die Idee des von allen Regeln befreiten, für alle Schönheitsoffenbarungen gleichmäßig empfänglichen und begeisterungsfähigen Dichters nahm bei dem Vorromantiker Žukóvskij ganz deutliche Konturen an und lebte dann in seinen jüngeren Freunden weiter. Klarer als irgendein anderer Dichter seiner Zeit äußerte er in seiner Bearbeitung des kleinen dramatischen Gedichtes *Camões* von Friedrich Halm den für die russischen Leser, die in den strengen Anschauungen des Klassizismus geschult waren, so neuen und befreienden Gedanken, daß die Poesie als Kunst gar nicht im Wissen oder in der Beherrschung technischer Regeln begründet sei, sondern in göttlicher Eingebung. Die romantische Genielehre trat bereits in seiner Dichtung überzeugend und leidenschaftlich betont hervor, und das Wort *Poet* erhielt bei ihm einen ganz neuen Klang. Der Dichter stand bei ihm im Gegensatz zur gleichgültigen *Masse*, die keineswegs sozial bestimmt war, und die Forderung persönlicher Reinheit, der Selbstlosigkeit und der Begeisterung, dieser drei Eigenschaften, die allein den Poeten über die Masse höben, war bei Žukóvskij zur Voraussetzung aller wahren Dichtung gemacht. Die sentimentale Formel Karamzíns trat bei ihm in moralisch-philosophischem Gewand auf und leitete zu der romantischen Auffassung weiter. Weltfremdheit, Einsamkeit, Selbstvertiefung waren die Stufen, die zur Erkenntnis nicht nur des Guten und des Wahren, sondern auch des Schönen führten. Die Poesie wurde zur *irdischen Schwester der himmlischen Religion*. Die Poesie war *Gott in den heiligen Träumen der Erde*.

Diese von Žukóvskij verkündete romantische Ästhetik kündigte den Übergang zu einer neuen Strömung in der russischen Literatur an.

9. DER GROSSE SPRACHKAMPF

Wenn man mit einem gewissen Recht eine schematische Periodisierung der russischen Literatur mit der Jahrhundertwende als Scheide
zwischen zwei Epochen vornimmt, so hängt das damit zusammen,
daß sich zu dieser Zeit eine heftige Spracherörterung entspann, die
die russischen Schriftsteller in zwei feindliche Lager teilte.

Die Sprachreform, die KARAMZÍN mehr auf praktischem als auf
theoretischem Wege durchgeführt hatte, fand bei den gebildeten
Klassen erstaunlich schnell Widerhall. Die neue Sprache war der
Ausdruck eines neuen Geschmackes, dem die Literatur des 18. Jahr-
hunderts·archaisch und fremdartig erscheinen mußte. Dieser neue
Geschmack war auf eine beinah demonstrative Weise westeuropäisch
ausgerichtet, und deshalb war es nicht zu verwundern, daß sich die
literarischen Kreise, die diesen unbeschränkten Anschluß an die westeuropäische Literatur mit Skepsis betrachteten und einen innigeren
Zusammenhang mit der literarischen Vergangenheit aufrechterhalten wollten, zum Kampf gegen die neumodischen Einfälle und zur
Verteidigung des alten Geschmackes rüsteten. Dieser wurde als
echt-national proklamiert. Weiter als auf den Klassizismus des
18. Jahrhunderts konnten diese Anhänger einer nationalen Literatur
nicht zurückgreifen, weil auch für sie vor dem 18. Jahrhundert keine
irgendwie selbständige Literatur existierte. Als Führer des *slavorossischen*, gegen den *Karamzinismus* gerichteten Lagers meldete
sich der begabte, leidenschaftliche und eifrige Admiral ALEKSÁNDR
SEM'ÓNOVIČ ŠIŠKÓV (1754–1841).

ŠIŠKÓV war davon überzeugt, daß der Sieg der neuen Sprache
KARAMZÍNS, der Salonsprache, der Sprache der gebildeten Damen,
notwendigerweise einen Verlust bedeutender Werte verursache und
die Literatur von ihrer nationalen und volkstümlichen Grundlage
entferne. Schon 1803 veröffentlichte er seine berühmte Kampfschrift
*Traktat über den alten und den neuen Stil der russischen Sprache
(Rassuždénije o stárom i nóvom slóge rossíjskogo jazyká)*. KARAMZÍN,
der weder Theoretiker noch Sprachgeschichtler war, hatte seine Reform als eine rein praktische Sprachänderung betrachtet und sich
deshalb niemals bemüht, seine modernistischen Ideen zu systemati-

sieren. Es war deshalb nicht ganz leicht, zur Bekämpfung des *Karam-zinismus* einen prinzipiellen Ausgangspunkt zu finden. KARAMZÍN war aber als literaturgeschichtlich interessierter Schriftsteller unvorsich-tig genug gewesen, in seinem *Pantheon der russischen Dichter* (*Pan-teón rússkich pisátelej*, 1801–02) eine geschichtliche Entwicklungs-linie innerhalb der neueren, nachpetrinischen Literatur zu zeichnen, und ŠIŠKÓV war nun geschickt genug, bei seinem Angriff gegen die neumodische Sprache gerade von dieser Periodisierung auszugehen. Er fand es vermessen, daß es KARAMZÍN überhaupt wagte, in der Literatur des 18. Jahrhunderts eine Entwicklung anzunehmen. Diese Literatur sei durchaus einheitlich. In einer Literatur, die nichts Ver-altetes enthalte, von einem Aufsteigen von angeblich älteren zu an-geblich neueren, von antiquierten zu modernen Formen zu sprechen, das scheine ihm wenig mit der Wahrheit übereinzustimmen. KARAM-ZÍN hatte sich erkühnt, den Dichter ANTIÓCH KANTEMÍR einem längst überwundenen, ersten Zeitabschnitt und LOMONÓSOV einer darauf folgenden, auch schon toten Epoche zuzuordnen, während ein Dich-ter wie JELÁGIN als Exponent einer späteren Periode dargestellt wurde, die die LOMONÓSOVsche abgelöst habe. Endlich hatte KARAM-ZÍN – ohne seine eigenen Verdienste in dieser Hinsicht zu erwähnen – die moderne Zeit mit ihrer von französischer *élégance* beeinflußten Literatursprache als die vierte und vorläufig letzte Periode der Ent-wicklung bezeichnet. ŠIŠKÓV sah so sein großes Ideal LOMONÓSOV als etwas Überwundenes in eine Reihe von literarischen Gestalten eingeordnet, die sich seiner Meinung nach gar nicht mit ihm messen konnten. LOMONÓSOVs geniale Sprache und sein Stilsystem schienen ihm als geschichtliche Tatsachen ohne Bedeutung für die Gegenwart behandelt. Mit Heftigkeit wandte sich ŠIŠKÓV gegen die Theorie, die behauptete, die moderne Literatursprache sei das Ergebnis einer Reinigung der Sprache LOMONÓSOVs, einer Befreiung von wesens-fremden kirchenslavischen Elementen. Ihm war die Sprache KARAM-ZÍNs nur eine geistlose Umgangssprache ohne literarische Werte, während die LOMONÓSOVsche immer noch die wahre Literatursprache sei, ob man sie nun *Slavorossisch*, *Slavisch* oder *Rossisch* nennen wolle. Sie war für ihn die unmittelbare Fortsetzung der alten edlen kirchenslavischen Sprache, die sich nicht in geschichtliche Stufen aufspalten lasse.

Das sprachgeschichtliche Wissen Šiškóvs war sehr begrenzt. Lomonósov selbst hatte seinerzeit einen viel genaueren Begriff von dem Verhältnis und dem Unterschied zwischen der altkirchenslavischen, der altrussischen, der russisch-slavischen und der bürgerlich-russischen Sprache. Für Šiškóv waren sie alle nur Varianten derselben gemeinsamen und einheitlichen Sprache. Während die kirchliche Variante in seinen Augen die Vollkommenheit darstellte, war die bürgerliche nur die Frucht eines bedauerlichen Sprachverfalls. Er bewunderte die kirchliche Sprache wegen *ihrer Reinheit, ihrer Harmonie, ihrer Pracht, ihrer Erhabenheit.* Er meinte, *Geist und Ohr des Menschen hätten alle ihre Fähigkeiten erschöpft, um sie zu schaffen.* Er war überzeugt, daß die energische Vertiefung in diese Sprache der richtige und einzige Weg zur Bereicherung der Literatursprache sei. Er forderte deshalb die Verwerfung aller ausländischen Vorbilder und empfahl, die neumodischen Gallizismen durch Wörter zu ersetzen, die der slavischen Muttersprache oder – schlimmstenfalls – anderen Varianten der slavischen Sprache, zum Beispiel der tschechischen, entnommen seien. Er wünschte die Wiedereinführung der drei alten Stilarten unter Aufrechterhaltung der Verteilung der Gattungen unter ihnen.

Der heftig eifernde Admiral, der in seiner Kritik der Einzelheiten der neuen Sprache nicht immer unrecht hatte, vereinigte 1810 seine Gesinnungsgenossen, die auch politisch dem rechten Flügel des aufgeklärten Adels angehörten, in der regsamen Gesellschaft *Beséda*, deren vollständiger Name (*Beséda l'ubítelej rússkogo slóva*) *Gesellschaft für Liebhaber der russischen Sprache* lautet. Die Gesellschaft hielt feierliche und glanzvolle Sitzungen im Hause Deržávins ab und gab eine Reihe von Schriften heraus. Ihr Präsident gewann immer größeren Einfluß am Hofe. Während des Krieges, 1812, wurde er damit betraut, die Manifeste Alexanders I. an das Volk zu verfassen. 1816 wurde er zum Präsidenten der russischen Akademie ernannt. Seine sprachlichen Bestrebungen blieben jedoch ohne Wirkung. 1815 wurde in Opposition zu seiner *Beséda* die Vereinigung *Arzamás* gebildet, deren Tätigkeit weniger in der Veröffentlichung von Schriften als in der Abhaltung von spaßhaften Zusammenkünften bestand, wo sich gleichgesinnte Schriftsteller unter literarisch-gesellschaftlichen Formen zusammenfanden. Der *Arzamás* schloß sich grundsätzlich

KARAMZÍN und ŽUKÓVSKIJ an, bekämpfte und verspottete die alten pseudoklassischen Regeln und machte die *Empfindsamkeit* und bald auch die *Romantik* zu seiner Losung.

In Wirklichkeit war die Gründung dieser beiden Gesellschaften, die überhaupt nicht unmittelbar miteinander in Kampf gerieten, nur ein Ausdruck dafür, daß die Alten, Besiegten sich zu ihrer vornehmen Gesellschaft zurückzogen, während die jungen Sieger sie nicht einmal ernsthaft angreifen mochten. Der Kampf war schon ausgefochten, bevor man sich zusammenschloß.

Es war nicht immer die Sprachreform, die bei den Anhängern der alten Literatur auf Widerstand und Widerspruch stieß. Es war wohl eher der *Karamzinismus* als solcher, die empfindsam-exaltierte literarische Stimmung, die angegriffen wurde. Wahrscheinlich war es Fürst ALEKSÁNDR ALEKSÁNDROVIČ ŠACHOVSKÓJ (1777–1846), der künstlerische Leiter des Kaiserlichen Theaters in St. Petersburg, der das literarische Feuer gegen die neue Richtung eröffnete. 1808 gründete er die Zeitschrift *Der dramatische Sendbote* (*Dramatičeskij véstnik*) und verteidigte hier die Prinzipien des alten Klassizismus gegen die larmoyante oder empfindsame Richtung in der Komödiendichtung. Besonders zog er – mit Recht – gegen das deutsche bürgerliche Lustspiel KOTZEBUES zu Felde, das sich mit geradezu epidemischer Heftigkeit in Rußland Geltung verschaffte. In seiner eigenen Komödie *Der neue Sterne* (*Nóvyj Stern*) machte er KARAMZÍN lächerlich. In einer Replik wurde der Sentimentalismus als eine Geistesrichtung charakterisiert, *die in England entstanden, in Frankreich zerfallen, in Deutschland wieder angeschwollen und endlich in der erbärmlichsten Verfassung nach Rußland importiert worden sei.* In einer anderen Komödie, den 1815 erschienenen *Leipziger Bädern* (*Lipeckije vódy*), zeichnete er in dem Poeten Fijálkin (vom Worte *fijálka* = ‚Veilchen‘ abgeleitet) ein boshaftes Spottbild des Dichters ŽUKÓVSKIJ.

Einer der sarkastischsten Verteidiger des *Karamzinismus* war der Dichter VASÍLIJ L’VÓVIČ PÚŠKIN (1770–1830). Schon lange bevor er Mitglied der *Arzamás*-Gesellschaft geworden war, schrieb er einige Gedichte, die teils eine Verteidigung ŽUKÓVSKIJs, teils einen Angriff auf ŠACHOVSKÓJ enthielten. In einem an diesen gerichteten Gedicht fiel er ungestüm über ŠIŠKÓV her, den er jedoch bezeichnenderweise nicht von sprachlichen, sondern von ästhetischen Gesichtspunkten aus angriff. KARAMZÍN und ŽUKÓVSKIJ waren für ihn einfach Vertreter des modernen, aufgeklärten Geschmacks, während der Admiral und seine Gesellschaft in seinen Augen nur Unwissenheit, Unbildung und nationale Barbarei verkörperten. Das Gedicht endet mit einem geflügelten Wort, das eine direkte Antwort auf ŠIŠKÓVS Forderung nach Einführung (oder Wiedereinführung) slavischer Wörter in die Literatursprache darstellte:

> *An Worten fehlt es nicht –*
> *es fehlt uns nur die Bildung!*

Der Admiral, der sich so mit seinen Anhängern unter die Dunkelmänner der Zeit eingereiht sah, konnte diese freche Proklamation des Europäismus als des höchsten Ausdrucks der Kultur und Zivilisation nicht unbeantwortet lassen und richtete nun selbst einen heftigen Angriff auf *diese Poeten, die ihre Religion aus dem Candide, ihre Moral und Bildung aus den Gassen von Paris geholt hätten und jetzt mit verbildeten Herzen und verdunkelten Köpfen von Unwissenheit schwatzten und nach Wissenschaft und Kultur schrieen.* Im folgenden Jahr (1811) aber fiel VASÍLIJ PÚŠKIN wieder über den ŠIŠKÓV-Kreis her, indem er diesmal ein ganz und gar burleskes Gedicht, *Der gefährliche Nachbar* (*Opásnyj soséd*), gegen ŠACHOVSKÓJ richtete. In diesem Gedicht, das durch seine Respektlosigkeit und zum Teil auch durch sein obszönes Thema Aufsehen erregte, verspottete PÚŠKIN ganz unverhüllt die *Slavophilen* und die *Varägo-Russen*, die mit diesen beiden neuen Ausdrücken, denen später viel weitere Bedeutung zukommen sollte, zu *reaktionären Literaten* gestempelt wurden. Besonders verhöhnte PÚŠKIN ihre Sprachreinigungsbestrebungen, die ihm sinnlos vorkamen. Um ŠACHOVSKÓJ zu schmähen, ließ er zwei Straßendirnen die obenerwähnte Komödie *Der neue Sterne* loben und fügte die tödlichen (oft zitierten) Worte hinzu:

> *Ein echt Talent wird stets die rechte Liebe finden!*

Der Angriff auf ŽUKÓVSKIJ wurde indessen 1816 von dem intelligentesten unter den *Šiškóvisten*, dem Dichter PÁVEL ALEKSÁNDROVIČ KATÉNIN (1792–1853), erneuert, indem er seine eigene Bearbeitung von BÜRGERS *Lenore*, *Ol'ga*, veröffentlichte, ausschließlich um zu zeigen, wie wenig volkstümlich und wie übertrieben elegisch Žukóvskijs *L'udmíla* sei. Die Polemik, die aus diesem Anlaß entstand, wurde aber schon nicht mehr zwischen dem *Beséda*-Kreis und den *Arzamás*-Dichtern ausgefochten, sondern zwischen Männern, die dem eigentlichen Sprachstreit entschieden fernstanden. Der Kampf war nicht mehr ein Kampf um Worte, er war zum Kampf um den Geschmack geworden, und der Dichter Gnédič, der eigentlich zum Klassizismus neigte, verteidigte Žukóvskij eifrig gegen die Beschuldigungen Katénins und lobte seine Ballade auf Kosten der *Ol'ga*. Der Dramatiker Gribojédov schloß sich dagegen Katénin an und verfaßte eine vernichtende Kritik der *L'udmíla*. Im Verein mit Katénin schrieb er 1817 die polemische Komödie *Der Student*, die von Parodien des Stils Žukóvskijs förmlich strotzte.

Das sprachliche Programm der *Beséda*-Gruppe war in seiner ursprünglichen unversöhnlichen Form so offenbar verfehlt und so wenig lebensfähig, daß es unter den sachkundigen Angriffen der Wissenschaft schnell zerbröckeln mußte. Professor M. T. Kačenóvskij (1775–1842), der selber Mitglied der *Beséda* war, mußte zugeben, daß die kirchliche Sprache der altehrwürdigen Bücher gar nicht – wie der Admiral geglaubt hatte – die Muttersprache aller slavischen Dialekte sei, sondern am ehesten als eine serbische Mundart zu bezeichnen sein dürfte. Diese Behauptung war an sich falsch, mußte aber dazu beitragen, die Autorität Šiškóvs zu untergraben. Den Todesstoß erhielt seine Theorie, als der hervorragende Slavist A. Ch. Vostókov seinen *Traktat über die slavische Sprache* (*Rassuždénije o slav'ánskom jazyké*) veröffentlichte und nachwies, daß das Russische und das Kirchenslavische in Wirklichkeit zwei verschiedene Sprachen seien. Klüglicherweise gab Katénin sofort die Hauptthese Šiškóvs auf, versuchte aber, das *Beséda*-Programm dadurch zu retten, daß er den Gedanken verfocht, eine Annäherung zwischen Russisch und Kirchenslavisch sei grundsätzlich wünschenswert. Sein Argument war, daß sich die alte Theorie Lomonósovs von den drei Stilarten einfach nicht umstoßen lasse. Wenn der *Karamzinismus* in seiner radikalsten Form für den *stylus mediocris* Lomonósovs, der mit der gebildeten Salonsprache gleichgestellt wurde, literarisches Alleinrecht forderte, dann mußte nach der Meinung Katénins eine wirkliche Senkung aller höheren Werte in der Literatur eintreten. Mit

Nachdruck und nicht ohne Recht behauptete KATÉNIN noch 1830, daß sich gewisse Gegenstände, zum Beispiel biblische Motive, mit der Salonsprache KARAMZÍNS nicht vereinigen ließen. Schon aus diesem Grund besaß die Kirchensprache in seinen Augen unentbehrlichen Wert. Es ist erstaunlich zu sehen, wie modern dieser literarisch konservative Mann (der sonst ideologisch ein Revolutionär war) denken konnte, wenn es sich um literarische Sprache handelte. Er behauptete kühn, daß man nicht einmal von der Möglichkeit einer einheitlichen Literatursprache sprechen könne, und betonte mit feinem Sinn für das stilistische Moment, daß nicht nur jede Gattung, sondern im Grunde sogar jedes Motiv seine eigene Sprache, seinen eigenen Stil verlange. Eine solche lebendige und geschmeidige Differenzierung der Sprachstile war seiner Meinung nach nur dann möglich, wenn dem Dichter der Wortschatz und die Grammatik der Kirchensprache unangetastet zur Verfügung ständen.

Zweifellos traf so KATÉNIN den *Karamzinismus*, wo er am verwundbarsten war, in seinem Glauben an die Salonsprache als Universalmittel literarischer Mitteilung. Aber gleichzeitig gab er dem *Šiškovismus* den Todesstoß durch die Anerkennung der Salonsprache als stilistisch bedingtes Ausdrucksmittel neben anderen. Die künstlerische Praxis hatte zu dieser Zeit das vielbesprochene Problem durch eine kühne Synthese gelöst.

10. VORROMANTIKER UND NEUKLASSIKER

Es war die romantische Dichtung – oder die Dichtung, die in der Periode der Romantik aufblühte –, die diese Synthese schuf. Und wenn je die Romantik einen wirklichen Fürsprecher und Verteidiger hatte, dann war es vor allen anderen gleichzeitigen Kritikern oder Dichtern Fürst P'OTR ANDRÉJEVIČ V'ÁZEMSKIJ (1792–1878). Aber auch seine romantischen Meinungen und Äußerungen müssen, um recht verstanden zu werden, von einem besonderen russischen Gesichtspunkt aus betrachtet werden.

V'ÁZEMSKIJ war durch verwandtschaftliche Beziehungen aufs engste mit der literarischen Bewegung KARAMZÍNS verbunden. Seine ältere Schwester war die Gattin des kaiserlichen Historiographen, und als V'ÁZEMSKIJ mit fünfzehn Jahren seine Eltern verlor, wurde er in das Haus seines Schwagers aufgenommen und kam unter seinen starken geistigen Einfluß. Er wurde natürlich *Karamzinist*, ergab sich aber nie ohne Vorbehalt dem Sentimentalismus. Er ging auch nie ganz im schwärmerischen Idealismus ŽUKÓVSKIJS auf. Seine schulmäßige Erziehung stand im Zeichen des französischen Klassizismus, und wenn er sich auch später als Kritiker von seiner Autorität befreite und sich bewußt und empfänglich den neuen dichterischen Formen der deutschen und englischen Romantik näherte, so überwand er doch nie gewisse Grundsätze des Klassizismus. Zwischen seiner theoretischen Haltung als Kritiker und seiner praktischen Tätigkeit als schaffender Dichter bestand immer ein gewisser Gegensatz. Als literarischer Richter war er moderner denn als Poet. Die Ursache war klar. Sein in der Jugend erworbener Respekt vor der gemeißelten Versform verbot es ihm, dem Temperament in den vagen Formen der romantischen Dichtung freien Lauf zu lassen, und es wäre ihm nie eingefallen, die Grenze zwischen den althergebrachten Gattungen zu mißachten oder diese bei dem Versuch, der Dichtung neue Gebiete zu erschließen, bewußt zu vermeiden. Es war ihm ein leichtes, seinem scharfen Witz und seinem feinen Geist Ausdruck zu verleihen. Empfindsame Worte zu formen lag aber außerhalb seiner Sphäre.

Als Mitglied der *Arzamás*-Gruppe trat V'ÁZEMSKIJ im zweiten Jahrzehnt des neuen Jahrhunderts als Verfechter des Europäismus in der Literatur hervor und war einer der eifrigsten Gegner der *Beséda*-Gruppe. Er verteidigte die *Romantik*, von der die russischen Literaturliebhaber noch keine klare Vorstellung hatten. Man darf jedoch mit Recht sagen, daß sein höchstes Kriterium bei der Beurteilung zeitgenössischer Literaturwerke weder technisch-literarischer noch ideologisch-philosophischer Art war. Es war viel eher ein praktisch-ästhetisches. Er hatte neue und alte Ideen in einer feinen Synthese zu vereinigen verstanden und erhob auf Kosten der mechanischen Regeln *den guten Geschmack* zum höchsten Richter in allen literarischen Angelegenheiten, ohne sich um eine wirkliche theoretische Begründung dieses ganz subjektiven Begriffes zu kümmern. Wenn er die Romantik gegen den Klassizismus verteidigte, geschah

es hauptsächlich, weil er als gebildeter Kosmopolit den alten russischen Klassizismus als eine literarische Schule ansah, der der rechte
Geschmack fehlte. Er empörte sich weniger gegen die konventionellen
Formen als gegen den engen literarischen Horizont. Er kämpfte für
die Einführung neuer Motive, neuer Ideen, neuer Gegenstände in die
Literatur und glaubte, daß diese selber ihre neue Form bestimmen
würden. Er konnte seine Bewunderung für die Dichtung BYRONS
mit dem neuklassischen Geist vereinen, der ihm mit den dichterischen
Bestrebungen der Romantiker in Westeuropa und Rußland nahe verwandt erschien. Deshalb unterschied er gern zwischen dem *sogenannten* und dem *wahren* Klassizismus und zwischen der *sogenannten*
und der *wahren* Romantik und bekämpfte die versteinerten und falschen Klassiker des 18. Jahrhunderts mit derselben Heftigkeit wie
die radikal-romantischen Brauseköpfe seiner Zeit .

Als Dichter pflegte V'ÁZEMSKIJ mit Vorliebe die *leichte* Poesie,
die gegen Ende des 18. Jahrhunderts von den französischen Dichtern
zur Blüte gebracht worden war, und schrieb eine Menge anmutiger
und witziger Madrigale, Epigramme, Satiren und Gelegenheitsgedichte, die das Gemüt einer Frau bezaubern oder einen Gegner
blutig verletzen konnten. Seine Sprache war aber immer kühl und
intellektuell. Nichts an ihr war irgendwie aufsehenerregend. Nur in
seinem großen Gedicht *Entrüstung* (*Negodovánije*, 1820) machte er
sich von der schematischen Verslehre des Klassizismus frei und schlug
Töne an, die romantisch und revolutionär klingen mochten. Nichtsdestoweniger verriet es unverkennbar seine Verwandtschaft mit der
LOMONÓSOVschen Ode großen Stils. Es war eine schwärmerische begeisterte Ode an die Freiheit und richtete sich gegen das herrschende
zarisch-bürokratische System. Es erregte Aufsehen sowohl bei den
Lesern, die in ihm ihren eigenen Protest ausgedrückt fanden, als auch
bei der Regierung, die in dem dichtenden Fürsten einen gefährlichen
Rebellen witterte. In Wirklichkeit aber war V'ÁZEMSKIJ durchaus kein
Umstürzler, sondern nur ein frondierender Aristokrat, der über die
Vorherrschaft des Dienstadels in der Staatsverwaltung und über die
langsam abnehmende Bedeutung des Geburtsadels empört war. Von
derselben Art war sein Unwille in dem sarkastischen Gedicht *Der
Gott der Russen* (*Rússkij bog*, 1828). In scherzhaften, kurzen und zugespitzten Versen spöttelte der Dichter über den besonderen russi-

schen Gott: den Gott der schlechten Wege und der von Schaben
wimmelnden Poststationen, den Gott der Hungernden und Frierenden, der Bürokraten und Brigadiere und Glücksritter und – vor allem –
der vielen eingewanderten Deutschen. Der Gedanke, der hinter dieser
Ironie lag, war im Grunde reaktionär, weil er die Rückkehr zu jenen
Zeiten als wünschenswert voraussetzte, da adlige Geschlechter wie
das V'ÁZEMSKIJS, Träger einer uralten Tradition, an der Machtausübung teilhatten. Wie wenig tief die soziale Entrüstung des Dichters war, geht daraus hervor, daß er gleich nach der Thronbesteigung
des neuen Zaren, Nikolajs I., in einer an ihn gerichteten *Beichte* alle
liberalen Ideen abschwor. Er ging selber in die bürokratische Verwaltung über und machte eine glänzende Karriere.

Wie V'ÁZEMKSIJ hatte auch KONSTANTÍN NIKOLÁJEVIČ BÁT'UŠKOV
(1787–1855) eine literarische Erziehung erhalten, die durch und durch
französisch und klassisch war. Wie V'ÁZEMSKIJ wollte er in seiner
Dichtung und Weltanschauung ausgesprochen romantische Züge mit
solchen, die dem Klassizismus entstammten, vereinigen. In seinen
jungen Jahren wurde er von der *leichten* französischen Poesie beeinflußt, die – wie klassizistisch sie auch war – ihm die alte schematische Auffassung des Klassizismus überwinden half. Er war sich
dessen so klar bewußt, daß er als reifer Dichter (1816) bei seiner Aufnahme in eine literarische Gesellschaft eine formvollendete Verteidigungsrede *Über den Einfluß der leichten Poesie auf die Sprache* (*O
vlijánii l'ógkoj poézii na jazýk*) hielt, in der er zu zeigen versuchte, in
welchem Grade diese Poesie, besonders die erotische, dazu beigetragen habe, die Sprache leichter und anmutiger zu gestalten. Diese
klassizistische Tendenz seiner Dichtung war aber demselben Gesetz
unterworfen, für das V'ÁZEMSKIJ so stark eintrat, dem Gesetz des
guten Geschmacks, der literarischen Bildung. BÁT'UŠKOV hatte das
Glück gehabt, in jungen Jahren in den Kreis des gelehrten Biblio-
thekars A. N. OLÉNIN aufgenommen zu werden, wo man die Antike
nach den Quellen studierte und der Auffassung WINCKELMANNS von
der klassischen Kunst und Literatur huldigte. BÁT'UŠKOV hatte schon
in der Schule Gelegenheit gehabt, sich in die klassische Literatur zu
vertiefen. Er beschäftigte sich gründlich mit HORAZ, TIBULL, CA-
TULL und PROPERZ und übersetzte viele ihrer Elegien in klingende
russische Verse.

Seine Teilnahme an den Napoleonischen Kriegen (1807–14) brachte ihn in unmittelbare Berührung mit modernen westeuropäischen Literaturströmungen und entfremdete ihn einigermaßen dem OLÉNIN-schen Kreis, doch schloß er sich ihm später wieder an. 1814 wurde er Mitglied der *Arzamás*-Gesellschaft, die sich als eine Vereinigung von Romantikern betrachtete, bewahrte aber eine sehr selbständige Haltung, die sich in einer recht scharfen Kritik an anderen Mitgliedern der Gesellschaft bekundete. Unter allen Umständen war er jedoch ein entschiedener Gegner der reaktionären Bewegung Šiškóvs. Schon 1809 hatte er sich in seinem satirischen Gedicht *Vision am Ufer der Lethe* (*Vidénije na beregú Léty*) überaus hohnvoll gegen veraltete Geschmacksrichtungen gewandt. Auch für ihn war die Frage einer neuen Literatur weniger eine Frage von Romantik gegen Klassizismus als eine Frage des guten Geschmacks, den er in der obenerwähnten Rede gepriesen hatte.

Er begann als Elegiker. Aber eben weil seine Elegien nicht unbedingt im Zeichen der englischen Kirchhofstimmung standen, wurden sie als etwas Neues bewundert. Wenn BÁT'UŠKOV auch gern *Gedanken, Träume, Stimmungen* und allerlei vage Seelenzustände als Stoffe seiner Lyrik verwendete, so war es doch überwiegend seine von den römischen Dichtern übernommene leichte und graziöse hedonistische Haltung, die ihnen ihr Gepräge gab. Immer wieder schlug er den idyllischen Ton des HORAZischen *Beatus ille* an und pries die Reize Chloes oder Lilas, der schlanken Freundin, die ihm das ländliche Dasein mit Wollust und Liebesspiel versüßte. Seine Dichtung bezauberte durch eine bisher unbekannte Geschmeidigkeit des Versbaues. Es unterliegt keinem Zweifel, daß sein Sinn für die Möglichkeiten der Form von KARAMZÍN und ŽUKÓVSKIJ geweckt worden war, und eben ŽUKÓVSKIJ und V'ÁZEMSKIJ widmete er sein Gedicht *Meine Penaten* (*Moi penáty*, 1811), wo er seine lieben Klassiker LOMONÓSOV, DERŽÁVIN, BOGDANÓVIČ, aber auch die ihm noch lieberen Vorromantiker und Romantiker KARAMZÍN, DMÍTRIJEV, V'ÁZEMSKIJ und ŽUKÓVSKIJ musterte. Zugleich nahm er die Gelegenheit wahr, seiner schlafenden Freundin einen Kranz von ländlichen, schäferlichen und idyllischen Versen zu flechten, und es ist nicht ohne weiteres klar, ob das Gedicht als romantisch oder als neuklassisch zu betrachten ist. THEOKRIT und ŽUKÓVSKIJ reichten sich in diesen Versen die Hand.

Das poetische Register BÁT'UŠKOVS wurde mit der Zeit immer mannigfaltiger. Er übte sich beharrlich in den Formen der antiken anthologischen Dichtung weiter. Ebenso fleißig übersetzte er aber PARNY und ahmte ihn in seinem anakreontischen Gedicht *Die Bacchantin* (*Vakchánka*, 1816) mit großer Meisterschaft nach. Neben dieser klaren neuklassischen Linie seiner Dichtung sehen wir aber auch eine düster-melancholische durchbrechen. Als er von einem Aufenthalt in England heimkehren mußte, schrieb er ein Abschiedsgedicht, *Der Schatten eines Freundes* (*Ten' druga*, 1814), das ein Opfer auf dem Altar des *Ossianismus* war und mit folgenden Worten anfing:

> *Schon segelte ich fort von Albions Nebelküste,*
> *die zu versinken schien in bleiern schwerer Flut ...*

Auf der Rückreise besuchte er Schweden, und auch dieses Land erlebte er in romantischen Bildern. Sein großes Gedicht *Auf einer Burgruine in Schweden* (*Na razválinach zámka v Švécii*, 1814) zeugt sehr beredt von der poetischen Entzückung, die er bei der Betrachtung der schwedischen Küstenlandschaft empfand. Vorromantisch-romantische Tönungen machen sich in der Naturbeschreibung stark geltend:

> *Das Licht des Tages nun schon tief im Westen glüht,*
> *um bald gemach ins Meer zu gleiten.*
> *Durch Nebeldunst der Mond versonnen niedersieht*
> *auf lautlos stille Welln und Leiten.*
> *In tiefem Schlafe liegt die Küste weit und breit.*
> *Nur manchmal ruft den Freund ein Fischer auf den Wogen,*
> *das Echo wiederholt den Zuruf langgezogen*
> *in nächtiger Schweigsamkeit ...*

Die flüchtige Bekanntschaft mit dem Norden bewirkte sogar, daß BÁT'UŠKOV den Versuch machte, altnordische Stoffe in seine Dichtung aufzunehmen. Er hatte von dem abenteuerlichen Leben Harald Hardrades als Viking oder Varäger im russischen Gardareich gelesen, und wahrscheinlich hatte er auch etwas von dem Gedicht des norwegischen Königs erfahren, worin er die russische Königstochter Ellisiv besang, die stolze Jungfrau, die seine Liebe verschmähte, als er sich ihr als Bewerber nahte. Diesen Stoff gestaltete BÁT'UŠKOV in seinem balladenhaften Gedicht *Das Lied König Haralds des Kühnen* (*Pésn'a Garal'da Smélogo*), dessen Strophen immer mit der kehrreimartigen Klage endeten: *Doch hat die Russenmaid für Harald nur Verachtung:*

O Freunde, wie ferne vom heimischen Strand,
wie weit über stürmische Meere wir flogen,
wir schlugen uns grimmig auf Erde und Wogen,
und untertan ist uns die See und das Land.

O wie sich die Herzen der Mutigen wärmten,
als wir von den Schiffen, die mauerdicht fuhrn,
wie Vögel in fröhlichem Fluge durchschwärmten
des fetten Sikaniens fruchtbare Flurn.

Doch hat die Russenmaid für Harald nur Verachtung!

Immer mehr vertiefte sich BÁT'UŠKOV indessen in das Studium der italienischen Poesie, besonders die der Renaissance. Seine intime Kenntnis der italienischen Sprache schärfte seinen Sinn für den vokalischen Wohllaut und erfüllte ihn mit Abscheu vor den *tatarischen* Konsonantengruppen der russischen Sprache. Er beschäftigte sich sehr eingehend mit dem Sprachproblem, und wenn er sich in die Poesie ARIOSTOS vertiefte und die *reine Luft von Florenz* einatmete, wenn er *die musikalischen Klänge der Sprache Ausoniens* genoß und mit den Schatten DANTES, TASSOS und des *süßen* PETRARCA sprach, dann konnte er angesichts der Unmöglichkeit, die Reinheit ihrer Worte ins Russische zu übertragen, oft in Verzweiflung geraten. Und dennoch gelang es ihm, mit seiner Nachahmung von ARIOSTOS Gedicht *La virginella è simile alla rosa* (1817), worin er mit erstaunlicher Eleganz kirchenslavische Wörter verwendete, ohne irgendwie geschmacklos zu wirken, ein wahres kleines Kunstwerk zu schaffen; und sein großes Gedicht *Der sterbende Tasso* (*Umirájuščij Tass,* 1817) war in der Vereinigung des Erhabenen mit dem Sanften, in dem Kontrast zwischen dem sterbenden alten Dichter und dem ewigen Kapitol, ganz italienisch. Auch bei BYRON suchte BÁT'UŠKOV in die Lehre zu gehen, aber außer einer einzigen Nachahmung seines neuen Stils hinterließ das Studium des englischen Romantikers in seiner immer klassischer werdenden Dichtung keine bleibende Spur.

Halb Neuklassizist, halb Vorromantiker war auch der Freund BÁT'UŠKOVS, der Dichter NIKOLÁJ IVÁNOVIČ GNÉDIČ (1784–1833),

der gleichfalls im Kreise OLÉNINs für seine Dichtung entscheidende
Antriebe empfing. Obwohl das Schaffen GNÉDIČs sehr vielseitig war
und von seinem unablässigen Suchen nach einem persönlichen Stil
zeugt, gelang ihm nur ein einziges Werk von bleibendem Wert. Er
versuchte sich als Dramatiker und beschäftigte sich nachahmend
mit dem spätklassizistischen Tragödientyp JEAN-FRANÇOIS DUCIS'
(*Abufar ou La femme arabe*), mit der Tragödienform SCHILLERS (*Die
Verschwörung des Fiesco zu Genua*), mit VOLTAIRES Dramen (*Tan-
crède*), mit SHAKESPEARE (*King Lear*). Er versuchte, *spanische* Romane im Stil der florierenden Schauerromane zu schreiben (*Don
Corrado de Guerreira oder Der Rachedurst und die Barbarei der
Spanier*). Er arbeitete den mittelmäßigen *Inka*-Roman MARMONTELS
um und machte daraus ein Gedicht mit dem Titel *Die Worte des
Peruaners an den Spanier* (1805). Niemandem konnte entgehen, daß
er in seiner nicht sonderlich tiefen lyrischen Dichtung altklassizisti-
sche, idyllisch-romantische und sentimentale Motive ziemlich un-
organisch miteinander mischte. Auf keinem Gebiete leistete er etwas
wirklich Wertvolles, es sei denn in der ersten russischen nationalen
Idylle *Die Fischer* (*Rybaki*, 1821). Das Gedicht war die Frucht seiner
eingehenden Beschäftigung mit der griechischen Poesie, eine Nachahmung der Idyllen THEOKRITS. Im Kreise OLÉNINs jubelte man über
dieses Werk und betrachtete es als den ersten Ausdruck eines originalen russisch-nationalen Klassizismus. GNÉDIČ scheute sich nicht,
in diesem Gedicht empfindsame Töne anzuschlagen; die Empfindsamkeit wurde aber dadurch gemildert und gedämpft, daß sie mit dem
Charakter der Idylle als Gattung in Einklang war. Er scheute sich
auch nicht, zur Freude der Anhänger SIŠKÓVs kirchenslavische Formen zu verwenden, doch ordneten sich diese in ungezwungener Weise
der rein russischen Wort- und Satzfügung ein. In diesem Gedicht
schuf er das erste poetische Bild der später so oft besungenen zaubervollen *weißen Nächte* St. Petersburgs, der Mittsommerzeit, wo *der
Abend ohne Dämmerung ist, ohne Schatten die flüchtigen Nächte* . . .
   Das Meisterwerk GNÉDIČs, das sowohl für die Entwicklung der
russischen Literatursprache wie für die Literatur selbst große Bedeutung hatte, war seine Übersetzung der *Ilias* HOMERS. Als er 1807
diese Arbeit begann, hatte er die unabgeschlossene Übersetzung
JEFÍM IVÁNOVIČ KOSTRÓVs vor sich liegen. Er setzte das Werk nach

den Übersetzungsgrundsätzen KOSTRÓVS fort. Der griechische Hexameter wurde sorgfältig in sechsfüßige jambische Alexandriner mit paarweisen Reimen übertragen – in der Blütezeit des Klassizismus hielt man den Hexameter für völlig unvereinbar mit der russischen Sprache, und der Alexandriner war nach französischen Vorbildern das alleinherrschende heroische Versmaß geworden. Als aber GNÉDIČ bis zum elften Gesang der *Ilias* gelangt war und seinem Freund Uvárov, einem glühenden Bewunderer der antiken Literatur, das Ergebnis vorlegte, sah er während seiner Gespräche mit ihm plötzlich ein, daß ihn vollkommen unbegründete Vorurteile auf einen Irrweg geführt hatten. Er sah ein, daß ein in Alexandriner übertragener HOMER einfach eine literarische Fälschung sei, und entschloß sich zu dem Versuch, einen russischen Hexameter zu schaffen, dessen majestätische Ruhe an die des Originals erinnerte. Er vernichtete die beinah fertige Arbeit und fing von vorne an, und erst 1829, vier Jahre vor seinem Tod, konnte er das ganz umgearbeitete vollendete Werk veröffentlichen. Es wurde mit grenzenloser Begeisterung aufgenommen und wurde von unermeßlicher Bedeutung, nicht zuletzt weil es endlich die Alleinherrschaft der klassischen französischen Poetik in Rußland überwand und die russische Dichtung zu den antiken Urquellen zurückführte. Es war GNÉDIČ gelungen, einen heroischen Sprachton zu schaffen, der von aller übertriebenen Rhetorik frei war und einen einfachen Stil mit einer gewissen edlen Würde verband. Die moderne Auffassung der Sprache als eines natürlichen Instruments des Gedankens verlieh der ganzen Übersetzung ihren besonderen Charakter. Und wenn auch dieses Werk und seine Sprache mit der Zeit überholt werden sollten, so sahen die Zeitgenossen des Übersetzers ihren alten Traum von sprachlicher Ursprünglichkeit, von einem wirklich nationalen epischen Stil in seinen klangvollen, vokalreichen Rhythmen verwirklicht.

Was BÁT'UŠKOV für die Lyrik und GNÉDIČ für die epische Dichtung bedeutete, das bedeutete VLADISLÁV ALEKSÁNDROVIČ ÓZEROV (1769–1816) für das Drama: er schuf die neuklassische und zugleich romantische Tragödie. Seine Geisteskrankheit, die 1812 ausbrach, und sein früher Tod verhinderten ihn, sein glücklich begonnenes Werk weiterzuführen. Nur vier Tragödien von seiner Hand liegen fertig vor. Man nannte sie *sentimentale Tragödien* und erblickte in der Empfindsamkeit ihren charakteristischen Zug. Es wäre sachlicher und gerechter gewesen, den neuen Tragödientyp, den er zu schaffen strebte, den *psychologischen* zu nennen. Er bekannte sich nicht zur Tradition der großen französischen Tragödie. Sein Lehrmeister war vor allem JEAN-FRANÇOIS DUCIS (1733–1816), der im letzten Jahrzehnt des 18. Jahrhunderts die Gemüter erregte, der typische eklektische Epigone, der augenscheinlich eine Synthese der französischen, der antiken und der englischen Tragödie erstrebte. Bei ihm fand ÓZEROV den griechischen Schicksalsgedanken und den französischen Pflichtgedanken als tragische Mächte durch schlicht menschliche Beweggründe, vor allem die Liebe, ersetzt. Seine erste Tragödie, *Oidipus in Athen* (*Edíp v Afínach*, 1804), lehnte sich nicht an den *Oidipus in Kolonos* von SOPHOKLES an, sondern an den *Œdipe chez Admète* von DUCIS. Es war jedoch bezeichnend für ÓZEROV, daß er in mancher Beziehung doch auch das Werk des griechischen Dichters als Vorlage heranzog. In der Form, in der das Stück dargestellt wurde, vor allem von dem Schauspieler Šušérin in der Rolle des Oidipus und von der gefeierten Schauspielerin Sem'ónova als Antigone, wurde das Rührende und Traurige hervorgehoben und zur weinerlichsten Empfindsamkeit umgeformt. Das Drama hatte einen überwältigenden Erfolg. In seiner Tragödie *Fingal*, die OLÉNIN gewidmet war, nahm ÓZEROV ohne Bedenken das rein romantische *Ossian*-Motiv auf. In der schönen Moïna, in deren Darstellung die Schauspielerin Sem'ónova abermals Triumphe feierte, schuf er die Gestalt eines poetischen Naturkindes, das, fern von jeder Zivilisation aufgewachsen, anmutig und reizvoll wie eine wilde Feldblume war. Diese Tragödie war nicht sonderlich dramatisch, die Leser und Zuschauer ließen sich aber von der geschickten Seelenschilderung und von der Sprache fesseln, die ebenso poetisch-melodisch war, wie das erotische Motiv fein und empfindsam war. ÓZEROV selbst hielt seine 1809 erschienene Tragödie *Polyxene* (*Polikséna*) für sein bestes Werk, weil sie seine Auffassung der tragischen Form am klarsten darstellte. Die Tragödie gründete sich ebensosehr auf die *Trojanerinnen* SENECAS wie auf die *Hekuba* von EURIPIDES. Der Erfolg blieb aber diesmal aus, vielleicht nur deshalb, weil ÓZEROV ein anderes seiner Werke, mit dem er vor zwei Jahren (1807) hervorgetreten war, nicht zu übertreffen vermochte.

Innerhalb dieses ereignisreichen Jahres, unmittelbar vor dem russischen Sieg bei Preußisch-Eylau, zu einer Zeit, da der Konflikt zwischen Napoleon und Kaiser Alexander I. seinen Höhepunkt erreicht zu haben schien und alle Patrioten erwarteten, daß der Zar den frechen französischen Usurpator endlich für immer niederschlagen werde, ließ ÓZEROV zum erstenmal seine berühmte Tragödie *Dmítrij Donskój* aufführen. Das Motiv war diesmal der russischen Geschichte entnommen, nicht literarischen, klassischen oder englischen, Quellen. Der Herausgeber der gesammelten Schriften ÓZEROVS (1816) beklagte sich darüber, daß der moskovitische Großfürst Dmítrij, der Sieger über die Tataren in der Schlacht am Don, eher einem südländischen mittelalterlichen Ritter als einem russischen Herrscher gleiche. Auch der Gegenstand schien den Anhängern der alten Tragödie etwas zu romantisch, vornehmlich das frei erfundene Liebesverhältnis zwischen dem Helden und einer jungen Fürstin – eine Liebe, die unter Entfaltung von viel Empfindsamkeit nicht so sehr auf dem Altar der Pflicht und der Staatsinteressen geopfert wurde, als vielmehr deshalb, weil die Zukunft und der erhoffte Erfolg des Geliebten von der Fürstin ein solches Opfer zu verlangen schienen, also in Wirklichkeit auf dem Altar der Liebe. Was aber das Publikum zu siedender Begeisterung hinriß, waren die großen patriotischen Versfolgen im Werk des Dichters, die im Lichte der politischen und militärischen Ereignisse der Zeit Napoleons als überaus aktuell empfunden wurden. Mit dieser Tragödie hatte ÓZEROV einen großen Schritt auf die originale, moderne russische Tragödie zu getan, und das wurde von allen als großer literarischer Triumph empfunden.

Im Vergleich zu der Tragödie KN'AŽNÍNS, der das Schwergewicht auf große und starke Leidenschaften und große und wirkungsvolle Situationen legte, war die Tragödie ÓZEROVS von der Intensivierung des Gefühls und der Situation auf Kosten ihrer pathetischen Bewegtheit geprägt. Er strebte eine Dramatisierung der Melancholie an. Wenn er sich selbst mit RACINE verglich, so war das eine Fehlbeurteilung seiner eigenen Kunst. Keines seiner dramatischen Elemente wies irgendwelche Strenge auf. Um die geringe dramatische Kraft des intensiven Psychologismus wettzumachen, nahm ÓZEROV gern zu szenischen, koloritschaffenden Mitteln, einschließlich Balletteinlagen, seine Zuflucht, Dingen, die dem Auge gefielen und Handlung vortäuschten. Er erstrebte die szenische Veranschaulichung antiker, ossianischer, russischer Stimmungen auf der Bühne und suchte ohne Rücksicht auf die historische oder nationale Wirklichkeit entsprechende ideale Welten darzustellen. So kreuzten sich in seinen Tragödien sentimentale, pseudoklassische, neuklassische und romantische Elemente.

11. KRYLÓV ALS NEUKLASSISCHER
FABELDICHTER

Weder die Lyrik Bát'uškovs und die Epik Gnédičs noch die Dramatik Ózerovs erlangten in der neuklassisch-vorromantischen Periode, von der hier die Rede ist, bleibende literarische Bedeutung. Sie sollten von den Werken zweier anderer Dichter, die trotz ihrer klassizistischen Faktur im kommenden realistischen Zeitalter weiterlebten, in den Schatten gestellt werden: von den Werken Krylóvs und Gribojédovs.

Iván Andréjevic Krylóv (1768–1844) war der Schöpfer der russischen Fabel. Er konnte ebensowenig Griechisch wie Ózerov, aber gleich ihm, jedoch künstlerisch mit viel größerem Erfolg, gelang es ihm, eine alte Gattung mit neuem Geist zu erfüllen. Schon die Pseudoklassiker des 18. Jahrhunderts hatten sie nach französischen Vorbildern zu pflegen gesucht: Dichter wie Kantemír, Sumarókov und Chémnitzer hatten jeder seine Fabelsammlung geschaffen. Auch der nahe Freund und treue Anhänger Karamzíns, der bereits erwähnte Iván Ivánovič Dmítrijev, hatte den Ruhm eines *russischen Lafontaine* zu erringen getrachtet. Alle diese Fabeldichter hatten den Zug gemeinsam, daß sie die Fabel als eine allgemeindidaktische, ausschließlich lehrhafte Gattung auffaßten. Sogar Dmítrijev, der doch der damals neuen sentimentalen Schule angehörte und der selbst die Grundzüge der Empfindsamkeit in die lyrische Dichtung einzuführen versuchte, hielt die Fabel für eine Lehrdichtung. Eben hier sollte Krylóv einen weiteren Schritt vorwärts tun und die *unsterbliche* Fabel schaffen, die mehr als ein Lehrgedicht war.

Dmítrijev war es übrigens, der Krylóv ganz zufällig dazu anregte, sich auch als Fabeldichter zu versuchen, ohne zu ahnen, daß dieser seinen Ruhm bald so völlig verdunkeln würde, daß selbst die Erinnerung an seine eigenen Fabeln erlosch. Seine Anerkennung als Fabeldichter erlebte KRYLÓV aber erst verhältnismäßig spät, nachdem er viele andere Versuche gemacht hatte, sich in der Literatur durchzusetzen.

KRYLÓV war durch seine geringe Herkunft stark benachteiligt. Als Sohn eines Soldaten, der sich vom Gemeinen emporgedient hatte und erst nach Erlangung des Offizierspatentes in den Adelsstand aufgenommen worden war, hatte er sich in seiner frühen Jugend und im Anfang seines Mannesalters in so niedrigen Gesellschaftsklassen bewegt, daß seine Haltung gegenüber der adlig-literarischen Welt, in die er langsam hineinwuchs, für immer etwas von der des *homo novus* behielt. Daß ihn eine aus dem Innersten kommende soziale Empörung zum literarischen Schaffen trieb, unterliegt keinem Zweifel: man spürt sie deutlich hinter seinen ersten Schriften und literarischen Leistungen, scharf satirischen Komödien, scharf aggressiven Aufsätzen (in den von ihm selbst herausgegebenen Zeitschriften *Die Geisterpost, Spectator, Merkur*), ja selbst hinter seinen wenig gelungenen Tragödien. Seine polemischen Ausfälle gegen den *Karamzinismus*, d. h. gegen die neumodische Vereinigung von Empfindsamkeit und Salonsprache, lassen sich daraus erklären, daß er diese Adelssprache eben nicht meisterte, sondern unklar für die Anerkennung der volkstümlichen Sprache kämpfte, die er dank einem wechselreichen Leben (unter anderem als Kartenspieler in der Provinz) vollkommen beherrschte. Von Anfang an steckte in diesem Manne des *tiers état*, diesem *raznočinec*, der von seiner Feder lebte, etwas von einem Revolutionär. Erst als er sich 1806 wiederum und nun für immer in St. Petersburg niederließ und Bibliothekar wurde, kam er dank dem Einfluß des OLÉNIN-Kreises zur Ruhe und fing an, eifrig an seinen Fabeln zu arbeiten. In den Jahren von 1805 bis 1810 übersetzte er viele Fabeln LAFONTAINES, und zwar die besten und bekanntesten: *Le chêne et le roseau – La fille – Le vieillard et les trois jeunes hommes – La grenouille – Le corbeau et le renard – La génisse, la chèvre et le brebis avec le lion – Le loup et l'agneau – Le renard et les raisins – Le coq et la perle – Les grenouilles* usw. Und neben diesen Übersetzungen schuf er auch eine Menge äußerst gelungener selbständiger Fabeln mit eigenen Stoffen. Die Motive, die er ver-

wendete, waren hin und wieder bekannten literarischen Quellen entnommen, meistens aber entstammten sie seiner eigenen Beobach-
tungs- und Erfahrungswelt. Im Laufe von mehr als 46 Jahren schrieb
er insgesamt 205 Fabeln.

Das Neue bei KRYLÓV war nicht die Moral. Natürlich bewahrte er
aus Rücksicht auf die traditionelle Form der Fabel in seinen kleinen
Gedichten die moralische Begründung, die Belehrung. Die Moral
wurde aber bei ihm zur reinen Formel, und darin bestand das Neue
seiner Fabeln. Die Anekdote oder die Geschichte selbst, der erzählerische Kern der Fabel, trat, oft in stark dramatisierter oder dialogi-
sierter Form, auf Kosten der Moral in den Vordergrund. Die sittliche Gebrauchsanweisung, mit der seine Fabeln oft begannen oder
endeten, waren keineswegs immer mit der persönlichen Lebensanschauung des Dichters identisch, und wenn überhaupt bei KRYLÓV
von Didaktik die Rede sein kann, dann war sie jedenfalls rein äußerlich und nichts weniger als persönlich. Viel klarer als viele andere
hatte er mit künstlerischer Intuition erkannt: sollte die Fabel ihre
literarische Daseinsberechtigung wiedergewinnen, so mußte ihr *morale*
von jeder Tagesaktualität freigehalten werden, wie aktuell die Satire
der Erzählung an sich auch sein mochte. Jedes aufdringliche, überraschende, polemische oder diskutable Moment mußte von der
Schlußfolgerung selbst ausgeschlossen werden. Im Einklang mit
dem Klassizismus, der an die Allgemeingültigkeit der Werte glaubte, nahm KRYLÓV eine formale und abstrakte, abstandwahrende
Haltung ein und kleidete die höchste *ratio* in ein so einfaches Gewand,
daß sie der sogenannten *gesunden Vernunft* zu entspringen schien.
Seine Moral entsprach so der des Mannes aus dem Volke, d. h. der
billigen, durchschnittlichen, konservativen Spießbürgerphilosophie
des gewöhnlichen Lesers. Diese Degradation der Moral zum einfachen Vorwand oder Deckmantel ganz anderer Zwecke ermöglichte
eine bedeutende Poetisierung des erzählerischen Elementes der Fabel. Gleichzeitig füllte sich die Moral, wie banal sie auch war, unmerklich mit einer Ironie, die einen Schimmer des Zweifels auf ihre
vorgebliche Gültigkeit zurückwarf.

Die Fabeln KRYLÓVs wurden zu kleinen dramatischen Geschichten, die in sich selber ruhten: ihr Stoff war im Hinblick auf die abschließende Pointe so wirkungsvoll wie möglich gestaltet. Das konnte

ihnen ein geradezu epigrammatisches Gepräge verleihen. Man wartete gespannt, wie es zu guter Letzt etwa dem Elefanten oder dem Fuchs erging. Man fühlte sich immer von der Handlung angesprochen, weil die Dummheit nie den Sieg davontrug, sondern ihre wohlverdiente Strafe erhielt. Mit feinstem Sinn für künstlerische Ökonomie ließ KRYLÓV alle konventionellen Einzelteile der Fabel – Exposition, Peripetie, pointiertes Finale und schließlich *morale* – einander vollkommen die Waage halten, ohne jedoch im Aufbau des Gedichtes in geistlosen Schematismus zu verfallen. Im Gegenteil, mit unglaublicher Gewandtheit wußte er das Verhältnis der Teile zueinander zu variieren und jeder Fabel den farbenfrischen Glanz und Reiz der Neuheit zu verleihen. Manchmal gab er jedoch auch der reinsten Lyrik Raum, so in der Fabel *Der Esel und die Nachtigall (Os'ól i solovéj)*, wo er für den berauschenden Gesang der Nachtigall die zartesten und feinsten Töne fand. Solche Stellen wirkten wie kleine Perlen auf dem sonst so rationalistischen Wesensgrund der Fabel.

KRYLÓV gab in seinen Fabeln ein einzigartiges, umfassendes Spiegelbild der russischen Gesellschaft in all ihrer Trostlosigkeit. Seine Satire erfaßte alle Klassen und alle Gebrechen, soziale wie individuelle. Man kann unter seinen Fabeln solche finden, die Bürokratie, Leibeigenschaft und finstere Reaktion geißelten. In anderen richtete er seine schärfsten Pfeile gegen die Mitglieder der verknöcherten feierlichen Akademien und Sozietäten. Er wendete sich gegen die Korruption des Gerichtswesens und die Willkür des Polizeiwesens. Er entlarvte den falschen Patriotismus der prahlerischen Egoisten und hielt ihnen ihre ideale Bürgerpflicht vor. Das Leben auf Straßen und Gassen, in der Hauptstadt und in der Provinz, am Hofe und unter dem Volke, in adligen, kleinbürgerlichen und ländlichen Kreisen trat in der tierischen Verkleidung deutlich hervor. Aber obwohl die Angriffe KRYLÓVs immer unmißverständlich waren, so wurden sie so geschickt vorgetragen und waren scheinbar so frei von jeder Agitation oder Tendenz, daß selbst die wachsame Zensur keinen Anlaß fand, ihm die geringste politische Boshaftigkeit vorzuwerfen. Seine Bilder waren so vieldeutig, daß man ebensoviel in sie hinein- wie aus ihnen herauslesen konnte. Seine Löwen und Adler waren nach der uralten Tradition dieser Literaturgattung königliche Tiere. Ob aber dieser Löwe eben diesen König oder Zaren oder jener Adler ausgerechnet jenen Kaiser oder Fürsten vorstellen sollte, das blieb im Grunde Privatsache des Lesers. Die Wölfe und die Füchse und die Elefanten waren Magnaten und Beamte dieses erdichteten Tierreiches, niemand konnte aber schwarz auf weiß beweisen, daß bestimmte russische Magnaten oder bestimmte russische Beamten ihre Gestalt angenommen hätten. Der Dichter wäre jederzeit imstande gewesen, den auffallenden Umstand wegzuerklären, daß seine Schafe unverkennbar an russische Bauern in Schafspelzen und die Wölfe, die sie fraßen, zweifellos an den Adel erinnerten, der die Bauern so übertölpelte, daß sie sich ruhig schinden ließen. Für solche respektlose Gedankenverbindungen mußte der Leser selbst die Verantwortung übernehmen – der Dichter war ganz unschuldig. In der bunten Galerie symbolischer Fabeltiere (auch weniger prominenter Tiere wie Frösche, Ameisen, Heuschrecken, Fliegen, Bienen, Mücken, Mäuse, Hunde, Katzen, Affen, Schweine, Hasen, Schlangen, Maulwürfe und allerlei Vögel) war die Wirklichkeit gut getarnt, und doch war die Fabeltierwelt jedes Schleiers beraubt. Krylóvs Ironie war souverän. Sein Witz war entwaffnend. Was er bekämpfte, wurde auf Dummheit reduziert, Dummheit aller Abstufungen und aller Spielarten, und niemand konnte es wagen, Dummheit in Schutz zu nehmen, weil er sich dadurch selber entlarvt hätte.

Der besondere Zauber der Kunst Krylóvs lag aber in seiner Sprache. Seine Behandlung der Sprache war meisterhaft. Er löste ein Problem, das keiner seiner Vorgänger mit annähernd der gleichen Eleganz behandelt hatte. Es galt, einen Sprachstil zu schaffen, der dem Gegenstand oder den Gegenständen völlig angemessen war. Die Lomonósovsche Theorie von den drei Stilarten, die verborgen hinter allen Bestrebungen des Jahrhunderts lag, wies der Fabel den Stil des Alltags zu, da sie sie als eine der *niederen* Gattungen betrachtete. Wenn es Krylóv gelang, sich von der Zwangsjacke der Theorie zu befreien, dann lag das daran, daß er sich bei der Wahl des Sprachstils immer von der Art des Themas bestimmen ließ. Er löste den Stil von der Gattung und verwendete alle drei Stilarten in ein und derselben Gattung, ja selbst in ein und demselben Gedicht. Er verwirklichte so in seiner Dichtung, was Katénin erst 1830 in bezug auf die Anpassung des Stils an die Gattung und das Thema sagen sollte. Sein Ausdrucksvermögen reichte vom feierlichen kirchenslavischen Pathos

bis zum bäurischsten Dialekt, zum russischen *Slang*, zum *Patois*.
Bald war der Ausdruck vornehm und gemessen, bald breit und volks-
tümlich. Aber seine Variationen waren jedesmal so wohlbegründet,
daß man keinen Bruch oder Sprung empfand. Er hatte vor allem den
fließenden Charakter des Gesprächs, das leicht und elegant über alle
Steine des Anstoßes hinweggleitet. Zugleich aber waren die Sätze
KRYLÓVs so fest in die Form der Fabel gemeißelt wie Inschriften in
Stein, lapidarisch, prägnant, leicht zu behalten. In ihrer kernspruch-
artigen Fügung ahmten sie die kurze, knappe Form des russischen
Sprichworts nach und waren schon deshalb geeignet, tief ins Volk
einzudringen und oft zu geflügelten Worten zu werden. Es war aber
nicht nur die rein grammatische Konstruktion der Sätze oder ihr
Bau, der den Eindruck eines lakonisch-lapidaren Stils hervorrief.
Auch die freien Verse in den Fabeln KRYLÓVs trugen in ihrer Vollkommenheit dazu bei. Mit wahrer Meisterschaft beherrschte KRY-
LÓV die fließende Linienführung der bald kurzen, bald langen Verse.
Er berechnete geschickt die Wirkung, welche die Kurzverse hervorrufen mußten, wenn sie nach der loseren Schilderung der Lang-
verse wie leichte, bestimmte Hammerschläge fielen. Er konzentrierte
gern die Pointe – oder eine pointierte Behauptung – in diesen Kurz-
versen, die dann wie kleine Ausbrüche von Geist und Witz wirkten.

Sprachlich betrachtet, bedeutete die Fabel KRYLÓVs einen neuen
Sieg im Kampfe für die leichte und natürliche Sprache, und deshalb
war sein Verdienst als Sprachschöpfer durchaus nicht geringer als
sein Verdienst als Erneuerer einer alten Gattung. Mit seiner überlegenen Verstechnik erschloß KRYLÓV einen neuen metrisch-rhyth-
mischen Weg, der unmittelbar zu GRIBOJÉDOVs unsterblicher Komödie *Verstand schafft Leiden* (*Gore ot umá*) führte.

12. GRIBOJÉDOV ALS NEUKLASSISCHER DRAMATIKER

ALEKSÁNDR SERGÉJEVIČ GRIBOJÉDOV (1795–1829) war sich des
Zusammenhanges zwischen seiner Komödie *Verstand schafft Leiden*
und der heiteren und ironischen Kunst KRYLÓVs sehr klar bewußt.
Eine der Nebenfiguren seiner Komödie, einen Vertreter der reaktio-

nären russischen Gesellschaft, ließ er über die respektlosen Fabeln
Krylóvs in Entrüstung ausbrechen:

> *...Als Zensor nähm ich, wie es not,*
> *mir gleich die Fabel vor. Ach, Fabeln sind mein Tod!*
> *Die ewigen Spöttelein auf Löwen und auf Adler...*
> *Will mans auch nicht gewahrn –*
> *obwohl es Tiere sind, so sind es dennoch Zarn!*

Die leichte, pointierte Sprache Krylóvs lebte tatsächlich in der
Komödie Gribojédovs weiter, in ihrer Eleganz, in ihrem sprühenden Witz, in ihrer genialen Kunst des Dialogs und namentlich in
ihrer Kunst der geistreichen, epigrammatischen Menschendarstellung. In der strengen Zeit der Gendarmerie unter Kaiser Nikolaj I.
wirkte die Komödie wie ein sozial-politisches Pamphlet, demselben
satirischen Geist entsprungen, der die Quelle der Fabeln Krylóvs
war, aber ohne Krylóvs listige moralische Verkleidung. Es dauerte
denn auch lange, bis die Komödie, die schon 1824, fünf Jahre vor dem
tragischen Tod des Dichters als kaiserlich russischer Botschafter in
Persien, fertig vorlag, von der Zensur ganz freigegeben wurde.
1831, zwei Jahre nach dem Tod des Dichters, wurde sie zum erstenmal
mal öffentlich aufgeführt. Sie erschien 1833 mit umfassenden Zensur-
streichungen. Die vollständige Ausgabe, ohne Streichungen, durfte
erst 1860 unter der liberalen Regierung Alexanders II. erscheinen.
Natürlich war sie schon längst bekannt, da sie sofort nach ihrer Vollendung in zahlreichen Abschriften von Hand zu Hand wanderte. Sie
wurde von den begeisterten Bewunderern der stilsicheren Feder
Gribojédovs eifrig gelesen und erörtert, zugleich aber auch von
seinen Gegnern wegen ihrer scharfen Kritik der russischen gesellschaftlichen Verhältnisse hart verurteilt.

Wir wissen bereits, wie reich der Strom der Komödiendichtung in
jener Zeit floß. Gribojédov gehörte nicht zu denen, die dem *Karamzinismus* als Lebensanschauung huldigten. Er sah mit Verachtung
auf die sogenannte *bürgerliche* Komödie herab, auf die französische
comédie larmoyante und ihre russischen Ableger, vor allem auf ihre
deutsche Spielart, das auch in Rußland wuchernde Familienlustspiel
Kotzebues. Er war überzeugter Anhänger der neuklassischen Richtung und gehörte demselben Kreis an wie Šachovskój, Chmel'níckij

und KATÉNIN, einem Kreis witziger, klarer und überlegener Geister, welche die moderne Empfindsamkeit aus tiefstem Herzen verabscheuten und ihre scharfen Epigramme auf die in ihren Augen schwachsinnige, bestechliche und untaugliche Mitwelt niederregnen ließen. GRIBOJÉDOV hatte, freilich nur widerwillig, die diplomatische Laufbahn gewählt und durfte wegen seiner ungewöhnlichen und vielseitigen Begabung eine glänzende Zukunft als Gesandter in den orientalischen Ländern, deren Sprachen er studiert hatte, erwarten. Seine literarische Laufbahn eröffnete er mit einer Reihe von ziemlich unbedeutenden leichten Lustspielen – Federproben, die jedoch sofort seine Meisterschaft in der Kunst des Verses verrieten. Er ging nicht gerade bei ARISTOPHANES oder den römischen Komikern in die Schule. Selbst ein Neuklassizist konnte sich damit begnügen, bei MOLIÈRE zu lernen, der die Hauptelemente der klassischen, italienischen und spanischen Komödie in seinem Werk vereinigt und zu neuer Blüte gebracht hatte. GRIBOJÉDOV schrieb sein Hauptwerk *Verstand schafft Leiden* unter der direkten und starken Einwirkung von MOLIÈRES *Misanthrope*. Aber sowohl die Wahl des *Misanthrope*, der herbsten und eigentümlichsten Komödie MOLIÈREs, als auch die Art und Weise, wie er diese Vorlage verwendete, zeugte davon, wie neu und eigenartig die Einstellung GRIBOJÉDOVs zur Komödie war, wie wenig Achtung er vor den Versuchen der russischen Pseudoklassiker in der komischen Gattung hatte und wie sehr auch er von den romantischen Ideen der Zeit angesteckt war, von ihrer Lebensanschauung, von ihrem Pessimismus.

Ganz wie Alceste bei MOLIÈRE zeigte sich auch der Held GRIBOJÉDOVs im Laufe der Komödie als ein immer bitterer, immer verzweifelter, immer einsamer werdender Menschenverächter. Auch bei ihm brachte enttäuschte Liebe den Becher der Bitterkeit zum Überfließen. Die Handlung der Liebesgeschichte bestand im wesentlichen darin, daß die Heldin, die kluge und begabte Sofija, dem russischen Alceste, dem Günstling des Dichters und des Lesers, einen anderen, weniger glänzenden, ja sogar ganz unbedeutenden Liebhaber vorzog; die Handlung war ziemlich genau nach dem Vorbild MOLIÈRES durchgeführt, unter ausgiebiger Verwendung seines reichen Vorrats an traditionellen Mitteln. GRIBOJÉDOV diente sie aber nur als Vorwand zur Darstellung eines anderen Konflikts von viel größerer Tragweite als bei MOLIÈRE. Er war ausgesprochen gesellschaftlicher und kultureller Art, ein ideologischer Kampf. Er spielte sich zwischen dem immer temperamentvollen, immer entrüsteten, witzigen und geistreichen, aber nichts weniger als reichen Čáckij, dem positiven Pol, und der gesamten adlig-bürgerlichen Moskauer Gesellschaft mit all ihren Bonzen, dem negativen Pol, ab. Die Personencharakteristik MOLIÈRES, die nur Menschentypen von absoluter Gültigkeit kannte, wurde deshalb bei GRIBOJÉDOV zur breiten Gesellschaftscharakteristik. Die Moskauer Typen, die er in seiner Komödie geißelte, traten als scharf umrissene, höchst leibhaftige Individuen hervor, jeder mit seinen besonderen kulturellen, psychischen und sozialen Kennzeichen.

In ihrer Gesamtheit vertraten sie die Gesellschaft einer bestimmten Zeit, die der zwanziger Jahre. Bald traten diese individualisierten Typen *in persona* auf und enthüllten mit ihren eigenen Äußerungen ihr Inneres, bald wurden sie flüchtiger in kurzen, aber beißenden Epigrammen oder ironischen Porträts gezeichnet, die durchaus nicht an die *Charaktere* LABRUYÈRES erinnerten, weil sie eine Menge privater, persönlicher, besonderer, nur in Rußland möglicher Züge enthielten.

War das Gerüst der Komödie, ihre Struktur oder Komposition französisch, so war ihr Stoff ausgesprochen russisch. Daß GRIBOJÉDOV die Forderung der klassischen drei Einheiten streng befolgte, machte diesen Stoff nur noch klarer und übersichtlicher. Die ganze Handlung schien sich um die flammende, funkelnde, rücksichtslose Liebe Čáckijs zu der anziehenden, empfindsamen und gleich ihm intelligenten und begabten Sofija zu bewegen, die während seines dreijährigen Aufenthaltes im Ausland ein sehr zärtliches, aber auch sehr achtbares Freundschaftsverhältnis mit dem Sekretär ihres Vaters, dem demütigen, kriecherischen und schweigsamen Molčálin (von *molčát'* = ‚schweigen'), angeknüpft hatte. Der Ort der Handlung war das nur allzu gastfreie Haus des mächtigen, reichen Bürokraten Fámusov. Die Einheit des Ortes war jedoch insofern gelockert, als sich die Zuschauer (und Schauspieler) durch die verschiedenen Zimmer des Hauses bewegen durften, statt den ganzen Abend hindurch an den einen abstrakten und langweiligen Raum der klassischen Komödie gebunden zu sein, wo alle Menschen sich begegnen und alle Geschehnisse stattfinden konnten. Die Einheit der Zeit war dadurch gewahrt, daß die Handlung sehr früh am Morgen anfing und sehr spät am Abend zu Ende ging. Abgesehen von diesen konstruktiven Zügen, die der klassischen Poetik entnommen waren, war die Komödie vom lebendigsten und eindringlichsten Realismus erfüllt. Moskau, wie es war und lebte, erschien in schonungsloser und witziger Selbstenthüllung. Es war die russische Wirklichkeit, die in der eleganten Verskomödie GRIBOJÉDOVS auf die Bühne kam.

Vor allem waren es Fámusov und sein Haus mit der althergebrachten, auf ererbten Sitten, eingewurzelten Gewohnheiten und Unarten, äußerlicher Sittlichkeit und gedankenlosem Konservatismus ruhenden Lebensführung, die verhöhnt und verlacht wurden. Dann wurden die alltäglichen amtlichen und gesellschaftlichen Funktionen des Bürokraten lächerlich gemacht. Gleich am Anfang richtete GRIBOJÉDOV seine bissige Feder gegen die Morgenbeschäftigung des Hausherrn, die bezeichnenderweise darin bestand, die Papiere, die ihm sein Sekretär vorlegte, in aller Eile zu unterschreiben und sich dann dem Nichtstun zu ergeben. Fámusov bekannte selbst:

Ich aber hab den Brauch – ob falsch, ob richtig,
das ist mir einerlei:
Was unterschrieben, ist vorbei.

Danach ließ GRIBOJÉDOV eine ganze Reihe von komischen Figuren vorüberziehen, die entweder dem Hausherrn einen Höflichkeitsbesuch abstatten oder sich bei ihm einen Vorteil sichern wollten. Der Nachmittag und der Abend wurden von allerlei gesellschaftlichen Pflichten in Anspruch genommen – am Dienstag von einem Forellenessen bei einer der reichsten Damen Moskaus, am Donnerstag von der Beerdigung eines Kammerherrn, am Sonnabend von einer Kindstaufe bei reichen Freunden oder Verwandten – und von Abendgesellschaften und Bällen im Hause Fámusovs. Bei der Aufzählung all dieser Verpflichtungen ließ der Dichter Fámusov mit einem Seufzer des Stolzes ausrufen:

Ich stelle ganz entschieden fest,
daß keine Hauptstadt sich wie Moskau finden läßt!

Fámusov, der Vertreter des verknöcherten Konservatismus des 18. Jahrhunderts, und Čáckij, der Vertreter des neuen Idealismus des

19. Jahrhunderts, schilderten selbst abwechselnd die hervorragendsten Moskauer Typen und Profile: Fámusov, um sie als Beispiele für Moskauer Lebenserfahrung und Großzügigkeit hinzustellen, Čáckij, um sie als Beispiele für Moskauer Brutalität und Geistesarmut vorzuführen. Im sozial-moralischen System Fámusovs herrschte konsequente Ordnung, und einer der tragenden Grundsätze alles gesellschaftlichen Lebens war für ihn die unbedingte Achtung vor der adligen Geburt, dem einzig gültigen Kriterium, wenn es galt, die Elite auszuwählen. Auch in dieser Hinsicht war ihm Moskau vorbildlich:

Nur hier in Moskau wird der Adel hochgeachtet!

Für ihn war es eine Einrichtung der Natur, daß sich das Ansehen und die Stellung, die sich der Vater erworben oder ausgebaut hatte, auf den Sohn vererbten, und es war völlig gleichgültig, ob der Sohn eine sehr geringe Begabung besaß, denn hatte er nur einige tausend leibeigene Bauern von seinem Vater geerbt, dann konnte er sicher sein, als gute Partie von der guten Moskauer Gesellschaft aufs beste empfangen zu werden. Wäre er dagegen in der bedauerlichen Lage, nur einen lebhaften Geist, eine gewisse Ehrliebe und einen gesunden Verstand und sonst nichts zu besitzen, dann würden sich ihm die Häuser Moskaus nicht so leicht öffnen. Das lag nicht an ihrer Ungastlichkeit, im Gegenteil – die Moskauer Häuser standen jedem einigermaßen präsentablen Adligen offen, gleich ob er *ein Mann von Ehre war oder nicht.* Man bildete in Moskau eine enge, geschlossene Gesellschaft und sah es als eine sehr hohe Tugend an, seine eigenen nahen oder entfernten Verwandten zu protegieren, ohne sich daran zu kehren, ob sie sich zu den Stellungen eigneten, die sie erhielten, oder die Auszeichnungen verdienten, die allmählich auf sie niederregneten. Die edle Parole des Nepotismus wurde von Fámusov so formuliert:

Man kann doch nicht umhin, Verwandte zu beschützen!

Mit blutiger Ironie schilderte GRIBOJÉDOV den Areopag *der Alten,* die in Moskau eine unumschränkte und berufungslose Alleinherrschaft ausübten und über Sitten und öffentliches Leben geboten. An der Spitze dieses Areopags stand einst der verstorbene Onkel Fámusovs, sein großes Ideal, der steinreiche Krösus, der von goldenen Tellern aß, mehrere Gespanne an seine Kutsche schirren ließ, eine

Dienerschaft von hundert Mann besaß und von Kopf zu Fuß mit Orden übersät war. Fámusov konnte vor Freude und Entzückung wiehern, wenn er von diesem großmächtigen Herrn erzählte, wie er – nur um das holdselige Lächeln der Kaiserin hervorzurufen – mit größtem Vergnügen den Narren spielte und sich unter dem Gelächter des ganzen Hofes auf den Parkettboden fallen ließ. Das war eins der Mittel, Macht zu gewinnen. So wurde die barbarische Moral des 18. Jahrhunderts geschildert, die sich in Moskau ihre Hochburg geschaffen hatte. Bis ins Innerste seiner Seele erschüttert, rief Čáckij, der Antipode Fámusovs, beim Gedanken an die sittliche Entartung Moskaus aus:

> *Vergleicht man und betrachtet recht*
> *das jetzige Jahrhundert und das alte –*
> *man hats noch frisch im Sinn, jedoch man glaubt es kaum!*

GriboJédov ließ Čáckij diese Galerie der alten Moskauer Magnaten, deren Haß *gegen das freie Leben tief und unversöhnlich* war, mit seinem Beitrag vervollständigen. Dies geschah vor allem in dem berühmten Monolog des zweiten Aktes, der mit den Worten: *Wer richtet uns?* beginnt. Dieser flammende, von Entrüstung und Idealismus getragene Monolog, der einem über die Ufer schwellenden Strom glich, war das Todesurteil der Jugend über die senile und zynische alte Generation des 18. Jahrhunderts.

Es war jedoch vielleicht nicht so sehr die junge Generation als vielmehr GriboJédov selbst, der sich in Čáckij spiegelte. Ein konkretes soziales oder politisches Programm schien Čáckij nicht zu haben. Fámusov und das gesamte alte Moskau sahen in ihm einen revolutionären Schwärmer von der Art der italienischen *carbonari*, einen Prediger der Freiheit, einen *Anarchisten*, einen *Jakobiner*, gewiß einen gefährlichen Geist, aber ohne konkrete Angriffspläne. Doch nicht einmal diese Bezeichnungen passen auf Čáckij. GriboJédov ließ ihn ebenso einsam dastehen, wie er selber war. Er stellte ihn freilich kühn einem Mitglied eines der damals florierenden politischen Geheimbünde gegenüber, aus denen später die sogenannten *Dekabristen* (Teilnehmer an dem Dezemberaufruhr des Jahres 1825) hervorgehen sollten, gab aber diesen schonungslos dem Gelächter preis, stellte seine Gruppe als einen kleinen unbedeutenden Kreis innerhalb des ungefährlichen Moskauer *Englischen Clubs* hin und gab ihm sogar den komischen Namen *Repetílov* (eine Kreuzung aus *repetieren* und *Reptil*). GRIBOJÉDOVS Čáckij hatte für die begeisterte Schilderung dieses Mannes von den Champagnerorgien seiner Gruppe und ihren revolutionären Tiraden und Verschwörungen nur Spott übrig. Er stand allein.

Wie MOLIÈRES Alceste war GRIBOJÉDOVS Čáckij nur Moralist, Moralist weder im modernen empfindsamen noch im revolutionären Sinn seiner Zeit, sondern im kühl-rationalistischen Sinn. Er sah die Vorzüge seiner Generation nicht in konkreten politischen oder sozialen Tugenden, sondern in rein allgemein-menschlichen; sie hatte seiner Ansicht nach Ehrgefühl; sie wollte *der Sache, nicht Personen dienen*; sie fühlte das Bedürfnis, sich in der Welt umzuschauen; ohne Lohn oder Rang zu fordern, pflegte sie mit wißbegierigem Geist die Wissenschaft und folgte ihrem Drang zu selbständigem Schaffen. Mit diesem moralischen und kulturellen Liberalismus vereinigte GRIBOJÉDOVS Held einen in der Romantik wurzelnden Nationalismus, der mit jenem reaktionären Slavophilismus nahe verwandt war, der sich später gegen die westeuropäische Aufklärung wenden sollte. In diesem Punkt stimmte er mit seinem Antipoden Fámusov erstaunlich gut überein. Nur ein Schritt trennte seine verzweifelte Entrüstung über den völligen Mangel an nationalem Stolz bei der Moskauer Gesellschaft und seine donnernde Rede gegen *den kleinen Franzmann aus Bordeaux*, den er soeben in einem der Salons als Mittelpunkt einer Schar begeisterter dummer Damen getroffen hatte, von dem kulturfeindlichen Standpunkt, den Fámusov folgendermaßen formulierte:

> *Schuld sind der Schmiededamm und diese ewigen Franzen,*
> *von dort sind die Autorn, die Musen, Modeschranzen,*
> *die uns die Taschen leern – und Seelen obendrein!*
> *Wann wird der Schöpfer uns befrein*
> *von ihren Hüten, Hauben, Nadeln, Putzgeräten*
> *und ihren Buch- und Biskuitläden?*

GRIBOJÉDOVS Komödie war indessen von einer so überlegenen, einer so ätzenden Ironie, einem so mitreißenden Schwung, daß sie von allen fortschrittlich gesinnten Menschen mit stürmischer Begeisterung aufgenommen wurde. Sie gewann als Kampfschrift gegen das

herrschende System unermeßliche Bedeutung, vielleicht eben deshalb, weil sie in ihrem Programm und ihrem Protest so vage gehalten
war. Die Vereinigung von klassizistischer Formvollendung und romantischem Stürmen entsprach dem Geschmack der Zeit. Der Held
der Komödie, der einsame, überlegene, verbitterte, edle und idealistische Rebell, der sich von einer Schar verständnisloser, zynischer,
sittlich degenerierter Stützen der Gesellschaft umgeben sah, wurde
zumVorbild aller adligen Intellektuellen, die in seinen glanzvollen
und schönen Reden sowohl Trost als Begeisterung fanden, die aber,
wenn es Ernst wurde, nicht imstande waren, wirklich den Kampf mit
der in Rußland herrschenden Regierung aufzunehmen. Die Komödie
endete denn auch mit der Flucht Čáckijs aus Moskau:

Ich flieh ... Schau nicht zurück ... Ich will die Welt durchsuchen,
obs einen Winkel gibt für mein gekränktes Herz!

Diese Worte, die auffallend an die Abschiedsworte Alcestes im
Misanthrope erinnerten, waren für die Haltung kennzeichnend, welche
die meisten der jungen adligen Idealisten schließlich einnehmen mußten, wenn sie nicht Mut genug hatten, sich den Organisationen anzuschließen, die einen bewaffneten Aufstand gegen die Zarenherrschaft
vorbereiteten, oder wenn sie sie wie GRIBOJÉDOV als Vereinigungen
unpraktischer Schwärmer bewerteten. War aber die Komödie *Verstand schafft Leiden* kulturgeschichtlich ein Dokument der Niederlage, so war sie literarisch ein glänzender Sieg. Die russische Literatur hatte – nach dem Kampf so vieler Jahrzehnte und Generationen
gegen die strenge Poetik des Klassizismus – endlich ein eigenwüchsiges, ein nationales Meisterwerk erhalten.

13. DIE LYRISCHE PLEJADE

Vor allen anderen Formen herrschte in den zwanziger Jahren, der
Blütezeit der neuklassisch-romantischen Dichtung, der in der Werkstatt ŽUKÓVSKIJS und BÁT'UŠKOVS verfeinerte lyrische Vers. Die harmonische weltliche Sprache, die KARAMZÍN geschaffen hatte, entwickelte sich frisch und mannigfaltig in den lyrischen Strömen, die
sich jetzt in die Literatur ergossen. Dichter, die in ihren Ideen und

Idealen weit voneinander entfernt waren, manche die auf DERŽÁVIN schworen, andere, die zu ŽUKÓVSKI und KARAMZÍN emporsahen, vereinten sich, ihren Verschiedenheiten zum Trotz, freundschaftlich in dem Bestreben, die Versifikation, die Reimtechnik, die lyrische Rhythmik, den leichten und eleganten Sprachstil geschmeidig und fruchtbar zu machen.

Sie fügten sich alle den Geboten *des guten Geschmacks* und gebrauchten diesen Ausdruck, als wenn er ein Programm oder ein Prinzip bedeutete. *Der gute Geschmack* herrschte auf dem Olymp der russischen Dichtung, wo einige wenige auserwählte und anerkannte Richter den gehorsamen Poeten ihre Forderungen diktierten. Die Hohenpriester *des guten Geschmacks* waren aristokratische Dichter, die geneigt waren, in ihrer adligen Geburt eine Sicherung gegen jede kleinbürgerliche Servilität oder Banalität zu sehen. ŽUKÓVSKIJ, V'ÁZEMSKIJ, BÁT'USKOV und dann auch ALEKSANDR PÚSKIN bildeten diesen höchsten Gerichtshof der Poesie, deren vornehmste Vertreter sie ebenfalls waren. Um die großen anerkannten Autoritäten sammelten sich die anderen lyrischen Dichter in edlem Wettbewerb, von dem Wunsch beseelt, ihre Gedanken in neue Formen zu fassen, und angespannt damit beschäftigt, die Ausdruckskraft ihrer Sprache zu steigern. Mehrere von ihnen, nahe Freunde des ungestüm vordringenden neuen jungen Genies, wurden später unter der Bezeichnung *Die Plejade Puškins* zusammengefaßt. Ob sie sich selber zutiefst für Romantiker oder Neuklassiker hielten, sie waren fast alle zuvörderst Pfleger der schönen, glatten und harmonischen Verssprache, Feinde des alten, pedantischen Schlendrians in der Literater, Freunde der freigeborenen, nur von ihren eigenen Gesetzen regierten Poesie. Es ist schwierig, zwischen ihnen scharfe Grenzen zu ziehen oder sie in literarische Schulen mit deutlich abgegrenzten oder entgegengesetzten Zielen hineinzupressen. Sie konnten mit der einen Seite ihrer Dichtung alte Traditionen berühren, gleichzeitig aber mit anderen ganz im Modernismus aufgehen. Die Tradition wurde in der Poesie gleichzeitiger Dichter verschieden reflektiert, der Modernismus folgte in ihren Versen bisweilen diametral entgegengesetzten Linien. Die meisten von ihnen waren in der Schule des französischen Spätklassizismus erzogen, und in ihrer meisterlich geformten Sprache waren noch Spur und Gepräge davon wahrzunehmen.

Andere protestierten vielleicht gegen den Primat der Form über die Idee und forderten eine Dichtung, die von schwerem und tiefsinnigem Gedankenstoff erfüllt war. Einige von ihnen machten BYRON zu ihrem Abgott und schufen die eigentümliche russische Spielart des sogenannten *Byronismus*, der eine Zeitlang mit der Romantik überhaupt identifiziert wurde. Einige wenige von ihnen erstrebten eine innigere Beziehung zwischen Poesie und Wirklichkeit und stellten ihre Kunst in den Dienst der politischen Revolution. Sie waren aber alle durch persönliche Bande und gemeinsame Bestrebungen unter sich verbunden und erkannten – allem polemischen Gerede von Romantik und Klassizismus zum Trotz – *den guten Geschmack*, das Urteil der olympischen Götter, als ihr höchstes, ihr einziges Prinzip an.

Hier kommt vor allem die *Plejade PUŠKINs* in Betracht, seine nahen Freunde, zum Teil seine Lyzeumskameraden, die nach demselben Ziel strebten, ohne dieselbe Lösung oder denselben Grad der Vollkommenheit zu erreichen wie er. Ihre Behandlung an dieser Stelle möge als Vorspiel zur Charakteristik PÚŠKINs dienen. Die meisten von ihnen traten wie PÚŠKIN selbst in die Fußstapfen BÁT'USKOVs. Er hatte ihnen die Richtung gewiesen. Obwohl älter als die meisten von ihnen, wurde auch er der *Plejade* zugezählt. Es war das eine Schar hochbegabter lyrischer Talente mit ererbten klassizistischen Anlagen, aber mit mehr oder weniger stark betonten romantischen Tendenzen. Ihre Sehnsucht nach einer freien, schönen Poesie wurde immer von ihrer französischen Schulung im Zaum gehalten. Gallisches Maß verbot ihnen, sich kopfüber in die deutsche Philosophie und romantische Verschwommenheit zu stürzen. KÜCHELBECKER, DELVIG, BARATÝNSKIJ, JAZÝKOV und eine Schar von anderen Zeitgenossen waren, obwohl unter sich sehr verschieden, in demselben Streben nach einer Synthese von Klassizismus und Romantik vereinigt.

Der merkwürdigste, komplizierteste und vielleicht auch am wenigsten erfolgreiche von ihnen war WILHELM KÜCHELBECKER (1797 – 1846), der Herkunft nach Deutscher, aber glühend russisch-national gesinnt, einer der Schulkameraden PÚŠKINs vom Lyzeum in Cárskoje Seló. Obwohl er ursprünglich ein Schüler ŽUKÓVSKIJs und damit KARAMZÍNs war und in seiner Jugend deutsche Dichter wie KLOPSTOCK, BÜRGER, VOSS, GOETHE und SCHILLER verehrte, zwang ihn sein starkes russisches Nationalgefühl dazu, sowohl den *germanischen* Göttern seiner Jugend abzuschwören als sich auch gegen den in seinen Augen unrussischen *Karamzinismus* zu wenden. Er bekämpfte die Hochschätzung der leichten französischen Lyrik, die zu seiner Zeit Mode geworden war. Er verherrlichte DERŽÁVIN als das einzige dichterische Genie der russischen Literatur und forderte, daß die Zeitgenossen zur Erlernung der *hohen Kunst* bei ihm in die Schule gingen. Theoretisch war er fast ein Anhänger der Ideen ŠIŠKÓVS und bestrebte sich, seine Zeit für einen leicht archaisierenden Sprachstil zu gewinnen. Sein literarisches Wissen war bedeutend. Er konnte Griechisch, Latein und Englisch und studierte die antiken und morgenländischen Literaturen, nicht so sehr um ihres poetischen Eigenwertes willen oder um Vorbilder zu finden, als vielmehr um festzustellen, wie andere Völker ihrer Dichtung eine nationale Eigenart zu verleihen vermocht hatten. Mit ODÓJEVSKIJ gab er von 1824 bis 1825 die Zeitschrift *Mnemosyne* heraus, in der er mit großen Aufsätzen für die Wiedergeburt der Ode als Gattung kämpfte. Das Merkwürdige an der literarischen Stellung dieses so oft verspotteten *Archaisten* war aber, daß er selbst sich gar nicht als Klassizisten betrachtete. Im Gegenteil, er nannte sich selbst einen *Romantiker des Klassizismus*. Er kennzeichnete so seine eigene Form des Strebens nach literarischer Synthese. Er wünschte die Entstehung einer russischen, ganz eigenwüchsigen und neuen, von allen ausländischen Vorbildern unabhängigen Romantik, die nur auf rein volkstümlichen, nationalrussischen Elementen ruhte. Es war ihm aber nicht vergönnt, eine solche nationale Romantik wirklich zu schaffen, oder – besser gesagt – er kam nicht dazu, weil er als Teilnehmer an dem berühmten, mißlungenen Aufruhrversuch im Dezember 1825 (dem *Aufruhr der Dekabristen*) zu zwanzig Jahren Zwangsarbeit in Sibirien verurteilt wurde: dort erblindete er und starb schließlich an der Tuberkulose.

Schon in früher Jugend hatte er Gelegenheit gehabt, seinen nahen Freund, den gleichfalls ganz russifizierten baltischen Baron ANTÓN ANTÓNOVIČ DELVIG (1798–1831), einen der Lyzeumskameraden PÚŠKINS, stark und entscheidend zu beeinflussen. DELVIGS literarische Schulung entsprach ganz der KÜCHELBECKERS. Er eignete sich früh die neue Auffassung WINCKELMANNS von der Antike an. Eine zentrale Stellung innerhalb der modernen russischen Literatur gewann er 1825 durch die Herausgabe des schönen Almanachs *Nordische Blumen* (*Sévernyje Cvetý*) und dadurch, daß er den besten zeitgenössischen Dichtern sein Haus öffnete. Sein literarischer Salon wurde zum Mittelpunkt des Púškin-Kreises. Die aristokratischen Förderer des guten Geschmacks, die sich vornehm von kleinbürgerlichen Schriftstellern absonderten, fanden hier ihren Olymp. Von 1829 an gab Delvig als Hauptredakteur die bedeutende Zeitschrift *Das Literaturblatt* (*Literatúrnaja Gazéta*) heraus. Hier wurde die Literatur um ihrer selbst willen gepflegt, hier wurde die Losung *l'art pour l'art* oder *die reine Kunst* ausgegeben.

Delvig war selber Dichter, sein Schaffen war aber nicht umfangreich. Es ist interessant zu sehen, wie er zwei anscheinend weit verschiedene Linien verfolgte. Die eine war die der antiken Form. Delvig war ein Meister in der Kunst, immer neue Versformen, immer neue Versschemen in die russische Literatur einzuführen. Er pflegte *die kleine Form* oder *die intime Dichtung*, das Sonett, das er selbst einführte, die Elegie, die Idylle usw. Seine Dichtung war weltfremd und in ihrer Thematik fast ganz privat. Die Melancholie, die für die ganze *Plejade* mehr oder weniger charakteristisch war, nahm bei ihm die sanftesten, hellsten, lächelndsten Töne an. Sie durchtränkte ebensosehr seine anakreontischen Gedichte wie seine an Freunde gerichteten Episteln. Neben dieser Linie finden wir aber bei ihm eine besondere, volkstümlich-russische Linie, zweifelsohne das Ergebnis der Einwirkung Küchelbeckers. Delvig führte in seine Lyrik volkstümliche Metren ein und dichtete eine Menge nationaler Romanzen, welche die Leser mit ihrer leichten und hellen Wehmut bezauberten. Die jungen Damen der St. Petersburger Salons sangen gern am Spinett seine zarten Texte:

> *Ach, du liebe,*
> *liebe Nacht,*
> *ach, du stürmisch*
> *wilde Nacht,*
> *ach, weswegen*
> *heute wohl*
> *bis zur tiefen*
> *Mitternacht*
> *du mit keinem*
> *Sternlein prangst,*

> *du mit keinem*
> *Monde strahlst,*
> *du nur dunkelst*
> *mit Gewölk?*

Diese volkstümliche Art, die bei einem Anhänger des *l'art pour l'art* und sonst so überzeugten Klassizisten überrascht, war ein ganz romantischer Zug. Auch V'ázemskij machte manchmal den Versuch, die Schlichtheit der volkstümlichen Lyrik nachzuahmen. Die Vorliebe für die Einfachheit des Verses lag in der Luft, das Interesse für die poetische Volkskunde war allgemein, und viele der damals gedichteten Lieder im Volkston, nicht zuletzt die Delvigs, wurden tatsächlich Eigentum des Volkes. Kein Wunder, daß Männer wie Žukóvskij, Krylóv, Púškin und andere an den dichterischen Versuchen Gefallen fanden, die *der russische Burns,* Alekséj Vasíl'-jevič Kol'cóv (1808–42), der Sohn eines rührigen und tüchtigen Viehhändlers, ihnen zu lesen gab. Hier fanden sie zu ihrer Überraschung eine Schilderung des Bauern in seinem täglichen Tun, und die Echtheit des Gefühls, die seinen Gedichten eigen war, wirkte auf die vornehmen Kunstdichter und Kunstrichter der Großstädte bestrickend. Sie sahen den Roggen sich mannshoch erheben und seine schweren Ähren senken, wenn der Wind in leichten Wogen über die goldenen Felder zog. Sie sahen den Bauern mit seiner ganzen Familie das Korn ernten und es zu Garben binden, während die Sonne zum Horizont sank und die Kühle des Abends über die Erde glitt. Sie sahen den mageren Bauerngaul, von den strengen und zärtlichen Zurufen des Bauern ermuntert, den Pflug durch die karge Erde ziehen. Und besonders staunten sie über die kühne Rhythmik, die sich kaum in eine Art des anapästisch-jambischen Versmaßes aufgliedern ließ:

> *Rausche, Roggen, nicht*
> *mit den reifen Ährn,*
> *singe, Schnitter, nicht*
> *von der weiten Flur!*

> *Keinen Sinn hats mehr,*
> *mich um Gut zu mühn,*
> *keinen Sinn hats mehr,*
> *reich zu sein als Mann.*

Sann der junge Bursch,
sann auf Gutes er,
nicht sich selbst zu Lieb –
für der Liebsten Herz.

Süß wars, wenn ich ihr
in die Augen sah,
Augen, ganz erfüllt
von der Liebe Traum.

Augen, ach, die helln,
sind verloschen nun,
und im Grabesschlaf
schläft die schöne Maid.

Schwerer als ein Berg,
dunkler als die Nacht
auf dem Herzen mir
schwarze Schwermut liegt. *(1834)*

KOL'CÓV wurde natürlich nie ernstlich in den vornehmen Dichterkreis aufgenommen, und seine Dichtung blieb nur eine fremdartige Erscheinung innerhalb der olympischen Dichtung. Eintönig, wie sie war, konnte sie in einer Literatur, die sich das Ziel gesetzt hatte, *alle* Formen zu erproben und auch die widerspruchsvollsten Ausdrucksmittel wägend zu verwenden, keine wirklich lebendige Anerkennung finden.

Ein gottbegnadeter und unabhängiger Lyriker war NIKOLÁJ MICHÁJLOVIČ JAZÝKOV (1803–46), der sich anfänglich nur nach den neuklassizistischen Grundsätzen orientierte. Er war ein naher Freund KÜCHELBECKERS, GRIBOJÉDOVS und KATÉNINS, ein vielversprechender und temperamentvoller Dichter. In dem ganz deutschen Dorpat kam er als Student mit der romantischen *Burschenherrlichkeit* in Berührung und wurde zum *hitzigen Dichter des Weins und der Liebe.* Auch er schrieb wie alle seine Zeitgenossen Elegien; ihr Ton war aber nicht wehmütig wie bei DELVIG oder ŽUKÓVSKIJ: sie nahmen bei ihm gefährlich realistische, ja manchmal revolutionäre Farben an, sie erhielten einen politischen Inhalt und waren unmittelbar gegen die *teuflische Macht der Alleinherrschaft* gerichtet. Wie so viele andere verherrlichte er *die stolze Begeisterung der Freiheit,* beschwor aber auch wie nur wenige die *Rache des Volks* für die Knechtschaft vieler Jahrhunderte. In seinen persönlichen, intimen Bekenntnissen war er kühl und oft bitter und flehte Gott nicht an, ihn von seinen Leiden zu befreien, sondern ihm eine *eiserne Geduld und ein Herz aus Stein* zu schenken. Erst als er 1826 PÚŠKIN kennenlernte und mit ihm enge Freundschaft schloß, gewann seine Dichtung Ruhe und Harmonie. Er fügte sich seiner *apollinischen* Einwirkung, seinem Streben nach Vereinigung aller Gegensätze, und verfaßte wunderbare Schilderungen seiner Begegnungen mit dem gottbegnadeten Poeten, dem er früher ablehnend gegenüberstand, und der Stätten, wo sie sich begegnet waren. Auch er wurde in den Zauberkreis der *Plejade* gezogen.

Das hervorragendste Mitglied dieses Kreises war JEVGÉNIJ ABRÁMOVIČ BARATÝNSKIJ (1800–44). Auch er hatte sich in seiner Kindheit und Jugend die Poetik der klassizistischen französischen Dichtung angeeignet. Die deutsche Literatur, die KÜCHELBECKER und DELVIG in ihrer Kindheit kennengelernt hatten, war ihm anfänglich ganz fremd. Er begann mit der Veröffentlichung unvermeidlicher Gelegenheitsgedichte im genugsam bekannten *Poesiealbum*-Stil, der üblichen Epigramme, Inschriften, Madrigale und ähnlicher Kleingedichte. Er schrieb meisterhafte Elegien – wer schrieb in den zwanziger Jahren keine Elegien? – und ahmte PARNY und MILLE-VOYE nach. Die Melancholie, die seine Dichtung beherrschte, hatte aber mit der sanften Wehmut ŽUKÓVSKIJS sehr wenig zu tun. Tragische Geschehnisse in seiner Jugend (er beging einen Diebstahl, wurde überführt und ließ sich, um sein Vergehen zu sühnen, zum gemeinen Soldaten degradieren) bewirkten, daß er stärker als alle anderen die soziale Dekadenz spürte, die alle seine Freunde im aristokratischen Dichterkreis beim Aufblühen der Bürokratie mehr oder weniger stark empfanden. Die Einsamkeit wurde deshalb bei ihm mehr als eine modische Rolle, sie war eine wirkliche, von tief persönlichem Schmerz gekennzeichnete Erfahrung. In den Idealen des 18. Jahrhunderts erzogen, empfand er stärker als sonst wer ihre Unzulänglichkeit und sehnte sich mehr als sonst wer nach neuen Idealen, die er indessen nicht zu gestalten vermochte. Es gelang ihm nie, die Bande zu zerreißen, die ihn mit der Vergangenheit verbanden, und die Vorherrschaft der durchgearbeiteten Form über den Inhalt, das Überwiegen des Gedankens über das Gefühl, die Pflege des Witzes auf Kosten der

Stimmung blieben für immer die Merkmale seiner Poesie. In einem Gedicht zum Gedächtnis des Pseudoklassikers BOGDANÓVIČ kehrte er sich entschieden gegen die allzu deutsche Melancholie der modernen Muse, für die er ŽUKÓVSKIJ verantwortlich machte. In Versen, die meistens nur unter schwerem Mühen ihre gemeißelte Form erlangten, die aber in ihrer Faktur ziemlich oft archaisch wirkten, sprach er immer wieder von der Sinnlosigkeit des Lebens, von der zu frühen Ernüchterung des Herzens, von dem Scheitern seiner Hoffnung, von den Schmerzen der Menschheit und von der Herrlichkeit des Todes. Er versuchte seinen Gedichten die *Schönheit der Wahrheit* zu verleihen und die Möglichkeit einer kühlen Weisheit zu beweisen. Dieser nahe Freund DELVIGS und PÚŠKINS unterschied sich von ihnen durch eine ungeheure Intensität des Denkens und zwang die ganze *Plejade*, seinen vorbildlichen Versen zu lauschen.

All dies bedeutete jedoch keineswegs, daß BARATÝNSKIJ bewußt zwischen seiner Dichtung und der Romantik als Schule oder Bewegung eine scharfe Grenze zog. Es lag vielmehr im Wesen dieser Literaturperiode, daß auch er, dieser Klassizist und Rationalist, in mancher Beziehung Romantiker war, daß auch er zur Schaffung einer *wahren* Romantik beizutragen strebte. In ihrem Trachten, in ihrer Sehnsucht nach Frieden und Harmonie außerhalb der wirklichen Welt, waren manche seiner Gedanken ausgesprochen romantisch. Besonders bedeutsam war es, daß auch BARATÝNSKIJ wie so viele seiner Zeitgenossen in die Fußstapfen BYRONS trat, um einen Ausweg aus dem Widerstreit von Klassizismus und Romantik zu finden. Der *Byronismus* war schon mit den großen Dichtungen PÚŠKINS in die russische Literatur eingezogen, und es war nur natürlich, daß auch BARATÝNSKIJ den Versuch machte, sich dieser neuen interessanten Bewegung anzuschließen. Er fing an, Dichtungen (*Poeme*) nach BYRONS Art zu dichten, deren Hauptgestalten meistens dämonische Frauen und lasterhafte Männer waren oder einsame Titanen, welche die Stimmungen des Dichters zum Ausdruck brachten. Aber gleichzeitig suchte BARATÝNSKIJ, der sich durch einen starken Selbständigkeitsdrang auszeichnete, seine *byronistischen* Dichtungen von denen PÚŠKINS abzugrenzen – vor allem dadurch, daß er den strömenden Lyrismus durch einen merkwürdigen Realismus und ungewöhnliche Handlungen durch ganz alltägliche ersetzte. Er dämpfte die übermäßige Erregtheit der Gefühle und die allzu glühenden Farben, die sowohl für BYRON als für dessen russischen Propheten PÚŠKIN kennzeichend zu sein schienen: seine Dichtung war kühler und irdischer als ihre. In seinem großen Gedicht *Eda* (1824) führte er einen streng erzählenden Stil und eine feste und logische Handlung durch. Die landschaftliche Exotik, die im russischen *Byronismus* sonst so augenfällig war, fehlte in dieser Dichtung fast ganz. Sie handelte von dem tragischen Los eines verführten und verlassenen finnischen Bauernmädchens und erinnerte in ihrem Motiv sehr an die *Arme Líza* KARAMZÍNS, ohne jedoch deren Empfindsamkeit zu haben. Obwohl in Versen geschrieben, wirkte sie realistisch, jedenfalls für das Gefühl späterer Leser. Die Zeitgenossen selber entdeckten nämlich gar nicht, daß BARATÝNSKIJ im Begriff war, den Stil BYRONS zu überwinden, und zwar auf eine ganz andere Weise als PÚŠKIN. In Wirklichkeit wählte er den merkwürdigen Umweg über den *Byronismus* nur, um einem neuen realistischen Stil näherzukommen, vielleicht ohne überhaupt an den Begriff des *Realismus* zu denken. Man faßte das Gedicht BARATÝNSKIJS nur als einen etwas verspäteten Beitrag zu einer schon verbleichenden Literaturart auf.

Der Dichter selbst kam auf diesem Weg nicht weiter. In den dreißiger Jahren verirrte er sich in die philosophische Romantik, die in Deutschland und im deutschen Denken wurzelte, und gelangte zuletzt zu einem ziemlich reaktionären Mystizismus, der im grellsten Gegensatz zu seinen eigenen dichterischen Anfängen stand.

Das Beispiel BARATÝNSKIJS zeigt, wie der *Byronismus*, der ganzen klassizistischen Bildung und allen Voraussetzungen zum Trotz, die Dichter der Zeit ergriff. Es zeigt ferner, wie er durch die Prismen dieser Bildung und dieser Voraussetzungen gebrochen wurde. Und schließlich zeigt es auch, daß die Dichtung, als sie ihren ideologischen Grund verloren hatte, in der deutschen Philosophie Zuflucht suchte.

Hätte ihn das Schicksal nicht so unsanft behandelt, dann hätte sicher auch ALEKSÁNDR IVÁNOVIČ ODÓJEVSKIJ (1802–39) aus dem bekannten russischen Fürstengeschlecht, ein Freund KÜCHELBEKKERS, KATÉNINS und GRIBOJÉDOVS und wie diese von den Ideen der französischen Aufklärung und dem Klassizismus tief beeinflußt, dem *Byronismus* seinen Tribut entrichtet. Wie alle begann er mit der Elegie, die bei ihm einen ungewöhnlich starken *Ich*-Charakter bekam, und experimentierte viel und gern mit neuen Versformen. Im Gegensatz zu JAZÝKOV, der als Revolutionär angefangen und als Reaktionär geendet hatte, wuchs in den Gedichten ODÓJEVSKIJS mit den Jahren der titanische, aufrührerische Drang. Er ließ sich dazu verleiten, an dem Dezember-Aufruhr von 1825 teilzunehmen, und wurde mit Verbannung nach Sibirien bestraft, von wo er erst in den dreißiger Jahren zurückkehrte. Seine Dichtung zeichnete sich durch ihre meisterhafte Form aus, kam aber über eine ausgesprochen individualistische, durch Einsamkeitskult, Lebensüberdruß, religiöse Stimmungen und Sehnsucht nach dem Glück gekennzeichnete Romantik niemals hinaus. ODÓJEVSKIJ war in seinem Schaffen mit LÉRMONTOV verwandt. Die beiden Dichter standen einander so nahe, daß man bei ihnen immer wieder gegenseitige Anklänge und wechselseitige Entlehnungen findet. Ein Gedicht in BYRONS Art schrieb ODÓJEVSKIJ jedoch niemals.

Es ist von nicht geringer literarhistorischer Bedeutung, neben der *Plejade*, die die Anfänge und die Entwicklung PÚŠKINS im lyrischen Schrifttum vorbereitete und begleitete, auch Erscheinungen zu beobachten, die das Auftreten seines Nachfolgers LÉRMONTOV vorbereiteten. Neben ALEKSÁNDR ODÓJEVSKIJ sehen wir andere Dichter ebenfalls auf dem Weg zu einem rebellischen, von BYRON inspirierten Individualismus. Einer von ihnen war – dem großen Altersunterschied zum Trotz – IVÁN IVÁNOVIČ KOZLÓV (1779–1840), der erst hervortrat, als er schon über vierzig Jahre alt war. Seine von den Werken KARAMZÍNS und ŽUKÓVSKIJS genährte dichterische Begabung kam erst zum Durchbruch, als er 1816 von Lähmung und Erblindung betroffen wurde: er entdeckte, daß er Dichter sei. Seine lyrisch-epische Dichtung *Der Mönch* (*Černéc*, 1824), die Frucht vieljähriger Beschäftigung mit der Dichtung BYRONS, erwarb ihm ungeheuren Ruhm, vielleicht nicht zuletzt deshalb, weil die ungestüme Art BYRONS bei ihm durch religiöse Kräfte gezügelt war. Seine literarischen Kindheitserinnerungen trugen zu einer Umformung BYRONS bei, obwohl er die Werke des englischen Dichters, zum Beispiel *The Bride of Abydos*, eifrig übersetzte und mit seinen Stilmitteln vertraut war. In gleichmäßigem Strom entflossen in den folgenden Jahren ein Buch nach dem anderen, originale Werke und Übersetzungen aus dem Englischen, Französischen, Italienischen und Polnischen, seiner fleißigen Feder, die mit Vorliebe bei tragischen Menschenschicksalen verweilte. Die ungemeine Fruchtbarkeit seines Schaffens verdankte er vielleicht seiner großen Einfühlungsgabe, die sich zuweilen als die Fähigkeit bekundete, nach literarischen Klischees zu arbeiten. Er war bald von JAZÝKOV, bald von BARATÝNSKIJ, bald von PÚŠKIN oder von ŽUKÓVSKIJ oder BÁT'UŠKOV beeinflußt. Er war auch ein begabter Balladendichter. Seine Melancholie war anziehend, weil sie sanfter als die irgendeines anderen BYRON-Jüngers war. Sein berühmtes Gedicht *Abendklang* (*Večérnij zvon*) ist in viele Sprachen übersetzt worden. Es steht fest, daß seine großen Dichtungen für LÉRMONTOV entscheidende Bedeutung hatten.

Ein glühender Bewunderer BYRONS und einer seiner bedeutendsten Nachahmer war ALEKSÁNDER IVÁNOVIČ POLEŽÁJEV (1804–38), dessen *wilde* Begabung an Größe der LERMONTOVS vergleichbar war. Bei ihm traten die romantischen Elemente unverhüllt zu Tage. Sein tragisches Schicksal verlieh seiner Dichtung eine eigentümliche Innerlichkeit, die den Werken seiner Zeitgenossen meistens fehlte. Er war der Sohn eines leibeigenen Bauernmädchens, das notgezwungen einen Kleinbürger heiratete, um seine Geburt zu legitimieren; sein wirklicher Vater war ein despotischer Aristokrat und Gutsbesitzer, und POLEŽÁJEV war somit einer der vielen *natürlichen* Söhne der Zeit, die eine gute Erziehung und eine feine Bildung erhielten, sich aber nie von dem Gedanken an ihre demütigende Herkunft befreien konnten. Er gehörte einer Generation an, die gleich LÉRMONTOV von der neueren französischen Dichtung, von Romantikern wie LAMARTINE und VICTOR HUGO, bleibende Anregungen empfangen hatte, sog aber auch das in BYRONS Dichtung verborgene *Gift* ein. Er übersetzte seine *Vision of Belshazzar* und seinen *Oscar of Alva*, und sein Gedicht *Der Dämon der Begeisterung* (*Démon vdochnovlénija*) war von BYRONS *Manfred* beeinflußt. Da ihm BYRON zweifellos nicht nur der Dichter der individuellen, sondern auch der sozialen Empörung war, überrascht es nicht, daß POLEŽÁJEVS erste Veröffentlichung, die nach dem Vornamen des Helden benannte ironisch-frivole Dichtung *Saška* (1826), ihn in die Hände der Polizei brachte, weil sie angeblich gegen das zaristische System Aufruhr predigte und für den Atheismus warb. Zum gemeinen Soldaten degradiert, bis zum äußersten verbittert, aufrührerisch und voller Verzweiflung über sein verfehltes Leben, verarbeitete er seine Erlebnisse in den eigenartigen kaukasischen Dichtungen *Erpeli* und *Čir Jurt* (1830–32). Hier war die BYRONische Dichtung in die Sprache des sozialen Protests übertragen: statt Naturbeschreibungen und heroischer Figuren fand der Leser Schilderungen der düsteren Seiten des Soldatenlebens und der unmenschlichen Verheerungen des Krieges.

Das Beispiel POLEŽÁJEVs veranschaulicht am besten, wie sich der mit glühender Begeisterung aufgenommene *Byronismus* in Rußland langsam in eine ideologisch-politische Macht verwandelte. BYRON war sonst immer als der Prophet der Freiheit und des Individualismus aufgefaßt worden, in Rußland wurde er in den zwanziger Jahren zum Propheten des politischen Aufruhrs, der Revolution. Dichter von sehr verschiedener politischer Orientierung – KÜCHELBECKER, KOZLÓV, V'ÁZEMSKIJ, PÚŠKIN, ja selbst eine Zeitlang ŽUKÓVSKIJ – vertieften sich in seine Gedichte und ahmten sie nach, und für die *Dekabristen* war er fast die Idealgestalt des Revolutionärs. Sein Tod als Teilnehmer am Freiheitskampf der Griechen begeisterte sie. Einer seiner eifrigsten Bewunderer war der tragischste aller *Dekabristen*, KONDRÁTIJ F'ÓDOROVIČ RYLÉJEV (1795–1826), der wegen seiner Teilnahme an dem Aufruhrversuch im Dezember 1825 zum Tode verurteilt und mit fünf anderen gehängt wurde. Seine Lyrik hatte wie die so vieler anderer anfänglich im Zeichen der sentimental-erotischen Elegien und Romanzen, Episteln und Madrigale gestanden. Seinen persönlichen Ton fand er aber, als er, von den *Historischen Liedern* des polnischen Dichters NIEMCEWICZ beeinflußt, seine *Dumy* schrieb, balladenartige Lieder und Gedichte im Stil der ukrainischen Volkslieder. Sie handelten von berühmten Gestalten der russischen Geschichte, die Wahl dieser Gestalten aber und besonders die poetische Deutung ihrer Taten waren immer von seinem eigentümlichen revolutionären Patriotismus diktiert, der gegen die Unterdrücker und Tyrannen des Volkes gerichtet war. Ein allgemein bekannter Stoff wurde auf diese Weise aktualisiert und mit einer scharfen revolutionären Tendenz versehen. Der Dichter selbst nahm die Haltung eines Volkstribuns an. Seine Dichtung besaß viel vom französisch-römischen Republikanismus der Aufklärungszeit, und ihr Stil war, nicht zuletzt rein sprachlich, mit dem des Klassizismus verwandt. Bezeichnenderweise nahm aber sein *citoyen*-Begriff gleich-

zeitig ausgesprochen romantische Züge an, und die wesentlichsten
Elemente der Manier Byrons fanden leicht Eingang in seine For-
mensprache. Seine geschichtliche Dichtung *Vojnaróvskij* (1824), die
von einer heroischen Gestalt des ukrainischen Freiheitskampfes handelte, wäre ohne Byrons *Mazeppa* und *Prisoner of Chillon* nie entstanden. Dasselbe gilt von seinen anderen kosakisch-romantischen
Gedichten über die Volkshelden *Paléj* und *Nalivájko*.

Der russische *Byronismus*, der den klassizistischen Voraussetzungen und Traditionen gegenüber seine Forderungen stärker als jede
andere romantische Bewegung und stärker als in irgendeinem anderen Land geltend machte, trug zur Verwirrung der Gemüter bei, die
zwischen Tradition und Erneuerung, zwischen Klassizismus und
Romantik hin und her schwankten. Immer stärker empfand man das
Fehlen eines literarischen Programms, einer Theorie, die der Dichtung klar und deutlich den Weg in die Zukunft hätte weisen können.
Die Idee *des guten Geschmacks*, in der Welt aristokratischer Poeten
entstanden, eine Idee, welche die normative Literaturauffassung
des Klassizismus nicht mehr anerkennen wollte, welche aber in
eben dieser Auffassung wurzelte, konnte auf die Dauer nicht die notwendigen Argumente und Kriterien liefern. In der jungen Schriftstellergeneration, die in den zwanziger Jahren wirkte, erkannte der
kleine Kreis philosophierender Freunde, die sich in Moskau zu der
Gesellschaft für Philosophie (*Obščestvo ľubomúdrija*) zusammengeschlossen hatten, deutlicher als alle anderen die Notwendigkeit
einer olympischen Literaturtheorie. Da die meisten ihrer Mitglieder
im Moskauer Archiv des Außenministeriums angestellt waren, nannte
man sie spöttisch *die Archiv-Jünglinge* (*archívnyje júnoši*). Der aristokratische Charakter der Gesellschaft ging deutlich daraus hervor,
daß sie bewußt die Ideen bekämpfte, die der Kaufmannssohn Polevój, ein Romantiker eigener Art, damals in seinen Zeitschriften verkündete. Der Präsident der Gesellschaft war der Dichter Fürst
Vladímir F'ódorovic Odójevskij (1803–69), der mit dem obenerwähnten Dichter dieses Namens entfernt verwandt war, und ihr
Sekretär war der blutjunge sympathische Dichter Dmítrij Vladí-
mirovic Venevítinov (1805–27), ein entfernter Verwandter des
Dichters Púškin. Der Präsident war vor allem Novellist im neuen
romantischen Stil E. T. A. Hoffmanns, der Sekretär vor allem Lyri-

ker. Beide betätigten sich auch kritisch-philosophisch. ODÓJEVSKIJ hatte in der Philosophie SCHELLINGS den Schlüssel der Weisheit gefunden. Dieser Schlüssel öffnete ihm die Tür zu einer Art Universalwissenschaft, der er sich mit wirklichem Eifer widmete, die ihm aber keinen zuverlässigen Leitfaden durch das Labyrinth gab, sondern ihn nur noch mehr verwirrte und immer tiefer in die Abgründe der deutschen Gedankenwelt zog.

Klarer sah VENEVÍTINOV. Er wollte die Grundlage einer *philosophischen Romantik* schaffen und beschäftigte sich eingehend mit der Dichtung GOETHES. Seine prinzipiellen Anschauungen formulierte er in einer glänzenden Abhandlung, die er in der von ihm und seinen Freunden 1827 gegründeten Zeitschrift *Moskóvskij Véstnik (Moskauer Bote)* veröffentlichte. Obwohl er selber als Lyriker die formvollendete Poesie pflegte, bekämpfte er als Kritiker den Formkult, der ihm ein typisches Kennzeichen seiner Zeit zu sein schien. Er forderte den Vorrang des Gedankens vor der Form, den der Idee vor dem wohlgeregelten betörenden Verssystem. Die Geschichte der Literatur schien ihm zu bestätigen, daß die großen Dichter der Völker immer auch große Verkünder und Denker gewesen seien, Männer,

> *vom Lichte der Idee erhellt,*
> *und Träger der Prophetenweisheit,*
> *des Himmels Boten an die Welt.*

Sein allzu früher Tod gebot dem Wirken des jungen Mannes Einhalt. STEPÁN PETRÓVIČ ŠEVYR'ÓV (1806–64), der ursprünglich demselben Kreis wie er angehört hatte, versuchte auf denselben Bahnen weiterzugehen. Er war ein überzeugter Anhänger der Philosophie SCHELLINGS, besonders seiner Kulturphilosophie. Er war mit der deutschen Romantik, der es sonst so schwer gefallen war, in die aristokratisch-olympische Literatur einzudringen, tief vertraut und hatte die Werke NOVALIS', TIECKS, WACKENRODERS und anderer gelesen. Er zog die nun bereits so veraltete Ode allen anderen lyrischen Formen vor, weil sie zur Aufnahme philosophischer Gedanken am besten geeignet schien; aber es war durchaus nicht überraschend, daß es ihm nicht gelang, sie zu neuem Leben zu bringen. Er verachtete das formale Element so sehr, daß seine eigenen Gedichte darunter litten. *Die Poesie des Gedankens* stand ihm hoch über der *Ausdruckspoesie*, wie er die Poesie der vollkommenen Form nannte. Er glaubte so die Macht des traditionellen Klassizismus brechen zu können, erkannte aber nicht, daß er dadurch die eigenartige russische Spielart der Romantik, die er fördern wollte, nur gefährdete. Dieser Konflikt kam ihm überhaupt nicht zum Bewußtsein. Er wußte kaum, daß er für die Aufrechterhaltung und Sicherung einer aristokratischen Literatur kämpfte, die zwar sich selbst genug sein wollte, in Wirklichkeit aber nicht weitergedeihen konnte. In ihrem Streben nach der Erschaffung einer harmonischen Kunst hatte sie alle klassizistischen und romantischen Hilfsquellen erschöpft. Jetzt mußten neue Parolen verkündet werden.

Diese ganze eigentümliche Problematik finden wir in voller Entfaltung bei dem größten Dichter der Zeit, dem vornehmsten Künstler der *Plejade*, Púškin.

14. PÚŠKIN ALS FÜHRER DER PLEJADE

Schon gleich nach seinem ersten Auftreten als Dichter nahm der junge Aleksándr Sergéjevič Púškin (1799–1837) eine beherrschende Stellung in der *Plejade* ein. Rasch wurde er ein wahrer Apollo unter den *dii minores* der Zeit. Etwas jünger als einige der zeitgenössischen Dichter, etwas älter als die meisten, mit manchen von Jugend auf befreundet, fast von allen bewundert und anerkannt, schritt er ihnen wie ein göttlicher *Musaget* voran. In seiner Dichtung verwirklichte er mit souveräner Genialität die Träume, die sie geträumt hatten, und gestaltete die vollkommene Poesie, nach der sie gestrebt hatten. Er wurde nur achtunddreißig Jahre alt, aber in seinem verhältnismäßig kurzen, jedoch unverhältnismäßig reichen Leben durchlief er wie im Spiel alle literarischen Entwicklungsstufen und Schulen, in denen die anderen hilflos steckenblieben. Allseitig begabt und intensiv in seinem künstlerischen Erleben, folgte er wie alle anderen den Parolen des Neuklassizismus und der Romantik, vereinigte aber im Gegensatz zu ihnen den chaotischen Wirrwarr einheimischer und fremder Tendenzen in einer erhabenen Synthese. Er schuf eine Poesie, die ganz individuell und ganz national war. Dann ging er – in der Erkenntnis, daß Vers und Reim, Elegie und Epos vorläufig ihre

Möglichkeiten erschöpft hatten, – entschlossen zur Prosa über und begründete den russischen Realismus, in dem die russische Kultur schon lange ihre eigene Ausdrucksform zu finden gesucht hatte. Undoktrinär, wie er in seiner Auffassung von Poesie und Literatur war, mit einer umfassenden literarischen Bildung ausgerüstet und im Besitz eines unfehlbaren Gefühls für die Möglichkeiten der Sprache, befreite er die Dichtung von den herrschenden Normen, die er selbst meisterte, und löste mit sicherem Taktgefühl ihre aktuelle Problematik.

Seine ursprüngliche geistige Heimat, sein literarischer Ausgangspunkt war wie bei den meisten seiner Zeitgenossen der französische und der russische Klassizismus des 18. Jahrhunderts. Er bewunderte den großen Dichter der pseudoklassischen russischen Literatur, DERŽÁVIN. Er erkannte gern FONVÍZIN und KN'AŽNÍN an. Wie ehrerbietig aber seine Haltung diesen mehr oder weniger veralteten Vorgängern und konservativen Zeitgenossen gegenüber sein mochte, so war ihm die gesamte ältere russische Literatur nichts als ein sprachlich-literarisches Material, das in vieler Hinsicht einer Umformung, Reinigung und Erneuerung bedurfte. Eine Ausnahme in dieser Beziehung war für ihn vielleicht nur KRYLÓV, jedoch auch bloß als der unvergleichliche Schöpfer der Fabeln. KARAMZÍN, den er sehr ehrte und achtete, war ihm viel eher der Begründer einer neuen Literatur- und Sprachauffassung als der vorbildliche Neugestalter der Dichtung. Einen Freund fürs Leben fand er in ŽUKÓVSKIJ, dessen Dichtung er jedoch mehr ihrer vorzüglichen Verstechnik als ihres Gehaltes wegen bewunderte. Als Mitglied der rebellischen *Arzamás*-Gesellschaft bekannte er sich natürlich vorbehaltlos zu den modernen Bestrebungen; sein angeborener und geschulter Geschmack verbot ihm aber, die goldenen Regeln des Maßes zu übertreten. Er wurde nicht zum lärmenden Fürsprecher einer revolutionären, romantischen Erhebung gegen den alten russischen Klassizismus oder gegen den Klassizismus überhaupt. Seine Haltung in der Frage Romantik gegen Klassizismus wurde nie von Gruppen- oder Parteirücksichten bestimmt. Dazu war sein ganzer geistiger Habitus von Anfang an viel zu stark von dem Skeptizismus und dem kühlen Stil der französischen Literatur geprägt.

Die größte Bedeutung für seine Entwicklung hatte VOLTAIRE gehabt, dieser scharfe, frivole und überlegene Ironiker, der Schöpfer der

Pucelle d'Orléans. Schon in seiner frühen Jugend hatte sich PÚŠKIN ihn zum Ideal und Lehrmeister erkoren, schon als Vierzehn-, Fünfzehnjähriger hatte er sich mit sicherer Hand in seiner Manier geübt. Aber zu den Hausgöttern des angehenden Dichters gehörte auch die ganze Schar der kleineren französischen Poeten des 18. Jahrhunderts, die vielen geschickten Elegiker und Odendichter, die flinke Garde der *leichten Poesie,* sowohl VERGIER wie GRÉCOURT, sowohl JEAN-BAPTISTE ROUSSEAU wie besonders PARNY. In der Pflege der *poésie fugitive,* die man schon in der zweiten Hälfte des 18. Jahrhunderts ins Russische zu übertragen begonnen hatte, wurde PÚŠKIN in entscheidender Weise von BÁT'UŠKOV unterstützt, dem Elegiker, Epigrammatiker und Anakreontiker, der selber ein Jünger PARNYS war. PÚŠKIN bewunderte BÁT'UŠKOV und genoß seine Dichtung, und man darf diese mit Recht als Voraussetzung seiner eigenen bezeichnen. PÚŠKIN eignete sich schnell BÁT'UŠKOVS ausschließlich vom Geschmack bestimmte, von Doktrinen unabhängige Haltung aller echten und unmittelbaren Poesie gegenüber an. Von ihm übernahm er wohl auch die Achtung vor dem Gattungsbegriff, die für sein ganzes Dichten charakteristisch werden sollte und die grundsätzlich unromantisch war. Aber eben weil PÚŠKIN auch gern ŽUKÓVSKIJ und *der lieblichen Süße seiner Strophen* lauschte, erweiterte sich sein Horizont weit über den engen Gesichtskreis des klassizistischen, formbeherrschten Traditionalismus hinaus. Die romantischen Tendenzen der Zeit, nicht zuletzt in der von ŽUKÓVSKIJ vertretenen Form, waren es auch, die sein Interesse für die ganz unklassische Ballade wachriefen. Im Wettbewerb mit ŽUKÓVSKIJ schrieb er später rhythmisierte russische Volksmärchen und besiegte ihn mit seinen eigenen Waffen. Dennoch darf man nicht vergessen, daß die französische Schule sein ursprünglicher Ausgangspunkt war.

Als Lyriker empfing er von dem hervorragenden französischen Dichter ANDRÉ CHÉNIER, *dem klassischsten aller Klassiker,* wie PÚŠKIN ihn nannte, entscheidende Anregungen. Seine fließende und doch plastische, von lateinischer und hellenischer Form und Idee geprägte, in Licht gebadete Lyrik sprach ihn als vollkommener Ausdruck seines eigenen Strebens nach einer makellosen Wortkunst an. Die harmonischen, dem Gedankengehalt so völlig gemäßen Verse CHÉNIERS waren für PÚŠKIN eine immer belebende Quelle. Die Verei-

nigung von glühender Leidenschaft und kühler Meisterschaft, die er bei
dem Dichter der französischen Revolutionszeit fand, entsprach sowohl
seinem eigenen künstlerischen Ideal als auch seinem eigenen dichterischen Talent. Für ihn bestand das Geheimnis Chéniers in seiner Unabhängigkeit von einengenden äußeren Regeln und seiner Treue der
klassischen Gesetzmäßigkeit gegenüber. Die gewandte Pointierung
und Gliederung der Strophe, die er bei ihm fand, schien ihm die Verssprache der Leichtigkeit der natürlichen Rede zu nähern, und mit feinem Gefühl übertrug er diese Gestaltungsweise auf die russische
prache. Noch 1825 schrieb er ein Gedicht zum Gedächtnis Chéniers.

Auf seine Zeitgenossen wirkte Púškins Sprache durch ihre Un-
gezwungenheit wie eine Offenbarung, wie eine Erlösung. Keiner hatte
es bisher vermocht, Verse zu schreiben, die so natürlich und unbeschwert klangen, die so mühelos – ohne irgendwelche syntaktische
Mängel oder Schwierigkeiten in der Wortwahl – geschrieben waren.
Keiner hatte mit so einfachen Mitteln so stilsichere Verse geschaffen.
Überwunden war jeder Rest alter, starrer Regelmäßigkeit. Beim Lesen seiner Verse entdeckte man, wie sinnlos die diktatorische Forderung gewesen war, daß jeder Vers einen abgeschlossenen Satz darzustellen, jede Strophe mit einer syntaktischen Satzperiode zusammenzu-
fallen habe. Púškin zeigte, daß es ein Vorurteil sei, jede Zeile mit
einem Punkt oder Komma nach dem letzten Versfuß abzuschließen,
es sei denn, daß innere Gründe es verlangten, und daß man den Satz
leicht und elastisch in die nächste Verszeile hinübergleiten und ihn
seinen Lauf spielend mitten in der folgenden Zeile beenden lassen
könne. Er war ein Meister des *Enjambements*. Er ließ Reihen ver-
ketteter Zeilen plötzlich von einer funkelnden isolierten Zeile durchbrochen werden, die dann den Glanz aller vorhergehenden an sich
zog. Seine technischen Mittel verbarg er geschickt hinter der leichtfließenden Wortfolge der natürlichen Rede, so daß der Reim nicht
wie ein sorgfältig vorbereiteter und unvermeidlicher Abschluß erschien, sondern jedesmal eine unerwartete überraschende Wirkung
hervorbrachte. Púškin hatte das alexandrinische Metrum der Franzosen in seinen feinsten Tönungen studiert und erwarb bald selber
unvergleichliche Meisterschaft in dieser Kunst der langen schwingenden Zeilen. Er vermochte dieses feierlich-pathetische Metrum dazu zu zwingen, auf seinen einst so strengen, nun kühn und sicher auf-

gelösten sechsfüßigen Jamben kapriziöse Elegien zu tragen. Er wagte es auch, dieses kühle Versmaß mit brennender Erotik zu füllen:

Nein, teuer ist mir nicht die wilde Lust des Leibes,
der trunkene Genuß, der Rausch des jungen Weibes,
nicht der Bacchantin Wut, ihr Rasen, ihr Gekeuch,
wenn sie, in meinem Arm sich windend schlangengleich,
in weher Küsse Sturm mit heißer Zärtlichkeit
die letzten Zuckungen hervorlockt vor der Zeit.

O wieviel lieber bist du, sanfte Nonne, mir,
wieviel erregender werd ich beglückt von dir,
wenn du, dem langen Flehn nicht länger widerstrebend,
dich zärtlich hingibst und, in keinem Rausch erbebend,
all meiner Trunkenheit nur schamhaft-kühl genügst,
mich ohne Echo läßt, dich keiner Lockung fügst, –
um fraglos immer mehr und mehr noch zu entflammen
und, teilhaft meiner Glut, zu glühn mit mir zusammen. (1832)

Wie Chénier war und blieb Púškin in seiner Lyrik *der klassischste aller Klassiker*, insofern er nie die Form um des Inhalts, des Stoffes willen vernachlässigte. Seine Dichtung war der Schlußstein der ganzen Entwicklungsgeschichte der pseudoklassischen oder neuklassischen Dichtung, ihre Vollendung und ihr Höhepunkt. Seine Verse standen allen modernen Gegenständen und Motiven offen, er verschloß sie keiner Bewegung, keinem Geschehen im Leben seines Volkes oder in seinem eigenen Leben, und der romantische Individualismus, der in so schroffem Widerspruch zur klassizistischen Abstraktion stand, drängte sich auf breiter Bahn in seine Dichtung ein. Kaum ein anderer Dichter hat so vollendete Liebesgedichte geschrieben wie er, und kaum je hat sich die Literaturforschung so eifrig wie bei Púškin damit beschäftigt, die erotische Lyrik eines Dichters als unmittelbaren Ausdruck seiner vielen leidenschaftlichen, flüchtigen, tiefen, verzweifelten oder glücklichen Liebeserlebnisse zu erklären. Aber seine Form war immer klassisch, von einem feinen Sinn für die traditionellen Gattungen der Lyrik bestimmt. Es kam ihm nicht darauf an, das Leben zu erklären, er versuchte nicht einmal sein eigenes Inneres in seinen Gedichten zu deuten. Nicht Bekenntnis oder Verkündigung, sondern ausschließlich Kunst war das Ziel seiner Lyrik. Obwohl in jeder Zeile persönlich, wurde er nie subjektiv. Das allzu Private oder Dunkel-Menschliche, das ihm oft genug größere Pein und Unruhe als anderen offenherzigeren und romantischeren Dichtern verursachte, durfte nie gewaltsam durchbrechen. In der Stunde der Verzückung und Begeisterung, wo sich die Feder von der bebenden Hand ergreifen ließ und in hastigen Zügen über das gefügige Papier glitt, wachte sein kühler Geist darüber, daß das Herz von seiner Not oder Lust nicht mehr verriet, als der Vers und die Strophe fassen konnten. Mit sicherem Sinn für die gemäße Form wählte er aus dem bunt und verworren strömenden Stoff, den ihm der Alltag darbot, immer nur das, was der Form würdig war. Jedes Gedicht sollte in sich selber ruhen. So erhielten seine nie ganz privaten Liebesgedichte das Gepräge marmorkühler, gemeißelter Vollkommenheit:

Ich liebte Sie. Die Liebe mag noch immer
in meiner Brust nicht ganz erloschen sein.
Doch Sie verstörn soll sie in Zukunft nimmer.
Mit nichts fortan bereit ich Ihnen Pein.

Ich liebte Sie, bald scheu, bald eifersüchtig,
in stummer Qual, die keine Hoffnung gibt.
Ich liebte Sie so innig, so aufrichtig,
wie, geb es Gott, ein andrer einst Sie liebt. (1829)

In seiner poetischen Vorstellungswelt lebten Madrigale, Sonette, Stanzen, Epigramme, Elegien als wesensverschiedene Formen nebeneinander, und wenn er Balladen oder Volksmärchen dichtete, waren sie für ihn weniger Ausdrucksformen für ein romantisches Verhältnis zum Leben und zur Literatur als vielmehr neue, aber selbständige, unerprobte, aber gleichberechtigte Gattungen neben den traditionellen. Ihre schulmäßige Herkunft interessierte ihn nur wenig, ihre poetischen Möglichkeiten dagegen leidenschaftlich. Wer seine Dichtung nicht vor dem Hintergrund der vorhergehenden, gleichzeitigen und folgenden lyrischen Kunst vergleichend erleben kann, dem bleibt ihr Reiz fast verschlossen. Wie mit einem Zauberstab berührte er eine Lyra, deren ältere Produkte für uns kaum noch genießbar sind, und entlockte ihr nun Verse, die ihre Gültigkeit bis auf den heutigen Tag behalten haben. Schlichten und klaren Gedanken gab er eine ungemein einfache und klare Form. Verschwommenheit und Metaphysik, die vordringende Philosophie der deutschen Romantik, war ihm im Grunde immer ein Greuel. Wie schlanke Säulen hoben seine Gedichte ihre Kapitelle zum Himmel empor, und die Schwere des

Stoffes löste sich in natürlicher und befreiter Vollkommenheit auf. Er versäumte keineswegs die Pflege der Ode, der pomphaften Form des Pseudoklassizismus, aber er befreite sie von aller barocken Monumentalität und wagte es – wie zum Beispiel in seinen Gedichten anläßlich des polnischen Aufstandes (1831) – die Odenform zu politisch-polemischen Zwecken zu verwenden.

Vor allen Versmaßen war der jambische Vers das eigentliche Gebiet Púškins, besonders der vierfüßige Jambus. Er war in dieser Hinsicht ein Kind des Klassizismus, er führte die Tradition weiter und sicherte ihr eine lange Zukunft. Selbst der bewegteste Gedanke konnte in dieser Form so harmonische Konturen bekommen, daß man sich versucht fühlt, die in dieser Dichtung herrschende Ruhe *apollinisch* zu nennen. Seine Auffassung von der Sendung des Dichters war der romantischen Stimmung seiner Zeit entsprungen, und romantischer Idealismus und Individualismus errichteten zwischen dem Poeten und der harten, prosaischen Wirklichkeit, der rohen, brutalen Masse (*tolpá*) oder dem Pöbel (*čern'*), wie er sie nannte, eine hohe Scheidewand. In seinen Jamben wurde diese Romantik jedoch in eine klassische Form umgegossen:

> *Solange nicht Apoll den Dichter*
> *zum heiligen Opferamt bestellt,*
> *ist er wie kleinmutvoll Gelichter*
> *versenkt ins eitle Weh der Welt.*
> *Nichts läßt die heilige Leier tönen,*
> *die Seele schläft in kaltem Bann,*
> *und unter kleinen Erdensöhnen*
> *ist er vielleicht der kleinste Mann.*
>
> *Sobald jedoch sein helles Ohr*
> *berührt der Götterstimme Zeichen,*
> *fährt, einem Adler zu vergleichen,*
> *der Dichter aus dem Schlaf empor.*
> *Dann grämt er sich im Weltergötzen,*
> *ist allem Menschenschwatz entrückt,*
> *und vor dem Fuß des Pöbelgötzen*
> *er stolzen Haupts sich nimmer bückt.*
> *Er flüchtet – trunken, streng alleine,*
> *der Töne voll, mit wirrem Mut –*
> *an das Gestade öder Flut*
> *und in die weitdurchrauschten Haine ...* (1827)

Mit einer Strenge wie keiner vor oder nach ihm zog Púškin eine Scheidelinie zwischen Leben und Dichtung, zwischen der Niedrigkeit des Lebens und der Erhabenheit der Dichtung. Klassizistische Abstraktion und romantischer Poetenkult begegneten sich und verschmolzen miteinander in dieser Haltung. Selten hat jemand so deutlich wie er das Recht des Dichters verneint, sich selbst zum Maßstab der Kunst, sein eigenes *Ich* zum künstlerischen Gegenstand zu machen. Zugleich hat aber selten ein Dichter so offen wie er sich und sein Erleben als Stoff und Anlaß benutzt. Der Dichter war ihm wie den gleichzeitigen Romantikern ein *vates*, ein Opferpriester, der seiner hohen Gottheit diente und ein willenloses Werkzeug in der Hand dieser Gottheit war. Aber er gab dieser Vorstellung ein rein hellenisches Gepräge. Aller falschen Selbstanbetung oder *Ich*-Verherrlichung fremd, sah er oft reumütig sich selbst als eine arme, sündige und unreine Seele, als eine leichte Beute des Lebens. Trotz seinem leuchtend klaren Geist abergläubisch, aufbrausend und primitiv, ein Bündel unharmonischer Leidenschaften, bekannte er seinen Freunden offen seine Schwächen. Aber mit der Achtung des Klassikers vor der Allgemeingültigkeit der Poesie stellte er seine Fehler nie als Götzen auf den Altar der Dichtung. Das Private war ihm profan.

Es wäre ein aussichtsloses Unternehmen, die Weltanschauung, die Philosophie Púškins irgendwie systematisch nachformen zu wollen. Die Gedanken, die er in seiner Poesie ausdrückte, waren so innig mit seinen künstlerischen Zwecken verknüpft, daß es verfehlt wäre, ihnen objektiven Wert zuzuschreiben oder sie als Grundlage einer ideologischen oder philosophischen Darstellung zu verwerten. Er war, fast aus Prinzip, kein Gedankenlyriker, und in seinen wechselnden Ideen ist kein wirkliches System. Er war nie ein Pedant. Vielleicht kann man sagen, daß der Grundton, der den größten Teil seiner Lyrik beherrschte, am ehesten ein heller und weiser Paganismus war, der in rationalistischen und klassizistischen Voraussetzungen wurzelte. Als letzter Anakreontiker der russischen Dichtung feierte er mit Vorliebe das Leben als ein schönes und bezauberndes Geschenk und den Tod als einen Freund, der nichts Böses im Sinne hat. Die sanfte Wehmut, die sich in sein Herz schlich, wenn der kühle Schatten des Todes auf seinen Weg fiel, schien jedem Ossianismus, jeder Sentimentalität

fremd. Leicht und natürlich wich sie dem pantheistischen Ewigkeits-
gedanken, der etwas Griechisches an sich hatte. Man konnte die
Stimmung klagender Verzweiflung nur gerade ahnen, wenn man die
ersten Strophen seiner *Stanzen auf den Tod* (1829) las, aber gegen
den Schluß hin schlug das Todesahnen in die Stimmung einer abgeklärten und resignierten Lebensschau um:

> *Ob ich durch laute Straßen eile,*
> *ob ich im vollen Tempel bin,*
> *ob ich bei jungen Toren weile,*
> *ich geb mich meinem Sinnen hin:*
>
> *„Die Jahre schwinden, und wir alle,*
> *so viele unser immer da,*
> *fahrn nieder zu der ewigen Halle,*
> *und manches Stunde ist schon nah.“*
>
> *Ich seh den Eichbaum einsam mahnen*
> *und denk: „Der Patriarch des Hains*
> *hat überlebt das Sein der Ahnen*
> *und überlebt genau so meins.“*
>
> *Wenn ich das liebe Kind umfasse,*
> *so denk ich allbereits: „Ade!*
> *Zeit ists, daß ich den Platz dir lasse,*
> *daß du erblühst, daß ich vergeh.“*
>
> *Im Geist verfolg gewohnterweise*
> *ich jeden Tag und jede Frist*
> *und rate, wo im Jahreskreise*
> *für mich der Tag des Todes ist.*
>
> *Und wo wird mir der Tod beschieden?*
> *Im Meer? Auf Fahrt? Auf blutigem Plan?*
> *Wird meine kalte Asche nieden*
> *mein nachbarliches Tal empfahn?*
>
> *Mag es den Leib auch nimmer scheren,*
> *wo er empfindungslos zerfällt —*
> *zur ewigen Ruhe einzukehren*
> *wünsch ich mir in vertrauter Welt.*
>
> *Mag junges Leben allemale*
> *dann spielen vor des Grabes Tür,*
> *und fühllos die Natur erstrahle*
> *in unveränderlicher Zier.*   (1829)

Dieser harmonische Paganismus war indessen im Geist des Dichters durchaus nicht unvereinbar mit tief christlicher Religiosität, mit religiöser Unruhe. Der Dichter brachte sie nicht selten in seinen Versen zum Ausdruck. Als echter Romantiker konnte er dann den Zauber der Demut und der Frommheit, die Gottergebenheit der orthodoxen Kirche erleben. Er wußte, daß die russische Sprache immer ihre Zuflucht zu der so verachteten und bekämpften kirchenslavischen Sprache nehmen konnte, wenn es galt, erhabene, religiöse Stimmungen wiederzugeben. Seine Wortwahl war aber von allen Theorien und Schulen unabhängig. Obwohl er Führer der jungen modernen Lyrik war, die die verfehlten Parolen Admiral Šiškóvs tief verachtete, bediente er sich doch oft eines archaischen, bisweilen fast Lomonósovschen Sprachstils, wenn es ihm nötig und zweckmäßig schien.

Meisterhaft war seine Ausnützung der wesentlichsten Elemente dieses Sprachstils in so unübersetzbaren Gedichten wie *Der Prophet* (*Prorók*, 1826), wo Wörter aus der Sprache der Kirche nicht nur sachlich angebracht waren, sondern den weltlichen Wörtern gegenüber das Übergewicht hatten und dadurch den ganzen Ton des Gedichtes bestimmten. Diese Schilderung des Propheten, der mühsam durch den Sand der Wüste wandert, bis ihm plötzlich Gottes Sendbote den Weg vertritt, ihn der Sinne beraubt, um ihm neue zu verleihen, ihm die Zunge ausreißt, um ihm eine neue zu geben, und ihn dann als Verkünder in die Welt schickt, war von religiösen Symbolen durchwoben und von der Mystik der Kirche durchdrungen, glühend in ihrem biblischen Fanatismus und doch gedrungen in ihrer Struktur. Die Mischung von slavorossischen und volkstümlich-russischen Bestandteilen, die wir in mehreren seiner Gedichte finden, wo bald das eine, bald das andere Element vorherrscht, ist nie von rein mechanischen Regeln bedingt wie etwa bei Lomonósov und seinen Nachfolgern. Púškin verwirklichte die Theorie seines Freundes Katénin, daß jedes Motiv seine eigenen Ausdrucksmittel voraussetze. Seine Sprache war nie die Frucht einer genauen Wahl nach dem Grundsatz *Entweder-Oder*; sie war aber auch kein ungeordnetes *Sowohl-Als-Auch;* sie stellte eine immer wechselnde Skala fein abgestufter und bedeutungsmäßig genau bedingter Übergänge von einer Sprachschicht zur anderen und von dieser wieder zu jener dar. Es gibt Gedichte von ihm, deren Wortschatz, Ausdrucksweise, Satzbau fast

rein volkstümlich ist, wie zum Beispiel die wunderbaren Volksmärchen in Versen von *Zar Saltán* (*Skázka o caré Saltáne*, 1831),
vom *Priester und seinem Knecht Baldá* (*Skázka o popé i rabótnike
jegó Baldé*, 1831), von *Der toten Prinzessin* (*Skázka o m'órtvoj carévne*, 1833), vom *Fischer und dem Fischlein* (*Skázka o i rybaké r'bke*,
1833), vom *Goldnen Hahn* (*Skázka o zolotóm petuške*, 1834).

Wie aber das Gedicht vom *Propheten* zeigt, waren andere Gedichte
mit kirchlichem Sprachstoff angefüllt. Es gibt einige Gedichte von
Púškin, die so sakral wirken, als wären sie in Verse umgeformte
Gebete oder Glaubensbekenntnisse. Wenn sie aber auch von der
Leidenschaft des eigenen Erlebens durchglüht waren, wenn auch die
Sätze, die sich im poetischen Reigen folgten, intim-persönlich waren,
wenn auch in diesen Gedichten hinter jeder Strophe ein *Ich* als Wahr-
heitszeuge zu ahnen war, so waren doch auch sie immer von dem einen
Zweck beherrscht, einen freien literarischen Organismus, ein von
seinem Meister unabhängiges Kunstwerk zu schaffen, das keiner
lebensgeschichtlichen Erläuterungen bedurfte, um ganz verstanden
zu werden. Als Beispiel dieser lyrischen Dichtung, die wie ein persönliches Bekenntnis wirkte und doch von fast orthodoxer Frömmigkeit durchdrungen war, kann Púškins Gedicht *Gebet* (*Molítva*, 1836)
dienen, in dem das Gleichgewicht zwischen archaischer und moderner
Sprache mit wunderbarer Sicherheit gewahrt ist. Eine Übersetzung
kann dieses Spiel der Gegensätze leider nicht wiedergeben:

> *Von Klausnervätern zwar und makellosen Frauen,*
> *die sich das Herz zum Flug in unsichtbare Auen*
> *zu festigen begehrt in Erdensturm und -zwist,*
> *manch inniges Gebet geschaffen worden ist.*
> *Doch rührt mich keins wie dies, das, in den trüben Wochen*
> *der Großen Fastenzeit vom Priester vorgesprochen,*
> *mehr als der andern eins mir auf die Lippen kommt*
> *und dem Gefallenen als frische Labe frommt:*
> *es wirkt durch eine Kraft, die jenseits des Verstandes.*
> *„Du, meiner Tage Herr, den Geist des eitlen Tandes,*
> *den Geist der Machtbegier – der Schlange im Versteck –*
> *und törichten Gereds halt von der Seele weg.*
> *Doch gib, o Gott, daß ich die eignen Sünden sehe*
> *und nimmer ins Gericht mit meinem Bruder gehe.*
> *Beleb in meiner Brust den Geist der Demut neu,*
> *den Geist der Duldsamkeit, der Liebe und der Scheu.“* (1836)

15. PÚŠKIN ALS DRAMATIKER
UND EPIKER

Konnte sich KÜCHELBECKER mit Recht als einen *Romantiker des Klassizismus* bezeichnen, dann war PÚŠKIN – wir wiederholen es – ein klassischer Geist im Zeitalter der Romantik. Von allen Seiten drangen die neuen dichterischen Bestrebungen verwirrend, störend, anreizend, unabweisbar auf ihn ein, aber unter seinen beruhigenden Händen wurde ihre Unruhe zu Harmonie: er deutete sie um, er schuf sie um.

Die zwei größten Abgötter der Zeit waren SHAKESPEARE und BYRON, die Dichter des romantischen Englands. Hellsichtig, wie PÚŠKIN in Dingen der Dichtung war, fiel es ihm keinen Augenblick ein, ihre unermeßliche literarische Bedeutung pedantisch zu bezweifeln oder gar zu leugnen. Sie stellten ihn vor Probleme, die er lösen wollte und mußte. Es waren bedrängende, brennende Fragen. Es handelte sich um die Vereinbarkeit dieser ungestümen Poesie mit dem Stil, den er selber vertrat. Wieder stand er vor der Frage einer Synthese. Er machte sich unverzagt an diese Aufgabe, zollte sowohl auf dem Gebiete der Tragödie wie auf dem der epischen Dichtung der Romantik seinen Tribut und schuf Werke, die aus dem Geist SHAKESPEARES und BYRONS geboren und doch ganz von seinem Wesen geprägt waren.

KARAMZÍN hatte SHAKESPEARE in all seiner Mächtigkeit entdeckt, PÚŠKIN aber schuf das erste und beste *chronicle play* der russischen Literatur in SHAKESPEARES Stil. Er schrieb 1825 seinen *Borís Godunóv*, und als diese Tragödie sechs Jahre später (1831) gedruckt wurde, widmete er sie dem Gedächtnis KARAMZÍNS. Das war um so berechtigter, als ihr Gegenstand dem berühmten Werk KARAMZÍNS über die Geschichte Rußlands entnommen war. Derselben Quelle entstammte aber auch PÚŠKINS Auffassung und Beurteilung der historischen Vorgänge und Gestalten. Im zehnten und elften Band von KARAMZÍNS Werk fand er die fesselnde Schilderung der tragischen Regierung Zar Borís Godunóvs und des Beginns der Wirren. Hier wurde berichtet, wie der kluge Borís, nach dem Tode seines

Schwiegervaters, Zar Iváns des Schrecklichen, unter der nominellen Herrschaft seines Schwagers, des schwachsinnigen F'ódor, den kleinen Thronfolger Dimítrij aus dem Wege räumen ließ, den höchsten Gipfel der Macht erklomm, die vielen Feinde des Reiches bekämpfte und dann von der strafenden Hand des Schicksals vom Thron gestürzt wurde, als der ermordete Junge plötzlich in der Gestalt eines falschen Thronprätendenten wiedererstand. Púškin gab in seiner Tragödie die Erzählung Karamzíns Szene für Szene wieder. Er machte die Idee, daß selbst das schönste und edelste Ziel böse und unedle Mittel nicht heiligen könne, die Idee vom Konflikt in der Seele Borís Godunóvs, zum Kern seiner Tragödie. Er brach entschlossen mit dem neuklassizistischen Stil, den Ozerov geschaffen hatte, gab das alexandrinische Metrum, das traditionelle Versmaß der klassizistischen russischen Tragödie, entschlossen auf und dichtete sein Werk teils in reimlosen fünffüßigen Jamben nach dem Vorbild der deutschen romantischen Dramatiker, teils – noch kühner – in reiner Prosa. Beides war revolutionierend. Auch die berühmten drei Einheiten des Ortes, der Zeit und der Handlung, welche die symmetrische Tragödie des Klassizismus beherrscht hatten, gab er auf. Die Handlung erstreckte sich nicht über vierundzwanzig Stunden, sondern über sieben Jahre. In kaleidoskopischer Buntheit ließ er kurze Szenen vorbeiziehen, die im Kreml, auf den Plätzen und Straßen Moskaus, in Klöstern und Bojarenhäusern, in Wirtshäusern, auf Schlachtfeldern, auf Richtplätzen spielten. Auf Szenen, die von der feierlichsten Tragik erfüllt waren, folgten Auftritte, die ihrem Aufbau und ihrer Wirkung nach possenhaft waren. Púškin betrachtete selber diesen *style mélangé* als einen der charakteristischsten Züge seiner Tragödie. Einem Freund schrieb er über diesen Stil: *Il est trivial et bas, là où j'ai été obligé de faire intervenir des personnages vulgaires et grossiers.*

Niemand war darüber im Zweifel, daß die Tragödie Púškins etwas ganz Neues und Ungewöhnliches war. Er selbst nannte sie *eine romantische Tragödie.* An Stelle der goldenen, aber mechanischen Regeln der klassizistischen Poetik suchte der Dichter hier nach seinen eigenen Worten ausschließlich *in der Wahrheit der Leidenschaften, in der Wahrscheinlichkeit der Gefühle unter den gegebenen Bedingungen* die eigentlichen Gesetze der Tragödie. Er wollte Shakespeare in зeiner *breiten und freien Charakterdarstellung* folgen. Neben Borís Godunóv stellte er eine Menge nuancierter Gestalten wie zum Beispiel den Klostermönch Pímen, der die Geschichte der Zeit in seinen großen Folianten niederschreibt, oder den abenteuerlichen Novizen Gríška Otrép'jev, der später als der falsche Demetrius erscheint, oder das listige polnische Edelfräulein Marina Mniszek, das, um die Herrscherin Moskaus zu werden, den falschen Thronprätendenten bestrickt.

Aber selbst wenn Púškin die Grundsätze der Romantik vorbehaltlos anerkannte, verleugnete sich nicht seine klassische Schulung. Die Tragödie war nur scheinbar eine shakespearische Tragödie. Jede Szene war ein in sich abgeschlossenes, unabhängiges, nach strengen, konstruktiven Grundregeln aufgebautes dramatisches Werk, ohne jedes Übermaß, ohne *Sturm und Drang*. Nur der Wechsel der Szenen war romantisch, nicht ihr Charakter. Bemerkenswert ist es, daß Púškin selbst nur von der Charakter-*Darstellung* Shakespeares sprach, aber nicht von seiner Charakter-*Entfaltung*. Keiner der Charaktere Púškins entfaltet sich während der Handlung als Folge der Handlung auf der Bühne, nicht einmal der Charakter Borís Godunóvs. Man sieht ihn nicht seine Untat vorbereiten, sie auf offener Bühne ausführen, dafür bestraft werden – ein Schema, wie es echt shakespearisch gewesen wäre. Im Gegenteil, ganz wie in den klassischen französischen Tragödien oder bei Ozerov ist Borís Godunóv von Anfang an ein voll entfalteter Charakter, der, wenn der Vorhang aufgeht, schon mitten in seiner tragischen seelischen Krisis steht. Schon vor langem hat er sein verhängnisvolles Verbrechen begangen, und kaum ist er in den ersten Auftritten vom Volke zum Zaren erkoren worden, als er auch schon wieder, nun sechs Jahre später, auf der Bühne steht und seinen berühmten Monolog über den furchtbaren Fluch der Untat hält, über die Ergebnislosigkeit seiner guten und klugen Handlungen und über den nagenden Gedanken an das Opfer, das er bringen mußte, an das ermordete unschuldige Kind. Dieser Charakter wurde nicht entwickelt, er wurde unmittelbar dargestellt: wir sehen den edlen und klugen Mann, der die Last eines in der Vergangenheit begangenen Verbrechens auf sich genommen hat. Die Tragödie bestrebte sich nur, die Wahrheit oder Wahrscheinlichkeit seiner Leidenschaften und Gefühle unter wechselnden Umständen zu zeigen, nicht aber zu schildern, wie sie entstehen und zur Handlung führen.

Die Tragödie *Borís Godunóv* war eins der hervorragendsten Werke PÚŠKINS. Sie war keine seelenlose Nachahmung, sondern ein originales, von seinem eigenen Stil geprägtes Werk. Will man diesem Stil einen Namen geben, so muß man ihn *realistisch* nennen. Gerade das meinte wohl auch der Dichter, wenn er in einem Brief an einen Freund sagte, er habe sich bemüht, *les effets théatrals, le pathétique romanesque etc.* zu vermeiden.

Dieselbe Synthese von SHAKESPEARischer Form und klassizistischem Geist oder – wenn man will – ihre Überwindung zugunsten einer dritten, selbständig erfaßten dramatischen Form fand der Leser in den sogenannten *kleinen Tragödien* PÚŠKINS, die um 1830 entstanden und deren Vorbild vermutlich die *Dramatic Scenes* BARRY CORNWALLS waren. Als eine Art Einleitung oder Auftakt zu ihnen kann man wohl seine Übersetzung von JOHN WILSONS (CHRISTOPHER NORTHS) *City of the Plague*, auf Russisch *Pir vo vrem'a čumý* (1830), betrachten. Als ihr Abschluß erscheint das dramatische Epos *Die Nixe* (*Rusálka*, 1832). Dazwischen stehen seine drei klassischen kleinen Tragödien: *Der geizige Ritter* (*Skupój rýcar'*, 1830, erst 1836 gedruckt), den er für eine Bearbeitung nach dem (von ihm erfundenen) englischen Dichter Chenstone ausgab, *Mozart und Salieri* (1830) und *Der steinerne Gast* (*Kámennyj gost'*, 1830). Sie waren alle Darstellungen gegebener Charaktere, deren alles beherrschende Eigenschaft oder Leidenschaft im Rahmen eines großen, reichnuancierten Gemäldes vorgeführt wurde. Die Methode war überwiegend dialogisch, zum Teil auch monologisch. Das Thema der ersten kleinen Tragödie war die bewußte Anbetung des Geldes, verkörpert in der Gestalt des alten Ritters, der den verschwenderischen ritterlichen Gewohnheiten seines Sohnes entgegentritt – das der zweiten war die freie, schöpferische musikalische Genialität, die der Eifersucht eines gewöhnlichen Musikers erliegt – das der dritten war der rücksichtslose Genuß der Frauenliebe im Widerstreit mit der Bußforderung des Rächers. Die kleinen Tragödien enthielten eine Menge feiner psychologischer Beobachtungen in klarer, einfacher Darstellung. Hinter allen schwelte aber eine von rein menschlichen Konflikten bedingte Tragik, die mit der SHAKESPEARES nahe verwandt war.

Ein ähnliches Ringen zwischen Romantik und Klassizismus finden wir in den sogenannten *byronistischen* Dichtungen PÚŠKINS, seinen berühmten *Poemen*. Sie sind in literargeschichtlicher Hinsicht besonders interessant, weil sie uns den Dichter ganz deutlich in seinem zielbewußten Fortschreiten auf eine harmonische Synthese hin zeigen. Einer der Gründe, warum der BYRON-Kultus oder der *Byronismus* in Rußland eine so reiche Blüte erlebte, liegt darin, daß er den Dichtern einen neuen Zugang zur großen poetischen Form öffnete, die im klassizistischen Stil ihre Entwicklungsmöglichkeiten verloren hatte. PÚŠKIN beschäftigte sich fast sein ganzes Leben hindurch leidenschaftlich mit der Frage der großen epischen Form. Seine ersten Versuche wichen kaum von der strengen klassizistischen Norm ab, obwohl sie lebhafte Erörterungen über *Romantik gegen Klassizismus* hervorriefen. Schon als Zwanzigjähriger schrieb er die episch-lyrische Dichtung *Ruslán und L'udmíla* (1820). Sie behandelte einen phantastischen, pseudohistorischen Gegenstand und enthielt eine Menge komischer Anspielungen auf ŽUKÓVSKIJS *Zwölf schlafende Jungfrauen*. In Wirklichkeit hatte das Gedicht nicht viel mit der Romantik zu tun. Sein ironisch-heroischer, bisweilen possenhafter Stil erinnerte eher an Ritterepopöen wie WIELANDS *Oberon* und wies ziemlich starke Spuren von VOLTAIRES skeptischem Geist auf. Auch PÚŠKINS parodistisches Gedicht *Die Gabrielade (Gavriiliáda*, 1822), das lange nur in privaten Abschriften bekannt war, ging auf einen Aufsatz VOLTAIRES (*Messie*) im *Dictionnaire Philosophique* und einige Gedichte PARNYs zurück. In diesem lustig-blasphemischen Gedicht erzählte der Dichter von den drei Liebesabenteuern der Jungfrau Maria mit Satan, dem Erzengel Gabriel und zuletzt mit Gottvater selber. Auch später versuchte sich PÚŠKIN immer wieder in dieser possenhaft-komischen Gattung, zum Beispiel in den Gedichten *Graf Núlin* (1825) und *Das Häuschen im Kolómna-Viertel (Dómik v Kolómne*, 1830), die beide rein anekdotische Motive in einer leichten pikanten Fabel behandelten. Grundsätzlich betrachtet, bedeuteten diese ironischen Dichtungen natürlich eine Abweichung von der klassischen Norm. Sie konnten die Gattung selbst nicht vor dem Untergang oder vor dem Übergang zur realistischen Prosanovelle bewahren. Nun bot sich der von BYRON geschaffene romantische Typus als ein neuer Weg an.

Die Reihe der lyrisch-epischen Dichtungen PÚŠKINS in BYRONS Stil umfaßt erstens den *Gefangenen im Kaukasus* (*Kavkázskij plénnik*, 1821 geschrieben, 1822 gedruckt), zweitens die *Räuberbrüder* (*Brát'ja razbójniki*, 1821), drittens den *Springbrunnen von Bachčisaráj* (*Bachčisarájskij fontán*, 1822 geschrieben, 1824 gedruckt) und viertens das wilde und düstere Gedicht *Die Zigeuner* (*Cygáne*, 1824 geschrieben, 1827 gedruckt). Es ist interessant, daß PÚŠKIN selbst die erste als *romantisches Gedicht* bezeichnete. Die dritte war sogar mit einer Vorrede V'ÁZEMSKIJS versehen, in der er die romantische Dichtung warm verteidigte. Diese epischen Gedichte oder *Poeme* PÚŠKINS wurden von den Lesern als Signal einer ganz neuen Literaturrichtung verstanden, und die Ausdrücke *Romantik* und *Byronismus* wurden zu gleichbedeutenden Benennungen für sie. Eine nähere Betrachtung ergibt aber, daß sie gar keine Revolution in der Dichtung PÚŠKINS bezeichneten. Sie bildeten nur eine neue Gattung, die er in die Reihe der wohlbekannten kanonisierten Gattungen aufnahm, eine neue Form und Methode, deren poetische Möglichkeiten unbestreitbar waren. Nur ein doktrinärer Pseudoklassiker ohne Sinn für echte Poesie konnte es sich einfallen lassen, sie zu bekämpfen. PÚŠKIN dagegen wollte feststellen, was er dieser neuen Gattung abgewinnen könne. Er entschloß sich, BYRONS Dichtungen in der Form seines vierfüßigen Jambus wiederzugeben.

Es war nicht zu verwundern, daß die Leser PÚŠKINS neue Dichtungsart sofort mit der bekannten Manier BYRONS identifizierten. In PÚŠKINS wie in BYRONS Gedichten stand ein romantischer Melancholiker oder edler Verbrecher, der eine wunderschöne Frau, eine glühende Naturblume, liebte oder von ihr geliebt wurde, in der Mitte des Geschehens. Auch bei PÚŠKIN trug dieser Held *den Schmerz der Welt*, er besaß ein dämonisches Äußeres und ein egozentrisches Inneres. Die Erzählung an sich, die auf einem nicht sehr starken novellistischen Stoff aufgebaut war, bestand auch bei PÚŠKIN aus lyrisch-epischen Fragmenten, die mehr oder weniger unvermittelt verkettet waren. In buntem Wechsel zogen wirkungsvolle Szenen, exotische Landschaften und düstere Dialoge am Leser vorüber, und der Stil war von pathetischen Wiederholungen, emotionalen Fragen und Ausrufen gekennzeichnet, die die persönliche Teilnahme des Dichters betonten und die Wirkung der strömenden, bewegten Lyrik verstärkten.

Aber auch in diesen scheinbar so weitgehend nachahmenden Gedichten wahrte Púškin seine unerschütterliche Selbständigkeit. Der Stil Byrons war bei ihm in hohem Grade umgeformt. Ohne Zögern, aber behutsam und klug führte er die fast übermenschliche Größe, die Byrons Helden so leicht annehmen, auf sehr menschliche Maße zurück. Statt sein eigenes Selbst mit den Helden zu identifizieren, enthüllte er sie in ihrer moralischen Hohlheit, ihrem Egoismus und ihrer Selbstvergötterung und verurteilte, ganz im Gegensatz zu Byron, ihre Gedanken und Taten, besonders dann, wenn die Handlung in der Zeit des Dichters spielte. Das war sowohl im *Gefangenen im Kaukasus* wie – in noch weiterem Maße – in den *Zigeunern* der Fall. Dafür teilte er der Frau eine viel größere Rolle und Bedeutung als Byron zu. Die schöne, sanfte Tscherkessin, die ihre Liebe mit dem Tod besiegelte, die schöne wilde Zigeunerin, die ihre Liebe verschenkte wie eine Königin ihre Gaben, die schöne fromme Polin, die im Harem ihres Herrn wie im Kerker schmachtete, fesselten das Interesse der Leser so sehr, daß der männliche Held neben ihnen verblaßte. Um die romantische Handlung zu dezentralisieren und die Bedeutung des romantischen Helden zu vermindern, befreite Púškin die Naturschilderungen von ihrer nur dienenden Rolle als malerischer Staffage. Die Landschaften, die Naturszenerien, die rein beschreibenden, ethnologischen und geographischen Abschnitte, die bei Byron nur das Lokalkolorit andeuten und das Verhalten von Held oder Heldin motivieren sollten, erhielten jetzt bei Púškin eine außerordentlich selbständige Bedeutung im künstlerischen Aufbau der Dichtung. Die wilde, majestätische Natur der kaukasischen Berge, die sanftere Landschaft der Krim, die unendlichen wogenden Steppen Bessarabiens traten malerisch in den Vordergrund. Die Tscherkessen, die tapferen Gegner der Russen in den ewigen Gebirgskämpfen, die Tataren, die früheren Herren der Krim mit ihren verträumten Gärten und rauschenden Springbrunnen, die Zigeuner, die freien Wandervölker der südrussischen Steppen und Städte – sie alle erscheinen bei Púškin in der ganzen Lebendigkeit ihres Daseins, ihrer Sitten und Bräuche. Lange, prächtige, meisterhaft geformte Versfolgen gaben das fremdartige, malerische Leben der halbzivilisierten und nomadischen Völker treu wieder. Die maßlos subjektive, lyrisch schwelgende Dichtart Byrons mußte sich die Umwandlung in eine konkret beschreibende Dichtung gefallen lassen; die reale Umwelt, das objektive Milieu, die großartige Natur siegte über das unwirklich Dämonische in der Schilderung des Helden. Nicht zuletzt in diesem Punkt verrieten die romantischen Dichtungen Púškins ihre Stilverwandtschaft mit den traditionellen beschreibenden Gedichten des Klassizismus. Hinzu kommt, daß der pathetische Wortschwall Byrons, seine Rhetorik, seine melodramatischen Effekte bei Púškin sprachlicher Knappheit, logischer Präzision und epischer Sachlichkeit gewichen waren.

So ging der Klassizismus wieder eine natürliche Verbindung mit der Romantik ein. Gereift durch seinen Kampf mit dem Genie Byrons, schrieb Púškin, als er auf der Höhe seines Könnens stand, die großen epischen Gedichte *Poltáva* (1829 gedruckt) und *Der eherne Reiter* (*Médnyj vsádnik*, 1841 posthum gedruckt).

Seine Dichtung nahm hier monumentale Maße an. Die Gedichte waren von einer großen staatspolitischen Idee getragen. Das Mißlingen des Dezemberaufruhrs hatte Púškin davon überzeugt, daß das gefährliche Spiel mit republikanischen und revolutionären Ideen das russische Imperium, das aus historischen Voraussetzungen erwachsen war, nicht über Nacht in einen Idealstaat verwandeln könne, und er begann sich jetzt mit dem Gedanken zu beschäftigen, daß die Zarenmacht als Werkzeug zur Erschaffung einer originalen russischen Kultur zu dienen habe. Er mußte die Augen vor den gegenwärtigen Verhältnissen schließen, davon absehen, daß der verhaßte Zar Nikolaj I. seine Aufgabe versäumte, und die russische Geschichte *sub specie aeternitatis* betrachten. Zar Peter wurde ihm zum Symbol des aufgeklärten genialen Herrschertums. Er wollte seine Tat und die junge Macht des russischen Reiches in seinen großen Dichtungen verherrlichen. Obwohl zwischen den Vorgängen in den zwei Dichtungen ein ganzes Jahrhundert lag, waren sie im Zeichen Zar Peters eng miteinander verbunden. In *Poltáva* ließ er Zar Peter mit genialem Ungestüm über den leichtsinnigen politischen Spieler Karl XII. und seinen finsteren Verbündeten und Ratgeber, den ukrainischen Hetman, den Verräter Mazépa, siegen. In dem rücksichtslosen Kampf um die Macht wurde das liebliche junge Mädchen, das sich in den alten mächtigen Hetman verliebt hatte, geopfert und verlor den Verstand; in Wahrheit aber wurde die Selbständigkeit der

Ukraine als Staat auf dem Altar des vordringenden russischen Staates geopfert. Die Tochter des treuen Kočubéj war nur eine poetische Verkörperung der Ukraine. Im *Ehernen Reiter*, dessen Handlung in seiner eigenen Zeit spielte, ließ PÚŠKIN das berühmte, von Falconet geschaffene Reiterstandbild Peters des Großen während der historischen Überschwemmung St. Petersburgs auf seltsame Weise lebendig werden und in dröhnendem Ritt den vermessenen Eugen verfolgen, der vor Gram über das Schicksal seiner Geliebten den Verstand verloren und trotzig das strenge stolze Werk des Zaren, die Hauptstadt im unruhigen, gefährlichen Delta der Neva, verflucht hatte. Was bedeutete das Glück oder Unglück eines kleinen verliebten Beamten vor der historischen Notwendigkeit, die den Bau der neuen Hauptstadt als Bollwerk gegen blinde Elemente und fremde Feinde gefordert hatte?

Ein ganz neuer Stil, frei von hyperbolischen Metaphern, frei von übertriebener Rhetorik, schien in diesen Dichtungen zu Worte zu kommen. Die Glut und Pracht der Verse war unübertrefflich. Die vierfüßigen Jamben hatten noch nie so voll und weich getönt. Die Handlung, die in PÚŠKINS Dichtungen immer nur geringe Bedeutung gehabt hatte, war auf ein Mindestmaß beschränkt. Dagegen fiel den Naturschilderungen eine viel größere Rolle zu. Noch nie hatte man so reich nuancierte Beschreibungen der russischen Natur gelesen oder gehört. Die Schlacht bei Poltáva wurde in ihrem ganzen Verlauf bis zu der wilden Flucht König Karls und Mazépas über die Steppen mit unglaublicher Gegenständlichkeit geschildert. Von unvergleichlicher dichterischer Süße aber war die Beschreibung der stillen ukrainischen Nacht mit ihrem Zauber, ihren mondhellen Gärten, ihrem sternbesäten Himmel, ihren grenzenlosen Weiten. Mit nicht geringerer Meisterschaft wurden im *Ehernen Reiter* die Schrecken der Überschwemmung, das Rasen der Elemente und der seltsame Ritt Zar Peters durch die leeren Straßen der Stadt geschildert.

Nur wie ein fernes Echo vernahm man in diesen Dichtungen noch die leidenschaftlichen, ungestümen Töne Lord BYRONS. Der neue Stil, der aus diesen Werken sprach, war der Stil der Objektivität, ein noch nie vernommener episch-realistischer Stil.

16. DER VERSROMAN PÚŠKINs

Die Entwicklung, die wir in den epischen Dichtungen Púškins wahrnehmen können – die Entwicklung von Byron her, über Byron hinaus und von Byron weg –, fand vor den Augen des Lesers in dem größten und berühmtesten lyrisch-epischen Werk des Dichters, dem *Eugen Onégin* (*Jevgénij Onégin*), statt, dessen einzelne Kapitel im Laufe der Jahre in unregelmäßiger Reihenfolge veröffentlicht wurden.

Mit überraschender Kühnheit nannte der Dichter sein Werk *einen Roman in Versen*. Eine solche Terminologie widersprach allen hergebrachten Gattungsbegriffen und war jeder klassischen Tradition zuwider. Wenn aber *Eugen Onégin* in mancher Hinsicht tatsächlich als der Abschied des Dichters vom Klassizismus betrachtet werden kann, so war er darum doch kein Bekenntnis zur Romantik. Wieder behauptete Púškin eine selbständige Stellung zwischen den Lagern, wieder wollte er – bewußt oder unbewußt – etwas Drittes.

Die Arbeit am *Onégin* begann ungefähr gleichzeitig mit der Niederschrift der *Zigeuner*, etwa im Jahre 1823, zu einer Zeit, als der Dichter noch ganz von der düsteren, desillusionierten Romantik Byrons erfüllt war. Die Arbeit erstreckte sich über volle sieben Jahre, und während dieser Periode erfuhr Púškins Auffassung des *Byronismus* eine langsame, aber äußerst entscheidende Veränderung. Als der erste Gesang (oder das erste Kapitel) erschien, war es jedem sofort klar – zumal da der Dichter es gar nicht zu verhehlen versuchte –, daß die kapriziöse Form des Romans unmittelbar dem Werke Byrons entlehnt war. Seine scherzhaften Dichtungen *Don Juan* und *Beppo* hatten Púškin anfänglich als Vorbilder gedient. Auch der *Childe Harold* beeinflußte ihn stark. Man spürte den Geist Byrons in den vielen ironischen, satirischen und lyrischen Abschweifungen, in der Art und Weise, wie er lässig von einem Gegenstand zum anderen wechselte, den epischen Faden fallen ließ, ihn mit einer leichten Entschuldigung an den Leser wiederaufnahm, die Erzählung unter dem Vorwand der Müdigkeit oder Unlust unterbrach und brennende Tagesfragen besprach. Wie bei Byron war in diesem Roman immer

die eigene Person des Dichters zugegen, freilich als ein *Ich*, das bei
weitem nicht so von sich eingenommen war wie das BYRONS. Die
leichtschwebenden, leichtfüßigen Verse PúŠKINS hatten hier eine Form
gefunden, die es ihnen erlaubte, sich in heiterem Spiel zu tummeln.

Auch der Titelheld mit seiner blasierten Melancholie und erkünstel-
ten Kühle, seinem englischen *spleen* oder seiner russischen *toská*
oder *chandrá* war deutlich von der wohlbekannten Haltung BYRONS
bestimmt. Aber allein schon der Zug, daß der Dichter sich erlaubte,
die *byronische* Stimmung, die die Deutschen ehrfürchtig *Weltschmerz* nannten, respektlos *spleen* zu nennen und dieses Wort ver-
suchsweise ins Russische zu übersetzen, wo es auch falsch und hohl
klang, verriet, daß der russische Dichter nicht beabsichtigte, diese
moderne Haltung seines achtzehnjährigen Lebemannes ernst zu
nehmen. Und je weiter das Werk allmählich gedieh, desto mehr behauptete es in tausend anderen Dingen seine Selbständigkeit, ja
seinen *Anti-Byronismus*. Der in der Schule des Klassizismus er-
zogene kritische Sinn PúŠKINS forderte unter Überspringung der
romantischen Entwicklungsstufe einen modernen Hintergrund für
seine Poesie. Die Wirklichkeit, die er wählte, sprengte die Rahmen
des romantischen Individualismus und strebte zu einer Verallgemeinerung der Probleme. Als das ganze Werk mit seinen acht zusammenhängenden Kapiteln fertig (oder anscheinend fertig) vorlag, und
als man gar erst die Fragmente zweier überschüssiger Kapitel kennenlernte, die zum Teil aus Rücksicht auf die Zensur nicht in den
Roman aufgenommen wurden, da begriff man, daß er eine ganz neue
Auffassung vom Wesen der Literatur vertrat – eine Auffassung, die
noch keinen terminologischen Namen bekommen hatte, die man aber
heute wohl als *Realismus* ansprechen würde.

Aus dieser doppelten Neigung zur leichten Form und zur objektiven Schilderung entstand im Laufe der Jahre unter den Händen
PúŠKINS langsam dieses graziös-ironische Werk, das sein Meisterwerk wurde.

Als Versdichtung betrachtet war PúŠKINS *Eugen Onégin* der
Schlußstein des ganzen, großen Gebäudes der Lyrik, das mit so
großem Fleiß und mit so großer Kraft in der goldenen Zeit des Klassizismus und der Romantik von so vielen Dichtern errichtet worden
war. Aus dem Geist der klassisch-romantischen Elegie geboren, un-

mittelbar der so lange gepflegten *poésie fugitive* entstammend, feierte der elegante, leichte und ungehemmte Stil Púškins seinen letzten Triumph auf dem Gebiet des Verses. Die Technik war bis zum Äußersten getrieben und hob sich selber auf. Der Roman strömte auf ausgelassenen Jamben dahin, die wie schäumende Katarakte, wie perlender Champagner waren. Sie reihten sich zu meisterhaften Strophen, in denen neunsilbige Verse mit weiblichem Ausgang und männlich ausgehende achtsilbige Verse in einer unabänderlichen, genau berechneten Folge miteinander ihr Spiel trieben. Das Reimschema war immer *a|b a|b c|c d|d e|f f|e g|g*, die männlichen und weiblichen Ausgänge folgten immer dem Schema *w|m w|m w|w m|m w|m m|w m|m*. Diese Struktur ermöglichte die verschiedensten Satzgliederungen. Bald bildeten die ersten vier Zeilen eine Einheit, eine Art Vorspiel zum Folgenden, so daß die übrigen zehn Zeilen wie eine zusammenhängende Einheit nachfolgten oder selbst in syntaktische Einheiten im Verhältnis 4 : 6 oder 6 : 4 oder 4 : 4 : 2 zerfielen. Bald gehörten jedoch die ersten sechs Zeilen (als eine Einheit oder im Verhältnis 4 : 2 gegliedert) enger zusammen, worauf die folgenden acht Zeilen geschlossen – oder im Verhältnis 2 : 4 : 2 oder 6 : 2 oder 2 : 6 gegliedert – nachfolgten.

Diese berühmt gewordene *Onégin-Strophe* besaß eine nie versagende, immer bewegliche und lebendige Geschmeidigkeit. Der ganze Text des Romans war nichts Geringeres als die Frucht einer genial durchgeführten Überwindung von Versmaß und Reim, die gleichsam verdeckt, verborgen, unbemerkt da waren. Das jambische Metrum mit seinem schnellen Wechsel von betonten und unbetonten Silben schien dem natürlichen, ungekünstelten Rhythmus der Sprache zu folgen. Die Reime wirkten beinah wie zufällige Übereinstimmungen von Silben und Wörtern. Die alte Reimlehre mit ihren strengen Forderungen war verlassen. Púškin reimte, wie es ihm gefiel; er gebrauchte seltene und banale Reime durcheinander, manchmal auch nur reine Assonanzen. Mit sicherem Geschick verbarg er auch seine Inversionen, und nur sehr selten merkte der Leser, daß die Reihenfolge der Alltagssprache von Subjekt, Prädikat und Objekt den Forderungen des Verses oder der Strophe geopfert worden war. Ganz treffend charakterisierte der Dichter selber seinen Stil, als er einen Freund in einer Widmung bat, er möge entgegennehmen

Kapitel, bunt zum Band gereiht,
bald wehmutvoll, bald heiter klingend,
bald schlicht, bald idealisch singend,
das lasse Werk der Mußezeit,
schlafloser Nächte Offenbarung,
verwelkter grüner Zeit Versuch,
Ertrag aus nüchterner Erfahrung
und aus des Herzens bittrem Buch.

In diesem leichten Gesprächston plauderte der Dichter über alles zwischen Himmel und Erde, scheinbar ohne Plan, ganz zwanglos, nur dem Gesetze folgend, nach dem Einfälle, Stimmungen und Gedanken in seinem Sinn wechselten, kamen und gingen. Bald sprach er von der schönen, welkenden Pracht des Herbstes, bald von der weißen Freude des späten Winters. Bald wurde die frühmorgens langsam erwachende Hauptstadt geschildert – mit dem Bäcker, der seinen Laden öffnete, mit der Bauernfrau, die mit ihren Milcheimern angewatschelt kam, oder mit dem Droschkenkutscher, der sein Pferd zur ersten Fahrt traben ließ. Bald fabulierte der Dichter von der leichten Kunst des Balletts und von den schlanken, zarten Füßen schöner Frauen. Allmählich schlossen sich aber diese wie zufällig hingestreuten Bilder zu einer Ganzheit zusammen. Moskau selbst schien seine Arme weit zu öffnen, St. Petersburg selbst trat mit seiner vornehmen Eleganz selbstbewußt hervor, Rußland selbst mit seinen Sitten und Bräuchen, seinen Fehlern und Tugenden war spürbar gegenwärtig. Der Hauch der Aktualität breitete sich über die einfache Handlung, eine verborgene Unruhe schwelte unter der Oberfläche. Die Geschichte verlief tragisch, obwohl sie wie ein Idyll in der Provinz begann, in der geborgenen, friedlichen, gastfreien Gutsbesitzerwelt, im Schoß der Familie, bei den alten Lárins und ihren schönen Töchtern. Der Dichter und Romantiker Lénskij, der in Göttingen studiert hatte und in die ländliche heitere Olga heftig verliebt war, führte seinen blasierten und melancholischen Freund Onégin, der aus dem *high life* St. Petersburgs kam, in das freundliche, friedliche Haus ein, ohne zu ahnen, zu welch tragischer Verwicklung diese Bekanntschaft führen sollte. Die Begegnung zwischen dem kühl überlegenen Onégin und der scheuen Tat'jána, ihre Liebe zu ihm, sein Ärger über das unvorsichtige naive Liebesbekenntnis des Mäd-

chens, seine unedle Rache und die Empörung Lénskijs, das Duell der
beiden Freunde, der Tod Lénskijs und die Auflösung des Idylls, die
Übersiedlung Tat'jánas nach Moskau und ihre Heirat mit einem
hochgestellten General und schließlich die zweite Begegnung Onégins und Tat'jánas in St. Petersburg – das waren die einfachen Abschnitte der Geschichte, einer typischen und recht banalen Geschichte
aus dem Anfang des 19. Jahrhunderts, aus den Tagen der Empfindsamkeit und des BYRONschen *spleens*.

Der typische Charakter der Erzählung bedingte aber auch ihren
Realismus. Eugen Onégin war nicht nur eine literarische Figur, die
aus den Werken BYRONs in eine russische Umwelt versetzt war. Er
war ein wirklicher Vertreter seiner Generation, des Geschlechts der
zwanziger Jahre. Oberflächlich erzogen, oberflächlich gebildet, mit
suffisanter, desillusionierter Miene, kaltem Herzen, voll Ironie allem
Menschlichen und Naiven gegenüber, trat er im romantischen Mantel
Childe Harolds auf. Die Art und Weise, wie er die empfindsame Liebe
der seelenvollen, aber noch nicht voll entfalteten Tat'jána zurückwies,
trug das Gepräge eines oberflächlichen jugendlichen Zynismus, eines
unreifen eitlen *Byronismus*. Ein himmelweiter Unterschied besteht aber zwischen diesem Onégin und dem viele Jahre später erscheinenden Onégin, als das unselige Duell mit Lénskij schon einer
fernen Vergangenheit angehört und er das einst so häßliche Entlein
Tat'jána als schönen Schwan in den Salons von St. Petersburg wieder-
trifft, eine begehrenswerte Tat'jána, die jetzt die vornehme und beherrschte Gemahlin eines verdienten Generals ist. Onégin hat im
Laufe der dazwischenliegenden Jahre eine Entwicklung durchgemacht. Die Pose Lord BYRONs verschwindet ganz vor dem Sturm der
Gefühle, die den gereiften und klugen Mann überwältigen und ihn
dazu bringen, mit dem ganzen Ungestüm seines unbefriedigten Herzens um ihre Gunst zu werben. Sein Versuch, ihre Liebe zu gewinnen,
stößt auf ihre bestimmte kühle Abweisung. Onégin wird zu einer
tragischen Gestalt, die ihre innere Zwiespältigkeit, ihre Hilflosigkeit
dem Leben gegenüber offenbart. In der stolzen und reinen Gestalt
Tat'jánas, diesem ersten strahlenden Frauenporträt in der großen
Galerie von Frauengestalten, die die russische Literatur des 19. Jahrhunderts hervorbringen sollte, war der schönste Frauentyp jener Zeit
geschildert – die empfindsame, sanfte, ernste und kluge Frau. Das

Thema des Verhältnisses zwischen der charakterstarken schönen Frau und dem schwachen intellektuellen Mann wurde hier zum erstenmal in der russischen Literatur angeschlagen.

Als das Werk allmählich weiter fortschritt, merkte Púškin, daß eine einfache Beschreibung des Onégin-Typs nicht genügte. Die Frage, wie ein solcher Typ überhaupt entstehen konnte, stellte sich ihm. Je weiter der Roman von Gesang zu Gesang gedieh, desto deutlicher wurde es, daß zwischen der Unrast, die Onégins Sinn beherrschte, und der Unruhe, die das allgemeine Leben um ihn her durchzog, ein bestimmter Zusammenhang bestand. Das Suchen und Forschen, die Rastlosigkeit Onégins war nicht nur seine seelische Privatsache. Fragmente des Gesangs, in dem Púškin die Reise Eugen Onégins durch Rußland schilderte, eine Art poetischen Reisejournals, erschienen in einer von den übrigen Gesängen unabhängigen Sonderausgabe. Das ständig wiederholte russische *toská*, das uns als Grundthema dieser Fragmente entgegentritt, ist nicht mehr mit dem englischen *spleen* gleichbedeutend: es meint hier alles andere als eine eingebildete seelische Krankheit, meint wirkliche Verzweiflung, hervorgerufen durch die Erkenntnis vom Elend des kaiserlichen Rußlands. Und im zehnten Gesang, von dem nur schwer zu entziffernde Bruchstücke überliefert sind, versuchte Púškin geradezu eine glühende, empörte Anklage gegen das zaristische System zu gestalten. Der Gesang sollte von Kaiser Alexander I. handeln, *diesem glatzköpfigen Narren, dem Feind der Arbeit, der nur ein haltloser, listig-treuloser Tyrann* sei. Er sollte auch von den Gegnern des Kaisers handeln, den Mitgliedern der revolutionären Geheimbünde, den künftigen aufrührerischen *Dezember-Männern* oder *Dekabristen:* sie entfachten 1825, gleich nach dem Tode Alexanders, eine Revolution, die von dem neuen Kaiser, Nikolaj I., schnell und nachhaltig unterdrückt wurde. Es ist kaum daran zu zweifeln, daß sich Eugen Onégin dieser weitverzweigten Verschwörung junger aristokratischer Rebellen angeschlossen und mit ihnen entweder den Tod erlitten hätte oder nach Sibirien verbannt worden wäre.

Wie der Roman jetzt vorliegt, stellt er also einen Torso dar, ein unvollendetes breites Zeitbild in Versen. Vielleicht hielt eben diese Versform Púškin zurück, sein Werk abzuschließen. Diese heiteren Jamben, die den Leser bezauberten, waren kaum zur Darstellung einer tragischen Wirklichkeit geeignet. Der Dichter mußte auf anderen Wegen das Ziel zu erreichen suchen, das ihm schon lange dunkel vorgeschwebt hatte, die realistische, wahre Wiedergabe der Wirklichkeit.

17. DIE POESIE LÉRMONTOVS

Die großen romantischen *Oriental Tales* BYRONS – *The Giaur, The Bride of Abydos, The Corsair, Lara, The Siege of Corinth* u. a. – und die großen exotischen und historischen Dichtungen PÚŠKINS *Der Gefangene im Kaukasus, Die Zigeuner, Der Springbrunnen von Bachčisaráj, Poltáva* und *Der eherne Reiter* bildeten gemeinsam das Fundament, auf dem die russische lyrisch-epische Dichtung der romantischen Periode emporwuchs. Die Kreuzung der BYRONschen und der PÚŠKINschen Dichtart ergab einen von beiden beeinflußten, aber keinem von beiden ganz ebenbürtigen Typ.

Von der Zwangsjacke des klassizistischen heroischen Epos befreit, warf sich die russische Dichtung mit fast überraschendem Eifer auf die neugeschaffene Gattung, die ganz neue Entwicklungsmöglichkeiten verhieß. Von einigen dieser neuen lyrisch-epischen Werke, die ungefähr zur gleichen Zeit wie der Roman PÚŠKINS entstanden (BARATÝNSKIJS *Eda*, KOZLÓVS *Mönch*, RYLÉJEVS *Vojnaróvskij* usw.), ist schon früher die Rede gewesen. Neben ihnen könnten jetzt Dutzende mehr oder weniger ähnlicher *Poeme* genannt werden – ein breiter Strom eruptiver romantischer Epik, worin immer wieder das Schicksal gefangener Russen bei orientalischen Völkern, die Leiden in mohammedanischen Harems schmachtender Frauen, exotische Geschlechtsfehden, Eifersuchtsdramen und Familientragödien und große Taten historischer Personen besungen wurden. In allen Provinzen und entlegenen Gegenden des russischen Reiches wurde jetzt meist von wenig bedeutenden Dichtern die große Dichtung in BYRONS Manier gepflegt.

Gleichzeitig degenerierte aber der konstruktive Charakter der großen Dichtung in verhängnisvoller Weise. Ihre rein äußerlichen Attribute, die nur bei BYRON und PÚŠKIN im großen Zusammenhang künstlerisch begründet waren – das Grelle, das Starke, das Über-

triebene, das Gegensätzliche –, wurden, aus dem Zusammenhang gelöst, als etwas an sich Wertvolles aufgefaßt und traten jetzt bei den
Nachfolgern auf Kosten aller inneren poetischen Abschattungen und
Werte prangend und prahlerisch in den Vordergrund. Es entstanden
Werke ausgesprochen epigonenhafter Art, unoriginal und dilettantisch im Vergleich mit den großen Vorbildern und Meisterwerken,
– sie fielen schnell der Vergessenheit anheim. Die anscheinend spontane fragmentarische Erzählweise verlor ihre innere Berechtigung
und wurde zur Manier. Die elliptische Struktur des Berichts, die
bei den Meistern die nötigen logischen Voraussetzungen verschwieg
und deshalb einen eigenartig geheimnisvollen Eindruck hervorrief, entbehrte in den neuen *Poemen* jeder Voraussetzung. Die
Brennpunkttechnik, die bei den großen Dichtern die immer stoff-
arme Handlung in ihren einzelnen zugespitzten Momenten darbot, wurde bis zum Äußersten getrieben. Die melodramatischen
Tendenzen der Gattung, die sich bei BYRON besonders häufig
fanden, wurden bei seinen russischen Jüngern zur leeren De-
koration. Die Charakteristik der starken Hauptgestalt, des romantischen Helden, setzte stillschweigend die schon existierenden anderen Helden dieser Art als bekannt voraus und wurde
allmählich auf einzelne formelhafte Züge reduziert. Das klischee-
hafte dichterische Verfahren siegte überall und brachte die Gattung zum Erliegen.

Der einzige Dichter, der sich über die Masse der Epigonen PÚŠ-
KINS und BYRONS erhob, war MICHAÍL JÚR'JEVIČ LÉRMONTOV (1814
–1841).

An dem Schaffen LÉRMONTOVS, dessen weit überwiegender Teil
in seine frühe Jugend fällt, während nur einige wenige Werke seiner
wirklich reifen Periode angehören, können wir besonders anschaulich
und unmittelbar beobachten, wie die Dichtung darum kämpfte, die
importierte Romantik, besonders ihre eigenartigste Spielart, den
Byronismus, mit der russischen Wirklichkeit einigermaßen in Einklang zu bringen und ihr poetische Ergebnisse abzugewinnen, welche
sie auf natürliche Weise auf ihrer Bahn weiterführen konnten. LÉR-
MONTOV starb allzu früh (erst 27 Jahre alt), als daß er in diesem Kampf
hätte siegen können. Er kam auch nicht dazu, wirklich vollendete
Werke zu schreiben. Er lebte aber lange genug, um neue, originale

Tendenzen in die Literatur einzuführen und in ihrer Geschichte einen eigenen bedeutungsvollen Platz einzunehmen.

Mit geradezu ungeduldigem Eifer bemühte er sich, *mit dem Tempo seines Jahrhunderts Schritt zu halten,* wie er sich einmal ausdrückte. Als blutjunger Mann beherrschte er die gesamte russische Literatur von Lomonósov und Deržávin bis Žukóvskij, Bát'uškov und Púškin, und Verse von allen diesen Dichtern tauchen bei ihm immer wieder als unbewußte Reminiszenzen auf. Seine Belesenheit in der westeuropäischen Literatur stand ganz im Zeichen der Romantik. Im Unterschied zu den meisten anderen russischen Byron-Jüngern brachte er aus der Schule fast gar keinen klassizistischen Ballast mit. Dagegen gaben Victor Hugo, Alfred de Vigny, Benjamin Constant und Sénancourt jeder einen Stein zu dem Mosaik ihres russischen Geistesgenossen. Mehr als alle anderen französischen Dichter beeinflußte ihn Chateaubriand, der französische Vertreter der *Weltschmerz*-Stimmung der Zeit: er versuchte denn auch seine *Atala* zu dramatisieren. Von den deutschen Dichtern gewann der junge stürmische Schiller große Bedeutung für ihn, besonders für seine dramatischen Versuche, während ihm die kühle Meisterschaft Goethes fremd blieb; nur das in seiner Kürze fast unübersetzbare Gedicht *Wanderers Nachtlied (Über allen Gipfeln ist Ruh)* fand vor seinen Augen Gnade und wurde von ihm ins Russische übertragen. Einen bedeutenden Einfluß auf seine Lyrik hatte Heinrich Heine, den er gern übersetzte und bei dem er mit Vorliebe lernte. Aber eine besondere, persönliche Liebe hatte er zur britischen Literatur. Mit eigentümlichem, etwas naivem Stolz pflegte er die Familienüberlieferung von der Herkunft seines Geschlechts: sein Urahne, der schottische Clanhäuptling Learmont soll schon im 11. Jahrhundert am Kampfe König Malcolms, des Sohnes Duncans, gegen Macbeth teilgenommen haben. Schon als Fünfzehnjähriger begann Lérmontov, der letzte seines Geschlechts, sich an den düsteren Tönen Býrons zu berauschen, und mit Thomas Moore, Walter Scott, Southey und Wordsworth war er schon in seiner frühesten Jugend innig vertraut.

Fast sein ganzes Leben lang arbeitete Lérmontov an der Gestaltung einer großen lyrisch-epischen Dichtung in Byrons Art. Daß seine Auffassung von einer solchen Dichtung sehr von der Púškins abweichen mußte, ist im Hinblick auf das anders geartete literarische Fundament LÉRMONTOVS im voraus gegeben. Ihm legte der Klassizismus keine Zügel an. In der geplanten großen Dichtung wollte er seine ganze literarische Erfahrung niederlegen. In seinem Streben war etwas Gigantisches, und insofern war er ein echter Romantiker. Er träumte davon, sein Werk auf der Dichtung ŽUKÓVSKIJS, PÚŠKINS, POLEŽÁJEVS und KOZLÓVS aufzubauen und sie alle in den Schatten zu stellen. Er nahm die befruchtenden Ideen BYRONS, MOORES, LAMARTINES und DE VIGNYS in sein Werk auf. Er wollte den Helden seiner Vorgänger, den irdischen Menschen mit dämonischen Zügen, in einen Dämon mit menschlichen Zügen verwandeln und ihn in eine überirdische und unwirkliche Sphäre erheben. Da die Wirklichkeit diesem individualistischen, egozentrischen und einsamen Menschen keinen Platz gewährte, so mußte der Dichter ihn in die Unwirklichkeit versetzen. Er wollte die titanische Qual des völlig Vereinsamten darstellen. Schon 1829 hatte er den ersten Entwurf geschrieben. Im folgenden Jahre arbeitete er ihn um. Im Jahre 1831 begann er das Gedicht in einen ganz neuen Rhythmus umzuschreiben, brachte aber den Versuch nicht zum Abschluß. Im Jahre 1833 wandte er sich ihm wieder zu und unterwarf ihn einer neuen durchgreifenden Änderung. Er setzte die Arbeit mit Unterbrechungen fort und führte in den Jahren 1834 und 1835 neue Umarbeitungen durch. Drei Jahre später entstand die fünfte Fassung des Gedichtes, doch gestaltete er es im Laufe der folgenden Jahre immer wieder um. Erst 1840, elf Jahre nach dem Beginn der Arbeit, im Jahre vor seinem Tod, lag endlich die letzte, endgültige Fassung des Gedichtes vor. Er nannte es *Der Dämon (Démon)*.

Sein Thema war die Liebe eines einsamen Dämons – oder des einsamen Dämons – zu einer irdischen Frau. Diese Gestalt des Dämons ist so entworfen, daß keine anderen seiner Art denkbar sind. Es ist der Eine, dem in der großen weiten Welt nichts vergleichbar ist. Die Handlung spielt im Kaukasus. Die Frau, die er sich zur Liebe ausersehen hat, ist die georgische Prinzessin Tamára, er tötet ihren Freier auf seinem Ritt durch die kaukasischen Schluchten zum Hochzeitsfest. In wildem Schmerz über den plötzlichen, geheimnisvollen Tod ihres Bräutigams gibt sich die schöne Tamára ihrem Leid hin. In Tränen vernimmt sie die zauberische Stimme des Dämons, die

ihr krankes Herz sanft und lind zur Ruhe wiegt. Diese Stimme dringt
weiter flüsternd auf sie ein, und sie läßt sich widerstrebend von ihrem
Zauber bestricken. *Der Geist der Wüste, der traurige Dämon*, der in
ewiger Einsamkeit über den Bergen des Kaukasus geschwebt hat,
der es leid ist, sich nie jemandem hingeben oder die Hingabe eines anderen empfangen zu können, offenbart sich ihr schließlich im Traum –
eine seltsam leuchtende, auf der Stirn das Mal des Leides tragende
Gestalt, die weder von der Glorie der Engel verklärt noch von der Bosheit der Teufel gezeichnet, sondern nur vom stillen Zwielicht des
Abends umgeben ist. Er erzählt ihr von seinem ewig unbefriedigten
Sehnen und fordert ihre Liebe:

> *Ich wars, des Flüstern in den Stunden*
> *der Mitternacht dich lauschen ließ,*
> *des Geist sich deiner Seel verbunden,*
> *des Leid du ahnungsvoll empfunden,*
> *des Bild sich dir im Traume wies –*
> *ich, dessen Blicke Hoffnung morden,*
> *sobald nur Hoffnung sich entflammt,*
> *ich, dem nie Lieb zuteil geworden,*
> *den alles Lebende verdammt.*
> *Nicht Raum noch Zeit hat mir Bewendnis,*
> *bin Gott der Scharn im Erdenjoch,*
> *bin Herr der Freiheit und Erkenntnis,*
> *des Himmels Feind, der Schöpfung Schändnis –*
> *und dir zu Füßen lieg ich doch!*

Von der sonderbaren Rede des Dämons bezaubert, von seiner abgrundtiefen Sehnsucht bewegt, ergibt sich Tamára seiner Liebe und
verbrennt in ihr. Als der Dämon nach ihrem Tod ihre Seele fordert,
steigen die Scharen der Engel herab und führen sie gen Himmel, und
einsam wie vorher, sich nur seines eigenen verwundeten und leidenden *Ichs* bewußt, setzt der Dämon seinen ewigen Flug über die
Berge des Kaukasus fort.

Nach dem Urteil der zeitgenössischen russischen Kritik war das
Gedicht *ein zwar kindliches und unvollendetes, aber nichtsdesto-
weniger gewaltiges Werk.* Die eigentliche Handlung war für den
Dichter höchst unerheblich. Sie bot ihm nur den Anlaß, die Schleu-
sen des lyrischen Stroms zu öffnen. So ist es ganz bezeichnend, daß
Lérmontov während seiner jahrelangen Arbeit am Gedicht die Hand-

lung auf verschiedene Schauplätze verlegte: zuerst war die Umwelt
spanisch, dann russisch, schließlich kaukasisch. Die gewaltige Natur-
welt, die er so wählte – die grandiose kaukasische Gebirgslandschaft
mit ihren Schluchten und Klüften, Pfaden und Flüssen –, sollte ihm
nur dazu dienen, die längst festgelegte Handlung *a posteriori* zu begründen. An sich war die Landschaft rein schematisch. Der lyrische
Stoff lag schon lange vor der Formung der Handlung – in Versen,
Zeilen, Strophen und Monologen – reif und fertig in der Phantasie des
Dichters, in seiner Schublade, in Hunderten von Notizen und Varianten. Diese waren lyrische Formeln für dämonische Ideen, Bekenntnisse und Sehnsüchte. LÉRMONTOV war der erste russische
BYRON-Jünger, der sein eigenes *Ich* in solchen Formeln zu übermenschlichen Maßen steigerte. War aber seine Poesie ihrem Wesen
nach abstrakt-symbolisch, so hatte sie doch nichts mit metaphysi-
schem Tiefsinn zu tun. Wir dürfen in diesem Gedicht keine philosophischen Ideen suchen. Das Interesse des Dichters richtete sich ausschließlich auf ein rein dichterisches Bild, das Bild der dämonischen
Natur, deren psychologische Gegensätze vereinigt und verschmolzen
werden sollten.

Das konnte für ihn nur durch die Sprache geschehen. Die gewünschte Synthese konnte nur mit rein stilistischen Mitteln erreicht
werden. Ganz klar erkannte LÉRMONTOV, daß das nur durch die Verwirklichung der lyrischen Möglichkeiten der Gattung, durch die
Schaffung eines bis zum Äußersten deklamatorischen Stils geschehen
konnte. Der Monolog des Dämons, der oben in fast vollkommener
Übertragung wiedergegeben ist, mag eine Vorstellung von dem leidenschaftlich erregten und bewegten Sprachstil LÉRMONTOVs geben.
Im Vergleich zu ihm war PÚŠKINS Stil bedeutend beherrschter, ruhiger und harmonischer. Auch LÉRMONTOV schrieb in vierfüßigen
Jamben; aber während PÚŠKINS Reime in der Regel einem festen
und klaren Schema folgten, von dem er nicht gern abwich, sprengten
sie bei LÉRMONTOV alle Regelmäßigkeit. Durch den Reichtum seiner
rhythmischen Variationen, durch die immer wieder in neuer Weise
vorgenommene Abänderung des zugrundeliegenden Reimschemas
gab LÉRMONTOV seinem großen Gedicht das Gepräge einer schillern-
den und anziehenden Veränderlichkeit. Hier und da – und zwar
durchaus nicht selten – verdoppelte er in dem einfachen Reimschema

a|b a|b entweder die *a*-Zeile, wodurch das neue und überraschende Schema *a|b|a a|b* entstand, oder die *b*-Zeile, wodurch das ebenso überraschende Schema *a|b b|a|b* erzeugt wurde. Und waren nun die verdoppelten Zeilen – wie im Monolog des Dämons – weiblich, so entstand der Eindruck einer leidenschaftlich schwingenden, intensiven, sich überstürzenden Rede; waren sie aber männlich, so wurde der Eindruck von Kraft, Geschlossenheit, Unwiderruflichkeit erzeugt. Das Gedicht war nicht geschaffen, um gelesen, sondern um gehört zu werden. Der Dichter sah sein Ziel darin, im Gemüt des Zuhörers das Unwahrscheinliche wahrscheinlich, das Unwirkliche wirklich zu machen und seine kritische Haltung zu lähmen. Die Worte verloren dabei ihren genauen Bedeutungswert, und die Klarheit des Gedankens wurde von der pathetisch gesteigerten Sprache des Dichters übertäubt und verdunkelt.

Diese Charakteristik trifft auch für LÉRMONTOVS zweites vollendetes Werk zu, die große Dichtung mit dem georgischen Titel *Mciri*. Durch KOZLÓVS episches Gedicht *Der Mönch* und durch andere russische Dichtungen in der Art BYRONS, auch durch ŽUKÓVSKIJS Übersetzung von BYRONS *Prisoner of Chillon* vorbereitet, erschien diese merkwürdige Dichtung als das glühende Selbstgespräch eines kaukasischen Klosternovizen, der die berauschende Schönheit und Gewalt der Freiheit erlebt hat und jetzt vor seinem Tode dem Prior beichtet. Zehn Jahre lang hatte LÉRMONTOV daran gearbeitet, Mengen versifizierten Stoffes hatten bereitgelegen, um in die Dichtung eingeschmolzen zu werden, und große Abschnitte wurden aus seinen Jugenddichtungen *Eine Beichte* (*Ispoved'*, 1830) und *Der Bojar Oršá* (1836) übernommen, wobei dem Stoff nur ein neues Gewand gegeben wurde. Das Gedicht *Mciri* gestaltete sich so zu einer langen Reihe emotionaler Formeln für Gefühle wie Verachtung, Empörung, Freiheitssehnsucht und Freiheitsrausch. Die epische Dichtung in BYRONS Manier verlor bei LÉRMONTOV, der sie bald selbst als veraltet ansah, die Wesensmerkmale der Epik und wurde zu reiner Lyrik.

Bahnbrechend war LÉRMONTOV nicht auf dem Gebiet der epischen Dichtung, wie eigenartig sich diese auch unter seinen Händen gestalten mochte. Das Neue brach bei ihm in der eigentlichen Lyrik, in der intimen Poesie, durch. Sie befreite sich bei ihm von den letzten Resten klassischer Regelmäßigkeit und Harmonie. Die moderne Auffassung des Gedichtes als unmittelbarer Abspiegelung persönlicher Gefühle, als Spiegelbild einer ungebundenen Seele, kurzum der lyrische Individualismus zog mit ihm in die russische Dichtung ein. Der Gattungsbegriff wurde von ihm teilweise aufgegeben. Alles Haften an allzu schulmäßigen Normen war überwunden. Seine Lyrik lehnte sich oft gegen die Strophe auf, wie sie noch bei PúŠKIN das Gedicht beherrschte, gegen die Strophe als genau berechnete und abgemessene Einheit. Jede Stimmung forderte bei ihm ihren eigenen Rhythmus. Es gab in seiner Dichtung einen Überfluß an neuen Versmaßen und neuen Kombinationen bekannter Versmaße. Mit einzigartiger Kühnheit begann LÉRMONTOV das Gewichtsverhältnis der metrischen Hebungen zu nuancieren. Er nahm überraschende Verrückungen vor. Der Rhythmus verwandelte sich so in Melodie. Mutig modernisierte er zum Beispiel das ehrwürdige daktylische Versmaß, diese starre Gruppe von einer betonten und zwei unbetonten Silben, und zwang es, die zartesten religiösen Stimmungen zu tragen. LÉRMONTOV skandierte nicht mehr seine Verse, zählte nicht mehr die Hebungen seiner Daktylen, sondern durchbrach das metrische Schema durch Tonentziehung und gelangte so zu einer Kadenz, welche die Verse von unsäglichem Gefühl schwellen ließ.

Modern war auch die poetische Sprache LÉRMONTOVs, sowohl mit Hinblick auf den Wortschatz, den er benutzte, als auch thematisch. Die große sprachliche Arbeit, die von den vorhergehenden Generationen geleistet worden war, trug bei ihm die ersten reifen Früchte. Wenn er sich auch an Begabung nicht mit dem alles verdunkelnden Genie PúŠKINs messen konnte, so war seine Sprache doch insofern geschmeidiger, als sie sich beinah völlig von allen kirchenslavischen Reminiszenzen befreit hatte. Die Glut, die in jedem seiner Gedichte atmete, entlieh ihre Wärme nicht kirchlichen Symbolen, sondern dem Reichtum der menschlichen Natur. Seine Sprache war leidenschaftlicher als die der meisten seiner Zeitgenossen, sie war zugleich ungemein einfach. Nicht die Technik des Wortgebrauchs, sondern die Technik des modernen Satzbaus gab seiner Dichtung ihren Charakter. Es war ein gefährliches Unternehmen, in einer Zeit, die von der allgemeingültigen Lyrik PúŠKINs beherrscht war, Verse zu schreiben, die im Gegensatz zu dieser das Eigenartig-Besondere anstrebten. Die lyrische Harmonie PúŠKINs ließ allzu disharmonische Verse nicht zu.

LÉRMONTOV aber gelang es, die Intimität seiner Gedichte der Harmonie des Meisters entgegenzustellen. Das Erlebnis der Selbstenthüllung einer Seele, das Bekenntnis eines Dichters, der seinem Herzen lauschte, machte den Leser zu einem Vertrauten, der alle Verstöße gegen die Norm verzieh:

> *Einsam ich auf öder Straße schreite.*
> *Durch den Nebel blinkt die Kieselschicht.*
> *Still die Nacht. Nun lauscht auf Gott die Weite,*
> *und der Stern jetzt mit dem Sterne spricht.*
>
> *Hehr und herrlich ist es in der Höhe!*
> *Und die Erde liegt in blauem Schein...*
> *Warum ist mir doch so schwer und wehe?*
> *Hab ich wes zu harrn? Was zu bereun?*
>
> *Ich erwarte längst nichts mehr vom Leben*
> *und bereu nicht das vergangne Sein.*
> *Würd mir Ruh und Freiheit nur gegeben,*
> *gerne schlief ich selbstvergessen ein —*
>
> *nicht zur Ruh in kalter Grabestiefe,*
> *gern für immer ich so schlummern blieb,*
> *daß die Lebenskraft im Busen schliefe,*
> *daß die Brust sich ruhig atmend hüb —*
>
> *einer süßen Stimme Liebeslieder*
> *hold liebkosten Nacht und Tag mein Ohr*
> *und die Eiche rauschend zu mir nieder*
> *neigte ihren ewig grünen Flor.*
>
> (1841)

Das *Ich*, das in der Lyrik LÉRMONTOVS zum Leser sprach, versuchte nicht, Gefühle zum Ausdruck zu bringen, die er nacherleben sollte. Es sprach nur für sich, und der Leser sollte seine Worte aufnehmen wie ein selbstloser lauschender Freund. Der Dichter betrachtete seine Seele als etwas Unwiederholbares. Seine Lyrik diente dazu, dieses Dichter-*Ich* in seiner ganzen Komplexität zu gestalten. Verschieden von dem des Lesers, war es das ständige Thema LÉRMONTOVS. Er dichtete dieses *Ich* aus vielen Elementen zusammen, und es ist nicht einmal sicher, daß es sein eigenes war. Es wurde mit den zartesten Mitteln der Poesie gezeichnet. Nur die Sterne konnten ihm Erquickung und Trost geben. Die Sterne bildeten einen Kranz um

das Haupt des Dichters, schöner als jeder Lorbeerkranz. Sie sprachen leise miteinander, sie lauschten dem Rhythmus der Nacht, sie
spielten mit heiteren Strahlen und lockten den Müden zu sich, sie
wanderten ihre ewigen Bahnen in treibendem Nebeldunst, sie waren
in ihrer Stille leidlos und unberührt vom Elend der Welt. Das *Ich*
des Dichters erhob sich zu ihnen und fand in ihrer fernen Welt Ruhe.
LÉRMONTOV sah sich immer als Gegenpol der Natur und konnte eben
deshalb hingebungsvoll in ihre Beschauung versinken. Was diese
Dichterseele nicht im Zusammenleben mit den Menschen erreichen
konnte, das erreichte sie bis zur Vollkommenheit im Zusammenleben
mit der Natur. Dann schuf der Dichter Meisterwerke feinster Lyrik,
von denen die folgende Übersetzung eine Vorstellung geben mag:

> *Wenn Korn ergilbend wogt, in leichtem Windgebrause*
> *die frische Waldung rauscht, im Garten, überdeckt*
> *mit rotem Karmesin, in wohliger Schattenklause*
> *des grünen Laubes sich die Pflaume scheu versteckt –*
>
> *wenn unter dem Gebüsch, von duftigem Tau befeuchtet,*
> *in rotem Abendschein, in goldner Morgenzeit*
> *mit silberhellem Haupt die Maienblume leuchtet*
> *und mir zum Gruße nickt in holder Freundlichkeit –*
>
> *wenn eisig kalt der Bach beim Spiel im Schluchtengrunde*
> *in einen dunklen Traum mein ganzes Dasein wiegt,*
> *wenn er ins Ohr mir raunt geheimnisvolle Kunde*
> *von jener Friedensflur, wo seine Quelle liegt –*
>
> *dann sänftigt sich gelind die Unruh meiner Seele,*
> *dann werden auf der Stirn die Falten wieder gleich,*
> *dann glaub ich, daß es nicht an Glück auf Erden fehle,*
> *und schaue wieder Gott in seinem Himmelreich.* (1837)

Die Vereinigung von Intimität in der poetischen Thematik und
Musikalität in der Behandlung des Versschemas, die wir in solchen
Gedichten finden, war die besondere Leistung LÉRMONTOVS im Bereich
der Lyrik. Seine von PÚŠKINS Poesie wesensverschiedene Dichtung
konnte sich neben ihr behaupten. Das gilt besonders von seinen vielen Liebesgedichten, die sich nie ähnelten, sondern immer etwas Neues
boten. Es waren dem Inhalt nach oft mehr oder weniger traditionelle
Liebesgeständnisse, die aber dank ihrer untraditionellen Rhythmik

neu und frisch wirkten. Sie nahmen nicht selten auch die Form heftiger Ausbrüche der Eifersucht an, wie sie die klassische Dichtung meistens vermied. In beiden Fällen dichtete LÉRMONTOV sein *Ich* in das eines liebenden Romeo oder eines haßerfüllten Othello um. Oft wurden sie aber auch zu direkten Schilderungen, sie zeichneten dann anmutige lebendige Frauengestalten, und das *Ich* des Dichters schien im Hintergrund zu verschwinden. Er schrieb schöne, verhaltene Verse an die Gräfin Voroncóva-Dáškova. Er zauberte das Bild der Fürstin Ščerbátova in seinen Versen hervor. Oder er schrieb gefühlvolle Verse an die Dichterin Fürstin Rostopčiná. Interessant ist es dabei, wie der Dichter sein eigenes *Ich* oft so völlig zu vergessen imstande war, daß seine Liebesgedichte eine balladenhafte Form annahmen.

Er berichtete dann kurz und knapp von der goldenen Wolke, die während einer einzigen schönen Nacht an der Brust des Bergfelsens geruht hatte und bei Tagesanbruch weggeflogen war. Oder er erzählte – nach HEINE – die Geschichte von der einsamen Fichte, die irgendwo im Norden von der schlanken Palme träumt, die fern im Süden einsam sehnend in der Wüste steht. Und überrascht sehen wir, daß sich dieser Lyriker der Selbstbetrachtung der Erneuerung der Ballade zuwendet und prächtige bylinenartige Erzählungen wie *Das Lied vom Kaufmann Kalášnikov* (*Pésn'a o kupcé Kalášnikove*, 1838) dichtet, wo das Zeitalter Iváns IV. mit erstaunlicher geschichtlicher Genauigkeit gezeichnet ist. In solchen Gedichten wurde LÉRMONTOVS Technik oft ganz klassisch.

LÉRMONTOV war aber nicht nur Stimmungs- und Balladendichter. Die Lebensanschauung, die sich in seinen großen Poemen als Weltschmerz in BYRONS Manier verkleidete, nahm in seiner Lyrik hin und wieder eine Form an, die man nicht einfach als gegenstandslose Pose betrachten kann. Der deklassierte und unbrauchbare Aristokrat nahm leicht diese Haltung an, und auch LÉRMONTOV gehörte der Klasse an, die sich unter dem Joch des zaristischen Bürokratismus schlecht zurechtfand. Bei ihm enthielt aber dieses Gefühl ein Element des gebieterischen, bewußten sozialen Protestes. Nach dem Scheitern des Aufruhrs gab er das Erbe der *Dekabristen* weiter. Sein Lebensekel fand seine Begründung in der russischen Wirklichkeit. Aus Anlaß des tragischen Todes PÚŠKINS richtete er eine bittere Anklage gegen den fest

geschlossenen Kreis um den Thron des Zaren, den er des Mordes an
dem freiheitsdürstenden Dichter zieh:

> *Doch ihr, vermeßne Artgenossen*
> *von Ahnen, wohlbekannt ob ihrer Niedertracht,*
> *die ihr zertreten habt auch noch die letzten Sprossen*
> *von Sippen, die das Spiel des Glücks mit Schmach bedacht,*
> *die ihr den Thron umringt, ihr Scharn von Nimmersatten,*
> *die ihr die Freiheit würgt, den Genius und den Ruhm,*
> > *die ihr euch bergt in des Gesetzes Schatten,*
> > *vor euch verstummt selbst Recht und Richtertum...*
> *Doch gibt es ein Gericht, euch Lasterbrut zu laden,*
> > *das göttliche Gericht,*
> > *das, taub fürs Klingen der Dukaten,*
> *das Tun und Trachten kennt und streng sein Urteil spricht.*
> *Mögt zur Verleumdung ihr dann eure Zuflucht nehmen,*
> > *nichts hilft euch mehr, was ihr auch tut,*
> *und nun und nimmer wascht mit schwarzen Blutesströmen*
> > *ihr ab des Dichters reines Blut!*
>
> (1837)

Was in diesem Gedicht zum Ausdruck kam, war keineswegs nur
natürliche Entrüstung, sondern offener Aufruhr, bewußter Protest.
Dieser junge Adlige, der so meisterhafte Gedichte schrieb, hatte
augenscheinlich Gedanken, die über die kleinliche Unzufriedenheit
eines hilflosen Frondeurs weit hinausgingen. Klarer als PÚŠKIN ahnte
er die kommende Auflösung der alten Lebens- und Gesellschaftsfor-
men, hegte aber nicht die klassenegoistische Hoffnung, daß der demokratische Adel wie in den angeblich guten alten Tagen wieder zur
Macht gelangen werde. Er schaute in die Zukunft. Schon 1830 begrüßte er begeistert die europäische Revolution, die auf den Barrikaden für größere Freiheit kämpfte. In dem ungeheuer kühnen Gedicht
Weissagung (Predskazánije, 1830) prophezeite er, daß *das schwarze
Jahr, wo auch die Krone des Zaren fallen wird,* bald auch in Rußland
kommen werde. Hinter seinem Gedicht *Der letzte Sohn der Freiheit*
(*Poslédnij syn vól'nosti,* 1830), das das alte Motiv von dem Freiheits-
helden Vadím von Nóvgorod auf neue Weise wiederaufnahm, und
hinter den beiden Tragödien *Die Spanier (Ispáncy,* 1830) und *Ein
seltsamer Mann (Stránnyj čelovék,* 1831), die gegen Standes- und
Klassenvorrechte gerichtet waren, glomm dieselbe revolutionäre Glut.

Im Lichte dieser Tatsachen wird es immer klarer, daß Lérmontovs von Byron übernommene Melancholie nicht eine interessante romantische Haltung war, sondern vielmehr die literarisch geformte Sehnsucht eines in seinem Tatendrang gehemmten Bürgers nach freier sozialer Entfaltung. Der Tod verhinderte Lérmontov, seine soziale Dichtung voll auszugestalten; dennoch kündigte der Dichter das soziale Schrifttum an, das in der zweiten Hälfte des Jahrhunderts vordringen sollte. Man ahnt eine Verbindungslinie zwischen Lérmontov und Nekrásov.

18. DIE PROSA PÚŠKINS UND LÉRMONTOVS

Die zwanziger Jahre waren die Blütezeit der hohen lyrischen Dichtung. Es war eine Zeit, in der alle überlieferten lyrischen Gattungen und Formen einer Prüfung unterworfen und zu bisher unbekannter Vollkommenheit gebracht wurden. In den dreißiger Jahren fand dagegen ein allgemeiner Übergang zur Prosa statt. Púškin und Lérmontov, die größten Lyriker der Zeit, suchten und fanden beide den Weg von der lyrisch bewegten epischen Dichtung zu der bisher so verkannten und vernachlässigten Prosa. Mit der Erkenntnis, daß die Entwicklungsmöglichkeiten der hohen epischen Dichtung erschöpft seien, rückten automatisch Roman und Novelle wieder in den Vordergrund. Sowohl Púškins heitere epische Dichtungen realistischen Inhalts als auch die gattungsmäßig verwandten Dichtungen Lérmontovs in der Art seiner lustigen *Kassierersfrau* (*Kaznačéjša*) hatten diese Entwicklung angekündigt, und der große Roman *Eugen Onégin* war die letzte Schanze, welche die Poesie der Prosa gegenüber zu halten versuchte.

Zwar hatte Karamzín um die Jahrhundertwende in seinen sentimentalen Novellen eine Prosasprache geschaffen, die anfänglich neu und frisch angemutet hatte. Sein eigentliches Verdienst hatte aber doch weit mehr darin bestanden, die Sprache von ihrer Abhängigkeit von kirchenslavischen Vorbildern zu befreien, als in der Erschaffung eines auf die Dauer brauchbaren Erzählstils. Sein Einfluß machte sich noch bei den Prosaisten der dreißiger Jahre geltend, sein empfindsamer Sprachgebrauch war aber grundsätzlich veraltet. Neben

seinen sentimentalen Novellen und denen Žukóvskijs gab es keine
andere einheimische Tradition von vorbildlicher oder normgebender
Bedeutung, und große Verwirrung herrschte auf dem Gebiet der
Prosakunst, als Púškin und nach ihm Lérmontov an ihrer Entwicklung zu arbeiten begann. Die zwei einzigen Schriftsteller, von denen
man sagen kann, daß sie die Linie von der Prosa des 18. Jahrhunderts
zu der des 19., wenn nicht in sprachlicher, so doch in gattungsmäßiger
Beziehung weiterführten, waren Izmájlov und Naréžnyj – Schriftsteller zweiten Ranges, die bezeichnenderweise die Tradition des
Abenteuerromans vertraten.

Aleksándr Jefímovič Izmájlov (1779–1831) hatte in der Blütezeit des sentimentalen Stils den Mut gehabt, einen satirisch-realisti-
schen Roman zu schreiben. Schon 1799 erschien sein großer Prosaroman *Eugen oder Die verderblichen Folgen schlechter Erziehung
und Gesellschaft* (*Jevgénij íli Págubnyje slédstvija durnógo vospitá-
nija i soóbščestva*). Als Abenteuerroman kam er zu spät, als Gesellschaftsroman zu früh. Es war die etwas ungeschickt erzählte Lebensgeschichte eines jungen Mannes halb-adliger Herkunft mit dem vielsagenden Namen Jevgénij Negod'ájev (von *negod'áj* ,Taugenichts'').
Der Held war ein Doppelgänger des Mitrofán in Fonvízins *Landjunker*, aber zugleich auch ein Vorläufer Onégins, der gewiß nicht
zufällig denselben Vornamen bekommen hatte. Von einem französischen Abenteurer und Emigranten in russischen Diensten mit dem
vielsagenden Namen *Pendard* (eigentlich ,Galgenstrick') erzogen und
von einem unsittlichen freidenkerischen Universitätskameraden mit
dem ebenso ausdrucksvollen Namen Razvrátin (von *razvrát* ,Laster')
beeinflußt und irregeleitet, endigt der wenig ansprechende Held nach
vielen Abenteuern seine Tage im Gefängnis. Die Form des Romans
gab dem Verfasser Gelegenheit, das unmoralische Leben der *jeunesse
dorée* in St. Petersburg zu schildern. Aber weder dieser Roman noch
seine beiden anderen, *Ibrahim und Osman* und *Arme Máša* (*Bédnaja
Máša*), konnten den triumphierenden Appell der empfindsamen Novelle an das Interesse der Leser übertäuben.

Moralisierend in seiner Satire wie Izmájlov war auch Vasílij
Trofímovič Naréžnyj (1780–1825). Auch er begann mit einem stark
realistischen Abenteuerroman, hatte aber sonst kaum eine literarische
Beziehung zu Izmájlov. 1814 erschienen die ersten drei Bände seines

Romans *Der russische Gil Blas oder Die Abenteuer des Fürsten
Čisť akóv* (*Rossíjskij Žiľ bláz íli Pochoždénija kn' áz' a Gavríly Simo-
noviča Čisť akóva*). Der Titel des Romans erinnert nicht nur an sein
fernes Vorbild, den Roman von Lesage, sondern auch an seinen
Nachfolger, *Die toten Seelen oder Die Abenteuer Čičikovs* von Gógoľ.
Schon dadurch ist die Stellung Naréžnyjs literaturgeschichtlich festgelegt. Die Satire des Romans war ganz unverhüllt gegen die führenden aristokratischen Kreise, gegen die Leibeigenschaft, gegen das
gesellschaftliche System Rußlands gerichtet. Er enthielt eine Menge
fast unverarbeiteten sozialen Stoffes. Form und Sprache waren völlig
vom Geschmack des 18. Jahrhunderts bestimmt. Daher konnte auch
dieser Roman keine Wende bringen. Dennoch veranlaßte seine scharfe Kritik die Regierung, den Druck der drei letzten Bände zu verbieten. Der kleine Verwaltungsbeamte Naréžnyj nahm erst in den
zwanziger Jahren seine literarische Tätigkeit wieder auf; in seinen
beiden bedeutendsten Werken, den Gesellschaftsromanen *Der Scho-
lar* (*Bursák*, 1824) und *Die zwei Ivane oder Die Prozeßsucht* (*Dva
Ivána íli Strasť k ť ážbam*, 1825), erschien er schon ganz deutlich als
der Vorläufer Gógoľ's auf dem Gebiet des realistisch-satirischen Romans. Erst nach dem Tod des Verfassers (1829) erschien sein erster
Roman *Das schwarze Jahr oder Die Bergfürsten* (*Čórnyj god íli
Górskije kn' az' já*). Er war eine scharfe Anklage gegen die Gewaltpolitik des russischen Imperialismus den kaukasischen Gebirgsvöl-
kern gegenüber.

Diese zwei Beispiele – die Werke Izmájlovs und Naréžnyjs –
zeigen, daß die Prosaliteratur immer noch vor dem schwierigen Problem der Übereinstimmung von Stoff und Sprache, von Thema und
Stil stand. Es blieb Púškin und unmittelbar nach ihm Lérmontov
vorbehalten, auf entscheidende Weise zur Lösung dieses Problems
beizutragen und damit eine tragkräftige Grundlage für die moderne
russische Prosakunst zu schaffen.

Schon Ende der zwanziger Jahre, besonders aber in den dreißiger
Jahren war Púškin eifrig mit allerlei Versuchen im Bereich der Prosagattungen beschäftigt. Scherzend sagte er seinen Freunden, daß er
zur Prosa *herabsteige*. Hinter dieser scherzhaften Ausdrucksweise
verbarg sich aber eine soziale Realität. Nicht einmal Púškin, der
Führer der olympischen *Plejade*, der Erste unter den aristokratischen

Dichtern, konnte sich der Tatsache verschließen, daß die Leserschaft keineswegs mehr nur unter den gebildeten Damen und Herren des Hofes sondern auch in den langsam vorrückenden demokratischen Schichten, unter den gebildeten Vertretern des dritten Standes, unter Studenten und Provinzfräulein zu finden war. Der Geschmack am Lyrischen und Epischen, der nur in engen Kreisen gepflegt wurde, mußte dem neuen Geschmack am Erzählerischen, an der Prosa, weichen, und es galt jetzt, dieser Prosa literarischen Wert zu verleihen. Mit seinem untrüglichen literarischen Fingerspitzengefühl und seinem feinen Ohr für die Fragen der Zeit mußte Púškin von Anfang an danach streben, die noch ganz unentwickelte Prosa mit Motiven in Einklang zu bringen, die noch kaum als literaturfähig angesehen wurden. Er sah auf diesem Gebiet die Möglichkeit gattungsmäßig getrennter großer und kleiner Formen, und mit seinem klassisch geschulten Geist erkannte er, daß Roman und Novelle einer sprachlich und thematisch konsequent durchgeführten inneren Motivierung bedurften. Dieses Verständnis für die Notwendigkeit des Zusammenhanges zwischen allen Teilen einer literarischen Form war eine Entdeckung, welche die Grundlagen der Prosakunst mit einem Schlage schlechthin änderte. Es handelte sich für Púškin nicht so sehr darum, einen neuen Stoff zu finden oder eine neue Gattung zu schaffen, als vielmehr darum, eine Lösung des von der Prosa vernachlässigten Motivierungsproblems zu finden.

Der Weg von Púškins erster großer, aber unvollendeter Arbeit, dem historischen Roman *Der Neger Peters des Großen* (*Aráp Petrá Velíkogo*, 1827), zu seinen letzten Entwürfen großer sozialer und historischer Romane wie etwa der *Ägyptischen Nächte* (*Egípetskiji nóči*), des *Russischen Pelham* (*Rússkij Pélam*) und der *Fragmente eines Romans in Briefen* (*Otrývki iz romána v pís'mach*) liegt erst seit kurzem völlig überschaubar vor uns. Zwischen diesen chronologischen Grenzpunkten lagen seine abgeschlossenen Romane und Novellen. Als Prosaist veröffentlichte er zuerst seine lustige Parodie auf die zeitgenössische russische Geschichtsschreibung, *Die Geschichte des Gutes Gor'úchino* (*Istórija selá Gor'úchina*). Das eigentliche Vorbild dieses Werkes ist wohl noch nicht gefunden, es ist aber deutlich, daß die Prosawerke Walter Scotts eine große Rolle für ihn gespielt haben. Die Schriften des englischen Dichters waren für die russische Litera-

tur der dreißiger Jahre von so großer Bedeutung, daß man mit demselben Recht, mit dem man von einer BYRON-Linie in der russischen
Literatur spricht, auch von einer russischen WALTER-SCOTT-Richtung
sprechen kann. Es ist unverkennbar, daß die Kompositionsart der
ersten Novellen PÚŠKINS, der *Erzählungen Iván Petróvič Bélkins*
(*Póvesti Ivána Petróviča Bélkina*, 1830), unmittelbar von WALTER
SCOTT herrührte. Der fiktive Verfasser dieser Novellen sollte jener
Bélkin sein, der in ländlicher Zurückgezogenheit angeblich die naiv
gehaltene Parodie *Die Geschichte des Gutes Gor'úchino* geschrieben
hatte. Ebenso wie WALTER SCOTT in seinen *Tales of my Landlord* dem
Leser weiszumachen suchte, die Erzählungen seien von dem Hilfs-
lehrer Peter Pattieson geschrieben und nachher von dessen Vorgesetzten, dem *schoolmaster* Jebediah Cleishbotham, einem Verleger verkauft worden, versuchte auch PÚŠKIN seinen Lesern vorzutäuschen,
daß nicht er, sondern der fiktive Bélkin die Novellen geschrieben
habe. Das Charakterbild dieses angeblichen Verfassers wurde in
einem Brief einer zweiten erdichteten Person entworfen, die Herrn
Bélkin persönlich kennen sollte. Der bescheidene, schwärmerisch veranlagte und ziemlich einfältige Dilettant wurde dem Leser von seinem völlig aliterarischen bäurischen Nachbarn vorgestellt. Um darüber hinaus den bewußt leichten Charakter dieser Novellen zu betonen, verwies PÚŠKIN in einer scherzhaften Fußnote die Motive der
Novellen in die aliterarische Welt der Anekdoten und *enthüllte* als
die eigentlichen Gewährsleute so philisterhafte Gestalten wie Titular-
räte, Offiziere, Lagerverwalter und Provinzfräulein – natürlich auch
lauter fingierte Personen. Hinter dieser zwei- und dreifachen Tarnung
steckte nicht nur der Wunsch, sich der unmittelbaren literarischen
Verantwortung zu entziehen, sondern auch der Wunsch, von der Bedeutung dieser Provinznovellen Abstand zu nehmen oder sie zu ver-
ringern. Für PÚŠKIN waren sie nur Etappen auf dem Weg zum großen realistischen Roman, nur Studien in Prosa.

Diesem Ziel kam er mit seinen zwei großen und bedeutenden Novellen *Pikdame* (*Pikovaja dáma*, 1834) und *Dubróvskij* (1833) beträchtlich näher. Jetzt übernahm er auch die volle literarische Verantwortung für seine Prosawerke. Der romantische Ursprung der beiden Novellen war mit Händen zu greifen. PÚŠKIN mußte erkennen,
daß die Romantik, wie sie sich in Westeuropa entwickelt hatte, eine

Form der Prosaerzählung geschaffen hatte, die bedeutende Möglichkeiten bot. Er nahm sich vor, diese neue Form mit seinen eigenen literarischen Tendenzen und Voraussetzungen in Einklang zu bringen.
Es ist offenkundig, daß die *Pikdame* unmittelbar aus der phantastischen Novelle E. Th. A. Hoffmanns stammt, die eben jetzt, Anfang
der dreißiger Jahre, in Rußland Schule machte, nicht zuletzt dank
den Bemühungen des Schriftstellers und Kritikers Nikoláj Polevój,
der ein großer Bewunderer E. Th. A. Hoffmanns war. Unter den
Händen Púškins machte aber die phantastische Novelle im Stile
Hoffmanns genau dieselbe Entwicklung durch wie seinerzeit die
große lyrisch-epische Dichtung in Byrons Art: das Übertriebene
wurde im Namen des Realismus reduziert und gemäßigt. Bei Hoffmann war das Phantastische ein gleichberechtigtes Pendant zur
Wirklichkeit, ein anderer, abenteuerlicher oder grotesker Aspekt der
Welt, der sich in der alltäglichen, wirklichen Welt manifestierte; es
bekundete sich so als Frucht der organischen Doppelsichtigkeit des
Dichters, der Wirkliches und Unwirkliches mischte und keine Grenzen zwischen ihnen anerkannte. Púškin dagegen erzählte in seiner
Pikdame eine im wesentlichen realistische Geschichte mit einer mystischen Pointe. Das Phantastische, das bei Hoffmann ein Zug seiner
eigenen bizarren Psyche war, wurde bei Púškin in den ungewöhnlichen Geist des Helden verlegt, es wurde psychologisiert und dadurch
auch rationalisiert.

Etwas Ähnliches geschah mit dem Stoff, der seiner Novelle *Dubróvskij* zugrunde liegt. Ihre literarische Verwandtschaft mit den zahllosen romantischen Räuberromanen, die um die Jahrhundertwende
und später in Europa entstanden, tritt sofort zu Tage. Literarische
Parallelen zu Walter Scott, Zschokke, Vulpius, Charles Nodier
u. a. lassen sich leicht nachweisen. Der edle Räuberhäuptling wurde
aber bei Púškin innerhalb einer gegebenen sozialen Wirklichkeit dargestellt und erhielt eine völlig andersartige, eine organischere Motivierung, als man sie bei sämtlichen möglichen Vorbildern findet. Man
kann sogar ganz von allen literarischen Quellen absehen und sagen,
daß Púškin sowohl in der *Pikdame* als auch im *Dubróvskij* ganz
typische, landläufige russische Anekdoten von erfolgreichen Spielern
und edlen Banditen verwendete – Anekdoten, die einer Gesellschaft
entsprungen waren, wo das Hasardspiel der Aristokratie in St. Peters-

burg und Moskau in einem direkten Kausalitätsverhältnis zu den
Bauernaufständen in den finsteren Provinzen stand.

Gerade diese Bauernrevolten bildeten das weitschichtige Thema
des einzigen abgeschlossenen Prosaromans Púškins, der *Hauptmannstochter* (*Kapitánskaja dóčka*, 1834–36). Púškin hatte lange ein auffallend intensives Interesse für den von Pugačóv geleiteten Bauern-
und Kosakenaufstand zur Zeit Katharinas II. gehegt. Dieser Aufstand war die erste organisierte Revolution in der russischen Geschichte gewesen und hatte das Reich in seinen Grundfesten erschüttert.
Als offizieller kaiserlicher Historiograph hatte der Dichter nach eingehenden Studien und Reisen eine wissenschaftliche Schilderung des
Aufruhrs (*Istórija Pugačóva*, 1831) herausgegeben. In seinem Roman
nahm er nun eine künstlerische Verwertung seiner historischen Studien vor und schuf einen der besten russischen historischen Romane.
Infolge des geringen zeitlichen Abstandes zwischen der Handlung
und der Arbeit des Dichters war der Roman auch geeignet, ausgesprochen politisches Interesse zu erregen. Hinzukam, daß Púškin, um die Glaubwürdigkeit des Romans zu erhöhen und ihn von
der Last des wissenschaftlichen Historismus zu befreien, den Stoff
in der Form von Erinnerungen darbot, die von einer der Hauptgestalten, dem braven Offizier P'otr Andréjevič Grin'óv, niedergeschrieben
sein sollten. Im einfachen Gemüt dieses Mannes, in dem Ehrgefühl
und Gerechtigkeitssinn mit Temperament und Empfindsamkeit gepaart waren, spiegelten sich die gewaltigen historischen Begebenheiten wider. In seiner Maske konnte der Dichter die anziehend-ab-
stoßende Gestalt des kosakischen Aufrührers Pugačóv frei schaffen,
der unter dem Namen des 1762 ermordeten Zaren Peter III. verheerend und befreiend von Provinz zu Provinz stürmte, um alle unter-
jochten leibeigenen Bauern zum Aufstand gegen die Herren aufzu-
rufen. Púškin hatte den Mut, diesem Staatsverbrecher viele großartige und ansprechende Züge zu verleihen, wodurch er, anders als
der junge Offizier Grin'óv, zu einer überwältigenden tragischen Gestalt wurde. Dieser Roman war der Triumph des Realismus. Er spiegelte das tägliche Leben des 18. Jahrhunderts in den russischen Provinzen in seiner Fülle und Buntheit wider.

Die Sprache, die Púškin in seinen Novellen und Romanen verwendete, war gleichfalls ein beredter Ausdruck seines Strebens nach

realistischer Wirkung. Verglichen mit den stilistischen Versuchen gleichzeitiger Prosaisten, war sie völlig unromantisch. Sie war aller emotionalen und rhetorischen Elemente bar und ohne stimmungsschaffende stilistische Effekte. Sie diente nicht so sehr dazu, Landschaften und Personen zu schildern, sondern dazu, den Verlauf einer bestimmten Handlung mit größtmöglicher Prägnanz zu erzählen. Sie war so einfach, daß sie hinter der durchdachten Komposition, hinter der durchgeführten natürlichen Begründung jedes Abschnitts und jeder Einzelheit der Handlung völlig zurücktrat. Man bezeichnet sie am besten als sachlich, verhalten und neutral. Wie wenig sie mit äußerlichen Wirkungsmitteln belastet sein mochte, innerlich war sie sorgfältig durchgeformt. Púškin machte die Satzfügung bewußt zum Instrument logischer Klarheit, antithetischer Spannung, inhaltlicher Gedrängtheit. Sie war mit Energie geladen, aber geschmeidig, sie war einfach, aber leicht ironisch und geistreich. Sie war ohne Fülle, Breite oder Schwere, aber gerade ihre Leichtigkeit wirkte als intellektueller Reichtum. Hinter Púškins Wortschatz und Satzbau ahnte man oft das Muster der französischen Sprache, und der Dichter scheute es durchaus nicht, den Leser ab und zu direkt darauf aufmerksam zu machen, indem er zum Beispiel das französische Originalwort in Klammern hinter seinen russischen Ausdruck setzte, um Kulturbegriffe zu bezeichnen, für die der russischen Sprache noch der richtige Terminus fehlte. Man konnte nicht darüber im Zweifel sein, daß er bei Voltaire in die Schule gegangen war und daß er bei dem Dichter des *Candide* Einfachheit, durchsichtigen Satzbau und lächelnde Eleganz gelernt hatte.

So führte bei ihm die Begegnung der romantischen Thematik mit der klassischen Sprachnorm zur Schöpfung eines neuen russischen realistischen Stils.

Auf ganz anderen Wegen gelangte Lérmontov als Fortsetzer Púškins zu ähnlichen Ergebnissen. Er gab der Prosa größere stoffliche und gedankliche Bedeutung.

Púškin war nie darüber im Zweifel gewesen, daß zwischen Poesie und Prosa ein himmelweiter Unterschied bestand. Dieser Unterschied war vor allem gattungsmäßiger Art. Die traditionellen und konventionellen Kunstmittel, die in der Poesie am Platze waren, betrachtete er als unstatthaft in der Prosa. Poetische Freiheiten, die in lyrisch-

epischen Dichtungen und Versromanen erlaubt waren, mußten in
den Gattungen der Prosaliteratur vermieden werden. Das realistische
Element seiner Prosa war in sehr hohem Grade durch diesen Gegensatz zur Poesie bestimmt, es war negativ bestimmt, durch das Fehlen
poetischer Kunstmittel. Auch LÉRMONTOV gelangte schließlich zu der
Erkenntnis des wesenhaften Gegensatzes von Poesie und Prosa; sein
Weg führte ihn aber zuerst durch tausenderlei Schwierigkeiten. In
seiner romantischen Einstellung zur Dichtkunst mußte er anfänglich
das Problem der künstlerischen Prosa auf andere Weise als PÚŠKIN
zu lösen versuchen. Die Prosa konnte für ihn vorerst nicht bloß einfach im Gegensatz zur Poesie stehen; sein Streben mußte vielmehr
darauf gerichtet sein, eine poetische Prosa zu schaffen, eine Prosa als
Fortführung der Poesie. Es ist aufschlußreich, daß er als Prosaschriftsteller damit begann, die wesentlichen Kunstmittel der lyrisch-epischen Dichtung einfach in die Prosa zu übertragen.

Wie PÚŠKIN es in der *Hauptmannstochter* getan hatte, wählte auch
LÉRMONTOV die Zeit der Bauern- und Kosakenaufstände als Hintergrund seines historischen Romans *Vadím* (1832). Hatte jedoch PÚŠ-
KIN in seinem Roman einen streng pragmatischen Stil gewählt, so
schrieb LÉRMONTOV in seinem eine ausgesprochen hyperbolische
Sprache. Sie war bis zum Rand mit grellen, melodramatischen, pittoresken Mitteln gefüllt. Sie war gefühlsmäßig bewegt, rhetorisch und
deklamatorisch, voller Vergleiche und Metaphern, voller Fragen und
Ausrufe. PÚŠKIN hatte es vermocht, mit seinem nüchternen Gefühl
für das Mögliche und Gemäße ein objektives Bild des Aufrührers
Pugačóv zu zeichnen; LÉRMONTOV aber wollte die Gestalt eines geheimnisvollen Rächers des Volkes schaffen, der sich gegen die adlige
Herrschaft empörte. Er nannte ihn Vadím – dieser Name wurde
schon in der klassizistischen Zeit mit einem mythischen Volkshelden
verbunden, der im Nóvgorod der Vorzeit die Fahne des Aufruhrs
gegen die fremden Unterdrücker, die Varäger, erhoben haben soll.
Seit den Tagen KN'AŽNÍNS war dieser Name von einem republikanischen und revolutionären Nimbus umgeben. Unter dem Einfluß von
VICTOR HUGO wollte LÉRMONTOV eine dämonische Gestalt schaffen,
die immer in rembrandtscher Beleuchtung auftrat, von heftigen
Affekten beherrscht und durch effektvolle Eigenschaften gekennzeichnet – bucklig, lahm, grausam und haßerfüllt –

ein Geist, dem alles Leben fremd war, ein Geist, der alles vermochte, aber nichts begehrte oder beklagte, ein Geist, der Vergangenheit und Zukunft wie bunte Bilder umfaßte, in denen er vieles lächerlich und nichts des Mitleids würdig fand.

Der Versuch mißlang. Die Idee des sozialen Aufruhrs als Volksrache und die Idee der dämonischen Persönlichkeit ließen sich nicht in einer höheren Synthese vereinigen. Auch mußte das Thema ihn zu Konsequenzen führen, die mit den herrschenden Zensurverhältnissen unvereinbar waren. Der wesentliche Grund, weshalb er den Roman unvollendet ließ, war aber zweifellos die Erkenntnis, daß die Sprache, die er gewählt hatte, die Sprache der hohen lyrisch-epischen Dichtung in BYRONS Art, sich in der Prosa nicht motivieren ließ.

Der nächste Schritt LÉRMONTOVS auf dem Gebiet der Prosakunst war der Roman *Die Fürstin Ligovskaja (Kn'agín'a Ligovskaja,* 1836), der auch unvollendet blieb. Der Dichter beabsichtigte, einen Gesellschaftsroman, einen Gegenwartsroman zu schreiben. Ein solcher Stoff aber forderte gebieterisch die Aufgabe der pittoresk-poetischen Prosa. Er machte einen bemerkenswerten Versuch, einen wirklich modernen und realistischen Roman zu schreiben. Aber auch diesmal standen sich das Soziale und das Psychologische unvereinbar gegenüber. Das verhinderte dann auch die Beendigung des Werkes. Noch waren zwar in LÉRMONTOVS Stil gewisse Reminiszenzen seiner früheren metaphorisch-rhetorischen Sprache zu spüren. Aber im großen ganzen war eine streng objektive Haltung dem Gegenstand gegenüber glücklich gewahrt. Die Idee des Romans war außerordentlich interessant. LÉRMONTOV beabsichtigte offenbar, die Handlung auf zwei verschiedenen Ebenen spielen zu lassen: in der aristokratischen Welt der sogenannten *bande joyeuse* und in der armen, kläglichen und sozial entrüsteten *Beamtenwelt.* Diese Ebenen sollten sich schneiden, und dadurch sollte die tragische Katastrophe hervorgerufen werden. Der Anfang des Romans war geeignet, den Leser gleich in die größte Spannung zu versetzen. Wir sehen die erregende Technik DOSTOJÉVSKIJS vorweggenommen:

Im Jahre 1833, am 31. Dezember, um vier Uhr nachmittags, bewegte sich wie immer ein Strom von Menschen die Voznesénskij-Straße entlang, und in diesem Volksstrom ging unter all den anderen ein junger Beamter.

*Der Leser möge sich den Tag und die Stunde merken, denn an diesem
Tag und zu dieser Stunde geschah etwas, woran sich eine Kette von verschiedenen Ereignissen knüpfte, die alle meine Helden und Heldinnen
betrafen . . .*

In diesem merkwürdigen Roman, der leider nicht zum Abschluß
kam, waren schon alle Keime der sozialen und psychologischen Thematik des kommenden russischen Realismus enthalten. Lérmontov
vermochte die Probleme einer so komplizierten Komposition noch nicht
zu lösen. Kein Wunder deshalb, daß er es aufgab, die Form des Romans
zu verwirklichen und in seinem berühmtesten und einzigen abgeschlossenen Prosawerk *Der Held unserer Zeit* (*Gerój nášego vrémeni*, 1839–41)
einen Ausweg wählte, den auch Púškin am Anfang seiner Laufbahn als
Prosaist gewählt hatte – den der Aneinanderreihung von inhaltlich zu-
sammengehörigen, der Form nach unabhängigen Novellen.

Dem von Symbolen und titanischem Drang sonst so berauschten
Lyriker gelang es tatsächlich, eine Sprache zu schreiben, die ganz
sachlich und bilderlos war. Es ist, als hätte er völlig den klaren Prosastil Púškins übernommen. *Der Held unserer Zeit* weist eine eigentümliche Komposition auf, die kompliziert und zugleich einfach ist.
Das Komplizierte lag in der äußeren Anordnung des Stoffes, das
Einfache in seiner Behandlung. Das Buch erschien als ganzes unter
dem Namen Lérmontovs; er übernahm auch die Verantwortung für
die kurze Vorrede und für die ersten zwei Novellen, *Béla* und *Maksím
Maksímyč*. Der Form nach waren sie Berichte des Verfassers darüber, was er bei zwei zufälligen Begegnungen im Kaukasus aus dem
Munde eines einfachen Reisegefährten über den seltsamen Mann
Pečórin erfahren hatte. Der Rest des Buches war aber als *Tagebuch*
dieses Pečórin dargeboten und von Lérmontov mit einem besonderen
Vorwort versehen. Aber nur der mittlere Teil – mit der Überschrift
Fürstin Mary (*Kn'ažná Méri*) – war wirklich im Tagebuchstil gehalten, während der erste und dritte als zwei von Pečórin verfaßte Novellen erschienen, die *Tamán'* (nach der Halbinsel im Schwarzen Meere,
wo sich die Handlung abspielte) und *Der Fatalist* hießen. Diese Ein-
schachtelungsmethode, die übrigens in den dreißiger Jahren sehr
beliebt war, ermöglichte es dem Verfasser, den Helden Pečórin von
immer neuen Gesichtspunkten aus und in den verschiedensten Be-
leuchtungen darzustellen.

Pečórin war zweifelsohne als Gegenstück zu Púškins Onégin geplant. Lérmontov nannte seinen Helden nach dem nordrussischen
Fluß Pečóra – so dem Beispiel Púškins folgend, der seinen Helden
nach dem Onéga-See genannt hatte. Pečórin und Onégin, beide aus
Byrons Geist geboren, waren typologische Brüder. Der Charakter
Pečórins war jedoch viel tiefgründiger erfaßt als der Onégins. Die
Gegenständlichkeit, die den Reiz der Menschenschilderung Púškins
ausmachte, war bei Lérmontov durch eine in die Tiefe gehende, kontrastierende, psychologische Analyse ersetzt. Lérmontov hatte – wie
er in seiner Vorrede zu dem Buche sagte – den Plan, *ein Porträt zu
malen, aber keineswegs das eines einzelnen Menschen, sondern ein aus
allen, zu voller Entfaltung gelangten Gebresten unserer Generation
geformtes Porträt.* Die Vermutung, er hätte nur sich selber vor
Augen gehabt, als er Pečórin schilderte, wies er entrüstet zurück. Wie
Púškin wünschte er nicht mit einem Ideal identifiziert zu werden,
das er selber gänzlich überwunden hatte. Pečórin interessierte ihn
als eine Zeiterscheinung. Zwar wollte er in seiner Gestalt einen dämonischen Menschen schildern, der sich nach einer liebenden Frau
sehnte und sie verdarb, einen rätselhaften Menschen, der Geist und
Willen auf Kosten der Gefühle frei wuchern ließ und gerade deshalb
unter seiner eigenen Kälte litt. Als Endziel schwebte aber dem Dichter die bittere Enthüllung der sozialen Verhältnisse, die einen solchen
Menschentyp hervorbrachten, weit mehr vor als die Enthüllung des
Typs an sich. Allen Einwänden gegenüber, daß eine so negative
Haltung nie zu einer moralischen Verbesserung der Gesellschaft führen könne, antwortete er ironisch, die *Literatur habe schon die Menschen mit Zuckerwerk überfüttert und ihre Verdauung verdorben,
jetzt sei eine bittere Arznei, die volle Wahrheit, nötig.* Trotz seiner
klaren Konzeption stieß Lérmontov auch in diesem Werk auf rein
technische Schwierigkeiten, dann nämlich, wenn es galt, die herbe
Wahrheit unversüßt wiederzugeben. Dadurch, daß er Pečórin vor
dem Hintergrund der großartigen romantischen kaukasischen Natur
darstellte, entschuldigte er gewissermaßen seine seelische Unzulänglichkeit und warf einen Schleier der Größe über seine Kälte und seinen Egoismus. Nur andeutungsweise gab er den Lesern zu verstehen,
daß dieser psychische Typ nicht so sehr ein mystischer Dämon sei als
vielmehr ein Vertreter jener aristokratischen *bande joyeuse,* jener

jeunesse dorée, die die Privilegien ihrer Klasse in vollen Zügen genossen hatte und nun plötzlich entdeckte, daß sie vergebens gelebt hatte. Die Tragik Pečórins wird in seinem Tagebuch gerade vor dem verhängnisvollen Duell mit einem unwürdigen Gegner so zum Ausdruck gebracht: *In der Erinnerung lasse ich meine Vergangenheit vorüberziehen und frage mich unwillkürlich, warum ich gelebt habe, zu welchem Zweck ich geboren wurde.* Und er antwortete sich selbst: *Irgend etwas war wohl mit mir beabsichtigt, und ich war sicher zu etwas Großem bestimmt, denn in meiner Seele fühle ich unermeßliche Fähigkeiten. Ich habe es aber nicht zu erkennen verstanden.*

Eine gerechtere Antwort als diese traurige Äußerung wußte LÉRMONTOV nicht zu geben. Sie wäre sonst nicht nur zu einem Urteil über Pečórin als individuellen Typ geworden, sondern zugleich zu einem Urteil über die Generation, die er vertrat, und über die Gesellschaft, die diese Generation hervorgebracht und sie in einem sinnlosen Dasein hatte untergehen lassen. Eine solche Antwort hätte die Zensur nicht durchgehen lassen.

19. DER ÜBERGANG DER LITERATUR ZUR PROSA

PÚŠKIN und LÉRMONTOV waren nicht die einzigen russischen Dichter der dreißiger Jahre, die sich der Pflege der Prosa zuwandten. Die ganze russische Literatur schien in dieser Periode die Richtung zu ändern und nach neuen Wegen zu einer künstlerischen Prosa zu suchen. Keiner der anderen Prosadichter gelangte zwar zu so beständigen und gültigen Lösungen wie PÚŠKIN und LÉRMONTOV, in ihrer Gesamtheit waren sie jedoch Vertreter einer ebenso eigenartigen wie gehaltreichen Prosaliteratur. Es ist schwierig, diese Prosa in ihrer Zusammengehörigkeit als Ganzes zu schildern: die verschiedensten literarischen Einflüsse und Einwirkungen kreuzten sich, in manchen Einzelheiten lassen sich Beziehungen zu PÚŠKIN wie zu LÉRMONTOV, zu IZMÁJLOV wie zu NARÉŽNYJ feststellen, und die einzelnen Schriftsteller standen zuweilen auch in wechselseitigem Abhängigkeitsverhältnis. Keiner überstrahlte natürlich die beiden großen Vorbilder, die meisten schrieben aber eine geschmeidigere Prosa als die beiden weniger bedeutenden Vorläufer, die wir gleichfalls genannt haben. Zusammen bildeten sie den Hintergrund, vor dem das große Werk GÓGOL's gesehen werden muß, und mit ihm bereiteten sie die große Entwicklung vor, welche die Prosa im Laufe des Jahrhunderts nehmen sollte.

Zwei Prosadichter waren, jedenfalls am Anfang ihres Schaffens, KARAMZÍN zu Dank verpflichtet: sie begannen mit ausgesprochen KARAMZÍNschen Reisebriefen. Jeder entwickelte seine Sprache auf seine Art weiter. Der eine war ALEKSÁNDR ALEKSÁNDROVIČ BESTÚŽEV (1797–1837), der unter dem Pseudonym MARLÍNSKIJ schrieb. Er trat schon Anfang der zwanziger Jahre als Schriftsteller hervor. Seine *Reise nach Reval* (*Pojézdka v Rével'*, 1821) kann man als Glied in der langen, allmählich immer dünner werdenden Kette von KARAMZÍNschen empfindsamen Reisebriefen betrachten, die sich ungefähr von der Jahrhundertwende bis zum Beginn der dreißiger Jahre erstreckte. Der Sentimentalismus hatte aber bei MARLÍNSKIJ einem leichten Plauderstil Platz gemacht, der sich in witzigen Einfällen, lustigen Bildern, echt französischen *calembours* und spaßigen Gedankenverbindungen erging. Die verhältnismäßig einfache Sprache KARAMZÍNs wurde bei ihm bewußt aufgeputzt. Sie war bunt, glänzend und lebhaft, oft aber auch geschmacklos, hohl und knallig. Er war seinem Wesen nach Lyriker und schrieb viele pessimistische und wehmütige Verse, welche die LÉRMONTOVs vorausnahmen. Aber auch in seiner Prosa, die ihm besonderen Ruhm verschaffte, war er vor allem Lyriker. Seine zahlreichen historischen Romane erschienen von 1823 und 1824 an, als er die große Erzählung *Román und Olga* (*Román i Ol'ga*, 1823) und die *Überfälle* (*Najézdy*, 1824) veröffentlichte, bis weit in die dreißiger Jahre hinein. In allen diesen großen Romanen, die an vielen verschiedenen Orten spielten (*Schloß Wenden, Schloß Neuhausen, Schloß Eisen, Leutnant Belozór*, 1831, *Der Panzerreiter*, 1832, *Die Fregatte Nadéžda*), besonders aber in den Romanen, deren Schauplatz der Kaukasus war, wo er als Soldat gedient hatte (*Ammalat-Bek*, 1832, *Mulla-Nur*, 1835/36 usw.), entwikkelte sich ein Stil, welcher der Sprachgestaltung PÚŠKINs und LÉRMONTOVs völlig entgegengesetzt war. Alle Fehler, die LÉRMONTOV in seinen ersten Prosawerken machte, wurden hier zum Prinzip erhoben. Zweifellos glaubte MARLÍNSKIJ selbst eine poetische Sprache zu schaffen, die echt volkstümlich und schlicht-national war. In Wahrheit übertrug er aber nur den Sprachstil der lyrisch-epischen Dichtungen in BYRONS Art auf die Prosa. Er pflegte mit Vorliebe rein rhetorische Satzintonationen. Er verwendete Fragen und Antworten, die er bald an den Leser, bald an seine eigenen Helden und Heldinnen richtete. Er gebrauchte – und mißbrauchte – Zitate, Sentenzen und Aphorismen zur Charakterisierung der erzählten Handlung. Sie bildeten einen eigenartigen bunten Kommentar zu ihr. Er rhythmisierte seine Sätze derart, daß sie beinah wie metrische Prosa wirkten, und baute seine Perioden in syntaktischen Parallelen auf. Und er entrollte vor seinem Leser gewaltige Schlachtenbilder und Naturszenerien. Er arbeitete mit Beleuchtungseffekten, mit Licht und Dunkel, mit Zwielicht und Dämmerung, in einer Art Rembrandt-Stil. Jedes Kapitel enthielt einen melodramatischen Gipfel, und seine Helden waren wandelnde Vulkane ausbrechender Leidenschaften. Allmählich erhielt dieser ausgesprochen romantische Stil ein eigenartiges spielerisches Gepräge, das ihm erlaubte, seine eigenen Sentenzen, seine eigenen Tongebungen zu parodieren und zu karikieren. In diesem sprunghaften, sprühenden Stil schrieb er seine Salonromane (*Versuchung – Ispytánije, Roman in sieben Briefen* u. a.), die sich zwar durch eine feine Komposition auszeichneten, aber nichts anderes waren als in eine Flitterglanz-Sprache gehüllte Liebesgeschichten.

Eine ähnliche romantische Ironie finden wir bei ALEKSÁNDR FOMÍČ VEL'TMAN (WELTMANN, 1800–70), der ebenfalls mit einem Reiseroman begann, bald aber zur historischen – oder vielmehr pseudo-historischen – Gattung überging. Er schrieb Romane, die darauf abzielten, *die Nerven des Lesers zu reizen.* Sein dreibändiger Roman *Der Wandersmann* (*Stránnik,* 1831) war im selben Stil wie XAVIER DE MAISTRES *Voyage autour de ma chambre* geschrieben. Sein Inhalt war teils die Schilderung einer wirklichen Reise durch die Moldau, die Walachei und die Dobrudscha während des türkischen Feldzuges im Jahre 1828, teils die Beschreibung einer fiktiven Reise über die Landkarte Europas. Das gab VEL'TMAN die Möglichkeit, mit seiner Form auf echt romantische Weise zu spielen und jede Wirklichkeitsillusion aufzulösen. Die Komposition des Romans beruhte nur auf dem reinen Assoziationsprinzip, das eine sprunghafte und plaudernde, tausendfach abschweifende Erzählweise erlaubte. Seine historischen Romane waren mit archäologischem Stoff unterbaute phantastische Romane. Bisweilen fehlte auch diese Grundlage. Er spielte auf volkstümliche oder altrussische Dichtformen an, wenn er seinen mythologischen Roman *Der unsterbliche Koščéj* (*Koščéj Bessmértnyj*, 1833) als *Bylinen entschwundener Zeiten* oder wenn er seinen historischen Roman *Der Sohn Sv'atoslavs, der Pflegling der Feinde* (*Sv'atoslávič, vráží j pitómec*, 1835) als eine *abenteuerliche Geschichte aus den Tagen König Vladímirs der Roten Sonne* bezeichnete. Den Roman *Troján und die Engelin* (*Troján i Angélica*) nannte der Dichter auf dem Titelblatt *eine von der hellen Morgenröte dem klaren Mond erzählte Sage*. VEL'TMAN versuchte bewußt, sich von der Norm des gattungsmäßig bestimmten, traditionellen historischen Romans zu befreien und eine dem volkstümlichen Märchen vermeintlich näherstehende Form zu finden. Er schwankte sprachlich zwischen mundartlichen und gelehrt-etymologischen Assoziationen, thematisch dagegen zwischen reiner Geschichte, Märchen und freier Phantasie. Dieses Experimentieren prägte sein ganzes Schaffen. Im Jahre 1833 veröffentlichte er den utopischen Roman *Das Jahr MMMCDXLVIII*, der, an und für sich nach dem althergebrachten Schema historischer Romane aufgebaut, in einer phantastischen Zukunft spielte, die sich aber in ihren wesentlichen Zügen – merkwürdigerweise – kaum von der Gegenwart unterschied. Der Roman war in dem bekannten geschraubt-romantischen Stil MARLÍNSKIJS gehalten. Im folgenden Jahre erschien ein neuer Roman mit dem verlockenden Titel *Der Mondsüchtige* (*Lunátik*, 1834): hier wollte VEL'TMAN die Begebenheiten des Jahres 1812 als historischen Hintergrund benutzen, aber trotz dem verwickelten Verlauf der Ereignisse fehlte dem Roman eine wirklich zusammenknüpfende Handlung. Den Höhepunkt der Experimentierlust erreichte VEL'TMAN schließlich mit seinem bunten pseudohistorischen Roman *Aleksándr Filíppovič Makedónskij* (1836), worin er die Geschichte der Feldzüge Alexanders des Großen in ironisch-anachronistischer Weise behandelte. Er kehrte hier zu der romantischen Technik seines *Wandersmannes* zurück. Er parodierte seinen eigenen Stil. Er sprengte den Begriff des *historischen Romans*. Die Gattung hatte sich selber überlebt.

Eine ähnliche Sprengung der Reisebrief-Gattung fand ungefähr gleichzeitig statt. Der auch journalistisch sehr tätige Schriftsteller polnischer Herkunft Osip Ivánovič Senkóvskij (eigentlich József-Julian Sękowski, 1800–59) veröffentlichte im Jahre 1833 unter dem Pseudonym *Baron Brambäus* seine vielgelesenen *Phantastischen Reisen (Fantastičeskije putešéstvija)*. Seiner Komposition nach gehörte dieses Werk zu einer in den dreißiger Jahren sehr beliebten, von Walter Scott geschaffenen Romanart, deren Wesen mehr in der Darstellung eines erdichteten Verfassers, in diesem Falle des *Barons Brambäus*, bestand als in der Erzählung einer wirklichen Roman- oder Novellenhandlung. Es handelte sich also um eine indirekte Charakterisierung. Diese wurde teils mit rein sprachlichen Mitteln durchgeführt, indem der wirkliche Verfasser den fiktiven für die Sprache verantwortlich machte, in der der Roman geschrieben war, teils mittels gewisser Ansichten und Gedanken, die diesem fiktiven Verfasser zugeschrieben wurden. Senkóvskij, der selber ein recht tüchtiger Orientalist war, machte sich in seinen *Phantastischen Reisen* weidlich über die Wissenschaft lustig; zugleich karikierte er auch die Form des Reisebriefes. Er ließ seinen *Baron Brambäus* sowohl *poetische Reisen durch die ganze Welt* als auch *wissenschaftliche Reisen nach der Bären-Insel* (einem Ort in der Türkei) und *sentimentale Reisen nach dem Ätna* unternehmen. Der respektlose parodistische Stil des Feuilleton-Journalisten feierte in diesen ausgelassenen, witzigen Novellen einen wahren literarischen Triumph. In anderen Romanen und Novellen wandte sich Senkóvskij mit Erfolg gegen die schwerfällige ethnographische Methode der historischen und sittenbeschreibenden Romane. Seine literarische Bedeutung lag aber nicht ausschließlich in dieser Persiflage bekannter Gattungen, sondern auch darin, daß er als berufsmäßiger Kritiker bewußt und klar gegen die verschiedenen romantischen Stilrichtungen der Literatur auftrat. Er wandte sich sowohl gegen den Stil Vel'tmans und Marlínskijs, die durch übertriebene Ausschmückung der Sprache eine romantische Prosa schaffen zu können glaubten, als auch gegen die immer noch nicht ganz überwundene Vermischung kirchenslavischer und russischer Sprachelemente. Überzeugt, daß das einzig rechte Werkzeug der russischen Kunstprosa in der täglichen, von einer normativen Grammatik geregelten Rede der Gebildeten zu finden sei, wandte er sich auch gegen Dal's Versuch, die Sprache mit mundartlichem Stoff zu bereichern.

VLADÍMIR IVÁNOVIČ DAL', eigentlich DAHL (1801–72), der dänischer Herkunft war, war einer der ersten bedeutenden russischen Volkskundler und Ethnographen; seinen umfangreichsten Schatz an Eindrücken aus dem russischen Bauernleben verwertete er in Novellen, die er einer erfundenen Person zuschrieb, dem *Kosaken aus Lugánsk* (wo er selber geboren war). 1832 veröffentlichte er seine erste Sammlung literarischer Paraphrasen russischer Volksmärchen (*Rússkije skázki*). Entscheidend für ihn war aber nicht so sehr das Interesse für den Märchenstoff als vielmehr die Beschäftigung mit der *natürlichen* oder *lebenden* russischen Sprache, der Bauernsprache, deren charakteristischste Elemente er der Schriftsprache einzuverleiben suchte. Es war eine wahre literarische Schmugglerarbeit, die er in seinen Erzählungen leistete. Sie wurden mit großem Interesse aufgenommen, bis man entdeckte, daß ihr künstlerischer Wert gering war und daß die geschilderten Charaktere – gewöhnliche Leute aus dem Volk, Bauern, Knechte – eigentlich gar nicht Menschen aus Fleisch und Blut, sondern nur Klischees waren. PÚŠKIN, der allen Versuchen, eine natürliche Prosasprache zu schaffen, die größte Aufmerksamkeit entgegenbrachte, glaubte nicht, daß die *volkstümlichen* Experimente DAL's wirklich zu einer Lösung des Problems beitragen könnten. Dagegen erwarb sich DAL' am Ende seines Lebens unverwelkliche Verdienste durch die Herausgabe der beiden großen Monumentalwerke *Sprichwörter des russischen Volkes* (*Poslóvicy rússkogo naróda*, 1862) und *Kommentiertes Wörterbuch der lebenden großrussischen Sprache* (*Tolkóvyj slovár' živógo velikorússkogo jazyká*, 1851–68).

Das Historische und das Phantastische waren, bald miteinander verbunden, bald getrennt, in den dreißiger Jahren der vornehmste Stoff der Prosa. Die historische Linie war vor allem durch die WALTER-SCOTT-Nachfolge bestimmt, die sich in diesem Jahrzehnt geltend machte, die phantastische entstammte dagegen den Novellen E. TH. A. HOFFMANNs, die eifrig in russischen Übersetzungen oder in der berühmten französischen Übertragung Loewe-Weimars gelesen wurden. Bei SENKÓVSKIJ hatte das Phantastische eine parodistisch-ironische Form angenommen. Die gleichzeitige russische Prosa wies aber auch andere Nuancen auf, Nuancen, die der Kunst HOFFMANNs näherstehen mochten als die abgeklärt phantastischen Novellen PÚŠKINS oder die parodistischen Novellen SENKÓVSKIJS. Die beiden vornehmsten Ver-

treter des HOFFMANNschen Stils in der russischen Novellistik waren
VLADÍMIR ODÓJEVSKIJ und ANTÓN POGORÉL'SKIJ.

VLADÍMIR F'ÓDOROVIČ ODÓJEVSKIJ (1803–69) – wie wir schon wissen, einer der feinsten philosophischen Köpfe der Zeit – war vom
Geist SCHELLINGS und WACKENRODERS tief beeinflußt, begeisterte
sich für die Kunst JEAN PAULS und stand überhaupt der deutschen
Romantik näher als irgendeiner von den zeitgenössischen russischen
Denkern und Dichtern. Er hatte den schmerzlichen Konflikt von ob-
jektivem Erlebnis und subjektiver Reflexion, der für die deutsche
Romantik charakteristisch war, selber kennengelernt. In seinen gesell-
schaftskritischen Novellen – *Fürstin Mimí* (*Kn'ažná Mimí*, 1834),
Fürstin Zizí (*Kn'ažná Zizí*, 1839) u. a. – maß er die Wirklichkeit an
seinen hohen Idealen und versuchte seine Zeit zu belehren. Nach dem
Beispiel PÚŠKINS, SENKÓVSKIJS u. a. machte er eine erfundene Per-
son, und zwar einen gewissen Irinéj Modéstovič Gomozéjka, für seine
Bunten Märchen (*P'ostryje skázki*) verantwortlich. Bekanntlich wen-
dete auch E. TH. A. HOFFMANN diese letzten Endes·von WALTER
SCOTT stammende Technik in seinen *Serapionsbrüdern* an, wo die
Erzählung freilich nicht einer, sondern mehreren Personen in den
Mund gelegt war. So vereinigten sich die Kompositionstechnik WAL-
TER SCOTTS und die E. TH. A. HOFFMANNS in der phantastischen russischen Novelle. Alle grotesken Effekte vermeidend, formte ODÓ-
JEVSKIJ seine Sprache zu einem ausgeglichenen, harmonischen System, zu einem Instrument, das den symbolischen Gehalt des Lebens
in melancholischer Weise verherrlichte. Sein Sinn für die Musik
spiegelte sich in dieser Sprache, und in seinen Künstlernovellen – wie
etwa im *Letzten Quartett Beethovens*, im *Improvisator* u. a. – gestaltete er geistvolle philosophische Gedanken, wobei er wohl dem Beispiel HOFFMANNS folgte. Oft nannte man ODÓJEVSKIJ nach der Hauptperson seiner Novellensammlung *Russische Nächte* (*Rússkije nóči*,
1844) *den russischen Faust:* er bekannte offen, daß er eine Art mittelalterlicher Universalwissenschaft erstrebte, die Chemie, Alchimie,
Magie, Musik, Medizin und andere, sowohl reale als auch okkulte
Disziplinen umfassen solle. Und doch war dieser HOFFMANN-Jünger
realistischer eingestellt als sein deutscher Meister, und die deutsche
Phantasterei suchte er zu vermeiden. Sein Roman *Das Jahr 4438*
(*4438-oj god*), der unvollendet blieb, war trotz seiner phantastisch-uto-

pischen Zukunftsschau aus sehr konkret definierten Zeitfragen hervorgegangen und wollte zu ihrer Lösung beitragen: er sah Rußlands Rettung und Mission in der Vereinigung aller Nationen unter dem Selbstherrschertum *des ersten Poeten*. In der zweiten Hälfte seines Lebens
sagte er sich bis zu einem gewissen Grade von seiner früheren Mystik
los und nahm am Übergang der russischen Prosa zum Realismus teil.

ANTÓN ALEKSÁNDROVIČ POGORÉL'SKIJ (1787–1836), dessen eigentlicher Name PERÓVSKIJ war, ein natürlicher Sohn des Grafen Alekséj
Razumóvskij, war einer der ausgeprägtesten HOFFMANN-Jünger in der
russischen Literatur und zugleich einer der allerfrühesten. Schon
1825 veröffentlichte er eine Novelle in HOFFMANNs Stil, *Die Mohn-
kuchenfrau von Lafértovo* (*Lafértovskaja mákovnica*). 1828 erschien
sein zweibändiges Werk *Der Doppelgänger oder Meine Abende in der
Ukraine* (*Dvojník ili Moí večerá v Maloróssii*), eine Sammlung von
rein phantastischen Novellen und Erzählungen, die sich bisweilen
eng an einige Novellen HOFFMANNs anlehnten, vorgetragen im Rahmen fiktiver Gespräche des Dichters mit seinem Doppelgänger. Eine
der Erzählungen war eine Bearbeitung von HOFFMANNs *Sandmann*.
Eine andere, die 1829 gesondert erschien, *Die schwarze Henne oder
Die Unterirdischen* (*Čórnaja kúrica ili Podzémnyje žíteli*), war von
HOFFMANNs Märchen *Nußknacker und Mäusekönig* stark beeinflußt.
Im Werke POGORÉL'SKIJs ist aber trotz der reinen Phantastik eine ausgesprochene Tendenz zu realistischer Darstellung spürbar, und es überrascht daher nicht, daß er in seinem großen zweibändigen Roman *Das
Klostermädchen* (*Monastýrka*, 1830–33) das phantastische Element
ganz aufgab und einen Gegenwarts- und Wirklichkeitsroman schuf,
dessen Handlung sich um eine reizvolle und feine Frauengestalt
bewegte.

Diese Tendenz zum Realismus, die sich in der russischen Romantik
immer wieder geltend machte, brach auch in dem anderen Bereich
durch, auf dem sich die Prosa entwickelte, dem historischen. Der
eigentliche Begründer des russischen historischen Romans war
MICHAÍL NIKOLÁJEVIČ ZAGÓSKIN (1789–1852), der nach mehreren
Versuchen in der Komödie 1829 seinen ersten Roman veröffentlichte:
Júrij Miloslávskij oder Die Russen im Jahre 1612 (*Júrij Miloslávskij ili Rússkije v 1612 godú*). Er wurde augenblicklich in ganz Rußland berühmt. Rein geschichtlich muß der Roman in Verbindung mit

dem Interesse betrachtet werden, das die historischen Romane WAL-
TER SCOTTS zwischen 1820 und 1830 in Rußland erregten. Einen
nicht geringeren Einfluß auf die Gestaltung dieser Gattung in Rußland hatten VICTOR HUGOS *Notre Dame de Paris* und ALFRED DE
VIGNYS *Cinq-Mars*. Die technischen Grundsätze dieser drei westeuropäischen Romanschriftsteller verstand ZAGÓSKIN geschickt auf sein
Schaffen zu übertragen. Sie wurden schon in seinem ersten Roman
befolgt. Mit feinem Sinn für das Wesentliche in der Kunst WALTER
SCOTTS vermied er es, wirkliche Geschichte in Romanform zu erzählen, sondern verwendete sie ausschließlich als Staffage und Hintergrund für eine sozusagen private Liebesgeschichte romantischer Art.
Das Lokalkolorit, das er der Handlung zu geben wußte, wirkte um so
überzeugender, als es auf ernsthaften historischen Studien beruhte.
Das Stoffliche und Tatsächliche war bei ZAGÓSKIN immer tadellos in
Ordnung; das wirkte faszinierend, und man entdeckte nicht sofort,
daß der literarische Wert des Romans viel geringer, seine Charakte-
risierungskunst viel dürftiger war als das archäologische und historische Wissen des Verfassers. In den folgenden Jahren veröffentlichte
ZAGÓSKIN zunächst den historischen Roman *Roslávlev oder Die
Russen im Jahre 1812* (*Roslávlev ili Rússkije v 1812 godú*, 1831),
dessen Hintergrund die Invasion Napoleons bildete, so wie die
Smúta-Zeit dem ersten Roman als historische Staffage gedient hatte,
und dann seinen dritten Roman, *Das Grab Askolds* (*Askól'dova mogíla*,
1833), dessen Stoff dem Bericht der NESTOR-Chronik von den ältesten
Varägerzeiten entnommen war. Er wurde der Klassiker des historischen Romans in Rußland.

Zu seiner Schule gehörte der fleißige IVÁN IVÁNOVIČ LAŽÉČNIKOV
(1792–1869), ein Kaufmannssohn, der Sinn für Literatur hatte und
nach einer verdienstvollen bürokratischen Laufbahn historische Romane zu schreiben begann. Er führte die Tradition WALTER SCOTTS
weiter. Seine drei besten Romane waren: *Der letzte Page oder Die
Eroberung Livlands durch Peter den Großen* (*Poslédnij novík*, 1831 bis
1833), ein von Bewunderung für die geniale Aufklärungs- und Ex-
pansionspolitik des großen Kaisers erfülltes Buch; *Das Eishaus*
(*Led'anój dom*, 1835), ein Roman, der den Kampf der nationalgesinn-
ten Russen gegen die Herrschaft baltischer Barone während der Regierung der Kaiserin Anna widerspiegelte, und schließlich *Der Heide*

(*Basurmán*, 1838), der in der Zeit Iváns IV. spielte und von der Tätigkeit des jungen Arztes Antonio Ehrenstein für die Aufklärung des russischen Volkes handelte. Der zweite dieser Romane wurde lange als der gelungenste angesehen. Die leicht pathetische Sprache des Verfassers, sein billiger Patriotismus, sein historisches Wissen und die spannende Handlung seiner Romane sicherten diesen einen großen begeisterten Leserkreis.

Unter den vielen Romanverfassern, die Anfang der dreißiger Jahre hervortraten, verdient auch NIKOLÁJ ALEKSÉJEVIC POLEVÓJ (1796–1846) genannt zu werden, der eifrige Zeitschriftenredakteur und vielseitige fleißige Schriftsteller, der 1832 seinen großen historischen Roman *Der Eid am Grab des Herrn* (*Kl'átva pri gróbe gospódnem*) herausgab. Dieser stand künstlerisch durchaus neben den besten Werken ZAGÓSKINS und LAŽÉČNIKOVS. Als Literaturkritiker griff POLEVÓJ den billigen Patriotismus an, in dem die Darstellung historischer Stoffe gewöhnlich ertrank, und hatte dafür bitter zu leiden. Der Historismus war allmählich auch auf die Bühne gedrungen, und ein Mann wie NÉSTOR VASÍL'JEVIČ KÚKOL'NIK (1809–68), der sonst auf echt adlig-romantische Weise *die reine Kunst* verherrlichte, feierte mit seinen triefend patriotischen Schauspielen wahre Triumphe. Die beiden Schauspiele *Die Hand des Allmächtigen rettete das Vaterland* (*Ruká vsevýšnego otéčestvo spaslá*, 1834) und *Fürst Skópin-Šújskij* (*Kn'az' Skópin-Šújskij*, 1835), die von den tragischen Begebenheiten der *Smuta*-Zeit handelten, riefen in allen kleinbürgerlichen Kreisen begeisterten Beifall hervor. POLEVÓJ, der selber in bewußtem Gegensatz zur Aristokratie bürgerliche Tugenden wie Religiosität, sittliche Strenge und legitime Liebe verherrlichte und viele Romane in diesem Geist schrieb (*Der Künstler*, 1833; *Emma*, 1834; *Abbadonna*, 1834), griff in seiner weitverbreiteten Zeitschrift *Der Moskauer Telegraph* (*Moskóvskij Telegráf*) den falschen Patriotismus an, der die Dramen KÚKOL'NIKS beherrschte. Daraufhin verbot ihm die Regierung kurzerhand die Herausgabe der Zeitschrift und beraubte dadurch diesen hochgebildeten Bürger aus dem Kaufmannsstande seiner Existenzgrundlage. Er mußte nun – wohl oder übel – eine Zusammenarbeit mit BULGÁRIN eingehen.

FADDÉJ VENEDÍKTOVIČ BULGÁRIN (eigentlich TADEUSZ BULHARYN, 1789–1859), ein gebürtiger Pole, war eine der unsympatisch-

sten Erscheinungen der Zeit, aber ein nicht unbegabter und nicht un-
interessanter Romanschreiber. Als Herausgeber einer Reihe von Zeitschriften, als Journalist und zaristischer Polizeiagent, spielte er, von
der tiefsten Verachtung aller ehrenhaften Literaten umgeben, im
Kulturleben eine nicht geringe Rolle. Es ist nicht zu leugnen, daß
er mit seinen Romanen mehr als irgendeiner von den erwähnten
Schriftstellern, Púškin und Lérmontov ausgenommen, dazu beitrug, dem breiten realistischen Sittenroman den Weg zu bereiten.
Seine historischen Romane, den *Pseudo-Demetrius* (*Dmítrij Samozvánec*, 1830) und den *Mazépa* (1834), können wir hier mit Still-
schweigen übergehen, da sie in der russischen Romankunst keinerlei
sichtbare Spuren hinterließen. Dagegen erregte er mit seinem ersten
sozialen Riesenroman, *Iván Výžigin* (1829), mit Recht beinah Sensation, weil er mit einer bisher unerhörten Genauigkeit und einem
außergewöhnlichen Wirklichkeitssinn das ganze provinzielle russische Gutsbesitzer- und Beamtenleben vor seinen Lesern aufrollte.
Mit seiner halb verborgenen antiaristokratischen, kleinbürgerlichen
Tendenz gefiel dieser Roman dem breiten, wenig verfeinerten Publikum, das seine Forderungen immer deutlicher geltend machte. Der
ungeheure Erfolg des Romans veranlaßte Bulgárin, eine Fortsetzung zu schreiben, die er *P'otr Ivánovič Výžigin* (1831) nannte und
die von dem Sohn seines ersten Romanhelden, eines umherreisenden
Abenteurers, handelte. Von derselben Art war sein dritter Gesellschaftsroman, *Die hinterlassenen Memoiren des Titularrats Čúchin*
(*Posmértnyje zapíski titul'árnogo sovétnika Čúchina*, 1835). Eine
deutliche Linie verlief vom *Russischen Gil Blas* Naréžnyjs zu den
Romanen Bulgárins, und obschon seine Haltung noch von einer traditionellen satirisch-moralischen Tendenz bestimmt war, führte zweifellos ein gerader Entwicklungsweg von seinen *Výzigin*-Romanen zu
den *Toten Seelen* Gógol's.

20. DER ROMANTISCHE STIL GÓGOL'S

Es fiele schwer, in den mannigfaltigen und verworrenen Bestrebungen der dreißiger Jahre eine Dominante auf dem Gebiet der Prosakunst zu finden, wenn sich nicht neben Púškin und Lérmontov ein

dritter genialer Dichter erhoben hätte, dessen gesamte Tätigkeit wie die ihre auf eine neue literarische Epoche hinwies. Dieser dritte Dichter war NIKOLÁJ VASÍL'JEVIČ GÓGOL' (1809-52).

Während die literarische Entwicklung der beiden ersten in klaren und logischen Bahnen verlief, bietet GÓGOL' das Bild seltsam kontrastierender, paradoxer Tendenzen. PÚŠKIN und LÉRMONTOV, die beide an der Spitze der hohen romantischen Literatur gestanden hatten, traten schließlich völlig bewußt für die realistische Prosa ein und trugen dadurch zur Überwindung der Stilideale des romantisch-klassizistischen Zeitalters bei. Viele ihrer Zeitgenossen nahmen an dieser Umorientierung der Literatur teil, ohne recht zu wissen, worum es sich handelte. GÓGOL' dagegen, der von seiner Zeit sehr schnell zum eigentlichen Begründer und Schöpfer des Realismus oder – wie man sich damals ausdrückte – der *Natürlichen Schule* proklamiert wurde, wehrte sich heftig gegen die neue Entwicklung und focht einen merkwürdig persönlichen Kampf zwischen Altem und Neuem aus, einen Kampf, der sich zu einer ergreifenden Tragödie gestaltete. Während PÚŠKIN, der Freund und Berater GÓGOL's, organisch vom Klassizismus über die Romantik zu deren Synthese, dem Realismus, weiterschritt, wurzelte er selbst ganz und gar in einer eigenartigen romantischen Ideenwelt und sah mit tiefem Unwillen, wie sein Werk seinen innersten Absichten zuwider gedeutet wurde. Seine innersten Absichten hatten mit dem Realismus, den man aus seinen Werken herauslesen wollte, nichts zu tun.

Er war seinerzeit mit sehr verworrenen literarischen Vorstellungen aus der Provinz Ukráina nach St. Petersburg, der Hauptstadt des russischen Kaiserreiches, gekommen. Sentimentale und romantische Ideen hatten seine Literaturauffassung geprägt, und seine Träume waren enthusiastisch, aber unklar. Sein erstes Werk, das er vorsichtigerweise unter dem Pseudonym V. ALOV (1828) herausgab, bezeichnete er auf dem Titelblatt als *ein Poem*; es war in Versen geschrieben und trug den Namen seines melancholischen Helden, *Hans Küchelgarten*, als Titel. Aus unerfindlichen Gründen hatte der junge Dichter seinen Helden mit seinem Weltschmerz in BYRONS Manier in die empfindsame und idyllische Welt eines deutschen Pfarrhauses gestellt. Das tägliche Leben dieses glücklichen Hauses war nach dem Vorbild von JOHANN HEINRICH VOSS entworfen, dessen *Luise* GÓGOL' eben ge-

lesen hatte. Vielleicht hatte ihn diese deutsche Pfarrhausstaffage angesprochen, weil sie ihn an das Leben auf den kleinen ukrainischen
Herrenhöfen, ihre patriarchalische Stimmung, ihren materiellen
Wohlstand, ihre seelische Schlichtheit erinnerte. In GÓGOL's Dichtung riß sich der Held von dieser Umgebung los und zog – wie es der
Dichter selbst getan hatte – in die weite Welt. Die Kritik, die schon
seit langem die hohen lyrisch-epischen Versdichtungen satt hatte,
Dichtungen, die überdies viel talentvoller als *Hans Küchelgarten*
waren, machte das verworrene und stillose Werk schonungslos herunter. Tief niedergeschlagen mietete GÓGOL' ein Hotelzimmer und
verbrannte die ganze Auflage im Ofen. Mit diesem Opfer gab er die
Versdichtung für immer auf und wandte sich der Prosa zu, deren
immer stärkeres Vordringen in der Literatur er bemerkt hatte. Seinen
romantischen Idealen wurde er jedoch nicht untreu. Seine Wegweiser
und Vorbilder waren immer noch die führenden Dichter der deutschen und der englischen Literatur. Aber statt bei BYRON, GOETHE,
SCHILLER und VOSS, deren Einfluß wir in seinem Erstling beobachten, ging er jetzt bei Prosaschriftstellern wie LUDWIG TIECK, WASHING
TON IRVING, WALTER SCOTT und ERNST THEODOR AMADEUS HOFF
MANN in die Lehre.

Die zweite Entdeckung, die GÓGOL' während seines Aufenthaltes
in St. Petersburg gemacht hatte, war das in literarischen Kreisen
wachsende Interesse für die Ukraine und für ukrainische Stoffe. Die
Vorliebe für das Malerische und Nationale, die für den romantischen
literarischen Geschmack charakteristisch gewesen war, hatte in den
Gemütern die Vorstellung wachgerufen, daß in der halb exotischen
Ukraine mit ihrer eigentümlichen Landschaft, ihrer eigentümlichen
Geschichte neue Anregungen zu holen seien. Der Schriftsteller
NIKOLÁJ STEPÁNOVIČ KRASNOPÓL'SKIJ, dessen literarische Verdienste
sonst sehr bescheiden waren, hatte mit großem Geschick *Das Donauweibchen*, das Libretto zu Häuslers sehr beliebter Oper, übersetzt und
als *Dnjepr-Nixe* (*Dnepróvskaja rusálka*) in die ukrainische Landschaft
versetzt. PÚŠKIN ließ sich von diesem Libretto zu seinem dramatischen
Gedicht *Die Nixe* (*Rusálka*) anregen. Die romantische Prosaliteratur, die sich für Volkstum interessierte, wandte sich ukrainischen
Stoffen zu und suchte ihr eigentümliches Lokalkolorit einzufangen.
Schriftsteller zweiten Ranges wie OLIN und SÓMOV schrieben ukrai

nische Novellen historisch-phantastischer Art, die großen Beifall fanden. Diese Lage benutzte GÓGOL' mit kluger Berechnung, um etwas für seinen literarischen Ruhm zu tun. Mit fieberhaftem Drängen setzte er seine Mutter, seine Tanten, seine Schwestern daheim an die Arbeit, ließ sich von ihnen genaue Beschreibungen von Bauernbräuchen und Bauernfesten senden, las die hinterlassenen ukrainischen Laienspiele seines Vaters und schrieb in fliegender Eile eine lange Reihe von Novellen. Sie erschienen in den Jahren 1831–32 unter seinem eigenen Namen in zwei Bänden mit dem gemeinsamen Titel *Abende auf dem Vorwerk bei Dikán'ka (Večerá na chútore blíz Dikán'ki)*. In kurzer Zeit war er berühmt.

Was in dieser vermeintlich sehr authentischen ukrainischen Novellensammlung so unmittelbar einnehmend auf den Leser wirkte, war die Mannigfaltigkeit und die Verschiedenartigkeit der Motive. Da gab es auf Volkssagen beruhende lyrisch-poetische Erzählungen von schönen klagenden Nixen, die in tragischer Weise ins Leben irdischer Menschen eingriffen. Über einigen von den Geschichten ruhte eine geschickt ukrainisierte deutsche Mondscheinstimmung. Andere waren in einem phantastischen und dämonischen Stil geschrieben und berichteten von Teufeln und Hexen, die ihr Spiel trieben, von einfachen Menschen, die ihre Seele dem Bösen verschrieben, von düsteren Zauberern, die ihren Sinn verwirrten und ihr Herz verführten, von unheimlichen Mordtaten und von vielen seltsamen Dingen, die in der Maiennacht, in der Johannisnacht, in der Christnacht, immer nachts, geschahen. Dieses unheimliche Element war jedoch in den Novellen keineswegs vorherrschend. Durch Einführung komischer Elemente wußte GÓGOL' die Wirkung des Unheimlichen zu dämpfen. Er zog auch geschickt Vorteil daraus, daß die typisch ukrainische Sprache und die typisch ukrainischen Sitten auf den russischen Leser unwillkürlich komisch wirkten. Er faßte sie als eine Art Verzerrung seiner eigenen Sprache und seiner eigenen Sitten auf. Das Mundartliche und Provinzielle übte eine belustigende Wirkung aus, mochte es nun unverhüllt hervortreten oder durch den russischen Schleier hindurchschimmern. Ferner stützte sich GÓGOL' bewußt auf die Tradition des alten ukrainischen Puppentheaters und erzielte dadurch einen neuen komischen Effekt. Der drollige ukrainische Teufel in deutschem Frack und mit langem Schwanz, das böse geschwätzige Weib, der prahlende Pole, der tapfere Kosak, der betrügerische Zigeuner, der dumme Bauer und der salbungsvoll-rhetorische lüsterne Kirchendiener – all diese Masken- und Typenfiguren waren aus dem Puppentheater geradeswegs in die Novellen Gógol's gesprungen.

Den verschiedenen Stoffen entsprechend fanden sich in den *Dikán'kaer Novellen* zwei deutlich verschiedene, kontrastierende Stilschichten. Die lyrisch-idealistische, romantisch-pathetische Tendenz war von einer durch und durch rhythmisierten Sprache getragen, die grotesk-bizarre und komisch-satirische dagegen von einer sachlich-nüchternen Sprache. Diese beiden Stileigentümlichkeiten traten in Gógol's nächstem, 1835 erschienenem Novellenband *Mirgorod*, der nach einer ukrainischen Provinzstadt betitelt war, vielleicht noch deutlicher zu Tage. Der Band enthielt nur vier Novellen. Zwei von ihnen – die Erzählung *Vij*, die auf der mittelalterlichen volkstümlichen Geschichte von dem armen fahrenden Scholaren und der ihn zu Tode hetzenden wunderschönen Hexe beruhte, und die große romantisch-historische Novelle *Tarás Búl'ba* – vertraten die pathetisch-rhythmische Stillinie in Gógol's Novellendichtung. In dieser Hinsicht war *Tarás Búl'ba*, an dem Gógol' die folgenden fünf oder sechs Jahre weiterarbeitete, besonders bedeutungsvoll. Er arbeitete die Novelle allmählich völlig um und verlieh ihrer Sprache eine eigentümlich schwellende Kraft und einen klangvollen Schwung. Es war die heroische Geschichte von dem tapferen Kosaken aus der Zeit der ukrainischen Selbständigkeit im festlichen, blutigen Rausch des Kampfes. Sie war in einer gehobenen Sprache erzählt, die mit allen Mitteln der Kunst geschmückt war, mit Antithesen und Parallelismen, mit Vergleichen und Metaphern, mit Beiwörtern und bildlichen Ausdrücken. Gógol' hatte sein Ohr an den Sprachstil des ukrainischen Volksliedes gewöhnt und seine Prosa mit tausend Kunstgriffen verfeinert. Und wie ein mächtiger Fluß strömte die steigende und fallende, rhythmisch bewegte Rede, deren Gleichmaß nur selten von plötzlichen Katarakten unterbrochen wurde, dahin. Es war eine Prosa, die eigentlich schon keine Prosa mehr war, sondern lyrische, ekstatische Poesie, feierlich intonierte Deklamation. Die Zeitgenossen, die sich an die ruhige pragmatische Sprache Púškins zu gewöhnen begonnen hatten, horchten auf, als diese neuen Töne in der Literatur erklangen. Man ahnte, daß es sich hier nicht wie bei Mar-

LÍNSKIJ um eine einfache Übertragung der Kunstmittel lyrisch-epischer Versdichtung auf die Prosa, sondern um einen persönlichen und originalen Sprachton handelte, dessen unmittelbare Quelle das ukrainische Volkstum war. Man konnte sich versucht fühlen zu glauben, daß die *wahre* Romantik, von der man so lange geredet hatte, hier plötzlich Wirklichkeit geworden sei.

Die *Mírgoroder Novellen* zeigten aber auch, daß die Sprache GÓGOL's neben diesem brausenden Orgelklang noch über einen ganz anderen, völlig gegensätzlichen Ton verfügte. Das war der groteske oder satirische Stil, der jene heroische Schönheit völlig zu verleugnen schien, die der Orgelklang unermüdlich pries. Schon in den *Dikán'-kaer Novellen* waren kleine Ansätze dazu vorhanden. In dem neuen Band trat dieser andere Stil neben dem pathetischen stark und scharf hervor, vor allem in der glänzend geschriebenen lustigen *Geschichte, wie Iván Ivánovič mit Iván Nikiforovič in Streit geriet (O tom, kak possórilis' Iván Ivánovič s Ivánom Nikíforovičem)*. In der burlesken und satirischen Handlung, die an eine der Novellen NARÉŽNYJs erinnern könnte, war kein versöhnlicher Zug zu finden. Dagegen wohnte der meisterhaft erzählten Novelle *Altväterische Gutsbesitzer (Starosvétskije poméščiki)* noch etwas Empfindsames und Poetisches inne. Hier lieferte GÓGOL' eine groteske Schilderung des ukrainischen Gutsbesitzer-Dorados, umgeben von materiellem Wohlstand, aber bar auch nur des geringsten Schimmers von Geist. In diesen Novellen enthüllte sich GÓGOL' als wahrer Meister in der Kunst, das schläfrig-faule Taugenichtsdasein wiederzugeben, dessen Frieden nur von kleinen kleinlichen Sorgen getrübt wurde. Es war eine mikroskopische Welt, die, in tausend groteske und rührende kleine Züge aufgelöst, mit einer Sympathie geschildert war, die nur der Deckmantel einer schonungslosen Ironie war. Der Leser stand einer Methode gegenüber, die realistisch zu sein schien, obwohl der Realismus, zu dem sie führte, ganz unwirklich war. Klein wurde groß, groß wurde klein. Die Umrisse schienen mit wohlberechnetem Effekt über das Natürliche hinaus ein wenig verlängert oder verkürzt, die Maße sehr wirkungsvoll ein klein wenig überschritten, die Farben ein wenig zu dick oder zu dünn aufgetragen, das Lächeln etwas verzerrt, spöttisch, manchmal fast drohend. Der Sprachton war hier aber noch so mild, daß die Banalität des Lebens hinter dem Firnis gekünstelter Humani-

tät verborgen schien. Gógol' selbst aber war sich kaum über die Tragweite dieses Tons im klaren. Romantisch, wie er war, hätte er sicher
in der Humanität sein eigentliches Verdienst erblickt. Seine Zeit aber,
die Realismus verlangte, betrachtete die Ironie als das Wesentliche
an seinem Talent. Gógol' verschob bewußt die Perspektive, um das
Gelächter des Lesers hervorzurufen; der Leser aber lachte über die
Wirklichkeit, die hinter den verschobenen Linien lag.

In demselben Jahre, in dem Gogol' den Novellenband *Mirgorod*
veröffentlichte, erschien eine dritte zweibändige Sammlung, die er
Arabesken nannte.

Neben einer Menge vorwiegend historischer Essais, welche die
ausgesprochen romantische Geschichtsauffassung des Dichters offenbarten, enthielt diese Sammlung drei neue Novellen. Sie kennzeichneten einen neuen bedeutungsvollen Abschnitt in der literarischen
Entwicklung Gógol's. Diese Novellen waren das *Porträt* (*Portrét*),
der *Névskij-Prospekt* und die *Aufzeichnungen eines Wahnsinnigen*
(*Zapíski sumasŝédŝego*). Mit einer vierten Novelle, dem *Mantel*
(*Ŝinél'*), die ungefähr gleichzeitig entstand, aber erst viel später völlig
ausgearbeitet wurde, bildeten diese Novellen eine zusammenhängende
Gruppe, die man als Gógol's *Petersburger Novellen* bezeichnen kann.

Gógol' wechselte mit diesen Novellen den Schauplatz. Die Stoffquelle Ukraine war erschöpft, die buntdruckartig idealisierende Sprache verschwunden. Statt dessen war die Handlung in das kalte,
nüchterne, harte St. Petersburg, in die ganz unromantische Wirklichkeit St. Petersburgs verlegt. Gógol' vertiefte sich in das trübselige
Dasein der kleinen unbedeutenden Existenzen.

Zwei Novellen waren Künstlernovellen und daher von einer gewissen romantischen Stimmung durchwoben, die besonders in der
Kunstbegeisterung des Verfassers zum Ausdruck kam. Es ist wichtig, diesen Zug in der Psyche Gógol's festzuhalten. Dieser Ironiker
hatte durchaus nicht seinen Glauben an die souveräne Macht der
Schönheit verloren, und wenn er ihr die Welt des Häßlichen gegenüberstellte, so tat er es nicht, um sie zu verleugnen, sondern um das
Häßliche zu verurteilen. Wiederum bestand seine Tragik darin, daß
ihn die Leser in genau entgegengesetztem Sinne verstanden. In der
Novelle *Névskij-Prospekt* – so heißt die vornehme Promenade der
Hauptstadt St. Petersburg – ließ Gógol' einen jungen romantischen

Kunstenthusiasten einer bezaubernd schönen Frau auf dem breiten Bürgersteig der Promenade begegnen. Er ließ ihn ihr folgen, angezogen von dem Seelenadel und der Güte, die ihm in ihrer Gestalt verkörpert schienen. Er ließ ihn entdecken, daß die Frau eine Straßendirne war. Während der lustige Freund des Kunstenthusiasten seinen banalen Abenteuern entgegeneilte, ging er selber in dem Widerstreit zwischen Ideal und Wirklichkeit zugrunde. Das bedeutete für GÓGOL' nicht, daß das Ideal zerstört war. Ihm waren keine Illusionen verlorengegangen. Aber das Motiv, das hier zum erstenmal in der russischen Literatur behandelt wurde, war kühn und anziehend, eine Tabu-Vorstellung war überwunden, das wirkliche Leben schien geschildert zu sein.

In der zweiten Künstlernovelle, dem *Porträt*, ließ GÓGOL' einen anderen jungen Kunstenthusiasten in einem verstaubten Trödelladen ganz planlos ein altes Porträt kaufen, ausschließlich wegen der meisterhaft gemalten, beinah unwirklich-wirklichen Augen. Mitten in der Nacht wurde das Porträt lebendig und trat aus dem Rahmen heraus. Der Mann aus dem Bild, ein unheimlicher dämonischer Wucherer exotischer Herkunft, verführte den jungen Idealisten mit einem Haufen glänzender Dukaten, seine hohe Kunst zu verraten, um ein gefeierter und anerkannter Modemaler zu werden. Die weder ihrer Idee noch ihrer Handlung nach ganz klare Geschichte endete mit dem seelischen Untergang des Helden im Widerstreit zwischen Ideal und Wirklichkeit, demselben Konflikt, der den Gegenstand der obenerwähnten Novelle ausmachte. Auch jetzt gab GÓGOL' nicht zu, daß das Ideal eine Niederlage erlitten habe. Im Gegenteil, stärker noch als zuvor betonte er die erhabene Berufung des Künstlers, ohne Hinblick auf den Mammon reine Schönheit zu schaffen.

Beide Novellen, so darf man wohl sagen, waren der Tribut, den GÓGOL' der herrschenden Vorliebe für die Kunst ERNST THEODOR AMADEUS HOFFMANNS zahlte. Wie dieser experimentierte er mit zwei Ebenen, die einander schnitten, der niederen wirklichen Welt und der idealen Wirklichkeit. Dasselbe Thema, nur in sozial-humaner Deutung, ist in seinen beiden anderen *Petersburger Novellen* durchgeführt – den *Aufzeichnungen eines Wahnsinnigen* und dem *Mantel*. Hier näherte sich GÓGOL' der Welt der kleinen Existenzen von einer anderen Seite. Es waren nicht mehr arme Kunstenthusiasten, die er mit der Wirklichkeit in Konflikt geraten ließ, sondern arme, kleine Beamte des kaiserlich russischen bürokratischen Apparats, jämmerliche schlechtbesoldete Departementsschreiber, deren einzige Lebensaufgabe darin zu bestehen schien, von belanglosen Akten kalligraphische Abschriften anzufertigen und die Gänsefedern des Chefs, des allmächtigen Generals, in mustergültiger Ordnung zu halten. Das Motiv des kleinen russischen *činóvnik*, das LÉRMONTOV in seiner Novelle *Die Fürstin Lígovskaja* nur zögernd berührt hatte, wurde hier in seiner ganzen Wirkung entfaltet. Insofern waren die Novellen GÓGOL's realistisch wie keine vor ihnen.

In den vom Helden der Novelle geschriebenen *Aufzeichnungen eines Wahnsinnigen* ging er von einer völlig bizarren Situation aus: ein kleiner, unbedeutender Büroschreiber hat das Unglück, sich in die vornehme, schöne und unnahbare Tochter seines Chefs zu verlieben, die kaum von seiner Existenz weiß, obgleich sie ihn täglich im Büro ihres Vaters sieht; er führt ein Tagebuch, worin er Tag für Tag seine Erlebnisse genau aufschreibt. Auf diese Weise bekommt der Leser Gelegenheit, Schritt für Schritt zu beobachten, wie sich sein Verstand langsam umnachtet. Seine Tagträume werden seine Wirklichkeit, und schließlich glaubt er, König von Spanien zu sein. GÓGOL's zweiter kleiner Held, ein Ministerialbeamter mit dem lächerlichen Namen Akákij Akákijevič, lebt, halb verhungert und arm, nur einer einzigen Zukunftshoffnung, dem Traum von einem herrlichen neuen Pelzmantel, und als der Traum endlich nach vielem Sparen und Knausern in Erfüllung geht und er das erste Mal wie in einem Rausch mitten in der Nacht vom Gelage bei einem Kollegen in seinem neuen Pelz nach Hause wandert, wird er auf einer öden Straße von Räubern überfallen, seines teuren Schatzes beraubt und allein im Schnee zurückgelassen. Dies wird sein Tod. In beiden Novellen ist ein Moment von Dämonismus und Phantastik enthalten. Während dies Moment in den *Aufzeichnungen eines Wahnsinnigen* als Geisteskrankheit rationalisiert ist, erscheint es ganz unverhüllt im zweiten Teil des *Mantels*, wo der kleine tote Schreiber als Gespenst weiterlebt und den brutalen General verfolgt, der seine Beschwerden über das ihm geschehene Unrecht nicht anhören wollte.

Der Ausgang beider Novellen war für die romantische Einstellung GÓGOL's sehr charakteristisch. Man hört aus seinem Text deutlich die Absicht heraus, dem Leser vor Augen zu führen, daß auch kleine Schreiber das Anrecht auf eine menschenwürdige Existenz haben. Neben diesem humanitären Zweck hatte GÓGOL' aber zweifelsohne auch einen anderen, und zwar den, die verachteten kleinen Existenzen dadurch den Sieg über die brutale Wirklichkeit davontragen zu lassen, daß sie ihr Dasein jenseits des irdischen Lebens im Namen des Ideals fortsetzen, entweder in einer selbstgestalteten Welt oder als Werkzeug einer höheren Gerechtigkeit in einer Phantomwelt. Er glaubte, sich durch diese völlige Verschiebung aller Maße in der Schilderung der sozialen Wirklichkeit, durch ihre Karikierung gegen jedes Mißverständnis gesichert zu haben. Seine Zeitgenossen jedoch faßten abermals seine Novellen ganz anders auf. Sie wurden als literarische Entlarvungen der sozialen Wirklichkeit gedeutet, welche die bürokratische Regierung Kaiser Nikolajs I. in Rußland geschaffen hatte. Diese Regierungsform schien in den Novellen GÓGOL's an ihrer verwundbarsten Stelle getroffen zu sein. Das herrschende System, das sich auf einen wirkungsvollen Polizeiapparat stützte, beraubte die Menschen ihrer Menschenwürde und machte sie entweder zu unumschränkten *Satrapen (Generalen)*, die ihre Macht nach unten ausübten, oder zu ängstlichen, armen, kriecherischen Sklaven (*Činóvniken*), die in ihrer Machtlosigkeit immer nach oben schielten. Die düsteren Novellen GÓGOL's eröffneten so für die Leser die *Entlarvungsliteratur*, die für die folgenden Jahrzehnte charakteristisch werden sollte, und wurden als eine revolutionäre, aufrührerische Tat aufgefaßt. Man sah keine Karikatur in seinen Novellen, obwohl sie natürlich da war, sondern nur reinen Realismus. Mit Unruhe mußte GÓGOL' gewahren, wie die Leser und Kritiker seine romantischen, menschenfreundlichen Ideen als sozial-politischen Protest deuteten.

PÚŠKIN, zu dessen klarem und sicherem Geist GÓGOL' stets emporsah, trieb ihn an, die Linie der grotesken Wirklichkeitsschilderung weiterzuverfolgen. Die allgemeine Ansicht vom realistischen Charakter der Kunst GÓGOL's teilte er allein deshalb kaum, weil seine eigene Auffassung des Realismus völlig anders war. Es konnte seiner Aufmerksamkeit nicht entgehen, daß dieser neue Dichter aus der Ukraine ein sehr eigenartiges Talent, die göttliche Gabe des Lachens, besaß. Freigebig schenkte er ihm die Themen, aus denen seine beiden weltberühmten Hauptwerke, die Komödie *Der Revisor (Revizór)* und der Roman *Die toten Seelen* (*M'órtvyje dúši*), emporwachsen sollten. Diese Stoffe waren unmittelbar dem lebendigen Leben, der konkretesten Wirklichkeit entnommen und waren unheimlich charakteristisch für die von Nikolaj I. geschaffene Gesellschaftsordnung. Sie schienen Gógol' keine Möglichkeit zu bieten, sich in die Welt abstrakter Ideale zu flüchten.

21. DER GROTESKE STIL GÓGOL'S

Als Komödiendichter war Gógol' ein leidenschaftlicher Gegner des Traditionalismus in der russischen Theaterkunst.

Es lag ihm fern, die von Gribojédov beschrittene Bahn einzuschlagen, den Weg der Verskomödie, des geistreichen, zugespitzten Dialogs. Zwischen Gribojédovs Komödie *Verstand schafft Leiden* und Gógol's Komödien gähnt eine unüberbrückbare Kluft. Auch zu den schwülstigen patriotischen und klassizistischen Tragödien Néstor Kúkol'niks (*Torquato Tasso, Giacopo Sannazar, Giulio Mosti* usw.) und zu den romantischen Melodramen und französischen Possen und Singspielen, welche die russische Bühne beherrschten, stand er in bewußtem Gegensatz. Diese Ablehnung war bis zu einem gewissen Grade vielleicht von seiner im Grunde romantischen Überzeugung bestimmt, daß das National-Russische etwas vom Westeuropäischen ganz Wesensverschiedenes sei. Vor allem rührte sie aber von seiner tiefen Abneigung gegen das Konventionell-Literarische der Bühnenkunst her. Er bedauerte die russischen Schauspieler, die ihrem Erfahrungsbereich ganz fremde Gestalten darstellen mußten. In einem Artikel schrieb er: *Um Gottes willen, gebt uns russische Charaktere! Laßt uns uns selber sehen, unsere eigenen Schwindler, unsere eigenen Sonderlinge!*

Aus solchen Erwägungen heraus begann sich Gógol' schon 1833/34 mit dramatischen Problemen zu beschäftigen. Er wollte ausgesprochen niedere Motive verwenden. Sie sollten möglichst unkonventionell sein. Eine seiner Komödien aus dieser Zeit, *Die Brautwahl* (*Ženít'ba*), war unmittelbar dem lebendigen Leben entnommen und beruhte auf einer altrussischen Sitte, die in der stockkonservativen kleinbürgerlichen Kaufmannswelt (und auch unter den adligen Kleingutsbesitzern auf dem Lande) alle Wandlungen der Zeit überlebt hatte, der Sitte, heiratsfähige Mädchen auf dem Brautmarkt unter Mitwirkung einer berufsmäßigen Freiwerberin auszubieten. Mit dieser Komödie schuf GÓGOL' die literarische Grundlage für die spätere dramatische Produktion OSTRÓVSKIJS, und mit der Schilderung des unentschlossenen, phlegmatischen und verlegenen Haupthelden nahm er GONČARÓV vorweg. In einer anderen Kömodie – *Der Vladimir-Orden dritten Grades* (*Vladímir trét'jej stépeni*) –, die jedoch nicht vollendet wurde, wollte GÓGOL' die Welt der russischen Beamten darstellen. Er gab diesen Stoff aber bald wieder auf zugunsten des *Revisors*, seiner Meisterkomödie, eines der feinsten und kühnsten Lustspiele der Weltliteratur.

Der *Revisor* (1835) war die Frucht eines sehr verwickelten literarischen Arbeitsprozesses, dessen einzelne Abschnitte jetzt in der Hauptsache erhellt sein dürften. Fremde und einheimische Vorbilder, eine Komödienliteratur, die GÓGOL' in ganz verblüffendem Ausmaß beherrschte, hatten bei dem Zustandekommen dieser Komödie mittelbar und unmittelbar eine Rolle gespielt. Einflüsse und Einwirkungen kamen aus den verschiedensten Quellen. Durch geschickte Behandlung einer der gewöhnlichsten Anekdoten des russischen Alltagslebens war es GÓGOL' gelungen, ein Werk zu schaffen, das trotz seiner nachweisbaren Anlehnung an bestimmte Vorbilder in höchstem Maße ursprünglich und selbständig war. Diese Originalität kam in der Technik der Charakterisierung, in der Führung der Handlung, in der Kunst des Dialogs, in der szenischen Beweglichkeit und in der Darbietung des Stoffes überhaupt zum Ausdruck. Der *Revisor* bedeutete eine ungemein wichtige Stufe in der Entwicklung nicht nur der speziell russischen, sondern auch der gesamteuropäischen Komödie, eine ganz neue Auffassung des Komischen.

Das Thema dieser Komödie, das von der konservativen Kritik sofort als *unwürdig* angegriffen wurde, war eindeutig komisch. Es erschien an und für sich der lebendigen Wirklichkeit entnommen zu sein. Immer wieder war es vorgekommen, daß ganz harmlose Personen, die in privaten Geschäften auf der Reise waren, bei ihrer Ankunft in irgendeiner größeren oder kleineren gottverlassenen Provinzstadt von den örtlichen Behörden für heimliche Revisoren gehalten wurden, von der Zentralregierung ausgesandt, um *incognito* (ein gefürchtetes Wort!) die Zustände in der Stadt zu untersuchen und Berichte über ihre Beobachtungen nach der fernen Hauptstadt zu senden. Dergleichen Dinge waren für die bürokratische Zeit Nikolajs I. besonders kennzeichnend. Die Verwaltung der Provinzstädte war ebenso verknöchert und korrumpiert wie die der großen Gouvernementsstädte, ja sogar noch mehr. Der Bürgermeister und Polizeichef, der Richter, der Postmeister, der Schulinspektor usw. waren uneingeschränkte kleine Götter in ihrem Reich und saugten ohne Scham die Bevölkerung aus. Sie bewegten sich stets mit schlechtem Gewissen in ihrem Reich, weil es der Regierung jederzeit einfallen konnte, aus weiß Gott welchen Gründen ausgerechnet nach ihrer Stadt einen Revisor zu schicken. Wenn eine solche Naturkatastrophe eintrat, galt es, den Revisor mit allen Mitteln hinters Licht zu führen, was auch in den allermeisten Fällen gelang. Das Thema lud zu einer schonungslosen Entlarvung des Zynismus, der Habgier und der Bestechlichkeit ein, die den Apparat des russischen Bürokratismus beherrschten.

Nicht zuletzt in rein literarischer Beziehung war es sehr kühn, dieses Thema dramatisch zu gestalten und auf die Bühne zu bringen. Weder in der russischen noch in der westeuropäischen Komödienliteratur gab es irgendwelche Vorbilder oder Anregungen zu einer solchen Behandlung des Stoffes. Dennoch löste Gógol' seine Aufgabe mit überraschender Gewandtheit. Um seiner respektlosen Komödie eine günstige Aufnahme bei den Zuschauern zu sichern, nützte er alle irgendwie geeigneten literarischen Anknüpfungsmöglichkeiten, jedoch immer von seiner eigenen Auffassung des Komischen aus. Das von ihm gewählte Milieu fand er in der alten pseudoklassizistischen Komödie Kapníst in scharfen satirischen Strichen vorgezeichnet. Insofern konnte er sich auf eine gewisse Tradition berufen. Schon hier war die Welt des provinziellen Beamtentums, der kleine bürokratische Apparat, dem Gelächter preisgegeben Dieser Komödie entlehnte er auch den Schlußeffekt, den er bis zum äußersten zuspitzte. Bei Kapníst wurde die Intrige der Beamten durch einen unerwartet aus St. Petersburg eintreffenden Senatsukas über den Haufen geworfen. Das war eine Art *deus ex machina*. Bei Gógol' schloß die Komödie damit, daß ein Polizeisoldat plötzlich auftrat und verkündete, daß ein *auf allerhöchsten Befehl* aus St. Petersburg eingetroffener Revisor die Herren Provinzgewaltigen zu sprechen wünsche. Die ganze Versammlung erstarrte vor Schrecken, während der Vorhang langsam fiel.

Auch die Idee von dem falschen Revisor war schon von seinem Landsmann GRIGÓRIJ F'ÓDOROVIČ KVÍTKA-OSNOV'JÁNENKO (1778 - 1843) benutzt worden, einem russisch-ukrainischen Schriftsteller, dessen Schaffen sich nach Stil und Stoff weithin gleichlaufend mit dem GÓGOL's entwickelte. Auch er hatte (1834/37) *Kleinrussische Novellen* (*Malorossíjskije póvesti*) veröffentlicht, die wie bei GÓGOL' einem zwischen Verfasser und Leser eingeschobenen Erzähler zugeschrieben waren. GÓGOL' muß auch seine schon 1827 entstandene, aber erst 1840 gedruckte Komödie *Der Fremde aus der Hauptstadt* (*Prijézžij iz stolícy*) gekannt haben, entweder im Manuskript oder aber nach einer Inhaltsangabe. Sowohl KVÍTKAS als auch GÓGOL's Komödie wurzelte typologisch in den zahlreichen französischen *Abenteuer-* und *chevalier-d'industrie-Komödien*, die seit mehreren Jahrzehnten auf den russischen Bühnen aufgeführt wurden. Es waren klassizistische Komödien, die darauf hinausliefen, einen falschen Grafen als Mitgiftjäger, Schwindler oder Wüstling zu entlarven. Zu dieser Gattung gehörte auch die von KN'AŽNÍN bearbeitete Komödie *L'Important* von DE BRUEYS. Der falsche Revisor GÓGOL's, Chlestakóv, der junge Aufschneider und Herzensbrecher kleinadlig-bürgerlicher Herkunft, war ein in eine andere Umwelt versetzter unmittelbarer Nachkomme der französischen *chevaliers d'industrie*. Ferner bestand eine gewisser Verwandtschaft zwischen den französischen Lustspielen dieses Typus und den Komödien von dem als Herrn verkleideten Diener, zum Beispiel MOLIÈRES *Précieuses ridicules*. Es überrascht daher nicht, daß GOGOL' seinen Helden mit Zügen ausstattete, die er der Gestalt des frechen Mascarille entlehnte. Er tat es mit einzigartiger Originalität. Andere Einzelheiten – wie zum Beispiel der Brief über den bevorstehenden Besuch des Revisors, den der Bürgermeister von einem Freund erhält und der die ganze Komödie in Gang bringt, oder der zweite, von dem falschen Revisor hinterlassene Brief mit seiner höchst unangenehmen Charakteristik der Hauptfiguren des Stücks – waren typische Possen- und Lustspieleffekte, die GÓGOL' nicht einmal von diesem oder jenem Schriftsteller zu entlehnen brauchte, weil sie einfach geläufiges Gemeingut waren. Indessen stammte eine der wichtigsten Vorlagen GÓGOL's aus der deutschen bürgerlich-sentimentalen Komödienliteratur, deren namhaftester Vertreter August Friedrich Ferdinand Kotzebue war, der Verfasser der Komödie *Menschenhaß und Reue* (1787) und zahlloser anderer Schauspiele. Sie wurden zu der Zeit, da Gógol' seine Komödie schrieb, auch auf den russischen Bühnen oft aufgeführt, und in seiner lustigen, leicht und lebendig geschriebenen Komödie *Die deutschen Kleinstädter* fand Gógol' sein Milieu und seine Handlung vorgeformt. Kotzebues Komödie war kein hervorragendes Kunstwerk, aber sie half Gógol', die konventionelle französische *chevalier-d'industrie*-Komödie auf eine völlig neue satirische Ebene zu übertragen.

Der falsche Revisor Kotzebues war eine sympathische, positive Gestalt. Er benutzte nur die Situation, in die er unverschuldet geraten war, um die liebliche Tochter des Bürgermeisters zu gewinnen. Gógol' dagegen ließ seinen Helden sich rasch in der Rolle eines Revisors zurechtfinden, ließ ihn die Beamten, die ihn in voller Gala aufsuchen, um ihn zu bestechen, aufs frechste anpumpen und sich schließlich, nachdem er Mutter und Tochter den Kopf verdreht hatte, mit der einfältigen Bürgermeisterstochter verloben und sich dann aus dem Staube machen. Es gab in dieser Komödie keine einzige sympathische Gestalt, alle Personen waren negative Charaktere. Die Technik der Charakterisierung, die Gógol' in der Komödie anwandte, war weder die abstrakte Typisierungsmethode der klassischen Komödie noch eine eigentlich realistische Individualisierungstechnik. Als Fortsetzer der Tradition des ukrainischen Puppentheaters schuf Gógol' mit unvergleichlicher Folgerichtigkeit und Beharrlichkeit eine ausgesprochene *Maskenkomödie*. Er bot den Zuschauern eine tagesnahe Handlung in einer zeitbestimmten und scheinbar wirklichkeitsnahen Umwelt, er zeigte ihnen eine Galerie von meisterhaften Zerrbildern, die, als wären sie lebendige Menschen, in grotesker Nacktheit in das Rampenlicht traten. Das Ganze war ein Narrenspiel, wo jedes Wort, jede Bewegung, jeder Auftritt von hyperbolischer Komik geprägt war. Gógol's Originalität bestand zum großen Teil eben in der Art und Weise, wie er die alten Kniffe erneuerte. Es war in dieser Komödie kein Hauch von Tragik oder nur Ernst zu spüren. Es gab kein *Lachen durch Tränen hindurch*, wie Gógol' es den Lesern und Zuschauern einreden wollte, sondern nur das reine, unbeschwerte stürmische Gelächter des Komikers.

Die Zeitgenossen aber glaubten, daß dies Gelächter gegen die aktuelle Wirklichkeit gerichtet und daß die Komödie als blutige Satire über die gesellschaftlichen Verhältnisse der Zeit gemeint sei. Sie versetzte deshalb bei der Erstaufführung das Publikum in große Erregung. Nach der ersten Welle der Entrüstung trug aber das Lachen den Sieg davon, und die Komödie hatte einen einzigartigen Erfolg. Gógol' selber erschrak über die Wirkung, die sie hervorrief. Er versuchte sich gegen die Auffassung zu wehren, sie sei ein Spiegelbild des herrschenden zaristisch-bürokratischen Gesellschaftssystems. Er erklärte mehrmals, daß der *echte* Revisor, dieser schreckenerregende Vertreter der Majestät des Zaren, ja doch am Ende der Komödie auftauche, um über die untreuen Staatsdiener Gericht zu halten. Er konnte sich darauf berufen, daß Nikolaj I. selber das Verbot der Zensur gegen die Aufführung der Komödie gnädigst aufgehoben und so ihre Idee gebilligt habe. Später suchte er sogar seine Komödie symbolisch auszulegen, die kleine Provinzstadt zu einem Ausschnitt der ganzen Menschheit zu machen, den falschen Revisor als den Teufel zu deuten, der die Leute zu sündigen Taten verleite, so daß der echte Revisor Gottvater selber wurde. Wider seinen Willen hatte Gógol' eine Komödie geschaffen, die wie eine Bombe wirkte.

Das Thema von Gógol's Roman *Die toten Seelen* (1842) war ebenso grotesk wie der Gegenstand des *Revisors*. Die Methode war auch *mutatis mutandis* in beiden Werken dieselbe.

Ein Roman wie dieser war nur in einem Lande möglich, wo Leibeigenschaft und Bürokratismus die Grundlagen des ganzen Gesellschaftslebens bildeten. Alle fünf Jahre war jeder Gutsbesitzer verpflichtet, den Steuerbehörden mitzuteilen, wieviel Bauern er besaß. Mit einer bizarren Abkürzung nannte man sie einfach *Seelen.* Auf Grund der angegebenen Zahl wurden das Vermögen und die Steuern des Gutsbesitzers für die nächsten fünf Jahre berechnet, wobei man davon absah, ob die Zahl seiner *Seelen* während dieser Zeit anstieg oder fiel. Unter gewissen Umständen, im Falle einer Epidemie oder eines Krieges, war es für den Gutsbesitzer äußerst nachteilig, Steuern für *Seelen* entrichten zu müssen, die inzwischen gestorben waren, auf dem Papier aber immer noch existierten. Es war Púškin, der Gógol' vorschlug, diese Tatsachen als Stoff zu einem Abenteuerroman zu benutzen. Gógol' erkannte sofort die Möglichkeiten, die sich eröffneten: der Roman mußte von einem pfiffigen Mann handeln, der offiziell noch lebende, in Wirklichkeit aber tote *Seelen* aufkaufte, natürlich für nichts oder so gut wie nichts. Mit völlig authentischen Papieren ausgerüstet, die dokumentierten, daß er der Besitzer soundso vieler *Seelen* sei, sollte er seine Listen in den staatlichen Banken vorlegen und auf Grund seines fiktiven Vermögens große Darlehen aufnehmen. Danach sollte er sich mit dem Geld aus dem Staube machen.

Gógol' benutzte diesen Schwindlertrick als Grundlage eines wahrhaft genialen Romans. Die Frage der literarischen Anpassung eines so aktuellen Themas war verhältnismäßig leicht gelöst. Der Gegenstand selbst schien die Kompositionsform vorauszubestimmen. Sie mußte eine Verbindung von Reiseroman und Abenteuerroman werden, zwei uralte Formen, die sich mit sprudelndem neuem Inhalt füllen ließen. Mehrere andere Schriftsteller hatten einen ähnlichen Weg zu gehen versucht. Naréžnyjs Roman *Die Abenteuer Čisťakóvs*, Bulgárins *Výžigin*, auch Kvítka-Osnov'jánenkos Roman *Die Abenteuer Pustolóbovs*, alle schon mehr oder weniger satirisch, hatten die Möglichkeiten der Gattung gezeigt. Gógol' kannte sie alle. Seine Originalität bestand deshalb nicht so sehr in der Komposition und der Thematik als vielmehr im Stil. Den ironischen Ton, den er gebrauchte, hatte er in allem Wesentlichen schon in der *Geschichte, wie Iván Ivánovič mit Iván Nikíforovič in Streit geriet*, erprobt. Er gab seinem Werk einen Titel, dessen eine Hälfte traditionell, dessen andere Hälfte aber ironisch aktuell war: *Die Abenteuer Čičikovs oder Die toten Seelen*. Übrigens wäre die zweite Hälfte beinah von der wachsamen Zensur gestrichen worden, da sie blasphemisch erschien: nach der Lehre der orthodoxen russischen Staatskirche seien Seelen grundsätzlich unsterblich.

Im Jahre 1842 erschien der erste fertige Teil der *Toten Seelen*. Das Werk wurde überraschenderweise von Gógol' auf dem Titelblatt als *ein Poem* bezeichnet – das war doch sonst der technische Ausdruck für lyrisch-epische Versdichtungen. Man faßte aber diesen bizarren Einfall als ein Zeichen souveräner Ironie auf, denn mit seinem genialen Prosawerk versetzte der Dichter der adligen, pathetisch-romantischen Versdichtung ganz eindeutig den Todesstreich. Der Held war alles andere als ein melancholischer Schwärmer in Byrons Art. Schon in den ersten Sätzen des Romans wurde er als *ein Herr der mittleren*

Sorte charakterisiert, und zu dieser Gruppe rechnete der Dichter in einer genauen Liste alle *älteren Junggesellen, Majore außer Dienst, Stabshauptleute, Gutsbesitzer mit etwa hundert Seelen,* also höchst alltägliche, höchst durchschnittliche Wesen. Im Gegensatz zu den dämonischen Helden der Versdichtungen wurde die Hauptgestalt Gógol's als ein Mann vorgestellt, *der nicht eben schön war, jedoch bei weitem nicht häßlich, weder zu dick noch zu dünn, man konnte ihn nicht gerade alt nennen, jung war er aber jedenfalls auch nicht.* Dieser in jeder Hinsicht angenehm neutrale und unpersönliche und eben deshalb ungewöhnlich bezaubernde Herr brachte sofort nach seiner Ankunft in der Provinzstadt N. seine Unternehmen geschäftig in Gang. Gógol' benutzte die Gelegenheit, bei den Höflichkeitsbesuchen, die sein Held bei den Honoratioren der Stadt ablegte, dem Leser die ganze Gesellschaft in leicht karikierender und satirischer Beleuchtung vorzustellen. Er bediente sich hierbei meisterhaft des Unterschieds zwischen der sehr anrüchigen, aber vorläufig sorgfältig verschwiegenen Vergangenheit des Helden und der gebildeten Gediegenheit seiner Anschauungen und der Nettigkeit seines Benehmens, die die Stadt völlig bezauberte.

Danach wurde Číčikov vom Dichter auf mehrere Rundreisen nach verschiedenen Gütern der Umgegend geschickt, wo er sich – unter dem Vorwand des reinsten Edelmuts – erbot, seine neugewonnenen Freunde von der Last der toten Seelen zu befreien, über die sie alle klagten. In sechs meisterhaften Kapiteln führte Gógol' eine Reihe von Provinztypen in verkürzender, verlängernder, übertreibender Zeichnung vor, jeder anscheinend der Natur nachgeformt, jeder aber auch ein wenig verzerrt. Da war der sentimental veranlagte und ewig in seine Frau süßlich verliebte Manílov; da war der schwere, grobe, bärenhafte und überpfiffige Sobakévič; da war der versoffene Kartenspieler und Raufbold Nozdr'óv, der alte gierige, unheimliche Geizhals Pl'úškin, die ewig bekümmerte Sparbüchse Frau Koróbočka usw. Eine völlig neuartige Charakterisierungstechnik wurde hier von Gógol' verwendet. Jeder einzelne Zug diente zur knappen und doch erschöpfenden Schilderung der Personen und wurde nur angeführt, insofern er wirklich charakteristisch war. Die erste Vorstellung geschah jedesmal indirekt, durch eine Schilderung des Gutes, der Leute, der Häuser und Hütten. Bei Sobakévič war alles plump und gediegen,

aus ungehobeltem Eichenholz gezimmert, durch und durch prosaisch.
Bei Manílov dagegen fanden sich hier und da im Park kleine Garten-
häuschen mit sentimentalen Inschriften, lyrische Alleen, pastorale
Blumenbeete. Bei Frau Koróbočka gab es ganze Berge von Feder-
betten, Eingemachtes in Mengen und Schubladen voll alter Kleider.
Pl'úškin aber besaß einen riesigen verwilderten Garten, dessen meisterhafte Schilderung ein kleines Kunstwerk für sich war.

   Gógol's Methode ermöglichte eine ungeheure Konzentration des
Stoffes. Alle Personen waren konsequent von außen gesehen. Es
wurde nicht der geringste Versuch gemacht, auf dem Wege der Analyse tiefer in die Seelen der Personen einzudringen. Die komische
Wirkung, die Gógol' energisch anstrebte, ließ sich nicht mit einer
psychologischen Analyse vereinigen. Darin kam wieder der Antirea-
lismus Gógol's zum Ausdruck. Er baute seine Personen auf, wie ein
Kind Häuser aus Klötzen baut. Wenn eine Gestalt fertig war, ließ er
sie wie eine Gliederpuppe umhergehen. Gógol' wollte ebensowenig
wie in seinen Komödien Seelen in lebendiger Entwicklung schaffen.
Die Bezeichnung *tote Seelen* bezog sich nicht nur auf die leibeigenen
Bauern, die Číčikov nach ihrem Tode aufkaufte. Die vielen Typen,
die er vorführte, waren nichts als Masken, Karikaturen, Marionetten.
Es waren Figuren ohne jeden positiven Charakterzug, ohne jede moralische Idealität. Eine schwüle Atmosphäre von Banalität breitete
sich in der kleinen Welt des Romans aus. Ein breiter Strom von
Komik durchfloß ihn – einer Komik, die in der vulgären Anekdote,
in der volkstümlichen Posse, in den Narreteien und Hanswurststrei-
chen des Lustspiels wurzelte. Alles Erhabene und menschlich Ver-
söhnende war sorgfältig entfernt. Ganz Rußland schien in einen
Kirchhof von lächerlichen Toten verwandelt.

   Die maßgebende zeitgenössische Kritik begrüßte das Werk mit
Jubel. Hier war endlich der geniale Dichter, der die verachteten *niedrigen* Themen in seine Kunst aufzunehmen wagte – ein Mann, der
eine anscheinend natürliche, witzige, alltägliche Sprache schrieb und
der dem Leser eine nackte und lächerliche Wirklichkeit vorführte.
Die burlesk-groteske Schreibweise Gógol's, die genau berechnet und
kunstvoll war, wirkte natürlich oder naturalistisch; er führte die
neue *Natürliche Schule* (*naturál'naja škóla*) zum Sieg. Er wurde wieder anders verstanden, als er es selber gewollt hatte. Er wurde ohne,

ja sogar gegen seinen – wie es ihm schien – besseren Willen zum Realisten ernannt. Wir wissen, daß er die Bezeichnung *Poem* nicht ironisch gemeint hatte. Der 1842 erschienene Teil des Werkes war nur der erste Teil dieses *Poems*, nur ein Bruchteil dessen, was er schaffen wollte. Im elften Kapitel des ersten Bandes war eine ungemein pathetische, in rhythmischer Prosa geschriebene Stelle, die das Programm des Dichters für die folgenden zwei Teile enthielt. Die Leser faßten sie nur als eine zufällige, zu nichts verpflichtende lyrische Abschweifung auf. In Wirklichkeit hatte sich aber GÓGOL' den ironischen ersten Teil nur als Vorspiel gedacht. Darauf sollte ein Werk folgen, worin dem Leser *der ganze gewaltige Reichtum, über den der russische Geist gebot,* offenbart werden sollte. Es war seine Absicht, als Gegensatz zu den wunderlichen Herren und Damen des ersten Bandes eine Schilderung idealer Menschen zu geben, *eines mit göttlichen Fähigkeiten begabten Mannes* und *einer mit der wunderbaren Schönheit der Frauenseele und der hochherzigen Sehnsucht nach Hingabe ausgestatteten Frau.* Im Vergleich mit ihnen sollten *die hervorragenden Männer und Frauen aller anderer Völker tot wirken, so wie das Buch im Vergleich mit dem lebendigen Wort tot ist.* Als Ankündigung des zweiten Bandes der *Toten Seelen* schloß der erste mit einem prophetischen hohen Lied zum Preise Rußlands. In fast visionärer Ekstase verglich der Dichter sein Land mit einer *Trojka*, einem Dreigespann von feurigen Pferden, *die dahinstürmten, während sich der Staub des Weges wie eine Rauchwolke zum Himmel hob, während die Brücken unter den Rädern des Wagens dröhnten und alles weit hinter ihm in der Ferne verschwand.* Was es sonst auf dieser Erde gebe, werde vorbeigleiten, und *scheelen Blicks würden die Völker und Reiche der ganzen Welt vor der russischen Trojka zurückweichen.*

GÓGOL's Plan war romantisch, war phantastisch. Mit einem nur ihm bekannten Zaubermittel wollte er seinen Roman in eine *Göttliche Komödie* verwandeln. Er wartete nur auf eine wunderbare, mystische Eingebung. Auf die *Hölle*, die den ersten fertigen Teil des Werkes bildete, sollte in seiner geträumten Trilogie ein zweiter, das *Fegefeuer* darstellender Teil folgen und dann ein dritter, der das *Paradies* brachte. Ausgerechnet der kleine schlaue Durchschnittsschwindler Číčikov war dazu ausersehen, einen wunderbaren Läuterungsprozeß durchzumachen, der ihn in eine ideale Persönlichkeit verwandeln sollte. Wenn der erste Band durch seinen schonungslosen Negativismus und seinen befreienden Humor bei der Leserwelt allgemeine Begeisterung erregt hatte, so sollten die folgenden Bände den Leser durch ein wirkliches, gewaltiges, von positiven, fruchtbaren, konstruktiven Idealen getragenes *Prosapoem* führen. Der zweite Teil des Werkes, das *Fegefeuer*, war schon beinah fertig, als Gógol' plötzlich in drückender Verzweiflung das Ganze verbrannte. Er sah, daß die wirklich gelungenen Abschnitte dieses Teiles nur die Linie fortsetzten, der er in dem ersten Teil gefolgt war, daß aber die Abschnitte und Kapitel, die den Übergang zur idealen Erhabenheit des dritten Teiles vorbereiten sollten, völlig mißlungen waren. Seine Versuche führten ihn weder sprachlich noch thematisch zu dem gewünschten Ziel. Sprachlich stand Gógol' der Aufgabe gegenüber, den grotesk-komischen Stil, den er mit so großem Erfolg geschaffen hatte, mit einem völlig anderen zu vereinigen, mit dem pathetisch-idealistischen und humanistischen, der im ersten Teil des Werkes nur ab und zu durchgebrochen war. Diese Synthese blieb für Gógol' unerreichbar. Er mußte erkennen, daß die beiden Stilarten unvereinbar waren. Alle seine pathetisch-idealistischen Versuche mündeten nur in schwülstige Tiraden oder in geschmacklose literarische Klischees. Die in die Prosa übertragene Sprache der lyrisch-epischen Versdichtungen wirkte wie ein Strom von sinnlosen und zusammenhanglosen Wörtern, die außerstande waren, Ideale irgendwelcher Art auszudrücken oder auch nur den Mangel an Idealen zu verbergen. Die Tage der Romantik waren vorbei, der Realismus stand vor der Tür.

Doch Gógol's Entdeckung, der groteske Stil, behauptete sich, wenn auch von seiner Zeit als Realismus gedeutet, siegreich als seine konstruktive literarische Leistung.

22. RÜCKBLICK

Die literarische Bewegung der ersten vier Jahrzehnte des Jahrhunderts, der wir unsere Aufmerksamkeit gewidmet haben und die wir mit verschiedenen Vorbehalten die *romantische* Bewegung zu nennen gewagt haben, hatte sich in mancher Hinsicht in derselben Richtung entwickelt wie die westeuropäische. Wir haben deshalb so oft auf literarische Verhältnisse in Westeuropa hinweisen müssen, um die entsprechenden russischen zu erklären. Aber gleichzeitig unterschied sich die russische Romantik so stark von der englischen, französischen und deutschen, daß wir darin wohl einen Ausdruck spezifisch russischer Verhältnisse erblicken durften. Wenn auch die russische Literaturentwicklung durchaus nicht nach klaren Linien verlief, sondern im Gegenteil von Verwirrung und Widersprüchen gekennzeichnet war, so war doch nichtsdestoweniger hinter dem bunten Bilde eine interessante Originalität zu spüren. Die russische Literatur der behandelten Periode war keineswegs, wie etwa die Literatur des Klassizismus, eine nachahmende Kunst.

In anscheinend enger Berührung mit entsprechenden westeuropäischen Stilströmungen hatte sich die russische Literatur des 19. Jahrhunderts zuerst im Zeichen der Empfindsamkeit entfaltet. Das hinderte sie nicht, die Schaffung eines neuklassizistischen Stils zu erstreben, der auch seine bestimmten Vorbilder in Westeuropa hatte. Zugleich aber hatte sie – sowohl in der Sprache wie in der Komposition, sowohl in der Form wie im Geist – weithin den bunten romantischen Tendenzen Raum gegeben, die ihre Quellen in der englischen, deutschen und französischen Romantik hatten. Das Charakteristische an dieser Periode war die Tatsache, daß die Literatur, wie bunt und widerspruchsvoll sie auch war, zum Teil bewußt, zum Teil aber auch unbewußt immer wieder nach einer Synthese, d. h. einer organischen Umformung der heterogenen Stilströmungen unter einem gemeinsamen und spezifisch russischen Nenner, strebte. Und wenn sie zuletzt den literarischen Primat von den poetischen Gattungen auf die prosaischen übertrug und diese den Sieg davontragen ließ in einer Form, die gewöhnlich als *natürlicher Stil* oder *Naturalstil* bezeichnet wurde, so läßt sich das keineswegs allein aus allgemeinen europäischen Impulsen erklären, obschon solche natürlich auch mitwirkten, sondern hing in hohem Grade auch von ganz besonderen russischen Faktoren ab.

Zweifellos waren diese besonderen Faktoren nichtliterarischer Art. Obwohl der Charakter und die Entwicklung jeder Literatur von ihren eigenen Voraussetzungen und ihren eigenen Gesetzen aus erklärt werden müssen – den Gesetzen der Nachahmung und der Opposition, den Gesetzen der höchsten Verfeinerung der Formen und ihres Verfalls –, so wird doch kein Literarhistoriker übersehen können, daß der Wechsel von einem literarischen System zum anderen in sehr hohem Grade auch mit Verschiebungen und Veränderungen der sozialen Grundlage zusammenhängt, auf der die Literatur letzten Endes beruht. Eben in der organischen Eigenart der russischen Gesellschaft müssen wir die Ursache für die eigenartige Entwicklung der russischen Literatur suchen. Die Wechselbeziehungen zwischen Schriftsteller oder Dichter einerseits und Leser andererseits waren in Rußland notwendigerweise ganz anders als in Westeuropa. Selbst im russischen Klassizismus, der doch in so hohem Grade auf importierten westeuropäischen Normen von ungeheurer Kraft beruhte, konnten wir Abweichungen vom Vorbilde beobachten, deren Erklärung nur in der besonderen russischen Wirklichkeit zu finden war. Selbst der russische Klassizismus stand dem Streben nach einer Wiedergabe dieser besonderen russischen Wirklichkeit keineswegs völlig fremd gegenüber, wie unklar und wenig bewußt dieses Streben auch noch sein mochte. In ihrer Reaktion auf diesen Stil hatten die literarischen Bewegungen der romantischen Periode sich immer wieder und mit immer größerer Klarheit gegen die normative Haltung, gegen die aristokratische Konvention gewehrt und nach größerer Wirklichkeitsnähe, d. h. nach größerer Nähe zur russischen Wirklichkeit gestrebt. All diese wechselnden idyllisch-sentimentalen, dunkel-romantischen oder idealistisch-neuklassizistischen Selbständigkeitsbestrebungen, die bald in eingehenden Auseinandersetzungen über die Notwendigkeit einer *wahren* Romantik oder eines *wahren* Klassizismus, bald in der Erhebung des sogenannten *guten Geschmacks* zum höchsten literarischen Kriterium, bald in Erörterungen über den unklaren Begriff der *Volkstümlichkeit* zum Ausdruck kamen, waren nichts als Versuche, sich von den fremden Mustern zu befreien und eine selbständige russische Literatur zu schaffen. Man ahnte dunkel, daß die Literatur nicht wie bisher ein einfaches Spiel oder ein leichter Zeitvertreib nach festgelegten Regeln sein dürfe, sondern der unmittelbare Ausdruck der täglichen, konkreten russischen Wirklichkeit mit ihren politischen und sozialen Merkmalen sein müsse. Man spürte, daß sie sich nicht mehr damit begnügen könne, rein-literarischen Traditionen und Konventionen zu folgen und sich mit rein-literarischen Problemen zu beschäftigen, sondern daß sie, nicht mehr an den Bereich von Schreibtisch und Bibliothek gebunden, ihre Grundlage in der komplizierten Welt der Stände, der Klassen und der Gruppen suchen müsse. Man hatte an der alten Maxime zu zweifeln begonnen, daß die Literatur vor allem harmonisch und formvollendet sein müsse, und neigte zu dem Glauben, daß sie vor allem dem Leben gegenüber treu und wahr sein müsse. Dieses Streben bestimmte den langsamen, ungeordneten Übergang von der romantischen Zeit zu der des Realismus.

Solange die Literatur nur eine freie und heitere Kurzweil für die höheren Schichten der Gesellschaft darstellte, für eine Klasse, die wirklich europäisch gebildet und aufgeklärt war, solange sie nur den Hof, die Aristokratie, *la bonne compagnie* anging, solange war die Erkenntnis der Kluft zwischen Literatur und Wirklichkeit nur schwach und belanglos. Recht oft faßte man sogar diesen Abstand zwischen der Literatur einerseits und der Prosa des Lebens und der Masse des Volkes andererseits als die eigentliche Tugend der Literatur auf. Prosa und Masse schienen sowohl mit rationalem Denken wie mit poetischem Träumen unvereinbar. Allmählich wurde aber literarische Bildung weniger eine Qualität als eine Quantität. Die *Demokratisierung* der Kultur hatte begonnen: die Kultur erstreckte sich schon auf die immer breiter werdenden intellektuellen Schichten des mittleren Adels und die Mitläufer aus den anderen Ständen. Diese breite Bildung forderte eine Literatur, die nicht, wie etwa die Poesie Žukóvskijs, nur *für wenige* bestimmt war (so hatte er selber von einer seiner poetischen Sammlungen gesagt), sondern für die *vielen* geschaffen wurde. Die bisher vorzugsweise adlige Poesie mit ihren *hohen* Gattungen und vornehmen Traditionen mußte allmählich einer Prosa weichen, die dem völlig anderen Geschmack der neuen breiten Lesermasse entgegenkam. Es war eine Lesermasse, die Leute verschiedenster gesellschaftlicher Herkunft umfaßte – nicht-adlige Intellektuelle aus geistlichen oder kleinbürgerlichen Familien, Studenten und Seminaristen, Angehörige der verschiedenen freien Berufe, Nachkommen verarmter Hof- und Gutsbesitzer, ja sogar Schankwirte oder freigelassene Bauern, Vertreter des Handels- und des Beamtenstandes, die vielen Ärzte, Offiziere, Berufsjournalisten, Menschen ohne Grundbesitz oder Leibeigene, Leute, die von ihrer Hände Arbeit leben mußten.

Diese Menschen brauchten eine Literatur. Trotz allen ehrlichen, aber zaghaften Versuchen in dieser Richtung war das romantische Zeitalter außerstande gewesen, Literatur und Leser miteinander in Einklang zu bringen. Der Grund dafür ist leicht zu erkennen. Gerade im romantischen Zeitalter hatte Rußland die soziale Grundlage gefehlt, die in Westeuropa den natürlichen Nährboden aller literarischen Strömungen gebildet hatte. Die Empfindsamkeit, die als literarische Bewegung im Vormarsch des westeuropäischen Bürgerstandes ihre soziale·Begründung fand, entbehrte im adlig-feudalen Rußland einer entsprechenden Grundlage und mußte deshalb hier zu einem aristokratischen Spiel mit schönen Phrasen werden. Dem romantischen BYRON-Kult, der in Westeuropa als literarisches Korrelat des politisch-sozialen Individualismus erschienen war, fiel es in Rußland sehr schwer, eine soziale Begründung zu finden, und es ist sogar zweifelhaft, ob sich die russischen Dichter und Leser eigentlich darüber klar waren, daß ihre Begeisterung für diesen Stil letzten Endes von der schwelenden Unzufriedenheit der breiten adligen Kreise mit ihrer unfreiwilligen politischen Passivität unter der zaristischen Herrschaft herrührte. Weder der neuklassizistische Kult der Antike noch die romantische Flucht in die mittelalterliche Vorstellungswelt entsprang natürlich und organisch der sozialen, politischen und wirtschaftlichen Wirklichkeit.

Immer stärker hatte sich aber bei den führenden Geistern der Zeit, bei PÚŠKIN und LÉRMONTOV, die Erkenntnis durchgesetzt, daß die Kluft zwischen Literatur und Wirklichkeit, zwischen der Struktur der Literatur und der Struktur der Gesellschaft überbrückt werden mußte, und zwar mit Hilfe eines neuen Stils, der *natürlich*, d. h. nichtkonventionell, spezifisch russisch, wirklichkeitsnah, sozial begründet war. Der vorrückende *dritte Stand*, der von dem französischen *tiers état* ganz verschieden war, ein Stand, der vorläufig eine amorphe Masse ohne Klassenbewußtsein war und blieb, der aber nicht mehr eine *quantité négligeable* war, bestärkte sie in ihrem Gefühl. Und als GÓGOL' mit seinen lebensnahen Wirklichkeitskarikaturen auftrat, wurde er mit offenen Armen als der eigentliche Urheber und Führer des neuen Realismus, der neuen *Natürlichen Schule*, empfangen. Die Tatsache, daß das im Widerspruch mit seinen eigenen Absichten geschah, war vielleicht für ihn und seine private Lebensgeschichte wichtig, nicht aber für den Gang der Literatur.

II

DIE REALISTISCHE PERIODE

1. VON ALEXANDER I. ZU NIKOLAJ I.

Die Analyse von Púškins, Lérmontovs und Gógol's Dichtung läßt deutlich die Wandlung erkennen, die in der Literatur stattgefunden hatte – den Übergang von einer romantischen (und klassizistischen) Haltung zu einer ausgesprochen realistischen. In der Dichtung der drei war die Grundlage der Prosa geschaffen, die im großen 19. Jahrhundert zur führenden Gattung werden sollte. Zwischen der Wandlung im Schrifttum und dem Übergang der Herrschaft von Kaiser Alexander I. auf Nikolaj I. scheint ein so vollständiger Parallelismus zu herrschen, daß man versucht sein könnte anzunehmen, der literarische Wechsel sei vom politischen bedingt worden.

Das Jahr 1825 bildet eine merkbare schicksalhafte Grenze. In diesem Jahre – dem Todesjahr Alexanders I. – wurden die Gemüter von einer Katastrophe erschüttert, die sie aus dem Traum in die brutale Wirklichkeit versetzte. Im Jahre 1825 wurde die adlige Romantik zu Grabe getragen.

Der feudale und halbfeudale Adel, d. h. der ganze Gutsbesitzerstand des Landes, war unter der Regierung der Kaiserin Katharina II. durch Verleihung wirtschaftlicher und sozialer Rechte über alle Gebühr privilegiert worden, ohne durch irgendwelche Verpflichtungen an den Staat gebunden zu werden. Nachdem Kaiser Paul, der dem Adel unfreundlich gesinnt war, nach kurzer Regierungszeit aus dem Wege geräumt worden war, hatte der Adel seinen Sohn Alexander, den Liebling Katharinas, mit unvergleichlicher Begeisterung und Liebe als Kaiser begrüßt. Nicht zuletzt gaben sich die aufgeklärten intellektuellen Kreise des Adels hinsichtlich der politischen Absichten und Pläne des neuen Herrschers unbegrenzten optimistischen Erwartungen hin. In seinen seltsamen rationalistisch-sentimentalen Idealen glaubte man eine Bürgschaft für eine erfreuliche zukünftige Entwicklung erblicken zu können. Mit tiefer Befriedigung sah man ihn das Netz von Gouvernementsgymnasien, Kreis- und Gemeindeschulen erweitern, das in den Hauptzügen schon von der großen Kaiserin geschaffen worden war. Die führenden Geister der Zeit erhielten ihre Ausbildung in den von Alexander I. gegründeten *Lyzeen* für die adlige Jugend in Cárskoje Seló, in Jaroslávl', in Néžin und anderen Orten und auf den neuen Universitäten Dorpat (russisch Júr'jev, estnisch Tartu, 1802), Kazán' (1804), Chár'kov (1804) und St. Petersburg (1804). Moskau war nicht mehr das einzige Zentrum aller höheren Bildung. Der Kaisei, der in engeren Hofkreisen *der Engel*, in weiteren Kreisen *die zauberhafte Sphinx* genannt wurde, hatte sich als ein ebenso feingebildeter wie freisinniger Monarch bekannt gemacht, und man erwartete allgemein, er werde den knarrenden Staatsapparat modernisieren und seine schönen Ideale verwirklichen. Geleitet von einigen nahen Freunden, die er – mit einem Ausdruck aus der Französischen Revolution – scherzend sein *comité de salut public* nannte, und später von seinem begabten bürgerlichen Minister Speránskij beeinflußt, schien der Kaiser ernsthaft eine gründliche Gesellschaftsreform zu erwägen, welche die Aufhebung der Leibeigenschaft und die Einführung einer gemäßigten parlamentarischen Verwaltung gebracht und damit ein sozialpolitisches Gegengewicht zu der allzu bevorrechteten Stellung des Adels geschaffen hätte. Tatsächlich scheint Alexander I. mit solchen Plänen seiner Zeit weit voraus gewesen zu sein.

Aber gerade als sich die intellektuellen Kreise innerhalb (und zum Teil auch außerhalb) des Adels freisinnigen politischen Gedanken hinzugeben begannen, erfolgte beim Kaiser ein jäher Umschwung, und zwar unmittelbar nach dem für Rußland glücklichen Ausgang der Napoleonischen Kriege (1805–15), nicht ohne Zusammenhang mit diesem. Von einer unerklärlichen seelischen Depression ergriffen und von gewissen, damals modernen mystischen Stimmungen beherrscht, lieferte er die Staatsleitung so gut wie restlos seinem groben, reaktionären Kriegsminister aus, dem Finsterling General Arakčéjev, der am liebsten das ganze Land in einen Exerzierplatz für blind gehorchende Soldaten verwandelt hätte. In demselben Maße, in dem der Kaiser den Idealen seiner Jugend untreu wurde, nahm die geistige adlige Elite eine immer ablehnendere Haltung sowohl seiner Person als auch dem ganzen russischen Zarismus und Autokratismus gegenüber ein. Zum erstenmal in der Geschichte Rußlands entstand eine organisierte revolutionäre Widerstandsbewegung, geführt von den besten Männern des Standes, auf dem seit den Tagen Katharinas II. das ganze Staatswesen geruht hatte.

Neben der literarischen Romantik war eine politische Romantik entstanden. Enge Beziehungen wurden zwischen den beiden Lagern geknüpft, und es war nicht immer leicht zu sagen, wo die Poesie anfing und wo die Politik aufhörte. Die Napoleonischen Kriege hatten die russischen Truppen nach Wien, Berlin, Paris und anderen Brennpunkten der westeuropäischen Zivilisation geführt, und zwischen den Denkern und Dichtern Westeuropas und dem adligen Offiziersstand der russischen Armeen war eine merkwürdig enge Verbindung entstanden. Diese hatte den intellektuellen adligen Russen eine nie zuvor erlebte persönliche Kenntnis von westeuropäischen Verhältnissen und Ideen, Menschen und Einrichtungen vermittelt. Zugleich hatte sie in ihnen die Lust zu selbständigem kritischem Denken geweckt und ihnen die Augen für die Gebrechen in der Struktur der russischen Gesellschaft und des russischen Staates geöffnet. Ein Vergleich zwischen russischer und französischer oder deutscher Kultur fiel keineswegs zum Vorteil der russischen aus. In den besten Männern erregte er ein brennendes Verlangen nach einer den westeuropäischen Verhältnissen gemäßen Umgestaltung der russischen. Und je ausgeprägter die Reaktion in den letzten Regierungsjahren Alexanders I. hervortrat, desto bewußter wurde auch die revolutionäre Bewegung. Nach dem Vorbild des patriotisch-revolutionären deutschen *Tugendbundes* begannen sich unter den Offizieren und zivilen Adligen des Landes Vereinigungen, Verbände, Gruppen und Zellen von ausgesprochen verschwörerischer Art herauszukristallisieren. Zunächst waren sie nichts anderes als private idealistische Diskussionsklubs nach dem Stil jenes kaiserlichen *comité de salut public*, allmählich aber begann das verschwörerische Wirken ernstere Formen anzunehmen. Von wirklich politischer Bedeutung wurde der 1816 gegründete *Rettungsbund (Sojúz spasénija)*, der Verfassung und Parlamentarismus auf seinem Programm stehen hatte. 1818 wurde diese halbwegs öffentliche Gesellschaft zu einem geheimen und illegalen *Wohlfahrtsbund (Sojúz blagodénstvija)* umgebildet, und dieser wiederum spaltete sich in zwei parallele Organisationen mit eindeutig revolutionären Zielen: den *Nördlichen Bund (Sévernyj sojúz)*, der u. a. den Dichter RYLÉJEV und PÚŠKINS Freunde, die Dichter KÜCHELBECKER und DEL'VIG, zu seinen Mitgliedern zählte, und den *Südlichen Bund (Júžnyj*

sojúz), der sein Hauptquartier in einer südrussischen Garnisons-
stadt hatte.

Kaiser Alexander I. wußte sehr wohl von der Existenz und Tätigkeit dieser Organisationen. Als er am 19. November 1825 auf einer
Reise in Südrußland unerwartet starb, beschlossen die beiden Bünde,
ungesäumt zu handeln. Sie fühlten sich dazu nicht zuletzt durch die
Verwirrung angetrieben, die in den Regierungskreisen durch die
Frage entstanden war, wer von den beiden ältesten Brüdern des
Zaren – Konstantin, der insgeheim auf sein Thronfolgerecht verzichtet hatte, oder sein ahnungsloser Bruder Nikolaj – die Macht
übernehmen solle. Die Verschwörer glaubten, die Revolution ungefähr ebenso leicht durchführen zu können, wie die zahlreichen
Staatsstreiche des 18. Jahrhunderts durchgeführt worden waren:
sie versuchten die Garderegimenter in St. Petersburg zu überreden,
sich den Aufrührern anzuschließen. Am 14. Dezember 1825 kam es
zu blutigen Zusammenstößen zwischen den Regimentern, die sich
hatten überreden lassen, und den kaisertreuen Truppen aus anderen
Kasernen. Das Schicksal der Revolution wurde auf dem Senatsplatz in St. Petersburg entschieden. Gleichzeitig waren auch die
südrussischen Aufrührer zur Tat geschritten und hatten ihre Truppen
gegen Kíjev geführt. Aber in der Hauptstadt wie in der Provinz
wurde der Aufstand schnell niedergeschlagen, und bald gelang es
dem neuen tatkräftigen Kaiser Nikolaj I., die ganze Verschwörung
in all ihren Verzweigungen aufzudecken. Alle Beteiligten wurden
festgenommen. Ein besonderes Gericht wurde eingesetzt, der *Oberste
Kriminalgerichtshof*, dessen Mitglieder von Staatsrat, Senat und
Synod berufen wurden, und nach einer umfassenden Voruntersu-
chung wurden gegen vierzig Angeklagte zum Tode verurteilt, während der Rest (über achtzig Personen) mit Deportation und Zucht-
hausarbeit in Sibirien bestraft wurde. Der Kaiser milderte den harten
Spruch etwas, so daß nur fünf der zum Tode Verurteilten (unter
ihnen der Dichter RYLÉJEV) ihr Leben lassen mußten: auf den
Wällen der Peter-Pauls-Festung in St. Petersburg wurden sie zu
Schreck und Warnung aller Gleichgesinnten gehenkt. Die übrigen
wurden degradiert und nach Sibirien deportiert.

Das Urteil machte im ganzen Land einen furchtbaren Eindruck.
Hunderte von adligen Familien hatten in irgendeiner Weise mit den

revolutionären Kreisen Berührung gehabt und bei der großen Säuberung Väter, Söhne oder Brüder verloren. Hunderte von anderen Menschen, die nicht unmittelbar an der Verschwörung oder dem Aufstand teilgenommen hatten, zitterten vor Angst, ihrer Sympathien wegen zur Rechenschaft gezogen zu werden. Unzählige Menschen, die liberale oder revolutionäre Ideen gehegt und ausgesprochen hatten, mußten sich schleunigst vor den Behörden zu rehabilitieren versuchen, ihre Anschauungen revidieren und eine loyale Gesinnung an den Tag legen oder ihre Träume im Herzen verschließen. Zwischen der Regierung und der adligen Gesellschaft, die doch immer die Regierung als eine Funktion ihrer eigenen Stellung im Staat betrachtet hatte, tat sich eine tiefere Kluft auf als je zuvor.

Kaiser Nikolaj I., *der gekrönte Gendarm*, konnte es *seinen Dekabristen-Freunden* (den *Dezember-Männern*) nie verzeihen, daß sie ihn gezwungen hatten, seinen Thron durch Blutvergießen zu behaupten. Die drei Jahrzehnte, die seine Regierungszeit währte, waren davon in eigentümlicher Weise geprägt.

Er faßte den ganzen Empörungsversuch als einen rein adligen Handstreich auf, der gegen das Selbstherrschertum und gegen ihn als seinen gesalbten Vertreter gerichtet war. Sein persönliches Vertrauen zum Adel, der ihn derart verraten hatte, war für immer zerbrochen. Er beabsichtigte nicht, ihn der Vorrechte, die er im Staate genoß, zu berauben, und hielt den Adel auch nach dem Dezember-Aufstand für den wichtigsten Stand in seinem Reiche. Aber willensstark, wie er war, beschloß er, seine kaiserliche Autorität durch persönliche Macht- und Kraftentfaltung zu sichern. Er hatte als Herrscher unleugbar die rühmlichsten Pläne, unter anderem den Plan, die Bauern mit der Zeit aus ihrer unerträglichen Leibeigenschaft zu befreien. Aber er litt es nicht, daß eine Agitation für wirklich lebenswichtige Reformen von außen entfaltet wurde. Er verheimlichte es dem Volke, daß in verschiedenen Sonderausschüssen Pläne zu einer allmählichen Aufhebung der Leibeigenschaft erörtert wurden, die den Bauern zu einem elenden Sklaven unter der Peitsche der Gutsbesitzer machte. Er wandte sich mit seiner ganzen Macht gegen alles, was wie eine freie oder freisinnige Meinungsbildung aussehen konnte. Jedes Mittel wurde angewendet, um die Nation am selbständigen Denken zu verhindern. In seinem Miß-

trauen jeder Klasse und jedem Stand gegenüber wählte er die abso-
lut-autokratische Regierungsform und die absolut-bürokratische
Regierungsmethode und baute langsam einen festgefügten Apparat
auf, unter dessen Herrschaft jeder Beamte seine Untergebenen
tyrannisierte und vor seinen Vorgesetzten zitterte. Die internationale
Lage ließ den Kaiser tausend Gründe finden, seine Person gegen revolutionäre Freiheitsimpulse, die von außen kamen, zu schützen.
Er wurde unaufhörlich an das blutige Jahr 1825 erinnert. Die Juli-
Revolution von 1830 in Frankreich mit der in seinen Augen schmählichen Entthronung der Bourbonen, die August-Revolution von
1830 in Belgien und die Errichtung des belgischen Staates, der Aufstand von 1830 in dem mit Rußland vereinigten Königreich Polen –
jedes dieser Ereignisse war für ihn ein ernstes *memento mori*, und die
europäischen Revolutionsbewegungen des Jahres 1848 und die
damalige Erhebung des ungarischen Volkes gegen den habsburgischen Kaiser nährten seine Angst noch mehr. Die Unruhe unter den
aufsässigen Bauern schwelte weiter und flammte manchenorts
lodernd auf; unter den Intellektuellen herrschte eine politische
Unruhe, die wie eine direkte Verhöhnung des Kaisers wirken mußte,
der doch in höchsteigener Person das Land aufs beste regierte. Die
Entdeckung der revolutionären Gruppe Petraševskijs in St. Petersburg im Jahre 1849 zeigte ihm – fast ein Vierteljahrhundert nach dem
Dezember-Aufstand –, daß die Freiheitsbewegung sich wieder zu
organisieren begann.

Wie energisch der Kaiser den Plan einer persönlichen und dikta-
torischen Regierungsreform zu verwirklichen suchte, geht daraus hervor, daß Tätigkeit und Umfang jener kaiserlichen Privatkanzlei,
die seine Vorgänger zur Wahrnehmung der persönlichen Geschäfte
des Herrschers errichtet hatten, beträchtlich erweitert wurden. Ihre
erste Abteilung fungierte weiter als sein persönliches Sekretariat.
Aber neben diesem wurden nach und nach vier andere Abteilungen
geschaffen, deren berüchtigte *dritte* völlig die Polizei beherrschte und
vor allem die Aufgabe hatte, Ruhe und Rechte der Bürger gegen
die verderbliche Einstellung böswilliger Menschen zu schützen. Die
öffentliche und besonders die geheime Polizei erlangte eine noch nie
erlebte Macht im Staate. Sie hatte tausend Kanäle, durch die sie
Reden, Tun und Treiben der kaiserlichen Untertanen überwachen

konnte. Briefe wurden von der Post schamlos durchschnüffelt und ihr Inhalt der Polizei mitgeteilt. Offenkundige und geheime Spione schickten Graf Benckendorff, dem nächsten Vertrauten des Kaisers, regelmäßig Berichte und Denunziationen. Die öffentliche Meinung wurde von der Zensur, die eine wahrhaft tropische Blüte erreichte, bewußt geknebelt. Nicht genug damit, daß im Ministerium für Volksbildung eine Zensurabteilung errichtet wurde – auch beim Heiligen Synod, bei der Postverwaltung, beim Außenministerium, beim Kriegsministerium und beim Schuldepartement gab es besondere Zensurorgane. In der zweiten und dritten Abteilung seiner Privatkanzlei schuf der Kaiser persönlich eine Geheimzensur. Mitunter trat er selber als Zensor auf, überließ jedoch dieses Geschäft meistens seinem beflissenen Gendarmeriechef Benckendorff. Rücksichtslos mischte sich die Regierungsgewalt in alle Bereiche des Kulturlebens und verfolgte jedes kühne Wort mit Schikanen oder Verfügungen, die keine Berufung zuließen. Eines harmlosen Wortes wegen wurden Zeitschriften in ihrer Tätigkeit behindert, oder ihr Betrieb wurde stillgelegt; die Herausgabe neuer Zeitschriften wurde verhindert oder verboten.

Während der Regierungszeit Nikolajs I. wurden viele Unterrichtsanstalten gegründet, vor allem Fach- und Berufsschulen: Kriegsschulen, technische Schulen, pädagogische Institute, Fraueninstitute, eine Reihe Gymnasien. Gleichzeitig aber bestrebte sich die Regierung, gewisse Formen der Bildung an die einzelnen Stände zu binden, so daß Kaufmanns- und Handwerkersöhne nur schwer in den Gymnasien oder den anderen höheren Lehranstalten Aufnahme finden konnten. Trotzdem gelang es auffallend vielen Nicht-Adligen, diese Hindernisse zu überwinden und die von den Universitäten vermittelte höhere Bildung zu erwerben. Um der Gefahr zu begegnen, daß Gymnasien wie Universitäten als Brutstätten des freien Gedankens dienten, wurden sie, vor allem nach 1848, besonderen Kontrollorganen unterstellt und empfindlichen Beschränkungen unterworfen. Eins der Fächer, denen die Regierung mit dem Zaren an der Spitze das größte Mißtrauen entgegenbrachten, war die Philosophie, dieses Erzeugnis westeuropäischen Denkens, für das sich junge Studenten bereits in den dreißiger Jahren mit auffälligem Eifer zu interessieren begonnen hatten. Gegen Ende der Regierungszeit Nikolajs I. geriet

der Kultusminister in schweren Zweifel, wieweit Philosophie als Lehr-
fach an den Universitäten eigentlich als nützlich anzusehen sei –
daß sie schädlich sein könne, daran bestand im voraus kein Zweifel –,
und als der Kaiser ihm die Sache näher zu untersuchen befahl,
fand der untertänige Minister zu seinem Entsetzen, daß weder
KANT noch FICHTE noch SCHELLING noch HEGEL, die führenden
Geister der Zeit, in ihren Schriften das Christentum als eine von oben
offenbarte Wahrheit berücksichtigten, sondern sich ausschließlich
auf das Erkenntnisvermögen ihrer eigenen Vernunft verließen. Die
Folge war, daß Metaphysik, Ethik und Erkenntnislehre einfach verboten, die philosophischen Lehrstühle aufgehoben und der Unterricht in Logik und Psychologie der theologischen Fakultät übertragen wurde. Als billigen Ersatz für jede Form selbständigen kritischen Denkens verkündete die Regierung eine offizielle Ideologie,
die jeder anzunehmen habe. Ihre drei Grundprinzipien waren:
erstens das *Selbstherrschertum* (verstanden in seiner absolutesten
Form, als persönliche Machtausübung des Kaisers), zweitens die
Orthodoxie (verstanden als unbeschränkte Obergewalt der Kirche
über das gesamte Geistesleben) und drittens das *Volkstum* (verstanden als konsequenter nationalistischer Patriotismus, als Oberherrschaft des großrussischen Volkes über jede andere Volksgruppe).
Nach diesen Grundprinzipien wurde jede öffentliche Äußerung beurteilt, und jeder Schriftsteller, der etwas ihnen Widerstreitendes
lehrte oder schrieb, wurde der rücksichtslosesten Verfolgung ausgesetzt. Als im Jahre 1836 dem hochbegabten Aristokraten P'OTR
JÁKOVLEVIČ ČAADÁJEV das Mißgeschick widerfuhr, daß der erste
seiner berühmten *Philosophischen Briefe*, worin er mit einer Bitterkeit
ohnegleichen das ganze geschichtliche Dasein des russischen Volkes
einer niederschmetternden Kritik unterzog, im Druck erschien,
wurde er einfach für geisteskrank erklärt und in seinem Zimmer eingesperrt.

Es ist unter diesen Umständen erstaunlich, daß unter der Gendar-
menherrschaft Kaiser Nikolajs I. doch ein ungemein reiches geistiges
Leben entstand. In St. Petersburg wie in Moskau wehrten sich die
Intellektuellen, welchen Standes und welcher Überzeugung sie auch
sein mochten, in aufsehenerregender Weise dagegen, auf das Pro-
krustes-Bett der offiziellen Ideologie gespannt zu werden, und selbst

für einen Autokraten vom imponierenden Format Kaiser Nikolajs
war es nicht leicht, sie zu bekämpfen. Sie schöpften ihre Ideen aus
den Werken der gefährlichen deutschen Philosophen und wurden
dadurch angeregt, der Aufgabe und Sendung des russischen Volkes
in der Weltgeschichte nachzusinnen. Wie verschieden ihre Anschauungen auch sein mochten, standen sie zunächst doch in friedlichem
Verkehr. Die jungen Wahrheitsucher der dreißiger Jahre scharten
sich um den hochbegabten Idealisten Nikoláj Stankévič, der
seinen Freunden, die nicht alle genug Deutsch verstanden, um die
Schriften der deutschen Philosophen in der Ursprache zu lesen, die
modernen Ideen meisterhaft verdolmetschte. Anfangs diskutierten
Granóvskij und Konstantín Aksákov, Belínskij und Bakúnin
und Bótkin und andere in schöner Einmütigkeit miteinander. Aber
in den vierziger Jahren hörte ihre Eintracht auf, und sie begannen
sich in zwei sich bekriegende Gruppen zu trennen. Die Angehörigen
der einen Gruppe wurden gewöhnlich *Západniken* genannt, das
bedeutet: Anhänger einer westeuropäisch orientierten Entwicklung
im zukünftigen Rußland; die der anderen bekamen den Namen
Slavophilen, weil sie Anhänger einer selbständigen nationalen Entwicklung waren und sich nach den von den Türken und Österrei-
chern unterdrückten west- und südslavischen Brüdern orientierten.
Als der junge geniale Professor Timoféj Nikolájevič Granóvskij
(1813–55), ein *Westeuropäer*, im Herbstsemester 1843 seine öffentlichen Universitätsvorlesungen über die Geschichte des europäischen
Mittelalters hielt und diese mit großer Begeisterung aufgenommen
wurden, entstand im slavophilen Lager Unruhe, und der tüchtige,
jedoch weniger geniale Professor Stepán Petróvič Ševyr'óv
(1806–64) beeilte sich, im Jahre darauf öffentliche Vorlesungen
über russische Literatur zu halten, die dann eine fast ebenso imposante Hörerschar anzogen wie die seines jüngeren Kollegen. Außer
Granóvskij bekannten sich auch Belínskij und Herzen zum westeuropäischen Gesellschafts- und Kulturideal als einem für Rußland
erstrebenswerten Ziel, während sich die Brüder Aksákov, die Brüder
Kiréjevskij, der Dichter Chom'ákov und andere mit Ekel von dem
verwesenden Europa abwandten und verlangten, daß die historische
Entwicklung Rußlands wieder in rein nationale Bahnen gelenkt
werde. So organisierte man sich zu einem Kulturkampf, der die vier-

ziger wie die fünfziger Jahre prägen und in etwas modifizierter Form auch später fortdauern sollte. Noch nie hatte es in der Geschichte Rußlands eine Periode gegeben, die so mit kulturphilosophischen Spekulationen durchsetzt gewesen wäre wie die Regierungszeit Nikolajs I.

Hierin lag eine tiefe historische Ironie. Mit wachsender Beunruhigung betrachtete Nikolaj I. diese geistige Unabhängigkeit, die sich mit der von ihm offiziell verkündeten *Dreieinigkeits-Ideologie*, wie sie von Witzköpfen genannt wurde, nicht vereinbaren ließ. Seine Regierung sah sich immer wieder zum Eingreifen veranlaßt, nicht nur bei den *Západniki*, die nach der Natur der Sache im Verdacht stehen mußten, revolutionäre westeuropäische Ideen, den utopischen Sozialismus nicht ausgenommen, einführen zu wollen, sondern auch bei den *Slavophilen*, die in ihrer Kritik der Reformen Peters des Großen einen traurigen und gefährlichen Mangel an Achtung vor einem der unfehlbaren Vorfahren des Kaisers enthüllten und die in ihrer Verherrlichung der Volksgerichtsbarkeit, deren sich die alten russischen Freistädte Nóvgorod, Pskov und V'átka erfreut hatten, eine gefährliche Vorliebe für den Parlamentarismus verrieten. Die Regierung verbot von Zeit zu Zeit die Zeitschriften der Streitenden oder erteilte ihnen ernste Warnungen, schikanierte sie mitunter dadurch, daß sie die Annahme ihrer Doktorabhandlungen an den Universitäten vereitelte, verhaftete hin und wieder die störrischsten von ihnen und verwies einige aus den Hauptstädten in die gottverlassenen Städte der Provinz.

2. DIE REALISTISCHE KRITIK

Der politische Umschwung, der im Vorhergehenden geschildert worden ist, äußerte sich in der Literatur als Übergang von den erhabenen idealistischen Dichtungen klassischen oder romantischen Gepräges zu einem schlichten Realismus, der sich am besten in Prosa auszudrücken vermochte. Der Realismus, der sich in den dreißiger Jahren, während der Regierungszeit Nikolajs I., entfaltete, war natürlich aus der Sprache PÚŠKINS, LÉRMONTOVS und GÓGOL's erwachsen, und die Strömungen, denen wir später begegnen werden, haben alle bald in der Form des ersten, bald in der des zweiten, bald in der des dritten Meisters ihren Ursprung. Während jedoch jeder von diesen seine eigene Form ohne jede Hilfe von anderer Seite hatte suchen und finden müssen, entwickelte sich der Realismus in der schönen Literatur der folgenden Jahrzehnte in steter Wechselwirkung mit einer wachen und wegweisenden literarischen Kritik.

Wenn die literarische Kritik im russischen Kulturleben dieser Zeit eine so ungemein wichtige Rolle spielte, so war der Grund der, daß die Verhältnisse unter Nikolaj I. jede andere Form der Kritik unmöglich machten. Deshalb griff denn auch die literarische Kritik schnell auf nicht-literarische Gebiete des Gesellschaftslebens über. Das Jahr 1825 bildete auch in dieser Hinsicht eine klare und deutliche Grenze. Alle Versuche, eine Kritik zu schaffen, die auf einer prinzipiell literarischen Grundlage beruhte, waren bisher mißlungen, weil sie ausschließlich von abstrakt-philosophischen Ideen ausgegangen waren und ausschließlich auf ästhetischen und spekulativen Voraussetzungen aufgebaut hatten. Aber schon bei dem Schriftsteller NIKOLÁJ ALEKSÉJEVIČ POLEVÓJ, der übrigens ein Romantiker von reinstem Geblüt war, begegnen wir den ersten deutlichen Anzeichen einer bewußten Neuorientierung der Kritik. Als Sohn eines unternehmungslustigen Kaufmanns und Fabrikanten und also als Vertreter der nicht-privilegierten Klassen war er vielleicht besser als seine adligen Kollegen in der Literatur imstande, das Mißverhältnis zwischen seinen romantischen Idealen und der rauhen Wirklichkeit, die ihn umgab, zu erkennen. In seiner Tätigkeit als fleißiger Redakteur der Zeitschrift *Moskauer Telegraph* (*Moskóvskij telegráf*, 1825–36) suchte er mit immer größerer Entschiedenheit gesellschaftskritische Maßstäbe an die Literatur anzulegen. Seine Zeitschrift spielte eine bedeutende Rolle, bis sie – wie wir gesehen haben – aus lächerlich kleinlichen Gründen von der Regierung verboten wurde. Gleichzeitig mit POLEVÓJ, aber von teilweise anderen Voraussetzungen aus, wirkte der gewissenhafte Kritiker und Schriftsteller NIKOLÁJ IVÁNOVIČ NADÉŽDIN (1804–56), der auch einem nichtadligen (geistlichen) Milieu entstammte. In der Zeitschrift *Teleskóp*, die er von 1831 bis 1836 leitete, ließ er in seinen Betrachtungen über die Literatur das soziale Moment deutlich hervortreten, und obwohl auch er sich zur Romantik bekannte, führte ihn die Logik seines

Denkens notwendig zu einer wirklichkeitsnahen literarischen Kritik. In seiner Redaktion verdiente sich der junge, von der Moskauer Universität relegierte Student BELÍNSKIJ die Sporen, und mit ihm übernahm die literarische Kritik die führende, wegweisende, richtunggebende Funktion, die für das Zeitalter des Realismus so charakteristisch wurde.

Wie POLEVÓJ und NADÉŽDIN war auch VISSARIÓN GRIGÓR'JEVIČ BELÍNSKIJ (1811–48) von nicht-adliger Herkunft. Er war der Sohn eines Flottenarztes und verlebte seine Kindheit in Finnland und seine erste Jugend in einem der finstersten Provinznester des Gouvernements Pénza. Als Kritiker trat er zum erstenmal im Jahre 1834 in der Zeitschrift *Molvá* (*Das Gerücht*), einer Beilage zu NADÉŽDINS *Teleskóp*, mit seinen *Literarischen Meditationen* (*Literatúrnyje mečtánija*) hervor, die sofort Aufsehen erregten, weil sie mit ungewöhnlicher Kraft geschrieben waren und eine bis dahin unbekannte sprachliche Ausdrucksfülle offenbarten. Solange NADÉŽDIN seine Zeitschriften herausgeben konnte, arbeitete er mit diesem zusammen. Nachdem die Blätter wegen des berühmten *Philosophischen Briefes* von ČAADÁJEV verboten worden waren (NADÉŽDIN selber wurde in die Provinz verwiesen), übernahm BELÍNSKIJ im Jahre 1838 die Redaktion der Zeitschrift *Der moskovitische Beobachter* (*Moskóvskij nabl'udátel'*), die jedoch auch bald (1839) ihr Erscheinen einstellte. BELÍNSKIJ zog nach St. Petersburg, trat als Literaturkritiker in die Redaktion von KRAJÉVSKIJS neuer Zeitschrift *Vaterländische Annalen* (*Otéčestvennyje zapíski*) ein und beteiligte sich hier mit großem Eifer an dem Kampf zwischen den *Západniki* und den *Slavophilen*. Die Arbeitsbedingungen, die KRAJÉVSKIJ dem hochbegabten Schriftsteller bot, waren – obwohl der Haushalt der Zeitschrift infolge der Mitarbeit BELÍNSKIJs immer besser wurde – weder vorteilhaft noch angenehm. Der lungenkranke Kritiker ging daher im Jahre 1847 zu der vorzüglichen Zeitschrift *Der Zeitgenosse* (*Sovreménnik*) über, die PÚŠKIN kurz vor seinem Tod gegründet hatte, der Zeitschrift HERZENS, NEKRÁSOVS, TURGÉNEVS und anderer hervorragender Schriftsteller, an der er bis zu seinem frühen Tode tätig war.

Bisher war es der russischen Kritik noch nie gelungen, die Literatur zu einem Anliegen aller gebildeten Menschen zu machen. BELÍNSKIJ gelang es, weil er jeden Artikel aus innerlich glühender Gläubigkeit schrieb und leidenschaftlich an den Leser appellierte. Die Frage nach dem Verhältnis zwischen Literatur (oder Poesie) und Wirklichkeit war ihm von Anfang bis Ende das zentrale Problem. Mit all seinem Ungestüm (seine Freunde nannten ihn den *rasenden Vissarión*) brachte er diese Frage immer wieder zur Erörterung – und gab am Ende seines Lebens eine Antwort darauf, die seiner am Anfang ausgesprochenen stracks zuwider war. BELÍNSKIJS philosophischer Werdegang läßt sich durch die Namen der großen deutschen Philosophen kennzeichnen: SCHELLING, FICHTE, HEGEL und schließlich FEUERBACH. Dieser Weg führte ihn vom romantischen Idealismus zum Materialismus und utopischen Sozialismus, von dem einen Extrem zu dem anderen, doch allezeit ging es ihm darum, das Verhältnis der Literatur zu Idee und Wirklichkeit im Licht der jeweils angenommenen philosophischen Systeme zu beurteilen. So ist es denn nicht verwunderlich, daß sich seine literarischen Urteile im Wechsel der Zeit außerordentlich stark wandelten und Dichter, vor denen er am Anfang seiner kritischen Tätigkeit in Bewunderung die Knie gebeugt hatte, später mit fanatischem Eifer von ihm angegriffen, und andere, die er bekämpft und mit Hohnlachen bedacht hatte, später ohne Vorbehalt anerkannt und gepriesen wurden. Immer aber waren seine Meinungen geistvoll unterbaut und begründet, und trotz der wechselnden Beleuchtung blieben einige wirklich große Geister wie PÚŠKIN, LÉRMONTOV und GÓGOL' vor seinem Urteil als Klassiker der russischen Literatur bestehen. Jeder Aufsatz BELÍNSKIJS wurde mit begieriger Spannung von immer weiteren Kreisen gelesen, die sich von der Logik und intellektuellen Energie und dem Drang nach philosophischer Verallgemeinerung, die ihm eigen waren, bezaubert fühlten.

Herkunft wie Temperament prädestinierten BELÍNSKIJ zum Vorkämpfer des Realismus in der Literatur. Um so bemerkenswerter ist es, daß er aus reiner Achtung vor der philosophischen *Wahrheit*, die er sich durch Lesen oder Diskutieren erworben hatte, in der ersten Periode seines Wirkens als leidenschaftlicher Gegner dessen hervortrat. was wir *Realismus* nennen. Der erste Wahrheitsverkünder für ihn wurde SCHELLING (den er übrigens nicht im Original lesen konnte). Seinen ganzen Idealismus übernahm er in Bausch und

Bogen. Seine Metaphysik nahm er vorbehaltlos an. In seinem Geist
verkündete er, daß die Literatur (oder Poesie) das vermittelnde Glied
zwischen der *ewigen Idee* und der *Menschheit* sei. Die wahre Wirklichkeit sei die der Ideė, die tägliche Wirklichkeit sei nur eine
Illusion, und die erhabene Aufgabe der Poesie sei es, jene wahre,
ideale Wirklichkeit in Worten zu deuten, die in ihrem wechselseitigen
Verhältnis die Harmonie der idealen Sphäre widerspiegelten. Fast
fanatisch war er davon überzeugt, daß die göttliche Idee auch das
historische Schicksal des russischen Volkes beherrsche und sich darin
offenbare. Von Schelling zu Fichte war es nur ein halber Schritt,
und Belínskij tat ihn. Er wurde noch tiefer in das Labyrinth der
Metaphysik geführt und ergab sich mit fast krampfhafter Energie
Spekulationen über die Sendung der russischen Nation als besondere
Manifestation der ewigen Idee. Die Dichtung wurde ihm nun ein
Weg zur Offenbarung des russischen Nationalgeistes, und als erstes
Gebot seiner Kritikeraufgabe erschien es ihm, die Literatur von der
Frage aus zu beurteilen, wieweit sie diesen Geist auch treu wider-
spiegele. So sicherte er sich – wohl unbewußt – eine Hintertüre von
der Metaphysik zur literarischen Wirklichkeitsnähe.

Bald aber verführte ihn Hegel zu Anschauungen, denen er später
mit der ganzen Heftigkeit seines Temperamentes wieder abschwor.
Mit Hilfe seiner deutschkundigen Freunde eignete er sich Hegels
Lehre an, daß das Wirkliche auch das Vernünftige und das Vernünftige auch das Wirkliche sei. Er interpretierte diesen meta-
physisch gemeinten Satz grob-praktisch. Seine ganze Natur mußte
sich eigentlich einer Lehre widersetzen, die blinde Unterwerfung
unter die jeweils herrschenden politischen und sozialen Verhältnisse
zu fordern schien, Verhältnisse, die in einem höheren Sinne vernünftig sein mußten, wie unvernünftig sie auch zu sein schienen.
Seine Achtung vor einer anscheinend schlüssigen logischen Beweisführung zwang Belínskij, alle Folgerungen aus dieser Lehre zu
ziehen und sie in seiner literarischen Kritik anzuwenden. Die Formel
schien den Vorteil zu haben, daß sie die Wirklichkeit als Realität an
sich anerkannte und die Forderung ermöglichte, anstatt hoher Ideale
die Schilderung der Wirklichkeit in die Literatur einzuführen. Sie
hatte aber zugleich die Schwäche, daß sie verlangte, die russische
Wirklichkeit, so wie sie war, als vernünftig anzuerkennen. Belínskij

war tatsächlich bereit, sich vor dem russischen Zarismus als Erscheinung der ewigen und zeitlosen Vernunft zu beugen. Außerdem brachte ihn sein Denken dazu, die Theorie des *l'art pour l'art* zu formulieren und zu fordern, daß die Dichtung keinen sozialen Zwecken diene, sondern nur ihren eigenen immanenten Aufgaben. Alle Politik müsse aus der wahren Kunst verbannt werden, und insofern GRIBOJÉDOV in seiner berühmten Komödie nicht nur eine Wirklichkeit dargestellt, sondern sich zugleich über sie zu lachen erlaubt habe, sei er kein Schöpfer wahrer Kunst gewesen.

Weiter konnte BELÍNSKIJ wohl kaum in die Gedankenwelt des deutschen Idealismus hineingeraten, ohne zu entdecken, daß er sich verirrt habe. Das Gefühl, irregeführt worden zu sein, und das noch schlimmere Gefühl, andere irrezuführen, wurde immer stärker in ihm. Die Widersprüche zwischen Theorie und Wirklichkeit, zwischen Idee und Temperament wurden immer schärfer und brachten ihn in eine geistig-seelische Krise, die damit endete, daß er bei FEUERBACH Rat suchte. Von der Lehre, das Seiende sei vernünftig, hatte er sich schon im Jahre 1840 freizumachen begonnen. Es fiel ihm jetzt wie Schuppen von den Augen. Der Gedanke, daß das einzelne Individuum unmittelbares Produkt sozialer Verhältnisse sei, ließ ihm keine Ruhe. Die Kategorien *Fortschritt* und *Rückschritt, Progressivität* und *Reaktion* begannen als literarische Kriterien zu wirken. Er forderte, daß die konkreten Tatsachen erforscht und die Gesetze der Gesellschaftsentwicklung festgestellt würden. Seine Kritik richtete sich ungestüm gegen den Zustand der Dinge in Rußland, gegen den Krebsschaden am Gesellschaftsorganismus, die Leibeigenschaft, gegen die Vorzugsstellung des Adels. Er sah das Kommen der bürgerlichen Gesellschaft auch in Rußland voraus, er sah das Zeitalter des Industrialismus herannahen, er träumte utopisch von einer sozialistischen Gemeinschaft. Sein alter Idealismus war über Bord geworfen, und der philosophische Materialismus war ihm, wenigstens in seinem von FEUERBACH formulierten Aspekt, nicht fremd.

BELÍNSKIJ hatte natürlich keinerlei Möglichkeit, seine radikalsten Gedanken gedruckt herauszugeben und agitierend zu verbreiten. Schon früh hatte er sich in der Kunst der doppeldeutigen oder umschreibenden Ausdrucksweise üben müssen. Den klarsten Widerklang seiner Gedanken in ihrer der Literatur angepaßten Form finden wir in einer seiner letzten Arbeiten, in dem großen Aufsatz *Ein Blick auf die russische Literatur im Jahre 1847 (Vzgl'ad na rússkuju literatúru)*, in dem er zwar seinen alten Gedanken festhielt, daß die Aufgabe von Kunst und Literatur nichts anderes sein könne und dürfe als die Schaffung künstlerischer und literarischer Werte, diese Formel aber nun durch das bemerkenswert begrenzende Adverbium *hauptsächlich* modifizierte. Damit öffnete er auch nicht-künstlerischen und nicht-literarischen Aufgaben die Türe. Er bestritt jetzt, daß es jemals in der Welt reine Dichtung ohne Beimischung nicht-dichterischer Tendenzen oder Elemente gegeben habe. Er protestierte dagegen, daß der Literatur kraft der Formel *l'art pour l'art* das Recht genommen werde, sozialen Aufgaben zu dienen. Nun schien ihm GRIBOJÉDOV ein großer, sehr verdienstvoller Dichter zu sein. Nun erklärte er die von GÓGOL' geschaffene *Natürliche Schule* zum wahren Spiegel der Zeit in der Dichtung.

Der Ausdruck *Natürliche Schule* war gar nicht von BELÍNSKIJ erfunden worden. Vielmehr hatte einer der unangenehmsten Männer des konservativen Lagers, der Schriftsteller BULGÁRIN, ihn kurz zuvor der neuen Schriftstellergeneration, die gerade auf dem Schauplatz der Literatur auftauchte, als verächtliche Bezeichnung angeheftet. Den Ausdruck *Realismus* gab es noch nicht, er wurde erst einige Jahre später verwendet. BELÍNSKIJ griff die BULGÁRINsche Benennung auf und gebrauchte sie zur programmatischen Bezeichnung der neuen Richtung, deren geistiger Führer er selber war. Zum Vater der Schule wurde GÓGOL' erklärt, jedoch in einem Sinne, den dieser selbst kaum als richtig anerkannt hätte. Man sah in ihm den · Schriftsteller, dessen Verdienst vor allem darin bestand, daß er in die Prosa *eine neue Thematik* einführte – eine Thematik, die in scharfem Gegensatz zu der hohen Poesie und den abstrakten Stoffen früherer Zeiten stand und auf die konkreten Verhältnisse und Probleme der Gesellschaft gegründet war. In einer Zeit, da die schlimmsten Gebrechen der russischen Gesellschaft unverhüllt hervortraten, deutete man GÓGOL's Werke als schonungslose *Kritik* des sozialen, wirtschaftlichen und politischen Systems, dessen Fall unmittelbar bevorzustehen schien. Seine Schilderung dieses Systems in Werken wie *Der Mantel, Die toten Seelen* und *Der Revisor* wurde als *wahr* und *wirklichkeitsnah* betrachtet, wobei man von den romantischen und

komischen Elementen in seiner Kunst absah. Als Gógol' im Jahre
1847 seine berüchtigten *Ausgewählten Stellen aus dem Briefwechsel
mit Freunden (Výbrannyje mestá iz pereplski s druz'jámi)* erscheinen
ließ, erhob sich in allen Lagern ein Schrei der Entrüstung darüber,
daß gerade der Mann, den man als Begründer der neuen Richtung
betrachtet hatte, sich hier als Vertreter der finstersten Reaktion
enthüllte, und Belínskij schickte ihm sein berühmtes, von Zorn
durchbebtes Anathema, worin er ihn als *Propheten der Peitsche,
Apostel der Unwissenheit, Verfechter des Obskurantismus und der
Finsternis und Panegyriker tatarischer Sitten* brandmarkte. Das
hinderte niemand, sein Gesamtwerk auch weiterhin als Grundlage
der *Natürlichen Schule* anzusehen. Die moderne russische Literatur,
so hieß es, habe sich aus Gógol's *Mantel* entfaltet.

Auch Schriftsteller, die bei tieferer Betrachtung nichts mit Gógol's
Technik und Stil gemein hatten und die sich auch voneinander stark
und wesentlich unterschieden, wurden dieser Schule zugezählt, wenn
man in ihren Schriften nur die drei *wesentlichen* Kriterien – soziale
Thematik, soziale Kritik und Wirklichkeitsnähe – vorfand. Belínskij
betonte kurz vor seinem Tod, daß der Ausdruck *Naturalismus* als
Gegensatz zum *Rhetorismus* der klassisch-romantischen Dichtung
aufzufassen sei. Die neue Schule folgte seinen Parolen. Sie entnahm
ihren Stoff den unteren und untersten Gesellschaftsschichten,
schilderte zuweilen den Gutsbesitzerstand in seinen einfachsten und
einfältigsten provinziellen Vertretern, beschäftigte sich jedoch lieber
mit kleinen Beamten, einfachen Bauern in ihrem täglichen Sklaven-
leben, Droschkenkutschern, Hofknechten, Handwerkern, Trinkern
und verkommenen Existenzen, und beschrieb eine Welt, wo Hunger
und Armut zu Hause waren. Man interessierte sich für die sogenannte
Physiologie der Hauptstädte, das heißt: man machte soziologische
Studien und zeichnete in großen Sammelbänden knappe Skizzen
von Typen, die man im Bodensatz der Gesellschaft fand. Unter den
Schriftstellern, die der Losung der Zeit folgten, gab es neben solchen,
die kaum jemals über den Rahmen ihrer *physiologischen* Studien hin-
ausgelangten, andere, die sich später als sehr verschiedenartige,
durch fast unvereinbare Gegensätze voneinander getrennte große
Prosaschriftsteller absondern sollten. Um 1847 waren sie noch in
einer Gruppe vereinigt. In diesem Jahre begrüßte Belínskij vier

neue Schriftsteller als Vertreter der *Natürlichen Schule*. Es waren
HERZEN, GONČARÓV, GRIGORÓVIČ und TURGÉNEV. Auch PANÁJEV,
DRUŽÍNIN, PÍSEMSKIJ und sogar DOSTOJÉVSKIJ gehörten zu derselben literarischen Richtung. Ihr müssen auch SOLLOGÚB, SALTY-
KÓV-ŠČEDRÍN und der ältere AKSÁKOV zugezählt werden. Die Zahl
der gleichzeitig hervortretenden Schriftsteller war groß. Aber nur
wenige von ihnen öffneten der Literatur neue Horizonte. Sie sprengten die engen Prinzipienrahmen der *Natürlichen Schule*.

3. DIE NATÜRLICHE SCHULE

Der älteste unter diesen Schriftstellern war SERGÉJ TIMOFÉJEVIČ
AKSÁKOV (1791–1859). Er war der Vater der beiden begabten
slavophilen Ideologen KONSTANTÍN und IVÁN AKSÁKOV, die bei
seinem ersten literarischen Erfolg selbst bereits berühmt waren. So
ragte er unter den jungen Schriftstellern der vierziger und fünfziger
Jahre wie ein lebendiges Denkmal jener längst entschwundenen Vergangenheit empor, da er in seiner Jugend dem Kreise konservativer
Sprachbewahrer angehörte, die sich um den temperamentvollen
Admiral ŠIŠKÓV, den eifrigen Bekämpfer KARAMZÍNS, sammelten.
Ende der vierziger Jahre geschah es aber, daß der alte Herr, von den
realistischen Tendenzen der Zeit ergriffen und nicht zuletzt von
seinen jungen Söhnen beeinflußt, plötzlich Bücher zu schreiben begann, in denen sich Wahrheit und Dichtung in einzigartiger Weise
mischten. Er schuf zwei Werke, die nach ihrem künstlerischen Wert
hoch über manchem Roman aus dieser Zeit standen. Seine Sprache
wirkte in ihrem behaglichen, wirklichkeitssatten Stil so frisch und
lebendig, daß man es kaum fassen konnte, wie er, der im vorigen
Jahrhundert Geborene, einen so modernen Stil so vollkommen zu
meistern vermochte. SERGÉJ AKSÁKOV erschien als ein Künstler, der
gewissermaßen nur zufällig niemals Gelegenheit gehabt hatte, seine
eigene einfache, natürliche Sprache zu sprechen – bis jetzt, da die
neue Generation die ihr gemäßen Bedingungen geschaffen hatte. Wer
hätte wohl erwartet, daß dieser in seiner Jugend so unbedeutende
Schriftsteller, der sich damit begnügt hatte, BOILEAU und MOLIÈRE
zu dienen und französische klassizistische Tragödien zu übersetzen,

jetzt im reifen Alter plötzlich mit solchen Meisterwerken der realistischen Prosakunst wie der *Familienchronik (Seméjnaja chrónika)* und *den Kinderjahren Bagróvs des Enkels (Détskije gódy Bagróva-vnúka)* hervortreten würde? Die ersten Kapitel der *Familienchronik* wurden in dem bemerkenswerten Jahr 1847, in dem sich der junge Realismus durchsetzte, veröffentlicht und erregten sofort Aufmerksamkeit. Gleichzeitig schrieb Aksákov anspruchslose Bücher über Fischerei und Jagd, die sich allmählich auch an weitere Leserkreise als nur die der Lustfischer und Sonntagsjäger wandten. 1852 erschien die ganze *Familienchronik*, 1858 folgten die *Kinderjahre*. Beide Werke wurden mit lebhaftem Interesse aufgenommen.

Es ist oft behauptet worden, daß Aksákov seine Bücher unter der unmittelbaren Einwirkung seines viel jüngeren Freundes Gógol' geschrieben habe. Wäre diese Behauptung richtig, dann könnte man von einer persönlich-literarischen Beziehung zwischen dem Führer der *Natürlichen Schule* und diesem spät gewonnenen Schüler sprechen. Der ungeheure Unterschied zwischen Gógol's und Aksákovs Stil spricht jedoch entschieden gegen eine solche Annahme. Aksákovs Sprachbau erinnert viel mehr an Púškins ruhige, abgeklärte Prosakunst als an Gógol's Art. So beginnt die *Familienchronik:*

Mein Großvater fühlte sich auf seinem Erbgute, das seine Ahnen von den moskovitischen Zaren im Gouvernement Simbirsk zum Geschenk bekommen hatten, allmählich etwas beengt. Nicht etwa weil das Gut tatsächlich zu klein war – im Gegenteil, es gab da genug Wald und Land und Wiesen und was man sich noch wünschen konnte. Sondern weil das Erbgut, das sein Urgroßvater noch ungeteilt besessen hatte, eine steigende Anzahl von Mitbesitzern zu ernähren hatte. Das war einfach so gekommen: drei Generationen hindurch hatte es immer einen Sohn und drei Töchter in der Familie gegeben. Einige von den Töchtern heirateten, und jedesmal wurde als Mitgift ein Teil des Landes und der leibeigenen Bauern abgetrennt. Die Töchter bekamen nicht recht viel, es gab aber auf dem Gut allmählich schon vier fremde Herren, die das Recht auf die Nutznießung des gemeinsam verwalteten Landes hatten. Mein Großvater, der ein ungeduldiger, hitziger und geradliniger Mann war und Familienhader haßte, fand unter diesen Umständen das Dasein unerträglich.

In diesem sachlichen Ton ist das ganze Buch gehalten. Ohne sich zu ereifern oder Urteile zu fällen, schilderte Aksákov mit großer Wahrheitstreue das patriarchalische Leben auf einem typischen

russischen Adelshof, dessen Wirtschaft ganz auf der Leibeigenschaft
beruhte. Er vermied es nicht, von unerfreulichen Verhältnissen zu
sprechen oder tyrannische Naturen zu schildern, er beschönigte auch
keineswegs das Los des leibeigenen Bauern. Im Gegenteil – aus seiner
ruhigen und umständlichen Erzählung traten Gestalten hervor, die
geeignet waren, den Leser durch ihre barbarischen Sitten, ihre
tyrannische Natur, ihre fast krankhafte Heftigkeit und unglaubliche
Roheit zu erschüttern. Sogar der Patriarch der Familie Bagróv, in
Wirklichkeit der Großvater des Verfassers, vereinigte in Aksákovs
Darstellung die biedersten, gutmütigsten, feinsten Züge mit einer
despotischen Gewalttätigkeit, die sich in Schlägen, Peitschenhieben,
Stößen und Prügeln auslöste. Seine gute unterwürfige Frau verlor
bei einem seiner Wutanfälle den größten Teil ihres Haares und
brauchte ein ganzes Jahr zur Heilung einer Wunde in der Kopfhaut.
Neben ihm tauchten andere Gestalten auf, die ihn durch die unge-
hemmte Gewalttätigkeit ihres Temperaments, ihre Grausamkeit, ihre
phantastische Herrschsucht fast in den Schatten stellten – sowohl
Männer, die mehr an Tiere als an Menschen erinnerten, als auch
Frauen, die kein Mittel zur Befriedigung ihrer Machtgier scheuten.
Sie waren von servilen, willenlosen und ehrlosen Geschöpfen umgeben, von denen jedes auf seine Weise die Gunst der Starken zu gewinnen suchte. Das alte, feudale, rechtlose Rußland, das Land der
Gutsbesitzer und leibeigenen Sklaven, wurde von Aksákov in überraschend harmonischer Prosa dargestellt; seine Schilderung mußte
auf den Leser um so beunruhigender wirken, als er sich sorgfältig
jedes Urteils und jeder Anklage enthielt.

Aber Aksákov, dessen Sprache und Stil, wie gesagt, mehr an
Púškin als an Gógol' erinnern, war kein typischer Vertreter der
Natürlichen Schule. Von den viel jüngeren Anhängern der modernen
literarischen Bewegung unterschied er sich vor allem durch seine
Thematik. Außerdem standen seine Werke gerade auf der Grenze
zwischen der etwas ungewöhnlichen Memoirenform und der sonst
für die Schule so charakteristischen Roman- und Novellenform. Aber
der Realismus in seinen Schilderungen machte ihn zum Gefährten
der neuen Bewegung.

Ein typischer Vertreter des *Naturalismus*, wie dieser damals verstanden wurde, war dagegen Iván Ivánovič Panájev (1812–62),

ein sehr fleißiger Schriftsteller, der – etwas älter als die meisten Mitglieder der neuen Schule – ursprünglich dem Kreis der Romantiker
angehört hatte. Seine Prosa war anfangs sehr stark von MARLÍNSKIJS
Stil bestimmt, wie er sich besonders in seinen brillanten, aber recht
hohlen Salonromanen entfaltete. In den dreißiger Jahren wetteiferte
er geradezu mit MARLÍNSKIJ in Erzählungen, die in der Welt der
russischen Hocharistokratie spielten: *Boudoir einer vornehmen
Dame* (*Spál'n'a svétskoj žénščiny*), *Delirium tremens* (*Bélaja
gor'áčka*, 1834), *Sie wird glücklich werden* (*Ona búdet sčastlíva*,
1836), *Heute und gestern* (*Segódn'a i včerá*, 1837) usw. Er scheint
jedoch allmählich eine Abneigung gegen diese Gattung und ihre
Sprache bekommen zu haben, und wir sehen ihn – sicherlich unter
der unmittelbaren Einwirkung BELÍNSKIJS – zu der neuen realistisch-
natürlichen Richtung übergehen. In dem einen Teil seines Schaffens
war er mit der ironischen und satirischen Art GÓGOL's verwandt, in
dem anderen nahm er deutlich die realistisch-poetischen Gesell-
schaftsromane TURGÉNEVS vorweg. Sein Lieblingsgebiet war die
russische Gutsbesitzerwelt, die auf der sakrosankten Einrichtung der
Leibeigenschaft ruhte; seine Gutsbesitzer aus der Provinz, die ihr
Vermögen im Treiben der Hauptstadt vergeuden, gehörten jedoch
eher den Kreisen des ärmeren und mittleren Adels an als der hohen
Aristokratie. Seine gelungensten Romane sind: *Ein Muttersöhnchen*
(*Mámen'kin synók* 1845), *Verwandte* (*Ródstvenniki* 1847), *Eine Begegnung auf der Poststation* (*Vstréča na stáncii* 1847), *Provinz-
löwen* (*L'vy v províncii* 1852) und *Stutzer* (*Chlyščí* 1856). PANÁJEV
verstand es, breite Zeitbilder zu schaffen und seine Hauptgestalten in
lebendigem Kontrast zueinander hinzustellen. Die Situation, die er
offenbar bevorzugte, war der Gegensatz zwischen der starken, gesunden, begabten und schönen Frau und dem schwachen, willenlosen,
verwöhnten jungen Gutsbesitzersohn oder dem oberflächlichen hohlen
Salonkavalier. Die Frauen, die meistens einem einfacheren Lebens-
kreis, mitunter der Kaufmannswelt, angehörten, waren zart und behutsam gezeichnet. In mancher Hinsicht ließ ein solches Personen-
gefüge, nicht zuletzt das der *Verwandten*, jenes voraussehen, das wir
in TURGÉNEVS *Rúdin* finden. Auch eine Ahnung der charakteristischen TURGÉNEVschen Poesie ist schon bei PANÁJEV zu spüren, der
auch ein feines Gefühl für beseelte Frauenschönheit hatte. Sogar die

Bezeichnung, die TURGÉNEV später seinen willensschwachen intellektuellen Helden anheftete, wurde von PANÁJEV vorweggenommen, als er den jungen Edelsohn in den *Verwandten* herablassend 'Klein Hamlet' (*gamlétik*) nannte. Seinem einmal gewählten Wege folgend, verband sich PANÁJEV 1847 mit NEKRÁSOV zur weiteren Herausgabe des *Zeitgenossen*, der im Kampfe für den sozial gestimmten russischen Realismus die führende Zeitschrift wurde.

Die eigenartige GÓGOL'sche Ironie lebte weiter in den Schriften des Grafen VLADÍMIR ALEKSÁNDROVIČ SOLLOGÚB, die, in den vierziger Jahren mit viel Interesse gelesen, später ganz vergessen wurden. SOLLOGÚB, der wie PANÁJEV zu den älteren seiner Generation gehörte (1814–82), entstammte seiner Geburt und Erziehung nach den aristokratischen Kreisen von St. Petersburg und durchlief eine glänzende Karriere, ohne jedoch eine sonderlich bedeutende Stellung in der Staatsmaschinerie zu erreichen. Als Schriftsteller kehrte er sich von der großen Welt der Hauptstadt ab. Schon früh stellte er sein bescheidenes Schriftstellertalent in den Dienst der *Natürlichen Schule* und hörte aufmerksam auf die Parolen BELÍNSKIJS. Seine erste Veröffentlichung erschien schon 1837, aber erst 1842 kam seine erste Novellensammlung heraus, der er bezeichnenderweise den anspruchslosen Titel *Vor dem Einschlafen* (*Na són gr'adúščij*) gab. Hier hatte er – wie er sich selbst ausdrückte – *Fragmente aus dem Alltagsleben* gesammelt. In der *Geschichte von zwei Galoschen* (zuerst 1839 erschienen) erzählte er zum Beispiel die traurige Geschichte eines Künstlers, der im Lebenskampf unterging. Seine eigene aristokratische Welt stellte er immer in kritischer Beleuchtung dar, während er Künstlern, Handwerkern und anderen armen oder schlichten Menschen seine Sympathie schenkte. Wenn sich auch der Leser von der Wärme und dem Mitgefühl, die der Verfasser seinen einfacheren Gestalten widmete, ergriffen fühlte, mußte er doch seine Satire als unscharf, verschwommen, etwas gezwungen und bei weitem nicht witzig genug empfinden. Die Grenze zwischen Satire und objektivem Realismus war fließend, und es war nicht immer leicht, zwischen den Ansichten des Verfassers und den Anschauungen seiner ironisch geschilderten Personen zu unterscheiden. Daher hinterließ sein Hauptwerk, *Der Reisewagen* (*Tarantás*, 1845), einen ziemlich unbestimmbaren Eindruck. BELÍNSKIJ begrüßte das Buch bei seinem Erscheinen mit einem großen Aufsatz in seiner Zeitschrift *Vaterländische Annalen* und vollbrachte dabei das Kunststück, die sehr naiven Meinungen des Verfassers für tiefe Ironie auszugeben, was sie eben durchaus nicht waren. Der Roman war als eine Art Reisetagebuch gestaltet; er schilderte, wie zwei Freunde eine Reise von Moskau nach der Provinzstadt Mordásy (eigentlich 'Maulstadt') unternehmen, was sie unterwegs erleben und worüber sie sprechen. Der ältere, Vasílij Ivánovič, ist ein typischer russischer Gutsbesitzer aus der Provinz ohne die geringsten kulturellen Ansprüche; der jüngere, Iván Vasíl'jevič, der gerade eben aus dem Ausland heimgekehrt ist, gehört keineswegs zu den *Westlern* (den *Západniki*), die die Einführung sozialer Reformen oder europäischer Sitten in Rußland fordern, sondern bekundet eher slavophile Neigungen. Das Schema der Reise als Prinzip der Komposition war unmittelbar aus GÓGOL's *Toten Seelen* übernommen, aber GÓGOL's satirische Schärfe fehlte vollständig, und die Haltung des Verfassers zu den Ideen seines jüngeren Helden blieb unbestimmt. Die Namen, die SOLLOGÚB seinen Helden gab, ohne ihre Zunamen auch nur anzudeuten, sollten den beiden ein gewisses typisches Gepräge verleihen, doch machte sich BELÍNSKIJ in seiner Besprechung den Spaß, den Vor- und Vatersnamen des jüngeren Helden mit denen des bekannten russischen Slavophilen KIRÉJEVSKIJ zu verbinden. SOLLOGÚB versuchte sich später auch als Dramatiker. Obwohl seine Tendenz, etwa in der Komödie *Der Beamte* (*Činóvnik*, 1856), deutlich genug gegen das herrschende politische System gerichtet war und den Geschmack des Publikums traf, bestand doch kein Zweifel darüber, daß seine Komödien als Kunstwerke äußerst schwach waren. Mehr als ein Epigone GÓGOL's wurde der schreibende Graf nie.

Im selben Jahr wie SOLLOGÚBs *Reisewagen* erschien das große zweibändige Gemeinschaftswerk *Physiologie von Petersburg* (*Fiziológija Peterbúrga*), herausgegeben von NEKRÁSOV und eingeleitet mit einer glänzenden vergleichenden Charakteristik der beiden Hauptstädte Moskau und Petersburg, die aus der Feder des Meisters BELÍNSKIJ stammte. In diesem Sammelwerk veröffentlichte der junge DMÍTRIJ VASÍL'JEVIČ GRIGORÓVIČ (1822–99) seinen Erstling: *Die Petersburger Leiermänner* (*Peterbúrgskije šarmánščiki*), eine sogenannte *physiologische* Skizze, die in dem neuen *natürlichen* Stil durchgeführt war. Sowohl die *niedrige* Thematik als auch der *humane* Ton und die *unrhetorische Sprache* stimmten mit den neuen realistischen Prinzipien, die BELÍNSKIJ verkündet hatte, aufs beste überein. Aber von literarischer Kunst war in dieser wie in seinen anderen kleinen Skizzen nach der Natur noch nicht viel vorhanden. Die ersten künstlerischen Erfolge errang GRIGORÓVIČ erst einige Jahre später mit seinen bedeutenden Novellen und Romanen *Bauernland* (*Derévn'a*) und *Anton der Pechvogel* (*Antón-Goremýka*); die erste erschien 1846 in den *Vaterländischen Annalen*, die zweite 1847 im *Zeitgenossen*. Obwohl GRIGORÓVIČ im folgenden Jahrzehnt noch eine Menge von Bauernnovellen und Bauernromanen schrieb – und manchmal auch einen Hauptstadtroman –, waren die beiden eben genannten Romane zweifellos seine bedeutendsten und charakteristischsten Leistungen. Sie wurden von der Kritik und der Lesewelt mit Beifall begrüßt, weil sie dem realistischen Geschmack der Zeit entgegenkamen. Ganz unabhängig von jeder literarischen Einwirkung von außen war die Gattung, die GRIGORÓVIČ fast gleichzeitig mit TURGÉNEV in die russische Literatur einführte, durchaus nicht. Es ist bezeichnend, daß gerade diese beiden typischen *Westler* oder *Západniki* dem russischen Bauernproblem am nächsten beizukommen vermochten – und GRIGORÓVIČ war noch obendrein von der Mutter her Franzose und hatte eine rein französische Erziehung erhalten. Es ist kaum zu bezweifeln, daß sowohl BALZACS *Paysans* (1844) als auch AUERBACHS *Dorfgeschichten* (1843) und vielleicht auch GEORGE SANDS Schilderungen des Volks- und Bauernlebens für den jungen russischen Schriftsteller, der das Dasein des russischen Bauern zu beschreiben versuchte, eine vorbildliche und anregende Bedeutung gehabt haben. Seine Schilderungen waren aufs kräftigste nach der Wirklichkeit getönt, ihr ethnographischer und volkskundlicher Stoff erhöhte die Glaubwürdigkeit der ersten Romane, und der Bauer, wie er ihn zeichnete, war gewöhnlich nicht durch eine idealisierende Brille gesehen. Nur wenn er ihn in gefühlvollen Zuständen, etwa in seiner Liebe, zu zeigen versuchte, nahm sein Bild teils sentimentale, teils romantische Züge an, die der Wirklichkeit völlig zuwider waren. Eigentlich poetische Darstellungsmittel mied er sonst, oder er beherrschte sie nicht. Dafür war in seiner eigenen Haltung viel bewußter Humanismus, und dieser Humanismus, der im

Grunde nur ein gutsherrliches Mitleid von oben herab war, überwältigte seine Zeitgenossen, überwältigte BELÍNSKIJ und verschaffte
ihm von vornherein einen bedeutenden Erfolg. Sein rein künstlerischer Sinn für landschaftliche Werte – GRIGORÓVIČ hatte immer eine
echte Neigung zur Malkunst gehabt – trat in seinen genauen und
schönen Naturbeschreibungen deutlich hervor.

Eine andere Wirkung GEORGE SANDS und ihrer Anhänger, das
moderne Interesse für die Frauenfrage, zeigte sich in großer Stärke
bei ALEKSÁNDR VASÍL'JEVIČ DRUŽÍNIN (1824–64), dessen erstes
Buch in jenem historischen Jahr 1847 erschien, in dem die *Natürliche Schule* ihre größten Siege errang. Die Titelheldin des Romans
Paulinchen Sachs (*Pólin'ka Saks*), eine anmutige, unwissende, kindlich naive junge Frau, ist mit dem gewissenhaften, aber kühlen, klugen, aber ziemlich temperamentlosen Beamten Sachs verheiratet,
der an der Gesellschaft und dem Anblick des schönen Geschöpfes
seine Freude hat und seine Entwicklung aufmerksam verfolgt. Der
Verfasser war sehr darauf bedacht, Sachs als einen freisinnigen,
durch und durch humanen Mann darzustellen, der bei sittlichen
Entscheidungen den Mut hat, seinen eigenen Überzeugungen zu
folgen, ohne sich um das Urteil seiner Mitmenschen zu kümmern.
Tatsächlich war der Roman ein Ehedrama zwischen dreien, worin
der nüchterne, kühle Ehemann in einem höheren Sinne über seinen
glücklichen Nebenbuhler, den feurigen Liebhaber Gálickij, siegte.
Nach der Trennung von ihrem edlen, feinfühligen Mann entdeckt
nämlich Paulinchen, daß sie ihren neuen romantisch-leidenschaftlichen
Freund gar nicht liebt, sondern sich nach ihrem Mann und seiner
großen, ruhigen Seele zurücksehnt. Der Verfasser deutet an, daß sie
später an der Schwindsucht sterbe. Viele Situationen und Szenen
in diesem Werk erinnerten stark an entsprechende Stellen in GEORGE
SANDS lyrischem Roman *Jacques*, aber ein ruhigeres Gemüt hinderte DRUŽÍNIN, sich in ungestüme Romantik zu stürzen. Er blieb
dem Realismus treu. Aber er hatte das Verdienst, die literarische Behandlung der Frauenfrage in Rußland eingeführt und die lange
Reihe literarischer Beiträge zur Erörterung des Rechtes der Frau auf
ein selbständiges inneres Leben eröffnet zu haben. Er errang im
nächsten Jahr mit dem Roman *Geschichte Alekséj Dmítrijevičs* (*Rasskáz Alekséja Dmítrijeviča*), der seinen Erstling in künstlerischer Hin-

sicht noch übertraf, einen neuen Erfolg, gab im Jahre 1848 weitere Frauenromane mit den vielsagenden Titeln *Lola Montez, Fräulein Wilhelmine* und *Julie* (in drei Bänden) heraus. Im Jahre 1850 veröffentlichte er noch *Iván Černoknížnikovs sentimentale Reise durch die Villenviertel von Petersburg* und erregte mit seinen Skizzen eine gewisse Skandalsensation, ging aber dann ganz zum kritischen und literarischen Essai über (er schrieb besonders über englische Schriftsteller), übersetzte SHAKESPEARE und verfocht nach 1856 die längst aufgegebene Losung *l'art pour l'art*.

Im Jahre 1848 erschien auch das erste Buch von ALEKSÉJ FEOFILÁKTOVIČ PÍSEMSKIJ (1820–81). Es gelang ihm freilich nicht, seinen Eheroman *Ist sie schuldig?* (*Vinováta li oná?*) in den *Vaterländischen Annalen* zu veröffentlichen, da die Zensur ihn aus unerforschlichen Gründen verbot – er erschien erst zehn Jahre später unter dem Titel *Bojarenart* (*Bojárščina*). Dafür erschien aber seine Erzählung *Nina* unbehelligt in einer anderen Zeitschrift, und in den folgenden Jahren kam eine große Reihe seiner Erzählungen und Romane heraus: *Ein Faulpelz* (*T'uf'ák*, 1850), *Eine Liebesehe* (*Brak po strásti*, 1851), *Der reiche Freier* (*Bogátyj ženích*, 1851), *Ein Hypochonder* (*Ipochóndrik*, 1852), *Mr. Batmánov* (1852) u. a. In der *Natürlichen Schule* war PÍSEMSKIJ der einzige wirkliche *Naturalist*, ein Schriftsteller, der Szenen und Situationen aus dem täglichen Leben meisterhaft schilderte und Porträts von Typen und Figuren aus diesem Leben zeichnete, der es aber ganz vermied, Partei zu nehmen und Symphathie oder Antipathie zu verraten. Dadurch unterschied er sich stark von seinen Zeitgenossen, die, in der Regel fortschrittlich gesinnt, weder ihre Zuneigung noch ihre Abneigung verbargen. Die Kritik war daher bei der Beurteilung seiner Romane etwas unsicher und verwirrt, und als sein erster großer Roman, *Tausend Seelen* (*Týs'ača duš*, 1858), herauskam, geschah das Merkwürdige, daß einige radikale Kritiker das Buch lobten, andere es dagegen verdammten. PÍSEMSKIJ war weder ein Anhänger der radikalen politischen Ideen, die eine gründliche Reform der sozialen Verhältnisse verlangten, noch ein Bewunderer der großen Finanzleute, die in Rußland hervorzutreten und mit fragwürdigen Mitteln zu wirken begannen. In dem Buche *Tausend Seelen*, dessen Titel an GÓGOL's Meisterwerk erinnerte, versuchte er es diesem nachzutun und in seinem Helden Kalínovič GÓGOL's Číčikov in neuem Gewande darzustellen. Das psychologische Problem, das GÓGOL' im Auge gehabt hatte, die langsame Wandlung und Läuterung des Helden, beschäftigte auch PÍSEMSKIJ, doch erzielte er keine bessere oder überzeugendere Lösung als sein Vorgänger. Er schilderte Kalínovič vor dem Hintergrund einer durch und durch verrotteten Gesellschaft – als zynischen Streber, der sich vorgenommen hat, sich mit allen zulässigen Mitteln in den Besitz von tausend *Seelen*, das heißt von tausend leibeigenen Bauern, zu bringen; eins seiner Mittel ist, daß er das arme Mädchen, das ihn liebt, brutal im Stiche läßt und sich mit der Tochter eines Reichen verheiratet. Wenn aber PÍSEMSKIJ seinen Helden nach dem Erreichen seiner nächsten Ziele zum bitteren Kritiker der Gesellschaft, in der er sich bewegt, macht und ihn eine moralische Krisis durchleben läßt, kann der Leser ihm nicht mehr folgen. Davon abgesehen, war der Roman, in Stil und Technik aus einem konsequenten Realismus hervorgegangen, frei von jeder idealisierenden Tendenz. Die Menschen waren mit solch sicherem Gefühl für das Plastische und Lebendige wahrgenommen und die Geschehnisse mit solchem Sinn für Kolorit und Komik und für unzählige Züge aus dem lebendigen Leben dargestellt, daß allen Forderungen, die BELÍNSKIJ an ein modernes Kunstwerk stellte, genügt zu sein schien. In seinen gleichzeitig oder später veröffentlichten Novellen und Erzählungen bediente sich PÍSEMSKIJ derselben unsentimentalen, fast grausamen Technik und schien geradezu jede Möglichkeit auszuschließen, daß die Menschen seiner Zeit aus edleren Motiven handelten. Nur wenn der Dichter Stoffe aus dem Volksleben formte, fand der Leser bei ihm ideale und edle Gestalten: mit dem hervorragenden Drama *Das bittere Schicksal* (*Gór'kaja sud'bína*, 1858) schuf er die beste Bauerntragödie vor TOLSTÓJS *Macht der Finsternis*.

PÍSEMSKIJS Schaffen, das in den vierziger Jahren so verheißungsvoll begonnen hatte, reichte weit in die neue Periode hinein, die das eiserne System Nikolajs I. ablöste. Unermüdlich ließ er noch in den sechziger und siebziger Jahren einen Roman- oder Novellenband nach dem andern erscheinen, zu einer Zeit, da sogar schon der Name *Natürliche Schule* vergessen war. 1863 kam der Roman *Bewegte See* (*Vzbalamúčennoje móre*) heraus, 1864 die Sammlung *Russische*

Lügenmäuler (*Rússkije Iguný*), 1869 *Die Männer der vierziger Jahre* (*L'údi 40-ch godóv*), 1871 *Im Strudel* (*V vodovoróte*), 1877 *Klein-bürger* (*Meščáne*) und 1880 *Freimaurer* (*Masóny*). Aber obwohl seine naturalistische Technik dieselbe blieb und sein Charakterisie-rungsvermögen und seine Gestaltungskraft nicht abnahmen, entglitt er doch mehr und mehr dem Strom, der die Literatur in die neue Zeit trug. Er wurde als schlimmster Reaktionär betrachtet, seine Kunst als übertrieben tendenziös, sein Naturalismus als langweilig und ideenlos. Kein Schwung, kein Witz, keine Glut sei in seinem Stil, so meinte man, kein Gedanke, keine Idee, die Seele des Lesers zu erheben.

4. HERZENS PHILOSOPHISCHER REALISMUS

Wie so viele andere Männer der *Natürlichen Schule* veröffent-lichte auch ALEKSÁNDR IVÁNOVIČ GÉRCEN oder HERZEN (1812–70) seinen ersten Roman in dem bedeutungsvollen Jahre 1847 und wurde bei seinem Eintritt in die Literatur von BELÍNSKIJ in jenem berühm-ten Überblick begrüßt.

HERZEN, der uneheliche Sohn eines reichen russischen Aristokraten und einer jungen Deutschen (daher sein deutscher Name), wurde wegen seines Wirkens als Mitglied einer freisinnigen Studenten-gruppe der Moskauer Universität zweimal aus Moskau verwiesen: 1834(–1840) in den fernen Provinzort Perm', 1841(–1842) in den nä-hergelegenen Provinzort Nóvgorod. Kaum nach Moskau zurückge-kehrt, begann er zu schreiben, veröffentlichte in den *dicken* kulturellen Zeitschriften jener Jahre einige philosophische Abhandlungen und gab um 1847 gleich seine drei ersten erzählenden Werke heraus, die großen Novellen *Doktor Krúpov* und *Die diebische Elster* (*Soróka-voróvka*) und den Roman *Wer ist schuld?* (*Kto vinovát?*). In allen drei Erzählungen nahm HERZEN den Standpunkt der sozial-literari-schen Gesellschaftskritik ein und bekannte sich damit klar zu den Prinzipien der *Natürlichen Schule*. Zielbewußt verwandelte er in sei-nen Erzählungen die Kunst in ein Werkzeug zum Kampf gegen die bestehende Ordnung der Dinge. Mit Recht machte BELÍNSKIJ sogleich darauf aufmerksam, daß HERZENS Bedeutung als Schriftsteller mehr auf dem *philosophischen* als auf dem rein künstlerischen Gebiet liege.

Der philosophische, d. h. gesellschaftskritische Standpunkt trat am schärfsten in der Novelle *Doktor Krúpov* hervor, wo es dem Verfasser viel weniger darauf ankam, ein Bild des Titelhelden, des scharf beobachtenden skeptischen Arztes, zu zeichnen, als darauf, Krúpovs Beobachtungen wiederzugeben, seine sozial-pathologischen Diagnosen und seine Betrachtungen, die sich daran anschlossen und die indirekt die Gesellschaft selbst, das russische Gemeinleben seiner Zeit, betrafen. Ihrer Form nach war die Novelle eigentlich als Satire mit komischen Momenten angelegt, ihrem Inhalt nach war sie jedoch eine schonungslose Anklage. Die den Arzt beherrschende philosophische Idee ist schlechthin die, daß die Welt der vermeintlich normalen Menschen in keiner Weise vernünftiger eingerichtet sei als die der Verrückten – ein in der späteren Literatur oft abgewandelter Gedanke. Der Verfasser schien die Leser zu fragen, ob man nicht eher von einem Irrenhaus als von einer vernünftigen menschlichen Gemeinschaft sprechen müsse, wenn in der Stadt, in der sein Held und Sprachrohr praktiziert, viertausendsiebenhundert Menschen Tag und Nacht schuften und jegliche Ruhe entbehren müssen, nur damit zweihundert Beamte und wohlhabende Leute ein Dasein genießen können, das ihnen nichts als lauter Überdruß und Müßiggang bringt. In dieser Welt entdeckt Herzens Held einen kleinen halbidiotischen Knaben, einen armen Bauernjungen, mit dem alle Menschen ihren Spott treiben und den nur die Hunde der Stadt auf *menschenwürdige* Weise behandeln. In ihm findet Doktor Krúpov endlich das friedliche Gemüt, die Zartheit, die Güte, von der die übrigen Einwohner der Stadt auch nicht einen Hauch zu besitzen scheinen.

In der Erzählung *Die diebische Elster* führte Herzen das Messer tiefer ins Fleisch der kranken Gesellschaft. Er erzählte das tragische Schicksal, zu dem Annette, eine junge begabte Schauspielerin, verurteilt ist, weil sie das Unglück hat, als Leibeigene geboren zu sein. Ihr Herr, ein humaner rechtschaffener Gutsbesitzer, entdeckt ihr Talent, gibt ihr eine gute Erziehung, nimmt sie mit nach Paris und Italien und läßt sie als Schauspielerin ausbilden. Wie so viele andere *Leibeigene*, die sich dank der Hilfe humaner Wohltäter in der Kunst den Weg bahnten, vergißt Annette ihre Herkunft, bis ihr Besitzer eines Tages stirbt und sie einem andern am Theater interessierten Gutsbesitzer *verkauft* wird, der keine von den guten Eigenschaften ihres

ersten Herrn besitzt. Als sie seine Annäherungen entrüstet abweist,
ist ihr Schicksal besiegelt. Ihr verschmähter Besitzer gebraucht jedes
Mittel, sie zu verfolgen und ihr das Leben schwer zu machen. Die
Geschichte endet damit, daß Annette, die ihr Talent schwinden fühlt,
langsam ihrem Untergang entgegengeht. Im Grunde gab Herzen in
seiner Novelle nur eine alltägliche Geschichte wieder, zu der sich
leicht zahlreiche Parallelen aus dem wirklichen Leben anführen
ließen. Aber die ruhige, leidenschaftslose Art, in der die Geschichte
erzählt wurde, und vor allem die völlig unsentimentale Humanität,
die der Novelle ihr Gepräge verlieh, wirkten mit einer Kraft, die
KARAMZÍNS *Arme Liza* nirgends gehabt hatte. Hier war das Übel
an der Wurzel bloßgelegt und die Leibeigenschaft als die barbarische
Einrichtung dargestellt, die sie wirklich war.

Von weit größerer Bedeutung als diese Novellen war indessen der
Roman *Wer ist schuld?* Schon der fragende Titel forderte den Leser
auf, über das Problem, das vor ihm entrollt wurde, nachzudenken.
Mit diesem Roman schuf HERZEN eine besondere Kunstform, eine
Gattung, die später von TURGÉNEV und GONČARÓV weitergeführt
und entwickelt werden sollte. Es war der Typus des *anklagenden* und
entlarvenden, des gesellschaftskritischen Romans. Das Wesentliche
war jedoch, daß HERZEN seine Hauptaufgabe darin erblickte, die
typischen Züge, die für die Hauptvertreter der verschiedenen Generationen charakteristisch waren, zu erfassen und festzuhalten. Besonders beachtlich ist es, daß er als erster russischer Schriftsteller
einen Helden der eigenen Zeit fast im Augenblick seines Auftretens
darstellte. Bél'tov, der Held seines Romans, war ein Mann der vierziger Jahre, geschildert im gleichen Jahrzehnt. HERZENS unver-
gleichliches psychologisches Wahrnehmungsvermögen kam darin
zum Ausdruck – seine Fähigkeit, die wesentlichen Züge in der Mentalität seiner Zeit zu erfassen. Diese Fähigkeit machte ihn später zu
einem der größten *Porträtkünstler* der Weltliteratur.

Bél'tov trat erst im zweiten Teil des Romans auf. Der erste Teil
handelte von der Vorgeschichte, von dem Liebesverhältnis zwischen
der jungen L'úba, der unehelichen Tochter des Generals Négrov, und
dem jungen, scheuen und romantisch veranlagten Studenten mit dem
geistlichen Namen Kruciférskij und von ihrer Ehe. Im zweiten Teil
trat nun Bél'tov auf, um ihr Idyll zu zerstören. Wenn man beim

Lesen des Romans die Lebensgeschichte HERZENS, seine Liebe zu seiner gefühlvollen, religiös verschwärmten Kusine, die gleich ihm von unehelicher Herkunft war, und seine glückliche Ehe mit ihr vor Augen hat und weiß, daß diese Ehe doch tragisch scheiterte, weil ein phantastischer deutscher Dichter in sie eindrang, so hat man das Gefühl, als sei der Roman von Fäden zu der künftigen Lebensgeschichte des Verfassers durchwirkt. Die empfindsame Art seiner Zeit, die jedoch nichts mehr mit dem überlebten sentimentalen Wesen KARAMZÍNS zu tun hatte, gab dem Jugendroman HERZENS ihr Gepräge. Von dieser Empfindsamkeit war vor allem die Heldin im ersten Teil des Romans umfangen. Sie führt Tagebuch, und aus ihren Aufzeichnungen läßt HERZEN ein lebendig nahes Bild dieser im deutschromantischen Sinne *schönen Seele* erstehen. Gleichzeitig wird aber auch unverhüllt der soziale Hintergrund ihres Lebens sichtbar, der große Herrenhof mit seinen leibeigenen Bauern. Als Waise geltend, die auf dem Gute aufwächst, hat sie, die Tochter des Generals, mit ihrem empfänglichen Gemüt reiche Gelegenheit, *Dinge zu fühlen und zu verstehen, von denen gute Menschen sonst überhaupt keine Ahnung haben, mögen sie auch schon am Rande des Grabes stehen.* L'úba schreibt:

Ich habe einen Vater und eine Mutter, bin aber trotzdem eine Waise. Mit Angst entdecke ich, daß ich niemand liebhabe. Das ist furchtbar!

Alle Menschen sind mir fremd.

Gleichen alle anderen Menschen wirklich denen, die hier sind, und leben sie alle so wie die Menschen, die in diesem Hause leben?

Am Fuße unseres Hügels liegt ein Dorf. Ich liebe diese armseligen Bauernhütten, den Bach, der in der Nähe murmelt, und den Wald weit in der Ferne.

Sobald die kleinen Jungen aus dem Dorf mein weißes Kleid erblicken, kommen sie gelaufen; sie bringen mir Erdbeeren; sie erzählen mir allerlei Kindergeschwätz, und ich höre ihnen zu und finde sie nicht langweilig. Wie nett ihre Geschichten sind: offen, ehrlich! Ich glaube, wenn man ihnen eine Erziehung gäbe, wie sie der Sohn des Generals bekommt, dann würden prächtige Menschen aus ihnen. Sie besuchen manchmal den Sohn des Generals hier auf dem Gut, aber dann verstecke ich mich, denn das Gesinde und sogar die Generalin behandelt sie so roh, daß mir das Herz blutet.

Ich rede mit den Bauern immer genau so wie mit allen andern, und sie mögen mich gern.

Ich kann es einfach nicht verstehen, wie es sein kann, daß die Bauern aus unserem Dorf viel besser sind als all die Gäste, die aus der Gouverne-

mentsstadt und aus der Umgebung zu uns auf Besuch kommen, und sie sind auch viel klüger, obwohl die andern doch Schulbildung haben und Beamte sind und Gutsbesitzer und doch so ekelhaft!

Dieses junge Mädchen begegnet dem armen Universitätskandidaten Kruciférskij, den der Verfasser selbst mit GOETHES Werther und mit Vladimir Lénskij aus PÚŠKINS *Eugen Onégin* vergleicht. HERZEN hatte zweifellos die Absicht, PÚŠKINS Versroman in Prosa nachzuerzählen und dabei die Handlung durch einige Umstellungen zeitgemäßer zu machen. Im Zeitalter GEORGE SANDS waren Ehegeschichten die große Mode. Während sich PÚŠKINS Tat'jána sofort in Onégin verliebte, ohne einen Gedanken an Lénskij zu verlieren, sollte sie sich in der Gestalt L'úbas vor ihrer Begegnung mit Onégin mit Lénskij verheiraten, und während Tat'jána in PÚŠKINS Roman ihrem Gemahl treu blieb, sollte sie in HERZENS L'úba-Gestalt dem Zauber Onégins erliegen. Wie nämlich L'úba in der Stärke ihrer Gefühle und der erhabenen Reinheit ihres Charakters Tat'jána gleicht, so ist ohne Zweifel Bél'tov als ein aus der Hocharistokratie der zwanziger Jahre in die viel demokratischere Gutsbesitzerwelt der vierziger Jahre versetzter Onégin gedacht. In dieser Welt, wie sie im ersten Teil des Romans geschildert ist, muß Bél'tovs Erscheinen notwendigerweise Gefühlsverwirrungen verursachen, die zu einem tragischen Ende führen.

HERZEN stellte den Onégin seiner Zeit als Geschöpf einer Gesellschaft dar, die auf einer moralisch verwerflichen Einrichtung beruhte. Ähnliches hatte vor ihm noch niemand getan. Die Frage, die als Titel über dem ganzen Roman stand, wurde im Verlauf der Handlung tatsächlich auch beantwortet. *Keiner* der am Ehedrama Beteiligten war an der Tragödie schuld; schuld war die Gesellschaftsstruktur, weil sie die Menschen verleitete, den Inhalt ihres Lebens allein in der Welt der Gefühle zu suchen. Bél'tov ist nach Herkunft und Erziehung ein *Überzähliger*, ein *Überflüssiger*. Geboren auf einem typischen russischen Herrensitz, verwöhnt von seinen Eltern und dem leibeigenen Gesinde, unbekannt mit echter Arbeit, fremd der wirklichen Welt, entdeckt HERZENS Held sehr langsam, daß er unfähig ist, irgend etwas zu leisten und eine tiefere Neigung zu irgend etwas zu empfinden. Nach fruchtlosen Wanderungen von Beschäftigung zu Beschäftigung, von Land zu Land kehrt Bél'tov enttäuscht zum väterlichen Gut zurück und begegnet L'úba, der reinen schönen und zarten Frau, der *wunderbaren Frau*, wie er sagt. Nun verläuft die Tragödie eigentlich genau so wie in DRUŽÍNINS *Paulinchen Sachs:* L'úba wird krank und geht dem Tod entgegen, ihr edler romantischer Mann wird schwermütig-religiös und sucht im Trunke Trost, und Bél'tov reist wieder ins Ausland, in ein unnützes Leben. Wer ist schuld? HERZEN macht aus seiner Meinung kein Hehl. Schuld ist die russische Gesellschaft, die es zuläßt, daß so überzählige Männer wie Bél'tov entstehen und daß Gefühlskonflikte mit ihrem Untergang enden, ohne daß sie die Möglichkeit hätten, in nützlicher Arbeit für die Gemeinschaft einen Ersatz für aussichtslose Gefühle zu finden. Bél'tov war in dem gleichen Sinne charakteristisch für die vierziger Jahre, wie es GRIBOJÉDOVS Čáckij und PÚŠKINS Onégin für die zwanziger und LÉRMONTOVS Pečórin für die dreißiger gewesen waren; und wie jeweils Čáckij und GRIBOJÉDOV, Onégin und PÚŠKIN, Pečórin und LÉRMONTOV Zeitgenossen waren, so auch Bél'tov und sein Schöpfer HERZEN. Drei Generationen von *überflüssigen* oder *überzähligen* Helden, deren jede von ihrer Zeit geprägt war und ihre besondere sozial-psychologische Motivierung hatte, bildeten so – rein thematisch – eine Geschlechterfolge, die über den Rahmen der *Natürlichen Schule* hinauswies und zum Stamm des frühen russischen Realismus wurde. GONČARÓV und TURGÉNEV führten diese pessimistische Linie weiter und vertieften sie in ihrer Romankunst.

Gleich nach dem Erscheinen seines erfolgreichen Romans verließ HERZEN sein Vaterland und zugleich auch die schöne Literatur. Im Januar 1847 reiste er für immer nach Westeuropa, um sich hier zielbewußt einer ausgesprochen revolutionären publizistischen Tätigkeit zu widmen. Die Ereignisse um das Revolutionsjahr 1848, die die von ihm ersehnte wirkliche soziale Revolution nicht brachten, machten auf HERZEN, diesen Verehrer des FEUERBACHschen Materialismus und des utopischen Sozialismus der Franzosen, einen niederschmetternden Eindruck. In Berlin, Paris und London kam er mit den größten Revolutionären der Zeit in Verbindung, doch fast alle enttäuschten ihn rein menschlich. Nur in ganz wenigen Fällen schloß er mit hervorragenden Männern Freundschaft fürs Leben. Seine Eindrücke formulierte er in der deutsch geschriebenen Aufsatzsammlung *Vom anderen Ufer* (1851). Klarer als irgend jemand vor ihm erhob er hier die Frage nach der Möglichkeit eines Übergangs von der bürgerlichen zu einer sozialistischen Gesellschaftsform. In London gab er in den Jahren 1857–63 seine berühmte russische Zeitschrift *Die Glocke* (*Kólokol*) heraus, worin er mit heftiger Leidenschaft und unerbittlicher Logik die russische Staatsführung angriff und die verhängnisvollen Gebrechen des russischen Staatsmechanismus aufzeigte. Die Zeitschrift wurde nach Rußland eingeschmuggelt und spielte dort in allen aufgeschlossenen intellektuellen Kreisen eine ungeheuer wichtige Rolle. Die polizeilich verbotenen Blätter sollen sogar am Zarenhof gelesen worden sein.

Die Grundlage für seine revolutionäre Haltung blieb für HERZEN bis zuletzt die Theorie des Sozialismus, wie sie von den französischen *Utopisten* ausgebildet worden war. In der Zielsetzung konnte er mit MARX, der zu dieser Zeit sein *Kommunistisches Manifest* herausgegeben hatte (1848), keinerlei Gemeinschaft haben. Überzeugter Atheist und Materialist, hatte er doch ein fast mystisches Vertrauen zu der Kraft des anonymen russischen Bauernvolkes und meinte, es könne aus eigenen kollektiven Traditionen die Voraussetzungen für eine sozialistische Staatsbildung schaffen. Es war seine tiefe Überzeugung, daß das russische Volk um jeden Preis vor einer Ansteckung durch den westeuropäischen bürgerlichen Kapitalismus beschützt werden müsse. Ursprünglich *Westler*, war er doch geneigt, sich in diesem Punkt den Slavophilen zu nähern. Ja, er ging noch weiter, indem er trotz seinem fast fanatischen Haß auf die Form, die der Zarismus unter Nikolaj I. angenommen hatte, den Glauben verfocht, daß die einzige Macht, die keine eigenen wirtschaftlichen Interessen zu verteidigen habe und daher als einzige den Sozialismus, von dem er träumte, durchführen könne, letzten Endes gerade die Zarenmacht sei. Sein Einfluß in Rußland sank jedoch jählings, als er sich im Jahre 1861 auf die Seite der polnischen Empörer stellte. Der paradoxe Opportunismus seiner Ansicht von der Eignung der Zarenmacht zu revolutionären Zwecken stieß gleichzeitig alle konsequent radikalen Kreise des erwachenden Rußlands ab.

In der ersten Hälfte der fünfziger Jahre schrieb HERZEN seine berühmten Lebenserinnerungen *Erlebtes und Gedachtes* (*Bylóje i dúmy*), worin er dem Rußland Nikolajs I. und dem gärenden Europa, das er in enger Verbindung mit den großen und kleinen Revolutionsführern der Zeit erlebt hatte, ein reichfacettiertes literarisches Denkmal setzte. Die Erinnerungen waren zugleich eins der offenherzigsten und schönsten Bekenntnisse der Weltliteratur. Die Zeit von 1812 bis 1852, vom Brande Moskaus bis zum Ende der Herrschaft Nikolajs, zog in einem bunten kaleidoskopischen Reigen am Auge des Lesers vorüber. Auf den Seiten des großen Werkes fand man nicht nur wirklichkeitstreue Schilderungen geschichtlicher und alltäglicher Ereignisse, boshafte, gut getroffene Porträts der brutalen Koryphäen des russischen Systems, schnell, aber treffsicher zu Papier gebrachte Skizzen von europäischen Berühmtheiten, tausend lustige oder traurige Anekdoten, die für die Zeit charakteristisch waren, verblüffend scharfe Augenblicksbilder von den Hauptstädten Europas und genaue *physiologische* Genrebilder aus Schenken und Straßen, aus Hotels und Privatwohnungen, von großen Abendessen und vertrauten Zusammenkünften. Man fand auch ein wirkungsvolles lebendiges Bild vom Rußland der vierziger Jahre mit seinen Hamlet verwandten adligen Menschen, ihrem schönen Idealismus, ihrer edlen Haltung in Freundschaft und Liebe, ihrer heillosen Willensschwäche.

HERZENS Talent als Schriftsteller bekundete sich nicht in der künstlerischen *Erdichtung*, sondern in der Darstellung persönlich erlebten Stoffes. Dieser Stoff fesselte kraft der Idee, die er in ihn legte. BELÍNSKIJ hatte recht, wenn er sagte, daß Herzens Stärke auf dem philosophischen Gebiet liege. Er besaß die Fähigkeit, die Wirklichkeit zur Erläuterung der Idee zu verwenden, für die er glühte. Der Mangel an echtem Künstlertum verriet sich in Stil und Komposition.

Das große Memoirenwerk war freilich genau in *Kapitel* eingeteilt, acht im ganzen. Jedes Kapitel war in *Abschnitte* unterteilt. Aber die Abschnitte verteilten sich sehr ungleichmäßig auf die Kapitel, und zwischen ihnen waren oft Beigaben eingefügt, *Briefe*, *Arabesken* und *Betrachtungen*, welche die natürliche Ordnung durchbrachen.

Formlos war auch HERZENS Sprache. Nach der Lektüre von *Erlebtes und Gedachtes* soll TURGÉNEV sowohl seine Bewunderung für den Reichtum des Stoffes als auch seine Verwunderung über die ungepflegte Sprache des Verfassers ausgesprochen haben. HERZEN war kein disziplinierter Schriftsteller, und die Sprache war ihm kein Werkzeug im Dienst der Kunst, sondern nur im Dienst des Gedankens, und zwar des persönlichen, intimen, spontanen Gedankens. Er scheute sich nicht im geringsten, französische, deutsche, englische, italienische und – selbstverständlich – lateinische Ausdrücke zu verwenden, deren Übersetzung den modernen Herausgebern übrigens oft genug Mühe bereitet. Er scheute sich auch nicht, beim Zitieren fremder Redensarten haarsträubende Sprachsünden zu begehen, besonders am Deutschen. Aber sogar der russischen Sprache gegenüber nahm er eine höchst souveräne Haltung ein. Es bekümmerte ihn herzlich wenig, wenn ihm unrussische Konstruktionen aufs Papier entschlüpften oder ungelenk übertragene Entlehnungen aus den vielen Sprachen, die er konnte, wenn der Bau seiner Sätze mehr französisch als russisch war und wenn seltsame und gesuchte Wortbildungen an der Stelle gebräuchlicher und herkömmlicher Wendungen standen. Diesem Schnellschreiber kam es ja vor allem darauf an, den *Stoff* zum Ausdruck zu bringen, nicht darauf, den Ausdruck für den Stoff zu finden: – deckten sich Form und Inhalt nicht immer, so würde der Leser wohl selber den Sinn herausfinden und sich nach den ersten schwierigen Seiten an die *kosmopolitische* Sprache gewöhnen, die das ganze Aroma vom Dasein des Emigranten vermittelte und sein wechselndes, empfindsames, empfängliches, ungehemmtes und subjektives Verhalten zum Leben. Das Memoirenwerk gab so in Komposition und Stil ein treues Bild seines Verfassers, das, als solches ohne Absicht entstanden, nur noch wirkungsvoller war.

5. GONČAROVS PRAGMATISCHER REALISMUS

Iván Aleksándrovič Gončaróv (1812–91) trat in der Literatur im selben Jahr wie Herzen hervor und wurde von Belínskij, dem Agitator der *Natürlichen Schule*, im selben Jahr wie Herzen begrüßt. Tatsächlich hatte er schon fünfzehn Jahre intensiver literarischer Vorbereitungsarbeit hinter sich, als er endlich den Lorbeerkranz des Ruhmes errang. Dieses langsame und vorsichtige Beginnen war für seine ganze Einstellung zu literarischer Tätigkeit kennzeichnend. Er war in keiner Weise ein leuchtender Geist wie Herzen, ein Gestirn, das schnell zu den höchsten Zinnen des literarischen Firmamentes emporstieg, lange dort funkelnd stehenblieb und dann wieder jäh verschwand. Gončaróvs literarische Bahn ist eher mit einem Bogen zu vergleichen, der ganz langsam zu einer gewissen Höhe emporstieg, sich dann ganz langsam herabsenkte und sich in der Ebene verlor, von der er sich erhoben hatte. Auch sonst war seine literarische Laufbahn und Entwicklung der Herzens entgegengesetzt; während dieser seinen radikalen Idealen auf immer treu blieb und die letzten logischen Folgerungen aus seinen Voraussetzungen zu ziehen suchte, beschrieb der nicht-adlige Gončaróv, der wohlhabende Kaufmannssohn, eine rückläufige Bewegung von Freisinn und Liberalismus zu ängstlichem Konservatismus. Außerdem war er nicht *Philosoph* wie Herzen, sondern ausschließlich Künstler und Schriftsteller, und so arm an reinem Ideengehalt seine Romane auch sein mochten, so reich waren sie an künstlerischen Werten.

Seine Werke, drei im ganzen, können als Trilogie bezeichnet werden. Kurioserweise wurden sie rein äußerlich dadurch zusammengehalten, daß jeder der drei Romantitel mit der kleinen widerspenstigen Vorsilbe *Ob-* begann, worin ein Psychoanalytiker vielleicht einen symptomatischen Hinweis auf die seelische Struktur des Verfassers finden könnte. Eine Bestätigung seiner Theorie fände er in zahlreichen Zeugnissen über Gončaróvs schwierige, schwerblütige und depressive Natur. Aber auch innerlich waren die drei Romane Teile einer Trilogie, die eine stetige künstlerische Entwicklung offenbarten. Es handelt sich um den Erstling *Eine gewöhnliche Geschichte* (*Obyknovénnaja istórija*, 1847), das Meisterwerk *Oblómov* (1859) und das Epilogbuch *Die Schlucht* (*Obrýv*, 1869). Man kann mit Recht behaupten, daß Gončaróv den Roman, den er als die einzige freie und umfassende Literaturgattung pries, aus der ursprünglichen physiologischen Beschränkung der *Natürlichen Schule*, in der sein Schaffen begann, hinausführte und ihm eine ungeahnte mächtige geistige Reichweite gab. Er befreite den Roman auch von der rein erzählerischen Tradition der klassizistischen Prosa, die eine knappe und strenge Tatsachenbeschreibung verlangte, erweiterte seine Form, so daß diese nicht mehr nur Handlungsverlauf und Motiventfaltung umfaßte, sondern auch rein statischen, beschreibenden Stoff aufnahm, und verstand die Romankunst als psychologische Gattung.

Auch in der Komposition der drei Romane zeichnet sich eine Entwicklungslinie deutlich ab. Am regelmäßigsten war *Eine gewöhn-*

liche Geschichte, eine saubere, sorgsame Anfängerarbeit, aus zwei Teilen und einem Epilog bestehend; jeder der beiden gleich langen Teile enthielt sechs Kapitel. *Oblómov* war schon viel umfangreicher und in vier Teile gegliedert, die wieder ziemlich gleichmäßig in jeweils elf oder zwölf Kapitel zerfielen. *Die Schlucht* war das größte Buch: es bestand aus fünf Teilen. Zugleich war es das unregelmäßigste, da die Anzahl der Kapitel in jedem Teil von vierzehn bis fünfundzwanzig variierte und die Länge der Teile sehr verschieden war: so war der vierte Teil halb so lang wie der zweite, während der erste, dritte und fünfte nach der Seitenzahl dazwischen lagen. Diese Zahlen zeigen rein arithmetisch (und daher besonders deutlich), wie sich Gončaróv in den zwanzig Jahren seines literarischen Wirkens langsam von seiner ursprünglichen, übertrieben schematischen Komposition des Romanes freimachte und zu einer freieren Auffassung seiner Form kam. Diese Befreiung vom Schematischen bestimmte auch in anderer Hinsicht seine künstlerische Entwicklung. Mit dem Nachlassen der äußeren Starrheit nahm in seinem Schaffen zweifellos das Gewimmel von Menschentypen und die Buntheit des verarbeiteten Stoffes stetig zu. Trotzdem bildete das *Schema* als Konstruktionsprinzip auch weiterhin das Rückgrat seiner Kunst.

Ganz naiv und unverhüllt zeigte sich dieses Prinzip in der Anordnung von Hauptgestalten und Umweltstoff in seinem ersten Roman. Die Komposition war hier noch fast ganz dilettantisch. Ein Onkel und sein Neffe spielten die Hauptrollen, beide aus der Familie Adújev, beide natürlich von adliger Herkunft. Aber ihre Gegensätzlichkeit war noch nicht als psychologischer Unterschied zwischen zwei unvereinbaren Charakteren aufgefaßt, und es ist sehr fraglich, ob sie wirklich als Gegenüberstellung von zwei soziologisch kontrastierenden Figuren gedacht war. Eigentlich war der menschliche Typus der beiden derselbe, nur auf verschiedenen Entwicklungsstufen gesehen, einmal als Vertreter der noch unberührten romantischen Jugend, einmal als Vertreter des reifen Mannesalters. Es wäre falsch, den Sieg des Reifen über den Jungen, die Bekehrung des Jungen zur Weltanschauung des Reifen, für die Grundidee des Romans zu halten. Was wirklich im Roman geschah, war dies, daß der Reife nach Erringung seines Sieges über die romantische Lebensanschauung der Jugend seine eigene Unzulänglichkeit erlebt, sich selbst als der Besiegte erweist. GONČARÓV stellte eine Frau als Richter zwischen Onkel und Neffen, des ersten noch junge Gattin, eine dieser anmutigen komplexen Frauengestalten, in deren Schilderung er immer Meister blieb. Sie empfindet den dürren Rationalismus und die skeptische Kühle ihres Mannes als schmerzlichen Mangel an ihrem eigenen Glück und erlebt das Heranreifen des Neffen von jugendlicher Romantik zu praktischem Zynismus als bittere Enttäuschung für ihr eigenes Herz, das sich in seiner Bedürftigkeit danach sehnt, Liebe als lebenspendende Wärme zu erleben. In dem gleichzeitigen Divergieren und Konvergieren der beiden Männertypen macht sich das latente Schema unzweideutig geltend. Der Roman geht auf wie eine richtige Rechenaufgabe, in der sich *plus* und *minus* aufheben. Um es so deutlich wie möglich zu machen, unterließ es GONČARÓV nicht, zu betonen, daß der ältere Adújev, der den jüngeren ganz langsam und schonungslos aller romantischen Illusionen beraubte, in seiner halbvergessenen Jugend selbst ein Schwärmer von der Art seines Neffen gewesen sei. Und der Epilog ist ausschließlich geschrieben, um dem Leser klar und unzweideutig zu versichern, daß der ältere Adújev gerade in dem Augenblick, da er seinen Schüler mit Zynismus zum harten und praktischen Kampf des Lebens gewappnet sieht, entdeckt, daß er mit leeren Händen dasteht. GONČARÓV richtete keineswegs zwischen beiden. Seine Haltung war schon jetzt objektiv und sachlich.

In GONČARÓVs Romanen konstituierte sich der russische *pragmatische* Realismus. Die Menschen, die er analysierte, waren durchaus nicht problematisch oder kompliziert. In der Regel läßt sich die Haupteigenschaft jedes Typus mit einem einfachen klaren Adjektiv bezeichnen, und daher ist jede seiner Gestalten gleichsam in ihrer unveränderlichen, einfachen Form gegossen. Seine Methode besteht – in der *Gewöhnlichen Geschichte* und in den beiden späteren großen Romanen – darin, seine Figuren langsam und konsequent ins Licht verschiedener Scheinwerfer zu rücken. Ihre menschliche Natur ist sozusagen etwas Präexistierendes, und es gilt nur, sie unter verschiedenen Gesichtswinkeln allseitig zu zeigen.

GONČARÓVs psychologische Technik gründete sich von Anfang an auf zwei konstitutive Elemente. Das eine war die direkte Beschreibung, das andere der Dialog, in dem sich Replik an Replik fügte.

In seinem ersten Roman beschränkte sich die Seelenbeschreibung im wesentlichen auf sachliche Mitteilungen über das Vorleben der Helden, ihre Eltern, ihre Kindheit, ihre Erziehung usw. Später verfeinerte sich die Beschreibung zur minutiösen Erfassung der einzelnen Abschnitte eines seelischen Vorganges oder der einzelnen Nuancen einer Stimmung. Der Dialog entfaltete sich bei ihm anfänglich nur als ein langer Austausch von Meinungen und Anschauungen, die zwar für die am Gespräch Beteiligten charakteristisch waren, an sich aber keinen selbständigen Wert hatten. Dieser Dialog war in dem Sinn realistisch, daß er den natürlichen, unverschrobenen gebildeten Gesprächston genau wiedergab, war aber jeder dramatischen Form bar. Dieser Mangel an Dramatik ist um so auffälliger, als die Gespräche an moderne stenographische Protokolle oder Diktaphontexte erinnern. Adújev der Ältere hatte den ganzen Roman hindurch Meinungen zu vertreten, die denen Adújevs des Jüngeren genau zuwider waren, und der Jüngere hatte nur die Aufgabe, sich heftig gegen die Ansichten des Älteren zu wehren. Der Gedankenaustausch zwischen den beiden wurde mit außerordentlicher Genauigkeit dargeboten. Heute mögen diese Dialoge in ihrer statischen Umständlichkeit sogar langweilig wirken. Aber ihr Mangel an Gedankenstärke oder einfacher Spannung wurde durch die erstrebte und sicher erreichte Glaubwürdigkeit des Gesprächstones ausgeglichen.

Im *Oblómov* war Gončaróvs Kunst der Replik indessen zur Meisterschaft gereift. Die unmittelbare Beschreibung wurde mit viel größerer Zurückhaltung verwendet. Die schematische Gegenüberstellung, die die Dialoge der Erstlingsarbeit beherrschte, trat hier nicht so unverhüllt hervor, obwohl der Gegensatz von Oblómov und seinem Freund Stolz an den Kontrast der beiden Adújev erinnern könnte. Der Unterschied bestand jedoch darin, daß in dem Jugendwerk nur zwei verschiedene Lebensanschauungen in entgegengesetzten Behauptungen, im *Oblómov* aber zwei psychologisch entgegengesetzte Menschentypen in ihren Gesprächen gegenübergestellt wurden. Oblómov und Stolz bekämpfen nicht einer des andern Ideen; sie bekämpfen – trotz ihrer vertrauten Freundschaft – einer des andern Natur. Insofern war die psychologische Analyse in Gončaróvs Darstellung bedeutend eindringlicher geworden. Mit einer kaum merkbaren Wendung hatte er es in diesem Roman ver-

standen, das Schematische im Kontrast der beiden Freunde weniger
auffällig zu machen: er ließ Oblómovs Antipoden etwas in den Hintergrund treten, rückte aber dafür die Frau, die zwischen ihnen steht,
stark in den Vordergrund. Damit bekam der Roman den Charakter
einer Liebesgeschichte; die Frau – Olga – wurde zum Richter zwischen den beiden Männern.

Mit der Darstellung Olgas, die teils unmittelbar geschildert, teils
durch ihre Gespräche mit Oblómov charakterisiert wurde, trat
GONČARÓV als einer der ersten hervorragenden Frauenschilderer im
russischen Roman hervor. In der *Gewöhnlichen Geschichte* waren die
Frauen noch mit unsicherer Hand gezeichnet, im *Oblómov* war die
Hand sicher und das Porträt treffend geworden. Wie die junge Frau
Adújevs des Älteren war Olga als ein Wesen geschildert, das sich
aus einem Zärtlichkeitsbedürfnis, das Mutterinstinkt genannt werden könnte, von dem schwachen, aber zarten und empfindsam-
humanen Mann angezogen fühlt. Seiner Gewohnheit treu, betrachtete GONČARÓV diese Frau in allen möglichen Aspekten, zeigte ihre
keimende Liebe, ihre Freude, den geliebten Mann zu beherrschen,
ihre Enttäuschung, als sie sich von ihm verraten sieht, ihre Wahl
seines starken, aber prosaischen Antipoden Stolz. Er zeigte ihre
Klugheit, ihre Feinheit, ihre Charakterstärke, ihre Überlegenheit.
In den wohlabgewogenen kommentierten Dialogen und in der Beschreibung ihres Wesens trat ihr Bild klar und lebendig hervor.

In der *Schlucht* stellte GONČARÓV eine ganze Schar von schönen,
lebendigen, reich facettierten Frauengestalten dar. Keine von ihnen
wirkte erdacht oder konstruiert. Alle erschienen mit ihren besonderen weiblichen Eigenschaften, Tugenden, Vorzügen, Schwächen.
Über alle empor ragten jedoch die anziehenden Gestalten der Schwestern Márfa und Véra und ihrer *Großmutter* (der *Bábuška*), einer
Frau von heroischem Maß. Schon in der *Gewöhnlichen Geschichte*
verriet GONČARÓV eine gewisse Neigung, Frauen in paarweiser Gegenüberstellung zu schildern – so wie die Männer. Adújevs des Jüngeren erste und zweite Liebe waren Gegensätze; noch stärker war im
Oblómov der Gegensatz von der intellektuellen und charakterstarken
Olga und der schlichten, bescheiden tätigen und unkomplizierten,
fast animalisch unbedeutenden Agáf'ja Michájlovna, derentwegen
Oblómov Olga aufgibt. In der *Schlucht* aber war der Gegensatz auf-

fallend deutlich: die Schwestern Márfa und Véra waren als Trägerinnen entgegengesetzter weiblicher Eigenschaften gezeichnet, Márfa
als eine geschlossene kindliche Martha-Natur, eine Lichtelfe, Véra
als eine unstet strebende Maria-Natur, eine Schwarzelfe. Nirgends,
auch nicht im kleinsten, versagte GONČARÓVS Kunst, als er diese
jungen Mädchen schilderte, anmutig jedes in seiner Weise, und von
dem leichten, bequemen Glück des einen und der tragischen Verfehlung des andern erzählte. Ohne Seitenstück, ohne Gegenstück,
ohne ergänzende Charakteristik steht nur ihre *Bábuška* da, eine fast
monumentale Muttergestalt, allverstehend, allverzeihend, stark, ungebrochen. Und eben deshalb übt diese Gestalt in dem Roman eine
beinahe symbolische Wirkung aus.

Die männliche Hauptgestalt in der *Schlucht* war wieder ein kühl
und genau studierter Typus. War Adújev der Jüngere bloß ein romantischer Schwärmer, der zum Zyniker wurde, und Oblómov eine
pathologische Figur, die in ihrem Hang zu apathischem Vegetieren
und ungestörtem Träumen mit dem Leben in Konflikt kam, so war
Rájskij eine künstlerische Natur ohne intellektuelle Energie, aber
von stark entwickelter Einbildungskraft, ein Mann, der sich, von
abstrakter Schönheitsbewunderung ergriffen, leicht zu eingebildeter
Verliebtheit hinreißen ließ. Mit unbeirrbarer Kühle enthüllte GON
ČARÓV den Hauptfehler seines Helden, seinen Mangel an echter
Fähigkeit zu völliger Hingabe. Seine Charakteristik war mit den
gewöhnlichen Mitteln, Dialog und Beschreibung, durchgeführt, und
die plastische Wirkung war wie immer durch kontrastierende Beleuchtung erreicht. Rájskijs Antipode aber war der schlichte, aktive, ehrliche
und offene Forstmann und Sägewerksbesitzer Túšin: die Eigenschaften, die Rájskij fehlten, hatte Túšin in reichem Maße. Doch neben
diesen stellte GONČARÓV noch einen zweiten Antipoden des Künstlers
Rájskij: Mark Vólochov. Und hier reichte seine Kunst nicht aus.

Zwei Faktoren in GONČARÓVS Werk sind daran schuld, daß die
soziologische Literaturbetrachtung, die immer auf außer-ästhetische
Dinge Gewicht legte, schnell seine Kunst zu ihrem Zweck ausnutzte;
GONČARÓV selbst, dem es schmeichelte, daß seine Romane als aktuelle Beiträge zu den gesellschaftskritischen Erörterungen angesehen
wurden, machte sich der gleichen falschen Wertung seiner Kunst
schuldig. Der eine dieser Faktoren war künstlerisch ein *Plus*, der

andere ein *Minus*. Schon 1849 hatte GONČARÓV aus dem gerade be-
gonnenen Roman *Oblómov*, der jedoch erst zehn Jahre später
vollständig erschien, ein Fragment veröffentlicht, das berühmte
neunte Kapitel des ersten Teiles, *Oblómovs Traum*. Das Kapitel
war eine Darstellung der Kindheitserinnerungen des Helden, jedoch
in der Form eines Traumes, den er als erwachsener Mann hat.
Obwohl im Verlauf des Kapitels mehrmals auf seinen Traumzustand
hingewiesen wird, steht dieser doch nur in denkbar schwächster Verbindung mit dem Roman selbst. In Wirklichkeit ist der Traum eine
poetische Schilderung von dem sorglosen Leben eines kleinen Guts-
besitzersohnes auf dem väterlichen Hof. Alle Momente, welche die
pathologische Trägheit des späteren Oblómov erklären könnten,
sind in diesem *Traum* sorgfältig zu einem Gesamtbild vereinigt.
Sommer und Winter sind in epischer Breite anschaulich geschildert;
das Leben im Hause von Morgen bis Mittag und von Mittag bis
Abend ist gewissenhaft wiedergegeben; Hof, Eßzimmer, Wohnstube
und Schlafzimmer erscheinen in wohlgelungenen Genrebildern;
patriarchalische Bräuche, Feste, Märchen und Aberglaube fehlen
nicht. Immer wieder wird betont, wie dieses Leben bei dem Jungen
jede Selbständigkeit lähmt und in seiner Seele ein buntes Phantasie-
treiben gedeihen läßt. Wie ein Kehrreim wiederholen sich die Worte
Frieden und *Ruhe, friedlich* und *schläfrig, Schläfrigkeit* und *Fried-
lichkeit, Trägheit* und *Stille*. Obwohl sich nicht der mindeste Hinweis auf die Leibeigenschaft findet, auf der doch dieses unnütze, dahin-
vegetierende Dasein allein beruht – GONČARÓV hatte als Kaufmannssohn keine persönliche Kenntnis vom Leben russischer Gutsbesitzer –,
beeilte sich die Kritik, die Erklärung für die spätere Apathie Oblómovs gerade im Fluch der Leibeigenschaft zu finden. Der Kritiker
DOBROL'ÚBOV, einer der Nachfolger BELÍNSKIJS, schrieb gleich nach
der Veröffentlichung des vollständigen Romanes (1859) einen großen
Aufsatz *Was ist die Oblomoverei?* und erklärte den Roman meisterhaft als Anklage gegen die bestehende Gesellschaftsordnung. GON-
ČARÓV nahm diese Deutung an, obwohl sie im Roman selbst durch
nichts gerechtfertigt war. Sein Held Oblómov war und blieb ein
pathologischer Sonderfall.

Der andere Faktor, der auch recht stark zu einer eng-soziologi-
schen Auffassung seiner Romane beitrug, war die Gestalt Mark

Vólochovs in der *Schlucht*. Dieses Buch, dessen Idee dem Dichter schon 1849 gekommen war, erschien erst zwanzig Jahre später, als sich alle Verhältnisse wesentlich verändert hatten. Der *Nihilismus* als philosophisch-politische Gedankenströmung hatte sich unter den Vertretern der jüngsten Generation auszubreiten begonnen, und GONČARÓV, der sich von dieser Richtung abgestoßen fühlte, beschloß, seinen Künstler Rájskij einem richtigen *Nihilisten* gegenüberzustellen. Bei der Schilderung dieser Figur verlor er aber völlig seine gewöhnliche Objektivität und schuf statt eines lebendigen Menschen eine Karikatur. Vólochov ist der böse Geist des Romans, der respektlose, freche, revolutionäre, der den Frieden des patriarchalischen Guts stört, der unmoralische Geist, der das Recht der freien Liebe verkündet, der Verführer, der die stolze, selbständig denkende Véra ins Unglück bringt. Man hielt sich kaum über das Konstruierte an dieser negativen und unwahrscheinlichen Gestalt auf, sondern ließ sich durch sie verleiten, Rájskij als ihr Widerspiel aufzufassen und mehr Sympathie für ihn zu empfinden, als er verdiente. Man sah in ihnen zwei verschiedene Vertreter der Zeit gegenübergestellt; Rájskij wurde als Abwandlung von HERZENS Bél'tov verstanden, als ein Hamlet der vierziger Jahre, als ein *überzähliger* und tragisch *überflüssiger* Idealist, der unfähig war, das Leben zweckmäßig zu gestalten. Die literarisch-soziologische Genealogie wurde weitergeführt: von Čáckij und Onégin über Pečórin zu Bél'tov und Rájskij. Damit war die Grundlage für die Behauptung gegeben, Adújev der Jüngere, Oblómov und Rájskij seien drei zeitlich verschiedene Erscheinungsformen des tragischen russischen Idealisten. Die Legende von den drei Romanen als einer soziologischen Trilogie war geschaffen.

In Wirklichkeit lag der Schwerpunkt von GONČARÓVS Schaffen in dem viel sachlicheren Gegensatz von zwei *gleichzeitigen* Typen. Er hatte ihren Unterschied schon in seinem Erstlingsroman entdeckt. Es war der Gegensatz von dem träumerischen und dem tatkräftigen Typus, ein Verhältnis, das, zwar durch eigentümliche sozial-ökonomische Faktoren besonders bedingt, doch von allgeméin-psychologischer Art war. Dem *jugendlich romantischen* Träumer Adújev steht der *Bürokrat*, sein Onkel, gegenüber, dem *pathologischen* Träumer Oblómov der kluge *Geschäftsmann* Stolz, dem *dilettantisch-künstlerischen* Träumer Rájskij der betriebsame *Sägewerksbesitzer* Túšin. GONČA-

RÓV hatte als Kaufmannssohn sehr klar erkannt, daß neben den ewigen russischen Träumern Männer erstanden waren, die Tat und Wirklichkeit verkörperten. Diese Entdeckung hatte er als erster in seinen Romanen niedergelegt und, ohne einer der Parteien offen seine Sympathie zu schenken, beide in überlegener Objektivität geschildert. Nur in dem unmerklichen Übergang von nüchterner Feststellung zu lyrisch bewegter Schilderung ließ sein Stil den Leser ahnen, wo seine innerste Sympathie war. Im allgemeinen gab GONČARÓV der Neigung, die Wirklichkeit zu *poetisieren*, seine Motive zu *idealisieren*, nicht nach. Seine Sprache war ungemein sachlich. In seinem Erstlingswerk unterließ er es nicht, seine Ironie über den metaphorischen Sprachgebrauch einer älteren Generation mit allem Nachdruck zu äußern. Worte wie *unüberwindliches Sehnen, Durst nach edler Tat* und *himmlische Seligkeit* wurden schonungslos lächerlich gemacht. In seinen ersten ungedruckten Versuchen hatte GONČARÓV unter dem sehr starken Einfluß des MARLÍNSIJ-Stiles gestanden. In der *Gewöhnlichen Geschichte* befreite er sich bewußt und beharrlich von dieser Einwirkung. Es war GOETHES, BYRONS und SCHILLERS Rhetorik, die er aus seiner eigenen Sprache ausmerzte, wenn er Ausdrücke wie *edle Leidenschaft, wahnsinnige Qual der Eifersucht* und *süßes Spiel der Liebe* verhöhnte. Die Gedichte Adújevs des Jüngeren, in Wirklichkeit GONČARÓVs eigene jugendliche Federproben, wurden im Roman als abschreckende Beispiele für die Klischee-Sprache einer früheren Generation zitiert. Derselbe junge Mann beschrieb die *Liebe* mit Worten, die einem Roman MARLÍNSKIJS entnommen zu sein schienen:

Lieben – das heißt nicht mehr sich selber gehören, aufhören, für sich zu leben, ins Dasein eines anderen übergehen, alle menschlichen Gefühle auf einen einzigen Gegenstand vereinigen – die Hoffnung wie die Furcht, die Bitterkeit wie den Genuß. Lieben – das heißt im Grenzenlosen leben ...

Vermutlich mit Zustimmung des Verfassers unterbricht Adújev der Ältere die Ergüsse seines Neffen mit dem groben Ausruf: *Zum Teufel auch! So eine Sammlung Phrasen!*

In dieser Abneigung gegen die *Phrase*, das heißt gegen den bildlichen Ausdruck, das schmückende Beiwort, den poetisierenden Vergleich und den lyrischen Satzbau liegt die Erklärung für GONČARÓVs späteren Stil. Er verachtete oder verschmähte Wirkungen, die ihm billig vorkamen, und nicht zuletzt hierin können wir den Grund zu seiner merkwürdigen *unfreundschaftlichen Freundschaft* mit Tur-génev, seinem glücklicheren Zeitgenossen, erblicken. Geboren und erzogen in der nüchteren Luft einer provinzbürgerlichen Umgebung, war Gončaróv doch keineswegs blind für die idyllischen und poetischen Vorzüge des Herrenhoflebens. Aber an seinem pragmatischen Stil hielt er fest und verteidigte ihn beharrlich. Besser als irgendwer verstand er den bestrickenden Zauber des müßigen Gutsbesitzerlebens zu schildern und zu beschreiben. Aber es war eine Art Prinzip für Gončaróv, seine eigene Kühle dem Stoff gegenüber nicht aufzugeben.

Nur einmal in seinem Leben erlaubte er dem verborgenen lyrischen Element in seinem Wesen, die Schilderung zu färben. Das war, als er diesen Eingang zu *Oblómovs Traum* schrieb:

Wo sind wir? In welchen gesegneten Winkel der Erde hat Oblómovs Traum uns versetzt? Wie wunderbar ist diese Gegend!

Freilich gibt es kein Meer hier, keine hohen Berge, Felsen oder Schluchten, keine tiefen Wälder — es gibt hier nichts Grandioses, Wildes oder Düsteres!

Wozu sollte es übrigens dienen, dieses Wilde und Grandiose? Das Meer zum Beispiel? Ach Gott! Das Meer kann uns nur Wehmut geben; wenn man es betrachtet, möchte man weinen. Das Herz zieht sich vor Scheu zusammen beim Anblick der unübersehbaren Fläche der Fluten, und nichts ist da, wo das Auge Ruhe finden könnte, müde von der grenzenlosen Eintönigkeit des Bildes.

Das Brüllen und wütende Schlagen der Wogen kann das ohnmächtige Ohr nicht erfreuen: sie wiederholen nur ihr ewiges Lied, das seit dem Anfang der Zeiten von einem dunklen und rätselhaften Sinn erfüllt ist. Beständig vernehmen wir in diesem Lied denselben Jammer, dieselbe Klage eines wilden Tieres, das zu ewiger Qual verurteilt scheint, und durchdringende und unheilverkündende Stimmen. Keine Vögel zwitschern dort; nur die stummen Möwen fliegen, als ob sie verdammt wären, ohne Hoffnung am Strande umher und kreisen über der Flut.

Ratlos ist selbst des Raubtiers Schrei vor diesen Jammerrufen der Natur, und nichts ist auch die Stimme des Menschen, und der Mensch selber ist so winzig, so schwach, verschwindet so spurlos in den Einzelheiten dieses Panoramas! Vielleicht ist der Mensch es eben deswegen so leid, das Meer zu betrachten.

Nein, verschont uns nur mit dem Meere! Selbst wenn es still ist und ohne Bewegung, weckt es keine tröstlichen Gefühle in unserer Seele. In dem kaum merklichen Wiegen der Fluten erblickt der Mensch beständig jene grenzenlose, gerade jetzt nur schlummernde Macht, die zuweilen seinen stolzen Willen so böse und höhnisch verlacht oder seine kühnsten Pläne so tief begräbt, all sein Sorgen und Beginnen.

Berge und Schluchten sind auch nicht zur Freude des Menschen geschaffen. Sie sind furchterregend und schrecklich wie die Klauen und Zähne eines Raubtieres. Sie erinnern uns allzu stark an die Vergänglichkeit unseres Leibes und halten unsere Lebensangst und Wehmut wach. Und der Himmel droben über Bergen und Schluchten scheint so weit weg und so unerreichbar, als habe er das Geschlecht der Menschen vergessen.

Ganz, ganz anders ist der friedliche Winkel, wohin unser Freund sich plötzlich versetzt sah . . .

6. TURGÉNEVS POETISCHER REALISMUS

Das zitierte lyrische Prosastück ist zwar bezeichnend für den Sprachton in *Oblómovs Traum,* weicht aber so völlig von GONČARÓVs sonstigem Stil ab, daß man meinen könnte, es sei einem Roman TURGÉNEVs entnommen. GONČARÓV, diesem nüchternen Pragmatiker und Objektivisten in der neueren russischen Literatur, widerfuhr das Mißgeschick, von TURGÉNEV verdunkelt zu werden. Das Studium seiner Lebensgeschichte zeigt, wie eifersüchtig er auf den Emporstieg seines glücklicheren Rivalen in der Gunst der Leser reagierte. Gerade auf den beiden Gebieten, wo er selbst sein Ziel nicht erreichen konnte, feierte TURGÉNEV seine größten Siege: er wurde der Annalist der Zeitströmungen und schuf, seine Vorgänger weit übertreffend, einen neuen poetischen Prosastil. In seiner Eifersucht beschuldigte ihn GONČARÓV, er habe ihm seine Motive gestohlen und sie ausgenutzt.

IVÁN SERGÉJEVIČ TURGÉNEV (1818–83) trat als Schriftsteller zuerst auf einem Gebiet hervor, das ihm eigentlich ganz fremd war; später war er klug genug, seine Reimgedichte von der Gesamtausgabe seiner Werke auszuschließen. Sein erstes Gedicht *Paráša,* dessen fünffüßige Jamben hier und da an PÚŠKINS und LÉRMONTOVS Verse erinnern mochten, erschien schon 1843, sein letztes, nach seinem Helden *Andréj* benannt, 1846. Damit war seine lyrisch-episch-ironische Periode für immer abgeschlossen. Er kehrte zur Prosa zurück, in der er sich schon früher ab und zu geübt hatte, ohne jedoch mit der Veröffentlichung seiner etwas ungelenken Novellen beson-

deres Aufsehen zu erregen. Als er seine Erzählung *Chor' und Kalínyč*
1847 einer Zeitschrift einreichte, wußte der Herausgeber (PANÁJEV)
nicht, was er von dieser harmlosen Skizze halten sollte, und brachte
sie an einem ziemlich unbeachteten Platz unter. Gattungsmäßig
schien sie zu dem literarisch kaum belangvollen Schwarm der halb-
physiologischen Fischer- und Jägergeschichten zu gehören, die seit
einer Weile in der Literatur auftauchten. So hatte AKSÁKOV in
diesem Jahr seine *Tagebuchblätter vom Fischfang* (*Zapíski ob užénii
ryb*) veröffentlicht. PANÁJEV versah die Novelle kurzerhand mit dem
erläuternden Untertitel *Aus dem Tagebuch eines Jägers*, ohne zu
ahnen, daß sie dermaßen den Geschmack des Publikums treffen
werde, daß TURGÉNEV einige Jahre später (1852) ein ganzes Buch
mit dem Titel *Tagebuch eines Jägers* (*Zapíski ochótnika*) herausgeben
konnte. Eiligst gab AKSÁKOV in demselben Jahr eine ähnliche Sammlung heraus, *Tagebuch eines Flintenjägers* (*Zapíski ružéjnogo
ochótnika*), ohne jedoch TURGÉNEV irgendwie den Rang streitig
machen zu können. Dieser war plötzlich berühmt geworden.

Als 1847 seine erste Novelle erschien, machte BELÍNSKIJ sofort
darauf aufmerksam, übrigens in demselben Aufsatz, in dem er
HERZENS Roman *Wer ist schuld?* und GONČARÓVS *Gewöhnliche Geschichte* rühmte. Er lobte auch einige der folgenden Novellen, die
später in die gleiche Sammlung eingingen. Für BELÍNSKIJ war
TURGÉNEV ein talentvoller *Physiologist*, nicht mehr und nicht
weniger, und in seinen Augen stand er weit hinter den beiden Er-
zählern, die er soeben ausführlich besprochen hatte. Aber je mehr
von diesen vermeintlichen Jagdgeschichten in Zeitschriften erschienen, desto mehr Aufmerksamkeit, ja Aufsehen erregten sie, und als
die ganze Sammlung endlich in Buchform herauskam, mußte es sich
der Chef der Moskauer Zensur sogar gefallen lassen, zur Verantwortung gezogen zu werden. Es nützte ihm wenig, daß er sich damit
entschuldigte, er sei von dem Verfasser genasführt worden und habe
wirklich geglaubt, es handle sich um eine Sammlung harmloser
Jägeranekdoten. Man war sich plötzlich darüber klargeworden, daß
die Gräfin Rostopčín recht gehabt hatte, als sie das Buch als *un livre
incendiaire*, ein *feuergefährliches Buch*, bezeichnete. Als man kurz
danach entdeckte, daß TURGÉNEV, abermals die Zensur prellend,
einen in St. Petersburg verbotenen Aufsatz durch die Moskauer

Zensur geschmuggelt hatte – einen Aufsatz, der vom Tode GÓGOL's handelte und diesen einen *großen Mann* nannte –, wurde der junge Schriftsteller festgenommen und auf sein Gut im Gouvernement Or'ól verwiesen.

TURGÉNEV war auf einem typischen Herrenhof aufgewachsen und hatte täglich die schimpfliche Sklaverei mit angesehen, auf der alles russische Gemeinleben ruhte. Später sagte er gern, mit seiner Novellensammlung habe er den *Hannibalschwur* seiner Jugend wahrmachen wollen, sein Gelöbnis, mit all seinen Kräften gegen Leibeigenschaft und Grundhörigkeit zu kämpfen. Einer Legende zufolge soll Alexander II., der *Volksbefreier*, schon als Thronfolger dieses Buch in Ergriffenheit gelesen und daraus Kraft und Anregung zu seinem Entschluß, die Leibeigenschaft aufzuheben, geschöpft haben. Diese Legende spiegelt kaum den wirklichen historischen Vorgang wider, sie ist aber ein wichtiges Zeugnis dafür, welch weitreichende soziale Bedeutung den Novellen sofort zugeschrieben wurde. Heute ist es schwer zu verstehen, daß das kleine hübsche Skizzenbuch politisch solches Aufsehen erregen konnte. Es war eine Sammlung von fünfundzwanzig selbständigen kleinen Skizzen, Tuschzeichnungen, Aquarellen in gedämpften Farben, Prosabildern von jeweils höchstens zehn Seiten. Der Erzähler trat zwar als Jäger auf, doch war das Buch – zum Unterschied von dem AKSÁKOVS – durchaus kein Jagdbuch im üblichen Sinn. Das *Jägermotiv* hatte für TURGÉNEV nur den Zweck, die verschiedenen Erzählungen thematisch zu einem Ganzen zusammenzufügen. Sie bildeten sozusagen eine kleine Galerie von Porträts, Profilzeichnungen, Charakteren. In den meisten Fällen waren es Bauernköpfe, die TURGÉNEV aufs Papier zu bannen versucht hatte: Leibeigene, Ausmärker, Freigelassene, Diener im Herrschaftshaus, Hofsklaven, Männer und Frauen, Mägde und Knechte.

BELÍNSKIJ irrte sich gründlich, als er in TURGÉNEV nur einen *Physiologisten* sah. Der Dichter war auch alles andere als ein *Naturalist*. Im Grunde ging es ihm gar nicht darum, den Bauern bei seiner täglichen Arbeit zu schildern, in seinem Schaffen und Schuften, in der schweren Zeit des Pflügens und Erntens, in der dunklen Hunger- und Schlafzeit des Winters. Es war keineswegs der Bauer in seiner engen Bedingtheit, der ihn interessierte. Obwohl er die Wirklichkeit, die er sah, treu abbildete, war es entschieden eine gemilderte oder vielmehr eine ausgewählte Wirklichkeit, die der Leser in seinen Erzählungen fand. Sie war durch das humanistische Filter des Dichters gegangen. Interessant waren ihm die Bauern als psychologische Studienobjekte; ihre Gesichter waren nicht typisch, sondern individuell, und es ist recht bezeichnend für Turgénevs ganze Haltung, daß er gelegentlich einen seiner Bauern sogar mit Sokrates verglich. Dieses psychologische Interesse ließ ihn für einfache leibeigene Bauern so *akademische* Benennungen wie *Rationalist* oder *Romantiker* oder *Idealist* gebrauchen. Mit unendlicher Liebe und Zartheit zeichnete er den sonderbaren wilden Jäger und Fischer, der unbekümmert wie ein Vogel unter dem Himmel lebte, gelegentlich gern ein Gläschen trank, seine Frau tyrannisierte und gleichzeitig still und aussichtslos darauf wartete, daß die unglückliche Müllersfrau eines Nachts bei ihm Trost suche. Mit einer Genauigkeit, die sein feines Gefühl für Klangwerte verriet, gab der Dichter sorgfältig seine Unterhaltungen wieder, Gespräche mit würdigen, verständigen, praktisch veranlagten Bauern, die dem frageseligen Gutsherrn gegenüber im richtigen Augenblick zu schweigen verstanden, oder mit vertrauensvollen poetischen Naturen, die es nie für nötig hielten, ihre innerste Gesinnung zu verbergen. Er erzählte ruhig und wirkungsvoll die Geschichte von dem armen Zimmermädchen Arína, die sich nicht mit dem Diener des Hauses verheiraten durfte, weil ihre Herrin sie nicht entbehren konnte, und die, als das Unausbleibliche geschehen und das Paar überrascht worden war, mit Schimpf und Schande in ihr Dorf zurückgeschickt wurde, um einen alten mürrischen Bauernknecht zu heiraten. Erschütternd war es, von der *heiligen* Lukér'ja zu lesen, die trotz ihrer unheilbaren Krankheit, tot am Leibe, lebendig am Geiste, ihre Seele von irdischem Schmutz reinzuhalten vermochte. Eine überraschend zart und behutsam gezeichnete Natur war auch Kas'ján, der Freund der Vögel, der so zornig darüber war, daß die Büchsen der Jäger Leid und Tod im Wald verursachten. Viele andere Gestalten, Dichter, Sänger, Künstlernaturen, Mystiker und Denker im Bauerngewand, erschienen auf diesen von einem poetischen Jäger geschriebenen Tagebuchblättern. Schließlich fand sich in der schönen Erzählung *Die Wiese von Béžin* die prächtige Galerie von Knabenbildern: der schlanke, kühne Féd'a, der häßliche, kräftige, kluge Pável, der bekümmerte, verhaltene, blasse Il'já, der wehmütige, nachdenkliche Kóst'a – sie sitzen eines Nachts draußen am Feuer, erzählen sich unheimliche Geschichten und erschauern in der Erinnerung an ihren Freund Vás'a, der im vergangenen Jahr im Fluß ertrunken ist.

Schon in diesem kleinen Buch zeigte sich die besondere TUR-GÉNEVsche *Harmonie*, die in der Einheit von Schilderung und Sprachton bestand. TURGÉNEVs Ton motivierte sein tiefes und taktvolles Interesse für die edle, feine Natur der Menschenseele. Das Menschliche war für ihn zugleich das Ideale, das Normale, die *aurea mediocritas*. Er vertiefte sich nicht – weder im *Tagebuch eines Jägers* noch jemals später – in das Allzumenschliche oder Übermenschliche oder Unmenschliche. Er suchte nicht das Dunkel-Tierische, das Grausame, das Finster-Dämonische hinter den äußeren sichtbaren Zügen des Gesichtes. Das Gesicht verbarg nichts in seinen Augen, und für ihn gab es keinen Widerspruch zwischen Außen und Innen. Dieses Identitätsprinzip in der Darstellung, dieser Ganzheitsglaube, machte – und macht – seine Porträts unendlich ansprechend und anmutig.

Seine Prosa war aus der klaren Schule PÚŠKINS hervorgegangen, war jedoch bereichert mit Elementen aus LÉRMONTOVs tiefer und GÓGOL's bald sachlicher, bald schwülstiger Prosa. Klassische und romantische Elemente flossen zusammen in einem lyrisch bewegten, ungemein empfindsamen, doch klaren und reinen Stil. Es gab weder Übertreibungen noch Geschmacklosigkeiten in dieser Prosa, obwohl sie gern die klanglichen und bedeutungsmäßigen Möglichkeiten des Wortes ausnutzte und größte Intensität erstrebte. Die Sätze ordneten sich bei ihm nach rhythmischen Prinzipien ein, und was GONČARÓV sich nur ein einziges Mal, in *Oblómovs Traum*, erlaubte, das war bei TURGÉNEV von seiner ersten Jägernovelle an ein wesenbestimmender Zug. Er schuf, anfangs ohne Überlegung, später immer bewußter, die suggestiv-melodische Prosasprache, die sich leicht und schlicht in Takte und Rhythmen schmiegte und immer von einer inneren Harmonie beherrscht war, die Sturm oder Unruhe ausschloß. TURGÉNEV war ein Künstler des gedämpften Saitenspiels.

Er schuf das malende und charakterisierende Adjektiv in der russischen Literatur. Seine ersten Leser glaubten, die treffende Wahrheit der adjektivischen Einzelheiten der Schilderung sei dem Falkenblick eines geübten Jägers zu verdanken. Man freute sich, wenn man ihn von dem *edlen* Auerhahn oder der *gutmütigen* Schnepfe oder dem *immer geschäftigen* Rebhuhn sprechen hörte. Man lachte selber, wenn man ihn das *frohe* oder *verlegene* oder *wichtige* Lachen seines Jagdhundes beschreiben sah. Man amüsierte sich über seine *lustigen braunen* oder *melancholischen schwarzen* Schaben oben hinter dem Deckenbalken oder über das *gedankenvoll grunzende* Schwein draußen im Schlammpfuhl des Hofes. Wenn man aber entdeckte, daß jeder einzelne Gegenstand mit Hilfe solcher malender Beiwörter oder ganzer Beisätze genau beschrieben wurde und daß keine neue Person ohne einen genauen Bericht über ihre Kleidung in seine Erzählung eingeführt wurde, so begriff man, daß man es mit dem bewußt belebenden *Stil* eines Dichters zu tun hatte, einem durch und durch persönlichen und originalen Stil. Er erwies sich als fast triumphierend in seinen Natur- und Landschaftsbildern, die – alles andere als schematische Kataloge – die Stimmung eines Bildes in Worten festhielten. So schilderte Turgénev die feierliche Stunde der Dämmerung im Wald zwischen Sonnenuntergang und Einbruch der Dunkelheit:

Die Sonne ist untergegangen, aber es ist noch hell im Wald. Die Luft ist rein und klar. Die Vögel schwatzen und plaudern voll Lust. Das junge Gras schimmert im heiteren Geleucht von Smaragden . . .

Allmählich wird das Waldinnere dunkel. Das rosige Licht der Abenddämmerung gleitet langsam über Wurzeln und Stämme der Bäume, steigt höher und höher, bewegt sich von den untersten, fast noch kahlen Zweigen allmählich hinauf zu den regungslosen, schläfrigen Wipfeln. Nun werden die Wipfel selber dunkel. Der hellrote Himmel wird langsam blau. Der Waldduft wird kräftiger. Ein Hauch feuchter Wärme schlägt uns entgegen. Ein leichter Windstoß legt sich ganz in der Nähe zur Ruhe. Die Vögel schlafen ein, aber nicht alle auf einmal, sondern jede Vogelart für sich: jetzt schweigen die Buchfinken, in einigen Augenblicken schweigen die Grasmücken, dann folgen ihnen die Gartenamseln. Der Wald wird immer dunkler. Die Bäume rücken zu dichten, schwarzen Massen zusammen. Am dunkelblauen Himmel zeigen sich die ersten scheuen Sterne. Nun schlafen alle Vögel. Nur die Rotschwänzchen, die kleinen Spechte piepen noch im Schlaf. Nun schweigen auch sie.

Zum letztenmal läßt das Goldhähnchen seine helle Stimme hören. Weit in der Ferne erklingt noch die wehmütige Klage der Goldamsel. Und man hört schon den ersten Trillerschlag der Nachtigall. Das Herz spannt sich in der Qual der Erwartung.

Doch jetzt – jetzt vernehmen wir in der tiefen Stille diesen sonderbaren seufzenden, knarrenden Laut, den gemessenen Schlag von schnellen Schwingen – und über die dunkle Birke erhebt sich in gleitendem Fluge die Waldschnepfe mit schön gebogenem Schnabel.

Was an diesen Naturbildern so überwältigend wirkte, war im Grunde nicht die Schärfe der Einzelwahrnehmungen, die objektive Einstellung des Apparates oder die erschöpfende Vollständigkeit in den Einzelheiten. Der Reiz von Turgénevs Kunst lag vor allem darin, daß die Elemente, aus denen die Landschaft bestand, einem gemeinsamen Grundton untergeordnet waren. Die Natur war hier gar nicht etwas Unabhängiges, etwas außerhalb der Seele des Lesers oder Dichters Bestehendes, sie war ein Teil dieser Seele. Sie war lauter Gefühl, tiefe und zarte und völlig menschliche Stimmung. Die Natur war zum Bestandteil eines poetischen und seelenvollen Gemütes gewandelt. Sie war die eigene Seele des Dichters, projiziert in den Raum, und zugleich die Seele dessen, der draußen in der Natur geschildert wurde; die Natur war zu einem Symbol der Innenwelt des Menschen und zu einem Ausdruck für diese gemacht. Eine Menge solcher beseelten, lebendigen, zarten Aquarellandschaften war über die Seiten des Buches ausgestreut: warme, schwüle Sommertage in Feld und Wiese, schwarze, tiefe, sternlose Herbstnächte, taufrische, jungfräuliche Morgen.

Turgénevs schöner Novellenband enthielt nicht nur Bauerngeschichten, sondern auch Gutsbesitzerporträts und Gutsherrnbiographien. In den meisten traten diese gebildeten oder halbgebildeten Guts- und Sklavenbesitzer in wenig schmeichelhaften Rollen auf. Es waren grobe, unmoralische, hartherzige Naturen, die einen merkwürdig düsteren Kontrast zu den vielen Bauernfiguren des Buches gaben und dadurch die unverdorbenen Vertreter des Volkes auf besonders wirkungsvolle Weise hervorhoben. Turgénev beschränkte sich nicht darauf, das *Volk* zu schildern. Mehr und mehr konzentrierte er seine Aufmerksamkeit auf Gestalten seiner Klasse und seines Bildungsgrades. Er begann, charakteristische *Physiognomien* zu studieren, die für seine Generation repräsentativ waren, und die Novellen, die er nach dem *Tagebuch eines Jägers* veröffentlichte, nahmen gleichzeitig einen immer melancholischeren, immer pessimistischeren Charakter an. Seine Phantasie hatte angefangen, sich mit den Hamlet-Figuren zu beschäftigen, die ihn umgaben, und er suchte diesen Typus in einer Reihe Novellen abzuwandeln und von verschiedenen Gesichtspunkten aus zu zeigen. Zum erstenmal wurde die russische Hamlet-Physiognomie in einer der Novellen geschildert, die er in sein Jägerbuch aufnahm. Die Geschichte hieß ganz unmißverständlich *Ein Hamlet aus dem Kreise Ščigrý* (*Gamlét Ščigróvskogo ujézda*) und handelte von einem Manne, der dem Verfasser bei einer zufälligen nächtlichen Begegnung in einem der Gästezimmer eines reichen Gutsbesitzers von seinem verfehlten Leben erzählt. Derselbe Typus war in den Novellen *Zwei Freunde* (*Dva prijátel'a*) und *Ein Briefwechsel* (*Perepíska*) variiert. Er war abermals geschildert im *Tagebuch eines überflüssigen Mannes* (*Dnevnik lišnego čelovéka*). In Tagebuchform, in Gesprächsform, in Briefform wurde dieser Hamlettypus, der lebensuntaugliche, willensschwache, unnütze Idealist, aber- und abermals dargestellt. Endlich machte ihn Turgénev zum Haupthelden seines Romanes *Rúdin*, und damit begann sein Schaffen als literarischer Annalist seiner Zeit.

In rascher Folge entstanden seine berühmten Romane von den Helden der Zeit, den Männern der vierziger, fünfziger, sechziger und siebziger Jahre. Jeder dieser Romane wurde vom russischen Publikum mit dem gleichen gespannten Interesse aufgenommen und erregte die gleichen eifrigen Diskussionen wie mehrere Jahrzehnte später die Schauspiele Ibsens im Norden. *Rúdin* (nach dem Haupthelden benannt) kam 1855 heraus, 1859 erschien *Ein Adelsnest* (*Dvor'ánskoje gnezdó*), 1860 folgte der Roman *Am Vorabend* (*Nakanúne*), 1862 kam der Roman *Väter und Söhne* (*Otcý i déti*) heraus, 1867 der Roman *Rauch* (*Dym*); erst zehn Jahre später (1877) erschien *Neuland* (*Nov'*). Diese sechs Romane, die kanonische Turgénevsche Romanreihe, machten den Kern seines reichen Schaffens aus und bildeten gleichzeitig den Kern des jungen russischen Realismus. Lange Zeit wurden sie von der russischen Literaturforschung als eine Art historischer Dokumente betrachtet. Man hatte insofern recht, als Turgénev selbst mit großer Kunst und gutem Bedacht seinen Romanen dadurch eine ausgesprochen aktuelle und soziologische Bedeutung gegeben hatte, daß er immer wieder Personen und Typen, die für die verschiedenen Generationen in ideologischem wie in psychologischem Sinne mehr oder weniger repräsentativ waren, in den Mittelpunkt stellte.

Der erste Roman in dieser kanonischen Reihe, *Rúdin*, verleugnete rein technisch nicht seine Herkunft von den physiognomischen Studien, die TURGÉNEV schon früher veröffentlicht hatte. Tatsächlich lag dem ganzen Roman eine recht dürftige Komposition zugrunde, ein kurzes Intermezzo, eine kleine Anekdote von einem Mann, der auf einem Herrengut auftaucht und mit seiner Beredsamkeit und seiner Fähigkeit, philosophische Probleme zu analysieren, das junge Gutsfräulein Natáša betört. TURGÉNEV scheint erst allmählich die weitreichende typische Bedeutung des Intermezzos und seines Helden entdeckt zu haben. Jedenfalls wird die Hauptfigur in sehr verschiedener Beleuchtung gezeigt, und mehrere ergänzende Nachschriften (von denen eine als *Epilog* bezeichnet wird) dienen dazu, das Bild des Mannes zu vervollständigen oder zu retuschieren. Rúdin war als Vertreter der Generation TURGÉNEVs gedacht, dieses Geschlechtes junger begeisterter Studenten, die bei der ehrwürdigen *Alma mater* in Moskau oder auf den vielen gastfreien Universitäten Deutschlands, wo HEGELS gefährliche Lehre verkündet und leidenschaftlich erörtert wurde, Wissen und Anregung suchten. Es war eine Generation glühender Enthusiasten, feiner, kenntnisreicher Idealisten und Schwärmer, die sich in der dünnen Luft der Abstraktion und Metaphysik heimisch-sicher bewegten, dafür aber der Wirklichkeit völlig fremd gegenüberstanden und nicht fähig waren, lenkend und leitend ins Dasein einzugreifen. In seinem viel später (1860) geschriebenen Aufsatz *Hamlet und Don Quichotte (Gamlét i Don-Kichót)* bestimmte TURGÉNEV den Unterschied zwischen diesen beiden, nunmehr den russischen Verhältnissen angepaßten Typen und meinte, der russische Hamlet sei nicht nur *zu klug, gegen Windmühlen zu kämpfen oder gegen eingebildete Riesen auszuziehen*, sondern auch *zu kraftlos, es zu tun, selbst wenn die Windmühlen reale Feinde wären und die Riesen tatsächlich unsere Wirklichkeit zu verheeren begännen*. Die Vereinigung von Wille und Gedanke, deren Frucht Handeln heißt, war für TURGÉNEVs reflektierende Generation unmöglich. Nach TURGÉNEVs eigenen Worten soll Rúdin in gewissen wesentlichen Zügen ein Abbild des berühmten revolutionären Anarchisten BAKÚNIN gewesen sein. Er ließ Rúdin als Apostel der Wahrheit und Schönheit durchs Land ziehen, ohne bleibende Stätte, als heimatlosen Wanderer, der immer bereit ist, seinen klaren faszinierenden Geist auf den Saiten der Beredsamkeit spielen zu lassen, doch niemals fähig, die Mühe der täglichen Pflicht und Arbeit auf sich zu nehmen. Er ließ ihn schließlich aus Rußland emigrieren und auf den Pariser Barrikaden im Jahre 1848 eines lächerlich-heroischen Todes sterben. Wie ein Hohngelächter wirken die letzten Worte des Romans: zwei fliehende Aufständische vermuten, der Gefallene sei *un Polonais*.

Rúdin ist von einer Reihe Gestalten umgeben, zu denen er in psychologischer Opposition steht und die dazu dienen, seine Eigenschaften zu nuancieren. Hier kam ein künstlerisches Prinzip zum Ausdruck, das aus Turgénevs Schaffen nicht mehr verschwand: *die gegenseitige Komplementarität der Charaktere.* Rúdin wurde seinen negativen und positiven Gegenpolen gegenübergestellt. Indem er sie abwechselnd anzog und abstieß, bekam er Fülle und Vielseitigkeit. Gleichzeitig schieden sich seine Gegenpole in Paare, wodurch der Eindruck vom Reichtum der Charakteristik nur noch mehr vertieft wurde. In dem entwurzelten, schmarotzerhaften Pandalévskij, der ohne Berechtigung im Gutshause wohnt, erhielt Rúdin seine psychologische Karikatur; der skeptische Gutsbesitzer Pigásov aber, der, bisher die einzige originale Persönlichkeit rundum, sich in dieser Stellung von Rúdin bedroht sieht, ist dessen ideologische Karikatur. Neben diesen unechten Figuren wirkt der Titelheld wie ein aufrichtiger und edler Apostel der Wahrheit. Er bekommt jedoch noch zwei andere Gegenpole, den einen in dem älteren Gutsbesitzer Ležn'óv, der ihn in seinen jüngeren Tagen gekannt hat und der ihm später erneut begegnet, den anderen in Ležn'óvs jüngerem Freund Volýncev, der mit ihm in Konflikt gerät. Beide sind schlichte und natürliche, *ganze* Menschen, die in ihrem bescheidenen Bereiche leben. Sie stehen im gleichen Verhältnis zueinander wie Pigásov und Pandalévskij. Sie gewinnen zuletzt die beiden jungen Frauen im Roman, die sich für Rúdins Scharm mehr oder weniger empfänglich zeigten. Doch fehlt ihnen sein elektrisierendes Talent. Allein steht anscheinend nur der junge Student Basístov, der Hauslehrer des Herrenhofes, doch ist dies ganz in der Ordnung, da er die nächste Generation vertritt, für die Männer vom Schlage Rúdins wirkliche, positive Vorbilder und Erwecker waren. Insofern erweist sich denn

Rúdin von einem höheren Gesichtspunkt aus als weniger *überflüssig* als die beiden positiven Gegenhelden, die das Glück erlangen, auf das Männer von Rúdins Art verzichten müssen. So herrschte also in TURGÉNEVS Roman eine schöne ausgeglichene Ordnung, die eine vollkommene künstlerische Motivierung der Personen ermöglichte.

Im *Adelsnest*, das mit Recht als TURGÉNEVS Hauptwerk gilt, ist wieder seine eigene Generation der eigentliche Held, nunmehr in der Gestalt Lavréckijs. Lavréckij und Rúdin sind aber doch zwei weitverschiedene Figuren. Bei seiner intensiven Beschäftigung mit dem russischen Hamlet-Typus war TURGÉNEV zu einer schärferen und tieferen Erkenntnis seiner spezifisch russischen Züge gelangt. Die Aura von Kälte und Ferne, die Rúdin umgab, war nun ganz verschwunden: Lavréckij konnte die unbedingte Sympathie des Lesers beanspruchen. Gleichzeitig war das Tragische in seiner Geschichte vertieft und deutlicher gemacht. Die Handlung war auch in diesem Roman nur ein kurzes und trauriges Intermezzo, die Begegnung von zwei Menschen, die sich ineinander verlieben, sich aber nicht bekommen können. Sehr bezeichnend für TURGÉNEVS Arbeitsmethode ist es, daß er sich auch diesmal genötigt sah, den Roman mit einer Reihe Nachschriften zu versehen, darunter einem richtigen *Epilog* – ein beredtes Zeugnis dafür, daß dem Roman eine durchgeführte Handlung in technischem Sinne fehlte. Eine Eigentümlichkeit gleicher Art ist es, daß TURGÉNEV der *Vorgeschichte* viel Zeit und Raum widmet, um auf diese Weise seine Romancharaktere psychologisch zu motivieren. Dieses Verfahren, das im *Rúdin* nur angedeutet war und die Hauptperson des Romans nur spärlich erhellte, führte im *Adelsnest* zu einer umfassenden genealogischen Interpretation Lavréckijs und seiner Geliebten. Der eigentliche Sinn dieser Interpretation, die auf Eltern, Großeltern und Urgroßeltern der Hauptgestalten zurückgreift, liegt offenbar in dem Nachweis, daß die Familie von vollblütigen Naturen zu schwachen Menschen, die nicht kämpfen können, degeneriert ist. Lavréckij, zu dessen Vorfahren Despoten und Sklaven gehören, wird als Sohn eines halbverrückten anglomanen Gutsbesitzers und eines armen wehrlosen Bauernmädchens dargestellt. Auch er, der mütterlicherseits unmittelbar aus dem urwüchsigen russischen Volk stammt, hat sein geistiges Gepräge in den philosophischen Hörsälen der Universitäten bekommen, und auch ihm fehlt die Fähigkeit, sich im Leben in befriedigender Weise durchzusetzen. Vornehm in seiner menschlichen Haltung, rein und gesund in seinem Gefühlsleben, wird er das Opfer einer berechnenden Frau; rauschhaft in sie verliebt, wird er von ihr in Paris betrogen, und später zerstört sie durch ihr plötzliches Auftauchen sein Glück mit einer anmutigen und reinen jungen Frau. Er hat – im Gegensatz zu Rúdin – nichts Schiefes oder Falsches in seinem Wesen.

Lavréckij ist nicht als ein Apostel der Philosophie auf einem Herrenhof geschildert; er tritt bescheiden als heimgekehrter Gutsbesitzer auf, der nur seinen Boden bestellen will. Aber auch er hat seine philosophische Ideologie und ist in dieser Hinsicht ein typischer Vertreter der Generation der vierziger Jahre. Interessant – und bezeichnend für die weitgehende Objektivität Turgénevs als Zeitannalist – ist es, daß die Ideologie, mit der er seinen Helden ausstattete, seiner eigenen diametral entgegengesetzt war. Wir wissen, daß sich die Männer der vierziger Jahre früh in zwei Lager teilten, die jedoch beide von der ehrlichen Überzeugung beseelt waren, daß das unsinnige Regime Nikolajs I. Rußland nur unheilbaren Schaden bringe. Turgénev gehörte mit Leib und Seele zu dem westeuropäisch orientierten Flügel, zu jenen *Západniki*, die den Krebsschaden Rußlands in seiner furchtbaren kulturellen Rückständigkeit erblickten und glaubten, daß diese nur mit Hilfe radikaler zivilisatorischer Reformen westeuropäischer Art behoben werden könne. Dagegen glaubten die *Slavophilen*, der andere Flügel, Rußlands Rettung gelinge nur, wenn Land und Volk ohne Hinblick auf europäische Muster zu rein nationaler Kultur zurückgeführt werde. Lavréckij trat als Vertreter slavophiler Gedanken auf. Seinem Grundsatz treu, stellte Turgénev ihn seinem Gegenpol gegenüber, dem Vertreter des westeuropäischen Lagers, dem jungen, oberflächlich gebildeten, künstlerisch begabten, gewandten Karrieremacher Pánšin mit dem ausländischen Vornamen *Woldemar*. Er ließ sie in einer Diskussion zusammenprallen, in der Lavréckij zur Freude aller Slavophilen die Behauptungen Pánšins kurz und klar widerlegte. Er ließ sie um dieselbe Frau werben, die junge Natáša. Alles war getan, um Lavréckij mit der Glorie der Sympathie zu umgeben. Alles war aufgeboten, um zu zeigen, wie erzrussisch dieser Mann sei. Selbst eine so nebensächliche Figur wie die des Jugendfreundes Michalévič mit seinen feurigen Gedanken wurde herbeigeholt, um zu zeigen, wieviel tiefer Lavréckij im russischen Boden verwurzelt sei. Aber auch dieser urrussische Mann war nicht imstande, das Leben zu meistern. In völliger Resignation beschränkte er sich nach dem Scheitern seines Glückes darauf, *seinen Boden so gut wie möglich zu pflügen.* Was nützte ihm auf die Dauer all seine deutsche Bildung und sein ästhetisch getöntes Wissen?

TURGÉNEV machte seinen Helden zum siegreichen Gegner seiner eigenen Geschichtsauffassung und begründete dadurch seinen Ruhm als objektiver Schilderer der Zeit. Er festigte ihn mit seinem folgenden Roman, *Am Vorabend.* Mit seiner einzigartigen Fähigkeit, die feinsten Regungen in den geistigen Strömungen der Zeit wahrzunehmen, hatte TURGÉNEV gespürt, daß ein Witterungsumschlag in der Luft lag. Das Regime Nikolajs I. hatte in den fünfziger Jahren zu wanken begonnen, als sich Rußland leichtsinnig einem Krieg mit der Türkei aussetzte und im Krimkrieg seine eigene Niederlage hervorrief. Die Stimmung, die das Volk ergriff, war nicht nur tiefe nationale Verzweiflung über Rußlands Ohnmacht, sondern auch aufdämmernde Hoffnung auf eine neue Zeit, die nach dem Tode des Kaisers kommen müsse. Aber diese Erwartung war mehr von der Besorgnis durchdrungen, daß die Kraft der Intelligenz nicht ausreiche, die Probleme der neuen Zeit zu bewältigen, als von der Freude über das bevorstehende Werk und seine Bedeutung.

Am Vorabend war aus dieser Stimmung geschrieben. Es war ein tief elegischer Roman, eine Art Schwanengesang von der verlorenen Vergangenheit, eine Art Frage an die Zukunft. Die Zeit verlangte tatkräftige Männer; die Frage war, ob Rußland solche Männer besaß. Für TURGÉNEVs eigenen Pessimismus war es bezeichnend, daß er in die Mitte des Romans einen Mann stellte, der sich durch all die Eigenschaften auszeichnete, die zu praktischem, zielbewußtem, aufopferndem und rücksichtslosem Handeln erforderlich schienen, der aber kein Russe war, sondern Bulgare. Insárov, ein Emigrant, der sich keinen tatenlosen Überlegungen hingibt, sondern sich energisch darauf vorbereitet, Führer der bevorstehenden Erhebung seines Volkes gegen das türkische Joch zu werden, ist mit keinen hervorragenden geistigen Gaben ausgerüstet, besitzt aber eine anscheinend ganz unrussische Eigenschaft: konzentrierten Kampfwillen. Bei der

Schilderung dieser Natur benutzte TURGÉNEV wieder die Komplementaritätsmethode. Er stellte Insárov einem russischen Tatmenschen gegenüber, seinem Nebenbuhler bei der klugen Jeléna, dem lächerlichen Karrieremacher Kurnatóvskij, der nichts anderes als eine boshafte Karikatur von ihm war, und zeigte eindringlich die Kleinlichkeit und das dürftige Format dieses Mannes. Aber zugleich konfrontierte er seinen bulgarischen Helden auch mit seinen positiven Gegenpolen, die – der Anordnung im *Rúdin* entsprechend – paarweise auftraten: dem Maler Šúbin und dem Historiker Bersénev. Beide waren mit feinen menschlichen Eigenschaften ausgestattet, die Insárov fehlten, echter Kultur, tiefer humanistischer Bildung, Sinn für philosophische Probleme, schönem zartem Taktgefühl. Sie vertraten beide die künstlerischen und wissenschaftlichen Qualitäten der zeitgenössischen russischen Intelligenz. Aber beide mußten sich – im Kampf um die Liebe Jelénas – vor der primitiven menschlichen Kraft des bulgarischen Aufrührers geschlagen geben. Der ganze Roman klang in Šúbins zweifelnde Frage aus: *Werden auch wir einmal Männer haben, die uns führen können?* Die Antwort war einer merkwürdigen, wenig durchgearbeiteten Figur in den Mund gelegt, die jedoch sicher symbolisch-prophetisch verstanden werden soll; der träge, wortkarge, mächtige Onkel Uvár Ivánovič, der Sprecher des russischen Volkes, gibt die kurze Antwort: *Zeit lassen!*

Die Frage war aktuell. Eine neue Zeit war im Anmarsch. Nikolaj I. war mitten im Krimkrieg in der Erkenntnis gestorben, daß sein ganzes Gendarmenimperium auf Sand gebaut sei und daß er zu lange gezögert habe, dem Verlangen der Zeit nach Aufhebung der Leibeigenschaft entgegenzukommen. Sein Sohn Alexander II. hatte den Thron bestiegen. Die Zeit der Reformen war angebrochen, und eine neue Generation war erstanden, eine Generation rücksichtslos revolutionärer Söhne, die in starker Opposition zu den Vätern standen, den Männern der vierziger Jahre. Diese Antithese, von anderen Beobachtern noch kaum erkannt, wurde von TURGÉNEV seinem neuen Roman *Väter und Söhne* zugrunde gelegt, der im Jahre nach der Aufhebung der Leibeigenschaft erschien. Des Dichters Sinn für die Nuancen im Spiel der Kultur feierte in diesem Roman seinen größten Triumph. Die ästhetisch-idealistische, humanistische Weltanschauung der Väter wurde von den beiden Brüdern Kirsánov vertreten, dem aristokratischen, etwas anglomanen Pável, der in seiner Jugend in den Hauptstädten als Ballkönig geglänzt, aber in einer Liebschaft mit einer schönen kapriziösen Frau eine lebensentscheidende Niederlage erlitten hatte, und dem humanen, weichherzigen und sanften Nikoláj, der seine heißgeliebte, früh verstorbene Frau nicht vergessen konnte, sich aber nichtsdestoweniger in den Armen seiner jungen ländlich-bescheidenen Geliebten zu trösten verstand. Die neue Generation, das junge respektlose Geschlecht der sechziger Jahre, wurde im wesentlichen von Bazárov vertreten, dem Sohn eines einfachen Regimentsarztes und Enkel eines Küsters, einem *raznočinec*, einem Mann des *tiers état*.

Der Grundgedanke des Romans war die Gegenüberstellung des für *Wahrheit, Schönheit* und *Güte* schwärmenden Humanismus der vierziger Jahre und der neuen Intelligenz vermischter Klassen, die entschlossen alle Ideale verleugnete und dem konsequenten Materialismus huldigte. Die neue Richtung erhielt im Roman den Namen *Nihilismus*, eine von TURGÉNEV geschaffene Bezeichnung. SCHUBERTS *Erlkönig*, PÚŠKINS und GOETHES *Lyrik*, RAFFAELS *Sixtinische Madonna* wurden von Bazárov und seinen Freunden, den jungen Seminaristen und Studenten, Journalisten und Medizinern, unnachsichtig verworfen. Die ganze wissenschaftlich-materialistische Literatur der Zeit mit den Werken BÜCHNERS und BAERS, LIEBIGS und VOGTS an der Spitze wurde gegen den alten Idealismus aufgeboten. Liebe und Freundschaft, Religion und Musik wurden als überflüssige Empfindelei lächerlich gemacht. Jene *abgedankten Existenzen*, deren Leben an einer unglücklichen Liebe zerbrechen konnte, wurden schonungslos als Narren bezeichnet. Nur die Gesetze der Physiologie und die Mühe der Arbeit wurden anerkannt und verehrt. TURGÉNEV führte auch in diesem Roman sein Komplementaritätsprinzip durch, indem er einmal Bazárov dem in die beiden Brüder Kirsánov aufgespaltenen humanistischen Typus gegenüberstellte und ihn zum andern sich in seinem Freund spiegeln ließ, in dem jungen Arkádij Kirsánov, dessen Ideen nur ein komisches, doch freundlich aufgenommenes Echo der Gedanken Bazárovs waren. Und wie in seinen andern soziologischen Romanen machte er auch hier das Verhältnis zwischen dem Haupthelden und einer glänzend dargestellten Frau, Frau Odincóva, zum Kernproblem der Handlung.

Turgénevs Roman löste in Rußland die leidenschaftlichste Auseinandersetzung aus. Die ältere Generation war über die vermeintliche *Idealisierung* des Nihilistentypus aufgebracht, deren sich der Dichter schuldig gemacht habe; die jüngere Generation war dagegen über die *Demaskierung* Bazárovs, des Vertreters der Söhne, entrüstet, die der Dichter sich ihrer Meinung nach erlaubt habe. In Wirklichkeit war Turgénev, der sich als einer von der Art der Kirsánovs fühlte, bei der Schilderung Bazárovs äußerst objektiv gewesen und hatte beim Schreiben seines Romanes wirklich geglaubt, die Nihilisten, die Söhne, die jüngste Generation, sollten Rußland retten. Wie die Zeit verging, verlor er freilich mehr und mehr seinen Optimismus. In gleichem Maße, wie die Reaktion ihr Haupt erhob, erlahmte sein Glaube, Rußland könne jemals zivilisiert, das heißt europäisiert werden. Die klaren und logischen Linien, die in seinen Augen immer die Weltanschauung der *Západniki* bestimmt hatten, wurden mehr und mehr verwischt. Er selbst hatte jahraus, jahrein im Ausland gelebt und sich mehr und mehr westeuropäische Gedanken und Anschauungsweisen angeeignet, und als ständiger Bürger von Baden-Baden hatte er reichlich Gelegenheit gehabt, sowohl die aristokratischen russischen Reisenden zu beobachten, die es schlecht genug verstanden, ihren barbarischen Geschmack und ihre reaktionäre Gesinnung hinter schönen französischen Phrasen zu verbergen, als auch all diese russischen radikalen Emigranten, die – in die europäische Freiheit entwischt – ihre revolutionäre Phraseologie pflegten und Slavophilie, Demokratismus, Sozialismus zu einem geschmacklosen und sinnlosen Durcheinander vermengten. Er schrieb seinen trüben Roman *Rauch*, der eine bittere Satire über diese unfähigen, redseligen revolutionären Phrasendrescher und *Generale* mit leeren Seelen war. Aber Litvínov, der Held des Romans, gehörte weder zu der einen noch zu der anderen Gruppe. In stärkerem Maße als in einem seiner früheren Romane machte Turgénev den Haupthelden zu seinem Sprachrohr, einem Beobachter, der von Gruppe zu Gruppe wandert, sich ihre Reden anhört, Abstand von ihnen nimmt und seinen eigenen einsamen Weg geht. Ideologisch und psychologisch erscheint Litvínov als Turgénevs *alter ego*, eine milde, tief empfindsame, männliche Seele. Auch Litvínov hat sein *Komplement*, den weichen und unglücklichen Potúgin, der in blinder, tragischer Er-

gebenheit der Frau dient, die er ohne Hoffnung auf Erwiderung liebt
und der er wie ein demütiger Sklave folgt. Er erliegt dem Schicksal,
dem zu entgehen Litvínov stark genug ist. Auch dieser verfällt der
schönen Irína, der dämonischen Frau, bringt aber im letzten Augenblick soviel Stolz auf, daß er zu ihrem schimpflichen Vorschlag, ihr
heimlicher Geliebter zu sein, *nein* sagt. Eine Nachschrift, die sich
Turgénev auch in diesem Roman nicht versagen konnte, erzählte dem
Leser, daß Litvínov zuletzt bei der stillen, feinen Tat'jána Frieden finde.

Der Roman erregte bei der radikalen russischen Kritik die wildeste
Empörung. Sie betrachtete *Rauch* als bösartigen Angriff auf die
moderne revolutionär-materialistische Bewegung. Es dauerte zehn
Jahre, bis Turgénev abermals einen soziologisch orientierten Roman
erscheinen ließ: *Neuland*. Umwelt und Umkreis des Geschehens
waren hier mit Worten gekennzeichnet, die es bisher in der russischen
Literatur noch nicht gegeben hatte. Nicht genug damit, daß Wörter
wie *Sozialismus* und *Kommunismus, Liberalismus* und *Kapitalismus* zur Bezeichnung der neuen ideologischen Strömungen gebraucht
wurden – auch Wörter wie *Proletarier* und *Bourgeois* waren in die
literarische Sprache eingedrungen. Turgénevs scharfer Blick hatte
die neue Bewegung entdeckt, welche die junge russische Generation
ergriffen hatte, eine Bewegung, die uneigennützige, begeisterte Studenten und Studentinnen dazu brachte, ihre Universitäten und
Hochschulen zu verlassen, um, als schlichte Bauern und Bauernmädchen verkleidet, Verbindung mit dem *Volk* zu suchen und in
unmittelbaren Gesprächen mit den Bauern für den Sozialismus und
die soziale Revolution Propaganda zu machen. Die jungen Menschen,
die im Roman auftraten, gehörten zu jenen, die schwärmerisch daran
glaubten, daß das schlichte russische Bauernvolk in seinen Überlieferungen und uralten Gemeinschaftsbräuchen und -anschauungen alle
Voraussetzungen zur Schaffung einer neuen, gerechten Gesellschaftsordnung besitze. Nach ihrem Glauben kam es nur darauf an, dieses
Volk zur Erkenntnis seiner eigenen Macht und Kraft zu bringen.
Der Roman spiegelte treu das Verfahren wider, nach dem diese
jungen Schwärmer ganz Rußland mit einem Netz zusammenarbei-
tender Verschwörergruppen zu überziehen suchten, Gruppen, die auf
Befehl ihrer Organisationszentren handelten und in ihren Reihen
strengste Disziplin und Subordination beobachteten. Mitten in dieses

Spinngewebe stellte Turgénev den jungen Studenten *Neždánov*, den Haupthelden der Handlung, und seine Kameraden, den blind gehorchenden Ostrodúmov, die derbe, aufopfernde Revolutionärin Masúrina, den tragischen Phantasten Markélov.

Aber es waren nicht diese typischen *Populisten* oder *Volkstümler* (*Naródniki*), die ihn am meisten interessierten. Es war wieder der russische Hamlet, der seine Aufmerksamkeit auf sich zog. Bezeichnenderweise gab er Neždánov eine Herkunft, die die Zwiespältigkeit seiner Natur erklären sollte: er machte ihn zum unehelichen Sohn eines russischen Aristokraten und einer armen Gouvernante. Als Erbe adliger Väter sollten seine ästhetisch-literarische Einstellung und seine poetischen Neigungen verstanden werden, Eigenschaften, die in den Jahren, da jeder Student mit Selbstachtung sich nur für politische und soziale Probleme interessierte, so völlig unzeitgemäß waren. Neždánovs revolutionäre Gesinnung war rein romantisch und mußte sich bei der ersten Begegnung mit dem wirklichen Leben in all ihrer Ohnmacht enthüllen. Turgénev verwendete auch in diesem Roman seine übliche Charakterisierungsmethode, indem er einerseits die ganze Feinheit und Empfindlichkeit des geistigen und seelischen Wesens seines Helden dadurch hervorhob, daß er ihn seinen negativen Komplementärfiguren, den einfachen revolutionären Agitatoren, gegenüberstellte, und andererseits seine ganze Unterlegenheit dadurch zeigte, daß er ihn zu dem positiven Gegenpol, dem einheitlichen, klugen, verschwiegenen und willensstarken Ingenieur Solómin, in Gegensatz brachte. Neždánovs Selbstmord symbolisierte nach Turgénevs Absicht die Schwäche des *Populismus* als revolutionärer Bewegung, seine Todgeweihtheit, die Aussichtslosigkeit seines schwärmerischen Kampfes. Dieser pessimistischen Tendenz stand jedoch der überraschende optimistische Gedanke gegenüber, daß die Zukunft den zielbewußten Leitern der jungen Industrie gehöre, den Betriebsingenieuren, den praktischen Schöpfern jener neuen Gesellschaft, die als Voraussetzung für das soziale Ideal dienen könne, für das sich die *Populisten* so völlig sinn- und aussichtslos opferten, ohne mit den tatsächlichen Verhältnissen des Lebens und der Gesellschaft zu rechnen. In dieser Tendenz äußerte sich eine prophetische Voraussicht, die bei einem adligen Dichter wie Turgénev überraschte.

7. TURGÉNEVS KUNST

Turgénev und Gončaróv gingen als Romanschreiber parallele Wege, soweit ihre Werke von einem soziologischen Gesichtspunkt aus betrachtet – und gedeutet – werden können. Turgénevs Romane kamen sogar – in dem soeben erörterten Ausmaß – dem von der Zeit geforderten künstlerischen Ideal näher als die Romane Gončaróvs, da diese den Wechsel der Generationen, den sie beide erlebten und beobachteten, nicht in so weitem Umfang widerspiegelten. Turgénevs Leistung als Schöpfer des russischen Realismus beschränkt sich aber nicht auf dieses Verdienst. Ein anderer Ausdruck seines Wesens, der von seinen Zeitgenossen bei weitem nicht hoch und klar genug gewürdigt wurde, der aber nichtsdestoweniger als integrierender Bestandteil in den russischen Realismus einging, war das Lyrische, wie es sich sowohl in seiner Sprache als auch in seiner Thematik bekundete. Der moderne Literarhistoriker, der seine Kunst aus dem von der Zeit geschaffenen Abstand betrachten kann, darf sich bei der objektiven Würdigung Turgénevs nicht von dem reichen kulturhistorischen Hintergrund seiner Romane beirren lassen.

Das annalenhafte Element in seinen Romanen, dessentwegen er in seiner von politischen Theorien besessenen Heimat gerühmt wurde, war eigentlich nur eine meisterhafte Hintergrundstaffage. Tatsächlich ist es außerordentlich leicht, den gesamten zeitbezogenen Stoff als eigentlich nur sekundäres Material aus den Romanen auszuscheiden. Die primäre Thematik in Turgénevs Romanen war immer die Liebe zwischen Mann und Frau. Mit einer Meisterschaft, wie sie kein russischer Schriftsteller mehr erreichte, schilderte Turgénev unermüdlich die verschiedenen Aspekte der Liebe, ihre Phasen, ihr Aufkeimen, ihren siegreichen Durchbruch und ihr Glück, ihre Entfaltung, ihr Sterben und ihr tragisches Ende. Die Liebe war in Turgénevs Romanen fast immer frei von übertrieben sensuellen und sexuellen Elementen. Selbst die Liebe leidenschaftlicher Naturen war meist in den zarten Schleier der Poesie gehüllt. Stellte er einmal glühende Leidenschaft dar, so wurde sie niemals vom Mann, immer von der

Frau verkörpert. Das unbeherrschte, das allzu unvernünftige oder
dunkel-animalische Gefühl kannte TURGÉNEV nicht, oder er mied es
bewußt. Scheiterte die Liebe zweier Menschen, so war die psychologische Motivierung fast nie in Verrat, Untreue oder Betrug zu finden.
Meistens lag es daran, daß die Liebe des Mannes, so fein und edel
sie sein mochte, der Gefühlsgewalt der Frau nicht gewachsen war.
Viele von den Bannerträgern und Aposteln der Idee, die er in seinen
soziologisch orientierten Romanen schilderte, erwiesen sich früher
oder später in tragischer Weise der Frau unterlegen, einer Frau, die
oft schön, immer aber stark war. Dann trat immer ein weniger komplizierter und vielleicht gar minderwertiger Nebenbuhler auf und
gewann das Herz der Geliebten. Bemerkenswert ist es, wie TURGÉNEV
den Leser seine Verurteilung dessen, der am Zerbrechen der Liebe
schuld war, spüren ließ – nicht in starken und deutlichen Worten,
nicht in einer demonstrativ belehrenden Haltung, sondern durch ein
behutsames Abstandnehmen: er ließ den Leser merken, daß er sich
nicht mehr mit dem Schuldigen, Mann oder Frau, identifiziere, daß
er einfach aufgehört habe, seine Gefühle von innen zu erleben, daß
er objektiv sei.

In seinem ersten Roman ließ er Rúdin mit seinen begeisterten Worten Natášas Herz entflammen und zeigte dem Leser mit Sorgfalt und
großem Wissen, wie sie benommen, hingerissen und voll Bewunderung
sich dem enthusiastischen Schwärmer näherte, überzeugt, daß er seine
Liebe in der Tat bewähren werde, und bereit, ihm durch ein unruhiges
Leben zu folgen. Aber Rúdin, der sie im entscheidenden Augenblick im Stich lassen sollte, erschien von vornherein in einem moralischen Zwielicht, womit der Verfasser sein Urteil verriet. Er schenkte
gern dem wortlos, tief und einfach liebenden Volýncev ihr enttäusch-
tes Herz. In ein tragischeres Bereich gehörte Neždánovs analoge
Situation in *Neuland*. Mehr Dichter als Agitator oder Aufrührer,
mußte er – in der Erkenntnis von der Unzulänglichkeit seiner Gefühle – die starke junge Marianna dem so viel weniger verfeinerten,
viel lebenskräftigeren Solómin überlassen, der *Mann* war, Geschäftsmann, der mehr Wille war als Seele. TURGÉNEV verbarg nicht seine
Sympathie für ihn, und der Leser spürte von dem Augenblick an,
da Solómin ihm vorgestellt wurde, daß dieser Mann bestimmt war,
die begehrte Frau kraft der einfachen, unerschütterlichen Stärke

seiner Gefühle zu gewinnen. Auch Šúbin und Bersénev in dem Roman *Am Vorabend*, beide verfeinerte, hochkultivierte Humanisten, mußten die kluge und energische Jeléna an den unkomplizierten, aber zielbewußten bulgarischen Emigranten verlieren, und dem Leser war es deutlich, daß Turgénev diese Lösung gerecht fand.

Etwas anders lag das Problem der Liebe im *Adelsnest*, obwohl der Held auch hier die Geliebte verlor. Lavréckij, der in seiner ersten Ehe so tragisch gescheitert war, zeigte sich zu zart und zu schwach, ein neues Leben auf einer neuen Liebe aufzubauen; seine erste Frau, die ihn grausam verraten hatte, gewann den Sieg, mußte aber das ganze Gewicht von Turgénevs kühler Verurteilung tragen. Etwas Ähnliches geschah in dem Roman *Rauch*, wo der Dichter seinen Litvínov zum fast willenlosen Spielzeug in der Hand der schönen Irína werden ließ: zweimal von derselben Frau im Stich gelassen, zu viel Mensch, zu wenig Mann, wanderte er, von Schmerz verzehrt, verwirrt und verstört davon, um bei seiner harmonischen Geliebten Tat'jána Trost zu finden. Turgénev konnte sich die moralische Freude nicht versagen, dem Leser in einer Nachschrift zu erzählen, daß die schuldige Irína später in den Ruf einer *âme égarée* gekommen sei, die ihre Kraft, die Männer zu bezaubern, ganz verloren habe. Der einzige Fall, wo Held und Heldin eines Romans sich in Liebe finden und sozusagen von dem wohlwollenden Dichter gesegnet werden, ist das Verhältnis zwischen Bazárov und Frau Odincóva; aber auch diese Liebe zwischen dem starken und konsequenten Nihilisten, der jedes zärtliche Gefühl zwischen Mann und Frau auf physiologische Begierde zurückzuführen sucht, und der klugen und starken Frau, die ihn mit ihrer strahlenden Weiblichkeit bezaubert, bekam bei Turgénev einen tragischen Glanz; erst im Augenblick des Todes erschloß Bazárov dem Lächeln der Geliebten sein Herz und beugte sich der Macht der Liebe.

Turgénevs Romane waren ein einziges Loblied auf diese sanfte, schöne Liebe. Sie waren eine Vergötterung des Ewig-Weiblichen. Das Interesse für die Frau und die Anbetung der Frau waren ein charakteristischer Zug im Wesen Turgénevs und seiner Generation. In seinen Romanen findet sich ein vielfältiges Gewimmel von Frauen, die mit wenigen kennzeichnenden Strichen gestaltet werden. Sie bleiben im Hintergrund, sofern der Dichter es nicht für geboten hält,

ihr Innenleben aus seinem mitfühlenden Wissen zu schildern. Einige
sind sogar in kritischer Karikatur dargestellt. Im Vordergrund
stehen jedoch die TURGÉNEVschen Frauen, die zu berühmten Gestalten der Literatur geworden sind. Sie sind weit verschieden voneinander, unverwechselbare, reich nuancierte, individuelle Erscheinungen.
Trotzdem aber kann man sagen, daß es immer nur zwei Grundtypen
sind, für die sich TURGÉNEV interessiert, und daß alle Frauen, die der
Dichter dem Leser zeigt, Abwandlungen dieser beiden sind. Der eine
ist die erfahrene, reife Frau, die im Spiel der Liebe aktiv mitspielt. Zu
diesem Typus gehört Frau Odincóva in *Väter und Söhne;* sie bezaubert den Leser mit ihrer warmen, ruhigen und überlegenen Weiblichkeit, sie ist eine strahlende, triumphierende Frau. Eine andere
Vertreterin dieses Grundtypus ist Irína in *Rauch;* in ihr wohnt das
unbefriedigte Verlangen nach Glück und dämonische Rücksichtslosigkeit, Ehrgeiz und moralische Entartung: TURGÉNEV läßt ihre
halb vergessene Liebe, diese Erinnerung an ihre ersten reinen Gefühle, bei der Begegnung mit ihrem früheren Geliebten wieder auf-
flammen und das Herz des schwerblütigen feinen Mannes zu heftiger
Leidenschaft entzünden; TURGÉNEV läßt sie Litvínovs Glück mit
Tat'jána rücksichtslos zerschlagen, in der Stunde der Entscheidung
aber ihrer gesellschaftlichen Stellung an der Seite ihres zwar hohlen,
doch schönen Ehemannes den Vorzug geben und den verliebten
Litvínov bitten, sich mit ihrer illegitimen Liebe zu begnügen.

Viel sicherer und behutsamer war TURGÉNEVs Hand, wenn es galt,
Bilder des anderen Grundtypus zu zeichnen. Das war das junge
Mädchen, gerade reif für den Ruf der Liebe, gerade reif für das Werben des Mannes, so wie es sich in Natáša (*Rúdin*), in Liza
(*Ein Adelsnest*), in Marianna (*Neuland*) abspiegelte. Nicht eine
glich der andern, jede hatte ihre eigene Süße und Anmut. Natáša
war als die passive junge Frau geschildert, die darauf wartet, daß der
Funken in ihrer Seele von dem ersten begeisterten Schwärmer ent-
zündet werde, die sich aber enttäuscht abwendet, als ihr Messias sie
im Stiche läßt und seine ganze unmännliche Schwäche und die Unzulänglichkeit seiner Gefühle verrät. Schwärmerischer Idealismus ist
der beherrschende Zug ihres Wesens, aber hinter ihrer Empfänglichkeit birgt sich kein anderer Gehalt als die große reine Kraft ihrer
Gefühle, und es ist daher nur natürlich, daß TURGÉNEV sie am Ende

bei dem schlichten, beständigen Freier, der von Herzen lieben kann, Trost finden läßt. Marianna in *Neuland* ähnelt ihr sehr, ist aber zum Unterschied von ihr eine aktive Natur, die bereit ist, dem Mann zu folgen, der sie zu tätigem Dienst an den Leidenden ruft und selber etwas leistet, um die erwartete neue Zeit vorzubereiten. Darum verläßt sie ohne Zögern Neždánov, als sie die Schwäche seines Willens und die Halbheit seiner Gefühle entdeckt, und folgt dem viel stärkeren und bedächtigeren Solómin. Jeléna im *Vorabend* ähnelt ihr bis zu einem gewissen Grad, da auch sie dem Manne folgt, der vor dem tätigen Einsatz in seinem Kampf nicht zurückscheut; sie unterscheidet sich aber von Marianna durch ihre kühlere, vernunftbetonte Art, durch ihre größere Selbstsicherheit und Reife. Die schönste Frauengestalt, die TURGÉNEV schuf, war jedoch Líza im *Adelsnest*. Sie ist die reine und fromme Jungfrau, die tief religiöse, erfüllt von einem sonderbaren Schuldbewußtsein, das sie stellvertretend für ihre ganze sündige Familie empfindet, und bereit, die wohlverdiente Strafe für ihre irdische Liebe zu einem verheirateten Mann zu erleiden. In diese *anima mystica*, die von einer fast märtyrerhaften Bereitschaft zu Leiden und Aufopferung durchdrungen ist, legte TURGÉNEV ein großes und starkes Verlangen nach himmlischer Liebe, und es überraschte den Leser nicht, wenn er sie am Ende als Nonne ihr krankes Herz Gott darbringen ließ.

Mehrere Romane und Novellen TURGÉNEVs, die nicht der soziologischen Reihe angehören und daher frei sind von tagesgeschichtlichem Stoff, bringen das lyrische Element in seiner Kunst besonders deutlich zum Ausdruck. In diesen Romanen und Novellen zeigte er sich ausschließlich als Dichter der Schönheit und Zartheit und als Schilderer weiblicher Physiognomien in ihrer ganzen, reichnuancierten Mannigfaltigkeit. In *As'a* (1857), einer nach der Heldin benannten großen Novelle, versuchte er, die *femme fatale* in ihrem ersten Stadium darzustellen. Mit ungemein eindringlicher Sorgfalt zeichnete er das schillernde Wechselspiel im Gemüt eines jungen Mädchens, dessen Wesen von seiner illegitimen Herkunft geprägt war. Die Novelle berichtete in der Ich-Form die erschütternde Geschichte von der ersten Liebe des unsteten Mädchens, ihrer Liebe zu dem Erzähler und der brutalen Kränkung, die er ihrem scheuen und stolzen Vertrauen antat. In der Ich-Form war auch der Roman

Erste Liebe geschrieben (*Pérvaja l'ubóv'*, 1860); der beherrschte Erzählstil gab der kleinen Geschichte das Gepräge besonderer Glaubwürdigkeit und Intimität. Auch hier versuchte TURGÉNEV die Hauptzüge in der Seele der dämonischen Frau auf einer Stufe festzuhalten, wo Erfahrung und Wissen sie noch nicht der Anmut und Sanftheit beraubt hatten. Die Heldin Zinaída, die Tochter eines russischen Fürsten und einer kleinbürgerlichen Frau, wurde in ihrem gefährlichen Spiel mit den Gefühlen jüngerer und älterer Männer gezeigt, bis sie – getrieben von ihrem unruhigen, eigenwilligen Herzen– sich von einem herrischen und selbstbewußten Mann, dem Vater des Erzählers, bezwingen ließ. In *Frühlingswellen* (*Véšnije vódy*, 1871), einem Roman, der in Frankfurt spielte und von der Liebe Sánins zu der italienischen Konditorstochter Gemma Roselli handelte, stellte TURGÉNEV dieses von Anmut, Frische und natürlichem Gefühl umstrahlte junge Mädchen der erfahrenen, hemmungslos unmoralischen, aber betörenden Frau gegenüber, der reichen Frau Pólozova, die Sánin im Handumdrehen verführte und seine etwas überstürzte Verlobung mit Gemma zerschlug. Immer wieder befolgte TURGÉNEV das Verfahren, dem Leser in einer *Nachschrift* zu erzählen, was später, manchmal sehr viel später, mit den Hauptpersonen seiner Novellen geschah, und gab seinen Erzählungen so einen eigenartigen Hauch verblichener Erinnerung.

Durch dieses Nachschrift-Verfahren gelang es TURGÉNEV, eine verschönende Melancholie über Leben und Menschen zu breiten und seinen eigenen Sprachton mit der geschilderten Welt in Einklang zu bringen. Die Schattenseiten des Lebens wurden von weicherem, milderem Licht überspielt; das Leid schien seine Leidenschaft zu verlieren und zu Wehmut zu werden; Haß und Groll erschienen nur als veredelte Abneigung. Er vermied in seinen Romanen und Novellen die heftigen Katastrophen, weil seiner Sprache die grellen Töne fehlten. Das Unschöne, das Unwahre, das Böse und das Gemeine konnten in dieser rhythmischen Prosa nur schlecht gedeihen. TURGÉNEVS Romane waren wie vergilbte Liebesbriefe, zwischen deren Blättern der Leser eine welke Blume oder ein verblaßtes Band finden konnte. Diesem Vergleich liegen TURGÉNEVS eigene Worte zugrunde. Noch in seinen letzten Lebensjahren, ja noch auf dem Sterbebett dichtete er seine kleinen Meisterwerke poetischer Prosa,

darunter die beiden Novellen *Lied von der siegenden Liebe* (*Pesn'*
toržestvújuščej l'ubví, 1881) und *Klara Mílic* (1882). Der große
Realist und Gesellschaftsschilderer demaskierte sich in diesen
letzten Werken als der, der er im Grunde immer gewesen war: ein
Mystiker der Liebe, ein sublimer erotischer Spiritualist. Er warf nun
den Mantel der Tagesgeschichte und Gesellschaftskritik als irdisches,
allzu irdisches Gewand ab und führte die Erzählung zur verdichteten
Form der kleinen Novelle zurück.

Das *Lied von der siegenden Liebe* erschien als Wiedergabe einer
italienischen Novelle aus dem Jahre 1542 und war mit einem SCHIL-
LER-Wort als Motto versehen: *Wage du zu irren und zu träumen!*
In einem edlen, rhythmisch bewegten, kunstvollen Stil erzählte der
Dichter von den beiden ferrarischen Freunden Fabio und Mucio,
dem Maler und dem Musiker. Beide lieben dieselbe Frau, die schöne
Valeria. Sie wählt sich Fabio zum Bräutigam. Da verläßt Mucio,
der dunkle, leidenschaftliche Musiker, Italien, und erst nach vielen
Jahren kommt er zurück, erfüllt vom verderblichen Wissen des
Ostens, begleitet von einem taubstummen indischen Diener. Mucio
ist Zauberer geworden, und wenn der Mond sein bleiches Totenlicht
über die Rosengärten Ferraras gießt, muß Valeria trotz Qual und
Pein in wehem Schlafwandlerwahn willenlos seiner fesselnden Ge-
walt folgen, und mit ausgestreckten Händen finden sich die beiden
Somnambulen wie Gespenster im Garten. Endlich tötet Fabio seinen
Freund und Feind, und Valeria findet wieder Ruhe. Doch eines
Tages spielt die Orgel unter ihren Händen das brausende Lied der
siegenden Liebe, und zitternd spürt sie, daß sie ein Kind unterm
Herzen trägt.

In der Novelle *Klara Mílič* brachte TURGÉNEV ein ähnliches
Traumbild. Er schilderte eine junge dämonische Sängerin, die mit
ihrem bräunlichen Gesicht und ihren schwarzen Brauen an eine Jüdin
oder Zigeunerin erinnerte und deren Kunst von allen Kennern mit der
Madame Viardots verglichen wurde, einer Dame, der TURGÉNEV
selbstlos und treu wie ein Troubadour gedient hatte. Klara Mílič
begeht unvermutet Selbstmord. Der weltferne, schwerfällige, gelehrte Arátov wird jedoch bei der Nachricht von ihrem Tode von der
wachsenden mystischen Gewißheit ergriffen, daß ihre Herzen sich
immer gehört haben. Er pflegt diese mystische Liebe, die stärker ist

als der Tod. Worte von Schiller, Mickiewicz und dem *Evange-listen* bilden den Grundakkord der Erzählung. *Auch die Toten sollen leben!* – sagt Schiller. *Ich werde lieben bis zum Ende der Welt – und nach dem Ende der Welt!* – sagt Mickiewicz. *Niemand hat größere Liebe denn die, daß er sein Leben lässet für seine Freunde!* – sagt der Evangelist. Und Arátov versinkt in ein ekstatisches Traumleben, hört die Stimme der toten Klara, spürt ihre Gegenwart und schließt sie endlich in der Verzückung der Vision in seine Arme. Er stirbt mit einem glücklichen Lächeln, denn auch er weiß nun, was Liebesglück ist. Er stirbt mit dem triumphierenden Wort auf den Lippen: *Tod, wo ist dein Stachel?*

Kurz vor seinem Tod (1882) gab Turgénev seine schönen späten Prosagedichte heraus, die er mit wehmütiger Ironie *Senilia* nannte, eine Sammlung kurzer Skizzen, aufgezeichnet bei ganz zufälligen Gelegenheiten: Beobachtungen, Notizen, Erinnerungen, Stimmungsbilder. In einem dieser *Prosagedichte,* wie er selber sie nannte, warf er einen scheuen Blick zurück auf die Stadien seines Lebens und setzte ein unendlich trauriges Ergebnis unter die Reihen der Tage. In diesem Prosagedicht finden wir die Quintessenz seines lyrischen Stiles:

Ich sehe mich vor einem kleinen Vorstadthaus an seinem niedrigen Fenster stehen. Still vergeht der sommerliche Abend und wird langsam Nacht. Die warme Luft ist vom Duft der Reseden und Linden erfüllt. Und am Fenster sitzt mit aufgestütztem Arm und zur Schulter gesenktem Kopf die junge Frau und blickt, das Aufblinken der ersten Sterne erwartend, mit gespannter Aufmerksamkeit zum Himmel empor.

Wie kindlich verzückt sind ihre nachdenklichen Augen! Wie rührend unschuldig öffnen sich ihre fragenden Lippen! Wie ruhig atmet ihre noch unberührte, noch wie die Blätter der Blumenknospe unentfaltete Brust! Wie rein und zart ist das junge Profil ihres Gesichts! . . .

Und andere Bilder erstehen vor meinem Auge.

Ich höre das fröhliche Treiben ländlichen Familienlebens. Zwei hellblonde junge Frauenköpfe beugen sich zueinander und betrachten mich mit klaren, furchtlosen Augen. Die roten Wangen zucken vor verhaltenem Lachen, die Finger der freundlichen Hände verflechten sich, und die jungen lieben Stimmen wetteifern miteinander.

Etwas abseits aber, in einer Ecke des traulichen Zimmers, eilen andere junge Frauenhände mit flinken Fingern über die Tasten eines alten Klaviers, und die Walzerklänge können das patriarchalische Summen des Samowars nicht übertönen . . .

„Wie schön, wie frisch sie waren – jene Rosen!“
Das Licht wird dunkel und erlischt . . . Wer hustet so keuchend und
schwer ? . . . Mich friert . . . Und alle sind sie tot . . . tot . . .
„ Wie schön, wie frisch sie waren – jene Rosen!“ . . .

8. SALTYKÓV-ŠČEDRÍNS SATIRISCHER REALISMUS

Nach einer Stelle, die auch nur annähernd an den TURGÉNEVschen Sprachton erinnerte, würde man in dem umfangreichen Gesamtwerk SALTYKÓV-ŠČEDRÍNS vergeblich suchen. Sein Schaffen, das in der westlichen Welt recht unbekannt geblieben ist, gehört zu einem besonders eigenartigen Teilgebiet des russischen Prosa-Realismus und hat auf diesem sehr Wesentliches geleistet. Es unterscheidet sich so sehr von der sanften und lyrischen Kunst TURGÉNEVS, daß dieser SALTYKÓV-ŠČEDRÍN geradezu als Gegner empfinden mußte. Schon ziemlich bei Beginn von SALTYKÓV-ŠČEDRÍNS schriftstellerischem Wirken sagte TURGÉNEV, es sei ihm *einfach unmöglich, ihn zu lesen. Welch grobes Protzen, welch vierschrötiger Humor, welch säuerlich riechende Kanzleischreiber-Sprache!* Wenn er auch später sein Urteil gründlich überprüfte, so war diese Äußerung doch bezeichnend für den Abgrund zwischen dem Schaffen der beiden, zwischen TURGÉNEVS ästhetisch-lyrischem Realismus und SALTYKÓV-ŠČEDRÍNS sozial-satirischem.

MICHAÍL JEVGRÁFOVIČ SALTYKÓV, wie TURGÉNEV ein Abkomme adliger Geschlechter, nahm erst später das Pseudonym ŠČEDRÍN an, das immer mit seinem wirklichen Familiennamen zusammen genannt wird. Wie so viele andere russische Schriftsteller trat auch er in dem epochemachenden Jahr 1847 zum erstenmal hervor. Mit seinem Interesse für die Problemromane GEORGE SANDS und seiner Begeisterung für die Gedanken des utopischen französischen Sozialismus war er unmittelbar von der von BELÍNSKIJ verkündeten *Natürlichen Schule* ausgegangen. Seine ersten Veröffentlichungen, die beiden großen Novellen *Widersprüche (Protivoréčija,* 1847) und *Eine verwickelte Sache (Zapútannoje délo,* 1848), weckten sofort die Teilnahme des Publikums. Sie waren freilich künstlerisch nicht besonders gelungen, doch klang aus ihnen eine so kräftige und ungewöhnliche Sprache und ein so ungestümes soziales Pathos, daß es einfach unmöglich war, sie nicht zu beachten. Man war sich sofort darüber klar, daß der Verfasser von GÓGOL's berühmter Novelle *Der Mantel* ausging, so wie diese von der Kritik verstanden wurde: als soziale Anklage, als Enthüllung der Mißstände in der Gesellschaft. Gleichzeitig schienen aber diese Novellen den Gedanken vom Recht der Leidenschaft im Privatleben des Menschen zu verfechten. Sie waren von einem heftigen Pessimismus bestimmt. In der ersten Novelle erschien der Held als neue Variante des berühmten russischen Hamlet-Typus, lebensunfähig, bange vor den entwürdigenden *Nichtigkeiten* des Lebens; die Ursache der Entstehung des Typus fand auch dieser Schriftsteller in der treibhausartigen Erziehung, welche die Leibeigenschaft als Gutseinrichtung im Rußland Nikolajs I. ermöglicht hatte. Die Kehrseite der Hamlet-Mentalität war der Despotismus. SALTYKÓV-ŠČEDRÍN wußte, wovon er sprach; in diesen Novellen waren starke Eindrücke und Erinnerungen aus seiner eigenen Kindheit verarbeitet. Der Grundgedanke der zweiten Novelle war in der Frage enthalten, weshalb das Leben in Rußland immer zu einer Art sinnloser Lotterie werde und nicht schlechthin Leben in all seiner Fülle sei.

Es dauerte fast zehn Jahre, bis sich SALTYKÓV-ŠČEDRÍN als Schriftsteller wieder hervorwagte. In der Zwischenzeit war er von der Polizei Nikolajs I. zur Strafe für sein respektloses Geschreibe in die elende Provinzhauptstadt V'átka verwiesen gewesen. Erst nach dem Tode des Kaisers durfte er nach St. Petersburg zurückkehren, wo er 1856–57 den reichen Ertrag seiner Beobachtungen erscheinen ließ, das Buch *Skizzen aus einer Provinzhauptstadt* (*Gubérnskije óčerki*), unmittelbar geboren aus dem Geist der *physiologischen* Richtung, durchtränkt von einem Humor, der an den GÓGOL's erinnerte, entlarvend seiner ganzen Tendenz nach. Der Verfasser war in der Gouvernementskanzlei angestellt gewesen und hatte in der Stille seine Studien gemacht. In der Schilderung der Stadt Krutogórsk, wohin die Skizzen verlegt waren, erstand die Stadt V'átka in ihrer ganzen geistigen und seelischen Erbärmlichkeit wieder. Die Welt, die sich vor dem Leser auftat, war eine Welt der Bestechungen, der Prozeßsucht, der Übergriffe und der triumphierenden provinziellen

Langweiligkeit, Finsternis ohne jeden Lichtblick. SALTYKÓV-ŠČE-
DRÍN machte seine Farben so dunkel wie möglich. Schonungslos
enthüllte er die Gemeinheit der Provinzgewaltigen, die grenzenlose
Frechheit der Machthaber, die Niedrigkeit der Feiglinge. *Das ist
überhaupt keine Literatur! Der Teufel mag wissen, was es ist!* – soll
TURGÉNEV ausgerufen haben, als er die *Skizzen aus einer Provinzhauptstadt* gelesen hatte.

Von nun an strömte SALTYKÓV-ŠČEDRÍNS Schaffen wie ein reißender Katarakt, der seine persönlichen Beobachtungen, Bemerkungen,
Notizen, Studien, Betrachtungen und Skizzen mit sich trug. Es ist
hier nicht möglich, über jedes einzelne Werk, jede einzelne Novelle zu
berichten. In den zahlreichen Skizzen und Novellen war der ganze
Wirklichkeitsstoff verarbeitet, den er während seiner Tätigkeit als
Vizegouverneur in R'azán' und Tver' gesammelt hatte. Manchmal
waren sie von einem bestimmten Leitgedanken zusammengehalten.
Von dieser Art war zum Beispiel die *Geschichte einer Stadt* (*Istórija
odnogó góroda*, 1870), ein Buch, das zu derselben Gattung gehörte
wie PÚŠKINS Novelle *Geschichte des Gutes Gor'úchino*. Der aufmerk-
same Leser begriff, daß die Stadt, deren Geschichte SALTYKÓV-
ŠČEDRÍN erzählte, in Wirklichkeit das ganze zaristische Rußland
war und daß mit all den Typen, die im Buch vorgeführt wurden, mit
diesen Ugr'úm-Burčéjevs oder Perechvát-Zalichvátskijs oder Boro-
dávkins die russischen Zaren oder andere geschichtliche Personen gemeint waren. SALTYKÓV-ŠČEDRÍN war Meister im Gebrauch der
besonderen *äsopischen* Sprache, wie er sie nannte – einer Sprache,
deren Gehalt und Sinn nur der zeitgenössische Leser in allen Einzelheiten durchschauen konnte. Die Satire, welche die Stadt Glúpov
(nach *glúpyj* ,dumm') samt ihren zweiundzwanzig Gouverneuren
traf, traf in Wahrheit ganz Rußland. In seinem Buche *Pompadoure
und Pompadourfrauen* (*Pompadúry i Pompadúršy*, 1873) geißelte
er abermals die russischen Machthaber, die durch die Reformen
Alexanders II. keinen Deut besser geworden seien, sondern das
heilige Rußland mit dem gleichen Satrapen-Despotismus wie früher
regierten. In dem Buch *Die Herren von Tašként* (*Gospodá Taš-
kéntcy*, 1873) nahm er die Hauptstadt der Provinz Turkestan als
Sinnbild für *jenes Land, das irgendwo liegt, wo es üblich ist, den
Leuten die Kiefer zu zerschmettern*. Damit war ganz Rußland

gemeint. Ein anderes Sinnbild, das in seiner krassen Schilderung erschütternd wirkte, schuf er mit seinem *Pošechón'je*, einem erdichteten Gebiet an einem erdichteten Fluß Šechón'. Hier spielte die Handlung seiner *Erzählungen aus Pošechón'je* (*Pošechónskije rasskázy*, 1886), hierhin waren seine *Alten Tage in Pošechón'je* (*Pošechónskaja stariná*, 1890) verlegt – eine Reihe verkappter Familienbilder von der gleichen Art wie die in Aksákovs *Familienchronik*, jedoch aller patriarchalischen Gutmütigkeit bar. Man könnte Buch auf Buch, Novelle auf Novelle nennen, alle von der gleichen bitter-satirischen Haltung, alle im gleichen *äsopischen* Stil. Saltykóv-Ščedríns kühne, harte, erbarmungslose Werke beherrschten die siebziger und achtziger Jahre. Rußland war darin als wehrloses Opfer der Regierungssatrapen geschildert, als ausgesaugt und ausgeplündert von satanisch raubgierigen Machthabern. Es war das Land, wo die *Aufklärer, unbeschwert von allem Wissen*, in Saus und Braus lebten, Männer, die geneigt waren, allen Ernstes auf den Erlaß einer *Anordnung über die Befreiung der Bürgermeister von der Auswirkung der Gesetze* hinzuarbeiten, und die überzeugt waren, *es werde nicht ohne einen gewissen Nutzen sein, alle Andersdenkenden erschießen zu lassen*. Hier ging es *den Hartköpfigen* gut, hier genossen die *Rahmschlecker* das Leben, hier wurden *die zuverlässigen und in örtlichen Fragen wohlbewanderten Grundbesitzer* um Rat gefragt, wie man die plötzlich freigelassenen Bauern ohne Land am besten regieren könne – zum eigenen Vorteil der Grundbesitzer. Hier gediehen auch *die Sumpfblüten von Schriftstellern*, die meinten, *daß Denken unzulässig sei*. Hier herrschte *der Schurke, geboren aus moralischem und intellektuellem Morast, erzogen und beseelt von roher Niedertracht*, hier herrschte *das triumphierende Schwein!*

Alle bisher erwähnten Werke vertraten einen bitteren satirisch-journalistischen Realismus. Sie waren in einer Sprache geschrieben, die sich stark von dem durchgearbeiteten Stil unterschied, an den der Leser von Turgénevs meisterhaften Romanen und Novellen gewöhnt war. Der *äsopische* Stil, der in seinen *Märchen* (*Skázki*, 1887) zur feinsten Entfaltung kam, war nur einer der charakteristischen Züge seiner Sprache. Er war nichts anderes als eine Tarnung vor der immer strenger werdenden zaristischen Kontrolle. Saltykóv-Ščedrín, der immer ein großer Bewunderer von Turgénevs Meisterschaft ge wesen war, nannte seine eigene Sprache eine *Sklavensprache* (*rábij jazýk*) und kennzeichnete damit einen anderen Wesenszug seines Stils. Er wollte damit zweifellos seinen stilistischen Gegensatz zu TURGÉNEV hervorheben, zu dem Schriftsteller, der die Sprache des Herrenhofes in der Gewalt hatte. Verglich man beide, so erschien das Werk TURGÉNEVs wie eine Bühne des kultivierten, polierten, verfeinerten, wohlerzogenen Stils, während SALTYKÓV-ŠČEDRÍNS Schauplatz wie ein roher, ungehobelter und ungestrichener Bretterboden wirkte. Seine Sprache war von knarrenden Elementen der Kanzlei- und Rechtssprache, der kommerziellen, militärischen und landwirtschaftlichen Phraseologie und von Elementen der salbungsvollen kirchlichen Terminologie durchsetzt. Er gebrauchte auch die ungeschminkte Sprache des Volkes. Es wimmelte bei ihm von derben Ausdrücken, manchmal tauchten in seiner Prosa ganz unliterarische Schimpfworte auf.

Sehr selten – so selten, daß man geradezu stutzte, wenn es geschah – begegnete der Leser elegisch-lyrischen Stellen. Poetische Naturschilderungen, malerische Landschaften, stimmungsvolle Landschaftsstücke, deren es in TURGÉNEVs Romanen so viele gab, fanden in SALTYKÓV-ŠČEDRÍNS Thematik überhaupt keinen Eingang. Eros, Liebe höherer Art, Verliebtheit, Hingabe gab es bei ihm nicht. In gewisser Weise fehlte seinem Schaffen auch das narrative Element, Handlung in ihrer Entfaltung, dramatischen Zuspitzung und Auflösung, wie man sie gewöhnlich als wesentliches Schema der Romankomposition ansah. Dafür war die satirische Porträtkunst in seinem fruchtbaren Schaffen zu wahrer Meisterschaft entwickelt; als Quintessenz seiner Charakterisierungstechnik erschienen die treffenden Kennworte, die er seinen Personen anheftete. Sie waren wie glühende Kains-Zeichen, unabwaschbar, unverhüllbar, nicht zu verbergen, nicht zu entfernen. Er brandmarkte seine Personen mit diesen Kennworten, die unmittelbar jener *Sklavensprache* entnommen waren, die er beherrschte. Oder er schlug sie mit den wuchtigen Keulenschlägen dieser Sprache vor den Kopf.

Nur einmal in seinem gesamten Schaffen gelang es ihm, mit diesen Mitteln – oder trotz diesen Mitteln – einen Roman zu gestalten, der einen Vergleich mit den größten Meisterwerken TURGÉNEVs oder DOSTOJÉVSKIJS aushält: *Die Herren Golovl'óv* (*Gospodá Golovl'óvy*,

1880). Tatsächlich wurzelte auch dieser Roman in der Gattung der Skizze. Von den sieben Kapiteln, die er schließlich umfaßte, schrieb er die beiden ersten, *Das Familiengericht (Seméjnyj sud)* und *Unter Verwandten (Po ródstvennomu)*, als selbständige Teile des Skizzenbuches *Wohlgesinnte Reden (Blagonamérennyje réči)*. Nach und nach fügte er drei weitere Skizzen hinzu, die späteren Romankapitel III, IV und VI, *Familien-Ergebnisse (Seméjnyje itógi)*, *Das Nichtchen (Plem'ánnuška)* und *Der Siechling (Vými̇́ročnyj)*. Wie lose das Ganze zusammenhing, geht daraus hervor, daß er das bisher Geschriebene unter dem Gesamttitel *Episoden aus der Geschichte einer Familie (Epizódy iz istórii seméjstva)* herauszugeben beabsichtigte. Es schienen tatsächlich nur zusammenhanglose Episoden zu sein. Doch dann enstanden zwei neue Kapitel, *Unerlaubte Familienfreuden (Nedozvólennyje seméjnyje rádosti)* und *Die Abrechnung (Rasčót)*, die als Kapitel V und VII eingefügt wurden, und 1880 schien die ganze Skizzensammlung so abgerundet und geschlossen zu sein, daß sie als Roman herausgegeben werden konnte.

Es war eine erschütternde Geschichte, eine russische Familiensaga. Sie erzählte von dem wirtschaftlichen, sittlichen, geistigen und gesellschaftlichen Verfall einer Herrenhoffamilie in seinem langsamen Fortschreiten durch mehrere Generationen. Im letzten Kapitel bot Saltykóv-Ščedrín eine Art Schicksalsphilosophie, die den unentrinnbaren Niedergang und Untergang des Golovl'óv-Geschlechtes als ein gesetzmäßiges Geschehen erklären wollte, das fast naturnotwendig einen großen Teil des russischen Kleinadels auf den Herrenhöfen der Provinzen treffe:

Es gibt Familien, über denen etwas wie ein unabwendbares Verhängnis waltet. Besonders deutlich ist das an dem unbegüterten Kleinadel zu beobachten, der, über ganz Rußland verstreut, sich's ohne jede Arbeit oder Verbindung mit dem allgemeinen Leben und ohne eine sinnvolle Idee unter dem Schutz des Leibeigenschaftsrechtes lange genug hat wohl sein lassen und der jetzt, dieses Schutzes bar, auf den verfallenden Adelsgütern allmählich seinem Untergang entgegengeht. Im Leben dieser jämmerlichen Familien geschieht alles – Fortgang und Rückgang – seltsam blindlings, seltsam unvorhergesehen und unerwartet.

Es mag geschehen, daß solch eine Familie plötzlich von einem Strom des Erfolges ergriffen wird. Irgendein armseliger Kornett und seine Frau, die friedlich in einem verlorenen Winkel des Landes ihr Leben fristen, bekommen unversehens eine ganze Zucht zäher, sauberer und flinker Rangen,

die ungemein schnell das Wesen des Daseins erfassen. . . . Dank völlig zu-
fälligen Umständen wird solch eine verarmte Familie mit Glück und Er-
folg gesegnet. Die erste erfolgreiche Generation, die sich im Daseinskampf
wacker durchgeschlagen hat, bringt dann eine ebenso saubere zweite
Generation hervor, die es im Leben viel leichter hat, weil ihr die Wege, die
sie gehen muß, nicht nur vorgezeichnet, sondern auch schon geebnet sind.
Dieser Generation folgen dann ständig neue, bis die Familie schließlich auf
natürlichem Wege in jene hineinwächst, die ohne jeden vorherigen Kampf
ein angeborenes Recht auf lebenslange Freude und Herrlichkeit zu haben
meinen. . . .

Aber neben solchen erfolgreichen Familien gibt es eine ganze Menge
anderer, deren Mitglieder von den heimischen Penaten offenbar nur Un-
glück ohne Ende als Wiegengabe erhalten haben. Ganz plötzlich werden sie
von Mißgeschicken oder Lastern befallen, die wie Läuse von allen Seiten
an ihnen zu zehren beginnen. Sie verbreiten sich über den ganzen Organis-
mus, dringen bis ins Mark und zerfressen Geschlecht auf Geschlecht. Es
entstehen ganze Reihen von menschlichen Ruinen, von Willensschwachen,
Trunkenbolden, kümmerlichen Wüstlingen, sinnlosen Müßiggängern und
Taugenichtsen. Und je länger, desto erbärmlicher werden diese Menschen
geboren, bis endlich nur noch blutlose Siechlinge auf dem Schauplatz sind,
die beim ersten Druck des Lebens nachgeben und zugrunde gehen.

Eben dieses Verhängnis waltete über der Familie Golovl'óv. . . .

Die *Großmutter* Arína Petróvna und ihr Sohn Porfírij Vladímirovič, *Klein Judas (Júduška)* genannt, beherrschen den ganzen Roman,
Arína die erste Hälfte, Porfírij die zweite. Aber sie sind von einer
ganzen Schar anderer Familienmitglieder umgeben; wir begleiten
tatsächlich drei Generationen auf ihrem Weg in den unentrinnbaren
Untergang. Neben Arína Petróvna vegetiert ihr Mann dahin, Vladímir Michájlovič, der sich nie in ihrer Nähe zeigt, ohne sie in spinne-
giftiger Bosheit *Hexe* oder *Satan* zu nennen, und der selbst mit den
Beiwörtern *frech* und *verkommen* gekennzeichnet wird. Er verbringt
die Tage mit dem Anfertigen schlüpfriger Gedichte oder zügellosem
Trinken. Ihre Kinder sind Stepán, der von seiner Mutter *Tropf*
(*balbés*) genannt wird, Pável, der stumm und geistesschwach wirkt,
Porfírij, der nach seiner Mutter die Macht übernimmt, und die
Tochter Anna, die mit dem jungen Ulánov davonläuft, von ihm verlassen wird und nach der Geburt der Zwillinge Anna und L'ubóv'
stirbt. Porfírij, der verheiratet gewesen ist, hat selbst zwei Söhne,
Vladímir und P'otr, die er kalten Blutes dem Tod in die Arme treibt,
und bekommt von seiner Beischläferin (*Jevprakséjuška*) einen dritten,

den *Siechling* Volód'ka, der sofort nach seiner Geburt in einer Erziehungsanstalt für Waisen untergebracht wird. Schließlich bleiben von der ganzen Familie nur Porfírij, *Klein Judas*, und seine unglückliche, verwirrte und zerrüttete Nichte Anna übrig, der er früher einmal nachgestellt hat, um sich mit ihr *unerlaubte Familienfreuden* zu verschaffen. Beide gehn im Trunk zugrunde.

Eine wahre Meisterschaft entfaltete Saltykóv-Ščedrín bei der Schilderung der beiden Haupttypen des Romans, der *Großmutter* und ihres Sohnes Porfírij. Arína Petróvna erscheint wie ein Gegenstück zu der prächtigen *Großmutter* (*Bábuška*) in Gončaróvs Roman *Der Abgrund*. Der *Bábuška*-Typus sollte später in Gór'kijs Erinnerungsromanen wieder auftauchen. Die drei Gestalten erschöpfen die literarischen Abwandlungsmöglichkeiten des Typus in besonders reicher und wesentlicher Weise. Die Figur Arína Petróvnas ist die am wenigsten ansprechende von ihnen. In Saltykóv-Ščedríns Schilderung erscheint sie wie der personifizierte Wille in einem Geschlecht willensschwacher Männer und herrscht despotisch und rücksichtslos über die ganze Familie, das Gesinde und die Bauern des Hofes. Sie hegt die tiefste Verachtung für ihren Mann, der in ihren Augen nur *eine Windmühle* und *eine Balaláika ohne Saiten* ist, und ihre Kinder sind ihr nur eine üble Last, die man sich möglichst weit vom Leibe halten muß. Das Wort *Familie* führt sie unaufhörlich im Munde; ihr Regiment über die Wirtschaft, ihre Raffgier, ihr Sparsystem begründet sie selbst unentwegt mit der Rücksicht auf die *Familie;* das hindert sie jedoch nicht, ihre Söhne und ihre weggelaufene Tochter samt ihren Zwillingen als *ekelhaft* zu bezeichnen. Obwohl ihre Speicher und Keller von zusammengesparten Reichtümern strotzen, hält sie die Familienmitglieder möglichst knapp. Ihre Schwägerin soll sogar infolge erzwungener Mäßigkeit im Essen und Trinken gestorben sein, und die Zwillinge ihrer Tochter, die sie in ihr Haus hat aufnehmen müssen, wachsen in einer Atmosphäre von Knauserei, Gier und krankhafter Sparsamkeit auf. Arína Petróvnas Wirtschaftspolitik besteht darin, den Kindern, die sich ihrer wirtschaftlichen Aufsicht entziehen möchten, ein Stück Land zu geben oder einen Geldbetrag auszuzahlen, so wie man einem hungrigen Hund einen *Happen* hinwirft, um damit ein für allemal ihre Ansprüche abzugelten. Es ist ihr eine Qual sondergleichen, zu sehen,

wie sie zum Heim ihrer Kindheit zurückgekrochen kommen, wenn
sie den *Happen* vor der Zeit aufgefressen oder wenn sie sich durch
Zechen und Saufen zugrunde gerichtet haben. Stepán, ihr ältester
Sohn, der *Tropf*, kann sich in einer dreckigen, elenden Kammer, weit
weg von ihren eigenen Gemächern, zu Tode trinken. Sein ständiger
Husten, ein Anzeichen der Schwindsucht, stimmt sie in keiner Weise
milder, und sie ist sicher, daß dieser *langbeinige Hengst* sie überleben
werde. Gleichsam eine Kreuzung aus dem Geizhals Pl'úškin und der
sparsamen Frau Koróbočka in GÓGOL's *Toten Seelen*, ist die Arína
Petróvna in SALTYKÓV-ŠčEDRÍNS Roman eine fast gigantische Gestalt geworden, eine geizig sparsame Gutsherrin, die den einzigen
Zweck des Lebens darin erblickt, ihre mit großer Schlauheit und Geschicklichkeit erworbenen Besitzungen, ihr *Kapital*, zu vereinigen,
abzurunden und zu erhalten. Daß der sorgfältig in die Scheune gebrachte Ertrag des Gutes verfault, weil er in seinem Überfluß nicht
verbraucht werden kann, entzieht sich dagegen ganz ihrer Aufmerksamkeit. Die Sparsamkeit ist bei ihr übersteigert. Sie hat pathologi-
sches Ausmaß angenommen.

Nur mit einem ihrer Söhne kann sie nicht richtig fertig werden.
Insgeheim hat sie sogar Angst vor ihm. In seiner schmeichlerisch-
glatten, ergeben-geschmeidigen Sprache und in seinen schlauen
Augen ahnt sie – mit Recht – eine Gefahr für sich. Es ist *Klein
Judas*. In ihm gelang es SALTYKÓV-ŠčEDRÍN eine fast dämonische,
jedes menschlichen Gefühles bare Figur zu zeichnen. Diese und jede
andere Gestalt des Romans stellte er durch die Wiedergabe ihrer
besonderen Sprechweise dar – ein Verfahren, in dem er immer
Meister gewesen war. Jede seiner Personen spricht ihre eigene
Sprache, oder besser: jede äußert sich in ihrer besonderen Tönung
der gemeinsamen Sprache, der *Sklavensprache*. Arína Petróvna
spricht meistens in Befehlsform und gebraucht für die Menschen,
von denen oder mit denen sie redet, verächtliche Spitznamen und
gemeine bildliche Bezeichnungen. Ihr ältester Sohn Stepán, der es
doch immerhin zu einem abgeschlossenen Universitätsstudium gebracht hat, sinkt rein sprachlich zum denkbar niedrigsten Gesprächsstil herab und sühlt sich darin wie ein Schwein im Stallkot. Am
grellsten und krassesten ist jedoch Porfírij mit der Judas-Seele in
Repliken gekennzeichnet, die der unmittelbare Ausdruck seines

Inneren sind. Mit ihm tritt in der russischen Literatur zum erstenmal eine Tartuffe-Natur auf, die in ihrem frommen, heuchlerischen Wesen so widerwärtig und erschütternd ist, wie es nicht einmal MOLIÈRE hätte ersinnen und darstellen können. Seine Sprache ist die der verkleinernden Wortableitungen. Es gibt nicht einen Satz bei ihm, der nicht mit solchen – unübersetzbaren – Ableitungen gespickt wäre. Sein Gerede ist ekelhaft und widerlich in seiner fast infantilen Speichelleckerei. SALTYKÓV-ŠČEDRÍN hat dafür gesorgt, daß *Klein Judas* immer Gott und die Heilige Schrift auf seiner Seite hat. Fehlt es ihm an Zitaten aus der Bibel zur Rechtfertigung seiner gemeinen Pläne, so stehen ihm die Sprichworte des Volkes als wahre Fundgrube von Sentenzen, auf die er sich jederzeit stützen kann, zur Verfügung. Das Gebet, das er vor den heiligen Ikonen in seiner Kammer zu verrichten liebt, ist ihm eine stärkende Vorbereitung und Einleitung zu Schurkenstreichen. Mit Gottes Wort in der Tasche treibt er seine Söhne in den Tod, mit einem Gebet auf den Lippen geht er mit seiner Kebse ins Bett und räumt er später den *Siechling* aus dem Wege, mit Worten aus der Heiligen Schrift und einem Strom von süßen Kosenamen kreist er um seine Nichte in Erwartung sündiger fleischlicher Lust. Ein ständiger Wortschwall wogt ihm aus der Kehle, ein unaufhaltsamer Redefluß, der zu Tode ermüden und allen Widerstand brechen kann. Und gleichzeitig rechnet und zählt und multipliziert und addiert er erfundene Zahlen aus lauter Freude daran, zu sehen, was unter bestimmten Voraussetzungen herauskommen könnte. Das Recht selber auf seiner Seite zu haben, wenn es eine Gemeinheit zu begehen gilt, ist ihm die höchste Wonne. Nie hat ein Schriftsteller Worte wie *Ekel (paskúdstvo), Hohlköpfigkeit (pustomýslije)* und das von ihm erfundene *Hohlwanstigkeit (pustoutróbije)* so erdrückend oft gebraucht wie SALTYKÓV-ŠČEDRÍN.

Das Erschütternde an dem Roman ist indessen, daß diese Gestalten durchaus nicht wie literarische Masken oder satirische Karikaturen, sondern wie leibhaftige Menschen wirken. Er vermag es sogar, beim Leser ein aus Abscheu und Mitleid gemischtes Gefühl hervorzurufen; er umgibt den Untergang seiner Gestalten mit einem Schimmer von Tragik. Die alte Arína Petróvna, ihr heuchlerisch-berechnender Sohn und seine zurückgekehrte, vom Leben zerstörte Nichte Anna, sie alle werden – einer nach dem anderen – von einer seltsamen Angst

ergriffen, der Angst vor der Leere, vor der Einsamkeit. Von ihrem
Sohn genarrt und betrogen, stirbt die alte *Großmutter* im Bewußtsein,
nicht zu wissen, *weshalb* sie eigentlich gelebt habe. Auch Porfírij
verliert zuletzt das Gefühl jeder Verbindung mit der Wirklichkeit.
Als er eines Nachts entdeckt, daß sich seine Nichte Anna jeden
Abend betrinkt, fängt er an, mit ihr zusammen zu zechen, und im
Rausch begreift er plötzlich, wie unglücklich seine Nichte und er
selber ist. In der Nacht, da Anna im Fieberwahn stirbt, wandert
Porfírij, nur mit seinem Schlafrock bekleidet, in völliger geistiger
Umnachtung hinaus ins eisige Schneetreiben, und am nächsten
Tage findet man an der Landstraße seine frosterstarrte Leiche.

Mit der eigenartigen Romankunst SALTYKÓV-ŠČEDRÍNS kam ein
neuer Ton in den russischen Realismus. Sie bildete den Gegenpol
zu TURGÉNEVS Prosa. Nur wenn man beide gleichzeitig betrachtet
und nebeneinanderstellt, bekommt man ein wahres Bild von der Art
des russischen Realismus in all seiner Reichweite. Nur wenn man
TURGÉNEV und SALTYKÓV-ŠČEDRÍN nebeneinanderstellt, versteht
man, wie die literarische Entwicklung und die historische Problemstellung ein Werk wie das DOSTOJÉVSKIJS hervorbringen konnten.

9. DOSTOJÉVSKIJS PSYCHOLOGISCHER
REALISMUS

F'ÓDOR MICHÁJLOVIČ DOSTOJÉVSKIJ (1821–81) hatte ein ungewöhnliches Leben. Es schenkte ihm eine Fülle persönlicher Erfahrungen, die er schnell in seinem Werk verarbeitete. Dieses ist daher
oft genug als Material zum Verständnis seines Lebens und seiner
Persönlichkeit benutzt worden. Indessen läßt sich auch dieses Werk
– wie das der anderen Dichter, die den russischen Realismus verkörperten – unabhängig von den privaten Erlebnissen des Dichters,
von rein literarischen Gesichtspunkten aus betrachten und verstehen.
Es war, objektiv-historisch betrachtet, eine neue Variante dieses
Realismus und wäre außerhalb dieses Bereiches unverständlich.

DOSTOJÉVSKIJ trat als Schriftsteller schon 1846 hervor und veröffentlichte in der ersten Periode seines Schaffens, in den Jahren
1846–49, eine ganze Reihe Romane und Novellen. In diesen ersten

Werken finden wir bereits die meisten der Elemente, die später – nach einer unfreiwilligen zehnjährigen Unterbrechung seiner Schriftstellertätigkeit – in den großen aufsehenerregenden Romanen seiner zweiten Periode zu machtvoller Entfaltung kamen. Der Unterschied zwischen den zwei Perioden war der, daß der Dichter, wie leicht festzustellen ist, in seinen Jugendarbeiten sehr stark von literarischen Quellen und Einflüssen abhängig war, die sein künstlerisches Schaffen bestimmten, während er in der zweiten Periode ein souveräner, originaler Meister war. Im übrigen aber war der Zusammenhang zwischen den zwei Abschnitten seines Schaffens viel inniger, als man gemeinhin annimmt.

DOSTOJÉVSKIJ veröffentlichte 1846 gleich zwei Romane, die sofort größte Aufmerksamkeit erregten. Die Kritiker, unter ihnen der große BELÍNSKIJ, waren sich völlig einig darin, daß *ein neuer* GÓGOL' erstanden sei – wo doch der alte noch lebte. In Wirklichkeit waren beide Romane aus einer ungeheuren, jedoch regellosen Belesenheit erwachsen, die SCHILLER und DICKENS, GEORGE SAND und BALZAC, PÚŠKIN und GÓGOL' umfaßte. Mit hemmungsloser Gier, mit dem Durst eines Trunksüchtigen hatte sich der junge angehende Schriftsteller die Literatur seiner Zeit angeeignet und war mit einer Begeisterung, die aus seinen Jugendbriefen an den Bruder ekstatisch hervorleuchtet, darangegangen, selbst Literatur zu schaffen. Die *physiologische* Richtung, die sich damals in Zeitschriften und literarischen Almanachen geltend machte, wurde für seine eigene Einstellung entscheidend. Nicht schöne Landschaften, sondern düstere Hauptstadtstraßen und Großstadtgassen, nicht bedeutende Helden und schöne Heldinnen, sondern bejammernswerte und jämmerliche, verkommene und verachtete kleine Leute fesselten seine Teilnahme. Er war von Anfang an auf der Jagd nach Gestalten, die nur für sich selber standen, nach Sonderlingen, Originalen, irgendwie merkwürdigen menschlichen Wesen.

Arme Leute (*Bédnyje l'údi*) war bezeichnenderweise der Titel seines ersten Romans, eines Romans in Briefen. Eben diese Form war charakteristisch für DOSTOJÉVSKIJ. Er wählte nicht die objektive Erzählform, die ihn gezwungen hätte, den reinen, geschliffenen, kühlen Berichtstil zu pflegen. Die Briefform erlaubte ihm, den subjektiven, spontanen, stark gefühlsmäßigen Sprachstil zu verwenden, der mit dem Gesprächston so nah verwandt war und Auslassungen, Satzverkürzungen, Einschaltungen, Ausrufe und Fragen gestattete. Er erlaubte Sprünge in der Schilderung, Widersprüche in den Selbstdarstellungen, krasse Gegensätze von Brief zu Brief, ja innerhalb ein und desselben Briefes. Er erlaubte es, Menschen aus ihrem eigenen Wesen heraus darzustellen und die Persönlichkeit des Verfassers in weitestem Maße auszuschalten. Auf diese Weise bereicherte DOSTOJÉVSKIJ die *Natürliche Schule* mit neuen Mitteln und Ergebnissen. Zwei thematische Elemente kreuzten sich, gewissermaßen *a posteriori*, in diesem Roman. Das eine war die Geschichte von der armen, verfolgten, tugendhaften Vár'a, die von ihrer frühesten Jugend an begehrt wird und sich nur mit Mühe und Not in die Ehe mit einem alten Lüstling rettet. Das andere war die Geschichte von dem armen kleinen Beamten mit dem idyllischen Namen Makár Dévuškin, der seine heimliche Geliebte selbstlos aus der Ferne verehrt. Die Kreuzung dieser Stoffelemente erfolgte dadurch, daß der Verfasser die beiden Hauptpersonen Briefe miteinander wechseln ließ. Überdies fügte er die Geschichte Vár'as, das Tagebuch, das sie später ihrem väterlichen Korrespondenten schickt, in die Briefsammlung ein. Die Gestalt Dévuškins war nur eine Weiterentwicklung des Helden in PÚŠKINS Novelle *Der Posthalter* und des lächerlichen kleinen Beamten Akákij Akákijevič in GÓGOL's Novelle *Der Mantel*. GÓGOL's Name war zu dieser Zeit der größte in der Literatur. Seine unglückseligen *Ausgewählten Stellen aus dem Briefwechsel* waren noch nicht erschienen. Seine *Toten Seelen*, die vor drei Jahren auf den Büchermarkt gekommen waren, waren ein Ereignis gewesen, an das sich noch jeder erinnerte, und mit seinen ausgezeichneten traurigen Petersburger Novellen, seinen glänzenden Schauspielen und seinem großen unvollendeten Roman war er für DOSTOJÉVSKIJ der Führer und Schöpfer der *Natürlichen Schule*. DOSTOJÉVSKIJ bewunderte GÓGOL's Novellen, und in seinen Briefen an den Bruder zitierte er oft und gerne Worte, Witze und Aussprüche aus seinen Werken oder erinnerte an GÓGOL'sche Figuren. Es ist nur ein Zufall, wenn wir in seinen Jugendbriefen den *Mantel* nicht erwähnt finden. DOSTOJÉVSKIJ verhehlte keineswegs den literarischen Zusammenhang, der ihn mit GÓGOL' verband. Indirekt enthüllte er ihn dadurch, daß er seinen traurigen Helden sich flüchtig mit dem GÓGOL'schen vergleichen und gleichsetzen ließ.

Von symptomatischer Bedeutung war indessen der Unterschied zwischen Gógol's und Dostojévskijs Auffassung des kleinen, armen und verschüchterten Beamten, den sie sich beide zum Helden erkoren hatten. Mit meisterhafter Überlegenheit und Ironie hatte Gógol' seinen Helden so lächerlich und grotesk wie möglich gemacht, um erst nachher ein vielleicht um so tieferes Mitgefühl für ihn beim Leser zu wecken. Dostojévskij dagegen hielt seinen Roman so gut wie ganz von aller Komik frei und erfüllte ihn von der ersten bis zur letzten Seite mit seinem sorgfältig eingewobenen jugendlichen, leidenschaftlichen und ein wenig sentimentalen Mitleid. Gógol' hatte seinen Helden für einen neuen warmen Winterpelz (den *Mantel*) leben, kämpfen und hungern lassen. Der Mantel wurde ihm zum einzigen großen Lebensinhalt, schließlich zum einzigen Ziel und Wert des Lebens, und als er ihm geraubt wurde, brach ihm das ganze Dasein zusammen. Dostojévskijs Held dagegen hat für einen Menschen zu kämpfen und zu hungern – für die junge unglückliche Vár'a. Sein Leben wird dadurch von einem ungeahnten Reichtum erfüllt, er liebt das junge Mädchen, ohne es selbst zu wissen, er genießt seinen heimlichen Briefwechsel mit ihr über die Straße hinweg wie eine Gnadengabe des Himmels. Und als ihm dieser einzige Reichtum genommen wird, gestaltet sich sein letzter Brief an sie zu einem einzigen leidenschaftlichen Angstschrei. In diesem wohl etwas zu langen Roman gibt es eine Menge billiger Sentimentalität. Als Zeugnis für den frühen literarischen Geschmack Dostojévskijs haben jedoch seine *Armen Leute* sehr große Bedeutung. Schon in diesem Roman gewahren wir das für den späteren Dostojévskij so bezeichnende humane und zugleich doch ein wenig perverse Interesse für den kleinen, den armen, den unterdrückten Menschen, den Menschen in moralischer und sozialer Erniedrigung. Schon hier finden wir die traurigen und doch auch wieder etwas pikanten Gegensätze von Jungmädchenunschuld und Männerroheit, von den großmächtigen Träumen des *Dritten* und seiner wirklichen jämmerlichen Ohnmacht. Das Motiv von der Unschuld des jungen Mädchens gegenüber männlicher Begierde sollte Dostojévskij sein Leben hindurch in verschiedenen Abwandlungen begleiten, in verschiedenen Verkleidungen und schließlich auch mit vertauschten Vorzeichen.

Seinen zweiten Roman aus dem Jahre 1846, den *Doppelgänger*
(*Dvojník*), hatte DOSTOJÉVSKIJ als eine *Petersburger Dichtung*
(*Peterbúrgskaja poéma*) bezeichnet, offenbar in demselben Sinne, in
dem GÓGOL' seine *Toten Seelen* eine *Dichtung* genannt, oder vielmehr in dem Sinne, wie man diese Benennung gedeutet hatte. In
dieser Bezeichnung lag eine Ironie, die einem realistischen Thema
einen überwirklichen, phantastischen Charakter zu verleihen suchte.
Die rein literarische Quelle des Doppelgängermotivs waren ohne
Zweifel ERNST THEODOR AMADEUS HOFFMANNS phantastische Novel-
len. Die Umdeutung aber, in der das Motiv bei DOSTOJÉVSKIJ erscheint, erfolgte zweifellos unter der unmittelbaren Einwirkung von
GÓGOL's Petersburger Novelle *Aufzeichnungen eines Wahnsinnigen*.
Romantik und Realismus paarten sich bei ihm in merkwürdigster
Weise. Was bei HOFFMANN phantastisch sein sollte, war bei DOSTO-
JÉVSKIJ im Bereich der russischen bürokratischen, höchst wirklichkeitsnahen Umwelt dargestellt. Der Held des Romans, der kleine
Beamte Gol'ádkin, dessen Name an sich schon sehr beziehungsreich
klang, weil er einmal eine verächtliche Verkleinerungsform war und
zum andern an Hunger (*gólod*) und Nacktheit (*gól'*) denken ließ,
dieser Mann, der auf der untersten Ebene der Rangordnung lebt,
wird vom Verfasser seinem Doppelgänger gegenübergestellt, der
nicht nur in demselben Regierungsbüro angestellt ist wie der Held,
sondern diesem auch im Aussehen völlig gleicht und genau denselben
Namen trägt. In dieser Doppelgängerfigur sind alle unterdrückten
Träume Gol'ádkins von Erfolg, Vorwärtskommen, Macht in der
raffiniertesten Weise verkörpert: bald genießt der anfangs ganz
fassungslose Gol'ádkin das Bewußtsein, unumschränkter Herr seines
Doppelgängers zu sein, bald ist dieser ihm völlig überlegen und vergrößert sein Minderwertigkeitsgefühl. Das Doppelgängermotiv, das
bei HOFFMANN rein phantastisch aufgefaßt war, erscheint bei DOSTO-
JÉVSKIJ in geistreicher Umdeutung als psychopathologisches Phänomen. Das Motiv erfährt bei ihm eine moderne Rationalisierung,
die jedoch seine rein phantastische Natur niemals ganz ausschließt.

Diese Doppelschau verlieh dem Roman seinen eigentlichen Charakter. Er war freilich in der überlieferten Erzählform gehalten. Ohne
seine eigene Persönlichkeit hervortreten zu lassen, erzählte der Verfasser die Geschichte Gol'ádkins und seines Doppelgängers. Dafür

aber gebrauchte er in seinem Roman in weitestgehendem Maße Gespräch und Monolog – zwei Formen, die ihm Gelegenheit gaben, die Sprache der Unterhaltung, den Stil der täglichen Rede anzuwenden. Die Unterhaltungen erfolgten in raschem Replikenwechsel und ließen den lange und gründlich durchgearbeiteten Roman wie einen schnellen dramatischen Vorgang wirken. Die Selbstgespräche dienten demselben Zweck. Unterhaltungen wie Selbstgespräche ermöglichten es dem Verfasser, den kühlen narrativen Stil zu vermeiden und sich einer seltsam erregenden, ekstatischen Sprache zu bedienen, in der seine Gestalten, besonders Gol'ádkin, auf eine Weise, die etwas Exhibitionistisches an sich hatte, ihre aufs äußerste verwirrten, von Panik ergriffenen Seelen aufschlossen oder aufzuschließen versuchten. Nichts an diesen Gesprächen unter vier Augen oder an diesen Reden mit sich selbst war irgendwie bedeutend oder erhaben, ihr Inhalt war das tägliche, graue, langweilige Beamtenleben; aber die Art, in der seelische Verwirrung, Angst, Hochmut und Erbärmlichkeit wiedergegeben waren, gab dem Roman einen kaskadenhaften Charakter. Die Worte, die manchmal ohne Sinn waren, überstürzten sich wie die Wassermassen in einer Schleuse, die sich plötzlich öffnet. In diesem Roman war zugleich schon die Methode des späteren Dostojévskij, die Handlung in ganzen Reihen von unerwarteten, nicht näher begründeten, überraschenden Situationen und Ereignissen darzustellen, in einem geradezu erstaunlichen Ausmaß vorweggenommen.

Liest man Dostojévskijs übrige Romane und Novellen aus dieser Periode in zeitlicher Folge, so stutzt man immer wieder, wenn man in ihnen schon alle Elemente seiner späteren monumentalen Werke – Motive, Intrigen, Figuren, Sprache – vorfindet. Der künftige Dostojévskij war in dem frühen Dostojévskij bereits latent vorhanden. In der *Wirtin* (*Choz'ájka*, 1847), die aus Hoffmanns Phantastik erwachsen ist, die aber auch an Gógol's *Furchtbare Rache* in den *Dikán'ka-Novellen* erinnert, ist das Hauptthema das geheimnisvolle Verhältnis zwischen dem magischen und mystischen alten Múrin und der jungen, erotisch-ekstatischen und zweifellos wahnsinnigen Frau, die halb seine Geliebte, halb seine Tochter ist, gesehen mit den entstellenden Augen eines fieberkranken Untermieters. In den *Hellen Nächten* (*Bélyje nóči*, 1848) erlebt der Leser die Begegnung zwischen einem ähnlichen halbverhungerten fieberkranken Schwärmer und einer jungen Frau, die in ihrer Verzweiflung über den Verrat ihres fernen Geliebten bei dem jungen Mann Trost sucht, ihn aber sofort verläßt, als plötzlich der frühere Geliebte auftaucht. Auch das war eine Art Petersburger Dichtung (*Poem*), da die Handlung nach dem an sich so unrussischen St. Petersburg mit seinen hellen Nächten, ihrem Zauber, ihrer seltsamen, aus Sehnsucht, Verlangen und Phantastik gemischten Stimmung verlegt war. Und der unvollendete Roman *Nettchen Nezvánov* (*Nétočka Nezvánova*, 1849) erzählte die verwickelte Geschichte von der hysterischen Liebe des jungen verschüchterten Mädchens zu dem Stiefvater, dem verkommenen Musiker, von ihrer pathologischen Liebe zu der tollen Kat'a in dem Aristokratenhaus, wo sie erzogen wird, von ihren Jungmädchenjahren in einem anderen Adelshaus, wo sie den unheimlichen seelischen Kampf zwischen ihrer Pflegemutter und deren rachsüchtigem Mann erlebt, wobei sie selber von beiden verdächtigt wird. In diesem Roman übte sich der junge DOSTOJÉVSKIJ in der Kunst, eine Handlung auf drei verschiedenen Ebenen durchzuführen; damit erzeugte er bei dem Leser sofort die beabsichtigte Verwirrung, die er erst ganz allmählich nach mancherlei Abschweifungen und Nebenhandlungen, abschließend wieder auflöste. Die Dramatik des Romanes lag weniger in der Handlung selbst als in der Weise, wie sie erzählt wurde. Auch dieser Zug kehrte in den späteren großen Romanen DOSTOJÉVSKIJS wieder.

Der fast katastrophale Sprengstoff, der diesen Romanen innewohnte, wurde vielleicht deshalb nicht sofort entdeckt, weil sie als Glieder einer sehr ungleichmäßigen Kette erschienen, einer Kette von teils schwachen, teils schlechthin mißlungenen, teils geradezu geschmacklosen Erzählungen, Novellen und Romanen (*Herr Prochárčin*, 1846; *Ein Roman in neun Briefen*, 1847; *Das schwache Herz*, 1848; *Die fremde Frau; Der eifersüchtige Ehemann; Der ehrliche Dieb* usw.). Nach dem glanzvollen Beginn mit den *Armen Leuten* und dem *Doppelgänger* schien DOSTOJÉVSKIJS Talent zu verfallen.

Erst nach einer Pause von zehn Jahren begann er wieder zu schreiben. Die lange Unterbrechung war durch eine Katastrophe in seinem Leben verursacht. DOSTOJÉVSKIJ hatte sich in St. Petersburg einem Kreis junger sozialistischer Träumer angeschlossen, der sich unter dem Einfluß der Lehren der französischen Utopisten gebildet hatte, um die soziale Revolution in Rußland vorzubereiten. Die Polizei entdeckte die Verschwörung, DOSTOJÉVSKIJ wurde mit seinen Kameraden festgenommen und nach langem Gefängnisaufenthalt zum Tode verurteilt. Die Regierung Nikolajs I. war in den Jahren 1848 und 1849, die durch eine Welle von Revolutionen in Westeuropa gekennzeichnet waren, nicht wenig darüber erschreckt, daß die Gärung über die Grenzen in das polizeilich geschützte russische Reich hatte dringen können. An den jungen Mitgliedern der Petraševskij-Gruppe sollte ein abschreckendes Exempel statuiert werden. Erst auf dem Richtplatz erfuhr DOSTOJÉVSKIJ, der Zar habe seine Todesstrafe gnädig in Zwangsarbeit in Sibirien mit Verlust aller bürgerlichen und adligen Rechte verwandelt. Er verbrachte vier Jahre im Zuchthaus von Omsk, in der Gesellschaft von Raubmördern, Brandstiftern, Lustmördern und Banditen, unter harter körperlicher Arbeit, und weitere fünf Jahre als einfacher Soldat in Semipalátinsk. Über diese furchtbare sibirische Zeit, die ihn mit dem schlimmsten Auswurf der Gesellschaft zusammengebracht und ihn gelehrt hatte, wie eng das Bestialische und das Göttliche in der Menschenseele vereinigt sind, schrieb er später (1860) seine berühmten *Aufzeichnungen aus dem Totenhaus* (*Zapíski iz m'órtvogo dóma*). Beladen mit erschütternden Eindrücken und erfüllt von gefährlichem Wissen um die abgründigen Tiefen der Menschenseele, kehrte er unter der milderen Herrschaft Alexanders II. nach St. Petersburg zurück und begann, wie ein Vulkan, der lange geschwelt hat, die Ausbrüche seines gewaltigen Schaffens in Stößen über die Welt zu schleudern.

DOSTOJÉVSKIJ trat vorläufig mit zwei Romanen oder großen Novellen wieder in die Literatur ein, Werken, die heiter und komisch sein sollten, die aber die Kraft der Seelenergründung, die er in seinem furchtbaren Exil erlangt hatte, nicht ganz verbergen konnten. Sie erschienen beide im Jahre 1859. Die eine hieß *Onkelchens Traum* (*D'ád'uškin son*), die andere *Der Hof Stepánčikovo und seine Bewohner* (*Seló Stepánčikovo i jegó obitáteli*). Beide waren unter dem Eindruck der Zustände in der sibirischen Provinz geschrieben und nach nicht näher bestimmten Orten im inneren Rußland verlegt. Die erste dieser großen Novellen erzählt in vierzehn ergötzlichen Kapiteln, wie eine geschäftige Dame in der Provinzstadt Mordás (vgl. die Stadt Mordásy in Sologúbs *Reisewagen*) ihre Tochter, deren Ruf aus lächerlichen Gründen Schaden gelitten hat, mit einem uralten, altersschwachen, kaum noch menschenähnlichen Fürsten zu verheiraten versucht, wie dieser jedoch im letzten Augenblick erklärt, sein verwirrtes Liebeswerben sei nur *ein reizender Traum* gewesen, der mit der Wirklichkeit nicht das mindeste zu tun habe. Das zweite Buch, das aus zwei ungleichen Hälften von zwölf und sechs Kapiteln besteht, berichtet ziemlich langatmig, wie sich ein früherer Herrenhofnarr bei dem gutmütigen und milden Jegór Rostánev, dem Stiefsohn des *Generals*, der ihn schändlich behandelt und mißhandelt hat, zum Haustyrannen und Despoten entwickelt. Beide Romannovellen waren in der Ich-Form gehalten, die es Dostojévskij wieder gestattete, sich eines ungeschliffenen Stiles und einer etwas wirren Erzählweise zu bedienen. Hinter der scheinbaren Komik verbarg sich jedoch ein leidenschaftlicher Ernst, verkörpert vor allem in Zína, der Heldin in *Onkelchens Traum*, und im Narren Fomá Fomíč Opískin im *Hof Stepánčikovo*. Zína, die in einen armen schwindsüchtigen Studenten verliebt gewesen ist und – o Schreck! – kompromittierende Briefe mit ihm gewechselt hat, erscheint als erste in der großen Galerie der Frauengestalten, die Dostojévskijs Werk bevölkern – ein stolzes, hochmütiges und selbstbewußtes junges Mädchen, das aber, vom Klatsch verfolgt, seelische Qualen erduldet und sich dazu bewegen läßt, den Vorschlag der Mutter anzunehmen, sich mit dem senilen Fürsten zu verheiraten. Die Geschichte endet mit einer heftigen Explosion. Im *Hof Stepánčikovo*, der von vielen Bewohnern bevölkert ist, wird der Herrenhofclown, der sich zum Haustyrannen emporgeschwungen hat, als ein russischer Tartuffe geschildert, dessen Charakter jedoch zum Unterschied von dem Molières aus gegensätzlichen Elementen gebildet ist. Dostojévskij fand das Spiel der Gegensätze, das Spiel zwischen Demut und Hoffart, zwischen Narrheit und Machtentfaltung, zwischen Lachhaftigkeit und Monumentalität, offenbar so anziehend, daß er die *komische* Hauptfigur langsam in eine fast dämonische Gestalt verwandelte. Die Wirkung wurde dadurch gesteigert, daß der Mann, der schließlich den Kampf mit ihm aufnahm, der Gutsbesitzer Rostánev, als eine ganz unkompli-

zierte Figur geschildert wurde, deren beherrschender Wesenszug
unendliche Milde war. Auch dieser Typus sollte die Phantasie des
Dichters bis weit in die Zukunft beschäftigen. Was jedoch vor allem
den Leser zum Stutzen brachte, war die Sturzflut von Geschehnissen
und Zwischenfällen, dramatischen Szenen und unerwarteten Explo-
sionen, die den beiden ersten Romanen, die Dostojévskij nach der
Auferstehung aus dem Totenhause schrieb, ihr besonderes Gepräge
gab. In diesem erneuerten Schöpfertum war etwas Katastrophales
zu spüren.

In den folgenden Jahren kam die große Reihe der immer gewal-
tigeren Romane Dostojévskijs heraus, jene klassische Reihe, die
seinen Weltruhm begründete. 1861 erschien der große Roman *Die
Erniedrigten und Beleidigten* (*Uniźennyje i oskorbl'ónnyje*) in vier
großen Teilen und einem Epilog. 1864 kam ein kürzerer, nur zehn
Kapitel umfassender Roman heraus: *Aufzeichnungen aus dem Kellergeschoß* (*Zapíski iz podpól'ja*). Im nächsten Jahre erschien der
Roman *Der Spieler* (*Igrók*), der nur siebzehn Kapitel enthielt. Einen
anderen kurzen Roman mit derselben Kapitelanzahl schrieb Dostojévskij im Jahre 1870: *Der beständige Ehemann* (*Véčnyj muž*). Im
wesentlichen war jedoch sein Schaffen bestimmt von den grandiosen
Romanen *Schuld und Sühne* (*Prestuplénije i nakazánije*, 1866), *Der
Idiot* (1869), *Böse Geister* (*Bésy*, 1871), *Der Jüngling* (*Podróstok*,
1875) und dem letzten und größten von allen: *Die Brüder Karamázov*
(*Bråt'ja Karamázovy*, 1880).

In seinen zwanzig nachsibirischen Jahren erschütterte Dostojévskij seine Zeit immer wieder mit seinen erregenden, fragenden,
aufrüttelnden und verkünderischen Monumentalromanen. In schöp-
ferischer Wut zerstörte er den Einheitsgedanken, der die Menschendarstellung des klassischen russischen Realismus beherrscht hatte.
Er formte Menschen, die den Helden und Heldinnen der *Natürlichen
Schule* in allem entgegengesetzt waren, entgegengesetzt den Gestalten Gončaróvs und Turgénevs, in gewissem Sinne sogar den
Romantypen Saltykóv-Ščedríns. Sein Ziel war es, die blassen verallgemeinerten Typen, Vertreter alter und neuer Generationen,
Herrenhofmenschen, durch alleinstehende, einzigartige, unwieder-
holbare Individuen, ja durch Spielarten solcher Individuen zu ersetzen. Er grub sich in ihre Seele ein und sprengte sie von innen. Er

bildete seltene und ungewöhnliche, fast unwahrscheinliche Menschen-
gestalten, die keine Normen und Dogmen anerkannten, die an allen
gültigen Vorschriften rüttelten, die alle Grenzen überschritten und
ihre Seele aus- und umwendeten, in einem merkwürdigen, fast
sadistischen, oft pathologischen Drang zu Selbstentlarvung, Selbst-
verurteilung, Beichte und Bekenntnis. Die Welt, die er schuf, war
eine Welt von *Idioten*, Heiligen und Mördern, von hysterischen
Frauen und verrückten Narren, von Gottsuchern und Lüstlingen,
von fallsüchtigen Engeln und mystischen Teufeln. Er schuf eine
Welt, wo Reinheit nur aus Schmutz, und Heiligkeit nur aus furchtbaren Seelenwunden hervorgehen zu können schien, wo die Liebe
von Gewalt erwürgt wurde und die Lust sich von allen Banden zu
entfesseln strebte.

10. DOSTOJÉVSKIJS
KÜNSTLERISCHES SYSTEM

Man hat gesagt, die Kunst DOSTOJÉVSKIJS sei am besten als
diametraler Gegensatz zu der TURGÉNEVS zu verstehen. Diese Behauptung ist um so berechtigter, als zwischen den beiden Schriftstellern lange ein Zustand des Antagonismus, der persönlichen
Feindschaft, herrschte. Man kann mit Fug sagen, daß DOSTOJÉVSKIJ
bewußt danach strebte, TURGÉNEVS abgeklärten und gefeilten Roman
mit seiner ausgesprochen chaotischen Prosa und seiner ausgesprochen
chaotischen Komposition zu verdrängen oder zu überwinden. Ein
Abgrund tat sich auf zwischen TURGÉNEVS normalisierten Landschaften voll Rosenduft und Nachtigallensang und der dumpfen
Stadtwelt, wo die Gestalten der großen Romane DOSTOJÉVSKIJS Leib
und Leben bekamen.

Oft bringen schon die ersten Sätze der Romane die ungesunde
Atmosphäre von Staub, Gestank und Elend, in der die sensationelle
Handlung gesehen werden sollte. Nur ein einziger Schriftsteller war
vor DOSTOJÉVSKIJ mit dieser Technik vertraut gewesen, nämlich
LÉRMONTOV. Wir haben bereits früher (S. 151) gesehen, wie dieser
Romantiker seinen unvollendeten Roman *Fürstin Lígovskaja* mit
folgender Ankündigung beginnen ließ:

Im Jahre 1833, am 21.Dezember, um vier Uhr nachmittags, bewegte sich wie immer ein dichter Strom von Menschen die Voznesénskij-Straße entlang, und in diesem Menschenstrom ging unter all den anderen auch ein junger Beamter.

Der Leser möge sich den Tag und die Stunde genau merken, denn an diesem Tag und zu dieser Stunde geschah etwas, woran sich eine Kette von verschiedenen Ereignissen knüpfte, die alle meine Helden und Heldinnen betrafen...

Man könnte sich versucht fühlen, zu glauben, auf diese Weise leite Dostojévskij seinen Roman *Schuld und Sühne* ein, mit einigen Sätzen, die mit der genauen Angabe von Tag und Stunde die Neugier des Lesers gleich von Anfang an spannen sollten. Dieser junge Mann, den man nach Lérmontov im Volksstrom davoneilen sah – dieser unheimliche Voznesénskij-Prospekt, der auch bei Dostojévskij vorkommen sollte – und diese Ankündigung künftiger erschütternder Erlebnisse – das entsprach ganz der Erzählweise Dostojévskijs. Dostojévskij schilderte nie eine nüchterne Wirklichkeit, sondern rief die Illusion einer Wirklichkeit hervor. Der Hintergrund, vor den er seine seltsamen Menschen stellte, war immer eine konstruierte und arrangierte Staffage, die durch ihre Ungewöhnlichkeit die Seltsamkeit von Held und Ereignis betonen sollte. *Der Idiot* hat folgenden Anfang:

Ende November, bei Tauwetter, gegen neun Uhr morgens, näherte sich der Schnellzug von Warschau in voller Fahrt St. Petersburg. Die Luft war naßkalt und neblig, und der Morgen konnte sich nur mühsam zur Geltung bringen... Die Reisenden waren müde, die Augen waren schwer von der schlaflosen Nacht, aller Gesichter waren blaßgrün wie der Nebel...

Diese Technik des ersten Anschlages – die nachdrückliche Erwähnung des nebligen, naßkalten Tauwetters, der fahlen, blaßgrünen Gesichtsfarbe der Reisenden, die bewußt hergerichtete Staffage, die so wohl geeignet war, den Leser auf kommende, wenig angenehme Dinge vorzubereiten – war offenbar bis auf die kleinsten Einzelheiten von Lérmontov vorweggenommen, ohne daß dieser jedoch als Dostojévskijs Vorbild zu betrachten wäre. Der Parallelismus zwischen den beiden Dichtern war zufällig, aber nichtsdestoweniger symptomatisch. In einem der unvollendeten Romane Lérmontovs finden wir folgenden Kapitelanfang:

Ein feuchtkalter Novembermorgen brach über St. Petersburg an. Nasser
Schnee sank in Flocken nieder. Die Häuser erschienen schmutzig und
dunkel. Die Gesichter der Fußgänger waren grün ... Der Nebel gab den
entfernteren Gegenständen eine seltsame graulila Farbe ... Auf der
Straße ging ein junger Mann von mittlerer Größe ...

So führt eine direkte typologische Linie von LÉRMONTOVs noch
unentwickelter Technik des ersten Anschlages zu DOSTOJÉVSKIJS
effektvollen Romananfängen. Schon bei LÉRMONTOV finden wir die
Personen vor den Hintergrund einer unheimlichen Morgen- oder
Abendstaffage gestellt, deren Einzelheiten sorgfältig ausgewählt
sind, um die gespannte Aufmerksamkeit des Lesers auf die Personen
zu konzentrieren. Die Darstellung wird von einer oder mehreren
Farben beherrscht, die ineinander übergehen und einen fahlen, unbestimmbaren, grünlich-gelblichen oder graulila Schein bilden. Es
sind viel weniger wirkliche Naturstimmungen als verdichtete Thea-
terstimmungen – ein symbolisches und wirkungsvolles Inszenesetzen.
Ebenso begann DOSTOJÉVSKIJ seinen Roman *Schuld und Sühne*:

Anfang Juli, während einer ungewöhnlichen Hitzewelle, verließ gegen
Abend ein junger Mann seine Kammer, die er in einer Wohnung in der
S-gasse gemietet hatte, trat auf die Straße und ging langsam, gleichsam
zögernd, in der Richtung nach der K-n-Brücke ...

Den gleichen *arrangierten* Realismus finden wir natürlich auch
sonst in DOSTOJÉVSKIJS Schilderungen der Hauptstadt. Den Roman
Schuld und Sühne durchzieht ein einziger Dunst von Staub, Gestank
und Hitze, eine Stimmung, die den Leser auf Raskól'nikovs Mord an
der Wucherin und ihrer geistesschwachen, immer schwangeren
Schwester vorbereitet:

Draußen auf den Straßen war eine furchtbare Hitze, eine dumpfe
Schwüle, ein Gedränge sondergleichen, ein Gewirr von Gerüsten, Kalk,
Ziegeln und Staub, und dann dieser besondere Petersburger Sommer-
geruch ...

Es ist äußerst charakteristisch für DOSTOJÉVSKIJ, daß er in diesem
Roman den sogenannten *Heumarkt (Sennój rýnok)*, einen der unge-
sundesten und unheimlichsten Plätze in St. Petersburg, mit *seinem*
Überfluß an Etablissements von durchaus unzweideutiger Art, zum
Schauplatz der berühmten sublimen Szene wählte, wo der Mörder

Raskól'nikov auf Geheiß der Dirne mitten im Schmutze niederkniet, um die Erde zu küssen und zu bekennen: *Ich habe einen Menschen ermordet.* Ein anderer von Dostojévskijs Helden, Veršílov in dem Roman *Der Jüngling*, erzählt seinem unehelichen Sohn in einem dieser langen, bedrückenden Dialoge:

> *Er führte mich zu einer armseligen Kneipe in einer düsteren Kanalgasse. Es war eine Kellerwirtschaft. Es waren nur wenige Gäste unten. Ein verstimmtes, heiseres mechanisches Klavier spielte irgend etwas. Es roch nach schmutzigen Tischtüchern. Wir setzten uns in eine Ecke. Du weißt vielleicht nicht, daß ich, wenn ich mich langweile, wenn meine ganze Seele von einer furchtbaren, schmerzlichen Langweile ergriffen wird, solche Kneipen aufzusuchen liebe. Diese Möbel und diese schluchzende Arie aus der „Lucia“ und diese Kellner in fast unanständig national en Russenblusen, dieser Tabakrauch, dieser Lärm aus dem Billardzimmer – all das ist dermaßen geschmacklos und gemein, daß es ans Phantastische grenzt …*

Dostojévskij fand selbst das rechte Wort zur Kennzeichnung des Realismus, den er der Literatur aufzuzwingen bestrebt war – eines so krassen Realismus, daß er an *das Phantastische* grenzte. Diesen Realismus erreichte er durch die Hervorhebung bisher nicht bemerkter Wirklichkeitszüge – des Geschmacklosen, des Gemeinen, des Düsteren, des Schmutzigen, des Stinkenden, des Dumpfen, des Unanständigen –, durch ein so heftiges Hervorheben, daß das Wirklichkeitsbild verzeichnet und in seiner Intensität unheimlich, fast unwahrscheinlich wurde. Er erreichte diesen phantastischen Realismus, indem er von dem Gegensatz zu jener Welt ausging, die nach Turgénev Gemeingut der Romankunst geworden war. Die jedem Stil innewohnende Tendenz zur Automatisierung und besonders den automatisierten Turgénevschen Stil überwand er durch seine bewußt *konträre* oder *gegensätzliche Methode*.

Diese Methode machte sich auf allen Gebieten seiner Prosakunst geltend. Sie ist der Schlüssel zum Verständnis seiner Technik. Dostojévskij bemühte sich immer, die Handlung seiner Romane auf *ungewöhnliche* Weise zu erzählen. In der Einleitung zu einer seiner frühsten Novellen, *Ein schwaches Herz*, einer seiner typischen Demutstragödien, enthüllte er diese Methode mit deutlichen Worten:

> *Eigentlich müßte ich meine Erzählung damit beginnen, vor allem Rang, Beruf, Stand und Charakter meiner Personen festzustellen. Da aber die*

*meisten Schriftsteller ihre Erzählungen eben auf diese Weise beginnen,
möchte der Verfasser der vorliegenden Novelle – einzig und allein um ihnen
nicht zu gleichen – es sich erlauben, sofort mit der Handlung anzufangen.*

Selbstverständlich läßt sich Dostojévskij nur selten vom Leser so
in die Karten sehen wie in diesem Fall. Das ändert jedoch nichts an
der Tatsache, daß er – zum Unterschied von andern Schriftstellern
und in bewußtem Gegensatz zu ihnen – seine Erzählung immer ohne
jede Einleitung unmittelbar mit der Handlung begann. Indessen
muß auch hier eine wichtige Unterscheidung vorgenommen werden.
Es hatte auch früher russische Schriftsteller gegeben, die gern alle
Einleitungen verschmähten und mit der Geschichte selbst anfingen.
Púškin, den Dostojévskij sehr genau kannte, eröffnete eine seiner
unvollendeten Novellen mit den Worten: *Die eingeladenen Gäste begannen in der Villa zusammenzuströmen . . .* Er führte seine Leser
in medias res. Auf diese Weise vermittelte er ihnen den wirklichen
Anfang und zeigte danach, Schritt um Schritt, in streng zeitlicher
Folge, in harmonischer Ordnung und ohne jede Abschweifung, wie
auf dieses erste Stadium eine Reihe anderer Etappen folgten, auf
diese wiederum andere und so fort. Dostojévskij dagegen gab
seinen Lesern fast niemals unvermittelt den absoluten Anfang der
Handlung. Er nahm den Grundsatz *in medias res* ganz buchstäblich.
Er versetzte den unvorbereiteten, überraschten Leser mitten in ein
chaotisches Netz verfitzter Handlungsfäden, mitten in einen Wirbel
von Folgen, deren Ursachen vorläufig verborgen blieben. Vom ersten
Augenblick an flogen und flirrten ganze Scharen von unbegreiflichen, merkwürdigen, irgend etwas verbergenden Gestalten am
Leser vorüber. Oft wurde dieser chaotische Zustand dadurch gesteigert, daß die Erzählung irgendeinem anderen *Ich* in den Mund
gelegt wurde, das selbst verwirrt und erstaunt war und die verfitzten
Fäden nur mühsam zu entwirren vermochte. In allen Romanen
Dostojévskijs herrschten gewisse nur angedeutete, geheime Verhältnisse und Beziehungen und fanden gewisse, einstweilen rätselhafte Zusammenstöße der Personen statt. Sie alle strebten und jagten
bei ihm nach gewissen unbekannten *Zielen*, verfolgten gewisse merkwürdige *Pläne*, waren von gewissen *Ideen* besessen, die nicht sofort
verraten wurden. Sie *wollten* irgend etwas, sie *kämpften* für irgend
etwas. Aber der Leser blieb vorläufig außerhalb. Er wurde nicht

gleich in die geheime Bedeutung dessen, was vorging, eingeweiht, und er spürte, wie ihn diese Andeutungen, diese Verschweigungen, diese unausgesprochenen Worte zur Wachsamkeit und gespannten nervösen Erwartung stimmten.

DOSTOJÉVSKIJ löste sich von der logisch-chronologischen Erzählweise, die seit PÚŠKINS Zeit in der Literatur üblich gewesen und besonders von TURGÉNEV gepflegt worden war, und schuf eine andere Technik, die über eine ganze Reihe neuer Kunstgriffe verfügte. Diese ermöglichten es ihm, Handlung und Gegenstand in *nichtkausaler* Folge zu entwickeln. Er erreichte dadurch in seinem Schaffen ein Maß dynamischer Spannung wie kein Schriftsteller vor ihm. Bald *griff* er dem Gang der Ereignisse *vor* – um sich jedoch sogleich selbst mit bedeutungsvollen, aber vorläufig unklaren Anspielungen zurückzuhalten. Bald *verschloß* er sich vor dem, was geschehen sollte. Bald machte er unter Hinweis auf Einwände, die der Leser – vielleicht – erheben könnte, *Vorbehalte* oder *Zugeständnisse*. Bald *warnte* er ihn und betonte zum Beispiel in den *Bösen Geistern*, daß der Tag, an dem Stavrógin die lahme Frau in Varvára Petróvnas Haus getroffen habe, *ein Tag der Überraschungen* gewesen sei, *ein Tag, da alte Bande zerrissen und neue geknüpft, bittere Erklärungen und Aufklärungen gegeben wurden und alles noch verwirrter und verwickelter wurde.* Bald *unterstrich* er – dick und nachdrücklich – die rätselhafte, aber entscheidende Bedeutung gewisser Gerüchte, gewisser Vermutungen und Annahmen – ohne den Leser wissen zu lassen, warum sie so bedeutungsvoll waren. Bald *hemmte* er plötzlich bewußt den Gang der Handlung durch ganz episodische Szenen, Gespräche und Zwischenfälle. All das diente dazu, den Leser zu beunruhigen und seine Aufmerksamkeit in Spannung zu halten. Fast alle diese Wirkungsmittel waren im *Jüngling*, dem verwirrendsten aller Romane DOSTOJÉVSKIJS, verwendet. Aber auch *Die Brüder Karamázov* waren in hohem Grade davon geprägt.

Diese konträre Methode, ergänzt durch Verwirrungs- und Verzögerungsverfahren, wendete DOSTOJÉVSKIJ auch auf dem Gebiet an, auf dem er als unübertroffener Meister dasteht, nämlich auf dem der Psychologie. Das Geheimnis seiner psychologischen Kunst bestand vor allem darin, daß er mit unermüdlichem Eifer seine Kraft und Fähigkeit daransetzte, die landläufige Psychologie, mit der der

Realismus bisher gearbeitet hatte, das oberflächliche Menschenver-
stehen des gesunden Menschenverstandes, zu *unterhöhlen*. In verhältnismäßig einfachen Fällen warnte Dostojévskij den Leser offen
vor der konventionellen Betrachtungsweise, indem er sofort erklärte,
daß der Mensch, um den es sich bei ihm handle, von ganz anderer
Art sei – in solchen Fällen enthüllte er deutlich und bewußt sein
eigenes Verfahren. Ein solcher Fall liegt im fünften Kapitel des
zweiten Teiles der *Brüder Karamázov* vor, wo Dostojévskij den
jüngsten Karamázov, den Klosternovizen Al'óša, folgendermaßen
vorstellt:

Vielleicht glaubt der Leser, mein junger Mann sei eine krankhafte,
ekstatische, schlecht begabte Natur, ein blasser Träumer, ein schwacher und
abgezehrter Mensch ...

Das wäre natürlich die gewöhnliche, konventionelle Vorstellung
von einem Klosternovizen, und so wurde er auch später bei Dramatisierungen des Romans auf der Bühne oft dargestellt. *Im Gegenteil –*
fuhr indessen Dostojévskij fort und griff zu seiner konträren Methode –, *Al'óša war damals ein stattlicher, rotbackiger, helläugiger,*
kerngesunder junger Mann von neunzehn Jahren. So machte er
diesen Charakter auf eine neue Weise interessant. Er war ein Feind
von Gewohnheitsvorstellungen, mochten diese auch noch so berechtigt und anerkannt sein.

Abgesehen von so einfachen Fällen, bemühte sich jedoch Dostojévskij, seine Unterhöhlungstechnik viel raffinierter und verfäng-
licher durchzuführen. Bei der Darstellung seiner seltsamen und überraschenden Naturen lenkte er das Urteil des Lesers – manchmal
langsam, manchmal plötzlich – von dem einen Geleise, dem gewohn-
ten und banalen, in andere, unvorhergesehene, oft sogar gegenläufige Bahnen hinüber. Nicht selten ließ er den Leser sich zuerst
eine ausgesprochen banale Vorstellung von der betreffenden Person
bilden, um ihn danach mit um so größerer und treffenderer Kraft mit
Zügen zu überraschen, die anscheinend mit der zuerst gegebenen
Charakteristik überhaupt nicht vereinbar waren. So verfuhr er bei
der Darstellung einer Gestalt wie Svidrigájlov in *Schuld und Sühne.*
Der Leser merkte, daß Svidrigájlov irgendeine kriminelle Handlung
auf dem Gewissen hatte, *irgendein Vergehen mit einem Stich in*

*bestialischen und sozusagen phantastischen Sadismus, wofür er recht
gut einen Abstecher nach Sibirien verdienen könnte.* Der Leser begann
sich an den Gedanken zu gewöhnen, daß Svidrigájlov *ein Schurke*
sei, *der lasterhafteste aller Menschen.* Seine Träume und Taten
schienen eine solche Auffassung nur zu bestätigen. Aber gerade in
dem Augenblick, da die Vorstellung von ihm als einem *Sadisten* den
Höhepunkt erreichte, nämlich in der erregenden grausamen Szene,
wo Svidrigájlov das stolze Mädchen Dún'a in eine Falle lockte, um
sie endlich zu vergewaltigen, gerade da lenkte Dostojévskij seinen
Leser plötzlich, mit einem einzigen überraschenden Griff, in die
gegenläufige Bahn und offenbarte an Svidrigájlov einen völlig unerwarteten, seltsamen, ja rätselhaften Hochsinn. Gerade in dem
Augenblick, wo sich Dún'a wehrlos in seiner Gewalt befindet, gibt
Svidrigájlov sie wieder frei, unberührt, wie sie gekommen ist – ein
gieriger Kater, der seine zitternde Beute losläßt. Gleichzeitig ließ
Dostojévskij den Leser verstehen, daß diese Szene die Krisis in
Svidrigájlovs Tragödie sei und daß ihn sein hochsinnig-ritterliches
Handeln das Leben kosten werde: Svidrigájlov begeht Selbstmord.

Dostojévskijs kompliziert wirkende psychologische Kunst beruhte auf der Voraussetzung, daß das Seelenleben an sich komplex
sei. Von dem romantischen Doppelgängermotiv, das rein literarisch
war, gelangte er zu dem Motiv von der Zwiespältigkeit der Menschenseele und nahm damit die Ergebnisse der modernen Psychologie vorweg. Diese Art der Charakterschilderung, diese Anhäufung von
einander augenscheinlich entgegengesetzten Zügen und Eigenschaften an ein und derselben Person, schloß eine ruhige Darstellung aus
und erforderte unablässige Bewegung, Spannung, Dynamik. Um
die komplexe seelische Struktur seiner Figuren zu enthüllen, mußte
er sie unaufhörlich immer neuen, immer mehr unvorhergesehenen
Situationen aussetzen, und das erforderte eine Ansammlung von
Handlungselementen, eine Anhäufung von dramatischen Konflikten,
wie man sie in der russischen Literatur bisher noch nicht erlebt hatte.
Freilich bediente sich auch Dostojévskij in seiner Seelenschil-
derungskunst gelegentlich der unmittelbaren Porträtierung – eines
Mittels, das Turgénev, Gončaróv, ja sogar Saltykóv-Ščedrín
meisterhaft entwickelt hatte. Aber bei Dostojévskij hatte das Porträt eine ganz andere Aufgabe bekommen. Wenn Turgénev das

psychologische Porträt eines Helden zeichnen wollte, teilte er unzweideutige, bestimmte Tatsachen mit, die sein ganzes Seelenleben ein für allemal vorausbestimmten. Er ging von der Einheit und Geschlossenheit der menschlichen Persönlichkeit aus. Die Grenze, die der Dichter selbst gezogen hatte, überschritt sein Held niemals. Ganz anders verhielt es sich bei Dostojévskij. Die *Brüder Karamázov* beginnen zum Beispiel mit einem Porträt des Vaters Karamázov. Es ist bezeichnend, daß Dostojévskij seine Charakteristik mit diesen Worten schließen konnte:

In den meisten Fällen sind die Menschen, auch die Verbrecher, viel naiver und einfältiger, als wir zu glauben geneigt sind.

Die Hervorhebung von *Naivität* und *Einfalt* im Charakter des alten Karamázov beruhigt den Leser. Und dieser beruhigende Ton, der alle Wachsamkeit und Aufmerksamkeit einlullt, beherrscht die ganze Darstellung. Der Alte wird als *ein einfältiger Narr* geschildert, als *ein Hanswurst*, also als eine ganz uninteressante und durchschnittliche Person. Auch der Sprachstil dieses Kapitels ist von einer Art gewollter Nachlässigkeit geprägt, als wolle der Verfasser zeigen, daß er an *diesen Dreck*, wie er Karamázov nennt, keine allzu bestimmten und durchdachten Worte verschwenden möge. Aber durch dieses vage Porträt dringen – wie zufällig, wie unbeabsichtigt – gewisse Andeutungen, die das erste Bild allmählich zerbröckeln lassen und jedenfalls seine Unfertigkeit stark betonen. Das Wörtchen *ein merkwürdiger Typ* schlüpft zuerst hindurch. Dann folgen Beiwörter wie *klug* und *hinterlistig*. Im Widerspruch zu der Alltäglichkeit und Einfalt Karamázovs stehen die – wie beiläufig gesagten – Worte, daß er *sein ganzes Leben lang der wollüstigste Mensch auf Erden und jederzeit bereit gewesen sei, nach einerlei was für einem Weiberrock zu langen, wenn er ihn bloß ein bißchen anlockte.* Und es zeigt sich, daß das ganze Porträt überhaupt nichts vorausbestimmt, daß wir trotz den vielen Worten überhaupt nichts Bestimmtes über den alten Karamázov wissen, und daß uns in Wahrheit eine bewußt verwirrte und unklare Skizze vorgehalten worden ist, aus der in Zukunft etwas ganz anderes entstehen kann, als der Leser ursprünglich erwartet hat. Der Verlauf des Romanes zeigt denn auch, daß dieser Karamázov, dieser *Dreck*, dieser *Hanswurst*, der auch nicht die geringste Beachtung zu verdienen scheint, sich vor den immer gespannteren Augen des Lesers zu einer furchtbaren, beinahe monumentalen Inkarnation des Geschlechtstriebes verwandelt, zu einem unwahrscheinlichen Balg perverser Gelüste, zu einer widerlichen Spinne, einem Faun, der in gemeiner Erregung um die schöne, süße Grúša, sein *Hühnchen*, kreist.

Ganz offen zutage liegt diese Methode in dem *Ich*-Roman *Aufzeichnungen aus dem Kellergeschoß*, wo der Held gleich auf den ersten Seiten folgendes von sich erzählt:

> *Ich bin ein kranker Mensch ... Ich bin ein böser Mensch. Ich bin wirklich ein unangenehmer Mensch. Ich glaube, ich habe ein Leberleiden. Übrigens habe ich nicht den leisesten Begriff von meiner Krankheit, ich habe keine Ahnung, was mir eigentlich fehlt. Ich gehe nicht zum Arzt und habe es niemals getan, obwohl ich vor der medizinischen Wissenschaft und den Ärzten Respekt habe. Außerdem bin ich ungemein abergläubisch, eben so abergläubisch, daß ich vor der Medizin Respekt habe. (Ich bin genügend gebildet, um nicht abergläubisch zu sein, bin es aber eben doch.) Nein, ich gehe aus Bosheit nicht zum Arzt. Sehen Sie, das verstehen Sie wahrscheinlich nicht. Aber ich verstehe es eben. Natürlich bin ich außerstande, Ihnen zu erklären, wen ich in diesem Fall eigentlich mit meiner Bosheit treffe. Ich weiß sehr gut, daß ich den Ärzten damit auch nichts antun kann, daß ich nicht zu ihnen gehe. Besser als irgend jemand weiß ich, daß ich ausschließlich mir selbst dadurch schade und keinem andern. Aber nichtsdestoweniger ist es richtig, daß ich nur aus Bosheit nicht zum Arzt gehe. Wenn es die Leber ist, die krank ist, dann mag sie eben ruhig noch kränker werden!*

Aber nachdem er sich so als durch und durch bösen Menschen vorgestellt hat, dreht er plötzlich den Spieß um und sagt:

> *Aber wissen Sie, meine Damen und Herren, was mich am allermeisten ärgerte? Was mich am allermeisten ärgerte, was mir bei der ganzen Sache am ekelhaftesten war, war dies, daß ich immer wieder, selbst wenn ich am schlimmsten raste, zu meiner Beschämung einsah, daß ich nicht nur kein bißchen böse, sondern auch nicht einmal rasend war und daß ich tatsächlich ohne irgendwelchen Nutzen nur die Spatzen schreckte und es nur zu meinem eigenen Vergnügen tat. Angenommen, ich werde so rasend, daß ich vor lauter Raserei Schaum vor dem Mund habe. Wenn jemand in einem solchen Augenblick daraufkäme, mir irgendein Spielzeug oder eine Tasse Tee mit viel Zucker zu geben, so würde ich sicherlich auf der Stelle ruhig werden und vielleicht sogar Rührung empfinden, obwohl ich sicherlich nachher aus lauter Schamgefühl mit den Zähnen knirschen und mehrere Monate an Schlaflosigkeit leiden würde. So also ist es mit mir bestellt ...*

Einige Zeilen später bekennt der fiktive Verfasser der *Aufzeichnungen*:

Ich bin mir unaufhörlich bewußt gewesen, daß in meiner Seele viele widerstreitende Elemente sind. Ich habe immer gespürt, wie sie sich in mir winden, diese widerstreitenden Elemente ...

Ein durchgehender Wesenszug in DOSTOJÉVSKIJS Kunst ist die Annahme, daß sich Liebe und Haß, Edelmut und Gemeinheit, Güte und Bosheit, Stolz und Niedrigkeit, sittliche Reinheit und Sünde nicht gegenseitig ausschließen, sondern daß sie in der Menschenseele fast immer neben- und miteinander da sind. Er brachte seine Helden und Heldinnen unaufhörlich in Situationen, wo diese anscheinend gegensätzlichen Eigenschaften klar hervortreten konnten. Man hat mit Recht gesagt, er gleiche hierin dem Naturforscher, der in seinem Laboratorium Versuche anstelle. Wie dieser das Untersuchungsobjekt bei seinen Experimenten in einer künstlichen, besonderen oder seltenen Umgebung anbringt und beobachtet, wie es auf sie reagiert und sich unter ihrer Einwirkung verändert, so nahm DOSTOJÉVSKIJ seine Experimente mit den Menschenseelen vor, umgab sie mit einem seltenen, künstlichen Milieu und beobachtete abwartend, was geschehen werde, was sie nun unternehmen würden. Genauer gesagt: DOSTOJÉVSKIJ ließ sie Handlungen vornehmen, die er intuitiv als wahrscheinlich voraussah. Nur selten irrte er sich in seinen Berechnungen, aber es kam doch vor, daß er die Grenze der Wahrscheinlichkeit überschritt und in reiner psychologischer Phantastik endete. Im allgemeinen konnte die moderne Psychologie – um nicht von der Psychoanalyse zu sprechen – die Richtigkeit seiner experimentell-intuitiven Ergebnisse bestätigen. Sein Verfahren erinnerte an das Spiel der Katze mit der Maus und entsprach im wesentlichen dem Vorgehen des Untersuchungsrichters Porfírij Petróvič in *Schuld und Sühne*. DOSTOJÉVSKIJ ließ ihn in dem berühmten Gespräch mit dem Mörder Raskól'nikov die Möglichkeit einer allgemeingültigen menschlichen Psychologie bestreiten:

Es gibt gar keine Fälle, die generell genannt werden können; es gibt keinen solchen Idealfall, aus dem alle rechtlichen Normen und Formen deduziert werden können, dem sie nachgebildet sind und der in den Büchern protokolliert ist. Nein, Verehrtester, ein solcher Fall existiert nicht, aus dem einfachen Grunde, weil jede Sache oder – sagen wir – jedes Verbrechen in dem Augenblick, da es begangen wird, eo ipso und unvermeidlich ein gänzlich individueller und einmaliger Fall wird.

Genau so bestritt auch DOSTOJÉVSKIJ als Schriftsteller generelle oder normalisierte Psychologie und verwandelte seine Helden in ganz individuelle und einmalige Menschen. Er spaltete ihr Seelenleben auf und schritt vom romantischen Doppelgängerthema zum Bastardthema, zum Epileptikerthema, zum Idiotenthema, zum Verbrecherthema, zum Thema vom großen Sünder, der zum Heiligen wird, oder vom großen Heiligen, der im Grunde seiner Seele Sünder ist. Er vertiefte sich in das Seelenleben der Frau und schritt vom Unschuldsthema zum Sündigkeitsthema, zum Sappho-Thema, zum Thema von der großen Hure und von der seelisch, geistig oder körperlich verkrüppelten Frau. Er sezierte die Seelen all dieser Frauen und Männer und zeigte, wie sie – in ein und derselben Persönlichkeit – entgegengesetzte Eigenschaften vereinigten. Er spielte mit dem Gegensatz von bewußtem und unbewußtem Seelenleben und löste mit ständig wachsender Sicherheit die Vorstellung von der Identität und Einheit der Persönlichkeit auf.

Es ist oft behauptet worden, DOSTOJÉVSKIJ fehle die Gabe der Komposition. Man hat eine Verbindung zwischen diesem Strukturmangel und seiner psychologischen Methode sehen wollen. Wenn alles Menschliche fließend war und ein großes Chaos, mußten dann nicht auch seine Romane zu formlosen Massen psychologischen Rohstoffes werden? Diese äußere Formlosigkeit ist indessen in Wirklichkeit von prinzipieller Art. Wie DOSTOJÉVSKIJ bei der Schaffung seiner Charaktere der *konträren* Methode folgte, das heißt: ein bestimmtes künstlerisches Prinzip verwirklichte, so ersetzte er bei der Komposition das bisher als normal betrachtete Verfahren durch eine neue, unbekannte Methode. Wurde die äußere Form aufgegeben, so trat die innere an ihre Stelle. Wie chaotisch DOSTOJÉVSKIJS Romane anscheinend auch sind, bilden sie doch jeder für sich eine festgefügte Einheit. Niemand hat intensiver als er mit Form- und Kompositionsproblemen gerungen. Es wäre verfehlt, aus der Tatsache, daß er oft unter äußerem Druck arbeitete und seine Romane im letzten Augenblick fristgemäß beeenden mußte, zu schließen, er habe einfach keine Zeit gehabt, seinen Werken die rechte, gemeißelte Form zu geben. Es gibt biographische Beweise genug dafür, daß er bei seiner Arbeit immer Kompositionspläne ausführte, die jahrelang fertig in seinem Bewußtsein gelegen und nur auf Verwirklichung gewartet hatten. Ein analytisches Studium seiner Werke würde diese Auffassung bestätigen. Eine klare und deutliche kompositionelle Linie durchzieht die sechs gleichmäßig großen Teile von *Schuld und Sühne*. Mit sicherer Hand führt uns der Verfasser durch die vier Teile des Romans *Der Idiot*, von denen nur der erste etwas länger ist als die folgenden. Die *Bösen Geister* bestehen aus drei großen Teilen, deren mittlerer als der größte den Schwerpunkt des Buches bildet. In den *Brüdern Karamázov* sind etwa hundert Kapitel klar in vier große Teile gegliedert, von denen jeder drei *Bücher* enthält, und einen Epilog, der drei Kapitel umfaßt. Selbst in dem *chaotischsten* Roman DOSTOJÉVSKIJS, *Der Jüngling*, ist der Stoff sinnvoll in drei großen Teilen geordnet, wobei der erste und der letzte als die größten den kürzeren zweiten Teil gleichgewichtig umgeben. Man hat das Kompositionsprinzip in diesen Romanen so leicht übersehen, weil ihnen weder die Einheit des Helden noch die der Handlung, geschweige denn die Einheit der Stimmung, ein festes äußeres Gefüge gab. Statt der üblichen, Einheit schaffenden Formkräfte des klassischen russischen Realismus verwendete DOSTOJÉVSKIJ mit einzigartiger Kühnheit und überraschender Stilsicherheit ein Mittel, das wohl ein Kind des Chaos selber genannt werden mag, das aber seinen Romanen nichtsdestoweniger eine unerhört geschlossene Wirkungskraft verlieh – das Mittel der *Katastrophe*.

Der Sinn all der bunten und beinahe phantastischen Ereignisse, die er seine vielen seltsamen Helden zu durchleben zwingt, ist immer die kommende, nahe oder ferne, Katastrophe. Er selbst braucht gern diesen Ausdruck. Welche und wie viele Etappen die Handlung auch durchlaufen soll, wie zufällig und widerspruchsvoll Szenen oder Menschen auch verkettet zu sein scheinen, sie sind alle durch ihr unablässiges Streben nach einem gemeinsamen Ziel miteinander verbunden und wie in einem eisernen Ring zusammengeschmiedet – dieses Ziel aber ist immer eine Katastrophe. Sie mag im voraus gut vorbereitet und motiviert sein. Sie mag nachträglich erklärt und begründet werden. Sie mag gleich zu Anfang angedeutet sein oder zum Teil mitten im Roman zum Ausbruch kommen oder schließlich an seinem Ende stattfinden. Immer aber entlädt sie sich mit unabänderlicher Gesetzmäßigkeit in einer Atmosphäre, die von elektrischer Spannung zittert und von dem unerträglichen Druck befreit zu werden verlangt. Manchmal erfolgen im Fortgang des Romans vorläufige Teilkatastrophen, bevor die endliche große Katastrophe erfolgt. Der Mord an der Wucherin und ihrer geistesschwachen Schwester oder die Szene auf dem Heumarkt oder das Selbstbekenntnis in *Schuld und Sühne*, der Totschlag an der stolzen Buhlerin Nastás'ja Filíppovna oder der Selbstmord Rogózins oder Fürst Mýškins Zusammenbruch im *Idioten*, der Mord an der lahmen Frau oder der Selbstmord Stavrógins in den *Bösen Geistern*, die Ermordung des alten Karamázov und der Selbstmord Smerd'akóvs in den *Brüdern Karamázov* – das sind nur einige wenige von den Gipfeln im Gewirr der Fabel und der Psychologie, Stellen, die dieses Gewirr beherrschen und erhellen. Die Sicherheit, mit der Dostojévskij – ohne einen einzigen seiner früheren Vorbehalte, einen einzigen seiner früheren Hinweise auf spätere Geschehnisse zu vergessen – den Leser der Katastrophe entgegenführt, ist mit Recht als *detektivische* Methode bezeichnet worden. Wenn der Leser ein Buch von Dostojévskij nach der Lektüre weglegte, hatte er das Gefühl, eine Welt zu verlassen, die in all ihrer Unheimlichkeit eine organische Einheit war. So feierte Dostojevskijs Romankunst ihren höchsten Triumph.

Aber noch ein anderes literarisches Mittel verlieh dieser Romankunst das Gepräge der Einheit. Dostojévskij hatte den eigentümlichen Ehrgeiz, seine massiven Romane auf einer besonderen Ebene zu motivieren. Der Kampf, der in ihnen stattfindet, ist bei weitem nicht nur ein Kampf zwischen feindlichen Kräften in derselben Menschenseele – dieser geht auf der psychologischen Ebene vor sich. Es ist auch nicht nur ein Kampf zwischen feindlichen Menschenwillen oder Menschenschicksalen – dieser spielt sich auf der dynamisch-detektivischen Ebene ab. Es findet außerdem noch ein Kampf auf der *ideologischen* Ebene statt, ein Kampf zwischen Weltanschauungen, logischen Systemen, religiösen Glaubensbekenntnissen, philosophischen und psychologischen Lehren. Dostojévskijs Romane sind von endlosen leidenschaftlichen Diskussionen über Gott und Teufel, Gut und Böse, Kirche und Staat geprägt – Diskussionen, die oft Seite auf Seite an- und aufschwellen und sich gleichsam zu vulkanischen Lavaausbrüchen leidenschaftlicher Worte gestalten. Im Mittelpunkt dieser dialektischen Kämpfe steht fast immer ein aktuelles oder aktualisiertes Problem von ganz anderer Art, als man es in den Romanen Turgénevs oder Gončaróvs zu finden gewöhnt war. Auch auf diesem Gebiet war Dostojévskij konträr und bekämpfte die landläufigen Diskussionen einfach dadurch, daß er sie durch ganz neue, unerwartete und spannende Auseinandersetzungen verdrängte. In dem Buch *Der Jüngling* trägt der *Ich*-Erzähler den Lesern seine sorgsam angepriesene *Idee* vor, die Programmidee seines künftigen Lebens, nämlich unbedingt ein Rothschild zu werden und dadurch Macht und Kraft zu gewinnen, sich von den Ansprüchen der Gesellschaft an seine Person zu befreien. In *Schuld und Sühne* spielt ein Zeitschriftenaufsatz Raskól'nikovs über die Berechtigung des Mordes und über die Frage nach dem Recht des einzelnen auf ungehemmte Selbstentfaltung jenseits von Gut und Böse eine entscheidende Rolle. In den *Bösen Geistern* steht der Gedanke von der Verwerflichkeit des Sozialismus im Mittelpunkt des Interesses. Aber auch Stavrógins furchtbares Bekenntnis geht in diesen Roman als Diskussionsstoff ein. In den *Brüdern Karamázov* bilden Iván Karamázovs Abhandlung über die Römische Kirche, das Kapitel über den Großinquisitor und das über das Leben des Hieromonachos Zosíma problemreiche Diskussionsthemen. Mit unvergleichlicher Meisterschaft verstand es Dostojévskij, diesen Problem- und Diskussionsstoff in spannende Monologe und Dialoge zu verweben. Dostojévskij, der unablässig abstrakte, neuartige und überraschende Ideen hervorbrachte und mit dem *Tagebuch eines Schriftstellers* (*Dnevník písátel'a*) eine Zeitlang geradezu ein Magazin für eigenartige Ideen herausgab, vermochte es kraft seiner intensiven, hektischen, fast *gesprächsartigen* Schreibweise, sein ganzes Zeitalter für Diskussionen dieser Art zu interessieren.

Der Wahrheitsgehalt seiner Ideen ist meistens fragwürdig. Es wäre falsch, Dostojévskij einseitig als *den großen Lehrer und Mystiker* aufzufassen, obwohl er den Lesern durch seine Haltung dazu Anlaß gab. Bewußt und unbewußt war er jedoch vor allem Künstler, und wenn er seine Romane schuf, war ihm die künstlerische Wirkung am wichtigsten. Ihretwegen bediente er sich der geistreichsten und tiefsten Ideen – genau so wie er sich der Psychologie bediente.

Wie wenig es ihm im Grunde auf eine religiöse Verkündung oder ein
philosophisches System ankam, geht am klarsten aus den Worten
hervor, die der Teufel in der berühmten Szene der *Brüder Kara-*
mázov sagt – Worten, die als kennzeichnend für den Verfasser selbst
gelten können:

> *Ich führe dich abwechselnd von Glauben zu Unglauben und von Un-*
> *glauben zu Glauben, und ich habe meine eigene Absicht dabei. Es ist halt*
> *eine neue Methode, die ich erfunden habe, Verehrtester. Denn sobald du den*
> *Glauben an mich verloren hast, suchst du mich zu überzeugen, daß ich keine*
> *Einbildung bin, sondern wirklich existiere. Ich kenne dich doch! Und*
> *gerade dann erreiche ich meinen Zweck. Mein Zweck aber ist ungemein*
> *edel. Ich säe bloß ein winziges Samenkorn in deine Seele, was aber aus ihm*
> *erwächst, ist eine wahre Eiche, und dazu solch eine Eiche, daß du, oben*
> *in ihrem Wipfel sitzend, plötzlich die Lust spüren wirst, zu den „Klausner-*
> *vätern und makellosen Frauen" zu gehören. Denn im Grunde möchtest*
> *du gern, verteufelt gern umherwandern, Heuschrecken essen und dein*
> *Seelenheil in der Wüste suchen. . . .*

DOSTOJÉVSKIJ übertrug mit diesen Worten nur seine eigene Methode auf den Karamázovschen Teufel. Tatsächlich sprach er kaum
einen Gedanken aus, ohne nicht gleichzeitig auch Zweifel an seiner
Wahrheit zu säen. Er bekannte offen, daß er bei all seinem Christentum und Gottesglauben tiefer in den Atheismus eingedrungen sei als
jemand vor ihm. Die Koexistenz entgegengesetzter Eigenschaften,
die er auf dem psychologischen Gebiet behauptet hatte, wurde auf
dem ideologischen zur wechselseitigen Bedingtheit entgegengesetzter
Gedanken. Er überführte zum Beispiel den Liebe-Haß-Komplex auf
das Gebiet der Geschichte und vereinigte den Gegensatz von dem
Glauben der *Slavophilen* an Rußland und dem Glauben der *Západ-*
niki an Westeuropa, dem Haß der einen auf Westeuropa und der
Skepsis der anderen Rußland gegenüber in einer Lehre, die den Anspruch erhob, ein neuer historischer *Messianismus* zu sein. So lautete
die berühmte Stelle im dritten Teil des Romans *Der Jüngling*:

> *Einem Russen ist Europa genau so teuer wie Rußland. Jeder Stein in*
> *Europa ist ihm lieb und teuer. Europa ist uns ebenso Vaterland gewesen*
> *wie Rußland. Ja, noch mehr! Niemand kann Rußland heißer lieben als ich,*
> *und doch habe ich nie deswegen Gewissensbisse empfunden, daß mir*
> *Venedig, Rom, Paris, die dort gesammelten wissenschaftlichen und künst-*
> *lerischen Schätze und ihre ganze Geschichte teurer sind als Rußland. Oh,*

die Russen lieben diese alten, fremden Steine, diese Wunder in der alten Welt Gottes, diese Splitter heiliger Wunderwerke. Ja, unsere Liebe ist noch größer als die der Europäer . . .

Diese ideologische Doppelsichtigkeit ist bezeichnend für DOSTOJÉVSKIJ. Seine konträre Methode, seine Verwirrungstechnik und Unterhöhlungstendenz, sein Dualismus in der Fabelführung und Charakterzeichnung machten ihn zu einem der verfänglichsten *Ironiker* der Weltliteratur. Es ist nicht die klare, menschliche, schlichte Wahrheit, die das Wesen seiner Romane ausmacht. Seine bewußt ungepflegte, gehetzte und harte Sprache trug – wie Schaum auf sturmgepeitschten Wogen – das Paradox auf ihren dialektischen Spitzen. Der Wahrheitsbegriff selbst wurde einer vernichtenden Zergliederung unterzogen. Im Namen der Logik verlangt Svidrigájlov in einem Gespräch mit Raskól'nikov, er solle die Möglichkeit, mit *der anderen Welt* in Verbindung zu kommen, anerkennen. Als Raskól'nikov, *sogar mit einer gewissen Entrüstung*, einen derartigen Gedanken ablehnt, erwidert ihm Svidrigájlov:

Was sagen die Leute gewöhnlich in solchen Fällen? . . . Sie sagen: „Du bist krank. Deshalb muß das, was du zu sehen glaubst, eine Halluzination ohne den geringsten Wirklichkeitsgehalt sein." Aber einem solchen Räsonnement fehlt die strenge Logik. Ich gebe gern zu, daß Gespenster nur Kranken erscheinen. Daraus folgt aber noch lange nicht, daß es keine gibt. . . .

In derselben Unterhaltung läßt DOSTOJÉVSKIJ Svidrigájlov an der herkömmlichen Anschauung vom ewigen Leben rütteln:

Wir stellen uns die Ewigkeit immer als etwas Unfaßbares, als etwas Großes vor. Warum aber soll sie unbedingt so groß sein? Spricht etwas gegen die Möglichkeit – ja, versuchen Sie sich das mal vorzustellen! – daß die ganze Ewigkeit nur eine enge Kammer ist, sagen wir – eine Bauernbadestube, schwarz von Rauch und voller Spinnen in allen Ecken, und sonst nichts. Wissen Sie was? Ich bin manchmal selbst zu glauben geneigt, daß es sich tatsächlich so verhält. . . .

Freilich darf diese Äußerung nicht als persönliches Bekenntnis DOSTOJÉVSKIJS gewertet werden: sie ist Svidrigájlov in den Mund gelegt und soll dessen Gemütsverfassung kennzeichnen. Sie ist aber dennoch charakteristisch für die psychologische Struktur seiner Kunst. Dutzende von ähnlich paradoxen, beunruhigenden Äußerungen der verschiedensten Romangestalten könnten angeführt werden, und gerade dies trägt dazu bei, seinem Werk als Ganzem das seltsame Gepräge von geistiger Unruhe, Spannung und Angst zu verleihen. In den *Brüdern Karamázov* beichtet die Gutsbesitzerin, Frau Chochlakóva, Lízas Mutter, *eine gefühlvolle Dame mit in vieler Hinsicht wirklich guten Eigenschaften*, dem frommen Abt Zosíma in tiefer Verzweiflung ihren Unglauben: alle Menschen hätten ihr versichert, daß Religion nur *Angst vor bedrohlichen Mächten* sei und daß es in Wirklichkeit *nichts Derartiges* gebe. Sie sagt:

Nun gut, denke ich, da bin ich mein Leben lang gläubig gewesen und dann sterbe ich plötzlich, und es zeigt sich, daß es überhaupt nichts gibt, und nur elende Kletten wachsen auf dem Grab, wie ich kürzlich bei einem Schriftsteller las. Das ist doch entsetzlich!

Auch diese Äußerung dient nur zur Charakteristik einer Gestalt Dostojévskijs. Sie endet bei diesem religiösen Schriftsteller schließ-sönliche Aussage des Verfassers. Aber zusammen mit zahlreichen ähnlichen Aussprüchen erscheint sowohl die Svidrigájlovsche Vorstellung von der Ewigkeit als Bauernbadestube mit Spinnen in den Ecken als auch die Angst der Gutsbesitzersfrau vor dem Nichts nach dem Tode, vor dem Grab mit den elenden Kletten, doch als wesentlicher Ausdruck der paradoxen Ironie im ideologischen System Dostojévskijs. Sie endet bei diesem religiösen Schriftsteller schließlich im ausgesprochen Blasphemischen, wenn er in dem bekannten, unvergeßlichen Kapitel der *Brüder Karamázov* schildert, wie sich nach dem seligen Tode des heiligen Greises Zosíma zum Entsetzen der Gläubigen, die sich versammelt hatten, um bei seinem wunderbaren Ende zugegen zu sein, kein heiliger Wohlgeruch um seine Leiche verbreitete, sondern wie *von seinem Sarge plötzlich ein erst nur kaum wahrnehmbarer, später immer deutlicherer Verwesungsgeruch auszuströmen begann, der gegen drei Uhr nachmittags recht peinlich wurde und immer mehr zunahm . . .*

Es ist bemerkenswert, daß sich dieser große Ironiker und Liebhaber des Paradoxen nicht scheute, sein eigenes unheimliches Gebrechen, die Epilepsie, an der er seit seiner Kindheit, besonders aber seit seiner Rückkehr aus Sibirien zu leiden hatte, zu einer Art mystischer Erkenntnisquelle zu machen. Im *Idioten* ließ er Fürst Mýškin vom Verlauf dieser Krankheitsanfälle berichten:

Bei epileptischen Anfällen gibt es kurz vor dem Ausbruch der Krankheit immer einen Augenblick, wo das Gehirn mitten in seiner bekümmerten Erregung, mitten in seiner seelischen Dunkelheit und Bedrücktheit plötzlich gleichsam aufflammt und alle seine Kräfte mit ungewöhnlicher Heftigkeit aufs äußerste anspannt. Die Empfindung, daß man lebt, und das Bewußtsein seiner selbst verzehnfachen sich in diesen wenigen Sekunden, die schnell wie der Blitz vergehen. Der Verstand und das Herz werden mit ungewöhnlichem Licht erfüllt, und aller Kummer, aller Zweifel, alle Unruhe lösen sich in Frieden auf . . .

Und doch ist all das nur eine Vorahnung jener Sekunde, wenn der Anfall endlich kommt. Diese letzte Sekunde ist fast unerträglich . . .

Fürst Myškin ist natürlich klug genug, einzusehen, daß die Empfindung von Seligkeit, Erkenntnis und Lebensintensität unter solchen Umständen nur ein unnormaler Zustand ist und daß daher keine allgemeingültigen Schlüsse daraus gezogen werden können. Er wendet sich aber dennoch gegen den Gedanken, daß die Erkenntnis, welche die Krankheit dem Kranken schenke, nicht wirklich oder gültig sein solle:

Kann es die geringste Bedeutung haben, daß dieser Zustand der Gespanntheit unnormal ist, wenn sich einem das Resultat – dieser kurze Augenblick – später bei der Betrachtung in gesundem Zustand als höchste Harmonie und Schönheit offenbart, wenn er einem das bisher unbekannte und ungeahnte Gefühl des Lebens, das Bewußtsein seiner selbst, der Versöhnung und der leidenschaftlich religiösen Vereinigung mit der höchsten Synthese des Lebens schenken kann?

Die höchste Synthese des Lebens ist in diesem Passus gleichbedeutend mit Gott. Die Aufhebung aller Gegensätze, Widersprüche, Kontraste und Konflikte erscheint als die höchste Erkenntnis und Wahrheit. Aber diese Wahrheit setzt voraus, daß die Kontraste schon vorher in der Menschenseele in chaotischem Zustand vorhanden gewesen sind, und nur eine solche Seele scheint zur Wahrheit kommen zu können. Der einzige Weg zu dieser führt durch eine plötzliche explosive Katastrophe, welche die Kontraste ausgleicht, durch eine Epilepsie des Geistes. So machte Dostojévskij sein persönlichstes, sein innerstes Erleben zu einer mystischen Lehre, die seinem ganzen künstlerischen Werk eine erhabene Einheit zu geben und das brodelnde Chaos in seinen Romanen zu motivieren vermochte. So gelang es Dostojévskij, sein Werk zum Genialen zu erheben.

11. DAS REALISTISCHE DRAMA
UND OSTRÓVSKIJ

Wie wir wissen, gingen die Prosaschriftsteller des großen russischen Realismus ausnahmslos von den literarischen Prinzipien der *Natürlichen Schule* aus, einer Gruppe, die sich – mit oder ohne Recht – auf Gógol' als ihren geistigen Stammvater berief. Das bedeutet nicht, daß neben Gógol's Prosa nicht auch Púškins und Lérmontovs realistische Sprache ihren großen Anteil an der Entwicklung der Literatur gehabt hätte. In Turgénevs und Gončaróvs klassischvornehmer Sprache finden sich starke Elemente von Púškins Stil, in Dostojévskijs Form zeigen sich beträchtliche Nachklänge Lérmontovs. Nur Saltykóv-Ščedrín scheint gewisse Seiten von Gógol's Art entwickelt zu haben, ohne sich von Púškin oder Lérmontov beeinflussen zu lassen. Dieses Spiel sich kreuzender Einflüsse von den drei großen Meistern und Vorbildern wäre in seinen Einzelheiten ein wichtiger Gegenstand für die Forschung eines Stilanalytikers.

Indessen hatten sich Púškin, Lérmontov und Gógol' nicht nur dem Roman und der Novelle gewidmet, den beiden Gattungen, die im russischen Realismus vorherrschend wurden, sondern sich auch intensiv mit der dramatischen Gattung beschäftigt. Púškin hatte das erste künstlerische historische Schauspiel geschaffen (*Borís Godunóv*), Lérmontov hatte sich in der modernen Salontragödie versucht (*Maskerade, Menschen und Leidenschaften*), und Gógol' hatte seine berühmten Komödien *Der Revisor* und *Die Brautschau* (*Ženít'ba*) geschrieben. Trotzdem fehlte dem russischen Theater ein Mann, ihr Erbe weiterzuführen und das klassische Schauspiel des Realismus zu schaffen. Als solcher erschien im Jahre 1850 Aleksándr Nikolájevič Ostróvskij (1823–86). Er wurde der Schöpfer des modernen russischen Dramas.

Bezeichnenderweise schlug er einen Weg ein, der ihn von der Richtung, in der sich Roman und Novelle bewegt hatten, weit wegführte. Turgénev hatte mehrmals versucht, seine Problemschilderungen, seine adligen Helden und ihre zarten Konflikte auf die

Bühne zu bringen, zum Beispiel in der Komödie *Ein Monat auf dem Lande* (*Més'ac v derévne*), ohne jedoch zur Entfaltung eines wirklich blühenden dramatischen Schaffens zu gelangen. Dostojévskij, dessen Romane mit langen dramatischen Dialogen angefüllt sind, hatte niemals das Verlangen nach bühnenmäßiger Darstellung seiner Gestalten und ihrer inneren Konflikte und Kontraste empfunden. Ostróvskij kam aus einer ganz anderen Welt als diese Schriftsteller und schuf daher eine völlig andere, originale szenische Welt. Literarhistorisch ist es sehr interessant, daß er, ganz im Gegensatz zu den Prosarealisten seiner Zeit, an dem längst vergessenen bürgerlich-sentimentalen Schauspiel vom Ende des achtzehnten Jahrhunderts anknüpfte. Männer wie Ablesímov, Lukín und Plavíl'ščikov scheinen ihm sogar mehr bedeutet zu haben als Fonvízin und Gribojédov, die größten dramatischen Dichter der Vergangenheit. Im großen und ganzen war Ostróvskij durchaus ein *Selfmademan*. Mit seiner Thematik eröffnet er der Literatur ganz neue, bisher übersehene und unbekannte Perspektiven.

Genetisch wurzelte er trotzdem in der alten *Natürlichen Schule* mit ihren *physiologischen* Interessen und ihrer Jagd nach markanten sozialen Typen. Seine einzige Prosaarbeit, *Skizzen aus dem Stadtteil jenseits der Moskvá* (*Očerki Zamoskvoréčja*, 1847), verriet in Titel und Thematik die Verwandtschaft mit dieser Schule, die sich um das bedeutungsvolle Jahr 1847 durchsetzte. Ein besser geeigneter Beobachter der Sitten und Bräuche in dieser vorwiegend von Kaufleuten bewohnten und fast verschlossenen Welt jenseits der Moskvá ließ sich nicht denken: Ostróvskij war in diesem Stadtteil als Sohn eines kleinen Rechtsanwaltes geboren und erzogen worden, war täglich mit den Menschen, die hier wohnten, umgegangen und hatte später als kleiner Kanzleischreiber am sogenannten *Gewissensgericht* und am *Kommerzgericht* reichlich Gelegenheit gehabt, die Familientragödien und Machenschaften, die Transaktionen, Intrigen und Gemeinheiten zu studieren, die bei den Gerichtsprozessen enthüllt wurden. Als er 1850 sein erstes Schauspiel, *Man schaffts schon unter Brüdern* (*Svoí l'údi – soči'óms'a*), herausgab, war er – infolge seiner zahlreichen öffentlichen und privaten Vorlesungen – bereits berühmt. In diesem ursprünglich *Der Bankerott* (*Bankrót*) betitelten Stück, an dem er seit 1847 gearbeitet hatte, stellte er zum erstenmal die

Moskauer Kaufmannswelt dar – das *Reich der Finsternis*, wie das Milieu seiner Schauspiele nach dem glücklichen Einfall eines Kritikers zusammenfassend genannt wurde. Seine Begabung als Dramatiker war unverkennbar, sie war völlig urwüchsig. Ostróvskij führtc den Leser und Zuschauer in ein typisches Kaufmannshaus im Moskau *jenseits des Flusses:* er zeigte die Hausgemeinschaft – den eigenwilligen, ungebildeten und despotischen Vater, die beschränkte Mutter, ihre oberflächliche und gefallsüchtige Tochter und den Ladenschwengel, der mit der Tochter und dem Geld ihres Vaters davonläuft –, zeigte, wie in diesem Hause alle menschlichen Rücksichten vor Gier und Schachersinn weichen müssen. In naivem Vertrauen auf die grenzenlose Dankbarkeit des Ladengehilfen überträgt ihm der Kaufmann all sein Geld, um darauf falschen Konkurs zu erklären und sich den Zahlungen an seine Gläubiger zu entziehen; er verheiratet seine Zierpuppe von Tochter mit dem Gehilfen, der dann sofort die Rolle des Reichen zu spielen beginnt, während der Kaufmann, von Schwiegersohn und Tochter im Stich gelassen, ins Schuldgefängnis wandert. In dem Schauspiel gab es nicht einen versöhnlichen Zug, alle Charaktere waren von der negativen Seite gesehen (womit Ostróvskij Gógol' folgte, ohne jedoch diese Art zum allgemeinen Prinzip seiner komischen Kunst zu machen), geistige und sittliche Finsternis trat in jeder Replik und Situation kraß hervor. Was jedoch am stärksten auf die Zuschauer wirken mußte, war die peinliche Objektivität, womit die Typen und Charaktere dargestellt waren, die Naturtreue, mit der sie auftraten, als seien sie leibhaftig aus der Stadt *jenseits des Flusses* geholt, die Sorgfalt und Bedächtigkeit, mit der das Milieu geschildert wurde, die Genauigkeit, womit Sitten, Bräuche und Gewohnheiten wiedergegeben wurden. Weder das Komische noch das Tragische war übertrieben, und daher kann Ostróvskij mit Recht als der erste naturalistische Dramatiker in der russischen Literatur bezeichnet werden.

In den dreißig bis vierzig Jahren seines Wirkens entfloß seiner Feder ein nie versiegender Strom von Schauspielen, Komödien, Dramen. An die sechzig Titel zählt man in seinem erstaunlich reichen Schaffen. Hier kann nur ein Eindruck von einigen wenigen seiner besten Schauspiele und Komödien vermittelt werden. Im Jahre 1852 veröffentlichte Ostróvskij ein Stück, das tragische Töne anschlug und die rührende Überschrift *Die arme Braut* (*Bédnaja nevésta*) trug. Hier wird das Mädchen, die junge, schöne, arme Braut, als der einzige positive Charakter in einer ganzen Galerie von Typen dargestellt – sie ist stolz, aber hilflos und verzweifelt, weil nach den Worten ihrer Mutter die Heirat – möglichst schnell und um jeden Preis – mit einem reichen Freier der einzige Ausweg aus der Misere ist. Die arme Marija wird von verschiedenen Männern bedrängt, die alle als potenzielle Freier auftreten; es steht jedoch im voraus fest, daß die jungen Habenichtse, einschließlich des jungen Mannes, den sie liebt, nicht in Betracht kommen. Den Zuschauer berührt das nicht allzu schmerzlich, da sie alle charakterlose Schwächlinge und Egoisten sind, die selber auf Geld aus sind. Es bleiben die *soliden* Freier, die ihr abstoßendes Äußeres und brutales Inneres dadurch wettmachen, daß sie Geld genug besitzen, um die junge Frau *glücklich* machen zu können. Eine bedeutende Rolle in der ganzen Intrige spielt – hier wie in anderen Schauspielen Ostróvskijs – die unvermeidliche Ehevermittlerin.

In der Komödie *Armut schändet nicht* (*Bédnost' ne porók*), die 1854 erschien, ließ der Dramatiker einige erwärmende Lichtstrahlen in das moralische Dunkel des Schauplatzes spielen. Auch hier handelte es sich darum, die Tochter des Hauses mit dem *rechten* Mann zu verheiraten. Sie liebt unglücklicherweise den schwachen, furchtsamen, jedoch sympathischen Kaufmannsgehilfen Mít'a. Der Herr des Hauses mit dem stolzen Namen Gordéj Torcóv ist ein Despot wie alle Väter bei Ostróvskij, ein eigenmächtiger, tyrannisch regierender Reicher – ein *Samodúr*, wie es auf Russisch heißt –, einer von denen, die *ihre Töchter in Grütze fressen, wenn's ihnen so gefällt, oder in Butter getunkt, wenn's ihnen anders gefällt*. Indessen hat diese Komödie einen glücklichen Ausgang, teils weil der Vater mit dem Kaufmann, dem er seine Tochter zugedacht hat, in Streit gerät, teils auch – und hier läßt Ostróvskij seinen sentimentalen Ton spielen – weil der Onkel des Hauses, der ewige Trinker L'ubím, im entscheidenden Augenblick das Herz seines Bruders zu rühren und sich für Mít'a zu verwenden versteht.

Eins der besten Schauspiele des Dichters, *Gewitter* (*Grozá*, 1860), stellte wieder das tragische Schicksal eines jungen Mädchens dar. Katerína lebt im Hause ihrer beschränkten und barbarischen Schwiegermutter. Ihr junger, schwacher und jämmerlicher Mann versteht es nicht, sie vor der im Hause herrschenden Brutalität zu beschützen. Das Schauspiel veranschaulicht den vorläufig zur Ergebnislosigkeit verurteilten Aufruhr der jungen Generation gegen die moralische Tyrannei, der sie ausgesetzt war. Katerína, ein leidenschaftliches und unabhängiges Wesen, verliebt sich in einen sanften jungen Mann und beschließt, allen sittlichen Vorschriften und Anstandsgeboten zu trotzen. Aber schließlich versagen ihre Nerven, und während eines Gewitters, das langsam aufgezogen ist, bekennt sie ihrem Mann öffentlich ihre *Sünde* und begeht Selbstmord durch Ertrinken.

Es war charakteristisch für Ostróvskijs eigene Haltung und für die Auslegung, welche die zeitgenössische Kritik in den fünfziger Jahren seinen Schauspielen gab, daß diese als heftiger Angriff auf den gesamten Kaufmannsstand aufgefaßt wurden, auf seinen Mangel an Bildung, auf seine unsittliche Einstellung zum Gewinn, auf die ungezügelte Despotie, die in diesem Stande herrschte. Indessen erfolgte im Verhältnis des Dichters zum Kaufmannsstand langsam eine Verschiebung, die deutlich zeigte, daß er mit seiner verblüffenden Beobachtungsgabe die Umgestaltung wahrgenommen hatte, die innerhalb des Standes stattfand. Als Dramatiker war er den Kaufleuten durchaus nicht grundsätzlich feind. Das geht zum Teil aus der Lust und Liebe hervor, womit er die patriarchalischen Sitten und Bräuche, die fast mittelalterlichen Ideen und Legenden, die dieser Stand im Gegensatz zu den Edelleuten als vermeintlich wertvolles nationales Erbe bewahrt hatte, bis ins einzelne ausmalte. In Form von Spielen, Liedern, Erzählungen, abergläubischen Vorstellungen, Zeremonien und Maskeraden tritt dieses *volkskundliche* Element in seinen Dramen stark hervor.

Wichtiger ist jedoch der Umstand, daß Ostróvskij, der in seinen ersten Stücken nur negative Typen aus der primitiven Welt des Handelskapitalismus schilderte, allmählich größere Sympathie Gestalten zuwendete, die den jungen, modernen, liberalen Industriekapitalismus, die persönliche Initiative, die sinnvolle Geldanlage vertraten – Männern, die Fabriken, Eisenbahnen, Aktiengesellschaften, Industrieanlagen leiteten. Ostróvskij gab sich jedoch auch in bezug auf diese *homines novos* keinerlei Illusionen hin und stattete sie nicht gerade mit überwältigend sympathischen

Charakterzügen aus. Sie traten bei ihm als harte, rücksichtslose, zielbewußte und gefühlskalte Männer auf, Männer ohne viel Sinn für Liebe oder Freundschaft. Aber den patriarchalisch-brutalen Handelsherren gegenüber hatten sie den Vorzug, zu begreifen, daß die Zeit groben Schwindel und Betrug, naive Kniffe und betrügerische Konkurse nicht mehr zuließ. Interessanterweise ließ er sie nicht nur in der Kaufmannswelt auftreten, sondern auch auf den Adelsgütern, wo sie die Geschäfte mehr oder weniger anständig, aber immer auch zu ihrem Vorteil zu erledigen verstanden. So geschah es in dem Schauspiel *Wölfe und Schafe* (*Vólki i óvcy*, 1875), betitelt nach dem russischen Sprichwort von den *satten Wölfen und nichtgefressenen Schafen*. Hier trat die alte Besitzerin eines ruinierten Adelsgutes als Wolf auf, in der Absicht zu fressen, das heißt: ihren Taugenichts von Sohn mit einer schönen, aber unpraktischen Gutsbesitzerin aus der Nachbarschaft zu verheiraten. OSTRÓVSKIJ hatte keine besondere Sympathie für den Adel und zeichnete die alte Gutsbesitzerin als schlimme Tyrannin und Heuchlerin. Als *deus ex machina* ließ er jedoch plötzlich einen der neuen Männer auftauchen und alles zu aller Zufriedenheit ordnen, zugleich aber auch sich selber die junge, hilflose, heimlich in ihn verliebte Gutsherrin sichern.

Abgesehen von *Gewitter*, wo Katerínas Selbstmord als sozialer Protest gegen das politische System des zaristischen Rußlands aufgefaßt werden mag, kann indessen kaum von einer bewußt revolutionären, aufrührerischen, aktiven Kampfstimmung in OSTRÓVKIJS Dramen gesprochen werden. Die Unzufriedenheit mit den bestehenden Verhältnissen kam in ihnen eigentlich nur in schönen Träumen zum Ausdruck, denen sich junge, schwache und weiche Naturen ab und zu hingaben. Viel Tatkraft ist bei ihnen nicht zu finden, geschweige denn wirkliche Auflehnung. Charakteristisch ist in dieser Hinsicht OSTRÓVSKIJS Schauspiel *Eine einträgliche Stellung* (*Dochódnoje mésto*, 1856). Die Handlung ist hier in ein ganz anderes Milieu verlegt als das bei OSTRÓVSKIJ gewohnte, nämlich in die Welt der Beamten, der Bürokratie, die in den unangenehmsten Farben geschildert wird. Bestechlichkeit, Erpressung, Unterschlagung, Kassenplünderung sind hier die traditionellen Methoden zur Bereicherung, angepaßt den verschiedenen Beamtenrängen. Žádov, der Neffe des Bürovorstehers, der von den halb romantischen, sehr un-

praktischen Idealen der Rechtschaffenheit und der Gerechtigkeit erfüllt ist, wendet sich mit Verachtung von dieser Welt ab und versucht sich mit ehrlicher Arbeit durchzubringen. Die Familie seiner
jungen Frau zwingt ihn jedoch, seinen Onkel aufzusuchen, um ihn
um eine einträgliche Stellung zu bitten, das heißt eine Stellung,wo
man sich mit minder schönen Mitteln schnell bereichern kann. Aber
gerade in dem Augenblick, da er den Bürovorsteher aufsucht, ist
dieser seiner lichtscheuen Geschäfte überführt worden. Žádovs
Idealismus erwacht wieder, nun unterstützt von seiner Frau, die
plötzlich einsieht, daß er recht hat. Vom Publikum wurde das
Schauspiel dankbar aufgenommen, da es als Protest gegen das
Krebsübel des Bürokratismus und als Appell an den Heroismus der
jungen Generation gedeutet werden konnte. Besonders standhaft
scheint aber ihr Heroismus nach diesem Schauspiel nicht gerade
gewesen zu sein. Echten Heroismus fand OSTRÓVSKIJ seltsamerweise
nur beim Theatervolk, bei den Schauspielern und Schauspielerinnen,
die sich selber stolz als *Künstler* bezeichneten, während alle anderen
Menschen für sie nur *Komödianten,* also unechte Menschen, Heuchler waren. Eins der letzten Dramen OSTRÓVSKIJS hieß *Talente und
Verehrer* (*Talánty i poklónniki,* 1882) und handelte eben von diesen
Kindern der Bühne.

Betrachtet man OSTRÓVSKIJS Repertoire im ganzen, so staunt man
über die Mannigfaltigkeit der sprechenden Vor- und Zunamen, die
er seinen verschiedenen Helden gab, besonders denen aus dem Kaufmannsstand. In dieser Neigung, ihnen Namen zu geben, die an sich
schon ihren Charakter verraten, läßt sich leicht OSTRÓVSKIJS moralische Bewertung der Gestalten erkennen. Die Edelleute tragen fast
immer Namen, die auf keine hervorstechende Eigenschaft hinweisen;
nur die negativ aufgefaßten Großgrundbesitzer bekommen regelmäßig so pompöse Namen wie Murzavéckij, Gurmyžskij, Čeboksárov,
Dulébov, die entweder von tatarischen Personennamen oder von Ortsnamen abgeleitet sind. Aber unter den Namen der Großkaufleute
gibt es sehr viele, die ihre Despotie und Eigenmächtigkeit kennzeichnen sollen. Einer von ihnen heißt *Bol' šóv* (abgeleitet von dem Adjektiv *bol' šój* ‚groß‘), ein anderer *Dikój* (was ‚barbarisch, wild‘ bedeutet);
ein dritter erhält einen Vornamen, der mit dem Zunamen (*Gordéj
Torcóv*) seine stolze und hölzerne Art versinnbildlicht, wogegen

seinem Bruder der sympathieerregende Vorname *L'ubím* (etwa ‚Liebhold'!) zuteil wird; einer heißt *Achov*, was die Zuschauer an den entsprechenden Ausruf der Verwunderung (*ach!*) erinnert; der Name *Bruskóv* läßt unweigerlich an ein Wort (*brusók*) denken, das ‚Holzbock' bedeutet, während der sonderbare Name *Kuroslépov* sowohl an ‚Nachtblindheit' wie an ein zähes Unkraut erinnert. Kaufmann *Kabánov* und Frau sind nach dem ‚Keiler' (*kabán*) genannt. Die *homines novi*, die Ostróvskij einführt, alle diese Fabrikanten, Industriekapitalisten, Schiffsreeder usw., haben ebenfalls sehr ausdrucksvolle Namen, zum Beispiel *Kóršunov* (von *kóršun* ‚Weihe') oder *Berkútov* (von *berkút* ‚Königsadler') oder *Pribýtkov* (von *pribýtok* ‚Profit') oder *Knúrov* (von *knur* ‚Barch') usw.; aber diese Ausdrucksfülle ist von einer anderen, etwas edleren Art als die in den barbarischen und bombastischen Namen der Kaufleute. Speichellecker wie *Podschal'úzin* verraten ihren Charakter offenkundig in ihrem Namen; heißt jedoch ein Idealist aus dem Kleinbürgertum *Kulígin*, so braucht man nicht unbedingt an ein Wort zu denken (*kulíga*), das ‚Moorschnepfe', ‚Waldwiese' und manches andere bedeutet: der Name läßt nur an Milde und Sänfte denken. In einzelnen Fällen ging Ostróvskij dagegen entschieden zu weit, so, wenn er einen Polizeibeamten *Tigrij L'vóvič L'útov* nannte, was soviel hieß wie ‚Tiger Löwensohn Raubtier'. Die Mädchen trugen meistens gebräuchlichere christliche Namen, ebenso die armen, ziemlich verschüchterten Ladengehilfen.

Mit Hilfe dieser urrussischen Familiennamenbildungen wurde der nachhaltige Eindruck von einer nationalen russischen Eigenart der szenischen Personen hervorgerufen. Ostróvskijs Kenntnis der russischen Sprache und der Ausdrucksweise des russischen Volkes war beispiellos. Mit Vorliebe wählte er russische Sprichworte und volkstümliche Redensarten als Titel für seine Schauspiele, von denen einige zitiert seien:

Setz dich nicht in fremde Schlitten (*Ne v svoí sáni ne sadís'*, 1853), *Leb nicht, wie es dir gefällt* (*Ne tak žíví kak chóčets'a*, 1854), *Ein alter Freund ist besser als zwei neue* (*Stáryj drug lučše nóvych dvuch*, 1860), *Wenn sich die Hunde des Hauses beißen, soll sich kein fremder Hund einmischen* (*Svoí sobáki gryzúts'a, čužája ne pristaváj*, 1861), *Von Sünde und Leid bleibt niemand frei* (*Grech da bedá na kogó ne živ'ót*, 1863), *In jedem Weisen ist Einfalt genug* (*Na vs'ákogo mudre-cá dovól'no prostotý*, 1868), *Erst kein Groschen, dann ein Taler* (*Né bylo ni grošá, vdrug altýn*, 1872).

Diese langen Sprichworttitel, die übrigens später bei russischen Dramatikern Mode wurden, gaben Ostróvskijs Schauspielen einen besonderen Charakter, weil sie das pädagogische Element oder die pädagogische Tendenz in ihnen hervorhoben. Tatsächlich hielt sich Ostróvskij an die alte klassische Maxime des lateinischen Satzes *ridendo castigare mores* (*Lachend die Sitten geißeln*) nicht etwa nur als Kompositionsprinzip, sondern auch als Rechtfertigung der Komödie als Kunstart; wenn die Gesellschaftsgruppen, die der Satire ausgeliefert wurden, ihre eigenen Fehler auf der Bühne dargestellt sähen, so müßten sie sich, wie er fest glaubte, unweigerlich zu bessern suchen. Zugleich erreichte er, daß seine Komödien typisch russisch wirkten. Bei mehr oder weniger tragischen Schauspielen konnte er sich daher neutrale, wenngleich immer noch ausdrucksvolle Titel wie diese wählen: *Eine einträgliche Stellung* (*Dochódnoje mésto*, 1856), *Die Pflegetochter* (*Vospitannica*, 1859), *Gewitter* (*Grozá*, 1860), *Schwere Tage* (*T'ažólyje dni*, 1863), *Ein leidenschaftliches Herz* (*Gor'áčeje sérdce*, 1869), *Leichtverdientes Geld* (*Béšenyje dén'gi*, 1870), *Späte Liebe* (*Pózdn'aja l'ubóv'*, 1874), *Sauer verdientes Brot* (*Trudovój chleb*, 1874), *Reiche Bräute* (*Bogátyje nevésty*, 1876), *Das letzte Opfer* (*Poslédn'aja žértva*, 1878), *Die Braut ohne Mitgift* (*Bespridánnica*, 1879), *Ein guter Herr* (*Dóbryj bárin*, 1879), *Skla-vinnen* (*Nevól'nicy*, 1881). Die meisten dieser Titel kündeten klar und deutlich an, wovon die einzelnen Schauspiele handelten.

Die tiefe Vertrautheit mit der russischen Sprache kam mit beson-derer Stärke und besonderer künstlerischer Wirkung in Ostróvskijs Replikenkunst zum Ausdruck. Auch hier war der Dichter im Grunde Naturalist, da er bewußt immer den Gesprächsstil anstrebte, der für die Gesellschaftsgruppe, die er jeweils auf die Bühne brachte, charak-teristisch war. Seine sprachliche Nuancierungskunst war außer-ordentlich. Seine adligen Figuren redeten anders als die Vertreter des Kaufmannsstandes, und deren Sprache unterschied sich wieder-um von der der Kleinbürger und der Winkelschreiber und unteren Beamten. Neben dieser sozialen Nuancierung machte sich auch eine solche nach Geschlecht und Alter geltend: ältere Personen sprachen anders als jüngere, Frauen anders als Männer. Ostróvskijs Gestalten verraten ihren Charakter in ihrer Sprache, sie sind identisch mit ihrer Sprache. Man kann aus seinen Schauspielen freche, brutale, schmeichlerische, kalte, demütige, heuchlerische,, leidenschaftliche, sentimentale, lyrische, poetische und viele noch anders getönte Stellen heraussondern und an der Faktur der Repliken erkennen, welchen Personen sie zuzuweisen sind. Zwei Beispiele mögen erhellen, wie verschieden der Sprachton in den Dialogen sein kann. Die Übersetzungen können den Klang des Originals natürlich nur ganz annähernd wiedergeben. In dem Schauspiel *Man schafft's schon unter Brüdern* sagt der Kaufmann Bol'šóv zu seinem Schwiegersohn und seiner Tochter, nachdem er von beiden ausgeplündert worden ist:

Lázar', hast du denn vergessen, daß du alles bekommen hast, was ich besaß, jeden einzigen Pfennig? Begreifst du: alles, was ich für mich selber zurückgelegt hatte! Ein Rotzlöffel warst du, als ich dich in mein Haus aufnahm, du herzloser Lümmel! Ich gab dir Essen und Trinken, als sei ich dein leiblicher Vater, und brachte dich unter die Leute. Doch hast du mir jemals auch nur ein bißchen Dankbarkeit bezeigt? Wie? Vergiß nicht, Lázar', wie oft ich dich erwischt habe, wenn du grade was aus der Kasse klauen wolltest! Ich schmiß dich nicht raus, dich Schweinehund, ich tratschte es nicht in der ganzen Stadt aus. Im Gegenteil, ich machte dich zu meiner ersten Kraft, mein ganzes Vermögen ließ ich dich kriegen und gab dir, Lázar', mit eigener Hand sogar meine Tochter. Wäre ich nicht in die teuflische Versuchung geraten, dann hättest du es überhaupt nicht gewagt, auch nur einen Blick auf sie zu werfen . . .

Und du, meine Tochter, ja, sag nur, ich alter Idiot solle mich wieder ins Schuldgefängnis scheren! Ja, ins Kittchen mit mir! Wieder ins Loch mit dem alten Narren! Es geschieht ihm ganz recht! Man soll nicht dem großen Gewinn nachjagen, sondern sich damit begnügen, was man bekommen kann. Wenn man dem großen Gewinn nachjagt, wird man am Ende bis aufs Hemd ausgezogen. Da kann man grad so gut gleich nach der Kámennyj-Brücke laufen und sich in die Moskvá stürzen. Aber sie werden einen sicher aus dem Wasser ziehn, und sei's an der Zunge, um einen wieder ins Kittchen zu schleifen. (Alle schweigen, Bol'sóv trinkt.)

Könnt ihr euch überhaupt vorstellen, wie es ist, ins Gefängis wandern zu müssen? Was nützt es mir, die Augen zuzumachen? Die Il'jinka-Straße wird mir hundert Kilometer lang vorkommen. Könnt ihr euch vorstellen, wie es sein mag, mit zwei Gefängnispolizisten hinter sich durch die Il'jinka-Straße zu spazieren? Es ist genau so, als wenn die Teufel in der Hölle – Gott bewahre mich davor! – die sündige Seele von Pein zu Pein schleppten. Und wenn man dann am Bild der Iberischen Gottesmutter vorbeikommt,

wie könnte man sich getrauen, zu ihr emporzublicken, zu unserm lieben
Mütterchen? . . .

Weißt du, Lazar', Judas verkaufte auch unsern Heiland für Geld, genau
so wie wir unser Gewissen für Geld verkaufen . . . Und was hatte er davon?

Und dann muß man durch alle die verdammten Regierungsbehörden und
Strafgerichte . . . Ich bin ja ein böswilliger Verbrecher, ein verstockter . . .
Sie schicken mich sicher nach Sibirien. Ach, du lieber Gott. . . .

In dieser jämmerlichen Klagerede mit ihren primitiven Worten und
abgerissenen Sätzen entlarvt OSTRÓVSKIJ den Charakter Bol'sóvs in
seiner ganzen Armseligkeit, moralischen Verwirrung, Angst und
Selbstbemitleidung. So großmächtig und so rücksichtslos in seinen
Handelsmethoden der Kaufmann in seinen guten Tagen auch war,
in der Niederlage enthüllt er sich als die erbärmliche Sklavenseele,
die er im Grunde ist.

Eine ganz andere Sprache führt die unglückliche Katerína im
Gewitter, als sie sich ihrer Schwägerin anvertraut und in einer rezi-
tierenden, reichgetönten Schilderung von ihrer glücklichen und
sorglosen Kindheit erzählt:

Ich lebte zu Hause ohne Kummer und Sorge wie einer dieser kleinen
Vögel. Meine Mutter verwöhnte mich, putzte mich wie ein Püppchen,
zwang mich nie zur Arbeit, ich konnte genau das tun, wozu ich Lust hatte.
Willst du wissen, wie ich meine Zeit verbrachte, als ich noch ein junges
Mädchen war? Ich will es dir erzählen.

Ich stand immer früh auf. War es Sommer, so ging ich gewöhnlich an
die klare Quelle, um mich zu waschen, und ich nahm immer Wasser von
dort mit, um zu Hause meine Blumen zu gießen. Ich hatte viele viele
Blumen. Nachher gingen Mütterchen und ich in die Kirche, und alle unsere
frommen Pilgerinnen gingen mit uns. Unser Haus war ja voll von solchen
Pilgerinnen und Gottsucherinnen. Nach dem Kirchgang nahmen wir ge-
wöhnlich irgendeine Näharbeit vor, meistens nähten wir goldnes Garn auf
Samt. Dann begannen die Pilgerinnen zu erzählen: wo sie gewesen waren,
was sie in der weiten Welt gesehen hatten, oder sie erzählten Heili-
genlegenden, oder sie sangen fromme Lieder. So verging die Zeit bis
zum Mittag. Dann pflegten sich die Frauen ein wenig hinzulegen, wäh-
rend ich in unserem Garten spazierenging. Dann kam der Abendgottes-
dienst, und nachher ging der Abend wieder mit Erzählungen und Lie-
dern hin . . .

Ich ging furchtbar gern in die Kirche. Es war, als trete man in den
Garten des Paradieses! Ich sah niemand, ich dachte nicht an die Zeit, ich
hörte nicht, wenn der Gottesdienst aufhörte. Es war, als hätte alles nur
eine Sekunde gedauert. Mütterchen sagte immer, die Leute schauten mich

jedesmal an und wunderten sich, was mit mir sei. Und weißt du: wenns
ein sonniger Tag war, dann war immer so ein leuchtender Strahl da, der
von der Kuppel herabkam, und in diesem Strahl bewegte der Rauch sich
wie Wolken auf und nieder, und es war, als ob die Engel vom Himmel im
Lichtstrahl herumschwebten und sängen.

Ein anderes Mal, Liebste, konnte es geschehen, daß ich mitten in der
Nacht aus dem Bett aufstand – überall brannten bei uns zu Hause die Öl-
lampen vor den Heiligenbildern –, dann konnte ich in irgendeiner Ecke
niederknien und bis zum hellen Morgen beten. Oder ich ging frühmorgens
in den Garten, gerade vor Sonnenaufgang, kniete nieder und betete und
weinte und wußte selbst nicht, weshalb ich betete und weshalb ich weinte.
So fanden sie mich oft. Und worum ich damals betete und was ich mir
eigentlich damals wünschte, das kann ich jetzt gar nicht begreifen. Ich hatte
ja gar nichts nötig. Ich hatte ja von allem genug.

Und was für Träume ich hatte, meine Beste, was für Träume! Entweder
träumte ich von goldnen Tempeln oder von ganz wunderbaren Gärten, und
ständig sangen unsichtbare Stimmen, und die Zypressen dufteten, und die
Berge und die Bäume waren ganz anders als in der Wirklichkeit, eher so,
wie man sie auf den Heiligenbildern malt.

Und oft war es, als ob ich fliegen könnte, so ganz einfach in der Luft
schweben ...

Beide Zitate, Kaufmann Bol'šóvs jämmerlicher und primitiver
Monolog und Katerínas poetische Bekenntnisse, sind für die psy-
chologische Methode Ostróvskijs kennzeichnend: er läßt seine
Helden ihre Seele und Persönlichkeit in der Replik als solcher, im
Monolog unmittelbar zum Ausdruck bringen. Vermutlich ist es ein
Erbe des klassizistischen Dramas, wenn Ostróvskij überhaupt
nicht mit einer inneren Psychologie arbeitet, die nur indirekt zum
Ausdruck kommen und im Dialog selbst unausgesprochen bleiben
kann. Die Methode der verhüllten Psychologie, die den Zuschauer
zwingt, sich in den dargestellten Charakter zu vertiefen, seine Eigenart intuitiv zu erraten, oder sein wahres Wesen zu ergrübeln: diese
Methode war und blieb Ostróvskij fremd. Die Menschen, denen wir
in seinen Schauspielen begegnen, sind ohne Ausnahme naiv und
unkompliziert. Die gleiche Simplizität macht sich im dramatischen
Aufbau geltend: Ostróvskij trägt kein Bedenken, die Bühne zwischen einem Abgang und einem neuen Auftritt immer wieder völlig
leer oder nur eine einzige Person zurückbleiben zu lassen und dann
die Pause mit dem veraltetsten aller Mittel, einem an die Zuschauer
im Parterre gerichteten Monolog, auszufüllen.

Seine Dramen zeichneten sich auch nicht durch straffe Handlungs-
führung oder zielbewußte Dramatik aus. Auch hier hinderte ihn
seine naturalistische Einstellung, die reale Wirklichkeit einer arrangierten oder konstruierten dynamischen Theaterwirkung zu opfern.
Fast alle seine Schauspiele beruhen in weitem Maße auf zufälligen
Geschehnissen und Zusammenstößen. Eine konstruierte Motivierung
der Szenenfolge war ihm zuwider. Die einzelnen Auftritte waren auffallend schwach begründet. Manchmal blieb ein wichtiges Ereignis,
das die verhängnisvollsten Folgen hatte, ohne jede innere Kausal-
erklärung. In dem tief tragischen Schauspiel *Gewitter* wird der Fehl-
tritt der sanften, aber leidenschaftlichen Katerína nur dadurch ermöglicht, daß ihr willensschwacher und apathischer Ehemann auf
Geheiß seiner Mutter plötzlich für vierzehn Tage verreist. Weshalb
diese Reise so nötig ist und weshalb die despotische Mutter, die ihren
Sohn sonst verachtet, es nun plötzlich für möglich hält, ihn diese
Reise, die offenbar mit wichtigen Geschäften verbunden ist, machen
zu lassen, statt sie selber zu unternehmen – das zu erklären, kam
Ostróvskij nicht in den Sinn. Diese mangelhafte Motivierung szenischer Vorgänge war eine Eigentümlichkeit, die seiner Dramatik
in gewissem Sinne das Gepräge reiner Einfachheit verlieh. Der
Dramatiker erblickte seine Hauptaufgabe nicht in der sorgfältigen
Motivierung des Bühnendramas, sondern im Einfangen von Aus-
schnitten des wirklichen Lebens in den viereckigen Rahmen der
Bühne. Er begnügte sich damit, den Gang des wirklichen Lebens so
treu wie möglich in seinen Schauspielen wiederzugeben. Er suchte
den Zuschauer weniger durch eine konventionelle und ausgearbeitete
Dramatik der Handlung zu erschüttern als vielmehr durch die ab-
scheuerregende Gestalt der Wirklichkeit selbst. Das Leben, wie
er es schilderte, erschien auch ohne szenische Herrichtung so grausam und brutal, daß kein Anlaß bestand, es noch mehr zu dramatisieren und dadurch die Wirklichkeit zu entstellen. Der Alltag mit
seinem geistigen Dunkel beherrschte Ostróvskijs Schauspiele, der
Alltag, den er im Leben fand. Ihre vage Komposition entsprach den
vagen, zerfließenden Konturen der Wirklichkeit. Die Grundstimmung in seinen Schauspielen war auch die Grundstimmung im Alltag, die Wiedergabe auf der Bühne war ungeschminkt. Diese
Grundstimmung aber, die hinter allen Dramen Ostróvskijs lauerte,

war Angst: Angst vor den Mitmenschen, Angst vor ihrer Gemeinheit und Brutalität, Angst vor der Armut, Angst vor den Autoritäten
und der Macht, Angst vor der Vergeltung. Von dieser Angst sind
letzten Endes alle Gestalten Ostróvskijs besessen, die negativsten
wie die positivsten, die rohen Geldprotzen und Gewalthaber wie die
schwachen Idealisten und poetisch-sentimentalen Schwärmer beider-
lei Geschlechts.

Dieses Gefühl der lauernden Angst gab den Schauspielen Ostróvskijs einen bleibenden Wert. Mit seiner genial verallgemeinernden
Wiedergabe dieser Stimmung überschritt er die Grenzen seiner Zeit.

12. HEROISCHE UND LYRISCHE
STRÖMUNGEN IM REALISMUS

Es ist eigentlich merkwürdig, daß sich Ostróvskij, der konsequenteste Naturalist unter den Dramatikern seiner Zeit, während
einer abgrenzbaren Periode seines Lebens auch der Pflege der heroischen nationalen Verstragödie widmete, deren Pathos seinem Natu-
rell und Talent so sehr zu widersprechen schien. Die russische Tragödie befand sich damals in völligem Verfall. Nach Púškins *shakespearischer* Tragödie *Borís Godunóv*, diesem Versuch, den *chronicle-
play*-Typus auf die russische Bühne zu übertragen, hatte Néstor
Vasíl'jevič Kúkol'nik eine Zeitlang ganz das Theater beherrscht,
teils mit seinen *italienischen* Tragödien *Torquato Tasso*, *Jacobo
Sannazar*, *Giulio Mosti* und anderen, teils auch mit seinen patrio-
tisch-nationalen Schauspielen *Die Hand des Allmächtigen hat unser
Land errettet* (*Ruká vsevýšnego otéčestvo spaslá*, 1834), *Fürst
Skópin-Šújskij* (*Kn'áž' Michaíl Vasíl'jevič Skópin-Šújskij*, 1835)
und anderen, die sich meistens mit der *Smúta*-Zeit beschäftigten.
Obwohl diese Tragödien in den dreißiger Jahren vom naiven Publikum mit Begeisterung aufgenommen wurden, waren sie in ihrem
theatralisch-rhetorischen Stil doch nur Zeugnisse von dem offenbaren
Niedergang der russischen Dramatik.

Überraschenderweise drängte es Ostróvskij in den sechziger
Jahren, nach seinem großen Erfolg als Schauspielverfasser, die seit
Púškins Tagen halbvergessene heroisch-lyrische Tradition des Dra-

mas zu erneuern. Vielleicht spielte es auch eine Rolle für ihn, daß der Dichter MEJ mit seiner Tragödie *Die Frau von Pskov* (*Pskovit'ánka*), die von dem Liebesverhältnis Zar Iváns IV. zu einer Bojarenfrau und dessen Frucht, dem schönen Bojarenmädchen Olga, handelte, im Jahre 1860 einen großen Erfolg errang. Es war ein Drama, das szenische Plastik mit strömendem Lyrismus verband und die rhetorische Form durch die Einführung volkstümlich-epischer Motive und Rhythmen erneuerte. Ihm folgte nun OSTRÓVSKIJ mit seinen Tragödien aus der dramatischen moskovitischen *Smúta*-Zeit. Sie bildeten eine lange Reihe von *chronicle plays* in PÚŠKINS gepflegtem Stil. Das Schauspiel *Mínin* (1862) handelte von der Errettung Moskaus durch den berühmten nationalen Führer Kóz'ma Mínin-Suchorúk. Im Jahre 1865 erschien sein damals sehr geschätztes Drama *Der Heerführer oder der Traum an der Volga* (*Vojevóda íli Son na Vólge*). 1867 folgte die Trilogie *Der falsche Demetrius* (*Dimítrij Samozvánec*), *Zar Vasílij Šújskij* und *Das Lager von Túšino* (*Túšino*). Das beste geschichtliche Schauspiel OSTRÓVSKIJS war jedoch zweifellos die Tragödie *Vasílisa Melént'jevna* (1868), die von dem Versuch einer herrschsüchtigen und leidenschaftlichen Frau, die Greisengunst Iváns des Schrecklichen zu gewinnen, handelte. OSTRÓVSKIJS historische Dramatik war eindrucksvoll und wirkungsvoll auch in der Verwendung des traditionellen fünffüßigen Jambus; sie konnte indessen ihre eigene Zeit nicht überleben. Sie enthielt zu viel Rhetorik, und ihr tragisches Pathos erinnerte nicht selten an die klangvolle, aber leere Suada KÚKOL'NIKS. Hinzukam, daß sie bald von der berühmten Trilogie ALEKSÉJ TOLSTÓJS gänzlich in den Schatten gestellt wurde.

Was man bei OSTRÓVSKIJ so weithin vermißte, dramatischen Sinn und dichterische Sprache, das fand man in reichem Maße bei ALEKSÉJ KONSTANTÍNOVIČ TOLSTÓJ (1817–75). Auch er fühlte sich von der *Smúta*-Zeit angezogen, vielmehr von dem Auftakt zu ihr, der Zeit vom Tode Iváns IV. bis zum Falle Borís Godunóvs. Die dramatischsten Tragödien seiner Trilogie waren jedoch merkwürdigerweise nicht die besten. Weder die erste, *Der Tod Iváns des Schrecklichen* (*Smert' Ivána Gróznogo*, 1867), noch die letzte der drei Tragödien, *Zar Borís* (1870), konnte die literarische Bedeutung der zeitlich mittleren, *Zar F'ódor Ioánnovič* (1868), verdunkeln. Diese fesselte nicht so sehr durch ihr Intrigenspiel, obgleich es dramatisch wirkungsvoll genug war, als durch die Gestalt des schwachen und kranken, aber grenzenlos gütigen, milden und moralisch reinen Zaren – des Prototyps des absolut guten und unschuldigen Menschen, den DOSTOJÉVSKIJ in mehreren seiner Romane so leidenschaftlich darzustellen suchte. Als Verstechniker verlieh der Dichter dem fünffüßigen Jambus neuen plastischen Glanz und löste die Rhetorik in wohlklingende dramatisch zugespitzte Verse auf. In seinen lyrisch-heroischen Monologen und Dialogen war Wärme, Leidenschaft und Tragik, eine schöne, unsentimentale Männlichkeit. Billiger Patriotismus fehlte ganz.

ALEKSÉJ TOLSTÓJ schrieb seine Trilogie als reifer Dichter. Schon früh war er aber als Lyriker bekannt geworden, der gern auch die epische Gattung, vor allem die Ballade, pflegte. Er war ein Neffe des Schriftstellers PERÓVSKIJ-POGORÉL'SKIJ, und vielleicht stand er unter seinem Einfluß, als er 1841 unter dem Namen KRASNOGÓRSKIJ seine erste Arbeit herausgab, den *Vampir (Upýr')*, eine phantastische Novelle in E. TH. A. HOFFMANNS Stil. Er verließ jedoch bald die Prosa, um nur viel später einmal (1862) zu ihr zurückzukehren, als er seinen historischen Roman *Fürst Serébr'anyj* schrieb, ein zwar vielgelesenes, seiner Form nach aber schon ganz veraltet wirkendes Werk, das an ZAGÓSKINS Romane erinnerte. Seinem ausgesprochen aristokratischen Geschmack sprach im Zeitalter des Realismus die Prosa wenig zu. Als lyrischer Dichter trat er erst im Jahre 1854 mit Gedichten vor die Öffentlichkeit, die durch eine eigentümliche Vereinigung vornehmen Ästhetentums mit dem Bestreben, einfache volkstümliche Rhythmen und Töne zu verwenden, eine gewisse Aufmerksamkeit erregten. Seine wahre Meisterschaft offenbarte er in seinen dichterischen Schilderungen russischer Landschaften und Naturstimmungen. Er vollbrachte das unwahrscheinliche Kunststück, GOETHES Gedicht *Kennst du das Land* so vollkommen ins Russische zu übertragen und es so persönlich nachzudichten, daß es zu einer echt empfundenen Liebeserklärung an die russische Natur wurde und nur noch die metrischen Kadenzen der acht sechszeiligen Strophen an das Vorbild erinnerten. ALEKSÉJ TOLSTÓJ war überhaupt ein gottbegnadeter Übersetzer und Nachdichter, und außer GOETHE dienten ihm HEINE, HERWEGH, CHÉNIER und BYRON als Vorbilder und Vorlagen.

ALEKSÉJ TOLSTÓJ kann als Verfechter des *l'art pour l'art* bezeichnet werden. Er war ein überzeugter Gegner des herrschenden literarischen *Opportunismus*, der die Kunst in den Dienst des Alltags stell-
len wollte. Die Geschmeidigkeit und Vielseitigkeit seines Talentes
aber ließ ihn oft die Pose des Eklektikers und Feinschmeckers zugunsten aktueller Parteinahme aufgeben. Solange er Dichter seines
*Ich*s war, hielt er sich würdig und ernst vom Alltag fern. Seine Ero-
tika, seine Elegien, seine Landschaftsbilder durchzieht immer eine
feine, vornehme Kühle. Sie sind immer in kurze, knappe Strophen
gegliedert. Aber wenn er das Gebiet der reinen Lyrik verließ, konnte
er nur mit Mühe den Abstand von der ihn umgebenden Wirklichkeit
wahren. In seinen volkstümlichen Gedichten, in denen er Thematik
und Form des Bauernliedes verwendete, zeigte er sich als begabter
Nachahmer, ohne jedoch die Kunstlyrik mit neuen Werten zu bereichern. Das Volkstümliche verband sich bei ihm bezeichnenderweise mit einem gewissen gemäßigten Slavophilismus, der vor allem
in seiner Vorliebe für die russische Vergangenheit zum Ausdruck
kam. Zum Unterschied von den echten Slavophilen hielt er sich aber
von jeder Verherrlichung der moskovitischen Epoche fern – sie war
für ihn eine Epoche der Finsternis und des Despotismus, – und
wandte sich der Kíjever Zeit mit ihren vermeintlich demokratischen
Struktureigentümlichkeiten zu. Er bevorzugte in seiner lyrisch-
epischen Dichtung geschichtliche Themen, und seine trefflichen
Balladen näherten sich stark dem Typus der russischen volkstümlichen *Bylinen*. In diesen Balladen oder Bylinen, die oft von frischer
und lebhafter Ironie erfüllt waren und doch immer die reichste Na-
turpoesie enthielten, verherrlichte und besang er die Helden der
skandinavisch-varägischen Vorzeit oder altrussische Recken wie
Il'já Múromec oder Al'óša Popóvič oder den Kaufmannssohn aus
Nóvgorod, Sadkó, der den Meerkönig auf dem Grunde des Meeres
besuchte. In seinen außerordentlich beliebten moskovitischen Balladen (zum Beispiel in *Fürst Michájlo Repnín* oder *Vasílij Šibánov*),
denen er meistens Stoffe aus der ihm so gut bekannten Zeit Iváns IV.
zugrunde legte, stellte er sich entschieden auf die Seite der zaren-
feindlichen Magnaten, in denen er nicht so sehr machtgierige Vertreter der Adelsoligarchie als vielmehr Verteidiger altrussischer Frei-
heitsbegriffe erblickte.

ALEKSÉJ TOLSTÓJS Freiheitswille war rein persönlich und bekundete sich oft in seinem Widerwillen gegen jede Form einer Abhängigkeit von den Machthabern. Obgleich persönlicher Freund Kaiser Alexanders II. und Beamter seines Hofes, bemühte sich der Dichter immer, seine volle Freiheit zu wahren. Er floh oft vom Hofleben auf sein geliebtes Gut, um allen Konflikten und Intrigen zu entgehen. Er schildert sich selber in dem großen epischen Gedicht *Johannes Damaskenos (Ioán Damaskín)*, das den Kirchenvater am Hofe des Kalifen zeigte und ihn seinen Fürsten anflehen ließ, das Getriebe seiner Welt verlassen zu dürfen. Ein Meister der Reimkunst, der scharfen und gedrängten Aussage, der Ausdrucksfülle des Versmaßes, war ALEKSÉJ TOLSTÓJ ein Virtuose der traditionellen Gattungen und Formen, kein Erneuerer. Doch zeichnete er sich durch eine Eigenschaft aus, die sonst selten war – eine ungemein sichere und elegante Ironie, die ihn zur Satire, zur Parodie und zur schonungslosen Kritik des herrschenden Systems drängte. Mit seinen Vettern ALEKSÉJ und VLADÍMIR ŽEMČÚŽNIKOV, die sich beide mit Dichten abgaben, schuf er die Dichtergestalt Kuz'má Prutkóv – Wirklicher Staatsrat und Ritter des St.-Stanislaus-Ordens, hochgestellter Beamter im Staatsapparat, Verfasser einer Abhandlung *Zur Einführung einer einheitlichen Denkart in Rußland*. So verkappt, erlaubte sich ALEKSÉJ TOLSTÓJ den zaristischen Bürokratismus aus seinem eigenen inneren Wesen heraus zu verhöhnen. Er schrieb auch das berühmte ergötzliche Gedicht *Die Geschichte Rußlands seit den Tagen Gostomýsls (Rússkaja istórija ot Gostomýsla)*, worin die Geschichte des Landes von dem legendären Helden Gostomýsl bis zur modernen Zeit einer ironischen und satirischen Revision unterzogen wurde. Sein Grundgedanke war eine Paraphrase des Ausspruchs, den die altrussische Chronik den Sendboten in den Mund legte, welche die Väringer von jenseits des Meeres als Herrscher nach Rußland holten: *Alles ist herrlich in unserem russischen Land, nur Ordnung haben wir nicht.* Besonders treffend wirkte die epigrammatische Charakteristik, die der Dichter dem theoretischen Liberalismus und der praktischen Politik Katharinas II. gab:

> *„Madame, in Ihren Staaten*
> *würd jeder Bauer froh,"* –

so schrieben ihr und baten
Voltaire und Diderot –

„wenn Sie so huldreich wären,
als Mutter der Nation
den Frönern zu gewähren
die Freiheit der Person."

Flugs schrieb drauf Katharine:
„Messieurs, vous me comblez!"
Und gab der Ukraine,
auch ihr, der Leibfron Weh. . . .

Das lyrische Erbe Púškins und Lérmontovs, das die Literatur übernommen hatte, konnte sich neben der mächtig emporwachsenden realistischen Prosa nur mit Mühe Geltung verschaffen. Das Drama hatte es in dieser Beziehung viel leichter und fand, wie das Beispiel Ostróvskijs zeigt, ohne Schwierigkeit seine natürliche Aufgabe innerhalb des Realismus. Die Poesie war in allen ihren traditionellen Formen bereits von ihren größten Meistern, Púškin und Lérmontov, zugunsten der Prosa und des Realismus aufgegeben worden. Sollte die Lyrik eine ebenbürtige Stellung neben Prosa und Drama einnehmen, so mußte auch sie sich in die zielbewußt heranrückenden Reihen des Realismus einzuordnen suchen. Diese Aufgabe schien mit ihrem Wesen, wie es von den großen Meistern der Romantik geschaffen und gebildet worden war, unvereinbar zu sein. Daher sehen wir die Formen der Lyrik nur kümmerlich dahinvegetieren – trotz den hervorragenden Talenten, die sie pflegten und sich in ihnen offenbarten. Die Dichter dieser Zeit, die Verse schufen, konnten daher erst gegen Ende des neunzehnten Jahrhunderts und zu Anfang des zwanzigsten volle Anerkennung finden. Das waren – außer Aleksėj Tolstój – vor allem T'útčev, Fet, Polónskij, Májkov und Mej.

Der älteste und bedeutendste unter ihnen war F'ódor Ivánovič T'útčev (1803–73), ein unmittelbarer Fortsetzer der Lyrik Púškins, dem er kongenial und fast ebenbürtig war. Sein erstes Gedicht wurde bereits 1819 – lange vor Púškins Tod – veröffentlicht, als er erst sechzehn Jahre alt war, doch maß er selber weder damals noch später seiner poetischen Tätigkeit größere Bedeutung bei. Nur wenn besondere Gelegenheiten dazu einluden, ließ er sich – bald hier, bald da – mit kleineren oder größeren Gedichten von meisterhafter Bildung vernehmen. Als Aristokrat und Diplomat verbrachte er den größten Teil seines Lebens im Ausland und stand in seiner konservativen Haltung und slavophilen Neigung der politisch-ideologischen Entwicklung in seiner Heimat ziemlich fern. Nur ab und zu tauchten seine Gedichte vereinzelt in den *dicken* literarischen Zeitschriften jener Jahre auf, ohne größeres Interesse, geschweige denn Aufmerksamkeit, zu erregen; von 1840 bis 1854 blieb er stumm. Der Sieg der realistischen Prosa hatte seiner Lyrik Einhalt getan. Erst als 1854 eine größere Sammlung seiner Gedichte dank den Bemühungen Turgénevs in einer Sonderausgabe erschien, entdeckte man plötzlich, daß man einem eigenwüchsigen Genie gegenüberstand, einem Genie, das den Mut hatte, die Kunst um ihrer selbst willen zu pflegen. In seiner Poesie führte T'útčev bewußt die *apollinische* Linie weiter, die Púškin begründet hatte; seine Kenntnis der deutschen romantischen Philosophie hatte jedoch seinen Versen eine eigentümliche und neue Tiefe verliehen, die sich durchaus nicht in einer leeren philosophischen Verkündung kundtat, sondern in einer Bildhaftigkeit von besinnlichem Ernst. Er war ein grundsätzlicher Feind des westeuropäischen Individualismus, den er aus vieljähriger Erfahrung so gut kannte und als Ergebnis der schweren sozialen Entwicklung in Westeuropa ansah, und er hoffte und glaubte, daß Rußland die Wege vermeiden könne, die Westeuropa in der Zeit des beginnenden Kapitalismus eingeschlagen hatte.

Gleichzeitig aber war T'útčev selber durch und durch Individualist. Er lauschte den Regungen der eigenen Seele und fand in ihr die Motive der Einsamkeit, der Versonnenheit, der Melancholie, der Ferne. Das bedeutet indessen nicht, daß seine Lyrik der Ausdruck einer selbstbeschaulichen Haltung oder einer krankhaften Selbstbetrachtung war. Seine Gedichte erhoben sich allmählich zu metaphysischen Höhen, wohin ihm seine Zeit nicht zu folgen vermochte. Er war ergriffen von der Irrationalität des Lebens. Das Dasein war ihm ein unaufhörliches Wunder; seine Ausmaße waren in ihrer Gewaltigkeit unfaßbar. Hinter diesem Wunder ahnte er jedoch etwas unerforschlich Dunkles und Angsteinflößendes, einen *Abgrund* und ein *Chaos*, von denen er sich in seltsamer Weise sowohl angezogen als auch in Grauen gebannt fühlte. Diese Empfindung gründete aber sicherlich eher in seiner seelischen Veranlagung als in einer Neigung zur Mystik. Er war nicht imstande, das Christentum als Glauben zu begreifen oder sich religiösen Stimmungen hinzugeben, und seinen lyrischen Pantheismus nannte er mit leiser Selbstironie das *Gewand eines schamhaften Atheismus*. Von seinen graziösen Liebesgedichten und seinen formvollendeten Elegien und Albumversen konnte er sich oft zu pathetischen Gedichten von staunenswerter Kraft emporschwingen: seine monumentalen Dichtungen bekamen etwas von der Art Deržávins, etwas Odenhaftes. Immer aber spürte man auch den klassischen Einfluß Púškins und die Melodiosität Žukóvskijs. Der Dissonanzgedanke kommt in seinem kurzen Gedicht *Tag und Nacht* (*Den' i noč*) am reinsten zum Ausdruck:

> *Ob einem namenlosen Schlund,*
> *dem Reich geheimnisvoller Mächte,*
> *liegt eines goldnen Flors Geflechte*
> *nach dem Gebot aus Göttermund.*
>
> *Der Tag ists, der so schimmernd scheint,*
> *er, der belebt die Erdenwesen,*
> *die kranke Seele läßt genesen,*
> *der Menschen und der Götter Freund.*
>
> *Der Tag vergeht. Es kommt die Nacht.*
> *um von dem Wehsalreich die Weben*
> *des gnadenreichen Flors zu heben*
> *und wegzuschleudern seine Pracht.*
>
> *Entblößt vor uns der Abgrund klafft,*
> *wo Ängste brau'n und Nebel sieden,*
> *durch keine Mark von uns geschieden.*
> *Drum ist die Nacht uns grauenhaft.*

Gleichsam außerhalb der Zeit, ja in heftiger Abwehr gegen sie stand der Dichter Afanásij Afanás'jevič Šénšin-Fet (1820–92), der Sohn eines russischen Vaters und einer deutschen Mutter. Er selbst legte Wert darauf, sein Verhältnis zur Zeit durch schroffe Ablehnung moderner Gesellschaftsströmungen und leidenschaftliche Kritik fortschrittlicher Gedanken zu bekunden. Er war ein fast fanatischer Anhänger des Grundsatzes *l'art pour l'art* und pflegte die schöne

Form und den schönen Klang mit einer Intensität, die man versucht ist, verbissen zu nennen. Er war ein Neuklassiker, der sich genießerisch in die römische Poesie vertiefte, und zugleich doch auch ein Neuromantiker, der HEINES Gedichte verehrte und liebte. Er selbst schuf eine Lyrik, die erst gegen Ende des Jahrhunderts glühende Bewunderer und Nachahmer fand. Schon 1840 veröffentlichte er sein *Lyrisches Pantheon* (*Liríčeskij Panteón*), setzte sich aber erst 1850 mit einem Band *Gedichte* (*Stichotvorénija*) durch. 1856 folgte ein neuer Band mit dem gleichen anspruchslosen Titel. Erst in den Jahren 1883–91 erschienen seine *Abendfeuer* (*Večérnije ogní*), die nach einer Pause von fast einem Menschenalter plötzlich eine Brücke schlugen von der klassischen Dichtung der Vergangenheit zur modernen Lyrik des *fin de siècle*. Im Zeitalter des Realismus vertrat FET, wie die meisten anderen Dichter seiner Epoche, nur eine Unterströmung der Lyrik. Nur wenige russische Lyriker hatten die Gabe, in der Liebesdichtung, der sein Schaffen vor allem galt, eine solche Fülle von Zartheit, Feinfühligkeit und Verehrung zum Ausdruck zu bringen wie er. In seinem Stimmungs- und Gefühlsleben spielte die Frau von Anfang an eine außerordentliche Rolle. War sie zunächst nur die Fleisch und Blut gewordene Harmonie und Schönheit, so wurde ihr Wesen in seinen Gedichten allmählich immer mehr vergeistigt und zu einem ewigen Symbol erhoben. In solcher Anbetung offenbarte sich Sehnsucht und Hingabe eines durchaus männlichen Charakters.

Etwas Ähnliches geschah in FETS Naturdichtung. Er verstand es, eine Landschaft in wenigen konkreten Zügen zu erfassen und sie mit so viel Stimmung zu erfüllen, daß auch hier der höchste dichterische Ausdruck erreicht wurde. Zugleich vermochte er es, seine Gedichte so melodisch zu gestalten, daß sich ihre Wiedergabe in Tönen geradezu aufzudrängen schien. Eine Süße, die alles andere als süßlich war, beherrschte seine Naturbilder. Ungemein eindringlich waren auch FETS philosophische Gedichte, die behutsam metaphysische Probleme berührten, aber jede Form von Lehrhaftigkeit vermieden. Man hat mit Recht gesagt, FETS Meisterschaft erweise sich nicht so sehr in seiner Fähigkeit, alles zu sagen, als vielmehr in seiner Fähigkeit, niemals alles zu sagen. Trotzdem war seine Ausdrucksfülle vollkommen:

> *Ich stand lange reglos und starrte*
> *zu fernen Gestirnen hinan –*
> *ein Band zwischen diesen Gestirnen*
> *und mir sich zu knüpfen begann.*
>
> *Ich sann. . . . Nimmer weiß ichs. Den Chor nur*
> *geheimnisvoll noch ich vernehm.*
> *Die Sterne erzitterten leise.*
> *Ich liebe die Sterne seitdem. . . .*

Knapper, einfacher und erschöpfender konnte kein zeitgenössischer russischer Dichter die Stimmung gestalten, der dieses Gedicht
entsprang. Klarheit in allem, was er ausdrücken wollte, ist überhaupt
der Vorzug Fets. Selbst mystische Gemütsstimmungen, musikalische Bewegungen der Seele, dunkle Gefühlswallungen erhielten in
seinen wogenden Verszeilen eine Prägnanz, wie sie in der russischen
Poesie selten war:

> *Die Nacht war hell. Im Mond der Garten lag. Es drangen*
> *die Strahlen ins Gemach, wo sonst kein Licht uns schien.*
> *Der Flügel offenstand. Die Saiten zitternd klangen.*
> *Die Herzen bebten mit bei deinen Melodien.*
>
> *Du sangst noch, ganz verweint, als schon der Morgen graute,*
> *daß du die Liebe seist, daß keine außer ihr.*
> *Ich lebte nur, um dich, mir nah in jedem Laute,*
> *zu lieben – – und zu weinen über dir.*
>
> *Viel Jahre sehnsuchtvoll und inhaltlos vergingen.*
> *Nun tönt dein Lied erneut in stille Nacht hinein.*
> *Nun hör ichs wiederum in Seufzerhauchen singen,*
> *daß du das Leben bist, die Liebe du allein –*
>
> *daß aus das Herzeleid und allen Schicksals Höhnen,*
> *daß Leben endlos ist, ein Ziel nur für und für:*
> *nur glauben dem Gesang, den schluchzend wehen Tönen,*
> *dich lieben, dich umfahn und weinen über dir.*

Viel fruchtbarer, doch bei weitem nicht so vollkommen, vielseitiger,
doch bei weitem nicht so eindringlich wie Fet war sein naher Freund
Jákov Petróvič Polónskij (1820–98), der 1844 seine erste Gedichtsammlung, *Tonleitern* (*Gámmy*), herausgab und dann bis in die neunziger Jahre Versband auf Versband veröffentlichte. Mit den erwähn-

ten zeitgenössischen Dichtern trug er dazu bei, eine Brücke zur modernen russischen Lyrik der Jahrhundertwende zu schlagen. Seine Liebesgedichte zeichneten sich durch so weiche und innige Klänge aus, daß sie oft vertont wurden. Sie waren ihm nicht bloß ein Instrument zur Verkündung seiner Ergriffenheit, seiner Trunkenheit, seiner Verehrung. Er benutzte sie auch nicht zur Schilderung der geliebten Frau. Die stärkste Wirkung erzielte er, wenn er in kurzen Liebesgedichten Erlebnisse und Geschehnisse wiedergab, die von einer einzigen Stimmung beherrscht waren. Ein Liebesgedicht begann etwa mit der rasch hingeworfenen Schilderung des alten Hauses mit der hohen dunklen Treppe und dem immer verhüllten Fenster, wo er seine nonnenhafte Geliebte heimlich besuchte und ihrem heißen, leidenschaftlichen Flüstern lauschte. In einem anderen Gedicht erzählte er, welche Erinnerungen der Anblick der Geliebten, deren dunkle Flechten sich ihr wie ein Kranz um den Kopf legten, in ihm wachrief, Erinnerungen an früher erlebte Tage und Nächte, die nur sie ihn auch vergessen machen konnte. Oder er sprach von dem letzten Kuß der sterbenden Geliebten, fieberheiß und leise wie der letzte Atemhauch. Oder er schilderte die Stimmung der Nacht bei der ersten Begegnung mit der Geliebten, die schamhaft das Gesicht an seiner Schulter verbarg, während er die Sonne bat, ihren Aufgang zu verzögern. Oder er schrieb dieses Liebesgespräch zwischen Mann und Frau:

Lächeln liegt auf ihren Lippen,
Gram und Groll in ihrer Brust.
Voller Wehmut in die Augen
sieht er ihr in trunkner Lust.

Und sie sagt: ,,Ich ahn es sicher,
du verrätst mich irgendwann –
ich gesteh, daß ich dich gerne
hassen möchte und nicht kann.''

Wieder blickt er voller Wehmut,
doch mit glühendem Gesicht –
und auf ihre Schulter neigt er,
drückt die Lippen er und spricht:

,,Hüte dich vor mir! Ich weiß es,
daß ich dein Verderben bin,

weil ich wahnsinnstrunken liebe,
mit verzehrend heißem Sinn . . ."

Bei der deutlichen Neigung zur Dramatisierung, die sich in POLÓNSKIJS Lyrik bemerkbar macht, überrascht es nicht, daß sein Schaffen, besonders in der späteren Zeit, auch eine ansehnliche Reihe wohlgelungener Balladen aufweist. Zu den besten gehören die Balladen *Von König Kazimir dem Großen* und *Von Simeon, dem Zaren der Bulgaren.* Zu derselben Gattung gehören Gedichte wie *Kassandra* und *Anna Galdina.* Die große epische Form zog überhaupt POLÓNSKIJ an; um dieser Neigung zu genügen, schrieb er leichte, ironisch-graziöse Dichtungen wie den *Musikalischen Heuschreck* (*Kuznéčik-Muzykánt*) oder das reizende frivole Poem von *Mimi*, die mit einem Baron an die baltische Küste floh und hier mit seinem Gärtner flirtete. Ideologisch machte POLÓNSKIJ im Laufe der Jahre eine merkwürdige Wandlung durch: von einem unbegrenzten Glauben an das Vermögen der Wissenschaft, die Welträtsel zu lösen, zu einem ständig zunehmenden Mystizismus und wachsender Religiosität. Es besteht kaum ein Anlaß, zwischen POLÓNSKIJS Auffassung von der Aufgabe der Poesie und der Ansicht der vorerwähnten Dichter schärfer zu unterscheiden; denn wenn er sich auch – schwankend und wenig ausgeglichen, wie er im allgemeinen, besonders am Beginn seiner Dichterlaufbahn war – dazu verlocken ließ, vorsichtig aktuelle Töne anzuschlagen und zum Beispiel das Schicksal einer jungen Revolutionärin im Gefängnis zu beklagen oder balladenhaft von der Flucht eines jungen Mädchens vor dem Leben zu erzählen, so war er nichtsdestoweniger im Prinzip ein echter Vertreter des poetischen Ästhetentums. Die Meisterschaft der anderen erreichte er jedoch nicht, und die Sprache erlaubte sich bei ihm oft überraschende Sprünge in die rein prosaische Sphäre.

Zur selben Gruppe wie FET und POLÓNSKIJ gehörte auch der Dichter APOLLÓN NIKOLÁJEVIČ MÁJKOV (1821–97), der als Sohn eines Malers und Bruder des Literaturkritikers VALERIÁN MÁJKOV und des Literarhistorikers LEONÍD MÁJKOV einem kultivierten konservativen Milieu entstammte. APOLLÓN MÁJKOV ließ sich hauptsächlich von der antiken griechischen Poesie anregen, übersetzte mit Eifer und großem Einfühlungsvermögen die alten Anakreontiker, die er auch meisterhaft nachahmte, und wandte seine Formerfahrungen auf russische Stoffe an. Er schrieb formvollendete Gedichte, die einfache Motive (eine Landschaft, ein Geschehnis, eine Situation) knapp und klar behandelten und den Leser durch keine allzu starken koloristischen oder pittoresken Effekte erregten. Die Intensität des Lyrismus war in diesen Gedichten immer gebändigt; das Gefühl zerstörte nie die ruhige Symmetrie der Form; auch Klangwirkungen wurden nur mit großer Zurückhaltung ausgenutzt. Neben hellenischen Motiven bevorzugte APOLLÓN MÁJKOV römische Stoffkreise, die jedoch nur selten epikuräische Bilder umfaßten, und verweilte gern bei der Schönheit eines Marmorgottes. In seinen *Kameen* ließ er Anakreon einen Bildhauer besuchen, ließ Alkibiades auftreten oder zeichnete die Gestalt eines römischen Prätors. Auch MÁJKOV zeigte eine bemerkenswerte Vorliebe für die Ballade, der bei ihm meistens Motive aus dem Mittelalter zugrunde lagen. Er schrieb Verse, die das *Konzil von Clermont* schilderten oder das *Konzil von Konstanz*, das Jan Hus zum Märtyrertod verurteilte; andere Verse waren *Savonarola* gewidmet oder erzählten von der *Beichte einer Königin*. Sein Leben lang beschäftigte sich der Dichter mit dem Gegensatz von antikem Ästhetismus und russisch-byzantinischer Tradition, ohne ihn jedoch in einer höheren Synthese ausgleichen zu können, und aus diesem Konflikt erwuchs sein Streben, die Form der lyrischen Tragödie zu verwirklichen. 1852 entstand sein lyrisches Drama *Der Tod dreier Männer* (*Tri smérti*), das ohne Anspruch auf szenische Wirkung als Dialog zwischen drei von Kaiser Nero zum Tode verurteilten Römern – dem jungen Dichter Lucanus, dem stoischen Philosophen Seneca und dem Epikuräer Lucius – gestaltet war. Fast dreißig Jahre später nahm der Dichter dasselbe Thema in seiner Tragödie *Zwei Welten* (*Dva míra*, 1881) wieder auf; hier stellte er das römische Heidentum und das Christentum in den Gestalten des Decius und des Marcellus einander gegenüber. Aber das Rom der Verfallszeit trat in dieser Dichtung viel plastischer und lebendiger hervor als das neue Rom der Zukunft, das zu bauen das Christentum ausersehen war. Auch hier gelang es MÁJKOV nicht, seine innere Zwiespältigkeit zu überwinden. Ebensowenig erreichte er in den Gedichten, die Stoffe aus der russischen Geschichte behandelten, sein Ziel, das moskovitische Rußland als den idealen Erben der byzantinischen Kultur in poetisch

überzeugender Weise zu verherrlichen. Er scheute sich nicht einmal
– in einer Zeit, da Iván IV. als Verfechter der Despotie aufgefaßt
wurde –, die Apotheose dieses Zaren zu schreiben. Májkov suchte
auch in seinem lyrischen Schaffen in die Mentalität seines Volkes einzudringen und ihre eigentümlichsten Züge, den Gedanken der Sünd-
haftigkeit und des Leidens, den Gedanken der Frömmigkeit, festzuhalten. So gab er im *Wandersmann* (*Stránnik*) ein eindringliches
Bild von der geistigen Welt extremer russischer Sektierer. Sein Verständnis russischer Gemütsart offenbarte sich jedoch am besten in
seinen kleineren Gedichten, die von der Arbeit des Alltags oder den
Stunden der Feier sprachen. Angeführt sei das titellose Gedicht von
der Stimmung in einer russischen Kirche:

> *Teuer ist vorm Heiligenbilde,*
> *rings mit goldnem Schmuck bedeckt,*
> *mir das reine Wachs, das milde*
> *fremde Hände angesteckt.*
>
> *Weiß ich doch: die Kerzen strahlen,*
> *weihvoll singt der Kirchenchor:*
> *linder werden manche Qualen,*
> *stille Tränen quelln hervor –*
>
> *nun des Trostes lichter Engel*
> *schwebt hernieder zu der Schar. . . .*
> *Und der Sinn der Kerzenstengel*
> *wird mir zitternd offenbar:*
>
> *Sind der Witwe Kupferscherfe,*
> *sind des Armen Opfergrot,*
> *sind vielleicht voll Reumutschärfe*
> *eines Mörders bange Not . . .*
>
> *Heller Nu in Nacht und Fähle*
> *ein Erinnern an die Pein*
> *und die Rührung einer Seele,*
> *die erschaut das ewige Sein. . . .*

Die genannten Lyriker waren alle hervorragende Übersetzer fremder Poesie ins Russische; keiner aber widmete sein Schaffen in so
überwiegendem Maße der Nachdichtung der großen Lyrik anderer
Sprachen wie der von deutschen Eltern abstammende Dichter Lev

ALEKSÁNDROVIČ MEJ oder MEY (1822–62), dessen Talent freilich allzu früh im Trunk verkam. In seiner eigenen dichterischen Leistung hielt er den Vergleich mit den Dichtern des *l'art pour l'art* seiner Zeit nicht aus. Er besaß weder ihre Intensität noch ihre Nuancierungskunst und konnte in seinen Versen weder intime Stimmungen noch äußere Erlebnisse erschöpfend wiedergeben. Vergeblich bemühte er sich, in volkstümlichen Rhythmen Erneuerung und Anregung zu finden. Seine *Flußnixe* (*Rusálka*), sein *Pilzsuchen* (*Po gríby*), sein rhythmisch wohlgelungenes ländliches Gedicht *Alle Menschen halten heute frohen Feiertag* (*Kak u vséch-to l'udéj prázdníček*) verrieten großes Talent. Im allgemeinen traf er jedoch selten den echten Volkston und begnügte sich damit, seinen Gedichten durch Verwendung archäologischer und ethnographischer Stoffe das Gepräge eines pseudo-russischen Stils zu geben. Dasselbe gilt für seine geschickten Umdichtungen altrussischer Erzählungen und Legenden, so zum Beispiel für das *Lied vom Bojaren Jevpátij Kolovrát* (*Pésn'a pro bojárina Jevpátija Kolovráta*), das *Lied von Aleksándr Névskij*, das *Lied von der Fürstin Ul'jána V'ázemskaja* (*Pésn' pro kn'agín'u Ul'jánu Andréjevnu V'ázemskuju*), das *Lied vom Untergang der Recken im heiligen Rußland* (*Otčegó pérevelís' vít'azi na sv'atój Rusí*). Am besten glückte ihm die Übersetzung des *Epos von der Heerfahrt Igor's*. In diesen nationalen Stoffkreis gehörten auch die schon erwähnte lyrische Tragödie *Die Frau von Pskov* und die viel früher erschienene Tragödie *Die Zarenbraut* (*Cárskaja nevésta*, 1849), während der Vorwurf seines römischen Dramas *Servilia* eigentlich außerhalb seines Stoff- und Fassungsbereiches lag. MEJS Hauptwerk, zugleich seine imponierendste und interessanteste Leistung, war der große Gedichtzyklus *Hebe dich weg von mir, Satan* (*Otojdí ot men'á, Sataná*), worin er den Satan die Herrlichkeiten der ganzen Welt Christus vor die Augen zaubern läßt: Palästina, Ägypten, Persien, Indien, den Norden, Hellas, Rom und Capri, jede Landschaft in ihrer eigenartigen, meisterhaft vergegenwärtigten Pracht. MEJ war ein hervorragender Verskünstler und Kenner der dichterischen Eigentümlichkeiten und Möglichkeiten seiner Sprache. Seine Kenntnis der russischen Metrik war besonders gründlich und beruhte auf eingehenden Studien. Seine poetischen Nacherzählungen biblischer Berichte waren von bezauberndem Reiz; besonders berühmt wurde seine Paraphrase des *Hohenliedes Salomos* (*Pésn'a pésnej*). Unter seinen Übersetzungen finden wir Gedichte von GOETHE, SCHILLER, HEINE, BÉRANGER, VICTOR HUGO, BYRON, ANAKREON, THEOKRIT, von MICKIEWICZ, ODYNIEC, ZALESKI, CHODŹKO, SYROKOMLA und vielen anderen polnischen Dichtern.

In der Zeit, in der diese Dichter lebten, bildete ihr Schaffen nur eine lyrische Unterströmung in der mächtigen Flut des Realismus. Keiner von ihnen vermochte eine Lyrik zu schaffen, die der vorherrschenden wirklichkeitsnahen Literaturbewegung entsprach. Auch andere Dichter, deren Namen in einer erschöpfenden Bibliographie zu verzeichnen wären, waren nicht fähig, ihr Talent in den Dienst der Zeit zu stellen und sich ihren brennenden Problemen hinzugeben. Der einzige, der nach Herkunft, Erziehung und Schicksal große Voraussetzungen zu haben schien, eine aktuelle Dichtung zu schaffen und von der Not des Volkes zu sprechen, war der blasse, schüchterne IVÁN SÁVVIČ NIKÍTIN (1824–61), der die Linie fortführte, die sein Landsmann KOL'CÓV mit seinen wesensechten Bauerngedichten begründet hatte. NIKÍTIN kam jedoch nicht weit über seinen Vorgänger und Meister hinaus, obwohl er 1856 mit seiner ersten Gedichtsammlung (die zweite Auflage erschien 1859) in literarischen Kreisen Aufsehen erregte. Auch seine große Verserzählung *Der Kulak* (*Kulák*, 1858) brachte ihn nicht an die Spitze der lyrisch-realistischen Bewegung. Da stand zu dieser Zeit bereits NEKRÁSOV.

13. DIE LYRISCH-REALISTISCHE DICHTUNG NEKRÁSOVS

Als NEKRÁSOV eines Tages krank lag, schickte OSTRÓVSKIJ ihm einen kleinen Brief, worin er ihn launig warnte, nun etwa zu sterben, da sie doch beide der russischen Literatur als die einzigen wirklich nationalen Schriftsteller unentbehrlich seien. Diese Behauptung mag in einer Zeit, in der die Prosa als realistisches Ausdrucksmittel die Literatur unumschränkt beherrschte, seltsam anmuten. Gleichwohl enthielt die anscheinend überraschende Äußerung gar nicht so wenig Wahrheit. Denn genau so wie OSTRÓVSKIJ ein nationales russisches Theaterrepertoire zu schaffen vermocht hatte, war es NEKRÁSOV gelungen, der Lyrik, die völlig in Mißkredit geraten war, eine wichtige nationale Aufgabe, einen neuen Inhalt und eine neue Form zu geben. Außerdem waren OSTRÓVSKIJ und NEKRÁSOV beide hervorragende Spracherneuerer, die der Literatur neue volkhafte Sprachschätze zuführten. Mit ihnen zerbrach die lebende gesprochene Sprache den klassischen Kanon und bewies ihr Daseinsrecht in der Literatur. NEKRÁSOV schuf die dichterische, poetisch-lyrische Form des Realismus.

NIKOLÁJ ALEKSÉJEVIČ NEKRÁSOV (1821–78) war ein Zeitgenosse der Dichter der reinen Kunst, in ihren Augen aber war er nur ein unbegabter Nachahmer veralteter Vorbilder oder bestenfalls ein respektloser Versmacher, der die geheiligten Traditionen und Regeln mißachtete. In Wahrheit hatte er sich durchaus nicht unabhängig von den Einwirkungen anerkannter Meister entwickelt. Als er 1840 als junger Student sein erstes Gedichtbändchen, *Träume und Klänge* (*Mečtý i zvúki*), herausgab, stand er noch ganz im Bannkreis PÚŠKINS und ŽUKÓVSKIJS, und sein Mangel an Selbständigkeit und Originalität war unverkennbar. Die schonungslose Kritik, die diesen Gedichten zuteil wurde, veranlaßte ihn, das dünne Heft, wo immer er seiner habhaft wurde, aufzukaufen und zu verbrennen. Nichtsdestoweniger konnte man auch in seinen späteren *Elegien* gelegentlich Anklängen an die große klassische Poesie begegnen. Er scheint die Kunst des konkreten Ausdruckes bei keinem Geringeren als dem alten DERŽÁVIN gelernt zu haben (er versuchte sich sogar in der Odendichtung); den entrüstet anklagenden Ton übernahm er offenbar von LÉRMONTOV, dessen Stil er mitunter nachahmte oder bewußt abwandelte. Grundsätzlich aber kehrte er der hohen klassisch-romantischen Lyrik den Rücken.

Mit seiner neuen Sprache trat er zum erstenmal 1845 in zwei Gedichten hervor: das eine war eine satirisch gemeinte *Moderne Ode* (*Sovreménnaja oda*), die in einer der fortschrittlichen russischen Zeitschriften gedruckt wurde, das andere war ein realistisches Genrebild, *Auf der Reise* (*V doróge*), das in einen der damals modernen, stark *physiologisch* orientierten Almanache aufgenommen wurde. Die Ode interessierte nicht so sehr durch ihre etwas unklare Pointe als durch die Kühnheit, mit der der Dichter das anapästische Versmaß mit daktylischen Ausgängen verband. Natürlich kannte und gebrauchte

man seit langem anapästische und daktylische Formen, doch waren
die Versausgänge vorzugsweise trochäisch oder jambisch. In NEKRÁ-
SOVS Gedicht wechselten nun lange, weiche Versausgänge mit kurzen,
harten ($\cup \cup \perp \cup \smile \perp \cup \cup \cup \perp \cup \smile / \cup \cup \perp \cup \cup \perp \smile \smile \perp$), und
damit war eins der Geheimnisse seiner späteren volkstümlichen Metrik
schon in diesem ersten, von ihm selbst auch später anerkannten Gedicht
vorweggenommen. In dem zweiten Gedicht verwendete er eine Kompositionstechnik, die gleichfalls seine spätere charakteristische Dichtart
ankündigte. Metrisch bot es zwar nichts Neues, es war in anapästischen
Versen mit abwechselnd männlichen und weiblichen Reimen geschrieben. Das Prinzip der Komposition aber bestand darin, daß Auftakt und Schlußakkord – die an den Postkutscher gerichteten Worte
des Reisenden – die Erzählung des Kutschers vom tragischen Schicksal seiner Frau umrahmten: in ihrer Jugend wie ein vornehmes
Fräulein auf dem Herrenhof erzogen, wurde das leibeigene Mädchen
später von ihrem neuen Besitzer ohne weitere Umschweife mit einem
gutmütigen, aber ungebildeten Bauernburschen, dem Kutscher, verheiratet. Die Erzählung vom Schicksal des Mädchens wirkte doppelt
stark, weil der Erzähler selbst außerstande war, das Unglück seiner
Frau und ihr langsames Verblühen im Dorf wirklich zu begreifen.
Als NEKRÁSOV in seinem ersten Gedicht den satirisch-urbanistischen
Stoff mit der volkstümlichen Metrik daktylischer Versausgänge und
in seinem zweiten Gedicht einen volkstümlich-tragischen Stoff mit
dem traditionellen Reimschema verband, war er sich wahrscheinlich
selbst noch nicht über die Bedeutung seiner Neuerung klar. Deutlich
bewußt wurde sie ihm jedoch in seinem reichen späteren Schaffen,
wo er daktylische Reime meistens bäuerlich-volkstümlichen Stoffen
vorbehielt, die traditionellen dagegen in rein urbanistischen Gedichten verwendete.

Die Bezeichnung *urbanistisch* ist nur insofern angemessen, als es
sich in diesen Gedichten um konkrete Verhältnisse, Situationen, Geschehnisse oder Schicksale handelte, die mit dem Leben der Hauptstadt St. Petersburg verknüpft und für diese charakteristisch waren.
NEKRÁSOV schuf eine Menge solcher Gedichte. Sie ziehen sich wie ein
roter Faden durch sein ganzes Schaffen, sind aber doch kaum der
wichtigste Teil seiner Dichtung. Sie enthielten immer einen sozialen
Protest, der sich gegen die Gebrechen des zaristischen Systems rich-

tete. Sie waren oft satirisch, oft aufrührerisch-anklagend, oft geradezu revolutionär, manchmal tragisch. Fast niemals kam in ihnen die persönliche Stimmung des Dichters unmittelbar zum Ausdruck. Meistens waren es scharf umrissene Einzelerscheinungen von der Schattenseite des hauptstädtischen Lebens, Fälle aus der Tiefe der Gesellschaft. Nur in der grellen, unnuancierten und pointierten Darstellung, die er ihnen gab, verriet der Verfasser seine persönliche Entrüstung. Er wollte seine Dichtung als objektiv anerkannt sehen.

Eine konzentrierte Satire dieser Art war sein Gedicht *Ein sittlicher Mensch (Nrávstvennyj čelovék*, 1847): ein angesehener Vertreter der Gesellschaft berichtete – in vier Strophen von je zehn jambischen Versen – das tragische Schicksal von Frau, Freund, Knecht und Tochter; jede Strophe schloß mit zwei kehrreimartigen *moralischen* Zeilen. Die Darstellung der Geschehnisse wurde dem selbstgerechten Angeklagten überlassen. Dieselbe Methode der indirekten Stoffwiedergabe, welche die Persönlichkeit des Verfassers ganz zurücktreten ließ, war auch in dem Gedicht *Im Krankenhaus (V bol'níce*, 1855) verwendet; in Strophen von je acht bis zehn daktylischen Versen mit männlichen und weiblichen Reimen ließ ein Kranker verschiedene mißratene Existenzen – den Phantasten, den Schauspieler, den Pastorensohn, den Spitzbuben und den Dichter – mit ihrem Leben und Leiden vor dem Besucher Revue passieren. In dem Gedicht *Armselig und geputzt (Ubógaja i nar'ádnaja*, 1857), das in langen anapästischen Zeilen mit weiblichen und männlichen Reimen geschrieben war, erzählte der Dichter, nunmehr in eigenem Namen, die Geschichte von der Wandlung eines armen verwaisten Mädchens zur Kokotte. Ein anapästisches Versmaß mit wechselnden anapästischen und trochäischen Ausgängen verwendete NEKRÁSOV in seinen *Betrachtungen am Eingang zu einem Herrschaftshaus (Razmyšlénija u parádnogo podjézda*, 1858), worin er den Gegensatz zwischen dem Leben eines vornehmen Herrn und dem eines demütigen Bittstellers herauszuarbeiten suchte. In anapästischem Versmaß waren auch die satirischen Betrachtungen *Vom Wetter (O pogóde*, 1858–65) verfaßt, während das Versmaß in den tief ironischen *Liedern vom freien Wort (Pésni o svobódnom slóve*, 1865) unaufhörlich wechselte. Diese Lieder schilderten die Aufhebung der Zensur unter Alexander II. und ihre Folgen – vom Standpunkt des Druckereiboten, des Setzers, des Dichters, des

Literaten und des Publikums; wie illusorisch die Druckfreiheit war, zeigte besonders das siebente Lied mit dem dreimal wiederholten *Vorsicht!* des Kehrreims. Diese urbanistischen Gedichte verdunkelten völlig Nekrásovs intime Lyrik, seine Episteln an Freunde und Freundinnen, seine Elegien, seine Liebesgedichte, worin er jedoch niemals über den traditionellen Ausdruck hinauskam und sehr oft zu ziemlich abgeleierten Wörtern Zuflucht nahm.

Es ist bemerkenswert, daß bei Nekrásov neben jambischen und trochäischen Versmaßen immer wieder diese daktylischen und anapästischen Metren auftauchten. In ihrem weiten, schwingenden Rhythmus spürte der Dichter Ausdrucksmöglichkeiten, die seinen Versen einen volkstümlichen Ton verliehen. In seinen Dorfgeschichten, mögen sie nun Naturschilderungen und Naturstimmungen enthalten oder vom traurigen Schicksal des Bauernvolks handeln, finden wir beide Systeme in reichem Maße verwendet, variiert und kombiniert. 1846 schilderte Nekrásov in zwei wohlgelungenen Gedichten seine Eindrücke von einem Besuch auf dem väterlichen Gut. In dem einen, *Meine Heimat* (*Ródina*), regelmäßigen sechsfüßigen Jamben mit einer Zäsur nach dem dritten Versfuß, schilderte er seine traurige Heimkehr und die Erinnerungen an seinen brutalen, ausschweifenden Vater und seine sanfte, leidende Mutter. Bemerkenswert war es, daß die Jamben in diesen langen Zeilen immer wieder ihrer prosodischen Betonung entzogen waren, so daß entweder der erste oder der zweite Halbvers einen anapästisch-jambischen oder daktylisch-jambischen Tonfall bekam. In dem anderen Gedicht, *Hundejagd* (*Psóvaja ochóta*), gaben dagegen dreifüßige Daktylen mit männlichen und weiblichen Ausgängen den Versen einen eigentümlich galoppierenden und beschleunigten Rhythmus. Nekrásov beschäftigte sich sehr eingehend damit, die Möglichkeiten dieses Rhythmus dem Gegenstand anzupassen, der ihn besonders fesselte – der Darstellung von Bauernschicksalen. Er entdeckte, daß ihm die Kombination von daktylischen und männlichen Ausgängen innerhalb eines wesentlich daktylischen Versmaßes erlaubte, einen singenden Lamentationston, wie er für die Klagelieder der Bäuerinnen so charakteristisch war, mit einem hart drohenden Akzent am Ende der zweiten Zeile zu verbinden. Außerdem ließen sich die gefühlvollen Koseformen der Namen mit dem Daktylus vereinigen. Nach dem Muster

```
́ ᴜ ᴜ ́ ᴜ ᴜ ́ ᴜ ᴜ ́ ᴜ ᴜ     a
́ ᴜ ᴜ ́ ᴜ ᴜ ́                 b
́ ᴜ ᴜ ́ ᴜ ᴜ ́ ᴜ ᴜ ́ ᴜ ᴜ     a
́ ᴜ ᴜ ́ ᴜ ᴜ ́                 b
```

schuf NEKRÁSOV eins seiner besten Bauerngedichte, *Im Dorf* (*V derévne*, 1853), das von der Klage einer Mutter über den Tod ihres teuren Sohnes Sávuška (Koseform von Sáva) handelte. Das Gespräch zwischen der Unglücklichen und ihrer Nachbarin begann etwa so:

> „*Grüß dich, Kasjánovna!*" – „*Base, wie geht es dir?*
> *Weinst du noch immer so sehr?*
> *Bitterkeit zieht dir durchs Herz und belädt es dir,*
> *als wenn sie Fronherrin wär?*"

> „*Muß ich nicht weinen, ich Ärmste, Betrübteste,*
> *wund von dem Weh, das mir ward?*
> *Tot ist er, Nachbarin, tot, du Geliebteste,*
> *tot und im Grabe verscharrt!*"

NEKRÁSOV wurde nicht müde, von jeder sich nur bietenden metrischen Variationsmöglichkeit Gebrauch zu machen. Daher erscheint fast jedes seiner Gedichte als etwas Einmaliges, ausgestattet mit einem Höchstmaß gehaltlicher und rhythmischer Einheit. Eine eigene Wirkung erzielte er etwa dadurch, daß er jeder zweiten Zeile eines trochäischen Gedichtes einen daktylischen Ausgang gab, so daß diese Verse einen seltsam singenden Nachklang bekamen, der besonders *russisch* wirkte. In dieser Weise war das Gedicht *Vlas* (1854) gestaltet – der Bericht von dem brutalen reichen Bauern, der sich nach einer religiösen Vision auf eine Bußwanderung von Ort zu Ort begibt, um Almosen für den Bau von Kirchen zu sammeln. Dasselbe metrische Schema benutzte NEKRÁSOV in dem Gedicht *Das Lied von Jer'ómuška* (*Pésn'a o Jer'ómuške*, 1858), wo ein vorbeifahrender Bauernbursche an einem Bauernhause haltmacht, die klagende Frau ihr Lied von der Demut zu Ende singen läßt, ihr aber dann das Kind aus den Armen nimmt und sein eigenes Lied vom Haß und der Empörung singt. Offenbar verband NEKRÁSOV mit diesem Rhythmus die Vorstellung von Volkstümlichkeit und Liedhaftigkeit. Dem schlicht-erzählenden Ton entsprach dagegen nach seiner Meinung das reine trochäische Metrum in dem Gedicht *Das vergessene Dorf* (*Zabýtaja derévn'a*, 1855): es besteht aus paarweise gereimten trochäischen Sechsfüßlern, die in der Mitte eine Zäsur aufweisen und dem einfachen Reimschema *a/a b/b c/c* folgen. In diesem unendlich traurigen Gedicht erzählt der Dichter, wie die leibeigenen Bauern, die in große Not geraten sind, Jahr auf Jahr vergeblich warten, daß ihr Gutsherr komme und ihnen helfe. Der einförmige Rhythmus mit seinen weiblichen Reimen machte die Trostlosigkeit der Lage besonders eindringlich. So gelang es NEKRÁSOV mit ständig wachsender Meisterschaft, die klassischen Wege der Tradition weit hinter sich lassend, einen neuartigen episch-lyrischen Stil zu schaffen: die Eigentümlichkeit dieser Form bestand in dem dauernden Wechsel zwischen wogenden und singenden Rhythmen und harten, knappen Versmaßen, zwischen schlicht-erzählenden zweisilbigen, wie in Stein gehauenen einsilbigen und langen schwingenden dreisilbigen Reimen. In dem meisterhaften Gedicht vom *Los der Bäuerin* (ohne Titel, 1863), in dem Gedicht *Basen* (*Kúmuški*, 1863), in *Kalistrátuškas Tod* (1863), in dem ergreifenden Gedicht *Orina, die Soldatenmutter* (*Orina, mat' soldátskaja*, 1863) und in vielen anderen sang er in immer neuen, immer überraschend wirkungsvollen Rhythmen die unsägliche Tragödie des russischen Bauernvolks und besonders der russischen Bauersfrau.

Früh schon beschäftigte sich NEKRÁSOV mit dem Plan, ein Gedicht großen Formates zu schaffen, das sich auf seine eigenartigen volkstümlichen Rhythmen gründete. Der erste Versuch dieser Art war die große romanartige Dichtung *Sáša* (1855), welche die Anlage von TURGÉNEVs Roman *Rúdin*, der im selben Jahre erschien, vorwegnahm. Dennoch war NEKRÁSOV bei der Wahl seines Themas nicht besonders glücklich, da es für eine Erzählung in Daktylen mit männlichen und weiblichen Reimen wenig geeignet war. Erst 1861 gelang es ihm, eine Dichtung zu schaffen, die in ihrer Komposition groß angelegt war und mit wohlberechneter Wirkung langsam von dem heiteren und lustigen Ton des Einganges zu einem düsteren Ende führte. Das Werk hieß *Die Hausierer* (*Korobéjniki*, 1861); es war im selben Versmaß geschrieben wie *Vlas* und *Jer'ómuška*. In sechs verhältnismäßig großen Abschnitten ließ der Dichter zwei reisende Händler, einen alten, erfahrenen und einen jungen, den Frauen zugetanen, in den Dörfern ihr Geschäft treiben, die Frauen und Mädchen zu ihren Kiepen heranrufen, miteinander schwatzen, ihre Einnahmen teilen und sich schließlich im Wald verirren, wo sie von einem Räuber erschossen und ihres Geldes beraubt werden. Jeder Abschnitt hatte sein Motto, das einem Volkslied oder einem Volkssprichwort entnommen war. Das Gedicht war einem Bauern gewidmet, den NEKRÁSOV kannte und schätzte. Obwohl eine Übertragung ins Deutsche keinen rechten Begriff von der volkstümlichen Art der Dichtung geben kann, sei doch ihr Auftakt angeführt, das Lied, womit der junge Hausierer auf der Dorfstraße die Frauen herbeiruft:

> *Hei, so voll, so voll ists Kiepchen hier –*
> *Zitz und Seide, was ihr wollt!*
> *Schenk doch dein Erbarmen, Liebchen, mir,*
> *sei der starken Schulter hold!*

Was bei allen früheren Versuchen der Dichter, den nationalen russischen Ausdruck zu treffen, immer ein Unbehagen – die Empfindung des Unechten und Gekünstelten – hervorgerufen hatte, war bei NEKRÁSOV glücklich vermieden. Sein Gedicht war so ganz von volkstümlichem Geist durchdrungen, daß seine poetische Neuartigkeit anerkannt werden mußte. Es wirkte wie eine wohlgelungene Paraphrase russischer volkstümlicher Motive, war aber zugleich durch und durch künstlerisch. Es war keine Nachahmung, was er geleistet hatte, sondern eine wirkliche Nachdichtung, eine Umdichtung. In den folgenden Jahren schuf er noch manche große Gedichte in diesem neuen Stil, vermied aber zum Glück die Gefahr, sich allzu fest an eine bestimmte Ausdrucksform zu binden. Im Jahre 1863 erschien sein zweiteiliges lyrisches Epos *König Frost mit der roten Nase* (freie Übersetzung des Titels *Moróz Krásnyj Nos*). Der erste Teil, *Der Tod eines Bauern*, bestand aus fünfzehn Strophen oder *Couplets*, wie man solche verschieden lange Glieder eines größeren Gedichtes nannte, der zweite, der den Titel des ganzen Werkes trug, enthielt zwanzig *Couplets*. Das Verhältnis des Dichters zu seinem Stoff war im ersten Teil anders als im zweiten, und in Übereinstimmung damit war die ursprünglich gleichmäßige Rhythmik im zweiten Teil von verschiedenartigen Versmaßen abgelöst. Im ersten Teil erzählte der Dichter

in einem mehr oder weniger objektiven Ton von dem Tod des jungen
Bauern Prokl nach einer beschwerlichen Reise mit Pferd und Schlitten durch den Wintersturm und von der Trauer seiner Eltern, seiner
jungen Frau und seiner Kinder. Dieser ganze Teil handelte von den
Vorbereitungen zum Begräbnis des toten Ernährers und von dem
Begräbnis selbst. Alle fünfzehn *Couplets* waren in einem kaum merk-
bar bewegten daktylisch-anapästischen Rhythmus mit trochäischem
Auftakt gehalten und folgten im wesentlichen einem einfachen Reimschema, nach dem nur jeder zweite Vers reimte. Nur hier und da
schlich sich eine überzählige Zeile in den gleichmäßigen Rhythmus
ein und verriet die lauernde Unruhe. Die ersten drei *Couplets* hatten
übrigens ein etwas komplizierteres Reimschema als die folgenden, so
daß der Leser den Eindruck bekam, der Dichter finde erst allmählich
den rechten erzählenden Ton. Im zweiten Teil dagegen ist die
Rhythmik ganz anders, und auch die Haltung des Dichters hat sich
geändert. Er sieht jetzt die Welt mit den Augen der unglücklichen
jungen Witwe Dár'ja und schildert, was in ihrer Seele vorgeht,
während sie draußen im verschneiten Wald Brennholz für ihre Hütte
sammelt: in einer märchenhaften Vision sieht sie König Frost sich zu
ihr niederbeugen und hört ihn mild zu ihr sprechen; langsam erfriert
sie im Winterwald. Nekrásov hatte seiner eigenen Erklärung nach
die Absicht, in diesem Teil des Gedichtes das unromantische,
realistische Bild einer echtslavischen Frau zu geben: ausdauernd,
pflichttreu, stark in ihrem Leid, schwermütig in ihrer Sehnsucht nach
Güte und Trost. Diese wahre slavische Frau sollte in ihrem heroischen
Alltagsleben den Phantastereien der Slavophilen von der idealen
slavischen Frau entgegengestellt werden. Seine Slavin, die russische
Bauersfrau, sollte mit ungebrochener Kraft ihr dreifaches Los tragen:
die Frau eines Sklaven zu sein, die Mutter eines Sklaven zu werden,
einem Sklaven bis ans Grab zu gehorchen. In diesem Teil ist das
Versmaß im Prinzip daktylisch-anapästisch, auch die Reime sind ab
und zu daktylisch, besonders dort, wo die Gedanken und Stimmungen
Dár'jas wiedergegeben oder ihr in den Mund gelegt werden, und
wenn nicht männliche Reime diese schwingenden Rhythmen immer-
zu brächen, wäre das ganze Gedicht ein typischer Klagegesang
einer leidbeladenen Bäuerin über die phantastische Härte des
Schicksals.

In den Jahren 1863–76 war NEKRÁSOV sehr mit einem großen
Werk beschäftigt, das leider niemals ganz fertig wurde, das aber auch
in seiner Torsoform ein Meisterwerk ist. Nur der erste Teil wurde
vollständig abgeschlossen, vom zweiten Teil liegt ein kleines und ein
sehr großes Fragment vor, der dritte Teil blieb ebenfalls unvollendet.
Das Gedicht hieß *Wer in Rußland glücklich lebt* (*Komú na Rusí
žit' chorošó*). Es war als gewaltige Epopöe vom Leben in Rußland
gedacht und sollte zeigen, daß es in diesem großen, schlecht regierten
Reiche niemandem besonders gut gehe. NEKRÁSOV hatte den geistreichen Einfall, einige Bauern sich auf Wanderschaft begeben zu
lassen, um durch Fragen herauszubekommen, ob es in Rußland jemanden gebe, der mit seinem Dasein zufrieden sei. Statt aber sofort
einen tragischen Ton anzuschlagen, zog es NEKRÁSOV vor, das große
Werk mit einem in russischen Volksmärchen nicht ungewöhnlichen
ironischen Auftakt zu eröffnen. Dabei kam ihm ein lustiges lako-
nisches Metrum mit daktylischen Ausgängen sehr zustatten, das nur
selten von den üblichen männlichen Endungen wie von Hammer-
schlägen unterbrochen wird. Das reimlose Gedicht wirkte fast wie
rhythmisierte Prosa. Eine Übersetzung des Einganges möge eine Vorstellung von dem anscheinend so heiteren Ton des Gedichtes geben:

In welchem Jahr – errechne es,
in welchem Land – errate es,
da trafen auf der Landstraße
sich sieben Bäuerlein. . . .

Sie trafen sich und stritten sich,
wer fröhlich lebt im Russenland
und ganz nach seinem Sinn.

Román sprach: „Nun, der Gutspatron."
Dem'ján sprach: „Der Beamte".
Luká rief aus: „Der Pfaff".
„Der dickwanstige Handelsmann",
sprach das Gubínsche Brüderpaar,
Iván und Mitrodór.

Pachóm, der Greis, bedachte sich,
sah vor sich hin und sagte dann:
„Der Edelmann, der Mächtige,
der Herr im Ministerium".
Und Prov rief aus: „Der Zar!"

In rechter Märchenweise kommen die sieben Bauern in den Besitz
eines Zaubertuches, das sie jederzeit reichlich mit Essen und Trinken
versorgt und ihnen so ihre lange Wanderung durch Rußland ermöglicht. Die Schilderung ihrer Wanderung wird niemals schematisch
oder eintönig. NEKRÁSOV verstand es, seine poetischen Wirkungsmittel immer wieder zu variieren. Ebenso unerschöpflich wie sein
Stoff war der Reichtum rhythmischer Spielarten. Die Sprache, die er
gebrauchte, war unmittelbar mit dem Wortschatz des Bauernvolkes
verwandt, und Wörter, die nie zuvor in der Literatur hatten auftauchen dürfen, fanden in seinem Werk ihren ganz natürlichen Platz.
Volkskundliche Stoffe, Volkslieder, Märchen, Trinklieder waren
sinnvoll verwendet, und die Volkspoetik mit ihren schmückenden
Beiwörtern, ihren negativen Vergleichen, ihrer mehrmaligen Wiederholung gewisser Motive, ihren kehrreimartigen Formeln, ihren
epischen Klischees wirkte im Text wie eine reiche belebende
Quelle, bald heiter, bald traurig über Stock und Stein dahinrau-
schend. Das Gedicht begann in einer Art von russischem *Schild-
bürger*-Stil mit der Hervorhebung komischer Zwischenfälle und der
Verwendung spaßiger sprachlicher Wirkungen (Begegnung mit dem
Pfarrer, Schilderung des Marktes, nächtliche Heimfahrt der Bauern).
Mit dem Fortschreiten der Erzählung wurde die Stimmung aber
immer düsterer und trauriger: es zeigte sich, daß die Menschen, die
den sieben reisenden Bauern versicherten, sie seien glücklich, nur
gerade mit heiler Haut dem Unglück entronnen waren, das andere
getroffen hatte; wirklich Glückliche aber gab es nirgends, nicht einmal unter den Gutsbesitzern, die nach der Bauernbefreiung hilflos
der neuen Zeit gegenüberstanden. Besonders großartig war das Fragment *Eine Bauernfrau* (*Krest'jánka*), das die tragische Lebensgeschichte einer begabten Bäuerin erzählte. Das ganze Werk sollte in
ein großes Gedicht vom Bauernfest (*pir na ves' mir*) münden, und
die Schlußverse klangen in der berühmten, oft angeführten Hymne
aus:

> *Du bist das elende,*
> *du auch das prächtige,*
> *du auch das machtlose,*
> *du auch das mächtige*
> *Mütterchen Rus'!*

Das Interesse für die russische Frau war ein bemerkenswerter Wesenszug in NEKRÁSOVS Schaffen. Das wahre Heldentum fand er immer wieder bei ihr, mochte sie Mutter oder Gattin sein, einfache Bäuerin oder verfeinerte Dame. Ihre Fähigkeit, für das, was sie lieb hatte, zu kämpfen, namenlose Leiden zu ertragen und niemals den Kampf aufzugeben, flößte ihm die tiefe Verehrung und Bewunderung ein, die in seiner Dichtung immer wieder zum Ausdruck kam. In seinem Werk *Wer in Rußland glücklich lebt* wurde er nicht müde, diese sittliche Kraft der russischen Bauersfrau zu verherrlichen. Zugleich aber trieb es ihn bei seiner eingehenden Beschäftigung mit der Geschichte des berühmten Dezember-Aufstandes immer stärker, jenen beiden Edelfrauen ein Denkmal zu errichten, die sich in wahrem Helden- und Opfertum entschlossen hatten, ihren zur Zwangsarbeit in Sibirien verurteilten Männern zu folgen, und ihren Entschluß allen Warnungen, Schwierigkeiten und Strapazen zum Trotz verwirklichten. NEKRÁSOV widmete jeder ein Gedicht. Die Heldin des einen war die Fürstin Trubeckája, die des anderen die Fürstin Volkónskaja. Das zweite Gedicht, das als ein persönlicher Bericht der tapferen Frau gestaltet war, wirkte besonders stark und ergreifend. Die beiden Gedichte erhielten den gemeinsamen Titel *Russische Frauen (Rússkije žénščiny,* 1871–72).

Während die meisten Lyriker, die zur gleichen Zeit wie NEKRÁSOV wirkten, in der russischen Dichtung einen etwas traditionellen Klassizismus vertraten und nur deshalb Bedeutung für die Nachwelt gewannen, weil sie die Form zur meisterhaften Vollendung entwickelten und sie mit verskünstlerischen Entdeckungen bereicherten, bestand NEKRÁSOVS literarische Bedeutung – paradoxerweise – darin, daß er die Dichtung mit und trotz all seinem sozialen Realismus zu einer eigentümlichen Neu-Romantik brachte, die so eigenwüchsig war, daß niemand sie weiterführen konnte, ohne ihn zu wiederholen. Indessen lag in seinem reimtechnischen Wirken der Keim zu einer Erneuerung, die man noch nicht begreifen konnte. Seine Dichtung war nämlich der erste Schritt zu einer Befreiung der russischen Sprache von der ihrem Ursprung nach römisch-lateinischen metrischen Tradition. In Wirklichkeit war er auf dem Wege, die überwältigende Bedeutung des russischen Akzentes nicht nur für den Klang des einzelnen Wortes, sondern auch für die Intonation des

ganzen Satzes zu entdecken. Das anapästisch-daktylische Metrum
einerseits und die Vermeidung der schematisch-strengen Betonung
bei jambisch-trochäischen Maßen andrerseits entsprach der Eigenart des volkstümlichen russischen Liedes, und in NEKRÁSOVS Dichtart kündigte sich, ihm selbst vielleicht nicht einmal ganz bewußt,
die Befreiung der russischen dichterischen Sprache aus der alten,
anscheinend sakrosankten prosodischen Zwangsjacke an.

14. DIE LITERARISCHE KRITIK IM ZEITALTER DES REALISMUS

NEKRÁSOV war nicht bloß Dichter, er war zugleich ein äußerst
praktischer und geschickter Zeitschriftenredakteur. Er sollte in dieser
Eigenschaft eine wichtige organisatorische Rolle in der russischen
Literatur seiner Zeit spielen. Nach einem langen Hungerdasein in
St. Petersburg, wo er sich durch allerlei literarische und halb-
literarische Sklavenarbeit, durch Korrekturlesen, Ausschreiben von
Theaterrollen und mitunter durch das Abfassen von Briefen für nicht
lese- und schreibkundige Bauern ernähren mußte, begann sich der
etwa zwanzigjährige ehemalige Provinzjournalist allmählich in den
Redakteur- und Schriftstellerkreisen der Hauptstadt Geltung zu verschaffen. Im Jahre 1842 wurde er mit dem großen Kritiker BELÍNSKIJ
bekannt, der damals eine letzte, einigermaßen sozialistische und materialistische Periode durchlebte, und empfing von diesem Mann, der
bald sein väterlicher Freund wurde, entscheidende Anstöße. In den
Jahren 1843–45 hatte es NEKRÁSOV schon so weit gebracht, daß er
an die Spitze verschiedener Almanach-Veröffentlichungen treten
und unter anderem die Herausgabe des berühmten Gemeinschafts-
werkes *Physiologie von Petersburg* (*Fiziológija Peterbúrga*) übernehmen konnte, das so viel zur Begründung der neuen natürlich-
physiologischen Richtung in der Literatur beitrug. Im Jahre 1847
übernahm er mit seinem Freund, dem Schriftsteller PANÁJEV, die
berühmte, von PÚŠKIN begründete Zeitschrift *Der Zeitgenosse*
(*Sovreménnik*), für die er BELÍNSKIJ als Mitarbeiter hatte gewinnen
können, und machte sie sehr schnell zu einem der führenden radikalen
Organe Rußlands. Die besten Federn waren an dieser Zeitschrift

tätig, die besten realistischen Romane der Zeit erschienen hier, und die Leserschaft, die sich gegen Ende der Regierung Kaiser Nikolajs I. mehr und mehr revolutionären Stimmungen hingab, verschlang begierig jedes neue Heft des *Zeitgenossen*. Zu überragender Bedeutung gelangte jedoch die Zeitschrift, als NEKRÁSOV 1854 den Kritiker ČERNYŠÉVSKIJ und 1857 den Kritiker DOBROL'ÚBOV für die Redaktion gewann. Im *Zeitgenossen* besaß der russische Realismus von nun an – im scharfen Gegensatz zur *reinen Kunst* – seinen ideologischen Rückhalt. Die immer unversöhnlicher werdende Haltung der Zeitschrift führte bald zu einer tiefen Spaltung zwischen den gemäßigt-liberalen Schriftstellern, die ihre Werke nicht mehr in ihr veröffentlichen wollten, und den radikal-revolutionären, die sie treu unterstützten.

Der Zeitgenosse erschien bis 1866, als ein Attentat auf Alexander II., den *Volksbefreier*, in unmittelbare Verbindung mit der *schädlichen* und *gefährlichen* Tätigkeit der Zeitschrift gebracht wurde und die Regierung NEKRÁSOVS Organ für immer verbot. Mit unglaublichem Geschick gelang es ihm jedoch sehr bald, die alte und altmodische Zeitschrift *Vaterländische Annalen (Otéčestvennyje zapíski)*, die er übernahm, zu einem lebendigen und anregenden Organ zu machen, das von 1868 bis weit in die siebziger und achtziger Jahre hinein unter seiner und SALTYKÓV-ŠČEDRÍNS Leitung der Sache der revolutionären bauernfreundlichen *Volkstümler* oder *Populisten* (der sogenannten *Naródniki*) diente. Die Zeitschrift zog weite Kreise der Jugend als Leser an sich, die von ihr Gedanken und Anstöße empfingen. Die Jahrzehnte, in denen NEKRÁSOV als Redakteur tätig war, umfaßten jene erregende Zeit, die durch bedeutsame Geschehnisse gekennzeichnet war: das Fiasko im Krimkrieg, den Tod Nikolajs I., die Thronbesteigung Alexanders II. und die Weiterentwicklung der revolutionären Bewegung während der späteren, reaktionären Regierung dieses Zaren.

Der Polizeistaat Nikolajs I. hatte sich beim Tode des Kaisers tatsächlich schon lange überlebt. Jeder klarblickende Beobachter hatte längst seine innere Schwäche erkannt, der Auflösungsprozeß war seit langem in vollem Gang, der Kaiser selber war sich darüber klar gewesen, daß sich das auf der Leibeigenschaft beruhende feudalpatriarchalische Gesellschaftssystem auf die Dauer unmöglich auf-

rechterhalten ließ: immer dringender forderte die Industrie, die in
der gesamten Wirtschaft Rußlands immer stärker zur Geltung kam,
die Freimachung beweglicher Arbeitskraft; die primitive Naturalwirtschaft, in der Rußland jahrhundertelang gelebt hatte, hatte sich
längst als veraltet erwiesen; das Handels- und Industriekapital forderte die Einführung moderner sozialer Grundsätze, und die humanistische Weltanschauung, die bei der gebildeten Bevölkerung immer
mehr Boden gewann, wendete sich mit wachsender Entrüstung
gegen die Aufrechterhaltung der Sklaverei. Die verschiedenen *geheimen* Ausschüsse Kaiser Nikolajs I., die sich mit der Erforschung
der Bauernfrage beschäftigt hatten, kamen jedoch zu keinem an-
nehmbaren Ergebnis, und erst als die Niederlage im Krimkrieg gezeigt hatte, wie schwach das Fundament, auf dem das Kaiserreich
ruhte, in Wirklichkeit war, schien der Augenblick gekommen, da die
Bauernbefreiung notwendigerweise kraft einer revolutionären Bewegung von unten erfolgen mußte, falls nicht die Kaisermacht noch
in der elften Stunde von oben eingriff. Das war die Ansicht Alexanders II., und demgemäß wurde eine Reihe von Ausschüssen und
Kommissionen an die Arbeit gesetzt, um die Befreiung der Bauern
und die Aufhebung der Leibeigenschaft endlich durchzuführen.

Die Regierungszeit Alexanders II. (1855–81) ist mit Recht die
Epoche der großen Reformen genannt worden. In dieser kurzen Zeit
wurde die soziale Struktur Rußlands vollständig umgestaltet. Es begann mit dem berühmten Erlaß des Kaisers vom 19. Februar 1862,
worin er die Aufhebung der Leibeigenschaft verkündete. Allerdings
waren die ursprünglichen bauernfreundlichen Pläne, die vorsahen,
daß die Bauern bei der Freilassung Grund und Boden bekämen,
während der Kommissionsarbeit so stark geändert worden, daß das
Gesetz, das schließlich verkündet wurde, dem einzelnen Bauern tatsächlich nur die persönliche Freiheit gab, aber nicht dafür sorgte,
daß er auch wirtschaftlich von seinem früheren Herrn unabhängig
wurde. Das führte zu einer ungeheuren Belastung der Bauernmassen,
die tatsächlich keinen Vorteil darin erblickten, *Freie* zu werden. Sittlich hatte das Gesetz aber insofern große Bedeutung, als es die
Intellektuellen von der Last des schlechten Gewissens befreite, von
der sie sich mehrere Generationen hindurch bedrückt gefühlt hatten.
Außerdem brachte die Aufhebung der Leibeigenschaft eine größere

Beweglichkeit der Bevölkerung mit sich, da sie die Übersiedlung der Bauern, ihren Übergang zur Industrie, ihre Auswanderung nach Sibirien ermöglichte. Durch ein Gesetz von 1864 wurde ferner eine neue Form der Selbstverwaltung der Kreise geschaffen, zu der sowohl Gutsbesitzer, Kaufleute und Industrieleiter als auch Bauerngemeinden Vertreter zu wählen berechtigt waren, und damit wurde die nötige Voraussetzung für eine einigermaßen demokratische Landesverwaltung geschaffen, die nicht mehr der adligen Gutsbesitzerklasse vorbehalten war, sondern auch anderen Ständen Zugang zum Staatsdienst gewährte. Im Jahre 1870 erschien ein Gesetz über die Selbstverwaltung der Städte auf Grund einer ziemlich demokratischen Vertretung des Handelsstandes mit seinen *Gilden*, des Handwerkerstandes mit seinen *Innungen* und anderer Stadtbürger. Auch das Rechtswesen wurde durch ein Gesetz von 1864 modernisiert und demokratisiert, unter anderem durch die Einführung der Geschworenengerichte und durch die Trennung von Gerichtsbarkeit und Verwaltung. Endlich wurde durch ein Gesetz von 1874 die allgemeine Wehrpflicht für alle Stände und Klassen eingeführt, womit die alte Ordnung mit der brutalen Rekrutenaushebung, die dem unglücklichen Bauernsoldaten eine Dienstzeit von 25 Jahren auferlegte, zugunsten einer humaneren militärischen Dienstordnung aufgehoben wurde. Ein Gesetz von 1865 hob die präventive Zensur auf und gewährleistete die Freiheit des Wortes unter gewissen, freilich streng gehandhabten Bedingungen, deren Übertretung (nach polizeilicher Verwarnung) zum Verbot von Zeitschriften und Zeitungen und zur Bestrafung des Schuldigen führen konnte. Schließlich ist zu erwähnen, daß eine neue Schulordnung Angehörigen aller Stände den Zugang zu den Gymnasien freigab (1871), daß die Universitäten ausgedehnte Selbstverwaltung erhielten (1863) und daß die jungen Frauen durch besondere, ausschließlich für sie eingerichtete Universitätskurse die Möglichkeit zu höherer Bildung bekamen. Das Volksschulwesen, das bisher ganz in den Händen von Kirche und Geistlichkeit gelegen hatte, erfuhr durch weltliche Anstalten einen mächtigen Zuwachs. All das trug dazu bei, daß der adlige Gutsbesitzerstand seine Vorrechte und allmählich auch seinen Einfluß auf das Kulturleben verlor und gleichzeitig neue Bevölkerungselemente in den Vordergrund drangen. Es waren die sogenannten *raznočincy*,

Angehörige verschiedener Stände, die nun wie ein breiter Strom auf dem Schauplatz erschienen: Söhne von Geistlichen, von Provinzbeamten, von niederen Offizieren, von ruinierten Gutsbesitzern – Lehrer, Kaufmannssöhne, Kleinbürger – Vertreter der freien Berufe. Ihre standesmäßige Herkunft war ohne Bedeutung für ihre Karriere.

Die Aufhebung der Leibeigenschaft verursachte indessen eine so heftige Erschütterung des gesamten volkswirtschaftlichen Gefüges und brachte so schwere finanzielle Krisen, daß die Zufriedenheit mit dem Erreichten sehr bald von einer ständig wachsenden Kritik übertönt wurde. Diese setzte vor allem bei der zunehmenden Not und Verelendung der Bevölkerung an und führte zur Bildung der mehrmals erwähnten *Volkstümler*-Bewegung (*Naródničestvo*), die sich auf moderne sozialistische, materialistische und nihilistische Ideen stützte und auf die revolutionäre Sprengkraft der Bauernmassen vertraute. Ein leuchtender Vertreter dieser Entwicklung war Černyšévskij.

Nikoláj Gavrílovič Černyšévskij (1828–89), der Sohn eines Provinzpfarrers und als solcher ein typischer Vertreter der klassenlosen *raznočíncy*, wurde schnell der geistige Führer der radikalen Jugend. Er wurde zugleich der Ideologe des Realismus. Nach einem gründlichen Universitätsstudium, das ihn zu philologischen Untersuchungen führte, setzte er seine wissenschaftliche Ausbildung fort und schrieb eine Abhandlung zur Erlangung der Magisterwürde, die er in öffentlicher Disputation erfolgreich verteidigte. Kennzeichnend für die Stimmung der Zeit war die Wahl seines Gegenstandes: die Abhandlung, die 1855 gedruckt wurde, hieß *Das ästhetische Verhältnis zwischen Kunst und Wirklichkeit* (*Estetíčeskije otnošénija iskússtva k dejstvítel'nosti*). Während Leute von Turgénevs Art das Buch *widerlich* fanden, erblickten die Jungen eine wahre Offenbarung in Černyšévskijs nüchterner Beweisführung für den Gedanken, daß *das Schöne das Leben selbst sei* und daß *die Wiedergabe des Lebens selbst der allgemeine Charakterzug der Kunst sei und ihr Wesen ausmache.* Hier fand man das neue Programm des Realismus und seine ideologische Begründung. Das Ministerium für Volksbildung lehnte es ab, die Magisterwürde Černyšévskijs anzuerkennen.

Schon als junger Student hatte Černyšévskij in Hegels dialektischer Philosophie, in Feuerbachs Materialismus und in Louis

BLANCS, FOURIERS und SAINT-SIMONS utopischem Sozialismus die
Elemente der Lehre gefunden, die er bald selber mit großer Kraft
und Kenntnis seinen Lesern vortragen sollte. Indem er die Kunst
zu einer Wiedergabe der Wirklichkeit machte, legte er ihr auch die
Verpflichtung auf, zu den Problemen der Wirklichkeit Stellung zu
nehmen, an den Kämpfen der Wirklichkeit teilzunehmen und den
Forderungen der Wirklichkeit zu dienen. Von seinen Gegnern wurde
er bezichtigt, daß er *die Ästhetik niederreiße*, während er selbst überzeugt war, daß er ihr eine neue Grundlage gebe, viel solider als die,
welche er bei zeitgenössischen Literaturkritikern finden mochte, bei
idealistischen Eklektikern wie ANNENKOV (1813–87), DRUŽÍNIN
(1824–64) und DUDÝŠKIN (1820–66) oder bei soziologischen Positivisten wie VALERIÁN MÁJKOV (1823–47) und APOLLÓN GRIGÓR'JEV
(1822–64), Kritikern, die alle in der Zeit zwischen BELÍNSKIJS Tod
und ČERNYŠÉVSKIJS erstem Auftreten schrieben. Am Ende seines
Buches ließ er auf seine Wesensbestimmung der Kunst zwei bedeutungsvolle Sätze folgen, die in ihrer lakonischen Form viel mehr
sagten, als auf dem Papier stand; der eine Satz lautete: *Oft haben
Kunstwerke auch eine andere Aufgabe, nämlich die, das Leben zu
erklären*, und der andere Satz hieß: *Oft haben sie auch die Bedeutung
eines Urteils über die Erscheinungen des Lebens*. Daraus ergab sich
als logische Folgerung, daß der Literaturkritiker nicht nur die Aufgabe habe, die Beziehung eines bestimmten Kunstwerkes zur Wirklichkeit zu beurteilen, sondern auch die, seine philosophisch-ideo-
logische Stichhaltigkeit zu prüfen und das möglicherweise in ihm
enthaltene Urteil über die Wirklichkeit zu erläutern und somit selber
ein Urteil zu fällen.

Bevor noch ČERNYŠÉVSKIJ seine Magisterabhandlung verteidigt
hatte, stellte NEKRÁSOV ihn (1854) als literarischen und politischen
Mitarbeiter an seiner Zeitschrift an. Als Literaturkritiker veröffentlichte ČERNYŠÉVSKIJ in den Jahren 1855–57 zwei große gewichtige
Arbeiten: *Skizzen der Gógol'-Zeit* (*Očerki Gógolevskogo perióda*) und
Lessing und seine Zeit (*Lessing i jegó vrém'a*). Mit der ersten Abhandlung suchte er BELÍNSKIJS Darstellung der russischen Literatur
seit den dreißiger Jahren zu vervollständigen, in der zweiten brachte
er seine tiefe Bewunderung für LESSING als bahnbrechenden Kunst-
kritiker zum Ausdruck. Ferner veröffentlichte er Essais über PÚŠKIN,

SALTYKÓV-ŠČEDRÍN, OSTRÓVSKIJ und LEV TOLSTÓJ, den neuen Stern am Himmel der Literatur. Doch war es ihm – und auch NEKRÁSOV – seit langem klar, daß ihn die Literatur viel weniger interessierte als die politischen und wirtschaftlichen Probleme, zu denen ihn seine Beschäftigung mit JOHN STUART MILL gebracht hatte. Im Jahre 1857 gab er daher die Literatur auf und widmete sich der Ausarbeitung zahlreicher politischer, wirtschaftlicher und soziologischer Aufsätze; diese zielten vor allem darauf ab, die herrschenden politisch-wirtschaftlichen Anschauungen zu erschüttern, Mißtrauen gegen die Führer der sozialen und wirtschaftlichen Entwicklung in Rußland zu wecken und die Kenntnis des modernen Materialismus zu verbreiten. Er wurde der Prophet der kommenden russischen Bauernrevolution. Als 1861 und 1862 infolge anonymer Aufrufe zu offener Empörung Unruhen unter den Studenten und hier und da auch unter den Bauern ausbrachen und St. Petersburg von furchtbaren Bränden verheert wurde, deren Anstiftung man allgemein den *Nihilisten* zuschrieb, wurde ČERNYŠÉVSKIJ als geistiger Urheber der Unruhen verhaftet und nach zweijähriger Haftzeit in den Kasematten der Peter-Pauls-Festung zu sieben Jahren Zwangsarbeit in Sibirien verurteilt; danach mußte er weitere zwölf Jahre unter den erbärmlichsten Verhältnissen in einem der entlegensten Orte Sibiriens verbringen. Während er im Gefängnis auf sein Urteil wartete, schrieb er den Roman *Was tun ?* (*Čto délat' ?*), der 1863 in seiner und NEKRÁSOVs Zeitschrift erschien.

Der Roman hatte den Untertitel *Aus Erzählungen von den neuen Menschen* (*Iz rasskázov o nóvych l'úd'ach*); der Verfasser beabsichtigte offenbar, dem Leser eine Charakteristik der neuen Mentalität und ihrer freisinnigen Vertreter zu geben. Tatsächlich spürt man hinter den von ihm geschilderten Menschen und ihrem Verhältnis zueinander Menschen und Verhältnisse, wie man sie aus der Wirklichkeit kannte. Die moralische Unbefangenheit, mit der einige Freunde und Freundinnen ČERNYŠÉVSKIJs ihre ehelichen Beziehungen knüpften und lösten, war in seinem Roman als Ausdruck einer vorbildlichen Sexualethik dargestellt. Es war bekannt, daß die Frau PANÁJEVs, die Schriftstellerin JEVDOKÍJA BR'ÁNSKAJA, die unter dem Pseudonym N. STANÍCKIJ schrieb, ihren Mann verlassen hatte, um mit NEKRÁSOV in freier Ehe zu leben, was weder die Freundschaft der beiden Männer beeinträchtigte noch die Frau daran hinderte, sich später mit einem nicht eben hervorragenden Literaten, APOLLÓN GOLOVAČÓV, einem jüngeren Mitarbeiter an NEKRÁSOVS Zeitschrift, zu verheiraten. ČERNYŠÉVSKIJ hätte sich auch auf die idealistische, anfangs fiktive Ehe seines Hausarztes Doktor P'otr Bókov mit Márja Obručóva berufen können, einer jungen Frau, die um jeden Preis aus der Gewalt ihrer tyrannischen Eltern befreit werden mußte und die sich später nach einer freundschaftlichen Vereinbarung zwischen allen Beteiligten mit Bókovs gutem Freund, dem berühmten Physiologen Professor Iván Sečónov, verheiratete. Eben solche Verhältnisse spiegeln sich in der Handlung des Romans: hier verheiratet sich die Heldin Véra, der ein junger, leichtsinniger Offizier mit Wissen ihrer Mutter nachstellt, heimlich mit dem Hauslehrer ihres Bruders, dem Medizinstudenten Lopuchóv, und flieht mit ihm, nachdem sie seine leidenschaftlichen Ergüsse über vernünftigen Egoismus, materialistische Philosophie und Moral und das Recht der Frau auf Emanzipation angehört hat. Die natürliche Entwicklung der Handlung bestand nun darin, daß sich Véra später in Kirsánov, den besten Freund ihres Mannes, verliebt, daß Lopuchóv, um sie freizugeben, Selbstmord vortäuscht und verschwindet, daß sich Kirsánov, der früher mit einem schwindsüchtigen Straßenmädchen zusammengelebt hat, mit Véra verheiratet und daß Lopuchóv, der in der Zwischenzeit in Amerika gewesen ist, unter dem Namen Beumont zurückkehrt und sich mit der besten Freundin Véras, der Fabrikantentochter Kát'a, verheiratet, wonach alle Beteiligten ein außerordentlich glückliches und von echter Freundschaft geprägtes Leben führen. Zu dieser Gesellschaft junger idealistischer Materialisten gehört auch der *Rigorist* Rachmétov, ein – nach der Meinung des Verfassers – ganz außergewöhnlicher Mensch, der trotz seiner adligen Herkunft nur für die Revolution lebt und derentwegen ein völlig asketisches Leben führt, was sich unter anderem darin äußert, daß er auf einer nägelstrotzenden Filzmatratze zu schlafen versucht und auf die geliebte Frau verzichtet – ohne jedoch seine Leidenschaft für Zigarren bezähmen zu können. Dieser mystische Mann reist ins Ausland, um *dem größten europäischen Denker des neunzehnten Jahrhunderts, dem Vater der neuen Philosophie,* LUDWIG FEUERBACH (dessen Name nicht genannt werden durfte), 25 000 Taler aufzu-

drängen – ungefähr in derselben Weise, wie sein Urbild, der Saráto-
ver Gutsbesitzer Bachmét'jev, ein Bekannter Černyšévskijs, vor
kurzer Zeit Herzen den größten Teil seines Vermögens zur Durchführung seiner revolutionären Tätigkeit in Rußland aufgenötigt
hatte.

Dem im Gefängnis geschriebenen Roman Černyšévskijs lag
also ein solides Wirklichkeitsfundament zugrunde, und *die neuen
Menschen*, die er darstellte, waren durchaus keine Ausgeburten der
Phantasie. Die Generation junger Männer und Frauen, die in
Černyšévskij ihren Berater und den Propheten der Zukunftsent-
wicklung sahen, wurden von der hohen Reinheit und Selbstlosigkeit
begeistert, welche die Helden des Romans beseelte. Aber von noch
viel größerer Bedeutung war die soziale Botschaft des Buches. Ohne
so schreckliche Wörter wie *Sozialismus* und *Kommunismus* auch
nur zu nennen, gab Černyšévskij eine in allen Einzelheiten ausgearbeitete Anweisung, wie man unter und trotz den herrschenden
Verhältnissen Arbeitsgruppen, genossenschaftliche Werkstätten,
kleine Arbeitsgemeinschaften aufbauen und so die Gedanken der
französischen Utopisten verwirklichen könne. Im Roman geht Véra
der Entwicklung voran, indem sie allmählich eine Genossenschaft von
Näherinnen aufbaut und diese vor der üblichen Ausbeutung durch
die Arbeitgeber beschützt. Černyšévskij erzählt, wie ein solcher
Zusammenschluß notwendigerweise zur Gründung eines Leseklubs
führt, zur Einrichtung von Bildungskursen für die jungen Näherinnen, einer besonderen Darlehnsbank für sie, einer gemeinsamen
Verkaufsorganisation. Die ganze Schilderung ist im optimistischsten
Ton gehalten. Allerdings kann Černyšévskij nicht verschweigen,
daß die Regierung eine allzu gefährliche Verbreitung des Genossen-
schaftsgedankens sehr bald verhinderte; doch kann er es sich nicht
versagen, den Roman mit einem Kapitel zu schließen, das *Dekora-
tionswechsel* heißt, was in seiner *äsopischen* Sprache nur den Eintritt
der Revolution bedeuten kann. Was eine solche soziale Revolution
in Rußland bedeuten werde, läßt er seine Heldin Véra in einem ihrer
Träume (dem vierten) erleben: wir begreifen, daß er sich die neue
Gesellschaftsordnung tatsächlich als eine von modernen Maschinen
und einer gewaltigen Industrialisierung beförderte und ermöglichte
Kollektivisierung der Landwirtschaft dachte; es ist nicht zuletzt nach

der Oktoberrevolution äußerst spannend, sich in ČERNYŠÉVSKIJS damals so naive, nun aber höchst aktuelle utopische Schilderungen der kommenden Gesellschaft zu vertiefen.

ČERNYŠÉVSKIJS Roman machte bei seinem Erscheinen außerordentlichen Eindruck. Die meisten Vertreter der Literatur fanden ihn abstoßend. Sie bezweifelten die Gediegenheit der verkündeten Moral, die Wahrheit der Charakterschilderung, die Anwendbarkeit des genossenschaftlichen Programms. Aber auf die junge Generation wirkte der Roman höchst anreizend. Wie schwach er auch in rein ästhetischem Sinne genannt werden mag, so trug er unzweifelhaft in noch viel höherem Maße als die politisch-wirtschaftlichen Abhandlungen des Verfassers zu einer allgemeinen Radikalisierung der Jugend bei, und manche der nihilistischen, radikalistischen und sozialistischen Gestalten TURGÉNEVS, GONČARÓVS, DOSTOJÉVSKIJS sind sicher unmittelbar von *Was tun?* hervorgerufen worden. Von besonderer literarhistorischer Bedeutung wäre es, die Beziehung DOSTOJÉVSKIJS zu ČERNYŠÉVSKIJ zu erforschen. Seine schockierende Art, *in medias res* zu gehen, erinnert an die Erzählweise DOSTOJÉVSKIJS. In seinem locker diskutierenden, fast gesprächartigen Stil finden sich Elemente, die geradewegs bei DOSTOJÉVSKIJ wiederzukehren scheinen. Und dessen Roman *Böse Geister* wirkt wie eine literarische Reaktion auf ČERNYŠÉVSKIJS Sozialismus.

Einen treuen Jünger und Schüler hatte er an dem Kritiker NIKOLÁJ ALEKSÁNDROVIČ DOBROL'ÚBOV (1836–61) gefunden, auch er ein Pfarrerssohn und damit ein sogenannter *raznočinec*. Auch ihm war es nur kurze Zeit vergönnt, an der Zeitschrift *Der Zeitgenosse* zu wirken; doch war es nicht die Polizei, die seiner Feder Halt gebot. Er starb, als er erst fünfundzwanzig Jahre alt war. Er starb, bevor die Katastrophe ČERNYŠÉVSKIJ traf, sonst wäre auch er – genau wie sein Meister – für die revolutionäre Stimmung in den intellektuellen Kreisen verantwortlich gemacht und nach Sibirien geschickt worden, dies um so eher, als er fast in noch deutlicheren Worten als ČERNYŠÉVSKIJ das baldige Kommen der Revolution verkündet hatte. Obwohl nach Anlage und Erziehung tief religiös, machte er sich rasch von dem Glauben seiner Kindheit frei und nahm ohne jedes Zaudern die Theorien an, die ČERNYŠÉVSKIJ in seiner Magisterabhandlung niedergelegt hatte, einem Buch, das für seine ganze Einstellung entscheidend wurde. Von der offiziellen kirchlichen Orthodoxie kam er über die Philosophie HEGELS schnell zu FEUERBACH und wurde überzeugter Materialist. Nachdem er das Universitätsexamen glänzend bestanden hatte, wurde er 1857 an NEKRÁSOVS Zeitschrift Mitarbeiter für Literatur und setzte hier die von ČERNYŠÉVSKIJ begonnene *publizistische* Kritik fort, die bei der Analyse der ästhetischen Beziehung zwischen Literatur und Leben ihr Augenmerk auf *das Leben* richtete. Er zögerte nicht, die Lehre von der *Kunst um der Kunst willen* schroff abzulehnen, und kehrte die ganze Schärfe seines Witzes gegen die *reine Lyrik*, die vornehm eine unübersteigbare Schranke zwischen der Formkunst und der Wirklichkeit errichte. TURGÉNEV soll einmal in einem Gespräch gesagt haben, daß er ČERNYŠÉVSKIJ nur mit Mühe und Not ertrage, DOBROL'ÚBOV aber einfach nicht ausstehen könne, denn wenn ČERNYŠÉVSKIJ eine gewöhnliche Giftschlange sei, so sei DOBROL'ÚBOV eine Brillenschlange. DOBROL'ÚBOV führte wie ČERNYŠÉVSKIJ die sozialliterarische Linie BELÍNSKIJS weiter, und seine ganze Tätigkeit als Kritiker ging darauf aus, die Literatur von der Wirklichkeit aus zu prüfen, sie der Wirklichkeit gegenüberzustellen, in der Anpassung an die Wirklichkeit ihren Wert zu erweisen. Gleichzeitig benutzte er jede Gelegenheit, die Literatur in dem von ihm bestimmten Sinne als ein Arsenal von Waffen zu benutzen, mit denen die in Rußland herrschenden Zustände bekämpft werden konnten.

Während der vier Jahre, die ihm zum Wirken beschieden waren, folgten sich in einer langen Reihe Schlag auf Schlag seine umfangreichen kritischen Aufsätze, von denen einige in dieser spannungsreichen Zeit zwischen Krimkrieg und Bauernbefreiung wie Bomben wirkten. Sie enthielten eigentlich mehr Gesellschaftskritik als Literaturkritik und schufen die Grundlage einer soziologischen Analyse. Einer seiner ersten Aufsätze war SALTYKÓV-ŠČEDRÍNS soeben erschienenen *Skizzen aus einer Provinzhauptstadt* gewidmet; es bereitete ihm offensichtlich eine wahre Wonne, sie zu kommentieren und dabei satirische Hiebe gegen die vielen *talentvollen*, aber ganz unnützen adligen und bürokratischen Taugenichtse, die er in den *Skizzen* fand, zu richten; er nahm auch die Gelegenheit wahr, das wirklich arbeitende Bauernvolk zu rühmen, das – wenn die Zeit erfüllt sei – *schon sein einfaches, aus dem Leben selbst erwachsendes*

Wort sprechen werde, und das *schon halten werde, was es verspreche, weil man sich auf es verlassen könne.* Voll Lust und Eifer analysierte DOBROL'ÚBOV die Familienbücher SERGÉJ AKSÁKOVS, nachdem soeben (1858) die *Kinderjahre Bagróvs des Enkels* als Fortsetzung der *Familienchronik* erschienen waren, und machte durchaus kein Hehl daraus, daß ihn nicht die sogenannte *künstlerische* Wahrheit der Bücher interessiere, sondern ausschließlich ihr Tatsachenstoff: in einer großen Fußnote wies er nach, daß AKSÁKOVS Bücher schlechthin pseudonyme Erinnerungen seien und daher als solche behandelt werden müßten. Sorgfältig sammelte der Kritiker in seinem Aufsatz alle Stellen bei AKSÁKOV, die geeignet waren, die Welt geistiger Finsternis und seelischer Roheit, worin der adlige Gutsbesitzersstand lebte, zu offenbaren, und schloß mit der Aufweisung des *schändlichen* Gegensatzes zwischen dem Taugenichts-Dasein des Adels und dem heroischen harten Mühen der leibeigenen Bauern.

Eines der Meisterwerke unter DOBROL'UBOVS kritischen Aufsätzen war indessen jener, der durch GONČARÓVS *Oblómov* veranlaßt wurde (1859). Der Aufsatz trug die fragende Überschrift *Was ist Oblomoverei?* und gab damit dem Roman im voraus die allgemeingültige Bedeutung eines Zeitbildes. Die Analyse der Gestalt Oblómovs gründete sich natürlich auf die Feststellung seines sozialen Standes als Vertreter einer Klasse, die dank der Leibeigenschaft die Vorteile eines Daseins ohne Arbeit genoß. DOBROL'ÚBOV war der erste Literaturkritiker, der die soziale Schicksalsgemeinschaft aufzeigte, die eine große Reihe russischer Romanhelden verband: er fand ihre Urbilder in PÚŠKINS Onégin, LÉRMONTOVS Pečórin und GÓGOL's Tentétnikov (im zweiten Teil der *Toten Seelen*), er fand ihre Nachfolger in HERZENS Bél'tov, in TURGÉNEVS Rúdin oder in den Helden der Romane *Tagebuch eines überflüssigen Mannes* und *Hamlet aus dem Kreise Ščigrý* und nun endlich in Oblómov. Ihnen allen gemeinsam war die Adelskrankheit, die er *Oblomoverei* nannte und die er mit diesen berühmten Worten diagnostizierte:

Wenn ich jetzt einen Gutsbesitzer sehe, der sich philosophischen Betrachtungen über die Menschenrechte und die Notwendigkeit der Entfaltung der Persönlichkeit hingibt, – so weiß ich bei seinem ersten Wort, daß er ein Oblómov ist.

Wenn ich einen Beamten treffe, der sich darüber beklagt, daß die Gerichts-
verhandlungen kompliziert und beschwerlich seien, so ist es ein Oblómov.
Wenn ich einen Offizier sich über die ermüdende Form der Militär-
paraden beschweren oder kühn die Sinnlosigkeit von langsamem Marsch
usw. erörtern höre, so zweifle ich nicht, daß er ein Oblómov ist.

Wenn ich in unseren Zeitschriften liberale Ausfälle gegen den Macht-
mißbrauch lese und Freudenausbrüche darüber, daß nun endlich etwas ge-
schehen sei, was wir lange erhofften und wünschten, so glaube ich, daß das
alles auf dem Hof Oblómovka geschrieben worden ist.

Wenn ich mich in einem Kreise gebildeter Menschen befinde, die warm
für das Wohl der Menschheit eintreten und die jahrelang mit unermüd-
lichem Eifer immer dieselben (mitunter auch neue) Geschichten von Be-
stechlichkeit, Unterdrückung, ungesetzlichen Handlungen erzählen, so
merke ich unwillkürlich, daß ich in das alte Oblómovka versetzt bin.

Gebietet diesen Menschen in ihren lärmenden Ergüssen Einhalt und sagt
ihnen: „Ihr behauptet, daß dieses oder jenes schlecht sei. Aber was ist da-
gegen zu tun?" Sie wissen es nicht ...

Wie eine Fortführung dieser Frage: *Was tun?*, die bald in
Černyšévskijs Roman wiederholt und beantwortet werden sollte,
wirkte Dobrol'úbovs großer Aufsatz *Wann kommt der richtige
Tag?* Er war durch Turgénevs letzten Roman, *Am Vorabend*
(1860). hervorgerufen und trug ein Wort Heines als Leitspruch:
Schlage die Trommel und fürchte dich nicht! Der Aufsatz war kurz
vor der Verkündung der Bauernbefreiung geschrieben und zeichnete
sich durch eine sehr kühne und unverhüllte Sprache aus. Er war
charakteristisch für den neuen Ton in der Kritik, für ihre Abneigung
gegen jedes Verweilen bei den Formelementen der Literatur und
für ihre Vorliebe für sozial-politische Betrachtungen *anläßlich* der
Literatur und *um* die Literatur *herum*, die sich in den Zeitschriften
verbreitete. Dobrol'úbov gestaltete die Einleitung des Aufsatzes zu
einer höhnischen Persiflage des *Ästhetismus* in der Literaturbetrachtung und suchte die konkrete Frage zu stellen, weshalb Erscheinungen wie der im Roman dargestellte bulgarische Aufrührer
unter russischen Verhältnissen unmöglich seien und wann der Tag
kommen werde, da auch russische Menschen mit energischem Charakter rechten Gebrauch von ihrer Tatkraft machen könnten.
Dobrol'úbov schrieb:

Noch kann ein solcher Held schwerlich bei uns erscheinen: die Be-
dingungen für seine Entwicklung und besonders für sein erstes aktives

*Auftreten sind äußerst ungünstig, und seine Aufgabe ist viel komplizierter
und schwerer als die Insárovs. Ein äußerer Feind, ein privilegierter Unterdrücker ist viel leichter zu treffen und zu besiegen als ein innerer Feind, der
in tausend Varianten überall verbreitet ist, ungreifbar, unverwundbar,
immer bedrohend, immer unser Leben vergiftend, nimmer im Kampf uns
weder Rast noch Ruhe lassend. Dieser Feind kann nicht mit Hilfe gewöhnlicher Waffen bekämpft werden; wir können ihn nur dadurch überwinden,
daß wir die stockige und dumpfe Atmosphäre unseres Daseins verändern,
worin der Feind entstanden und aufgewachsen ist und seine Stärke gewonnen hat, und daß wir uns mit einer Luft umgeben, in der er gar nicht
atmen könnte ...*

Klassisch waren DOBROL'ÚBOVS zwei Aufsätze *Das Reich der
Finsternis* (1859) und *Ein Lichtstrahl im Reich der Finsternis*
(1860), in denen er eine gründliche Analyse von OSTRÓVSKIJS Schaffen
gab. Er wies die Lobhudelei und die Verurteilung heftig ab, denen
OSTRÓVSKIJ bisher abwechselnd bei Kritikern ausgesetzt gewesen
war, die um jeden Preis ihre eigenen Theorien in seine Schauspiele
hineindeuten wollten, nahm diese Schauspiele als unmittelbar vor-
liegendes dokumentarisches Material und schilderte – in einer
metaphorischen Ausdrucksweise, in einer mehr oder weniger *figu-
ralen* Form (wie er selber sagte) – Gemeinheit und Eigenwilligkeit als
treibende Kräfte im *Reich der Finsternis*, in Rußland. Dagegen begrüßte er OSTRÓVSKIJS *Gewitter* als den ersten Lichtstrahl in dieser
Finsternis, als den ersten tragischen Protest gegen Gemeinheit und
Eigenwilligkeit, als den ersten Ausdruck einer beginnenden aufrührerischen Bewegung in der russischen Wirklichkeit. Die Gestalt der
Katerína, die Selbstmord begeht, *weil es besser sei zu sterben als* in
dieser Wirklichkeit *zu leben*, wurde von DOBROL'ÚBOV – unter wiederholten scharfen Ausfällen gegen die zeitgenössische grundsatzlose
Kritik – zum Sinnbild der Freiheitsbewegung erhoben. In diesen Auf-
sätzen feierte DOBROL'ÚBOVS sozial-kritische Methode ihre größten
Triumphe. Er analysierte die literarischen Werke, die auf seinem
Schreibtisch lagen, kennzeichnete mit kräftigen, kühnen Strichen
ihren Wirklichkeitsgehalt, zeigte die Übereinstimmung des Gehaltes
mit der Wirklichkeit und zog aus ihnen verallgemeinernde Schlüsse.
Schriftsteller wie GONČARÓV, TURGÉNEV, SALTYKÓV-ŠČEDRÍN und
OSTRÓVSKIJ, die selbst behaupteten, daß sie die Wirklichkeit schilderten, waren das geeignetste Material für DOBROL'ÚBOVS Methode.

Erschien aber ein Mann wie Dostojévskij mit seinem merkwürdigen Roman *Die Erniedrigten und Beleidigten* (1861), so erwies sie sich als unzulänglich. In dem ihm gewidmeten großen Aufsatz *Verschüchterte Leute* (*Zabítyje l'údi*) verriet er sein Unvermögen, zu dem Wesentlichen und Originalen im Werk dieses Schriftstellers vorzustoßen. Er stand noch völlig unter dem Eindruck seiner ersten, von Dostojévskij selber längst überwundenen *natürlich-physiologischen* Schaffenszeit mit ihrer Bindung an vermeintlich Gógol'-sche Neigungen zu sozialen Themen. *Die Erniedrigten und Beleidigten* waren in seinen Augen kein Roman, der den Aufbau einer neuen Psychologie erstrebte; seine Helden müßten vielmehr, wie er meinte, unter einem sozialen Aspekt betrachtet werden, um verstanden zu werden. Er machte mit Recht darauf aufmerksam, daß sich Dostojévskij selbst gar nicht bemühe, die eigentlichen Ursachen der merkwürdigen Handlungen aufzudecken, deren seine seltsamen Figuren sich schuldig machten; aber er war blind dafür, daß der Schriftsteller den Versuch seines Kritikers sicherlich nicht gebilligt hätte, das Versäumte nachzuholen und die menschlichen Eigentümlichkeiten der Romangestalten aus dem Sozialen zu begründen. Was für Dostojévskij schon damals eine neue Voraussetzung der Menschendarstellung war, nämlich die Erkenntnis von der Unerforschlichkeit der Seele, schien Dobrol'úbov nur das Ergebnis mangelnder künstlerischer Durcharbeitung zu sein. Dostojévskijs Gestalten waren für ihn *verschüchterte* Menschen, und es kam ihm darauf an, herauszufinden, wer oder was sie verschüchtert habe. Daß es die Gesellschaft war, daran konnte für ihn kein Zweifel bestehen. Hätte er Dostojévskijs spätere Entwicklung erleben können, so hätte er in ihm einen geistigen Antipoden gefunden, dem auch seine beißendste Ironie nicht die Waffen aus den Händen hätte schlagen können.

Dostojévskij war überhaupt die Klippe, an der die realistische Literaturkritik der Zeit scheitern mußte. Das gilt für Černyšévskijs und Dobrol'úbovs Zeitgenossen und – in gewisser Hinsicht – ihren Kampfgefährten, den leuchtenden Meteor am Himmel der Kritik, Dimítrij Ivánovič Písarev (1840–68). Als er sich den ersten großen Roman aus der Reihe der Monumentalwerke Dostojévskijs, *Schuld und Sühne* (1866), zur Analyse vornahm, erklärte er in der Einleitung zu seinem Aufsatz *Der Kampf ums Leben* (*Bor'bá za žizn'*), daß er sich weder für die persönlichen Anschauungen des Verfassers interessiere, noch zu der allgemeinen Tendenz seiner literarischen Tätigkeit Stellung nehmen wolle, noch seinen künstlerischen Methoden größere Bedeutung beimesse, sondern seine Aufmerksamkeit ausschließlich auf den sozial bedeutsamen Stoff richten wolle, den der Verfasser in seinem Roman verarbeitet habe. Auf diese Weise gelang es ihm, den Gedanken vom Kampf ums Dasein in ein Werk hineinzudeuten, das das Schwergewicht auf ganz andere Probleme legte, vor allem auf den Gedanken von der Irrationalität der Menschenseele.

Písarev war ein ungewöhnlich begabter junger Mann von aristokratischer Herkunft und Bildung. Er brach früh mit seiner Umgebung und schlug entschlossen die literarisch-journalistische Laufbahn ein. Nachdem er sich als sehr maßvoller Rezensent einer Zeitschrift für junge Mädchen die Sporen verdient hatte, bekam er 1860 seine erste wirkliche Chance, als er Mitarbeiter der radikalen Zeitschrift *Das russische Wort* (*Rússkoje slóvo*) wurde. Seine brillanten Artikel erregten durch ihren gedanklichen Gehalt und eleganten Stil sehr schnell Aufsehen. Aber schon 1862 (ungefähr zur gleichen Zeit wie Černyšévskij) wurde Písarev wegen seiner *schädlichen* Tätigkeit verhaftet und für vier Jahre ins Gefängnis gebracht. Ungebrochen von der Haft, schrieb er hier seine wichtigsten Arbeiten. Seine Zeitschrift wurde jedoch – gleichzeitig mit Nekrásovs Zeitschrift *Sovreménnik* – im Jahre 1866 von der Regierung verboten. Als er aus dem Gefängnis kam, beeilte sich Nekrásov, den hervorragenden Kritiker für seine neue Zeitschrift, die *Vaterländischen Annalen* (*Otéčestvennyje zapíski*), zu gewinnen. Hier war er zwei Jahre als Mitarbeiter tätig, dann beendete ein Unfall beim Baden sein kurzes Leben.

Als Kritiker gehörte Písarev derselben *publizistischen* Richtung an wie Černyšévskij und Dobrol'úbov. Er war ein ungeheuer temperamentvoller Schriftsteller, der seine aufsehenerregenden Gedanken mit großer Überzeugungskraft vortrug, wie oft er auch während seines kurzen Wirkens seine Stellung wechseln mochte. Auch er war Materialist, doch gründete sich sein Materialismus nicht auf Feuerbachs Lehre. Sehr früh begann er sich in die physiologischen Schriften Moleschotts und Vogts zu vertiefen, die er in großen, stoffstrotzenden Artikeln besprach, und entwickelte unter ihrem

Einfluß ziemlich vulgär-materialistische Ideen, die er mit glühendem Eifer verfocht. In großen, gut geschriebenen Übersichtsartikeln begann er früh seine Gedanken über die Bedeutung der soziologischen Betrachtungsweise in der Literaturkritik darzulegen, ohne jedoch die relative Bedeutung des ästhetischen Kriteriums zu leugnen. Die Poesie erkannte er noch an, sofern sie dem Leser wertvolle Gedanken geben könne, verwarf sie jedoch, wenn sie sich mit privater Empfindelei beschäftigte, und die *reine Kunst* war ihm schon früh eine Pestilenz. Mit Vorliebe verweilte er bei den sozialen Romanen Gončaróvs, Turgénevs und Písemskijs und versuchte, ihren stofflichen Gehalt in einer Reihe von Aufsätzen, die 1861 erschienen, erschöpfend zu behandeln. Sonderbarerweise verkannte er völlig die Bedeutung Saltykóv-Ščedríns für den Realismus und zählte seine Werke zu den *Blüten eines unschuldigen Humors* (in einem Aufsatz mit dieser Überschrift).

Dagegen führte Turgénevs Roman *Väter und Söhne* (1862) zu einer Wende in seinem Leben. Zunächst konnte er nur seine Sympathie für Bazárov, den Haupthelden des Romans, bekunden und ihn in seiner ganzen Einsamkeit innerhalb seiner Umwelt schildern. Bald aber begann er Bazárovs *nihilistische* Weltanschauung anzunehmen und diese zu vervollständigen, zu erweitern und die letzten Folgerungen aus ihr zu ziehen. *Vernichtung der Ästhetik* lautete nun seine Losung, und der Vulgär-Materialismus, den er sich aus den Werken seiner deutschen Autoritäten (einschließlich Büchners *Kraft und Stoff*) angeeignet hatte, gab ihm Waffen zur Befehdung aller nutzlosen Kunst. Die Musik wurde als nichtiges Spiel verworfen. Beethoven und Raffael wurden verpönt. Malerei und Architektur wurden hingestellt als Ergebnis der Jagd geldstarker Mäzene nach sinnlosem Genuß oder der Willfährigkeit feiger Maler, Dekorateure und Architekten, die für billiges Geld ihren Lüsten frönten. Die Literatur wurde vernichtend verurteilt, sofern sie nicht fähig sei, dem Volk wirklichen, handgreiflichen Nutzen zu bringen. Diese *utilitaristische* Anschauung trieb Písarev, der früher ein großer Bewunderer Púškins gewesen war, zu einer rücksichtslosen *Entlar- vung* des großen Dichters, der, wie es nun hieß, nicht fähig gewesen sei, *uns klar und scharf die Seiten des menschlichen Lebens zu zeigen, die wir gründlich kennen müssen, um vernünftig denken und handeln zu können.* Von falschen Voraussetzungen verleitet, gelangte PÍSAREV zu verzerrenden Fehlschlüssen. Obwohl er schon früh den Ideen des utopischen Sozialismus gehuldigt hatte und sich sogar an der Propaganda für den Umsturz des Zarentums mit revolutionären Mitteln beteiligte, gehörte er nicht zu denen, die das Volk für fähig hielten, einen solchen Systemwechsel vorzubereiten und zu verwirklichen. Zu sehr Individualist, um wirklich an die Bedeutung kollektiver Kräfte zu glauben, zu sehr Rationalist, um sich Träumen von einem unvermittelten Anbruch der neuen Zeit hinzugeben, war er eher geneigt, an den Nutzen der Wissenschaft und die Wichtigkeit der Volksaufklärung zu glauben, und trat sein Leben lang als Agitator für eine radikale Erneuerung der Schule auf.

ČERNYŠÉVSKIJ, DOBROL'ÚBOV und PÍSAREV waren in den fünfziger Jahren und zu Beginn der sechziger die reinsten Vertreter der BELÍNSKIJ-Tradition. Mit der *Epoche der großen Reformen* und der relativen Meinungsfreiheit, die sie brachte, begann die allumfassende literarische Kritik ihre Bedeutung einzubüßen: die publizistische Tätigkeit, die Beschäftigung mit politischen, wirtschaftlichen und soziologischen Problemen, begann sich langsam von der eigentlichen Literaturkritik auszusondern, deren Gebiet dementsprechend enger wurde. Männer wie P'OTR LÁVROVIČ LAVRÓV (1823–1900) und NIKOLÁJ KONSTANTÍNOVIČ MICHAJLÓVSKIJ (1842–1904), die sich beide in den siebziger und achtziger Jahren über literarische Fragen äußerten, waren jedoch im wesentlichen rein ideologische Schriftsteller, die – jeder auf seine Weise – die Grundlage für eine ständig zunehmende Revolutionierung der öffentlichen Meinung zu schaffen suchten. Obwohl sie ursprünglich von den *Volkstümlern* ausgingen, näherten sie sich in mancher Hinsicht dem Marxismus, der den Schwerpunkt von der Bauernklasse als potentieller revolutionärer Kraft zur Arbeiterklasse verlegte, glaubten aber weiterhin, daß Rußland in seiner Entwicklung eigene Wege einschlagen müsse. Für die Literatur hatten diese Männer bei weitem nicht die gleiche Bedeutung wie ČERNYŠÉVSKIJ, DOBROL'ÚBOV und PÍSAREV. Nachdem die Literatur durch die kritische Schule gegangen war, die mit BELÍNSKIJ angefangen hatte, befreite sie sich jetzt von den literaturfremden Forderungen der Kritik und konstituierte sich als unabhängige Macht. DOSTOJÉVSKIJ, der in dieser Schule aufgewachsen war,

sprengte als erster ihre Fesseln. Seine gewaltige Erscheinung ist geschildert worden. Der andere Riese, der als selbständige Geistes-
macht hervortrat, war LEV TOLSTÓJ. Die Entwicklung von der Zeit
der Bauernbefreiung bis zum ersten Jahrzehnt des zwanzigsten Jahrhunderts war von seiner Gestalt überschattet.

15. TOLSTÓJS PLASTISCHER REALISMUS

Graf LEV NIKOLÁJEVIČ TOLSTÓJ (1828–1910) war zehn Jahre jünger als TURGÉNEV und sieben Jahre jünger als DOSTOJÉVSKIJ. Als er
seine erste Arbeit veröffentlichte, waren sie bereits berühmt. Als er im
November 1855, nach seiner Teilnahme an dem unglückseligen Krimkrieg, nach St. Petersburg kam, war Kaiser Nikoláj I. gestorben (im Februar 1855), und mit der Thronbesteigung Alexanders II. hatte eine
neue Ära begonnen, *die Epoche der großen Reformen.* Mit offenen Armen wurde TOLSTÓJ von seinen älteren Berufsgenossen empfangen,
nicht nur von TURGÉNEV, sondern auch von SERGÉJ AKSÁKOV, GON-
ČARÓV, GRIBORÓVIČ, NEKRÁSOV, PÍSEMSKIJ, FET, OSTRÓVSKIJ,ČERNY-
ŠÉVSKIJ, DRUŽININ *e tutti quanti.* Noch bildeten sie eine große Familie,
die Trennung zwischen den *Gemäßigten* und den *Radikalen* hatte noch
nicht stattgefunden. Er hatte aber seine geistigen Voraussetzungen
nicht wie alle die anderen in der *physiologisch-natürlichen* Schule, der
ersten Entwicklungsstufe des russischen Realismus, sondern trat zu einer Zeit in die Literatur ein, da der Realismus schon in voller Blüte
war. Er trat als eine merkwürdig selbständige Erscheinung auf, und es
ist schwer, seine literarischen Lehrmeister anzugeben. GÓGOL's Stil,
Form und Thematik, welche die andern in der oder jener Weise fortgeführt hatten, waren ihm jedenfalls fremd. Aber auch zu PÚŠKIN, den er
tief bewunderte, läßt sich schwerlich eine direkte Verbindungslinie
ziehen, es sei denn, daß man in TOLSTÓJs Stoffen und seiner ausgesprochen erzählerischen Form ein Erbe des Begründers des Realismus erblicken wollte. Dagegen dürfte es sich lohnen, einigen seiner
literarischen Quellen bei LÉRMONTOV nachzuspüren, dessen Talent
stark und fruchtbar genug gewesen war, nicht nur manches von
DOSTOJÉVSKIJS Sprachstil, sondern auch manches von TOLSTÓJS
literarischer Art vorwegzunehmen. Wie LÉRMONTOV war TOLSTÓJ

früh verwaist und von weiblichen Verwandten erzogen worden; wie LÉRMONTOV hatte er nach einigen Jahren an der Universität (erst in Kazán', dann in St. Petersburg) früh seine Studien abgebrochen; wie er war er schließlich vor der Zivilisation zum Kriegerleben im Kaukasus geflohen. Er war eine unruhige, suchende, in mancher Hinsicht komplizierte Natur, von einem heftigen Wahrheitsdrang und heftigen Leidenschaften besessen. Schon früh bewegte er sich in anderen Bahnen als die literarischen Gestirne der Zeit. Mehr als diese gehörte er der neuen Ära an und verkörperte eine kommende Zeit, deren Charakter er selber bestimmen sollte. So trat er als Schriftsteller von Anfang an als Mann einer neuen Richtung hervor, mit neuen Problemstellungen beschäftigt und neue Formen suchend.

Als er seine ersten persönlichen Bekanntschaften in den literarischen Kreisen von St. Petersburg knüpfte, hatte er bereits Leistungen aufzuweisen, die beachtlich waren und die seinen Namen allgemein bekannt gemacht hatten. Wie ein Gegenstück zu SERGÉJ AKSÁKOVS *Familienchronik* (1852) war in den Jahren 1852–54 seine liebenswürdige und lebensvolle Trilogie *Kindheit* (*Détstvo*), *Knabenjahre* (*Otročestvo*) und *Jugend* (*Júnost'*) erschienen. Der Literarhistoriker erkennt leicht, wie sowohl die für TOLSTÓJ später so bezeichnende eminent autobiographische Stoffbehandlung als auch die stark moralisierende Art schon in diesen ersten Erzählungen zum Ausdruck kam. Obwohl in ihnen die Ich-Form sorgfältig und überzeugend durchgeführt war, ließ sie doch keineswegs eine bis ins Einzelne gehende Gleichsetzung von Verfasser und Erzähler oder von den Angehörigen des Verfassers und denen des Erzählers zu. Der Drang zu unangreifbarer Objektivierung eigener Lebenserfahrungen verbot es dem Schriftsteller, sich einer taktlosen Reproduktion von persönlichen oder Familienverhältnissen hinzugeben; er ermöglichte ihm jedoch gleichzeitig, bei seiner ausgesprochen visuellen Auffassung von Stoff und Handlung, eine Plastizität, die das eigentliche Kennzeichen der von ihm verkörperten Spielart des Realismus wurde. Von seinem Leben und seinen Erlebnissen im Kaukasus zeugten die kleineren Novellen *Ein Überfall* (*Nabég*) und *Holzschlag* (*Rúbka lésa*), die sich durch eine erstaunliche Genauigkeit in der Erfassung von Menschen, Dingen und Natur auszeichneten; beide hatte man in Zeitschriften gelesen (1852, 1855). Und schließlich kannte man die ersten seiner eigenartigen Schilderungen vom unglücklichen Verlauf des Krimkrieges: *Sevastópol' im Dezember*, *Sevastópol' im Mai* (1855) und endlich *Sevastópol' im August* (1856).

Was am Schaffen dieses neuen Schriftstellers charakteristisch schien, war seine Fähigkeit, selbsterlebten Stoff in Fiktion zu verwandeln oder vielmehr das fiktive Element in seiner Kunst mit Elementen aus eigenem Erleben zu erfüllen. Schon in dieser frühen Zeit war ihm das *Schreiben* eine Art Selbstbekenntnis und Selbstreinigung, und jede seiner Novellen aus dieser Periode war mit starken Fäden mit seiner inneren Entwicklung verknüpft oder aus persönlicher Erfahrung und persönlichen Erinnerungen hervorgegangen. Davon zeugten Erzählungen wie *Schneetreiben* (*Metél'*), *Eine Begegnung* (*Vstréča*) und *Der Morgen eines Gutsherrn* (*Utro pomésčika*), die alle 1856 herauskamen, während der Zeit, als er auf dem väterlichen Gut Jásnaja Pol'ána wohnte. Davon zeugte die im selben Jahr erschienene Novelle *Zwei Husaren* (*Dva gusára*), deren Schilderung von zwei Generationen in ihrem psychologischen und kulturhistorischen Gegensatz zueinander – romantisch, leidenschaftlich und vornehm die eine, nüchtern, kleinlich und prosaisch die andere – sicherlich auf rekonstruierten Familienerinnerungen beruhte. Davon zeugten wohl auch zwei anekdotisch-episodische Skizzen von tragischen Musikantenschicksalen, die Tolstój teils im Ausland, teils in der Heimat kennengelernt hatte: die eine hieß *Luzern* (1857) nach dem Ort des Geschehens, die andere *Albert* (1858) nach ihrem tragischen Helden. Aber ein noch stärkeres Zeugnis von diesem persönlichen Element in Tolstójs frühem Schaffen war die in ihren Gegensätzen wirkungsvolle Novelle *Drei Tode* (*Tri smérti*, 1858), worin der häßliche Tod einer Dame, der demütige Tod eines Bauern und der wortlos schöne Tod eines Baumes geschildert wurde, und die große Erzählung *Familienglück* (*Seméjnoje sčást'je*, 1858), worin der Dichter, selbst ein einsamer Mann, der von einem friedlichen Hafen träumte, die Geschichte einer Ehe von der ersten zarten Verliebtheit bis zum satten, ruhigen Elternglück erzählte. Überall begegnete man in diesen Novellen glaubwürdigem, einfachem und solidem Stoff, der das Gepräge einer selbsterlebten Wirklichkeit oder Gedankenwelt trug. Man erlebte hier nicht Dichtung, der mit großer

Kunstfertigkeit der Schein von Wirklichkeit gegeben wurde, sondern unmittelbar oder mittelbar selbsterlebte Wirklichkeit, die zu ruhiger, einfacher Dichtung geworden war. Jede Erzählung war mit breiten, kräftigen Strichen gestaltet. Die psychologische Darstellung war einfach, aber sicher und eindringlich.

Tolstój hatte inzwischen mehrere Auslandsreisen unternommen und war jedesmal mit Erfahrungen heimgekehrt, die dichterisch oder praktisch genutzt und umgesetzt zu werden verlangten. Je näher und unvermeidbarer die Aufhebung der Leibeigenschaft heranzurücken schien, desto mehr fühlte er sich – aus ernsten moralischen Gründen – aufgerufen, über das äußere Elend des russischen Bauernvolks und die Notwendigkeit einer elementaren Bauernbildung nachzudenken. Er verstummte für längere Zeit als Erzähler und widmete sich Fragen der Volkserziehung (für deren Erörterung er sogar die Zeitschrift *Jásnaja Pol'ána* gründete). Aber nach seiner Heirat (1862) fühlte er sich wieder zu künstlerischem Wirken getrieben. Die Leser, die schon die Hoffnung aufgegeben hatten, seinem Namen wieder zu begegnen, erlebten 1863 die Überraschung, in der großen Novelle *Die Kosaken (Kazakí)*, die er vor etwa zehn Jahren während seines Aufenthaltes im Kaukasus begonnen hatte, sein Talent in voller Blüte zu sehen. Die Erzählung war im wesentlichen ganz autobiographisch, mochte ihr Held auch Olénin heißen. Meisterhaft gezeichnet war die kleine Schar primitiver Kosaken, die stolze, schöne Mariánka, in die sich der Erzähler hoffnungslos verliebt, der kecke und sichere junge Lukáška und vor allem der alte, heidnische Weise Jeróška mit seiner gewaltigen und einfachen Philosophie. Besonders erstaunlich aber war die Kraft, mit der sich Tolstój, der sonst kein Freund der Naturlyrik war, bei der Schilderung der kaukasischen Berge zu den Höhen der Poesie emporschwang. Beispiellos in seinem ganzen Schaffen war die vielmalige Wiederholung des Wortes *Berge*, das wie das Leitmotiv eines Musikstückes abgewandelt wurde, und besonders persönlich wirkte im zweiten Teil des hier zitierten Abschnittes der Übergang von der Vergangenheit zu der – man möchte sagen – ichbetonten Gegenwart:

Bei der schnellen Bewegung des Dreispänners über die ebene Straße schienen die Berge mit ihren im Sonnenaufgang rötlich erschimmernden Gipfeln am Horizont hinzulaufen. Zuerst überraschte der Anblick der

Berge Olénin nur, dann aber wurde er froh. Und etwas später, je mehr er diese Kette schneebedeckter Berge betrachtete, die nicht aus anderen dunklen Bergen hervorwuchs, sondern unmittelbar der Steppe entstieg und entfloh, desto mehr begann ihre Schönheit ihm aufzugehen, und er erlebte plötzlich die Berge mit allen seinen Sinnen. Von diesem Augenblick an bekam alles, was er sah, alles, was er dachte, alles, was er fühlte, den ihm so neuen, streng monumentalen Charakter der Berge. Alle Erinnerungen an Moskau, all seine Reue und Scham, all seine banalen Vorstellungen vom Kaukasus schwanden nun und kehrten nie mehr zurück. „Nun kommt es", schien eine triumphierende Stimme ihm zu sagen. Die Landstraße und das Band des Téreks, das in der Ferne sichtbar wurde, und die Dörfer der Kosaken und die Bevölkerung – alles schien ihm nun ernsthaft wirklich zu werden.

Warf er einen Blick zum Himmel, so dachte er an die Berge. . . .

Warf er einen Blick auf sich selbst oder auf seinen Diener Ván'a, so sah er wieder die Berge . . .

Sieh, da ritten zwei Kosaken vorüber, und ihre eingehüllten Flinten schwangen auf ihren Rücken rhythmisch auf und nieder, und die braunen und grauen Beine der Pferde wechselten miteinander, aber die Berge . . .

Jenseits des Téreks steigt der Rauch von einem Bergdorf empor, aber die Berge . . .

Die Sonne geht auf und spiegelt sich im Térek, der hinter dem Schilfrohre schimmert, aber die Berge . . .

Aus dem Dorfe kommt ein Wagen gefahren, Frauen gehen vorüber, schöne Frauen, junge Frauen, aber die Berge . . .

Wilde Reiter streifen durch die Steppe, und hier komme ich gefahren, und ich habe meine Flinte und meine Kraft und meine Jugend, aber die Berge . . .

Außer den *Kosaken* veröffentlichte Tolstój im Jahre 1863 eine kleinere Novelle, die tragische Geschichte *Polikúška:* Mit sehr einfachen Mitteln, aber in sorgsamer, glaubwürdiger Weise erzählte er eine Begebenheit, die sich zur Zeit der Leibeigenschaft bei einem seiner Bekannten, einem Gutsbesitzer, zugetragen hatte. Polikúška war ein blutarmer, zum Stehlen geneigter Bauer, der von seiner Gutsbesitzerin den Auftrag bekam, aus der Stadt einen größeren Geldbetrag zu holen, um so seine moralische Standhaftigkeit zu beweisen, der aber das Geld auf dem Heimweg verlor und aus Angst, verdächtigt zu werden, daß er es verzecht habe, sich voller Verzweiflung erhängte. Es war Tolstój gelungen, in dieser kleinen Erzählung die Quintessenz von der Tragik der Leibeigenschaft, vom Standpunkt eines Bauern betrachtet, einzufangen. Eine andere Novelle,

die er zwar 1863 begann, aber erst 1885 veröffentlichte, *Der Lein-*
wandmesser (Cholstomér), handelte von einem Pferd, das wegen
seiner weit ausgreifenden und schwingenden Gangart diesen seltsamen Beinamen bekommen hatte. TOLSTÓJ vollbrachte hier das
Kunststück, das „Seelenleben" eines alten ausgedienten Wallachs
in völlig glaubwürdiger Weise wiederzugeben und dabei das unna-
türliche Wesen der Menschen, wie es sich in Pferdeaugen ausnimmt,
ironisch zu beleuchten. *Polikúška* und *Der Leinwandmesser* verrieten
TOLSTÓJS moralisch begründete Neigung zur Kritik der sozialen Gebrechen seiner Zeit.

Das Jahr 1863 war in seinem Leben deshalb besonders bemerkenswert, weil er nun endlich die rechte Form zur Verwirklichung eines
Verlangens fand, das ihn schon lange gequält hatte – einen Roman
ganz großen Formats zu schaffen. Schon 1860 hatte er den Gedanken
gefaßt, einen Roman zu schreiben, der unter dem Titel *Dekabristen*
von den Männern des Dezember-Aufstandes handeln sollte. Er war
nicht als historischer Roman im eigentlichen Sinne gedacht, da die
Handlung, in die Zeit um 1856 verlegt, mit der Heimkehr des Helden aus Sibirien nach dreißigjähriger Verbannung einsetzte. Aber das
Thema zwang den Verfasser, Schritt um Schritt in der Zeit zurückzugehen, um das Schicksal des Helden zu begründen, zunächst bis
zum Jahre 1825, da der Aufstand auf dem Petersburger Senatsplatz
erfolgte, dann bis zum Jahre 1812, da der Held als junger Mann
am Kriege gegen Napoleon teilnahm, und schließlich bis zu der
Zeit vor dem großen *vaterländischen* Krieg. Von gewaltigem Schaf-
fensdrang erfüllt, vollendete er in den Jahren 1863–68 das grandiose
Werk *Krieg und Frieden (Vojná i mir)*, das aus vier großen Teilen
und einem mächtigen Epilog bestand. Der erste Teil des Romans
galt den Jahren 1805 und 1806 und gipfelte in der Schilderung der
Schlacht von Austerlitz; der zweite Teil enthielt im wesentlichen
Schilderungen des friedlichen Lebens in St. Petersburg und Moskau
in den Jahren 1806–1811; der dritte Teil schilderte die Zeit von 1811
und 1812 mit der Schlacht bei Borodinó und der Einnahme Moskaus,
den Ausgang des Krieges mit dem Rückzug Napoleons und dem
Kampf der russischen Partisanen. In dem zweiteiligen Epilog erzählte TOLSTÓJ das spätere Schicksal der Hauptpersonen und gab
dabei eine ausführliche Darlegung seiner Geschichtslehre. Der Ro-

man, der als Familienchronik begonnen hatte, war allmählich mehr und mehr mit philosophischen Betrachtungen über Krieg und Geschichte durchwoben worden, und diese erforderten eine zusammenfassende Systematisierung. Aber einen eigentlich historischen Roman in der vollen Bedeutung des Wortes hatte Tolstój nicht geschaffen; denn abgesehen von dem historischen und kriegerischen Hintergrund, den er mit einem immer größeren Reichtum an Einzelheiten ausgestattet hatte, waren die Menschen des ganzen Romans im Grunde Menschen aus Tolstójs Zeit, mit den Manieren, der Redeweise, dem Ausdruck und der Eigenart dieser Zeit; es waren ungemein plastische Figuren, ungemein lebendige Gestalten, die aus den sechziger Jahren in die Vergangenheit versetzt waren. Dies bewies am besten, daß sich in Tolstójs Schaffen immer eine Verwandlung von selbsterlebter, autobiographischer, persönlicher Wirklichkeit in Dichtung vollzog. Er drang nicht mit scharfer geschichtlicher Schau in die Vergangenheit ein, er stellte vielmehr die Gegenwart in geschichtlicher Verkleidung dar. Es ist bezeichnend für die realistische Art seines Schaffens, daß er die Arbeit an einem Roman über *Peter den Großen*, die er nach der Beendigung von *Krieg und Frieden* aufnahm, bald wieder einstellte, weil er – wie er in einem Brief gestand – *nicht fähig war, in die Menschenseelen jener Zeit einzudringen, die nun einmal von denen unserer Zeit so verschieden waren*. Er erkannte, welcher Anachronismus es gewesen wäre, wenn er die Wirklichkeit, die er kannte, auf eine so ferne Vergangenheit übertragen hätte. Tolstój, nicht einmal in seinem großen Meisterwerk Schöpfer eines wahrhaft historischen Romans, gab die Geschichte als Stoff seiner Kunst für immer auf.

Unmittelbar nach dem Abschluß von *Krieg und Frieden* begann Tolstój seinen zweiten Monumentalroman, *Anna Karénina*, der 1877 fertig wurde. Das ursprüngliche, ziemlich eng gefaßte Thema war die Liebestragödie der Heldin, ihre Stellung zwischen Ehemann und Geliebtem, und ihre Wahl, die schließlich mit ihrem Selbstmord enden mußte. Aber während der Arbeit an dem Roman wuchs dem Künstler der Stoff unter den Händen, die einfache Geschichte von Frau, Mann und Liebhaber wurde zu einer großartigen Schilderung des Gegensatzes zwischen dem naturhaften Liebestrieb und einer Umwelt, die ihm die Befriedigung versagte. Allmählich wurde der

Roman zu einer gewaltigen, düsteren Kritik der Gesellschaft, die echte Gefühle tötete und nur Heuchelei zuließ, und durch die Einführung der Nebenhandlung von der Liebe zwischen zwei natürlichen Menschen und ihrem Versuch, sich ihr Leben auf einer soliden Grundlage einzurichten, öffnete Tolstój der breiten Schilderung der geistigen, sittlichen, sozialen und wirtschaftlichen Bewegungen der siebziger Jahre Tür und Tor. Der Moralist Tolstój, der in seinen Werken, auch in den frühesten, niemals ganz geschwiegen hatte, trat in diesem Roman noch stärker hervor und sprach als ernster Warner zu seiner Zeit. Sein Ton war pessimistisch. Was man aber an dem großen zweibändigen Werk zuerst erfaßte und wovon man zuerst gebannt wurde, war die ungeheure Kraft, mit der er allen Gestalten, Vorder- und Hintergrundfiguren, in einem bisher unbekannten Maße intensives und unmittelbares Leben verlieh. Davor trat die Lehre des Romans zurück.

Aber gerade die Lehre war Tolstój am wichtigsten. Schon als ganz junger Mensch hatte er – seinen Tagebüchern zufolge – davon geträumt, einmal eine neue Religion zu begründen und sie den Menschen zu verkünden. Keines seiner bisherigen literarischen Werke war von einem moralisierenden Verhalten ganz frei gewesen, doch war dieses hauptsächlich in einer negativen Form zum Ausdruck gekommen. Tolstójs Widerwille gegen die bestehende Gesellschaftsordnung war inzwischen mit unwiderstehlicher Kraft gewachsen, und in den achtziger Jahren kam er in einer Menge von Schriften zum Ausbruch – Schriften, in denen er vor der Öffentlichkeit seine Seele bloßlegte (*Die Beichte – Ispoved'*, 1882), über seine religiösen Anschauungen Rechenschaft ablegte (*Worin besteht mein Glaube? – V čom mojá véra?* 1883), seine Moralsätze zu einem System zusammenfügte (*Was sollen wir denn tun? – Tak čto že nam délat'?* 1885) und seine Lebensphilosophie entwickelte (*Vom Leben – O žizni*, 1887). Schon zu Anfang der achtziger Jahre hatte er in seiner *Kritik der dogmatischen Theologie (Kritika dogmatičeskogo bogoslóvija)* schweres Geschütz gegen die offizielle russische Kirche und ihre Religionsverkündung gerichtet. Gleichzeitig ließ er seine zahlreichen Flugschriften an die einfachen Leute erscheinen: *Wovon die Leute leben (Čem l'údi žívy*, 1881); *Hast du das Feuer entfesselt, kannst du es nicht mehr löschen (Upústiš ogón', ne potúšiš*, 1885).

In eben dieser Zeit erregte der Aristokrat und Graf, der Bauernkleidung anzog, einfache Bauernnahrung aß, seine Bauernstiefel selber
flickte und mit dem Bauernpflug ackerte, in der ganzen Welt Aufsehen. Er kehrte der verfeinerten, ästhetisierenden Kultur, in der er
erzogen war, den Rücken und forderte die strenge Verwirklichung
ethischer Anschauungen im Leben des Einzelnen. Ein unwiderstehlicher Drang nach Vereinfachung aller Daseinsformen schien
aus Tolstójs Seele zu brechen und alle hergebrachten Normen zu
sprengen.

Die Soziologen versuchten diese gewaltige Wandlung so zu deuten, daß sie den großen Schriftsteller als *reuigen Aristokraten*
(*kájuščijs'a dvor'anín*) bezeichneten, der für die Sünden, die seine
Väter und seine Klasse am Volk begangen hätten, Buße tun wolle.
In Wahrheit aber war der ganze *Tolstojanismus*, wie seine Lehre genannt wurde, seine Ablehnung der bestehenden Gesellschaftsordnung, seine Forderung, dem Bösen nicht zu widerstreben, und
seine rationalisierte Religion, nichts anderes als ein mächtiger Versuch, die allmählich immer mehr revolutionär und terroristisch werdende Bewegung der *Volkstümler* (*Naródniki*) umzudeuten und
der neuen marxistisch-sozialistischen Klassenkampflehre den Weg
zu versperren. Er machte den Versuch, das soziale Problem in ein
ethisches umzuwandeln. Er fuhr in den neunziger Jahren fort, seine
Gedankenwelt auszubauen und zu popularisieren (*Das Reich Gottes
ist in uns – Cárstvo bóžije vnutrí nas*, 1894), und an der Schwelle
zum neuen Jahrhundert (1898) verleugnete er sogar die Grundlage
seines Schaffens als Schriftsteller, die Kunst selbst (*Was ist Kunst?
– Čto takóje iskússtvo?*). Viele seiner Flugschriften, Streitschriften
und theoretischen Schriften waren in der Form von Fragen geschrieben, die beantwortet werden mußten und von ihm auch beantwortet
wurden, und indem er seine Zeit vor eine Frage nach der anderen,
vor eine berufungslose Beantwortung nach der anderen stellte, wurde
er selber zu einem gewaltigen Problem, beunruhigend, aufreizend,
herausfordernd und unausweichlich für jeden.

Aber Tolstój war allzu sehr Künstler, um sein literarisches Schaffen der Religionsphilosophie zuliebe ganz einzustellen. Dieser Abschnitt seines Lebens stand im Zeichen des Todesgedankens und des
Sexualproblems. Der Todesgedanke hatte ihn seit seinen ersten No-

vellen beschäftigt; in der Erzählung *Drei Tode* (1858) hatte er sich zum erstenmal in eine künstlerische Behandlung dieses für seine vitale Natur so beunruhigenden Problems vertieft; jetzt, dreißig Jahre später (1886), schrieb er mit genialer Intuition eine seiner vollkommensten Erzählungen: *Der Tod des Iván Il'jíč* (*Smerť Ivána Il'jičá*). MAUPASSANT soll nach der Lektüre der französischen Übersetzung gesagt haben, daß seine zehn Bände gegen diese Novelle TOLSTÓJs für nichts zu achten seien. Der Leser fand hier eine in ihrem einfachen Bau erschütternde Schilderung von dem langsamen, allmählichen Tode eines Mannes. Der Vorgang des Sterbens war in seinen einzelnen Abschnitten Schritt um Schritt dargelegt, und das Grauen davor, das Leben, wie inhaltlos, sinnlos und konventionell es sich auch gestaltet hatte, verlassen zu müssen, war eindringlich beschrieben. Um die Wirkung dieser Beschreibung noch zu steigern, stellte TOLSTÓJ seinem sterbenden Helden, dem Bürovorsteher Iván Il'jíč Golovín, und seinem achtbaren, aber geistlosen Leben den einfachen, gesunden, schlichten Bauern Gerásim gegenüber, den einzigen, der seinem Herrn mit seiner bescheidenen und natürlichen Lebensweisheit ein wenig helfen kann. TOLSTÓJ griff dieses Thema in der Erzählung *Der Herr und sein Knecht* (*Choz'áin i rabótnik*, 1895) wieder auf; nun war der sterbende Held ein Kaufmann, der für sein müßiges und oberflächliches Leben damit büßte, daß er während eines Schneetreibens auf dem Lande sterbend seinen Knecht Nikíta, einen einfachen Bauernburschen, mit der schwindenden Wärme seines Körpers vom Tode rettete. Der große Vereinfacher TOLSTÓJ belehrte seine Leser, daß nur der würdig sterben könne, der sein Leben nicht unwürdig gelebt habe, und daß nur der einfache und demütige Tod würdig sei.

Aber noch mehr als der Todesgedanke beschäftigte TOLSTÓJ in dieser Zeit seines künstlerischen Wirkens das Problem des Sexualtriebes. In seiner geistigen Rücksichtslosigkeit geneigt, ihm widrige Tatsachen zu leugnen, kam er mehr und mehr zu der Überzeugung, daß der Geschlechtstrieb nicht nur an sich ekelhaft und gemein und daher sündhaft sei, sondern daß er eigentlich von lüsternen Naturen erfunden oder künstlich gezüchtet worden und daher doppelt sündhaft sei. Wie ein russischer Mönch aus dem Mittelalter wütete er nicht nur gegen jede Form einer geschlechtlichen Beziehung zwischen

Mann und Frau, sondern näherte sich auch der Auffassung von der Frau als Werkzeug des Teufels, geschaffen, um den Mann zu moralischer Entwürdigung zu verführen. Niemand war der Gedanke, *das Ewig-Weibliche ziehe uns hinan*, fremder als ihm. Aus dieser leidenschaftlichen Auflehnung gegen das Geschlechtsleben entstand eine der erschütterndsten und meistgenannten Novellen Tolstójs, *Die Kreutzersonate* (1890), in ihrer Form die im dämmerigen Eisenbahnabteil erzählte Geschichte eines Mannes, der nach einer langen, ausschließlich auf Sexualität begründeten Ehe seine Frau in einem Anfall rasender Eifersucht ermordet hatte. Die moralische Motivierung trat so stark hervor, daß die Novelle nur als Illustration der Idee geschaffen worden zu sein schien; dennoch verleugnete sich die mächtige plastische Schöpferkraft Tolstójs auch hier nicht.

Im selben Jahr schrieb er die verhältnismäßig kurze Novelle *Der Teufel* (*D'jávol*, 1890), die thematisch zu demselben Ideenkreis gehört: die Verwerflichkeit des vorehelichen Geschlechtslebens eines jungen Mannes wurde hier veranschaulicht; der junge glückliche Gutsbesitzer Jevgénij Irténev erliegt nach seiner Heirat mit einer *reinen* jungen Frau der Versuchung des Teufels und sieht keinen anderen Ausweg, als sich zu erschießen (oder – einer Variante zufolge – die Frau, die ihn verlockt, zu töten). Wie tief dieser Ideenkomplex Tolstój weiter beschäftigte, zeigte sich darin, daß er ihn 1898 in seiner vortrefflichen Erzählung *Vater Sérgij* (*Otéc Sérgij*) abermals behandelte: er erzählte hier die Geschichte des verwöhnten Gardeoffiziers Stepán Kasátskij, der plötzlich erfährt, daß die von ihm umworbene, als *rein* und *unschuldig* verehrte junge Frau früher die Geliebte des Kaisers gewesen ist, und daraufhin den Hof verläßt, seine Karriere aufgibt und Mönch wird. Als Mönch vollbringt er große fromme Werke und kommt in den Ruf eines Heiligen, fällt aber schweren geschlechtlichen Versuchungen und Anfechtungen zum Opfer. Erst als er nach seinem Fall seine Zelle verläßt und eine schlichte, demütige und selbstlose Jugendfreundin aufsucht, gelangt er endgültig zur Erkenntnis seiner früheren Eitelkeit und seines Hochmutes und demütigt sich bis auf den Grund. In Wirklichkeit predigte Tolstój in diesen künstlerisch sehr hochstehenden Werken mit immer stärkerem Ernst und wachsender Intensität seine fast unmenschliche Lehre von der Pflicht, auf alle Reize, Verlockungen und Genüsse des Lebens zu verzichten. Diese Lehre, welche die künstlerische Wirkung seiner Werke niemals beeinträchtigte, bekundete sich im wesentlichen als Forderung nach Vereinfachung des Lebens, als Forderung nach Einfalt und Demut. Aber im eigentlichen Kern dieser Lehre verbarg sich eine andere Forderung – die Forderung nach der Flucht aus dem Leben.

Das Primitive hatte für Tolstój einen ungeheuren Reiz. Wo immer er das primitive Leben in unverfälschter Natürlichkeit fand, betrachtete er es mit einem Gefühl der Verliebtheit. Primitive Menschen werden von ihm in dieser Zeit – wie übrigens in jeder früheren – meistens auch als schöne Menschen geschildert; Einfachheit und Schönheit sind für ihn korrelate Begriffe; alles Komplizierte und Verfeinerte ist ihm gleichbedeutend mit Häßlichkeit. Aber auch zwischen Schönheit und Güte steht bei ihm immer ein Gleichheitszeichen; das physisch Vollkommene schlägt bei ihm stets in das ethisch Vollkommene um. Seelische und leibliche Gesundheit sind fast identisch.

Es ist charakteristisch für den alternden Künstler, daß er auf die literarische Thematik seiner Jugend zurückgreift und Stoffe aufnimmt, deren Behandlung er damals versäumte. Als Frucht dieses Zurückgreifens entstand seine schöne große Novelle *Chádži-Murát*. Das Thema hatte ihm tatsächlich seit 1851, da er es zum erstenmal in einem Brief erwähnte, im Sinn gelegen. Zehn Jahre später erwähnte er es abermals in einem Privatbrief. Aber erst 1896 begann er als alter Mann wirklich an der Geschichte zu arbeiten und erst 1904 hörte er damit auf. Sie erschien erst nach seinem Tod. Es war der Kaukasus, der in dieser Erzählung wieder aufstieg, nunmehr aber weniger der Kaukasus der russischen Eroberer als die Heimat der wilden Bergbewohner, und sein Held war einer von denen, die, getrieben von persönlichem Haß auf den despotischen Kaukasus-Beherrscher Šamíl', zu den Russen übergingen. Tolstój hatte seine Freude an der Schilderung der geistigen und seelischen Überlegenheit des unkomplizierten, edlen und würdigen Chádži-Murát gegenüber der Welt der verfeinerten, gezierten, verderbten russischen Offiziere, in die er hineingeriet, und an der Darstellung seiner tragischen Flucht in die Berge, wo sich seine Frau und sein stolzer junger Sohn als Gefangene in der Gewalt seines Todfeindes befinden. Abermals stellte Tolstój zwei Welten einander gegenüber, die angeblich *kultivierte* und die angeblich *barbarische*, die in Wahrheit das Gegenteil dessen waren, was sie zu sein schienen.

Tolstójs Hauptwerk aus diesen Jahren war der große Roman *Auferstehung* (*Voskresénije*, 1899). Das Thema hatte ihm 1887 ein hervorragender russischer Jurist vermittelt. Zwei Jahre später begann Tolstój, die Erzählung des Juristen, die ihn tief ergriffen hatte, künstlerisch zu bearbeiten; andere Interessen und Aufgaben lenkten ihn jedoch ab, bis er 1898 endlich Muße fand, die Arbeit wiederaufzunehmen. Gegen Ende des folgenden Jahres wurde der Roman gedruckt – in einer von der Zensur stark entstellten Form. Es war Tolstójs größte Leistung auf dem Gebiet der sozial-politischen Prosakunst – ein fundamentaler Angriff auf alle hergebrachten religiösen, sozialen und ethischen Gewohnheitsvorstellungen, vor allem auf den Formalismus des Rechtswesens und auf die Schwurgerichte, auf die Prostitution als staatlich anerkannte Einrichtung und auf die Behandlung der Strafgefangenen. Zu welcher Entrüstung sich Tolstój erheben konnte, zeige die Stelle, wo er den Brauch, die Geschworenen zu vereidigen, angreift – eine Stelle, deren Wesen durch die pathetische Wiederholung der Eingangsworte gekennzeichnet ist:

Keinem der Anwesenden fiel es überhaupt ein, daß gerade dieser Jesus, dessen Namen der Priester mit seiner zischenden Aussprache unzählige Male wiederholte, indem er ihn mit allerlei wunderlichen Ausdrücken pries, das, was jetzt geschah, ausdrücklich verboten hatte; – daß er nicht bloß verboten hatte, daß sich die Priester oder Lehrer in sinnlosem Wortschwall ergingen und blasphemische Zauberkünste mit Brot und Wein trieben, sondern auch – und zwar in ausdrücklichster Weise –, daß Menschen andere Menschen Lehrer nennten; – daß er es verboten hatte, in den Tempeln zu beten, und verlangt hatte, daß jeder nur in seinem Kämmerlein bete; – daß er auch die Tempel selbst verboten hatte, indem er sagte, daß er gekommen sei, um sie zu zerstören, und daß man nicht in Tempeln, sondern im Geist und in der Wahrheit beten solle; – und daß er es insbesondere verboten hatte, über andere Menschen zu richten und sie gefangenzuhalten, sie zu peinigen, sie zu entehren, sie hinzurichten, so wie es jetzt hier geschah, und gegen andere Gewalt zu üben, indem er sagte, er sei gekommen, den Gefangenen die Freiheit wiederzugeben.

Keinem der Anwesenden fiel es überhaupt ein, daß alles, was jetzt hier geschah, in Wahrheit tief blasphemisch und ein Hohn gegen den Christus war, in dessen Namen es geschah.

Keinem der Anwesenden fiel es überhaupt ein, daß das goldene Kreuz mit den emaillierten Medaillons auf den Armen, das der

Priester den Menschen zum Küssen darbot, nichts andres war als eine
Wiedergabe des Galgens, an dem Christus den Tod erlitten hatte, eben weil
er das verboten hatte, was jetzt hier in seinem Namen geschah.
Keinem der Anwesenden fiel es überhaupt ein, daß die Priester,
die sich einbildeten, sie äßen Christi Leib und tränken sein Blut in der Ge-
stalt von Brot und Wein, tatsächlich seinen Leib aßen und sein Blut tran-
ken, aber nicht in der Gestalt der Brosamen und Weintropfen, sondern in-
dem sie nicht nur diese Kleinen, die Christus mit sich selbst identifizierte,
verführten, sondern sie auch des höchsten Gutes beraubten und sie der
grausamsten Pein aussetzten, indem sie ihnen die frohe Botschaft, die er
ihnen gebracht hatte, vorenthielten.

Mit diesem langen, ziemlich verwickelten Zitat ist der Ton angegeben, der für den von tiefer Entrüstung getragenen Roman charakteristisch ist. Diesem Ton gemäß endete das Buch mit einer Erläuterung der fünf Gebote der Bergpredigt. Rein handlungsmäßig betrachtet, erzählte der Roman, wie ein Mann, der Held des Buches, – nach
einem Leben in herkömmlichen Lastern und Genüssen – als Mitglied
eines Schwurgerichtes, das zu einer Mordangelegenheit Stellung
nehmen soll, entdeckt, daß eine Angeklagte, eine gewerbsmäßige
Dirne, mit dem jungen Mädchen identisch ist, das er in seiner Jugend
verführt und damit auf die abschüssige Bahn gebracht hat. Ferner
berichtete der Roman, wie der Mann, von diesem Erlebnis bis ins
Innerste erschüttert, mit seiner bisherigen Lebensform zu brechen
und der Frau nach Sibirien zu folgen beschließt, wo sie mehrere
Jahre Zwangsarbeit verbüßen soll, und wie sie beide allmählich zu
einer geistigen und seelischen Auferstehung gelangen, die es ihnen
ermöglicht, sich in reiner, schlichter Liebe zu begegnen. Mit einer bei
seinem Alter erstaunlichen Meisterschaft schilderte der siebzigjährige
Tolstój eine Unmenge scharf beobachteter und treffend charak-
terisierter Menschen – Angehörige der aristokratischen Gesellschaft
in St. Petersburg und Moskau, Mitglieder der höchsten Gerichte,
hochgestellte Bürokraten und vornehme Advokaten, Provinzgouver-
neure und ihre Beamten, Gefangenenwärter und Gefängnisdirekto-
ren, Kriminalverbrecher, Mörder, Diebe, Dirnen und eine ganze
Schar politischer Verbrecher, idealistischer Terroristen, revolutionärer
Utopisten, Männer und Frauen, kranker und gesunder, sterbender
und überlebender. Ganz besonders erstaunlich war Tolstójs in allen
Einzelheiten ausgearbeitete Schilderung des Etappentransportes der

zur Zwangsarbeit in Sibirien verurteilten Verbrecher von Moskau über Nížnij-Nóvgorod nach T'umén', Jekaterinbúrg und Tomsk. Der Held des Romanes hieß Nechl'údov – einer der Namen, die TOLSTÓJ fast von seinem ersten Auftreten an gerne für sein *alter ego* verwendete, und obwohl in der Handlung des Romans nichts in des Wortes engerer Bedeutung autobiographisch war, war er von einer so persönlichen Intensität durchdrungen, daß der autobiographische Name Nechl'údov am Platze war. Nechl'údovs Gedanken waren in hohem Maße TOLSTÓJs eigene, und die Hauptidee selbst – die Notwendigkeit der moralischen Wiedergeburt des einzelnen – war das Ideal, das er nicht nur den Trägern der bestehenden russischen Gesellschaftsordnung vorhielt, sondern auch denen, die mit Hilfe einer Massenrevolution die sozialen Verhältnisse verbessern zu können glaubten. Dieses Romanes wegen wurde TOLSTÓJ bald (1901) aus der orthodoxen russischen Kirche ausgeschlossen.

In der *Auferstehung* ließ TOLSTÓJ seinen Helden Nechl'údov die Gesellschaft und die Umgebung, worin er bisher gelebt hatte, verlassen. Früher ist angedeutet worden, daß sich hinter diesem Vorgang ein tieferer Gedanke verberge – der Gedanke der Flucht aus dem Leben selbst. In künstlerischer Form begann sich dieser Gedanke bei TOLSTÓJ gegen Ende der neunziger Jahre und am Anfang des neuen Jahrhunderts langsam herauszukristallisieren. Die Sage von dem geheimnisvollen Verschwinden Kaiser Alexanders I. und seinem Wiederauftauchen als Eremit in Sibirien fesselte ihn als besonders leuchtendes Beispiel für den Verzicht eines Mannes auf irdische Macht und Herrlichkeit und sein freiwilliges Verschwinden aus dem Leben. Das Ergebnis von TOLSTÓJs Beschäftigung mit diesem Motiv war seine unvollendete Novelle *Nachgelassene Tagebuchblätter des Eremiten F'ódor Kuzmíč* (*Posmértnyje zapíski stárca F'ódora Kuzmíčá*), die erst nach dem Tode des Dichters gedruckt wurde (1912). Offenbar reizte es TOLSTÓJ, die Sage vom freiwilligen Verschwinden des Kaisers psychologisch zu erklären und wahrscheinlich zu machen. Er vollendete die Novelle nicht, weil er es vermutlich vorzog, das Motiv von der freiwilligen Flucht eines Menschen aus dem Leben in dramatischer Form zu behandeln.

TOLSTÓJ hatte schon früher seine dramatische Begabung bewiesen. Der Bericht über den Prozeß gegen einen des Totschlags angeklagten

Bauern, den er von einem guten Freund gehört hatte, regte ihn zu dem fünfaktigen Drama *Die Macht der Finsternis* (*Vlast' t'my*, 1886) an, das in verblüffender Weise an Písemskijs starkes Bauerndrama *Das bittere Schicksal* erinnerte. Zur Niederschrift brauchte er nur drei Wochen. Der Stoff war dem Bauernleben entnommen: Nikíta, ein hübscher Knecht, hat ein Verhältnis mit Anís'ja, der jungen Frau des Bauern, und verheiratet sich mit ihr, nachdem sie auf Betreiben seiner Mutter ihren schwächlichen Mann umgebracht hat. Diese Ehe bringt jedoch kein Glück. Nikíta beginnt zu trinken und sich mit Akulína, der einfältigen Stieftochter seiner Frau, in Wirtshäusern herumzutreiben, und als Akulína heimlich ein Kind gebiert, erstickt Nikíta es nach dem Rat seiner Mutter und seiner Frau. Das Verbrechen peinigt sein Gewissen so sehr, daß er am Tage vor der Hochzeit Akulínas mit einem Bauern seine Untat öffentlich gesteht. Das Stück wurde im allgemeinen als dramatische Veranschaulichung der geistigen Finsternis aufgefaßt, die das russische Bauernvolk beherrschte, und diese, meinte man, sei an dem Verbrechen schuld. Die Bedeutung des Stückes erblickte man also im Sozialen. Tolstójs Absicht aber war rein moralisch. Er meinte wirklich, daß die begangenen Verbrechen – angefangen bei Anís'jas Ehebruch mit Nikíta – die Frucht der *sittlichen* Finsternis seien, die Frucht von Satans Werk; Nikítas alter Vater Akím, der kaum einen zusammenhängenden Satz zu formen vermag, war als Vertreter des göttlichen, ethischen Prinzips dargestellt, das in Demut, Entsagung, Reinheit und Güte bestehe.

Das zweite Drama Tolstójs – offenbar in einer sehr heiteren Stimmung geschrieben – hieß *Die Früchte der Aufklärung* (*Plodý prosveščénija*, 1890) und war nicht bloß seinem Titel nach ein Gegenstück zu dem ersten. Der Vertreter der Demut und Güte ist auch hier das primitive Bauernvolk; da aber der Schauplatz des Spieles ein feines herrschaftliches Haus in Moskau ist, dürfen die Bauern nur in der Küche auftreten. Sie sind gekommen, um den Gutsbesitzer zu überreden, ihnen ein Stück Land zu günstigen Bedingungen zu verkaufen, stoßen aber auf Schwierigkeiten. Um diese zu überwinden, arrangiert das Zimmermädchen Tán'a, das in den Hausdiener Sem'ón verliebt ist, für die Herrschaft und deren Gäste eine spiritistische Sitzung und bringt den Hausherrn dazu, die Kaufurkunde zu unterschreiben. Gedacht und durchgeführt war die Komödie als

Satire auf die verzerrte Kultur der *Gebildeten*, die den Spiritismus ernstnahmen. Die Ironie, die dieses herrschaftliche Haus traf, war in jeder Beziehung vernichtend und zeigte abermals TOLSTÓJs tiefe Abneigung gegen das mondäne hohle Salonleben in den Hauptstädten. Besonders bemerkenswert war die klassizistische Struktur der Komödie: das Zimmermädchen war eine Wiederverkörperung der feschen, listigen Zofen des achtzehnten Jahrhunderts.

Um 1897 machte sich TOLSTÓJ endlich daran, sein Drama über die Flucht aus dem Leben zu schreiben, das später so berühmt wurde: *Der lebende Leichnam* (*Živój trup*). Sein Wunsch, diese Idee, die ihn in den letzten Jahrzehnten seines Lebens so heftig bewegte, zu dramatisieren, war im Grunde so alt wie die Idee selbst. Mit wechselnder Motivierung hatte er sie mehrmals zu verwirklichen versucht. So begann er schon in den achtziger Jahren ein fünfaktiges Schauspiel zu schreiben: *Und das Licht leuchtet in der Finsternis* (*I svet vo t'me svétit*), doch wurde er wohl niemals richtig fertig damit, obwohl er auch in den neunziger Jahren noch daran gearbeitet zu haben scheint. Man kann dieses Drama als unmittelbaren Vorläufer des *Lebenden Leichnams* betrachten, da seine Hauptgestalt, der Gutsbesitzer Nikoláj Ivánovič Saryncóv, zweifellos das Urbild Féd'as ist. Die Handlung verläuft hier jedoch so, daß Nikoláj den Gedanken, sein Heim zu verlassen, zu guter Letzt aufgibt. Wenn TOLSTÓJ seinen Plan nicht zu Ende führte, so mag das damit zusammenhängen, daß die autobiographischen Züge des Schauspiels – das Drama der Familie TOLSTÓJ, der Kampf zwischen dem Vater, der alles aufgeben und wegwandern will, und der Mutter, die sich ihrer Kinder wegen seinen Ideen leidenschaftlich widersetzt – allzu deutlich durchschimmerten. Die Auseinandersetzungen zwischen der Hauptgestalt und einigen Geistlichen über die richtige Deutung der christlichen Lehre sollten dem Plane nach im Drama großen Raum einnehmen.

Wie das Stück *Und das Licht leuchtet in der Finsternis* spielte auch das Drama *Der lebende Leichnam* in der Welt der oberen Stände. Überraschend an dem neuen tragischen Schauspiel war vor allem der Umstand, daß es sechs Akte umfaßte, deren jeder aus zwei Bildern oder Auftritten bestand. Es ist jedoch kaum anzunehmen, daß TOLSTÓJ mit der Gliederung des Schauspiels in sechs statt der üblichen fünf Akte eine besondere Wirkung anstrebte. Es war nämlich

im Jahre 1900, als er an ihm zu arbeiten aufhörte, ebensowenig fertig
wie sein Vorläufer. Trotz dieser Unfertigkeit wurde es, als man es
nach TOLSTÓJS Tod veröffentlichte, außerordentlich oft gespielt, und
in seiner leicht verhüllten Gleichläufigkeit mit dem Leben des Verfassers, der 1910 sein Heim verlassen hatte, machte es auf die
Zuschauer sehr starken Eindruck. In gewisser Weise hatte er in
seinem Schauspiel das Finale seines eigenen Lebensdramas vorweggenommen. Das erregende Grundthema selbst – der vorgetäuschte
Selbstmord des Helden, der seiner Frau den Weg zur Heirat mit
einem Jugendfreund freimachen wollte – hatte TOLSTÓJ zweifellos
(eine Replik im Texte selbst deutet darauf hin) ČERNYŠÉVSKIJS
Roman *Was tun?* entlehnt. Aber die künstlerische Hauptidee des
Schauspiels war die Flucht Féd'a Protásovs aus Heim und Leben.
Das religiöse Moment, das in dem Stück *Und das Licht leuchtet in
der Finsternis* eine so große Rolle spielte, war hier völlig ausge-
schaltet. Statt dessen stellte TOLSTÓJ in Féd'a einen Menschen dar,
der nach allgemeinem bürgerlichem Urteil nur ein charakterloser
und willensschwacher Mann war, der in Wirklichkeit aber die völlige Verkehrtheit des Gesellschaftsmechanismus durchschaut hatte,
der von Konventionalismus, Heuchelei, unechten Ambitionen und
Unnatur wegstrebte und in einer primitiven, unkomplizierten und
formlosen Daseinsweise seelische Rettung suchte. Damit wurde die
Idee dramatisch konkretisiert. Das Tragische bestand darin, daß der
Polizeiapparat es Féd'a nicht gestatten wollte, auf die von ihm gedachte Art aus dem Leben zu verschwinden, sondern ihn mit seinen
Gesetzen und Regeln zwang, Selbstmord zu begehen: nur so konnte
er seine frühere Frau und ihren neuen Mann vor der Beschuldigung
der Bigamie und der daraus folgenden Verbannung nach Sibirien
und der Wiederherstellung der früheren Ehe retten. Féd'a war – wie
Nikoláj Saryncóv – der letzte und konsequenteste Vertreter der
gegen die Gesellschaft aufsässigen Gestalten, die TOLSTÓJS Novellen
und Romane bevölkerten, und soweit diese Gestalt der innersten Sehnsucht des Dichters entsprungen war, war das Schauspiel in hohem
Grade autobiographisch.

Interessanterweise kehrte TOLSTÓJ noch im Jahre seines Todes
abermals zu seiner Lieblingsidee zurück, offenbar aus dem Wunsche,
ihr die größtmögliche Objektivität zu verleihen. Das geschah in der

Komödie *Er ist an allem schuld* (*Ot nej vse káčestva*). Mit *er* war
hier der Schnaps gemeint, die Geißel der bäuerlichen Bevölkerung,
in deren Welt die Handlung von Anfang bis Ende spielt. Nikoláj
und Féd'a treten hier in einer dritten Verkörperung auf, in der Gestalt des *Wandersmannes*, der rein zufällig in einem Bauernhaus
Nachtquartier bekommt – ein halbgebildeter Vagabund von unbekannter Herkunft, zerlumpt und vertrunken, ein Dieb, der seine
Diebstähle als *Enteignungen* betrachtet und der als anonymer Aufrührer gegen die Gesetze der Gesellschaft auftritt. In dieser Komödie,
deren halblustiger Titel andeutete, daß alles gut enden werde, spielte
Tolstój mit dem Gedanken, daß selbst der unvollkommenste Vertreter der idealen Forderung die Gabe besitze, mit seiner fried-
fertigen und unklaren Lehre der in einem einfachen Bauernhaus
herrschenden Brutalität und Gewalt Einhalt zu tun, und kraft seiner
moralischen Überlegenheit für den Diebstahl, den er bei seinen
Wirtsleuten begeht, Verzeihung erlangen könne. Der *Wandersmann*,
dieser *Spitzbube* und *entartete Kerl*, sollte am Ende, von einer eigentümlichen geistigen Glorie umstrahlt, die Szene verlassen, und in der
letzten Replik sollte er als *auch ein Mensch* bezeichnet werden –
Worte, mit denen der einfältige Mund einer Bäuerin das *Ecce homo*
des Evangeliums wiedergibt.

16. TOLSTÓJS KUNST

Das Reizvolle an der Geschichte des russischen Realismus besteht
darin, daß die Entwicklung zwar von einer Reihe fast ebenbürtiger
und gleichgestellter Vertreter getragen wurde, daß aber jeder von
ihnen seine eigene Spielart realistischer Kunst mit großer individueller
Selbständigkeit ausbildete. Jeder vermochte die Formelemente, mit
denen er arbeitete, in neuer Weise zu kombinieren, so daß sie in
seinem Schaffen jedesmal als neues, einheitliches künstlerisches
System erschienen. Während sich aber die anderen großen Realisten
ihr endgültiges System langsam erarbeiten mußten, scheint Tolstój
das seine von Anfang an beherrscht zu haben. Von seiner Jugendtrilogie *Kindheit, Knabenjahre, Jugend* und der Kriegstrilogie
Sevastópol' im Dezember, Sevastópol' im Mai, Sevastópol' im August

bis zu seinen Alterswerken, der *Kreutzer-Sonate* und der *Aufer-stehung*, von seiner ersten großen Novelle, den *Kosaken*, bis zu seiner letzten, *Chádži-Murát*, herrscht überall dieselbe Meisterschaft, und die riesigen Romane *Krieg und Frieden* und *Anna Karénina* bilden in gewissem Sinne nur durch ihr Format die Gipfel dieser einheitlich-genialen Kunst.

In höherem Maße und in überzeugenderer Weise, als es bei einem anderen russischen Schriftsteller möglich wäre, kann man den ganzen Künstler Tolstój in jedem einzelnen Element seines Stiles, in jedem einzelnen Bestandteil seines literarischen Apparates erfassen. Jedes dieser Elemente, jeder dieser Bestandteile enthält den ganzen Tolstój *in nuce*. Ein Beispiel möge das erläutern.

In *Krieg und Frieden* wendet er auf die Fürstin Marie, die un-schöne, sanfte Tochter des alten Bolkónskij, folgenden Vergleich an:

Wie die kunstlosen, anscheinend so unbeholfenen und sinnlosen Ver-zierungen an einer geschnitzten Laterne plötzlich in unerwarteter und auf-fallender Schönheit hervortreten können, sobald die Laterne von innen er-leuchtet wird, so verklärte sich plötzlich mit einem Schlag das unschöne Gesicht der Fürstin Marie.

Diese Stelle ist charakteristisch für Tolstój. Eine statistische Untersuchung aller seiner Vergleiche würde unzweifelhaft zeigen, daß gerade der Vergleich des Gesichtes der Fürstin Marie mit einer geschnitzten Laterne die große Mehrzahl von ihnen beispielhaft kennzeichnet. Die Vergleiche Tolstójs werfen keinen poetischen Glanz über den verglichenen Gegenstand. Ihre Aufgabe besteht überhaupt nicht darin, das verglichene Objekt in eine ideale Sphäre zu entrücken oder seine natürliche, begrenzte Bedeutung durch Ver-knüpfung mit unbestimmten schönen Vorstellungen zu erweitern. Tolstój verglich das Gesicht der Fürstin Marie nicht etwa mit der *Nacht, die sich plötzlich beim freundlichen Blinken der Sterne er-hellt*, oder mit dem *Dunkel des Winters, das vom Widerschein der Sonne auf neugefallenem Schnee gebrochen wird*. Er wählte ruhig und sachlich eine sehr genau geschilderte armselige Laterne. Er strebte nie nach einer Verschönerung der Wirklichkeit, sondern nach einer geradezu mathematischen Identität der Gleichung, nach einer treffenden Präzision des Gedankens, nach einer Wahrhaftigkeit des stilistischen Ausdrucks.

Nicht immer wählte er aber als zweites Vergleichsglied Dinge, die gefühlsmäßig so neutral waren wie eine Laterne. An einer anderen Stelle desselben Romanes verglich er die fliehenden Reste der französischen Armee, die mit der reichen, in Moskau geraubten Beute in den Schneewehen Rußlands jämmerlich zugrunde gingen, mit *einem Affen, der seine Hand durch einen Flaschenhals gesteckt hat, um die Nüsse zu fassen, die auf dem Boden liegen, und der nun sterben muß, weil er die geballte Faust mit den gestohlenen Nüssen nicht öffnen will.* Hier wurde die schlagende Wahrheit der Identität von einer Wahrheit verdrängt, die nur fiktiv war, von einer faktischen Unwahrheit, denn das zweite Vergleichsglied war einer ethisch niedrigeren Sphäre entnommen, die beim Leser negative Regungen hervorrufen mußte. Tolstój setzte ganz bewußt die sterbende französische Armee herab, indem er unser tragisches Bild von ihr mit dem Bild eines lächerlichen, gierigen Affen zusammenstellte. Auf diese Weise schwärzte er nicht selten ganz unmerklich die Dinge und die Menschen durch seine Vergleiche. Er gebrauchte sie aber nie zur Idealisierung der Dinge und Menschen. Und eben dieser Gegensatz zwischen Tolstójs Anwendung des Vergleichs und seiner herkömmlichen poetisierenden Funktion war die Ursache dafür, daß der Leser die Illusion von der weitgehenden Wahrhaftigkeit des Tolstójschen Stiles bekam.

Dasselbe Streben nach Präzision machte sich in seinem Verhältnis zur bildlichen oder metaphorischen Rede geltend. Der metaphorische Wortgebrauch dient bekanntlich dazu, der Sprache größere Ausdrucksfülle zu verleihen und die Welt der Dinge zu *beseelen.* Gleichzeitig hebt er die eigentliche, natürliche oder sachliche Bedeutung des Wortes auf, indem er den Dingen Eigenschaften zuschreibt, die sie nicht besitzen können. Wenn wir zum Beispiel mit Turgénev vom *goldenen Baum* des Märchens sprächen oder *die blauen Wellen des Flusses fröhlich strömen* und *die mächtigen Espen hoch oben in ihren Kronen flüsternde Gespräche führen* ließen, oder wenn wir – immer noch mit Turgénev – behaupteten, *die kleine goldne Stimme des Zaunkönigs erzähle von unschuldiger, redseliger Lebensfreude,* so erzielten wir auf Kosten der Bedeutung der Worte eine starke lyrische Wirkung, weil wir die Worte *golden, fröhlich, Gespräch* usw. in einer anderen Bedeutung gebrauchten, als sie eigentlich haben:

Bäume sind niemals golden, Wellen sind niemals fröhlich, und Espen können nicht sprechen. Wir verwischten die Grenzen zwischen den Begriffen. Tolstój aber lehnte sich – fast entrüstet – gegen diese poetische Begriffsverwirrung und Begriffszersetzung auf. Er sagte einmal folgendes darüber:

> *Man sagt, daß man beim Anblick der Schönheit der Natur unwillkürlich an die Größe Gottes und die Kleinheit der Menschen denken müsse. Andere behaupten, daß Liebende das Gesicht des Geliebten im See zu erblicken vermögen. Wieder andere behaupten, die Berge sagten ihnen dies oder jenes, die Blätter flüsterten ihnen dies oder jenes zu, die Bäume lockten sie da- oder dorthin. Wie kommt man doch darauf? Man muß sich geradezu anstrengen, den Leuten dergleichen Vorstellungen einzuflößen.' . . .*

Für Tolstój war eine derartige metaphorische Begriffsauflösung nichts anderes als *Geziertheit*, und diese konnte er einfach nicht mitmachen. Der künstlerischen Auflösung der sachlichen Bedeutung der Worte stellte er seine eigene Methode entgegen: die Methode, die Dinge beim rechten Namen zu nennen, die Methode der konkreten, adäquaten Verwendung der Worte. Seine Beherrschung des gewaltigen Wortschatzes der russischen Sprache war enorm; die kleinste Bedeutungsänderung, die kleinste Einzelheit im Gefüge der Dinge bekam bei ihm ihr eigenes Wort, ihren eigenen genauen Namen. Der Reichtum der Natur spiegelte sich bei Tolstój ungemein treu im unvergleichlichen Reichtum der Sprache. Aber er ging in seinem Haß auf alle bildliche (metaphorische oder metonymische) Rede und in seinem Streben nach lexikalischer Genauigkeit oft so weit, daß die angestrebte Wahrheit in ihr Gegenteil umschlug. Was wir gewöhnlich taktvoll *Leib* nennen, bezeichnete er ohne Umschweife mit dem Worte *Bauch*, weil nun einmal dieser Teil des Körpers wirklich gemeint war. Für werdende Mütter verwendete er nicht immer den Ausdruck *schwanger* (russisch *berémenna*, eigentlich ,beschwert'), sondern zog oft das brutale *trächtig* vor (russisch *t'aželá*). In *Krieg und Frieden* bezeichnete er einen von den Russen eroberten französischen Feldmarschallsstab nicht mit diesem sachlichen Fachausdruck, sondern nannte ihn *einen Stock* (allerdings mit dem Zusatz: *der – Gott mag wissen, warum – Marschallsstab benannt wird*). In diesem literarischen Puritanismus ging er sogar so weit, daß er in der *Auferstehung* das Bild Kaiser Nikolajs I. nicht mit An-

führung seines Namens erwähnte, sondern als ein Porträt bezeich-
nete, das *einen General in Uniform mit einem Band quer über die
Brust, mit einem seitwärts gespreizten Bein und einer auf einen
Säbel gestützten Hand* darstelle.

Rein logisch mag TOLSTÓJ recht gehabt haben. Er gab der Sprache
ihre sachliche Wahrheit wieder. Aber er beraubte sie auf diese Weise
nicht nur ihres oft natürlichen Schleiers, sondern verwandelte auch
die Wahrheit, die er erstrebte, in eine degradierte, fiktive Wahrheit.

Dieses Wahrheitsstreben war denn auch der Grund dafür, daß
TOLSTÓJS ganzer Sprachstil nüchtern-unromantisch, ja bewußt anti-
romantisch war. Ein Vergleich mit TURGÉNEVS Wortkunst macht das
am ehesten deutlich. Ein größerer Unterschied, ja Gegensatz als der
zwischen diesen beiden Stilarten ist nicht denkbar. TURGÉNEVS
lyrisch bewegte, erlesene, ungemein sensitive Sprache war von dem
Streben getragen, selbst in der Prosa die akustischen und bedeutungsmäßigen Möglichkeiten des Wortes auszunutzen. Sein Ziel war, das
Ohr des Lesers mit klanglichen Feinheiten zu bezaubern, seine
Phantasie durch das freie Spiel mit den Bedeutungsnuancen der
Worte zu bewegen, die Vorstellung von lebendiger Natur, vom Brausen des Sturmes, von der Wehmut in den raschelnden Blättern des
Herbstes so eindringlich wie möglich zu machen. Seine Verwendung
suggestiver Worte, seine künstlerische Rhythmisierung ganzer Sätze
und Perioden verwandelte seine Prosasprache in einen bewegten
Strom, und wenn er die Poesie der Sommernacht schilderte (*den
kleinen Garten, gebadet in die silbergrauen Fluten des Mondes, ver-
sunken in Duft und Tau; die Luft, erfüllt von Wärme, erfüllt von
Wohlgeruch, zitternd, wie das Wasser erzittert, wenn es von fallenden
Blättern berührt wird*), dann schwächte die steigende und fallende
Intonation der Perioden, der Rhythmus der Partizipialkonstruktionen
die Aufmerksamkeit des Lesers für die Bedeutung der einzelnen
Worte. Dafür wurde er von einer vagen und weichen poetischen
Stimmung ergriffen, die mit der geschilderten elegischen Stimmung
verwandt oder ihr gleich war. TURGÉNEV war ein Virtuose, der auf
den Saiten der Sprache spielte.

Nach ähnlichen Kunstmitteln würden wir bei TOLSTÓJ vergeblich
suchen. Er wollte den Leser nie durch die Wahl wohllautender Worte
oder rein klangliche Suggestion in seinen Bann zwingen. Die sach-

liche Klarheit der Worte wurde bei ihm von keinem Spiel mit Lauten, von keinem subjektivem Bedeutungsspiel verdunkelt. Seine Prosa war – vielleicht nur mit Ausnahme der früher (S. 363) angeführten Kaukasusschilderung – völlig frei von jeglichen metrischen Elementen, die Reihenfolge von betonten und unbetonten Silben war ungeordnet, die Grenze zwischen Prosa und Lyrik wurde streng beachtet. Es ist bemerkenswert, daß er sich niemals in lyrischer Dichtung versuchte. Ausrufe und Fragen, die sonst gerne verwendet werden, um der Sprache Leben und Glanz zu verleihen, fehlten bei TOLSTÓJ, und er dachte nicht daran, auch noch so lange oder noch so kurze Wortfolgen zu instrumentieren. Schilderte er die Sommernacht, so war es nicht die Poesie der in Klang und Ton umgesetzten abstrakt-idealen Sommernacht, sondern die konkrete warme oder kalte Sommernacht ohne stilistische Aufputzung und Drapierung. Für TOLSTÓJ war die Sprache ein Werkzeug.

All das wirkte sich natürlich auch auf TOLSTÓJs Syntax aus. Sie unterschied sich kaum wesentlich von der Wortstellung der gewöhnlichen Literatursprache. Bis auf wenige zufällige Ausnahmen werden wir in seinem ganzen Schaffen keinen bewußt poetischen oder pathetischen Erguß von Worten finden können, keine gefühlsmäßig wirksamen Wortparallelen, keine überraschenden Inversionen, gar keine stilistische Filigranarbeit. TOLSTÓJs unablässiges Streben nach einem Höchstmaß an sprachlicher Genauigkeit zwang ihn vielmehr zu einem beständigen zähen Kampf mit einem widerspenstigen Element, und sein Stil erinnert durch seine auffallende Rauheit und Ungelenkheit oft daran, daß ihm der Kampf nicht leicht fiel. Seine maßlos langen Satz- und Periodenkonstruktionen und ihre völlige Unübersetzbarkeit sind berühmt. Dutzende von Beispielen ließen sich dafür anführen, wie unbekümmert er die einfache stilistische Regel mißachtete, gleichartig gebaute, einander untergeordnete Nebensätze zu vermeiden. Er ließ gern in ein und derselben Periode Reihen von Konstruktionen aufmarschieren wie *der Umstand, daß er dafür, um ... dadurch, daß ... darum, daß ... (to, čto dl'a togó, čtóby ... tem, čto ... o tom, čto ...)*. Vielleicht unterließ es TOLSTÓJ sogar bewußt, die Spuren seines Kampfes mit der Sprache zu verbergen, um das Vertrauen des Lesers zu der Wahrheit in seiner Sprache zu stärken. So wurden seine Werke zu langsam strömenden

Flüssen schwerer Wortmassen. In ihrer Tiefe aber glaubte man den reinen Grund zu erblicken.

Tolstójs Bestreben, die Dinge beim rechten Namen zu nennen, war unmittelbar verwandt mit seinem gewaltigen Willen und Vermögen, die Dinge zu sehen und zu schildern, wie sie waren. Was der konkret-genaue Wortgebrauch für seinen sprachlichen Stil war, das bedeutete dieses Wahrnehmungsvermögen für seine Schilderungskunst. Sie wurzelten beide in seinem Drang nach Wahrheit. Wie er in der Sprache alle bildliche Rede vermied, so verachtete er in der Schilderung jede Symbolik. Wenn er Natur, Geschehnisse oder Menschen beschrieb, suchte er nicht wie der Romantiker vor allem die Einzelzüge in einer subjektiven Grundstimmung oder in einem Grundcharakter zusammenfließen zu lassen. Tolstój war als Schilderungskünstler nicht Synthetiker, sondern Analytiker. Die innere Anschauung oder das intuitive Schauen als Schilderungsprinzip war ihm organisch fremd. Er zerlegte vielmehr das Gesamtbild in seine Bestandteile und verweilte gern und lange bei diesen. Wenn er eine Jahreszeit beschrieb – den Winter oder den Herbst oder den Sommer –, so suchte er keineswegs ihren Stimmungscharakter – zum Beispiel die Lebensfülle, die Wehmut des Reifens, die Stille des Sterbens – in verallgemeinernden Symbolen zu verdichten. Er gebrauchte seine Fähigkeit, die Dinge in ihrer frischen Mannigfaltigkeit zu sehen, und stellte die einzelnen Kennzeichen der Jahreszeit in einer sachlichen, übersichtlichen Liste auf. So schilderte er zum Beispiel in *Anna Karénina* den Sommer:

Es war Sommer – die Zeit des Jahres, wo sich der Ernteertrag schon berechnen läßt – wo sich der Gedanke an die neue Aussaat meldet und die Heumahd beginnen kann – wo der Roggen Ähren treibt und grün, unreif und leicht im Winde spielt – wo der grüne Hafer, mit gelben Grashalmen untermischt, ungleichmäßig aus der Erde schießt – wo die vom Vieh steinhart getretenen Brachfelder mit Pfaden, die nicht einmal der Pflug bewältigen kann, schon größtenteils wieder bestellt sind – wo der ausgefahrende, schon trockene Mist in den Morgenstunden mit den Honigblüten um die Wette duftet – und wo die Saatwiesen im Tal mit den dunklen Haufen ausgejäteter Sauerampferstengel auf die Sense warten.

Diese Naturschilderung ist typisch für Tolstój. Sie bietet eine so gut wie erschöpfende Liste aller charakteristischen Merkmale der Jahreszeit, deren jedes durch ein *wo* hervorgehoben wird. Dieses siebenmal wiederholte Wörtchen wirkt wie das Nummernzeichen in einem Katalog oder die Paragraphenziffer in einer Grammatik. Mit beruhigender Sachlichkeit entrollt TOLSTÓJ vor den Augen des Lesers ein sozusagen naturgetreues Bild des Hochsommers – mit all seinen wesentlichen Zügen und Kennzeichen. Mit keinem Wort deutet er an, was wir innere Naturstimmung nennen könnten. Mit keinem Wort verrät er eine lyrische Einstellung oder eine symbolische Deutung. Gerade diese minutiöse, leidenschaftslose Aufzählung der Merkmale der Landschaft, diese beschreibende Methode, wo jedes einzelne Ding gesehen und geschildert wird, erregt beim Leser die Illusion ungewöhnlicher Glaubwürdigkeit.

Aber dieser *Naturalismus* war von ganz eigentümlicher, im Grunde unerwarteter Art. Die Methode, die Dinge zu sehen, wie sie waren, und ihnen den rechten Namen zu geben, verwandelte sich bei ihm fast unmerklich in ihr Gegenteil: in eine Methode, die Dinge zu sehen, wie sie *nicht* waren. An einer berühmten Stelle in *Krieg und Frieden* schilderte TOLSTÓJ die Petersburger Oper. Jeder andere Schriftsteller hätte unweigerlich die geläufige Theaterterminologie verwendet, die ja *eo ipso* die Vorstellung von der natürlichen Aufgabe und Bestimmung der einzelnen Dinge auf der Bühne enthält. Man braucht bloß an PÚŠKINS Schilderung des kaiserlichen Balletts zu denken – die siedende Erwartung im Theater, das plötzliche Aufgehen des Vorhangs, die Pose der Tänzerin Istómina, den Taktstock des Kapellmeisters, den Chor der Nymphen um sie und dann das Ballett selbst mit Amorinen, Teufeln und Drachen in bunter Verwirrung. Jeder Leser TOLSTÓJs konnte diese Schilderung auswendig, und deshalb war die Wirkung von seiner Schilderung der Oper doppelt stark. Er sprach nicht wie PÚŠKIN von Kulissen, sondern von *gemalten Bildern, die Bäume vorstellen sollten,* und von einem *Loch in der Hintergrundsleinwand, das als Mond dienen sollte.* Er schilderte nicht den Gesang der Primadonna, sondern sprach von *einer ziemlich fetten jungen Frau, die in einem weißen Seidenkleid auf einem niedrigen Schemel saß und irgend etwas sang.* Er unterließ es, den Heldentenor in seiner Rolle vorzuführen, sondern beschrieb *einen Mann in stramm sitzenden Seidenhosen, mit einer Feder am Hut und mit einem Dolch im Gürtel, der sang und mit den Armen fuchtelte.* Statt den Leser in die theatralische und musikalische Welt der Oper zu führen, gab er nur ein Bild von ihrer äußeren Mechanik. Seine Beschreibungen und Definitionen, die sich anscheinend mit den sonst gebräuchlichen technischen Ausdrücken vollständig deckten, verschwiegen in Wirklichkeit die Hauptmerkmale der Dinge und rückten ganz unwesentliche Züge in den Brennpunkt der Aufmerksamkeit. Die Leser glaubten das nackte, ungeschminkte Leben vor sich zu sehen, nicht wie es zu sein schien, sondern wie es in seinen schlichten wirklichen Zügen tatsächlich war. In Wahrheit aber war diese vermeintliche Naturtreue eine Entstellung der Natur, eine bewußte Karikatur des Lebens. Die Schilderung war wahr, und doch war diese Wahrheit fiktiv. Von dieser wahr-unwahren Schilderung einer Theatervorstellung führte eine gerade Linie zu dem betont wahren Sprachstil, der ihn zwang, die sterbende französische Armee mit einem gierigen Affen zu vergleichen, der seinen Tod selbst verursacht, und den stolzen Stab des Marschalls einen Stock zu nennen.

TOLSTÓJS Romane waren langsam strömende Flüsse schwerer Wortmassen. Dieser syntaktisch-stilistischen Eigentümlichkeit entspricht eine aus ihr folgende thematische Eigentümlichkeit: TOLSTÓJS Romane waren langsam strömende Flüsse reicher Schilderungsmassen. Es gab keine konzentrierte Handlung, die den Leser durch diese Massen führte. Verglichen mit DOSTOJÉVSKIJS intensiv-dramatischen, erregenden und spannenden Romanen, waren TOLSTÓJS Werke ungemein arm an Handlung. Es schien in ihnen keine dramatisch bewegende Kraft zu geben. Die vielen kleinen Geschehnisse, die in seinen Romanen stattfanden, waren so geringfügig, so wenig zusammenwirkend und in ihrer Überfülle so bedeutungslos, daß sie eher den Eindruck hervorriefen, es geschehe nichts. Es ist unmöglich, die *Handlung* von *Krieg und Frieden* nachzuerzählen, wenn man unter Handlung eine zweckmäßig gestaltete Folge von Ereignissen versteht, die zu einem Finale führen. Nicht einmal der Selbstmord Anna Karéninas wirkte sich auf die Komposition des ganzen Werkes als Katastrophe von so großem Ausmaße aus, daß man sagen könnte, das, was diesen Selbstmord vorbereitete und herbeiführte, sei eben das eigentliche Geschehen in dem Roman. Selbst so erregende Ereignisse wie der Mord aus Eifersucht in der *Kreutzer-Sonate* und die Umwandlung Kat'úšas in ein Straßenmädchen in der *Auferstehung* machen so wenig das Geschehen in diesen Romanen aus, daß sie bewußt in die Vergangenheit verlegt sind. In Tolstójs Romanen *geschahen* die Dinge nicht, sie *waren*. Dafür aber *waren* sie denn auch in einer so ungewöhnlichen Intensität, daß sich kaum ein anderer Meister der Literatur in ihrer Darstellung mit ihm messen konnte. Mit dem scharfen Blick des Falken, mit dem leichten Gehör des Hasen, mit dem feinen Spürsinn des Jagdhundes, mit unendlich verfeinerten, peinlich genau registrierenden Sinnen verstand Tolstój die leibhaften Regungen und Zustände des Lebens in ihren feinsten Nuancen zu erfassen und zu erleben und sie dann mit einer fast natürlich-illusorischen Unmittelbarkeit wiederzugeben. Aus diesem Grunde ist es berechtigt, seinen Realismus – zum Unterschied von dem anderer russischer Schriftsteller – *plastisch* zu nennen.

In *Krieg und Frieden* schilderte Tolstój, wie der alte Fürst Bolkónskij zu Bett ging:

Mit gerunzelter Stirn, verärgert über die vielen beschwerlichen Bewegungen, die er machen mußte, um sich von Rock und Hose zu befreien, entkleidete sich der Fürst langsam, ließ sich schwer auf den Bettrand niedersinken und betrachtete wie in Gedanken verloren verächtlich seine mageren gelben Beine. Aber er dachte nicht, er zögerte bloß, bevor er diese Beine mit Mühe aufs Bett hob ... Mit zusammengepreßten Lippen vollführte er diese anstrengende Bewegung zum zwanzigtausendsten Male und streckte sich auf seinem Lager aus ...

Diese kurze Schilderung der einzelnen Vorgänge beim Sich-Ausziehen eines alten Mannes enthielt einen so ungewöhnlichen Reichtum an kleinen, scharf wahrgenommenen Einzelheiten, daß sich das ganze Bild mit derselben Schärfe, mit der es vom Verfasser aufgenommen und wiedergegeben war, in das Bewußtsein des Lesers einätzte. Man spürte hinter dieser äußeren Erscheinung eines fahlen, lebensmüden Greises mit seinen mageren Beinen, seinen zusammengepreßten Lippen und seinen verächtlichen Blicken geradezu eine Seele, hinter dem physisch lebendigen Greisenkörper ein psychisches Leben. Man hat diese eigentümliche Kunst mit Recht das *Hellsehen des Fleisches* genannt. Sie ließ den Leser selbst von dem Sichtbaren auf das Unsichtbare schließen, von dem Äußeren auf das Innere, von dem Körper auf den Geist und die Seele. Wir finden diese Kunst beschreibender Hellsichtigkeit in den unzähligen Szenen, unzähligen Zuständen und Handlungen, unzähligen Gestalten, welche die vielen großen und kleinen Novellen Tolstójs bevölkern, die über 350 Kapitel von *Krieg und Frieden* oder die 250 Kapitel von *Anna Karénina* oder die 129 Kapitel der *Auferstehung*. Mit unermüdlicher, emsiger Genauigkeit und gespannter Aufmerksamkeit entdeckte und registrierte Tolstój die tausend äußeren Züge, welche die vielen Gestalten seiner großen Personengalerien bildeten. Zu seinen optischen Beobachtungen der Menschen (wie sie aussahen) fügte er motorische hinzu (wie sie gingen oder standen, lagen oder saßen) oder ergänzte sie mit akustischen Wahrnehmungen (wie sie sprachen). Und jedesmal erhoben sich vor den Augen des Lesers lebendige Menschen in handgreiflicher Plastik.

Aber nur verhältnismäßig selten begnügte sich Tolstój mit der beschreibenden Methode, wenn er dem Leser ein zusammenhängendes Bild vom Charakter einer Person geben wollte. Geschah es einmal – es handelte sich dann meistens um Nebenpersonen –, so verfuhr er genau so wie beim Zeichnen eines Naturbildes. Ein Beispiel dafür ist folgende Charakteristik der Hintergrundsfigur Anatole Kurágin in *Krieg und Frieden*, dieses schönen aristokratischen Taugenichts:

> *Er war keine Spielernatur, jedenfalls kam es ihm beim Spiel nicht darauf an, zu gewinnen. Er war nicht eitel, und es war ihm ganz gleichgültig, was die Leute von ihm dachten. Er war noch weniger ehrgeizig. Er bereitete seinem Vater Ärger, wenn er sich die Karriere verdarb, und verlachte alle äußeren Auszeichnungen. Er war nie knauserig und wies nie jemand ab, der ihn um ein Darlehen bat. Er liebte nur Vergnügungen und Frauen, und da dieser Neigung seiner Meinung nach nichts Schimpfliches anhaftete, und da er zudem außerstande war, zu verstehen, was die Befriedigung seiner Neigung andere Leute kostete, betrachtete er sich selber in seinem Inneren als tadellosen Ehrenmann, verachtete aufrichtig alle gemeinen Naturen und trug mit ruhigem Gewissen den Kopf hoch.*

Auch hier fand man einen Katalog von Eigenschaften, die nüchtern und kühl aufgezählt waren, und das ständig wiederholte *er* mit folgendem Prädikat wirkte auch hier wie das Paragraphenzeichen in einem Lehrbuch. Es war, als ob Tolstój die verschiedenen Eigenschaften sorgfältig nacheinander an den Fingern aufzählte und dabei nach dem nächsten Prädikat suchte. Ein wirklich lebendiges Porträt entstand nicht aus einer solchen summarischen Aufzählung positiver oder negativer Eigenschaften, wenn auch vorausgesetzt wurde, daß sie ein und derselben Person zugehörten. Tolstój wußte selbst sehr gut, daß sich mit diesem einfachen Paragraphierungsmittel kein inneres Leben vortäuschen und nachahmen ließ, und in der Regel löste er daher seine Charakteristik der Hauptpersonen in tausend, über den ganzen Roman verstreute kleine Züge auf. Besäße nicht Anatole Kurágin, sondern eine Hauptgestalt die aufgezählten Eigenschaften, so hätte Tolstój sicher das indirekte Verfahren vorgezogen: er hätte eine ganze Spielszene geschildert, um zu zeigen, daß er keine Spielernatur sei, oder eine andere Szene, um klarzumachen, daß ihm Eitelkeit und Ehrgeiz völlig fehlten, oder eine dritte, um seine Großzügigkeit in Geldangelegenheiten gegenüber guten Freunden in all ihrem Glanz hervortreten zu lassen. Tatsächlich erweist sich diese Vermutung als richtig, und zwar anläßlich des letzten Paragraphen in seiner Charakteristik: seine Schwäche für Frauen und seine rücksichtslose Befriedigung jeder erotischen Begierde werden von Tolstój in ihrem ganzen Ausmaß in den Szenen geschildert, wo Anatole die kleine unschuldige Natáša zu verführen versucht und sie ihm tatsächlich fast ins Garn geht. Hier konnte sich Tolstój nicht mit einem einfachen Paragraphen im Verzeichnis begnügen, hier war eine große, durchgearbeitete Darstellung der erotischen Natur Anatoles erforderlich, nicht wegen der Nebenfigur Anatole, sondern wegen der Vordergrundsfigur Natáša. Erst infolge ihrer Begegnung mit Anatole, der dem Leser zunächst gleichgültig sein mochte, trat auch er ins volle Rampenlicht.

Im großen und ganzen vermied Tolstój bewußt die unmittelbare seelische Porträtierung als Darstellungsmittel. Er bevorzugte die indirekt veranschaulichende Vorführung der einzelnen psychischen Züge, die in ihrer Gesamtheit den ganzen Menschen wiedergeben sollten. Auch hier schwebte ihm ohne Zweifel ein langes Verzeichnis charakteristischer Eigenschaften vor, also ein latentes Porträt; dieses aber war umgewandelt in eine mächtige Flut von Szenen, Situationen, Bildern aus dem täglichen Leben, Handlungen, Zuständen und Anekdoten, und da es in seinen großen Romanen Dutzende von Hauptpersonen gab und jede von diesen wiederum Dutzende von lebendig vorgeführten Situationsbildern verlangte, war eine schwellende Fülle von Anschauungsstoff erforderlich. Im Gegensatz zu einem so dynamischen Schriftsteller wie Dostojévskij fand Tolstój sein konstruktives Prinzip nicht in der Handlung, sondern in den Charakteren, und diese brachten die eigentliche Handlung in Gang.

Begreiflicherweise bestand dabei die Gefahr, daß die vielen Menschen, die er schilderte und charakterisierte, in der Schilderung selbst untergingen oder sich in dem großen lebendigen Gewimmel verloren. Indessen hatte Tolstój schon früh eine eigentliche Technik ausgebildet, die den Leser seine Personen leibhaftig in Erinnerung behalten ließ. Er versah nämlich fast immer jede von ihnen mit einem eigenen Erkennungszeichen, das jedesmal hervorgehoben wurde, wenn sie redend oder handelnd auftraten. Unter den vielen physischen Zügen, in die das äußere Bild des einzelnen Menschen mit analytischer Sachlichkeit aufgelöst war, bekam dieses eine individuelle Merkmal besonderes Gewicht und wurde zu einer Art *Kennings*-Wort der Persönlichkeit, wie die nordische Saga es kennt. Durch die beständige, unermüdliche Wiederholung des *Kennings*-Wortes – zehn-, zwanzig-, dreißigmal – entstand eine Art epischen Leitmotives, mit dessen Hilfe sich der Leser leicht und bequem unter den vielen Personen zurechtfinden konnte. Sie waren untrennbar verbunden mit der Vorstellung von ganz bestimmten Ohren oder Augen, mit dem Bild von einer bestimmten Nase oder einem bestimmten Kinn, mit einer bestimmten wiederholten Handlung. Sobald Tolstój in *Krieg und Frieden* die Fürstin Marie erscheinen ließ, erwähnte er immer die leuchtenden Augen in ihrem sonst unschönen Gesicht, das sich beim Erröten leicht mit krankhaft roten Flecken bedeckte. Die Frau ihres Bruders, die kleine Fürstin, war an dem dunklen Flaum auf ihrer allzu kurzen Oberlippe leicht wiederzuerkennen. Hélène Kurágin, Pierres Frau, wurde nie genannt, ohne daß ihre prachtvollen bloßen Marmorschultern als ihr Kennzeichen erwähnt worden wären. In *Anna Karénina* war die Vorstellung von Karénin untrennbar mit der Vorstellung von seinen knackenden Fingergliedern und seinen langen, knorpeligen Ohren verbunden, von denen bei seinem Auftreten fast jedesmal gesprochen wurde, und Anna selbst erkannte der Leser an der immer wieder hervorgehobenen Eigentümlichkeit, daß sie beim Gehen oder Stehen ihren Körper immer *ungewöhnlich aufrecht* hielt. Und hatte man die *Auferstehung* gelesen, so vergaß man nicht so leicht Kat'úša Máslovas ungemein weiße Haut und ihre etwas schielenden schwarzen

Augen. Diese epischen *Kennings*-Wörter oder Persönlichkeitsmerkmale ermöglichten es TOLSTÓJ, sobald er es wünschte, wie mit einem
Zauberschlag ein fast körperliches Bild von dieser oder jener Figur
mit all ihren übrigen physischen Eigenschaften und Eigenarten heraufzubeschwören und die Identität der einzelnen Gestalt den ganzen
Roman hindurch festzuhalten. Auch mit Hilfe dieses Mittels, das
rein handwerksmäßig als verborgenes mnemotechnisches Hilfsmittel,
als Gedächtnisstütze, betrachtet werden kann, vermochte TOLSTÓJ
den Eindruck von einer einzigartigen plastischen Klarheit und Wahrheit in der Personenschilderung zu vertiefen – trotz der Unzahl von
Gestalten, die seine Riesenromane bevölkerten.

TOLSTÓJ war Meister im Sehen von Dingen, die Namen haben.
Darin liegt indessen auch seine Begrenzung. Das Namenlose war
ihm fremd. Ein Vergleich mit dem großen Dichter des Irrationalen,
DOSTOJÉVSKIJ, bestätigte diese Behauptung. Das Seelenleben, das
nicht geschildert, sondern nur in seiner Bewegung wiedergegeben
werden kann, war TOLSTÓJs künstlerischem Stil fremd. Er war
Psychologe, soweit der Körper das Leben der Seele auszudrücken
vermag. Dafür war seine Meisterschaft im Erfassen und Beschreiben
der äußeren Zeichen der Seele so groß und verfeinert, daß er dem
Leser die Illusion einer überraschenden psychologischen Wahrheit
vermittelte. Die leuchtenden Augen Maries in ihrem häßlichen,
ständig errötenden Gesicht offenbaren ihre unendliche Güte und
Menschenscheu. Die kurze Oberlippe der kleinen Fürstin mit dem
dunklen Flaum zeugte von Heiterkeit und Oberflächlichkeit. Stíva
Oblónskijs gepflegter und wohlgenährter Körper verriet sofort den
gesunden, frohen Genießer. Karénins knackende Finger waren der
physische Ausdruck seiner seelischen Dürre. Kat'úša Máslovas
weiße Haut und leicht schielende Augen und das Wörtchen *wunderbar*, das sie so gerne im Munde führt, deuteten auf eine sexuell an-
ziehende und freigebige Frauennatur. So zwang TOLSTÓJ seine Leser,
die Persönlichkeitsmerkmale, die er mitteilte, selber zu deuten. Er
selber aber ging kaum über diese Merkmale und *Kennings*-Wörter
hinaus.

Seine Kunst als Psychologe bestand darin, niemals gegen die Gesetze des Seelenlebens zu verstoßen, nicht darin, sie bloßzulegen. Er
war in dieser Hinsicht DOSTOJÉVSKIJ diametral entgegengesetzt.

Während dieser die russische Literatur mit seiner These von der Komplexität der Persönlichkeit, ihrer Zersplitterung, ihrem Mangel an Identität bereicherte, erblickte TOLSTÓJ seine Aufgabe darin, die Einheit des Seelenlebens wiederherzustellen, weil er künstlerisch von dem Charakter als Gegebenheit ausging. Alle seine Gestalten blieben in allen ihren Handlungen und Taten immer sich selbst treu. Das latente Porträt, mit dem er arbeitete, zwang sie dazu. In *Krieg und Frieden* trat Nikoláj Rostóv – sei es als junger Offizier und Held auf dem Schlachtfeld von Austerlitz oder als Freier der zarten, scheuen Marie oder als Ehemann im Epilog des Romans – mit keiner einzigen Tat über den engen Kreis von Handlungen hinaus, die ihm als ehrlichem und ungekünsteltem Menschen, dem sein Charakter auf der Stirn geschrieben stand, zukamen. Seine Schwester, die reizende, frische Natáša, war in derselben natürlichen Weise sich selbst treu – ob sie nun ihren Jugendgeliebten Borís so leicht vergaß, ob sie Denísov so anmutig einen Korb gab, ob sie Andréj Bolkónskij so jungmädchenhaft-begeistert vergötterte, ob sie sich von dem schönen Lebemann Anatole so leichtsinnig betören ließ oder ob sie schließlich ihren dicken klugen Pierre so eifersüchtig und rührend liebte. Die arme Dolly des Romanes *Anna Karénina*, diese treue Frau, die von ihrem Stíva immer gekränkt wurde und immer Nachsicht mit ihm übte, blieb den ganzen Roman hindurch immer die prosaisch-gewissenhafte Mutter ihrer Kinder und die langweilig-treue Gattin ihres leichtfertigen Gemahls. Selbst Anna Karénina, Stívas Schwester, die tragische Heldin des Romans, verließ – trotz ihrem für TOLSTÓJ ungewöhnlichen dramatischem Leben – niemals den Umkreis ihres Wesens, das gleich am Beginn des Buches mit den Worten angedeutet war: *Ihr ganzes Wesen war von einer merkwürdigen Überfülle geprägt.* Und nehmen wir endlich Kat'úša Máslova, die Hauptgestalt in der *Auferstehung*, – das junge Mädchen, das bei Nechl'údovs Tanten im Herrenhof eine ausgezeichnete Erziehung genossen und sich zu einer anmutigen, geradezu poetischen jungen Frau entwickelt hat, die verlassene Geliebte mit ihrem unwillkommenen Kind, das glücklicherweise schnell stirbt, das Jedermannsmädchen und die Dirne, die sich ohne sonderlichen Widerstand in ein Freudenhaus aufnehmen läßt, die Zuchthausgefangene, die nach Sibirien verbannt wird – so finden wir, daß sie in all diesen, so weit voneinander verschiedenen Erscheinungen im Grunde immer dieselbe sympathische, gebebereite und unschuldige Frau bleibt.

TOLSTÓJ ließ seine Personen nicht handeln und sprechen, um neue Seiten ihrer psychischen Eigenart zu zeigen, sondern nur, um immer wieder die vorgegebenen Elemente in ihrer Struktur festzustellen. Seine Kunst der Psychologisierung war mit anderen Worten statisch. Bei DOSTOJÉVSKIJ ermöglichte eine verwickelte, kunstfertig gesponnene und spannende Fabel, daß die Personen fast mit jeder Handlung und jedem Wort, mitunter in ganz unerwarteter Weise, immer neue, überraschende, widerspruchsvolle Züge ihres Seelenlebens enthüllten. Die fabellose, langsam fortschreitende Darstellungsart TOLSTÓJS ließ nur solche Gestalten zu, die mit jeder Handlung und jedem Wort aber und abermals ihre seelische Natur bekundeten und bestätigten, ohne unerwartete Züge an ihr zu offenbaren. Allerdings verkündete TOLSTÓJ in der *Auferstehung* einmal eine Anschauung, die in krassem Widerstreit zu dem hier Behaupteten zu stehen scheint. Die Stelle lautet:

Es ist eins der gewöhnlichsten und am weitesten verbreiteten Mißverständnisse, daß jeder Mensch seine eigene bestimmte Beschaffenheit habe, daß es Menschen gebe, die gut seien, bös, klug, dumm, energisch, apathisch usw. Die Menschen sind nicht so. Wir können von einem Menschen sagen, daß er häufiger gut als böse sei, häufiger klug als dumm, häufiger energisch als apathisch und umgekehrt. Es wäre aber unrichtig, von einem einzelnen Menschen zu sagen, er sei nur gut oder klug, und von einem anderen, er sei nur böse oder dumm. Dennoch teilen wir die Menschen in dieser Weise ein. Und das ist falsch. Die Menschen sind wie Ströme: das Wasser ist von gleicher Art und immer dasselbe, aber jeder Strom kann schmal oder schnell oder breit oder ruhig oder rein oder kalt oder trüb oder warm sein. So sind auch die Menschen. Ein jeder trägt die Keime aller menschlichen Eigenschaften in sich und offenbart bald eine, bald eine andere Eigenschaft und scheint mitunter sich selbst überhaupt nicht zu gleichen, obwohl er doch dauernd er selber bleibt . . .

DOSTOJÉVSKIJ hätte eine solche Stelle niemals geschrieben. Denn obwohl TOLSTÓJ in den angeführten Sätzen gegen ein geläufiges psychologisches Vorurteil auftritt, hält er selbst doch an der Idee von Zusammenhang und Identität der Persönlichkeit fest und gibt nur zu, daß ein Mensch, der gewöhnlich gut sei, manchmal böse sein könne, oder daß ein Mensch, der gewöhnlich energisch sei, manchmal auch apathisch sein könne. Niemals hielte es TOLSTÓJ für denkbar, daß ein und derselbe Mensch im selben Maße gut und böse, energisch und apathisch, klug und dumm sein könne, ohne daß eine der Eigenschaften vorherrsche. Richtig verstanden, bestätigt auch dieses Zitat, daß TOLSTÓJ als Künstler an dem Gedanken von der organischen Einheit, dem seelischen Gleichgewicht der Charaktere, der Persönlichkeiten festhielt. Aus diesem Grunde finden wir unter den Hauptgestalten TOLSTÓJS fast niemals perverse, krankhafte, rätselvolle, ja nicht einmal ungewöhnliche oder besonders komplizierte Naturen. Mit Vorliebe beschäftigte er sich mit normalen, gesunden und ausgeglichenen Menschen, deren Seelenleben glasklar, leicht durchschaubar war. Für TOLSTÓJ bestand die Wahrheit des Lebens nicht im Absonderlichen, sondern im Allgemeinen und Regelmäßigen. Sein breiter epischer, beschreibender Stil gründete sich auf diese Wahrheit. Aber gerade durch die Vorführung des Seelenlebens in seiner Normalität und Durchsichtigkeit trug TOLSTÓJS Charakterisierungstechnik nur dazu bei, den Eindruck von der Wahrhaftigkeit seiner Kunst noch mehr zu festigen.

Diese einfache statische Methode der psychologischen Linienführung barg eine künstlerische Gefahr. Die gewaltigen Romane und ihre eigentlich entwicklungslosen Gestalten drohten in trister Regungslosigkeit zu erstarren, in allzu ruhiger Normalität zu stagnieren. Um dieser Gefahr vorzubeugen, verwendete TOLSTÓJ mit überlegener Meisterschaft ein Charakterisierungsmittel, das mit fast natürlicher Selbstverständlichkeit die Illusion einer dynamisch bewegten Menschenschilderung weckte. Er ließ seine Helden – Andréj, Pierre, Nikoláj, Rostóv in *Krieg und Frieden* oder Lévin, Vrónskij, Anna in *Anna Karénina* oder Pózdnyšev in der *Kreutzer-Sonate* oder – was besonders auffällt – Nechl'údov in der *Auferstehung* – plötzlich auf ihrem Lebensweg haltmachen, sich umsehen, ihren seelischen Zustand mit sich selbst erörtern und eine Art krisenhafter Metamorphose erleben. Wir haben es hier mit einem technischen Trick zu tun, den man gut als Haltmonolog bezeichnen könnte. Gerade an diesen Trick muß TURGÉNEV gedacht haben, als er – in seiner etwas feindseligen Art – behauptete, bei TOLSTÓJ gebe es niemals eine wirkliche Charakterentwicklung, er gebrauche jedoch, um diesen Mangel wettzumachen, den *Kniff, die Schwingungen, die Vibrationen in einem gegebenen Gefühl oder Zustand zu beschreiben.* Dieser

Kniff läßt sich am besten an dem Selbstgespräch Karénins unmittelbar vor seinem ersten ernsthaften Zusammenstoß mit Anna erläutern:

Ohne sich auszukleiden, wanderte Karénin mit gemessenen Schritten über das Parkett des Eßzimmers, das von einer einzigen Lampe spärlich erleuchtet war, weiter über den Teppich des dunklen Salons, dann durch Annas Kabinett bis zur Schlafzimmertür. Hier machte er halt und kehrte um. Bei jedem Abschnitt seiner Wanderung, meistens jedoch mitten auf dem Parkett des erleuchteten Eßzimmers, blieb er stehen und sagte zu sich selbst:
– Ja, diese Frage soll und muß entschieden und aus der Welt geschafft werden! Ich muß ihr mitteilen, wie ich die Sache betrachte und was ich beschlossen habe!
Und er kehrte wieder um. Als er aber in den dunklen Salon kam, fragte er sich:
– Was soll ich ihr aber mitteilen? Und was habe ich eigentlich beschlossen?
Und er fand auf diese Frage keine Antwort.
– Übrigens – dachte er wiederum, gerade als er im Kabinett kehrtmachen wollte –, was ist denn eigentlich geschehen? Gar nichts. Sie hat ziemlich lange mit ihm gesprochen. Nun ja, was macht das? Es ist nichts Merkwürdiges dabei, daß sich eine Dame in Gesellschaft mit einem Herrn unterhält.
– Und übrigens würde banale Eifersucht sowohl mich selbst als auch sie nur entwürdigen! – fügte er hinzu, als er ihr Kabinett betrat.
Aber diese Auffassung, die früher immer so große Bedeutung für ihn gehabt hatte, kam ihm jetzt wertlos und unwichtig vor. Und an der Schlafzimmertür machte er wieder kehrt. Aber noch ehe er in den dunklen Salon gekommen war, vernahm er eine innere Stimme, die ihm sagte, daß doch etwas Unrechtes vor sich gehen und, da auch andere Menschen es schon bemerkt hatten, etwas Unwiderrufliches vorgefallen sein müsse. Und im Eßzimmer angelangt, sagte er abermals zu sich selbst:
– Ja, diese Frage soll und muß um jeden Preis entschieden und aus der Welt geschafft werden! Ich muß ihr meine Meinung sagen!

Wir haben hier einen der typischen Haltmonologe Tolstójs: der Held macht plötzlich auf seinem offenen geraden Wege halt, um seine eigene Lage einer Prüfung, einer Revision zu unterziehen. Er scheint eine Art Katharsis oder Metamorphose durchzumachen, aber diese Metamrophose ist im Grunde nur fiktiv. Nur die Schwingungen und Vibrationen in dem gegebenen psychischen Zustand werden sorgfältig geschildert, eine wirkliche Entwicklung findet aber nicht statt. TOLSTÓJ beendet selbst seine Schilderung mit den Worten, Karénins *Gedanken beschrieben wie sein Körper einen Kreis, ohne auf etwas Neues zu stoßen*, und es ist unverkennbar, daß die Bewegung des Körpers durch die Zimmer ungleich schärfer gesehen ist als die der Gedanken. Die seelische Bewegung ist nur ein Kommentar zu der leiblichen. Man kann sagen, daß TOLSTÓJ in seiner Kunst ein glänzender Verhaltens-Psychologe war, aber die Seele selbst umging er gerne. Er liebte solche Selbstgespräche, die so stark an die Monologe der klassischen Tragödie erinnern, und es ist bezeichnend, daß er auch in seinen Schauspielen gern dieses unrealistische Mittel verwendete. Und zweifellos entstammen seine Monologe unmittelbar der Poetik des Klassizismus ebenso wie seine Porträt-Psychologie und seine Theorie von der Einheit der Seele, die an den Grundgedanken der *Charaktere* LABRUYÈRES erinnern könnte. Sehr oft wird denn auch eine Romangestalt TOLSTÓJS, der er einen Monolog in den Mund legt, wie in der klassischen Tragödie zum Sprachrohr des Dichters, zum Räsoneur wie auf der Bühne. Andréj Bolkónskijs Betrachtungen, nicht zuletzt die auf dem Schlachtfeld unter dem Sternenhimmel, oder Pierres periodische Selbstprüfungen in *Krieg und Frieden* oder Lévins Reflexionen in *Anna Karénina*, die das Buch wie ein einziger roter Faden durchziehen, oder Nechl'údovs lange Selbstgespräche, die als wirkliche Repliken wiedergegeben werden, sind in Wahrheit nichts anderes als die eigenen kommentierenden Räsonnements des Dichters. Wie in der klassischen Tragödie wecken diese Monologe durch ihr krisenartiges Wesen die Illusion einer psychischen Entwicklung; aber diese Entwicklung ist in Wahrheit nur eine axiomatische Voraussetzung: sie wird *zwischen* den Monologen vorausgesetzt, in Wirklichkeit aber ausgelassen. TOLSTÓJ läßt die Seele sich niemals in langsamer, allmählicher und ununterbrochener Bewegung durch einen Wechsel von Klarheit und Dunkel entwickeln.

So war TOLSTÓJ auch als Psychologe kein dramatischer Knotenschürzer oder Knotenlöser. Er war der ruhige Schilderer und Beschreiber der Zustände des Seelenlebens, Meister, auch als Psychologe, der unproblematischen Schilderungen. Er betonte das immer wieder selber. So behauptete er einmal, daß *das wirkliche menschliche Leben*, wie er sagte, gar nicht von den sogenannten *großen* Problemen, von historischen Sympathien und Antipathien, von Reformen und

Revolutionen bestimmt werde, sondern von so unromantischen Faktoren wie Gesundheit und Krankheit, Arbeit und Ruhe, Haß und Liebe, Leidenschaft und Freundschaft in einem einzigen, unablässigen, gleichmäßigen und ununterbrochenen Strom, ohne Stillstand und Pausen, aber auch ohne eigentliche Entwicklung. Dieser langsame Strom ist immer wieder im Begriff, ganz ins Stocken zu geraten, als ob er nicht wisse, wohin er fließen solle. Bezeichnend in dieser Beziehung ist Lévins Gedanke am Ende von *Anna Karénina*, wo er seine Zukunft überschaut und sieht, daß es für ihn keine Zukunft gibt:

Genau wie früher werde ich mit meinem Kutscher Iván zanken, genau wie früher werde ich mit Menschen schwatzen und streiten und meine Meinung zu unpassender Zeit und an unpassendem Ort verkünden, genau wie früher wird eine Mauer zwischen dem Allerheiligsten meiner Seele und dem anderer Menschen, ja sogar meiner Frau, stehen, genau wie früher werde ich mich mit meinem Verstande einzusehen weigern, warum ich zu Gott beten soll, und dennoch weiter beten ...

Hier scheint das Leben zum Stillstand gekommen. Hier ist das Leben ein Einerlei ohne Veränderung, und auf seinem Wege gibt es keine Abschnitte, keine Pausen, kein Gefälle. Diese Betonung der Unveränderlichkeit des Lebens wurde zum Grundton von TOLSTÓJS *Krieg und Frieden*. Als Fürst Andréj Bolkónskij im Jahre 1812 sein väterliches Gut Lýsyje Góry besucht, ist er betroffen von dem *vollständig unveränderten, bis in die kleinsten Einzelheiten unveränderten Gang des Lebens:*

Dieselbe Würde, dieselbe Reinheit, dieselbe Stille herrschten in diesem Haus. Es waren dieselben Möbel, dieselben Wände, dieselben Geräusche, derselbe Geruch und dieselben scheuen Gesichter ...

Nicht um der Sprache rhetorischen Schwung zu verleihen, wiederholte TOLSTÓJ aber und abermals die Ausdrücke *genau wie früher* und *dieselbe, dieselben* usw. Der pathetisch-anaphorische Stil, der durch die Wiederholung die Aufmerksamkeit des Lesers spannt, war ihm fremd. Er gebrauchte vielmehr den unerbittlichen Zeigestock eines Lehrers, der dem Leser oder Schüler immer wieder den Gedanken, das Dogma, die Regel unterstrich, die er sich merken sollte. Aber die Methode des Zeigestocks war bei ihm in künstlerischer Weise begründet. Indem er nämlich immer wieder den Gedanken von der

Unveränderlichkeit des Lebens betonte, gelang es ihm, in fast listig ironischer Weise zu sagen, weshalb er selbst aber und abermals dieselben Personen, dieselben Szenen, dieselben Bewegungen und Einzelheiten schilderte. Wenn die Salons der Hofdame Anna Pávlovna Scherer und der schönen Hélène *genau dieselben wie vor etwa sieben oder fünf Jahren* waren und wenn man bei Anna Pávlovna *genau wie früher von Bonapartes Glück* sprach, während man bei der schönen Hélène *genau wie früher die große Nation und den großen Mann bewunderte*, so war es nur angebracht, daß der Registrator dieses Lebens, der Dichter der Wahrheit, so treu all diese ewigen und unveränderlichen Dinge verzeichnete, die das Leben, wie es war, ausmachten.

Das Leben, in dieser Weise aufgefaßt und von diesem Gesichtspunkt aus geschildert, war ohne Anfang und Ende, und eben deshalb fehlte den großen Romanen Tolstójs ein natürlicher Rahmen. In ihrer epischen Breite wurden sie zu Überromanen, die nicht mehr von den strengen Kompositionsprinzipien des traditionellen Romans zusammengehalten werden konnten. In besonders hohem Maße ist *Krieg und Frieden* dafür kennzeichnend. Tolstój begann seine gemächliche Erzählung vom Leben und Schicksal der Familien Bolkónskij, Rostóv und Bezúchov während der Napoleonischen Kriege mit der Schilderung des Salons der Hofdame Scherer in St. Petersburg und des Namenstages bei der Familie Rostóv in Moskau. Darauf folgte die Schilderung vom langsamen Sterben des katharinäischen Magnaten, des alten Fürsten Bezúchov, und vom verdrießlichen Leben eines anderen alten Großherrn, des Fürsten Bolkónskij, auf dem Gut in der Provinz. All das entfaltete sich in achtundzwanzig breiten Kapiteln. Nach Tolstójs ursprünglichem Plan sollte der Krieg die notwendige Hintergrundstaffage für die Darstellung des friedlichen Lebens der Familien abgeben. Kaum aber hatte er seine Leser im zweiten Teil des Romans an die Front in Braunau, Brünn und Hollabrunn geführt, als auch schon der Hintergrund ins Rampenlicht rückte und die Kriegsstaffage zu einer großen Reihe von Schlachtszenen wurde. So geschah es, daß neben dem Bereich des Friedens mit seinem Salonleben, seinen Trinkgelagen und Bällen, Werbungen und Liebeleien, Freiten und Hochzeiten, Geburt und Tod ein selbständiger Bereich des Krieges entstand, mit eingehender

Beschreibung der Truppenrevue in Braunau, des Überganges über die Enns, des Kampfes bei Hollabrunn, der Parade in Olmütz, der Schlacht bei Austerlitz und der Zusammenkunft in Tilsit, der Schlacht bei Borodinó und des Brandes von Moskau. Zwei breite Ströme flossen nebeneinander dahin, aber der Leser sah keine Quelle, keine Mündung, und die Ströme schienen über die Ufer treten zu wollen.

TOLSTÓJ brachte einmal selbst seine *Geringschätzung der konventionellen Form des Prosakunstwerkes* zum Ausdruck. Das entband ihn jedoch nicht von der Verpflichtung, die fundamentale Forderung nach Einheit der Idee als Kompositionsprinzip zu erfüllen. Er genügte ihr in einer Weise, die der Ursprünglichkeit und Eigenart seiner Kunst entsprach. Sie wurzelte in seinem Stil, der zwischen Wahrheit und Unwahrheit spielte und ihn den Feldmarschallstab zu einem Stock und die Tragödie der französischen Armee zu dem lächerlichen Mißgeschick eines Affen herabsetzen ließ. Dieses zweideutig-ironische Spiel mit der Wahrheit verlockte ihn dazu, über die Schilderung der Petersburger Oper einen Schatten unwahrer Sinnlosigkeit zu werfen. In *Krieg und Frieden* wird diese kaum merkliche Demaskierung des Lebens, die als künstlerische Demaskierung seiner falschen Romantik erscheint, allmählich zu einer langsam vorbereiteten Entlarvung der Heldenglorie in all ihrer Falschheit, zu einer allgemeinen Heldendemaskierung, die als die tragende Idee des Romans bezeichnet werden kann. Sie betrifft zunächst nur die kleinen Helden: Nikoláj Rostóv, der junge Patriot und begeisterte Soldat, muß in der ersten Schlacht, an der er teilnimmt, seine eigene unerwartete Feigheit erleben. Der dicke, kurzsichtige Pierre wird auf das Schlachtfeld bei Borodinó geschickt, um den Krieg und die Schlacht als etwas Sinnloses, Chaotisches und unendlich Unromantisches zu erleben. Immer wieder zwang TOLSTÓJ seinen Leser zu dem – widerwilligen – Eingeständnis, daß die Wirklichkeit doch ganz anders sei als unsere heroischen, schönen Träume. Auf diese Weise vorbereitet, überraschte es ihn weniger, den großen Kaiser selbst, das Idol der Romantiker, Napoleon, seiner Heldenglorie beraubt zu sehen. TOLSTÓJs Grundsatz, das, was er sah, so zu schildern, wie er es sah, war so überwältigend stark, daß der Leser versucht war, ihm aufs Wort zu glauben, wenn er Napoleon als *ein Kind* schilderte, *das im Wagen sitzt und, an den Fransen ziehend, ihn zu lenken glaubt.* Immer wieder schilderte Tolstój den Weltimperator in lächerlichen Situationen – bald in komischer Selbstgefälligkeit *les boyards* aus dem demütigen Moskau erwartend, bald *unter Prusten und Stöhnen seinen dicken Rücken oder seine fette, behaarte Brust der Bürste des Kammerdieners aussetzend.* Vor dem gewaltigen Hintergrund des Romanes wären das indessen nur Geringfügigkeiten gewesen. Um sein Wild, den Kaiser Napoleon als Genie, ganz zu erlegen, mußte er als schwerstes Geschütz seine Theorie des historischen Fatalismus gegen ihn auffahren und mit ihrer Hilfe zeigen und beweisen, daß nicht der einzelne pseudo-heroische oder pseudo-geniale Wille, sondern das Schicksal und die Masse den Gang des Lebens bestimme. So ließ er seinen gewaltigen quasi-historischen Roman in einen gewaltigen quasi-wissenschaftlichen Traktat münden. Dieser war auch dadurch gerechtfertigt, daß er als künstlerisches Gegengewicht zu der monumentalen Monotonie der epischen Schilderungen dienen sollte. Das Leben, das in der künstlerischen Darstellung mit kleinsten Einheiten gemessen worden war, schien nun im theoretischen Teil mit dem Gewicht einer abstrakten, allgemeinen, dogmatischen Idee gewogen zu werden. Das Ergebnis aber war in beiden Fällen dasselbe: die Wahrheit des Lebens war das Einfache, das Unromantische, das Gewöhnliche und Allgemeingültige.

So zeigt sich bei Tolstój alles von einem angespannten Streben nach einfacher, effektloser Wahrheit beherrscht – ohne Rücksicht darauf, ob diese Wahrheit echt oder fiktiv ist: gerade in der Spannung zwischen der Wahrhaftigkeit des Erlebnisses und der spöttischen versteckten Karikatur der Deutung lag indessen der Schlüssel zum Verständnis Tolstójs als Künstler. In der Zeit seiner Reife bestand zwischen beiden ein einzigartiges Gleichgewicht. Die Negativbilder des Lebens, die er, ohne ausdrücklich darauf aufmerksam zu machen, hier und da in seine Romane einfügte, Lebensphotographien, wo das Schwarze hell erschien, während das Helle zu Schatten wurde, dienten in unmerklicher, überzeugender Weise dazu, das Wahre, Wirkliche und Positive in den fertigbehandelten Bildkopien hervorzuheben. Es war nämlich nicht so sehr die Wahrheit, die Tolstój erstrebte, als vielmehr die Wahrheitswirkung, und dabei gebrauchte er alle Mittel, auch das Mittel der Karikatur. In seinen späteren Werken verlor er bis zu einem gewissen Grad das Gleichgewicht zwischen Lebenserfassung und Lebensdeutung, zwischen dem Wahren und dem Fiktiven, und wurde mehr und mehr von dem fast fanatischen Glauben ergriffen, daß seine Art, die Dinge in ihrer Negativität zu sehen, nicht etwa eine Methode sei, sie zu sehen, wie sie nicht waren, sondern gerade eine Methode, sie zu sehen, wie sie zuinnerst waren. Das künstlerische Prinzip wurde ihm zum Erkenntnisprinzip. Und so kam es, daß er zuletzt die Kirche, die Gesellschaft, den Staat, die Ehe als Erscheinungen von lächerlicher und fast blasphemischer Sinnlosigkeit betrachtete und darstellte, indem er Nebendinge in den Vordergrund rückte (wie in der angeführten Stelle aus der *Auferstehung*, wo die Geschworenen von einem Geistlichen vereidigt werden) und die Hauptsache (das feierliche Versprechen) im Hintergrund zurückhielt. Diese Neigung, das Leben als eine große, tolle Sinnlosigkeit darzustellen, wurde immer ausgeprägter. Sein Wahnbild nahm allmählich gigantische Ausmaße an. Er stellte sich – sowohl in der *Kreutzer-Sonate* als auch in der *Auferstehung* und im *Lebenden Leichnam* sowie in seinen moralischen Schriften – unnachsichtig auf den Standpunkt des unzivilisierten Barbaren und glaubte, wenn er die Welt nach dessen roher und unkonventioneller Sehweise schildere, so habe er sie wirklich geschaut und geschildert, wie sie sei, in ihrer unbegreiflichen Dummheit, in ihrer Lächerlichkeit und in ihrer Torheit. Darin bestand die künstlerische Tragödie TOLSTÓJS.

III

DIE MODERNISTISCHE PERIODE

1. DIE PERIODE DER POLITISCHEN REAKTION

Gleich einer Eiche, deren Wurzeln tief in der Erde Nahrung saugen, deren Krone aber über die anderen Bäume des Waldes emporragt, beherrscht die riesige Gestalt Tolstójs die ganze zweite Hälfte des neunzehnten Jahrhunderts und den Anfang des unsrigen. Sein langes Leben und Wirken umfaßt einen Zeitraum, der sich von den Jahren des Krimkriegs mit ihrer Untergangsstimmung über die *Epoche der großen Reformen* und die nachfolgenden Zeiten der schwarzen Reaktion bis zum Revolutionsjahr 1905 und weiter ins zwanzigste Jahrhundert hinein erstreckt. Die Nachwirkung seines Werkes reichte bis zu der scharfen historischen Grenzscheide der Oktoberrevolution.

Im Schatten dieser riesigen Gestalt lebte und entwickelte sich die russische Literatur weiter. Ihre Erscheinungsformen lassen zwar keinen Vergleich mit den Werken des großen russischen Realismus zu, ihre Kombinationen aber wirken immer komplizierter und lassen sich immer schwerer in ein System einordnen. Die Literatur des Realismus ließ sich in klare Abschnitte einteilen: wir sprachen von ihrem *physiologischen* oder *natürlichen* Beginn, wir unterschieden später eine *pragmatische*, eine *poetische*, eine *satirische*, eine *episch-lyrische*, eine *dramatische*, eine *psychologische* und eine *plastische* Spielart dieses Realismus, wir fanden in der literarischen Kritik der Zeit eine ausgesprochen *soziologische* Haltung. Das Wesentliche an dieser Literatur war überall ihre beständige Beziehung zum Leben der Gesellschaft. In dieser monumentalen Einfachheit und Einheitlichkeit konnten wir ihr vorherrschendes Merkmal erblicken. Gerade dieses ging aber in den folgenden Jahrzehnten verloren.

Gemessen am Maße der vorhergehenden Perioden, wird die Literatur der neuen Periode eine Literatur *kleiner* Formen. Unter der Einwirkung anscheinend zufälliger Moden büßt sie allmählich ihre Einheitlichkeit ein. Die Beziehung zu Wirklichkeit und sozialem Leben wird teils verschoben, teils verändert. Die Literatur, die früher unmittelbar in die Problemkomplexe der Gesellschaft hineingriff, tut das jetzt nicht mehr so eindeutig. Das Experiment erscheint als bestimmender Faktor; aber die Motive, aus denen in der Literatur experimentiert wird, sind untereinander so verschieden, ja widerspruchsvoll, daß nicht einmal der Begriff *Experiment* als ihr entscheidendes Kriterium zu verwenden ist. Die Literatur wird immer bunter, immer unsicherer tastend, vielleicht immer interessanter, aber auch immer zersplitterter. Sie spiegelt so treu wie irgendeine andere europäische Literatur den modernen Menschen wider. Und da der Begriff *der moderne Mensch* wohl mit Recht mit dem Begriff der *Zwiespältigkeit* verbunden wird, kann der Abschnitt in der Geschichte der russischen Literatur, dem wir uns jetzt zuwenden, wohl passend als die *Periode der Moderne oder der großen Zwiespältigkeit* bezeichnet werden. Es wird daher nicht ganz leicht sein, die Schriftsteller und literarischen Strömungen, mit denen wir es zu tun haben werden, in ein klares und übersichtliches Entwicklungsschema einzuordnen.

Eine Übersicht – so kurz und summarisch sie auch sein mag – über die politische, soziale und wirtschaftliche Entwicklung des russichen Gemeinwesens in der fraglichen Zeit dürfte es erleichtern, eine Korrelation zwischen den Tendenzen in dieser Entwicklung und den parallelen Bewegungen in der Literatur zu erkennen. Ein unmittelbarer Kausalitätszusammenhang läßt sich zwischen ihnen nicht aufweisen, da bald die Entwicklung der Literatur die der Gesellschaft vorwegnahm, bald die Gesellschaft der Literatur voraus war. Der Ursachenzusammenhang innerhalb des Schrifttums selbst wurde niemals unterbrochen. Unleugbar wurde jedoch die Funktion der Literatur im geistigen Leben der Gemeinschaft unaufhörlich von sozialen Faktoren im weitesten Sinne modifiziert. So zeigt sich ein ziemlich deutlicher Parallelismus zwischen der stetig wachsenden Selbständigkeit und dem zunehmenden Reichtum in der soziologischen und ideologischen Diskussion auf der einen Seite und dem immer deutlicher werdenden Übergang der Literatur vom *Erzählerischen* oder der *Prosa* zum *Spekulativ-Lyrischen* oder der *Poesie* auf der anderen Seite. Das bedeutete mit anderen Worten eine Entlastung der Literatur vom theoretisch-diskutierenden Element, ihre verstärkte Introversion. Noch weiter befördert wurde diese Entwicklung in Rußland durch den Pessimismus, der die Gemüter allmählich angesichts der politischen Reaktion ergriff. Diese nahm dermaßen überhand, daß der Kampf gegen sie immer aussichtsloser erschien.

In der Zeit, von der wir zu sprechen haben, erfolgte in Rußland der Übergang von der patriarchalischen Naturalwirtschaft des agrarischen Staatswesens zur Herrschaft des Industrie-Kapitalismus. Das Verhalten der politischen Machthaber zu dieser Entwicklung war ebenso uneinheitlich wie das ihrer Gegner. Der Zarismus schwankte zwischen einer Politik, welche die alten patriachalischen sozialen Verhältnisse wahren wollte, und einer ausgesprochen industriefreundlichen Politik, und die revolutionären Kreise schwankten genau so zwischen einem zähen Widerstand gegen jede Industrialisierung, gegen jede Form von westeuropäisch-kapitalistischer Entwicklung, und einem ebenso zähen Widerstand gegen die Aufrechterhaltung alter überlieferter Wirtschaftsformen. Beide Parteien waren sich lange nicht klar darüber, was die Aufhebung der Leibeigenschaft im Jahre 1861 wirklich für die künftige Entwicklung des Landes bedeutete. Anfangs sahen die klarblickenden Köpfe der Opposition nur die negative Tatsache, daß die Befreiung von der Leibeigenschaft den Bauern überhaupt keinen wirtschaftlichen Nutzen gebracht hatte. Sie hatte die rechtlose Stellung der Bauern aufgehoben, hatte ihnen aber keine vernünftige Existenzgrundlage gegeben. Was Boden und Geld anging, so waren sie völlig in der Gewalt des Gutsbesitzers. In einem Artikel, der unmittelbar nach der Bauernbefreiung in der Londoner Zeitschrift *Die Glocke* (*Kólokol*) erschien, behauptete HERZENS vertrauter Freund, der revolutionäre Dichter OGARʼÓV, anläßlich des Umstandes, daß die zaristische Regierung gewaltsame Mittel hatte anwenden müssen, um die Bestimmungen des Befreiungsmanifestes durchzuführen, der Bauer habe immer noch nicht bekommen, was ihm zukomme, nämlich *Land und Freiheit* (*Zemlʼa i vólʼa*). Auf diesen Aufsatz hin entstand die erste große revolutionäre Organisation, die sich *Land und Freiheit* nannte und ihre meisten Anhänger unter den radikalen Studenten und Offizieren hatte. Diese Männer waren mehr oder weniger utopische Sozialisten, die mit den Führern des polnischen Aufstandes von 1863/64 Verbindung suchten und in dem Glauben, die sozialen Verhältnisse ließen sich bessern, wenn man die Träger der bestehenden Ordnung beseitige, jene revolutionäre Stimmung vorbereiteten, aus der Karakózov im

Jahre 1866 das erste (mißlungene) Attentat auf Kaiser Alexander II. verübte.

Erst viel später erkannte man, daß man das Problem nicht einfach dadurch lösen könne, daß man dem Bauern Land und Freiheit gebe. In den Jahren 1861–92 erfolgte eine symptomatische Verschiebung in der Verteilung der Bevölkerung. Während die Bevölkerung auf dem Lande von 55 Millionen auf 82 Millionen anwuchs, verdoppelte sich die der Städte von 6 auf 12 Millionen. Man war sich nicht darüber klar, daß auch innerhalb der bäuerlichen Bevölkerung eine höchst interessante sozialökonomische Verschiebung stattfand. Von dem Boden, der ihr nach der Aufhebung der Leibeigenschaft zufiel, besaßen die vermögenderen Bauern, die in den achtziger Jahren nur 20 Prozent der Landleute ausmachten, ein Drittel, während sich ein anderes Drittel (oder etwas mehr) im Besitz der armen Bauern befand, obwohl diese nicht weniger als 50 Prozent der bäuerlichen Bevölkerung darstellten. Der Rest gehörte den mittelgroßen Bauern. Wichtiger ist es jedoch, daß der arme Bauer in der genannten Zeit nur einen sehr kleinen Teil des verkäuflichen Bodens erwerben konnte, der vermögende jedoch 60 bis 90 Prozent davon, und von dem verpachteten Boden konnte sich der arme nur 50 bis 84 Prozent sichern. Das bedeutete, daß sich nicht weniger als 50 Prozent der Bauern an der Grenze des Hungers befanden und sich ein anderes Auskommen suchen mußten. Dieses war nur durch Auswanderung in die Gebiete jenseits der Volga oder des Urals zu finden oder durch Arbeit in den Städten, wo das Handwerk gleichzeitig in mächtig wachsendem Ausmaß zu den Fabriken und den – einheimischen oder ausländischen – Kapitalbesitzern überging. So ging die Verarmung der Bauernmassen Hand in Hand mit der Industrialisierung des Landes, der Gründung von Eisenbahngesellschaften, der Anlage vieler Fabriken und der landwirtschaftlichen Ausfuhr nach modernen Methoden.

Die *Volkstümler* (oder *Populisten*), deren immer revolutionärer werdende Theorie in den siebziger Jahren ihre endgültige Ausgestaltung erfuhr, hielten an der schon von HERZEN verkündeten These fest, daß sich eine künftige sozialistische Revolution nur unter aktiver Beteiligung der Bauernmassen durchführen lasse. Den entscheidenden Unterschied zwischen der Entwicklung in Westeuropa und der in Rußland erblickte man darin, daß die Armee der Revolution in Westeuropa ihre Vorhut in den Arbeitern besitze, während in Rußland die Bauern deren Aufgabe übernehmen müßten. In den Augen der *Volkstümler* waren die Arbeitermassen in Rußland nur ein ganz untergeordneter Faktor – eine Überzeugung, die nur durch den Glauben begründet war, daß Rußland einer kapitalistisch-industrialistischen Entwicklung und damit der Bildung eines Proletariates entgehen könne. In Anbetracht der geringen politischen Einsicht der Bauern schrieb man der intellektuellen Klasse eine überwältigende Bedeutung als der tatsächlich führenden Gruppe der revolutionären Bewegung zu und meinte, es müsse ihre erste Aufgabe sein, die Bauernmassen aufzuklären und durch unmittelbaren Umgang mit ihnen zu revolutionieren. Die Bewegung des *Ins-Volk-Gehens* (*choždénije v naród*) setzte ein, und Scharen von jungen begeisterten Intellektuellen mischten sich, teils als Bauern, Handwerker oder Landstreicher verkleidet, teils als örtliche Ärzte, Lehrer, Ingenieure und dergleichen, mit der bäuerlichen Bevölkerung, um sie durch unmittelbare Beeinflussung zur revolutionären Aktion vorzubereiten. Bei der Wahl der erforderlichen Mittel war man nicht immer sonderlich feinfühlend, und es kam vor, daß die *Volkstümler* einfach kaiserliche Manifeste erfanden, welche die Bauern ermächtigten, sich gegen die Gewalthaber zu erheben. Nicht selten wurden solche revolutionären Schwärmer von den Bauern selbst bei den örtlichen Polizeibehörden angezeigt. Zu den Organisationen, die in dieser Zeit die größte Rolle spielten, zählte die reorganisierte Gruppe *Land und Freiheit* (*Zeml'á i vól'a*), der so berühmte Gestalten wie Plechánov, Són'a Peróvskaja und Véra Figner angehörten.

Je mehr es sich allmählich zeigte, daß auch die Losung vom *Ins-Volk-Gehen* nicht zu dem erwünschten Ziele führte, desto eifriger suchte man nach anderen Mitteln, und man fand diese in einer Philosophie, die auf den latenten Gegensatz zwischen den Begriffen *Führer* und *Masse* besonderes Gewicht legte. Mehr und mehr war man geneigt, auf Kosten der Bedeutung der passiven Masse die Bedeutung des einzelnen Führers für den revolutionären Kampf und damit auch die Bedeutung der Führer im feindlichen Lager zu überschätzen. Der revolutionäre Kampf entartete zu einem Kampf auf Leben und Tod zwischen den hervorragenden Persönlichkeiten des zaristischen Regimes und den bekanntesten Gestalten der Revolution. Das Programm des Terrorismus wurde in dem naiven Glauben ausgearbeitet, man könne durch Tötung bedeutender Regierungsvertreter einen derartigen Zustand allgemeiner Unruhe schaffen, daß sich eine Revolution durchführen lasse. Die Organisation *Land und Freiheit* wurde gegen Ende der siebziger Jahre aufgelöst; zwei andere traten an ihre Stelle *Volkswille* (*Naródnaja vól'a*) und *Eigenmächtige Bodenverteilung* (*Čórnyj peredél*); die erste, zu der Véra Figner und Són'a Peróvskaja gehörten, erstrebte die politische Revolution, die zweite dagegen, in der sich Plechánov, Akselród, Véra Zasúlič und andere zusammenfanden, rechnete mit einer spontanen anarchistisch-kommunistischen Umwälzung als unmittelbarer Folge der erwarteten Auflösung der bestehenden agrarischen Verhältnisse. Für beide Organisationen spielte die anarchistische Theorie Bakúnins eine große Rolle. Eine Flut von Terrorakten hielt während der siebziger und achtziger Jahre das russische Volk in atemloser Spannung: im Jahre 1878 verübte Véra Zasúlič ein Attentat auf General Trépov, den strengen Bürgermeister von St. Petersburg; im gleichen Jahre wurde General Mezéncev, der Chef der Gendarmerie, von Kravčínskij getötet. Im April 1879 unternahm Solov'jóv ein Attentat auf Kaiser Alexander II., das mißlang; vier Monate später entgleiste der Zug des Kaisers auf der Rückreise von der Krim-Halbinsel. Im Februar 1880 wagte sich der junge Revolutionär Chaltúrin, als Ofensetzer verkleidet, sogar in das kaiserliche Winterpalais in St. Petersburg und führte im Eßzimmer der kaiserlichen Familie eine Bombenexplosion herbei. Ein Jahr danach fiel der Kaiser einem neuen Bombenanschlag zum Opfer, der von Žel'ábov und Són'a Peróvskaja vorbereitet war und von Grinevíckij ausgeführt wurde. Der neue Kaiser, Alexander III., entging sechs Jahre später bei einem kühnen Attentat dem Tod; einer der Täter, die sofort danach hingerichtet wurden, war Alexander *Ul'jánov*, der ältere Bruder Lénins.

Die Zarenmacht hatte schon längst den Kampf gegen die revolutionäre Bewegung aufgenommen. Kaiser Alexander II. hatte den naturalisierten armenischen Grafen *Lóris-Mélikov* beauftragt, eine allgemeine Befriedung des Landes vorzubereiten und durchzuführen, und hatte ihn zum Innenminister ernannt (1880), und obwohl dieser bald selber Gegenstand eines Attentates wurde, das mißlang, begann

er doch, eine Reihe von liberalen Reformen einzuleiten, die den friedlichen und loyalen Teil der Bevölkerung überzeugen sollten, daß die
Zarenmacht in ihrem Kampfe gegen die Revolution ihr Mitwirken
wünsche. Der Zarenmord vom 1. März 1881 und die Thronbesteigung
Alexanders III. öffneten indessen der schwärzesten Reaktion Tür und
Tor; ihr Leiter war der berüchtigte Konstantín Pobedonóscev, der
Oberprokurator des Heiligen Synods. Statt der liberalistischen Ideen,
die Lóris-Mélikov seinem Herrn noch zu entwickeln gewagt hatte,
wurde nun die Theorie des unumschränkten Selbstherrschertums auf
den Thron erhoben. Der *militante* Zarismus wurde verkündet. Alle
unter Alexander II. durchgeführten Reformen wurden einer Revision unterzogen, und wo sich nur die geringste Möglichkeit zeigte,
das Rad der Geschichte zurückzudrehen oder doch wenigstens anzuhalten, wurde alles getan, sie auszunutzen. Eine aktive Russifizie-
rungspolitik gegenüber den nicht-russischen Nationalitäten des
Reiches ging Hand in Hand mit einer konfessionellen Bekehrungs-
politik, die vor gewaltsamen Mitteln nicht zurückscheute. Die elementare Volksbildung wurde ganz der Aufsicht des reaktionären
Synods unterstellt. Die Gymnasien standen nur noch den Kindern
wohlhabender Eltern offen. Die Selbstverwaltung der Universitäten
wurde 1884 aufgehoben, und der Zugang zum Studium blieb Abitu-
rienten mit *zuverlässiger* Gesinnung vorbehalten, für die sich ihre
Schule verbürgen mußte. Die Hochschulkurse für Frauen (die keinen
Zugang zum eigentlichen Universitätsstudium gehabt hatten)
wurden eingestellt, weil sie als gefährliches Mittel zu der an sich verwerflichen Frauenemanzipation angesehen wurden (1882). Die Presse
wurde mit Hilfe vorläufiger und dauernder drakonischer Zensurmaß-
nahmen von neuem geknebelt.

Pobedonóscevs Finsterlingsgeist legte sich erstickend über das
Land. Im Jahre 1896, zwei Jahre nach dem Tod Alexanders III., gab
er unter der Regierung Nikolajs II. seine *Moskauer Sammelschrift*
(*Moskóvskij sbórnik*) heraus, worin er die Philosophie entwickelte,
die für die Innenpolitik der beiden Zaren grundlegend war. Sein
Hauptgedanke über das Verhältnis zwischen der Entwicklung in
Westeuropa und der in Rußland war der, daß das russische Volk
mit allen Mitteln vor der Ansteckung mit den beiden wichtigsten
Übeln, unter denen Westeuropa leide, beschützt werden müsse,

nämlich mit dem westeuropäischen Rationalismus und dem westeuropäischen Glauben an die gute Natur des Menschen: der erste
führe nur zu einem verwerflichen und schädlichen Vertrauen zu
logischen Deduktionen, der zweite dagegen unmittelbar zu einem
verwerflichen und schädlichen Parlamentarismus. Jede politische
Maßnahme, jede politische Einrichtung, die sich nur auf den Rationalismus und den humanistischen Optimismus berufen könne, müsse
daher auf russischem Boden streng bekämpft werden. Das Grund-
axiom der ganzen Weltanschauung POBEDONÓSCEVs war *das Gesetz
des natürlichen Beharrens:* dieses komme in überlieferten Einrichtungen zum Ausdruck, die allein deshalb Anspruch auf Achtung
hätten, weil sie überliefert seien, ferner in der Religion, die in der
Kirche und im Ritual organisiert sei und die ihre Begründung weniger im Glaubensinhalt als in der überlieferten Form finde, und endlich in der überlieferten geschichtlichen Legende, die viel wichtiger
sei als alle pragmatische Geschichtsforschung. Selten hat die Reaktion als politische Strömung eine klarere und zugleich unheimlichere
Begründung gefunden als in POBEDONÓSCEVs *Moskauer Sammelschrift,* diesem Leichentuch jeder Fortschrittsbewegung.

Die Fortschrittsbewegung – die revolutionäre wie die liberale –
war unter Alexander III. völlig gelähmt. Ein düsterer Pessimismus
ergriff die Gemüter. Er mußte auch lähmend auf die Literatur ein-
wirken, soweit diese den herkömmlichen Glauben an ihre natürliche
Verbindung mit der sozialen Entwicklung aufrechterhielt, und
mußte literarischen Strömungen den Weg öffnen, die keine soziale
Begründung für die Wortkunst mehr suchten. Die meisten von den
großen Männern der Literatur erlebten diese Zeit nicht mehr.
NEKRÁSOV war schon 1878 gestorben. DOSTOJÉVSKIJ starb 1881,
TURGÉNEV 1883, OSTRÓVSKIJ 1886, SALTYKÓV-ŠčEDRÍN 1889,
GONČARÓV 1891. Sie gehörten alle einer entschwundenen Zeit an, dem
Schattenreich der Vergangenheit. Nur TOLSTÓJ ragte noch wie eine
einsame Eiche über diese dunklen Jahrzehnte hinaus.

2. DER POPULISMUS IN DER PROSALITERATUR

Die Zwiespältigkeit, die für die Literatur der Zeit kennzeichnend war, bekundete sich vor allem darin, daß sich im Bereich der erzählenden Gattung zwei Strömungen bildeten. Diese lassen sich zwar rein literarhistorisch näher bestimmen, jedoch nicht ohne eine beträchtliche Abstraktion von den konkreten Verhältnissen, zumal sie sich hier und da berührten oder gar ineinander übergingen. Die wirklichen oder scheinbaren Abweichungen von den Hauptlinien sind doch nicht so groß, daß die hier beabsichtigte Zweiteilung unberechtigt wäre.

Die eine Linie bildet die Fortsetzung der schon in den vierziger Jahren begründeten soziologisch-physiologischen Tradition, die einigermaßen von den großen Realisten, die wir im zweiten Teil dieses Bandes behandelt haben, überschattet worden war, die sich aber in den sechziger, siebziger und achtziger Jahren, das heißt in der Blütezeit des *Populismus*, mit vermehrter Kraft geltend machte. Unberührt von den Einzelleistungen großer Schriftsteller, trug diese einstweilen in den Hintergrund gedrängte Strömung mit großer Treue das Erbe weiter, das die berühmten Kritiker Černyšévskij, Dobrol'úbov und Písarev hinterlassen hatten. Dagegen versuchte sich die andere Richtung, die man wohl die *belletristische* nennen kann, von diesem Erbe zu befreien und die an sich interessante Erzählung, Novelle oder Roman, zu schaffen; sie entfernte sich oft von dem Kampfplatz der Wirklichkeit und wendete sich entweder historischen Stoffen zu oder mündete in die mehr oder weniger gewandte und elegante Unterhaltungsliteratur. Die erste Linie führte zu Erscheinungen wie Leskóv und Korolénko, die zweite zu Gáršin, Boborýkin und Amfiteátrov. Aus diesem Bereich erhoben sich gegen Ende des neunzehnten und zu Anfang des zwanzigsten Jahrhunderts Gestalten wie Čéchov, Sologúb und Gór'kij.

Schon hier sei hervorgehoben, daß die Prosaliteratur des *Populismus* in beträchtlichem Umfang von Männern geistlicher Herkunft, Pfarrers- und Küsterssöhnen, halbgelehrten Seminaristen, getragen wurde, mit anderen Worten von Angehörigen des *tiers état*, den sogenannten *raznočincy*, die sich in der *Epoche der großen Reformen* wie eine Sturzflut in die Literatur ergossen hatten. Leidenschaftliche Liebe zur Literatur paarte sich bei ihnen mit mangelhafter künstlerischer Bildung und Kenntnis. Die meisten von ihnen litten unter schweren Minderwertigkeitskomplexen gegenüber dem Adel, der noch immer die künstlerische Literatur beherrschte; sie waren krankhaft mit ihrem eigenen dunklen Schicksal beschäftigt und ertränkten ihr Leid meistens in Alkohol. Viele von ihnen beschlossen ihr Leben im Säuferwahnsinn oder in anderen Trinkerkrankheiten.

Ein typischer Vertreter dieser tragischen Generation war NIKOLÁJ GERÁSIMOVIČ POM'ALÓVSKIJ (1835–63), der sich schon mit achtundzwanzig Jahren in Wahn und Elend zu Tode trank. Von großem Ehrgeiz und noch größeren Plänen erfüllt, umfaßte sein ganzes Schaffen nur vier Jahre. Er war der Sohn des Diakons einer Petersburger Vorstadtkirche und sollte Pfarrer werden, brach aber seine Ausbildung bald ab und versuchte sich als Schriftsteller durchzusetzen. Im Jahre 1859 veröffentlichte er eine kleine Erzählung, eine jener *očerki* oder *Skizzen*, die eine charakteristische Form dieser Literatur darstellten und die vor allem Bilder und Begebenheiten aus dem wirklichen Leben einzufangen suchten. Sein Ehrgeiz ging jedoch darauf aus, Romane TURGÉNEVscher Art zu schreiben, das heißt problematische Romane, die Gedanken und Menschen zur Diskussion stellten, und so lassen sich denn in seiner ganzen Schreibweise leicht Züge des poetisierenden Stiles TURGÉNEVs feststellen. Im Jahre 1861 gab er in NEKRÁSOVs Zeitschrift *Der Zeitgenosse* gleich zwei Romane heraus: *Kleinbürgerglück* (*Meščánskoje sčásťje*) und *Mólotov* (nach dem Namen des Helden betitelt). In dem ersten versuchte er den Konflikt zwischen zwei entgegengesetzten und unterschiedenen soziologischen Typen, Gutsherrn und Plebejer, zu schildern; der Konflikt war aber in retuschierten Farben dargestellt, als trauriges Spiel zwischen zwei dissonierenden Saiten, und endete mit der wehmütigen Frage:

„Wo bleibt denn das Glück?" – wird der Leser vielleicht fragen: – „Der Titel des Romans versprach doch Glück?" Das Glück, meine Leser, ist in der Zukunft. Das Glück ist immer nur in der Zukunft – das ist ein Gesetz der Natur.

Mit diesen Worten schloß der erste Roman. Die Fortsetzung erfuhr der Leser im zweiten, wo derselbe Held auftritt, nun aber als gereifter, desillusionierter Mann. Die Kunst, mit der Pom'alóvskij jetzt die Welt des Beamtentums schilderte, in der die Handlung spielte, war recht überlegen, aber die eigentliche Fabel – Mólotovs Liebe zu der jungen Nád'a, die ihr Vater gegen ihren Willen mit einem älteren Kollegen verheiraten will – löste sich in allzu lange und wenig interessante Gespräche auf, in Erörterungen über den Unterschied zwischen überlieferter und moderner Moral. In etwas gezwungener Weise gelang es dem Verfasser, die Geschichte zu einem glücklichen Ende zu bringen, so daß das im ersten Band verheißene *Kleinbürgerglück* durch die Heirat der beiden Liebenden (die sich so schwer hatten kriegen können, weil ein *General* dazwischengekommen war) endlich doch Wirklichkeit wurde. Wieder aber schloß das Ganze mit einem ironisch-resignierten Ton in der letzten Bemerkung des Verfassers: *Ach ja, meine Damen und Herren, alles hat sich etwas langweilig gestaltet!*

Pom'alóvskij plante noch mehrere Romane. Sie waren als maskierte oder unmaskierte Anklagen gegen das soziale System der Zeit gedacht, das nach seiner pessimistischen Überzeugung die Menschen zugrunde richtete. Einer dieser Romane sollte *Bruder und Schwester* (*Brat i sestrá*) heißen, ein anderer *Ferien oder Bürgerliche Ehe* (*Kaníkuly íli Graždánskij brak*), aber der Tod verhinderte die Ausführung dieser Pläne. Aus den nachgelassenen Fragmenten wissen wir, daß Pom'alóvskij große typische Zeit- und Menschenbilder zu schaffen beabsichtigte, doch spüren wir in ihnen nichts von dem Talent, das Turgénev zum Annalisten seiner Zeit machte.

Dagegen erwarb sich Pom'alóvskij mit einem Werk, das auf seinen Erlebnissen im geistlichen Seminar beruhte, großen berechtigten Ruhm. Das Buch hieß *Skizzen aus einer Bursa* (*Očerki búrsy*, 1862 –1863) – ein geistliches Seminar mit zugehörigem Konvikt wurde nach altem Brauch mit dem mittelalterlich-lateinischen Ausdruck *bursa* bezeichnet. In diesen Skizzen, die anscheinend ohne Plan und Gliederung hingekritzelt waren, kam Pom'alóvskijs Talent zu seinem Recht. Hier konnte er – mit der Auffassung vom Wesen des Realismus, der er zuinnerst huldigte – einen Ausschnitt aus dem Leben in seiner ganzen grellen Nacktheit schildern. Die Sammlung bestand aus fünf Skizzen, doch geht aus gewissen Andeutungen in ihnen hervor, daß er ursprünglich eine noch längere Reihe lockerer Szenen aus dem Bursa-Leben plante. Durch den tiefen, trostlosen Einblick in die Hölle der geistlichen Schule wurde der Leser im Innersten er-schüttert. Das Leben erschien hier als eine ununterbrochene Orgie von Brutalität, Zynismus, Sadismus und Immoralität. Der Verfasser führte dem Leser Schüler- und Lehrertypen vor, deren Existenz er kaum für möglich gehalten hätte. Die fast dokumentarische Art des Berichtes überzeugte ihn von der Wahrheit der Schilderung. *Ein Winterabend in der Bursa*, die erste Skizze, enthüllte mit unerbitt-licher Genauigkeit die grenzenlose Roheit, welche die Spiele der Seminarschüler prägte, ihren Zeitvertreib, ihr Verhältnis zueinander und zu den Lehrern. In den *Bursa-Typen* gab er eine Reihe Bilder von so ungemein abstoßender Wirkung, daß es schwer war, die Lektüre fortzusetzen. Zum Unmenschlichsten gehörten die zahl-losen Prügelszenen, die genau geschildert wurden. Die Ausflüge der Schüler in die öffentliche Badeanstalt waren als Verheerungszüge durch die Stadt beschrieben, Züge des Schreckens für die fried-lichen Bürger. Für die Haltung des Verfasser war es bezeichnend, daß er das Leben in der Bursa in vollem Ernst mit dem Leben im *Toten-haus* unter Mördern und Dieben verglich, wie Dostojévskij es dargestellt hatte. Das Wort *Beleidigte und Erniedrigte*, das an einen anderen Roman Dostojévskijs erinnerte, kehrte immer wieder. Die Skizze *Bursa-Bräutigame* enthielt die Schilderung des seltsamen Brauches, daß sich Pfarrerswitwen oder -töchter – um den Pfarrhof nach dem Tod von Mann oder Vater nicht zu verlieren – einfach neue Ehemänner bestellten, die aus den ältesten Jahrgängen des geistlichen Seminars gewählt wurden, Burschen von zwanzig, dreißig Jahren, die es nach vierzehnjährigen aussichtslosen Studien vorzogen, sich für ein unbesetztes Pfarrhaus kaufen zu lassen. Das Erschütterndste an diesen Erzählungen war, daß sie nicht in irgendeiner finsteren Provinz spielten, sondern dicht vor der Hauptstadt St. Petersburg selbst, dem Mittelpunkt und der Hochburg der Kultur.

Ein anderer Seminarist unter den Schriftstellern dieser Zeit war Nikoláj Vasíl'jevič Uspénskij (1837–89), auch er Skizzen-Ver-fasser und Alkoholiker, der nach einem trostlosen Landstreicher- und Proletarierleben Selbstmord beging. Sein einziges großes Werk war eine Sammlung charakteristischer *Skizzen aus dem Volksleben* (*Očerki naródnogo býta*, 1858), die bei ihrem Erscheinen in NEKRÁSOVs Zeitschrift *Der Zeitgenosse* von dem Kritiker ČERNYŠÉVSKIJ mit großer Anerkennung besprochen wurden. USPÉNSKIJ kannte wie nur wenige das russische Volksleben in allen seinen Einzelheiten. Er hatte nichts von dem erwärmenden und verschönernden Verhalten TURGÉNEVs dem russischen Bauern gegenüber, und seine rein literarischen Ansprüche waren offenbar sehr bescheiden. Obwohl er Populist, also *Volkstümler* war, schilderte er das Bauernvolk in seiner ganzen Roheit, seiner ganzen Erniedrigung, ohne künstliche Entschuldigungen zu erfinden. Sein Wahrnehmungsvermögen erlaubte ihm, die Wirklichkeit unpersönlich und mechanisch wie ein photographischer Apparat wiederzugeben. Er versuchte es auch nicht, ein psychologisches Bild seines Volkes zu geben, sondern hielt konsequent nur seine äußeren Züge fest, die äußeren Tatsachen in seinem Dasein, nur die äußeren Einzelheiten. Erzählte er von Vorgängen, die er kannte, so beschränkte er sich meistens auf sehr einfache Anekdoten. Jede Neigung, diese Handlungen zu komplizieren oder zu dramatisieren, war ihm völlig fremd. Seine Sprache stand der des Volkes ungemein nah, und er versuchte es nicht im mindesten, sie etwa *salonfähig* zu machen. Die Schilderung erreichte bei ihm ein Höchstmaß an Genauigkeit. Auch in den sechziger Jahren schrieb er seine *Skizzen*, seine *Erzählungen*, seine *Novellen*, seine *Anekdoten*, immer nur die typische kurze Form pflegend, ohne jemals den Ehrgeiz zu haben, größer angelegte Werke zu schaffen. Die letzten zwanzig Jahre seines Lebens war er als aktiver Schriftsteller aus der Literatur verschwunden, obwohl seine Arbeiten immer wieder (1875, 1876, 1883) in drei- und vierbändigen Sammlungen herausgegeben wurden.

Ein anderer *Volkstümler*, der auch persönlich die Losung vom *Ins-Volk-Gehen* verwirklichte, der aber ausnahmsweise kein Seminarist war, war VASÍLIJ ALEKSÉJEVIČ SLEPCÓV (1836–78). Als Bauer verkleidet, lernte er auf seinen Wanderungen die bäuerliche Bevölkerung gründlich kennen, doch bestätigten die Skizzen und Erzählungen, die er veröffentlichte, sowenig wie die von NIKOLÁJ USPÉNSKIJ die Theorie, daß die Rettung vom Volke kommen werde. Seine Erzählungen aus dem Bauernleben unterschieden sich von denen USPÉNSKIJs durch den mildernden Humor, der über seine an sich äußerst negativen Bauernbilder ausgebreitet war. Auch er half sich beim rein Stofflichen mit *Anekdoten* von meistens recht überraschender und kurioser Art, doch waren die Gestalten, die er zeichnete, ohne die geringste Intelligenz, ohne den geringsten persönlichen Gehalt. Das literarisch Wertvollste an diesen mehr oder weniger kurzen Geschichten – *Eine Gesangprobe* (*Spévka*), *Eine Pflegetochter* (*Pitómka*), *Ein toter Körper* (*M'órtvoje télo*) u. a. – war wohl ihre Sprache, die unverfälschte russische Bauernsprache. Im übrigen aber tat sich vor dem· erstaunten volksfreundlichen und idealistischen Leser ein Abgrund von Roheit und Dummheit auf. SLEPCÓV war ohne Zweifel einer der begabtesten Schriftsteller der sechziger Jahre und hatte als solcher entschieden größere Ambitionen und Pläne. Im Jahre 1865 erschien sein ausgezeichneter Roman *Schwere Zeiten* (*Trúdnoje vrém'a*), worin er – unverkennbar nach TURGÉNEVS Vorbild – die Zeitatmosphäre einzufangen versuchte: er stellte eine Frau, Márja Nikolájevna, die das Bedürfnis hat, sich eine neue, moderne Lebensform zu schaffen, zwischen zwei Männer – ihren Ehemann, den liberal gesinnten Ščetínin, und einen Freund, den Nihilisten R'azánov, der sich nicht mit dem verwässerten Liberalismus ihres Mannes begnügen will. Das Bestreben des Verfassers ging ganz unverhüllt darauf aus, den für die *Epoche der großen Reformen* so charakteristischen, immer gemäßigter und schließlich ganz zahm gewordenen Liberalismus der damaligen Beamten lächerlich zu machen. Ščetínin, der Vertreter dieser Generation, schlitterte von seinem ursprünglichen idealistischen Fortschrittsglauben allmählich ins materialistische Strebertum, um sich und seiner Familie eine angenehme Stellung in der Gesellschaft zu sichern. Dem Nihilisten R'azánov fiel es jedoch schwer, seinem Anspruch, der wahre Mann des Fortschritts zu sein, Geltung zu verschaffen, da der Verfasser nicht fähig war, ihn – und damit sich selbst – aus dem Schwebezustand des ewigen ironischen Skeptizismus herauszubringen. Ein anderer Roman SLEPCÓVs, der *Ein großartiger Mensch* (*Choróšij celovék*) heißen sollte, wurde niemals fertig. Die Schwindsucht, die damals unter den Schriftstellern wütete, machte ihn früh arbeitsunfähig und bereitete seinem Leben bald ein Ende.

Ein noch kürzeres Leben war ALEKSÁNDR IVÁNOVIČ LEVÍTOV (1837–77) beschieden – einem der hervorragendsten *populistischen*

Schriftsteller dieser Jahre. Wie POM'ALÓVSKIJ und andere seiner Zeitgenossen hatte auch er, der Sohn eines einfachen Küsters, die Einführung ins Leben in einem geistlichen Seminar bekommen. Er stammte aus dem Dongebiet, und so bildete folgerichtig die Steppe den Hintergrund seiner zahlreichen Erzählungen vom russischen Bauernleben, das er aus eigener Anschauung und unmittelbarer Erfahrung kannte. Im Jahre 1865 gab er sein erstes Werk heraus, die zwei Bände füllenden *Steppenskizzen (Stepnýje óčerki)*. Im folgenden Jahrfünft schrieb und veröffentlichte er eine Bauernskizze nach der andern, augenscheinlich lauter ganz formlose Stegreifarbeiten. Da er sich nicht bemühte, eine wirklich novellistische Fabel zu ersinnen, hatten seine Skizzen weder Hand noch Fuß. Auch um einen wirklichen Handlungsverlauf kümmerte er sich nicht. Vielmehr suchte er die Menschen, denen er begegnete, sofort aufs Papier zu bannen, und diese Menschen verkörperten keine bestimmte Gesellschaftsklasse oder -gruppe. Sie können kaum als Typen bezeichnet werden, da sie aller verallgemeinerten Züge entbehrten und als reine Individuen erschienen, die sich nicht wiederholten noch ihresgleichen hatten. Der Leser wurde in eine Welt geführt, die ihm völlig unbekannt war – eine Welt von Dieben und Vagabunden, Freudenmädchen und Kupplerinnen, Schankwirten und umherziehenden Bettlern. In bunter Mannigfaltigkeit flirrten sie an ihm vorüber; er fühlte sich von diesem Strome dunkler Erscheinungen verwirrt, weil der Verfasser ihm auch nicht die leiseste Erklärung gab, weshalb er sich eigentlich für diese Welt interessiere. Man beanstandete es daher, daß diese Skizzen *sinnlos* seien, war aber dennoch von dem seltsamen Schriftsteller bezaubert: er besaß viel persönlichen Charme und verstand ihn in seiner Sprache so rein und gewinnend zum Ausdruck zu bringen, daß jede Kritik pedantisch erschien.

Mit rein sprachlichen Mitteln vermochte er jeder kleinen Einzelheit, jeder Beobachtung, jeder Schilderung eine eigentümliche Wärme und Bedeutung einzuhauchen. Seine Sprache war nicht witzig und satirisch, aber launig. Er sammelte sich gern einen Vorrat spaßiger Ausdrücke und seltener Worte, um sie bei Gelegenheit in seinem Text anzubringen. Obwohl sich seine Meinung vom Bauernvolk durch keinerlei Optimismus auszeichnete und das Bild der Welt, in der er sich bewegte, mehr als grau war, fühlte sich der Leser von dem fast lyrischen Ton seiner Sprache erhoben, einem Ton, der sich besonders in seinen aus Kindheitserinnerungen geborenen Schilderungen der ewigen wogenden Steppe geltend machte. Seine Prosa war eindringlich, rhythmisch gegliedert und wirkte stark musikalisch; kaum ein anderer Schriftsteller verstand sich so gut wie er auf die Verwendung der von Turgénev geschaffenen metaphorischen Sprache. Zwischen dieser lyrisch getönten Sprache und der schroff abstoßenden Welt, die er beschrieb, bestand eine deutliche Dissonanz. Aber Levítov verstand es, die Gegensätze irgendwie zu vereinen und auszugleichen, und zwar nicht nur in seinen Bauernskizzen, sondern auch in seinen wahrlich nicht idealisierenden Skizzen aus dem städtischen Leben, die er in zwei Bänden sammelte: *Moskauer Höhlen und Spelunken* (*Moskóvskije nóry i truščóby*, 1869) und *Die Geißel der Dörfer, Landstraßen und Städte* (*Góre s'ol, doróg i gorodóv*, 1874). All diese Szenen, Erinnerungen, Landschaften und Interieure enthüllten schonungslos die von Elend, Erbärmlichkeit, Lasterhaftigkeit und Trunksucht heimgesuchte Welt der Moskauer Straßen und Gassen, Bordelle und Kneipen mit ihren Trinkern, deklassierten Beamten, Verbrechern, Prostituierten und barfüßigen Vagabunden. Die grenzenlose Armut und das Hungerdasein der Dörfer war nur das Gegenstück zu der Wüstheit der Städte in den wirkungsvollen traurigen kleinen Geschichten Levítovs.

Ein Vagabund wie viele andere Schriftsteller unter den *Volkstümlern*, ein Trinker wie manche von ihnen, doch einer von adliger Herkunft, war Pável Ivánovič Jakúskin (1820–72), der im Grunde der vorhergehenden Generation angehörte, als selbständiger Schriftsteller aber erst in den sechziger Jahren hervortrat. Sein literarisches Jagdrevier war das Volgagebiet, das er kreuz und quer durchwanderte, getrieben von unbändiger Liebe zu seinem Volk. Er war eigentlich mehr Volkskundler als Literat und erwarb sich dadurch unvergängliche Verdienste, daß er eine große Menge russischer Volkslieder, Volksmärchen, Volkssagen und Volkssprichwörter sammelte. Als Sohn einer schlichten Bauersfrau stand dieser Adlige dem einfachen Bauernvolk näher als sonst ein adliger Literat, und sein Verständnis der Psyche der Bauern, das sich mit einem eingewurzelten Haß auf die *feine* Gesellschaft mit ihren kultivierten

Manieren paarte, beruhte auf Sympathie. Seine Beobachtungen legte er in den sechziger Jahren in zwei Büchern nieder: *Reisebriefe* (*Putevýje pis'ma*, 1860) und *Wahrheit und Erfindung* (*Byváloje i nebyváloje*, 1865). Auch hier fand man nur knappe Augenblicksbilder, kleine charakteristische Aufzeichnungen, einfache Szenen aus dem Volksleben, aber sie waren von einer Heiterkeit und einem erwärmenden Verständnis für das Volk geprägt, die man bei den bitteren Skizzen-Verfassern dieser Zeit selten fand.

Die volkskundliche Neigung, die bei den Schriftstellern ·dieser ganzen Gruppe zu beobachten ist, kam bei dem hochbegabten und eigenwüchsigen F'ódor Michájlovič Rešétnikov (1841–71) deutlich zum Ausdruck. In der Familie eines armen Küsters und Briefträgers erzogen, wurde er Seminarist und Bursak wie Pom'alóvskij, Trinker wie die meisten Literaten seines Standes. Seine Sprache war nicht von Turgénev beeinflußt, sein Stil war nicht poetisch, man warf ihm später den protokollartigen Realismus vor, den die Schriftsteller dieser Schule in ihrem Drang, vom Volke nur die Wahrheit zu erzählen, so oft erstrebten und anwendeten. Sein Skizzenband *Die Leute von Podlípnoje* (*Podlípovcy*), der 1864 in Nekrásovs *Zeitgenossen* erschien, schilderte in lockeren Notizen das Leben eines halbwilden finnischen Volksstammes in einem elenden Winkel des fernen, von der Kultur unberührten Perm-Gebietes, eines Stammes, der sich nur äußerlich zur griechisch-orthodoxen Kirche bekannte, in Wirklichkeit aber tief im rohesten Heidentum wurzelte. Im Mittelpunkt des Interesses standen besonders Pilá und sein Sohn Sysójka – zwei würdige Vertreter eines Stammes, wo man kaum bis fünf zählen kann, nur einmal jährlich das Hemd wechselt und selten länger als einen Monat hindurch richtiges Brot ißt. Die beiden *Helden* stehen auf einer fast tierischen Entwicklungsstufe. Pilá, der so etwas wie väterliche Liebe zu seinem Sohn Sysójka hegt, lebt mit seiner Tochter in Blutschande und teilt sie freigebig mit seinem Sohn, bis dieser ein Weib für sich findet, die Matr'óna, mit der er ohne den Segen des Pfarrers zusammenlebt, einfach deshalb, weil dieser nur selten bis zu seinem abgelegenen Dorf kommen kann. Für die Kinder, die sie mit Sysójka bekommt, empfindet Matr'óna kaum eigentlich Mutterliebe, aber die Kuh, die ihr Milch gibt und ihr und ihrer Familie Leben erhält, genießt dafür ihre zärtlichste Liebe. Als

TURGÉNEV diese an und für sich plumpen, wenig bearbeiteten und fast unliterarischen Schilderungen las, fühlte er sich von ihrer nüchternen Wahrheit ergriffen, und andere Leser, die merkwürdigerweise kaum zwischen russischen und permischen Bauern unterschieden, fühlten sich diesem vernachlässigten, vergessenen, mißhandelten und elenden Volk gegenüber im Gewissen getroffen. REŠÉTNIKOV selbst betrachtete sein Buch kaum als Werk der schönen Literatur, da er zum Titel ausdrücklich den Zusatz machte: *Eine ethnographische Skizze.*

Übrigens war es weniger das eigentliche Bauernleben, das REŠÉTNIKOV interessierte, als das Treidlerdasein, zu dem die Bauern zeitweise übergingen, um ihr Leben mit Hilfe von Nebenverdiensten aufrechtzuerhalten. Darin liegt ein für REŠÉTNIKOV charakteristischer Zug: in seinen folgenden Werken behandelte er das Leben der Bergarbeiter im Ural. Gleichzeitig suchte er die bequeme Form der Skizze zu verlassen und richtige Romane zu schreiben. Der erste Roman, *Bergarbeiter* (*Gornorabóčije*), den er 1865 schrieb, sollte in drei Teilen erscheinen, doch gelang es ihm, nur den ersten herauszugeben. Der zweite Roman aus demselben Milieu, *Die Glúmovs* (*Glúmovy*, 1866–67), war ebenfalls in drei Teilen geplant, doch wurden nur die beiden ersten gedruckt. Dagegen glückte es ihm, seinen zweibändigen Roman *Wo lebt es sich am besten?* (*Gde lučše?*, 1868) ungekürzt zu veröffentlichen. Der Hauptfehler seiner Romane bestand in ihrer ermüdenden Umständlichkeit, in den Wiederholungen, in den protokollartigen Berichten endloser Gespräche. Das langsam emporkommende Proletariat bekam in REŠÉTNIKOV seinen ersten Schilderer, und darin mag das literarische Verdienst seiner Romane liegen. In seinem Todesjahr schrieb er seinen letzten Roman, *Eigenes Brot* (*Svoj chleb*, 1870), worin er sich mit dem Beamtenleben beschäftigte. Zum Unterschied von den problemlosen beschreibenden Romanen, die er bisher verfaßt hatte, sollte dieser ein *intellektueller* Roman werden. Das Problem, das er ihm zugrunde legte, war die Frauenemanzipation; in mutiger Opposition zu ihrer konservativen Umgebung beschließt seine Heldin, sich mit eigener Arbeit ihr Brot zu verdienen. Einen besonderen literarischen Wert vermochte der todkranke Verfasser seinem Roman jedoch nicht zu geben.

Unter den *Volkstümlern*, die aus ihren Theorien und ihrem Glauben an die revolutionäre Zukunftsmission des Volkes Ernst machten, zeichnete sich der Schriftsteller PÁVEL VLADÍMIROVIČ ZASODÍMSKIJ-VÓLOGDIN (1843–1912) durch seine persönliche Wärme und Menschenliebe und seinen feinen Hang zur Poesie aus. Im Jahre 1867 trat er mit einigen Gedichten hervor und in der unmittelbar folgenden Zeit veröffentlichte er einige Romane und Erzählungen, von denen *Die Sünderin* (*Gréšnica*, 1868) und *Die Wölfin* (*Volčíca*, 1868) genannt seien. Sein tiefes Mitgefühl mit den Benachteiligten und Beleidigten trieb ihn in den siebziger Jahren, sich in das Studium der Armenviertel der Stadt zu vertiefen, das Studium *jener düsteren Menschenart, die das Leben in Kälte und Hunger verbringt und das Dasein in dieser schönsten aller Welten nicht eben viel vergnüglicher findet als das Leben in sibirischen Zuchthäusern*. Seine Skizzen und Novelletten sammelte er 1876 in dem Band *Erzählungen aus dem Leben der Armen* (*Póvesti iz žízni bédnych*). Aber gerade am Ausgang der siebziger Jahre und am Anfang der achtziger wanderte auch er *ins Volk*, wobei er sich seine Stellung als zeitweiliger Volksschullehrer im Gouvernement Pénza zunutze machte und, was er sah, erlebte und dachte, in einer großen Anzahl von Skizzen niederlegte, die, zu Bänden vereinigt, einige seiner besten Bücher bildeten, so *Die Rätsel der Steppe* (*Stepnýje tájny*) und die Sammlung *In Städten und Dörfern* (*Po grádam i vés'am*), die in den achtziger Jahren herauskamen. Es glückte ihm sogar, auf seinen Eindrücken einen ganzen Roman, die *Chronik des Dorfes Smúrino* (*Chrónika selá Smúrina*), aufzubauen. Indessen zeigten diese Werke, Skizzen und Romane, daß ihm die Fähigkeit fehlte, wirkliche Typen zu schaffen, die in ihrem menschlichen Verhalten überzeugend wirkten, und bei größeren Themen eine strenge Komposition durchzuführen. Das Charakteristische an diesem seiner Herkunft nach adligen *Volkstümler* und *Volksfreund* war jedoch, daß auch er – wie so viele andere Vertreter seiner Generation und seines Berufes – nicht nur die grenzenlose wirtschaftliche und geistige Not des Volkes sah und schilderte, sondern auch die soziale Differenzierung in der bäuerlichen Gemeinschaft entdeckte, die durch das allmähliche Eindringen des Kapitals in die überkommenen patriarchalischen Verhältnisse hervorgerufen wurde. Der *Kulák* zeigte sich in seinen Erzählungen

in seiner ganzen nackten Habsucht und zynischen Geldgier. Zasodímskij hatte die Augen nicht davor verschließen können, daß eine
der Folgen der Bauernbefreiung die Auflösung der bäuerlichen Gemeinschaft selbst war sowie das Wachsen der brutalen Macht der
Geldwucherer unter den ärmeren Mitgliedern des kollektiven *Mirs*,
die sich von dem angesehenen Kulaken willig ausbeuten ließen.
Diese Entdeckung – daß der idealisierten Bauerngemeinde die
Widerstandskraft gegenüber dem als unrussisch, als westeuropäisch
aufgefaßten Kapitalismus fehle – mußte Zasodímskij und jeden anderen *Volksfreund*, der an die besondere, unabhängige Zukunft Rußlands glaubte, mit Beängstigung und tiefem Pessimismus erfüllen.

Zu der gleichen pessimistischen Erkenntnis kam Nikoláj Nikolájevič Zlatovrátskij (1845–1911), einer der hervorragendsten
Vertreter der *populistischen* Literatur. Auch er war von geistlicher
Herkunft – und zwar väterlicher- und mütterlicherseits –, jedoch
war sein Vater als Beamter und Bibliothekar tätig. Eine glühende
Liebe zum Volk, das ihm aus seiner Kindheit genau vertraut war,
trieb ihn zur Darstellung seiner Leiden und Freuden. Seine Hauptwerke waren die beiden großen Romane *Bauern als Geschworene*
(Krest'jáne-pris'ážnyje, 1874) und *Grundfesten (Ustói*, 1878–82) sowie die Skizzensammlung *Bäuerliche Werktage (Derevénskije búdni*,
1879). Auch er sah, daß die bäuerliche Gemeinschaft in einander
feindliche Elemente zerfiel, doch war seine Anschauung vom Bauern
als solchem heller und hoffnungsvoller als die manches zeitgenössischen Illustrators des Volkslebens. Oft begegnet man bei ihm
Bauern, die über ihren engen Horizont hinausschauen und sich
für die soziale Entwicklung des Landes mitverantwortlich fühlen,
Bauern, die durch selbständiges Denken zu einem gewissen primitiven Sozialismus als dem besten Weg zu einer vernünftigen Organisierung des sozialen Lebens gelangen. In dem Roman *Grundfesten*
versuchte er eine eindringliche Analyse der Zusammensetzung einer
Bauerngemcinde zu geben. Das Interesse für die Bauerngemeinde,
den berühmten *Mir*, war kennzeichnend für die Spekulationen der
damaligen *Volkstümler* über die Möglichkeiten einer sozialistischen
Entwicklung in Rußland, und einige der überzeugtesten von ihnen
erblickten eben in der Struktur der Bauerngemeinde einen Ausdruck
der dem russischen Volk vermeintlich angeborenen Neigung zu

Kollektivismus und Sozialismus. ZLATOVRÁTSKIJ teilte dieses Interesse und beschwerte sich in der Vorrede zu seinem Skizzenbuch
Bäuerliche Werktage darüber, daß die russische Literatur *bisher noch
kein einziges, auch nur einigermaßen typisches oder farbenreiches
Bild vom Leben der Bauerngemeinde hervorgebracht habe*, keine
*typischen Szenen von den Bauerngemeindesitzungen, den Bauern-
gemeindegerichten, den Bodenverteilungsgeschäften* – keins *dieser
äußerst ausdrucksvollen und charakteristischen Bilder aus dem Volksleben*. Nun nahm er sich vor, das Versäumte nachzuholen und *das
Volk zu schildern, ohne es von dem Boden loszureißen, wo es geboren
war, wo es aufwuchs, arbeitete und starb*. Sein Roman *Grundfesten*
war indessen der stärkste Beweis dafür, daß sich diese überlieferten
Grundfesten der Bauerngemeinde, die Solidarität, die Gemeinschaft
und die kollektive Arbeit, in voller Auflösung befanden. Er stellte
drei Typen von Bauern fest: die *Trinker*, das heißt die ärmsten,
elendesten Bauern ohne Hoffnung und Zukunft, die *Wirtschaftlichen*, das heißt die mittelgroßen Bauern, die sich gerade halten
konnten, und die *Gemeindefresser* (oder die *Kuláken*, wie man heute
sagen würde), die vermögenden Protzen, die – trotz ihrer geringen
Zahl – die ganze Gemeinde regierten und die *Wirtschaftlichen* entweder in die Kategorie der *Trinker* zwangen oder in ihren eigenen
Kreis aufnahmen. Von geringerer Bedeutung war es, daß ZLATO-
VRÁTSKIJ auch *romantische* und *intellektuelle* Bauerntypen anführen
zu können meinte, wobei es sich zeigte, daß sich erstere am häufigsten
unter den *Trinkern*, letztere meistens unter den *Gemeindefressern*
fanden. Es ist zweifelhaft, ob sich ZLATOVRÁTSKIJ wirklich ganz klar
darüber war, was in der bäuerlichen Bevölkerung eigentlich vor sich
ging, aber als Beobachter war er gewissenhaft genug, eine tiefgreifende Schilderung von der langsamen Differenzierung der Dorfgemeinschaft unter dem Einfluß handelskapitalistischer Methoden zu geben. Was jedoch seine Schilderung besonders ansprechend machte, war
seine begeisterte Liebe zum Volk und seine ungewöhnlich fesselnde
Sprache. Obwohl seine Skizzen und Romane eine Mischung literarischer, ethnographischer, publizistischer und sogar statistischer Stoffe
waren, vermochte er die Sprache zu erstaunlichen Höhen zu erheben
und sie rein poetisch zu gestalten, so daß sie bald an den Stil der russischen Byline erinnerte, bald wie majestätische Hexameter klang.

Der bedeutendste der damaligen *Volkstümler* und populistischen
Skizzen-Verfasser war zweifellos GLEB IVÁNOVIČ USPÉNSKIJ (1843
bis 1902), der Enkel eines Küsters und ferne Verwandte NIKOLÁJ
USPÉNSKIJS. In den sechziger Jahren und der ersten Hälfte der
siebziger schrieb er eine große Reihe von Skizzen, Erzählungen und
Novelletten, die alle vom *tiers état* handelten, von unteren Beamten,
Handwerkern, kleinen Handelsleuten, der typischen Massenbe-
völkerung der Städte, die alle in tiefste Armut und schlimmstes Elend
hinabgesunken waren, ohne jedoch die Fähigkeit verloren zu haben,
über ihr Dasein nachzusinnen. Die berühmteste seiner Sammlungen
war das Buch *Die Sitten der Raster'ájev-Straße* (*Nrávy Raster'ájevoj
úlicy*, 1866), das mehrere Auflagen erlebte. Es schilderte die Welt
der Schlosser in der Stadt Túla. Obwohl GLEB USPÉNSKIJ mit äußerlich komischen Situationen arbeitete, waren seine Skizzen dennoch
von tiefer Tragik durchdrungen. In den niedrigsten Schichten
der Stadtbevölkerung begegnete er immer wieder Menschen, die
vom Verlangen nach der *lauteren Wahrheit* (*súščaja právda*) besessen waren, der Wahrheit von einer gerechten sozialen Ordnung
und einem glücklichen Leben. Mitten in der wüstesten Finsternis,
mitten im tiefsten Elend, mitten in der traurigen Welt des Schnapses
fand er Leute, die von einer eigenen geistigen Unruhe und einer
wachsenden Sehnsucht nach dem Lande Utopia ergriffen waren. Er
selbst machte kein Hehl aus dem Gefühl des schlechten Gewissens
und dem Leid, von dem er gepackt war. Als er in den siebziger Jahren
mit den Bauern in unmittelbare Berührung kam, begann er, diese Be-
völkerungsschicht zu studieren, von der sich die dogmatischen *Volkstümler* mit beharrlichem Eigensinn die Rettung des Landes erwarteten. Aber er fand in ihr nicht die Fülle der Kraft, nach der er ausgezogen war. In seinen glänzenden Essai- und Skizzensammlungen *Der
Bauer und das Werk des Bauern* (*Krest'jánin i krest'jánskij trud*, 1880)
und *Die Macht der Scholle* (*Vlast' zemlí*, 1882) sowie in zahllosen anderen Skizzen, Reise- und Tagebuchaufzeichnungen sann er unermüdlich über den Bauern nach, diesen vermeintlichen Erretter des Landes,
den vermeintlichen Träger geistigen Reichtums: er entsprach in Wirklichkeit gar nicht den Hoffnungen der Intellektuellen.

Er fand, daß es bäuerliche Gemeinschaft in unberührter Ursprünglichkeit nur noch in den finstersten Winkeln des Landes gebe und

daß sie dort mit Unwissenheit und Blindheit gepaart sei, und es schien ihm, das Land habe zwischen diesem primitiven Zustand und der *Zivilisation* zu wählen, das heißt all dem, was die Reinheit und Einheit bäuerlicher Gemeinschaft zu untergraben und aufzulösen strebte. Seine Beobachtungen zeigten ihm, wie organisch der Bauer mit dem Boden, den er bebaute, verbunden war und wie tief sein eigener Lebensrhythmus von der Erde und ihrem unbeeinflußbaren Leben von Sommer zu Winter, von Winter zu Frühjahr bedingt war. Er vermochte seinen Leser von der ästhetischen Harmonie zu überzeugen, die in der Daseinsform des Bauern herrsche. Aber er war sich gleichzeitig völlig darüber klar, daß dieser Rhythmus und diese Harmonie dem Untergang geweiht waren, weil die Mechanisierung, die Industrialisierung und die Kapitalisierung den Bauern seinem Boden immer stärker entfremdeten und ihn vom Herrn zum Sklaven, vom Zweck zum Mittel machten. Daß *Zivilisation* den Einzug des westeuropäischen Kapitalismus in Rußland und seinen Sieg über den alten vertrauten Primitivismus bedeutete, begriff GLEB USPÉNSKIJ wie kein anderer. Bei der Wahl zwischen Primitivismus und Kapitalismus müsse sich, meinte er, der Intellektuelle einfach passiv verhalten, den Untergang des Primitivismus und den Sieg des Kapitalismus beweinen, weder den einen zu stützen noch den andern zu hemmen versuchen, da der Kampf zwischen ihnen schicksalsbestimmt und sein Ausgang von vornherein sicher sei. In zahlreichen künstlerisch meisterhaften Szenen und Bildern veranschaulichte GLEB USPÉNSKIJ seine Gedanken. Eine Probe seines Stiles in seiner besten Form gibt das folgende kleine Gleichnis, das er einen Bauern erzählen läßt:

Vor tausend Jahren, siehst du, oder vielleicht gar vor zehntausend Jahren, lag irgendwo tief in der Erde, außerordentlich tief, eine gewaltige Schicht Eisen. Sie lag also da unten und war kalt, tot, unbeweglich, von Rost zerfressen ... Sie lag wie eine Leiche ohne Seele ungezählte Jahrhunderte.

Über dieser Eisenschicht, die wie ein Leichnam dalag, hatte unser Herrgott die gewaltigen Berge und die Täler der Erde angebracht. Und aus dieser Erde sproßten grünes Gras und helle Blümlein, Roggen und Hafer und Flachs, und dunkle Wälder ragten empor und Dörfer und Gottes Kirchen standen da. Und in diesen Dörfern lebten Bauern mit ihren Frauen und Kindern. Jeder hatte seine Arbeit, lebte in seinem Hause und war sein eigener Herr.

So war es also damals. Unter der Erde lag der Eisenleichnam, der Tote
ohne Seele, auf der Erde lebten die Menschen. Der tote Leichnam lag da
unten, die lebendigen Menschen lebten hier oben. . . .

　Eines Tages tauchte aber irgendwoher ein Neider auf. Er kam also,
bekümmerte sich nicht um die .Menschen und betete auch nicht ,zu Gott,
sondern steckte einfach seine Nase in die Erde . . . Er steckte seine Nase in
die Erde und fing an zu bohren! . . . Und was geschah?

　Das tote Eisen begann zu glühen, es wurde heiß, es wurde weich, es
streckte sich, es wurde rotglühend – und bekam Leben! . . . Es erhob sich
aus der Erde und begann sich zu betätigen: als Eisendrähte schlang es sich
um die Erde und eilte als Dampfschiffe und Eisenbahnwagen dahin, begann
sich als Räder an Mühlen und in Fabriken zu drehen, begann auf Hobel- und
Drehbänken zu hämmern . . . Kurz, es machte sich mit Lust und Wonne
auf der ganzen Erde breit und gehorchte nur seinem eigenen Willen! . . .

　Und was geschah jetzt mit den lebendigen Menschen? . . . Die Eisen-
drähte, die Räder, die Schrauben, die Hobel- und Drehbänke lockten ihn
aus seinem Hause, stellten ihn wie einen Sklaven vor die Schrauben, die
Drehbänke, die Kessel und die Öfen! . . . Seitdem ist jedermann an seinen
Ofen geschmiedet und kann nicht von ihm loskommen! Versucht er loszu-
kommen, bekommt er nichts zu essen! Weigert er sich, sich von ihm verbrennen
zu lassen, kann er sich ebensogut gleich zum Sterben hinlegen!

　Das Eisen aber, das geht in der ganzen Welt umher und redet in seiner
eigenen Sprache zu der ganzen Welt!

Ein eigentlicher Sprachkünstler war Gleb Uspénskij nie gewesen, wie es denn überhaupt eine Ausnahme ist, wenn wir unter
den populistischen Skizzenschreibern bewußte Pfleger der Sprache
finden. Ihre Bestrebungen galten nicht in erster Linie der Kunst,
und so ließen sie sich selten Zeit, ihren Stil zu feilen. Als Meister der
Sprache erscheint unter ihnen Pável Ivánovič Mél'nikov-Pečérskij (1819–83); auch sonst unterscheidet er sich so stark von
ihnen, daß ihn eigentlich nur seine volkskundlich-beschreibende Art
mit ihnen verbindet. Er hatte ausgesprochen schriftstellerischen,
ausgesprochen künstlerischen Ehrgeiz und gehörte mit gewissen
Teilen seines Schaffens der *belletristischen* Strömung an, die mit der
der populistischen Skizzenschreiber parallel verlief. Sein erstes Auftreten in der Literatur erfolgte im Jahre 1840, lange bevor diese
Strömung einsetzte. In seiner Unreife suchte er an den eigentümlichen humoristisch-realistischen Stil Gógol's anzuknüpfen. Davon
zeugt seine Romanerzählung mit dem langen, umständlichen
gógol'schen Titel: *Wer El'pidifór Vasíl'jevič eigentlich war, und*

welche Vorbereitungen in Černográd zur Feier seines Namenstages getroffen wurden (O tom, kto takój byl El'pidifór Vasíl'jevič usw.). Auch der ausgeklügelt komische Name des Helden ließ an den großen Meister GÓGOL' denken. Der Verfasser erkannte als erster, daß sein Versuch völlig mißlungen war. Erst ganze zwölf Jahre später erschien sein zweiter Roman: *Die Familie Krasíl'nikov (Seméjstvo Krasíl'nikovych*, 1852), der den Leser in eine Welt führte, die sich im allgemeinen Bewußtsein kaum noch abzuzeichnen begonnen hatte – die Welt der Neureichen und Emporkömmlinge, das Produkt der langsam einsetzenden kapitalistischen Ära. Die ganze Handlung beruhte auf dem Konflikt zwischen dem Vater, der sich durch harte Arbeit und eisernen Fleiß vom einfachen kleinen Handwerker zum steinreichen Fabrikbesitzer emporgearbeitet hat, und seinem Sohn, der infolge seiner ganzen Ausbildung der patriarchalischen Weltanschauung der Familie entwachsen ist. In MÉL'NIKOVS Darstellung mußte dieser Konflikt tragisch enden: die Abneigung des Vaters gegen die Heirat seines Sohnes mit einem deutschen und damit *ketzerischen* Mädchen führt zu beider Untergang und Tod. Der Roman war wirkungsvoll geschrieben und erschütterte den Leser durch die unerbittliche Schilderung der geistigen Finsternis dieser Welt. Der Erfolg blieb MÉL'NIKOV treu, als er im Laufe der fünfziger Jahre Novellen höchst verschiedener Art, doch immer mit dramatischem, fesselndem Inhalt, veröffentlichte. Da war die düstere Geschichte *Alte Zeiten (Stáryje gódy*, 1857), worin er die Atmosphäre auf dem Gut eines despotischen Edelmanns schilderte; da waren *Großmutters Erzählungen (Bábuškiny rasskázy*, 1858); da waren auch Novellen wie *Großvater Polikárp (Déduška Polikárp)* oder *Pojárkov* oder *Ein Bärenlager (Medvéžij úgol*, 1858); mit seiner unnachsichtigen Darstellung der Brutalität und Unkultur, der rücksichtslosen Plünderung öffentlicher Mittel und anderer provinzieller Mißstände machte MÉL'NIKOV geradezu SALTYKÓV-ŠČEDRÍN den Rang streitig. Dieses ganze Schaffen scheint so völlig verschieden von dem, was wir bisher als *Kunst der Skizze* und *populistisches Schrifttum* beschrieben haben, daß die Einordnung MÉL'NIKOVS an dieser Stelle fragwürdig erscheinen mag.

MÉL'NIKOV-PEČÉRSKIJ trat jedoch – nach einer mehr als zehnjährigen Pause – in den siebziger Jahren und am Anfang der acht-

ziger plötzlich mit zwei Werken hervor, in denen eine ganz neue Art
seines Schaffens zum Durchbruch kam. Diese beiden Werke machten
seinen Namen auf einmal berühmt. Das eine hieß *In den Wäldern*
(*V lesách*, 1871–75), das andere *In den Bergen* (*Na gorách*, 1875–81).
Mél'nikov hatte vor mehreren Jahren, halb von Amtes wegen, die
Lebensformen der Bevölkerung des Volga-Gebietes, der Russen wie
der finnischen Stämme, zu studieren begonnen und dabei die Aufmerksamkeit besonders auf die hier gedeihenden Sekten geheftet, die
aus der großen Religionsspaltung des siebzehnten Jahrhunderts anläßlich der Kirchenreform des Patriarchen Níkon hervorgegangen
waren. Er erwarb sich allmählich so eingehende Kenntnisse von den
dogmatisch-religiösen Eigenheiten der Sekten, die sich im Volga-
Gebiet behauptet hatten, und sammelte eine so überwältigende Fülle
volkskundlichen Stoffes, daß eine Aufforderung genügte, ihn seine
beiden großen Romane schreiben zu lassen. Als Schriftsteller befand
er sich ständig im Kampf zwischen literarischen Rücksichten und der
Rücksicht auf den objektiven Wert des Stoffes, und es ist zu sagen,
daß dieser meistens den Sieg davontrug. Beide Romane waren gespickt mit dogmatischen Diskussionen zwischen den *raskól*-An-
hängern (den Schismatikern) und deren orthodoxen und nicht-
orthodoxen Gegnern. Seine Bücher waren voll von Volksüber-
lieferungen, von Volksliedern, von Sagen und Legenden, von Schilderungen der Sitten und Bräuche. Heute noch nimmt man sie gerne
mit in Kauf, weil sie einen wissenschaftlichen Wert an sich darstellen.
Aber sie trüben den literarischen Plan so sehr, daß die Handlung
ganz in den Hintergrund tritt und nebensächlich wird. Dies verhindert jedoch nicht, daß eine ganze Reihe markanter und interessanter Gestalten in scharf umrissenen Konturen in seinen Büchern
hervortritt. Es ist bezeichnend für Mél'nikov, daß die Menschen,
für die er sich interessiert, immer den vermögenden Klassen angehören, während die schlichten oder armen Leute mit ihren täglichen Mühen fast ganz fehlen. Wir begegnen dem eigenwilligen,
aber rechtschaffenen Despoten, dem reichen Čepúrin, und seiner
stolzen Tochter Nád'a; wir erfahren, daß ihre Schwester, die leidenschaftliche Priorin Manéfa, erst ins Kloster ging, nachdem sie als
Frucht verbotener Liebe eine Tochter geboren hatte, und wir lernen
auch diese Tochter kennen, die heitere, aller Romantik so zugäng-

liche Fl'óna, die dem Geheiß ihrer Mutter folgt und ihre Liebe opfert. Sie sind von einer gemischten Gesellschaft umgeben – dem schönen Zyniker Alekséj Lochmátyj, dem Falschmünzer Stúkolov und seinem listigen Kumpan, dem Abt Michaíl. Wir begegnen auch dem großen Erotiker und Verkünder von Gottes Wort, dem Kirchensänger Vasílij, der immer die Gelegenheit wahrnimmt, mit einem schönen Mädchen in die Büsche zu verschwinden. Im großen und ganzen hindert alle Religiosität die Romangestalten nicht daran, die Lust der Liebe zu genießen. Auch andere Gegensätze scheinen in ein und derselben Seele nicht unvereinbar zu sein: beim Fischhändler Smolokúrov gedeiht völlige Rücksichtslosigkeit der Handelsmethoden neben echter Vaterliebe und anderen edlen Eigenschaften. Mit diesen Romanen, die in einer charakteristischen, mundartlich gefärbten, saftigen Sprache geschrieben waren, bereicherte MÉL'NIKOV-PEČÉRSKIJ die russische Literatur in originaler, dauernder Weise.

In seinen ideologischen Ausgangspunkten stand der hervorragende Schriftsteller DMÍTRIJ NARKÍSOVIČ MÁMIN-SIBIR'ÁK (1852 bis 1912) den *Volkstümlern* näher als MÉL'NIKOV. Sein scharfes Beobachtungsvermögen und überlegenes analytisches Talent führten ihn jedoch zu Ergebnissen, die allem widerstritten, woran die *Volkstümler* glaubten. Wie die meisten von diesen war auch er von geistlicher Herkunft, auch er stand nach Geburt und Entwicklung dem Volke näher als die adligen Schriftsteller, auch seine Liebe zu dem mißbrauchten Bauernvolk war tief und echt. Theoretisch haßte er, wie alle Anhänger der *Volkstümlerlehre*, das Eindringen des Kapitalismus in Rußland. Im Uralgebiet geboren, kannte er das Wesen des Kapitalismus besser als seine Zeitgenossen und war tief davon überzeugt, daß Rußland in seiner volkswirtschaftlichen Entwicklung, auf seinem Wege zu einem künftigen sozialen oder sozialistischen Wohlfahrtsstaat, die kapitalistische Stufe nicht überspringen *könne*. Als Novellist trat er schon in den siebziger Jahren hervor, mit seinen aufsehenerregenden, anregenden und eigenwüchsigen Romanen jedoch erst im nächsten Jahrzehnt. Sein Schaffen war auch in der Hinsicht bemerkenswert, daß er die von den *Volkstümlern* gepflegte Gattung – die der kurzen Erzählung, der Novelle, der Skizze – als Künstler bewußt zu überwinden strebte und seinen mächtigen Erfahrungsstoff in der großen, alles umfassenden Form des Romans zu gestalten suchte. Seine Romane – *Die Kämpfer* (*Bojcý*, 1883), *Die Priválov-Millionen* (*Priválovskije millióny*, 1883), *Ein Bergnest* (*Górnoje gnezdó*, 1884), *Die Brüder Gordéjev* (*Brát'ja Gordéjevy*, 1891), *Gold* (*Zóloto*, 1892), *Korn* (*Chleb*, 1895) – spiegelten eine Zeit in der Entwicklung der Ural-Bergwerke wider, wo die Produktion langsam die alte, auf der Leibeigenschaft beruhende Betriebsart verließ und nach modernen Grundsätzen umorganisiert wurde, die Zeit des Übergangs vom primitiven Patriarchalismus zum komplizierten Kapitalismus. Er beherrschte einen gewaltigen dramatischen Stoff, über den er mit Klugheit und vielseitiger Einsicht verfügte, und obwohl seine Romane mitunter auf vier oder fünf Bände anschwollen und viele Dutzende von Personen enthielten, verstand er es doch, durch das Gewimmel von Menschen, Szenen und Konflikten hindurch eine klare Struktur zu wahren. Er ließ seine Romangestalten ihre Anschauungen und Sorgen in langen Diskussionen entwickeln, vermied es aber mit bewundernswerter Konsequenz, ihnen seine eigenen Gedanken in den Mund zu legen oder einen von ihnen zu seinem Sprachrohr zu machen. Wenn es ihm glückte, seinen großen Novellen und Romanen ein so festes Gefüge zu geben – was die Schriftsteller seiner Zeit in der Regel nicht konnten –, so lag das Geheimnis in dem besonderen Kompositionsprinzip, das er verwendete: er ließ seinen Stoff als Hintergrund zu der Geschichte mehrerer Generationen einer Familie dienen. Das Schema bestand in dem Aufstieg der Familie zu Macht und Herrlichkeit und ihrem allmählichen Niedergang und Untergang.

In der Geschichte der Familie spiegelte sich bei ihm die materialistische Geschichtsauffassung, welche die Marxisten zu einer wissenschaftlichen Lehre erheben sollten – Mámin-Sibir'ák nahm sie vorweg, ohne die Theorien von Marx zu kennen. Das Eigenartige und Untraditionelle an seinem ganzen Schaffen mußte seine idealistisch gesinnten Freunde tief beunruhigen. Es ist bemerkenswert, daß seine Romane nicht die Anerkennung fanden, die sie verdienten. Die von den *Volkstümlern* beherrschte Literaturkritik verhielt sich ihnen gegenüber kühl, ja beinahe stumm, da sie nicht imstande war, die Tiefe seiner sozialen Analyse zu ermessen. Die übrige Kritik, die sich in den Händen der literarischen Eklektiker befand und den Grundsätzen der reinen Kunst huldigte, lehnte diese fast natura-

listischen Romane, deren Sprache nicht poliert und kultiviert genug
erschien, entschieden ab und erblickte in ihrer Komposition und
Problemstellung eher ein Zeichen dürren Schematismus als wirklicher
literarischer Meisterschaft. Erst von der folgenden Generation erhielt
MÁMIN-SIBIR'ÁK die Anerkennung, auf die er Anspruch hatte. Mit
Recht hat man darauf hingewiesen, daß in GÓR'KIJS Romanen, besonders in seiner großen Schilderung vom *Werk der Familie Arta-
mónov*, die künstlerischen Prinzipien, die MÁMIN-SIBIR'ÁK in seinen
Werken verwirklicht hatte, unmittelbar fortgeführt werden.

3. DIE BELLETRISTISCHE LINIE
IN DER PROSALITERATUR

Es ist mitunter schwer, für eine Beschreibung der *populistischen*
Skizzen-Literatur in den sechziger, siebziger und achtziger Jahren
die richtigen literarischen Kriterien zu finden. Genau so stößt der
Historiker auf große Schwierigkeiten, wenn er die *belletristische*
Linie in seiner Darstellung herauszuarbeiten sucht. Diese Rich-
tungen schneiden sich häufig oder gehen sogar ineinander über.
Formen und Mittel, die für die eine charakteristisch sind, kehren oft
in der anderen wieder. Den einzigen Wegweiser bietet die *literarische
Absicht*, weil sie bei den beiden Richtungen grundsätzlich verschieden ist. Während nämlich das alles überschattende Interesse für den
Stoff an sich als Kennzeichen der *populistischen* Skizzen-Literatur
angesehen werden kann, bildet das Interesse für die künstlerische
Wiedergabe des Stoffes – Komposition, Charakteristik und Sprachstil – das eigentliche Merkmal an der *belletristischen* Strömung.
Während demgemäß die erste Richtung ihre Problemstellung auf
die Frage nach der *Wahrheit* über das russische Volk, seinen wirtschaftlichen und sozialen Zustand, seine Psychologie beschränkt,
ist die andere von der künstlerischen Fiktion bestimmt, die sich gern
mit einer freien Erörterung mehr oder weniger übernationaler, sogenannter *ewiger* oder *verfluchter* Fragen verbindet. Waren für die
erste Richtung so große Dichter wie NEKRÁSOV, OSTRÓVSKIJ und
SALTYKÓV-ŠČEDRÍN mit ihrer klaren sozialen Problematik die un-
erreichbaren Vorbilder, so orientierte sich die zweite in der Regel

am ehesten an GONČARÓV, TURGÉNEV, DOSTOJÉVSKIJ und TOLSTÓJ. Und betrachtet man beide Richtungen ausschließlich von einem ideologischen Gesichtspunkt, so waren die Skizzen-Schriftsteller meistens deutlich revolutionär eingestellt, während die *Belletristen* vor allem Künstler waren, die in politischer Hinsicht entweder ganz indifferent oder gemäßigt-liberal oder – in selteneren Fällen –ausgesprochen reaktionär waren. Es liegt in der Natur der Sache, daß diese oft auf dem niedrigen und bequemen Niveau der banalen Unterhaltungsliteratur stehenblieben. Übrigens schlossen sich mehrere von den ursprünglichen Führern der *Natürlichen Schule* in ihren älteren Tagen, als sogar der Name der Schule vergessen war, gern den Vertretern der *Belletristik* an; dazu gehörten zum Beispiel Männer wie GRIGORÓVIČ, der nach längerem Schweigen in den achtziger und neunziger Jahren mehrere Novellen vom Leben der vornehmen Klassen herausgab – *Wohltätigkeitsakrobaten (Akrobáty blagotvoriteľnosti*, 1885); *Der Guttaperchajunge (Gutapérčevyj máľčik*, 1886); *Der Splitter (Zanóza*, 1891); *Picknick*, 1896 – und der emsige PÍSEMSKIJ, der seine großen Romane *Im Strudel (V vodovoróte*, 1871), *Kleinbürger (Meščáne*, 1877) und *Freimaurer (Masóny*, 1880) in den siebziger Jahren schrieb. Wie die sogenannt‹ *progressive* Literaturkritik seine späten Romane beurteilte, ist b‹ reits (S. 216) erwähnt worden.

Mehrere Schriftsteller dieser Richtung waren den Gedanken unᴄ Losungen der revolutionären *Volkstümler* völlig abgeneigt. Ein Mann wie VÍKTOR PETRÓVIČ KĽÚŠNIKOV (1841–92) nahm in seinen großen Romanen *Luftspiegelung (Márevo*, 1864) und *Große Schiffe (Boľšíje korablí*, 1866) zu den Ideen der sechziger Jahre eine unzweideutig ablehnende Haltung ein. Rein künstlerisch bediente er sich eines sehr geschickten Verfahrens: Nína, die Heldin des ersten Romans, tritt als begeisterte Erbin der aus den vierziger Jahren stammenden idealistisch-romantischen Weltanschauung ihres Vaters auf und wirft sich dann in den Malstrom der neuen, radikalen und aufrührerischen Ideen, um schließlich zu entdecken, wie wenig diese dem recht armseligen Charakter und dem unmoralischen Tun und Treiben ihrer Träger entsprachen. Ganz anders verfuhr VSÉVOLOD VLADÍMIROVIČ KRESTÓVSKIJ (1840–95), der sich durch seinen Erstlingsroman mit dem verheißungsvollen Titel *Petersburger Spelunken*

(*Peterbúrgskije truščóby*, 1864–67) sogleich herostratisch berühmt machte. Dieser Roman war etwas ganz anderes als LEVÍTOVS *Moskauer Höhlen und Spelunken* (1869) oder GLEB USPÉNSKIJS *Sitten der Raster'ájev-Straße* (1866). KŘESTÓVSKIJ nannte seinen Roman *Ein Buch von den Satten und den Hungrigen*, bot aber darin, ohne die geringste soziale Entrüstung zu bekunden, nur Sensationen oberflächlichster und abgeschmacktester Art im Stil von EUGÈNE SUES berühmten *Mystères de Paris*, die jedoch immerhin einen ernsten Hintergrund hatten. Von der radikalen Kritik übel beurteilt, wandte er sich in seinen nächsten Romanen, *Panurges Herde* (*Panúrgovo stádo*, 1869) und *Zwei Mächte* (*Dve síly*, 1874), die er 1875 unter dem Titel *Der blutige Schwindel* (*Krovávyj puf*) zusammenfaßte, heftig gegen den Radikalismus der Zeit, dem er jede moralische, politische und soziale Berechtigung aberkannte und den er hochverräterischer Beziehungen zu der polnischen Aufruhrbewegung verdächtigte. Diese Romane waren ein einziger Hexenkessel geheimer Intrigen, aufrührerischer, von selbstbestallten Organisationen und Komitees erlassener Proklamationen, blutiger Aufstände, grausamer Hinrichtungen und terroristischer Handlungen mit anschließenden Verhaftungen. Der Sensationshunger wurde freigebigst befriedigt. KRESTÓVSKIJ liebte verwickelte Intrigen und melodramatische Effekte, doch weder seine Kunst noch seine Ethik war von höherem Rang. Schließlich sank er in dem Roman *Ägyptische Finsternis* (*T'ma egípetskaja*, 1889) zum gemeinsten Antisemitismus hinab.

Nicht viel höher stand BOLESLÁV MICHÁJLOVIČ MARKÉVIČ (1822–1884), der – obwohl viel älter als die beiden zuletzt erwähnten Schriftsteller – als Romanverfasser erst in den siebziger und achtziger Jahren hervortrat. Er hatte Talent, befand sich aber ganz in der Gewalt des Hasses und der Reaktion. Schon in seiner ersten Arbeit, *Marína vom Roten Horn* (*Marína iz Alogo Róga*, 1878), bekannte er mit seiner Darstellung des Nihilisten Leviáfanov und des humanen Grafen Zavalévskij ideologisch Farbe. Jeder seiner drei folgenden Romane, *Vor einem Vierteljahrhundert* (*Četvert' véka nazád*, 1878), *Umbruch* (*Perelóm*, 1880) und *Abgrund* (*Bézdna*, 1883/84, unvollendet), die zusammen eine weitgespannte Trilogie bildeten, erregte eine gewisse Aufmerksamkeit von ausgesprochen skandalöser Art. Viele seiner Gestalten waren nach dem Leben ge-

schaffen und zeichneten sich durch ihre Boshaftigkeit aus. MAR-
KÉVIČ hatte unverkennbar die Absicht, ein Gegenstück zu TURGÉNEVS
Zeitromanen zu schaffen und eine Schilderung der sozialen Entwicklung von den vierziger zu den siebziger Jahren, vom alten Idealismus
zum modernen Nihilismus, zu geben. Während aber die Generation
der *Väter* in äußerst ansprechenden und beinah idyllisch-romanti-
schen Farben dargestellt war, trug das Bild der modernen Zeit die
Farbe der Verneinung und Verurteilung. Der pathetische Stil, die
gestelzte Rhetorik und die pompöse Aufmachung der einzelnen
Kapitel vertieften den Eindruck des Unbehagens beim Lesen immer
mehr. Es ist jedoch bemerkenswert, daß MARKÉVIČ seine heftige und
hämische Kritik nicht nur gegen den Nihilismus, sondern gegen die
gesamte Gesellschaftsordnung seiner Zeit richtete und keinen hochgestellten Beamten oder Politiker, keinen Richter oder Gendar-
merieoffizier, keinen fortschrittlichen Professor oder reichen Wirt,
keinen jüdischen Geschäftsmann oder Zeitungsredakteur mit seinen
scharfen, rücksichtslosen Angriffen verschonte. Seine Waffen wendeten sich nicht nur gegen die revolutionären *Volkstümler*, sondern
auch gegen die Vertreter des wahrlich nicht revolutionären Kapitalismus, der seinen Einzug in Rußland hielt.

Maßvoller in seiner Kritik und jedenfalls positiver zur modernen Entwicklung eingestellt war IVÁN AFANÁS'JEVIC KUŠČÉVSKIJ
(1847–76), der in seinem Roman *Nikoláj Negórev oder Der erfolgreiche Russe* (*Nikoláj Negórev íli Blagopolúčnyj rossiján in*, 1871)
die Mentalität seiner Zeit einer ziemlich boshaften Analyse unterzog.
Der Titel war ironisch gemeint, da der Name des Helden, Negórev,
als Verneinung von Leid und Sorgen verstanden werden konnte und
der Ausdruck *rossijanin* (statt *rússkij*) den Begriff *Rossíja*, das
kaiserlich russische Imperium, voraussetzt. Wie andere zeitgenössische Schriftsteller stellte auch KUŠČÉVSKIJ seinen Helden als Vertreter der ganzen Generation erfolgreicher Karrieremacher dar, die
ohne sonderliche Beschwer ihre ursprünglichen liberal-demokrati-
schen Ideen opferten und sich ruhig der in den siebziger Jahren herrschenden Reaktion anpaßten. Er nahm Negórev nicht alle guten
Eigenschaften, ließ ihn aber seiner Karriere jedes Opfer bringen.
Um seinen wahren Charakter noch deutlicher zu machen, stellte er
ihn dem konsequenten, freilich etwas unklar gezeichneten Idealisten

Ovérin gegenüber, der bereit ist, seiner radikalen Ideen wegen als Zwangsarbeiter nach Sibirien zu gehen. Hätte der Tod Kuščévskijs Schaffen nicht allzu früh beendet, so hätte die russische Literatur in ihm vermutlich einen verständnisvollen Interpreten der sozialen Bewegungen gefunden – dafür spricht seine *Skizze aus dem Leben der sibirischen Bergarbeiter (Očerk iz sibírskoj gornozavódskoj žízni*, 1876), die in seinem Todesjahr erschien, und die Menge seiner *Feuilletons*, die sich – immer in halbliterarischer Form – mit Fragen wie Frauenarbeit und Rechtswesen beschäftigten und die Welt der Kaufleute und Beamten, die Tätigkeit der neuen städtischen und provinzialen Organisationen schilderten.

Im Orchester der übernationalen Problemromane dieser Zeit erklang – wie ein Widerhall von den Debatten der vierziger und fünfziger Jahre – ein Ton, der allmählich immer stärker wurde und der sich trotz Widerstand und Kritik als integrierender Bestandteil in der literarischen Symphonie behauptete. Diesen besonderen Ton kann man als GEORGE-SAND-Klang bezeichnen, in ihm wird das Motiv von der Stellung der Frau in der Gesellschaft laut. Bisher hatten – bezeichnenderweise – nur Männer dieses Problem in ihren Romanen behandelt: DRUŽÍNIN in *Paulinchen Sachs* (1847), *Lola Montez* (1848), *Fräulein Wilhelmine* und *Julie* (1848), HERZEN in *Wer ist schuld?* (1847), TURGÉNEV in mehreren seiner Werke, DOSTOJÉVSKIJ in *Nettchen Nezvánov* (1849), zuletzt ČERNYŠÉVSKIJ in *Was tun?* (1863) und REŠÉTNIKOV in *Eigenes Brot* (1870). Nun ergriff eine Frau das Wort, NADÉŽDA DIMÍTRIJEVNA CHVOŠČÍNSKAJA (1825–89). Sie schrieb unter dem männlichen Pseudonym V. KRESTINSKIJ. Sie war eine ungemein fruchtbare Schriftstellerin; schon 1859 erschien eine Sammlung ihrer *Romane und Novellen (Romány i rasskázy*) in sechs Bänden, die sieben Jahre später um zwei neue Bände erweitert wurde; eigentlich durchsetzen konnte sie sich jedoch erst in den siebziger und achtziger Jahren, und zwar mit einer dreibändigen Sammlung ihrer Novellen (*Póvesti*, 1880–81), einer dreibändigen Ausgabe ihrer *Skizzen und Erzählungen (Očerki i rasskázy*, 1880–83) und vielen einzelnen Romanen. Ihre Romane aus den fünfziger und sechziger Jahren erregten bei der fortschrittlichen Kritik eine gewisse Unsicherheit, ja Widerstand; obwohl sie nämlich die Frauenfrage meistens weitherzig und freisinnig behandelte, war es nicht ganz sicher, ob sie in ihren Erzählungen nicht etwa Demut und Unterwürfigkeit predigte und damit indirekt reaktionäre Tendenzen unterstützte. Aber in den siebziger Jahren kam man allmählich zu der Meinung, daß CHVOŠČÍNSKAJA in keiner Weise hinter Schriftstellerinnen wie GEORGE SAND und GEORGE ELIOT zurückstehe, und Romane wie *Der erste Kampf* (*Pérvaja bor'bá*, 1869) und *Der große Bär* (*Bol'šája Medvédica*, 1870) ließen jeden erkennen, daß sie eine warmherzige, wohlmeinende und empfindsame Frau war, deren psychologische Kunst freilich reichlich schematisch war und bei der Verteilung von Licht und Schatten auf die *positiven* (sehr idealistischen) und *negativen* (sehr materialistischen) Personen ziemlich naiv verfuhr, die aber, obwohl nicht ausgesprochen revolutionär gesinnt, der Fortschrittsbewegung so aufrichtig und ergeben wie nur jemand zu dienen suchte. Sie hatte sich in ihren früheren Romanen nicht gescheut, die Neigung zu Fahnenflucht und Anpassung bloßzustellen, die für Leute aus der *Epoche der großen Reformen* so kennzeichnend war; aber ihre Kritik war nicht einseitig, und das Bild der Gesellschaft, das sie in ihren letzten Romanen zeichnete, etwa in *Abschied (Proš- čánije*, 1884) und *Pflichten* (*Ob'ázannosti*, 1885), die als ihre besten Leistungen aus den achtziger Jahren galten, war treffend und sachlich, nicht zuletzt in der Schilderung der Revolution, die in der öffentlichen Moral im Vergleich zu der früherer Zeiten stattgefunden hatte.

Ein anderer Ausdruck des GEORGE-SAND-Geistes in Rußland waren die Romane und Novellen von MICHAÍL VASÍL'JEVIČ AVDÉJEV (1821–76). Wie NADÉŽDA CHOŠČÍNSKAJA gehörte er einer Generation an, die noch unter dem unmittelbaren Einfluß BELÍNSKIJS gestanden hatte. Als erste Arbeiten veröffentlichte er am Anfang der fünfziger Jahre wenig interessante oder belanglose Novellen in LÉRMONTOVS Art. Der Held seines Romans *Tamárins Tagebuch* (*Zapíski Tamári- na*, 1852), dessen romantischer Name von dem Namen *Tamára* in LERMONTOVS *Dämon* abgeleitet ist, erschien als ein neuer Pečórin in Provinzausgabe. Mit seinem nächsten Roman *Klippe unter Wasser* (*Podvódnyj kámen'*, 1860), der ziemliches Aufsehen erregte, ging er jedoch zu Darstellungen über, die sich mit der Stellung der Frau in der Gesellschaft beschäftigten. Er verkündete nun das Recht der von keiner Rücksicht behinderten freien Liebe bei ihrem Aufstand gegen Gewalt und Lüge und zog gegen die Eifersucht als veraltetes und verwerfliches Gefühl zu Felde. Obwohl er in seinen späteren Romanen, *Zwischen zwei Feuern* (*Méždu dvuch ognéj*, 1868), *Magdalena* (1869), *Dürre Liebe* (*Suchája l'ubóv'*, 1870), *Buntes Leben* (*P'óstren'-kaja žizn'*, 1870) gern Tagesfragen erörterte, galt sein wesentliches Interesse doch der Frau; als Anwalt der erotischen Emanzipation war er so radikal, daß er Ärgernis erregte. Als Stilist suchte AVDÉJEV die gepflegte Sprach- und Darstellungskunst TURGÉNEVS weiterzuführen. Seine Romane und Novellen waren flüssig und unterhaltend.

Das gilt auch für die Romane, die NIKOLÁJ DMÍTRIJEVIC ACHŠARÚMOV (1819–93) in den sechziger und siebziger Jahren schrieb. Sie erschienen in ziemlich regelmäßigen Abständen: *Der fremde Name* (*Čužóje ím'a*, 1861), *Eine schwierige Sache* (*Mudr'ónoje délo*, 1864), *Die Modellsteherin* (*Natúrščica*, 1866), *Die Bürger des Waldes* (*Gráždane lésa*, 1867), *Der Mandarin* (1870), *Verwischte Spuren* (*Koncý v vódu*, 1871). In allen brachte der Verfasser seine Helden in ungewöhnliche und unerwartete Situationen, um dann in lebhafter, flotter Erzählung die verschlungenen Fäden zu entwirren. Die Handlung brachte er gern durch Verbrechen in Gang. Die Romane waren reich an Phantastik, Spannung und melodramatischen Szenen. Ihre Technik ließ an DOSTOJÉVSKIJ denken – freilich einen recht verflachten und banalisierten DOSTOJÉVSKIJ. Man las sie, ohne darüber zu diskutieren. Ein unterhaltender Schriftsteller gleicher Art war VASÍLIJ GRIGÓR'JEVIČ AVSÉJENKO (1842–1913). Sein erster Roman, *Der Sturm* (*Búr'a*, 1865), gehörte zur Kategorie der Salonromane. Das lebendig geschriebene Buch, das die Petersburger Hocharistokratie schilderte, wurde als unterhaltsame Lektüre geschätzt. AVSÉJENKOS folgende Romane, *Die Gerührten* (*Trónutyje*, 1866), *Die Milchstraße* (*Mléčnyj put'*, 1876), *Zähneknirschen* (*Skréžet zubóvnyj*, 1878) und *Der böse Geist* (*Zloj duch*), verschafften ihm eine gesicherte Stellung in der Literatur, ohne daß sie die Gemüter allzusehr erregt hätten.

Durchaus fortschrittlich waren die stark schematischen Romane und Novellen von ALEKSANDR KONSTANTÍNOVIČ ŠÉLLER-MICHÁJLOV (1838–1900), dem Sohn eines estnischen Bauern und Hofdieners und einer russischen Aristokratin. Seine beiden ersten Romane, *Faule Sümpfe* (*Gnilýje bolóta*, 1864) und *Das Leben Ščúpovs, seiner Familie und seiner Freunde (Žízn' Ščúpova, jegó rodných i znakómych,* 1864), beruhten auf rein autobiographischem Stoff. Er war stark soziologisch interessiert und schrieb viele Beiträge für die auf politischem, sozialem und wirtschaftlichem Gebiet führenden Zeitschriften, ohne jedoch eine selbständige wissenschaftliche Leistung zu vollbringen. Diese soziologische Einstellung kam auch in seinen vielen Romanen zum Ausdruck. Einige der oft recht bezeichnenden Titel seien genannt: *Die Herren Obnóskov (Gospodá Obnóskovy,* 1868), *Alte Nester (Stáryje gn'ózda,* 1875), *Brot und Spiele (Chléba i zrélišč,* 1876), *Mit Hammer und Gold (Mólotom i zólotom,* 1884), *Ein zerstörtes Leben (Zagúblennaja žízn',* 1891) und *Das Ende von Bir'ukóvs Sommerhaus (Konéc Bir'ukóvskoj dáči,* 1893). Auch diesen Werken lag das Streben zugrunde, eine Art literarischer Annalen der Zeit zu schaffen, die – im Stil von TURGÉNEVs Romanen – die ideologische Entwicklung in der russischen Gesellschaft spiegelten. ŠÉLLER-MICHÁJLOV hatte jedoch die große Schwäche, daß er sich von seinem idealistischen Optimismus verführen ließ, Fortschrittlichkeit mit moralischer Tugend gleichzusetzen, während ihm reaktionäre Gesinnung soviel wie moralisches Gebrechen bedeutete. Er verteilte Licht und Schatten mit der unbekümmerten Sicherheit einer naiven Psychologie und sah das Leben, das er schilderte, durch die Brille einer billigen Empfindsamkeit.

Einer der wichtigsten und fruchtbarsten Vertreter der belletristischen Richtung und gleichzeitig ein bewußter und energischer Epigone des TURGÉNEV-Stiles war P'OTR DMÍTRIJEVIČ BOBORÝKIN (1836–1921), der in seinem langen arbeitsamen Leben eine kaum übersehbare Menge von Romanen veröffentlichte. Selten hatte sich die russische Literatur einer so vielseitigen, wachen und aufgeschlossenen Kulturpersönlichkeit rühmen können wie BOBORÝKINS, der die neuen Strömungen, Probleme und Kulturtypen im selben Augenblick erfaßte, in dem sie hervortraten. Schon 1863 erschien seine erste Veröffentlichung, der Roman *Auf Reisen (V put' – dorógu),* in dem er, ähnlich wie ŠÉLLER-MICHÁJLOV, dessen Erstling ein Jahr danach herauskam, zum Teil autobiographischen Stoff verarbeitete. Wirklich zur Geltung kam er jedoch erst in den siebziger Jahren. Von da an ließ er drei Jahrzehnte lang in kurzen Abständen ein Werk nach dem anderen erscheinen. In *Abendopfer (Žértva večérn'aja)* schilderte er den Verfall der grundbesitzenden Aristokratie nach der Bauernbefreiung und in *Geschäftsleute* (*Del'cý*, 1872) die Welle der Spekulation und des Bereicherungsfiebers, die die Menschen ergriffen hatte und die sich in der Gründung von halb betrügerischen Aktiengesellschaften, Industrieunternehmen und Eisenbahngesellschaften auswirkte. In *Doktor Cybúlka* zeigte er mit treffender Beobachtungsgabe und Ironie, wohin es führt, wenn der Kultusminister plötzlich auf die Idee kommt, tschechische Lehrer ins Land zu berufen, um den russischen Gymnasiasten Latein und Griechisch beizubringen. Mit wahrhaft ZOLAscher Meisterschaft gab er in dem Roman *Chinesenstadt* (*Kitáj-gorod*) eine farbenprächtige Schilderung des Moskauer Großhandels mit seinen Warenlagern, Kontoren, Banken und Geschäftsleuten, die so wenig an OSTRÓVSKIJS *finsteres Reich* erinnerte, daß man sich geradezu erbaut fühlte, wenn man einer so aufgeklärten Bourgeosie wie dieser russischen begegnete. In dem Buch *Die neuen Männer* (*Iz nóvych*, 1887) richtete sich sein Spott gegen die neuen reaktionären Strömungen mit ihren hurrapatriotischen und hyper-nationalen Stimmungen. In dem Roman *Im Abnehmen* (*Na uščérbe*) skizzierte er mit sicherer Hand die prinzipienlose, zynische und desillusionierte Jugend, die bereit stand, das Erbe ihrer allzu gedankenbeschwerten Väter zu übernehmen, und in dem Roman *Klüger geworden* (*Poumnél*) gab er eine vorzügliche satirische Charakteristik eines dieser Väter, der es verstanden hatte, seine radikalen Ideen aus den sechziger Jahren beizeiten aufzugeben und sich in der immer reaktionärer werdenden Gesellschaft eine ausgezeichnete Stellung zu schaffen. In *Übergang* (*Perevál*, 1894) und *Vasílij T'orkin* (1895) schilderte er den siegreichen Einzug des Kapitalismus; während jedoch der Held des ersten Romans als negative Erscheinung gesehen war, war der des zweiten als sehr positive Gestalt dargestellt, als ein Idealist in seiner Art, als ein Kapitalist mit gesunder Seele. Während er in der Véra Kungúrova des Romans *Die Fürstin* (*Kn'agin'a*) die Fähigkeit der Oberklasse zum Edelmut verkörperte, beschäftigte sich der Roman *Auf andere Art* (*Po drugómu*, 1897) mit dem Gegensatz zwischen der langsam dahinschwindenden Bewegung der *Volkstümler* und der ganz neuen des *Marxismus*, und in dem Roman *Der Drang* (*T'ága*, 1898) wagte sich der vielseitige und bewegliche BOBORÝKIN gar an eine Schilderung

des jungen russischen Proletariates heran, an die genaue Darstellung
der Welt der Weber. Selbst die Revolution des Jahres 1905 schlug
ihm nicht die Feder aus der Hand: in der Familienchronik *Die große
Zerstörung* (*Velíkaja razrúcha*, 1908) bot er ein farbiges Bild der Re-
volutionszeit und ihrer Einwirkung auf das Leben einer Familie.
Auch in den folgenden Jahren fuhr er fort, die Wirklichkeit in seinen
Romanen abzuphotographieren, freilich unter immer geringerem
Beifall des Publikums. Er überlebte den ersten Weltkrieg und die
Oktoberrevolution und starb in der Emigration.

Der Ausdruck *abphotographieren* ist mit Bedacht verwendet, da
er das Wesentliche im umfänglichen Schaffen Boborýkins trifft.
Die russische Kritik machte schon früh darauf aufmerksam, daß
sein Realismus einen protokollartigen Charakter habe. Man wollte
damit sagen, daß er in seiner Kunst nur das äußere Verhalten der
Menschen schildere. Mit einzigartiger Genauigkeit verzeichnete er
die Merkmale der Zeitbewegungen und stattete seine vielen Typen
und Persönlichkeiten mit sorgfältig erfaßten äußeren Zügen aus.
Das Äußere der Menschen – ihr Aussehen, ihre Art zu gehen und
zu stehen, ihre Stimmführung – war in seinen Romanen stets sorgfältig protokolliert, und von allem, wovon er sprach, bekam man immer einen detaillierten visuellen Eindruck. Seine Zeitgenossen behaupteten, diese Technik sei so ausgeprägt, daß man jederzeit die
Freunde Boborýkins in St. Petersburg, Moskau, Nížnij-Nógorod,
ja sogar seine ausländischen Freunde und Bekannten wiedererkennen könne, die ihm ohne ihr Wissen zu seinen Personen Modell
gestanden hätten. Zugleich waren seine Fähigkeit, charakteristische
Züge der Zeit festzuhalten, seine Geschicklichkeit, sie zu verallge-
meinern, sein Aktualitätssinn so einzigartig, daß man sich niemals
langweilte, wenn man zu seinem letzterschienenen Werk griff. Dafür
aber war in seiner Art, Wahrnehmungen darzubieten, so wenig Tiefe,
so wenig Perspektive, so wenig Beseeltheit, daß niemand länger an
seine Werke denken mochte, als die Lektüre dauerte. Boborýkin
genoß offenbar seine rein intellektuelle Beherrschung des Stoffes so
intensiv, daß er Einzelheiten und Kleinigkeiten dem Leser nicht er-
sparte, und eben darum wirkten seine Romane so überladen mit
nebensächlichem Stoff, mit unerheblichen Einzelheiten, mit zwecklosen Episoden.

Boborýkins ungemeine Gewandtheit und billige Eleganz bedeuteten den Höhepunkt und die endgültige Krisis der ganzen belletristischen Strömung. In Aleksándr Valentínovič Amfitéatrov (1862–1923) lebte sein Geist kurze Zeit weiter. Die ersten Veröffentlichungen dieses Schriftstellers erschienen in den neunziger Jahren, es waren Zeitungsskizzen, Novelletten, *short stories*, die, unterhaltend im Stil und leicht in der Erzählweise, durch ihren behenden Witz fesselten. Gleich Boborýkin hatte Amfitéatrov jedoch den Ehrgeiz, die Annalen seiner Zeit zu schreiben, *das neunzehnte Jahrhundert zu liquidieren*. Von einer zwölfbändigen Reihe wurden nur zwei Bücher wirklich fertiggeschrieben: *Die Männer der achtziger Jahre* (*Vosmides'átniki*) und *Die Männer der neunziger Jahre* (*Dev'atídes'átniki*). Vorteilhaft bemerkbar machte er sich mit seinem satirischen Roman *Die Herren Obmánovy* (*Gospodá Obmánovy*, 1902), der beim ersten Blick nur von einer Gutsbesitzerfamilie mit diesem ausdrucksvollen, von dem Wort *obmán* ‚Schwindel' abgeleiteten Namen handelte, tatsächlich aber eine Satire über die Dynastie der Románov war. Amfitéatrov wurde nach Sibirien verbannt, bald aber wieder freigelassen und veröffentlichte in rascher Folge unterhaltende, spannende Romane über die Frage der Frauenemanzipation wie *Viktórija Pávlovna* (1903), über das Leben der Kurtisanen wie *Már'ja Lús'jeva* (1904) und viele andere. Irgend etwas Neues enthielten die Werke des vielschreibenden Belletristen nicht. Die Literatur befand sich im Leerlauf. Die Technik war mechanisiert. Eine Erneuerung der Literatur war erforderlich, aus welcher Quelle sie auch kommen mochte.

4. DIE GROSSEN NOVELLISTEN

Nur sein allzu früher Tod – ein besonders tragischer Tod – verhinderte Vsévolod Michájlovič Gáršin (1855–88), der Literatur die Erneuerung zu bringen, deren sie bedurfte. Er schien berufen, die russische Literatur auf ungewöhnliche Bahnen zu führen. Sein Verdienst und seine Bedeutung bestand darin, daß er in einer Zeit, wo kurze, ideologisch orientierte Skizzen und breite zeitannalistische Romane den literarischen Markt beherrschten, für die konzise, künstlerisch motivierte und dramatisch pointierte *Novelle* eintrat. Damit steht er in der Reihe der großen russischen Novellisten, die von den siebziger und achtziger Jahren bis zum Jahrhundertende der Literatur ihren besonderen Charakter verliehen, an erster Stelle.

Seiner Anlage nach war GÁRŠIN der diametrale Gegensatz zu BOBORÝKIN – intensiv, wo dieser extensiv war, sehr persönlich und subjektiv, wo dieser mechanisch wirkte, introvertiert, wo dieser ausgesprochen extrovertiert war, und künstlerisch bestimmt in seiner eigentümlichen Schreibweise. Seine Prosa wurzelte zwar in dem großen russischen Realismus, doch sind in ihr schon deutliche impressionistische Tendenzen zu beobachten, wenngleich noch gedämpft und unter dem Einfluß der herrschenden literarischen Tradition nicht ganz bewußt durchgeführt. Vielleicht war es nicht ohne Bedeutung, daß die Romane VICTOR HUGOs schon in seiner Kinderzeit seine Lieblingslektüre waren. Elemente, die man als romantisch bezeichnen kann, hatten jedenfalls an seinem Schaffen teil. In seiner kurzen Erzählung *Bursche und Offizier* (*Denščik i oficér*) schlug er den Ton an, der für einige Novellen, deren Hintergrund der Russisch-Türkische Krieg (1877–78) bildete, kennzeichnend werden sollte. Seine Erlebnisse als Kriegsfreiwilliger hatten ihn so erschüttert, daß er sich in der Literatur davon zu befreien suchte. In der erwähnten Novelle war seine Erzählweise noch streng objektiv, ohne das geringste Bestreben, eine Handlung zu gestalten, einen Vorwurf zu entfalten, eine Fabel zu schaffen. Die kleine Geschichte schien nur geschrieben zu sein, um einen typischen russischen Offizier, weder besser noch schlechter als die meisten anderen, und seinen Burschen, den als Soldat ganz untauglichen Nikíta, das ständige Objekt der Einfälle, Launen und Foppereien der Offiziere, gegenüberzustellen. Auf diese indirekte Weise sollte die völlige Herabwürdigung und Entmündigung eines Menschen durch die Sinnlosigkeit seiner Beschäftigung veranschaulicht werden. Die Novellen *Aus den Erinnerungen des Gemeinen Ivanóv* (*Iz vospominánij r'adovógo Ivanóva*), *Der Feigling* (*Trus*) und besonders *Vier Tage* (*Četýre dn'a*, 1877) verrieten seinen sehr subjektiven, intensiven und glühenden Stil. Mehr als der Stoff, unmittelbare Kriegs- und Kampferlebnisse, fesselte die Art seiner Darstellung die Aufmerksamkeit. In der ersten dieser Erzählungen schilderte GÁRŠIN in *Ich*-Form den Einmarsch der russischen Truppen auf dem Balkan, ihre Leiden auf dem langsamen, ermüdenden Marsch, ihre Kämpfe und das Verhalten einiger Offiziere und Soldaten während des Marsches und im Kampf. Vor allem war das Bild des verbitterten, enttäuschten und aus gekränkter Empfindlichkeit besonders brutalen Offiziers Wenzel in seinem Gegensatz zu den ruhigen, ausgeglichenen und vernünftigen Soldaten wirkungsvoll dargestellt. In der Novelle *Vier Tage* erzählte GÁRŠIN, abermals in der Ichform, die er bevorzugte, von den vier grausamen Leidenstagen, die er, am Bein verwundet, neben einem von ihm getöteten Gegner verbrachte, einem langsam verwesenden türkischen Soldaten, dessen Wasserflasche seine Rettung wurde. Obwohl der Stil durchweg realistisch im üblichen Sinne war und seine Prosa in der Regel von der literarischen Norm beherrscht wurde, gab es in diesen Erzählungen Stellen, die durch zweckmäßige Übertretung der herkömmlichen Regeln der Syntax auf die Nerven des Lesers wirkten. Es gab Stellen, wo er alle Zeitwörter in der Gegenwartsform gebrauchte, um die höchste Steigerung der Wirkung zu erzielen. Es gab andere, wo er normale Sätze mit ganzen Reihen kühn zusammengestellter Wörter, hauptsächlich Hauptwörter, ohne Satzaussage ersetzte, besonders wenn es galt, die Eindrücke von den Kämpfen in ihrer raschen Folge festzuhalten. Eine geradezu *pointillistische* Manier entfaltete sich in Sätzen wie diesen:

Rauch, Klirren, Stöhnen, ein rasendes Hurra ... Geruch von Blut und Pulver. In Rauch gehüllte seltsame fremde Menschen mit blassen Gesichtern. Ein wildes, unmenschliches Handgemenge. Gott sei gelobt, daß man sich solcher Minuten nur wie im Nebel erinnert ...

GÁRŠIN wählte gern Stoffe, die ihm Gelegenheit gaben, Menschen in seelischer Not zu schildern. Es gelang ihm, in jeden menschlichen Schmerz einzudringen und ihn mit einfachen und erlesenen Mitteln zu vergegenwärtigen. Der Schmerz, den er schilderte, bestand letztlich in einer Art panischer Angst vor der Brutalität des Lebens, ja schlechthin in Angst vor dem Leben selbst. Diese Grundmelodie variierte er unaufhörlich mit größter Intensität. Noch halb verhüllt kam diese Angst in der kurzen wirkungsvollen Novelle *Die Bären* (*Medvédi*) zum Ausdruck, die in scheinbar ruhigem und sachlichem Erzählerton gehalten war. Den Anlaß zu ihr gab eine Verordnung der südrussischen Polizei, die die Bärenvorführungen der

Zigeuner verbot und die Tötung der zahmen, friedlichen Bären innerhalb einer angemessenen Zeit verlangte. GÁRŠIN schilderte den Tag,
da die Zigeuner, die bis zur letzten Frist gewartet hatten, darangin-
gen, ihre Bären, ihre Freunde, zu töten, und der alte Iván – in einer
erschütternden Szene – von seinem Liebling und Wohltäter Abschied
nahm. Die Novelle *Künstler* (*Chudóžniki*) führte noch weiter von
der Welt des Krieges weg. Sein neues Thema – das Verhältnis des
Künstlers zu seiner Kunst und zur Wirklichkeit – gab GÁRŠIN die
beste Gelegenheit, seinen tiefen Subjektivismus und seine Furcht vor
der Wirklichkeit zum Ausdruck zu bringen. In der Gestalt des Malers R'abínin, der es unsittlich findet, sich in einem Dasein voller
Schmerz und unwürdigen Leidens der *reinen* Freude des Schaffens
hinzugeben, stellte er tatsächlich sich selbst und sein eigenes Problem
dar. Kurzsichtige Kritiker versuchten in dieser Novelle einen Protest gegen die Losung *Kunst um der Kunst willen* zu finden; in
Wahrheit konnte sich GÁRŠIN gar keine andere als die reine Kunst
denken. Das Problem war für ihn nicht *Kunst um ihrer selbst willen
oder anderer Zwecke wegen*, sondern er stand vor der Wahl: *Kunst
oder nicht Kunst.* In seinem Pessimismus aufs tiefste niedergedrückt,
war er bereit, die Kunst überhaupt zu opfern und damit literarischen
Selbstmord zu begehen.

In seinem kurzen Leben gab es eine Periode, wo er ganz zur extrem
irrealistischen, rein symbolistischen Kunst überging. Als die seinen
Absichten gemäßeste Form wählte er die des Märchens. Eine seltsame makabre Ausgelassenheit beherrschte mitunter seine Märchen.
Die besten waren *Frosch auf Reisen* (*L'agúška-putešéstvennik*) und
Was niemals geschah (*To, čegó né bylo*). In diesem erzählte er, wie alle
Insekten zusammenkamen, um über den Sinn des Lebens zu sprechen, und wie der Kutscher sie alle unabsichtlich zertrat. Der Ton
war humoristisch, aber der ernste Sinn des Märchens war der Gedanke
von der Grausamkeit des Lebens. Ein Meisterwerk war das schöne
Märchen *Attalea princeps* – die Geschichte einer Palme, die, von
ihrer Sehnsucht nach Freiheit und Sonne getrieben, immer höher
wächst und endlich das Glasdach des Treibhauses durchbricht, mit
ihrer Krone aber nur der feuchten Kälte des Herbstes begegnet und
erkennt, daß ihr Träumen umsonst war. Harte Menschen beschlie-
ßen, die Palme abzusägen, da es sich nicht lohne, ein neues Glasdacl

über sie zu bauen. Die Kritik, die gewöhnt war, hinter jedem literarischen Erzeugnis eine Tendenz und eine soziale Bedeutung zu vermuten, verstand die Novelle als eine Parabel vom Schicksal der revolutionären *Volkstümler*-Terroristen in den Gefängnissen, in der Zwangsarbeit oder auf dem Schafott. In Wahrheit war sie aber der Angstschrei eines empfindsamen Symbolisten, der sich der brutalen Wirklichkeit gegenübergestellt sah, ein Protest gegen alle Wirklichkeit.

Seinen künstlerischen Höhepunkt erreichte GÁRŠIN mit der Novelle *Die rote Blume* (*Krásnyj cvetók*, 1883), die er schrieb, als seine schwelende Gemütskrankheit einen gefährlichen Charakter angenommen hatte. Die Erzählung handelt von einem in einer Irrenanstalt eingesperrten Kranken, der an dem Zwangsgedanken leidet, alle Bosheit des Lebens habe sich in den drei roten Mohnblüten gesammelt, die dicht vor seinem Fenster im Garten erglühen. In ungemein suggestiver Weise, in einem ganz eigenen Stil, schilderte GÁRŠIN die übermenschlichen Anstrengungen seines geisteskranken Helden, die einzelnen Blüten der Bosheit zu pflücken, und dann die Ruhe vor dem Tode, als es ihm endlich gelungen war. In dieser meisterhaften Novelle kam GÁRŠIN der symbolistischen Motivbehandlung so nahe, daß ihn nur noch ein Schritt von der Literatur zu trennen schien, die sich im nächsten Jahrhundert durchsetzte. Seine letzte, in Tagebuchform geschriebene Novelle, *Nadéžda Nikolájevna*, behandelte das Motiv der gefallenen Frau. Sie schilderte den tragischen Untergang der Heldin bei ihrem Versuch, in der Liebe des Erzählers, eines Malers, den Weg zu ihrer moralischen Wiedererhebung zu finden. Ein früherer Liebhaber, der sie in unsäglicher Eifersucht verfolgt, verhindert die Rettung, nach der sich der Maler und Nadéžda sehnen. Die Geschichte war in ihrem psychologischen Verlauf sehr düster. Zweifellos war DOSTOJÉVSKIJS Gesamtwerk der literarische Nährboden, aus dem sie gewachsen war, aber der Abstand zwischen der sensitiven und vorsichtigen Kunst GÁRŠINS und der dramatisch-sensationellen Seelenerforschungsmethode DOSTOJÉVSKIJS war außerordentlich groß. GARŠINS Sprache war durchgeformt und zitterte von unterdrückter Erregung:

Warum ist mir, als flüstere mir eine unbekannte Stimme Erinnerungen
ins Ohr? Warum gleiten, wenn ich nachts wach werde, bekannte Bilder

und Gestalten im Dunkel an meiner Seele vorbei? Und warum glüht,
wenn eine der blassen Gestalten auftaucht, ihr Gesicht, und warum sind
ihre Hände krampfhaft verschlungen, und warum greifen mich Wut und
Grauen mit ihrem Würgegriff um den Hals wie an jenem Tage, da ich
meinem Todfeinde zum erstenmal von Angesicht zu Angesicht gegenüber-
stand? ...

Gáršin stand mit seinen kurzen Erzählungen nicht nur der ideologisch betonten Richtung der Skizzen-Literatur seiner Zeit fern, sondern auch der *belletristischen* Strömung mit ihren Romanen und
Zeitannalen. Psychologisch interessiert wie Dostojévskij und lyrisch
bewegt wie Turgénev, folgte er aber auch ihren Spuren nicht wie
ein folgsamer Schüler. Hätte ihn nicht tiefe Melancholie mit dreiund-
dreißig Jahren zum Selbstmord getrieben, so hätte er mit seinem späteren Schaffen die zeitgenössische Literatur sicherlich hoch überragt
und in größerem Maße, als es ihm in seinem kurzen Leben möglich
war, ein von Turgénev und Dostjévskij unabhängiges und neues
Dichtertum begründet, gekennzeichnet teils durch die Originalität seiner Sprache, teils durch seine neue Art der Komposition. Er hätte die
sensitive Novelle zu voller Entfaltung gebracht und damit die literarische Entwicklung beeinflußt. Mit seiner Novellenkunst wurde er
zum Vorläufer der großen modernen russischen Novellisten Leskóv,
Korolénko, Čéchov und Gór'kij. Aber mit seiner Sprache stand er
allein.

Die Gattung der künstlerischen Novelle war seit dem Tode Púškins sehr vernachlässigt worden. Der russische Realismus hatte die
Form des Romans bevorzugt, weil diese den ganzen zeitgeschicht-
lichen, ideologischen, moralischen, philosophischen und religiösen
Stoff, der sich der Literatur so ungestüm aufdrängte, am besten
tragen konnte. Wie große Meister der Sprache die einzelnen Schriftsteller auch gewesen sein mögen, so war doch keiner von ihnen vornehmlich mit kompositionellen Problemen beschäftigt. Die kurze
Form wurde am liebsten in der *Erzählung* verwendet, die in ihrer
vagen Struktur keine besonderen Ansprüche auf künstlerische Straf-
fung und Durcharbeitung stellte. Der mächtige Strom zerfließender
Riesenromane und vage umrissener Erzählungen, der die Zeit des
Realismus kennzeichnete, nötigte jedoch die neuen Schriftsteller,
sich zu besinnen und nach neuen, noch unbegangenen Wegen zu

fragen. Leskóv, Korolénko, Čéchov und Gór'kij waren von der rein quantitativen Mächtigkeit der extensiven Romanliteratur überschattet. Diese zwang aus künstlerischen Gründen eine Reaktion herbei, und die Reaktion kam in der kurzen Form zum Ausdruck, die bei den genannten Schriftstellern auf verschiedene Weise, immer aber im Zeichen der künstlerischen Novelle verwirklicht wurde.

Kann Gáršins Novelle als *sensitiv* bezeichnet werden, so darf man Leskóvs Novelle *dynamisch* nennen. Der Unterschied besteht darin, daß sich Leskóv weniger um Seelen als um Handlungen kümmerte, und, frei von jedem Impressionismus, brachte er das *erzählerische* Element, die Fabel als solche, zum Siege. Nikoláj Sem'ónovič Leskóv (1831–95) entstammte väterlicherseits einer geistlichen, mütterlicherseits einer adligen Familie. Vielleicht ist das der Grund dafür, daß er zu seinen Lebzeiten mehr oder weniger außerhalb der anerkannten Literatur stand oder doch in ein schiefes Verhältnis zu ihr geriet. Er fand auch nicht sofort den Weg zu seiner eigentlichen Domäne, der Novelle, sondern versuchte mit zäher Beharrlichkeit, große Romane zu schreiben. Das Verlangen nach einer klaren radikalen Ideologie war eine Geißel der Zeit, und Leskóvs Ideologie war unglücklicherweise auf dem herrschenden literarischen Areopag nicht anerkannt. Schon als jungem Menschen widerfuhr ihm das Mißgeschick, von der Kritik falsch verstanden zu werden, indem diese einen seiner Artikel anläßlich der Brände in St. Petersburg als versteckte Bezichtigung der Studenten als Brandstifter deutete. Das führte dazu, daß Leskóv, der ursprünglich aufrichtig fortschrittsfreundlich und der Polizei sogar als vermeintlicher Sozialist verdächtig gewesen war, nun tatsächlich umschlug und zum Angriff auf die revolutionäre (*nihilistische*) Bewegung vorging. Das geschah in den Romanen *Ohne Ausweg* (*Nékuda*, 1864) und *Bis aufs Messer* (*Na nožách*, 1870–71). Damit war er in seiner Haltung als extremer Reaktionär abgestempelt, und es nützte nichts, daß er in seinem dritten Roman, *Die Klerisei* (*Sobor'áne*, 1872), mit seiner lebendigen Darstellung der geistlichen Welt dem Radikalismus gegenüber etwas sanftere Töne anschlug. Auch hier waren die *Nihilisten*, wie die Revolutionäre genannt wurden, doch recht negativ behandelt. Die polemische Atmosphäre, die Leskóv beinahe vom Augenblick seines ersten Auftretens an umgab, verhinderte seine Zeitgenossen zu erkennen, daß in ihm ein gottbegnadeter Novellist mit einem wunderbaren erzählerischen Talent und einem außerordentlichen Sinn für das Dynamische erstanden war.

In seinem vorliterarischen Beruf hatte LESKÓV das europäische Rußland kreuz und quer durchreist und einen überwältigenden Schatz von Eindrücken von allen Volksklassen gesammelt. Er war unübersehbaren Scharen von seltsamen oder bemerkenswerten Menschen begegnet und hatte die abenteuerlichsten Schicksale erlebt. Diesen Stoff beutete er in seinen Novellen aus, die er fast drei Jahrzente hindurch bis weit in die neunziger Jahre veröffentlichte. Das Charakteristischste daran war ihre Sprache. Selten bediente sich LESKÓV der geläufigen Literatursprache, die im damaligen Schrifttum als beinah unabänderliche Norm herrschte, auf deren fast automatischen Gebrauch sich alle verstanden. LESKÓV zog die Verwendung der *lebenden* russischen Sprache vor, wie er sie auf zahlreichen Geschäftsreisen, in Provinzschenken und auf Märkten rings im Lande kennengelert hatte. Er stattete sie mit Mundartformen, Provinzialismen und kirchlichen Wendungen aus, sobald ihm diese zur künstlerischen Hervorhebung der Eigenart eines Handlungsvorganges dienlich zu sein schienen. Sein Vorrat an derartigen Ausdrücken war fast unerschöpflich. Den Gebrauch unliterarischer Formen motivierte er meistens mit der Einführung eines Erzählers, als dessen Bericht die Novelle dargeboten wurde. Die Sprache charakterisierte dann eben diesen Erzähler und enthob den Verfasser jeder Verantwortung für die Eigentümlichkeiten des Stiles. Durch die Verwendung volksetymologischer Formen von Fremdwörtern, die in die Literatursprache eingegangen waren, rief er gern humoristische Wirkungen hervor. Seine Dialoge waren fast stenographisch treue Wiedergaben von Volksgesprächen. Er war ein Meister der Stilisierung. Er beherrschte die Kunst, die im Russischen *skaz* genannt wird: die Brechung der Erzählung durch das Prisma einer bestimmten Sprachwelt. Auch in Erzählungen, die von ukrainischen Begebenheiten und Dingen handelten und die Ukrainern in den Mund gelegt waren, durchsetzte er, ohne jemals zu übertreiben, russische Sätze mit ukrainischen Ausdrücken und gab ihnen damit einen provinziellen Ton, der ihre besonderen Merkwürdigkeiten erklärte. Von dieser Art war zum Beispiel die Novelle *Das Hasenversteck* (*Zájačij remíz,*

1895), LESKÓVS letzte, erst lange nach seinem Tod (1917) gedruckte
Erzählung, in der er den verwirrten Geisteszustand des fiktiven Erzählers durch die Vermengung von kirchlichen, ukrainischen und
russischen Ausdrücken recht ironisch kennzeichnete. Er zeigte hier
sehr anschaulich, welche Verdunkelung der Begriffe die Jagd der
Polizei nach politischen Propagandisten, sogenannten *Erschütte-*
rern (potr'asováteli), im naiven Gemüt eines armen Provinzgendar-
men verursachen mußte. Überhaupt stellte LESKÓV sich selbst dann
und wann auf den Standpunkt eines naiven Beobachters und er-
götzte den Leser mit seinen unmaßgeblichen und einfältigen Meinungen.

Selten findet sich bei einem russischen Schriftsteller eine so ver-
schwenderische Fülle von wahrscheinlichen und unwahrscheinlichen
Geschichten, Anekdoten und Begebenheiten wie bei LESKÓV. Er
konnte auf die ergötzlichste Weise nacherzählen, was ihm die acht-
bare Kupplerin, die kleine mollige zuverlässige Dómna Petróvna von
den vielen Schickungen ihres Lebens erzählt hatte, sonderlich von
der Undankbarkeit, die ihr oft von Frauen widerfahren war, die sie
dadurch *glücklich gemacht* hatte, daß sie sie Schritt um Schritt auf
den Weg des Lasters stieß (*Eine streitbare Frau – Vojítel'nica*,
1866). Mit offenem Sinn für das religiöse Leben russischer Sektierer
– und doch immer mit einer kleinen orthodoxen Tendenz – berichtete
er, wie es einer *altgläubigen* Arbeitsgemeinde durch allerlei List – und
nicht ohne die Hilfe eines verständnisvollen englischen Ingenieurs –
gelang, sich das von den Polizeibehörden versiegelte heilige Bild
ihres Schutzengels zurückzuverschaffen, nachdem sie es mit einer
Nachahmung vertauscht hatten (*Der versiegelte Engel – Zapečat-*
lénnyj ángel, 1876). Mit großer Aufgeräumtheit erzählte er die wahr-
haftige Geschichte von dem Deutschen Pectoralis aus Dobberan in
Mecklenburg, welcher, nach Rußland eingewandert, immer mit seinem
eisernen Willen prahlte, der ihn jedoch weder vor der Untreue seiner
einfältigen deutschen Frau bewahren konnte noch davor, daß er eines
schmählichen Todes starb, als er mit Vater Flavián um die Wette
russische Pfannkuchen verzehrte (*Der eiserne Wille – Želéznaja*
vól'a, 1876). Seine ganze Hintergründigkeit zeigte er in der Sammlung
lustiger Geschichten von den recht irdischen Vergehen geistlicher
Herren (*Nichtigkeiten aus dem bischöflichen Leben – Méloči archi-*

jeréjskoj žizni, 1878) oder in der Erzählung von den wilden Orgien und kirchlichen Bußübungen eines reichen Kaufmanns, der sich den Teufel aus dem Leibe treiben wollte (_Teufelsaustreibung – Čertogón_, 1879). Es amüsierte ihn königlich, die Geschichte von dem linkshändigen Schmied aus Túla zu erzählen, der imstande war, einem stählernen Floh, den die Engländer Kaiser Alexander I. geschenkt hatten, die Hufe zu beschlagen (_Der Linkshänder – Levšá_, 1881). Aber LESKÓV konnte auch sehr tragische Geschichten aus der Zeit der Leibeigenschaft erzählen und zum Beispiel berichten, wie es einer armen leibeigenen Schauspielerin am Privattheater des Grafen Kaménskij und ihrem Geliebten, dem Toupetkünstler, erging (_Der Toupetkünstler – Tupéjnyj chudóžnik_, 1883).

Reine Meisterwerke der novellistischen Kunst waren indessen zwei der frühsten Erzählungen LESKÓVS: _Lady Macbeth aus Mcensk_ (_Lédi Makbét Mcénskogo ujézda_, 1865) und _Der verzauberte Wanderer_ (_Očaróvannyj stránnik_, 1873). In ihnen gab er das anschaulichste Bild von seinem merkwürdigen Rußland, dem Land des unberechenbaren, leidenden und streitenden, mächtig-ohnmächtigen, anarchischen und wahrheitsuchenden russischen Volkes. Im _Verzauberten Wanderer_ ließ er seinen Helden sein seltsames Leben erzählen, das nur mit dem des nordischen Örvar-Odd zu vergleichen ist, die Geschichte eines Mannes, dem prophezeit worden ist, er werde tausendmal in Todesgefahr schweben, aber nicht sterben, bevor es ihm gelungen sei, in frommem Klosterleben, fern von den großen Straßen, den Teufel und seine Versuchungen zu überwinden. Es gab kein sonderbares Geschehen, das er in seinem seltsamen Leben nicht erlebt hätte – er hatte als Pferdekenner die wildesten Pferde gezähmt, unter Todesgefahr die Equipage eines Grafen gerettet, die Zigeuner zum Narren gehalten, war Kindermädchen gewesen, hatte tatarische Pferde auf dem Markt verkauft, zehn Jahre in tatarischer Gefangenschaft verbracht, die Tataren mit Hilfe von Raketen bekehrt, die Macht des Magnetismus erfahren, sich in das Zigeunermädchen Grúša verliebt, das ihm von seinem Herrn abspenstig gemacht wurde, und als Schauspieler an Volkstheatern gewirkt; schließlich war er in einem Kloster gelandet, um Frieden zu finden. In der erschütternden Novelle _Lady Macbeth aus Mcensk_, die in unseren Tagen ŠOSTAKÓVIČ als Grundlage für eine vielbesprochene Oper ge-

dient hat, erzählte LESKÓV, wie sich die junge Kaufmannsfrau Katerína L'vóvna, die sich in ihrem faulen, reichen Leben langweilte, in
Sergéj, den fröhlichen, schönen Gehilfen ihres Mannes, verliebte und
in seiner Liebe ihr unbändiges, rücksichtsloses und sündiges Glück
fand, wie sie um seinetwillen Verbrechen auf Verbrechen beging
– ihren Schwiegervater vergiftete, ihren heimgekehrten Mann tötete
und dessen Neffen und Erben erstickte –, wie beide zu Zwangsarbeit
in Sibirien verurteilt wurden und wie sie sich unterwegs für Sergéjs
Untreue und Hohn dadurch rächte, daß sie sich ins Wasser stürzte
und sich und ihre Nebenbuhlerin ertränkte. Der Anfang dieser Geschichte hätte als Motto über allen Novellen LESKÓVs stehen können:

*Zuweilen entstehen in unseren Provinznestern Charaktere von solcher
Art, daß man, lebte man auch noch so lange nach der Begegnung mit ihnen,
unmöglich an sie denken kann, ohne sich in seiner innersten Seele erschüttert zu fühlen . . .*

Aber LESKÓV schilderte diese Charaktere nicht als Psychologe.
Eine wirkliche seelische Tiefenschürfung nahm er niemals vor. Jedes
Nachsinnen über die Charaktere überließ er dem Leser. Was ihn an
diesen Menschen interessierte, war ausschließlich die dramatische
Bewegtheit ihres Schicksals, das komische oder tragische Gepräge
ihrer Taten. Sie waren ihm immer nur Gegenstand einer künstlerisch
wirkungsvollen Wiedererzählung. Noch nie hatte das erzählerische
Element als solches eine so große Rolle in der russischen Novelle gespielt wie bei LESKÓV. Mitunter verleitete ihn diese Lust am Fabu-
lieren, allzuviel Stoff in einer einzigen Novelle anzuhäufen. Aber trotz
der außerordentlichen Länge, die einige seiner Novellen dadurch bekamen, vergißt man leicht diesen Mangel an künstlerischer Ökonomie unter dem Eindruck ihres dramatischen Charakters und ihrer
kernigen, lebendigen Sprache.

Viel menschliche Wärme findet man nicht in LESKÓVs Erzählungen, auch nicht in den mit Lust und Liebe erzählten Heiligenlegenden aus seinen späteren Jahren. Er stand immer seinem Stoff kühl-
interessiert gegenüber. Hierin war VLADÍMIR GALAKTIÓNOVIČ KORO-
LÉNKO (1853–1921) sein Antipode. Er war der *Humanist* unter den
neuen russischen Novellisten. Obwohl er in seinem ganzen Schaffen
den Skizzen-Schriftstellern der *populistischen* Bewegung nahestand,
hielt er sich in seinen Novellen mit großem künstlerischem Takt

jeder Tendenz fern. Anders als jene Schriftsteller vermied er es, seine Erzählungen zu kommentieren, sie zur Erläuterung von Behauptungen zu verwenden, die bewiesen werden sollten, oder sich mit wohlgemeinten Erörterungen der Schlüsse zu beschäftigen, die man aus seinen Novellen ziehen mochte. Jede lehrhafte Absicht war ihm fremd. Er war in seltener Weise von jedem schulmeisterlichen Verhalten frei und erhob niemals belehrend den Zeigefinger. Trotzdem aber waren seine Novellen von tiefem Mitgefühl mit den Unglücklichen durchdrungen, von denen er berichtete, einem Mitgefühl, das sich mehr in der Fähigkeit bekundete, sie von innen zu erleben, als in der Neigung, Mitleid zu äußern. Im Vergleich mit GÁRŠIN und LESKÓV war er durchaus kein besonders hervorragender Künstler. Sein Sinn für Proportionen war geringer als der GÁRŠINS, des unübertroffenen Meisters der Gedrängtheit, sein Sinn für das Dramatische bedeutend schwächer als der LESKÓVs, der die Kunst der novellistischen Spannung beherrschte wie kein anderer. Seine Erzählungen waren etwas verschwommen, etwas kompositionsarm, etwas formlos, und oft möchte der Leser ihn zurückhalten, weil er das Gefühl hat, der Stoff als solcher müsse bei der geringsten Vermehrung das Übergewicht bekommen und die Form der Novelle zum Kentern bringen. Der Leser muß sich damit abfinden, daß sie manchmal wirklich scheitert. Nur eins versöhnt ihn mit diesem augenfälligen Mangel – daß seine Novellen von liebenswürdiger, schlichter und gesunder Menschlichkeit durchwärmt sind.

KOROLÉNKO schien am Anfang seines künstlerischen Schaffens konsequenter Realist zu sein, und der Leser erlebte seine ersten Erzählungen als wahre Wirklichkeitsschilderungen. Seinen Stoff schöpfte der junge KOROLÉNKO, der eine Reihe von Jahren als Verbannter im Gouvernement V'átka und in Ostsibirien verbracht hatte, aus seinen Erfahrungen und Erlebnissen, und so erschien seine erste Novellensammlung im Jahre 1885 unter dem Titel *Skizzen eines sibirischen Reisenden* (*Zapiski sibirskogo turista*). Charakteristisch darin war die etwas weit ausgesponnene Geschichte *Ein Totschläger* (*Ubivec*), die von einem sibirischen Kutscher handelte, der unter der geheimnisvollen Macht eines alten Räubers stand, sich aber gegen diesen auflehnte, als er eine wehrlose Frau und ihr Kind zu erschlagen versuchte, und der später selber getötet wurde. Berechtigtes Aufsehen erregte die Erzählung von *Makárs Traum* (*Son Makára*), deren Held ein elender blutarmer Jakute war, der kaum russisch sprechen konnte und der nach seinem Tode vor den *großen Tojon* gerufen wurde, um für seine Vergehen verurteilt zu werden. Der Leser fühlte sich tief bewegt, wenn Korolénko Makár vor dem Richterstuhl Gottes seine große Verteidigungsrede halten und ihn gegen jede Strafe protestieren ließ, da jede in Anbetracht des harten und schweren Lebens, das er auf Erden habe ertragen müssen, ungerecht sein werde. Im Milieu erinnerte diese Novelle stark an Rešétnikovs *Leute von Podlípnoje* (1864), unterschied sich aber durch das Dichterische in der Darstellung von Makárs merkwürdigem Traum doch beträchtlich von dessen Skizzen. Aus der gleichen Zeit stammen Korolénkos Erzählungen und Novellen *Der Mann von der Insel Sokolín* (*Sokolínec*), *F'ódor Heimatlos* (*F'ódor Besprijútnyj*), *In schlechter Gesellschaft* (*V durnóm obščestve*) und andere, Geschichten von sachalinischen, sibirischen und ukrainischen Verbrechern, Landstreichern, Verbannten und gescheiterten Menschen, Frauen und Männern, denen er in bunter Folge auf breiten Landstraßen oder auf schmalen Waldpfaden oder in verfallenen, von ihren Besitzern verlassenen Schlössern begegnet war. Zu dieser Gattung kehrte er erst 1899 mit seiner schönen Novelle *Marús'as Waldhütte* (*Marúsina záimka*) zurück – einer sibirischen Erzählung von dem seltsamen Paar Stepán und Marús'a, die, ohne zueinander zu passen, in einem gottverlassenen Winkel unter Jakuten zusammenleben, bis der schmutzige und häßliche, aber solide Landarbeiter und Pflüger Timóška auftaucht und mit seiner Zuverlässigkeit allmählich die schöne Marús'a erobert, während der unstete Stepán davonwandert, in der Hoffnung, im Goldgrubengebiet das Märchen des Daseins zu erleben. Alle diese Gestalten waren von solchem Verständnis und solcher Wärme ihres Schöpfers umwoben, daß der Leser voller Teilnahme ihr Schicksal verfolgte. Mit diesem Teil seines Schaffens wurde Korolénko zum Vorläufer eines anderen Landstreicherdichters: Gór'kijs.

Korolénko, der auch später noch die ethnographisch bestimmte Skizze pflegte, offenbarte indessen schon früh eine andere Seite seines Könnens, die als die rein dichterische bezeichnet werden kann. Die erste Erzählung dieser Art, *Der Wald rauscht* (*Les šumít*, 1886), spielte in jenen längst vergangenen Tagen, da ein weißrussisch-polnischer Gutsherr es sich noch erlauben konnte, ein Bauernmädchen, das er mit seiner Liebe beehrt hatte, mit dem ersten besten leibeigenen Bauern oder Holzfäller zu verheiraten, ohne den Mann und das Mädchen nach ihrer Zustimmung zu fragen oder sich um ihren Widerspruch zu kümmern. Im tiefen, düsteren weißrussischen Urwald spielend, wirkte die Geschichte von Oksána, ihrem Mann Romás' und dem Jäger Opanás, der sie liebt, und dem Gutsherrn, der seine Beziehung zu Oksána fortführen will, aber von Romás' und Opanás gemeinsam ermordet wird, wie eine echt poetische Tragödie. Über dieser Novelle lag eine polnisch-romantische Stimmung, die sich vielleicht aus der halbpolnischen Herkunft Korolénkos und seiner Kenntnis der polnischen Literatur erklären läßt. In die ukrainische Welt gehörte die Erzählung *Der blinde Musikant* (*Slepój muzykánt*, 1887), worin der Dichter in poetischer, psychologisch aber wohl kaum annehmbarer Weise das Heranreifen eines blindgeborenen musikalisch begabten Knaben verständlich zu machen suchte, wobei er sich auch auf die Theorie stützte, daß Töne bei Blinden Farbenvorstellungen hervorrufen könnten.

Von den rein künstlerischen Neigungen Korolénkos zeugt seine seltsame *Erzählung von Florus, Agrippa und Menachem, dem Sohne Jehudas* (*Skazánije o Flóre, Agríppe i Menachéme*, 1886), die vor allem wegen ihrer, bei Korolénko sonst ungewohnten, rhythmisch bewegten Sprache und epischen Erzählweise, die sich schon in den ersten Sätzen bekundete, bemerkenswert war:

Und in jenen Tagen erhob sich Rom mit seiner Macht über alle Völker, und seine Herrschaft reichte von einem Rande der Erde bis zum anderen Rande der Erde...
Und das stolze Rom lebte von den Früchten der Sklaverei, wie der aasfressende Adler sich von verreckten Tieren ernährt. Und aus diesen Früchten verbreitete sich im Volke jenes Gift, das zuallererst seine Herrscher verzehrte...

In derselben symbolisch-märchenhaften Tonart war eine andere poetische Erzählung Korolénkos gehalten, die er selbst *eine Phantasie* nannte: *Die Schatten* (*Téni*, 1890). Ihren Hauptinhalt bildete ein Gespräch zwischen dem toten Sokrates und seinem Schüler Elpidios. Wieder finden wir sofort den weitschwingenden epischen Rhythmus:

Es geschah einen Monat und zwei Tage nach jenem Tage, da die Richter
von Athen unter dem lauten Beifall des Volkes das Todesurteil über Sokra-
tes verkündeten, weil er den Glauben an die Götter zerstöre. Er war für
Athen, was die Bremse für das Pferd ist. Die Bremse sticht das Pferd,
damit es nicht in Schlaf falle, sondern munter davontrabe. Der Philosoph
sprach zum Volke: „Ich bin deine Bremse, ich steche dein Gewissen, auf
daß du nicht in Schlaf fallest. Schlaf nicht, schlaf nicht, sei wach, suche
die Wahrheit, athenisches Volk!"

Ganz bezaubernd, leicht von GÓGOL's komischem Stil beeinflußt,
war KOROLÉNKOS festgefügtes jüdisch-ukrainisches Märchen *Der Tag*
des Gerichtes (Súdnyj den', d. i. Jom Kipur, 1890). Es erzählte, wie
der Teufel, der lustig-boshafte, vermenschlichte und typisch ukrainische Teufel, eines schönen Tages zum großen Vergnügen eines
christlichen Schmiedes einen Juden aus der Synagoge holte und wie
dieser plötzlich, als ob nichts geschehen sei, wieder in seinem alten
Wirtshaus auftauchte. Auch diese Erzählung war von dem heiteren,
lächelnden Humanismus des Verfassers durchwoben. In seinen mär-
chenhaft-symbolistischen Novellen, die in ihrer Art an die düsteren
Phantasien GÁRŠINS erinnern, kam das Verlangen zum Ausdruck,
das unter dem strengen Regime Pobedonóscevs die Schriftsteller ergriffen hatte, auf diese Weise Gedanken und Dinge zu verlautbaren,
die, in unmittelbarer realistischer Sprache vorgebracht, von der Zensur unterdrückt worden wären. Im Gegensatz zum Symbolismus
GÁRŠINS hatte also der KOROLÉNKOS einen nichtliterarischen Grund:
er verwendete die Symbole niemals um ihrer selbst willen.

In mancher Hinsicht sowohl mit KOROLÉNKO als auch mit GÁRŠIN
nahe verwandt, zugleich aber nach Art und Ausmaß seines Schaffens
sehr verschieden von ihnen war ANTÓN PÁVLOVIČ ČÉCHOV (1860 bis
1904). Mit ihm tat die Literatur den entscheidenden Schritt ins
moderne Zeitalter. ČÉCHOVS Auftreten erregte niemals Sensation, er
setzte sich nicht auf einmal durch, er glitt eher unmerklich in die
Literatur hinein. Obwohl er Arzt war, zog er die literarische Tätigkeit der medizinischen vor und begann schon früh, in aller Bescheidenheit und Unbemerktheit kleine Humoresken, *short stories*, kurze
komische Anekdoten in den verschiedensten satirisch-humoristischen
Magazinen zu veröffentlichen. Man widmete diesen winzigen Erzählungen von einer, höchstens zwei Seiten keine besondere Aufmerksamkeit; sie erschienen unter dem Pseudonym ANTÓŠA ČE-

ČHÓNTE, dessen erster Bestandteil eine von seinem Vornamen abgeleitete Verkleinerungsform war, während der zweite leichtfertig
italienisch klingen sollte. Die Kritik war geneigt, über diese kleinen
Texte die Nase zu rümpfen, Texte, die keinen anderen Zweck zu
haben schienen, als die Leser mit einer komischen Situation, einer
witzigen Pointe oder einer in ihrer gewaltsamen Verkürzung spaßhaften Handlung zu belustigen. Aus der Feder des neuen pseud-
onymen Schriftstellers ergoß sich in der Folgezeit ein ganzer Strom
solcher Humoresken, während eines Jahrzehnts, das als die traurigste
und hoffnungsloseste Zeit, die man bisher erlebt hatte, bezeichnet
werden kann. Es war die Zeit der achtziger Jahre. Nach der völligen
Niederlage der terroristischen *Volkstümler* (1881), als noch keine
neue politische Lehre die Gemüter ergriffen hatte, in der Triumph-
zeit der Reaktion, wo nur der robuste KOROLÉNKO oder der anti-
nihilistische LESKÓV gute Laune bewahren konnten, fanden die Leser
an den anspruchslosen Geschichtchen des neuen Humoristen Gefallen. Doch bestand kein Anlaß, ihn ernst zu nehmen, zumal ihm
selber überhaupt nichts ernsthaft am Herzen zu liegen schien. Von
jeder vorgefaßten Ideologie war er jedenfalls chemisch rein.

ČÉCHOV bewahrte sein Leben lang diesen kühlen Indifferentismus
gegenüber den für wesentlich geltenden Problemen der Zeit. Er
wanderte wie ein reservierter Beobachter durchs Leben. Er veröffentlichte seine Erzählungen in allen möglichen Blättern und Zeitschriften, ohne Rücksicht auf deren politische Haltung. Nach und
nach aber begannen seine kleinen Geschichten, die kürzesten, denen
man bisher in der russischen Literatur begegnet war, einen Sinn zu
offenbaren, an den man bei seinen ersten Arbeiten nicht gedacht
hatte. Aus dem Humoristen ČECHÓNTE wurde allmählich der Schriftsteller ČÉCHOV, aus ANTÓŠA wurde ANTÓN. Seine *short stories* begannen dem Leser anderes und mehr zu sagen, als in ihnen stand.
Dutzende von Histörchen und Humoresken, die er später rücksichtslos von seinen gesammelten Werken ausschloß und also nur als Federproben betrachtete, wurden von bedeutend wenigeren, dafür aber
viel gewichtigeren kleinen Novellen aufgewogen. Auch der Umfang
der Novellen wurde größer, obwohl sie sich weiter im strengen Rahmen der knappen Erzählung hielten. In der Erzählung *Der Tod
eines Beamten* (*Smert' činóvnika*, 1883) schien er nur an die komische

Wirkung zu denken, wenn er berichtete, wie ein kleiner Bürosklave seinen hohen Vorgesetzten mit seinen wiederholten Entschuldigungen dafür, daß er ihm auf den Scheitel geniest hatte, in dem Maße erregte, daß er hinausgeworfen wurde und darauf vor Schreck starb; der Leser begriff aber, daß diese panische Angst vor der Person von Rang etwas Wesentliches in der bürokratisierten russischen Wirklichkeit war. Man lachte, wenn man seine Humoreske *Ein Orden* (1884) las, den Bericht über einen Lehrer, der sich, um auf seinen snobhaften Wirt Eindruck zu machen, mit einem geborgten Orden geschmückt hatte, beim Abendessen aber zu seinem Schrecken entdeckte, daß ihm ein beobachtender Kollege gegenübersaß – bis es ihm aufging, daß sich dieser desselben Tricks bedient hatte; man begriff aber auch, daß witzloser Snobismus und Ordenssucht charakteristische Züge der Zeit waren. In diesen kleinen Erzählungen, die man las und nicht gleich vergaß, den Geschichten von Beamten, Ärzten, Studenten, Offizieren, Schneidern, Köchinnen, Musikanten, Kutschern, Ehemännern und ihren Frauen, Freiern und ihren Liebsten, passierte immer wieder das ganze alltägliche, banale, langweilige Rußland Revue, mit treffender Sicherheit abkonterfeit, schonungslos jedes unechten Putzes und Schmuckes beraubt. Niemals kommentierte der Verfasser seine Erzählungen. Er bot seinen Stoff in möglichst knapper und pointierter Form dar. Sein Lakonismus war nicht zu unterbieten. Alle literarischen Raffinements, alle Einleitungen, alle Motivierungen schienen bewußt vermieden zu sein. Den Eingang bildete immer eine nur ganz knapp angedeutete Situation. So begann die Erzählung *Ein Hauslehrer* (*Repetitor*, 1884):

Der Gymnasiast Jegór Zíverov aus der siebenten Klasse gibt dem kleinen Pét'a Udódov gnädig die Hand. Pét'a, ein zwölfjähriger dicker Junge in verwaschenem Anzug mit roten Backen, niedriger Stirn und struppigem Haar, verbeugt sich höflich und holt die Schreibhefte aus dem Schrank. Der Unterricht beginnt. . . .

Die Gegenwartsform der Zeitwörter machte hier – wie in manchen anderen Novellen – die Situation so gegenwärtig wie möglich. Meistens jedoch wählte Čéchov die Vergangenheitsform. Der Eingang zu der lustigen Geschichte von der *Hauptmannsuniform* (*Kapitánskij mundír*, 1885) lautete:

Die aufgehende Sonne verzog das Gesicht beim Anblick der Provinz-
stadt. Die Hähne hatten noch nicht zu krähen angefangen. Aber in Onkel
Rýlkins Schenke waren schon Gäste. Es waren drei: der Schneider Mer-
kúlov, der Polizist Žratvá und der Bürobote Smechunóv. Alle drei hatten
bereits einen Schwips...

Die erschütternde Geschichte von dem kleinen Bauernjungen, der
bei einem Schneider in der Lehre ist, an Heimweh leidet und seinem
Großvater einen Brief schreibt (*Ván'ka*, 1886), begann folgendermaßen: .

Ván'ka Žúkov, ein neunjähriger Junge, der vor drei Monaten dem Schnei-
der Al'áchin in die Lehre gegeben worden war, ging am Weihnachtsabend
nicht zu Bett. Als der Meister und seine Frau und alle Schneiderge-
sellen in die Kirche gegangen waren, nahm er aus dem Schrank des
Meisters ein kleines Tintenfaß und einen Federhalter mit verrosteter Feder,
breitete einen zerknüllten Bogen Briefpapier vor sich aus und begann zu
schreiben....

Diese Methode des unmittelbaren Eingangs ermöglichte es ČÉ-
CHOV, sofort *in medias res* zu gehen. Mit drei, vier Zeilen war ein
Hintergrund gezeichnet, vor dem sich ein bestimmter Stoff entfalten
konnte. Die Entfaltung des Stoffes erfolgte entweder in einer Reihe
gedrängter Repliken oder in der knappen Wiedergabe einer Handlung. Bisweilen verzichtete der Verfasser sogar auf den Eingang und
eröffnete seine Geschichte gleich mit der ersten Replik eines Dialoges,
wenn er annahm, daß es zu seinem Verständnis keiner Einführung
in die Situation bedürfe. So begann die Geschichte vom *Unteroffizier*
Prišibéjev (*Unter Prišibéjev*, 1885), dem unberufenen Hüter der
Ordnung:

– Unteroffizier Prišibéjev, Sie sind angeklagt, am 3. September den
Landpolizeikommissar Žígin, den Landvogt Al'ápov, den Landjäger
Jefímov, die Zeugen Ivánov und Gavrílov und noch sechs andre Bauern
durch Wort und Tat verunglimpft zu haben, wobei die Verunglimpfung
der drei erstgenannten unter Ausübung ihrer Amtspflicht stattgefunden
hat. Erkennen Sie sich für schuldig? –

Der Leser konnte nach diesem Eingang nicht im Zweifel sein, daß
die kleine Novelle ausschließlich aus einem Replikenwechsel vor Gericht bestehen und in dem Augenblick enden werde, wenn die letzte
Replik fiel. Knappheit bis zum äußersten war ČÉCHOVS höchstes

stilistisches Gesetz, und er tilgte lieber nicht unbedingt erforderliche Sätze, als daß er welche hinzufügte. Nur sehr selten eröffnete er seine kurzen Erzählungen mit Naturschilderungen, Landschaftsbildern oder Wetter- und Zeitangaben, und wenn er nach dem letzten Satz einen Punkt machte, war die witzige Pointe an der richtigen Stelle angebracht und der Stoff erschöpfend behandelt.

Die Geschichten waren meistens – besonders in ČÉCHOVS erster Zeit – unübertrefflich spaßhaft und gut erzählt. Trotzdem geschah es, daß dem Leser, je mehr er las, desto trüber zumute wurde. Der Stilforscher findet unschwer den Grund dafür. ČÉCHOV verriet als Verfasser nie selber Vergnügen an den Geschichten. Er überließ es dem Leser, zu lachen, wenn ihm etwas Spaß machte. Er selbst schien eher unter der Komik, den Fratzen, den Mißbildungen, die er zeigte, zu leiden. Er hatte in seinem Vokabular eine Sammlung von Eigenschafts- und Umstandswörtern, die unaufhörlich wiederkehrten, wie kleine persönliche Seufzer, die sich durch den grotesken Stoff einen Weg brachen. Diese Wörter waren nicht etwa Bezeichnungen für gewisse Eigenschaften und Erscheinungen wie Farbe, Klang, Freude, Licht, sondern vielmehr für deren Fehlen oder deren Gegenteil. Immer häufiger fand der Leser in die frostig knappen Texte Wörter eingestreut, die so negativ wie nur möglich waren: Wörter wie *trüb (grústno)*, *langweilig (skúčno)*, *schade (žál')*, *ärgerlich (dosádno)*, wie *dumm (glúpo)*, *schwer (t' aželó)*, *ekelhaft (gádko)*, *widerlich (protívno)*, wie *schmutzig (gr'ázno)* oder *stickig (dúšno)*, wie *grau (séro)*, *falsch (nadúto)* oder *geschmacklos (bezdárno)*. ČÉCHOV verfügte über eine ganze Klaviatur von solchen negativen, pessimistischen und melancholischen Adverbien und Adjektiven, welche die erzählte Handlung ganz leicht charakterisierten oder bewerteten. Hinter diesen Worten gewahrte der Leser, der selbst in einer bestimmten Richtung beeinflußt war, die ästhetisch verfeinerte, in ihrem Schönheitssinn verletzte, von der Verdrießlichkeit des Daseins gequälte Persönlichkeit eines Dichters, der zu vornehm war, seinen persönlichen Reaktionen in allzu grellen Worten Ausdruck zu verleihen. Nur eine unendlich milde Melancholie gewahrte man gelegentlich durch die gedrängten, karg bemessenen, sachlichen Berichte von den kleinen wunderlichen und leider überaus lächerlichen Schickungen des Lebens.

Diese Melancholie darf daher als das Hauptthema im gesamten Schaffen Čéchovs bezeichnet werden. Aus ihr erwuchsen immer größere und immer kompliziertere Novellen. Um 1888 begannen sie in reicher Fülle zu entstehen. Das Lustig-Pointierte und Witzig-Humoristische trat allmählich immer mehr zurück, und dafür stellte sich die Wehmut als klares, unverhülltes Grundthema seiner Kunst ein. Aber dieser Grundton ließ sich in sehr verschiedenen Ausdrucksformen variieren, jede Eintönigkeit war mit feinem Gefühl für Nuancen sorgfältig vermieden. Čéchov besaß eine ungeheure Erfindungsgabe, seine Novellistik eine überaus große Variationsskala. Der Grundton in der großen Novelle *Die Steppe* (1888), der Geschichte von der beschwerlichen Reise eines kleinen Jungen quer durch die südrussische Steppe nach einer fremden Stadt, wo er ins Gymnasium aufgenommen werden soll, war die unergründliche Wehmut der endlosen Steppe selbst. Die wesentliche Stelle in der Novelle war die Schilderung des Eindrucks, den das Lied einer ukrainischen Bäuerin in einem Dorf mitten in der Steppe auf den kleinen Jungen machte:

Während der kleine Jegór die schläfrigen Gesichter (seiner Mitreisenden) *betrachtete, vernahm er plötzlich einen leisen Gesang.*

Irgendwo in der Nähe mußte eine Frau sein, die sang, aber wo sie war und in welcher Richtung, konnte er nicht feststellen. Der leise, langgezogene und schwermütige Gesang, der wie ein Weinen war und kaum vom Ohre aufgefangen werden konnte, klang bald von rechts, bald von links, bald von oben, bald von unten aus dem Inneren der Erde, als ob ein unsichtbarer Geist über der Erde schwebte und sänge.

Der kleine Junge sah sich nach allen Seiten um und konnte nicht verstehen, woher dieser Gesang kam.

Als er ihm aber etwas aufmerksamer gelauscht hatte, meinte er, daß der Gesang vom Steppengras herkäme. Schon im Begriff, zu verwelken, vom Untergang gezeichnet, schien das Gras – ohne Worte, aber kläglich und eindringlich – jemanden überzeugen zu wollen, daß es unschuldig sei, daß die Sonne es ganz grundlos versengt habe. Es schien jemandem versichern zu wollen, daß es leidenschaftlich zu leben wünsche, daß es doch noch jung sei und sicher auch schön geworden wäre, wenn es bloß diese Hitze und Dürre nicht gäbe.

Das Gras war schuldlos, aber dennoch bat es um Verzeihung und versicherte, daß es so gemartert und so traurig sei und sich selber leid tue.

Von ganz anderer Art war die Melancholie in der viel kleineren Novelle *Eine Unannehmlichkeit* (*Neprijátnost'*, 1888), die in gedrängter Kürze von dem sinnlosen Streit eines Provinzarztes mit

einem Krankenpfleger und ihrer ebenso sinnlosen Versöhnung berichtete und mit dem trostlosen Seufzer des Arztes schloß: *Wie dumm
es ist, dumm, dumm . . .* Der Grundton im *Namenstagsfest (Iméniny,*
1888) war die von Haß, Liebe und Eifersucht monoton erfüllte *Trüb-
seligkeit* der Ehe. Die Wanderung dreier junger Studenten von Bordell zu Bordell und die akute Geistesverwirrung, von der einer von
ihnen beim Anblick des entwürdigenden Bordellebens ergriffen wird,
bildete das Thema der traurigen Erzählung *Ein Fall von Geistesverwirrung (Pripádok,* 1888), die ohne richtigen Abschluß verlief.
Eine verdrießliche Geschichte (Skúčnaja istórija, 1889) enthielt die
Tagebuchaufzeichnungen eines alten berühmten Professors über die
graue Banalität seines Lebens und seiner Umgebung und über die
tiefe Verzweiflung seiner jungen Freundin über die Sinnlosigkeit des
Daseins. Auch hier gab es keinen Abschluß oder Ausklang. In der
Novelle *Das Duell* (1891) wurden zwei Menschen erst nach schweren
Vergehen gegeneinander (Verführung, Untreue, ein lächerliches
Duell) von Resignation und Mitleid zusammengeführt. Dasselbe
Thema behandelte in anderer Art die Novelle *Die Gattin (Žená,* 1892),
die jedoch, in der *Ich*-Form geschrieben, mehr den Seelenzustand des
vorgeblichen Erzählers als den seiner Frau schilderte; sie erzählte
von einem Mann, der zur Erkenntnis seiner Leerheit und seelischen
Unterlegenheit kommt und zuletzt in völliger Selbstaufgabe die
Waffen streckt. Besonders erschütternd war die Novelle *Krankensaal
Nr. 6 (Paláta Nr. 6),* die die allmähliche seelische Umnachtung eines
Arztes schilderte, seinen Besuch bei einem geisteskranken Freund,
der der einzige zu sein scheint, der gesund zu urteilen vermag, seine
endliche Aufnahme ins Irrenhaus und seinen plötzlichen Tod. Die
Novelle interessierte nicht so sehr wegen der genauen psychiatrischen
Beobachtungen des Dichters, sondern wegen der unverkennbar symbolischen Schilderung der unendlichen Trivialität des Daseins und
der Menschen, der allrussischen Trivialität, die den Hintergrund zu
allem bildete, was ČÉCHOV auch immer erzählen mochte. Im *Bericht
eines unbekannten Mannes (Rasskáz neizvéstnogo čelovéka,* 1893), einer
seiner hoffnungslosesten Novellen, fällte er ein sehr wehmütiges Urteil über seine trübselige und untaugliche Generation. Er tat es in
einer Reihe bezeichnender Fragen, die in gewisser Weise den Grundgedanken seines Schaffens widerspiegelten:

Warum sind wir müde? Warum werden wir, die wir in der Jugend doch
voller Leidenschaft, Kühnheit, Großmut und Gläubigkeit waren, im Alter
von dreißig, fünfunddreißig Jahren Menschen, die Schiffbruch erlitten
haben? Warum sterben so viele von uns an der Schwindsucht, während
andere sich eine Kugel durch den Kopf jagen oder in Alkohol und Karten-
spiel Vergessen suchen und andere wiederum ihre Angst und Langeweile
dadurch zu betäuben suchen, daß sie ihre reinen, hohen Jugendideale
zynisch mit Füßen treten? Warum versuchen wir nicht, uns wieder zu
erheben, wenn wir gefallen sind, oder einen neuen Halt zu finden, wenn wir
den alten verloren haben? Warum?

Diese Stelle ist so bezeichnend für den Grundton im gesamten
Schaffen Čechovs, daß sie als gemeinsames Motto über allen seinen
Werken hätte stehen können. Čechov war als Künstler der Sprecher
der müden und hoffnungslosen Geschlechter, der klare und vornehme
Vertreter einer Generation von intellektuellen Pessimisten. Seine
Kunst war bis zum Rande erfüllt vom Abscheu des Feingebildeten,
der empfindsamen Kulturpersönlichkeit, vor einem Dasein, das sinnlos zu sein schien. Die kühle Ironie und die ebenso kühle Melancholie,
die der Lebensnerv seiner Erzählkunst waren, hatten etwas Unver-
dorbenes und Edles. Die Augen, die das Kleinliche, das Schäbige
und das Zynische im Verhalten der Mitmenschen so scharf und deutlich sahen, zuckten zusammen vor Schmerz darüber, daß Kleinlichkeit, Schäbigkeit und Zynismus in der menschlichen Gemeinschaft
so gut gediehen. Die Feder, die diese Eindrücke aufs Papier zu
bannen verstand, hatte – fast möchte man sagen – etwas jungfräulich
Reines an sich. Trotz all dem Gelächter, das seine Novellen und
Novelletten erregten, war der Grundeindruck von seiner Kunst
paradoxerweise nicht Grelle und Buntheit, sondern behutsame Ge-
dämpftheit und Schwermut. Wenn es diesen Dichter drängte, sich
mit seiner Stimmung einem kaltherzigen Mitlebenden anzuvertrauen,
glich er dem Droschkenkutscher in der Erzählung *Sehnsucht* (*Toská*,
1886), der in seinem grenzenlosen Schmerz über den Tod seines Sohnes niemanden findet, dem er sich anvertrauen könnte, als sein stummes,
treues Pferd. Die Frage, die als Motto über dieser Erzählung stand,
durchzog das gesamte Schaffen Čechovs: *Zu wem soll ich von mei-*
ner Sehnsucht sprechen?

In diesem Schaffen sind seine dramatischen Werke inbegriffen.
Allerdings begann Čechov auch auf diesem Gebiet im lustig-burles-

ken Stil mit kleinen possenartigen Komödien wie *Der Bär* (*Medvéd'*, 1888), *Der Heiratsantrag* (*Predložénije*, 1889), *Hochzeit* (*Svád'ba*, 1890), *Jubiläum* (*Jubiléj*, 1891), kleinen Einaktern, die er meistens bescheiden als *šútka*, das heißt ‚Spaß' oder ‚Scherz', bezeichnete. Zweifellos trachtete Čechov aber schon früh danach, einen neuen Typus des ernsten Schauspiels zu schaffen. Davon zeugt schon sein 1889 geschriebenes trauriges Drama *Ivánov*. Seine heute klassische Reihe von Schauspielen erschien jedoch erst in den Jahren 1896– 1904: *Die Möwe* (*Čájka*, 1896), *Onkel Ván'a* (*D'ád'a Ván'a*, 1897), *Drei Schwestern* (*Tri sestrý*, 1901) und *Der Kirschgarten* (*Višn'óvyj sad*, 1904). Čechov war sich bewußt, daß er mit seinen Schauspielen eine ganz neue Spielart der dramatischen Kunst schuf, neu nicht nur im russischen Schrifttum, sondern in der Weltliteratur. Er unterließ es, dies oder jenes seiner Schauspiele *Tragödie* zu nennen, weil ihnen eine im herkömmlichen Sinne tragische Handlung fehlte. Er sträubte sich in der Regel sogar, sie als Dramen zu bezeichnen, weil ihnen die übliche äußere Dramatik fehlte. Die meisten nannte er *Komödien*, womit er beim Premieren-Publikum Verwirrung hervorrief. Eins seiner Schauspiele bezeichnete er einfach als *Szenen aus dem Landleben*. Seine dramatische Kunst war aus dem Geist und dem Stil entsprungen, der seine wehmütigen Stimmungsnovellen auszeichnete. Das ganze Spiel von Gegensätzen, von Anziehung und Abstoßung, das in der Kunst des Schauspiels sonst in dem Bereich des Voluntativen vor sich ging und in einen sorgfältig vorbereiteten Konflikt und dessen heftige Auslösung mündete, war in seinen Schauspielen in den Bereich des Emotionalen verlegt und vollzog sich in fein berechneten, kaum merkbaren, leise angedeuteten Kontroversen von Stimmungen, Tönungen von Stimmungen, Spielarten von Stimmungen.

Die Wehmut, die Hoffnungslosigkeit, die seine Novellen prägte, wurde in seinen Schauspielen auf der Bühne in Repliken durchgespielt, die parallel verliefen, sich dann und wann kreuzten, sich flohen und einander wieder näherten. Einer der aufrichtigsten Bewunderer Čechovs behauptete mit Recht, seine Schauspiele seien nicht Handlung, sondern Musik. Es war Gór'kij, der das sagte. Nur langsam errang Čechov als Dramatiker allgemeine Anerkennung. Anfangs standen die Schauspieler seiner Kunst der Replik völlig hilflos gegenüber und konnten nicht immer schallendes Gelächter aus dem Zuschauerraum verhindern, da sie selbst mit diesen Repliken nichts anzufangen wußten. Die Personen der Schauspiele gingen auf der Bühne einsam umher, jeder mit seinen Worten und Gedanken, die sie nicht austauschten, sondern nur verkündeten, und zwar nicht etwa, um eine Antwort zu bekommen, sondern ausschließlich, um eine Taste in der Klaviatur anzuschlagen und zu lauschen, wie sie verklang, während ein anderer eine andere Taste berührte. Dazwischen gab es immer wieder Pausen, in denen sie einsam und langsam verklingen konnten. So begann zum Beispiel das Schauspiel *Drei Schwestern*.

OLGA: *Vater starb genau vor einem Jahr, heute vor einem Jahr, am fünften Mai, an deinem Namenstag, Irina. Es war sehr kalt. Es schneite. Ich glaubte, ich könnte es nicht überleben. Du wurdest ohnmächtig und lagst wie tot da. Und jetzt ist ein Jahr vergangen, und wir sprechen darüber, und du hast sogar ein weißes Kleid an, dein Gesicht strahlt.*
(*Es schlägt zwölf*).

OLGA: *Auch damals schlug die Uhr.*
(*Pause*).

OLGA: *Ich weiß noch, als man Vater zu Grabe trug, spielte das Militär einen Trauermarsch. Am Grabe wurde Salut geschossen. Er war General und führte das Kommando über eine Brigade, aber das Gefolge war nicht sehr zahlreich. Übrigens regnete es damals. Es regnete heftig und schneite ...*

IRÍNA: *Warum jetzt daran denken!*
. . . .

MÁŠA: (*über ein Buch gebeugt, in Gedanken, pfeift leise eine Melodie*).

OLGA: *Hör auf zu pfeifen, Máša! Wie kannst du nur?*
(*Pause*)

OLGA: *Weil ich den ganzen Tag im Gymnasium bin und nachher bis spät abends Stunden gebe, habe ich immer Kopfschmerzen und grüble über die Dinge, als ob ich uralt wäre. Und tatsächlich, in den letzten vier Jahren, wo ich im Gymnasium Unterricht gebe, habe ich das Gefühl, als seien meine Kräfte und meine Jugend Tag für Tag tropfenweise aus mir gesickert. Und nur ein Gedanke wächst in mir und wird immer stärker ...*

IRÍNA: *Wenn wir nur nach Moskau übersiedeln könnten! Wir sollten unser Haus hier verkaufen, alles hier ordnen und nach Moskau umziehen ...*

OLGA: *Du hast recht! So schnell wie möglich nach Moskau!*
. . . .

IRÍNA: *Andréj wird sicher Professor. Hier bleibt er unter keinen Umständen wohnen. Es tut mir leid um Máša.*

OLGA: *Máša kann uns jedes Jahr in Moskau besuchen und den Sommer bei uns verbringen.*
MÁŠA: *(pfeift leise eine Melodie).*
IRÍNA: *Wenn Gott will, wird es uns schon gelingen...*

Die punktierten Linien, die diesen Text unterbrechen, bedeuten, daß die Freunde des Hauses, Baron Tusenbach, Hauptmann Sol'ónyj und Militärarzt Čebutýkin, im Hintergrund auftauchen, Repliken miteinander wechseln und lachen. Einen Augenblick später mischen sie sich ins Gespräch, das langsam, von Pausen unterbrochen, weitergeht. In Wirklichkeit schwebt jede Replik gleichsam einsam in der Luft und wartet auf eine Antwort, die nicht immer kommt.

Es war das Verdienst des Moskauer Künstler-Theaters, daß es schon gleich nach seiner Gründung die Eigenart ČÉCHOVS als Dramatikers erkannte und die Melodie fand, nach der seine Texte gespielt werden mußten. Nur bei einer bis ins kleinste durchgeführten naturalistischen Ausstattung, nur bei völliger Unterdrückung jedes theatralischen Effektes und nur im leisesten *piano* konnten diese Repliken zu ihrem Recht kommen; mit mächtig gesteigerter Kraft offenbarte sich dann dem Zuschauer die symbolische Bedeutung dieser ganz undramatischen Replikentexte. Dies war charakteristisch für ČÉCHOV: schloß sein Schauspiel mit einem tragischen Finale, so wurde es bis zum äußersten gedämpft. Als in der *Möwe* der junge unglückliche Poet Trepl'óv Selbstmord begeht, erfahren es die anderen Personen des Schauspiels – und der Zuschauer – nur durch eine gleichsam zufällige Replik: ein Arzt nimmt den Rivalen des Toten etwas beiseite und bittet ihn, dessen Mutter, die immer noch junge Schauspielerin Arkádina, wegzuführen und ihr schonend mitzuteilen, daß ihr Sohn sich erschossen habe. Ebenso gedämpft erzählt in dem Stück *Drei Schwestern* der Militärarzt, daß der Baron soeben in einem Duell erschossen worden sei, worauf er eine Zeitung hervorzieht und leise summend beiseite geht, um den Schwestern Gelegenheit zu geben, ungestört zu weinen. Mit den Worten *Wenn wir nur wüßten, weshalb wir leben*, endet dieses Schauspiel, in dem *Moskau* das Symbol für alle unerfüllten Träume ist. Der sinnlos getötete Vogel in ČÉCHOVS Stück *Die Möwe* ist das Symbol für die Sinnlosigkeit des Lebens. Der *Kirschgarten* in seinem Schauspiel gleichen Namens ist das Symbol für den Untergang des Lebens, der Schön-

heit, der Poesie. Auf diese Weise wurde Čéсноv trotz seiner naturalistischen Methode einer der feinsten Symbolisten, die es in der Weltliteratur gibt. Die Untergangsstimmung war in seinen Schauspielen
mit den zartesten und behutsamsten Mitteln angedeutet und wirkte
daher in der Wiedergabe des Künstler-Theaters bedrückend und befreiend zugleich.

In jeder Beziehung der Antipode Čéсноvs, Optimist, wo er Pessimist war, Liebhaber des Lebens, dessen er oft müde war, glaubens-
sicher, wo er hoffnungslos war, bejahend, wo er verneinte, war
Maksím Gór'kij (1868–1936), ein Schriftsteller, der bis in unsere
Zeit wirkte. Sein eigentlicher Name war Alekséj Maksímovič
Pešróv; sein Pseudonym sollte den Leser vermutlich glauben
lassen, daß er es mit einem *bitteren* Schriftsteller zu tun habe. In
Wirklichkeit war sein Schaffen, besonders in seinen jüngeren Jahren,
so wenig von Verbitterung oder Bitterkeit geprägt, daß die eigent-
liche Bedeutung des Decknamens ganz in Vergessenheit geraten ist.
Wie ein neuer Stern erschien er in den neunziger Jahren plötzlich am
Himmel der Literatur. Das Aufsehen, das er erregte, hatte seinen
Grund vor allem darin, daß er ein wirklicher, echter Mann aus dem
Volke war, ein Handwerkersohn, ein Proletarier, der mit eigentüm-
lichen Novellen hervortrat.

In Gór'kijs Verhältnis zu Sprache und Stoff bestand von Anfang
an ein bemerkenswerter Dualismus – ein Dualismus, der an den
Gógol's erinnert, obwohl die Elemente, die sich in Gór'kijs Stil
gegenüberstanden, von ganz anderer Art waren. In seinen ersten
literarischen Versuchen griff er auf Stilformen und Ideale zurück,
die mit der Gegenwart nichts zu tun hatten. Als der junge Bäcker-
lehrling und Landstreicher Pešróv im Jahre 1889 zum erstenmal
den bereits berühmten Koroĺénko aufsuchte, um ihn um Rat zu
fragen, brachte er außer einigen lyrischen Gedichten eine große
lyrisch-epische Dichtung mit, die den stolzen Titel trug: *Gesang von
einer uralten Eiche* (*Pésn'a o drévnem dúbe*) und die, wie der Verfasser meinte, alles enthielt, *worüber er im Laufe von zehn bewegten
und bösen Jahren nachgedacht habe.* Koroĺénkos Kritik war vernichtend. Dennoch pflegte Gór'kij auch später noch diese veraltete
lyrisch-epische Stilart. So dichtete er eine ziemlich mißlungene *Ballade von der Gräfin Hélène de Courçi,* mit einigen Sentenzen ver-

sehen, darunter manchen recht pikanten (Balláda o grafíne Ellén de Kursi); sie wurde erst 1917 gedruckt, muß aber aus seiner frühsten Zeit stammen. Noch nach 1900, als er schon ein berühmter Novellist war, schrieb er eine Reihe rhythmisierter symbolisch-romantischer Prosadichtungen wie *Das Lied vom Sturmvogel (Pésn'a o burevéstnike)*, *Das Lied vom Falken (Pésn'a o sókole)* oder die Dichtung *Der Mensch (Čelovék)*, in der Worte wie *Gedanke, Hoffnung, Haß, Tod* als allegorische Personifikationen mit großen Anfangsbuchstaben geschrieben waren. Er verfaßte auch fernerhin mehr oder weniger gelungene Balladen – wie *Die Jungfrau und der Tod (Dévuška i Smert')* oder *Eine walachische Legende (Valášskaja legénda)*.

Diese jugendliche Sehnsucht nach heroischen Formen und idealisierten Figuren war genährt von planlos aufgenommenem romantischem Lesestoff, der auch typische Abenteuerromane im Geschmack des achtzehnten Jahrhunderts umfaßte. Auf einer späteren Entwicklungsstufe wurde sie in den wirkungsvollen lyrisch gefärbten Naturbildern sublimiert, mit denen er seine Novellen einleitete. In seinen Anfängen kam sie in einer exotisch gefärbten Prosa zum Ausdruck, in Geschichten, deren Gewährsleute und Helden Zigeuner, Tataren und Moldauer waren. Seine erste gedruckte Erzählung, *Makár Čudrá* (1892), handelte von einer sehr romantischen Zigeunerliebe. Andere folgten: *Die alte Izergil' (Starúcha Izergíl'*, 1894), eine Novelle vom dramatisch bewegten Liebesleben einer Moldauerin; *Die Mutter (Mat')*, die von der Demut des Welteroberers Timur-Leng vor der Größe einer Mutter erzählte; *Der Khan und sein Sohn (Chan i jegó syn*, 1896), die Geschichte von der tragischen Liebe des Khans Mossolaima-al-Asvab und seines Sohnes Tolaik zu derselben Frau. Viele dieser exotischen Novellen wurden überhaupt nicht oder erst spät veröffentlicht. Im Laufe der Zeit erlangte GÓR'KIJ auf diesem Gebiet große Meisterschaft. Im Grunde war diese Vorliebe für exotische Stoffe und romantische Staffage der Ausdruck einer sehr späten BYRON-Nachfolge, eine Nachwirkung (und Nachahmung) der Poesie der großen russischen Klassiker PÚŠKIN, GÓGOL' und LÉRMONTOV.

Aber nicht diese Gattung sollte GÓR'KIJS literarischen Ruhm. begründen. Er folgte KOROLÉNKOS sanftem, doch energischem Rat, sich in dem erprobten realistischen Erzählstil zu versuchen, den er, der Ratgeber, vornehmlich selber vertrat. Górʼkijs bewegte Entwicklung hatte ihn mit vielen Klassen und Bevölkerungsschichten in Berührung gebracht, die erst wenig in der russischen Literatur behandelt worden waren. Er schien wie kein anderer berufen, diese neuen Schichten in die Prosaliteratur einzuführen, und es war von vorneherein sicher, daß er mit einer solchen Erweiterung des literarischen Horizontes die Aufmerksamkeit auf sein Schaffen lenken mußte. Sein Erfahrungskreis war ungeheuer groß. Er war in der halbbarbarischen Welt eines Handwerkerhauses in einer russischen Provinzstadt geboren und aufgewachsen. Er hatte als Lehrling in Schuhwarengeschäften und Zeichenstuben sein Brot verdient, in Heiligenbilderfabriken und Brezelbäckereien, als Aufwascher und Artist, als Nachtwächter und Hafenarbeiter, als Aufseher und Schreiber. Das Leben hatte ihn von Nížnij-Nóvgorod, wo er geboren war, nach Kazánʼ geführt, wo er studieren zu können gehofft hatte, von da nach Sarátov und Carícyn und Tiflís. Viele Sommer hatte er auf Wanderungen verbracht, die Volga entlang, stromauf und stromab, über die südrussischen Steppen, durch das Dongebiet und die Ukraine nach Bessarabien, zu den Krimtataren und in das fruchtbare Gebiet der Kubanʼkosaken. Er hatte das vogelfreie russische Vagabundenleben mitgemacht, das sich in der Hungerszeit der neunziger Jahre besonders stark entwickelt hatte, und mit *barfüßigen* und *hungernden* Strolchen gelebt, mit Dieben und Schmugglern, Propheten und Banditen – auf der Suche nach mühevollem oder leichtem Verdienst. Er rüstete sich, den solcherart gesammelten Reichtum an Stoffen und Eindrücken in seinem literarischen Schaffen auszuschöpfen.

In der Literatur setzte er sich, wie schon gesagt wurde, in den neunziger Jahren mit beispiellosem Erfolg durch. Im August 1893 erschien in einer Moskauer Zeitung seine erste Erzählung in dem neuen Stil, die nach der Hauptperson betitelte Novelle *Jemelʼján Pilʼáj*. Fünf Jahre später war er ein berühmter Schriftsteller, dessen Novellen die vornehmsten literarischen Zeitschriften nicht schnell genug bekommen konnten. Von den Lesern wurde er in hellhöriger Freude als der *Sturmvogel* begrüßt, von dem er gedichtet hatte. Man ahnte in ihm den Vorboten einer neuen Zeit nach den philiströspositivistischen, beschränkten, langweilig-hoffnungslosen neunziger Jahren. Seine Vagabundennovellen schienen die Leser zur Verehrung des ungebundenen Menschen aufzufordern, der in Trotz und Empörung das Joch der Sklavengemeinschaft abgeworfen hatte. Ohne es zu wissen und zu wollen, kam er mit seinen Novellen schlummernden anarchistischen Sehnsüchten weiter intellektueller Kreise entgegen, die von Freiheit träumten und sich an der Philosophie NIETZSCHES berauschten. Seine erste Novelle spiegelte die Erlebnisse wider, die er auf seinen Wanderungen am Schwarzen Meer gehabt hatte, als er in den südrussischen Salzgebieten vorübergehend Arbeit fand und dabei dem mißglückten Räuber Jemel'ján begegnete. In der Geschichte *Mein Reisegefährte* (*Moj spútnik*, 1894), die von einem merkwürdigen, von keiner moralischen Rücksicht gebundenen georgischen Strolch handelt, verarbeitete er seine Eindrücke aus der Zeit, da er sich, von unbändiger Wanderlust getrieben, teils in einem gestohlenen Boot, teils zu Fuß von der Krim ins Kubán'-Gebiet begab und von dort über den ·Kaukasus nach Tíflis zog. Aus der Zeit, da er von religiöser Sehnsucht ergriffen war, verschiedene Klöster aufsuchte und mit frommen Mönchen Gespräche führte, stammen die Motive der Novellen *Die Frau* (*Žénščina*) und *Kalínin* (nach ihrem Helden betitelt), zweier Perlen der Menschendarstellung. Zu den Vagabundennovellen gehören ferner Erzählungen wie *Großvater Archíp und Lén'ka* (*Déduška Archíp i Lén'ka*, 1893), *Einst im Herbst* (*Odnáždy ósen'ju*, 1895), *Čelkáš* (1894), *Die Geschichte von den silbernen Spangen* (*Délo s zasť óžkami*, 1895), *In der Steppe* (*V stépí*, 1897), *Kameraden* (*Továrišči*, 1897) und *Der Strolch* (*Prochodímec*, 1898), um nur die markantesten zu nennen.

Alle diese Novellen zeichneten sich durch die bemerkenswerte Kreuzung subjektiver und objektiver Elemente aus. Sie waren meistens in der *Ich*-Form geschrieben, doch diente diese weniger dazu, das Dokumentarische an ihnen zu betonen, als ein sehr gefühlsmäßig gefärbtes Licht über sie zu verbreiten. Diesen Eindruck bestärkten in sehr hohem Maße *humanitäre* Ergüsse und *psychologische* Kommentare: sie dienten mehr dazu, die Persönlichkeit des Verfassers als die geschilderten Personen zu charakterisieren. Vor allem aber machte sich seine lyrische Veranlagung in einem Strom machtvoller, stimmungsgeprägter Naturbilder geltend. GÓR'KIJ war in die russische Natur schlechthin verliebt. Mit fein abgestimmten sprachlichen Mitteln gelang es ihm immer wieder, großartige Landschaften und Meerbilder zu schaffen. So beginnt die Novelle *Kalínin*:

> *Herbst... Es ist Herbst. Der Wind kommt heulend vom Meer her und treibt wütend die schaumbekränzten Wellen gegen den Strand. In ihren weißen Mähnen glitzern wie Schlangen die schwarzen Bänder des Tangs. Die Luft ist voll von feuchtem Salzstaub.*
>
> *Zornig erdröhnen die Felsen des Strandes. Das dürre Knacken der Bäume klingt empört. Sie schütteln ihre Wipfel, sie krümmen sich zusammen, als wollten sie ihre Wurzeln aus der Erde reißen und nach den Bergen fliehen, die, in die schwere Toga der düsteren Wolken eingehüllt, dastehen...*

Der Eingang zu der Novelle *Eine Frau* ist von gleicher Art:

> *Der Sturm rast über die Steppe. Er rennt mit der Stirn gegen die Felsen des Kaukasus. Die Bergwand ist wie ein Riesensegel, und vom heulenden Winde getrieben, eilt die Erde über bodenlose blauende Tiefen hin. Die zerfetzten Wolken sacken achteraus. Ihre Schatten gleiten über die Erde, sie klammern sich an sie, sie lassen sie fahren – und heulen und jammern....*

So zog GÓR'KIJ den Sturm jeder anderen poetischen Naturerscheinung vor, und das war charakteristisch. Kein Wunder, daß er auch bei der Wahl der Charaktere, die er schilderte, eine auffallende Vorliebe für die *Sturmvögel* bekundete. Sie ist der letzte Abglanz einer nicht ganz überwundenen romantischen Heldenverehrung – moderneren Vorstellungen gemäß umgedeutet. Er machte den asozialen, entgleisten, unabhängigen Menschen zu seinem Helden. Der Auswurf der Gesellschaft, die mißratenen Genies und die Strolche erschienen in seinen Novellen in einer Glorie, dergleichen man noch nie gesehen hatte. Es waren Leute, die freiwillig alle Gemeinschaft mit anderen aufgegeben hatten und nie das Mitleid oder das Mitgefühl verlangten, das KOROLÉNKO ihnen geschenkt hätte. Offen erklärte GÓR'KIJ selbst, er sei auf der Suche nach dem *interessanten* Menschen, das heißt dem nicht-typischen, dem eigenartigen. In dieser Vorliebe für gesetzlose Existenzen war nicht wenig Ultra-Individualismus. Es war der Übermensch, der ihn fesselte, entweder in seinem anarchischen Freiheitsstreben oder in seiner schmerzlichen Sehnsucht nach dem verlorenen Leben im Schoße der Gesellschaft. Obwohl GÓR'KIJ oft betonte, daß er seine *interessanten* Helden verurteile, weil sich hinter ihrer äußeren Härte eine innere Schwäche verberge, schien er selbst – aller Theorie zum Trotz – Bewunderung für ihre moralische Kühnheit, ihre physische Schönheit, ihre geistige Überlegenheit zu empfinden.

Die Menschen Gór'kijs, die Ausgestoßenen, waren keine Phantasiegebilde oder Idealgestalten, sondern das Produkt einer ganz bestimmten volkswirtschaftlichen Entwicklung: des allmählichen Übergangs von der Agrarwirtschaft zur Industrialisierung des Landes, die in den neunziger Jahren erfolgte. Die Handlung, die in Gór'kijs Novellen nie Zweck an sich war wie bei Leskóv, sondern nur zur Beleuchtung der Charaktere diente, war meistens in Dialogen dargestellt, und es war ein besonderes Kennzeichen seiner literarischen Technik, daß die Glaubwürdigkeit seiner Menschendarstellung von Anbeginn auf einer unendlich verfeinerten akustischen und optischen Empfindsamkeit beruhte. Seine Feder registrierte mit höchster Genauigkeit die Wahrnehmungen seiner Ohren und Augen. In der Darstellung der Novellengestalten und der Wiedergabe ihrer Rede feierte Gór'kijs Beobachtungsgabe wahre Triumphe. Selten führte er Figuren ein, deren Äußeres, Gesicht und Körper, Ausdruck und Kleidung, nicht genau beschrieben worden wäre. Selbst seine Hintergrundsfiguren waren scharf erfaßt. Eine fast stenographische Wirklichkeitstreue prägte die Dialoge der Novellen, die Repliken waren ungemein lebendig, und die Äußerungen der einzelnen Personen konnten als nahezu authentisch betrachtet werden.

Der objektive Realismus, der in all diesen Zügen hervortrat, ließ erwarten, daß Gór'kij seine romantischen Neigungen mit der Zeit ganz überwinden werde. Tatsächlich geschah das schon in Novellen, die zur gleichen Zeit wie die Vagabunden-Erzählungen entstanden, sich von diesen jedoch in mancher Hinsicht wesentlich unterschieden. Diese *sozialen Milieu-Novellen*, wie man sie nennen kann, bildeten schon in seiner ersten Schaffenszeit den eigentlichen Keim zu seinem späteren Lebenswerk. Da auch diese Gruppe auf persönlichem Erfahrungsstoff beruhte, lassen sich undatierte Novellen unschwer einem bestimmten Lebensabschnitt des Verfassers als Entstehungszeit zuordnen. Der erschütternden Novelle *Sechsundzwanzig und Eine (Dvádcat' šest' i odná,* 1899), der Erzählung von der zärtlichen Verliebtheit einiger Bäckergesellen in ein junges Mädchen und von dem Umschlag ihrer Gefühle in rohe Verachtung, als sie ihnen einen frechen Laffen als Geliebten vorzieht, liegt ein Erlebnis zugrunde, das der Verfasser gehabt haben muß, als er 1885 als Siebzehnjähriger in Sem'ónovs Brezelbäckerei in Nížnij-Nóvgorod arbeitete. Die erst 1917 gedruckte Erzählung *Schrecken* (*Strásti-mordásti*), die Geschichte von der vertrunkenen und verheerten Dirne und ihrem kleinen lahmen Jungen, muß aus jener Zeit in Gór'kijs Leben stammen, da er als Straßenhändler in Gassen und Gäßchen umherstreifte (1885–86). Vermutlich aus dem Jahre 1888, da er als Küchenjunge auf einem Dampfer mehrmals die Volga hinauf- und hinabfuhr, stammt die Idee zu der Novelle *Auf dem Floß* (*Na plotách*, 1895) mit ihrer großartigen Volga-Stimmung und der nicht minder großartigen Schilderung von der rücksichtslos vor aller Welt triumphierenden Liebe eines alten, rüstigen Flößers zu seiner starken, jungen Schwiegertochter. Die erst 1915 gedruckte kleine Novelle *Das Buch* (*Kníga*) und auch die grausige Geschichte *Aus Langeweile* (*Skúki rádi*, 1897) müssen auf Stoff beruhen, den Gór'kij als kleiner Eisenbahnangestellter in dem Städtchen Krutája an der Volga–Donstrecke sammelte. Zu dieser Gruppe der objektiv sozialen Novellen gehört eine große Reihe erschütternder, bewegender, rührender und aufrührender Erzählungen wie die große tragische Novelle *Das Ehepaar Orlóv* (*Suprúgi Orlóvy*, 1897), die den Leser ins Schuhmacher-Milieu führte, oder die Novelle *Konoválov* (1897), deren Held, ein Bäckergeselle, aus Melancholie Selbstmord beging, oder die Novelle *Kain und Artém* (1899), die Geschichte von der merkwürdigen Freundschaft des kleinen elenden Juden Kain und des großen, schönen Russen Artém, die erst endete, als Artém es nicht mehr ertragen konnte, mit einem so erbärmlichen Wesen zusammen gesehen zu werden.

Es ist nicht möglich, die vielen Erzählungen Gór'kijs im einzelnen zu behandeln. Die besprochenen Novellen genügen zur Kennzeichnung auch der anderen. In dieser Novellengruppe schilderte er schon nicht mehr die heimatlosen, entgleisten Vagabunden und die *Übermenschen* mit ihren titanischen Gelüsten und Kräften, sondern ganz bestimmte Volksklassen, ihre typischen Erscheinungen, ihr soziales Milieu und Leben: das der Bäcker, der Schuhmacher, der Eisenbahnangestellten, der Treidler, der Juden. Auch die Kinder begannen ihn zu interessieren. Er wollte die Leiden und Schmerzen der Menschen schildern, ihre geistige und soziale Not, ihr inneres und äußeres Dunkel. Nicht der Anarchismus und Nihilismus der Vagabunden, ihre seelischen Vorzüge und Gebrechen, ihre pittoreske Welt jenseits von Gesetz und Recht drangen hier auf den Leser ein. Er merkte jetzt das Bestreben des Verfassers, in den dunklen Bildern Licht-blicke zu finden, hinter den dicken Schichten des Schmutzes, hinter der harten Schale der Barbarei das erhebend Menschliche zu ent-decken. Seltener als früher begleitete der Verfasser in diesen Novel-len seine Schilderung mit persönlichen Betrachtungen oder lyrisch gefärbten Naturbildern. Häufiger wandte er sich konkreten *Hand-lungen* zu, die sich auf wirklichen *anekdotischen* Szenen oder auf *Vorfällen* dramatischer Art aufbauten. In der Regel wurde jedoch auch hier die Handlung in dialogischer Form wiedergegeben, und obwohl auch der Ichstil nicht fehlte, wurde dieser doch selten zur Selbstcharakteristik oder zur Erzeugung lyrischer Stimmungen be-nutzt. Er diente jetzt eher zur Steigerung der Wirklichkeitswirkung. Bei ihrem Erscheinen erregten diese Novellen Aufsehen, weil sie den Leser trotz dem düsteren Bild sozialer Not zu vertrauensvollem Glauben aufriefen, zum Glauben an die Unüberwindbarkeit des ewigen Menschenideals und besonders an die Fähigkeit des russi-schen Volkes, dieses Ideal in sieghafter Reinheit zu bewahren.

Gór'kij hatte eine Form gefunden, die seiner Begabung ent-sprach – die *Novelle*. Weder als Dramatiker noch als Romanschrift-steller gelangen ihm Meisterwerke, wie er sie als Novellist schuf. Von seinen vielen Schauspielen wie etwa *Spießbürger* (*Meščáne*, 1901); *Sommergäste* (*Dáčniki*, 1904); *Die Kinder der Sonne* (*Déti sólnca*, 1908); *Barbaren* (*Várvary*, 1906) errang eigentlich nur *Auf dem Grund* (*Na dné*, 1902; in Westeuropa als *Nachtasyl* bekannt) natio-nalen und internationalen Erfolg, doch verdankte es diesen mehr den genialen Inszenierungen Stanislávskijs und Max Reinhardts als sei-nen dramatischen Vorzügen. Literarisch betrachtet, war *Auf dem Grund* eine dramatisierte Novelle von Vagabunden, Dirnen und hoff-nungslosen Existenzen, wie wir sie aus seinen Erzählungen kennen. Es war alles andere als ein souveränes Schauspiel, das auf einem tra-gischen Konflikt und seiner Lösung beruhte. In der Hauptgestalt, dem räsonierenden Pilger und Verkünder Luká, erkannte man leicht den *Propheten* Kalínin aus der gleichnamigen Novelle wieder.

Als Dramatiker und als Romanschriftsteller fehlte Gór'kij die rechte konstruktive Disziplin. Seine Kompositionsgabe war gering – vielleicht ein Zeichen mangelnder literarischer Kultur. Gór'kij war Meister in der Wiedergabe seines Umweltstoffes, vermochte es aber nicht, ihn zur Nuancierung einer Haupthandlung zu verwenden. Es ließen sich mehrere interessante Beispiele dafür anführen, wie seine großen Prosawerke an künstlerischer Wirkung gewannen, wenn sie auf den Umfang von Novellen reduziert wurden. Ein solches Beispiel ist der große Roman *Drei Menschen* (*Tróje*, 1900), den Gór'kij 1923 einer Kürzung unterzog. Es war einer seiner ersten Romane; er versuchte darin darzustellen, wie sich Il'já Lúnev, der Sohn eines nach Sibirien verbannten Verbrechers und Enkel eines *altgläubigen* Eremiten, im Labyrinth des Lebens verirrt und, von äußerstem Ekel getrieben, plötzlich Amok läuft und sich nach Bekennung seiner Sünden bei einem Fluchtversuch den Kopf an einer Mauer zerschmettert. Der Roman führte eine Unzahl von Szenen, Menschen und Ereignissen vor, und der Leser konnte nicht einmal richtig verstehen, wer nun eigentlich die drei Menschen waren, auf die der Titel hinwies: waren es der alte Antípa, sein Sohn Jákov und sein Enkel Il'já? – waren es dieser und seine väterlichen Freunde, der buckelige Teréntij und der fröhliche Schuhmacher Perfíška? – oder waren es Il'já und seine Freunde, der Poet Páška und der Träumer Jáška? – oder waren es schließlich Il'já und die Frauen, die ihn umgaben? Auch nach der Kürzung blieb das unklar, da Gór'kij den Fehler beging, den Titel beizubehalten, obwohl dieser nicht mehr paßte, da nun Il'já entschieden der Hauptheld war. Ein anderes Beispiel ist *Die Provinzstadt Okúrov* (*Gorodók Okúrov*, 1908). In dieser *Chronik* versuchte Gór'kij, ein typisch *anekdotisches* Geschehnis, ein brutales Liebesdrama aus den untersten Schichten der Gesellschaft, mit einer gewaltigen Darstellung der revolutionären Volksstimmung um 1905 zu vereinigen. Aber die Hauptpersonen des Liebesdramas verschwanden in dem Gewimmel der Gestalten, die er lebendig zu machen suchte, und in dem zusammengehäuften, künstlerisch heterogenen revolutionären Zeitstoff. Durch die Dezentralisierung der Eindrücke glaubte er einen breiten Kolossaleffekt erzielen zu können; seine Technik bewirkte aber nur, daß der Roman alle festen Konturen einbüßte. Gór'kij sah später (1923) ein, daß er im wesentlichen nur eine gute soziale Novelle war, und kürzte ihn beträchtlich. Dabei wurde das chronikartige Element rücksichtslos entfernt, und es entstand eine sonderlich gedrängte und wirkungsvolle tragische soziale Novelle. Nur die meisterhafte breite Milieu-Schilderung der Einleitung erinnerte noch an die ursprüngliche Form der Novelle.

In seinen anderen Romanen verwendete GÓR'KIJ jedoch ein ganz anderes Kompositionsschema, das in der Regel schon die Titel verrieten. In dieser stattlichen Reihe großer Werke – in dem Roman *Fomá Gordéjev* (1899), dessen Hauptgestalt, der Titelheld, ein – wie GÓR'KIJ sagte – *atypischer* Kaufmann ist, der im Kampf des Lebens untergeht, oder in dem berühmten zweibändigen Roman *Die Mutter* (*Mat'*, 1906), der eigentlich mehr die Entwicklungsgeschichte des Sohnes, des ersten russischen Proletariers, veranschaulicht, oder im *Leben eines überflüssigen Menschen* (*Žizn' nenúžnogo čelovéka*, 1908) oder in dem vierbändigen *Leben Matvéj Kožem'ákins* (*Žizn' Matvéja Kožem'ákina*, 1911) oder in den beiden letzten großen Romanen: dem *Werk der Artamónovs* (*Délo Artamónovych*, 1925) und dem spannenden *Leben Klim Sámgins* (*Žizn' Klíma Sámgina*, 1927), das, unvollendet, in vier mächtigen Bänden erschien, in jedem von ihnen handelte es sich um eine typische soziale Biographie, und immer ist maßlos schwellender Stoff in den Rahmen eines einzelnen Lebenslaufes gepreßt. Es war GÓR'KIJS Ehrgeiz, einen großen Zyklus von Zeitbildern zu schaffen; es ist bezeichnend, daß *Die Provinzstadt Okúrov* als erster, das *Leben Kožem'jákins* als zweiter und der unvollendete Roman *Die große Liebe* (*Bol'šája l'ubóv'*) als dritter Teil einer monumentalen Trilogie geplant waren. Aber der große Wurf gelang GÓR'KIJ nie ganz.

Nur in einem dieser großen Werke glückte es ihm, eine zweckmäßige, bestimmte Struktur durchzuführen: in dem Roman *Die Mutter*. Hier hatte er es mit einem Stoff von begrenztem Umfang zu tun, und die ganze Erzählung war von einem bemerkenswerten heroischen Optimismus getragen. Aber bei den anderen, in ihren Konturen so vagen Romanen, schieren Riesenromanen, verband sich die Unsicherheit der Komposition mit einem tiefen Pessimismus, und das unübersetzbare Wort *toská*, das am ehesten ‚Sehnsucht' bedeutet, oder das leichter übersetzbare *skúka* – ‚Überdruß' – kehrte in den Betrachtungen der Helden immer wieder, als seien sie der thematische Leitfaden des Dichters. Die Menschen, die GÓR'KIJ schilderte, waren Vertreter von Geschlechtern, die sich im Niedergang befanden. Es waren in der Regel überflüssige oder überzählige oder unbrauchbare Menschen. Sie waren meistens ungeeignet zum Kampf und zum Leben. Als Zuschauer ließen sie das Dasein mit seinen Geschehnissen und sozialen Verwicklungen langsam an ihren Augen vorübergleiten, ohne sie entwirren zu können.

Nur ein einziges Mal bescherte diese biographisch-genealogische Methode GÓR'KIJ das Glück, ein Meisterwerk von echt monumentalem Ausmaß zu schaffen: seine autobiographische Trilogie *Kindheit* (*Détstvo*, 1914), *Unter fremden Leuten* (*V l'úd'ach*, 1918) und *Meine Hochschulen* (*Moí universitéty*, 1923). In diesen Büchern war die biographische Technik berechtigt und begründet, und ihre Hauptgestalt, MAKSÍM GÓR'KIJ selbst, war tatsächlich interessant. Sie trugen den breiten, schweren, riesigen Milieustoff wie ein leichtes und natürliches Gewand. Hier stand man einem Helden gegenüber, der wie ganz wenige seiner Generation zum Kampf ums Dasein tauglich gewesen war und der daher niemals sein Leben als zwecklos oder den Gang der Geschichte als sinnlos empfunden hatte, ein Mann, der niemals aufgehört hatte, von einer Erde zu träumen, die umgestaltet war zu *einer schönen Wohnung für das Menschengeschlecht.*

5. MARXISMUS UND NEUREALISMUS

MAKSÍM GÓR'KIJ war der erste klassenbewußte Proletarier in der russischen Literatur. Er war auch der erste Marxist unter den Schriftstellern. Als er auf dem literarischen Schauplatz erschien, war die Struktur der russischen Gesellschaft in einer durchgreifenden Umbildung begriffen, und eine neue Ideologie, die später für Rußland als Staat und Volk entscheidende geschichtliche Bedeutung bekommen sollte, bahnte sich den Weg. Sie erhob immer lauter den Anspruch, die Lehre zu sein, die alle sozialen, wirtschaftlichen, philosophischen und politischen Probleme lösen könne – Probleme, die seit der *Epoche der großen Reformen*, während der trostlosen Zeit des *militanten Zarismus*, wie ein Krebsgeschwür am russischen Geistesleben gezehrt hatten.

Nach dem Attentat auf Alexander II. und nach der Auflösung der aktiv-revolutionären Organisation *Volkswille* war man in den achtziger und neunziger Jahren allmählich zu der Erkenntnis gekommen, daß die Lehre der *Volkstümler* von der halb-mystischen eruptiven und revolutionären Kraft des russischen Bauernvolkes eine vernichtende Niederlage erlitten hatte. Der trostreiche Glaube an die Heilssendung des russischen Volkes, an die Erwähltheit Rußlands vor anderen Völkern und an die Unabhängigkeit der russischen Geschichte von den Gesetzen, welche die sozialen und wirtschaftlichen Bewegungen der westeuropäischen Nationen regelten – dieser Glaube war langsam erstorben, und ein tiefer Pessimismus, wie er in Čéchovs sensitiven Novellen und Schauspielen zu beredtem Ausdruck gekommen war, hatte die Gemüter ergriffen. Die Begeisterung hatte den Todesstoß erhalten, und die *Volkstümler* beeilten sich, traurige, aber loyale Bürger des Zarenreiches zu werden. Aber die Frage *Was tun?*, die Černyšévskij in den sechziger Jahren in einfacher und überzeugender Weise beantworten zu können meinte, war immer noch ungelöst. Mehr als je zuvor schwebte sie auf den Lippen aller denkenden Menschen und bedrückte aller Herzen. Vergebens versuchte man sich einzubilden, man könne ohne jede umfassende Theorie durchkommen und sich einfach mit der alltäglichen Philosophie der *kleinen Werke* begnügen. Der *militante Zarismus* schien triumphieren zu sollen.

Aber gerade zur Zeit seiner üppigsten Blüte gab es einige Köpfe, die sich nicht beschieden, sondern die Entwicklung methodisch und analytisch zu studieren und die Folgerungen aus der Niederlage zu ziehen begannen, welche die revolutionäre Bewegung erlitten hatte. Sie entwarfen ein neues Programm für die zukünftige revolutionäre Aktion, ein Programm, das sich auf eine scheinbar von inneren Widersprüchen freie und konsequente Ideologie gründete. Sie fanden, daß der *individuelle Terror*, den ihre Vorgänger und Lehrmeister unter den *Volkstümlern* gefordert und mit immer häufigeren Attentaten auf einzelne Regierungspersonen ausgeübt hatten, als revolutionäres Kampfmittel völlig ungeeignet sei. Sie fanden, daß sich die *Volkstümler*-Lehre auf den grundsätzlich irrigen romantischen Glauben an die Rolle des Individuums in der Geschichte und auf den ebenso falschen mystischen Glauben an die wunderbaren Kräfte des gemeinen Volkes gegründet habe. Die ganze Lehre sei von Grund aus idealistisch gewesen, das heißt blind für die Realitäten des Lebens und die wirklichen Gesetze des Daseins. Sie meinten nun zu wissen, daß der Zarismus eine Hydra sei, die für jeden Kopf, der ihr abgeschlagen wurde, zehn neue hervorstoßen könne, und daß diese Hydra nur dadurch zu bekämpfen sei, daß man eine noch größere Hydra auf sie loslasse. Die Programmatiker erkannten, daß zwar in den Bauernmassen eine mächtige, latent revolutionäre Reserve vorhanden war, daß aber die Bauernmassen in ihrer Verstreutheit über das unermeßliche Land als aktives Kampfheer gegen die in den Städten konzentrierte Regierungsmacht nicht verwendbar seien. Die neuen Propheten, die MARX und ENGELS studiert und sie zu ihren unfehlbaren Autoritäten gemacht hatten, behaupteten, es sei der jungen Arbeiterklasse vorbehalten, eine Revolution in Rußland durchzuführen.

Dieser Gedanke mußte, als er zum erstenmal ausgesprochen wurde, als geradezu falsch und unmöglich erscheinen. Während die jahrtausendalte Geschichte Rußlands von dem geduldigen und heroischen Schaffen und Schuften der Bauernbevölkerung getragen und geprägt war, stellte die Arbeiterklasse in diesem Ackerbauland einen zahlenmäßig anscheinend ganz unbedeutenden Faktor dar. Seit der Aufhebung der Leibeigenschaft war freilich eine gewisse Industrialisierung Rußlands erfolgt, und rein kapitalistische Produktionsmethoden hatten Eingang gefunden. Zahlreiche Fabriken waren entstanden, deren Arbeiter nicht mehr Bauern waren, sondern ausschließlich von ihrem Beruf lebten. In den fünfundzwanzig Jahren von 1865 bis 1890 war die Anzahl dieser Fabrikarbeiter langsam, doch stetig von 700000 auf 1433000 gestiegen, und am Ende der neunziger Jahre betrug sie schon annähernd 3 Millionen. Aber was bedeutete das, wenn fünf Sechstel der ganzen Bevölkerung immer noch in der Landwirtschaft tätig waren, während sich der Rest auf alle anderen Berufe verteilte und etwa im Handel, bei der Eisenbahn, in der Schiffahrt, im Baugewerbe, in der Waldwirtschaft und – endlich – in Fabriken beschäftigt war. Außerdem, so meinte man, müsse jeder in jeder nur denkbaren Weise dem weiteren Vordringen des Kapitalismus entgegenwirken. Der Kapitalismus sei der Hauptfeind, und statt die Industrialisierung des Landes zu fördern, müsse man alles tun, sie zu hemmen und aufzuhalten. Man müsse andere Produktionsmethoden unterstützen, die sich besser mit russischer Art und Überlieferung vertrügen, zum Beispiel die genossenschaftlich organisierte Heimarbeit. Wie man früher an die russische Bauerngemeinde (*obščina*) oder die Dorfgemeinschaft (*mir*) geglaubt hatte, so wollte man jetzt gerne an die künftige Bedeutung der *Artéls*, der freiwilligen Arbeitsgenossenschaften, glauben.

Der russische *Marxismus* war überzeugt, daß der Vormarsch des Kapitalismus in Rußland und die Industrialisierung des Landes in keiner Weise gehemmt oder bekämpft werden könne oder dürfe. Rußland sei – wie Westeuropa – in eine gesetzmäßige geschichtliche Entwicklung eingetreten. Je ungestümer deren Tempo werde, desto größer seien die Aussichten, ein aktives Arbeiterheer zu schaffen, das den Kampf für eine sozialistische Gesellschaftsordnung aufnehmen könne. Im Vergleich mit den Bauernmassen sei zwar die Arbeitermasse ein Zwerg, doch sei sie leichter zu organisieren und zu disziplinieren. Es galt, sie *klassenbewußt* zu machen, was um so leichter sein mußte, als sie in den großen kapitalistischen Betrieben der Städte konzentriert war und täglich mit ihren Feinden, den Arbeitgebern, in Berührung kam. Schon in den siebziger und achtziger Jahren waren die ersten Massenstreiks ausgebrochen; es waren fast spontane Bewegungen, hervorgerufen durch die rücksichtslose Ausbeutung der Arbeiter durch eine bedenkenlose Kapitalistenklasse, durch niedrige Löhne, falsche Lohnberechnungen, Lohnkürzungen, Strafen und elende Wohnverhältnisse. Im Jahre 1875 war in Odessa die erste reguläre Arbeitervereinigung nach gewerkschaftlichen Grundsätzen entstanden: der *Südrussische Arbeiterbund*. Nach nur neunmonatiger Tätigkeit wurde er von der Regierung aufgelöst. Aber drei Jahre später wurde in St. Petersburg der *Nordrussische Arbeiterbund* gegründet, der sich nach westeuropäischen Vorbildern die Aufgabe stellte, für eine soziale Revolution zu kämpfen. Auch er wurde von der Regierung sehr bald aufgelöst. Das hinderte jedoch die Arbeiter nicht, in den folgenden Jahren ihre aktive Solidarität durch zahlreiche Streiks zu bekunden. Am berühmtesten war der große Streik bei den Morózov-Fabriken in Oréchovo-Zújevo bei

Moskau im Jahre 1885; er wurde erst eingestellt, als die Regierung Militär gegen die Arbeiter einsetzte.

Die jungen russischen *Marxisten*, welche die Aufgabe übernahmen, die russische Arbeiterklasse in ihrer Gesamtheit zu organisieren, sammelten sich um den hervorragenden Theoretiker GEÓRGIJ VALENTÍNOVIČ PLECHÁNOV (1857–1918), der 1880 die Reihen der *Volkstümler* verlassen hatte und 1883 in Genf mit einigen Gesinnungsgenossen die erste marxistische Kampfgruppe, *Befreiung der Arbeiterschaft (Osvoboždénije trudá)*, gründete. Seine Bedeutung lag vor allem darin, daß er in zahlreichen Schriften die alte Theorie der *Volkstümler* bekämpfte, die marxistischen Grundideen bei der russischen Intelligenz verbreitete und die theoretische Grundlage für eine revolutionäre Bewegung schuf. Dagegen setzte VLADÍMIR IL'JÍČ UL'JÁNOV-LÉNIN (1870–1924), der in den neunziger Jahren hervortrat, seine Kraft daran, eine unmittelbare Verbindung zwischen den theoretischen Marxisten und den Arbeitermassen herzustellen. Er erreichte es durch eine neue Organisation, den *Kampfbund zur Befreiung der Arbeiterschaft (Sojúz bor'bý za osvoboždénije trudá)*, der in St. Petersburg wirkte und die Keimzelle einer revolutionären Partei wurde, die sich auf die Arbeiterschaft stützte. Bald entstanden in allen größeren Städten ähnliche Organisationen, die ständig Fühlung miteinander hatten und die so schnell wuchsen, daß 1898 in Minsk ein geheimer Kongreß abgehalten und die Bildung der russischen sozialdemokratischen Partei verkündet werden konnte. Obwohl ihr Zentralkomitee sehr bald von der Regierung verhaftet wurde, war doch allein die Tatsache der Gründung einer Partei für die Arbeiterklasse und die Verbreitung des Marxismus von großer Bedeutung.

LÉNIN war in Minsk nicht zugegen gewesen, da er zwei Jahre vorher festgenommen und nach Sibirien verschickt worden war. Aber als er im Jahre 1900 zurückkehrte, nahm er den Kampf wieder auf – nicht nur gegen die *Volkstümler*, die sich nun als bauernfreundliche sozial-revolutionäre Partei organisiert hatten, sondern auch gegen die liberalisierenden Marxisten, die später in die bürgerliche Konstitutionell-demokratische (Kadetten-) Partei hinüberglitten, und gegen allerlei rebellische Revisionisten in der sozialdemokratischen Partei selbst. Auf dem Kongreß der Arbeiterpartei im Jahre 1903 kam es zu der berühmten Spaltung der russischen sozialdemokratischen

Partei, bei welcher Gelegenheit die Bezeichnungen *Bolschewiken* und *Menschewiken* geprägt wurden. Die von LÉNIN und anderen redigierten Tageszeitungen, die nach Rußland eingeschmuggelt wurden, waren für die Entwicklung einer kampfbereiten Arbeiterklasse von großer Bedeutung. Der unglückliche Russisch-Japanische Krieg des Jahres 1904 und Japans vernichtender Sieg erregten die revolutionäre Stimmung noch mehr, und eine Streikwelle nach der andern ging über das Land. Am *Blutsonntag*, am 9. Januar 1905, richteten die zaristischen Truppen aus dem Hinterhalt unter friedlich demonstrierenden Arbeitern ein furchtbares Blutbad an; diese hatten sich von Polizeiagenten verleiten lassen, an einem Umzug zum Schloß des Zaren in St. Petersburg teilzunehmen, um ihn um Linderung ihrer Not zu bitten. In St. Petersburg, Moskau und anderen großen Städten brach hierauf eine von Zentralkomitees geleitete, organisierte und bewaffnete Revolution aus. An ihr beteiligten sich alle fortschrittlichen Elemente der Bevölkerung – nicht nur Arbeiter, sondern auch Bürger und Bauern, nicht nur Sozialdemokraten aus beiden Lagern, sondern auch Leute, die den sozialrevolutionären, konstitutionell-demokratischen und anderen linksgerichteten Gruppen angehörten. Das Manifest des Zaren vom 17. Oktober, das der Bevölkerung bürgerlich-demokratische Rechte und die Errichtung eines Parlamentes, der *Reichsduma*, versprach, konnte die revolutionäre Flut, die das ganze Land ergriffen hatte, kaum zurückdämmen. In St. Petersburg und Moskau wurden die ersten Arbeiterräte, die *Sovjets*, gegründet. Aber die Bewegung, zweifellos die stärkste seit undenklichen Zeiten, war gegenüber den Kanonen und Bajonetten des Zarismus doch nicht stark genug, und, in die verschiedenen Parteien gespalten, fehlte ihr die einheitliche Leitung. Die Zarenregierung siegte. Die nun folgende Periode war anfangs durch gewisse gemäßigt-fortschrittliche Maßnahmen gekennzeichnet, mündete aber allmählich in eine neue Reaktion.

Der Marxismus als Ideologie hatte als neues Ferment gewirkt; als sein literarisches Korrelat erschien nun ein eigentümlicher *Neurealismus*. Gleichzeitig aber entstand, die tiefe Entzweiung der Literatur offenbarend, eine Gegenströmung zu diesem: der *Symbolismus*. So eng der Neurealismus mit dem Marxismus verbunden war, so fremd und feindlich stand diesem der Symbolismus gegenüber. In diesen zwei Strömungen bewegte sich die russische Literatur bis zur Oktoberrevolution, die diese ganze Periode beendete.

Die Neurealisten sammelten sich um MAKSÍM GÓR'KIJ und den von ihm geleiteten Verlag *Znánije* (*Wissen*), der, 1898 zur Herausgabe populärwissenschaftlicher Schriften gegründet, seit 1900 auch zum Mittelpunkt der neurealistischen Literatur geworden war. Die Schriftsteller dieser Richtung, die sich schon früher (1898) in TELE-ŠÓVs Gruppe *Sredá* zusammengefunden hatten, bildeten nun einen organisierten, aber so kleinen Kreis, daß man sie scherzend, auf den literarischen Vornamen ihres Führers anspielend, *Zwergmaksime* (*podmaksímki*) nannte. Es wäre falsch zu sagen, daß diese Neurealisten eine klar definierte Schule ausmachten und bestimmten, gemeinsam angenommenen programmatischen Parolen huldigten. Selbst ihr Verhältnis zum Marxismus als Lehre war nicht einheitlich, obwohl sie anfangs alle zu ihm hinneigten. Er war die einzige originale und logisch aufgebaute Theorie dieser Zeit, zu der Stellung zu nehmen sich jeder verpflichtet fühlte. Manche blieben ihm bis zum bitteren Ende treu, andere sprangen rechtzeitig ab und wurden seine heftigsten Gegner. Nicht einmal ihr Führer GÓR'KIJ war immer konsequenter und orthodoxer Marxist, obwohl er der sozialdemokratischen Partei angehörte. Nach 1905 machte es LÉNIN eine Zeitlang große Mühe, ihn vor religiösen Anwandlungen zu bewahren.

Es wäre daher leichter, die neurealistische Richtung rein negativ zu bestimmen, als ihre positiven Merkmale aufzuweisen. Jedenfalls war sie der parallel verlaufenden symbolistischen Richtung gegenüber entschieden feindlich eingestellt. Rein historisch bildete der Neurealismus die Fortsetzung des Skizzenschrifttums der *Volkstümler* unter neuen ideologischen Zeichen. Allseitige Wiedergabe der Wirklichkeit, Schilderung des Lebens in seiner Fülle, lebhafte Teilnahme an der Entwicklung der Gesellschaft – das war für ihn zweifellos die vornehmste Aufgabe der Literatur. KOROLÉNKO, ČÉCHOV und GÓR'KIJ waren die Vorbilder, denen man zu folgen suchte; gleichzeitig griff man ständig auf die großen realistischen Klassiker zurück, am meisten auf TOLSTÓJ, etwas weniger auf TURGÉNEV, noch weniger auf DOSTOJÉVSKIJ. Sprachlich war man allen stilistischen Experimenten feind, deren Berechtigung nicht durch die Vorbilder verbürgt war. Der große Realismus hatte eine Literatursprache ge-

schaffen, die sich durch einen allmählich leicht zugänglich gewordenen, man könnte sagen: mechanisierten und automatisierten Stil
auszeichnete, einen kanonischen Wortschatz, eine konventionelle
Syntax, eine schematische Dialog-Technik, die so gut wie sakro-
sankt waren. Diese Sprache eignete sich schlecht zur Darstellung eigen-
artiger Personen oder zur Schilderung ungewöhnlicher Handlungen,
überhaupt nicht für erregende Themen. Sprachliche Verfeinerung
galt als geziert und dekadent. Einfachheit war das Ideal. Man betrachtete Púškins klassische Prosa als normal und als normativ.
Das literarische *juste milieu*, die *aurea mediocritas*, der stilistische
Durchschnitt wurde zum Prinzip erhoben. Versifikation und versi-
fikatorische Experimente mied man wie eine Krankheit. Es überrascht kaum, daß man in dieser Schar neurealistischer Prosaisten
keine wirklich großen originalen, farbenreichen Talente findet, geschweige denn Genies. Es sind tüchtige Männer der Feder, die in
dieser Gruppe wirken, ernste, gewissenhafte, etwas schwerfällige und
sachliche Schriftsteller, aber keine Poeten, keine Dichter.

Den Anstoß zum Zusammenschluß der Neurealisten gab, wie gesagt, Nikoláj Dmítrijevič Telešóv (1867–1945), einer der ältesten
von ihnen, etwas älter sogar als Maksím Gór'kij. Als Siebzehnjähriger hatte er ein Gedicht veröffentlicht, doch war dies nur eine typische Jugendsünde und blieb ohne Folgen für sein späteres Schaffen.
Auf einer Reise nach Sibirien, die er in den neunziger Jahren auf Ver-
anlassung Čéchovs unternahm, sammelte er umfangreichen Stoff
für seine ersten Novellen. Er wurde Zeuge der großen, von der Regierung organisierten Bauernauswanderung nach Sibirien und schilderte diese in ihrer erschütternden Tragik in seinen Novellenbänden
In Dreispännern (*Na trójkach*, 1895), *Erzählungen und Novellen*
(*Póvesti i rasskázy*, 1896) und *Über den Ural* (*Za Urál*, 1897). Besonders große Aufmerksamkeit erregten *Die wandernden Umsiedler*
(*Samochódy*), eine Erzählung von drei einfachen Bauern, Großvater, Vater und Sohn, die ohne Pferd und Wagen, all ihre Habe auf
dem Rücken tragend, auf schier endloser Wanderung über Tausende
von Kilometern nach Sibirien ziehen. Stofflich erinnerten diese Erzählungen an die ethnographischen Skizzen der *Volkstümler*, doch
hatte Telešóv nichts von ihrer leicht mitleidigen und sentimentalen
Haltung dem Volk gegenüber; er schilderte, was er sah, mit der Ruhe

eines Soziologen. Auch an seinen trefflichen Landschaftsbildern, die in ihrer Zurückhaltung lyrischen Effekten gegenüber nicht wenig an Čéchovs Art erinnerten, hatte der Leser seine Freude. Die große Novelle *Mageres Leid* (*Suchája bedá*) von dem tschuwaschischen Bauernjungen Maksímka, der sich im Zimmer des reichen Kaufmannssohnes erhängt, um sich an ihm für die rohe Behandlung der anmutigen Fén'a zu rächen, läßt sich mit einigen Novellen Koro-lénkos und Leskóvs vergleichen, doch fehlt ihr des einen Wärme und des anderen Sinn für Dramatik. In Telešóvs Kunst gab es keine Spannung, sie war im Grunde ehrliches literarisches Handwerk. Das gilt für die Novelle *Schatten des Glückes* (*Ten' sčást'ja*, 1896), die die wenig aufsehenerregenden Tagesträume eines jungen Künstlers schilderte; das gilt auch für die Novelle *Aufruhr* (*Kramóla*, 1906), die ein viel ungewöhnlicheres Thema, den spontanen Übergang eines einfachen Priesters zu den revolutionären Aufrührern in dem ereignisreichen Jahre 1905, behandelte. Schließlich sei erwähnt, daß Telešóv zuweilen seiner Neigung, den Bannkreis des Neurealismus zu durchbrechen, nachgab – ein Zug, dem wir sogar auch bei Gór'kij begegnet sind – und dann sehr gute Legenden und Sagen schrieb, kaukasische Sagen, historische Sagen, volkstümliche Legenden und reine Märchen.

Zum selben Kreis wie Telešóv gehörten Schriftsteller wie der später in Amerika lebende Sergéj Ivánovič Gúsev-Orenbúrgskij (1867–1963), der, Priester von Beruf, sich lange nicht von dem literarischen Volkstümler-Geist lösen konnte, in dem er aufgewachsen war, und der sich 1905 mit seinem Roman *Das Land der Väter* (*Straná otcóv*), worin er ein ähnliches Thema behandelte wie Te-lešóv in seiner fast gleichzeitigen Novelle *Aufruhr* und ein breites Zeitbild vom Vormarsch des Kapitalismus in der Provinz darbot, würdig in die Reihen der Neurealisten einordnete – oder Sem'ón Salomónovič Juškévič (1868–1927), der sich konsequent darauf beschränkte, das von Kapitalismus und Klassenkampf heftig erschütterte Leben der Ostjuden in den elenden Ghettos der Provinzstädte zu schildern – oder der Wanderer Skitálec (eigentlich: Stepán Gavrílovič Petróv, 1869–1941), der in seinen von Maksím Gór'kij beeinflußten Novellen und Erzählungen das russische Proletariat in seiner tiefsten Erniedrigung darstellte, ohne jedoch das

Können seines Meisters zu erreichen. Sehr geschätzt war der letzte Neurealist, JEVGÉNIJ NIKOLÁJEVIČ ČÍRIKOV (1864–1932), dessen erste Arbeiten in der Provinz erschienen, dessen Name aber erst 1893 in den großen Zeitschriften der Hauptstädte auftauchte. In der Trilogie *Invaliden, Verabschiedet (V odstávku), Fremde Leute (Cužestráncy),* die in der Welt der russischen Intelligenz spielte, stellte er mit sicherer Hand den langsamen Übergang von der *Volkstümler*-Lehre zum *Marxismus* dar. Er sang kein Klagelied auf den Untergang des alten idealistischen Glaubens, seine Romane und Novellen waren ein wenig bekümmerter Nekrolog dieses Glaubens. In seinen späteren Werken (*Faust, Im Tale zwischen den Bergen, Wie es kam*) gab er zuverlässige, nüchterne Bilder aus dem Provinzleben, das er sehr gut kannte. Auch als realistischer Dramatiker lenkte er die Aufmerksamkeit auf sich. Seine ersten Stücke erschienen um 1902: das vieraktige Lustspiel *Auf der Jagd nach Ruhm (Za slávoj),* die Szene *Im Hintergebäude (Na dvoré vo flígele)* und das vieraktige Schauspiel *Freunde der Öffentlichkeit (Druz'já glásnosti).* Das größte Aufsehen erregten jedoch sein Lustspiel *Iván Mirónyč,* dessen Titelheld ein widerwärtiger Schulmeister war, und das düstere Schauspiel *Die Juden (Jevréi),* dessen Handlung auf einem Judenpogrom in der Provinz beruhte. Diese Stücke waren nichts anderes als Dramatisierungen von Zeitereignissen oder -problemen, szenische Darlegungen gewisser soziologischer Situationen. Schauspiele wie *Bauern (Mužikí)* oder *Das Haus der Familie Kočergín (Dom Kocerginých)* zeigten immer wieder, mit welcher Sympathie und milden Melancholie Čírikov Verhältnisse und Menschen betrachtete.

Ein Schriftsteller von etwas größerem Format war VIKÉNTIJ VIKÉNT'JEVIČ VERESÁJEV (1867–1946), der eigentlich SMIDÓVIČ hieß. In seiner ideologischen Haltung war er konsequenter und beharrlicher als die meisten seiner Zeitgenossen, obwohl er von einer marxistischen Gruppe ausgegangen war, deren Mitglieder später im bürgerlichen, konstitutionell-demokratischen Lager landeten. In den Jahren 1895–1902 veröffentlichte er drei Romane, in denen er die ideologische Entwicklung seiner Zeit schilderte, den langsamen Übergang seiner Generation von der *Volkstümler*-Lehre zum Marxismus. Sie bildeten eine zeitannalistische Trilogie. Der erste Roman, *Ohne Weg (Bez dorógi,* 1895), war in Tagebuchform verfaßt. Der

Schreiber des Tagebuches, der junge Arzt Doktor Čekanóvskij, berichtete, wie er sich freiwillig zur Bekämpfung der furchtbaren Cho-
lera-Epidemie meldete, die 1891–92 im Lande wütete und unter den
Bauern panischen barbarischen Aufruhr verursachte, und wie er dem
unvermeidlichen Tod unter unkundigen, fanatischen Bauern ent-
gegenging. Das Hauptinteresse galt jedoch der jungen Natáša, die
– tief unzufrieden mit der Schwäche und Unentschiedenheit der sie
umgebenden Menschen – Čekanóvskij vergeblich nach dem rechten
Weg in die Zukunft fragt. In seinem nächsten Buch, *Pestluft* (*Pové-
trije*, 1897), ließ VERESÁJEV sie wieder auftreten, doch nun als eine
Natáša, die mit dem väterlichen Heim gebrochen und im Ausland
studiert hat und jetzt mit einer festen und sicheren, nie versagenden
Lebensanschauung nach Rußland zurückkehrt; diese Lebensanschauung ist natürlich der Marxismus, den VERESÁJEV der Zensur wegen
nicht klar und unzweideutig nennen konnte. Im Vergleich mit dieser
zielbewußten Natáša wirkt der letzte Vertreter der Volkstümler wie
eine Verkörperung der Schwäche und Hilflosigkeit. In dem Roman
Am Wendepunkt (*Na povoróte*, 1902) gab VERESÁJEV eine sorgfältige Darstellung von der Entzweiung in den Reihen der Marxisten,
von ihrem ideologischen Gegensatz zur sozial-revolutionären Partei
und von der gefährlichen Bestrickung, die von Nietzsches individua-
listischer Philosophie ausging und immer weitere Kreise der radikalen russischen Intelligenz erfaßte.

VERESÁJEVS Romane waren im Grunde nur große Novellen. Er
hatte nicht den Ehrgeiz, Monumentalwerke zu schaffen. Die große
Reihe seiner kleineren Novellen und Erzählungen reichte über die
Revolution von 1905 bis zum ersten Weltkrieg. Besonders die ersten
brachten Darstellungen von Bauern, bäuerlichem Unglauben und
Aberglauben, bäuerlichem Leben im allgemeinen, zum Beispiel
Lizár (1899), *In der Steppe* (*V stepí*, 1901), *In einem Haus* (*V odnóm
dóme*, 1902), oder von der typischen Welt der Arbeiter, zum Beispiel
Zwei Lebensausgänge (*Dva koncá*, 1903), eine Novelle, die besondere
Teilnahme weckte, weil sich damals der Blick aller auf das Proleta-
riat richtete. Aber um 1902/03 verließ er diesen Stoffkreis und wandte
sich dem Leben und den Problemen der bürgerlichen Intelligenz zu.
Er schilderte die Problematik der Ehe (*Spinngewebe* – *Pautína*,
1902) und die Poesie der Liebe (*Auf der Durchreise* – *Projézdom*,

1903); er gab eine Umschreibung des IBSENschen Nora-Problems (*Auf der Höhe – Na vysoté*, 1904) oder vertiefte sich in das Geheimnis des Todes (*Großvater – Déduška*, 1915). Erst 1923, fünf Jahre nach der Oktoberrevolution, schuf er wieder ein großes Prosawerk in der Art seiner Jugendtrilogie, den Roman *In der Sackgasse* (*V tupiké*), in dem sich alte und neue Ideologien und Parolen im heftigen Kampf zwischen den Mitgliedern der intellektuellen Familie Sartánov begegnen. Das Buch bot zugleich die sachlichste Schilderung der Bürgerkriege, die es gibt. VERESÁJEVs Schaffen hatte immer etwas sehr Autobiographisches, etwas Persönliches und Selbsterlebtes an sich; in der Geschichte des russischen Geisteslebens wird er daher mit Recht vor allem als Verfasser der seinerzeit viel besprochenen, aufsehenerregenden *Aufzeichnungen eines Arztes* (*Zapiski vračá*, 1901) genannt, eines nur halb zur schönen Literatur gehörenden Buches, in dem er, der selber Arzt war, die medizinische Ausbildung im damaligen Rußland scharf kritisierte. In seinen *Erinnerungen* (*Vospominánija*), die lange nach der Oktoberrevolution erschienen, erzählte er fesselnd von seinem Leben und seinen literarischen Begegnungen und Freundschaften.

Ein starkes Talent unter den Neurealisten, eine seltsam unruhige Bohème-Natur und doch ein nüchterner Wirklichkeitsschilderer war ALEKSÁNDR IVÁNOVIČ KUPRÍN (1870–1938), dessen buntbewegtes Leben und Wirken – er war Journalist, Hafenarbeiter, Landmesser, Schauspieler, Kirchensänger, Fabrikarbeiter und vieles andere gewesen – ihm eine Fülle farbigen Erfahrungsstoffes gab, die ihm bei seinem schriftstellerischen Schaffen zugute kam. Er schrieb zahlreiche Novellen und größere Erzählungen – bald von einem bezaubernden jungen Mädchen, das er in einem westrussischen Urwald getroffen hatte und das gleich seiner Großmutter als Hexe in Verruf gekommen war (*Olés'a*, 1898) – bald vom Leben in einer südrussischen Hafenkneipe mit ihrer Atmosphäre herber Kameradschaft (*Gambrinus*) – bald, anders als TOLSTÓJ, von einem Pferd (*Smaragd – Izumrúd*, 1907) – bald von einem Diakon, der, statt den Fluch der Kirche über LEV TOLSTÓJ zu verlesen, seinen Segen über ihn sprach (*Anathema – Anáfema*, 1913). Er war immer vom Handlungsverlauf, immer vom Erzählen an sich in Anspruch genommen.

Berühmt wurde er jedoch durch seine drei Romane *Moloch* (1896), *Das Duell* (*Pojedínok*, 1905) und *Die Gruft* (*Jáma*, 1910), deren wirklichkeitstreue Umweltschilderungen Aufsehen erregten. Der Held des in der Fabrikwelt spielenden Romans *Moloch*, der junge Ingenieur Bobróv, dient nur widerwillig dem Gott der Industrialisierung und fühlt sich in seiner herzlosen Umgebung fremd und einsam. Zwei Ereignisse erschüttern ihn bis ins Innerste der Seele, eins von privater, eins von allgemeiner Bedeutung: die lebhafte, etwas kokette Nína, in die er verliebt ist, läßt sich von dem Fabrikdirektor, dem großen, ungeschlachten Industriemagnaten Kvašnín, kaufen, und die Fabrik geht bei einem Arbeiteraufruhr in Flammen auf. Es war bezeichnend für KUPRÍN, daß er das Fabrikleben nicht in unmittelbarer Objektivität, sondern nur so schilderte, wie es sich durch die Brille eines intellektuellen, etwas unausgeglichenen jungen Ingenieurs ausnahm, und daß die Arbeitermassen bei ihm nur wie eine unpersönliche, elementare und anonyme Mauer erschienen. Der Verfasser und das russische Proletariat waren durch eine Kluft getrennt. In dem Roman *Das Duell*, der während des Russisch-Japanischen Krieges herauskam, verwendete er die Erfahrungen aus seiner Offizierszeit und schilderte das Offiziersleben in der Provinz in all seiner Sinnlosigkeit, Starrheit und Stockigkeit. Wieder erfolgte seine Darstellung aus der Sicht einer der handelnden Personen – des weichen, empfindsamen Fähnrichs Romašóv, der seinen Beruf haßt und in die Frau eines Kameraden verliebt ist. Als Kritik des russischen Militarismus mitten in dem unglückseligen Russisch-Japanischen Krieg erregte dieses Buch gewaltiges Aufsehen. Nicht geringeres Aufsehen aber machte KUPRÍNS dritter Roman, *Die Gruft*, wo das tägliche Leben in einem Bordell mit seinen Bräuchen und Regeln und seiner abgrundtiefen Entwürdigung des Menschen in ungeschminkten Bildern wiedergegeben war. Viele hatten vor ihm das Problem der *gefallenen* Frau berührt, doch keiner hatte so offen wie er Bordellhuren vorzuführen und ihr Gewerbe und ihre Geistesart zu erforschen gewagt. Das Buch war in seiner Haltung so ernst, daß von Pornographie keine Rede sein konnte (obwohl in reaktionären Kreisen davon geschrien wurde), und KUPRÍN trug kein Bedenken, es *den Müttern und der Jugend* zu widmen. Es wirkte so stark, daß die Studenten in den folgenden Jahren immer wieder flammende Aufrufe zur Abschaffung der Prostitution erließen.

Kennzeichnend für Kupríns Schaffen als Ganzes war die Mechanisierung des Erzählstils. Intellektuell erhebt sich dieser nicht über jenen Durchschnitt, den man *golden* nennt, der aber in Wahrheit farblos ist. Der Alltagsnaturalismus des dargebotenen Stoffes war wohl echt, aber im ganzen nicht sonderlich bedeutend. Diese Prosa war jeder Sprengkraft bar, und in den gelegentlichen Kommentaren des Verfassers zum Stoff vermißte der Leser intellektuelle Überlegenheit. Kuprín schien seine Unzulänglichkeit selbst zu empfinden. 1908 versuchte er, mit dem Roman *Sulamith*, der ein literarischer Mißerfolg wurde, zu einem historisch-märchenhaften Stil überzugehen, und mit dem *Stern Salomos* (*Zvezdá Solomóna*) tat er sogar den Sprung ins rein Phantastische, aber dieser Sprung mißglückte. Kuprín kam nie über das Mittelmäßige hinaus. Beim Ausbruch der Revolution ging er ins Ausland, kehrte aber 1937, an Geist und Körper gebrochen, nach Rußland zurück und starb schon ihm Jahre darauf.

Mehr Lebenskraft und Ausdrucksfülle war in den Novellen, die sein Zeitgenosse Aleksándr Serafímovič Serafimóvič (1863–1949), dessen eigentlicher Familienname Popóv war, in den neunziger Jahren und um das Revolutionsjahr 1905 schrieb. Die Sprachform seiner ersten kurzen, jedoch wirkungsvollen Erzählung, *Auf der Eisscholle* (*Na l'díne*, 1897), die auf Eindrücken aus der Zeit seiner sibirischen Verbannung beruhte, war eine Art Zwitter aus den Stilen Gór'kijs und Korolénkos. Er schrieb damals eine stark lyrisch gestimmte schwingende Prosa, die nicht ohne Wirkung war. Seine späteren kurzen Erzählungen von Arbeiter- und Bauernschicksalen spiegelten die revolutionäre Stimmung wider, die sich im Lande verbreitete. Er blieb aber über die Oktoberrevolution hinaus ziemlich unbeachtet und gehört, da er sich erst 1924 mit dem großen Roman *Der eiserne Strom* (*Želéznyj potók*) durchsetzte, mehr der sowjetischen als der hier behandelten Epoche an.

Wie Serafimóvic war auch Iván Alekséjevič Búnin (1870–1953) von marxistischen Kreisen in St. Petersburg ausgegangen. Er war Mitglied der *Známije*- und der *Sredá*-Gruppe, brach aber im Gegensatz zu Serafimóvič später mit dem Marxismus und emigrierte im Jahre 1918. Er war der ausgeglichenste und originalste Künstler unter den Neurealisten, ein Meister des vornehmen und kühlen

Stils, der es sorgfältig vermied, die sozialen Motive, die sich in den
meisten seiner Erzählungen und Romane fanden, tendenziös zu erläutern oder breitzutreten. Er war ein Künstler der Stimmung, der
seine Novellen und Erzählungen aus einem einheitlichen Gemütszustand zu schaffen verstand. Er neigte schon von Anbeginn zu
Untergangs- und Todesstimmungen.

Seine ersten Novellen waren in einem poetisch-lyrischen Ton gehalten, der mit dem Klang seiner etwas altmodisch-klassischen
Verse *Laubfall* (*Listopád*, 1904) verwandt war. In seiner ersten
Veröffentlichung, der Novelle *Die Antónov-Äpfel* (*Antónovskije
iábloki*, 1901), die den Leser langsam von Assoziation zu Assoziation
führte und nur gesteigerte Wehmut in ihm hinterließ, gelang es
Búnin – kraft seiner hervorragenden Technik –, den Leser in einen
bestimmten Stimmungskreis zu zwingen, ohne etwas von seinem
eigenen Schmerz zu verraten. Nach und nach streifte er seinen
Lyrismus ganz ab und offenbarte einen Objektivismus, der um so
eindrucksvoller war, als er unpersönlich wirkte. Ein Meisterwerk in
dieser Hinsicht war die erste seiner umfangreicheren Arbeiten, der
Roman *Bauernland* (*Derévn'a*, 1909–10) – ein *Poem*, wie er selber
sein Werk nach Gógol's Beispiel nannte. In diesem Werk, das
die größte Teilnahme erweckte, betrachtete der Nachkomme de-
klassierter Adelsgeschlechter mit kühlen Augen die graue Welt des
Bauern. Doch eliminierte er sich selbst ganz und ließ nur die Bauern
sprechen. Die Melancholie, die den Dichter beherrschte, kam durch
diese feine Verschiebung des Gesichtspunktes in überraschend objektiver Weise in der Lebenserfahrung der beiden Bauern, der Hauptgestalten des Romans, zum Ausdruck. Der eine, Kuz'má Krásov,
ein unsteter Wanderer und Handelsmann, hat das ganze Land durch-
streift, ohne viel Geld und Gut zu erwerben; der andere, Tíchon,
der zu Hause geblieben ist, hat mit unglaublichem Geschick und
unter Anwendung anrüchiger Methoden die langsam verfallenden
Herrengüter in der Umgebung aufgekauft; beide aber kommen zu
dem gleichen Ergebnis: das Leben sei sinnlos und traurig.

War Búnin am Anfang seines Schaffens auf soziale Einzelheiten,
psychologische Beobachtungen, Dinge und Sachen eingestellt, so
befreite er, wie sich verfolgen läßt, in seiner späteren Entwicklung
seine Kunst mehr und mehr von der peinlichen Genauigkeit sach-

licher Schilderung. Die Novelle *Das dürre Tal* (*Suchodól*, 1911), diese traurige Geschichte vom Verfall und Untergang eines Herrengeschlechts, von einer Dienstmagd erzählt, war noch nahe mit *Bauernland* verwandt, aber das abstrakte Element, der Stimmungsstoff, das Visionäre trat schon bedeutend stärker hervor, so stark, daß man bei dem Verfasser eine Neigung zur Mystik zu ahnen begann. Die Untergangsstimmung machte sich in seinen Arbeiten immer mehr bemerkbar. Wenn man sie in seinen früheren Werken noch aus der Tatsache erklären konnte, daß seine Klasse zum Untergang verurteilt war, so wurde sie bald zu einer von allen soziologischen Begründungen unabhängigen Stimmung, die aus der Sinnlosigkeit des Daseins an sich erwuchs. Während des ersten Weltkriegs schrieb BÚNIN, der viel im Ausland gereist war, die exotischen Erzählungen *Brüder* (*Brat'ja*, 1914) und *Čangs Träume* (*Sny Čánga*, 1916), in denen er zum absoluten Pessimismus gelangte. Ebenso pessimistisch war im Grunde auch die Novelle *Ein Herr aus San Francisco* (*Gospodín iz San Francísko*, 1916), deren Held, ein amerikanischer Patentplutokrat, bis zum Schluß anonym blieb. Das Thema des Todes, das in dieser Novelle durchgespielt wurde, nahm in der Vorstellungswelt BÚNIN's während seiner halb freiwilligen, halb erzwungenen Emigration eine zentrale Stelle ein: der Tod erschien ihm als Befreier von einem unnützen und zwecklosen Dasein. 1933 mit dem Nobel-Preis ausgezeichnet, der erste russische Träger dieses Preises, schrieb er in der Emigration seine *Erinnerungen* (*Vospominánija*, 1950) und den autobiographischen Roman *Das Leben Arsén'jevs* (*Žizn' Arsén'jeva*), der sein Schwanengesang wurde.

Er war vor allem Pfleger der Sprache gewesen. Man würde sein Bild verzeichnen, wenn man ihn einseitig als einen Vertreter des russischen Neurealismus bezeichnete, obwohl er von diesem ausging. Noch weniger darf er Naturalist genannt werden, obwohl er in vielen seiner Werke sorgfältig beobachtete Einzelheiten aus dem Leben aneinanderreihte. Dagegen darf man mit Recht sagen, daß er in seinem Schaffen ganz bewußt danach strebte, die allgemein verbreitete, unpersönliche Literatursprache zu einer klassischen Form zurückzuführen. Dieser Kennzeichnung entspräche der Name *Neuklassiker* besser. Er kreiste wie ein Verliebter um den sprachlichen Ausdruck. Aber seine Verliebtheit war nicht die Trunkenheit des

Begeisterten, der nur dem seltsamen Raunen der Worte lauscht und es wiedergibt. Sie glich mehr dem sorgsamen Suchen des Wissenschaftlers nach der rechten Terminologie. Er vermied die üblichen, ungenauen Ausdrücke der Tagessprache, sein Sprachgefühl lebte in der Luft der bündigen Logik. Mit Recht hat man seine wohlgefügten und durchsichtigen Sätze mit mathematischen Formeln verglichen. Seine Prosa, die etwas starr und undramatisch wirken mochte, war fein geschliffen, auf der Goldwage gewogen, aristokratisch erlesen.

Nichts dergleichen läßt sich von einem Schriftsteller sagen, der zwischen 1900 und 1914 mehr Aufsehen erregte als Anerkennung fand: von Michaíl Petróvič Arcybášev (1878–1927). Seine Sprache zeichnete sich durch keine stilistischen Vorzüge aus, sie war viel eher mit der mechanisierten gewöhnlichen Schriftsprache identisch, die Búnin haßte, und auch die zahlreichen Anklänge an Motive Turgénevs, Dostojévskijs und Tolstójs, die sich in seinen Büchern fanden, kennzeichneten ihn als Epigonen. An den langen, ermüdenden Diskussionen in seinen Romanen erkannte man Dostojévskijs Technik in grober Übertragung. In seiner fast animalischen Vitalität erlebte man einen Tolstój in Karikatur. Und an den Naturstimmungen, die Arcybášev hervorzuzaubern suchte, gewahrte man nicht nur sein Bemühen, Turgénev nachzuahmen, sondern auch sein bewußtes Bestreben, seinen Stil gewissermaßen künstlich zu erotisieren und zu sexualisieren, ihn mit Vorstellungen von Lust und sinnlichem Genuß zu durchtränken:

Die Gärten seufzten beim Gesang der Nachtigall. Die Pflanzen, von den leichten Kleidern der Frauen berührt, bewegten geheim ihre Blumenköpfe. Die Schatten wurden tiefer. Schwüle Liebeswollust schwebte in der Luft...

Dieser übertriebene Erotismus und Sensualismus wurde Arcybášev künstlerisch zum Verhängnis. Seine erste Novelle, *Tumánov*, wurde 1901 von der Kritik mit wohlwollender Aufmerksamkeit aufgenommen. Der Held war ein Gymnasiast. Arcybášev griff ein Thema auf, das die Gemüter heftig erregte: die von Jahr zu Jahr steigende Zahl der Selbstmorde von Gymnasiasten während der Examenszeit. Der soziale Sachverhalt allein schien von Belang. Man wußte noch nicht, daß dieser Stoff der Wesensart des Verfassers besonders entsprach und daß sein Schaffen fortan immer wieder um das Todesmotiv kreisen sollte, um Mord, Selbstmord, Erschießen, Gewalttätigkeit schlechthin. Man sah auch nicht voraus, daß dieses Motiv sich bei ihm sehr bald in seltsamer Weise mit dem Motiv des Geschlechtstriebes in allen seinen Spielarten paaren würde. Diese makabre Motivkombination machte sich schon in *Grauen* (*Užas*, 1903), der nächsten Novelle ARCYBÁŠEVs, geltend: fünf betrunkene Beamte vergewaltigen die unschuldige, reine Nínočka und zeigen nachher ihren einfältigen Beschützer, den Hausknecht Matvéj, als Schuldigen an. Der Vorgang war mit beklemmender Genauigkeit beschrieben. Um den Leser von dem düsteren Eindruck der Vergewaltigungsszene einigermaßen zu befreien und ein Gerechtigkeitsmotiv als Gegengewicht anzubringen, ließ der Verfasser die Volksmasse sich zur Rache erheben. Das war zwar ein Zugeständnis an die wachsende revolutionäre Stimmung in Rußland, aber eine sehr schwache Entschuldigung für sein Verweilen bei widerwärtigen, bestialischen Einzelheiten. Die Novelle appellierte allzu deutlich an die rohesten Instinkte der Leser.

In seinem ersten größeren Werk, dem Roman *Der Tod Iván Landes* (*Smert' Ivána Lánde*, 1904), versuchte ARCYBÁŠEV vergeblich zu verwirklichen, was weder TOLSTÓJ noch DOSTOJÉVSKIJ ganz gelungen war – die Idealgestalt des absolut reinen Menschen, der nicht Böses mit Bösem vergelten will, sondern die selbstlose Liebe zu den Menschen verkündet und darum, von allen verlassen, einem einsamen Tod entgegengeht. Aber nach mehreren blassen Novellen, welche die Revolution von 1905 widerspiegelten, offenbarte ARCY-BÁŠEV seine innersten Neigungen und Absichten in dem aufsehenerregenden Roman *Sánin* (1907), in dem er – abermals im Anschluß an DOSTOJÉVSKIJ-Motive – das Bild des jenseits von Gut und Böse stehenden absoluten Amoralisten gab. Das Motiv entsprach recht gut gewissen Ideen und Stimmungen, die sich während der allgemeinen Desillusion nach der mißlungenen Revolution in der russischen Intelligenz geltend machten. Die Idee der freien Liebe und der Befriedigung der ungezügelten Begier trat in diesem Roman nackt zu Tage. Die Hauptgestalt des Romans wirkte ebenso abstoßend wie unklar. Dieser Sánin, der seiner Schwester kühl zu einer Abtreibung rät, der seine Freunde Solovéjčik und Zarúdin zynisch zum Selbstmord treibt und der die schöne Karsávina roh vergewaltigt, wandelte durch den mit weitschweifigen Diskussionen überladenen Roman wie ein ungeheuerliches Wesen, an dessen Wirklichkeit niemand recht glauben konnte. Viel höher in seinen Absichten stand der nächste Roman Arcybáševs, *Millionen* (*Millióny*, 1912), dessen Grundgedanke die absolute Einsamkeit des Reichen war. Das Buch war in seiner Beurteilung der wahren Natur des Menschen vom schwärzesten Pessimismus durchtränkt. In dem Roman *An der letzten Grenze* (*U poslédnej čertý*, 1912) nahm Arcybášev das Lieblingsthema seiner Jugend, das Selbstmord-Motiv, wieder auf: jetzt war ihm das Leben ein *Vorurteil* geworden. So war sein ganzes Schaffen im Zeichen der Verneinung aller Werte entstanden. In seinen literarischen Mitteln entschieden Neurealist, in seinen ideologischen Voraussetzungen wohl auf die soziale Notwendigkeit der Revolution ausgerichtet, näherte sich dieser Schriftsteller immer mehr einem Zustand *dekadenter* Lebensmüdigkeit. Doch verriet er nie auch nur die geringste Neigung, ins Lager der Symbolisten überzugehen. Er war im Gegenteil immer ihr entschiedener Feind. Er war ein Schriftsteller, aber kein Dichter.

Viel schwankender, weniger doktrinär und mehr eklektisch in seinem Wesen war der Neurealist Leoníd Nikolájevič Andréjev (1871–1919), der in seiner Vorliebe für das Krasse und Sensationell-Effektvolle Arcybášev recht nahestehen mochte, der aber eine Eigenschaft besaß, die dieser nicht hatte: ästhetischen Takt und Geschmack. Das Künstlerische in seiner Natur trieb ihn aus dem allzu nüchtern-sachlichen Kreis der Neurealisten, und sein Interesse für das literarische Experiment näherte ihn den Symbolisten. Aber ein verhängnisvoller Mangel seiner Begabung, seines Kunsterlebens selbst, bewirkte, daß das Symbol bei ihm meistens in einem seltsam schematischen Allegorismus steckenblieb. Seine ersten Novellen, die er 1901 veröffentlichte, standen indessen noch ganz im Zeichen des Realismus und waren von Čéchov und Gór'kij stark beeinflußt – dieser, die Schriftsteller Telešóv, Skitálec und Búnin und der Sänger Šal'ápin bildeten damals einen engeren Freundeskreis. Die Novellen gaben dem Leser in ungekünstelter Sprache ruhige Wirklichkeitsschilderungen, ohne die Grundlagen seines Daseins und Denkens zu unterhöhlen. Im Zeichen des Neurealismus standen auch die aufsehenerregenden Novellen *Der Abgrund* (*Bézdna*, 1902) und *Bei Nebel* (*V tumáne*, 1902), die in verschiedener Weise den Gedanken von der unvernünftigen, blind wirkenden und grausamen Macht des Geschlechtstriebes behandelten. Mit einer Wißbegierde, die sich allmählich dem Pathologischen näherte, rührte er in einer Novelle nach der anderen an alle Grundlagen des Lebens. In der vielbesprochenen Erzählung *Der Gedanke* (*Mysl'* 1902), die er später dramatisierte, behandelte ANDRÉJEV das unlösbare Problem von der Möglichkeit vorgetäuschten Wahnsinns. In der berühmten Novelle *Das Leben Vasílij Fivéjskijs* (*Žizn' Vasílija Fivéjskogo*, 1903) zog er die letzten Folgerungen aus dem übersteigerten Gottesglauben und ließ einen fanatischen Priester, der alle Mißgeschicke des Lebens erduldet hatte, einen Toten zu erwecken versuchen.

Schon früh war es deutlich geworden, daß ANDRÉJEV die nüchterne Sprache des Neurealismus als Zwangsjacke und die Wirklichkeitsschilderung eher als ein Handwerk denn als wirkliche Kunst empfand. Immer häufiger begann er Einsamkeit und Todesangst als literarische Motive in einer Sprache abzuwandeln, die sich von der gültigen entfernte. Auch die Elemente der Wirklichkeit wichen langsam reinen Phantasiegebilden. Im *Großen Schlemm* (*Bol'šój šlem*, 1904), wo vier Personen ohne Namen Winter und Sommer, Tag und Nacht Karten spielen, trat seine neue Tendenz zu schematischer Abstraktion unverkennbar hervor, und in der Novelle *Die Mauer* (*Stená*, 1904) wo statt Personen Massen – Aussätzige und Geisteskranke – redend auftreten, war die neue Manier klar und deutlich ausgearbeitet. Bis zu einem gewissen Grad gelang es ANDRÉJEV, durch wohlberechnete Mittel, durch besondere, in logischer Häufung verwendete, suggestive Ausdrücke, bei dem Leser die beabsichtigten Gefühle von Angst, Einsamkeit, Abgesondertheit hervorzurufen. Zu dieser Zeit herrschten in allen Schichten Furcht und Unsicherheit vor, und ANDRÉJEVS Novellen entsprachen dem. In den *Gespenstern* (*Prízraki*, 1904) verwischte er die Grenzen zwischen der Welt der Geisteskranken und der der Gesunden, und in der Novelle *Das rote Lachen* (*Krásnyj smech*, 1904) wagte es ANDRÉJEV, der den Russisch-Japanischen Krieg nicht mitgemacht hatte, das Grauen des Krieges in einem Tagebuch zu schildern, das, in einer hektisch-impressionistischen Sprache geschrieben, nicht Wirklichkeit, sondern hysterische Halluzinationen darbot. Sein Thema, das in den beiden Worten *Wahnsinn und Schrecken* enthalten war, wurde in diesem Buch immer wieder variiert, und wie streng auch die Kritik diese Schreibtischnovelle beurteilte, so erzitterten die Nerven der Leser unter den wohlberechneten Anschlägen des Dichters wie die Saiten eines Instruments bei einer zum *crescendo* ansteigenden Musik.

Das unruhige Jahr 1905 mit seinen blutigen Geschehnissen gab dem Dichter einen neuen Stoffkreis, mit dem er sich lange beschäftigte und der ihn zur realistischen Prosa zurückführte. Bei der Novelle *Der Gouverneur (Gubernátor*, 1906) half ihm seine empfindsame Phantasie, sich in den Gemütszustand eines zaristischen Gouverneurs zu versetzen, der das Militär auf die revoltierenden Massen hat schießen lassen und nun mit untrüglicher Sicherheit und steigender Angst erwartet, von revolutionären Terroristen getötet zu werden. In *So war es (Tak býlo*, 1906) verarbeitete er Gedanken, welche die Revolution in ihm geweckt hatte, vor allem den, daß der Fall eines Tyrannen unter dem Schlag der Masse immer die Folge habe, daß die Masse selber einen neuen Tyrannen schaffe. In der Novelle *Dunkel (T'ma*, 1907), in der die revolutionäre Tat in einer für ANDRÉJEV und viele seiner Zeitgenossen bezeichnenden Weise als eine Handlung der Reinheit und Heiligkeit gedeutet wurde, ließ er den Terroristen, der zu diesem Werk ersehen war, in der Erkenntnis seiner Unwürdigkeit auf die blutige Tat verzichten und in einem Bordell seinen Untergang abwarten. Besonders berühmt wurde aber ANDRÉJEVS *Geschichte von den sieben Gehenkten (Rasskáz o semí povéšennych*, 1908), in der er die Vorbereitungen der Verurteilten auf den Tod und ihren leuchtenden Heroismus in der letzten Stunde meisterhaft darstellte.

Diese Novellen bildeten jedoch nur ein realistisches Zwischenspiel. In dieser Schaffensperiode schrieb ANDRÉJEV auch eine Menge Schauspiele, in denen er sich von den Forderungen des Realismus freimachte und sich mit ungestümer Kraft der allegorisch-symbolistischen Dichtung widmete. Von dem Schauspiel *Zu den Sternen (K zv'ózdam*, 1906), dessen Thema die Flucht eines Astronomen von der Wirklichkeit zur Wissenschaft ist, und dem Schauspiel *Sávva* (1906), in dem der Anarchismus als höchste Weisheit verkündet wird, über Dramen wie *König Hunger (Car'-gólod*, 1908), *Schwarze Masken (Čórnyje máski*, 1909) und *Ozean (Okeán*, 1909) führt eine

Linie, die ANDRÉJEVS Suchen nach der völlig abstrakten dramatischen Form immer klarer offenbart. Diese Form war am besten in seinen beiden Schauspielen *Das Leben des Menschen* (*Žizn' čelověka*, 1907) und *Anátema* (1909) erreicht. Das erste dieser beiden Stücke besteht aus einem Prolog und fünf Akten, deren jeder einen besonderen Titel hat (*Die Geburt des Menschen, Liebe und Armut, Tanz beim Menschen, Das Unglück des Menschen, Der Tod des Menschen*). Die Akte werden Bilder genannt. Auf dem Schauplatz erscheinen keine konkreten Personen. Der Zuschauer sieht nur Gestalten oder Gruppen von Gestalten, die als *der Vater, die Mutter, die Gattin, der Mensch* oder als *alte Frauen, Gäste, Trinker* bezeichnet werden. Während des ganzen Schauspiels steht *Jemand, in Grau gekleidet, Er genannt*, bald in der einen, bald in der anderen Ecke. Wer dieser *Jemand* ist, wird nicht aufgeklärt, obwohl er mit seinen Repliken bisweilen in die abstrakte Handlung eingreift. Er hält eine Kerze in der Hand, die langsam niederbrennt. Der ganze Prolog ist eine Rede dieses *Jemand*. Jedes Bild bekommt eine sorgfältige szenische Einführung. Als Beispiel sei eine Einleitung zum Prolog angeführt:

Jemand, in Grau gekleidet, ER genannt, spricht vom Leben des Menschen.
Die Bühne ähnelt einem großen rechteckigen Zimmer, das ganz leer ist, keine Türen, keine Fenster hat. Alles ist grau, rauchfarbig, einfarbig: graue Wände, graue Decke, grauer Fußboden. Aus einer unsichtbaren Quelle kommt gleichmäßiges, schwaches Licht, und auch das Licht ist eintönig, einfarbig, gespensterhaft und gibt weder Schatten noch klare Umrisse.
Lautlos tritt Jemand, in Grau gekleidet, von der Wand hervor. Er hat einen unförmigen grauen Mantel an, der die Umrisse seiner großen Gestalt nur unbestimmt andeutet. Auf dem Kopf trägt er einen Hut, der ebenso grau ist und dessen breit herabhängende Krempe den obersten Teil seines Gesichtes verdeckt. Seine Augen sind verdeckt. Sichtbar sind nur seine Kiefer, seine Nase, sein schroffes Kinn, sie sind grob, schwer, wie aus grauem Stein gehauen. Seine Lippen sind hart zusammengepreßt. Er hebt den Kopf und beginnt mit starker und kalter Stimme zu sprechen, einer Stimme, die ohne Bewegung und Leidenschaft ist – als sei er ein bezahlter Vorleser, der mit strenger Gleichgültigkeit das Buch des Schicksals verliest.

Es war charakteristisch für die eklektische und immer schwankende Haltung ANDRÉJEVS, daß er diese abstrakt-allegorische Dramatik mit ihrer ungeheuer schematisierten und gemacht-unheimlichen Wirklichkeitsdeutung in den Jahren 1910–13 wieder verließ und plötzlich zu solider, realistischer Dramatik zurückkehrte. Er begann wieder Handlungen zu formen, die auch dem einfältigsten Gemüt verständlich waren, und Gestalten auf die Bühne zu bringen, die aus Fleisch und Blut waren. Zu diesem Abschnitt in seinem Schaffen gehören die Studentenkomödien *Die Tage unsres Lebens* (*Dni nášej žizni*, 1910) und *Gaudeamus* (1910), die ernsten Schauspiele *Anfísa* (1910), *Professor Stóricyn* (1911) und *Jekaterína Ivánovna* (1913). Besonders oft gespielt – sowohl auf russischen als auch auf westeuropäischen Bühnen – wurde das Schauspiel *Professor Stóricyn*, die Tragödie des edlen Humanisten in einer Welt bodenloser Trivialität. Aber auch in seiner Prosa kehrte ANDRÉJEV zu seinen Ausgangsstellungen zurück: im Jahre 1915 veröffentlichte er den vortrefflichen Tagebuchroman *Das Joch des Krieges* (*Igo vojný*), der, verglichen mit dem *Roten Lachen*, wie das Werk eines anderen Schriftstellers anmutet. Nichts ist geblieben von der Verkrampftheit des Stiles, der Effekthascherei in der Stoffbehandlung und im sprachlichen Ausdruck, dem verschrobenen Impressionismus. In tüchtiger realistischer Art läßt der Verfasser den kleinen Bankbeamten Il'já Petróvič von seinen Erlebnissen in St. Petersburg während des Krieges erzählen, von seinen Mißgeschicken und Widrigkeiten, von der Angst um sein Leben, von seinen Selbstmordplänen und von der Wiedergeburt seiner Seele in der Erkenntnis, daß kein Krieg den ewigen, gesetzestreuen, bescheidenen Durchschnittsbürger vernichten könne.

Während der Revolution, die er ablehnte, starb LEONÍD ANDRÉJEV in Finnland, wo er gewohnt hatte. Im Jahre nach seinem Tode erschien in Helsingfors sein nachgelassener Roman *Memoiren des Satans* (*Zapíski Sataný*). Er war eine verspätete Überraschung für seine Bewunderer. Mit großer Originalität und feiner Ironie gestaltete ANDRÉJEV den Einfall, daß Satan im Leib des amerikanischen vielfachen Millionärs Vanderhood Wohnung genommen und sich in Italien in die madonnenhaft schöne Maria verliebt habe. Satan entdeckt, daß Maria seit ihrem vierzehnten Jahr die zynisch-erfahrene Geliebte ihres Erziehers Thoma Ergo ist, daß dieser ihm an Bosheit weit überlegen ist und daß sein Besuch auf der Erde überhaupt keinen Zweck hat: die Menschen sind böser als die schlimmsten Teufel der Hölle.

6. DER RUSSISCHE SYMBOLISMUS

Nach der mißlungenen Revolution von 1905 kam es in der russischen Literatur eine Zeitlang zu einer bemerkenswerten Annäherung zwischen den beiden Strömungen, die sich bisher feindlich begegnet waren. Die Neurealisten, die in der marxistischen Gesellschaftslehre oder im philosophischen Positivismus eine unerschütterliche Grundlage gefunden zu haben meinten, und die Symbolisten, die sich auf die moderne idealistische Philosophie mit allen ihren Spielarten zu gründen versucht hatten, schienen sich – in dem Bestreben, einander zu verstehen – gegenseitig manche Zugeständnisse machen zu wollen. Diese Entwicklung ist nicht überraschend, wenn man in Betracht zieht, daß gerade der Mißerfolg der revolutionären Bewegung im Jahre 1905 eine allgemeine Schwächung der ideologischen Prinzipien verursacht hatte, die der Marxismus früher mit großer Konsequenz und Beharrlichkeit behauptet hatte, während die schnell einsetzende politische Reaktion selbst den weltfernsten Symbolisten – wenn auch nur vorübergehend – in die Reihen der politischen Opposition trieb.

Das unausgeglichene Schaffen Leoníd Andréjevs war das deutlichste Beispiel dafür, wie die Verfechter des Neurealismus, die es müde waren, der Forderung nach unmittelbarer sozialer Bedeutsamkeit in Literatur und Kunst Folge zu leisten, sich unter Aufgabe ihrer marxistischen Ausgangsstellungen dem entgegengesetzten Lager zu nähern versuchten. Die entsprechende Bewegung vom Symbolismus zum Neurealismus vollzog sich vor allem in dem eigenartigen, aber in mancher Beziehung abstoßenden Schaffen F'ódor Sologúbs. Diese beiden Schriftsteller bewegten sich indessen auf zwei so verschiedenen Ebenen, daß eine wirkliche Begegnung zwischen ihnen ausgeschlossen war. Während Andréjev mit sprachlichen und formalen Mitteln arbeitete, die er immer mehr zu verfeinern suchte, und nach größter Ausdrucksfülle strebte, verwendete Sologúb in seinen zahlreichen merkwürdigen Romanen und Novellen fast demonstrativ eine durchaus normale, ja beinahe sachlich-realistische Sprache. Und während Andréjev trotz seinem krampfhaften Jagen nach dem Symbol im Inhaltlichen seiner Kunst nie über die Allegorie und die schematische Abstraktion hinauskam, war bei SOLOGÚB die Lebensauffassung selbst von einer so organisch symbolischen Haltung bestimmt, daß sich jeder Stoff unter seinen Händen notwendig in eine Hülle verwandelte, in die sich die Idee kleidete. Während ANDRÉJEV alles tat, um bei seinen Lesern Furcht und Grauen zu erregen, ohne sie aber wirklich erschrecken zu können, erfüllte die Erzählweise SOLOGÚBs, dem dieses bewußte Bestreben völlig fehlte, den Leser ungewollt mit immer tieferem Unbehagen und stiller Angst.

SOLOGÚBs eigentlicher Name, den kaum jemand mehr kennt, war F'ÓDOR KUZ'MÍČ TETÉR'NIKOV (1863–1927), ein ziemlich banaler Kleinbürgername. Dieser raffinierteste von allen modernen russischen Dichtern war der Sohn eines Schuhmachers, seine Mutter war Putzfrau, seine Ausbildung hatte er einem Wohltäter zu verdanken, er wurde Lehrer. Von der Provinz aus, wo er im Schulwesen tätig war, suchte er sich in der Literatur vergeblich Gehör zu verschaffen. Er setzte sich daher verhältnismäßig spät durch. Als er 1894 mit seinem Novellenbuch *Schatten (Téni)* hervortrat, bemerkte man betroffen die unverkennbar pathologische Art seiner Erzählweise. Schon hier gewahrte man eine bizarre Vorliebe für das Wahnsinnsmotiv. Dieser erste Eindruck verstärkte sich nach dem Erscheinen der *Schweren Träume* (*T'ažólyje sny*, 1896), eines Lehrerromans, der offenbar sehr persönlich und autobiographisch war. 1904 veröffentlichte er sein zweites Novellenbuch, *Der Stachel des Todes* (*Žálo smérti*), das in unheimlicher Weise um den Gedanken des freiwilligen Todes, des Schicksalstodes, des Selbstmordes kreiste. Aber die größte Aufmerksamkeit erregte sein Buch *Der kleine Teufel* (*Mélkij bes*, 1907), einer der unheimlichsten und bedrückendsten Romane der gesamten russischen Literatur. Auch hier war das Interesse auf die Gestalt eines Lehrers gerichtet, dessen Name – Peredónov – bald zum Gattungsnamen wurde. Das Leben in einem Provinznest war mit den grellsten, in ihrer schreiende Gegensätzlichkeit fast schmerzhaft wirkenden Farben geschildert. Peredónov erschien in seiner Umwelt als die Verkörperung aller niedrigen Lüste und perversen Eigenschaften, die rücksichtslos enthüllt wurden. Das Merkwürdigste an dem Buche war aber, daß sich das ganze Weltbild auch für den Leser langsam verzerrte: die Anschauungsweise des an Verfolgungswahnsinn leidenden Schulmeisters zwang sich ihm unabweislich auf. Die wunderlich-mystische Gestalt *Nedotýkomka* (ein unübersetzbarer Name, der etwas Ungreifbares andeutet), eine Gestalt, die in Peredónovs Halluzinationen umhergeistert, wird zum Symbol der Bosheit des Lebens überhaupt. Hier – wie in seinen anderen Prosabüchern – spielte Sologúb auf den Nerven des Lesers, besonders auf seinen verborgenen anomalen Saiten, mit einer psychologischen und literarischen Meisterschaft, welche die Dostojévskijs fast übertraf.

Sologúb, der Dichter des Todes, schilderte in seinen Büchern viel weniger die Angst vor dem Tod als die Sehnsucht nach dem Tod. Aber der Tod erschien nicht als Erlöser und Ruhebringer, der Tod war eher ein Vorgang, der fast als Genuß empfunden wurde. Langsam wurde dieser Gedanke dem widerstrebenden Leser aufgedrängt. Sologúb verwischte virtuos die Grenze zwischen normalem und pathologischem Seelenleben. Er ließ in seinen Büchern der Wollust, der Perversität und dem Sadismus freien Lauf und verführte seinen erschrockenen Leser. In jedem Liebesverhältnis, das er schilderte, ahnte man den Trieb wie eine nur halb verborgene, vielmehr wie eine halb enthüllte Gewalt. In jedem Kind war der Tod schon am Werke. In jedem Gedanken lauerte der Wahnwitz. In dieser Prosa war eine seltsame hypnotische Macht. Aber stärker noch war sie in den Gedichten, mit denen Sologúb bereits 1896 hervortrat. Ohne Bedenken kehrte dieser typische Vertreter der russischen *décadence* und der *fin-de-siècle*-Stimmung, die mit der westeuropäischen verwandt war, in seinen Gedichten das Innerste seiner Seele nach außen. Unter seinen durchweg kurzen lyrischen Gedichten gab es zwar viele, die einfach und rein die feinen und zarten Regungen einer empfindsamen Seele ausdrückten. Der Leser konnte unter ihnen tief religiöse Verse finden. Er stieß auf poetische Naturbilder. Er wurde von den milden Träumen des Dichters bezaubert. Auch Liebesgedichte, rein und gut, tauchten dazwischen auf. Was aber seine Lyrik vor allem kennzeichnete, waren die Gedichte, in denen er böse Empfindungen, kalte Gefühle, sonderbar verzerrte Stimmungen wiedergab. Er schrieb Gedichte von der selbstgefälligen und souveränen Einsamkeit, Gedichte von seiner wollusterfüllten Todessehnsucht, Gedichte vom Haß auf das

Leben. Und langsam baute er in seiner Lyrik eine phantastische Philosophie auf, die in den Anschauungen des Mittelalters zu wurzeln oder mit diesen verwandt zu sein schien, jenen ketzerischen Vorstellungen von einer zwischen Gott und Satan geteilten Welt, geteilt in der Weise, daß Gott, der Schöpfer des Lebens, der Feind des Menschen, Satan hingegen, der Erfinder des Todes, der Wohltäter des Menschen war. Er verherrlichte Satan und fand am Bösen und Schamlosen Gefallen und Freude. Und all das wurde in der klarsten und normalsten Sprache vorgebracht, in Versen, die so herkömmlich dahinglitten und in so wohlbekannte metrische Formen gekleidet waren, daß sich die Philosophie, die sie mit sich trugen, unwiderstehlich in die Seele stahl. Eins seiner bestrickendsten Gedichte war ein Lobgesang auf Satan, der ihn vom Ertrinken gerettet und ihm damit neue Möglichkeiten gegeben habe, der Welt hohnzulachen, zu schänden und zu verführen. Was waren die *Memoiren des Satans* von ANDRÉJEV gegen den Satanismus, der in SOLOGÚBS Versen in aller Offenheit und sonder Scham seine betäubende Blüte auftat?

Eine eigentümliche Dämonologie entfaltete sich auch in den Büchern, die ALEKSÉJ MICHÁJLOVIČ RÉMIZOV (1877–1957) mit unglaublichem Eifer und Fleiß im Laufe der Jahre schrieb. Sein Teufelsglaube war jedoch von anderer Art als SOLOGÚBS Satanismus. Er hatte eher einen literarischen Grund als einen psychologischen oder pathologischen. Er stand in enger Verbindung mit einer fast verschrobenen Vorliebe des Dichters für alles, was jemals gedruckt worden war. Er war mehr Mystifikator als Mystiker, mehr Humorist als Pessimist, aber er war immer beides. Er war einfältig und schlau. Er war in seinem Zwitterwesen schwer zu fassen. Die Grenze zwischen tiefem Ernst und ausgelassenem Scherz war bei ihm immer fließend. Aber niemand konnte so wie er den Leser mit Schmerz und Qual erfüllen. Niemand konnte auch so lachen wie er. Es ist daher verständlich, daß er zwischen den Lagern stand und daß die Neurealisten ihn mit dem gleichen Recht für sich beanspruchen konnten wie die Symbolisten. Jedenfalls aber war er alles andere als Marxist – das war der einzige feste Pol in seinem Schaffen. Erst nach dem Revolutionsversuch des Jahres 1905 erschienen seine schon vorher entstandenen ersten Bücher. Zwei Romane begründeten 1907 und 1908 seinen Ruhm: *Der Teich* (*Prud*, geschrieben 1902–05) und *Die Turmuhr* (*Časý*, geschrieben 1904). Beide schilderten eine Wirklichkeit, wo das Dasein ein Leiden und der Teufel der triumphierende Herr war. Beide Buchtitel waren symbolisch. Der Held des zweiten Buches, Kóst'a *mit der krummen Nase*, der von allen gefoppte und gehunzte Uhrmachergeselle, ein russischer Quasimodo, wird allmählich von Haß auf die ganze Welt erfüllt und gewinnt die Überzeugung, er könne die Zeit und das Leben aufheben, wenn es ihm nur gelinge, die Turmuhr zum Stehen zu bringen. Der Weg zur Befreiung geht über den Irrsinn, und Kóst'a triumphiert im Wahnwitz:

Nicht der Mensch und auch das wilde Tier nicht, sondern die Zeit mit ihren Stunden beherrschte das Leben und gab ihm Tage und Nächte. Alles stammte von ihr – alle Qualen und Leiden des Lebens. Und jetzt schickte er sich an, diese verfluchte Zeit zu töten, sie und ihre Stunden zu töten, um sich selbst und die ganze Erde und die ganze Welt zu befreien. Seine Füße würden erst dann wieder da unten auf die Erde treten, er würde erst dann vom Glockenturm hinabsteigen, wenn seine Tat vollbracht war. Wenn es nötig wäre, würde er noch höher hinaufklettern, auf die Turmkuppel, auf das Kreuz, ja noch höher hinaufklettern. Er war bereit, auf die Wolken zu klettern. Er hatte es geschworen – und würde es wieder schwören – bei allen Tagen seines krummnasigen Elends, bei seiner hoffnungslosen Liebe zu Lida. Er hatte bei der Sonne und bei der Nacht geschworen – bei der Sonne, deren Licht ihn gequält hatte, und bei der Nacht, unter deren Dach er, bis auf den Grund zermartert, über seine Pein gegrübelt hatte....

So phantastisch und so intensiv war RÉMIZOVS Stil. Er schrieb in den folgenden Jahren noch andere Romane von ähnlicher Art, in denen er eine fast naturalistisch geschilderte Wirklichkeit mit einer Auffassung des Lebens als Last und einer meisterhaft eingeschmuggelten symbolischen Deutung der konkreten Dinge und Verhältnisse mischte: so *Die unruhige Trommel* (*Neujómnyj búben*, 1909), so *Die Geschichte von Iván Sem'ónovič Stratilátov*, 1909), dem kleinen Beamten und den Teufeleien, die ihm widerfahren, so auch den Roman *Die Schwestern im Kreuz* (*Krestóvyje s'óstry*, 1910), wo ein Armenviertel mit seinen schutzlosen Existenzen als Sinnbild des Jammers der Welt geschildert wurde. Den Hintergrund dieser Werke bildete das hoffnungslose Kleinbürgerdasein in der Provinz, das RÉMIZOV aus seiner Verbannungszeit in Pénza und Vólogda (1897–1904) so genau kannte.

Letzten Endes bildeten aber weder diese Romane noch die vielen
Novellen, die RÉMIZOV schrieb, den wichtigsten oder wesentlichsten
Teil seines Schaffens. Er muß, um recht verstanden zu werden, in
seinem eigentümlichen Verhältnis zur russischen Sprache, bei seiner
bizarren Behandlung der Sprache, betrachtet werden. Er hatte zu der
Sprache die Liebe eines Gelehrten, und die Geschichte ihrer Dialekte,
Mundarten und Stilarten zog ihn unwiderstehlich an. In seinem Bestreben, den Charakter der Literatursprache zu erneuern und sie zu
bereichern, berührte er sich vielfach mit den Symbolisten, die sich
bewußt für sprachliche Experimente interessierten. Der Wortschatz
der russischen Literatursprache war für RÉMIZOV nicht eine Summe
fixierter oder fixierbarer Wörter, sondern ein reicher Strom, in den
zu jeder Zeit die Nebenflüsse veralteter, mundartlicher und kirchenslavischer Wortgruppen hineingeleitet werden konnten, um in ihm
gleichwertig weiterzuleben. Mehr noch beschäftigte RÉMIZOV das
Problem der Syntax, und er bemühte sich, in seinem eigenen Sprachgebrauch die im Laufe der Zeit eingebürgerten griechischen, lateinischen und französischen Wendungen in Wortstellung und Satzbau zu
unterdrücken. Er umgab sich mit seltenen mittelalterlichen Folianten,
studierte altrussische Texte, machte sich mit der volkstümlichen apokryphen Literatur der Heiligenlegenden vertraut und begann die
alten Texte in einer Sprache, die bald grotesk, bald fromm und kirchlich anmutete, nachzuerzählen. Er lebte sich so sehr in diese Welt
vergessener Ideen und ornamentaler Handschriften ein, daß er sich
sogar in seinen Privatbriefen einer dekorativen Schrift bediente,
die an die mittelalterliche moskovitische erinnerte, und sich Vorstellungen zu eigen machte, die mit der Gegenwart unvereinbar
waren. Sein Schaffen bekam dadurch einen immer kurioseren Charakter, gekennzeichnet durch fragmentarische Texte und stilisierte
Nachahmungen alter Vorbilder. Mit besonderer Vorliebe dichtete
er alte Volksschauspiele und Schultragödien nach (z. B. *Zar Maximilian*, 1918, *Die Tragödie von Judas*, 1919, *Das Teufelsspiel*, 1919),
und in seinem Schmerz über die Leiden seines Volkes während
des Krieges und der Revolution schrieb er im Stil einer altrussischen lyrisch-epischen Dichtung (vgl. Bd. I, S. 149) sein *Lied vom
Untergang des russischen Landes* (*Slóvo o pogíbeli Rússkoj Zemlí*,
1918).

Das intensive Interesse für das Symbol und die Möglichkeiten der Sprache, das wir bei SOLOGÚB und RÉMIZOV finden, konnte sich indessen nicht sofort mit voller Kraft in den Prosagattungen geltend machen, sondern trieb die Literatur vorerst mit fast eruptiver Gewalt zur Poesie, zur Versdichtung, zur lyrischen Gattung. Der russische Symbolismus kam wie der französische in den poetischen Literaturformen am vielseitigsten zum Ausdruck, weil diese am leichtesten von der Wirklichkeit und damit vom Realismus abgelöst werden konnten. Der Vers und seine Möglichkeiten wurden von Dichtern und Theoretikern mit immer größerer Eindringlichkeit studiert. Seit den Tagen NEKRÁSOVS war die Lyrik von Grund aus vernachlässigt worden. Seine von sozialem Pathos getragenen Gedichte kamen den Forderungen einer Zeit entgegen, in der alles auf die Vorbereitung einer sozialen Revolution eingestellt war, und Dichter, die sich allein von poetischen Forderungen binden ließen und nur der Kunst um ihrer selbst willen dienen wollten, vereinsamt waren und außerhalb des breiten Stromes der Literatur standen.

Die erste Empörung gegen die herrschende Weltanschauung hatte schon mit der Lyrik SEM'ÓN JÁKOVLEVIČ NÁDSONS (1862–87) stattgefunden, eines Dichters, nach dessen Versen die Leser der achtziger Jahre mit der Begierde griffen, mit der sich ein Durstender auf eine erquickende Quelle stürzt. NÁDSON war anfangs ein getreuer Jünger der pathetischen Poesie NEKRÁSOVS. In seinen von mitbürgerlichem Verantwortungsgefühl erfüllten Gedichten forderte er *seinen Bruder*, *seinen Freund* auf, mit ihm in den Kampf zu ziehen, den Mut nicht sinken zu lassen, an den Sieg des Guten im Leben zu glauben. Er bekannte sich in seinen Versen zu der Anschauung, daß die Dichtung ihren Zweck nicht in sich selbst habe, sondern der Menschheit in ihrem Streben nach Vollkommenheit dienen müsse. Aber sowie er wußte, daß er zu einem frühen Tod verurteilt sei – eine fortschreitende Lungentuberkulose untergrub von Tag zu Tag seine Gesundheit –, wurden in seinen Gedichten andere Töne laut. Nun klagte er darüber, daß das Schicksal es ihm versagt habe, dem Feind im offenen Kampf zu begegnen, und ihn schon vor der Schlacht kampfunfähig gemacht habe. Diese Erkenntnis öffnete die Schleusen seines Talentes, dem nun eine klingende lyrische Flut entströmte. Seine wehmütigen und leidvollen, nur selten von einem Strahl von Glück erhellten

Verse bezauberten seine Zeitgenossen, die sich seine Gedichtsammlungen in einer Ausgabe nach der andern zu sichern suchten. Er erfüllte die Forderung einer hoffnungslosen Zeit, er *weinte mit den Weinenden*, er *litt mit den Leidenden* und *reichte den Müden die Hand. Sei auch*, so sagten seine Gedichte, *die Harfe zersprungen, so schluchzten doch noch die Saiten*. Sie klagten, daß *die Blumen ihre Blätter verloren hätten, daß die Kerzen in den Leuchtern erloschen seien*. In einer Zeit, die Forderungen stellte und hart war, war er einer der wenigen, die noch in vertraulichen Worten zu ihrer Muse sprechen konnten. In der Lyrik war er, was GÁRŠIN in der Prosa war. Der eigenste Zauber lag jedoch in seinen melodiösen und klangvollen Versen, die einfache menschliche Gedanken und Bekenntnisse in rhythmisch wirkungsvolle Amphibrachien und Anapäste kleideten, Versmaße, die in der Lyrik des Symbolismus weiterwirken sollten; in Verszeilen, die auf dem syntaktischen Akzent beruhten, zerbrach er den metrischen Kanon, der bisher geherrscht hatte.

War die Befreiung von der Forderung nach dem Nutzen der Poesie bei NÁDSON im rein psychologischen Bereich erfolgt, so nahm sie bei NIKOLÁJ MAKSÍMOVIČ MÍNSKIJ (Pseudonym für VÍLENKIN, 1855–1937) die Form einer offenen und demonstrativen Empörung an. Obwohl dieser zu Beginn seiner dichterischen Tätigkeit gleichfalls völlig von der Lyrik NEKRÁSOVs beherrscht war, begannen in seiner vom Sozialen (und Nationalen) bestimmten Lyrik doch schon früh – vor allem in seiner Dichtung *Weiße Nächte* (*Bélyje nóči*, 1879) – gewisse pessimistische und dekadente Töne durchzudringen, und nach einigen Jahren (1884) erklärte er so unzweideutig, daß jeder den Sinn seiner Worte verstehen konnte: in dem alten Streit zwischen den gegensätzlichen Anschauungen trete er nun bewußt für die Verteidigung der reinen Kunst ein. Er wurde der Prophet des extremen Individualismus, der sich nicht nur zu jedem sozialen Aspekt feindlich verhielt, sondern auch zu dem absonderlichen *Meonismus* (eine von den griechischen Wörtern *mē:* ‚nicht' und *on:* ‚Dasein' abgeleitete Bezeichnung), zu einer philosophischen Mischung orientalischer Mystik und NIETZSCHEscher Gedanken weiterführte. Sein Essai-Buch *Im Lichte des Gewissens* (*Pri svéte sóvesti*, 1890) war die erste Programmschrift der russischen *Dekadenz* und damit die erste bewußte Begründung des vorrückenden *Symbolismus*. Die russischen Dichter der modernistischen Schule übernahmen gern diesen Spitznamen, der den modernen französischen Dichtern gegeben worden war: zweifellos waren die *Dekadenten* in Rußland – trotz allen zeit- und ortsbedingten Unterschieden – mit *les décadents* in Paris verwandt, und Mínskij war der erste, ihren Subjektivismus, ihren Amoralismus, ihren Asozialismus und ihren grenzenlosen Pessimismus in seinem eigenen Land zu predigen. Indessen war seine poetische Thematik noch so eng mit der Überlieferung Žukóvskijs, Púškins und Lérmontovs verbunden und seine Beziehung zur Poesie T'útčevs und Fets noch so eng, daß das Neue bei ihm eigentlich nur in der Verneinung der Nekrásovschen Tradition bestand, nicht aber in einem neuen Gehalt und neuen Formen.

Der nächste Schritt auf dem Wege zum bewußten programmatischen Symbolismus war das bedeutungsvolle Buch *Über die Ursachen des Verfalls der modernen Literatur und über ihre neuen Strömungen* (*O pričinach upádka i o nóvych tečénijach sovreménnoj rússkoj literatúry*, 1893), verfaßt von dem jungen Essaiisten und Dichter Dmítrij Sergéjevic Merežkóvskij (1865–1941), einem der glänzendsten Talente und klügsten Wortführer der neuen literarischen Strömungen. Er fand jedoch nicht sofort seinen neuen Weg. Seine ersten Gedichte waren stark von der wehmütigen Lyrik Nádsons beeinflußt und nicht ganz frei von gewissen sozialen Stimmungen und Tendenzen. Aber mit seiner umfassenden literarischen und kulturhistorischen Bildung, mit seiner Kenntnis westeuropäischer Dichter, besonders Poes und Baudelaires, mußte er sich von dem Mangel an Ideen, Geschmack und Wissen in der damaligen russischen Literatur heftig abgestoßen fühlen. Die überlegene Ablehnung aller irrationalen Faktoren in Kunst und Literatur von seiten des nüchternen Positivismus und seines Abkömmlings, des Marxismus, schmerzte ihn tief in der Seele. Er empfand es als Verpflichtung, westeuropäische Kunst- und Literaturströmungen in sein Land zu führen, und mit dem Dichter Mínskij und dem Kritiker Volýnskij (1863–1926) versuchte er, das moderne Evangelium in einer der wenigen Zeitschriften zu verkünden, die ihm ihre Spalten öffneten. Im Jahre 1896 veröffentlichte er seine wertvolle Essaysammlung *Ewige Gefährten* (*Véčnyje spútniki*), die glänzende, aus neuer Sicht entworfene Charakteristiken von Montaigne, Flaubert, Ibsen und Púškin enthielt. In dieser Zeit begann er – nicht ohne Einwirkung des Philosophen VLADÍMIR SOLOV'JÓV (1853–1900), der in seinen Schriften und Gedichten religiös-mystische Saiten angeschlagen hatte –, seine auf die Dauer für ihn selbst verhängnisvolle *antithetische* Weltanschauung auszuarbeiten, in der griechisches Heidentum und russisches Christentum einander gegenübergestellt waren und auf ihre mystische Vereinigung warteten.

Seine Geschichtslehre war im Grunde nur eine eigenartige Auslegung der Dialektik HEGELS. Aus dieser Deutung des Ganges der Geschichte schrieb er seine große Trilogie *Christus und Antichrist* (*Christós i Antíchrist*), deren erster Band von *Julian Apostata* handelte *(Julián Otstupník,* 1896), während der zweite *Leonardo da Vinci* (1901) gewidmet war: im ersten Band ging die Welt der griechischen Götter unter, im zweiten erstand das antike Heidentum wieder. Aber erst im dritten Band, *Peter und Aleksëj* (1905), der unter sehr veränderten psychologischen und philosophischen Voraussetzungen geschrieben war, kam die Idee des Werkes voll zum Ausdruck, und der Leser erkannte, daß MEREŽKÓVSKIJ, der den heiteren Materialismus der antiken Welt und der Renaissance mit so erstaunlichem Einfühlungsvermögen geschildert hatte, jetzt zum Verehrer der Christentums in seiner russischen Form geworden war, wohlgemerkt: sowohl in seiner orthodoxen, kirchlichen Gestalt als auch in all seinen ketzerischen, mystischen, verbotenen Abarten. Die Synthese von Heidentum und Christentum, die er als endliches Ziel aller Kulturbestrebungen verkündet hatte, hatte er nicht gefunden. Von der Antithese ausgehend, die er zum künstlerischen und philosophischen Prinzip erhob und oft genug in schematischer und wenig überzeugender Weise vertrat, schrieb er in den Jahren 1901–1904 sein größtes und berühmtestes Werk: *Tolstój und Dostojévskij*, in dem er Leben, Dichtung und Religion der beiden großen Schriftsteller einer scharfsinnigen Analyse unterzog, die für lange Zeit die russische und die westeuropäische Auffassung bestimmte. Mit einer Heftigkeit, die auf innere Animosität hindeutete, wurde hier TOLSTÓJ trotz all seinem Christentum als der gigantische, mit einer fast mystischen *Hellsichtigkeit des Fleisches* ausgestattete Heide dargestellt, während DOSTOJÉVSKIJ trotz seiner sehr irdischen Lüste und Triebe als Eigner einer ebenso mystischen *Hellsichtigkeit des*

Geistes hingestellt wurde. In seinem Glauben, daß das russische Volk vom Schicksal ausersehen sei, die Menschheit mit einer Vereinigung der beiden entgegengesetzten Prinzipien zu beglücken, gründete er mit seinen Freunden im Jahre 1903 die *Religiöse und Philosophische Gesellschaft* und die Zeitschrift *Der Neue Weg (Nóvyj put')*, in der moderne philosophische und religiöse Probleme erörtert wurden, ohne daß dabei eine wirkliche Synthese erreicht worden wäre, und in seiner neuen Trilogie – dem Schauspiel *Paul I. (Pavel Pérvyj,* 1908) und den Romanen *Alexander I. (Aleksándr Pérvyj,* 1911) und *Der vierzehnte Dezember (Četýrnadcatoje dekabr'á,* 1918) – versuchte er abermals, Gott in die russische Geschichte hineinzudeuten. Aber seine Methode, die mit ihrer lebendigen Vereinigung von historischen Tatsachen und Dokumenten mit blendender dichterischer Fiktion so erneuernd gewirkt hatte, war inzwischen bei ihm zur Manier geworden, und die historischen Romane, die er nach der Oktoberrevolution in der Emigration schrieb – wie *Die Geburt der Götter oder Tut-anch-Amon in Griechenland (Roždénije bogóv ili Tutanchámon v Grécii)* – waren kaum noch lesbar.

Als treue Kampfgefährtin in der Literatur stand Merežkóvskij seine Gattin Zinaída Nikolájevna Hippius (Gíppius, 1867–1945) zur Seite. Sie war eine ungemein feinsinnige Dichterin und eine mit scharfem Intellekt begabte Schriftstellerin. Sie lebte viel mehr in der Idee als im Gefühl. Ihr literarisches Talent war überraschend vielseitig. Sie pflegte vor allem die Prosa und veröffentlichte in den Jahren 1896–1913 sechs Novellenbände – *Neue Menschen (Nóvyje l'udi,* 1896), *Spiegel (Zerkalá,* 1898), *Erzählungen (Rasskázy,* 1902), *Das rote Schwert (Alyj meč,* 1906), *Schwarz auf Weiß (Čórnoje po bélomu,* 1908) und *Mondameisen (Lúnnyje murav'jí,* 1912) – sowie zwei Romane: *Die Teufelspuppe (Čórtova kúkla,* 1911) und *Prinz Román (Román-Carévič,* 1913). Auch ein Schauspiel verfaßte sie: *Der grüne Ring (Zel'ónoje kol'có,* 1914). Am bedeutendsten aber war sie in ihren Gedichten. Die wesentlichste Anregung fand sie in der Gedankenwelt Dostojévskijs, die auch in ihren Prosawerken deutlich erkennbar ist. Sie beteiligte sich eifrig an den religiös-philosophischen Auseinandersetzungen der Zeit und teilte ganz den Glauben ihres Mannes an die große *Antithese* als das zentrale Prinzip aller Kulturgeschichte. In ihren Novellen und Romanen stellte sie Menschen dar, die bei der Lebensform, die sich in Rußland verbreitet hatte, Ekel und Überdruß am Dasein empfanden und zu ihrem *Ich* als der einzigen wirklichen Welt flohen. Diesem Individualismus war auch ihre Lyrik entsprungen, die in ihrer Form die halbvergessene Tradition T'ÚTČEVs wieder aufnahm. Wenn sie in ihren Gedichten in fesselnder und einschmeichelnder Weise davon sprach, daß sie sich danach sehne zu lieben, aber nicht lieben könne, sich danach sehne zu glauben, aber nicht glauben könne, so war diese Zwiespältigkeit für sie nicht etwa die Folge eines sozial bedingten Zwiespaltes, sondern der Ausdruck eines mystisch-metaphysischen Gefühls, daß sie zwischen zwei elektrischen Polen stehe und auf den wunderbaren zündenden Funken warte, der sie erlösend verbände. Ihre Lyrik war für sie nur die zu höchster Einfachheit und Ausdruckskraft gebrachte Aussage philosophisch-mystischer Gedanken. Verstechnisch suchte sie sich wie viele andere zeitgenössische Lyriker von dem Kanon des PÚŠKINschen Metrums zu befreien. Das tragende Prinzip der Verszeile war für sie der freie russische Akzent, die Anzahl der unbetonten Silben zwischen den betonten wechselte bei ihr in freier Weise. So machte ihre Lyrik den Eindruck, daß sie den Gedanken in seiner Fülle von äußerem Zwang entfessele.

Dem russischen Symbolismus fiel es anfangs recht schwer, sich bei den Lesern durchzusetzen, Gehör zu gewinnen und eine Organisation oder ein Organ zu finden, worauf er sich stützen konnte. Die modernistische Bewegung in anderen Künsten, besonders in der Malerei, half ihm indessen, die ersten Hindernisse zu überwinden. Im Jahre 1899 gründete der Kunstenthusiast SERGÉJ D'JÁGILEV (1872–1929) die Zeitschrift *Die Welt der Kunst* (*Mir iskússtva*), die sich die doppelte Aufgabe stellte, die ältere russische Kunst wiederzuentdecken und moderne, besonders französische Kunstanschauungen zu verbreiten. In dieser Zeitschrift veröffentlichte MEREŽKÓVSKIJ seine ersten Aufsätze über TOLSTÓJ und DOSTOJÉVSKIJ. Hier durfte jeder Schriftsteller, der antinaturalistisch, antimaterialistisch und antirationalistisch eingestellt war, seine Ansichten äußern. Als 1900 der Verlag *Skorpion* gegründet wurde, konnten die Symbolisten in seinen *Almanachen* oder in seiner Zeitschrift *Nordische Blüten* (*Sévernyje cvetý*) Aufnahme finden. Bald aber war die Bewegung so erstarkt, daß sie ihre eigene Zeitschrift *Die Wage* (*Vesý*) gründen konnte, die von 1904 bis 1909 bestand; ihr folgte eine ganze Flut von modernistischen Zeitschriften – der *Apollon* in St. Petersburg, der *Greif* (*Grif*) und *Das Goldene Vlies* (*Zolotóje runó*) in Moskau. In St. Petersburg versammelten sich die Symbolisten in den Jahren 1905–1910 meistens mittwochs bei dem Philologen und Dichter V'ACĚSLÁV IVÁNOV, dessen Wohnung mit ihrer Aussicht über den Taurischen Park der *Turm* genannt wurde. In Moskau trafen sich die Modernisten im Heim des Dichters VALÉRIJ BR'ÚSOV. Hier wie dort wurden in tiefsinnigen Gesprächen Fragen der Dichtung und Kunst von metaphysischen Grundsätzen aus erörtert, und dieser enge Bund zwischen Poesie und Theorie, zwischen Sprache und Weltanschauung wurde kennzeichnend für die neue Bewegung. Die Dichter fühlten sich als *Theurgen*, sie glaubten im Besitz okkulten Wissens zu sein, das sie im Wort in Erscheinung treten ließen, und sie verwandelten die Metapher zum Symbol.

V'AČESLÁV IVÁNOVIČ IVÁNOV (1866–1949) war als geistvoller Philologe bekannt. 1904 veröffentlichte er in MEREŽKÓVSKIJS Zeitschrift *Der neue Weg* seine Abhandlung *Die hellenische Religion des leidenden und auferstehenden Gottes*, der in den nächsten Jahren weitere Arbeiten über den griechischen Dionysos-Kult folgten. Er trat gleichzeitig als führender Theoretiker des Symbolismus auf, indem er unter Hinweis auf antike, ägyptische und mittelalterliche Vorbilder die Dichtung mit Gelehrsamkeit und Scharfsinn von ihrem Subjektivismus freizumachen und sie in eine volkhafte, kultische, religiöse Handlung zu verwandeln suchte. Er erstrebte einen Realismus, der über der Wirklichkeit stehe und selber eine Wirklichkeit schaffe, die Geist sei. Der Weg dazu führte seiner Meinung nach von dem poetisch-metaphorischen Sprachgebrauch zu der symbolischen Wirklichkeitsdarstellung, die die Bildung eines neuen Mythos als Ausdruck des innersten Lebens des ganzen Volkes ergeben müsse. Das Dionysische war ihm in höherem Sinne auch das christliche Prinzip. Für ihn lag in einer solchen Weltanschauung nichts Bacchantisches oder Orgiastisches, und seine eigenen Gedichte zeichneten sich durch eine ungewöhnliche Kühle aus, die indessen mit höchster Erlebnisintensität vereinbar war. Seine Gedichtsammlungen *Leitsterne* (*Kórmčije zv'ózdy*, 1903), *Durchsichtigkeit* (*Prozráčnost'*, 1904), *Eros* (1907), *Cor ardens* (1911), *Zartes Geheimnis* (*Néžnaja*

tajna, 1912), *Kindheit* (*Mladénčestvo*, 1918) zeichneten sich durch
vollendete Harmonie der Form aus; diese beseelte seine *Mythen* von
Tod und Auferstehung, von der Verklärung, vom Sakrament des
Opfers, von der erlösenden Bedeutung des Leidens, von der Selbstüber-
windung des Individuums, von der Mystik der Liebe, von der religiösen
Gemeinschaft. Seine Gedichte waren meistens von einer eigentümlich hellen Zuversicht umstrahlt. Durch die Hervorhebung erzähle-
rischer Motive, epischer Elemente und dramatischer Formen gelang
es ihm, seine Lyrik vor jeder Art von Selbstenthüllung zu bewahren.
In seinen *Hymnen an Eros* (*Gimny Erosu*) vereinigten sich der einsame Ruf des Hirsches in der Mondnacht und die Klage des Orpheus,
dessen Harfentöne den Grabstein heben und ihm die Vision seiner
Braut schenken konnten, das Zauberspiel der Nachtigallen über
den Rosen Suristans und das Gurren der Turteltauben an springen-
den Brunnen, das sehnsuchtsvolle Atmen des Meeres und der letzte
Seufzer Tristans und Isoldes im Augenblick des Todes – und er
schuf daraus eine Hymne zum Preise Eros', des Freundes aller sehnsüchtigen Wanderer, der zugleich Henker und Mystagoge sei, des
Gottes, der seine Verehrer begreifen lehre, daß Scheiden Gold sei,
daß der Tod das Pfand der Liebe und der Doppelgänger der Liebe
sei, daß Tod und Liebe nur zwei Namen für dasselbe, das Schicksal
der irdischen Seele, seien:

> *Du gabst mir des Gesanges Gabe,*
> *du gabst des Frühlingszaubers Wut,*
> *du gabst ein teures Grab zur Habe*
> *und jenseits dieses Grabs ein Gut.*
>
> *Du ließest schmelzen die Metalle,*
> *für meinen Demant nahm ich dar*
> *der Tränen durchsichtige Kristalle*
> *und ferner Augen Sonnenpaar.*

IVÁNOV liebte es, Dinge, Gedanken, Bilder in langen Reihen zusammenzufügen, die in feierlichem Aufzug einherschritten. Seine
Vorliebe für die Namen von Metallen und Mineralien – Dia-
manten, Saphire, Kristalle, Gold, Smaragde, Malachite, Perlen,
Rubine – Stein, Eisen, Erz und Stahl – verlieh seiner Dichtung
einen mosaikartigen Charakter, etwas überaus Dekoratives, und es

unterliegt keinem Zweifel, daß er – selbst in seinen *Erosliedern* – von der byzantinischen und altrussischen Ikonographie tief beeinflußt war. In organischem Einklang damit stand seine Vorliebe für altkirchenslavische, byzantinische, archaische und archaisierende Ausdrücke und für Bilder, die kirchlichen Schriften und Meßbüchern entnommen waren. Der Leser konnte sich nicht von dem Eindruck freimachen, einem aufs äußerste modernisierten und verfeinerten LOMONÓSOV und der wiederbelebten Poetik des Klassizismus gegenüberzustehen.

Das Interesse für hellenische Kultur war wieder erwacht. V'AČESLÁV IVÁNOVS Tragödien *Tantalos* (1905) und *Prometheus* (1912), in denen er die griechische Tragödienform mit ihren strophischen und metrischen Feinheiten bis zur Vollkommenheit nachahmte, entsprachen einer deutlichen Neigung seiner Zeit. Die neuen dichterischen Bestrebungen, die dem französischen Symbolismus viel zu verdanken hatten, suchten den russischen auf antike Vorbilder zu gründen. Der berühmte Philologe TADEUSZ ZIELIŃSKI, der trotz seiner polnischen Abstammung die russische Sprache meisterhaft beherrschte, übersetzte SOPHOKLES' Tragödien ins Russische und rief durch seine dichterischen Übertragungen größtes Interesse für die Antike hervor. Wie IVÁNOV war auch INNOKÉNTIJ F'ÓDOROVIC ANNENSKIJ (1856–1909) Gräzist und studierte mit Eifer und Sachkenntnis das griechische Drama, besonders EURIPIDES, dessen Tragödien er ins Russische übersetzte. Vom Werk seines Lieblingsdichters begeistert, schrieb er auch selber Tragödien in seinem Stil, von denen eine, *Thamyras, der Kitharöde* (*Famíra Kitaréd*), nach seinem Tode aufgeführt und veröffentlicht wurde (1919). Mit diesem philologischen Interesse verband auch er eine leidenschaftliche Liebe zur modernen französischen Dichtung, nicht zuletzt zu BAUDELAIRE, VERLAINE und MALLARMÉ. In die Literatur trat er merkwürdig spät ein. Erst 1904 getraute er sich, einen Band *Leise Lieder* (*Tíchije pésni*) herauszugeben, der seine Übersetzungen französischer Dichter, seine HORAZ-Übertragungen und eigene Gedichte enthielt. Aber nicht einmal die Symbolisten bemerkten das Buch sofort. Es vergingen mehrere Jahre, bis ANNENSKIJ – kurz vor seinem Tode – entdeckt und in die literarischen Kreise von St. Petersburg eingeführt wurde, wo er dann schnell hohes Ansehen gewann. Als seine Freunde ein Jahr nach seinem Tode seine zweite Sammlung, den *Zypressen-Schrein* (*Kiparísovyj laréc*, 1910), herausgaben, konnte niemand mehr daran zweifeln, daß man in ihm einen hervorragenden Dichter verloren hatte. Als solcher unterschied er sich sehr von V'AČESLÁV IVÁNOV. Viel weniger als dieser war er ein Verkünder mystischer Religionen. Er war im Grunde der Dichter der Gemütsbewegung, beinah der Empfindsamkeit, und suchte in der Außenwelt nach Dingen, die den Schwingungen seiner Seele entsprachen. In einem seiner Gedichte sagte er, was er liebe, sei nicht des Dreigespanns rasende Fahrt durch den Wald, sondern ihr verhallender Widerklang, nicht das lockende Lachen, sondern sein matter Nachhall, nicht des Wintermorgens Glanz, sondern der Dämmerung langsam vergehende lila Farben, nicht des Frühjahrs brennende Sonne, sondern des Winters rosiger Schatten. Und in einem Liebesgedicht an die Frau, die nicht die seine werden konnte, gestaltete er mit feiner Poesie das Bild von zwei Segeln auf einem Schiff – beide vom selben Wind gespannt, beide vom Sturm derselben Wünsche getrieben, beide in der sternlosen Nacht des Südens heimisch und beide dazu verurteilt, sich nie zu berühren. Es war ein Wesenszug seiner Poesie, daß er oft, wenn er sich *dem melodischen Regen der Symbole* überließ, ausgeklügelte Rhetorik und dekorative Ausdrücke mit Worten von erlesener Einfalt und Einfachheit verband. Seine Gedichte waren in ihrer Gesamtheit eine empfindsame und traurige Klage über das Leben.

Einer der ersten reinen Symbolisten auf dem russischen Parnaß und zugleich einer der ersten Theoretiker und Organisatoren des Symbolismus in Moskau war VALÉRIJ JÁKOVLEVIČ BR'ÚSOV (1873 bis 1924). Er war Lyriker und Romanschriftsteller, Dramaturg und Übersetzer, Literaturforscher und Literaturkommentator, er studierte die Geschichte des Verses und war einer der Neuschöpfer des Verses in Rußland. In seiner Jugend berauschte er sich freilich noch an NEKRÁSOVS und NÁDSONS sozialen und pathetischen Gedichten; aber die Bekanntschaft mit den französischen Modernisten BAUDELAIRE, VERLAINE, MALLARMÉ, HUYSMANS und anderen war auch für ihn ein alles umwälzendes Erlebnis. Mit leidenschaftlichem Schwung warf er sich in den Kampf für die Losungen des Symbolismus in seinem Vaterland. Sein erstes Buch, *Russische Symbolisten*

(*Rússkije simvolísty*, 1894/95), wurde nicht nur von allen Positivisten mit Hohngelächter empfangen, sondern sogar auch von Mystikern wie dem Philosophen VLADÍMIR SOLOV'JÓV mit Skepsis betrachtet. Dasselbe geschah, als er 1895 seine erste Gedichtsammlung, *Chefs d'œuvres*, und 1897 seine zweite Sammlung, *Me eum esse*, erscheinen ließ. Sie wurden jedoch das Evangelium der Moskauer Dekadenz. Sie hatten ein artistisches und exotisches Gepräge; sie drückten die bewußte Flucht des Dichters vor der Wirklichkeit aus; sie waren eine Auflehnung gegen allen sozialen Altruismus und Humanismus. In diesen ersten Gedichten, die die Fanfare neuer Gedanken und Formen sein sollten, war alles übertrieben. Ein neues Verhältnis zum poetischen Wort war hier *in praxi* verkündet. Bei der Wahl farbiger, festlicher, ungewöhnlicher und exotischer Wörter folgte der Dichter seinen französischen Meistern und Vorbildern. Er wählte Bilder und Metaphern, die in ihrer exzentrischen Gesuchtheit zunächst abstoßend wirkten. Seine Reimtechnik bedeutete einen Bruch mit aller Tradition, metrische Experimente nahmen bei ihm den ersten Platz ein, die strophische Gliederung der Gedichte war kühn, ihre Komposition erregend und berückend. Mit erstaunlicher Sicherheit waren neue Beiwörter zur Präzisierung poetischer Begriffe verwendet.

Br'úsovs Lyrik erregte Aufsehen, und er wurde schnell der Führer der Moskauer Symbolisten. 1899 wurde er Mitarbeiter des modernistischen Verlages *Skorpion*, 1903 Redaktionssekretär der Zeitschrift *Der neue Weg*, 1904 Redakteur der *Wage*, der eigenen Zeitschrift der Symbolisten. Gleichzeitig änderte sich aber seine Haltung recht stark, und sein dritter und vierter Band (*Tertia vigilia*, 1900, und *Urbi et orbi*, 1903) erwarben ihm vorbehaltlose Anerkennung und Bewunderung: er wurde der ungekrönte König der neuen Literatur. In *Tertia vigilia* verkündete er – unter Aufgabe seines früheren Irrealismus und Pessimismus – seine Liebe zu der neuen Wirklichkeit, die er um sich herum entdeckt hatte, und setzte sich mit großer Eindringlichkeit für seine neue Religion ein – die Anbetung der Großstadt, die Religion des *Urbanismus*:

> *Erhaben schwebend über Schwaden,*
> *ins Nachtrund treibend Licht an Licht,*
> *wirst du von Schornsteinpalisaden*
> *umschlossen unerbittlich dicht.*

> *Aus Ziegeln, Stahl und Glas erschaffen*
> *und rings umsponnen von Gedräht,*
> *bist du ein Zaubrer ohn Erschlaffen,*
> *ein nie ermüdender Magnet.*
>
> *Ein gieriger Drache ohne Schwingen,*
> *hältst du im Horst die Zeit in Hut*
> *und läßt durch Eisenadern dringen*
> *des Gases Strom, des Wassers Flut.*

Wie in plötzlicher Erleuchtung erkannte BR'ÚSOV, daß das Neue, das um ihn herum geschehen war, der Sieg der Industrie, der Technik und des Verkehrs war. Seine Gedichte sollten nun den grandiosen Stil der Großstadtarchitektur widerspiegeln. Er dichtete von den stolzen Fassaden der Häuser und von den wimmelnden Paraden eiliger Hast und Geschäftigkeit in den breiten Straßen und auf den weiten Plätzen. Er machte VERHAEREN, den Dichter von *Les villes tentaculaires*, zu seinem Propheten und ahmte in seinen Hymnen und Dithyramben zum Preise der Stadt seine Technik der klaren Farben nach. Als Widerhall aus früherer Zeit schwangen indessen in seinen Gedichten noch recht viele dunkle Töne, okkulte und magische Motive, mit, die in den hektischen Betrieb der Maschinenzeit hineingedeutet wurden. Man ahnte die Angst des Dichters vor den künftigen Katastrophen der aufblühenden Großstädte und gewahrte in seiner Thematik ein eschatologisches Element. Noch deutlicher trat dieses in *Urbi et orbi* hervor, wo der Sexualismus glühende und drohende Blüten entfaltete. Wie brennende Flecke auf blassen Wangen wirkten diese nervösen meisterhaften Verse von den schmerzerfüllten und wonnevollen Phasen der Wollust. Er war ein Dichter, der die Nuancen des Sadismus, die Formen der Blutschande und Sodomie, die Spielarten der homosexuellen Lust kannte und der ausdrucksvoll und betörend vom Reize geistvoller Hetären, raffinierter Kurtisanen und gemeiner Huren sprach. Aber hinter diesen krassen und grellen Farben lauerte eine unauslöschliche, panische Angst vor dem Untergang, ein merkwürdig persönlicher Haß auf das Sklaventum der Großstadt, eine heftige Sehnsucht nach Befreiung von der Macht der Steine. In dem Drama *Die Erde* (*Zeml'á*, 1905) sah die Phantasie des Dichters die Großstadt der Zukunft als ein gewaltiges Gefängnis, wo die Menschheit in grandiosen Galerien mit mechanisierter Luftzufuhr und maschinell erzeugtem Licht lebt und wo ihr nur ein Ausweg bleibt: der kollektive Selbstmord. In der Novelle *Die letzten Märtyrer* (*Poslédnije múčeniki*), die nach der ersten Revolution erschien (1906), schilderte er mit prophetischer Genialität den *Untergang der Poeten, der Künstler und der Denker* in einer künftigen Götterdämmerung. Vereinigt in einer Sekte, die in ihrer Religion tiefste Mystik mit hemmungsloser Erotik verbindet, warten die letzten Märtyrer auf ihr Urteil – vom Zentralstab der Revolution zum Tode verurteilt, feiern sie bei einem letzten Fest ihren Abschied vom Leben mit einem kollektiv-ekstatischen Bacchanal des Geschlechtstriebes. Im Gegensatz zu seinem Lehrmeister VERHAEREN, der in seinen *Rythmes souverains* (1910) den nahenden Sozialismus begrüßte, schließlich wieder in den dunkelsten Pessimismus verfallend, veröffentlichte BR'ÚSOV 1906 bzw. 1909 seine Gedichtsammlungen *Stephanos* und *Alle Melodien* (*Vse napévy*), die nur alte Motive variierten, schilderte in dem Gedicht *Die unterirdische Wohnung* (*Podzémnoje žilíšče*, 1910) alle Arten des narkotischen Rausches und in dem Buch *Spiegel der Schatten* (*Zérkalo tenéj*, 1912) alle Formen des Selbstmordes und nahm endlich in der Verssammlung *Nellys Gedichte* (*Stichí Nélli*, 1913) eine überraschende Metamorphose mit seiner eigenen Persönlichkeit vor, indem er unter dem Namen einer pervertierten Kurtisane vollendete Gedichte schrieb.

Es ist ein interessantes psychologisches Problem, welche wunderlichen Wege diesen reinen Individualisten dazu führen mochten, sich nach der Oktoberrevolution der kommunistischen Partei anzuschließen und im Dienst der bolschewistischen Regierung nicht unwichtige Verwaltungsposten zu übernehmen. Die anderen Symbolisten suchten sich nach der Revolution – in der Erkenntnis, daß ihre Zeit in Rußland vorüber sei – in Westeuropa in Sicherheit zu bringen. Das galt auch für KONSTANTÍN DMÍTRIJEVIČ BÁL'MONT (1867–1943), den zweiten großen Führer des Symbolismus, der in mancher Hinsicht der Antipode BR'ÚSOVS war. War dieser der Dichter *der Großstadt und der Katastrophe*, so wurde BÁL'MONT der ekstatische Prophet seines eigenen *Ichs* und des *Lichtes*. Auch er begann seine dichterische Laufbahn unter der unmittelbaren Einwirkung von NEKRÁSOVS und NÁDSONS Poetik, und in seinen ersten Versbänden, *Eine*

Sammlung Gedichte (*Sbórnik stichotvorénij*, 1890) und *Unter nördlichen Himmelsstrichen* (*Pod sévernym nébom*, 1894), verkündete er nur noch einen sozial begründeten Humanismus, einen menschenfreundlichen Pessimismus und herkömmlich bedingte Stimmungen ohne sonderlich neue oder überraschende Akzente. Aber um 1895 erlebte er einen geistigen Umschwung. Auch er kam nun unter die Einwirkung des europäischen Modernismus mit seinen neuen poetischen Tendenzen, mit seinen im lyrischen Bereich erweiterten Horizonten, mit seinen Reformen der Vers-, Satz- und Wortbildung. Die beiden Gedichtsammlungen, die er 1895 bzw. 1898 erscheinen ließ *In die Uferlosigkeiten* (*V bezbréžnosti*) und *Stille* (*Tišiná*), zeigten seinen neuen Stil in klarer Bestimmtheit. Neue Motive überraschten nun den Leser. In gemeißelten Versen sprach er von seltsamen Träumen; er strebte in seinen Gedichten nach höchster seelischer Kühle, nach Befreiung von jeder Leidenschaft; das Licht, das er feierte, war die kalte Bläue des Mondes; sein Abglanz auf der diamantenen Decke des Schnees erregte seine dichterische Begeisterung. Alle diese Gedichte waren von tiefer Egozentrizität und starkem Individualismus durchdrungen. Es war nicht die objektive Welt und die Wirklichkeit und das Leben um ihn, wovon er in seiner Lyrik sprach, es war auch nicht sein seelisches Prismenbild von Welt, Wirklichkeit und Leben, das er dem Leser vermitteln wollte, es waren schließlich auch nicht die Bewegungen seiner Seele selbst, woran er ihn teilnehmen lassen wollte. Sein Ziel war, vor seinem Blick eine Welt kühler mystischer Phantome, eine konstruierte Welt, hervorzuzaubern. Von allen lyrischen Formarten bevorzugte er die mathematisch gebaute, geschlossene Form des Sonetts mit ihrem unveränderlichen Strophenschema. In ihrer Kühle fühlte er sich wohl.

BÁL'MONT studierte mit größter Eindringlichkeit und ungewöhnlichem Einfühlungsvermögen die führenden Lyriker der Weltliteratur und eignete sie sich auf dem Wege der Nachdichtung an. Er übersetzte die besten Verse schier zahlloser europäischer Dichter, entging aber sowenig wie jeder andere Übersetzer der Gefahr, ihnen das Gepräge seiner eigenen Sprachform und poetischen Deutung zu geben. Es war vornehmlich BAUDELAIRE, der ihn wie seine symbolistischen Zeitgenossen mit seinen geschliffenen *Fleurs du mal*

anzog und der ihn zu einer gewissen *parnassischen* Haltung brachte.
Aber auch mit EDGAR POE beschäftigte er sich mit besonderer Hingabe, und wie BR'ÚSOV ahmte er die Technik eines seiner berühmtesten Gedichte nach, des Gedichtes *The Raven*, mit seinen raffinierten
Binnenreimen und der jeweils leise nachklingenden letzten kurzen
Strophenzeile, die den Reim des ersten, dritten und vierten Verses
wie ein verhallendes Echo wiederholt. Mit phantastischem Wissen
ausgerüstet und von den lyrischen Stoffen aller Zeiten durchdrungen,
ließ BÁL'MONT in den Jahren 1900–1906 die Gedichtsammlungen
erscheinen, die ihn zu einem der führenden Symbolisten seiner Zeit
machten: *Brennende Gebäude* (*Gor'áščije zdánija*, 1900), *Laßt uns
wie die Sonne sein!* (*Búdem kak sólnce*, 1903), *Nur Liebe* (*Tól'ko
l'ubóv'*, 1905), *Die Liturgie der Schönheit* (*Litúrgija krasotý*, 1905),
Vogel Phönix (*Žar-ptíca*, 1906). Diese Bände, die wie Offenbarungen
wirkten und durch ihr sprachliches Raffinement bezauberten, waren
ein Evangelium des ästhetischen Amoralismus. Der Dichter sagte
seinen Lesern, daß ihm nichts Menschliches, auch fast nichts Unmenschliches, fremd sei. Zugleich aber verkündete er – ein williger
Bewunderer der poetischen Botschaft NIETZSCHES – sein eigenes
Übermenschentum. Seine Gedichte waren unaufhörlich Mahnrufe
an ihn selbst, *kühn zu sein, mutig zu sein*, oder an seine Leser, ihm
in das unbekannte Land der Schönheit, in die herrliche Welt der
Wunder, zu folgen. Seine lyrischen Aufrufe waren ohne Präzision.
Er erstrebte bewußt größtmögliche Unbestimmtheit. Er gestand,
er wolle seinen Lesern nur *Flüchtigkeit, Äußerlichkeit, Unbestimm-
barkeit* geben. Er verwendete die sonderbarsten Abstraktionen, die
er dadurch dichterisch konkretisierte, daß er sie in der Mehrzahl gebrauchte (*Ewigkeiten, Uferlosigkeiten*); er verwendete Adjektive,
als seien es Substantive; er ließ die Zeitwörter aus und bildete Ketten
von Hauptwörtern. Er sagte von sich selbst, er sei die *Auserlesenheit
der langsamen russischen Rede;* andere Dichter seien nur seine Vorläufer gewesen; er sei der Entdecker *der wiegenden Lieder, der
widerklingenden wilden und milden Gesänge* seiner Sprache. Und
er erfand tatsächlich bisher unbekannte Wortzusammenstellungen,
die den Wortelementen ihre ursprüngliche klare Bedeutung nahmen
und ihnen dadurch die Stimmung vager Ahnungen und Zwischen-
töne verliehen:

Ich kam auf diese Welt, zu schaun die Sonne,
die blaue Kimm zu sehn,
ich kam auf diese Welt, zu schaun die Sonne
und Bergeshöhn.

Ich kam auf diese Welt, zu schaun die Meere
und Aun im Blütenschwall,
ich fang in einem Blick der Welten Sphäre,
ich Herr im All.

Ich überwand das eisige Vergessen,
als ich den Traum gebar;
ich bin von Offenbarungen besessen,
sing immerdar.

Den Traum die Qualen wachgerufen haben,
doch werd ich drum geliebt.
Wer säng mir gleich? So reich an Sangesgaben
es niemand gibt.

Ich kam auf diese Welt, zu schaun die Sonne;
doch wenn der Tag verloht,
dann sing ich ... Singen werd ich von der Sonne,
auch nah dem Tod.

BÁL'MONT war Lyriker und nur Lyriker. Der musikalische Charakter seiner Gedichte war unverkennbar: wie kein anderer verstand
er es, mit den Klangwerten der Worte zu spielen, mit Assonanzen
und Konsonanzen, mit endlosen Alliterationen, und in seinem Rausch
war er oft blind dafür, daß die Grenzen des Geschmacks und des
Taktes nicht überschritten werden durften. Seine Selbstverherrlichung, seine Selbstidentifikation mit der Sonne, seine Selbstanbetung war und blieb sein wichtigstes lyrisches Thema, dessen
Sprachgewand er bis zum Überdruß variieren konnte. Die Ekstase
war seine eigentliche Sphäre, die Ekstase in altem romantischem Sinn.
Schon recht bald aber erkannten kühle Köpfe das Gemachte, das
Gekünstelte in seiner Haltung. Ein scharfer und witziger Kritiker
mußte an einem Winterabend, an dem die Leute über verschneite,
schneedurchstöberte Straßen von der Arbeit nach Hause eilten, an
BÁL'MONT denken, als er hinter einem Ladenfenster einen farben-
prangenden, unwahrscheinlich exotischen Papagei entdeckte. Aber
BÁL'MONT dichtete sogar in der Emigration unangefochten weiter
über sich selbst:

Ich war oft von dem Atem der Meere umbraust,
ich sah tief in den Abgrund am Grat,
ich beschwor alle Winde: „O schneller, o saust!",
ich fand immer zu Weiten den Pfad.

Ich ertrag keine Ketten, ich kenn keine Kraft,
die dem Menschen zu träumen verwehr,
ich vergönns meinem Erzfeind statt Fessel und Haft,
daß der Lenz ihm sein Lächeln bescher.

Ich bin stärker als Leid, das den Seinsrausch umgraust,
und es gibt keine Schwermut für mich,
ich war oft von den Meeren, den freien, umbraust –
werdet frei, meine Brüder, wie ich!

Wie Br'úsov beschäftigte sich auch Bál'mont viel mit theoretischen Betrachtungen über die Natur der dichterischen Sprache. Sein
impressionistischer Essai über *Die Poesie als Zauber* (*Poézija kak
volšebstvó*, 1915) gründete sich im wesentlichen auf die Abhandlungen
des von Br'úsov eingeführten französischen Verstheoretikers René
Ghil über die Instrumentalisierung der Worte. Der wahre Instru-
mentalisator, der bewußte Experimentator unter den Symbolisten,
war jedoch der Dichter Andréj Bélyj (1880–1934), der eigentlich
Borís Nikolájevič Bugájev hieß. Als Sohn des hervorragenden
Mathematikprofessors N. V. Bugájev, in dessen Hause sich die
geistige Elite Moskaus zusammenfand, nahm er seit seiner frühesten
Jugend mit hemmungsloser Gier jeden Gedanken in sich auf, der
sich in der Zeit regte, er lauschte mit Verständnis und Eindringlichkeit den philosophischen Worten Vladímir Solov'jóvs und studierte abwechselnd bei den verschiedensten Fakultäten. Mit besonderem Interesse hörte er jedoch auf die modernistisch-dekadenten
Parolen in Kunst und Literatur, die um ihn erschallten, und wurde
bald mit Männern wie Br'úsov und Bál'mont in Moskau persönlich
bekannt, später auch mit Merežkóvskij, V'ačesláv Ivánov und
dem jüngsten unter den Symbolisten, seinem Altersgenossen Aleksándr Blok. Als er 1902 sein erstes lyrisch-prosaisches Werk veröffentlichte, erregte es schmeichelhafte Aufmerksamkeit bei den Dichtern, aber ironisches Lächeln bei den Lesern: er führte als erster
das Prinzip der *Instrumentalisierung* in die russische Prosa ein.
Das Werk hieß auffallenderweise *Die zweite Symphonie (Vtorája*

simfónija) und war ausdrücklich als *dramatisch* bezeichnet. 1904 erschien *Die erste Symphonie* (*Pérvaja simfónija*) mit der näheren Bezeichnung *nordisch oder heroisch*, 1905 *Die dritte Symphonie* (*Trét'ja simfónija*) oder *Die Heimkehr*, und 1908 schließlich *Die vierte Symphonie* (*Četv'órtaja simfónija*), die *Ein Pokal aus Schneegestöber* (*Kúbak metélej*) betitelt war. Der Verfasser verlangte, der Leser solle seine Prosa auf drei verschiedenen Ebenen verstehen, rein musikalisch, satirisch und endlich symbolisch. Man verstand ihn überhaupt nicht und verhöhnte ihn als mißlungenen Mystifikator. Indessen war wirklich Musik in dieser seltsam gefügten und geordneten Prosa, die sich in rhythmischen Takten bewegte und die – obwohl sie in mancher Hinsicht humoristisch gemeint war – tatsächlich von modernen philosophischen Ideen durchdrungen war.

Bélyj hatte den Ehrgeiz, die russische Literatursprache durch äußerste Ausnutzung ihrer klanglichen und rhythmischen Möglichkeiten zu reformieren. Aber als Lyriker war er bei weitem nicht so bedeutend und einflußreich. Seine Gedichtsammlungen – *Gold und Azur* (*Zóloto i lazúr'*, 1904), *Asche* (*Pépel*, 1909) und *Die Urne* (*Urna*, 1909) – enthielten, vielleicht mit Ausnahme der letzten, nichts sonderlich Aufsehenerregendes. In dem Band *Asche*, der unter dem Eindruck der tragisch mißglückten Revolution von 1905 geschrieben war, überraschte er sogar mit ausgesprochen Nekrásovschen Motiven, und in der *Urne*, der im Sinne des Symbolismus bezeichnendsten Sammlung, verlieh er nicht nur seiner Verzweiflung und Niedergeschlagenheit Ausdruck, sondern auch seinen metaphysischen, im Grunde neukantischen Spekulationen und abstrakten Gedanken. Er kehrte zur Prosa zurück und veröffentlichte 1910 den ersten Teil einer geplanten Trilogie, den zweibändigen Roman *Die silberne Taube* (*Serébr'anyj gólub'*). Der Roman begann folgendermaßen:

> *Wieder und wieder erdröhnten im blauenden Raume des Tages, den heiße, grausame Sonnenstrahlen erfüllten, schrille mahnende Glockenrufe vom Kirchturm des Dorfes Celebéjevo. Und verwirrt begannen die Turmschwalben überm Glockenturm zu schwirren. Und schwanger von Düften streute der Pfingstsonntag rosige, leichte Holunderblüten auf die Büsche herab. Und die Hitze bedrückte die Brust. In der Hitze blinkten die Flügel der Libellen wie Glas überm Wasser, flogen empor in die Hitze im blauenden Raume des Tages – hinauf in den lichten blauenden Frieden der Leere....*

An solch rhythmische Prosa war man nicht gewöhnt. Und doch war Bélyj bei der Verwirklichung seiner neuen Prinzipien noch überaus vorsichtig. Noch war seine Sprache verhältnismäßig leicht rhythmisiert. Durch den volkstümlichen Stoff, der diesem ersten Roman zugrunde lag, war die Rhythmisierung an sich außerdem trefflich begründet. Hinter der Prosa des Romans hörte man noch deutlich die der Bauernsprache eigene uralte rezitative Weise des erzählenden Stils. Mit dergleichen Mitteln erhöhte Bélyj die mystische Wirkung seiner Geschichte von der geheimen russischen Volkssekte der *Silbernen Tauben*, die im Hause des Tischlers Kudejárov orgiastische religiöse Versammlungen zu Ehren der *Gottesmutter* Matr'óna abhält, die den neuen Heiland gebären soll. Das *alter ego* des Verfassers, der intellektuelle Dar'jálskij, der sich der Sekte angeschlossen hat, wird Gott geopfert, als er im Begriff ist, sich wieder von dem mystischen Rausch zu befreien.

Es war Bélyj gelungen, die Stimmung gegenstandsloser Angst und Unruhe in diesem Roman in meisterhafter Weise zu verdichten. Die Angst wurde zum Grauen im zweiten Teil der Trilogie, dem Band *St. Petersburg* (*Peterbúrg*, 1913), dessen Stil ganz anders war: ein ständiger Wechsel zwischen groteskem *staccato* und lyrischer Deklamation. Die Hauptstadt erschien hier wie eine Phantomstadt, wie eine unwirkliche Welt, die sich jederzeit in vage Nebelfetzen auflösen konnte. Rastlosigkeit, Geschäftigkeit, Ziellosigkeit – das ist der Grundton des Buches. Herausgerissene Repliken werden in fast sinnlosen Dialogen verdichtet, ergänzt, abgewandelt. Eine Unruhe, ein Grauen fast scheint alle Klassen der Hauptstadt ergriffen zu haben. Man flüstert von Terror, Attentaten, Revolution. War *Die silberne Taube* als Sinnbild des östlichen, byzantinisch-mystischen Elementes in der russischen Mentalität gedacht, so war *St. Petersburg*, von einem Despoten auf schwankendem Sumpfboden erbaut, das westliche, europäische Prinzip. Auch Bélyj beschäftigte sich also mit der Antithese zwischen Ost und West, aber die beabsichtigte Synthese vermochte er in dem Schlußband der Trilogie, der nach dem Haupthelden *Kotik Letájev* (1917) betitelt war, seinen Lesern nicht zu geben. Der völlig autobiographische Roman war der Ausdruck einer romantischen Sehnsucht nach dem Unwirklichen.

Kurz zuvor hatte er mehrere Jahre bei dem Anthroposophen RUDOLF STEINER in Dornach gelebt und war ganz von dessen Ideen durchdrungen worden. Seine Eindrücke aus dieser Zeit fanden ihren Niederschlag in dem Prosa-Buch *Erinnerungen eines Sonderlings* (*Zapíski čudaká*, 1922), dem ersten Teil einer neuen Reihe, die unter dem Titel *Die Epopöe* (*Epopéja*) viele Werke umfassen sollte. Mit diesen *Erinnerungen*, die erst nach der Oktoberrevolution erschienen, endete das vorrevolutionäre Schaffen BÉLYJS. In diesem Buch war die Prosa nicht nur in musikalischen Kadenzen gehalten, sondern konsequent in ein kunstvolles anapästisches Maß gefügt, das bisweilen wirkungsvoll in Daktylen überging. Schloß ein Satz mit einem unvollständigen Anapäst, so begann der nächste mit dem fehlenden Teil des Versfußes als Auftakt:

> *Ich stand hoch auf der Spitze des Berges; und hinter mir leuchteten rötlich Ruinen; durch Blätterlaub blinkten die Reihen der Häuser; sieh – Dornach; ins Morgenrot hoben die Mauern die steigenden Dächer; und schäumend trug trotzig die Birs die sich sträubende Flut nach der Brücke; und hinter ihr grünte die Flur; doch nun teilte sich plötzlich der Nebel; ganz deutlich erschienen die bläulichen Berge des Elsaß; und donnernd erscholl jetzt der Schuß des Geschützes. . . .*

So wurde die Prosa zur Lyrik. Als er die *Erinnerungen eines Sonderlings* schrieb, konnte er auf eine reiche Tätigkeit als Theoretiker des Symbolismus zurückblicken. Schon 1910 hatte er in einem geistreichen Buch (*Simvolízm*) die Grundsätze der neuen Richtung dargestellt. Als Versforscher hatte er wissenschaftliche Methoden bei der Schilderung der Geschichte der russischen Lyrik anzuwenden versucht und die an sich freilich allzu kühne These aufgestellt, daß nicht die klassische metrische Norm das Entscheidende in ihrer Entwicklung gewesen sei, sondern vielmehr die Art und Weise, wie diese Norm zu verschiedenen Zeiten durchbrochen wurde. So machte er die Abweichung von der Norm zur Norm, und seine Schüler, die *Rhythmisten*, beschäftigten sich eifrig damit, die Zahl der möglichen a-metrischen Varianten zu vermehren, während ihr Lehrer – wie das obige Zitat zeigt – rückläufig die Prosa einer metrischen Regelung unterwarf, ohne daran zu denken, daß er die Aufmerksamkeit seiner Leser durch die Monotonie seiner Sätze lähmte. ANDRÉJ BÉLYJ war indessen auch der Philosoph des Symbolismus, der sich nicht damit begnügte, die Versfüße der jambischen Dimeter, Trimeter und Tetrameter von LOMONÓSOV über PÚŠKIN bis auf seine Zeit zu zählen und statistisch zu bearbeiten, sondern auch eine symbolistische Weltanschauung zu begründen suchte. Er lehrte, daß das Symbol die Frucht einer besonderen Erkenntnis sei, die nur durch ein mystisches Erlebnis möglich werde. Er lehrte, daß der Dichter kraft einer mystischen Offenbarung einen lebendigen Mythos schaffen könne, der ebensosehr wirklich wie symbolisch sei. So näherte er sich dem religiösen Erlebnis als der Wurzel der Poesie.

Kann aber von irgendeinem der russischen Symbolisten gesagt werden, daß er sich tatsächlich kraft eines solchen mystisch-religiösen Erlebnisses dazu berufen gefühlt habe, Prophet und Poet zu werden, so jedenfalls nicht von ANDRÉJ BÉLYJ, sondern von seinem Freund ALEKSÁNDR ALEKSÁNROVIČ BLOK (1880–1921), dém erblich begabten und belasteten Nachkommen deutscher Ärzte und russischer Adliger. Er war der genialste und feinste Dichter unter allen Symbolisten. In kultivierter intellektueller Umwelt geboren und erzogen, feinfühlig und empfänglich und mit der ganzen russischen Dichtung von PÚŠKIN und LÉRMONTOV über T'ÚTČEV und FET bis BR'ÚSOV und BÁL'MONT von Kind auf vertraut, kam er als ganz junger Gymnasiast und Student unter den Einfluß der mystisch-religiösen Philosophie VLADÍMIR SOLOV'JÓVS und schickte sich schon früh an, eine Synthese aller russischen lyrischen Bestrebungen, eine Quintessenz aller metrischen Versuche, eine originelle Poesie zu schaffen.

In sehr glücklicher Ehe mit der Tochter des berühmten russischen Chemikers Mendeléjev vereint, von dichtenden Freunden, den *Argonauten*, umgeben, schrieb der jugendliche Dichter seine ersten Verse, in denen das Symbol aller Symbole, das Ewig-Weibliche, zur Personifikation wurde und ein fast unheimlich wirkliches Leben gewann. Er veröffentlichte im Jahre 1904 seinen ersten Gedichtband, die *Verse von der Schönen Dame* (*Stichí o Prekrásnoj Dáme*). Obwohl die Kritik das Buch, das ihr unverständlich war, kaum beachtete, wurde er von allen jüngeren Symbolisten in St. Petersburg und Moskau augenblicklich als ihr Meister und Führer anerkannt: ein hervorragender Dichter war erschienen. Man fühlte sich von seinen feinfühligen, keuschen, andeutenden Gedichten, die nur noch Naturstimmungen, wehmütige Empfindungen, unbestimmte Sehnsüchte

widerspiegelten, seltsam bezaubert. Die Verse dieses Bandes waren
noch in herkömmlichen, klassischen Rhythmen, in Jamben, Trochäen
und Daktylen, geschrieben und in regelmäßige Strophen gegliedert
und wirkten nicht durch ihre metrische Vollkommenheit oder Originalität. Was neu und anziehend wirkte, war der Ausdruck der Ehr-
erbietung, der Liebe, der Anbetung, womit der junge Troubadour
seiner erkorenen *Schönen Dame* nahte. Er nannte sie bald *Ersehnte
Freundin*, bald *Rätselhafte Jungfrau*, bald *Unvergleichliche Frau*,
er nannte sie *Goldgelockte Maid* oder *Weiße Herrin*, sie war ihm
Herrscherin, Braut, Gattin und *Heiligtum*. Seine Anbetung wurde
nie so heiß und zärtlich, daß nicht der religiöse Abstand gewahrt
worden wäre. In dieser Liebe war nichts Irdisches, obwohl sie so real
war, daß die Angebetete für ihn wirklich sein mußte. Aber sie sub-
limierte sich in seinen Versen zur göttlichen Weisheit, zur griechischen
und zugleich christlichen *Sophia*, welche die schöne leibliche Gestalt einer Frau angenommen hatte. Er hatte sie in einer mystischen
Vision geschaut, und, von ihr geführt, erlebte er – fern, fremd der
Wirklichkeit, unnahbar und streng – jedes Erzittern seiner Seele,
jedes Schöpfungswerk seines Geistes, jede Vision als etwas Göttliches
und Wunderbares. Diese erhabene und erhebende Stimmung wich
aber schon bald in seinem zweiten Gedichtband, *Scheidewege (Ras-
pút'ja*, 1904), der schwermütigen Stimmung von Tod und Vergehen.
Persönliche Erlebnisse tragischer Art, die Revolution von 1905,
an der der seraphische Poet, von jäher Begeisterung gepackt, aktiv
teilnahm, die eingehendere Beschäftigung mit der Dichtung
Br'úsovs und die persönliche Bekanntschaft mit ihm verursachten
in seinem reizbar-empfindlichen Gemüt eine durchgreifende Wandlung, und sein Dichten nahm jetzt eine neue Richtung. Davon
zeugte seine dritte Sammlung: *Unerwartete Freude (Nečájannaja
rádost'*, 1907) – eine Bezeichnung, die von der russischen Kirche
einem berühmten Bild der Muttergottes gegeben wird. Aber ebensowenig wie in den ersten Bänden hatte er in diesem die Jungfrau
Maria im Sinn. Das Ewig-Weibliche, als Sinnbild des höchsten
Lebensprinzips, war ihm nun in der *Unbekannten* verkörpert, die
im Lärm der Großstadt erscheint, in Kneipen, auf Brücken, in
Straßen und Gassen lebt. Sie ist Dirne, in der die Madonna verborgen ist, sie ist ein Stern, *Maria* genannt, der vom Himmel hernieder-

gestiegen ist, um die irdische Liebe zu erleben. Durch das Medium der Großstadtdichtung BR'ÚSOVS entdeckte BLOK die moderne Welt des Kapitals, der Industrie und des Proletariats, der Prostitution und des Heroismus in allen ihren Erscheinungsformen und stürzte sich mit glühendem Haß und tiefem Abscheu in diese Welt und ihr Getriebe. Er gab die traditionelle Verstechnik auf, verwarf die klassische Metrik und gründete seine neuen Verse auf den freien russischen Akzent, ohne sich darum zu kümmern, wie viele unbetonte Silben zwischen den Akzenten ständen, und statt sich an die strengen, seit jeher üblichen vollen Reime zu halten, die für seine ersten Bände charakteristisch waren, begnügte er sich jetzt mit ungefähren, assonierenden Reimen oder ließ sie ganz fahren. Sein neuer Stil entsprach aufs vollkommenste seiner neuen Thematik. Ihm war es nicht wie BR'ÚSOV darum zu tun, Dithyramben zum Preis der Großstadt zu dichten, sondern darum, seinen flammenden Abscheu auszudrücken. Seine frühere Anbetung der *Schönen Dame* verwarf er jetzt als alten Plunder und spottete – zum Entsetzen seiner Freunde – über die Harlekine und Kolumbinen seines mystischen Puppentheaters. Die Wirklichkeit, die er in der Großstadt fand, verwandelte er in kühnen, sich überstürzenden, unharmonischen Versen in eine trügerische *Fata Morgana*. In seiner impressionistisch nervösen Manier jagte er seinen Visionen nach und reihte unverbundene Wörter aneinander:

> *Stadtstraße, Stadtstraße . . .*
> *Schatten von lautlos Geschwinden,*
> *einzig bedacht,*
> *zu verkaufen den Leib*
> *und Vergessen zu kaufen,*
> *wieder versinkend im Schlafmeer der Stadt, ihrem*
> *Winterfrost.*
>
> *Schlaft nur. Vergeßt der Erleuchteten Worte.*
>
> *O daß die flackernden Lichter*
> *nicht in den Fenstern wärn!*
> *Vorhänge, blutrote Blumen!*
> *Köpfe, gebeugt zu armseliger Arbeit!*
>
> *Kein Laut mehr!*
> *Der Mond steigt empor.*
> *Die Reihen von wolkigem Flaum*
> *in der Ferne zerstieben.*

Der Dichter streifte jetzt in den Straßen, Gassen, Gäßchen, Kneipen umher. Er erlebte den elektrischen Traum der Großstadt, verlor
sich in dem Anblick der Luxuswaren in den Schaufenstern, ließ seine
Augen den Wagen der Reichen folgen, starrte auf die Reklamen und
Plakatsäulen, fühlte mit den Bettlern, stutzte beim Anblick von göt-
tergleichen Frauen, blieb im Schein der Straßenlaternen stehen,
stand erschüttert lauschend bei den Straßenversammlungen der
Arbeiter, hörte Polizeipfiffe, vernahm den Ruf der Revolution und
des Aufruhrs ... Aber immer fühlte er die Nähe der *Unbekannten*,
der *Seidegewandeten*, der *Gottesmuttergleichen*. Langsam machte
sich jedoch in seiner Vorstellungswelt eine gewisse Annäherung
an wirklichkeitsnahe Bilder geltend. In seinen Gedichtsammlungen
Die Maske aus Schnee (*Snéžnaja máska*, 1907), *Die Erde in Schnee*
(*Zeml'á v snegú*, 1908), *Italienische Gedichte* (*Ital'jánskije stichí*,
1909) strebte er unverkennbar danach, seine Errungenschaften in der
freien Versbildung mit der klassischen Überlieferung zu verbinden;
seine Gedichte wurden homogener, seine Rhythmen ruhiger, seine
Thematik klarer. Aber in seiner symbolistischen Grundhaltung er-
folgt kein Bruch. Immer noch begreift der Leser, daß das, was der
Dichter sieht, für ihn unsichtbar bleibt, daß er es profanen Augen
nicht preisgeben will. Gedichtkreise wie *Wovon der Wind singt* (*O
čom pojót véter*, 1913), *Carmen* (1914), *Der Nachtigallengarten*
(*Solov'jinyj sad*, 1915) zeichnen sich durch ihre ungemeine lyrische
Reinheit aus und zeigen den Dichter auf dem Gipfel seiner Kunst.
Immer noch ist er ein ritterlicher, vornehmer Page im Dienst des
Weiblichen, immer noch ist ihm das Weibliche das mystische Sinn-
bild der Lebensfreude, welche leibliche Gestalt es auch annehmen
möge.

Zu dieser Zeit taucht indessen in seiner Poesie ein Thema auf, das
andeutungsweise schon in seinen frühsten Gedichten vernehmbar war.
Die *Unbekannte*, die verschiedene Gestalten angenommen hatte und
die er bald *Gottesmutter*, bald *Zigeunerin* nannte, wird allmählich
zur Verkörperung des aufrührerischen, leidenden, gehetzten russischen Volkes. Er nennt jetzt Rußland seine *Gattin*. Er nennt Rußland sein *Mutterland*. Interessant ist es, daß er von dem historischen
Sieg des moskovitischen Zaren Dmítrij Donskój über die Tataren
im Jahre 1380 ausgeht. Im Bilde dieses geschichtlichen Ereignisses

erblickt er eine Prophezeiung vom Kampf des russischen Volkes um die Freiheit. In mystischer Hellsichtigkeit ahnt er die lange erwartete revolutionäre Rebellion gegen die verhaßte Stadtkultur, die er bis auf den Grund durchforscht und mit aller Kraft seiner schönheitsdurstigen Seele zu hassen gelernt hat. Als die Oktoberrevolution dann wirklich ausbrach, begrüßte er sie ekstatisch als ersehnte Befreiung. Er war jedoch außerstande, die logische Terminologie der Marxisten zu begreifen. Daher war die Revolution für ihn nicht der gigantische Versuch des Proletariats, den Kapitalismus abzuschütteln und eine sozialistische Gesellschaft aufzubauen. Sie war für ihn ausschließlich der anarchische, seit Anfang der Zeiten lauernde und schwelende, nun endlich siegreiche Aufruhr des mystisch geliebten russischen Volkes gegen eine seelenlose und fremde Kultur. Wie so viele seiner Mitlebenden mißverstand BLOK völlig Sinn und Ziel der Revolution; aus dieser tragischen Mißdeutung der geschichtlichen Vorgänge entstand jedoch sein wunderbares Gedicht, das sein Schwanengesang war und Weltruhm erlangt hat: *Die Zwölf* (*Dvenádcat'*, 1918). In einer Reihe zerrissener, hektisch komponierter, rhythmisch aufgepeitschter Strophen ließ er zwölf Rotgardisten im Gleichschritt durch die Großstadt marschieren, Rache und Blut und Mord im Herzen, halb blasphemische, freche Lieder auf den Lippen, umgeben von einer aufgescheuchten, von panischem Schrecken ergriffenen bürgerlichen Bevölkerung, aber – und darin bestand der ganz unmarxistische Grundgedanke des Gedichtes, der die zwölf Rotgardisten zu Aposteln einer religiösen Wahrheit machte:

> *vorne mit der roten Fahne,*
> *im Gestöber schneeverdeckt,*
> *von den Kugeln ungeschreckt,*
> *schreitend wie durch weiße Hallen,*
> *blinkend wie von Schneekristallen,*
> *weiße Rosen in dem Haar,*
> *vorne Jesus Christus war.*

Die Poesie ALEKSÁNDR BLOKS war die üppigste Frucht des russischen Symbolismus. Wie ein griechischer Musagetes schritt er einer Schar gleichalteriger und jüngerer Poeten voran. Ein lyrischer Frühling brach in Rußland an, und seine Blüten waren um so farbenreicher und prachtvoller, je näher die blutige Volkserhebung kam, die

viele ahnten, viele fürchteten, vor der viele flohen. Die Ausdruckskraft des Wortes wurde bis zur äußersten Grenze gesteigert. Die
Klangfülle der Sprache erreichte ihren Höhepunkt. Die Bedeutung
des Symbolismus in der Literatur läßt sich nur mit der Bedeutung vergleichen, die Púškins *Plejade* vor einem Jahrhundert gehabt hatte.
Mit Blok, Bál'mont und Br'úsov ließen Scharen von Symbolisten
ihre Verse erscheinen. Sergéj Michájlovič Solov'jóv, ein Neffe des
Philosophen, teils Impressionist, teils *parnassien*, war einer von denen, die in Blok ihren Propheten erblickten, und mit seinen Gedichtsammlungen *Blumen und Thymian* (*Cvetý i ládan*, 1908) und *April*
(1911) sprach er – bald idyllisch, bald elegisch und verzweifelnd –
die Stimmungen seiner Zeit in verfeinerten und erlesenen Versen
aus. Der litauische Bauernsohn Júrij Kazimírovič Baltrušájtis
(1873–1944), Übersetzer von Ibsen, Hauptmann und d'Annunzio,
verließ seine Muttersprache und veröffentlichte kunstreiche Gedichte
auf russisch: *Irdische Stufen* (*Zemnýje stupéni*, 1911) und *Bergpfad*
(*Górnaja tropá*, 1912); die Sammlungen enthielten Elegien, elegische
Hymnen, elegische Gesänge und Gedichte; er war ein Dichter, der sich
nach einer Heimat sehnte, die es auf dieser Erde nicht gab. In reich variierten Versen, traditionellen Jamben und Trochäen, feierlichen Ana-
pästen und kurzen schweren Daktylen, die allein auf dem syntaktischen Akzent gründeten, sprach er von sich und seiner *abendmüden*
Seele. Víktor Víktorovič Gófman (Hoffmann, 1884–1911), ein
Schüler Br'úsovs und Kenner der romantischen Poesie seiner deutschen Muttersprache, spendete mit der kleinen Sammlung *Buch
der Eingänge* (*Kníga vstuplénij*, 1905) und dem reifen, meisterhaften
Bändchen *Versuchung* (*Iskús*, 1910) seinen Beitrag zum Strom der Lyrik, wunderlich innig und tief verzweifelt, vom Gedanken an seinen geplanten Selbstmord erfüllt. Maksimilián Aleksándrovič Volóšin
(1877–1932), der Sohn eines kosakischen Vaters und einer deutschen
Mutter, ein Stammgast der Pariser Cafés und Ateliers, war anfangs ein
Feind des Modernismus in jeder Form, wurde aber, durch seine Begegnung mit Bál'mont und die Zusammenkünfte in Ivánovs *Turm* in St.
Petersburg bekehrt, zum reinen Symbolisten, der in seinen Gedichtsammlungen *Verse* (*Stichotvorénija*, 1910), *Anno mundi ardentis*
(1916), *Schotter* (*Iverni*, 1918) bald kühl, bald kalt mit musealen und
bibliophilen, mythologischen und kunsthistorischen Begriffen experi-

mentierte und ihnen ein Höchstmaß an Poesie abrang. Er übersetzte die französischen Modernisten (VERHAEREN und PAUL CLAUDEL) und deutete die Oktoberrevolution, die er haßte, als ein mystisches Verhängnis.

Etwas in seiner lyrischen Sprache unterschied jedoch VOLÓŠIN von den reinen Symbolisten. Man kann bei ihm von einem Streben nach einer Überwindung oder Überprüfung der Grundsätze des Symbolismus sprechen. Ein ähnliches Bestreben machte sich in den vielen Gedichtsammlungen geltend, die MICHAÍL ALEKSÉJEVIČ KUZMÍN (1875–1936) in den Jahren 1906–1914 veröffentlichte. Man nannte diese neue Tendenz *Clarismus*, eine Bezeichnung, die sich nur vorübergehend durchsetzte. KUZMÍNS Schaffen begann um 1906 mit seinen *Alexandrinischen Gesängen* (*Aleksandríjskije pésni*). 1908 erschien sein erstes Gedichtbuch, *Die Netze* (*Séti*), 1912 eine zweite Sammlung, *Herbstliche Seen* (*Osénnije oz'óra*). 1911 erschien sein merkwürdiges Buch mit Versen und zugehörigen Noten: *Das Glokkenspiel der Liebe* (*Kuránty l'ubví*), und 1914 folgten *Die tönernen Täubchen* (*Glin'anyje golúbki*). Abwechselnd mit diesen lyrischen Sammlungen kamen auch mehrere Prosabände, Novellen und Romane, heraus, darunter der vielbesprochene Homosexuellen-Roman *Die Flügel* (*Krýl'ja*, 1907), der die erste Veröffentlichung des Dichters war. Was ihn jedoch von den damaligen Symbolisten stark unterschied, war teils sein rein klassizistischer Gattungssinn und sein immer durchsichtiges Kompositionsprinzip, teils sein ausgeprägter Widerwille gegen jede Art dunkler Rede und mystischer Verkündigung. Dafür waren seine Gedichte und Prosawerke von einer großen Vorliebe für stilisierte Formen und erzählerische Elemente bestimmt. Sein Schaffen zeugte von einer überraschenden Heiterkeit und einer tiefen Freude an der Natur der Dinge. All das war dem Symbolismus fremd.

Der Boden war also für eine grundsätzliche Umwertung des Symbolismus gut vorbereitet. Diese begann um 1912, als sich einige Dichter, die aus dem Kreis der Symbolisten hervorgegangen waren, zusammenschlossen und den sogenannten *Akmeismus* begründeten (nach dem griechischen Wort *akmé:* ‚Blüte, höchste Entwicklungsstufe'). Die Bewegung richtete sich im wesentlichen gegen den Mißbrauch mystischer Vorstellungen, dessen sich der Symbolismus

schuldig gemacht hatte, und war ein Mahnruf, zum rechten Sinn der
Worte, zur Dinghaftigkeit, zu wirklichkeitsnahen Erlebnissen zurückzukehren. Diese aufsässigen Dichter waren es müde, sich in der
dünnen Welt der allzu komplizierten Symbole zu bewegen. Ihre
Sprache wurde sachlich und bündig; ihre Worte wurden genau und
irdisch; sie verzichteten auf die überreiche Klangfülle und Musikalität der Verse; sie zogen es vor, ihre Strophen zu rezitieren, statt sie
zu singen; komplizierte metaphysische Lehren waren ihnen fremd.
Gemeißelte Strophen, leichtverständliche Sprache, klarer Stil und
technische Meisterschaft waren ihre Ideale. Ihre Führer waren Sergéj
Gorodéckij und Nikoláj Gumil'óv.

Sergéj Mitrofánovič Gorodéckij (1884–1967) veröffentlichte
schon 1907 seine beiden ersten Gedichtsammlungen *Keimzeit* (*Jar'*)
und *Perún*, die noch ganz im Banne Bál'monts standen. Aber bald
nach der Gründung der Vereinigung *Akmé* (1912–15), deren Programmschrift er verfaßte, änderte er seine Haltung, und seine beiden
neuen Gedichtsammlungen, *Die Weide* (*Iva*, 1913) und *Der blühende
Stab* (*Cvetúščij posóch*, 1914), veranschaulichten seine dichterische
Reform. Während er in seinen ersten Gedichtsammlungen den altrussischen Götterglauben in den mythischen Gestalten Perún, Stribóg
und anderen zu stilisieren versuchte und aus volkskundlichen Quellen
eine merkwürdige Glaubenszuversicht schöpfte, wandte er sich in den
neuen Versbänden der Wirklichkeit zu und spiegelte in ihnen das
Kranke und Böse an der kapitalistischen Gesellschaft wider. Um 1915
verließ Gorodéckij die *Akmé*, schloß sich der Gruppe der Bauern-
dichter an und wurde Kommunist. Sein Freund Nikoláj Stepánovič Gumil'óv (1886–1921), den er später verleugnete, der vielge-
reiste Dichter, der 1905 seine erste, von Bál'mont stark beeinflußte
Gedichtsammlung, *Der Weg der Konquistadoren* (*Put' konkvista-
dórov*), veröffentlichte, trat sofort als virile Eroberer- und Abenteurer-
natur hervor, ein Mann, dessen Verse sich durch ihre wuchtige und
strenge Form auszeichneten. Mit seinen drei Gedichtsammlungen
Romantische Blüten (*Romantíčeskije cvetý*, 1908), *Perlen* (*Žemčugá*,
1910) und *Schwarzer Himmel* (*Čórnoje nébo*, 1912) bestätigte er
seine Meisterschaft und seine Originalität. Er eroberte sich neue
Welten, dichtete von exotischen Tieren, von exotischer Natur. Er
liebte Äquatorial-Afrika und wurde es nicht müde, von Abessinien,

von dem Gallaland zu träumen. Erst nach der Revolution (1918) ließ er sein *Afrikanisches Poem* (*Afrikánskaja poéma*) erscheinen. An allen seinen anderen Versbänden, die meistens sehr dingliche Titel tragen – *Der Köcher* (*Kolčán*, 1916), *Das Feldfeuer* (*Kost'ór*, 1918), *Der Porzellanpavillon* (*Farfórovyj pavil'jón*, 1918), *Die Feuersäule* (*Ognennyj stolp*, 1921) und *Das Zelt* (*Šat'ór*, 1921) – läßt sich leicht eine stetig zunehmende Reife seiner ungewöhnlichen Begabung, eine Vertiefung seines aristokratischen Verhältnisses zum Leben, eine wachsende Vorliebe für bunte Schicksale und Dinge feststellen. Im Jahre 1921 wurde er als Gegenrevolutionär erschossen.

Für die Dichter der *Akmé* war es bezeichnend, daß sie die Lyrik mit neuen, noch nie genutzten Stoffen zu bereichern suchten, um ihr dadurch erneuernde Kräfte zuzuführen. War GUMIL'óv leidenschaftlich mit seinen exotischen Eindrücken und Erlebnissen beschäftigt, so vertiefte sich sein Freund MICHAIL ALEKSÁNDROVIC ZENKÉVIČ (geb. 1888) in die Terminologie der Geologie, Bakteriologie und Paläontologie und entnahm ihr Impulse zu den Bildern und Motiven seiner Lyrikbände *Der wilde Purpurmantel* (*Dikaja porfíra*, 1912) und *Vierzehn Gedichte* (*Četýrnadcat' stichotvoréníj*, 1918). Er erstrebte eine konzise *wissenschaftliche* Haltung und übernahm in seinen poetischen Wortschatz eine Menge naturwissenschaftlicher Fachausdrücke. Nach der Oktoberrevolution versuchte er, seinen akmeistischen Stil in den Dienst der neuen sovjetischen Wirklichkeit zu stellen und seinen ursprünglichen Pessimismus zugunsten eines heiteren Zukunftsglaubens zu überwinden. VLADÍMIR IVÁNOVIČ NÁRBUT (1888–1944) fiel es schwerer, diese Umstellung vorzunehmen – sie gelang aber; in der Blütezeit des Akmeismus ließ er die Gedichtsammlung *Halleluja* (*Allilúja*, 1921) erscheinen, worin er in technisch vollkommenen Versen die schlichten Dinge des Alltags besang. OSIP EMÍL'JEVIČ MANDELSTAMM (1891–1939), der 1913 die Gedichtsammlung *Der Stein* (*Kámen'*) und 1922 den Band *Tristia* veröffentlichte, führte den Akmeismus noch einen Schritt weiter zu dem als Gleichmaß der Formen verstandenen antiken Klassizismus hin, formulierte die Thesen des Akmeismus (*Der Morgen des Akmeismus*, *Utro akmeízma*) und ließ sich in seinem Schaffen von Skulptur, Plastik und Architektonik beeinflussen. Er vertiefte sich in die Anschauung der bestimmten Form des gegebenen Gegenstandes, vergaß die Gegenwart und verharrte in vornehmer Absonderung. Im Gegensatz zu diesen Poeten trat VLADISLÁV FELICIÁNOVIČ CHODA-SÉVIČ (1886–1939) als originaler Spiritualist und feiner Ironiker hervor; sein dichterisches Schaffen fiel hauptsächlich in die Jahre der nachrevolutionären Emigration. Am bedeutendsten war jedoch die Dichterin ANNA ANDRÉJEVNA ACHMÁTOVA (Pseudonym für GORÉNKO (1889–1966), die eine Zeitlang (1910–1918) die Gattin GUMIL'ÓVS war.

ANNA ACHMÁTOVA war die Führerin einer kleinen Schar von Dichterinnen und schenkte der modernen russischen Lyrik eine innige, feine weibliche Erotik. In ihren zahlreichen Gedichtsammlungen – *Abend* (*Véčer*, 1912), *Rosenkranz* (*Čótki*, 1914), *Der weiße Schwarm* (*Bélaja stája*, 1917), *Wegerich* (*Podoróžnik*, 1921), *Anno Domini MCMXXI* (1922) – sprach sie mit fast lakonisch kurzen und einfachen, aber ungemein eindringlichen Worten von ihren ersten Neigungen, ihrer bewußten Liebe, ihren Begegnungen mit dem Geliebten, ihrem Zusammensein mit ihm. In den gemeißelten Strophen ihrer Gedichte kam die Leidenschaft zu formvollendetem Ausdruck. In ihrer Ekstase konnte sie ihre Liebe bei den Gärten der Engel, bei der wundertätigen Ikone und bei der Brunst der lodernden Liebesnacht beschwören. Ihre poetischen Bekenntnisse, die nichts verschweigen, erwecken die Vorstellung von warmen Lampenschirmen, gedämpftem Licht und weichen Seidenkissen. Sie war immer die andächtige Priesterin der Liebe, nie reuige Sünderin. Sie kannte die Innigkeit der wahren Liebe, konnte aber auch dem gierigen Mann mutig in die begehrenden Augen sehen. Die Mystik war ihr fremd, die Melancholie und die Desillusion aber waren ihr vertraut. Nach 1922 verstummte sie als Dichterin für nahezu zwei Jahrzehnte.

Der Akmeismus, dieses Kind des Symbolismus, war nur eine der literarischen Erscheinungen, die kurz vor der Oktoberrevolution erkennen ließen, daß das dichterische System des Symbolismus zu zerfallen begann. Trotz der klassischen Ruhe, die der Akmeismus zur Schau trug, hatte in den letzten Jahren vor dem *débâcle* eine merkwürdig hektische und rebellische Unruhe die lyrische Dichtung ergriffen. Das Gefühl, daß die alten Daseinsgrundlagen zerbröckelten und daß neue geschaffen werden müßten, hatte auch die Literatur gepackt. Neue Richtungen wurden marktschreierisch ausgerufen. Ihre

Führer waren alle irgendwie von der Theorie und der Poetik des Symbolismus ausgegangen und hatten aus ihnen gelernt, dennoch aber läuteten sie jetzt die Sterbeglocken über die lyrischen Generationen, die an uns vorübergezogen sind. Fast gleichzeitig mit dem Akmeismus (1910) entstand – bald nach einem aufsehenerregenden Vortrag des italienischen Dichters MARINETTI in St. Petersburg – eine neue Bewegung, die sich *Futurismus* nannte. Im Jahre 1912 erließ diese Bewegung ein *Manifest*, das von DAVÍD DAVÍDOVIČ BURL'ÚK (1882–1967), VELEMÍR VLADÍMOROVIČ CHLÉBNIKOV (1885 –1922), ALEKSÉJ JELISÉJEVIČ KRUČÓNYCH (geb. 1886) und VLADÍMIR MAJAKÓVSKIJ (1893–1930) unterzeichnet war. Es hieß *Dem allgemeinen Geschmack eine Ohrfeige (Poščóčina obščéstvennomu vkúsu)*, und in der Tat sagte es allen überkommenen Wertungen den Kampf an. Die Futuristen wandten sich sowohl gegen den Realismus als auch gegen den Symbolismus. Sie verwarfen die herrschende Literatursprache mit ihren alten Traditionen und wollten eine neue begründen. Sie wollten das Wort sowohl von den Dingen als auch von den Bedeutungen befreien und glaubten eine *transintellektuelle* Sprache *(zaúmnyj jazýk)* bilden zu können. Zutiefst verschieden von dem italienischen Futurismus, der für neue Dinge und Begriffe neue Ausdrücke schaffen wollte, meinte der russische, durch neue Wörter und Wortformen neue Inhalte hervorbringen zu können. So war die Form für ihn das Primäre, nicht der Gehalt.

Der ursprüngliche Führer dieser Bewegung war der hochbegabte Sprachexperimentator VELEMÍR (eigentlich VÍKTOR) CHLÉBNIKOV, dessen Gedichte bei den Philistern nur Kopfschütteln hervorriefen, der aber trotz allen Übertreibungen und Tollheiten ein hervorragender Meister der Sprache war. Seine dichterische Methode bestand darin, daß er die sprachlichen Einheiten in ihre Bestandteile zerbrach und diese dann in neuen Kombinationen miteinander verband. Er irrte sich, wenn er glaubte, so eine Sprache geschaffen zu haben, die von der Realität der Dinge und von den konventionellen Bedeutungen befreit sei. Es gab zwar keine Dinge, die mit den von ihm geschaffenen Wörtern bezeichnet werden konnten, aber wenn er die Wortwurzeln mit neuen Ableitungen versah, erweckte er im Leser Reihen von vagen Vorstellungen, die ungreifbar mit seinen Versen mitschwangen. Man hat von seinen erfundenen Wörtern mit Recht gesagt, daß ihre semantische Funktion *gesenkt* sei, aber ganz unterdrückt war sie keineswegs. Sein bestes Gedicht hieß *Beschwörung durch Lachen* (*Zakl'átije sméchom*, 1910) worin durch lauter Ableitungen von der Wortwurzel *smech-* eine bizarre Wirkung erzielt wurde.

Die Futuristen spalteten sich bald in zwei Richtungen, von denen die eine in St. Petersburg, die andre in Moskau herrschte. Die Futuristen von St. Petersburg nannten sich Ego-Futuristen, die von Moskau Kubo-Futuristen. An der Spitze der Ego-Futuristen stand IGOR' SEVER'ÁNIN (eigentlich IGOR' VASÍL'JEVIČ LOTAR'ÓV, 1887–1941), der Dichter des berühmten *Donnersprudelnden Pokals* (*Gromokíp'áščij kúbok*, 1912), der kurze Zeit nicht nur die Hauptstadt, sondern ganz Rußland faszinierte. Mit dem eigentlichen Futurismus hatte er nur sehr wenig zu tun, sondern sein Streben ging darauf aus, die Terminologie des mondänen Lebens in bizarrster Weise mit mehr oder weniger gelungenen Neubildungen zu verknüpfen. Neben ihm stand anfangs auch der junge Dichter VADÍM GABRIÉLEVIČ SERŠENÉVIČ (1893–1942); als dieser aber 1919 nach Moskau übersiedelte, verband er sich mit mehreren anderen Dichtern, von denen nur R'ÚRIK IVN'ÓV (geb. 1893), ALEKSÁNDR KÚSIKOV (geb. 1896) und ANATÓLIJ MARIENGÓF (1897–1962) genannt seien, zu der neuen literarischen Gruppe, die dem *Imaginismus* huldigte. Die Hauptmerkmale dieser Schule waren die Betonung der Bildlichkeit in der Lyrik und die Pflege der Metapher; ein dauerndes Denkmal setzte sie sich nicht. Nur ein Mißverständnis war es, wenn sich ihr *der letzte russische Bauernpoet*, SERGÉJ JESÉNIN (1895–1925), ein Schüler und Fortsetzer des Bauerndichters NIKOLÁJ ALEKSÉJEVIČ KL'ÚJEV (1885 bis 1937), eine Zeitlang anschloß.

Von den Moskauer Kubo-Futuristen, die diesen Namen insofern mit vollem Recht trugen, als ihr Prinzip der Wortzergliederung mit dem kubistischen Grundsatz der *disjecta membra* in der Malerei verwandt war, war nur VLADÍMIR VLADÍMIROVIČ MAJAKÓVSKIJ (1893 –1930), ein wirklich gottbegnadeter Dichter, der die Sprache der russischen Lyrik schöpferisch umformte und auf neue Wege führte. Er zog die Konsequenzen aus der Lehre der Symbolisten von der Freiheit der Silbenzählung zwischen den betonten Vokalen des Satzes und machte den freien Akzent zum Kriterium der Zeile. Den *Trans-*

intellektualismus der anderen Futuristen lehnte er ab. Während er, ein Mitglied der bolschewistischen Partei, seine *Poeme* laut hinausposaunte, stand BORÍS LEONÍDOVIČ PASTERNÁK (1890–1960), der hochbegabte Sohn des berühmten Malers und einer feinen Pianistin, bescheiden abseits, obgleich auch er sich anfangs zur futuristischen Schule bekannte. Seine ersten Gedichtsammlungen *Der Zwilling in der Wolke* (*Bliznéc v óblake*, 1913) und *Über den Barrieren* (*Povérch barjérov*, 1917) erregten kein Aufsehen, obgleich sein Talent trotz der extremen Schwerverständlichkeit seiner eigentümlichen Assoziationen Anerkennung fand. Erst mit der Gedichtsammlung *Das Leben – meine Schwester* (*Sestrá moja – žizn'*), die schon im Jahre 1917 geschrieben war, aber erst im Jahre 1922 veröffentlicht werden konnte, erwarb er sich verdienten Ruhm als Lyriker.

Zur vollen Entfaltung kam das Schaffen KL'ÚJEVS, JESÉNINS, PASTERNÁKS und MAJAKÓVSKIJS jedoch erst in den Jahren der Revolution und nach der Revolution. Diese drei Dichter führten die russische Dichtung in die sovjetische Periode hinüber.

7. SCHLUSS

Als die Oktoberrevolution mit ihren politischen, sozialen und wirtschaftlichen Stürmen ausbrach, die das schon im voraus wankende Gefüge der russischen Gesellschaft in seinen Grundfesten erschüttern sollten, waren nur wenige von den Verehrern und Schöpfern der Literatur imstande, die Bedeutung der Ereignisse für die russische Kultur im allgemeinen und für die russische Literatur im besonderen zu überschauen.

Es gab Dichter, die ganz naiv glaubten, die Revolution werde nun mit einem Schlage die rechten Voraussetzungen für die Verwirklichung der literarischen Losungen schaffen, die in den letzten Jahrzehnten verkündet worden waren, und zur unbehinderten Entfaltung und Blüte der Literatur beitragen. Man erwartete sich eine vollständige künstlerische Befreiung im Zeichen des europäischen Modernismus. Von ihrer grundsätzlichen Abneigung gegen allen Traditionalismus in der Literatur irregeführt, glaubten diese Dichter, daß die Vernichtung aller sozialen und politischen Traditionen, die nun stattzufinden schien, letzten Endes mit den Absichten des rein literarischen Aufruhrs übereinstimme. Die Anhänger der verschiedenen ultramodernen literarischen Strömungen und Schulen, die sich mit den sonderbarsten Systembezeichnungen schmückten, waren eine Zeitlang überzeugt, daß gerade die Strömung oder die Schule, die sie selbst vertraten, der richtige künstlerische Ausdruck der Revolution sei. Die Entwicklung in den ersten Jahren nach der Oktoberrevolution schien diesen Glauben zu bestätigen, da alle hemmenden Fesseln gesprengt wurden, und die kriegerischste und oppositionellste Gruppe, die futuristische, war bis weit in die zwanziger Jahre hinein überzeugt, daß ihre *Manifeste* die wahren, legitimen Kinder des siegreichen Proletariats in der Literatur seien. Aber diese Auffassung der Oktoberrevolution als einer fast anarchischen Befreiung aller Kräfte war nur Täuschung und Selbstbetrug. Die Verkündung der Diktatur des Proletariats durch die Revolution war in Wirklichkeit – wie sich bald genug zeigen sollte – das Sterbelied einer ganzen Literaturepoche. Br'úsovs Novelle *Die letzten Märtyrer* aus dem Jahre 1906 war eine Prophezeiung gewesen, die sich bald bewahrheiten sollte.

Aber die Literatur, die während und nach der Oktoberrevolution zu Grabe gebracht wurde, war keine degenerierte, schwache Literatur gewesen, die kein besseres Schicksal verdiente. Es zu behaupten, wäre ungerecht, es wäre ein historisches Mißverständnis. Es war keine Literatur, die ihre Möglichkeiten und Mittel erschöpft hatte und darum zum Untergang verurteilt war. Unsere Schilderung von der Zeit ihrer langsamen Entwicklung und ihres ungestümen Erblühens dürfte gezeigt haben, daß hier eine Dichtung entstanden war, die sich in ungewöhnlichem Maße durch künstlerischen Reichtum, dichterische Phantasie, poetische Tiefe und Mannigfaltigkeit der Formen auszeichnete. Weder stofflich noch gedanklich, weder psychologisch noch technisch hatte sie hinter einer anderen europäischen Literatur im Zeitalter des Modernismus zurückgestanden oder war weniger eigenwüchsig und original als eine von diesen gewesen. Wenn sie sich an Wucht und Monumentalität nicht mit den Schöpfungen des klassischen russischen Realismus hatte messen können, so war das kein Zeichen der Schwäche, sondern eine Folge ihrer anderen Struktur, eine Folge ihrer intensiven, die Quantität scheuenden Natur. Keinen der Gedanken, welche die Gemüter in der westeuropäischen Literaturwelt bewegten, hatte die russische Dichtung ungenutzt gelassen. Das seelische Erleben hatte sein flimmerndes Spiegelbild nicht·weniger in der neuen Prosa als in der neuen Poesie der Zeit gefunden. Niemals waren die literarischen Formprobleme an sich mit tieferem Ernst, reicherer Phantasie und bewußterem technischen Können behandelt worden. Neue Nuancen an alten Motiven, neue Varianten bekannter Stimmungen waren von Dichtern entdeckt worden, die das Spiel auf den Saiten der Seele meisterten, und die Vorliebe für absonderliche und pathologische Stoffe war nur der Ausdruck eines mächtig erweiterten Interesses für die Tiefen des menschlichen Wesens. Nie zuvor war das literarische Experiment so eindringlich gepflegt worden, und sein Ergebnis hatten suchende Geister und sehnende Seelen in jedem einzelnen Fall voll Spannung erwartet. Neurealismus und reine Kunst, Gegensätze an sich, hatten sich gegenseitig befruchtet, und im literarischen Schaffen, das nun von der brennenden Lust des Wettstreits bestimmt war, hatte ein üppiger Reichtum ohnegleichen gewaltet. Ideen und Motive hatten geschwirrt und geblinkt wie Klingen, die sich kreuzten oder sich voreinander in ernster Achtung senkten. Lautliche, rhythmische und semantische Möglichkeiten der Sprache waren mit fast wissenschaftlicher, ja laboratorienhafter Genauigkeit erforscht worden. Sogar der Reichtum des Wortschatzes war im ungestümen Streben nach größtmöglicher Ausdrucksfülle durch neue Wörter und neue syntaktische Fügungen gemehrt worden. Diese Literatur hatte ihre künstlerischen Hilfsquellen bei weitem noch nicht erschöpft und hatte sich, als der Blitz der Revolution einschlug, noch nicht festigen oder hinter all den literarischen Offenbarungen ihr eigenes künstlerisches System erkennen können. Der Blitz traf die Dichtung – um DANTES Wort anzuführen – *nel mezzo del cammin di nostra vita*. In ihrem ungestümen Vorwärtsstreben war die Dichtung aufgehalten worden, weil plötzlich die Schlagbäume niedergegangen waren. Die Pferde bäumten sich, die Wagen stürzten um . . . *La diritta via erà smarrita*.

Langsam wurden die Dichter von tiefer Verwunderung ergriffen, später von bitterer Verzweiflung. Es fiel ihnen schwer zu fassen, daß ihre Welt zusammengebrochen war – diese Welt von Kunst und Schönheitssehnen, errichtet in Begeisterung und brennendem Glauben an die revolutionäre Aufgabe des Dichtertums, in rebellischem

Widerstand gegen erstarrte Überlieferung und Routine. Sie fragten sich, wo der Fehler liege, wer schuld sei. Es gehörte viel Selbstprüfung und Wahrheitsliebe dazu, die rechte Antwort zu finden, zumal diese durch das Gefühl erschwert wurde, daß die Geschichte gegen ihr Werk ungerecht gewesen sei. Selbst heute wird der Forscher sich hüten, eine allzu unnuancierte oder berufungslose Antwort auf diese tragische Frage zu geben, weil er kaum imstande ist, alle Faktoren zu überschauen, die zum Untergang der vorrevolutionären russischen Literatur beitrugen. Einer dieser Faktoren wird jedoch sicherlich der sein, daß die russische Literatur, die zwei Jahrhunderte lang mit der Entwicklung der literarischen Gedanken und Formen in Westeuropa Schritt gehalten und mit ihrer eigenen künstlerischen Leistung in tiefgreifender Weise zu ihr beigetragen hatte, sich zugleich so weit von der sie umgebenden Wirklichkeit entfernt hatte und so weit der Entwicklung des nationalen Geisteslebens vorausgeeilt war, daß sie die Verbindung mit dem Volk, dessen Sprache sie zu künstlerischer Vollkommenheit gebracht, in steigendem Maße verloren hatte. Mehr damit beschäftigt, dichterische Werte im Einklang mit den literarischen Fortschritten der westeuropäischen Kulturnationen zu schaffen, als eine enge Verbindung mit der geistigen Bedürftigkeit und Not dieses Volkes zu bewahren, hatten die Diener der Literatur übersehen, daß ihre Voraussetzungen und Prämissen tatsächlich außerhalb des Gesichtskreises ihres eigenen Volkes lagen. Es wäre Obskurantismus, zu verlangen, daß eine Literatur nicht über den intellektuellen Horizont ihres Volkes hinausgehen solle. Es liegt vielmehr im Wesen aller Literatur von Rang, ihrer Zeit voraus zu sein. Trotzdem ist es jedoch eine paradoxe Tatsache, daß eine Literatur, die es versäumt, breite Kreise ihres Volkes zu sich emporzuheben, zuletzt dem Untergang entgegengeht, ungeachtet der hohen Ergebnisse, die sie erreicht haben mag. Der literarische Individualismus, der in Westeuropa das kulturelle Korrelat einer blühenden kapitalistischen Gesellschaftsentwicklung gewesen und kraft starker sozialistischer Korrektive organisch mit den breiten Massen des Volkes verbunden war, hatte in Rußland keiner geschichtlichen Wirklichkeit entsprechen können, weil sich die soziale Entwicklung hier tragisch verzögert hatte. Es war und blieb eine eng begrenzte Elite, welche die moderne verfeinerte Literatur Rußlands geschaffen hatte.

Mit riesigen Schritten war sie ihrer Zeit und ihrem Volk vorausgeeilt und hatte eine poetische Welt geschaffen, deren natürliche Voraussetzungen in diesem halb-feudalen, halb-kapitalistischen, von keinen sozialistischen Einrichtungen kontrollierten zaristischen Rußland noch nicht vorhanden waren. Als sich die Volksmassen spontan gegen die zaristische Herrschaft empörten, hatte die Literatur kein Volk hinter sich. Was nützten ihr ihre unermeßlichen Schätze? Es waren unermeßliche Schätze, die zugrunde gingen.

Die Oktoberrevolution, die auf allen Gebieten reinen Tisch gemacht hatte, zwang die Literatur, das Problem ihrer Funktion in der Gemeinschaft auf eine ganz neue Weise zu lösen. Nach den zwei großen und stolzen Perioden des *Byzantinismus* und des *Europäismus* mußte nun eine dritte kommen – die des *Sovjetismus*. Ihre Geschichte ist noch nicht geschrieben.

Anhang

LITERATURHINWEISE

Die Literaturhinweise zu den einzelnen Kapiteln beider Teile sind keineswegs als erschöpfend zu betrachten. Sie sollen dem Leser, der selbständige Studien betreiben will, nur die ersten Schritte erleichtern.

A. Gesamtdarstellungen der russischen Literaturgeschichte von ihren Anfängen an

Полевой, П. Н.: История русской словесности с древнейших времен до наших дней. 2-е стереотипное издание. В трех томах. Спб 1903.

Brückner, Alexander: Geschichte der russischen Literatur. Leipzig 1905.

Порфирьев, И.: История русской словесности. Часть 1–2. Казань 1909.

Пыпин, А, Н.: История русской литературы. Т. 1–4. Издание 4-ое, без перемен. Спб 1911–1913.

Kropotkin, P.: Russian Literature. Ideals and Realities. London (1905) 1916.

Luther, Arthur: Geschichte der russischen Literatur. Leipzig 1924.

Sakulin, P. N.: Die russische Literatur. Potsdam 1931.

Hofmann, M.: Histoire de la littérature russe depuis les origines jusqu'à nos jours. Paris 1934.

История русской литературы. Издательство АН СССР, Институт русской литературы (Пушкинский дом). Том I–X. Москва-Ленинград 1941–1954.

Slonim, Marc: The Epic of Russian Literature from its Origins through Tolstoy. New York 1950.

Lo Gatto, Ettore: Storia della letteratura russa. Firenze 1950.

Очерки по истории русской журналистики и критики. Том I: XVIII век и первая половина XIX века, том II: Вторая половина XIX века. Москва 1950–1965.

Harkins, William E.: Dictionary of Russian Literature. New York 1956.

Lettenbauer, Wilhelm: Russische Literaturgeschichte. 2. Auflage. Wiesbaden 1958.

История русской литературы в трех томах. Главный редактор Д. Д. Благой. Москва 1958–1964.

Setschkareff, Vsevolod: Geschichte der russischen Literatur. 2. Auflage. Stuttgart 1962.

Mirskij, D. S.: Geschichte der russischen Literatur. München 1964.

История русской поэзии в двух томах. Ответственный редактор Б. П. Городецкий, Ленинград 1968–1969.

Literatura rosyjska. Podręcznik. Układ i redakcja ogólna Mariana Jakóbca. Tom I–II. Warszawa 1970–1971.

Русские писатели. Биобиблиографический словарь. Справочник для читателя. Составители: А. С. Спасибенко, Н. М. Гайденков. Москва 1971.

B. Chrestomathien

Три века Русской Поэзии. Составил Николай Банников. Москва 1968.

C. Methodologische Schriften

Иконников, В. С.: Опыт исследования о культурном значении Византии в русской истории. Киев 1869.

Веселовский, Александр: Западное влияние в новой русской литеретуре. 5-е значительно дополненное издание. Москва 1916.

Багрий, А. В.: Формальный метод в литературе. Владикавказ-Баку 1924–1927.

Сакулин, Павел: Социологический метод в литературоведении. Ленинград 1925.

Žirmunskij, V.: Formprobleme in der russischen Literaturwissenschaft. Zeitschrift für slavische Philologie 1 (1925) S. 117–152.

Поэтика I–IV. Ленинград 1926–1928.

Энгельгардт, Борис: Формальный метод в истории литературы. Москва-Ленинград 1927.

Voznesenskij, A.: Problems of Method in the Study of Literature in Russia. Slavonic Review 6 (1927/28) S. 168–177.

Voznesenskij, A. N.: Die Methodologie der russischen Literaturforschung in den Jahren 1910–1925. Zeitschrift für slavische Philologie 4 (1927) S. 145–162, 5 (1929) S. 175–199.

Tomaševskij, B.: La nouvelle école d'histoire littéraire en Russie. Revue des études slaves 8 (1928) S. 226–240.

Балухатый, С.: Теория литературы. Аннотированная библиография I. Ленинград 1929.

Gourfinkel, Nina: Les nouvelles méthodes d'histoire littéraire en Russie. Le monde slave 1929 II p. 234–263.

Stender-Petersen, Adolf: Esquisse d'une théorie structurale de la littérature. Travaux du Cercle Linguistique de Copenhague 5 (1929): Recherches structurales.

Harkins, William E.: Slavic Formalist Theories in Literary Scholarship. Word 7 (1951) II.

Stender-Petersen, Adolf: Die Problematik der russischen Literatur. Vom
Byzantinismus zum Europäismus. Vorträge auf der Berliner Slavisten-
tagung. Berlin 1956.

Левченко, М. В.: Очерки по истории русско-византийских
отношений. Москва 1956.

Головенченко, Ф. М.: Введение в литературоведение. Москва
1964.

Квятковский, А.: Поэтический словарь. Москва 1966.

Советское литературоведение за 50 лет. Ленинград 1968.

ERSTER TEIL

I. DIE ALTRUSSISCHE PERIODE

A. Gesamtdarstellungen

Владимиров, И. В.: Древняя русская литература Киевского
периода XI–XIII веков. Киев 1900.

Петухов, Е. В.: Русская литература. Исторический обзор
главнейших литературных явлений древнего и нового периода.
1. Древний период. Юрьев 1912.

Келтуяла, В. А.: Курс истории русской литературы. 1. История
древней русской литературы. Издание 2-е. Спб 1913.

Сперанский, М. Н.: История древней русской литературы.
Введение – Киевский периой. 3-е издание. Москва 1920.

Истрин, В. М.: Очерк истории древне-русской литературы
домонгольского периода, 11.–13. вв. Петроград 1922.

Труды Отдела древнерусской литературы. Москва-Ленинград
1 (1931) ff.

Гудзий, Н. К.: История древней русской литературы. Москва
1935. 2-е издание Москва 1941, 5-е издание 1953, 7-е издание
исправленное и дополненное 1966.

Ljackij, Evžen: Historický přehled ruské literatury. Část I. Staré ruské
písemnictví. Praha 1937.

Орлов, А. С.: Древняя русская литература XI–XVI веков.
Москва-Ленинград 1945.

Gudzy, N. K.: Early Russian Literature. Translated from the second
Russian edition by S. W. Jones. Introduction by Gleb Struve. New
York 1949.

Лихачев, Д. С.: Возникновение литературы русской литературы.
Москва-Ленинград 1952.

Woltner, Margarete: Die altrussische Literatur im Spiegelbild der Forschung (1937–1950). Zeitschrift für slavische Philologie 21 (1952)–23 (1954).

Сазонова, Юлия: История русской литературы. Древний период. Том I–II. Нью-Йорк 1955.

Лихачев, Д. С.: Литературные памятники древней Руси. Москва 1957.

Gudzy, N. K.: The artistic heritage of Old Russian Literature. Oxford Slavonic Papers 7 (1957) S. 17–26.

Gudzij, N. K.: Geschichte der russischen Literatur (11.–17. Jahrhundert). Halle 1959. Deutsche Übersetzung nach der 5. Auflage.

Picchio, Riccardo: Storia della letteratura Russa antica. Milano 1959.

Tschižewskij, Dmitrij: Historia of Russian Literature. From the 11th century to the end of the Baroque. 's-Grafenhage 1962.

Лихачев, Д. С.: Текстология. На материале русской литературы X–XVII вв. Москва-Ленинград 1962.

Рыбаков, Б. А.: Древняя Русь. Сказания, былины, летописи. Москва 1963.

Tschižewskij, Dmitrij: Abriß der altrussischen Literaturgeschichte. München 1968 = Forum Slavicum Bd. 9.

B. Chrestomathien

Буслаев, Федор И.: Историческая хрестоматия церковно-славянского и древнерусского языков. Москва 1861.

Stender-Petersen, A.: Anthology of Old Russian Literature. New York 1954.

Гудзий, Н. К.: Хрестоматия по древней русской литературе XI–XVII веков. Москва 1935, 7-е издание 1962.

Художественная проза Киевской Руси. Под редакцией И. Еремина и и Д. Лихачева. Москва 1957.

O Bojan, du Nachtigall der alten Zeit. Sieben Jahrhunderte altrussischer Literatur. Herausgegeben von H. Grasshoff, K. Müller, G. Sturm. Berlin 1965.

1. *Die vorliterarische Zeit*

Пархоменко, В.: У истоков русской государственности. Ленинград 1928.

История СССР. Том I, под редакцией В. Н. Лебедева, Б. Д. Грекова и С. В. Бахрушина. Том II, под редакцией М. В. Нечкиной. Москва-Ленинград 1939–1940.

Мавродин, В. В.: Образование древнерусского государства. Ленинград 1945.

Трётьяков, П. Н.: Восточно-славянские племена. Москва-Ленинград 1948.

Thomsen, V.: The Relations between Ancient Russia and Scandinavia and the Origin of the Russian State. Oxford-London 1877.

Thomsen, V.: Der Ursprung des russischen Staates. Gotha 1879.

Томсен, В.: Начало русского государства. Чтения в имп. Обществе истории и древностей российских при Московском университете 1891.

Thomsen, V.: Det russiske riges grundaeggelse ved nordboerne. In: Samlede afhandlinger I. Kopenhagen 1919.

Arne, T. I.: La Suède et l'Orient. Archives d'études orientales 8 (Uppsala 1914).

Мошин, В.: Варяго-русский вопрос. Slavia 10 (1931) S. 109–136, 343–379, 501–537.

Мошин, В.: Начало Руси. Норманны в Восточной Европе. Byzantinoslavica 3 (1931) S. 33–58, 285–307.

Мошин, В.: Главные направления в изучении варяжского вопроса за последние годы. Sborník prací 1. Sjezdu slovanských filologů v Praze II. Praha 1931.

Stender-Petersen, Adolf: Varangica. Arhus 1953.

Лесной, Сергей: История ,,Руссов'' в неизвращенном виде. Том I–V. Париж 1953–1955.

Stender-Petersen, Adolf: Das Problem der ältesten byzantinisch-russisch-nordischen Beziehungen. Relazioni del X Congresso Internazionale di Scienze Storiche, vol. III. Firenze 1956.

Paszkiewicz, Henryk: The Origin of Russia. New York 1954.

Łowmiański, Henryk: Zagadnienie roli Normanów w genezie państw słowiańskich. Warszawa 1957.

2. Die Struktur der altrussischen Gesellschaft

Платонов С. Ф.: Лекции по русской истории. Издание 7-е. Спб 1910.

Грушевский, Михаил: Иллюстрированная история Украины. Спб 1912.

Приселков, М. Д.: Очерки по церковно-политической истории Киевской Руси. Спб 1913.

Любавский, М. К.: Лекции по древней русской истории до конца XVI века. Издание 3-е. Москва 1918.

Греков, Б. Д.: Феодальные отношения в Киевском государстве. Москва-Ленинград 1937.

Романов, Б.: Люди и нравы древней Руси. Ленинград 1941.

Греков, Б. Д.: Культура Киевской Руси. Москва-Ленинград 1944.

Насонов, А. Н.: ,,Русская земля" и образование территории древнерусского государства. Ленинград 1945.

История культуры древней Руси. Домонгольский период. Под общей редакцией Б. Д. Грекова и М. И. Артамонова. Том 1–2. Москва-Ленинград 1951.

Греков Б. Д.: Киевская Русь. Москва 1953.

Максимов, П. Н. (u. a.): История русской архитектуры. 2-е издание. Москва 1956.

3. *Die literarische Sprache*

Попрезинский, В.: Краткое пособие к лекциям по истории грамматики русского языка. Введение и фонетика. Издание 2-е. Москва 1915.

Шахматов, А. А.: Очерк современного русского литературного языка. Ленинград 1925.

Булаховский, Л. А.: Исторический комментарий к литературному русскому языку. Харьков-Киев 1936.

Образованиость и литературный язык Киевской Руси. История русской литературы т. I стр. 40–52.

Обнорский, С. П.: Очерки по истории русского литературного языка старшего периода. Москва-Ленинград 1946.

Trubetzkoy, Nikolaj Sergejevič: The Common Slavic Element in Russian Culture. New York 1949.

Entwistle, W. J. and W. A. Morison: Russian and the Slavonic Languages. London 1949.

Mathews, W. K.: The Structure and Development of Russian. Cambridge 1953.

Ефимов, А. И.: История русского литературного языка. 2-е издание. Москва 1955.

Мещерский, Н. А.: Искусство перевода Киевской Руси. Труды Отдела древнерусской литературы 15 (1958) стр. 54–72.

Kiparsky, Valentin: Russische historische Grammatik. Band I–II. Heidelberg 1963–1967.

Мещерский, Н. А.: Проблемы изучения славяно-русской переводной литературы 11–15 вв. Труды Отдела древнерусской литературы 20 (1964) стр. 180–231.

4. *Byzantinische literarische Einflüsse*

Krumbacher, Karl: Geschichte der byzantinischen Literatur. 2. Aufl. München 1897.

Дурново, Николай: Введение в историю русского языка. Часть 1-я, Источники. Брно 1927.

Лихачев, Д. С.: Возникновение русской литературы. Москва-Ленинград 1952.

Beck, Hans-Georg: Kirche und Theologie im byzantinischen Reich. München 1959.

5. Die Einfuhr apokrypher Literatur

Тихонравов, Н. С.: Памятники отреченной русской литературы 1–2. Москва–Спб 1863.

Порфирьев, Я.: Апокрифические сказания о ветхозаветных лицах и событиях по рукописям Соловецкой библиотеки. Спб 1877.

Порфирьев, Я.: Апокрифические сказания о новозаветных лицах и событиях. Спб 1890.

Тихонравов, Н. С.: Апокрифические сказания. Спб 1894.

Пыпин, А. Н.: Ложные и отреченные книги русской старины. Спб 1800 = Памятники старинной русской литературы, т. 3.

Апокрифы. История русской литературы т. I стр. 71–86.

6. Die homiletische Literatur: Hilarion

Учительная литература. История русской литературы т. I стр. 283–194, 317–364.

Слово Илариона Киевского о законе и благодати. In: А. В. Горский, Памятники духовной литературы времен великого князя Ярослава I. Москва 1844.

Müller, Ludolf: Des Metropoliten Ilarion Lobrede auf Vladimir den Heiligen und Glaubensbekenntnis. Nach der Erstausgabe von 1844 neu herausgegeben, eingeleitet und erläutert. Wiesbaden 1962.

7. Die homiletische Literatur:
Klemens von Smolénsk und Kyrillos von Túrov

Никольский, Н. К.: О литературных трудах Климента Смолятича, писателя XII века. Спб 1902.

Пономарев, А. И.: Св. Кирилл, епископ Туровский, и его слова. In: Памятники древнерусской церковно-учительной литературы I. Спб 18.

Творения святаго отца нашего Кирилла, епископа Туроскаго. Киев 1880.

Виноградов, В. П.: О характере проповеднического творчества Кирилла, епископа Туровского. In: В память столетия Московской Духовной Академии. Сергиев Посад 1915.

Еремин, И. П.: Литературное наследие Кирилла Туровского. Труды Отдела древнерусской литературы XI (1955) стр. 342–362.

8. Die religiös-poetische Literatur: Kyrillos von Turov

Макарий, История русской церкви. 2-е изд. Москва 1876, т. III стр. 130–141, 310–324.

Христианская гимнография. История русской литературы т. I стр. 177–182.

9. Die hagiographische Literatur

Ключевский, В.: Древнерусские жития святых как исторический источник. Москва 1871.

Житие Феодосия, игумена Печерского, изд. А. А. Шахматовым. Чтения в Обществе Истории и Древностей Российских при Мосвовском Университете 1899.

Патерик Киевского Печерского Монастыря, изд. Д. И. Абра-мовича. Спб 1911 = Памятники славяно-русской письменности.

Житие Авраамия Смоленского, изд. С. П. Розановым. Спб 1912 = Памятники древнерусской литературы 1.

Федотов, Г.: Святые древней Руси. Париж 1931.

Житийная литература. История русской литературы т. I стр. 87–113, 315–346.

Russische Heiligenlegenden, hrsg. von Richard Benz. Zürich 1953.

Воронин, Н.: Политическая легенда в Киево Печерском Пате-рике. Труды Отдела древнерусской литературы 11 (1955) стр. 96–102.

Das Paterikon des Kiever Höhlenklosters nach der Ausgabe von D. Abra-movič neu herausgegeben von Dmitrij Tschižewskij. München 1964.

10. Die Gattung des Fürstenlebens

Серебрянский, Н. И.: Древнерусские княжеские жития. Обзор редакций и тексты. Москва 1915.

Жития святых мучеников Бориса и Глеба и службы им. Издание Д. И. Абрамовича. Петроград 1916 = Памятники древнерус-ской литературы, т. 2.

Богуславський, С. А.: Україно-руські пам'ятки XI–XII вв. про князів Бориса та Гліба. Київ 1928.

Die altrussischen hagiographischen Erzählungen und liturgischen Dich-tungen über die Heiligen Boris und Gleb. Nach der Ausgabe von Abramovič in Auswahl neu herausgegeben und eingeleitet von Ludolf Müller. München 1967.

11. Importierte pseudohistorische Literatur

Пыпин, А. Н.: Очерк литературной истории старинных повестей и сказок русских. Спб 1857.

Веселовский, А. Н.: Из истории романа и повести, т. 2. Спб 1888.

Орлов, А. С.: Об особенностях формы русских воинских повестей, кончая XVI веком. Чтения в Обществе Любителей истории и древномтей российских 1902.

Пиксанов, Н. К.: Старорусская повесть. Москва 1923.

Орлов, А. С.: Переводные повести феодальной Руси и Московского государства XII–XVII веков. Ленинград 1934.

Повести. История русской литературы т. I стр. 134–169.

Истрин, В.: Александрия русских хронографов. Москва 1893.

Редин, Е. К.: Христианская монография Космы Индикоплова по греческим и русским спискам. Изд. Д. В. Айналов. Москва 1916.

Повесть о Варлааме и Иоасафате. Спб 1885 = Издание Общества Любителей древней письменности, т. XXXIII.

Стефанит и Ихнелат, изд. Ф. И. Булгакова. Спб 1885 = Издание Общества Любителей древней письменности, т. XVI, XXII.

Истрин, В.: Сказание об Индийском царстве. Москва 1893.

Веселовский, А.: Слово о двенадцати снах Шахаиши по рукописям XV в. Спб 1879 = Сборник Отделения русского языка и словесности 20/II.

Григорьев, А. Д.: Повесть об Акире Премудром. Москва 1913.

Сперанский, М. Н.: Девгениево деяние. К истории его текста в старинной русской литературе. Петроград 1922 = Сборник Отделения русского языка и словесности 49.

Stender-Petersen, Adolf: Zum Problem des Digenis-Romans. Slavische Rundschau 10 (1938) S. 195–201.

Stender-Petersen, Adolf: О так называемом Девгениевом Деянии. Scando-Slavica 1 (1954) S. 87–97.

12. *Importierte historische Literatur*

Berendts, Alexander und Grass, Konrad: Flavius Josephus „Vom Jüdischen Kriege". Buch 1–4. Nach der slavischen Übersetzung deutsch herausgegeben und mit dem griechischen Text verglichen. Dorpat 1924.

Istrin, V.: La prise de Jérusalem de Josèphe le Juif. Text vieux-russe. Tome 1–2. Paris 1934–1938.

Flavius Iosephus, De bello iudaico – Der jüdische Krieg. Zweisprachige Ausgabe der sieben Bücher. Herausgegeben und mit einer Einleitung sowie mit Anmerkungen versehen von Otto Michel und Otto Bauernfeind. 2 Bde. Darmstadt 1951–1963.

Мещерский, Н. А.: История Иудейской войны Иосифа Флавия в древнерусском переводе. Москва-Ленинград 1958.

Weingart, Miloš: Byzantské kroniky v literatuře církevněslovanské. Část 1–2. Bratislava 1922–1923.

Истрин, В. М.: Хроника Иоанна Малалы в славянском переводе. Спб 1914 = Сборник Отделения русского языка и словесности 10/II.

Истрин, В. А.: Хроника Георгия Амартола в древнем славяно-русском переводе, т. 1–3. Петроград 1922 – Ленинград 1930.

13. *Die Nestor-Chronik*

Шахматов, А. А.: Разыскания о древнейших русских летописных сводах. Спб 1908.

Шахматов, А. А.: Повесть временных лет. Петроград 1916.

Истрин, В. М.: Замечания о начале русского летописания. Известия Отделения русского языка и словесности 26 (1921) стр. 45–102, 7 (1922) стр. 207–251.

Никольский, Н. К.: Повесть временных лет как источник для истории начального периода русской письменности и культуры, вып. 1. Ленинград 1930.

Trautmann, Reinhold: Die altrussische Nestorchronik. Leipzig 1931.

Stender-Petersen, Adolf: Die Varägersage als Quelle der altrussischen Chronik. Arhus-Leipzig 1934.

Повесть временных лет. История русской литературы т. I стр. 257–288.

Еремин, И. П.: Повесть временных лет. Ленинград 1947.

Повесть временных лет. Часть первая: Текст и перевод, Часть вторая: Приложения. Статьи и комментарии Д. С. Лихачева. Москва-Ленинград 1950 = Литературные памятники.

14. *Die Eigenart der Chronik*

Лихачев, Д. С.: Русские летописи и их культурно-историческое значение. Москва-Ленинград 1947.

15. *Die altrussischen Annalen*

Перфецкий, Евгений Ю.: Русские летописные своды и их взаимоотношения. Братислава 1922.

Шахматов, А. А.: Обозрение русских летописных сводов XIV–XV вв. Москва-Ленинград 1928.

Приселков, М. Д.: История русского летописания XI–XV веков. Ленинград 1940.

Дмитриева, Р. П.: Библиография русского летописания. Москва-Ленинград 1962.

16. Das Epos von der Heerfahrt Igor's

Abicht, Rudolf: Das Lied von der Heerschar Igors. Leipzig 1895.

Mazon, André: Le Slovo d'Igor. Paris 1940.

Слово о полку Игореве. История русской литературы т. I стр. 375–402.

Орлов, А. С.: Слово о полку Игореве. 3-е издание. Москва-Ленинград 1946.

Слово о полку Игореве. Сборник статей. Под ред. И. Г. Клабунского и В. Д. Кузьминой. Москва 1947.

La Geste du Prince Igor. Épopée russe du douzième siècle. Texte établi, traduit et commenté de Roman Jakobson et de Marc Szeftel. New York 1948.

Stender-Petersen, Adolf: The Igor Tale. Word 4 (1948) III S. 143–154.

Слово о полку Игореве. Сборник исследований и статей. Под ред. В. П. Адриановой-Перетц. Москва-Ленинград 1950 = Литературные памятники.

Лихачев, Д. С.: Слово о полку Игореве. 3-е издание. Москва-Ленинград 1952.

Соловьев А. и Р. Якобсон: Слово о полку Игореве в переводах конца восемнадцатого века. Лейден 1954.

Nahtigal, Rajko: Staroruski ep Slovo o polku Igoŕeve. Ljubljana 1954.

Лихачев, Д. С.: История подготовки к печати текста ,,Слова о полку Игореве". Труды Отдела древнерусской литературы 13 (1957) стр. 66–89.

Слово о полку Игореве. Поэтические переводы и переложения. Под общей редакцией В. Ржиги, В. Кузьминой и В. Стелецкого. Москва 1961.

Čiževska, Tatjana: Glossary of the Igoŕ-Tale. Den Haag 1966.

Рыбаков, Б. А.: Русские летописцы и автор ,,Слова о полку Игорове". Москва 1972.

17. Der Zusammenbruch Kijevs und das Tatarenjoch

Любавский, М. К.: Лекции по древней русской истории до конца XVI века. Издание 3-е. Москва 1918.

Греков, Б. Д.: Феодальные отношения в Киевском государстве. Москва-Ленинград 1937.

Греков, Б. Д.: Борьба Руси за создание своего государства. Москва-Ленинград 1945.

Петухов, Е.: Серапион Владимирский, русский проповедник XIII века. Спб 1888.

18. Die politische Umgestaltung während des Tatarenjochs

Сергеевич, В. И.: Русские юридические древности. Том 1–2. Спб 1890–1893.

Дьяконов, М. А.: Очерки общественного и государственного строя древней Руси. Изд. 4-е. Спб 1912.

Ключевский, В. О.: Боярская дума древней Руси. Издание 5-е. Петроград 1919.

Соловьев, С. М.: Об отношениях Новгорода к великим князьям. Москва 1846.

Никитский, А. И.: История экономического быта Великого Новгорода. Т. 1–2. Спб 1883.

Никитский, А. И.: Очерк внутренней истории Пскова. Спб 1873.

Пашуто, В. Т.: Очерки по истории Галицко-Волынской Руси. Москва 1950.

19. Das Fortleben der altrussischen Literaturgattungen

Серебрянский, Н. И.: Древнерусские княжеские жития. Москва 1915.

Лихачев, Д. С.: Русские летописи и их культурно-историческое значение. Москва-Ленинград 1947.

Лихачев, Д. С.: Новгород Великий. Очерк истории культуры Новгорода XI–XVII вв. Ленинград 1945.

Покровский, А.: Древнее псковско-новгородское письменное наследие. Москва 1916.

Насонов, А. Н.: Летописные памятники Тверского княжества. Известия Академии Наук, Отделение гуманитарных наук 1930.

Белецкий, Л. Т.: Литературная история повести о Меркурии Смоленском. Петроград 1922 = Сборник Отделения русского языка и словесности 99/VIII.

Повесть о Меркурии Смоленском. История русской литературы т. II. стр. 357–661.

20. Neue Tendenzen

Мансикаа, В.: Житие Александра Невского. Спб 1913.

Слово о погибели русской земли. Спб 1892 = Памятники древней письменности и искусства, т. XXXIV.

Бегунов, Ю. К.: Памятник русской литературы XIII века ,,Слово о погибели русской земли.'' Москва-Ленинград 1965.

21. *Die Klagen Daniils*

Шляпкин, И.: Слово Даниила Заточника по всем известным спискам. Спб 1889=Памятники древней письменности и искусства, т. 81.

Лященко, А.: О Молении Даниила Заточника. Спб 1896.

Миндалев, П.: Моление Даниила Заточника и связанные с ним памятники. Казань 1914.

Зарубин, Н. Н.: Слово Даниила Заточника. Ленинград 1932 = Памятники древнерусской литературы, т. 3.

Скрипиль, М. О.: Слово Даниила Заточника. Труды Отдела древнерусской литературы 11 (1955) стр. 72–95.

22. *Die Wiederbelebung des epischen Stils*

Адрианова-Перетц, В. П.: Воинские повести древней Руси. Москва-Ленинград 1949.

23. *Das Epos von der Schlacht am Don*

Шамбинаго, С. К.: Повести о Мамаевом побоище. Спб 1906.

Литература Московского Княжества. История русской литературы Т. II стр. 210–219.

Frček, Jan: Zadonština. Praha 1948.

Vaillant, André: La Zadonščina. Épopée russe du XI siècle. Paris 1967.

II. DIE MOSKOVITISCHE PERIODE

A. Gesamtdarstellungen

Архангельский, А. С.: Из лекций по истории русской литературы Московского государства (коннец XV–XVII вв.). Казань 1913.

Сперанский, М. Н.: Древняя русская литература. Московский период. Лекции. Москва 1921.

1. *Die moskovitische Gesellschaft*

Дьяконов, М. А.: Власть московских государей. Спб 1889.

Соболевский, А. И.: Образованность московской Руси XV–XVII вв. Издание 2-е. Спб 1894.

Лихачев, Д. С.: Культура Руси эпохи образования русского национального государства (конец XIV – начало XV века). Москва 1946.

Schaeder, Hildegard: Moskau, das dritte Rom. Hamburg 1929. Neudruck Darmstadt 1957.

Strémooukhof, Dmitri: Moscow the Third Rome. Sources of the Doctrine. Speculum 28 (1953) I.

Жданов, И. Н.: Повести о Вавилоне и Сказание о князех Владимирских. Спб 1891.

Скрипиль, М. О.: Сказание о Вавилоне граде. Труды Отдела древнерусской литературы 9 (1953) стр. 119–144.

Казакова, Н. А.: Идеология стригольничества. Труды Отдела древнерусской литературы 9 (1953) стр. 103–117.

Движение жидовствующих 70–90 годов XV века. История русской литературы т. II/1 стр. 377–383.

Čyževskij, Dmitrij: Die Judaisierenden und die Hussiten. Zeitschrift für slavische Philologie 17 (1940) S. 120–122.

Иосиф Волоцкий. История русской литературы т. II/1 стр. 309–314.

Нил Сорский. Ibidem стр. 317–322.

Lilienfeld, Fee von: Nil Sorskij und seine Schriften. Die Krise der Tradition im Rußland Ivans III. Berlin 1963.

Сочинения преподобного Максима Грека, изд. Казанской духовной академии. Казань 1859–1862.

Иконников, В.: Максим Грек и его время. Издание 2-е. Киев 1915.

Ржига, В. Ф.: Максим Грек как публицист. Труды Отдела древнерусской литературы 1 (1934) стр. 5–120.

Максим Грек. История русской литературы т. II/1 стр. 325–330.

2. *Neue Losungen*

Соболевский, А. И.: Южно-славянские влияния на русскую письменность в XIV–XV веках. Спб 1894.

Соболевский, А. И.: Переводная литература Московской Руси XIV–XVII вв. Спб 1903.

Переводная литература конца XIV и XV вв. История русской литературы т. II/1 стр. 171–175.

3. *Epiphanios der Allweise*

Дружинин, В. Г.: Житие святого Стефана Пермского, написанное Епифанием Премудрым. Спб 1897.

Леонид [Кавелин], архимандрит: Епифания Премудрого Житие Сергия Радонежского. Москва 1885 = Памятники древней письменности и искусства, т. 58.

Тихонравов, Н. С.: Древние жития преподобного Сергия Радонежского. Москва 1892–1916.

Зубов, В. П.: Епифаний Премудрый и Пахомий Серб. Труды Отдела древнерусской литературы 9 (1953) стр. 146–158.

4. *Pachomios Logothetes*

Яблонский, В.: Пахомий Серб. Спб 1908.

Дмитриева, Р. П.: Сказание о князьях Владимирских. Москва-Ленинград 1955.

Жданов, И. Н.: Русский былевой эпос. Исследования и материалы. Спб 1895.

5. *Enzyklopädische Bestrebungen im 16. Jahrhundert*

Обобщающие предприятия XVI века. История русской литературы т. II стр. 432–445.

Орлов, А. С.: Домострой. Исследование, часть I. Москва 1917.

Соболевский, А. И.: Поп Сильвестр и Домострой. Известия по русскому языку и словесности АН СССР 2 (1929) II стр. 187–202.

Le Stoglav ou les cent chapitres. Traduction avec introduction et commentaire, par E. Duchesne. Paris 1920.

Московское летописание XVI в. История русской литературы т. II/1 стр. 446–459.

Книга степенная царского родословия, изд. под ред. П. Г. Васенко. Спб 1908–1913 = Полное собрание русских летописей, т. XXI, части 1–2.

Кусков, В. В.: Степенная книга как литературный памятник XVI века. Москва 1952.

Ключевский, В.: Великие Четьи Минеи, собранные Всероссийским митрополитом Макарием. Отзывы и ответы. Третий сборник статей. Москва 1914.

Пресняков, А. Е.: Московская историческая энциклопедия. Известия Отделения русского языка и словесности 5 (1900) III стр. 824–876.

6. *Kriegsgeschichtliche Literatur*

Nolde, Boris: La formation de l'Empire Russe. Ètudes, notes et documents. Tome 1–2. Paris 1952–1953.

Переводная литература XI–XVI веков. История русской литературы т. II/1 стр. 286–298.

Старинная русская повесть. Статьи и исследования под ред. Н. К. Гудзия. Москва-Ленинград 1941.

Орлов, А. С.: Героические темы древней русской литературы. Москва-Ленинград 1945.

Русские повести XV–XVI веков. Составитель М. О. Скрипиль. Редактор текстов, статей и примечаний Б. А. Ларин. Москва-Ленинград 1958.

Повесть о Царьграде (его основании и взятии турками в 1453 г.) Нестора-Искандера XV в. (по рукописи Троице-Сергиевой лавры, нач. XVI в.) Изд. архимандрита Леонида. Спб 1886 = Памятники древнеи письменности и искусства, т. LXI.

Unbegaun, Boris: Les relations vieux-russes de la prise de Constantinople. Revue des études slaves 9 (1929) S. 13–38.

Bericht über die Eroberung Konstantinopels. Nach der Nikon-Chronik übersetzt von Maximilian Braun und Alfons Maria Schneider. Göttingen 1940.

История о Казанском царстве. Казанский летописец. Спб 1903 = Полное собрание русских летописей, т. XIX.

Кузневич, Г. З.: История о Казанском царстве. Спб 1905.

Моисеева, Г. Н.: Казанская история – новый этап в развитии исторического повествования древней Руси. Ленинград 1951.

7. *Epische Tendenzen in der Kriegsgeschichte*

Псковские летописи, вып. 2. Приготовил к печати А. Насонов. Москва 1955.

Псковские взятие. История русской литературы т. II/1 стр. 401–406.

Малышев, В. П.: Повесть о прихождении Стефана Батория на град Псков. Москва-Ленинград 1952.

8. *Ideologische Literatur*

Ржига, В. Ф.: И. С. Перевсетов, публицист XVI в. Москва 1908.

Philipp, Werner: Ivan Peresvetov und seine politischen Schriften. Hamburg 1934.

Philipp, Werner: Ivan Peresvetov und seine Schriften zur Erneuerung des Moskauer Reiches. Königsberg-Berlin 1935.

Сочинения Ивана Пересветова. Подготовка текста А. А. Зимина. Под ред. Д. С. Лихачева. Москва-Ленинград 1956.

9. *Der Staat Zar Iváns IV.*

Бахрушин, С. В.: Иван Грозный. Москва 1942. 2-е изд. 1945. 3-е изд. In: Научные труды, т. II. Москва 1954, стр. 256–328.

Wipper, R. Ju.: Iwan Grozny. Moskau 1949. Deutsche Übersetzung nach der 3. Aufl. 1944.

Leontovitsch, Viktor: Die Rechtsumwälzungen unter Iwan dem Schrecklichen und die Ideologie der russischen Selbstherrschaft. Stuttgart 1948.

Вазилевич, К. В.: Внешняя политика русского централизированного государства. Вторая половина XV века. Москва 1952.

10. *Iván IV. und Fürst Kúrbskij*

Курбский и Грозный. История русской литературы т. II/1 стр. 497–510.

Будилович, И.: Русская публицистика XVI века. Москва-Ленинград 1951.

Послания Ивана Грозного. Подготовка текста Д. С. Лихачева и Я. С. Лурье. По ред. В. П. Адриановой-Перетц. Москва-Ленинград 1951.

The Correspondence between Prince A. M. Kurbskij and Tsar Ivan IV of Russia. Edited with a Translation and Notes by J. L. I. Fenell. Cambridge 1955.

Сочинения князя Курбского, т. I. Под редакцией Г. З. Кузнецова. Спб 1914.

11. *Die Zeit der Smúta*

Памятники древней русской письменности, относящиеся к Смутному времени. 2-е издание. Спб 1909 = Русская историческая библиотека, т. XIII.

Платонов, С. Ф.: Древнерусские сказания и повести о Смутном времени как исторический источник. Изд. 2-е. Спб 1913.

Виноградов, В. В.: Очерки по истории русского литературного языка XVII–XIX вв. 2-е издание. Москва 1938.

Черепнин, Л. В.: Смута в историографии XVII века. Исторические записки 14 (1945) стр. 21–46.

„Смутное время" в изображении литературных памятников 1612–1620 гг. История русской литературы т. II/2 стр. 45–77.

Русская повесть XVII века. Составитель М. О. Скрипиль. Ленинград 1954.

12. *Geistliche Memoirenliteratur*

Васенко, П. Г.: Две редакции первых шести глав „Сказания" Авраамия Палицына. Летопись занятий Археографической комиссии за 1919–1922 гг., вып. II (1923) стр. 1–38.

Временник Ивана Тимофеева. Подготовка к печати, перевод и комментарии О. А. Державиной. Под ред. В. П. Адриановой-Перетц. Москва-Ленинград 1951.

13. *Weltliche Memoirenliteratur*

Орлов, А. С.: Повесть кн. Катырева-Ростовского и Троянская история Гвидо де Колумны. In: Сборник статей в честь М. К. Любавского. Москва 1917. стр, 73–98.

14. *Lyrisch-epische Bestrebungen*

Ржига, В. Ф.: Повесть и песни о Михаиле Скопине-Шуйском. Известия Отделения русского языка и словесности 1 (1928) I стр. 81–133.

Яковлев, М. А.: Повесть о Михаиле Скопине-Шуйском. Ее историческое значение. Ученые записки Ленинградского гос. пед. института 4 (1946) стр. 188–213.

Адрианова-Перетц В. П.: Исторические повести XVII века и устное народное творчество. Труды Отдела древнерусской литературы 9 (1953) стр. 69–74.

Орлов, А. С.: Исторические и поэтические повести об Азове (взятие 1637 г. и осадное сидение 1641 г.). Москва 1906.

Робинсон, А. Н.: Жанр поэтической повести об Азове. Труды Отдела древнерусской литературы 7 (1949) стр. 98–130.

15. *Moskovitische Poesie*

Симони, П. К.: Великорусские песни, записанные в 1619–1620 гг. для Ричарда Джемса на крайнем Севере Московского царства. Спб 1907 = Сборник Отделения русского языка и словесности 82/VII.

Сырку, П. А.: Заметки о славянских и русских рукописях в Бодлеян Лайбрари в Оксфорде. Известия Отделения русского языка и словесности 12 (1907) IV стр. 102–106.

Psalmon, Frédéric: Un ruissant anglais au XVI–XVII siècle, Richard James (1592–1638). Bulletin de géographie historique et descriptive (Paris) 1911, no. 3.

Данилов, В.: Сборники песен XVII столетия – Ричарда Джемса и П. А. Квашнина. Труды Отдела древнерусской литературы 2 (1935) стр. 165–180.

Исторические песни о Смутном времени. История русской литературы т. II/2 стр. 78–82.

Stief, Carl: Studies in Russian Historical Song. Copenhagen 1953.

Стендер-Петерсен, А. И.: Стихи московского поэта-анонима начала XVII-го века, сохраненные Ричардом Джемсом. Scando-Slavica 3 (1957) стр. 112–136.

16. Die Entstehung einer neumoskovitischen Kultur

О России в царствование Алексея Михайловича. Современное сочинение Григория Котошихина. Изд. 3-е с предисловием А. А. Куника. Спб 1884.

Маркевич, А. И.: Григорий Карпович Котошихин и его сочинение о Московском государстве в половине XVII века. Одесса 1895.

Юрия Крижанича Граматично исказанье. Издание О.М. Бодянского. Чтения в Обществе истории и древностей российских 1 (1848)–3 (1849).

Житие протопопа Аввакума, им самим написанное, изд. Я. Л. Барского и П. И. Смирнова. Ленинград 1927 = Русская историческая библиотека, т. XXXIX.

Житие протопопа Аввакума, им самим написанное, и другие его сочинения. Редакция, вступительная статья и коментарии Н. К. Гудзия. Ленинград 1934.

Pascal, Pierre: Avvakum et les débuts du Raskol. La crise religieuse au XVIIᵉ siècle en Russie. Paris 1938.

Sørensen, Hans Chr.: Die stilistische Verwendung kirchenslavischer Sprachelemente in der Autobiographie Avvakums. Scando-Slavica 3 (1957) S. 154–175.

Das Leben des Protopopen Avvakum von ihm selbst niedergeschrieben. Übersetzt von Gerhard Hildebrandt. Göttingen 1965.

Малышев, В. И.: Неизвестные и малоизвестные материалы о протопопе Аввакуме. Труды Отледа древнерусской литературы 9 (1953) стр. 387–404.

17. Moskovitische Vers- und Reimkunstversuche

Попов, Н. П.: К вопросу о первоначальном появлении вирш в северно-русской письменности. Известия Отделения русского языка и словесности 22 (1917) II стр. 259–275.

Адрианова, В. П.: Из начального периода русского стихосложения. Известия Отделения русского языка и словесности 26 (1921) 271–276.

Вирши. Силлабическая поэзия XVII–XVIII веков. Ленинград 1935 = Библиотека поэта, малая серия, № 3.

18. Westrussische Kultur und ihre Wurzeln

Возняк, М. С.: Історія української літератури. Том II. Віки XVI–XVIII. ч. 1–2. Львів 1921–1924.

19. Westrussisches literarisches Leben

Студинський, К.: Три панегірики XVII віку. Записки Наукового товариства імені Шевченка 12 (1896) стор. 1–32.
Осинский, А.: Мелетий Смотрицкий, архиепископ Полоцкий. Труды Киевской духовной академии 1911 XII/VIII стр. 425–466, IX стр. 40–86, X стр. 275–300, XI стр, 405–432, XII 605–619.

20. Die neue westrussische Versdichtung

Перетц, В. Н.: Историко-литературные исследования и материалы. Том I. Из истории русской песни. Часть 1. Начало искусственной поэзии в России; часть 2. Приложения: Описание сборников псальм, кантов и песен из рукописей XVIII в. Исследования о влиянии малорусской виршевой и народной поэзии XVI–XVIII в. на великорусскую. Спб 1900.
Unbegaun, Boris: Russian Versification. Oxford 1956.

21. Simeón Pólockij als moskovitischer Dichter

Татарский, И.: Симеон Полоцкий (его жизнь и деятельность). Москва 1886.
Белецкий, А. И.: Стихотворения Симеона Полоцкого на темы из всеобщей истории. Харьков 1914.
Белецкий, А. И.: Из начальных лет литературной деятельности Симеона Полоцкого. In: Сборник статей в честь А. И. Соболевского. Ленинград 1928, стр. 264–267.
Еремин, П.: Поэтический стиль Симеона Полоцкого. Труды Отдела древнерусской литературы 6 (1948) стр. 125–153.

22. Die Entwicklung der syllabischen Dichtung

Козловский, И.: Сильвестр Медведев. Очерк из истории русского просвещения и общественной жизни в конце XVII века. Киев 1895.
Прозоровский, А.: Сильвестр Медведев, его жизнь и деятельность. Москва 1896.
Сильвестр Медведев. История русской литературы т. II/2 стр. 353–355.

Тарабрин, И. Н.: Лицевой букварь Кариона Истомина. Древности. Труды Московского Археологического общества 25 (1916) стр. 249–330.
Браиловский, С. Н.: Один из пестрых XVII столетия. Спб 1902.

Соколов, М. И.: Славянские стихи монаха Мардария Хонькова. Археологические известия и заметки 1895 IX/X.

Сочинения, письма и избранные переводы кн. Антиоха Дмитриевича Кантемира. Изд. П. А. Ефремов. Спб 1862.

Schröder, Hildegard: Russische Verssatire im 18. Jahrhundert. Köln-Graz 1962.

Gesemann, Wolfgang: Die Entdeckung der unteren Volksschichten durch die russische Literatur. Zur Dialektik eines literarischen Motivs von Kantemir bis Belinskij. Wiesbaden 1972.

23. Die westrussische Dramatik

Резанов, В. И.: Из истории русской драмы. Школьные действа XVII–XVIII вв. и театр иезуитов. Москва 1910.

Резанов, В.: Драма українська. 1. Старовинний театр український. Вып. 1–2. Київ 1925–1926.

Stender-Petersen, Adolf: Tragoediae Sacrae. Materialien und Beiträge zur Geschichte der polnisch-jesuitischen Jesuitendramatik der Frühzeit. Dorpat 1931.

24. Moskovitische geistliche Schauspielkunst

Русские драматические произведения 1672–1725 годов. Изд. Н. С. Тихонравовым. Том 1. Спб 1874.

Морозов, П. О.: История русского театра до половины XVIII столетия. Спб 1889.

Старинный театр в России XVII–XVIII вв. Под ред. В. Н. Перетца. Петроград 1923.

Старинный спектакль в России, под ред. В. Всеволодского-Гернгросса. Ленинград 1928.

25. Weltliche moskovitische Dramatik

Veselovskij, Alexander: Deutsche Einflüsse auf das alte russische Theater 1672–1756. Prag 1876.

Шляпкин, И. А.: Царевна Наталия Алексеевна и театр ее времени. Спб 1898.

Замятин, Г.: К вопросу о связи русского театра начала XVIII века с немецким. Известия Академии Наук, отдел общественных наук 1933, стр. 769–804.

Московский театр XVII в. История русской литературы т. II/2 стр. 368–373.

Mazon, André et Cocron, Frédéric: La comédie d'Artaxerxes, présentée en 1572 au Tsar Alexis par Gregorii le Pasteur. Texte allemand et texte russe. Paris 1954.

26. Prosa-Einfuhr

Пыпин, А.: Очерк литературной истории старинных повестей и Сказок русских. Спб 1857.

Владимиров, П. В.: Великое Зерцало. Из истории русской переводной литературы XVII в. Москва 1884.
Великое Зерцало. История русской литературы т. II/2 стр. 408–411.

Oesterley, H.: Gesta Romanorum. Berlin 1872.
Пташицкий, С. Л.: Средневекоые западноевропейские повести в русской и славянской литературах. 1. Истории из „Римских Деяний". Спб 1897.
Римские деяния. История русской литературы т. II/2 стр. 401–406.

Murko, Matthias: Die Geschichte von den sieben Weisen bei den Slaven. Sitzungsberichte der k. Akademie der Wissenschaften, Wien 1890 = Phil.-hist. Klasse Bd. CXXII.
История о семи мудрецах. История русской литературы т. II/2 стр. 109–112.

Бусдаев, Ф.: Перехожие повести и рассказы „Мои досуги". Часть 2-я.
Адрианова-Перетц, В. П.: Очерки по истории русской сатируческой литературы XVII века. Москва-Ленинград 1937.
Адрианова-Перетц, В. П.: Праздник кабацких ярлыжек. Москва-Ленинград 1936.

27. Übersetzte romantische Prosaromane

Веселовский, А. Н.: Из истории романа и повести, вып. 2-ый. Спб 1888.
Дунаев, Б. И.: Библиотека старорусских повестей. Москва 1915.
Пиксанов, Н. К.: Старорусская повесть. Москва-Ленинград 1923.
Русская повесть XVII века. Составитель М. О. Скрипиль. Редактор И. П. Еремин. Москва (1953).

Polívka Jiří: Kronika o Bruncvíkovi v ruské literatuře. Praha 1892.
Murko, Matthias: Die russische Übersetzung des Apollonius von Tyrus und der Gesta Romanorum. Archiv für slavische Philologie 14 (1892) S. 405–421.

28. Die heimischen Wurzeln des Romans

Материалы для истории раскола за первое время его существования. Москва 1886.

Сиповский, В. В.: Русские повести XVII и XVIII вв. Спб 1905.

Памятники старинного русского языка и словесности, часть VIII. Спб 1907.

Легендарные повести. История русской литературы т. II/2 стр. 94–102.

Буслаев, Ф. И.: Песни древней Эдды о Зигурде и Муромская легенда. In: Исторические очерки, т. I. Спб 1861.

Веселовский, Александр: Новые отношения легенды о Петре и Февронии и сага о Рагнаре Лодброке. Журнал Министерства народного просвещения 1871 IV стр. 95–142.

Повесть о Петре и Февронии. История русской лиетратуры т. II/1 стр. 361–367.

Ржига, В. Ф.: Литературная деятельность Ермолая-Еразма. Летопись Занятий Археографической комиссии 33 (Ленинград 1926) стр. 112–147, 170–173, 181–186.

Яворский, Ю.: К вопросу о литературной деятельности Ермолая-Еразма, писателя XVI-го века. Slavia 9 (1930/31) стр. 57–80, 273–299.

Повесть о боярине Морозовой. История русской литературы т. II/2 стр. 329–332.

Скрипиль, М. О.: Повесть об Улиянии Осорьиной. Труды Отдела древнерусской литературы 6 (1948) стр. 256–323.

Скрипиль, М. О.: Повесть о Савве Грудцыне. Труды Отдела древнерусской литературы 2 (1935) стр. 181–214, 3 (1936) стр. 99–152.

Бакланова, Н. А.: К вопросу о датировке „Повести о Савве Грудцыне". Труды Отдела древнерусской литературы 9 (1953) стр. 445–461.

Ржига, В. Ф.: Повесть о Горе-Злочастии и песни о Горе. Slavia 10 (1931) стр. 40–66, 288–315.

Повесть о Горе-Злочастии. История русской литературы т. II/2 стр. 207–221.

29. Originale moskovitische Romane

Соколов, Юрий М.: Повесть о Карпе Сутулове. Древности. Труды Славянской комиссии моск. Археологического общества 4 (1914) II стр. 1–40.

Покровская, В. Ф.: Повесть о Фроле Скобееве. Труды Отдела древнерусской литературы 1 (1934) стр. 250–297.

III. DIE PERIODE DES KLASSIZISMUS

A. Gesamtdarstellungen

Smith, C. W.: Russisk Literaturhistorie fra Peter den Store til Begindelsen af dette Århundrede. København 1882.

Гуковский, Г. А.: Русская литература XVIII века. Москва 1939.

XVIII век. Сборник. Том 1–2. Москва-Ленинград 1940.

Snow, V.: Russian Writers, A bibliographical Dictionary from the Age of Catharine II to the October Revolution of 1917. New York 1946.

Trubetzkoy, Nikolaj Sergejevič: Die russischen Dichter des 18. und 19. Jahrhunderts. Abriß einer Entwicklungsgeschichte. Herausgegeben von R. Jagoditsch. Graz-Köln 1956.

Благой, Д. Д.: История русской литературы XVIII века. 4-е изд. Москва 1960.

Берков, П. Н.: Введение в изучение истории русской литературы XVIII века. Часть I. Очерк литературной историографии XVIII века. Ленинград 1964.

B. Chrestomathien

Гуковский, Г. А.: Хрестоматия по русской литературе XVIII века. Москва 1937.

Хрестоматия по русской литературе XVIII века. Составил А. В. Кокорев. Издание 2-е. Москва 1956.

1. Die gesellschaftliche Reform Peters des Großen

Waliszewski, K.: Peter the Great. New York 1898.

Богословский, М.: Петр Великий и его реформа. Москва 1920.

Платонов, С. Ф.: Петр Великий. Личность и деятельность. Париж 1927.

Спиридонова, Е. В.: Экономическая политика и экономические взгляды Петра I. Москва 1952.

Brückner, Alexander: Iwan Possoschkow. Ideen und Zustände in Rußland zur Zeit Peters des Großen. Leipzig 1878.

Кафенгауз, Б. Б.: И. Т. Посошков. Жизнь и деятельность. Изд. 2-е. Москва 1951.

2. Die Schaffung einer neuen Kulturgrundlage

Пекарсий, П. П.: Наука и литература в России при Петре Великом. Т. 1–2. Спб 1862.

3. Die Schaffung einer neuen Literatursprache

Виноградов, В. В.: Очерки по истории русского литературного языка XVII–XIX вв. Москва 1934, изд. 3-е Лейден 1949.

Vinokur, Grigorij: Die russische Sprache. Übertragen von Reinhold Trautmann. Leipzig 1949.

4. Die Grundlagen einer neuen Verskunst

Перетц, В. Н.: Историко-литературные исследования и материалы, В. Тредиаковский как новатор в области теории поэзии и русского стиха. In: том 3-й. Спб 1902, глава 3-я.

Стихотворения В. К. Тредиаковского. Под ред. А. С. Орлова. Ленинград 1935.

Берков, П. Н.: Ломоносов и литературная полемика его времени 1750–1765. Москва-Ленинград 1930.

Меншуткин, Б. Н.: Жизнеописание Михаила Васильевича Ломоносова. 3-е издание. Под ред. С. И. Вавилова и Л. Б. Модзалевского. Москва-Ленинград 1947.

5. Die Oden Lomonósovs

Сочинения М. В. Ломоносова. Под ред. М. И. Сухомлинова, т. I–V. Спб 1902.

Martel, Antoine: Michel Lomonosov et la langue littéraire russe. Avec une préface de Paul Boyer. Paris 1933.

6. Das Zeitalter der Kaiserin Katharina

Brückner, Alexander: Katharina die Zweite. Berlin 1883.

7. Die Grundlegung der Gattungen durch Sumarókov

Сумароков. Стихотворения. Под ред. А. С. Орлова. Ленинград 1935.

Берг, Э.: Русская комедия до появления Островского. Варшава 1912.

Berg, Ernst von: Die ältere russische Komödie. Riga 1916.

Бродский, Н. Л.: История стиля русской комедии XVIII в. Искусство (Ленинград 1923) III стр. 1–48.

Гуковский, Г.: О Сумароковской трагедии. Поэтика 1 (Ленинград 1926) стр. 10–29.

Harder, H. W.: Studien zur Geschichte der russischen klassizistischen Tragödie (1747–1769). Wiesbaden 1962.

8. *Die leichte Poesie nach Sumarókov*

Венгеров, С. А.: Русская поэзия XVIII века. Том I/3, 5. Спб 1893–
1895; том II. Спб 1893; Том VI. Спб 1897.

9. *Cheraskovs epische Dichtung*

Соколов, А. Н.: Очерки по истории русской поэмы XVIII и первой
половины XIX века. Москва 1955.

Херсаков. История русской литературы т. IV стр. 320–341.

10. *Die Odendichtung Deržávins*

Сочинения Державина. С примечаниями Я. Грота, т. I–IX. Спб
1864–1883.

Ходасевич, Владимир: Державин. In: Статьи о русской поэзии.
Петроград 1922.

Эйхенбаум, Б.: Державин. In: Сквозь литературу. Ленинград
1924.

Тынянов, Юрий: Ода как ораторский жанр. Поэтика 3 (Ленинград 1927).

Державин. История русской литературы т. IV стр. 383.

Kölle, H.: Farbe, Licht und Klang in der malenden Poesie Deržavins
München 1966.

11. *Die Tragödie nach Sumarókov*

Лонгинов, М. Н.: Русский театр в Петербурге и Москве, 1749–
1774. Записки имп. Академии Наук 23 (1873) II.

Собрание сочинений Княжнина, т. I–V. 3-е издание. Спб 1847–
1848.

Княжнин. История русской литературы т. IV стр. 226–249.

Творения Н. П. Николева, т. I–V. Москва 1795–1798.

Николев. История русской линтературы т. IV стр. 250–255.

12. *Die Komödie nach Sumarókov*

Морозов, Г.: Очерки из истории русской драмы XVII–XVIII сто-
летий. Спб 1888.

Patouillet, Jules: Le Théâtre de moeurs russes des origines à Ostrovski (1672–1850). Paris 1912.

Русская комедия и комическая опера XVIII века. Редакция текста и вступительная статья П. Н. Беркова. Москва-Ленинград 19.

Welsh, D. J.: Russian Comedy 1765–1823. Den Haag 1966.

Patouillet, Jules: Molière et sa fortune en Russie. Revue des études slaves 2 (1922) S. 272–302.

Stender-Petersen, Adolf: Holberg og den russiske komedie i det 18de århundrede. Holberg Årbog 1923, S. 100–151; 1924, S. 142–186; 1925 S. 93–114.

Stender-Petersen, Adolf: En russisk efterligning af „Jean de France" (1783). Holberg Årbog 1920, S. 174–191.

Лукин. История русской литературы т. IV стр. 265–269.

13. Die Komödien Fonvízins

Сочинения, письма и избранные переводы Д. Фонвизина. Под ред. П. А. Ефремова. Спб 1866.

Вяземский, П.: Фонвизин. Спб 1848.

Гуковский, Г.: Очерки по истории русской литературы XVIII века. Дворянская фронда в литературе 1750-х – 1760-х годов. Москва-Ленинград 1936.

Фонвизин. История русской литературы т. IV стр. 152–200.

14. Die Komödien der Kaiserin Katharina

Сочинения Екатерины II на основании подлинных рукописей. С объяснительными примечаниями А. Н. Пыпина. Т. I–XII. Спб 1901–1908.

Prohaska, Dragutin: Die Vorlage zur Komödie „О Время !" von Katharina II. Archiv für slavische Philologie 27 (1905) S. 563–577.

Пыпин, А. Н.: Русское мазонство XVIII и первой половины XIX в. Петроград 1916.

Екатерина II. История русской литературы т. IV стр. 364–380.

Берков, П. Н.: История русской журналистики XVIII века. Москва-Ленинград 1952.

15. Die ersten Schritte der Prosaliteratur

Rammelmeyer, A.: Studien zur Geschichte der russischen Fabel des 18. Jahrhunderts. Leipzig 1938.

Семенников, В. П.: Русские сатирические журналы 1769–74. Спб 1914.

Афанасьев, А. Н.: Русские сатирические журналы 1769–1774. Казань 1917.

Schroeder, Hildegard: Russische Verssatire im 18. Jahrhundert. Köln-Graz 1962.

Brang, P.: Studien zur Theorie und Praxis der russischen Erzählung. 1770–1811. Wiesbaden 1960.

Simmons, Ernest J.: English Literature and Culture in Russia (1553–1840). Cambridge-Harvard 1935, S. 102–133.

Н. И. Новиков, Избранные сочинения. Подготовка текста, вступительная статья и комментарии Г. П. Макогоненко. Москва-Ленинград 1954.

Боголюбов, В.: Новиков и его время. Москва 1916.

Семенников, В. П.: Книгоиздательская деятельность Новикова в Типографической Компании. Петроград 1921.

Новиков. История русской литературы т. IV стр. 123–151.

Макогоненко, Г. П.: Николай Новиков и русское просвещение XVIII века. Москва-Ленинград 1951.

16. Das Ende des Klassizismus

Сочинения В. В. Капниста. Спб 1849.

Капнист. Истрия русской литературы т. IV стр. 484–506.

ZWEITER TEIL

A. Gesamtdarstellungen der russischen Literaturgeschichte vom 19. Jahrhundert an.

Сиповский, В. В.: Из истории руского романа и повести. Спб 1903.

Венгеров, С. А.: Очерки по истории русской литервтуры. 2-е издание, без перемен. Спб 1907.

История русской литературы XIX века. Под ред. Д. Н. Овсянико-Куликовского, т. I–V. Москва 1908–1923.

Овсянико-Куликовский, Д. Н.: История русской интеллигенции. Том I–III. Спб 1911.

Розанов, И. Н.: Русская лирика. Москва 1914.

Vogué, E.-M. de: Le roman russe. 15e édition. Paris 1919.

Eliasberg, Alexander: Russische Literaturgeschichte in Einzelporträts. München 1922. 2. Aufl. 1964.

Владиславлев, И. В.: Русские писатели. Опыт биобиблиографического пособия по русской литературе XIX–XX ст. 4-е перераб. и знач. дополн. издание. Москва-Ленинград 1924.

Культура языка. Москва 1925.

Русская поэзия XIX века. Ленинград 1929.

Язык русских писателей. Москва-Ленинград 1948.

Braun, Maximilian: Russische Dichtung im XIX. Jahrhundert. Zweite, verbesserte Aufl. Heidelberg 1954. Französische Übersetzung. Paris (Payot) 1963.

История русской критики в двух томах. Москва-Ленинград 1958.

Lo Gatto, Ettore: Storia della letteratura Russa moderna. Milano (1960).

История русской литературы XIX века. Том I. Под ред. Ф. М. Головенченко и С. М. Петрова. Москва 1960.

История русского романа в двух томах. Москва-Ленинград 1962–1964.

Tschižewskij, Dmitrij: Russische Literaturgeschichte des 19. Jahrhunderts I. Die Romantik. II. Der Realismus. 2 Bde. München 1964–1967 = Forum Slavicum.

Geschichte der klassischen russischen Literatur. Herausgegeben von Wolf Düwel. Berlin und Weimar 1965.

I. DIE ROMANTISCHE PERIODE

1. Klassizismus und Romantik

Котляревский, Н.: Литературные направления Александровской эпохи. Спб 1907, 3-е изд. Петроград 1917.

Пыпин, А.: Характеристика литературных мнений от 20-х до 50-х годов. 4-е изд. Спб 1909.

Сиповский, В. В.: Историческая хрестоматия по истории русской словесности, Том II. Вып. 1: Сентиментальное и народническое направление в XVIII–XIX вв. Вып. 2: Романтическое направление XIX в. 2-е изд. Спб 1910.

Сентиментализм. История русской литературы т. IV стр. 430–445.

Русский романтизм. Сборник под редакцией А. Белецкого. Ленинград 1927.

2. Das empfindsame Drama
3. Radiščev als Begründer der Reisebriefgattung

Семенников, В. П.: Радищев. Очерки и исследования. Москва 1923.

Муратов, М.: Жизнь Радищева. Москва-Ленинград 1950.

Орлов, А. С.: Русские просветители 1790 – 1800-х годов. Москва 1950.

Бабкин, Д. С.: Процесс А. Н. Радищева. Москва-Ленинград 1952.

4. *Die Reisebriefe Karamzins*
5. *Karamzin als Begründer des Sentimentalismus*

Сиповский, В. В.: Н. М. Карамзин, автор ,,Писем русского путешественника''. Спб 1899.

Роболи, Т.: Литература путешествий. In: Русская проза. Сборник статей. Под ред. Б. Эйхенбаума и Ю. Тынянова. Ленинград 1926.

6. *Übersetzte Prosaliteratur*

Белозерская, Н.: Влияние переводного романа и западной цивилизации на русское общество XVIII в. Русская старина 1895.

Веселовский, А.: Западное влияние в новой русской литературе. 5-е издание. Москва 1916.

Скипина, К.: Чувствительная повесть. I: Русская проза. Сборник статей. Под ред. Б. Эйхенбаума и Ю. Тынянова. Ленинград 1926.

Херасков. История русской литературы т. IV стр. 320–341.

Лонгинов, М.: Русские писатели XVIII века. Русская старина 1873 VII май стр. 619–621 (Эмин).

Эмин. История русской литературы т. IV стр. 256.

Чулков. История русской литературы т. IV стр. 270–277.

Шкловский, В.: Чулков и Левшин. Москва 1933.

7. *Die novellistische Kunst Karamzins*

Эйхенбаум, Б.: Карамзин. In: Сквозь литературу. Ленинград 1924.

,,Бедная Лиза''. Пояснительная статья и примечания Н. Балаева. Москва 1930.

8. *Žukóvskij als Vorromantiker*

Собрание сочинений В. А. Жуковского, т. I–III. Под ред. и с биографическим очерком А. Архангельского. Москва 1918.

Грот, Яков: Очерк жизни и поэзии Жуковского. Спб 1883.

Лазурский, В.: Западно-европейский романтизм и романтизм Жуковского. Одесса 1901.

Веселовский, Александр: Жуковский. Поэзия чувства и сердечного воображения. Спб 1904, 2-е изд. Петроград 1918.

Резанов, И. И.: Из разысканий о сочинениях Жуковского. Том I–II. Петроград 1917.

Эйхенбаум, Б.: Мелодика русского лирического стиха. Петроград 1922.

Ehrhardt, Marcelle: V. A. Joukovski et le préromantisme russe. Paris 1938.

Залкинд, Г. Г.: Г. П. Каменев, 1772–1803. Казань 1926.

9. *Der große Sprachkampf*

Русский литературный язык во второй половине XVIII века. История русской литературы т. IV стр. 100–119.

Ефимов, А. И.: История русского литературного языка. Курс лекций. 2-е исправленное издание. Москва 1955.

Hüttl-Worth, Gerta: Die Bereicherung des russischen Wortschatzes im 18. Jahrhundert. Wien 1956.

10. *Vorromantiker und Neuklassiker*

Полное собрание сочинений П. А. Вяземского в 12 томах. Спб 1878–1886.

Языков, Д.: П. Вяземский. Москва 1904.

Кульман, Н.: Вяземский как критик. Известия Академии Наук 1 (1904).

Вяземский. История русской литературы т. VI стр. 390–399.

Wytrzens, Günther: Pjotr Andreevič Vjazemskij. Wien 1961.

Стихотворения К. Батюшкова. Вступительная статья, редакция и примечания Б. Томашевского. Москва 1948.

Майков, Л.: Батюшков, его жизнь и сочинения. Спб 1896.

Полное собрание сочинений Н. И. Гнедича, под ред. Н. М. Виленкина-Минского. Т. I–III. Спб 1884.

Тихонов, П.: Н. И. Гнедич, 1784–1884. Несколько данных для его биографии по неизданным источникам. Спб 1884.

Собрание сочинений В. А. Озерова. Спб 1856.

Истомин, Н. В.: Главнейшие особенности языка и слога произведений Н. В. Гоголя, Д. М. Фонвизина и В. А. Озерова в лексическом, этимологическом, синтаксическом и стилистическом отношениях. Варшава 1897.

Потапов, П. О.: Из истории русского театра. Жизнь и деятельность Озерова. Одесса 1915.

Резанов, В. И.: Расиновская трагедия на русской почве. Русский филологический вестник 1916.

11. *Krylóv als neuklassischer Fabeldichter*

Полное собрание сочинений И. А. Крылова в 4-х томах, под ред. Каллаша. Спб 1904–1905, новое изд. Петроград 1918.

И. А. Крылов, Басни. Полное собрание. Редакция, вступительная статья и примечания Е. А. Ляцкого. Стокгольм 1921.

Кеневич, В.: Библиографические и исторические примечания к басням Крылова. 2-е изд. Спб 1878.

Амон, Н.: Жизненная правда и теоретические взгляды в баснях Крыпова. Спб 1895.

Орлов, Владимир: О языке басен Крылова. In: Язык русских писателей. Москва-Ленинград 1948.

12. *Gribojédov als neuklassischer Dramatiker*

Полное собрание сочинений А. С. Грибоедова. Под ред. и с примечаниями Н. К. Пиксанова. Т. I–III. Спб 1911 – Петроград 1917.

Покровский, В. И.: А. С. Грибоедов. Его жизнь и сочинения. Москва 1904.

Пиксанов, Н. К.: Грибоедов. Исследования и характеристики. Ленинград 1900.

Орлов, Владимир М.: Александр Сергеевич Грибоедов. Москва-Ленинград 1949.

Нечкина, М. В.: Грибоедов и декабристы. Издание 2-е. Москва 1951.

Bonamour, J. A.: A. S. Gribojédov et la vie littéraire de son temps. Paris 1965.

А. С. Грибоедов, Горе от ума. Комедия в четырех действах. Редакция, вступительная статья и примечания Е. А. Ляцкого. Стокгольм 1920.

А. С. Грибоедов, Горе от ума. Комедия в четырех стихах. Редакция, ступительная статья и комментарии Н. К. Пиксанова. Москва 1945.

Kleiber, Boris: Zagadki „Gorja ot uma". Scando-Slavica 7 (1961) S. 20–44.

13. *Die lyrische Plejade*

Поэты Пушкинской поры. Под ред. Ю. Н. Верховского. Москва 1919.

Розанов, И. Н.: Поэты двадцатых годов XIX в. Москва 1925.

Поэты-Декабристы. Сборник. Под ред. Ю. Н. Верховского. Москва-Ленинград 1926.

Русские поэты – современники Пушкина. Антология. Редакция Ц. Вольпе и Влад. Орлова. Ленинград 1937.

Полное собрание стихотворений В. К. Кюхельбекера. Москва 1908.
Кюхельбекер. История русской литературы т. VI стр. 91–102.

Сочинения А. А. Дельвига. С приложением биографического очерка, составленного Валерием Майковым. Спб 1893.
Неизвестные стихотворения А. А. Дельвига. Под ред. о. М. Н. Гофмана. Москва 1922.
А. Дельвиг, Стихотворения. Вступительная статья, подготовка текста и примечания Л. Плоткина. Ленинград 1951 = Библиотека поэта. Малая серия. 2-е изд.
Дельвиг. История русской литературы т. VI стр. 400–410.

Полное собрание сочинений А. В. Колцова. Под ред. и с примечаниями А. И. Лященки. Изд. 3-е. Спб 1911.
Данилов, В. В.: Очерки поэзии Кольцова. Русский филологический вестник 1910 I стр. 19–45.
Кольцов. История русской литературы т. VII стр. 381–406.

Языков. История русской литературы т. VI стр. 430–447.

Полное собрание сочинений Е. А. Баратынского. Под ред. М. Л. Гофмана. Спб 1914.
Гофман, М.: Поэзия Е. А. Баратынского. Петроград 1915.
Филиппович, П. П.: Жизнь и творчество Е. А. Баратынского. Киев 1917.
Баратынский. История русской литературы т. VI стр. 411–429.

Котляревский, Н.: Декабристы А. А. Бестужев и кн. Одоевский. Спб 1907.
Полное собрание стихотворений и писем А. И. Одоевского. Под ред. И. А. Кубасова и Благого. Ленинград 1934.
Кубасов, И. А.: Декабрист А. И. Одоевский и вновь найденные его стихотворения. Петроград 1922.
Поэты-декабристы в тюрме и на каторге. История русской литературы т. VI стр. 103–112.

Полное собрание сочинений И. И. Козлова. Издание исправленное и значительно дополненное А. И. Введенвким. Спб 1897.
Труш, К.: Очерк литературной деятельности Козлова. Москва 1899.

Данилов, Н. М.: И. И. Козлов. Известия Отделения русского
    языка и словесности 19 (1924) II стр. 150–210.
Козлов. История русской литературы т. VI стр. 482–285.

Стихотворения А. И. Полежаева. Редакция, биографический
    очерк и примечания В. В. Баранова. Москва-Ленинград 1933.
Бобров, А. Е.: Этюды об А. И. Полежаеве. Варшава 1913.
Полежаев. История русской литературы т. VI стр. 460–471.
Рылеев. История русской литературы т. VI стр. 77–90.
Полное собрание сочинений Д. В. Веневитинова. Под ред.
    А. П. Пятковского. Спб 1862.
Пятковский, А. П.: Князь Одоевский и Веневитинов. 3-е изд.
    Спб 1911.
Веневитинов и поэты-любомудры. История русской литературы
    т. VI стр. 448.
Wytrzens, Günther: D. V. Venevitinov als Dichter der russischen Roman-
    tik. Granz-Köln 1962.

14. *Púškin als Führer der Plejade*
15. *Púškin als Dramatiker und Epiker*
16. *Púškins Versroman*

Полоное собрание сочинений А. С. Пушкина, т. I–VI. Под
    общей ред. Демьяна Бедного, А. В. Луначарского, П. Н.
    Сакулина . . . Москва-Ленинград 1930, 2-е изд. 1934.
Полное собрание сочинений А. С. Пушкина, т. I–IX. Под общей
    ред. Ю. Г. Оксмана и М. Я. Цявловского. Москва 1935.
Полное собрание сочинений А. С. Пушкина, т. I–XVI а. Москва-
    Ленинград 1937–1959.
Пушкин. Временник Пушкинской комиссии, т. I–III. Москва-
    Ленинград 1936–1947.
Пушкин. Исследования и материалы, т. I. Москва-Ленинград
    1956.
Мейлах Б. С. и Горницкая: А. С. Пушкин. Семинарий. Ленин-
    град 1959.
Пушкин и его современники, т. I–X. Спб
Майков, Л. Н.: Пушкин. Биографические материалы и историко-
    литературные очерки. Спб 1899.
Лернер, К.: Труды и дни Пушкина. Спб 1910.
Гершензон, М. О.: Мудрость Пушкина. Москва 1916.
Айхенвальд, Ю.: Пушкин. 2-е изд. Москва 1919.
Котляревский, Н. А.: Пушкин и Россия. Петроград 1922.
Гофман, М.: Пушкин. Первая глава науки о Пушкине. 2-е изд.
    Петроград 1922.

Гроссман, Л. Н.: Этюды о Пушкине. Москва 1923.

Томашевский, Б.: Пушкин. Современные проблемы историко-литературного изучения. Ленинград 1925.

Гершензон, М. О.: Статьи о Пушкине. Москва 1926.

Вересаев В. В.: Пушкин в жизни. Москва 1926–1927.

Пушкинский сборник. Прага 1929.

Цейтлин, А.: Пушкин в истории русской литературы. Литературная энциклопедия IX (Москва 1935) стр. 413–442.

Мейлах, Б.: Пушкин и русский романтизм. Москва-Ленинград 1937.

Pouchkine 1799–1837. Revue de littérature comparée 16 (1937).

Simmons, Ernest J.: Pushkin. Cambridge, Mass. 1937.

Lavrin, Janko: Pushkin and Russian Literature. London 1947.

Мейлах, Б.: А. С. Пушкин. Очерк жизни и творчества. Москва-Ленинград 1949.

Пушкин критик. Москва 1950.

Сергиевский, И.: А. С. Пушкин. Москва 1950.

Пушкин. История русской литературы т. VI стр. 161–328.

Томашевский, И.: Пушкин. Москва 1956.

Setschkareff, Vsevolod: Alexander Puschkin. Sein Leben und sein Werk. Wiesbaden 1963.

Очерки о поэтике Пушкина. Берлин 1923.

Виноградов, В. В.: Язык Пушкина. Пушкин и история русского литературного языка. Москва-Ленинград 1935.

Словарь языка Пушкина. Том I–IVа. Москва 1956–1961.

Виноградов, В. В.: Стиль Пушкина. Москва 1941.

Городецкий, Б. П.: Драматургия Пушкина. Москва-Ленинград 1953.

Lirondelle, A.: Shakespeare en Russie 1748–1840. Paris 1912.

Жирмунский, В.: Байрон и Пушкин. Из истории романтической поэмы. Ленинград 1924.

Lednicki, W.: Poushkine et la Pologne. Paris 1928.

Toporowski, Marian: Puszkin w Polsce. Zarys bibliograficzno-literacki. Warszawa (1950).

17. *Die Poesie Lérmontovs*

Полное собрание сочинений М. Ю. Лермонтова. Под ред. Д. Абрамовича, т. I–V. Спб 1910–1913.

Полное собрание сочинений М. Ю. Лермонтова. Под ред. К. Халабаева и Б. Эйхенбаума. Москва 1926.

Duchesne, E.: Michel Iouriévitch Lermontov. Paris 1910.

Котляревский, Н. А.: Лермонтов. 4-е изд. Спб 1911, 5-е изд. Петроград 1915.

Венок Лермонтову. Юбилейный сборник. Москва 1914.

Овсянико-Куликовский, Д. Н.: Лермонтов. Спб 1914.

Щеголев, П. Е.: Книга о Лермонтове, т. I–III. Ленинград 1922.

Эйхенбаум, Б.: Лермонтов. Опыт историко-литературной оценки. Ленинград 1924.

Шувалов, С.: М. Ю. Лермонтов. Москва-Ленинград 1927.

М. Ю. Лермонтов, т. 1–2. Москва 1948 = Литературное наследство XV–XVI.

Пушкин, Лермонтов, Гоголь. Москва 1952 = Литературное наследство LVIII.

Лермонтов. История русской литературы т. VII стр. 263–378.

Мануйлов, В. А., Гиллельсон, В. Э. Вацуро: М. Ю. Лермонтов. Семинарий. Ленинград 1960.

18. *Die Prosa Púškins und Lérmontovs*

Полное собрание сочинений А. Е. Измайлова, т. I–III. Москва 1891.

Избранные романы В. Т. Нарежного. Вступительная статья, редакция и комментарии В. Ф. Переверсева. Москва-Ленинград 1933.

Белозерская, Н.: Василий Трофимович Нарежный. 2-е изд. Спб 1896.

Сочинения Н. А. Полевого, изд. А. Петровым. Книга I–III. Москва 1903.

Козмин, Н. К.: Очерки по истории русского романтизма. Полевой как выразитель литературных направлений современной ему эпохи. Спб 1903.

Николай Полевой. Материалы по истории русской литературы и журналистики тридцатых годов. Редакция, вступительная статья и комментарии Вл. Орлова. Ленинград 1934.

Винокур, Г. О.: Пушкин-прозаик. In: Культура языка. Москва 1925.

19. *Der Übergang der Literatur zur Prosa*

Замотин, И.: Романтизм 20-х годов XIX столетия в русской литературе, т. II. Спб 1913.

Прозаики двадцатых-тридцатых годов. История русской литературы т. VI стр. 501–562.

Декабристы и их время. Материалы и сообщения. Под ред. М. П. Алексеева и Б. С. Мейлаха. Москва-Ленинград 1951.

Базанов, В.: Очерки декабристской литературы. Публицистика. Проза. Критика. Москва 1953.

Декабристы-литераторы. Москва 1954–1956 = Литературное наследство LIX–LX.

Нечкина, М. В.: Движение декабристов, т. I–II. Москва 1955.

А. А. Бестужев-Марлинский, Русские повести и рассказы, ч. I–XII. Спб 1832–1839.

Полное собрание сочинений А. А. Бестужева-Марлинского, т. I–IV. Спб 1847.

Алексеев, М.: Этюды о Марлинском. Иркутск 1930.

Степанов, Н.: Романтические повести А. Марлинского. Литературная учоба 1937–1939.

Бестужев-Марлинский. История русской литературы т. VI стр. 563–577.

Сочинения кн. В. Ф. Одоевского, т. I–III. Спб 1844.

Котляревский, Н.: В. Ф. Одоевский. In: Старинные портреты. Спб 1907.

Сакулин, П. Н.: Из истории русского идеализма. Князь В. Одоевский, т. I. Москва 1913.

Сочинения А. А. Погорельского, т. I–II. Спб 1853.

Горленко, В.: Алексей Алексеевич Погорельский. Киевская старина 1884 IV стр.

Кирпичников, А. М.: Антоний Погорельский. Эписод из истории русского романтизма. I : Очерки по истории русской литературы. Спб 1896.

Игнатов, С. С.: А. Погорельский и Э. Гофман. Русский филологический вестник 22 (1914) III/IV.

Полное собрание сочинений И. И. Лажечникова. С критико-биографическим очерком С. Венгерова, т. I–XII. Спб 1899–1900.

Скабичевский, П.: Наш исторический роман в его прошлом и настоящем. In: Собрание сочинений, т. II, изд. 3-е. Спб 1903.

Фохт, Ю.: Иван Выжигин и Мертвые души. Русскпй архив 1903 VIII.

Покровский, В. А.: Проблема возникновения русского нравственно-сатирического романа. О генезисе „Ивана Выжигина". Ленинград 1933.

Striedter, Josef: Der Schelmenroman in Rußland. Ein Beitrag zur Geschichte des russischen Romans vor Gogol. Berlin-Wiesbaden 1961.

20. Gógol's romantischer Stil
21. Gógol's grotesker Stil

Полное собрание сочинений Н. В. Гоголя, т. I–VIII. Москва 1889–1897.

Шенрок, В. И.: Материалы для биографии Гоголя, т. I–IV. Москва 1892–1897.

Н. В. Гоголь. Исследования и материалы. Под ред. В. В. Гиппиуса. Москва-Ленинград 1936.

Войтоловская Э. Л., Степанов, А. Н.: Н. В. Гоголь. Семинарий. Ленинград 1962.

Овсянико-Куликовский, Д. Н.: Гоголь. Изд. 4-е. Спб 1912.

Котляревский, Н.: Николай Васильевич Гоголь. Изд. 4-е. Петроград 1915.

Гиппиус, В.: Гоголь. Ленинград 1924.

Переверзев, В.: Творчество Гоголя. Ленинград 1926.

Версаев, В.: Как работал Гоголь. Москва 1932.

Версаев, В.: Гоголь в жизни. Систематический свод подлинных свидетельств. Москва-Ленинград 1933.

Белый, А.: Мастерство Гоголя. Москва-Ленинград 1934.

Nabokov, V.: Gogol. Norfolk, Conn. 1944.

Hofmann, M. et R.: Gogol. Sa vie, son oeuvre. Paris 1946.

Lavrin, Janko: Nikolai Gogol (1809–1852). A Centenary Survey. London 1951.

Гоголь. История русской литературы VII стр. 129–260.

Чудаков, Г. И.: Отношение творчества Н. В. Гоголя к западноевропейским литературам. Киев 1908.

Каллаш, В.: ,,Ганц Кюхельгартен'' Гоголя и ,,Луиза'' Фосса. Известия Отделения русского языка и словесности 13 (1908) стр. 252–263.

Stender-Petersen, Adolf: Johann Heinrich Voß und der junge Gogol. Edda 15 (Kristiania 1921).

Adams, V.: Gogol's Erstlingswerk ,,Hans Küchelgarten'' im Lichte seines Natur- und Welterlebens. Zeitschrift für slavische Philologie 8 (1931) S. 323–368.

Stender-Petersen, Adolf: Gogol und die deutsche Romantik. Euphorion 24 (1922).

Gorlin, M.: N. V. Gogol und E. Th. A. Hoffmann. Leipzig 1935.

Nilsson, Nils Åke: Gogol et St. Pétersbourg. Recherches sur les antécédents des contes Pétersbourgeois. Stockholm 1954.

Čyževskij, Dmitrij: The unknown Gogol. Slavonic Review 30 (1951/52) S. 476–493.

Виноградов, В. В.: Гоголь и натуральная школа. Ленинград 1925.

Виноградов, В. В.: Этюды о стиле Гоголя. Ленинград 1926.

Виноградов, В. В.: Эволюция русского натурализма, Гогль – Достоевский. Ленинград 1929.

Эйхенбаум, Б.: Как сделана Шинель Гоголя. Сквозь литературу. Ленинград 1934.

Tschižewskij, Dmitrij: Zur Komposition von Gogol's „Mantel". Zeitschrift für slavische Philologie 14 (1937) S. 63–94.

Nilsson, Nils Åke: Zur Entstehungsgeschichte des Gogolschen „Mantels". Scando-Slavica 2 (1956) S. 116–133.

Seemann, K. D.: Eine Heiligenlegende als Vorbild von Gogol's „Mantel". Zeitschrift für slavische Philologie 33 (1967) S. 7–21.

Слонимский, А.: Техника комического у Гоголя. Ленинград 1923.

Stender-Petersen, Adolf: Gogol und Kotzebue. Zur themantischen Entstehung von Gogols „Revisor". Zeitschrift für slavische Philologie 12 (1935) S. 16–53.

Смирнова-Чикина, Е.: Комментарий к поэме Гоголя ,,Мертые души''. Москва 1934.

Kassak, W.: Die Technik der Personendarstellung bei V. N. Gogol. Wiesbaden 1957.

Driessen, F. C.: Gogol as a Short-Story Writer. A Study of his Technique of Composition. Translated from the Dutch by Jan F. Finlay. Paris-Den Haag-London (Mouton) 1965.

II. DIE REALISTISCHE PERIODE

1. *Von Alexander I. zu Nikolaj I.*

Нечкина, М. В.: Восстание 14-го декабря 1825 г. Москва 1951.

Декабристы. Новые материалы. Под ред. М. К. Азадовского. Москва 1955.

Гершензон, М.: П. Я. Чаадаев. Жизнь и мышление. Спб 1908.

Quenet, Chr.: Tchaadaev et les Lettres philosophiques: contribution à l'étude du mouvement des idées en Russie. Paris 1931.

Falk, Heinrich: Das Weltbild Peter J. Tschaadajews nach seinen acht „Philosophischen Briefen". München 1957.

Lukács, Georg: Der russische Realismus in der Weltliteratur. Berlin 1952.

2. *Die realistische Kritik*

Журналистика двадцатых-тридцатых годов. История русской литературы т. VII стр. 581–610.

В. Г. Белинский, Полное собрание сочинений, т. I–XIV. Спб-Ленин-
град 1900–1959.

В. Г. Белинский. Москва 1946–1951 = Литературое наследство
LV–LVII.

Иванов-Разумник, И.: Книга о Белинском. Москва 1923.

Лебедев-Полянский, П. И.: В. Г. Белинский. Литературно-крити-
ческая деятельность. Москва-Ленинград 1945.

Иллерицкий, В. Е.: Исторические взгляды В. Г. Белинского.
Москва 1945.

Hartmann, H.: Wissarion Belinskij, der Begründer der modernen Literaturkritik. Berlin 1948.

Kastelin, N. A.: Belinskij als Theaterkritiker. Berlin 1953.

3. *Die Natürliche Schule*

Русские писатели второй половины XIX – начала XX вв. (до
1917 года). Рекомандательный указатель литературы. Часть
I–III. Москва 1958–1963.

Проза сороковых лет. История русской литературы т. VII стр.
511.

Собрание сочинений С. Т. Аксакова. Под ред. Горнфельда. т.
I–VI. Ленинград 1909.

Аксаков. История русской литературы VII стр. 511–595.

Собрание сочинений И. И. Панаева, т. I–VI. Москва 1912.

Литературные воспоминания И. И. Панаева. Под ред. и с примечаниями И. Иванова-Разумника. Ленинград 1928.

Полное собрание сочинений Владимира Александровича Солло-
губа, т. I–V. Москва 1855–

Полное собрание сочинений Д. В. Григоровича, т. I–XII. Спб
1899.

Григорович. История русской литературы т. VII стр. 596–617.

Собрание сочинений А. В. Дружинина. Под ред. Н. В. Гербеля,
т. I–VIII. Спб 1865–1867.

Полное собрание сочинений А. Ф. Писемского, т. I–VIII. Спб
1911.

Избранные произведения А. Ф. Писемского в одном томе. Под
ред. П. Беркова и М. Клемана. Ленинград 1932.

Венгеров, С. А.: А. Ф. Писемксий. Спб 1884.

Писемский. История русской литературы т. VII стр. 462–483.

4. *Herzens philosophischer Realismus*

Полное собрание сочинений А. И. Герцена. С комментариями М. К. Лемке, т. I–XXII. Петроград 1915–1923.

А. И. Герцен, Былое и думы. Ленинград 1946.

Ветринский, Ч.: Герцен. Спб 1908.

Веселовский, А.: Герцен-писатель. Москва 1909.

Богучарский, В. Я.: А. И. Герцен. Москва 1911.

Левин, К.: А. И. Герцен. Личность – идеология. Изд. 2-е. Москва 1922.

Державин, Н. С.: А. И. Герцен. Литературно-художественное наследие. Москва-Ленинград 1947.

Эльсберг, Я.: А. И. Герцен. Жизнь и творчество. Изд. 2-е, дополненное. Москва 1951.

Герцен. История русской литературы т. VII стр. 409–508.

Reissner, E.: Alexander Herzen und Deutschland. Köln 1963.

5. *Gončaróvs pragmatischer Realismus*

Полное собрание сочинений И. А. Гончарова, т. I–XII. Петроград 1916.

Mazon, André: Un maître du roman russe: Ivan Gontcharov (1812–1891). Paris 1914.

Ляцкий, Е. А.: Гончаров. Жизнь, личность, творчество. Критико-библиографические очерки. Изд. 3-е. Стокгольм 1920.

Евгеньев-Максимов, В.: И. А. Гончаров. Москва-Ленинград 1925.

Lavrin, Janko: Goncharov. New Haven 1954.

Гончаров. История русской литературы т. VIII стр. 400–461.

Rehm, Walter: Gontscharow und Jacobsen oder Langeweile und Schwermut. Göttingen 1963.

6. *Turgénevs poetischer Realismus*
7. *Turgénevs Kunst*

Сочинения И. С. Тургенева, т. I–XII. Под ред. К. Халабаева и Б. Эйхенбаума. Ленинград 1928–1934.

И. С. Тургенев. Собрание сочинений. Под ред. Н. Л. Бродского, И. А. Новикова, А. А. Суркова. Т. I–XI. Москва 1949.

Овсянико-Куликовский, Д. Н.: Этюды о творчестве И. С. Тургенева. 2-е изд. Спб 1904.

Hautman, Émile: Ivan Tourguénief. La vie et l'œuvre. Paris 1906.

Истомин, К.: ,,Старая манера'' Тургенева, 1834–1855 гг. Опыт психологии творчества. Известия Отделения русского языка и словесности 18 (1913) II стр. 294–347, III стр. 120–194.

Иванов, И.: Иван Сергеевич Тургенев. Жизнь. Личность. Творчество. 2-е изд. Нежин 1914.

Грузинский, А. Е.: И. С. Тургенев, личность и творчество, 1818–1918. Москва 1918.

Творчество Тургенева. Сборник статей под ред. И. Н. Розанова и Ю. Соколова. Москва 1920.

Тургенев и его время. Первый сборник под ред. Н. Л. Бродского. Москва-Петроград 1923.

Клеман, М. К.: Летопись жизни и творчества И. С. Тургенева. Под ред. Н. К. Пиксанова. Москва-Ленинград 1934.

Клеман, М. К.: Иван Сергеевич Тургенев. Очерк жизни и творчества. Ленинград 1936.

Trautmann, Reinhold: Zur Form und Gehalt der Novellen Turgenjews. Leipzig 1942.

Granjard, Henri: Ivan Tourguénev et les courants politiques et sociaux de son temps. Paris 1954, 2ᵉ édition 1966.

Тургенев. История русской литературы т. VIII стр. 316–399.

I. S. Turgenev und Deutschland. Materialien und Untersuchungen. Bd. I. Herausgeber G. Ziegengeist. Berlin 1956.

Yarmolinsky, A.: Turgenev. Man, his Art and his Age. New York 1958.

Ledkovsky, Marina: The other Turgenev. From Romanticism to Symbolism. Würzburg 1973.

8. *Saltykóv-Ščedríns satirischer Realismus*

Полное собрание сочинений М. Е. Салтыкова-Щедрина, т. I–XX. Москва-Ленинград 1933–1941.

Vilinskij, Sergej G.: O literární činnosti M. Jev. Saltykova-Ščedrina. Brno 1928.

Эльсберг, Я.: Стиль Щедрина. Москва 1940.

Strelsky, Nikander: Saltykov and the Russian Squire. New York 1940.

Макашин, С.: Салтыков-Щедрин. Биография. Изд. 2-е, Дополненное. Москва 1951.

Ефимов, А. И.: Язык сатиры Салтыкова-Щедрина. Москва 1953.

Эльсберг, Я.: Салтыков-Щедрин. Жизнь и творчество. Москва 1953.

Sanine, Kyra: Saltykov-Chtchédrine: sa vie et ses œuvres. Paris 1955.

Салтыков-Щедрин. История русской литературы т. IX стр. 161–274.

9. *Dostojévskijs psychologischer Realismus*
10. *Dostojévkijs künstlerisches System*

Полное собрание сочинений Ф. М. Достоевского, т. I–XXIII. Спб-Петроград 1911–1918.

Полное собрание художественных сочинений Ф. М. Достоевского, т. I–XIII. Москва-Ленинград 1926–1930.

Собрание сочинений, т. I–X. Москва-Ленинград 1956–1960.

Страхов, Н. Н.: Биография, письма и заметки из записной книжки Достоевского. Спб 1883.

Hoffmann, M.: Th. M. Dostojewsky. Eine biographische Studie. Berlin 1899.

Prohaska, Dragutin: Fjodor Mihajlovič Dostojevski. Studija o sveslavenskom čovjeku. Zagreb 1911.

Lavrin, Janko: Dostoevsky and his Creation. London 1920.

Gide, André: Dostoievsky. Paris 1923.

Kaus, Otto: Dostojewski und sein Schicksal. Berlin 1923.

Nötzel, Karl: Das Leben Dostojewskis, Bd. I–II. Leipzig 1925.

Prager, Hans: Die Weltanschauung Dostojewskis. Hildesheim 1925.

Fülöp-Miller, René: Der unbekannte Dostojewski. München 1926.

Meier-Gräfe, Julius: Dostojewski der Dichter. Berlin 1926.

Yarmolinsky, Avrahm: Dostojevsky, a Life. New York 1934.

Simmons, Ernest J.: Dostoevski. The Making of a Novellist. London–New York 1940.

Steinbüchel, Theodor: F. M. Dostojevskij. Sein Bild vom Menschen und vom Christen. Düsseldorf 1947.

Stepun, Fedor: Dostojevskij. Weltschau und Weltanschauung. Heidelberg 1950.

Lauth, Reinhard: Die Philosophie Dostojevskijs. München 1950.

Maurina, Zenta: Dostojevskij, Menschengestalter und Gottsucher. Memmingen 1952.

Мережковский, Д. С.: Пророк русской революции. Спб 1906.

Гроссман, Л. П.: Проблема реализма Достоевского. Вестник Европы 1917 II стр. 65–99.

Гроссман, Л. П.: Творчество Достоевского. Одесса 1921.

О Достоевском. Сборник статей под ред. А. Л. Бема. Том 1–2. Прага 1922–1923.

Гроссман, Л. П.: Путь Достоевского. Москва 1923.

Гроссман, Л. П.: Поэтика Достоевского. Москва 1924.

Творческий путь Достоевского. Под ред. Н. Л. Бродского. Ленинград 1924.

Переверзов, В. Ф.: Творчество Достоевского. Москва 1924.

Переверзов, В. Ф.: Ф. М. Достоевский. Москва 1925.

Комарович, В. Л.: Достоевский. Современные проблемы историко-литературного изучения. Ленинград 1925.

Бахтин, М. М.: Проблема творчества Достоевского. Ленинград 1929.

Ф. М. Достоевский. Материалы и исследования. Под ред. А. С. Долинина. Ленинград 1935.

Бем, А.: У источников творчества Достоевского. Прага 1936.

Погожева, Л.: Мастерство колорита у Достоевского. Литературная учоба 1939 IV стр. 51–61.

Чулков, Г. И.: Как работал Достоевский. Москва 1939.

Долинин, А. С.: В творческой лаборатории Достоевского. Ленинград 1947.

Van der Eng: Dostojevskij Romancier. Rapports entre le vision de monde et ses procédés litteraires. 's-Gravenhage 1957.

Seduro, V.: Dostoyevski in Russian Literary Criticism, 1846–1956. New York 1957.

Мережковский, Д. С.: Толстой и Достоевский. Спб 1902–1904.

Цейтлин, А.: Повести о бедном чиновнике Достоевского. Москва 1923.

Погожева, Л.: Композиция романа Преступление и Наказание. Литературная учоба 1939 VIII/IX стр. 110–120.

Комарович, В. Л.: Генезис романа Подросток. Литературная мысль 4 (Ленинград 1925) II стр. 366–386.

Gerigk, H. J.: Versuch über Dostoevskijs „Jüngling". Ein Beitrag zur Theorie des Romans. München 1965.

Розанов, В. В.: Легенда о великом инквизиторе Ф. М. Достоевского. 3-е изд. Спб 1906.

Долинин, А. С.: Исповедь Ставрогина. Литературная мысль 1 (Ленинград 1923) стр. 138–162.

Голосовкер Я. Е.: Достоевский и Кант. Размышления читателя над романом „Братья Карамазовы" и трактатом Канта „Критика чистого разума". Москва 1963.

11. Das realistische Drama und Ostróvskij

Полное собрание сочинений А. Н. Островского, т. I–X. Под ред. М. Писарева; т. XI–XII. Спб 1904–1909.

Собрание сочинений А. Н. Островского. Т. I–IX, под ред. Н. Н. Долгова, т. XI под ред. Б. Томашевского и К. Халабаева. Петроград 1919–Ленинград 1926.

Иванов, И.: А. Н. Островский. Его жизнь и литературная деятельность. Спб 1900.

Patouillet, J.: Le théâtre de mœurs russes des origines à Ostrovskij (1672–1850). Paris 1912.

Покровский, В.: А. Н. Островский. Его жизнь и сочинения. Сборник историко-литературных статей, 3-е изд. Москва 1912.

Кашин, Н.: Этюды об Островском, т. I–II. Москва 1912–1913.

Сахновский, В.: Театр А. Н. Осторвского. Москва 1920.

Эфрос, Н. Е.: А. Н. Осторвский. Петроград 1922.

Долгов, Н.: А. Н. Островский. Жизнь и творчество. Петроград 1923.

Полянский, В. и Лебедев, П. И.: А. Н. Островский. Петроград 1923.

Творчество А. Н. Островского. Сборник под ред. С. Шамбинаго. Москва 1923.

А. Н. Островский 1823–1923. Сборник статей под ред. Б. В. Варнеке. Одесса 1923.

А. Н. Островский – драматург. К шестидесятилетию со дня его смерти 1886–1946. Под общей ред. Вл. Филиппова. Москва 1946.

А. Н. Островский. Сборник материалов. Москва 1962.

12. *Heroische und lyrische Strömungen im Realismus*

Драматургия тридцатых-сороковых годов. История русской литературы т. VII стр. 621–654.

Поэзия сороковых годов. История русской литературы т. VII 657–694.

Сочинения Н. В. Кукольника, т. I–IX. Спб 1851–1853.

Полное собрание сочинений А. К. Толстого, т. I–IV. Под ред. П. В. Быкова. Спб 1907–1908.

Полное собрание стихотворнеий А. К. Толстого. Вступительная статья, редакция и примечания И. Ямпольского. Ленинград 1937.

Денисюк, Н.: Ггаф А. К. Толстой. Его время, жизнь и сочинения. Москва 1907.

Наразевский, Б.: Граф А. К. Толстой. Его жизнь и произведения. Москва 1911.

Кондратьев, А. А.: Граф А. К. Толстой. Материалы для истории жизни и творчества. Спб 1912.

Lirondelle, A.: Le poète A. Tolstoi. Paris 1912.

Полное собрание сочинений Козьми Пруткова. Ленинград 1927.

Полное собрание стихотворений Ф. И. Тютчева. Редакция и комментарии Г. Чулкова. Вступительная статья Д. Д. Благого. Т. I–II. Москва-Ленинград 1933–1934.

Стихотворения Ф. И. Тютчева. Общая редакция и вступительная статья В. Гиппиуса. Ленинград 1936.

Эйхенбаум, Б.: Мелодика русского лирического стиха. Петроград 1922.

Чулков, Г.: Летопись жизни и творчества Ф. И. Тютчева. Москва-Ленинград 1933.

Тютчев. История русской литературы т. VII стр. 695–719.

Пигарев, К.: Жизнь и творчество Тютчева. Москва 1962.

Полное собрание стихотворений А. А. Фета. Под ред. Б. В. Никольского. Т. I–III. Спб 1901, 2-е изд. 1910.

Стихотворения А. А. Фета. Вступительная статья, редакция и примечания Б. Бухштаба. Ленинград 1936.

Федин, В. С.: А. А. Фет-Шеншин. Материалы к характеристике. Петроград 1915.

Полное собрание стихотворений Я. П. Полонского. Спб 1896.

Покровский, В.: Полонский. Сборник историко-литературных статей. Москва 1906.

Полное собрание сочинений А. Н. Майкова, т. I–IV. Под ред. П. В. Быкова. Изд. 9-е, исправленное и дополненное. Спб 1914.

Аполлон Майков. Его жизнь и сочинение. Сборник статей под ред. В. Покровского. Изд. 2-е. Москва 1911,

Л. А. Мей и его поэзия. Редакция и вступительная статья Вл. Пяста. Петроград 1922.

Садовский, Б.: Поэзия Л. А. Мея. Русская мысль 1908 VII.

Полное собрание сочинений И. С. Никитина, т. I–II. Под ред. С. М. Городецкого. Спб 1912–1913.

13. *Die lyrisch-realistische Dichtung Nekrásovs*

Полное собрание сочинений Н. А. Некрасова, т. I–IV. Под ред. В. Евгеньева-Максимова и К. Чуковского. Москва-Ленинград 1929–1930.

Покровский, В.: Некрасов, его жизнь и сочинения. Сборник статей. Изд. 2-е. Москва 1915.

Тынянов, Юрий: Стиховые формы Некрасова. Летопись дома литераторов 1921.

Сакулин, П. Н.: Некрасов. Москва 1922.

Эйхенбаум, Б.: Некрасов. Сквозь литературу. Ленинград 1924.

Розанов, И. Н.: Н. А. Некрасов. Жизнь и судьба. Ленинград 1924.

Эйхенбаум, Б.: Поэт-журналист Некрасов. Ленинград 1925.

Чуковский, К.: Некрасов. Статьи и материалы. Ленинград 1926.

Евгеньев-Максимов, В.: Очерки по истории социалистической журналистики в России. Ленинград 1929.

Евгеньев-Максимов, В.: Н. А. Некрасов и его современники. Ленинград 1930.

Евгеньев-Максимов, В.: Некрасов как человек, журналист и поэт. Москва-Ленинград 1930.

Лелевич, Г.: Поэзия революционных разночинцев. Москва 1931.

Ашукин, Н. С.: Как работал Некрасов. Москва 1933.

Н. А. Некрасов. Москва 1946 = Литературное наследство XLVIII–L.

Евгеньев-Максимов, В.: Жизнь и деятельность Н. А. Некрасова, т. I–II. Москва-Ленинград 1947–1950.

Corbet, Charles: Nekrasov: l'homme et le poète. Paris 1948.

Чуковский, Корней: Мастерство Некрасова. Москва 1952.

Некрасовский сборник. Калининград 1972.

14. Die literarische Kritik im Zeitalter des Realismus

Иванов, И.: История русской критики, т. I–IV. Спб 1898.

Иванов-Разумник, И.: История русской общественной мысли, т. II., изд. 2-е. Спб 1908.

Очерки по истории русской критики. Под ред. А. Луначарского и В. Полянского, т. I–III. Москва-Ленинград 1929–1931.

Русские революционные демократы, т. I. Ленинград 1952.

Шестидесятые годы. История русской литературы т. VIII/1 стр. 7–110.

Семидесятые годы. История русской литературы т. IX стр 1–121.

Н. Н. Чернышевский, Избранные философские сочинения, т. I–III. Под общей ред. и с предисловием М. М. Григорьяна. Москва 1950.

Чернышевский. История русской литературы т. VIII/1 стр. 113–174, 484–535.

Н. А. Добролюбов, Избранные сочинения. Подбор текста и примечания А. Лаврецкого. Москва-Ленинград 1948.

Полное собраниа сочинеий Н. А. Добролюбова. Под редакцией, с биографическим очерком Е. Аничкова. Т. I–X. Спб 1911–1914.

Котляревский, Н.: Канун освобождения. Петроград 1916.

Панкевич, Е.: Историко-социологические взгляды Н. А. Добролюбова. In: Под знаменем марксизма 1928 кн. XII.

Добролюбов. История русской литературы т. VIII/1 стр. 175–237.

Полное собрание сочинений Писарева, т. I–VI. 5-е изд. Спб 1909–1912.

Coquart, Armand: Dimitri Pisarev (1840–1868) et l'idéologie du nihilisme russe. Paris 1946.

Писарев. История русскои литературы т. VIII/1 стр. 238–273.

Книжник-Ветров, И. С.: П. Л. Лавров. Москва 1930.

Полное собрание сочинений Н. К. Михайловского, т. I–VI. Изд. 3-е. Спб 1909–1913.

Красносельский, А.: Мировоззрение гуманиста нашего времени. Основы учения Н. К. Михайловского. Спб 1900.

Колосов, Е.: Н. К. Михайловский. Социология. Публицистика. Литературная деятельность. Отношение к революционному движению. Петроград 1917.

Горев, Б. И.: Н. К. Михайловский. Его жизнь, литературная деятельность и миросозерцание. Москва-Ленинград 1931.

15. Tolstójs plastischer Realismus
16. Tolstójs Kunst

Полное собрание сочинений Л. Н. Толстого. Юбилейное издание под ред. В. Г. Черткова. Т. I–C. Москва-Ленинград 1928.

Овсянико-Куликовский, Д. Н.: Л. Н. Толстой как художник, вып. 1. Спб 1899, 2-е изд. 1905.

Schmitt, Eugen Heinrich: Leo Tolstoi und seine Bedeutung für unsere Kultur. Leipzig 1901.

Бирюков, П.: Лев Николаевич Толстой. Биография, т. 1-2. Москва 1906–1908.

Леонтьев, К. Н.: О романах гр. Л. Н. Толстого. Анализ, стиль и веянние. Критический этюд. Москва 1911.

Овсянико-Куликовский, Д. Н.: Лев Толстой. Очерк его художественной деятельности и оценка его религиозных и моральных идей. Спб 1911.

Roland, Romain: Tolstoi. 4e édition. Paris 1913.

Эйхенбаум, Борис: Молодой Толстой. Петроград-Берлин 1922.

Гусев, Н. Н.: Жизнь Толстого 1. Молодой Толстой, 1828–1862. Москва 1927; 2. Л. Н. Толстой в расцвете художественного гения, 1862–1877. Москва б. г.

Верезаев, В.: Живая жизнь, часть 1-я: О Достоевском и Льве Толстом. Москва 1928.

Розанов, М. Н.: Руссо и Толстой. Ленинград 1928.

Апостолов, Н. Н.: Лев Толстой над страницами. Москва 1928.

Шкловский, Виктор: Материал и стиль в романе Л. Н. Толстого „Война и мир". Москва 1928.

Эйхенбаум, Борис: Лев Толстой, т. 1-2. Ленинград 1928–1931.

Мышковская, Л.: Работа Толстого над произведениями. Москва 1931.

Гусев, Н. Н.: Летопись жизни и творчества Л. Н. Толстого. Москва-Ленинград 1936.

Гудзий, Н. К.: Как работал Л. Толстой. Москва 1936.

Krag, Erik: Ungdomsvaerker. Krig og fred. Oslo 1937.

Лев Н. Толстой. Москва 1939 = Литературное наследство XXXV–XXXVI.

Simons, Ernest J.: Leo Tolstoy. Boston 1946, London 1949.

Hamburger, Käte: Leo Tolstoj. Gestalt und Problem. Bern 1950.

Tolstoï en France (1886–1910), par Thaïs S. Lindstrom. Paris 1952.

Lavrin, J.: Lev Tolstoj in Selbstzeugnissen und Briefen. Hamburg 1961 = Rowohlts Monographien 57.

Wedel, Erwin: Die Entstehungsgeschichte von L. N. Tolstojs „Krieg und Frieden". Wiesbaden 1961.

Бурсов, Б. И.: Л. Н. Толстой. Семинарий. Ленинград 1963.

Gregorczyk, Piotr: Leo Tołstoj w Polsce. Warszawa (1964).

Lednicki, W.: Tolstoy between War and Peace. Den Haag 1965.

Kersten, G.: Gerhart Hauptmann und Lev Nikolajevič Tolstoj. Wiesbaden 1966.

III. DIE MODERNISTISCHE PERIODE

1. Die Periode der politischen Reaktion

Русская литература XX века, под ред. С. Венгерова. Вып. 1–7. Москва 1914–1918.

Иванов-Разумник, И.: Русская литература от семидесятых годов до наших дней. Изд. 6-е. Берлин 1923.

Львов-Рогачевский, В. Л.: Новейшая русская литература. Издание 5-е. Москва 1926.

Dubrowski, S.: Die Bauernbewegung in der russischen Revolution. Berlin 1929.

Arseniew, Nikolas von: Die russische Literatur der Neuzeit und Gegenwart. In Einzeldarstellungen. Mainz 1929.

Pozner, Wladimir: Panorama de la littérature russe contemporaine. Paris 1929.

Волков, А.: Очерки русской литературы конца XIX и начала XX веков. Москва 1952.

Slonim, Marc: Modern Russian Literature. From Chekhov to the present. New York 1953.

Lo Gatto, Ettore: Storia della letteratura Russa contemporanea. Milano (1958).

The Poets of Russia 1890–1930. By Renato Poggiolo. Cambridge, Mass. 1960.

Slonim, M.: From Chekhov to the Revolution. Russian Literature 1900–1917. New York 1962.

2. *Der Populismus in der Prosaliteratur*

Бельчиков, Н.: Народничество в литературе и критике. Москва 1934.

Писатели-народники. История русской литературы т. IX стр. 349–416.

Н. Г. Помяловский, Сочинения. Москва 1949.

Помяловский. История русской литературы т. VIII стр. 536–561.

Собрание сочинений Н. В. Успенского. Редакция, вступительная статья и примечания К. Чуковского. Москва-Ленинград 1931.

Слепцов. История русской литературы т. VII стр. 579–596.

Собрание сочинений А. И. Левитова. С предисловием А. Измайлова. Т. 1–8. Срб 1911.

Левитов. История русской литературы т. VIII/1 стр. 617–634.

Полное собрание сочинений Ф. М. Решетникова, т. I–II. Спб 1904.

Векслер, И.: О предистории пролетарской литературы. Москва 1931 = Литературное наследство I.

Решетников. История русской литературы т. VIII/1 стр. 597–616.

Собрание сочинений Н. Н. Златовратского, т. I–VIII. Спб 1912.

Полное собрание сочинений Г. И. Успенского, т. I–VI. Петроград 1918.

Чешихин-Ветринский, В.: Г. И. Успенский. Биографический очерк. Редакция и вводная статья П. Н. Сакулина. Москва 1929.

Глеб Успенский. История русской литературы т. IX стр. 277–346.

Полное собрание сочинений П. И. Мельникова-Печерского, т. I–XIV. Изд. 2-е. Спб 1910.

Змородич, А.: Об языке и стиле произведений П. И. Мельникова. Русский филологический вестник 1912 I/II.

Полное собрание сочинений Д. Н. Мамина-Сибирявя. Петроград 1915–1917.

3. *Die belletristische Linie in der Prosaliteratur*

Арсеньев, К. К.: Роман – орудие регресса. Критические этюды по русской литературе, т. I–II. Спб 1888.

Замотин, И.: Сороковые и шестидесятые годы. Варшава 1911.

Горнфельд, А.: О русских писателях. Спб 1912.

Цейтлин, А. Г.: Сюжетика анти-нигилистического романа. Литература и марксизм 1928 II.

Собрание сочинений В. В. Крестовского, т. I–VIII. Спб 1899.

Полное собрание сочинений Б. М. Маркевича, т. I–XI. Спб 1885.

Собрание романов, повестей и рассказов П. Д. Боборыкина, т. I–XII. Спб 1897.

Горнфельд, А.: Петр Боборыкин. Летопись дома литераторов 1921 I.

Львов-Рогачевский, В. Л.: Писатель без выдумки. Современный мир 1911 IX.

Боборыкин. История русской литературы т. X стр. 619–620.

4. Die großen Novellisten

Сочинения В. М. Гаршина. Спб 1909.

Чуковский, К. И.: О Всеволоде Гаршине. Русская мысль 1909 XIII.

Zell, Ellinor: Studien über Vsevolod Garšin. Leipzig 1935.

Полное собрание сочинений Н. С. Лескова, т. I–XXXVI. Изд 3-е. Москва 1902–1903.

Собрание сочинений в XI томах. Москва-Ленинград 1956–1958.

Гебель, Валентина: Н. С. Лесков в творческой лаборатории. Москва 1945.

Гроссман, Леонид: Н. С. Лесков. Жизнь – творчество – поэтика. Москва 1945.

Орлов, Вл.: Язык русских писателей. Москва-Ленинград 1948.

Лесков, А.: Жизнь Николая Лескова. Москва 1954.

Ansberg, Aleksej B.: Frame Story and First Person in N. S. Leskov. Scando-Slavica 3 (1957) S. 49–73.

Setschkareff, Vsevolod: N. S. Leskov. Sein Leben und sein Werk. Wiesbaden 1959.

Собрание сочинений В. Г. Короленка, т. I–IX. Спб 1904.

Шаховская, Н. Д.: В. Г. Короленко. Москва 1912.

Жизнь и творчество В. Г. Короленка. Сборник. Спб 1912.

Батюшков, Ф. Д.: Короленко как человек и писатель. Москва 1922.

Богданович, Т. А.: В. Г. Короленко. Биография. Харьков 1922.

Григорьев, Р.: Короленко. Москва 1925.

Короленко. История русской литературы.

Полное собрание сочинений и писем А. П. Чехова. Москва 1944–1950.

А. П. Чехов, Собрание сочинений, т. I–IX. Москва 1950.

Gerhardi, William: Anton Chehov. A critical Study. New York. 1923.

Magarshack, David: Chekhov the Dramatist. London 1952.

Ермилов, В. Е.: А. П. Чехов. Драматугрия Чехова. Москва 1954.

Bruford, W. H.: Chekhov. London 1956.

Lafitte, S.: Anton Tschechov in Selbstzeugnissen und Bilddokumenten. Hamburg 1960 = Rowohlts Monographien 38.

Александров, Б. И.: А. П. Чехов. Семинарий. Издание 2-е. Москва-Ленинград 1964.

М. Горький, Полное собрание сочинений в тридцати томах. Москва 1950–1952.

Чуковский, К.: Две души М. Горького. Ленинград 1924.

Григорьев, Р.: Максим Горький. Москва 1925.

Груздев, И. А.: Максим Горкий. Биографический очерк. Ленинград 1925.

Королицкий, М. С.: Максим Горький. Его творческий и жизненый путь. Ленинград 1927.

Горбов, Д.: Путь Максима Горького. Москва 1928.

Беспалов, И.: Стиль ранных рассказов Горького. In: Литературоведение. Сборник под ред. В. Ф. Переверзева. Москва 1928.

Grudzew, I.: Das Leben Maxim Gorkis. Biographie. Berlin 1928.

Белкин, Н.: В творческой лаборатории М. Горького. Москва 1940.

Горьковские чтения, т. I–II. Москва 1940–1951.

М. Горький. Материалы и исследования, т. I–III. Под ред. С. Д. Балухатого и А. Десницкого. Москва-Ленинград 1941.

Михайловский, Д. В.: Драматургия М. Горького эпохи первой русской революции. Москва 1951.

Михайловский, Б., Гагер, Е.: Творчество М. Горького. Москва 1951.

Бялик, Б.: Драматургия М. Горького советской эпохи. Москва 1952.

Муратова, К. Д.: Семинарий по Горькому. Ленинград 1956.

Произведения А. М. Горького в переводах на иностранные языки (1900–1955). Москва 1958.

Максим Горький. История русской литературы т. X стр. 207–469.

Hare, R.: Maxim Gorky. Romantic Realist and Conservative Revolutionary. London 1962.

Maxim Gorki in Deutschland. Bibliographie 1899–1965. Zusammengestellt und annotiert von E. Czikowsky, I. Idzikowski und G. Schwarz. Berlin 1968.

Gorki en France. Bibliographie des œuvres de Gorki, établie sous la direction de Jean Pérus. Paris 1968.

5. *Marxismus und Neurealismus*

Фриче, В.: Очерки современной литературы. Новая жизнь 1905 IX/X.

Иванов-Разумник, И.: Литература и общественность, т. I. Спб 1910.

Плеханов, Г. В., Сочинения т. XIV: Искусство и литература, т. XX–XXII: История русской общественной мысли. Москва-Ленинград 1923-1927.

Гурштейн, А.: Плеханов. Литературная энциклопедия т. VIII (Москва 1934) стр. 693-730.

Ярославский, Ем.: Биография Ленина. Москва 1938.

Ленин, В. И.: Что такое ,,Друзья народа" и как они воюют против социалдемократов? Ответ на статьи "Русского богатства" против марксистов. Москва 1947.

Марксистская критика. История русской литературы т. X стр. 109–178.

Панкратова, А. М.: Первая русская революция 1905–1907 гг. Изд. 2-е. Москва 1951.

Телешов, Н. Д.: Литературные воспоминания. Москва 1931.

Н. Д. Телешов, Избранные рассказы. Москва 1935.

Телешов. История русской литературы т. X стр. 597-600.

Собрание сочинений С. И. Гусева-Оренбургского, 1893–1916. Тт. I–XVI. Москва 1918.

Гусев-Оренбургский. История русской литературы т. X стр. 574–578.

Куприн, А.: Собрание сочинений, т. I–XII. Со вступительной статьей Е. Аничкова. Берлин 1921–1925.

Куприн. История русской литературы т. X стр. 529–542.

Кушелов, В. И.: Творческий путь А. И. Куприна. Минск 1963.

Полное собрание сочинений А. С. Серафимовича, т. I–X. Москва 1947.

А. С. Серафимович, Исследования. Воспоминания. Материалы. Письма. Москва-Ленинград 1950.

Куриленков, В.: А. С. Серафимович. Критико-биографический очерк. Москва 1950.

Серафимович. История русской литературы т. Х стр. 470–493.

Глаковская, Л. А. и Наумов, Е. И.: А. Серафимович. Семинарий. Ленинград 1957.

Полное собрание сочинений И. А. Бунина, т. I–VI. Петроград 1915.

Горбов, Д.: Бунин. Литературная энциклопедия т. I (Москва 1929) стр. 615–619.

Зайцев, Б.: И. А. Бунин. Жизнь и творчество. Москва 1934.

Бунин: История русской литературы т. Х стр. 557–573.

Муомцева-Бунина, В. Н.: Жизнь Бунина (1870–1906). Париж 1955.

Полное собрание сочинений М. П. Арцыбашева, т. I–Х. Москва 1913–1917.

Арцыбашев. История русской литературы т. Х стр. 618.

Собрание сочинений Леонида Андреева. Спб 1910–1916.

Чуковский, К.: Леонид Андреев большой и маленький. Спб 1903.

Фатов, Н.: Молодые годы Леонида Андреева. Москва 1924.

Горбачев, Г.: Андреев. Литературная энциклопедия т. I (Москва 1929) стр. 154–159.

Андреев. История русской литературы т. Х стр. 608–618.

6. *Der russische Symbolismus*

Белый, Андрей: Символизм. Москва 1910.

Блок, Александр: О современном положении русского символизма. Аполлон 1910 № 8.

Владиславлев, И. В.: Литература великого десятилетия (1917–1927). Художественная литература, критика, история литературы, литературная теория и методология. Том I. Москва-Ленинград 1928.

Erlich, Viktor: Russian Formalism. History doctrine. 's-Gravenhage-New York 1955. Deutsche Ausg. München 1964.

Holthusen, Johannes: Studien zur Ästhetik und Poetik des russischen Symbolismus. Göttingen 1957.

Douchin, G.: The Influence of French Symbolism on Russian Poetry. 's-Grafenhage 1958.

Стихотворения С. Я. Надсона. 27-е изд. Спб 1914.

Надсон. История русской литературы т. IX стр. 446–460.

Полное собрание стихотворений Н. М. Минского, т. I–IV. Спб 1907.

Собрание сочинений Вл. С. Соловьева, под ред. С. М. Соловьева и Е. Л. Радлова. 2-е изд. Спб 1913.
Мочульский, К.: Владимир Соловьев, жизнь и учение. Париж 1936.

Полное собрание сочинений Д. С. Мережковского, т. I–XXIV. Москва 1914–1915.
Чуковский, К.: От Чехова до наших дней. Спб 1908.

Гиппиус, Зинаида: Рассказы, т. I–V. Спб 1896–1908, т. VI. Москва 1912.

В. Брюсов, Полное собрание сочинений и переводов, т. I–VIII. Спб 1913–1914.
В. Брюсов, Избранные произведения, т. I–III. Москва-Ленинград 1926.
Гудзий, Н. К.: Юношеское творчество Брюсова. In: Литературное наследство т. XXVII/XXVIII стр. 198–238.
Якобсон, Роман: Брюсовская стихология. Научные известия 2 (Москва 1922) стр. 222–240.
Брюсов. История русской литературы т. X стр. 627–658.
Мочульский, К.: Валерий Брюсов. Париж 1962.

Полное собрание стихотворений К. Д. Бальмонта, т. I–X. Москва 1908–1913.
Книга о русских поэтах, под ред. М. Гофмана. Спб 1909.

Андрей Белый, Стихотворения. Москва 1923.
Полное собрание сочинений Андрея Белого. Москва-Ленинград 1933.
Томашевский, В.: Андрей Белый и художественная проза. Жизнь искусства 1920, стр. 454–460.
Воронский, А.: Белый. Литературная энциклопедия т. I (Москва 1929) стр. 422–429.
Maslenikov, O. A.: The Frenzied Poets. Berkeley 1952.
Мочульскнй, К.: Андрей Белый. Париж 1955.
Hönig, Anton: Andrej Belyjs Romane (Stil und Gestalt). München 1965 = Forum Slavicum Bd. 8.

Александр Блок, Стихотворения, т. I–III. Берлин 1923.
Александр Блок, Театр. Берлин 1922.
О Александре Блоке. Петроград 1921.

Бекетов, М. А.: Александр Блок. Петроград 1922.

Жирмунский, В.: Поэзия Александра Блока. Петроград 1922.

Чуковский, К.: Александр Блок как человек и поэт. Петроград 1924.

Bonneau, Sophie: L'Univers poétique d'Alexandre Blok. Paris 1946.

Александр Блок. История русской литературы т. X стр. 659–702.

Reeve, F. D., Alexander Blok. Between Image and Idea. New York-London 1962.

Kembal, R.: Alexander Blok. A Study in Rhythm and Metre. Den Haag 1965.

Эйхенбаум, Борис: Анна Ахматова (Опыт анализа). Петроград 1923.

Анна Ахматова, Избранные стихотворения. Москва 1952.

Осип Емильевич Мандельштам, Собрание сочинений. Под ред. Г. Струве. Нью Йорк 1955.

Nilsson, Nils A.: Osip Mandel'štam and his Poetry. Scando-Slavica 9 (1963) S. 37–52.

Сергей Есенин, Собрание сочинений, т. I–IV. Москва 1926–1928.

Graaf, Fr. de: Serge Ésénine (1895–1925). Sa vie et son œuvre. Leyden 1933.

Graaf, Fr. de: Sergej Esenin, a biographical Sketch. Den Haag 1966.

Белоусов, В.: Сергей Есенин. Литературная хроника. Часть I–II. Москва 1969–1970.

Владимир Маяковский, Полное собрание сочинений, т. I–XIII. Москва 1955–1961.

Шкловский, И. В.: О Маяковском. Москва 1940.

NAMENREGISTER

Abbakum (Avvakúm), Protopope (1620–1682) I 246ff., 249, 253, 311

Ablesímov, Aleksándr Onísimovič, Schriftsteller (1742–1783) II 9f., 303

Achmátova, Anna Andréjevna, geb. *Gorénko* (1888–1966) II 536

Achšarúmov, Nikoláj Dmítrijevič, Publizist u. Kritiker (1819–1893) II 439

Addison, Joseph, engl. Schriftsteller (1672–1729) I 388, 419, 425

Adéjev, Michaíl Vasíl'jevič, Schriftsteller (1821–1876) II 438f.

Adelphotes, Pseudonym, Grammatiker (2. Hälfte d. 16. Jh.) I 259

Afanásij siehe *Athanasios*

Aischylos, griech. Tragödiendichter (525/24–456 v. Chr.) I 277

Aksákov, Iván Sergéjevič, Publizist (1823–1886) II 199, 208

Aksákov, Konstantín Sergéjevič, Kritiker (1817–1860) II 199, 208

Aksákov, Sergéj Timoféjevič, Schriftsteller (1791–1859) II 208ff., 238, 239, 266, 353, 360, 361

Akyndinos (Akíndin), Abt (11.Jh.) I 74

Alembert, Jean le Rond de, franz. Schriftsteller, Enzyklopädist (1717–1783) I 42

Amfiteátrov, Aleksándr Valentínovič, Schriftsteller (1862–1923) II 413, 443

Anakreon, griech. Lyriker (um 500 v. Chr.) I 275, 377; II 330

Andersen,· Hans Christian, dän. Dichter (1805–1875) I 275

Andreas siehe *Athanasios*, Metropolit

Andréjev, Leoníd Nikolájevič, Schriftsteller (1871–1919) II 496–500, 501, 502

Aníčkov, Dmítrij Sergéjevič, Professor (gest. 1788) II 14

Annenkov, Pável Vasíl'jevič, Kritiker (1812–1887) II 347

Annenskij, Innokéntij F'ódorovič, Dichter u. Philologe (1856–1909) II 515f.

Antiochos von Jerusalem, Mönch (7. Jh.) I 27

Antonios (Antónij), Gründer des Kíever Höhlenklosters (982–1073) I 40

Antonios, byzant. Mönch (11. Jh.) I 52

Apollodoros, griech. Grammatiker (2. Hälfte d. 2. Jh. v. Chr.) I 331

Apuleius Lucius, röm. Schriftsteller (2. Jh.) I 373

Arcybášev, Michaíl Petróvič, Schriftsteller (1878–1927) II 494ff.

Ariosto, Lodovico, ital. Dichter (1474–1533) II 71

Aristophanes, griech. Dramatiker (um 450–385 v. Chr.) II 83

Aristoteles, griech. Philosoph (384–322 v. Chr.) I 28, 51f., 262, 342

Arnauld, Antoine (der Jüngere), franz. Theologe (1612–1694) I 342

Athanasios (Afanásij), Mönch (14. Jh.) I 50

Richardson, Samuel, engl. Schrift-
steller (1689–1761) II 41
Rinhuber, Lorenz, Dramatiker (17.
Jh.) I 289, 290
Rinuccini, Ottavio, ital. Dichter
(1562–1621) I 295
Rollin, Charles, franz. Pädagoge
u. Historiker (1661–1741) I 340
Romanos Melodos, byzant. Hym-
nendichter (um 500) I 61, 82
Rostóvskij, Dimítrij Tuptálo, Bi-
schof (1651–1709) I 282–285, 294
Rousseau, Jean-Baptiste, franz.
Dichter (1670–1741) I 353; II 106
Rousseau, Jean-Jacques, franz.
Schriftsteller, Philosoph (1712 bis
1778) I 422; II 9, 14, 23, 39, 44,
47
Rudánskij, Iván, Übersetzer (17.
Jh.) I 302
Rückert, Friedrich, dt. Dichter
(1788–1866) II 57
Ryléjev, Kondrátij F'ódorovič,
Dichter (1795–1826) II 101f.,
130, 193f.
Rýmša, Andréj, Schriftsteller (16.
Jh.) I 265

Safanóvič, Feodósij, Historiker (17.
Jh.) I 258
Saint-Fox, Germain-François
Poullain de, franz. Schriftsteller
(1698–1776) I 417
Saint-Remy, Pierre Surirey, de,
franz. General (etwa 1650–1776)
I 340
Saint-Simon, Claude-Henri de
Rouvroy, Graf, franz. Sozial-
kritiker (1760–1825) II 347
Saltykóv-Ščedrín, Michaíl Jevgrá-
fovič, Schriftsteller (1826–1889)
II 208, 263–273, 282, 290, 304,
343, 348, 355, 358, 412, 429, 433

Sand, George (eig. Amandine-Lucie
Aurore Dupin) franz. Schrift-
stellerin (1804–1876) II 214, 215,
222, 263, 273, 437, 438
Sarbiewski, Kazimierz, poln.
Schriftsteller (1595–1640) I 276
Saxo Grammaticus, dän. Chronist
(um 1150–1220) I 100
Scarron, Paul, franz. Dichter (1610
–1660) I 374f.
Schelling, Friedrich Wilhelm Joseph von, dt. Philosoph (1775
bis 1854) II 103, 160, 198, 203f.
Schiller, (Johann Christoph) Fried-
rich von, dt. Dichter (1759–1805)
II 28, 55, 72, 91, 132, 166, 235,
262, 274, 330
Schilling, Benedikt, dt. Übersetzer
(18. Jh.) I 335
Schlözer, August Ludwig von,
dt. Historiker (1735–1809) II 49
Schoppe, Caspar, dt. Grammatiker
(1576–1649) I 342
Schwartz, Johann Gottlieb, dt.-
russ. Professor (gest. 1784) I 423
Scott, Walter, schott. Schriftsteller
(1771–1832) II 55, 132, 145f.,
147, 158, 159, 160, 162, 166
Scudéry, Madelaine de, franz.
Schriftstellerin (1607–1701) II 36
Sédaine, Michel-Jean, franz. Dra-
matiker (1719–1797) II 12
Sękowski, Józef-Julian siehe Sen-
kóvskij
Sénancourt, Etienne Pivert de,
franz. Schriftsteller (1770–1846)
II 132
Seneca, Lucius Annaeus, röm.
Philosoph u. Tragödiendichter
(um 4. v. Chr. – 65 n. Chr.) I 263,
276, 278, 280, 286; II 74
Senkóvskij, Osíp Ivánovič, poln.-
russ. Schriftsteller (1800–1859) II
158, 160

Anzeigen

GESCHICHTE UND KULTUR RUSSLANDS

Chloe Obolensky (Hrsg.)

Das Alte Russland

Ein Porträt in frühen Photographien 1850–1914
Aus dem Englischen übertragen von Karl Heinz Siber.
Mit einer Einleitung von Max Hayward.
2. Auflage. 1981. 360 Seiten. Leinen

Andrej Bolotow

Leben und Abenteuer des Andrej Bolotow

von ihm selbst für seine Nachkommen aufgeschrieben
Erster Band: 1738–1762, zweiter Band: 1762–1795
Aus dem Russischen ausgewählt, übertragen und mit Anmerkungen
versehen von Marianne Schilow und Wolfgang Gruhn.
1990. Zusammen 971 Seiten, 33 Abbildungen und Textvignetten.
Bibliothek des 18. Jahrhunderts

Boris Omjotew/John Stuart

St. Petersburg in frühen Photographien

Ausgewählt und erläutert von Boris Omjotew und John Stuart
unter Mitarbeit von Olga Suslowa und Lilija Uchtomskaja.
Aus dem Englischen von Ulrich Lubda (Einführungen)
und Silvia Morawetz (Bilderläuterungen)
1992. 240 Seiten, 295 Abbildungen. Broschur

Ruslan G. Skrynnikow

Iwan der Schreckliche und seine Zeit

Mit einem Nachwort von Hans-Joachim Torke
1992. 377 Seiten. Leinen

VERLAG C. H. BECK MÜNCHEN

GESCHICHTE RUSSLANDS UND DER SOWJETUNION

Roland Götz/Uwe Halbach
Politisches Lexikon GUS
1992. Etwa 230 Seiten, etwa 8 Abbildungen
und 2 Karten. Paperback
Beck'sche Reihe Band 852

Andreas Kappeler
Rußland als Vielvölkerreich
Entstehung – Geschichte – Zerfall
1992. 395 Seiten, 11 Karten. Leinen

Katharina II.
Memoiren
Herausgegeben und mit einem Nachwort
von Annelies Graßhoff.
Vorrede von Alexander Herzen.
Zwei Bände
3. Auflage. 1990. Zusammen 771 Seiten,
58 Abbildungen. Leinen

Hans-Joachim Torke (Hrsg.)
Historisches Lexikon der Sowjetunion
1917/22–1991
1992. Etwa 608 Seiten, 2 Karten. Leinen

Hans-Joachim Torke (Hrsg.)
Lexikon der Geschichte Rußlands
Von den Anfängen bis zur Oktoberrevolution
1985. 446 Seiten. Leinen

VERLAG C. H. BECK MÜNCHEN